本丛书为云南大学
"双一流"建设民族学一流学科建设项目成果

编委会

主　任：林文勋

副主任：何　明　关　凯　赵春盛　李志农　李晓斌

委　员（按姓氏笔画为序）：

马居里　马翀炜　马雪峰　马腾岳　王文光

王越平　牛　阁　龙晓燕　朱　敏　朱凌飞

庄孔韶　李永祥　李伟华　李丽双　何　俊

张　亮　张　赟　张海超　张锦鹏　陈庆德

陈学礼　周建新　郑　宇　赵海娟　高志英

谢夏珩

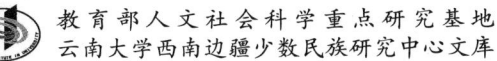

教育部人文社会科学重点研究基地
云南大学西南边疆少数民族研究中心文库

新民族志实验丛书·第二辑
主编 何明

山村时轮

玉龙县黄山镇南溪村纳西族村民日志
（2006—2018年）

和晓蓉 李继群 编
和尚勋 记录

学苑出版社

图书在版编目（CIP）数据

山村时轮：玉龙县黄山镇南溪村纳西族村民日志 / 和晓蓉，李继群编；和尚勋记录． — 北京：学苑出版社，2019.12

ISBN 978-7-5077-5886-3

Ⅰ. ①山… Ⅱ. ①和… ②李… ③和… Ⅲ. ①纳西族 — 村落 — 调查研究 — 玉龙纳西族自治县 Ⅳ. ① K928.5

中国版本图书馆 CIP 数据核字 (2019) 第 282253 号

责任编辑：战葆红　孙宜淼
出版发行：学苑出版社
社　　址：北京市丰台区南方庄 2 号院 1 号楼
邮政编码：100079
网　　址：www.book001.com
电子信箱：xueyuanpress@163.com
联系电话：010-67601101（营销部）　010-67603091（总编室）
印　刷　厂：河北赛文印刷有限公司
开本尺寸：710×1000　1/16
字　　数：1200 千字
印　　张：94.75
版　　次：2019 年 12 月第 1 版
印　　次：2019 年 12 月第 1 次印刷
定　　价：268.00 元（全三册）

总序

"他者的倾诉":还话语权予文化持有者
——"村民日志"的民族志实验意义解读

何 明

5年前,我们在云南大学"211工程""十五"民族学重点学科建设方案中提出了设置"云南少数民族村寨跟踪调查与小康社会建设示范基地"项目。这是一项综合性的项目,既涉及民族学／文化人类学的理论研究,也涉及运用应用人类学"互动作业"方法及其他学科的方法以促进少数民族农村的社会主义小康社会建设和新农村建设等应用性研究,以及引进智力、项目、资金等发展实践运作问题;此外,还涉及人才培养、教学改革、民族学／文化人类学基础设施建设等内容。其中,在民族学／文化人类学理论研究中的一项具有探索性意义的工作便是:10个调查基地在当地各聘请若干名"村民日志"记录员,对本村每天发生的事情进行观察与记录,从中国少数民族农村的社会文化实际出发,把国际文化人类学界近20年来争论不休、模式各异的民族志书写问题在中国少数民族农村进行实验,让研究对象即文化持有者成为民族志的作者,运用"主位"(emic)方法,从"本文化"内部视角对自己民族和村寨的社会文化进行叙述与评论,以求在当代国际文化人类学的学术平台上进行中国民族志和文化人类学的"本土化"创新,促进具有时代特征和中国特色的文化人类学建设。

一、民族志:文化人类学知识生产的结晶和学术创新的核心

民族志(ethnography)和田野工作(fieldwork),是现代文化人类学具有区别性意义的重要特征。在文化人类学领域,这两项工作一般被视为古典人类学与现代人类学的分野。前者被称为"摇椅上的人类学"或"书斋里的人类学"——学者们不从事系统的田野工作,其学术成果也不是通过民族志的方式表达,学术研究和理论建构的资料来源大都是旅行家、传教士、殖民者、船员等曾目睹过异文化的人士所撰写的文字资料和历史档案文献,人类学家们不进行系统的田野调查,不撰写系统的民族志。从19世纪末起,文化人类学开始从古典向现代转型,其标志便是英国动物学家兼人类学家哈登(Alfred Cort Haddon)在1898—1899年两次率领剑桥大学的考察队赴托雷斯海峡进行田野调查并完成了6卷本的调查报告。其后在功能主义人类学的代表性人物马林诺夫斯基(B. K. Malinowski)和拉德克利夫-布朗(Alfred Reginald Radcliffe-Brown)的倡导与实践下,田野工作和民族志成为现代人类学所必不可少的两项核心性工作,并成为现代人类学的基本学术范式。其主要创新之处在于,"它将先前主要由业余学者或其他人员在非西方社会中进行的资料搜集活动以及由从事学术理论研究的专业人类学者在摇椅上进行的理论建构和分析活动结合成一个整体化的学术与职业实践"[①]。在现代学科体系中,田野调查和民族志通常被视为文化人类学区别于其他学科的学术方法特质,尽管社会学、考古学等学科也进行田野调查,但终究没有像文化人类学那样把田野调查和民族志当作不可或缺

---

① [美]乔治·E.马尔库斯、米开尔·M.J.费彻尔:《作为文化批评的人类学》,王铭铭、蓝达居译,北京:生活·读书·新知三联书店1998年版,第39页。

的学术实践，也未能像文化人类学那样建构如此系统的田野调查范式和完成如此之多的民族志经典文本。

田野工作与民族志之间具有非常紧密的信赖关系和错综复杂的内在联系。从工作程序的表层上看，田野工作在前、民族志在后，民族志是对田野工作的调查过程和内容的记述，由此便形成了田野工作和民族志之间是因果关系，没有田野工作也就没有民族志的普遍认识。但事情远不是如此简单。若从认识论层面探究民族志作者的学术行动逻辑，那么就会发现，人类学家的意识绝不是一块由调查对象的文化任意书写的"白板"，民族志与其所书写的文化之间更不是简单的反映与被反映之类的线性关系。事实上，人类学家在进入田野之前早已形成了特定的学术范式或称"理论预设"。已故著名人类学家费孝通先生在总结自己对花蓝瑶和江村的两次调查时深刻地指出："在实地调查时没有理论作导线，所得的材料是零星的，没有意义的。我虽然在这一堆材料中，片断地缀成一书，但全书并没有一贯的理论，不能把所有的事实全部组成在一个主题之下，这是件无可讳言的缺点。"[①]事实上，人类学家选择何处作调查点、调查什么、怎么调查、如何解释等，均受其学术目标和理论范式的限定与影响。他或她是带着业已形成的术语、概念、范式进入田野，并按这些因素所框定的思维和视角进行体验、观察研究对象，或有意识地或无意识地对研究对象进行有选择性地关注与调查。也就是说，人类学家开始田野工作之前已经有了一个民族志写作的基本性的框架，这一框架或多或少、或强或弱地影响与左右着田野工作及其重点和方法。田野工作与民族志的关系是相互渗透、互为因果的。

民族志是文化人类学学术实践的核心产品。作为学者，人类学家的社会角色是知识生产者，其基本职责是对鲜为人知的异文化体系和人们所熟知的本文化体系进行描述、阐释与反思并将其公诸学界和社会，也

---

① 费孝通、张之毅：《云南三村》，天津：天津人民出版社1990年版，第12页。

就是说，民族志是文化人类学知识生产的产品和结晶。田野工作因具有明显的私人性而无法直接诉诸公众，也无法让社会所共享，因而，从这一意义上看，田野工作是手段，民族志才是目的。纯思性的分析作品或称为"写文化之后"的工作，尽管也是文化人类学的重要组成部分，但其所分析的对象大都离不开民族志，或进一步分析民族志所叙述的文化，或以民族志为对象评论田野工作的方法，或探讨民族志撰写问题，从而使民族志成为文化人类学的理论研究的基础文本和主要对象。

民族志的创新是文化人类学学术创新的基础和关键。学术创新的一般进程大体是：发端于理论和方法的反思，运用于学术的研究过程，体现于学术研究的成果。文化人类学的理论方法反思的结果最终要通过田野工作的试验并体现于民族志的撰写，即"文化书写"的学术实践之中，而且不断创新的理论和方法只有转化为民族志撰写的实践，文化人类学才完成了学术范式的转换与创新，也才在实质意义上实现了学科的进步与发展。

费孝通先生的《江村经济》和林耀华先生的《金翼》是中国人类学在20世纪40年代学术创新最具标志性的成果，并有力地促进了中国人类学的进步与发展。这两部民族志受到当时国际人类学界最权威的人类学家的高度重视与全力推荐，被国内外许多高校列为人类学专业的必读书，至今仍然被人类学界公认为民族志的经典著作。之所以如此，主要在于它们具有前沿性和创新性等特征，是在国际人类学界较早进行"本文化"研究时的代表性成果。当时在国际人类学界盛行以"异文化"为研究对象的条件下，费先生和林先生大胆地把"本文化"作为研究对象，并分别将自己的家乡作为田野调查点，而且在一定程度上探索并实践了近30年之后由美国人类学家哈里斯（Marvin Harris）概括出的"主位"的研究方法。可以说，这两本民族志为国际人类学界关于研究对象由"异文化"向"本文化"回归，关于民族志书写的"主位"（emic）和"客位"（etic）区分的理论方法创新做出了有益的探索和重要的贡献。

《江村经济》和《金翼》两部经典民族志的成功案例，充分说明：民族志是文化人类学学术研究最核心的成果，民族志的创新在文化人类学学科创新中具有决定性的意义。

二、"更彻底地让研究对象发出自己的声音"：以当代国际人类学界"文化书写"问题为平台的实验

不同的时代有不同的学术创新平台。我们与西方人类学家同处于21世纪，共同享有人类智慧所创造的物质和精神产品，共同分享着当代思潮和知识体系等学术资源所搭建的学术交流、对话与创新平台。作为中国当代人类学工作者，我们只有关注与融入当代学术思潮，掌握与运用当前国际学术界的话语模式解读与回答中国社会文化问题，才能够登上当代学术舞台进行中国学术的"展演"，才能建构具有时代特征、中国特色的学术体系，也才能为当代社会文化背景下的知识生产贡献中国文化的智慧。

20世纪后半叶以来，当代思潮对被现代科学和学术奉为"圭臬"的"真实""客观""实证"等原则提出质疑与挑战，"主体""意义""语言"等问题受到各学科的普遍关注并成为讨论的焦点，出现了人文和社会科学各个学科的语言学转向态势。胡塞尔（Edmend Husserl）现象学哲学将人们的注意力从独立于人的意志之外的"客体"世界引向"意义"世界，结构主义理论认为这一"意义"世界与语言体系具有同构性而不是独立于语言体系之外，福柯（Michel Foucault）和德里达（Jacques Derrida）的解构主义则提出语言体系本身是不稳定的，语言在表意状物时具有"局限性"并形成意义的"延宕"，由此便引发了"叙述危机"或"表征危机"等的认识论危机和人文社会科学学科的"语言学的转向"。[①]

[①] 盛宁：《人文困惑与反思——西方后现代主义思潮批判》，北京：生活·读书·新知三联书店1997年版，第39—57页。

其将语言学理论模式作为认知范式,对已有理论和认识重新进行审视,颠覆总体性和同一性,强调多元化、相对主义和差异性,"它是怀疑论的、开放的、相对主义的和多元论的,赞美分裂而不是协调,破碎而不是整体,异质而不是单一。它把自我看作是多面的、流动的、临时的和没有任何实质性整一的"①。

在当代哲学思想、社会思潮和学术背景的影响下,文化人类学开始对20世纪初以来形成的学科范式和知识体系进行反思,具有浓厚的科学主义、实证主义倾向的功能主义等学术思想和以田野工作、民族志撰写为核心的学术范式被放到了"学术反思天平"上重新估量,形成了一股强劲的反思与解构的学术思潮。反思人类学对以功能主义为理论基础的传统民族志提出批评和挑战,认为其具有明显的局限性和不可靠性。其中最核心的问题是"在实证主义社会科学的霸权支配下,民族志的核心实践曾被掩饰和伪装"②,文化书写者遮蔽了所书写的文化和文化持有者的声音。传统民族志并非如其书写者所标榜的那样,是"异文化"的"客观""真实"的叙述,而是西方人类学家从自己的意识形态和学术目的出发重新建构出来的文化,是"被某些支配性的框架所控制和表述"③的文本。自20世纪初以来,西方人类学的田野工作大都在西方的殖民地进行,人类学家的西方文化与非西方文化在殖民主义的时代背景下碰撞,殖民主义等西方意识形态不可避免地影响甚至控制着田野调查和民族志的撰写,有人直接指责马林诺夫斯基的人生和学术与西方向非西方的文化渗透有着非常密切的关联性。④同时,民族志往往为人类学家的学术目的服务,如从功能主义理论出发的田野调查和形成的民族志,"习俗只

---

① [英]伊格尔顿:《后现代主义的幻象》,华明译,北京:商务印书馆2000年版,第2页。
② [美]乔治·E.马尔库斯、米开尔·M.J.费彻尔:《作为文化批评的人类学》,王铭铭、蓝达居译,北京:生活·读书·新知三联书店1998年版,第49页。
③ [美]爱德华·W.萨义德:《东方学》,王宇根译,北京:生活·读书·新知三联书店1999年版,第50页。
④ [美] Asad, Talal. *Anthropology and the Colonial Encounter*. London: Ithaca Press, 1973.

是拜物教化了的功利"①。与此相对应的是，这些民族志为了突出所谓的"客观性"和"真实性"，大都采取了似乎是"价值无涉"的第三人称的书写方式，但从更深层次上看，则是剥夺了文化持有者的话语权以及自我、情感、世界观等的表达，实际上是人类学家借其研究对象的"自白"而阐述其思想观点的"任意裁剪"。除此之外，民族志在书写上也存在着日益僵化和程式化的问题，"它们的描述形成固定的连续性程序（生态学、经济、亲属制度、政治组织和宗教信仰），对调查者角色不再重视，死板地将制度的概念切割为泛文化比较的类型学窠臼"②。

为了克服传统民族志的缺陷，摆脱人类学的困境，当代国际人类学进入了"一个人文学科的实验时代"。西方人类学家们进行了多种形式的探索与各种实验，冠以各种名称、形式各异的民族志纷纷涌现出来，诸如"心理动力学民族志"（psychodynamic ethnographies）、新现实主义民族志（realistic ethnographies）、现代主义民族志（modernist ethnographies）等等，有的倡导采用"主位"（emic）的方法，有的运用人类学家与研究对象之间对话"并置"（juxtaposition）的方式，有的干脆邀请研究对象参与民族志的写作。尽管名目繁多、意见不一，但"这一实验趋势的任务就在于：跨越现存民族志文体的局限，描绘出更全面、更丰富的异文化经验图景"③，"更注重对他们赋予研究对象以意义的过程的反思，并更彻底地让研究对象能发出自己的声音"④。

我们如何进行属于中国文化的新民族志实验？我们的民族志如何"跨越现存民族志文体的局限"？怎样才能"更彻底地让研究对象能发出

---

① M·萨林斯：《文化与实践理性》，赵丙祥译，上海：上海人民出版社2002年版，第4页。
② ［美］乔治·E.马尔库斯、米开尔·M.J.费彻尔：《作为文化批评的人类学》，王铭铭、蓝达居译，北京：生活·读书·新知三联书店1998年版，第50页。
③ ［美］乔治·E.马尔库斯、米开尔·M.J.费彻尔：《作为文化批评的人类学》，王铭铭、蓝达居译，北京：生活·读书·新知三联书店1998年版，第69页。
④ ［美］约翰·R.霍克、玛丽·乔·尼兹：《文化：社会学的视野》，周晓虹、徐彬译，北京：商务印书馆2002年版，第402—403页。

自己的声音"？经过反复思考与学术实践，我们选择了"村民日志"这一书写路径，目的是探讨一种让文化持有者的主体性从主流文化的"话语霸权"束缚下突围出来而从其文化内部的"主位"视角自主地叙述自己的社会文化与表达"自我"的模式，以求"描绘出更全面、更丰富的异文化经验图景"。

首先，文化持有者真正成为文化书写的主人，他们所做的日志是严格意义上的"主位"观察与描述的结果。自马林诺夫斯基提出"钻进土著人的心里"的田野准则之后，人类学家们在"钻进"的问题上进行了不懈的努力。至20世纪60年代，康克林（H．C．Conklin）、弗莱特（Charles O．Frake）等人在其"新民族志"（new ethnography）中极力倡导"主位"观察与描述的方法。其后，格尔兹（Clifford Geetz）及其弟子克利福德（James Clifford）等人发起的实验民族志（experimental ethnography）则提出了把原本被排除在外的合作研究者、田野居民等与民族志相关的人物也纳入民族志作者并让其语言直接进入文本的书写方法，即所谓"多音位"（polyphonic）模式。目前，上述学术实践的真实度、有效性、干扰性等问题仍然未能得到令人信服的解决，其深层根源则是研究者的主体性与研究对象的主体性之间的矛盾无论如何都难以弥合。两千多年前中国思想家庄子提出的"濠上之辨"难题始终无法破解，才出"浅描"的泥潭又入"过度阐释"的沼泽，才让文化持有者发出了自己的"声音"，而学者所属的社会无法理解的"噪声"即起，按照马林诺夫斯基的金科玉律"钻进土著人的心里"后便发现，原来"钻进土著人的心里"的是带着坚固的西方社会文化结构"前置"的人类学家。而"村民日志"的作者是生长于斯的"土著"，是村寨社会文化的参与者和行动者，以他们的眼睛和头脑观察本村每天的日常生活，以他们的思维和语言表达对本村发生的大大小小事件的评价与感受，这才是严格意义上的"主位"方法，才能真正"从内部提供有关异文化的解说"，因而对记录者来说，"村民日志"是对"本文化"的记录与反思。

其次,"村民日志"的记录者连续性地归属于他／她所叙述的社会,因而他／她的视域与其叙述对象所包括的视域是高度重叠与融合的。在"本文化"研究中,人类学家尽管属于"本文化",但因其境遇使他／她与"本文化"之间产生了或深或浅的"历史时间间距",从而降低了研究者视域与研究对象所包含的视阈之间的重叠度或融合度。费孝通先生对自己在家乡的田野调查体验的反思充分地证明了这一点,他说:"我是这个县里长大的人,说着当地口音,我的姐姐又多年在村子里教老家育蚕制丝,我和当地居民的关系应当说是不该有什么隔阂的了。但是实际上却并不是这样简单。当时中国社会里存在着利益矛盾的阶级,而那一段时期也正是阶级矛盾激烈的时期。我自己是这个社会结构里的一个成员,在我自己的观点上以及在和当地居民的社会关系上,也就产生事实上的局限性。这种局限性表现在我对于所要观察的事实和我所接触的人物的优先选择上。尽管事先曾注意要避免主观的偏执,事后检查这种局限性还是存在的。"[①]"村民日志"的记录者不仅在文化认同上归属于本村的社会文化,而且境遇使他／她在实践和时间上连续性地归属于本村的社会文化,不存在"历史时间间距"所形成的视阈间隔,其视阈与所叙述的社会文化包含视阈是天然契合的与高度重叠的,因而"视阈融合"度不仅要高于"外来者",而且高于属于本文化的学者。

再次,"村民日志"的叙述场域是自然而常态的,记录者的心态与通常田野工作的"报道人"大相径庭。"报道人"是人类学田野调查时不可或缺的角色,他们的"报道"场域与其日常生活具有明显的差异,属于非常态性的——面对陌生的"外来者",围绕着研究者的询问话题进行"搜肠刮肚"的作答甚至"编造故事"。为了解决这一问题,实验民族志的一种做法是将人类学家与报道人之间的谈话过程呈现出来。然而,所呈现的仍然是非常态场域下的谈话——人类学家因拥有民族志的最终书

---

① 费孝通:《迈向人民的人类学》,《费孝通选集》,北京:海峡文艺出版社1996年版,第312—313页。

写权而不可回避地产生一定程度的"话语霸权",从而对文化持有者的话语表达产生干扰或渗入。"村民日志"则规避了这一问题,记录者的叙说话题是自主性的,叙说场域是常态的——在自己家中并无"他者",做到了"想说就说""想说什么就说什么""想怎么说就怎么说"。

由此,文化持有者的关注视角、价值观念、情感模式等主体性在"村民日志"中得到了逼真而完整的表达。如果从汉语表达和学术话语的角度看,10个村寨的日志则给人以非常明显的"参差不齐"之感。但这种"参差不齐"却含有一般语用所没有的含义,不仅呈现出10个村寨文化的差异性,而且"彰显"出许多实验民族志所追求而难以企及的不同民族、不同村寨文化的"认知图式"的差异。日志所记述的内容大多是饮食、生产等琐碎而重复的生计活动,似乎是"无关宏旨""不得要领"的唠叨,但这却是记录者基于他／她的立场对村中所发生的事件按照他／她所认定的重要性进行过筛选排序而记录下来的,是记录者及其所属文化对社会活动的选择,这恰恰体现出其关注视角、价值取向的特殊性。日志的语言表达既无文学作品的生动形象,也无学术论著的严谨高深,大多"平淡无奇""枯燥乏味",且各本日志在描述的详略、反思的深浅甚至语言的顺滞等方面均有较大差异,但却体现出各民族、各村寨文化的感知能力、表达能力、反思能力的差异,即其"镜像"识别的独特性和差异性。因而,尽管"村民日志"有悖于一般正式出版的文本,甚至与已有的民族志文本也大相径庭,但其内含的"张力"和所表达的意义的"深刻性",远非一般民族志所能企及,也正是许多实验民族志所追求的目标。

当然,来自"异文化"的学者的影响并不是说排除无遗,但我们所做的仅仅是:第一,选择"他"或"她"记录,提出了举例式的记录内容引导;第二,根据"于研究对象无害"的社会研究伦理原则,对于日志中可能会危及所描述的对象和记录人的正常生活的少量内容做了删节。

三、用汉语叙述：基于中国少数民族与汉族的文化关系的本土化实验

近年来，中国文化人类学的"本土化"的呼声渐强，且有对汉人社会研究的一些探索，但对于少数民族社会的研究，大都止于"需要本土化"之类的"舆论动员"，少有"如何本土化"方面的"指点迷津"，更缺乏"以身试法"的"躬身实践"。尽管这是一个相当复杂的问题，在此不做专门的探讨，但可以从中国文化人类学20世纪30～40年代的学科发展史中获得如下初步的启示，这就是：中国文化人类学"本土化"学术实践的核心是民族志的"本土化"，而民族志实现"本土化"的基本前提是，选择适合中国社会文化实际的途径，将国际文化人类学前沿性理论方法用于中国社会文化的田野调查与民族志书写的实验，以参与到当前国际文化人类学前沿性问题的探讨，并在当前国际学术前沿的平台上进行理论和方法的创新。

前文述及的费孝通先生的《江村经济》和林耀华先生的《金翼》两本经典民族志，不仅是学术创新的典型案例，同时也是中国文化人类学"本土化"的成功典范。两位人类学家以当时被国际人类学界所公认的理论和方法为学科平台，以具有悠久历史文化传统的中国社会文化为研究对象，并从中国社会文化的实际出发，分别选择了在西方工业文化影响之下的农村生活变迁和家族制度这两个最具中国社会文化特色并在中国社会文化中占据重要地位的问题进行调查研究，从本土文化的眼光和中国文化的表达方式进行民族志书写。诚如马林诺夫斯基所说："我敢预言费孝通博士的《中国农民的生活》（即《江村经济》）一书将被认为是人类学实地调查研究和理论工作发展中的一个里程碑。此书有一些杰出的优点，每一点都标志着一个新的发展。此书让我们注意的并不是一个小小的微不足道的部落，而是世界上一个最伟大的国家。作者并不是

一个外来人，在异国的土地上猎奇而写作的；此书的内容包含着一个公民对自己的人民进行观察的结果。这是一个土生土长的人在本乡人民中间进行工作的成果。如果说人贵有自知之明的话，那么，一个民族研究自己民族的人类学当然是最艰巨的，同样，这也是一个实地调查工作者的最珍贵的成就。"[①]弗思对《金翼》也做出了类似的评论，他说："作者（指林耀华——引者注）似乎是身临其境，不论是在药铺、在闺中、还是在土匪山老巢，他都能真实地告诉我们每个人物的言行举止，甚至能探寻他们的心灵深处，解释他们当时的动机和昔日的感情。……他写的是他的故乡，他从童年开始直至成年相识的人们。倘若他并不是一直与他们朝夕相处，至少他也是经常处于相同的环境。"[②]因而，尽管这两部民族志都先以英文版在国外出版，但无论是研究的对象和主题还是文化书写的视角和表达方式都是"本土化"的。

自《江村经济》和《金翼》问世以来，国际人类学发生了巨大的变化，当年被视为最先进、最科学的理论方法受到了反复的证实与证伪、肯定与否定的挑战，并从中发展、变异、衍生、创造出流派众多且取向相异的当代文化人类学理论和方法。中国人类学自20世纪80年代恢复发展以后，一批年轻人类学家尤其是曾留学欧美的人类学家进行了当代国际人类学的大量译介工作，这对于中国人类学的理论方法创新是非常必要的和不可或缺的。但这还是远远不够的，理论译介仅仅只是手段，目的是进行"本土化"创新，是将其作为背景、视野或工具对中国社会文化的事实和经验进行调查研究，撰写出具有时代特征、中国特色的民族志，解释与回答现代化进程中和全球化背景下的中国社会文化的理论和现实问题。因此，沿着费、林二位先生开辟的道路，站在当下国际人类学的

[①] ［英］马林诺夫斯基：《江村经济·序》，费孝通：《江村经济》，北京：商务印书馆2001年版，第13页。

[②] ［英］弗思：《金翼·英文版导言》，林耀华：《金翼》，北京：生活·读书·新知三联书店1989年版，第1—5页。

平台上，进行现时代的中国文化人类学理论方法创新，撰写出"本土化"的当代中国新民族志，这是时代赋予我们的职责和任务，也是当代学术背景下中国人类学学术创新的关键环节之一。

在当前国际人类学界关于民族志书写问题的研讨中，研究者与研究对象的关系是一个关键性的问题。因而，研究中国少数民族社会的民族志，要解决的一个首要问题是中国的人类学工作者即以汉文化为主导文化的研究者与研究对象即少数民族之间的关系有什么特征？以汉文化为前置文化结构的学者视角下的少数民族文化和西方人类学家视角下的非洲文化、印第安文化等，都可以称为"异文化"，但其"异"的程度和本质却是截然不同的。前者之"异"，是同一种文化之内的不同文化类型的差异或同一种文化类型之中不同文化分支的差异，即中华民族"一体格局"文化中的"多元"的差异；后者之"异"，是基本上没有实质性关联的两种文化之间的差异。费孝通先生提出的"中华民族的多元一体格局"命题，是理解与把握中华民族中各民族文化之间关系的关键词。一方面，中华民族的起源是多元的，各文化区、各民族以及各民族内部各支系之间的文化也是多元的，正是这种多样性、多元化的文化构成了色彩斑斓、博大精深的中华民族文化。另一方面，从新石器时期起，中华大地上的各文化区、各族群文化之间传播、接触、交流与融合的文化互动便开始了。从春秋战国时期起，各族之间的交流与融合进入频繁而密切的阶段。在汉族形成以后的两千年漫长历史中，其他族群融入汉族的所谓"汉化"和汉族融入少数民族的所谓"夷化"的"民族流动"从未停止过。在这种民族流动过程中，逐渐形成了一个凝聚多元文化的核心——汉族及其文化通过"一个点线结合，东密西疏的网络"[①]传播与融入各少数民族及其文化之中，从而构建起由区域性到全国性、由弱到强的多元一体格局。由此可见，在中国，以汉文化为基础的学者和作为研

---

① 费孝通：《中华民族的多元一体格局》，《费孝通选集》，北京：海峡文艺出版社1996年版，第350页。

究对象的少数民族之间的关系，是"一体"之内的"多元"的差异，两种文化之间存在着悠久、密切、深刻的内在联系，而且研究对象即少数民族文化中吸纳了汉文化的诸多因素，从而使中国人类学者与其研究对象之间保持着远非西方学者所能具备的亲密关系和沟通条件。

作为中国文化重要组成部分和中华民族交流沟通的最重要的工具，以汉文化为基础的汉语及其书写符号系统汉字早已为多数少数民族所接纳，除了大多数回族把汉语作为母语之外，许多少数民族还把汉字作为重要的甚至是唯一的书面记录与表达符号。随着近代以来民族—国家的形成、文化教育和现代传媒的推广，汉语在少数民族中程度不同地得到普及，绝大部分少数民族农村都有人能够使用汉语交流、运用汉字进行书面叙述表达。中国少数民族语言文化的这一特征，为村民们运用汉语记录成为可能，也使运用"村民日志"的模式描述中国少数民族社会文化的民族志实验具有了中国特色；同时，为了使之能够为更为广泛的群体所阅读，运用汉语记录也是一种别无他途的选择。

不可也不必隐讳的是，10本日志之间存在着文化书写和言语表达的明显差异。从表层上看，这一差异所呈现的是不同民族、不同村民运用汉语进行言说与表达的能力的差异，从而显示出不同民族、不同村民受汉文化影响程度的差异；从深层上看，在少数民族村民运用汉语记录的过程中，作为叙述的符号和传播中介，汉语及其特有的无意识结构和术语等被法国精神分析学家拉康（Jacques Lacan）称为交流对话的"第三参与者"因素，无疑参与到日志的文化叙述的建构之中了。但无论前者还是后者，其本身就具有学术研究的价值。美国语言学家、人类学家萨丕尔认为："言语这一人类活动，从一个社会集体到另一个社会集体，它的差别是无限度可说的，因为它纯然是一个集体的历史遗产，是长期相沿的社会习惯的产物。言语之有差别正如一切有创造性的事业都有差别，也许不是那么有意识的，但是正像不同民族之间，宗教、信仰、习俗、艺术都有差别一样。走路是一种机体的、本能性的功能（当然它不是一种本能);言语是一种非本能性的、获得的、'文化的'功能。"①因此,"村民日志"除了其所叙述的内容可以作为研究对象之外,文本本身亦可置于当代实验民族志研讨的学术背景下作为一种"社会事实"进行解读。

四、对话:多维交复话语张力的实验

"对话"是现代主义民族志的重要文本策略,"学者们认识到,在民族志里所要表述的经验,必须是发生于民族志作者与报道人之间的对话"②。为此,我们在"充分给予被研究者表达自己意见的空间"的同时,还采用了"充分对话"的文本策略。

《新民族志实验丛书》和《少数民族村落社会文化研究丛书》两套丛书的安排,是根据"充分对话"原则设计的。其中,既有同一文本内的"局内人"(insiders)与"局外人"(outsiders)之间的对话,又有不同文本的"局内人"与"局外人"的对话,而且在有的"村民日志"中还有"局内人"中不同性别、角色之间的对话。首先是"村民日志"同一文本中的"局内人"与"局外人"之间的对话,日志的主体部分是村民即"局内人"表达自己意见的空间,而"前言"及"村寨概况"则是研究者即"局外人"对研究对象基本概貌的解读。其次是两套丛书之间构成的对话,《新民族志实验丛书》的作者主要为村寨文化"局内人",而《少数民族村落社会文化研究丛书》的作者则是作为"局外人"的研究者,两者在同一时空内对同一对象做出的不同解读本身就是一种对话,这一对话事实上还具有留给读者进行分析的"张力"。最后是不同社会角色的"局内人"的对话,即在本课题设计时要求各个调查点选择2—3名性别、身份不同的记录者进行"村民日志"的记录工作,使同一本"村

---

① [美]爱德华·萨丕尔:《语言论》,陆卓元译,北京:商务印书馆2005年版,第4页。
② [美]乔治·E.马尔库斯、米开尔·M.J.费彻尔:《作为文化批评的人类学》,王铭铭、蓝达居译,北京:生活·读书·新知三联书店1998年版,第101页。

民日志"中出现同一村寨中不同社会角色之间的对话，但因有的记录者因患病、外出等各种复杂的原因未能坚持记录，从而使这一设计意图未能在全部"村民日志"中得到落实，出现有的日志由两位或两位以上记录者完成，有的日志则完全由一位记录者完成的情况。

正如美国人类学家马尔库斯和费彻尔所言："在这样一个时代，我们承担着一种风险，即，我们既可能拥有巨大的潜能，也可能因走进死胡同而无能为力。"[①]我们"新民族志实验"的命运究竟是前者还是后者，只有让时间告知。

2020年5月6日午夜
草于白沙河畔寓所

---

① ［美］乔治·E.马尔库斯、米开尔·M.J.费彻尔：《作为文化批评的人类学》，王铭铭、蓝达居译，北京：生活·读书·新知三联书店1998年版，第11页。

总 目 录

第 1 册

前言 /1

2006 年日志 /1

2007 年日志 /221

第 2 册

2008 年日志 /423

2009 年日志 /657

2010 年日志 /879

第3册

2011年日志（1月至8月）/1047

2012年概述/1185

2014年日志（1月至9月）/1211

2015年概述/1351

2016年概述/1393

2017年概述/1423

2018年概述/1445

目　录

前言 /1

2006 年日志 /1

2007 年日志 /221

前　言

一、关于南溪村

南溪村地处丽江古城西南方文笔山上，北纬26度、东经99度附近，隶属丽江玉龙县黄山镇，为该镇唯一一个高寒行政村，也是丽江境内海拔最高、地理位置最独特的一个和姓纳西族村寨，距离丽江古城约30公里，40分钟车程，下辖金龙、文屏、满上、满中、满下、旦前、旦后、鹿子8个自然村。整个行政村地形以山地为主，间有地势稍平的高山坝子"笃古坝"和"旦都坝"。平均海拔为3200米，属典型的山地高寒气候，有当地谚语称"清明断雪，谷雨断霜"。因其地理环境、生态和文化的独特性与相对封闭性而享有"小香格里拉"的称誉。

截至2017年底，南溪村共有382户，1558人。村民姓氏均为和姓。自称和他称都是纳西。耕地5485亩（1亩≈666.6平方米），林地61572亩。

南溪最早居住者是普米族。明代木氏土司在此地开辟养马场，从束河古镇迁来两户纳西族居民当养马人，这两户所属家族阿四吉家和阿五德家自古就是东巴世族，在丽江享有盛誉，东巴世家因而成为南溪最早的纳西族居民和村寨环境建设者。此后大部分普米族人迁移他乡，仅留下的一户，与纳西族相互通婚，最后同化成了纳西族，南溪的纳西族由此发展而来。清代木氏土司衰落，至雍正年间改土归流，木氏在丽江的统治结束，养马场的历史也至此终结。但由于丽江马在明代时作为朝廷贡马而享有盛誉，清代康熙年间朝廷下诏在北胜州（现永胜县）开辟茶马互市，丽江马的交易量增大，满上、满中、满下3个村成为丽江马的供应地。由此不断有人从附近的太安、丽江坝子等地迁来，人口不断增长，逐渐形成了今天的南溪村。中华人民共和国成立后的"大跃进"时期，倡导开垦山地发展农业，南溪村由此转向农业种植，养马业到此终结。

南溪转型为一个典型的农业社区后，由于地处高海拔山区，气候冷凉，主要种植土豆、蔓菁和反季油菜，以及少量燕麦和青稞。至现当代，南溪经济在传统生计的基础上有所突破。2005年至2015年间，曾经因在我国最先引进玛咖生态种植而闻名远近，2015年玛咖经济崩盘后回归洋芋种植。20世纪90年代开始的出租车营运也在持续地影响和改变着南溪的经济面貌以及整体的村寨发展格局。由于交通条件的改善，以及城乡距离的相对近便，上山和下山不再是困难的事情，下山务工的南溪人并没有完全脱离土地，而是下山上山两头跑，城乡兼顾，并因此形成了独特的乡村不空景观。

得益于特殊的地理历史条件，南溪现在仍然保留着相对完整的纳西族传统文化，表现在家族体系的保留，以及服饰、起居、娱乐、丧葬、婚恋、节庆、祭祀、歌舞、建筑、手工制作等各个方面。

二、关于南溪村纳西族调查研究基地

云南大学南溪村纳西族调查研究基地始建于2004年，基建总投资35万元，主体建筑为一栋标准二层纳西族民居式土木结构房，附带一栋古老木楞房，能够同时接纳10～15人驻站工作学习。自2005年开始运作，到2019年5月已经成功举办七期民族学／人类学研究生田野调查（包括四期民族学／人类学暑期学校），接待约150名来自全国各大院校以及国外院校的硕士生和博士生，以及若干国内外学者的专题调研。据不完全统计，至少 5 名硕士研究生在基地完成学位论文，研究生发表论文 10 余篇，学者完成论文 8 篇。已出版新民族志专著《雅阁丽轮——玉龙县黄山镇纳西族村民日志》（第一辑，2004—2005）①、《溪村社会》②；专题研究报告《心灵之河——南溪村民族信仰文化的三十年变迁》③《社会背景下的仪式变迁——南溪村的信仰传统研究》④；云南少数民族农村发展报告，《丽江玉龙县黄山镇南溪村发展报告》⑤等。为云南大学民族学与社会学学院信息库建设提供了大量影视、图像和文字资料，并为南溪村反思民族志的书写进行了铺垫。为开展传统文化进学校工作，2008—2013 年，基地聘请丽江东巴博物馆的东巴传人和丽宝每月一次为南溪完小学生教授东巴文字和东巴绘画。2008—2014 年，不定期聘请南溪村民间艺人和万里、和万花等人为南溪完小学生教授纳西族民歌、打跳、本土知识。南溪完小学生在丽江市、县历次民族歌舞表演、民族传统文化知识比赛中均获得优良成绩。

三、关于日志和日志记录员

本次集结的日志接续第一辑（2004—2005 年），始于 2006 年，截至 2018 年，横跨 13 个年头。其中 2012、2016、2017、2018 年 4 年为概述，2013 年缺记，其余 8 年为基本完整的全年性日志，字数逾百万。整体来看，其中 4 年的概况式写作，虽然失去了日志的特色，但又有了年志的意味，并且对以往年份的生产、生活的重要事件和进程进行了回溯性或

---

① 洪颖、和晓蓉主编，和尚勋记录：《雅阁丽轮——玉龙县黄山镇南溪村纳西族村民日志》，北京：中国社会科学出版社 2008 年版。
② 杨杰宏：《溪村社会》，呼和浩特：远方出版社 2005 年版。
③ 张跃、何明主编：《中国少数民族农村 30 年变迁》，北京：民族出版社 2009 年版，第 678—707 页。
④ 何明主编：《云南十村》，北京：民族出版社 2009 年版，第 457—485 页。
⑤ 将由中国社会科学文献出版社出版。

总括性叙述；二者从而具有了互补的作用。光阴如梭，回望之时，虽有缺憾，但浩浩百万之言，已然酝酿了一种史诗的规模、格调和韵味。

记录员和尚勋老师也已两鬓斑白，成为七旬老者。他经历了13年间家庭、家族的诸多悲欢离合，亲人和自身病痛、云南大学支持经费的时断时续等各种问题和挫折，但一直没有放弃记录工作。虽然他说由于他本人长时间离开南溪村和村民，造成眼乏、身短、目空、手不力的客观现实，深表歉意。但客观来看，经年之志，已经成就了一个不平凡的传奇。

以下摘取和尚勋老师的自述，借以说明记录员的生活史，以及日志的缘起和期间中断或部分年份由日志改为概述的缘由。

和尚勋，男，初中文化，中共党员，现年69岁，纳西族，退休小学教师，住丽江玉龙县黄山镇南溪村委会满家村民小组。1950年出生，1963年7月小学毕业，同年9月考入丽江第二中学读书（当时丽江只有两所中学，现在的丽江市第一高级中学称"丽江一中"），本应在1966年7月毕业，但因国家处于"文化大革命"时期，直到1968年底，毛主席号召全国知识青年"上山下乡，接受贫下中农再教育"，作为一个回乡知青回到南溪村。1971年下半年开始，国家实行再下乡，回乡知识青年中招收部分"工、农、兵"学员上大学、招工、招干等工作。我被招为"丽江地区支边教师"，分配到怒江州福贡县利沙底公社任小学老师。1992年10月，因爱人百病缠身，又无人照顾，造成家庭困难，本人提出申请要求调动，经批准调回丽江县七河乡任教。后又调回黄山乡南溪完小任教。到2001年，因我患有严重的气管炎病，对教学工作产生了极大的困难，担心因病会导致影响教学质量，就向丽江各级教育主管部门交了退休申请书，在多次强烈要求下，于2002年9月被批准退休。

2003年底，云南大学要在南溪满中村建立"纳西族调查研究基地"，在当时的黄山镇党委政府领导的推荐下，基地项目负责人聘请我与和国高（时任满中村小组长，后退出记录工作）为基地"村寨日志"记录员。并让我俩参加云南大学举办的"村民日志"记录辅导班，一同来的还有南溪村委会副书记和国军、副主任和丽军。培训期间，得到辅导老师的精心指教，项目负责老师无微不至的照顾。我俩从2004年1月1日开始写南溪村"村民日志"。①

天有不测风云，人有旦夕祸福。到2009年6月中旬，我的女婿因脑动脉血管破裂而倒下，抛下刚满7岁的外孙和我的女儿，直奔黄泉。从此，孤儿寡母，儿要上学，母得上班。女儿的公公婆婆当时已年近七旬，无力照顾孙子和儿媳的生活，女儿就向我们家求助，我们也只得丢下家中的一切答应她的请求。于是，我于2009年9月开始进城住在女儿家，接送外孙读书。之后因心脏早搏，已经在城里购置商品房的儿子儿媳就不让我和老伴再回南溪居住。我只能不时回去一趟，照料一下基地房屋，了解一些村中情况，又回城里。现在孙子孙女等已经长大，不需照顾。我和老伴准备重新回村里生活。

回首往事，冷静思考。前10年我坚持以记日记为先，真实地记录了南溪村里的事情，没有半点的虚构和创作。其中有个别的章节，看似是我编的故事，其实是发生在南溪村的真人真事。后5年，我在生活中经常看到，女儿和外孙为完成外孙的课外作业常有口角而感到心神不安，进而导致心脏早搏；还看到儿子在没有欠债后，染上了一些社会上的不良习惯而心中愤愤不平；还因为我的二胞兄弟和尚典家从之前较富裕的农户，几年光阴就败家了，感到非常痛心和羞愧。这些不顺心的事情涌上我的心头，使我无法心平气静地坐下来写日志，使日记时断时续，残缺不全，成了不完整的日志，我为没能把南溪村变化的历史完整地记录下来而深感遗憾。

---

① 另一位日志记录人和国高（原满中村小组长）因记录质量问题等原因在2005年即退出了记录工作，之后一直由和尚勋老师一人坚持记录。此外，和尚勋老师还与村委会副主任和丽军两人一同承担村寨影像记录的工作。

岁月如流，15年光阴一晃而过。15年里，南溪这个小山村发生了很大的变化，有些人逝去，有些人变老，有些人降生，有些人成长；从开始的交通不便，变成了如今的交通便捷；村民的生活从温饱状态到富裕；经济贫乏变成了有很大的发展；村民开始不懂什么是商品住房，而现在已有百余户村民在城里买了商品住房；从不敢想买汽车，而现在全村已买有一百余辆出租车搞自家营运，或出租给别人开；从坐手扶拖拉机进城，变成开自家车进城（整个南溪村除了13户建档立卡贫困户外），都有出行用的汽车，还有一些农户搞营运有出租车，跑城里有轿车，跑地里有微型车；村民的住房从原来的木楞房到土木结构房，再到砖木结构房，再到钢混小洋楼（现在村里传统的木楞房很少见，取而代之的是砖木结构房，全村约有40户已建起了钢混小洋楼）；从不知道什么叫电话、电话有什么用途的村民，变成了家家有手机，进入了信息时代，不在一处生活的亲戚、家人和朋友可以通过手机互相交谈聊天；从生产用的工具看，单从犁地说起，开始只有传统的二牛抬杠，到用手扶拖拉机犁地，再到最近几年用大型轮式拖拉机犁耙两道工序一起完成；锄洋芋也用上了锄地机，挖洋芋不用锄头挖，而是用拖拉机犁翻，人们就捡一下，省时省力；从之前只有寥寥几个大学生的村寨，到接受高等教育的学生逐年增多。也有个别村民的变化是反面的：由于赌博或不善经营，从有车有房，到卖车卖房还贷，变成贫困户，妻离子散，再到家破人亡。

感到欣慰的是，这15年的坚持，得到项目负责老师的认可和理解，我和尚勋不违15年之约！

这是本日志记录者和尚勋老师的自述，已经说清他的经历和想法，编者不再做解释。

这部纳西族的日志除明显的错别字、语法错误和重复语句外，最大限度地保留了日志原本的内容，以使当地人成为当地社会和文化的真正发声者和主体。

需要解释的是，日志中村长、组长混用。对村干部准确的称呼应该是村主任，但在当地，民间也俗称"村长""组长"。我们保留了日志中的称呼。日志中有部分当地土语，例如"亩积"（面积）、"喜喜欢欢"（表示高兴）之类的词语，因通俗易懂而并没有修改。书中农历日期的格式并不统一，但由于是村民的原书写，我们保持原貌，不进行修改。

编者

2019 年 5 月

2006年
日志

2006年1月1日　农历十二月二日　晴

满中村村民王玉清的出嫁礼今天在本宅举行。太阳出来才一丈来高，接新娘的队伍就来到她家门前，一共来了十辆大小车。她是要嫁到相距60多公里的龙山乡去的，是满中村历代女性中嫁得较远的。迎亲车在她家门前的公路上一字靠左停好，她家门前好热闹，人多、车多，来往的车辆都得减速慢行。11点左右，客人陆续来了，三三两两，五个一群，十个一伙走向她家。12点半开始待客，下午3点新娘出门。只有迎亲和送亲的人，没有嫁妆，可能是给了一点钱，让新娘以后随心所欲地去购买。其实路远的地方，这样做是有远见的。因为两地相距甚远，东西会颠烂的，不如送点钱，两全其美。

2006年1月2日　农历十二月三日　晴

村民和圣华家杀年猪，比往年多了一对客人，就是在城里混了五六年的和圣华的胞弟和圣周及他的女朋友。他所领来的女朋友已是第三个了。混日子的人还真有两下子，女朋友换来换去，一年换一个，要是在家好好待着的小伙子，什么叫作女朋友都不知道的还大有人在。由此看来真有点像过去南溪村民口头常说的"河里无鱼市人有"，在现时可谓是"村中姑娘奇缺，城里多得出奇"。要不然像这样不干工作，混日子的人怎么这样轻而易举地找到女朋友呢？而且今朝领这个，明晚领那个，后日挽这个呢？有些村民为和圣周的"英雄"而赞叹，有些村民为他的日后担忧。

村民和建成家杀年猪，今年他家的客人比往年多了一桌，这一桌是和月华请的村里女青年。和月华是和建成的长女，去年7月初中毕业后在家务农。男青年互相请客、女青年互相请客，这种做法已有六七年了，好像成了没有文字的村规。这种做法虽然破费较多，但一年里也就这么一次，而且可以互相帮忙杀猪、端菜上菜、洗碗等，从这点上讲又是可取的。

2006年1月3日　农历十二月四日　晴

村民和学仁、和国秀夫妇请来家族里的年轻人和亲戚，开了两辆手扶拖拉机到前面山上砍柴，这些柴是准备他儿子和春拾结婚之用。他儿子和春拾择吉日（十二月初八）在丽江城举行婚礼，和学仁夫妇于今天找来柴后准备明后两天内拉到城里去，用于做婚宴的柴火。

村民和国武忙着粉碎绿肥，部分村民把绿肥割好晒在田里，晒干后用手扶拖拉机一次性直接拉到和国武家粉碎，每百斤收5元的加工费用。虽然要出点钱，但这样做有以下几点好处：一、便于管理、不占地方；二、便于喂牲口，喂猪时抓一把拌入水中就是了；三、不浪费。

2006年1月4日　农历十二月五日　晴

村民和朝光、和社兴、和建军三家杀年猪，他们三家是今年满下村杀年猪顺序排列倒数第二，到今天为止只有和万元一家还未杀。按照往年的常规，年猪应在农历十月中旬开始杀，到十一月中、下旬杀完。他们三家杀得晚的原因有一个共同点，就是去年冬末春初，和朝光家因乱放猪，没有把猪关在厩里而得了猪传染病，打针、喂药都无济于事，结果死了大小十多口猪，直到夏初才从太安市场买来小猪喂养。和建军家也是放猪而染上猪传染病，抢救无效死完了，直到6月才买来小猪喂养。和社兴家有两口架子猪未放，但还是染病而亡，他家就干脆不养，直到前月初从旦都买来一口肥猪，喂上一个月积点肥，拖至今日才杀。由此看来，不能图一时片刻的轻松而乱放猪，一则损坏邻近种的庄稼，二则自家的损失也是够多的了。

原先打算在11月前建完的"村村通"电视接收发射站，今天终于有人来做了。五龙县广电局的两个技术员将机器拉到南溪村委会，休息一阵后，开始进行工作。从满中村出钱请来和万里、和承军两位村民挖接收塔的基槽，用石头和沙灰浇灌接收塔的基堆。

两位技术员由村委会副主任和丽军陪着，为他俩做午饭、烧水、帮忙搬东西。晚饭由村公所邻居和朝光请他们来做杀猪客。吃过晚饭就睡在村公所。

2006年1月5日　农历十二月六日　晴

村民和尚花家婆媳之间又大吵起来了，和尚花大发雷霆辱骂儿媳，儿媳口不示弱照样还击，和尚花挥舞拳头欲打儿媳，儿子和武军极力挡住。相劝的邻居到了三个，和尚花更是火上浇油，大声骂起儿媳。知道和尚花家底细的邻居三人都异口同声地说："做人应该互敬互让，凡事都忍让点才是。你不害羞，我们替你害羞，媳妇讨不着时，你扬言要对媳妇如何如何的好，媳妇才过门一两个月就吵开了，这太过分了，满下村历史上还没出现过像你这样做婆婆的，天天这样吵会有好的结果吗？"做婆婆的不对，做儿媳的不让，只苦了中间人既是儿子又是丈夫的和武军，他经常陷入这样的决战中不能左右，有次差点自杀了。做母亲的为什么不心疼自己的儿子，做妻子的为什么不体贴丈夫，和尚花为何一不顺眼、不顺心就大肆吵骂，应多为儿子着想啊！邻居都这么想。

2006年1月6日　农历十二月七日　晴

村民和学仁、和国秀两口子为儿子和春拾明日在丽江城举行婚礼而忙着。和学仁已年满六旬，他今天借了舅爷和国军的面包车忙着把他请来帮忙的家族和亲戚拉到城里。亲戚有15家，家族有24家，每家1人，个别的（有年轻人家）两人，共50人左右来帮忙。有些已在城里开车，不在城里开车的则在今天由和学仁拉下去做准备工作，以便明日中午12点左右开始待客。

满下村年轻人的婚礼在城里举行是有史以来的第二例，它有特殊的原因：一、和春拾所找的老婆家居坝子里（中济村人，而且是位教师）；二、和春拾在城里开车；三、在城里举行婚礼的人情收入比在家里丰厚些（城里做客的人至少会挂200元的人情礼，若在家里举行，少则5斤米、

1斤酒，一般的半挂肉、5斤米、1斤酒，至亲的会挂百元以上，一般朋友挂30元以上）。再一个原因就是若在家里举行婚礼开支就会比城里多得多，上上下下的车费就得花好大一笔，吃吃喝喝从开始到结束得4天。

2006年1月7日　农历十二月八日　晴

村民和春拾与和家香的婚礼在丽江城里举行。亲戚们和村民们为和春拾庆幸，都说"憨人有憨福"。无业、无田、无较多房产，年岁也三十有余，却找到一位比他小十来岁的、才貌均优的年轻老师，真出人意料。他俩相识、相好已快有三年光阴，今天前的相处村民及他父母都认为是不可能的。从今天起，和春拾父母已心定，为儿子感到高兴，村民和亲戚们也吃了颗定心丸。居住在南溪村的纳西族历来视腊月腊八（农历十二月初八）为最吉利的日子，一般男娶女嫁大多选择在这一天举行。现时不像过去那样都集中在这天，而是实行互让而择日（如村中有一户早就选择初八，另一家就提前或推后几天举行）举行婚礼。

2006年1月8日　农历十二月九日　晴

村民和尚花家的婆媳之争愈演愈烈，已使家族、亲戚们上她家都有些胆寒，生怕受牵连。前些日因小孩有些感冒，儿媳想去医院看病找药，结果婆婆和尚花抢先去了，而且一连两天不回来，到第三天才回来。儿媳不忍心让才有8个月龄的小女婴断奶，而婆婆却要强迫断奶，对此，多数村民都认为是做婆婆的过分了，是村中前所未有，也不合情理的，亲戚们担心他们家的内部矛盾会由此而加深。结果不出人们所料，今晚婆媳真的动手打起来了。因为是晚上，见的人不多，劝的人也只有亲家爹和永良一人，结果和尚花挨了儿媳的几下打。

2006年1月9日　农历十二月十日　晴

村民和万元家杀年猪，帮忙他家的人比一般杀年猪时多些，家族和亲戚能帮的都在帮着他家。原来他家是两码事情集于一天来做（杀年猪，老婆做绝育手术收礼）。将两件事合并在一天来做，符合节约开支的原则，杀年猪的烟、酒、饭可以应付爱人引产后做绝育手术收礼的事宜，也就少支出了一次费用，但引起了部分村民的议论，似乎这样做，不合乎村规，有些吝啬了，应该各事各办。

至今日，满下村2005年度年猪已全部宰杀完了，和万元是最后的一家。

2006年1月10日　农历十二月十一日　晴

村民和玉祥向和秋谷要了一些蔓菁，切好片后晒在和秋谷的院子里，准备晒干后用于冬春季的猪饲料。这样多备一些晒干的蔓菁干，猪的青食就可少找或不找。今年和秋谷家因猪都病死，到10月才买了两口小猪，又要了两口小猪，共有4口猪，所收的蔓菁就派不上多少用场，准备卖出1000公斤。村民和家良想买，但她知道如果向和秋谷买蔓菁，和玉祥心里会不舒服，认为和家良家不买，她就可以多要到些。和家良洞察和玉祥的心思，就不买了，干脆只要了4小篮，和秋谷执意要给10篮，和家良谢绝了，和玉祥心里暗自高兴。

2006年1月11日　农历十二月十二日　晴

村民和永秀家请来家族、亲戚约40人帮她家砍柴，准备明天为喜添的孙女和群瑛举行祝米客。吃过早饭，所请的人们带着斧头、砍刀、绳子等工具和背筐，分乘三辆手扶拖拉机到前面山上去砍柴。到山上后大家都干得很积极，人人都想多砍、多找些柴，因为和群瑛爸妈和春福与和良结婚时遇下雪而砍不成柴，因此，都想做点补偿。大家砍得很带劲，到下午3点左右就砍到了满满的三手扶拖拉机，上车后，大家兴高采烈，有说有笑，满意而回。

满下村寨的村规历来就有逢婚、嫁、生、丧四件人生大事时，每户可到山上砍干柴和湿柴若干车。

黄山镇党委下派的"保先教育"督导组长木建华及组员李明来到南溪村委会，对"保先教育"进行指导。村委会书记和国军参加了今天的指导会，在城里开出租车的村委会副书记和继武也停车回村委会参加会议，村委会副主任和丽军参加会议并负责做午饭。

2006年1月12日　农历十二月十三日　晴

村民和永秀家为喜添的小孙女和群瑛举行祝米客，因为破例提前一天找了柴，再加上因杀年猪时已经将举行祝米客用的猪一次杀了，所以，各项事情都显得很松闲，所请的帮手及厨师们都有好些时间打扑克、玩麻将。下午4点左右，四方宾朋陆续到来，有的送鸡、蛋、米、糖、小麦，有的还送了小孩衣物、毛线等，还有的送了小孩玩具。礼品最多的是外公外婆，他们的礼品是：1只公鸡（取小孩名用），1罐米酒，1只母鸡、100个鸡蛋，米10斤，红糖4坨，孩子的背具、衣物、抱具、玩具（最近几年多兴买来小孩睡车或学步车），最低也要花费五六百元。礼品最少的来客送5斤米、20个鸡蛋。

祝米客的各种职事为：厨师组、蒸饭组、烫米酒组、收礼记账组、烟酒茶服务组、杂事组，席间进行的"注锁"（尝米酒）一事由烫米酒组进行，出示礼品一事由收礼组人员负责。

待客的程序是：先上米酒，除特殊的有病人员外人人都得吃一碗米酒，并说声祝词："好甜，好甜，米酒好甜，愿×××长命百岁。"接着开宴席（近些年满下村待客都用八盘四碗，都为肉制品）。席后烟、酒、茶相待。

吃过宴席后远客留宿，近客返回。邻近村里的亲戚和所请的帮手们明日还须来帮忙，吃饭、休闲。

村委会在村公所召开各村民小组组长、副组长会议。会议由村委会副主任和丽军主持，副书记和继武参加，书记和国军照常去跑车。村委会林政员和吉红参加了今天的会议，并在会议上传达了护林防火会议的精神，布置了南溪行政村护林防火的措施，组织了南溪各自然村护林防火应急抢险队。

会议的内容还有：一、填写各自然村各农户的退耕还林表（2005年新增部分的表）；二、分发丽江市委书记和自兴前不久送来的"送温暖日"慰问品（棉被、衣物）。

2006年1月13日　农历十二月十四日　晴

最近一段时间，村民和国武家热闹异常，拉干绿肥的手扶拖拉机无处停。不少村民从地里把晒干的绿肥先拉到和国武家进行粉碎，粉碎后的绿肥占地面积少，喂猪、喂牛时方便，所以村民都不惜花一点加工费，把绿肥粉碎成粉保管。今天和国武老婆王闰芝，一直粉碎到午夜零点。即使这样做也是出一车进一车非常忙碌，因为满中村与满下村百余户人家只有他一家能进行粉碎。这些天光粉碎一项收入都在200元左右。他家现时的收费是粉碎绿肥每百斤5元，粉碎五谷每百斤3元。

村民和文亮所开的面包车今天卖给了文屏村的和见山，价格为5400元。该车买时为11000元，修理用去四五千元，跑车所找到的只能应付油价和本人花销，时近半年就在这车上亏了1万元左右。究其主要原因是和文亮年幼不知事，不好好跑车，不及时修理。他开出租车时把押金5000元都赌光了，现在又亏了那么多，且买车时借下了和永光家的8000元，这真叫人痛心。娃娃不知事，苦了父母亲，搞得和永良、杨耀秀夫妇哭笑不得，欲骂不成，不说又不像话，真后悔从小就缺乏了对孩子的严格教育。

2006年1月14日　农历十二月十五日　晴

过去羊儿满坡、牛马遍地的满下村寨，如今只有和金辉家有一群黑绵羊，草多羊少，好放好喂，长得很惹眼。"羊儿壮、肥儿多、洋芋大、蔓菁赛过大罗锅"，这是村民们看到的和金辉家的情况。这现象触动了村民和建良的心灵，激起了他养一群羊来为家里粮食增产、经济增收的决心。于是他四处奔走，从邻村养羊的农户家东一只西一只，以100～140元不等的价格买了14只组成了一群。放羊这活对上了年纪的人来说是轻松活，就是双脚辛苦些，对老人的身体，对家庭的农作物增产、经济增收都有很大的益处。和建良是经过一段长时期的深思熟虑和精心估算后才行动的。

2006年1月15日 农历十二月十六日 晴

忍不住婆婆和尚花的辱骂折腾而跑回娘家的和金桂昨晚由家族妯娌和英、和玉祥、和朝泽、杨耀祥送回来。和圣伟、和武军父子协商后，决定分灶开火，且小两口要出去开出租车。今早请来家族的人帮他们分东西，分东西的大概情况是：牛归老两口养，猪也全部由老两口养（小两口不要），公鸡除春节时给小两口一只外都归老两口，亲戚送给小孙女的肉归小两口，其余的肉分成两份，退耕还林的补助款每年3000多元归老两口，洋芋有两堆，多的那堆归小两口，少的那堆归老两口，现今欠债6000多元要由小两口来偿还，现有米百来斤归老两口，留一码柴给小两口，洋芋种全归老两口，到老两口干不动活时由小两口赡养。分完后买洋芋的老板来问了，和武军以0.6元一公斤的价讲成了。吃过早饭就上车，共卖了8000公斤，共收入4800元，还剩大约4000公斤。

独儿子与父母分开吃饭，这事在村民中虽不光彩，但家族们都经过细细商讨，认为以后的生活只能按和武军与父亲和圣伟商议分开吃，且小的外出几年，这样也许会好一些。否则，难以预料以后婆媳间的争吵、打闹还会产生什么后果。因为在20世纪90年代初他们家族中就产生过婆媳常争吵，儿媳回娘家，又请家族喊回来，还继续争吵，结果从10岁开始就过孤儿寡母生活的和福（和尚军的母亲）含恨上梁自尽。前事不忘，后事之师，家族们怕和尚军之妻和一花与婆婆和福的旧戏在和武军家重演，就同意了父子俩的协议，参加了分东西的过程。同时，大家一致认为在分东西上，小两口做出了很大的让步。

村民伍四红为长女王耀月举行婚礼。今天的婚礼与以往的婚俗有些不同，不同点是：一、没有迎亲的人马；二、没有送亲的队伍；三、新郎新娘在女方家。原因是：新郎家（石鼓鲁瓦村）不举行婚礼，只是女方家举行婚礼。因此，只有婚宴而少了迎亲送亲，这种单边举行婚礼的现象在满下村尚属首例。

邻村也曾有过类似的现象，产生这种现象的原因主要有二：一、对儿女婚事不如意，不举行婚礼；二、不举行婚礼方因家庭经济拮据所致。今天的这一现象属于第二种原因。男方家母亲早逝，父子三人，小弟参军，父子俩在家里承担不起要花费的经济支出。

2006年1月16日　农历十二月十七日　晴

村民和玉祥请了家族和亲戚和六芝、和家良、和武军、和金桂、和朝光、杨耀祥、和英、和爱花、和社香连同和玉祥共10人，开了两辆手扶拖拉机到前边山上去砍拾栗柴。这是因为她的丈夫和国军在去年11月5日连人带车一齐失踪，下落不明，无处可找，认定人被盗车者所杀，车被盗车者所卖。家里留下两老两小，和玉祥又有孕在身，须到医院或计生指导站做人工引产术，所以请人帮忙砍来年所需的柴。拖拉机是借用了和朝光、和朝泽的。被请的人发扬互助、团结友爱的精神而格外使劲，早早就出工，天黑时分才回来，砍了两年好柴，砍了柴质优、数量多的两手扶栗柴。

南溪完小的学生今天开始放寒假。学生们开始了快乐的寒假生活，有的跟着大人去串亲，有的在田野里踢足球，有的三三两两手拿弹弓去山上打鸟，还有的跟着爸妈到山上去捡柴，各行所好。老师们除了守校的一人外，都到黄山镇中心校集中批阅试卷去了。

2006年1月17日　农历十二月十八日　晴

村民和尚花家分家后，今天早晨和武军携妻带女离家，到城里开出租车。临行前收拾和金桂的嫁妆，收藏在和武军与她的寝室里。在收拾东西期间遭到和尚花的乱骂："不要把东西装在我家。"边骂边摔东西，和武军小两口忍气吞声，没有顶嘴。在万般无奈的情况下，和金桂跑到家族和尚勋家中央求给以劝解，和尚勋父子忙放下手中的饭碗前去劝阻，只见和尚花大发雷霆，臭骂儿子和儿媳，还挥手动脚要打儿子，和尚花的男人和圣伟及赶到的和尚勋父子尽力劝阻，才得以顺利收拾完小两口的东西。小两口收拾完东西就乘坐伍一红的面包车去了城里。留下的老两口看到这场面，可能心里空虚，名声太坏，和圣伟整天发牢骚，还怪是亲家和永良在作怪，扬言6年后若儿子不回心转意，就要一把火了却两亲家的房产，听了真叫人心悸。古时候流传在满下村寨的"亲家不宜近，犁田驾牛不能远"的说法在互不敬重、互不相让的和尚花家灵验了。这是和尚花不顾儿子、丈夫的处境发展到这一地步的，而和永良家是没有做任何挑拨之事的，他们为了女儿是忍耐的。

2006年1月18日　农历十二月十九日　晴

大多数村民连闲带做，三五成群地到山上砍柴。这段时间上山砍柴者一般只上三次山，砍三背柴（早、中、下午各一背），可以说是比较悠闲的了。有些男村民集中于和四闰的小卖铺打麻将，找柴的妇女们也闲下来打上一阵扑克，年轻人则打台球玩。有部分村民则抓紧农闲之机去到鸡冠山背后狠命砍柴，希望在这段时间找够一年的柴火，到农忙时可以一心扑在农事上。还有部分村民（如和朝光夫妇、和永昌夫妇）做起了洋芋生意，想利用农闲这段时间找些钱来增加家庭经济收入。

村民和国武到鸣音乡去求亲，准备招姑爷上门，他的长女和玉兰在改造南溪公路施工期间与鸣音乡民工王迪谈恋爱成功。和国武带着说亲礼品独身前往鸣音乡去会亲家。结果是，男方是独儿子，现父母年迈，所以要求和国武女儿和玉兰与姑爷两边管,等到男方父母谢世后再来南溪女方家定居。

2006年1月19日　农历十二月二十日　晴

村民和尚军请来满上村的亲戚和部分满下村的村民共约20人,对正房（老房子）做位置调整,使所有房子都靠拢些。因为事前和尚军自家人就拆好土基、掀掉瓦,故干起来很快当。吃过早点（约10点）动工、拆椽子、拆挂方,再拆楼板、楼楞,然后把屋架一组一组地往前移动,到天黑时分又钉好了部分椽子,并将烂木料换了新的。这两年,满下村寨房屋建设数他最带劲,效果最明显。因为村里对森林管理不严,他紧紧抓住这机会进行房屋改造。

旦都后村的村民和耕耘卖洋芋后,乘空车返回之机帮村委会拉来县民政局给南溪村困难户的春节救济米2600斤。因为村委会无钱支付运费,又不能向困难救济户摊派运费款,故用拉来的150斤救济大米抵运费。和国军书记问和耕耘:"这样做怎么样?师傅!"和耕耘高兴地回答说:"人眼是横着长的,即便是一车都送给我,我也不会满足。这样是可以了,以一般的运费来算,这米折合下来差不多有两倍多了。反正我空车也得回来,谢谢你们的关照。"

接着下车,把米放在村委会办公室。帮忙下车的除和国军、和丽军两个村干部外,还有在村公所玩的和吉红、和尚勋、和国治等人。

2006年1月20日　农历十二月二十一日　晴

村委会在村公所召开各村民组长、副组长会议。年末岁初的会议比以往任何时候都好召集,一个电话就到齐,这是因为近几年春节前各级政府对农村贫困户的补助多了,衣物救济多了,这些补助要进行分配。

今天的会议内容有两个:一是填写2005年度退耕还林补助款表;二是讨论各自然村的救济对象,除每个自然村分配残疾补助100斤大米外，组长、副组长们每人给 50 斤。这样做的目的是鼓励组长、副组长们能搞好村里的工作。

2006 年 1 月 21 日　农历十二月二十二日　晴

不少村民从田里用手扶拖拉机拉回晒干的绿肥，并直接拉到和国武家进行粉碎。今天有和朝光家、和顺明家、和作典家依次粉碎绿肥，还有和万元家的因没干透，晒在和国武家院坝里，等到没有人粉碎时就粉碎他的。和国武两口子忙得团团转，但忙得很乐意，苦也乐在其中也，利也在其中也。这些日子可以说是和国武家经济收入的一个高潮时段。靠粉碎机收入最高的一段时间为 9—11 月，村民都要粉碎很多精饲料来喂养肥猪；另一个收入最高的时段是 12 月到来年 2 月，村民都粉碎绿肥，准备用来喂牲畜的冬春两季饲料。

村民和家良领着孙子去侄儿子五立强①那里做喜客。去前，她的儿子和朝亮对父母说："姨爹在世时帮我们家不少忙，我们也尽可能地在经济上给他家以援助，但他家的事情这是最后一件大事了。再说只要我们需要，立黄、立强就来帮忙，所以人情礼最低也挂个 500 元吧。"父母听从儿子的想法，带着重礼去参加立强的婚宴，这是满下村首例最高的礼。

2006 年 1 月 22 日　农历十二月二十三日　晴

和尚军家移动正房后，开始挖房后的地基，挖出的土用手扶拖拉机拉到和国兴家下面的凹凸里。这样做他家就不用运土到远处去，省时节油，又有利于和国兴、和永昌两家宅基地的牢固。

和朝光、杨耀祥夫妇在满中村买了洋芋，到丽江坝子去换粮食，又把所换到的粮食卖给粮食小商，只带了钱、空车而回。村民和圣华、和

---

① 和家良姐妹的儿子。纳西语中称谓人时，习惯人名前加"五"。

良命夫妇也是这样做的，他们利用农闲之时，千方百计抓紧增加经济收入，使他们的家境好了，积累增加了，他们也增添了"干"的劲头。真是做生意越做越爱做，越做越想做。有时，因事因故停下一两天，他们都会感到心疼。做人应该这样，才能使生活变得富裕起来。

中午，由满上村村民五金脱引荐，自称是有研究生文凭的东巴文化传承师和开来云南大学基地洽谈东巴传承事宜。他自我介绍说："我是塔城乡堆满村人，6岁始学东巴文化，是东巴世家的第六代东巴。25岁后在丽江东巴研究所从事东巴文化研究工作。2000年受国家博物院之邀到北京博物院至2003年11月，在2003年10月2日到6日参加了在博物院召开的国际东巴艺术节，受到联合国的支持和安南秘书长的接见。11月25日到台湾阿里山研究高山族文化，时间为半年。2004年10月返回云南，云南民族村借用一个月后，回到丽江东巴研究所继续学习研究东巴文化。现在在玉龙县拉市海湿地公园从事东巴文化传承工作，带有10多个学员，是东巴画师、巫师、医师、技师，对东巴的东西一通百通。曾经在城里和城郊传承东巴文化，效果不佳，想转移到山区农村边远的地方组织传承班，如云南大学基地需要可以为之效力。"

该情况和尚勋在下午5点左右电话转告了云南大学项目负责人洪颖女士。

2006年1月23日　农历十二月二十四日　晴

有部分村民吃过早饭，就拿起笤帚打扫厨房屋顶上的火烟灰。古时候就流传下来"顶瓜二十四开市辣"（意为腊月二十四日清扫烟灰）。因而，满下村寨村民都利用旧历腊月二十四日这天作为除旧岁迎新年的第一步活动，把整个厨房从上到下打扫干净，将积累了一年的烟灰从瓦上、瓦缝中、板壁上、厨框上、炕上打扫得干干净净，还要爬进火塘炕下把所有垃圾都清除到田里。有些细心的村民则好好地把扫出来的烟灰垃圾保管在一个笤兜里，到来年种蔓菁时撒在田里，说是对蔓菁生长很有效力。打扫完后，家家户户都在火塘的正上方搭两根椽子，架上大簸箕，簸箕里面放着燕麦种，在火烟上熏，以便到来年的谷雨节令下播，这样做的传统说法是：播下后生长的燕麦没有黑穗。

2006年1月24日　农历十二月二十五日　晴

村民组长和国兴在和四闰小卖铺边召开户长会议，议程是：发放农村新型合作医疗手册，通报村中存在的乱砍滥伐森林的不良现象，强调从今天以后不准乱砍松树，如果发现要罚款，罚款可以从退耕还林补助款中扣除。经行政村组长、副组长会议研究决定，每村从2005年新增的退耕还林亩积里，以每亩5元为计扣留在自然村中，作为退耕还林事宜的支出费用。由黄山财政所及林工站发放退耕还林补助款。补助分为两部分：2003—2004年的款转入存折；2005年开始的做现款直补，并只补一半，留一半在财政所里，待来年验收合格后再发放。

会议结束以后，村民们围成了很多群，打麻将的、打扑克的、打台球的、围观的。好酒的提着酒，好零食的吃着零食，抽烟的嘴里烟雾袅袅，就连平时从不打扑克的老年人也参加了今天的聚会，一直玩到太阳落山才离去。钱拿得多的村民内心暗自高兴，拿得少的村民心中直怪村中没有实行土地大稳定小调整，而是绝对不动，但也深知无处可诉。

2006年1月25日　农历十二月二十六日　晴

村民和国成所引荐的大理洋芋老板今天在村民和金星家以每公斤0.60元的价格买了一车。和国成帮老板过秤记账，同时和金星本人也做了记秤，每过秤三五篮后，他俩互相通气校对一下。今年的洋芋烂得不少，装篮的人没有拣到的，等背的人背到车上倒好时，老板又拣出相当一部分烂洋芋，主要是死皮烂的多。帮他家上车的人较多，有和金发、和银谷夫妇、和亚军、和满秀夫妇、和亚梅、和满月、和子一、和金凤父女，人多力壮，到下午1点左右就上满了一万公斤。一时半吃饭，吃过饭后付款。和国成的问洋芋、称洋芋的工酬每车为 50 元。和国成带闲带做，收入可观，他问得很积极，也就是一心扑在问洋芋过秤上，几乎每天都有装车的。也就是说，从 2005 年 11 月中旬开始，他每天的收入就是 50 元。

2006 年 1 月 26 日　农历十二月二十七日　晴

村民和朝光、杨耀祥夫妇，和圣华、和良命夫妇，又出车去做洋芋生意。他们的做法是，不直接到市场去卖，而是先到农村去换玉米或小麦，然后把玉米或小麦卖给粮食商。这样做，每车可以净赚 200 多块钱。有时从上洋芋到卖粮食当天完成往返，这天就净收入 200 多元；有时第二天才回到家，每天净收入 100 多元。这样比开出租车的净收入要多得多。和朝光、和圣华都有汽车驾驶执照，但一直都在家利用农闲时间从事洋芋生意、化肥生意、垃圾生意来增加家庭经济收入，也得到优厚的收入。

2006 年 1 月 27 日　农历十二月二十八日　晴

90% 的村民家，每户一人上街买年货，部分村民已在昨日或前日就去了。年货的内容很丰富，包括水果、糖类、肉食、蔬菜、瓜子、鞭炮、烟酒、饮料等，及小孩新衣物。大多数都买了一篮又一袋，真是"纳西主洞迪"（纳西族注重吃）。人们改变了以往乘坐面包车上街的现象，除个别人外，都坐手扶拖拉机上街，这样做有以下的好处：运费少，每人出五六元就够往返车费；自由，在城里买东西的时间长；可以装较多东西。

少先队员们集队来到退休教师和尚勋、和尚武两家，对为祖国育桃李而献出毕生精力的老师进行春节慰问。他们有的拿扫把，有的拿盆子，有的带簸箕，在两位老师家大扫除。扫除完后，排得整整齐齐地向老师行少先队礼，祝老师新年快乐、万事如意，并祝老师长寿安康。老师祝愿学生们好好学习、天天向上，长大了成为建设祖国的有用人才。

2006年1月28日　农历十二月二十九日　晴

今天是除夕，每家的男主人吃过早饭就动手烧猪头、洗猪头、煮猪头（由男主人来操持烧、洗、煮猪头一事，说是来年六畜兴旺，牛壮猪肥。因此，除特殊情况以外，都由男主人做）。接着就杀鸡，一般农户都养有过年食用的大阉鸡，且必须在除夕这天就要杀好，要到过了正月十五（过小年）以后才能动刀杀生。杀好鸡后就打扫清洁，张贴春联、门神。有些农户只贴在大门上，有些农户则贴有三四对，增加了节日的气氛。下午5点左右到7点晚饭前后，鞭炮千声，声声除旧岁，只听到噼噼啪啪的声音。天黑后，不少青年和儿童燃放了小礼花炮，不同的色彩在空中飘荡，表示对过去一年的欢送。

2006年1月29日　农历正月初一日　晴

公鸡报晓头遍后，就陆续听到噼噼啪啪的鞭炮声，这是年轻人迎接新年的欢乐举动。

早晨，每户村民都由男主人先起床烧火、喂猪，妇人则睡懒觉，直到男人喂完猪才起来做吃的，一般都做糯米粑粑、虾片、粉皮，一边做一边先把上坟祀奉祖先的装好一盒。吃完饭后男人领着小孩带着供品去坟场进行供奉祖先的活动。

下午爱热闹的村民们都到和四闻小卖铺凑热闹，有打麻将的、有打扑克的、有打台球的，还有下象棋的，围了数不清的一群群、一伙伙。和四闻小卖铺的生意分外红火，卖出了不少饮料、糕点、烟酒、鞭炮等消费品，到这儿的人几乎都买了东西。

2006年1月30日　农历正月初二日　晴

村民们开始陆续回娘家拜年了。拜年所带去的礼品不尽相同，最多的礼品为一挂腊肉、一只猪前腿、6斤米、两瓶酒、一包茶；一般的礼品为一瓶酒、半挂（一条）肉、5斤米；最少的为4斤米、一瓶苞谷酒或两瓶酒。在外面工作回来的人则带了很多衣物、钱、糖、烟、酒等。今天，几乎家家都有来客。一家人里除了男主人外几乎人人都是客，你来我往互致节日的祝贺。来客走时要发压岁钱，这也不尽相同，最少的5元、10元、15元，一般的20元，最多的也只有100元。

2006年1月31日　农历正月初三日　晴

最近几年的春节没有组织体育、文艺活动（原因主要有两个：一是球场上发生过打群架，文艺台上发生过争吵；二是青年、壮年进城务工找钱的多了，村里的青壮年少了），除拜年的村民外，大都集中在和四闰小卖铺边，聚会、打扑克、打麻将、打台球、下象棋、玩钱（但这些钱数额不多，少则1元，多则5元，只是图个快活而已）。

2006年2月1日　农历正月初四日　晴

2005年11月5日车与人同时失踪的村民和国军的老友（七河乡共和镇瓦窑村人）阿哥寒领着弟弟，买来娃娃的糖果、老人的酒茶，以及自家产的糯米粉，来到和国军家中看望和国军的老人和孩子，并表示了歉意："本想早就来看望，但因我一直在维西辛主乡做副业，到春节前两天才到家。"同时对老友的失踪表示深为痛心，劝慰两位老人要多多保重，如若老人能再活上八至十年，两个小孩就会长成小伙子了，困难就渡过了（和国军老父是月收入1800元左右的退休人员）。

2006年2月2日　农历正月初五日　晴

村民和国兴开始砍从村委会要来的椽子，他砍好后由儿子五德华扛到家里。这些椽子是半干的，是玉龙县林业局拉来应急"11·1"南溪鹿子村突发卫生事件时搭帐篷用的，事情结束后，就地给了村委会。村委会则把这堆椽子（约200来根）在1月市委和自兴书记来南溪送温暖前两天给了和国兴。

和国兴带闲带砍，砍了50来根，由儿子五德华把砍出的和没有砍的一起往家里搬。

村民和国武的长女和玉兰，找到了一个鸣音乡籍的男青年王迪为对象。这位男青年是独生子，把父母托村中的姐姐和姐夫赡养，他要到和玉兰家上门。此事是五八斤来南溪公路拉石头、拉沙子时谈上的，他俩来往已两月有余，其间，男到女家待上三五天，女到男家待上十天半月。今天他俩在鸣音乡过了春节后回到和国武家。成亲已成定局，但具体还不知道今后在男方家或是在女方家住。一直过惯了松闲生活的和国武这段时间有些忙碌起来，填土、拉沙、拉石，看来是准备为长女举行婚礼。

2006年2月3日　农历正月初六日　晴

村民和朝光、杨耀祥夫妇以每公斤0.48元的价格从村民和家良家买了1500公斤洋芋种，到龙山乡街天去卖。村民和尚军也以每公斤0.48元的价格从村民和国兴家买去1400公斤洋芋种，到龙山乡街天去卖。

村民和圣华、和良命夫妇把春节前买的洋芋换成苞谷，拉到前山石镜头村去卖，价格事先就商定好了每斤为0.70元。

从总体上看，除了个别生病的村民以外，村民们基本上都在从事拉松毛、砍柴之类的活计。做洋芋生意的小老板们又开始了买卖找钱的活动。

村民和国武家全员（共五口人）都忙于挖沙子、拉沙子，准备给今年新盖的厨房打沙灰地皮及砌空心砖。

云南大学纳西族调查研究基地管理兼村寨日志记录员和尚勋老师应云南大学基地负责人洪颖女士之约，到丽江城洽谈关于2005年1-9月《村民日志》校对的事宜，受到洪老师的热情招待，并预领到2005年10-12月及2006年1-6月的酬金。

2006年2月4日　农历正月初七日　晴

村民和燕花背着发了芽的蔓菁，提着水桶，扛着锄头，到河边的青稞地里种蔓菁种。到离家远些的庄稼地里种蔓菁种是有以下原因的：一是被牲畜破坏的可能性较小，种到庄稼地中间，鸡、猪、羊、牛等不可能一伸脖子一抬腿就吃到；二是到四、五月蔓菁种正需要水时好浇水。这些年来蔓菁种自供自给的村民约有20户，他们是：和作典、和福光、和圣昌、和朝光、和作武、和学伟、和国兴、和国武、和金星……另有一部分村民则买上二三十元的蔓菁种就够用了；再有一部分人则从前山亲戚家要点就够用了，不必为蔓菁种而操心。因为前山、文屏蔓菁种种得多，亲戚们都会给一两斤的，这样的数量除个别田多的农户外，一般的可用两年。在南溪村寨历来就有"蔓菁种越陈越好"的说法，不知道结果是否如此，但蔓菁种留着续用四五年的现象是普遍的；萝卜种则跨年不用，只种当年产的。

2006年2月5日　农历正月初八日　晴

村民们还在继续着新年相互拜年的活动。如和尚勋，在初二到初七这些天抽不开身，就在今天随同来南溪拜年的新郎和耀武、新娘赵健梅一起去汝南行政村舅爷家拜年。因路程遥远，这几天又有繁忙的公务在身（校正云南大学基地的村民日志），往来车子又少，于是就打电话叫儿子用出租车来接他们去拜年。虽然儿子开出租车的收入少了点，但完成公务的时间又多了点，这样做和尚勋老师心安理得，内心感到无限欣慰。一同前往的还有嫁到满上村的姨妹和家花。拜年礼品各不相同，新郎、新娘带了米一盘（六七斤）、茶一包、瓶装酒两瓶（他俩去拜年的户户都送一样的礼）。按照南溪的传统礼节应加一条腊肉，但他俩的婚礼是在城里举行的，腊肉的来源就少了。和家花带了3斤面条、一瓶酒。和尚勋带了米5斤、腊肉一条、"金六福"酒一瓶。近些年因身体不适而不喝烈酒的和尚勋，把教育局作为春节礼品送与他的好酒都作为拜年礼物转送给舅爷喝，因为舅爷和家珍很好酒。

2006年2月6日　农历正月初九日　晴

　　这些天，云南大学纳西族研究基地村寨日志记录员和尚勋老师受云南大学洪颖老师、和晓蓉老师委托，校正《南溪村概况》及2005年1—9月《村民日志》两份（和尚勋、和国高记的各一份）。分量多、时间紧、任务重。和老师不辞辛苦，夜以继日，自校正工作开始以来，常常通宵达旦，认真看阅。虽然辛苦点，但和老师内心感到很欣慰，能为南溪村寨写下历史做出微薄贡献而感到自豪，也为能与云南大学高级知识分子协作而感到荣幸。他的老伴也非常支持这一有意义的工作。到今天已审阅完总数的3/5，只剩下和国高写的《村民日志》了，他轻轻地舒了口气。

　　村民和玉祥早已有孕在身，此胎是第三胎了，是国家政策不准生的。这项政策是从18岁到80岁的村人都知晓的。黄山乡在20世纪70年代末就被国务院授予"计划生育先进集体"的光荣称号，之后又缕缕获得国家级、省级、地市级、县级所授予的"先进""标兵"等一系列光荣称号。南溪也不例外，虽处高寒山区，但有关计划生育的规定是与坝区齐抓共管。所以，从20世纪70年代末到80年代初开始，计划生育政策就深入人心、人人知晓。和玉祥、和国军夫妇原来就预约等洋芋挖完后去指导站做人流和绝育手术，但因2005年11月5日和国军车与人一起失踪，至今下落不明，拖至今天，和玉祥才有心思去考虑引产的问题。昨天和国军在维西县拖支卫生院当医生的姐姐和国英请假回家，专门陪护和玉祥到玉龙县计划生育指导站做人流手术。

　　此前，镇领导、妇女主任曾经来家催过几次，但和玉祥的公婆认为那时各方面的条件（孕妇心理、身体）不适宜做，怕发生不测之事，便拖延下来。

2006年2月7日　农历正月初十日　晴

　　昨天，和玉祥跟着和国英去计划生育指导站做人工流产手术。今天，和玉祥的亲戚们就互相商谈看望和玉祥之事，有些人认为，这么一小点手术以及按照以前族中的惯例，不必去看望，等回到家时再送些营养品（鸡蛋之类）就可以了；个别人认为她家前两个月才收受了人家的礼，不能免了；还有的人认为过去的惯例有些不好照着办，因为和国军一失踪，和玉祥就成了寡妇，这就如同去年的日历翻不得一样。但通过商谈，大家还是统一了思想，决定明天去看望一下。

　　今天下午和玉祥的老公公和尚典串门休息时向和家良说："家族里的妇女一个也不去招呼和玉祥。"和家良马上说："这事你们家要请一下，如果请了，家里有天大的事也是会先抛下去招呼的。现时家家都闲着，我家婆媳俩也闲着，只要你们说一声，个个都会去。这是你们家的不对了，气不吭一声又埋怨别人，家家都像这样能世世代代和睦相处吗？"和尚典觉得理亏，不出声气，默认了。

2006年2月8日　农历正月十一日　晴

　　和国武叫长女和玉兰陪同还未举行婚礼，但准备入赘做女婿的王迪拉空心砖。女婿干得很来劲，一转就拉了150个，这对一辆后轴动的手扶拖拉机来说是超载了。第二转也拉来150个，一天拉两转，在满下村寨里是未曾有过的，这使和国武、和闰芝夫妇很满意，都说王迪肯干、能吃苦，能干大事。说长女眼睛有宝，能认准能人、勤人，真是有福自然来。他拉来空心砖后准备等几天砌厨房，把厨房砌好后就打算为女儿、女婿举行婚礼。

　　旁观者认为这些夸奖结论不能看一天两天、一月两月或一年两年而下，人的相处是漫长的，在人生途中只有相互理解，才能互敬互让，和谐相处。

　　和玉祥家族的妯娌和秋谷、和福春与亲戚和学青带着鸡蛋去计生指导站看望做人流手术的和玉祥，估计在城里的和闰英、和金桂、杨耀祥也会在今日一同前往看望。这一做法是纳西族有病有难时互相关照、相互问候的传统美德，是人与人相处关系向更好的目标发展的具体行动。这种美德能得到传承，人们就会和谐相处更为团结。

云南大学纳西族调查研究基地项目负责人洪颖、和晓蓉两位老师，乘放寒假之际请来了玉龙县东巴文化博物馆馆长李锡和副馆长两位东巴内行人士，到南溪基地观察、指导，为以后在南溪基地开展民俗传承活动做准备。李馆长和副馆长向从省城最高学府来的两位高级知识分子详细介绍了纳西族东巴文化的内涵，学习的一些基本方法，以及办东巴文化传承班的一些必备条件。他俩还就基地现有的庭院设施提出应设置的东西（如神龛、香坛等）。介绍之后，大家一起到基地管理员和尚勋老师家休息，大家边喝茶边继续谈论关于东巴的话题，李馆长对和尚勋老师说："和老师，您应该学习东巴文化，现时有很多退休老师学了东巴文化，成了东巴文化师，为保护和传承世界文化遗产与弘扬民族文化作贡献。如原天红完小校长杨宏章，现已成了东巴师，已有五六年时间专门在东巴研究所写东巴文，他的收入也是很可观的。若您从现在学起，在一般的身体状况下还可以为传承民族文化作 20 年的贡献。特别是对东巴文化已接近消亡的南溪，功绩不可低估，以后请您常来我馆联系、学习。"两位云南大学基地负责的女士也持赞同和支持的态度。

和师母执意要做点便饭，但馆长、和女士都推说才吃了来，下面还有急事而不让做饭。最后和老师、和师母都说："新春新年客到家，不吃一点饭而归，我们于心不忍，哪怕是只吃一口也得吃了走。"于是大伙顺从了。

和晓蓉老师按照当地的风俗给和尚勋老师的孙子、孙女每人 50 元压岁钱，和老师、和师母两位老人千万拒绝，都说："你们出差花费太大，不要给。"但不管怎么说、怎么劝还是无济于事，和女士硬要叫两位老人接受。

2006年2月9日　农历正月十二日　晴

村民五二友请了在家招呼爱人坐月子的和灿，帮他到"楞实古"撬石头，把撬来的石头拉回家里。今天他俩干得很卖力，工效也较好，拉了三手扶。和二友打算再拉上十来手扶后，把石头修一下面子，用作厨房的石脚。准备把原先砌的石脚拆了，换上用凿子打出来的大石头，把原先砌的土基拆了，重新用空心砖来砌，把厨房修得漂亮些。

村民五丽军及父亲和国春也在撬石头，效果也很好，他把撬好的石头先集中起来，几天后，专门拉一天，争取一天就把所撬出的石头拉完。和国春今年59岁，但他的力气不亚于儿子（小伙子）五丽军，只是找石、撬石的技术赶不上年轻人。

黄山镇新任镇长和镇人大主席团主席由镇办公室负责人陪同来南溪村委会。村委会书记和国军今天停车陪同新到任的领导，村委会副书记和继武也回来恭候领导的光临。副主任和丽军和往常一样在村委会。两位新到任的领导还视察了南溪南小学的校舍，看来一定是重视教育的领导。

2006年2月10日　农历正月十三日　晴

村民和秋谷、和玉芬、和朝光到满上村寨和朝祖家，帮做和朝祖小姨妹和丽芬明日出嫁的准备工作。和朝祖是和朝光的弟弟，到满上村入赘做女婿的。他明日要办理小姨妹嫁到鹿子村和全会家的婚礼，因此请满上村亲戚及满下村家族的人来帮忙找柴、杀猪、煎鱼、煎酥肉等事情。在城里开出租车的和朝亮、和武军、和朝争也从城里转回来帮忙。

村民和七香、和亚华、和世仙一家三口，领着小娃娃，开着手扶拖拉机，到前面山上去拉腐叶，准备把腐叶拉回后堆进牛厩里，让牛踩上几天，再做堆肥，这是补充农家肥有效的方法。认为种洋芋时农家肥不够用的农户都采取这种方法。

云南大学纳西族调查研究基地负责人洪颖老师住在基地里，对南溪的劳务输出（开出租车的情况）做全面、细致的调查、记录，作为以后进一步调研的准备。和尚勋同志提供了所需内容。洪老师带病坚持工作到凌晨2点才休息。

2006年2月11日　农历正月十四日　晴

妇女们背着篮子去山上扒树根。这段时间农活不紧，妇女们都很注意休闲，她们一天只上三次山，早晨一转，午饭后先集中在和四闰的小卖铺打扑克。她们的玩法是"三打一"，就是三个对一个，输点数额较少的钱，每次一元。玩一阵后再上山，回到家中吃点午饭，饭后又在和四闰家打一阵扑克，再去山上一转。这是大部分村民的生活。也有少数年轻人，整天就在小卖铺那儿玩到太阳落山。

村民和圣华夫妇忙着做洋芋生意，今天从旦都方向买来一手扶品种为"胜利二号"的洋芋约4000斤。据常做洋芋生意的村民说："这样一手扶洋芋就可赚二三百元的纯收入。"实际情况可能是这样的。从最近几年和圣华家的支出情况看，做了以下大事：1.父亲和作尚的丧事；2.奶奶和谷的丧事；3.和作尚住院花去不少费用；4.买了一所房子，砌砖，共花去一万多元；5.买了一辆近万元的手扶拖拉机。这样的收入可不亚于开出租车的佼佼者。

2006年2月12日　农历正月十五日　晴

今天是元宵节，南溪村寨又称"过小年"。早晨家家户户都做元宵吃，不喜欢吃元宵的村民则吃上点馒头、糯米条之类的食物。吃过早点，有些村民就去赶"十五棒棒会"，购买生产用具和生活用品。想购买草制品的村民就不辞辛苦步行到合庆天主庙会，历来就有个规矩，就是要买根棒棒回来，哪怕是买根甘蔗也得扛回来。这个传统做法，人人守之，都在做。青年男女则参加联欢活动，"打跳、交谊舞"等是夜晚的主题，随后是结伴谈心交情。每个青年人的家长都得让孩子们去。胆小些的父母谆谆教导儿子："不要参与打群架，不要被别人打着，对女青年的举动要文明，不能轻举妄动"等。

2006年2月13日　农历正月十六日　晴

满中村的村民和月林（现年54岁，单身汉，曾因老母操纵离异三个老婆，加上订婚未娶退婚一个，共4个），请文屏村的侄儿、妹夫、村里的邻居来拆旧房、翻新旧房。他去年已经把厨房改大翻新，今年又一鼓作气拆北房翻修。村民不禁心里疑问骤起，他已老了还这样拼命修房子图的啥？莫非他还想找个送终的老伴？要不然他守着这些旧房子不动也可了却终身，这样费力花钱整修房子很可能是想再婚。

不知道和月林老当益壮的动力从何而来，动机是什么，肯定他有一定的目的，不然像这样年岁的单身汉是不会出憨力气、花过头钱的，只要维持目前生活，积累点送终钱就满意了。

2006年2月14日　农历正月十七日　晴

村民和圣明、和福军俩叔侄正月十五那天鸡叫头遍就拉着冬青树（一部分是十五前从山上挖的，一部分是前些年就从山上挖来移栽在家里房前屋后的，还有一部分是从别家买来的）去卖，卖了三天，只卖出一半左右。今晚拉着没卖出的那些树回来。据说卖不出去主要是嫌买主给的价不合适，一心想卖高价所致。

他叔侄俩打算明天各自把拉回的树在房前屋后种好，以备明年再卖。

村民和金星、和建华、和国红、和国臣等4人同他叔侄俩一起回家，他4人所拉去的树卖完了，所卖到的价格也不尽相同。

2006年2月15日　农历正月十八日　晴

在城里开了一年多出租车的村妇和福春，加上学驾驶的时间，脱离农事活动已有两年多。现在因包车时间到，加上跑车找钱不容易，就不再继续包车，暂时离城回家。今天到山上去拉松毛。休息了两年多的人又从事农事活动，似乎有些不利索，不是吗？她在回家的路上，不知怎么搞的，脚崴了一下，造成扭伤。回到家里她的婆婆给她擦药、喷药、贴膏药，婆婆嘴里不住地说："要小心，慢些，闲了两三年，得像小孩般重新锻炼。"按理说，一个生在农村、长在农村的人，就是闲上十年八载也不会显得那样脆弱，那样笨拙。这是因为平时家里有依靠，就产生了依赖思想。花钱可靠着公公，家务农活可靠着婆婆，这就滋长了年轻人不思奋发、得过且过的思想。

2006年2月16日　农历正月十九日　晴

村民和尚勋、和丽元两人经云南大学纳西族调查研究基地负责人洪颖老师的联系，参加了丽江市东巴博物馆举行的"东巴祭天仪式和祭署仪式"，自始至终观看了仪式过程，并帮助博物馆工作人员和东巴们把祭天用猪拴捆好，扛到祭天场，受到博物馆领导和工作人员的好评与称赞。博物馆领导向他们每人赠送了一套《东巴文化教材》，并希望他俩学好东巴文化，以便在南溪起好东巴文化传承的作用。做完全部活动后，领导非要他俩带回一点祭天肉，给每人装了一份。

祭天是纳西族古老而神圣的民俗祭典，是一年中最隆重的节庆活动之一，也是东巴文化的重要组成部分。自古以来，纳西人把祭天作为本民族最为突出的文化特征，因而自称"祭天的黎民"。纳西族祭天仪式有神圣性及悠久的历史。

纳西族有固定的以血缘纽带为基础的祭天社群，称"美本化"，主要有"铺督""古徐""古哉""古珊""阿余"等。每个群体由四五户至数十户人家组成，各自有固定的司仪东巴，称为"美本许虽"。祭天仪式于每年的农历正月和七月分别举行大祭、小祭，新春举行的大祭天最为隆重。不同的祭天群体按各自固定的日期在专门的祭天场举行。场地四周古树环绕、参天蔽日；正北方设祭坛，祭坛的正北方栽3棵祭树，左右两边的黄栎树分别象征人类始祖崇仁利恩的岳父、岳母，即天神

"美"及地神"达",中间的柏树象征始祖母衬恒保白的舅父"许"。每棵祭树下分别竖立神石"董鲁"。有的家庭在宅院中举行祭天仪式,由长辈主持。

祭天有一套严格而繁复的仪轨。所有参祭者和祭品都必须通过"除秽"来保持清洁;祭天场禁止外人进入,场内人员只能说纳西语,以保证祭天族群的纯洁性和仪式的神圣性。按照古老的传统,大多数祭天群体大祭当日的主要程序是:

1. 参祭人员按次序进入祭天场,将牲猪抬入场内,为祭树、神石、牲猪及所有的祭品除秽。

2. 向美、达、许三位天神上香,为各类神烧天香,洒献祭酒。

3. 宰杀牲猪,向祭树和神石献牲血。

4. 用净水为牲猪解秽,用全牲、祭米、祭酒向天神生献。吟诵《祭天经·人类迁徙颂》,缅怀始祖崇仁利恩上天求偶、繁衍后代和开创祭天古俗的业绩。将生猪剖膛,把左肾、脾、胆分别悬挂在三棵祭树上。用大秤称猪肉,并平分给每个参祭户。

5. 给美、达、许三位天神撒献祭粮。向天神许愿,用一只鸡放生。诵《祭天经·放生》。

6. 熟献。将煮熟的牲猪肉、汤、米饭及祭酒供献给三位天神,诵《祭天经·献饭》。向天神祈福,每个人可以得到从祭树上摘取下来的象征福泽的树枝,品尝福泽酒。

7. 吟诵《祭天经·迎神药》,为天神和参祭者施神药,迎取天神赐予的福泽。

8. 抵御天灾,送神,将祭树从坛上取下,洗净神石并收藏好。给乌鸦施食。

9. 参祭者共进午餐。

仪毕。

纳西族祭天仪式的"天"之内涵,包括人类祖先及天地自然。祭天的目的和意义在于祈求天神与祖先赐予泽福恩惠，许愿子孙兴旺，家庭和睦，民族发达昌盛。慎终怀远，使子孙后代不忘先祖之恩，使世代相传的礼仪制度和传统习俗得以继承发扬。培养人们良好的伦理道德观念，从而形成全民族的思想精神和民族特有的文化心理素质。

2006年2月17日　农历正月二十日　阴转雪

村民和朝光、杨耀祥夫妇，从村里买了洋芋种到玉湖村、文化村、龙山乡等地换玉米。每公斤洋芋种以0.48元的价格买得。他俩将所换得的玉米拉回家，卖给在城里开出租车的家属们。玉米以每公斤1.40元的价格卖出，每公斤比坝区高出0.08元。这有利于缺少人手的农户，不需到坝子里买饲料，不需误工、花费。因此，他们乐意在家门前买价格稍高些的玉米。今天他俩马不停蹄又拉了一车洋芋种（1500公斤）到坝子里去换玉米。像他两口子这样坚持做洋芋生意的村民还有和圣华、和良命夫妇，和尚军等。

2006年2月18日　农历正月二十一日　阴

村委会召开支部委员会议，除了金龙村的支委和为善以外都到会了。他们是：和国军、和继武、和丽军、和吉红、和国高、和宏光、杨耀秀、和文军（共9人，到会8人）。会议的主要议题是：讨论出席黄山镇第三届党代会的代表，镇里以10%的比例分配给南溪行政村5名代表名额。代表必须由支部大会来选举，但根据南溪老龄党员多，中青年党员又都在城里开出租车的实际情况，不便召开支部大会，就由支委们讨论提名。提名后由支委分头到各党小组与在家的党员通一下气，问问他们所提出的人员是否通过。他们提出的人选是和国军（书记）、和继武（副书记）、和丽军（村委会副主任）、杨耀秀（妇女主任）、和吉红（支委）。既然是他们提出了，就意味着肯定了。

这5位就是南溪村出席即将召开的黄山镇第三届党代会代表。

2006年2月19日　农历正月二十二日　阴

　　村民和家良家开始出厩肥，并在院子里堆肥。媳妇用铁耙挖厩肥，公公用箕把厩肥抬出来堆在院子里，和家良手拿八齿耙平整，平整出两尺来厚的一层后，浇上一层大粪水，又继续出厩肥，这样一直进行到把所有的厩肥出完为止。堆肥时越往高处就收缩一点，使之成为圆锥体。并在最上面浇上些粪水再撒上些灶灰，以防干了。

　　堆完后，找些木头围好，并砍来青松枝盖上，以防止鸡来扒。村里还有和福光家、和社兴家也在进行此项农事。有些村民则认为现在堆肥为时还早，仍然在找柴、拉松毛。

2006年2月20日　农历正月二十三日　晴转阴

　　村民和尚典请侄女和福春随同他到城里去买菜，买菜的目的是"开于"时招待亲戚。他的儿媳和玉祥引产回到家里后，陆续有亲戚送来鸡、鸡蛋、米或其他营养品，有些亲戚还得等他家的通知才能来，就是说他家要说："某天某日要'开于'（收礼）。"因此，他请和福春去买菜是用来明天"开于"时招待亲戚用的。

　　今天和尚典还请了到满上村上门的侄儿和朝祖一同前往，帮助和尚典还购出租车的贷款。和朝祖与和国军合买汽车，所贷的款由他两个人隔月轮流还，每月还2000元。这个月轮到和国军了，老父替儿子去还贷款。

　　村民和建成开始用手扶拖拉机犁地，今天先犁去年种蔓菁的地，和茂良及女儿和六金跟着打土块，把翻出的土块打碎，准备到种洋芋的时候再犁一次。

　　因患心肌病而住了两个多月院的和尚武老人由他小儿子和朝珍接回家来了。病情有些好转，能自己坐三个来小时了。这样的年纪患这样的病，病的时间又这么长，村民们都说："要不是公费医疗的人，早就死了，谁家能付得起这么昂贵的药费。这里边还用了很多自费药，谁家又能负担得起呢。"是的，的确像村民所说的那样，即使和尚武老人有三男一女，要不是他是退休教师，有固定的工资，有公费医疗，那么多药费哪个又会帮他出呢？

2006年2月21日　农历正月二十四日　阴

村民和玉祥家举行和玉祥引产"开于"活动。在城里开出租车的本家族人员和朝珍、和朝亮、和武军三人开着和朝亮的车回来参与这一活动。本家族在家的每户一人参与了这一活动，他们是和朝东、和朝光、和秋谷、和朝泽、和福春、和英、和红芳、和红梅。和万琴、和社香、和玉兰、和耀军、和朝祖、和子香等也来参加。和耀军、和朝东、和朝光主要负责做饭，和福春、和社香负责蒸饭，收礼由和秋谷、和福春两人负责，记账由和朝亮负责，和朝泽负责烟酒。

参加本次"开于"的除家族、亲戚外，村里不沾亲的人只有和茂花及和李福来参加。共有八桌左右的人吃饭。当晚的饭还是安排了八个荤食，没有素菜。太安村的和菊及和元，因和菊小女需要喂奶，吃了午饭就返回了。

2006年2月22日　农历正月二十五日　阴

村民和圣伟请来满中村村民五三六（老表），帮他用手扶拖拉机犁地。犁的是去年撒绿肥的地，不管离家有多远，去年种过绿肥的地是舍不得闲置的，一定要在今年种洋芋。人们普遍认为田地这样轮种，洋芋长得大，且匀称、产量高，所以再苦再累也舍不得闲置或转借别人。

村民和社元随同旦都后村村民五习红（连襟）去丽江城买化肥，用作种洋芋时的底肥——尿素和磷肥。他还买回一把铧犁、50斤柴油，准备用手扶拖拉机来犁地，共花去1300多元。由此可见，种洋芋的支出还是较多的，化肥及柴油款是数额较多的。洋芋收入总量越多的人，投入的资金也就越多。

2006年2月23日　农历正月二十六日　阴转阵雨

村民和学伟、和四妹夫妇及儿子和二友用手扶拖拉机拉着厩肥在田里堆肥。和学伟专门负责从学校厕所挑来大粪浇在厩肥上，和二友负责添加厩肥和提水、拌水，和四妹负责浇粪及平整厩肥。在田里把肥堆起来，种时就很快。

村民和金辉及女儿和亚梅也用手扶拖拉机把厩肥拉到田里堆起来。

村民和国武请来和金合、和二牛、和社菊等人来出厩肥堆在院坝里。和国武则开着手扶拖拉机去山上砍树枝和橡子、斜条。橡子、斜条准备整磨坊用，树枝用来盖堆好的厩肥。

2006年2月24日　农历正月二十七日　阴

村民和国武及和家良以每公斤0.6元的价格卖洋芋给汝寒坪村青年洋芋老板，和国武的妻子和闰芝估算她家的洋芋有8000公斤左右，和家良估算他家的有5000公斤左右。洋芋老板说他只带11000公斤的洋芋款，拉完两家的有些为难，和国武就答应赊款。和国武的堂兄和国红说："我估得相差不大，我去帮你们看一下。"他看后对和国武家说："你家的洋芋总数不会有8000公斤，只会有7000公斤，如果超过7000公斤我可以把洋芋一个一个全给吞了，和家良家的看不出，因为不知屋底有多深，但至少有6000公斤左右，老板大胆上车得了。"上到快完时，每家都上了5000公斤左右时，老板提议，两家的上不完了，留下一家的，上完一家的，没有上完的那家我可压点钱，保证下次由我拉完。这样就把和国武家的上完，和家良家只上了5000公斤整。结果和国武家的全部上完后有6815公斤。人们都很佩服和国红观察、估算洋芋堆的眼力。

2006年2月25日　农历正月二十八日　阴

村民和国武请来回家招呼老婆坐月子的侄儿和灿，邻居五丽军、堂兄和国红、和国臣、侄儿和自华、和自忠，满中村的侄儿和闰里，以及胞兄和国亮等人来帮他家砌厨房的空心砖。主要由和国红、五丽军、和灿三人主持砌，其他人均为搬运、拌沙的小工。他家虽然在事前没有去街上买鲜菜，但学校由和闰芝的哥哥和学新守校，和学新就从学校的菜棚里拿了些葱、菠菜、卷心白菜等一簸箕，给和闰芝家，解决了和国武招待帮工所用的鲜菜。由此看来，只要相信科学，利用塑料棚做菜园，即使海拔高、气温低、霜期长，也能生长出肥壮可口的各种新鲜蔬菜，并能顺利地过冬，可随时摘吃。

南溪行政村的书记和国军（满中村人）、副书记和继武（金龙村人）、副主任和丽军（旦都后村人）、支委兼妇女主任杨耀秀（满下村人）、支委兼林政员和吉红（满上村人），共5人前去黄山镇参加第三届黄山镇党代会。

2006年2月26日　农历正月二十九日　阴转晴

村民和尚典请从小由太安舅舅、舅妈抱养的弟弟和尚洪，大女婿五军来帮他家犁田。和尚洪及女婿五军不辞路远，开着手扶拖拉机拉着铧犁从丽江城绕道而来，还从丽江买来了耕地用柴油，给和尚典拉来一袋洋芋良种。下午2点到和尚勋家，和尚勋及时做午饭给从远道而来的弟弟及侄子吃。吃过午饭，和尚典闻讯来到和尚勋家商量犁地事宜。他两也要帮和尚勋家犁，和尚勋日前已请好满中村的五福军来犁，现在只好改变主意，请弟侄俩来犁了。他们远道而来，又是诚心相帮，不好拒之。和尚勋只好对五福军说："以后再请您来犁，洋芋地就请弟弟来犁了。"对这事，村民有不同的看法，大部分认为，虽然和尚典因儿子下落不明值得同情，但这么老远地请弟弟大可不必，月收入1800多元的退休老人，出点钱请本地人犁就可以了。村民收入少，不景气的年份有时总收入也不到他两个月的工资，再说他弟弟和侄儿家劳力也够紧的。事情的确是这样，古语曰："远亲不如近邻。"村子里常犁地的人也会想着："但愿年年去请太安人吧。"

2006年2月27日　农历正月三十日　阴

汝寒坪村的青年洋芋老板五小乐今天又来拉洋芋了，他很守约，先要上和家良家拉前些天剩下的，再装和尚花家的。和家良家的上了2300公斤，至今他家的洋芋全部卖完，洋芋总收入7000元左右，加上菜籽收入1500元，年总收入8500元左右，除去化肥、种子投入约2500元，净收入在6000元左右。和尚花家上了1.3万斤（事前估计有1.6万斤）。装不满车就到和秋谷家装了4400斤，整整拉了2.2万斤。因为他下午2点左右才到，装车就一直干到天黑。一装完他就把钱托给帮他称洋芋的和国臣来分给三家，并付了和国臣的误工费50元。和国臣当天称了两车，前一车付了40元误工费，一天下来就收入了90元。他还帮汝寒坪村的五军问洋芋及称洋芋。从今天开始他帮的车就有三辆，可以说天天不缺问洋芋及称洋芋，每天至少可收入三个40元。上洋芋的人免了一顿午饭，晚饭就到和尚花家吃，吃饭后闲聊到深夜12点才散伙。闲聊的内容主要涉及和尚花、和圣伟老两口与独儿子和武军、和金桂小两口分伙生活的情况。大多数说，既已分伙，不必操心费舌，老两口可随心过日子，干不起活时小的会来供养的。

2006年2月28日　农历二月一日　阴转晴

村民和尚典邀约满上村侄儿和朝祖一起来还农行的买出租车贷款，每户还了1.33万元。至此，他们两家合伙购车的贷款已还清，车的T牌①已拿到手，过几天办理了行车证以后，准备打价互补T牌款。根据目前的行市，出租车牌的市价为24万元左右，不知他们两家会怎样处理T牌款。

在玉龙县一中及民族中学读书的学生们，由各自的家长送到学校，明天开始下学期的学业。他们是和丽锋、和丽菊（高中生）、和学远、和

---

① 云南出租车车牌第一个汉字"云"代表"云南"。第二个字母代表城市，第三个字母为"T"，即出租车，"T牌"代称"出租车车牌"。

继提、和继恒、和红梅、和红芳、和丽海、和六金。还有在城里读一年级的和智璇也由爷爷送到学校。

2006年3月1日　农历二月二日　晴

村民和永军前些天买来了一把新铧犁，今天和永军、和永红、和永良、和建成耕牛组开始犁地了。往年他们这个耕牛组只用二牛抬杠犁田，今天分成两组进行：一组由和永红、和永良两弟兄，驾牛用二牛抬杠去犁小畦地及不通手扶拖拉机的地；一组由和永良之子和文亮、和永军、和建成驾驶手扶拖拉机犁大块的地。看来，村民都逐渐感到用机械代替二牛抬杠工效快、省时，是农民减轻劳动力负荷的必然途径。

欢度了40多天寒假的南溪完小师生，从各自的家里出发，会聚在学校里，开始了新学期的生活。四五十天的分别，叙不完的互念情，谈不完的新闻趣事，老师们端起茶杯，谈起了假期里各自帮家里人做的事情，同学们交谈了假期里的各种活动。

领到新书是小学生最快乐的事，拿到新的教科书，个个高兴得合不拢嘴，脸上绽开了幸福的微笑。除个别老师外都回校上班了。

2006年3月2日　农历二月三日　晴

村民和顺光开始种洋芋了，人们都以为是他家儿媳快坐月子（生小孩），所以提前种洋芋。其实不然，只种了田头地尾的一小点，这是有意识地堵手扶拖拉机在他家田里通行。这样的行为前几年在和学青、和益花两家（母女俩）突出些，今年部分村民也学起她母女俩了。见到这种有些缺乏社会公德的行为时，人们在背后嘀咕：他们家的手扶拖拉机从别家田里过，而别家的手扶拖拉机却不准从他家田里过，你家的田里不准别人过，那你就买架飞机来农用，这才占理。

在城里开出租车的满中村村民五春立（小五立），今天在白华村公路段上碰了一辆文华中村的青年小伙子的自行车，碰得并不重。这条路上常有白华、文华的个别人，故意不让车，而让车来碰，借此来发横财。这些人占着地理优势，常惹是生非，明抢不成，就暗使手段，打、唬、威胁来诈钱。去年满下村寨的和朝珍，也挨了文笔村人的敲诈。文笔村人的摩托车在后面碰上他的汽车，和朝珍要报警，但文笔村人以武力相威胁不准报警，反过来还硬逼着赔1000多元的摩托车修理费（只掉了些漆）。

2006年3月3日　农历二月四日　晴

在城里开出租车的村民和万林、和万军两人一早回到家里，换上旧衣服，驾驶着手扶拖拉机和铧犁去犁洋芋地。和万林虽在城里开车，但农忙时回来一转犁田，帮农是常有之事，年年如此，岁岁如故，两口子不管干什么都很带劲。两个女儿一个读大学（云南民族大学），一个读高中，都很努力。做父母的，看到儿女努力读书，再苦也不觉苦，再累也不感到累，浑身有使不完的劲，用不尽的力。

和万军也是家里的顶梁柱，但每年都有堂弟和万仕、和李福、和万红三弟兄随时来帮他家犁田、送肥，偶尔还有大姐夫和作武也帮帮忙，农活就过去了。所以，每年他回来参加犁田，只要两三天就完成了。而他家种的地在村里算是最多的那几户，除了种他自家地以外，还种了和学群家的大部分地。年近七旬的母亲和银贵，现在做各种农事劳动还赛过30多岁的儿媳，父亲五金才也能尽力帮着做。因此，田里的事和万军可管可不管。

2006年3月4日　农历二月五日　晴

在城里开出租车的村民和圣武，因其父和作典在前些天患风湿关节炎不能行走，今天他转回来参加犁田。他们的耕牛组是由和作典、和朝光、和朝东、和圣伟4家组成。虽然只用一头牛来犁，但是和圣武不回来参加是不行的，如若不回来，父亲又不能参加，其他三家人的心里就不是滋味了。再说和圣武家是满下村寨里地种得最多的一户，正因为种的地多，犁田时间就花得多，因此，原来在耕牛组的和学伟、和作才在前年就离开和作典家单干。这样一来，和圣武回来参加犁田是形势所逼。

村民五德华帮他二舅和建成从鹤庆全敦拉来一车青砖，收运费600元。每块砖约0.27元。

到满上村上门、与和国军合伙买出租车的和朝祖，请了本族兄弟和朝亮、和朝珍、和尚典，和尚典又把在家的本族兄弟和尚勋、和圣伟、侄儿和朝东、和朝泽等请到他家中，商讨和国军人车失踪的出租车T牌（牌照）之事。当他们跨进门槛时，和国军母亲五三姐及和国军之妻和玉祥，触景伤情，痛哭失声，边哭边诉，众人相劝。虽说劝慰，不少人的眼泪也夺眶而出。但失踪的人车无音信，再伤心、再哭也是白搭，反之还伤了身心，劝了约一个小时才劝住。晚饭后，和朝祖说失踪车的贷款两家已还清，可以进行车子更新的手续，有关部门提示更新时间不能拖长，问和国军父亲有什么主意。和尚典说："要卖T牌了，你找个伴或者你自个考虑。"大家征求了和尚典、和玉祥、五三姐的意见："以24.7万元的价出售T牌，待和朝祖找到伴后，由找到的伴来付给和尚典家20.35万元。"和朝祖打电话给他的连襟和全会，和全会回答与妻子商量后做决定。从经济上看和尚典及和朝祖损失并不惨，惨的是和国军下落不明，丢下了两老、两小和妻子。

2006年3月5日　农历二月六日　晴

在城里开出租车的村民和朝亮今天在家往地里送肥，送肥用的是借和朝泽的手扶拖拉机。上午往远点的地里拉了四车，下午准备送两车。但事与愿违，拉着一车快到地里时，手扶拖拉机的方向器不灵活了，手扶拖拉机在松软的地里不能走了。在河东地里打土块的村民杨文花看见了就走过来想帮忙推，当得知是手扶拖拉机有故障，就顺便到和永良家喝水后又去继续打土块。和朝亮的母亲和家良也从家里赶来，以为是手扶拖拉机陷在田里准备来推，知道实情后马上回家拿来两个篮子和一把簸箕，她把肥装在篮子里，由和朝亮父子两人背到田里。等下完肥料，请来杨文花、和金凤母女帮忙推手扶拖拉机，推出丈余后，试发动了一下又走动了。和朝亮就以一挡的速度开回还给和朝泽，向他说明机器有故障。和朝泽说，是经常性的，没事，你也不会操作这手扶拖拉机。和朝亮说："哥，拆开看一下，什么零件坏了，我明天买了寄上来。"和朝泽说："不消了，没事的，即使有事我自己买零件好了。"

2006年3月6日　农历二月七日　阴

村民和国兴、和金红、和金圣三人继春节后去吉子水闸口村帮五金花家竖了一所新房后，今天又应旦都前村五争社之请，去旦都村做木匠，帮五争社竖新房。五争社决心很大，劲头很足，一次就想竖两所房子。木工师傅们干得欢，收入也很可观。近些年，竖一所房子（直木钉椽）大约需要30个工，每工在60元以上，总收入2000元左右，而且烟、酒、饭还由主人包了，真是"饥荒三年，饿不死手艺人"。但木匠这活计（特别是竖房子）得动脑，得用力，因此，现时的年轻人是无心思学的。在满下村寨的木工大师傅和建良已64岁了，和国兴已58岁了，和金圣45岁了，和国亮56岁了，再过10年，这方面的人才怕是没有了。

2006年3月7日　农历二月八日　晴

云南大学纳西族研究基地村寨日记记录员和尚勋老师，利用春天植树的好时机，在云南大学基地种树。这种树是他前两天经过文笔山转到满上村的"打野猪岭"挖来的常绿树"红灯笼"。因为前些年这种树的卖价甚高，古老的大树卖到四五千元一棵，小的、嫩的也卖30元到七八百元一棵不等，因此，凡有挖树能力的人都把"红灯笼"挖来移植于自家园子及房前屋后。大点、粗点的树几乎都被挖光。和尚勋老师扛着锄头在山上寻找了两天，才找到手指般粗的七八棵。他怕长不活，有些就两棵合种在一坛里，还从自家砍了两棵弯柳插好，并捡来烂竹篮，把种好的树围好，以防羊群来伤害。他4岁的小孙子五丽永也帮忙他浇水，爷孙俩干得很欢、很带劲。他决心勤浇水，让树尽快长大。

今天是一年一度的纳西族"三朵节"，不知什么原因，今年的"三朵节"丽江的事业单位破例放两天假（以前放一天），欢度纳西族的节日。

满下村寨的男青年们在和四闰的台球桌上展开了台球比赛，首先是分组赛，接着是进行个人淘汰赛。总共有14个球手参赛，团体赛分组以上片、下片来进行（把满下村以横过村中的路为界，分上下两片区）。团体赛由上片男青年组获胜。个人赛由五仔黄夺得第一名，和朝柱夺得第二名。晚上还在和国臣家进行了"打拼伙"（打牙祭），凑钱买鸡、凑肉，吃了个痛快。休闲到快夜间零点时，男青年们开着手扶拖拉机到旦都前村进行青年聚会，跳舞、谈情说爱，直到第二天天亮才归。

2006年3月8日　农历二月九日　晴

今天是"三八"妇女节，满下村寨的妇女们聚集在和四闰的院坝里休闲，接着跳舞、唱歌，还进行了女扮男装的情歌对唱，狂欢了两个小时以后，又进行"打拼伙"（打牙祭）。在满下村寨，身负繁重家务的妇女"打拼伙"，近十年来还是首次。到6点吃饭，边吃饭边相约要到城里逛夜景，起初有近20人要去，结果，因当天时逢南溪村寨的"祭祖节"，有些妇女须回家给老祖宗敬酒，因此，只有10人去。她们以100元的价格包了村民和圣华的手扶拖拉机去城里。8点到城里，逛到午夜2点多返回，3点多到家。

这天的部分妇女尽情地欢乐了，家里人也支持她们这样过自己的节日。

南溪行政村妇女主任杨耀秀（满下村寨人），参加黄山镇妇联组织的旅游队，到泸沽湖旅游观光。此前她已去过广西桂林、大理等风景名胜区。在行政村一级干部中，数她旅游机会多，这也是党和政府关心妇女干部的原因吧。

2006年3月9日　农历二月十日　晴

村民和圣昌请了和圣明、和圣武、和爱花，加上他家的3人共7人称洋芋上车，以0.6元一公斤的价格卖给大理洋芋老板一万公斤洋芋。他家今天上车不像往年那样用手扶拖拉机拉到和朝泽家门口，而是叫汽车从闲着的地里绕着开过来，直接停在他家门口上车。此段路中，村民和顺达家要种洋芋堵住车，但和圣昌跟和顺达请求让车过一下，和顺达也就同意先让这车过了，到下午装满洋芋的汽车走后，和顺达家就种上了洋芋。和圣昌家以后出售洋芋又只得像以往一样用手扶拖拉机拉到和朝泽家门口上车。今天和圣昌家装洋芋比以往省力、省时，到下午2点，7个人就装满了一万公斤的洋芋。

2006年3月10日　农历二月十一日　晴

村民和子一家以0.6元一公斤的价格出卖洋芋，买主是太安天红汝寒坪村的小伙子五小乐。他家请了和永秀、和灿母子，和子红、和菊花夫妻，和金星、和文昌父子、和满秀、和亚梅、和银谷、和金合、和尚勋等加上和子一两口子共13人。一部分人负责装篮，一部分人负责背到和子红家上车。装到4000斤左右时，老板五小乐对主人家提出要求捡一下小洋芋，如若不捡，那就很难卖出。和子一的妻子杨文花有些不乐意，但装洋芋的人劝她应当同意，捡了100斤后，洋芋小的基本上少了，五小乐也有点转忧为喜了。到两点时上了2.3万斤，合计6900元，老板现付6500元，欠400元，到后天来拉时付清。吃过午饭大家都说背得辛苦，干脆下午也休息了，有的打扑克，有的当观众，直到下午6点才散伙。

这一家族的人在劳动和生活中充满活跃的气氛，说笑话的很幽默，特别是和子红说起笑话来，众人捧腹大笑。有时对一个问题展开激烈的争论，这样使人不容易疲劳，紧张繁重的劳动在轻松愉快中过去了。

2006年3月11日　农历二月十二日　晴

从攀枝花市退休在家的老工人和学仁，帮村委会书记和国军开车跑城郊短途拉人，和国军书记去参加玉龙纳西族自治县人民代表会议。和学仁是和国军的姐夫，他当工人时开过车，有驾照，他应和国军的请求，在和国军去开会那几天帮忙开车。有人提出疑问："不知和国军会不会给和学仁开工钱？"多数人的猜想是绝对不会开工钱的，和国军开车已有近5年时间，他确实忙不过来时就常请姐夫和学仁代劳，或请和学仁的儿子和春拾代劳。有个别人还提出疑问，"和学仁会不会对和国军多收少报？"有很多人肯定地说："绝对不会，和学仁已是60岁的老人了，不会为这点钱而伤了姐夫小舅子的关系。再说，如若这样做的话，和国军也不会请他来开车。在满中、满下村，手持驾照在家的人多得很，和学仁长期不向舅子讨工钱，也如实转给和国军所得款项，因此，每当和国军需开会用车，就请和学仁来开。"

2006年3月12日　农历二月十三日　小雨转阴

村民们都忙着出售洋芋，这些天都以0.3元一斤的价格成交。今天就有和圣昌、和汝浩、和金辉三家各出售了一车。除和汝浩在家门口上车外，和金辉、和圣昌两家都用手扶拖拉机拉到公路旁上车，这样付出的劳动量大些。满下村寨除了和万琼、和万军、和国臣、和国红、和国亮、和永红、和天林、和四闰、和顺明、和顺光、和建华、和金星、和顺达、和朝泽、和朝东、和朝光、和建军、和建成、和国武、和圣伟20家可在自家门前上车以外，其余36户人家都得人背，或者用手扶拖拉机拉到公路边上车。造成这种局面的原因主要有：1.历史上就住得较挤，无法通车；2.后来村民在建盖新房、修缮旧房时，任意向外扩展，本来可以通车的村道变得狭窄。和金辉、和圣昌两家是出售今年的第二车洋芋，前两车都卖了2.2万斤，今天又卖了同样的数额，两家都还剩下近两万斤，全年下来他们两家都要卖出约7万斤的洋芋（大小在内），属于满下村寨中农业收入高的农户,劳力也属多的农户。和圣昌家有 5 个劳动力,和金辉家也有 5 个劳动力,但儿子和亚军常进城开出租车,儿媳和满秀也常跟随其后休闲做饭。

2006 年 3 月 13 日　农历二月十四日　晴间阴

村民和李福的老婆五爱英,前些天在城里妇幼保健院剖腹产一女婴,今天出院回村,满下村寨 2006 年喜增一人。但据村民们议论,这一女婴没有生育证,主要原因是五爱英的户口没有迁来南溪满下村,还留在原来出寨的七河乡前山伏仲村。妇女主任杨耀秀曾多次说明,"只有结婚证,没有把大人的户口落到所嫁的家庭,各级计生部门是不会给生育证的,劝她先把户口迁来,跟着再办生育证"。但五爱英不听劝告,硬是没转户口,结果就没有办准生证,不知她心怀什么想法。村民们对此事猜测不休,有猜"五爱英以后会管两边,待前夫的父母去世后又去管前夫与她所生的男孩"(回伏仲);有的猜"五爱英会不会真心实意与和李福白头偕老"。的确,结婚已近一年,五爱英一直未迁入自己的户口,不得不使村民们生疑。

2006 年 3 月 14 日　农历二月十五日　阴转晴

村民和圣伟、和尚花夫妇今天买来一台电视机(600 多元)。自从与儿子、儿媳分伙后,和圣伟执意不看儿媳和金桂带来的电视(嫁妆),让其收好放在儿子儿媳的卧室。他老两口子是电视迷,不看电视就很难过,因此,在儿媳未到家之前都是在邻居和家良家看。儿子儿媳进城后,又到和国武家看几天,到和家良家看几天。这几天,他两口子手头已有较多的钱(3000 多元退耕还林款,4000 多元卖洋芋款),可说是爱看电视买电视,也可说是财大气粗,争气给儿子儿媳做样子看。有些人赞同,有些人议论,看法不尽相同。不管怎么看、怎么说,人该苦该干时要苦要干,该享受时也要会享受,这样才算会生活,有条件享受时不享受就是不会生活。

2006年3月15日　农历二月十六日　晴

南溪满中村村民五三六、五兰夫妇为长女和芹金举行婚礼。他夫妇俩生有二女，大女和芹金招姑爷上门。新姑爷是宁蒗县人，他是去年就与和芹金相交，并在和芹金家共同生活了一年左右的时间。可以说两位大人是对小两口观察了一年以后才操办婚礼的。在今天的婚礼上缺少了五三六的亲兄弟、亲姐姐，据村民讲，他们兄弟是因父亲和玉南的赡养问题起争执而互不来往的。

办大事亲兄弟姐妹互不往来，这在南溪村寨属于首例。古语就有"大事是大事，办大事时不能提起平时和以往之过"的说法，村民们都依照这一古训而互谅、互让，求大同存小异地生活、来往。在每个家庭，特别是兄弟多的人家，妯娌们来自各方，受的家庭教育也不同，不团结、闹矛盾，特别看不起和欺负来自远方的嫂子，但办大事时总能像没矛盾似的，外人看不出有什么破绽。

这场婚礼的另一个特别之处是没有接送新女婿的过程，只是在五三六家举行婚宴，宁蒗男方家没有举行婚礼，这种现象是曾经出现过的，如满下村的和金圣为长女王跃天举行的婚礼，和国模为二儿子和李福举行的婚礼都是单边进行的。

2006年3月16日　农历二月十七日　晴间阴

村民们都在忙着种洋芋，种洋芋的农时大都掌握在惊蛰、春分这两个节令中（约一个月时间），今年有部分村民说出清明这一节气种的洋芋更好，因此，有不少村民则不慌不忙，打算清明节后再种。今天开始，村民们把群放的牛关了，拴在各自的家里喂养，因为每天都用牛犁田种洋芋，况且只有七八头牛，专门安排人放牛有些不划算。因此，只能等到种完洋芋后再进行群放。

村民和福春停开出租车回家帮婆婆种洋芋，在城里接送娃娃读书的事暂请老公公代劳。

村民和尚典及满上村和朝祖两家合伙购买的出租车办牌照，今天正式以24.7万元的价格成交。和朝祖继承一半，另一半由和朝祖的连襟和全会负责，和全会付给和尚典12.35万元。和尚典拿到钱后除留下一些偿还借款外，都办成长时间的定期存款（10万元）。他打算这笔巨款存好后留给两个孙子长大后使用。从经济上来讲，这次儿子和国军同汽车失踪，他家损失不大，但人去不回是个天大的不幸了。

2006年3月17日　农历二月十八日　晴

在城里开出租车的村民和建军回来帮忙种洋芋。他一到家就换好衣服，发动好手扶拖拉机，拉着他老婆和海清早就装满的肥，上好铧犁拉着老婆到田里了。等他把手扶拖拉机开到田头，就停下来，把机头拆开，放下挂斗，机头上安装好铧犁，慢慢地开到他家地里犁田。老婆和海用篮子把肥从手扶挂斗里一篮一篮地背到田里。有些吃力，造成这种局面的主要原因是别的村民已经把通往他家田的地都封了（种上了洋芋）。但两口子都干得很欢、很带劲，其动力是"我要富有"。是的，满子师村寨古来就有"吃得苦中苦，方为人上人"和"大富于天，小富于勤"的说法。长期的生产生活实践证明，事情果真如此，勤俭人家年年有余，苦干硬干勤劳之家，两三年变富，村中和作典家、和金辉家、和建军家、和万林家便是最好的例子。

2006年3月18日　农历二月十九日　晴

村民和永良家两口子、和永红家两口子及女儿，还有和子香共6人帮老母和国南种洋芋。和永红开来了他家的手扶拖拉机，大家七手八脚地把肥装上，拉着洋芋种下地了。和国南大妈叫和永红的长女五桂芬做午、晚两顿饭，每顿免不了要有一碗肉，菜比平时多做三四样。种洋芋的 6 人把肥拉到田里，女人用簸箕放洋芋种，和永良用簸箕从手扶挂斗里端来肥，一坛一坛地放于洋芋种上，放上一车农家肥后，又提起桶子，在每坛农家肥上撒些化肥（尿素及磷肥拌和）。和永红、和国南母子垒坛盖土。放完洋芋种后，和永红之妻和玉金、和永良之妻杨耀秀、和子香等也拿起锄头垒坛盖土，不一会就种完一块地，又去种另一块地。到天黑时，今年和国南老母要种的洋芋地剩不多了，剩下的部分从明天开始由和国南老母自个种，三个儿子各家去种各家的。年复一年，年年依旧，三个儿子农忙时先帮和国南。

2006 年 3 月 19 日　农历二月二十日　晴

村民和朝光今天请和圣伟、和尚花夫妇，和家良、和福春婆媳，和朝东、和英夫妇，和秋谷加上和朝光母子，称洋芋上车，上了 2.3 万斤。因他家靠近村委会，无邻居居住而车子直通到他家院子里，在走廊里过秤后，可以提篮上车，是全村寨上车最方便的农户，到两点钟就装满了汽车，装洋芋的人也不觉得累，因为不需背，劳动量就少，付出的精力也少，觉得轻轻松松就上完了一车。洋芋价格依然是每公斤 6 角。这几天都忙着种洋芋，帮忙上车的人心里有些不畅快，因为都是亲戚，只是嘴里不说。实际上，每个村民心中都有本账，点滴不漏地记着你帮了我多少工，我帮了你多少工，你帮忙我多长时间，我该帮你多少时间。都算在心中，只是口中不说。

2006 年 3 月 20 日　农历二月二十一日　晴

在城里开出租车而请和春拾代开一个月，暂回家帮忙种洋芋的村民和圣武，今天请了和圣伟和尚花夫妇、和土福夫妇及和福军、和朝东和英夫妇、和朝光杨耀祥夫妇加上他家三人共 12 人过称卖洋芋。因为车身长而不能开到他家附近的空地上，只能在公路边上车，因此，称了洋芋后，先装在手扶拖拉机上，再用手扶拖拉机拉到汽车旁上车。到下午两点半才称完 2.4 万斤。每斤 0.30 元，这是他家出售的第二车大洋芋，还剩下约 2 万斤准备留到最后来卖。第一车卖了 1.8 万斤。估算起来他家洋芋总产（大洋芋、小洋芋、来年留种、喂猪用烂洋芋）8 万斤左右。据和圣武讲，以往每年除花销外可存入信用社 2 万元卖洋芋款。收入可观，但付出的辛劳也是全村寨中数第一了，六旬老两口和作典和八娘，似乎与儿子和圣武、儿媳和爱花比赛似的，4 个劳力你追我赶，人人争先，的确是越富干得越欢、越带劲，收获的财富也就越来越多，这是村中典型的良性循环事例。

2006 年 3 月 21 日　农历二月二十二日　晴

村民和玉祥家今天请了族人和家良、和福春婆媳，和圣伟、和尚花夫妇，和朝东、和英夫妇，和四娘及杨耀祥婆媳，他的父亲和国亮及母亲和六芝来帮她家称洋芋上车，今天她家的洋芋卖了 1.3 万多斤。她家自从和国军于去年 11 月 5 日车与人同时失踪后，对全家人精神上的打击很大，加上两位老人都已七旬高龄，她又做了引产术，只要她家来请，家族的人都把自己的事暂时搁下，先来帮她家。现处于春种大忙时节，她们家打算今年应种的洋芋请亲戚来种，被请的人们也会尽量帮忙。

至今，她家今年卖出的大小洋芋只有两万斤左右，属于满下村寨中历年来庄稼收入最少的农户之一。这样的户数在满下村寨为数不多。

2006 年 3 月 22 日　农历二月二十三日　晴

从维西县邮电局退休后居住于满下老家的和尚典老人，就他儿子和国军与车失踪一事，请他弟弟和尚勋向丽江市古城区、玉龙县出租车联合协会写申请，请求协会领导设法给点经济援助。并由弟弟陪同到协会交申请，向领导阐述家庭的困难。

出租车协会的白会长专门接待了他兄弟俩，并给和尚典老人做了推心置腹的安慰，并说一定要在全体出租车车主中间进行募捐。援助对象是和珍贵和你们两家，因为车是合伙购买的，不能只给一家，等到我们捐到款后，请你们两家协商好分成后，再来领款。否则你们为这点钱发生争执和争吵，反目成仇，这样我们协会决不会让你们这么做。对这事，和珍贵在和尚典家谈处理T牌时两家就商定好"如若补助两家，一家一半，如若补助失人，则和珍贵分文不要"。

按理说两家不能发生争执了，都应按前不久协商的方法做，但到时不知会怎样，因为和尚典初步透露出他想要2/3：

申请书

丽江古城区玉龙县出租车协会领导：

我儿和国军在丽江城开出租车，2004年10月底多方筹借资金与和珍贵合伙买了一辆出租车。一年刚过，到2005年11月5日，拉了五位乘客，不知去向。从2005年11月6日下午开始寻找，每天出动七八辆车，二三十人，找遍丽江、迪庆、大理，还找到千里之遥的乡城、德荣、攀枝花等县、市，寻找时间近一个月，却没有找到蛛丝马迹，人与车都下落不明。到现在已快有五个月了，仍然杳无音信，断定是遇上一伙盗窃车辆的歹徒，很可能人被害，车被卖出或盗者用。买车时欠下了不少债，同时抛下两个七旬的老人和两个幼儿（一个7岁，另一个2岁）。人车失踪，对两个老人来说是老来无子；对妻室而言是中年丧偶，人间最大的悲剧降落在我家，精神上的打击是难以承受的，经济上也造成极大的困难，五口之家两老两幼，偿还车款，赡老抚幼，困难很大。故此，特向出租车协会提出申请援助，诚望领导视情给以千方设法援助为望。

此致

诚挚的谢意

申请人：玉龙县黄山镇南溪行政村满下自然村

（和国军之父）和尚典

2006年3月22日

黄山镇新一届党委、政府领导今天前来南溪调研，与行政村干部们商讨后，决定在2006年内扩修满下村到鹿子村的通村公路。扩修改造内容初步定为加宽，土泥路面改沙石路面，再用压路机来压。这样做旦都和鹿子3个自然村的交通会有改观，同时也会平衡三村村民长期积存于心里的不满意的心理状态。

2006年3月23日　农历二月二十四日　晴间阴

国际纳西学会理事、中国民俗学会会员、云南民族学会会员、云南纳西研究会副秘书长、青年纳西学会秘书长、民俗学硕士杨杰宏，带着三本由他著的，由远方出版社出版的《溪村社会——一个纳西村落的记忆、文化与生活》，来到南溪行政村专程送给和尚勋老师、和国军书记、和丽军副主任三人，向他们提供资料表示谢意。南溪村的这三个村民欣然接受，分外高兴。和国军书记对杨杰宏老师说，这本书把很少有人知道的南溪宣传出去，我们深表谢意。杨杰宏老师还对在南溪调查时何尚勋老师所给予的帮助、关心深表感谢。这本书是专门写南溪村的。

2006年3月24日　农历二月二十五日　晴

退休老师和尚武的病情又复发了，而且很严重，他的儿子和朝泽一面请人喊回还在地里种洋芋的和家良婆媳、和圣伟俩口子、和朝东两口子及和尚典、和玉祥等，并把老父亲抬在炕上招呼好；一面打电话给在城里开车的和朝珍、和朝亮、和武军等，要他们回家，并把叔叔和尚勋也拉回来。到家后，大家动手打扫和朝珍家的房间，打扫完后，大家把和尚武老人抬到和朝珍家招呼（他家是老宅），老人要回到老宅来度过一生中的最后一段时间（他的老伴和国琴在老宅逝世，他也要在老伴辞世的地方赴黄泉）。到下午5点左右，病情转危为安，和朝珍、和尚勋留下参加招呼老人，和朝亮、和武军，还有朝亮妻和福春回城开车。

和朝泽还电话通知其姐和朝英、在太安的叔叔和尚洪，到傍晚，两人从不同的方向来到了他家探望老人。社会进步了，对人们的好处很多，从城里到家只要40分钟；通知远处的亲人，不须派人去了，只要打个电话就行了。社会发展、科技进步使人们受益不浅。从今天起，和尚武的三个儿子称肉、称米，买生活品，开始在和朝珍家做饭。

2006年3月25日　农历二月二十六日　晴

今天要写的日记，似乎有点悬乎、有点离谱，但记的是真真实实的一件事。

地点：满下村寨东南方向的"岩炸阁"山里

事情：人与野猪争斗，最终人斗胜利，把野猪打死

人物：南溪行政村旦都后村和云发、五见立、五五金

事情的经过和结果：

旦都后村民五见立、五五金在"楞石古"种洋芋，看见了1只野猪一跛一跛地走着，就打手机约和云发拿筒炮枪来打野猪，他两个则跟踪监视野猪的去向。在跟踪监视过程中，他俩发现这只野猪是受了伤的，或许是两只公猪互斗致伤，或许是受了猎人的枪伤或者暗伤。钻进树林后他俩就在林边等和云发的到来。待和云发扛枪赶到后，三人一起按野猪脚印找去，果然找到野猪睡下的地方。短兵相接，枪用不上，三人当机立断，五五金把锄头递给和云发，要和云发与五见立用锄头打野猪，五五金不知从何而来的胆量，跨步上前抓住野猪耳朵死活不放，五见立则用锄头猛击野猪头部，搏斗了约半个小时，野猪七窍出血，没有动弹了，他们把野猪打死了。他们就打手机叫和云峰开着手扶拖拉机来拉，拉到旦前学校球场边停好，边剖边卖肉，以每斤10元的价格卖出。村民们听到这消息，不管价钱多贵，都想尝尝野味。最终全部卖完，只剩下野猪头和内脏。累计总款，野猪肉卖出198斤，共收入1980元。另外野猪"楞谷"（雄性野猪的精囊，俗称"楞古"）是医肾脏病的良药，一个值1000多元。他们三人不仅有丰厚的经济收入，而且有留于后世的英勇事迹。

打猎、套猎是村民农闲时常有的事，但人直接与猛兽搏斗的事例属于近代的第二例。

第一例发生在20世纪40年代中期，在满下村鸡冠山脚下，满下村民五习虫、大哥兴、五七斤三人在鸡冠山下砍柴，砍着砍着，有一头大黑熊狂叫着从一个石洞钻出。正在洞口砍柴的五习虫没有吓跑，而是挥斧迎了上去，狂怒的大黑熊靠近时，五习虫用力挥舞斧头瞄准大黑熊头部狠狠地打去，被打的大黑熊大叫一声跑回洞里。五习虫大声喊："大哥、五七，这儿有一头大黑熊，快过来。"听到喊声，吓得五七斤往山下跑去，大哥兴有点胆怯，但有五习虫在石洞边，大着胆子跑到洞口，大黑熊又一次探出头想窜出来，被举着斧头、守在洞口、随时准备迎战的五习虫当头一斧，又缩回洞里。这当儿，大哥兴滚来大石头挡在洞口，大黑熊不能钻出洞口，五习虫放下斧头与大哥兴一同滚来大石头死死把洞口封住。五习虫在洞边拿斧守着，大哥兴回村叫了一些人到洞口，大伙想办法收拾被关在石洞里的猛兽。商议一阵后，决定用火攻。于是，在石洞顶上掀开几块石头，在被掀开的洞口烧上大火，大黑熊先被火烟呛昏过去，接着被烧死。大家把被烧死的大黑熊拖出洞抬回家，大黑熊有300多斤，全村分吃，共尝野味。大黑熊身上的贵重药材——熊胆归五习虫、大哥兴两人分用。这件不畏猛兽、敢和它拼的事，被后人传为美谈，相信今天这件事也像第一例一样，名留千古。

2006年3月26日　农历二月二十七日　阴

村民和国兴叫儿子五德华用农用汽车从"楞石古"拉来石头，这石头很大，是用石场上的挖机来帮忙上的车。他拉了3车，因到家的路有问题，就先丢在和朝光家门前，想等到种完洋芋后再用手扶拖拉机拉回家。

村民和国武请在"楞石古"拉石头的老板派汽车拉了10车石头，先丢在和永红家南边的草坪上，准备农闲时，把大石头砸成小些的，再用手扶拖拉机拉回家。他是在石场上帮老板管理石场，这10车石头是作为他的酬金给他的。这样做比收现款划算，现款收个五六百元，远不及拉到家门口的这 10 车石头。

2006 年 3 月 27 日　农历二月二十八日　晴

村民和李福为前些天所生的女婴举办祝米客。他家请了满家家族的中青年人来办理此事。昨天，他家就已经请家族人和村中亲戚上山砍柴、杀猪，这两项事以前是在今天才进行的，前次举行祝米客的和灿家破例在前一天就做好了这两项事。这两项事的提前进行，使得帮手们今天就不那么紧张。米酒和饭都早已备好，只等亲人们到来，就可以即到即待客。但因婴母和爱英是前山放牛坪村人，路程较远些，前山正处于种玉米的大忙季，亲朋们下午 6 点半才来到和李福家。到家后先挂礼，礼一挂完就开始待客。宴席上先摆一盘米酒，来庆贺者除特殊有病者外，都得吃一碗米酒，并口中说句祝词，如"祝×××易养易活，健康长寿"之类的祝词。米酒吃完后就摆宴席，很丰盛，八盘四碗。八盘为肉食品，它们是：烤鸭肉、鱼肉、鸡肉、猪肝凉拌、猪头凉拌、煎火腿肠、酥肉、炒瘦肉；四碗为：木耳胡萝卜、鲜肠汤、粉丝、大肉（肥肉）。待客的方式是先婴母方的亲戚，接着是婆婆方的亲戚，接着是本村的，席间给来赴宴的小娃娃每人发一个熟鸡蛋。

2006 年 3 月 28 日　农历二月二十九日　晴

今天被族人招呼了四天五夜的老人和尚武，病情有些好转了，说话的声音清晰了，又能吃点饭了，而且能坐上半个来小时与人交谈。看到这喜人的情形，招呼他的弟弟和尚勋问他："大哥，我的老伴前些天总是提醒我要注意看守好您，我们家族的男人们'绍没的'（不得口含）的很多，如不注意就会被'绍没的'的鬼神抢了去，往下的人也就难招呼好。如果招呼好了您，以后的就好招呼了。请问您知道咱们祖辈的有关事宜吗？"和尚武讲了曾祖父四金吐到祖父五七的相关情况。和尚勋记下了阿四金家族的近代（五代）（四金吐到和朝东辈）家谱，真真实实地写出了阿四金家族的近代发展史。

（后附阿四金家族近代家谱）

阿四金家族的近代发展史是这样的：

四金吐有三个弟兄，四金吐为老大，一分为三户。

四金吐在那个年代聪颖过人，智勇双全。当回民来抢村里的牛时，他事先把牛拴在鸡冠山脚下。来犯的回民抓住四金吐，要他交出家里的牛，四金吐骗说牛放于鸡冠山背后的丛林中，来犯的回民押着四金吐到鸡冠山背后找牛，没有见到牛，被回民砍死在鸡冠山背后"绍没的"（不得口含）。

四金吐生有二子，一个叫五鱼，为单身汉；一个叫五七，脑子灵活，心计颇多，善做小生意，有从这家买来黄牛，又卖给这家主人的本事。相传有一年的牛马交易会上，五七买了下束河村一户村民家的黄牛，此牛身大膘肥，生有一对宽而长的牛角。五七买了牛后，把牛角用锯子锯掉一截，锯口的角上用黄蜡涂色粘好，第二天拴在交易会场，因此牛高大、膘肥、皮色好，引来了不少买主，下束河村的卖牛人也在其中，并以比卖牛价高出好些的价格买了去。这人回到家里，家人都说"是头上好的牛"，到傍晚关牛时，关牛的主人发现，新买来的这头牛与昨日卖出的那头牛走进牛厩时的动作完全一样，进门时先把头侧着钻进去，没有把头摆正。这一发现，使家人和邻居们围拢来仔细观察，才发现牛角被锯短后用黄蜡涂色的真相，都异口同声地说："上了'假巧'（意为心怀叵测）七的当。""假巧七"是丽江坝子人给五七起的绰号，从这一绰号上看，不仅在山村，而且在坝子里的人都视他为心计颇多、能言善辩的能人。五七患传染病而死"绍没的"[①]（不得口含）。

---

① "绍没的"是指没有得到口含的亡眷。所谓"口含"，纳西语称为"绍沙"，即人去世咽气之前用布包好放入亡者口中的少许碎银子（男三粒、女一粒）、米粒（男九粒、女七粒）和茶叶。纳西族传统观念中，亡者是否得到口含是依正常死亡和非正常死亡进行区分的。

五七生有二男三女，长子五兴，次子五四哥，长女五福定嫁"拖准肯"村（文峰寺上边），生有一男叫五木后，后由国家安排全村七户人迁居文华上村。二女王金贵，嫁给满人村姨表五兴，生有三男，名分别为五宝、五华、五昆。三女五昌嫁满上村五桂生为妻，生有一男三女，男叫五红光，是现时医术远近有名的村医；女孩分别叫五四妹、五优英、五五姐。

五七的次子五四哥，心灵手巧，是当时有名的裁缝匠，尤以剪缝纳西族妇女服装有名，时常被请到外村剪缝为业。讨中村五很为妻，生有二男一女，四哥夫妇和一女一男孩同时死于传染病，四人都"绍没的"（不得口含）。当时有"不能接近传染病患者"的不成文的规定，因此，不管哪家患了传染病，家人、族人、村人都不敢看守，所以，1949年前患传染病而死去的人都不得口含。其中的男孩五木祥，大难不死，时有6岁，五口之家仅剩他一人，由大伯五兴抚养长大。

五七的长子五兴，生性善良，吃苦耐劳，能言善语，深受村民敬重，讨太安村五恒为妻，生育有四男一女，加上侄儿五木祥，共6个孩儿，真是儿多母苦。在百般困难中仍坚持让其长子和尚武读完国立师范，真是有远见、人穷志不穷。最为遗憾的是，五兴近花甲之年被村中不孕不育妇女五农勾引、利用，结果在鸡冠山背后的树林里殉情自尽"绍没的"（不得口含）。当时他的长子和尚武从教已近十年，二儿子和尚典从部队转地方邮局工作已有两三年。五兴曾是1955年的模范军属，参加过省里表彰的"群英会"，到过昆明。1957年跟二儿子和尚典到过维西，村民和孩儿都为他惋惜。

五兴后代的情况：

长子和尚武，中共党员，从教38年，桃李娇艳誉满太安乡，生育有三男一女。二儿子和尚典，在部队和邮电局工作35年，中共党员，生有二男一女。三儿子和尚勋从教32年，从边疆到山区为国培育桃李，辛勤耕耘，忠诚于党的教育事业。中共党员，见过毛主席、周总理等七位20世纪60年代的中国领袖人物，到过昆明、贵阳、桂林、柳州、武汉、南京、上海、北京等很多大城市，实为南溪行政村见多识广的人。生有一女一男，退休后应聘做云南大学纳西族调查研究基地管理员及村寨日志记录员，写有2004年及2005年南溪满下村寨日志及《南溪村概况调查》初稿。四子和尚洪自幼由父母给太安舅舅五才六抱养为子，生有四女一男，是太安村中第一个公社拖拉机手。独生女和尚友，嫁本村和国坚为妻，生有二男二女。她是20世纪70年代到21世纪初南溪行政村的妇女接生员，70年代到90年代末，南溪产妇几乎都是由她接生。五四哥遗子五兴侄子五木祥，生有二男二女，是和尚典的连襟。和尚典讨满中村阿大红三女五三姐，五木祥讨四姐五四娘为妻。中共党员，年过五旬，由于神经紊乱，自食毒药，还未死时给了"绍沙"，但这类自缢、自食毒药后放口含就属于不正常的。因此，还是"绍没的"（不得口含）。

　　和尚武子女概况：和尚武讨满上村和国琴为妻（中共党员），生有三男一女。长女五满红，嫁前山高龙村五一寿为妻，生有二男，长子五吉祥、次子五天给；长子和朝东讨后山木苏村和英为妻，生有二女，长女五玉芬、小女五玉琼；二儿子和朝泽讨村中五大七之女五秋谷为妻，生有一女一男，女名五玉琴，男名五八斤；丫男和朝珍，讨满中村五秀花二女五闰英为妻，因妻患有妊娠高血压虽生育但未存活。

　　和尚典子女概况：长子和国华，毕业于省汽车驾驶学校，分配到中甸总站当驾驶员，其间与中甸县"老马洛"村女青年五仕香处朋友，1990年"火把节"前一天在女友家前边的金沙江游泳而溺水死亡，尸骨未见，不得口含"绍没的"。女儿和国英，毕业于迪庆卫校，分配到维西县拖支卫生院当医士，嫁当地杨文七为妻，生有一男，名叫杨永。二儿子和国军，讨村中二友的二女五玉祥为妻，生有二男，长子五丽松，次子五丽冬。和国军于2005年11月5日下午拉了5个乘客不知去向，寻找月余，寻找地为丽江市境内各县，迪庆州、大理州及迢迢千里之外的攀枝花、乡城、德荣、西昌等县、市，未见踪迹，人与车一同失踪。

　　和尚勋子女概况：和尚勋讨汝南下村和家良为妻，生有一女一男。

女儿和朝花毕业于丽江卫校医护32班，分配到七河卫生院工作。后自学高等护理专业，获大专毕业文凭后，调丽江县医院（今玉龙县医院）任五官科护士长，嫁大研镇赵桐林为妻，生有一男叫赵永星。和朝花购有商品房，住于香格里拉大道弯的万里小区。儿子和朝亮，讨满上村五宝的二女和福春为妻，生有一女一男，女名和智璇，男名和智刚。

和尚洪子女概况：和尚洪讨太安村杨春良为妻，生有四女一男。长女五菊嫁本村五军，生二女。二女五开嫁太安上村五光，生二女。三女和朝梅，毕业于丽江卫校医护（助产）班，分配到玉龙县巨甸卫生院工作。与同行本科毕业生和士强结婚，生有一男，现购买商品房住于南缘小区。四女五四姐，在昆明打工时与昭通镇雄县一男青年相好，后成婚，生有一男孩。儿子和朝杰，生性精灵，是读书、识字的好材料，但因家庭过于溺爱，任性调皮，到初二辍学。

五木祥子女概况：长女五竹梅，嫁争都村五石昌为妻，生一女一男，女名五丽海，男名五丽鹏；长子和朝光，讨后山高美村杨耀祥为妻，生有一女一男，女名和健兰，男名和健伟；二儿子和朝祖，到满上村五木山家上门做女婿，与和学珍为夫，生有一女，名佳玉；丫女和竹英，嫁本村五珊之子五一台为妻，生有一女儿，叫福开。

和尚友子女概况：长子和万琼讨满中村五大华二女五社香为妻，生有一男一女，男叫五闰台，女叫五秋梅；大女五万秀，嫁前山高龙村五丽江为妻，生有一女一男，女叫五爱月，男叫五月祥；二女五万菊嫁前山高龙村五满宏为妻，生有二女，一个叫五良，另一个叫五顺；丫儿和万琴讨满中村五国海的三女五金燕为妻，生有二女，一个叫五闰梅，另一个叫五闰芳。

阿四金的晚辈们：和朝泽、和朝亮、和朝珍、和国军、和福春、和朝光、和朝祖、和武军学汽车驾照，考驾照都以优异的成绩一次过关取得驾照，不像其他相当部分村民那样，多次补考才取得驾照。

阿四金的后代中的两代人（六人）成为国家干部，为国家工作，吃皇粮；因调皮而学无果的后生也个个精灵，进城开出租车。阿四金家族是七邻八乡有名的书香门第，同时也是历代男人辞世时不得"绍沙"（口含）的典型家族。因此，招呼快要去世的老人时要格外注意，不得有半点的大意，以防止要辞世者被"绍没的"的人抢了去。

2006年3月29日　农历三月一日　晴

村民和立军以每斤0.35元的价格卖出洋芋，他家请来姐夫和建成、姐姐和茂良，耕牛组的和永昌、和社芬夫妇、和天林、和万琴、和金燕、和益花等人来帮他家上车，车子停在和四闰家旁，需要人背60米左右。今天买洋芋的老板是大理人。最近一个星期洋芋价从每斤0.3元涨到每斤0.35元，每斤上涨了5分。和立军今天卖出2.4万斤，收入8400元，比一个星期前卖出的收入7200元多了1200元。早就卖出洋芋的村民唉声叹气，认为减收的数额较大，很惋惜。但这洋芋生意，价格会涨会跌，神仙也摸不着。有些年份越卖得晚价越高，有些年份越卖得晚价格越低，真是不好掌握。胆大的人收获大些，如村民和作武、和建忠、和建良、和圣昌、和国红、和万军等，每年都在最后卖，他们是饱尝了最后卖的甜头的。

2006年3月30日　农历三月二日　晴

村民和作典家已完成今年的洋芋种植任务。今天和作典、和八娘夫妇及儿媳和爱花三人去帮村民和朝光家种洋芋。

村民和国红家已种完了洋芋，和国红开着手扶拖拉机去买洋芋，然后拉到丽江城里卖。他做洋芋生意不是经常的，只是偶尔的，可能是事先约定好后，再买了送去，这样当天拉去，下了车过了称收了款就早早回到家里。他的老婆和社菊与儿子和自忠在拆正房的土基，把拆下的土基小心地装在手扶拖拉机里拉到别处的屋檐下，又小心地、认真地码好，看来以后还要用这土基，很可能要砌成砖包墙。

今天凌晨3点20分南溪发生地震，震感强烈，可能在六级左右。熟睡的人们在房屋的吱吱声和大地的摇动中惊醒，但没有房屋倒塌和人员伤亡的事故。同时也没有村民起床跑出去的，这主要是认为所睡的房屋不会垮，震后不可能再发生大震，余震不会有初震那样强烈。所以，人们都大着胆子睡在家，迷迷糊糊又睡着了。当然有个别胆小的村民不敢再入睡，怕再发生大地震。

2006年3月31日　农历三月三日　晴

满中村村民五仕军从城里拉来一个在城里开车住在一起的大具女青年，这个女青年也是常年在丽江打工，常住在五仕军他们隔壁，时常见，休息时常来往，常在一起闲谈、娱乐。五仕军就给大具女青年介绍满中村他家族里的一个男青年，叫五珍华。五珍华不在城里开车，是在家里务农，排田种地、犁田，打石头（石匠），锯料子（锯匠）都是行行在手，只因平时穿着有些不大讲究，至今还没对上相（现今有34岁左右），他不再挑挑拣拣了，只要女人爱他，他都没二话可说的。他听了五仕军的介绍后，向他表示："只要女人身体健康，会劳动就要。"五仕军就跟大具姑娘说："我们去南溪村，要以帮我家种洋芋为借口，到满中村后就领姑娘到五珍华家看看，与五珍华见见面，谈谈。如不称心如意，我们就不要声张，悄悄地回来；如果你爱五珍华，愿意同他一起生活，就留下来。"他们这样商定后，五仕军把大具姑娘拉到南溪满中村他的家里，路上遇到人和见到村里人都说："我请这姑娘来帮我家种几天洋芋。"到五仕军家休息片刻后，喊五珍华来五仕军家，五仕军就叫两个青年男女见面交谈，两人谈了约一个小时后，双方都愿把自己当成对方的终身伴侣。于是三人一起到五珍华家实地查看，查看完毕，女方愿意留下做五珍华的老婆。五仕军开着车回城去了，大具姑娘留在五珍华家，开始了新的生活。五珍华家爸和国才忙着请家族的人到家来商量到女方家求亲的事宜。经商量决定，明天由家族的和国军、和国光、和社华、五二社四人去大具女方家求亲。大具姑娘告诉这四人，不必怕，不必紧张，父母会同意我的选择的。

2006年4月1日　农历三月四日　晴

村民和朝光请本村五德华用农用汽车去鹤庆县甸南瓦厂拉砖。今年的建材比往年贵些，一块砖为0.23元。运费也贵些，一则油价昂贵，加上过路费是由司机方付的，每块砖应在0.11～0.12元才合理，但别村的人都还未收过这样的运价，所以今天按每块砖0.1元的运费收。因为加油站油紧张，排队加油的过往车辆很多，因此，排队加油时间较长，晚上9点半才把砖拉到家。车一到就开始下车，帮他家下车的人有和秋谷、和玉芬、和家良、和作典、和八娘、和爱花、和社芬……连他家3人算一起共11人，7个人搬砖，一部分人码，一部分人下，干得很紧张，一直干到凌晨1点才干完，下完砖后，又煎吃一些洋芋，到凌晨2点才各自回家去睡觉。

2006年4月2日　农历三月五日　晴

村民和圣伟、和尚花夫妇种完自家的洋芋了。老两口与儿子儿媳分伙后，整天牢骚不绝，但干起活来比以往有劲，干得欢，工效也就高，属于满下村寨种完洋芋的第二家，这是他们家近十年来前所未有的情景。今天老两口去帮助和朝东家种洋芋，儿子儿媳进城后，他两口子就请和朝东拉肥到田里，所以，他俩是特意来帮和朝东家种洋芋的。今天帮助和朝东家种洋芋的还有村民和八娘。和八娘帮他家的动机是，和作典与和朝东等合伙耕牛组已两年，她家自知田种得比别人家都多，种完自家的后，帮助耕牛组的和朝光、和朝东等户的农活。和朝东家由于有他们仨的帮助，所剩的农活已不多，自家再种两三天就可以完成。

2006年4月3日　农历三月六日　晴

村民和朝泽请鹤庆县辛屯乡的木匠隔整①正房楼上两间及楼下两间的天花板,以1600元的工钱承包。木匠师傅干了一个多月后,今天终于完工了,涂上了不同颜色的漆,房子显得焕然一新,引人注目,格外美观,不少过路人都驻足观看。看过后,人们都以满意的口吻说出了赞誉木匠的话,并有不少村民请这个木匠做隔整、组楼板等活计。现急着请他的村民有和永红,装潢三间房屋,并商定工钱2000元。和永军请组楼板,和永昌请隔整,和顺达请组楼板,和二友请装潢三间房。木匠师傅明日要回家过清明节,回来后决定先做和永红家的,其余几家再陆续来做。

这个木匠与前些年做隔整、楼板、方桌的松桂杨师傅不同,他不用上门找活计,而是人找他;而杨师傅是哪家有新房,哪家有木活,就往哪家钻。

2006年4月4日　农历三月七日　阴

种完洋芋的村民日渐增多,和顺明、和万琴、和顺达、和永良、和永红等村民都已种完。和顺明、和顺达、和永良、和永红等家还集中所有的劳力,帮和国南老奶奶种她还没有种完的洋芋,干了一个多小时也就种完了。这时刚好有一个大理的洋芋老板来和顺光家买洋芋,今天的洋芋是每斤0.36元。和顺明、和永良、和命、和永红、和玉金、杨耀秀、和桂芬等又帮忙和顺光家称洋芋上车,到下午4点钟就装满了24000斤洋芋,这是今年洋芋卖价最高的一车,比前些天的每斤0.35元又多出0.01元,一万斤就多收入100元,也就是说他家的这车洋芋比前些天多收入了240元。帮忙上车的人上完洋芋后就吃饭。饭后休息、喝酒、谈天,不再去干其他活。

丽江市东巴博物馆的和副馆长和杨副馆长领着丽江市东巴文化学校

---

①　隔整:丽江纳西族民居多为土木结构楼房,房屋内部还要用木板做天花板、地板和房屋间打隔断,安置门、窗等,一系列木工的活计统称为隔整。

的木琛等三位老师来到满下村鸡冠山上的东巴灵洞及云南大学纳西族调查研究基地调研，和尚勋老师做他们的带路人，并叫侄儿和朝珍做顿便饭招呼来客。来自白地籍的和继全东巴在灵洞做了敬东巴祖师丁巴什罗的仪式，最后全体人员在洞口合影留念。

2006年4月5日　农历三月八日　阴

今天是一年一度的传统节日清明节，全村除了和国臣、和国红、和福光三家火葬户以外，都到自家的坟场去扫墓祭祖。这些年，每个家族都在坟场做饭、吃饭，每家自带些煎品，肉类、菜类大多为家族集中轮流去城里买，吃完饭后再算账凑钱，鸡每年以户轮流提供。

今年的清明节与往年有两个不同点：一是原来在坟场现做现吃的阿四金家族，这次是在和朝珍家做饭，坟场上只是来祀奉一下供品，磕一下头，然后回家吃饭。原因是族中老者和尚武患病倒床已半月，家族人每时每刻都在轮流守护，为方便而采取了以上的措施。二是和学伟、和学新家族坟场新添了一个景气，设了三坛吃饭桌。饭桌用杂石垒起，再在四周和上面刷上沙灰，起到平整黏结的作用。吃完饭后，就在简易做成的"桌子"上打扑克、玩麻将，凑热闹的人也多。

今天早晨8点，村民组长和国兴召开户长会议。会议内容是：传达党代会、人代会的精神，两会决定今年给南溪满下、文屏、金龙3个自然村每村10吨水泥，以帮助建设公共娱乐场所（篮球场），以及将满下到鹿子村的公路加宽到6米，并铺沙。如果不做就不予资助，动工了，如若不够会补足。根据这个原则，每户分派两方石头和两方沙子，利用农闲时机，可陆续拉到球场边堆积好。新球场做在老球场上，因为在满下村调整一点土地，很难做，只好沿用老球场地址。

2006年4月6日　农历三月九日　晴

阿四金的家族五玉芬、和秋谷、和朝泽、和家良、五四娘、和尚花，以及村民五六芝嫁到金龙村的和一兰及丈夫和耀军，还有回来清明祭祖的嫁到高美村的五四姐共10人帮助五玉祥家种洋芋。由于她家要种的洋芋地在村子上头的"毛芝恒玟洛"，车马到不了，交通不便，送肥需人来背，洋芋种也需人来背，劳动负荷重，工效不高，虽然来帮助的人都拼尽力气干，一直干到傍晚8点半才收工，但那儿有三块地（约5亩左右）完成不了，还剩下一小块没种。

村民和万林、和永贤、和二友、和永昌、和益尚等约20户的村民今天已开始拉整水泥球场用的石头，每户两方（两手扶），村民组长和国兴在球场边过目验收、边登记，他要求拉石头的村民一定要拉足两方。

2006年4月7日　农历三月十日　晴

村民和国武请来金龙村的五金福，用他的空压风钻机来破前些天请石头老板拉到村边草坪的大石头。由于用机械作业，他的这10大车石头一天就破完了。工钱出了160元，钻机用的柴油由和国武负责。合计花销、油钱、工钱约去了250元。有人说："人工来破也只会花这么多钱。"和国武说："人的力量是有限的，不可能和机器相提并论。再说，人即使有力，哪个又会整天使劲帮人干活，左思右想，请机械来破，省力，节支是事实。"这些结论是他在去年、前年请了不少人来破石，同时也曾经两次请过五金福的空压风钻机破石得出的。通过比较计算一切费用后，他今天第三次请五金福来破石。

2006年4月8日　农历三月十一日　晴

村民和李福家因其妻生娃坐月子，还有很多洋芋没有种完。今天满家家族的近代亲戚和国春、和银贵、和益花、和金燕、和月华、和四姐、和圣琴、五满菊、和社香、和社谷10人来帮他家种洋芋。加上和李福自家的4人，共14人干了相当紧张的一天，到傍晚收工时所剩的不多了。本来今天进行的工作可以在前些天就进行的，但和李福家自卖出一群羊后，所积的厩肥比往年少，肥不够，昨天请了白华的老友，开着农用车到增都村其妹五春芝家要厩肥，要来满满的一车。所以，今天才请亲戚来帮忙种洋芋。

在满下村寨里，只要有病、有特大事故而拖了农事的，亲戚们都会尽力相助。如和永红等每年、每季农事都帮和国南，前些天阿四金家族帮和玉祥等，足以说明这历史的传统美德在经济发达的当今社会，仍在发扬光大。

2006年4月9日　农历三月十二日　晴

村民和金星请了和金辉、和子一、和子红、和金发、和朝泽及五德华的农用车去丽江城北郊拉一所房子的大料。这大料是北郊一农户去年就备好，但因地基缘故没有竖成房，搁了两年多点，木料表面已变黑。和金星急需盖一所房子，曾在去年以1万元在行茂洛村买了一所房子（包括瓦片在内），并付了定金。后因听了别人的话，认为一所只有屋架的空房1万元，再添1万元还住不成房子，便退回定金。被他退的这所房子又被文屏村的五小昌以12000元的价买了去，和金星很后悔，后悔轻易听信了别人的言语，后悔自己没有主见，不果断。今天所买这堆房子木料，也花了好几天才谈成。木料的内容是一所三间楼房的框架，但缺梁头、椽子，价格8000元，加上运费及花销近9000元。梁头、椽子需要自己找，还要做20多个木匠工，还要买近2000元的瓦，搞下来比他退掉的那所房子多出3500元左右。

造成如今满下村民虽身居大山深处，但起房盖屋又要到别处买旧房或木料来解决最根本的原因是：绝大多数村民只看眼前利益，没有瞻前顾后的思想，在二十三四年前，老祖宗留给后代的取之不竭、用之不尽的树木，以最低价格一卖而光。35型拖拉机所拉的一车木料35元，昆40拖拉机所拉的一车木料40元，铁牛55拖拉机所拉的一车木料70元（保交提留到户前一年）。最后发展到一车木料换一条金沙江烟，或换一袋玉米（五六十斤重），有些还只吃到一顿午饭。在家的村民（17～65岁的男村民）几乎人人都上山，个个都抢着去拦拖拉机卖木料。当时有句纳西话，概括了这一活动叫"琴斗"（意为猎鹿子）。没想到这么两年左右的"琴斗"，可把老祖宗留下的宝贝砍光卖完。当时的人们万万没想到害苦了后代，后生需要房屋，就得花很多钱去买。这以后买旧房来盖的就有：和万林1所、和万元1所、和国红1所、和顺明向鹿子村岳父家要了1所、和尚武4所、和作典1所、和作尚1所、和顺达1所、和顺光1所、和国辉1所、和永昌1所、和作武向舅舅五习要了1所、和作良1所、和圣昌1所、和益先3所、和学伟1所、和建忠1所、和尚典1所、和尚勋1所、和尚军向鹿子村干爹要了1所并跟行茂洛村村民上买了1所、和建良买了1所、和福林买了1所、和建成买了1所、和建军买了1所、和朝光买了1所、和永红买了1所、和国春买了1所、和国武买了2所（同时也卖出2所）。

2006年4月10日　农历三月十三日　晴

村民和顺光准备为喜添的小孙子举行祝米客。今天他家请了全家族人及老四队（一户一人）来帮忙做祝米客的准备工作。主要是砍两手扶柴、杀猪、煎鱼、煎酥肉等。年轻人吃过早饭上山砍柴，到下午2点左右就砍到了两手扶栗柴，这次祝米客用的柴火已绰绰有余。过去一天内要完成的事分成两天来做，效益是可观的，但同时消费也增加了不少。但村里不成文的村规是前面一家办事怎么做，以后办事的人家也跟着学前一家，有条件的还会比前一家消费有所提高。

2006年4月11日　农历三月十四日　阴转晴

满中村村民和立强，这些天又发起精神病了，不知道是真的患精神病还是装病。他又像前些年那样到邻居家偷酒喝，但不偷钱。这种行为专门在家族、亲戚家发生，别的衣物呀、用具呀、肉类呀都一样不偷。这些天他又装疯卖傻，偷了他叔和国军家的六包88红河香烟及和国良喝剩下的一点酒，还偷了他大哥五社前小卖部里的酒。今晚他一夜不睡，在村中活动。和国军打电话给和国高，要巡逻。10点钟在和国高家附近巡逻的村民和志强狠狠踢了和立强三脚，和立强求饶："请别打我，我回去好好睡觉。"和志强也就停手，不再打他。和国高教育和立强："今后不能这样了，要不然要报到镇派出所，叫派出所的人把你抓走"。当时他承诺不再乱窜。等和立强转回去后，和国高、和志强、五春立等悄悄跟踪和立强，确实看到他回到家中，并在厨房里烧火烤，他们就转回各家去睡觉。

到凌晨1点多，和立强又到公路上喊："五芝，回家来吧。"（五芝是他的老婆，白天被他打怕后跑回居住在公路边的她二哥五福生家，五芝的大哥五福海也居住在公路旁，和立强知道他的老婆被他打后跑回她哥哥家）深更半夜他又不敢去敲门，只是在公路上大声喊："五芝回来吧！"一直喊到早晨6点钟。他整整一夜没有合眼，满中村的好些村民也整整一夜不敢入眠，特别是和立强的亲戚们更是提心吊胆，每隔一阵子就悄悄地到房前屋后去观察一下，生怕和立强下歹心纵火烧房。为什么和立强的亲戚和村民这样担惊受怕呢？说来话长，事情的起因是这样的：和立强在五六年前昏倒过几次，村民怀疑他患了癫痫病（羊角风），对于这种病，纳西族是很害怕的，一旦患了这种病的人生活饮食要自觉与众人隔离，碗筷要自用、自带、自收，否则，众人就不会与他同桌饮食。和立强发病后，他的叔叔五会男先跟他断绝了关系。事后几个月，五会男的一所畜厩（四间）夜间被火烧毁，当时就怀疑是和立强纵的火。此后，和立强经常装疯喝酒、偷酒，被认为是精神病人。前年他还在前山行茂洛村山上纵了火，被古城公安分局抓住，听说那时承认是他烧了五会男的房子。这样村民看到他装疯偷酒，就害怕他会有狠毒的行为。因此，亲戚们都对他又恨又怕。

2006年4月12日　农历三月十五日　晴

种完洋芋的村民三三五五、带闲带做，早晨多数人上山拉松毛堆在房底下，准备到雨季时垫厩积肥。有些村民吃过早饭第一趟上山拉松毛，从第二趟开始就改为砍柴，主要的原因是上午松毛软，越到下午松毛就越脆，碎松毛积肥出肥率不高，所以改为砍柴。村民和永昌家（老婆、儿子）三人、和子红家（老婆、儿子）三人在沙场忙着采沙、拉沙，这些天白天时间虽长，但每家都只采到三手扶沙子。要是每家请上两三人，共五六人来一同采沙，定会采拉到六七手扶沙子。这段时间是搞家庭建设的极好时段，一则天气好，二则时日长，三则种完洋芋后正处于农闲的一个月。因此，不少搞家庭建设的村民都会很合理地利用这段时间。

村民和国兴、和燕花夫妇及小姨妹和燕谷、和三姐、五六一，跟着和国兴的干亲家（鹤庆县辛屯乡的个体企业家施崇基）到大理去赶大理三月街。这是满下村寨中第一例外出旅游观光的村民，这主要是沾了干亲家的光，如若没有干亲家领，不一定会有这一现象的。

2006年4月13日　农历三月十六日　晴

今天发生了这样一件事：满下村村民五春亚家的牛拴在学校上边的沟沟里，到傍晚去拉牛回家时，牛却不在原来所拴的地方，只见拴牛桩子和拴牛绳，却不见牛，急得五春亚跑到高处往四周观望，未见牛影，就急忙跑回家去请来亲戚们在村里和村附近的山上找。找了一个多小时未见踪影，他就请和国武打电话给黄山派出所，请求他们找。快天黑时五春亚的母亲五七香到满中村去探问，才知道五七香的舅表五三福中午关了一头牛在家里。原来这牛是中午时分自己脱绳后到满中村水坛边吃草，被五三福看见，他就把牛赶到满中村自己家的空厩里关起，说是要积几天肥。

五春亚没有细细地查找就向公安机关报案，是有些草率从事了。而五三福把牛关在家里，是没有考虑后果的轻举妄动。要是碰上个不沾亲的人，肯定会说他偷关了牛，有些人恐怕还会出手打他。但幸好一个是舅舅的儿子，一个是姑妈的女儿，才无话说，无事而息。

2006年4月14日　农历三月十七日　晴

村民和国臣家请了弟弟和国红家3人，姐姐和福光家3人，堂兄和国武家4人，堂兄和国亮家2人，二姐和国芬家2人（满上村），连同他家3人，共17人，实施他家搬房的计划。他先要把坐南朝北的三间牲口房搬成坐北朝南，然后把坐西朝东的四间正房搬成坐南朝北的位置；坐西朝东的房位留出来，准备买一所房子建在这一位置上。计划买或新盖的这所房，规格要比现有这所房大。今天开始下南房的瓦和椽子，部分人员在北面下水平石，揭瓦下椽的人们下午还拆了梁和方，到7点才收工休息，干得紧张有序。搬瓦、搬椽子是妇女及女青年的活计，她们的劳动量比男同志还大，真是起到了半边天的作用。

2006年4月15日　农历三月十八日　晴

南溪的4月，春意融融，微风送暖，气候温馨宜人。坐落在满下与满中两村中间的南溪完小异常热闹，满下、中、上三村的村民不约而同地来到学校凑热闹。穿着统一校服的学生娃格外高兴，在公路和学校路相交的岔口用松树和松枝搭成很有气派的牌门，门的横杆上除了用松枝扎以外还插了五彩三角小旗，并用连接得很长的小彩带顺路旁三角形拉开，拉得很长、很多，增添了热烈的气氛。青松叶从岔路口铺到校园里，分明是要接待贵宾。

下午2点，由市妇联、玉龙县妇联、黄山镇妇联负责人陪同，来了三位中国台湾女士。师生及村民夹道欢迎了中国台湾来客。市、县、镇妇联领导及中国台湾女士由黄山镇中心校办公室主任李建光引领，察看了南溪完小的校舍（厨房、教室、办公室、学生宿舍、老师宿舍），最后还察看了校园外边的厕所和猪圈。察看完后，学生们在校园里演出了纳西调"时本"，深受领导和来客的好评，她们鼓掌不停，眉开眼笑，嘴角露出了满意的笑容。其中的一位台湾女士还演唱了《阿里山的姑娘》回报师生的热烈欢迎。她们是中国台湾"治善协会"的成员，来南溪的意向是：1. 捐助贫困学生；捐助孤寡老人（60岁以上）；2. 捐助无儿无女的老人，以及社会上的贫困户。对以上四类人员按月定额予以扶助。

2006年4月16日　农历三月十九日　晴

"土皇"节令快来临了，这可急坏了守护着病人和尚武老人的阿四金家族，他们都担心要是和尚武死于"土皇"节令间，那就不能挖土下埋，只能寄山，气候又变暖，尸腐发臭不好动。所以，和朝泽、和朝珍、和尚勋、和尚典、和圣伟五人避着快嘴快舌的女人和生病的和尚武，悄悄地请了村民和顺达，带着酒、茶、香，扛着锄头到坟地里，上香、敬酒敬茶，祀奉食品（熟鸡蛋、煎豆腐、煎鱼、肉、饭等）。然后在和尚武老婆坟的左边挖了几锄土，并把所挖的土好好存放于一棵树底下，以便到时先盖于棺上。这样做了（破土了）以后，即使死者要在"土皇"节令下葬也就无所忌讳了。做完此事后，五人都要闭住口，特别不能让快嘴和玉祥知道，要不然传到病榻上的和尚武那里，他会破口大骂，说："你们盼我死吗？"

2006年4月17日　农历三月二十日　阴转晴

村民杨耀秀请村民五德华用他的农用车去金山乡新团红砖厂拉红砖。杨耀秀家原先打算买鹿子村和尚明老师家的旧房一所（因和尚明家迁居丽江城），定钱都已付了，但不知怎么和尚明家又说不卖了。以后又到后山木苏村商谈好一所，事隔月余又变卦了。一气之下，杨耀秀就到白华基建老板李伯合处，请李给测算一所砖木结构平房、四间瓦顶需要多少费用。李测算出需14000元左右（不含沙款和梁头、椽子款，这三样自备）。杨请李来施工，但李抽不出时间和人员。杨决心要盖这样一所房，于是就先备料，木料已在前些天完成，沙待自家请人去采沙场采，今天是开始备砖。五德华拉一块砖找一角钱的运费，青砖一般拉 7000 块，含运费 700 元，红砖可能只拉得动 6000 块左右，运费也只能收 600 元左右。在村里有一辆运输的大车，可方便了村民，不必误工出去请，只需在休息或串门玩时请一下即可。

2006 年 4 月 18 日　农历三月二十一日　阴

和金星请来兄弟和金辉、和金胜、和金红、和建良等会木工的人来做木匠，准备把前些天从城里买来的旧房重新组合后竖起来。

和子一请来和李福及他的老友（白华人）二人建盖大门（砖木结构，门为买来的铁皮大门），砖是由白华人用农用车从南口红砖厂拉来的。和子一做小工拌水泥沙灰，他的老婆杨文花做小工搞搬运传递，师傅由白华人主持，和李福作为助手砌砖。

村民和国臣继续请家族人并增加了和万红、和永昌、和万元、和亚兰、和寿香等人，在北面以坐北朝南的方式竖起了三间楼房的屋架，原来有的木楞不要了，而是用空心砖来砌，以防牲口拱咬。

2006 年 4 月 19 日　农历三月二十二日　阴转小雨

阿四金家族老大和尚武的病情不见好转，也没有加剧。为继续招呼老人时烧柴做饭方便，他的小儿子和朝珍给村民组长和国兴请示后，今天请族中人和尚花、和家良、和四娘、杨耀祥、和玉祥及和英、和朝东、和朝泽、和秋谷、和闰英等 11 人去前面山上砍柴，开去两辆手扶拖拉机。人手不算多，但由于最近两年村民乘傍晚偷砍树木的现象较严重，因此，很好找柴，到 3 点左右就砍到了满满的两手扶柴。此柴拉到和尚武的小儿子和朝珍家里，因为老人要在此院里寿终正寝。砍来这两手扶柴以后，可以解决两个月的烧火问题了。

村民和顺达及和继花夫妇去挖沙子，准备明日砌石脚时灌浆。他们的儿子和永华去城里买鲜菜，准备明日招待帮忙砌石脚的亲戚。由于交通便利，上午就回到家了，下午又参加了挖沙的劳动。

2006年4月20日　农历三月二十三日　阴

村民和顺达家请侄儿和永红、和永军、和永华，弟弟和顺明、邻居和圣华、和朝珍，加上和顺达、和永贤父子俩，共8人来砌正房的石脚。他俩父子是去冬今春就从"楞石古"石场拉了三四十手扶层石，所拉来的这些层石不大不小，很适应砌用。他们砌成包柱一米，就是说从地面往上砌成一米高，再往上就准备砌成砖包墙，砌完后再把石脚粉刷。今天所砌的这所正房是去年从鹿子村买来的。

村民和作武今天卖洋芋，今天的洋芋价已提高到每斤0.4元，是今年的最高价。今年的洋芋价不断往上涨，主要原因是4月以来有昆明的洋芋老板来南溪拉洋芋，所以洋芋价从每斤0.3元不断增至0.4元。卖给昆明老板很划算，除了拣出烂的洋芋外，其他一切不过问（小的、半边烂的、死皮的、长芽芽的）都可装进袋里，自然增加了收入。

2006年4月21日　农历三月二十四日　晴

村民和家良家以每片0.33元的价格买了4400张新瓦片，共计1452元。并请家族和朝泽、和秋谷夫妇，和朝东、和朝珍、和尚花、杨耀祥及和士娘婆媳、和玉祥，满上村的姨侄和立黄，加上和朝亮、和尚勋父子，共11人，把原来盖在正房上的旧瓦揭下来搬到院子里，又把新买的瓦搬上去盖在房子上。和朝泽、和朝东、和朝珍、和朝亮、和立黄五人在房顶上揭瓦盖瓦，和玉祥、和秋谷、杨耀祥三人站在楼上传递揭下来的旧瓦和要盖上的新瓦。和尚勋、和尚花、和士娘三位老人则把揭下来的旧瓦搬到院子里去，又把要盖上去的新瓦从院子里搬到楼上，干了最累的活计，上楼、下楼都不空手。到下午，三人都感到有些精疲力尽了，年轻人看在眼里，但仍只是站在楼上做轻松不累的传递瓦片之事。可见现今年轻人拈轻怕重的思想很严重。到下午 6 点左右就盖好了这所房子。吃过晚饭后，除了照料孩子的大人外，都到和朝珍家看守病榻上的和尚武老人。

和家良把所换下的旧瓦片全部给了和立黄，和立黄用手扶拖拉机拉了满满一车回去，明天还要来拉一车，他要了旧瓦片打算盖在厩房上。

2006 年 4 月 22 日　农历三月二十五日　晴

村民和建成请亲戚建盖一所三间平房，准备做畜厩，他们只用了十来个工日就做出来了，框架小，所用的料子也少，竖房只用了六七个人。虽然人少，但把钉椽子、钉檐板等的事都做完了，只欠盖瓦、砌墙等事宜。他家的牲口厩前些年就烂了，本该前些年就翻修或新盖，但他把家庭建设的重点先放在大房屋的购置上，就先不管厩房有多烂。去年他从行茂洛村用 9500 元买了一所大房子，竖好，并安上石脚，做好房基，集中财力和劳力先把人居用的大房子整好。今年他又马不停蹄，一鼓作气，备好料，竖起了这所畜厩。既盖好了人居用大房，又盖好了需翻新的牲口房。确实是"天下无难事，只怕有心人"。

2006 年 4 月 23 日　农历三月二十六日　晴

村民和金星经过近 40 个工日的劳作，终于在昨天组合完花 8000 元买来的屋架。这屋架是原来的木匠做的，搁了两三年以后由他买来，对原来的结构和金星做了更改，把宽一丈二尺（中阁）、一丈（边两阁）改为宽一丈一尺（中阁）、9.5 尺（边两阁），高下 8 尺、上 6.8 尺，改为下 7.5 尺、上 6.5 尺。这一改动又付出了两位木匠大师傅（和建良、和金胜）的一番心血，以及木工（和金红、和金辉、和金星）的辛勤劳作。不会操持木工的弟兄和子一、和子红、和林、和金发、和朝泽等也合力相助，用钎锯、斧头、锄头、大锤帮忙做各自会做的事情，真是人多力量大，人心齐泰山移。

今天他请了家族的所有人、亲戚，集体时代的老三队每户一人，共计约60人参加了竖新屋活动。家族中的妇女主持做饭、服务等工作。今天竖房的内容与往常大不相同，一是竖前不放鞭炮；二是新房竖好后没有举行上梁仪式；三是不请客。比以往竖新房简略了好些。

因为材料厚实，屋架高大，地盘又有些不好，他专门请木匠师傅和国兴来指挥竖房的行动，参加竖房的人们都按和国兴的指挥行事。到下午3点，一所高大结实（材料厚实，屋架高大，目前在满下56户中数这所第一）的房屋建成了。到下午6点就待晚饭，除一碗鸡蛋外，其他七碗都是肉食，很丰盛。吃完饭后，打扑克的打扑克，下象棋的下象棋，打麻将的打麻将，有的一直玩到夜半三更。

2006年4月24日　农历三月二十七日　晴

村民和万军请堂兄和万元、和万红、舅爷和圣军来做房子的水平。他家现有五所房屋（三楼二平），整个宅基地房屋连房屋、坐南朝北就有三所连成一条。他打算从黎明乡买一所房盖在宅基地上，但无地方可盖，就决定把坐南朝北的木楞房（楼房）搬出来，重新盖在公路旁的园子里，用作储藏洋芋的仓库。因为他的房水平占了原来的路（紧靠和万林家北屋和厨房），他就把通往和万林及和永良家的公路留在北边，从主道直通下去。这样做两边都有利，搬迁的房屋与老宅基更近，通往和万林及和永良家的路不须打拐，可直行。

村民和金辉今天请家族的男女青壮年们来帮忙卖洋芋，他以每斤0.45元的价格卖给大理洋芋批发商。在过秤装车时又有昆明老板开价0.47元一斤，但已在装车了，只好卖给大理老板。拉了22000多斤，合计一万多元。和金辉高兴地说："要不是帮和金星做木匠，这洋芋可能留不到现在，现在几天内多收入1400多元，是料想不到的。要是有人手上车，不做和金星家木匠，那很可能五六天以前就卖了，那时只会卖到0.39～0.4元一斤，就比现在少收入1400多元，可说是走运了。"

2006年4月25日　农历三月二十八日　晴

村民和万军请家族和亲戚共30余人，搬迁木楞楼房。吃过早点才开始揭瓦、下瓦、拆隔整板、楼板等。吃过中午饭后（约下午4点）开始一边抬料，一边组合，到下午6点半左右组合完（组合好木楞围料、屋架、上好梁、钉好椽子）。重组隔板、楼板、盖瓦、砌基石等事在明后两天进行，经过两天的劳作，就可以投入使用了。南溪村民从远古时代就起木楞房，可取之处是方便、省工、牢实（多大的地震也震不垮，是最好的防震房），起好后，盖上瓦，前面和中间隔一下就可使用。

村民和朝泽请家族人和朝东、和朝珍、和尚勋、和朝光、和尚花、和玉祥等人盖瓦。由于房子很高，村民没有搭上房檐的梯子，只能从"耳手"（前大檐上搭出的一短层）上爬上去。由于和尚勋胆小，身体不灵活上不去，和尚花及和玉祥两位妇女却爬上去了，真是男不如女。和尚勋在下面做搬瓦、递瓦之事。由于组织得当，虽然人手较少（7人），但还是翻盖完了两所大房子的瓦。

2006年4月26日　农历三月二十九日　晴间阴

村民和万军继续请本家族（一户一人）及亲戚男女共15人，帮他家给昨天搬出宅基地的木楞房盖瓦、钉楼板、组合隔整板，干到收工前还砌了一些基石，等明天把基石砌完就可使用。

村民和金星请来兄弟和金辉、和金红、和子红、和金胜，亲戚和建良、和朝泽等帮他家给前些天新竖的房子钉椽子。由于房子很高，递椽子比较吃力，和子红站在楼层专门负责递椽子上去，和朝泽负责由地面递给和子红，和金胜、和建良专门负责刨椽头，和金辉、和金星、和金红三人爬到房顶负责钉椽。这么高的房子，胆怯者是不敢爬到屋顶的，他们三人算是胆子大的男人了。

2006年4月27日　农历三月三十日　晴

真是"死人街上走，活人床上睡"。前天还在招呼病倒在床一个多月的老人；昨晚还在跟远在维西县拖支卫生院当医生的女儿进行电话长谈，告诉女儿家中一切安好；昨晚看电视节目看到夜间11点；前几天还一直念着退休工资汇来了没有的和尚典，今早该起床时没有起来。老伴五三姐叫小孩阿冬去喊爷爷起床喝茶，可和尚典不应小孙的叫唤，五三姐大妈就亲自去喊，可千呼万唤也不醒了，她急忙跑到邻居五社员家急告了这一现象。五社员的妻子五子香站在门口大喊"阿老木青不行了，阿老木青不行了"（木青是和尚典的乳名），附近的邻居家族迎声跑到他家一看，和尚典确实已停止了呼吸，闭上了眼睛，手脚已经僵硬，上身胸部还有点热感，和社员、和尚勋、和作典给他做了好大一阵人工呼吸也没有用。妇女们哭的哭、劝的劝，劝者脸上也挂满了泪珠，有的还找来燃烧的炭火烧上辣椒面和鸽子屎，但一切都无效了。昨日还健康的和尚典与世长辞了，抛下年近七旬的老伴五三姐，丢下两个小孙子，弃下苦命的儿媳，无声地走了。听到这一噩耗的村民陆续来到他家，妇女们挂泪扶住悲痛欲绝的五三姐，男人们则坐在他家里，准备帮忙办理丧事。和尚典家族的人把看护和尚武老人的任务交给三儿子媳妇五闰英，其余都跑到和尚典家，买烟买酒，敬村人。和尚典的弟弟和尚勋用电话通知在城里开车的儿子和朝亮，说明了和尚典家发生了不愿发生、也不该发生的事，把事情原原本本地告诉了和朝亮，要他转告在城里开车的和武军、和珍贵、和万群、和福春、和金桂等家族的人，要他们都做好回家帮忙的思想准备。接着和尚勋又打电话给和尚典的女儿和国英，告诉她："你的父亲病重，请假速回，向领导要说明老父病危。"又接着给和尚典在太安的弟弟和尚洪打电话："老二昨晚可能患心肌梗死而死了，请速来。"

和尚典的儿媳和玉祥回到家后，也同样悲痛欲绝、痛哭失声，众人实在难以劝住。的确祸不单行，和玉祥在172天之前走失了在城里开出租车的丈夫和国军，今天又是享受较高退休金（每月1800元左右）的老公公长辞人间，往后扶老携幼的重担全落在她一个人的身上，怎能不使她撕心裂肺呢？村人都流着同情的泪水，就连男子汉和尚勋也老泪纵横。把和玉祥劝住后，和尚勋把她领到偏僻处，打电话给和朝亮，叫他们买来和尚典的寿衣：毛呢中山服一套、丝绸寿衣一套、高档皮鞋一双、被褥、内衣等，共花去850多元。

村民们都到了，就连准备帮和建华家搬房子的村民都来到了和尚典家，请木匠师傅和国兴、和建良主持做棺材的事，还没有进到他家院子的村民和万仕、和天林、和圣华等人在门外帮忙借东西（木马、木匠工具、炊具等），等借完东西才进门。东西到后，和国兴、和建良、和作典、和尚军、和永红、和学仁等十多个会木工的人都参加了做棺材的工作，不会木工活的村民都就地休息。木匠们七手八脚，弹木线的弹木线、量尺寸的量尺寸、砍的砍、锯的锯、刨的刨、凿的凿，紧张进行了约两个小时，当快要做成棺材之前约20分钟，和朝亮、和武军、和珍贵、和金桂等回到家中，他们一到家把东西放下后，由和朝亮领头，和武军、和珍贵随后，向在场的每一位抽烟的村民敬烟，并连声道谢："谢谢大家，谢谢大家。"

在场闲着的年轻人捉了和尚典家的两只公鸡，一只准备用作"岩绍鱼"（以示给死者放口含），一只准备用作"芝步吉"①（得口含而死者只要一只"芝步吉"的鸡，死男者用公鸡，死女者用母鸡）。棺木做出来后，准备洗尸入棺，首先村民和作典抓住一只公鸡，备上一碗面粉、一杯水，站在死者和尚典身边大声喊："五木青老人病重危急了，阿四金家族赶紧来守他啦！"于是阿四金家族的男人全拥到死者身旁，和尚勋大声送行："五木青，你奶奶叫五构，你妈叫五立，你要紧紧地跟着她俩走，不

---

① "芝步吉"，纳西语音译，意为"起炉灶"。要准备野桃树树枝做的三脚、瓷罐、瓷碗、饭勺、小柴火等生活用品，另外鸡毛、鸡内脏及洗尸用的毛巾等，一并放入一个簸箕中。参加葬礼的所有男性会将这个簸箕送到家外，并砸坏所有东西，表示生者与死者的诀别。

能跟随其他人走。你前面有三条路，你要往中间那条大胆走去，披荆斩棘，遇石踏碎石，遇河涉过水。上面一条是豺狼虎豹道，下面一条是野鸡野鸟道，中间这条是你的路。你要说是在家族面前来的，是从村民面前来的。"与此同时，和作典抓住鸡脖子一边给和尚典送行，一边往鸡嘴里放口含，塞面粉、灌水，把鸡灌死后，给鸡穿上事先就备好的新衣（用一块新布剪成可以包鸡的形状）。村民们就七手八脚把死者抬出去洗尸，和作典把鸡装进事先备好的用松明条做成的三角形盒子（以示棺材）并盖好。又捉起另外一只鸡，用面和米灌死，口中说："五青，从今后，你烧你的火，你饮你的水，你做你的饭，咱们从此分锅。"灌死鸡后就由和永红、和社兴把鸡烫净、洗净，砍成块，把锅架在院子里的篝火上炒。洗尸的人洗完尸穿好新衣，进行入棺。和尚典的亲家和国亮（和玉祥之父）说："阿老一辈子靠拿工资生活，装上两张红灿灿（200元）。"主人听从，由和国成装进死者的外衣袋里，并大声说："阿老，此钱用去打麻将玩吧。"入棺后大家把棺材抬到堂屋安放好，装鸡的三角松明条棺材也摆放在灵柩前面。和国兴把备好的"好我"（尖尖的一大碗熟米饭，盖四块肥肉，正中竖一个熟鸡蛋，上插一根筷子，横放一根筷子呈"十"字形）摆到灵柩前面的桌子上，点上油灯，献上酒茶，点上香，接着煮鸡心汤，放到桌上大声说："二哥，请喝鸡心汤。"做完这些，村民们去"芝步吉"（抬着事先备好的瓷罐、瓷碗、瓷杯、饭勺），用树枝做成的三角，新劈的九根干柴（男用九，女用七），都装在一块簸箕里，还装有"芝步吉"鸡毛、肠，由和朝泽抬着到"芝步吉"。转回后在门口进行"臭送"。

　　家族人拦着村民请吃顿便饭，有些拦不住，进行主要操作的村民都被留下。到下午，家族人又陆续去看和尚武，怕发生意外，对和尚武隐瞒和尚典死的真实情况，骗他说："老二风湿病严重起不来床，今天就不来您这里了，老三和尚勋有事到云南大学基地去接待外来人，也不能来看您了。"用这样的方法来稳住病危中的老人，以防老人听到消息后发生不测。

下午快 7 点时，和尚典在维西县拖支卫生院当医生的女儿和国英，由丈夫杨文柒自驾车回到家。一到家她大哭大闹，一定要开棺看看老父，并且哭得很惨很凶，大家劝说无效。和尚勋把杨文柒叫到旁边，说明了老人辞世的情况，并说明了南溪满子师村远古时代就流传下来的没有进行"芝步吉"就不能回家的规矩。从上午10点左右全村村民都集中于此，等你们到家后才入棺是客观条件不允许的，人们把老人收拾好后，需要回家照料孩子、喂牲口等。再说入了棺是不能开棺的，这是不尊重村民的行为，会受到村民非议，你要劝说和国英，给她打消一切疑虑。经杨文柒一说，真奏效，和国英比先前情绪好些了。和尚勋就给和国英讲了老人的情况，以及给她打电话时的思想顾虑和村寨里的规矩（和国英从小农转非在维西长大、学习、工作，并嫁给了维西人，村规民俗一概不知），她就停下来不再闹着要开棺了。

到 7 点半左右，亲戚和家族陆续来"吉子好毗"（入棺后来献饭）。

晚饭时家族人去挨家挨户喊今天操劳的村民（洗尸者、做棺材者）来到和尚典家吃饭，以示谢意。饭后大家围坐篝火旁到夜间 11 点以后才陆续离去，家族年轻人则睡在和尚典灵柩旁守灵。

2006 年 4 月 28 日　农历四月一日　雨转晴

村民和建华请亲戚和家族的人来揭瓦、拆房、搬房，把坐西朝东的木楞楼房又摆成坐南朝北的形式。此生计活动本来安排在昨天就进行，被请的村民都已在他家吃过早餐，但因和尚典老人（72岁）不幸去世而耽搁，故延到今天来进行。他打算在搬出的地盘上盖建一所新买来的楼房，并已跟一位巨甸的房子老板订好了一所新房子，可能在今年秋冬季节运来。今天已把搬迁房子的框架在新的地盘上组合重整好。明日可盖瓦、整楼板、砌石脚，组合隔板就可使用了。

村民和作才请来女儿及女婿帮忙拉沙子，他家也是计划"大兴土木",对原有的畜厩进行搬迁修缮改造。

阿四金家族的人集中在和尚典家,商谈和尚典老人的后事:戴孝人员、出灵的各种职事。方法是应戴孝的由家族自报各方人,职事参考和作良大事时请人的记录做适当调整。

参加人员:和朝泽、和朝东、和尚勋、和尚军、和圣伟、和朝光、和尚洪、和珍贵、和尚花、和玉祥(主体)、和朝亮、和武军。众人商讨后,由和朝亮执笔记录。

2006 年 4 月 29 日　农历四月二日　晴间阴

村民和金星请了家族和子红家三人、和子一家二人、和金红家一人、和金辉家三人、和林家二人、和金胜家二人、和金发家二人,还有吉子村的侄儿五丽春及和福光家二人来他家帮忙,加上自家的二人共 20 人,任务是盖前些天竖好的新房子的瓦。人虽然多,但房子高、工作量大,所以从早晨一直干到下午 5 时左右才完成。

村民和建华也请了家族的男人和建忠、和建国、和国兴、和朝柱、和国亮、和金红等人来继续做昨天搬迁房屋的事宜。由于和建华自己下的水平有些不够准确,今天由和国兴来帮忙校正。下午就开始盖瓦,再把基石砌一下就又可以使用。

阿四金家族的男人和朝泽、和朝东、和朝珍、和朝亮、和武军、和朝光、和尚勋、和尚军等人,拿着昨日商讨后记录的"和尚典大事请人"本子,挨家挨户请人。每到一家,大伙先跪地向北磕头,再由和朝亮请人。如有错漏,大伙做纠正、补充。

满家家族的人在招呼昨日中风(脑出血)病倒在床的和国坚老人,他是昨天中午在和尚典家休闲时突患中风的,由和朝东、和武军两人扶着回家时就口不能言,手脚不能动。昨晚由他家的自家人招呼,今早开始由家族人共同来招呼。现已成为植物人模样,奄奄一息,病情很危急。

2006年4月30日　农历四月三日　阴

阿四金家族的和尚勋、和圣伟、和闰英留下招呼病倒的和尚武；和尚军在和尚典灵柩旁守灵，和玉祥、杨耀祥、和尚花在家招呼五三姐，同时做饭。除此之外，和朝泽、和秋谷夫妇、和朝东、和英夫妇、和朝珍、和朝亮、和福春夫妇、和武军、和金桂夫妇、和朝光、和朝柱、和一花母子，还有五玉梅、五玉兰姐妹去帮和尚典家砍柴。

阿四金家族对和尚武老人至今还封锁和尚典不幸去世的消息，谎称："和尚典患风湿病去医院治疗。"这样做的原因是，担心在还没办完和尚典的大事，和尚武就接连去世，因为和尚武所患的是心脏方面的疾病。

凌晨3点20分，村民和国坚（70岁，老党员，老生产队会计、队长）与世长辞了。他们的家族不仅吹起了羊角号，还派人到村道上喊："阿老四友不行了，请帮忙一下。"听到喊声后，村民都陆续起床来到他家帮忙。

和国坚老人四五年前中风，留下后遗症，半身瘫痪，这次也是中风致死。和国坚老人的洗尸、换衣、入棺等程序很顺手，村民一到就可动手洗尸。因为他早年就中风成了半身瘫，家里娃娃担心随时都有去世的可能，因此，寿衣、寿被等都在前些年就备好了，棺材也在前年就请和国兴做好了。和国坚的两个女儿及两个女婿昨天下午就用电话通知回家。在城里包开出租车的大儿子和万琼已在昨天中午回到家。不须等儿女，当天拂晓就进行"芝步吉"。"芝步吉"回来后，村民们围坐院中篝火，抽烟、喝茶、喝酒，有些用手捡吃在篝火边所炒的"芝步吉"鸡肉（本家族人是不能吃这鸡肉的）。

家族及亲戚中的年轻人忙着做饭，年长者招呼村民坐下，并拦在大门口，让村民们吃了便饭才离开。

2006年5月1日　农历四月四日　晴

艳阳高照，和风送暖，这段时间的南溪村寨，又忙开了种反季油菜

（秋油菜）的农事劳动。不少村民已开始犁田，播秋油菜，然而满下村寨的阿四金家族和满家家族因有两个老者还未埋葬，而停止了一切农事活动。古来就有"死者为大"的说法，而且有死期不过七天就不下田犁地播种的旧习，一直沿袭至今。所以阿四金家族的所有人集中在和尚典家，筹划出灵那天的伙食，商定在和尚勋家做饭待客，并着手扫除、搭棚、搭灶。

满家家族的人也集中在和国坚家，商讨和国坚老人的大事（戴孝、请人），并在早晨就挨家挨户请了发灵那天的各种职事，以及在傍晚请主管和炊事总管商讨发灵那天的各种生活用品。他们家族商定要在农历四月十一日出和国坚老人的灵。他的舅爷和尚典四月八日出灵，妹夫和国坚十一日发灵。死时先差三天，发灵又刚好相差三天。南溪古来就有"兴尸的漏各"之说（人死就到处都死），的确也有点像。近段时间周边的高龙村、放牛坪村、太安村、吉子村各死了一人，加上满下二人，共6人去世。

今天是"五一"国际劳动节，在城里读书的学生及本地小学生欢度"五一"长假。村民们各自忙着各自的农活。

满中村的壮年男子自发组织了"男人节"，五福海、五四村、五四环、五福军等10多个男子参加，有的出20元，有的出10元（出10元的那部分人白天去帮满上村五富前家竖新房）。他们买了两口乳猪到满中村水源的草坪上杀吃，"打拼伙"。由出20元的那部分村民负责杀猪做饭，并吃一餐中午饭。帮忙竖房子的人只吃晚饭。晚饭后休闲、喝酒、娱乐到深夜。这是南溪村寨组织的第一个"男人节"。

2006年5月2日　农历四月五日　晴

阿四金家族的后生们经过一番深思熟虑，加上村民的点拨，决定把和尚典老人去世的不幸消息告诉重病在床的老大和尚武。他们先备好了口含，然后大伙一起来到和尚武身边，说明和尚典、和国坚两人已离开人间赴黄泉的情况。和尚武听后，泪如泉涌，并说："还不能去、还不能走的这个人走了，一个家庭的衰亡竟如此之快，料想不及。"在大家你一言我一语的劝导下，和尚武止住了泪水，又说开了："命苦啊命苦，少时苦，青年时当兵苦，送邮件苦，退休后因为家里没田而到处找空闲地开荒苦，没得到侄儿、侄女及儿媳儿女的丝毫温暖苦，苦了一生就匆匆地走了，命运真是会捉弄人，阿四金的男人又是不等口含而辞去一人。"

等他心情稳定后，由和尚勋、和尚军、和圣伟看护着，后生们则去忙和尚典大事的准备工作。

吃晚饭前，请来了举行这次丧葬活动的总管（总理）和国兴、和顺明及炊事总管和永红。吃过饭后就请他们三位来指导购买此次丧葬活动所用的食物。

2006年5月3日　农历四月六日　晴

阿四金家族的和国英、和玉祥、和朝亮、和朝泽、和朝珍、和武军、和尚军、和朝柱、和朝光、和福春10人，由和尚军、和朝泽、和朝光三人驾驶各自的手扶拖拉机到丽江城购买举行和尚典丧葬礼用的东西。除了在村里跟和建成买了一口200斤左右的活猪外，在城里买来猪头、鱼、猪肝、烤鸭、泡猪皮、鸡等食品。

回到家里，大家齐动手，帮购买东西的人下车，酒烟放在一间房子里，用的东西放在另一间房子里，猪头、猪肺洗净后又放在另一间房子里，鱼洗净后暂时放在和朝珍家。

今天整个家族共8家，为了方便完成此次的炊事任务，还买了一个大蒸锅。同时也买来了要敬"足若"的烟酒，单独放在一边。

2006年5月4日　农历四月七日　晴

满下村寨为故去的和尚典老人举行葬礼，请来帮忙的村民都集中到和尚典家。由和尚典（阿四金）家族的妇女们蒸好早点，请大家用茶。吃过早点后，和朝亮把所请人的登记册交给总理（主管）。请来的人员各司其职。这种办大事的场合最苦最累的要算炊事组和杂工。早点一吃完炊事主管和永红就忙着指挥炊事组人员做早饭、蒸饭组人员蒸饭。总理宣布12点吃早饭。自此，当事人家把烟交给烟官，把酒交给酒官，把肉食品交给炊事主管，一切由村民代劳。

吃过早饭后，总理分配人员到山上砍柴，分为三组，三辆手扶，砍两手扶灶烧用柴，一手扶篝火用柴。

守灵人则进行灵台装饰，扎松门、贴对联、扎花等。部分守灵人参加杀猪。

守灵守到通宵，自炊事组把六大碗祭碗摆到棺材前以后，都要有家族人来看守到明日出灵。

2006年5月5日　农历四月八日　晴

满下村寨为和尚典老人举行出葬礼。太阳一出来，所有职事到和尚典家各就各位，各司其职。阿四金家族9点进行上祭、吊孝、追悼礼。追悼礼由和尚军主持。追悼礼结束后吃早点。埋人组备了酒、烟、茶、灯。家族年轻人和灿、和亚华、和汝浩、和汝信、和朝珍、和朝光、和武军、和朝柱、和建成、和建忠、和建军等随同埋人组前往，帮忙找石头。挖坑遇到一个大石头，现时的年轻人几乎个个都会石匠活，你干一阵，他干一阵，轮番打石头。因为打石头耽搁时间，家里12点才开始招待"足若"（一户一人）。家族们摆酒敬烟，磕头时齐声说："感谢村民，请把和尚典老人送出去。"招待完"足若"就开始待客，原计划50桌，结果有60桌。到下午4点半举行送葬礼。送葬礼上，迪庆州移动分公司和副总经理致悼词，悼词总结了和尚典同志的一生，高度赞扬了和尚典扛枪保家卫国，转业地方后从事邮电事业时的工作作风和艰苦奋斗的精神。和尚典是第一个逝去的退休老党员，村委会的书记、副书记、副主任参加了今天的追悼会。在送葬礼上由单位领导致悼词的在满下村寨是第三个。

在举行送葬礼的同时，分工一些人去照看好和尚武老人，老人为他弟弟的不辞而别很伤感，当他接了弟弟的孝时，泪水禁不住滴下来，尽管照看的人开导、劝说，还是难止出自内心的辛酸泪。

和尚典大事职事表：

主管（俗称总理）：和国兴、和顺明

炊事组（主管和永红）：和金星、和万琴、和万红、和立军、和圣华、和国红、和金发、和社兴、和圣武

蒸饭组（主管杨耀秀）：和永秀、和社香、和海、和良命、和爱花、和亚兰、和万芝、和世仙

埋尸组：和顺达、和金辉、和国春、和圣昌

记账：和万军、和国臣

收钱：和永昌、杨文花

收礼：和满谷、和茂花、和四谷、和茂良

烟官：和天林、和子红

酒官：和子元、和一台

烧草席：和习芝、杨玉兰、杨秋秀

2006年5月6日　农历四月九日　晴

阿四金家族及和尚典的亲戚们去伏山。村民们一早就到和尚典家各就各位，各司其职。今天照例忙的是炊事组、蒸饭组，记账收礼组到下午就交账交物，埋人组、烧草席的都处于休闲状态。炊事组照例把午饭做好，蒸饭组照例把饭蒸好，烟官、酒官把烟酒整理好，等到上坟人回来就不再管事了。阿四金家族的人到12点回到家，就在族中临时指定总理、厨师、酒官、烟官、招待，此次大事的各种职事，吃过午饭后就一直玩到傍晚才散伙。

满家家族的人们，每两户一人去丽江城购买和国坚丧事所需的物品，开去三辆手扶拖拉机。买东西的记账由家族中的和万军担任。20年前办丧事时采购物资，需要人背或马驮，要有20来人去办，年纪较大的人

往事还历历在目。

和尚典丧事活动的特点：

一、多年（12年）互不往来的家族和尚军一家，从开始到结束，主动帮忙一切事务，家族也以礼相待，重归于好，丧事中的一切活动与家族同等。

二、经济收入近7000元，是前所未有的，主要原因有：

1. 和尚典生前单位（迪庆州移动分公司）挂了1000元；

2. 家族每户100元，共8户800元。南溪村委会干部也破例挂了300元；

3. 姑娘和国英所在单位（维西县永春卫生院）挂了500元；

4. 女婿方亲戚（维西县拖支村）也挂钱较多，连女婿在内有2000余元；

5. 在单位上班的侄姑娘（玉龙县医院和朝花、玉龙县巨甸医院和朝梅）每人挂了200元。

三、遗属生活费及丧葬费、抚恤费。

1. 遗属生活补助：遗孀和志贤从5月份起，享受生活补助每月120元，加上和尚典平安保险每月385元，每月共享505元，持续到2012年12月30日终止。自2013年1月起每月只有120元的生活补助；

2. 抚恤费：11个月的标准工资，总计约11000元；

3. 丧葬费：3个月的标准工资，约3000元；

外加1－5月的门诊费每月300元，共1500元；

再加医保卡的300元。

此例是南溪全行政村已逝离退休人员中抚恤、丧葬、遗属补助都最高的一例。到目前为止南溪全行政村已逝世的离退休人员有5人，包括和德明、和熙（离休干部）、和益先、和作良、和尚典，其中满下籍人员有三人。

2006年5月7日　农历四月十日　晴

满下村担当和国坚大事的各种职事的主要人员和青壮年们都集中在和国坚家，筹备明日为和国坚出灵的工作。总理由和顺明、和朝泽担任，炊事总管由和永红担任，蒸饭组主管仍由杨耀秀担任，其他事宜与和尚典大事有些变动，记账由和尚军、和武军主持，烟官和朝光、和子红，酒官和朝亮、和子元。

吃过早饭后，安排杀猪、找柴、装饰灵台。

阿四金家族的妇女们在打扫院坝、清理垃圾、捡回自家的东西，还所借来的工具，忙得不可开交，大的餐桌等男人们有空再抬回自家和还回邻居家。

2006年5月8日　农历四月十一日　晴

满下村寨为和国坚老人举行丧葬礼，9点半族人上祭，10点过些举行追悼礼，追悼礼由族人和国红主持，追悼礼完毕后，四方亲戚陆续来上祭。

12点"足若"吃饭，1点开始招待外来客人，一直到下午4点才结束，5点举行送葬礼，送葬礼仍由和国红主持。

2006年5月9日　农历四月十二日　晴

和万琴家族（满家家族）及亲戚们到和国坚坟前伏山，伏山的仪式由本家族的长者和国春、和国兴主持。全体到坟场上，先把所带物品全部放置于和国坚坟前，煎食品、煎鱼、酒、炒饭、煎豆腐、煮鸡蛋。等上坟的人都到齐后，和国春、和国兴就用一个茶盘装上酒、茶、豆腐、鱼、鸡蛋、炒饭、煎品，和国亮在山神前、每个坟前、苏不鱼[①]前，插好香，和国春、和国兴指着茶盘敬山神，和国春边祭物品边口中念道："山

---

① 苏不鱼：坟地东北方向向上选择一棵茂盛的大树，大树下清理出一块平地或搭建小平台做为祭祀台，这个位置纳西语称为"苏不鱼"，是"所有祖先集中的地方"之意。

神阿爸！把五金生寄托于您了，请您管理照护好他。"磕过头，又接着到每座坟前祀奉、寄托、磕头，依次进行。最后在苏不鱼前祀奉祭食，口中念道："满家家族的历代祖宗们，今天是五金生请你们来这儿聚会，请大家喝酒、喝茶、吃饭。"磕过头，要所有来上坟的人磕头，然后大伙分成近十伙，分别围在一处，吃、喝、玩点。

到家后，家族人及戴孝的人招呼各种职事先坐下，让辛劳累了三天的村民们先就餐，儿子、女儿们依桌上酒，并说："请大家随便吃一点，吃完后休息。"吃完饭后，村民们喜麻将的玩麻将，爱扑克的打扑克，围了近20桌，平时很不玩的村民也上场玩起了扑克，观看的观看、玩的玩，一直到傍晚才散伙。

2006年5月10日　农历四月十三日　阴

满家家族的人仍聚集于和万琴家，还东西，捡自家的东西，给和万群、和万勤两兄弟分这次丧礼中所收到的钱、肉、烟、米、玉米、小麦、酒等各种物品。和国坚生前由和万琴赡养，送终两兄弟合伙进行。事前集资集物同等，事后分物、分钱也各家一半，由家族中的年轻人和万军、和万红、和万元、和国红、和国臣、和永昌、和德华、和国武、和国亮、和立军、和万林、和天林、和国辉等人来分。家族人给两弟兄分完东西后，在他家吃了一顿全族团圆饭（晚饭）后才各自回家，和国坚大事进行了4天。

太安乡中心校党支部书记和学光率中心校长、总务主任、办公室负责人共4人来南溪探望病重的退休老师和尚武，给他带来了春节慰问品（一床高档被子），以及看病人的慰问品。最重要的是给病人带来了精神上的安慰。的确，小学教师，人多面大，离退休的也相当多，中心校领导在半年内就来看望三次，这不得不使久病长期卧床的和尚武老师十分感动，由两个招呼他的人扶着到大门前送别。

和尚武的小儿子和朝珍，杀鸡煮肉招待了来看望老父的校区领导。

2006年5月11日　农历四月十四日　阴

村民和朝光、和朝东耕牛组去种秋油菜，他两家请了耕牛组的和作典家帮忙。和朝泽家也去种秋油菜，他家由舅爷和金星家、和金辉家、和林家帮忙用牛来犁田，并由他3家帮忙种油菜。和圣伟家本是与和朝光、和朝东为一个耕牛组的，但他由于与儿子分灶吃饭后，不想养牛，不想用牛来耕田，因此今天他请了侄儿和社红用手扶拖拉机去犁田种油菜。本来油菜应在10天前种完，但由于和尚典大事及姑爹和国坚大事而拖延至今才种秋油菜。

村民和金红请了亲戚和家族的人搬迁畜厩，他准备把畜厩搬到原先和子红家的宅基地上，和子红搬到新地基。和子红的新地基比老地基宽广得多，交通也便利得多。

2006年5月12日　农历四月十五日　阴

村民和朝东请了耕牛组的和朝光、和作典两家去种油菜。他父和尚武病情有些重，但白天主要由和朝珍、和尚勋、和尚典、和闰英四人招呼，和尚典去世后，和圣伟也时常去招呼。其他的人不误生产和建设。因此，今天照样犁田种地。和作典家早已种完油菜，但由于耕牛组本身是合作小组，因此，他家不计较和朝东家帮不帮他，而是看和朝东家忙不过来，积极主动地去帮忙。

村民和尚军、和银花夫妇装了一手扶洋芋，准备拉到城里去卖，结果满上村的五洋红来到他家，说"帮洋芋老板买洋芋，一斤0.5元，有多少都要，明天来上车，从下村先上到中村，到满上装满"。结果，到晚上10点，五洋红来了一个电话，说是老板出不起每斤0.5元。他俩只好明天各自去卖。这种误人工时的现象是老板常给村民的一种刁难。

2006年5月13日　农历四月十六日　阴转小雨，晚上雨夹雪

村民和家良请满中村的村民五福军来耕田，并请五洋志帮忙种油菜。

下午虽然有小雨，但他俩还是坚持干到傍晚。因为他家是全村寨最后种油菜的一户了，主要的原因是和尚典、和国坚两人的大事拖延至今。

村民和作才家请来亲戚及家族10多家约20多人，帮助搬迁畜厩。上午下好了石脚，准备把原有的厩搬朝外边一些，以便使院坝扩大、扩宽，再组合上一间新厩。但下午细雨丝丝如注，不得不使帮忙的人停下来休息。和作才夫妇感到倒霉，感到不走运，旱了这么长时间不动工，一动工偏偏遇着久旱逢雨天。人已请来，饭得给人做，没有工效，生活照样消费，这只能说是天意了吧！

2006年5月14日　农历四月十七日　雨夹雪

昨夜的雨夹雪使村庄披上了一层不薄，也不算很厚的白纱，鸡冠山上、母猪山麓银装素裹，出现了往年不曾见过的雪满树枝的冬季景色。村民们有些围坐火塘做手工（缝带子、缝雨衣、缝背带、打毛线），有些年轻人则串门休闲，看电视、闲聊，有些村民则往和尚武老人处看望，坐了满满一屋村民。

村民和秋谷、和玉祥、和家良、和万军、和丽军、和四闰、和社香、和金燕、和天林9人冒着雨雪去前山高龙自然村吊唁和绍杰老师。和绍杰是满下村寨的女婿，也是满下村和国坚的亲家（和国坚长女嫁到和绍杰家）。和绍杰今早9点辞世，一听到消息，以上村民就备上米、酒等物前去探望。

在维西县永春卫生院当医生的和国英（和尚典女儿），自老父暴病身亡时回来参加丧葬活动后，今天由丈夫杨文柒开车送回维西单位（她家也就住在维西永春乡拖支村）。和国英在家待了16天，参加了丧葬活动及收拾了家里的零星事务。

2006年5月15日　农历四月十八日　雨夹雪转晴

上午雨夹雪，全体村民都休闲在家。有些三五成群汇拢一处打扑克或打麻将；有些闲不住的当家妇女则身闲手不闲地忙碌着收拾家什、或缝背带（过去的背带一般用自种麻皮搓绳来做，随着国家塑料工业的发展，当地种麻生产逐渐消失，取而代之的是买塑料绳或者用塑料袋缝成扁形绳），或缝制雨衣；或洗衣擦桌。无事做者，则互相串门闲聊。

下午雨住转晴，因拆下厩房而被雨天误了时的村民和作才心急如焚，马上请来了哥哥和作典，女婿和万军，家族的人又弄斧拉锯整厩房，哪怕是半天个把小时的时间，也抓紧进行。这样做的原因有两个：1. 今年雨季将来临，随时都有下雨误工的可能；2. 几场雨后，田里的洋芋发芽出土，锄洋芋、薅洋芋的大忙农活即将开始，农活不容人们来搞建设。

2006年5月16日　农历四月十九日　晴

上午10点半，病重半年余，花了医药费近20000元，卧床时间150天左右的和尚武老先生终于辞世了，他的家族（阿四金家族）圆满完成了招呼他、给他放"绍沙"（口含）的任务。为使和尚武老先生辞世时得到口含，他们家族的后生们团结一心，协同守候，昼夜轮流守护了近两个月时间，终于打破了阿四金家族近代男人无一得到口含的历史。虽然为此误了很多工时，付出了很大的精力，但人人心中都感到满意。因为世居南溪满子师村的纳西族村民长期以来有这样的说法和共识，"族中一人得到口含后，后生们也易得到口含；若族中一人没得到口含，后代人都难得到口含。"从阿四金家族的近代历史看，似乎对以上说法有些应验，如四金吐被回民所杀，未得口含；四金吐之子五七患传染病而死，没得口含；五七之子五四哥患传染病而死，没得口含；五七之长子五兴因殉情自尽，而不得口含；五四哥之子五木前因神经错乱，而不得口含；五兴的二儿子和尚典因突发病亡，而不得口含；和尚典的长子和国华因在金沙江游泳溺水死亡，而不得口含；次子和国军人车失踪半年余，估计已被人所害……所以，和尚武老先生是阿四金家族中最近五代所逝去男人中第一个得到口含者，阿四金家族的后生们怎能不为此感到高兴呢？

和尚武逝世的经过是：两天前病情加重，至昨晚下半夜声哑，很难发出话音，手脚不停地在动，上唇有些往上缩，但口中还发出轻微的呻吟声。上午10点左右，侄女和玉祥及和尚武的大儿媳，在走廊里讲了她俩昨天去旦都后村五男净（和自贤）处，去给娃娃要药时的情况。说阿大伯（指和尚武）病重这么长时间，随便请五男净算了一下"莫英"①，五男净算后说是："苏不鱼"（纳西族传说中的历代祖先）阻拦着他，感谢一下"苏不鱼"就会有变化，同时还提醒最近三天得细心看护，倘若这三天无事，就等到五月初一可能发事。但她俩怕和尚武骂，就不敢告诉大家。大家听后，就动手祀奉"苏不鱼"，用酒、茶、饭敬奉于敬祖台，并插上香祀奉一阵后准备送出"苏不鱼"时，主持者和尚花说："有些时，送出'苏不鱼'时，患者会断气，提醒看守的注意点。"说来也巧，正在送出"苏不鱼"时，和尚武老先生猛睁一下眼后，闭目合嘴停止了呼吸，结束了他的一生，终年77岁。招呼他的人们七嘴八舌地为他送行："五林（和尚武乳名），你奶叫五沟、你妈叫五恒、你妻叫五兰，你要紧紧地跟着她仨走，要拉住她们的衣襟不放手，大胆往前走。你面前有三条路，你要走正中这条路。上条路是野牛猛兽路，去不得；下条路是野鸡野鸟路也去不得，中间这条才是你该走的路。路上尽管有荆棘、巨石阻挡，你要披荆斩棘，踏碎巨石大胆往前走。不要跟着其他人，要紧紧地跟着你奶、你妈、你妻，向她们大声说：'我从家族人面前来，从村民们面前来'。"接着放进事先备好的口含，脸上盖上白纸，吹羊角号（用酒瓶打碎底子代替，并叫人满村边走边喊："和尚武老人不行了（死了之意），和尚武老人不行了，请村民们帮忙一下。"在家听到号声和喊声的村民们都涌到了和尚武家，在田间或在家里干活的村民放下手中的活计（和建忠家建盖厨房请有一些人，和作才家扩建猪厩也请有一些人，和丽军家请三人锯板子）纷纷往和尚武家赶来，顿时院子里人头涌动，家族后生们忙着敬烟敬酒，妇女们忙

---

① 莫英：纳西语，基本意思是"因由"，问莫英相当于汉语的"问卦"，找民间东巴或通灵人占卦。

着烧水做粑粑，准备招呼村民，长者和尚勋、和尚军忙着给嫁到前山高龙村的独生女及在太安的弟弟和尚洪联系，同时与在城里开出租车的和朝亮、和武军、和福春、和金桂、和朝祖（和珍贵）联系，并要他们买些菜回来帮忙。联系完后，请村民们从和朝东家抬出棺材（前年已做好）给和尚武洗尸换装入棺。入棺时装了283.90元钱（200元今天装入衣袋中，83.9元是做好棺材时就装进去的），是装入棺材里的钱最多的一个。

中午家族人备了一顿便饭（五菜一饭），请村民们吃了再走，有好些人留不住，少部分人留住了。

晚饭做了6个菜、2个肉，招待前来吊唁的远亲近邻，及洗和尚武尸者，共有十余桌。晚上大多数村民都来他家玩，大伙围坐院中篝火喝酒、喝茶、闲聊，有些村民做守灵人的伴到第二天天亮才回家。

下午4点左右，丽江市古城区、玉龙县出租车联合协会的会长白锦红率协会成员及电视台的新闻记者共计10人，来到半年前人车失踪的和国军家，进行献爱心活动。协会4月中旬在全体会员中倡议捐款，相助人与车同时失踪后家境贫困的和国军家，共捐集到14938元。协会分配为和国军家1万元，和珍贵家4938元。电视台的记者对这一有难共帮的高尚风格深受感动，做了详细采访和及时播报。

2006年5月17日　农历四月二十日　晴转小雨

村民和作才请家族和亲戚继续干扩建畜厩的活计，经过他们三天同心协力地干，终于在今天完成了屋架部分，并盖上瓦。剩下的是做围墙、隔墙。

村民和汝信也请来两位旦都村的表叔（五波、五四祥）起厨房。别看和汝信个子小、力气小，但有兄长和汝浩的相助，早已利用早早晚晚的时间备齐了两间厨房的新木材，真是天下无难事，只怕有心人。

阿四金家族今天商讨和尚武老先生的戴孝问题，经商议确定有300个人戴孝，有32个女人同时戴孝围腰。孝商定完后，讨论了丧葬活动的各种职事人员，基本上与和尚典丧葬大事相同，只有些细小的变动。

太安乡中心校的领导3人来和尚武家吊唁，并送上了花圈，询问了和尚武老师出灵的时间（已定在5月24日举行）。中心校领导表示，到时要带领太安乡各行政村的校长，及和尚武老师的老同志们前来参加丧葬活动。

2006年5月18日　农历四月二十一日　晴

阿四金家族的后生和朝东、和朝泽、和朝珍、和朝亮、和朝光、和朝柱、和武军7人，依照昨日所商定的各种职事名单，挨家挨户地去请人。请完人后分工成两个小组继续进行丧葬准备工作（长辈和尚勋、和尚军、和圣伟守灵），一组和朝光、和朝柱、和武军开着手扶拖拉机到旦都村，从和云发家以780元的价格买来一口大肥猪，毛重300斤左右，并拉回到和朝泽家关起来准备到时杀用。另外一组，和朝东、和朝泽、和朝亮、和秋谷、和英、和朝珍、和福春、和金桂、和玉祥等人搭灶、备棚子，此项工作在下午3点前完成。各组完成了任务后，和朝光、和朝柱还到鸡冠山背后拉了两转沙子。

2006年5月19日　农历四月二十二日　晴

村民和建忠请亲戚们帮忙做新厨房屋架，经过四天六人的辛勤劳作，今天已完成。他请舅爷和万军、和万红、堂兄和建成、和建军、和建国及儿子和四黄、胞兄和建华以及和尚军、和金红、和作武、和国兴及儿子五德华等人竖起了屋架，并钉好椽子。此屋材料厚实、宽敞，坐北朝南，高度适中。

满家家族的每户一人（15人），阿四金家族的8人，还有其他村民，共约30来人到前山高龙村参加和绍杰老人（已故老人和国坚的亲家）的丧葬礼。所带去的礼品除和万琴（和国坚的小儿子）最多外，要算阿四金家族的和玉祥（和尚典儿媳）、和福春（和尚勋儿媳），她俩带去了米、小麦、玉米各5斤、酒1瓶、币30元、腊肉1对（四五斤）。除了和万琴两口子留下上坟外，其他人都在当天转回家。

丽江市玉龙县疾病控制中心的医务人员，今天分两组对满下村的狗、猫进行抽血检验。疾控中心怀疑去年"11·1"鹿子村所发生的公共卫生事件是由狗病毒所致，村民和圣伟、和社兴、和社员帮助了他们。

玉龙县分管医疗卫生的副县长李淑芳，陪同省卫生厅下来的工作人员到南溪行政村察看去年"11·1"事故后的情况，表示要为南溪建一个卫生室。不知何时会落实。

2006年5月20日　农历四月二十三日　晴间阴

村民和顺明请来家族的每户一人以及耕牛组的和亚华、亲家母和永秀共8人，开始砌洋芋仓库的基石。基石用空心砖先做护板，然后浇灌沙灰及小石头。经过几年的观察，人们逐渐发觉，装洋芋的房子不牢，是由于洋芋有水汽，长期堆放洋芋房屋容易变腐。因此，从最近几年开始陆续有村民单独建盖洋芋仓库。今天和顺明请来帮手，先下好基石，等保养十来天，待水泥干涸结实后再准备砌空心砖。

有极个别村民开始锄洋芋，他们看到出土的洋芋被黑霜冻死了，整片整块的洋芋苗由绿色变成了黑色。看到这一情景，村民的生产热潮都冷却了一些，只好暂待以后重发芽时再来锄。

阿四金家族的人们开着手扶拖拉机到山上砍了两手扶丧葬用的柴，一车是干柴，一车是湿柴。除了本族所有年轻人以外还请了和学青、五亚梅、五亚冬、五满月4个亲戚来帮忙。他们带着午饭上山，到3点时就砍回满满的两车柴。

2006年5月21日　农历四月二十四日　阴转中雨

村民五社员家的厩房有点向右倾斜，肉眼看去倾斜有五六寸。今天，他请了阿入金家族的和顺明、和命夫妇、和永良、杨耀秀夫妇及和文亮、和永红、和五金夫妇和两个女儿、和顺光、和立军父子、和顺达、和永华父子，及五德金族的五妹及五金凤母女，还有五社员连襟旦都后村人五习红。他们吃过早点就先把瓦全部下掉，下完瓦片，妇女们擦瓦，男人们在和永红及五习红的指挥、点拨下，先把石脚拆了，然后把房子拨正，并在柱子下面和木楞下面垫上基石，把后倾的部分垫高，使房子正直地立好。把房子拨正垫好后，又把瓦片重新盖上去，到6点左右瓦片全都盖好。今天的工作有两点：一是拨正房子；二是重新盖瓦。

2006年5月22日　农历四月二十五日　小雨转阴

村民五社员继续请昨日所请的这帮人，拉沙、搅拌沙灰，用沙灰灌石脚，主要是防止猪拱来拱去，石脚不牢固，而改用向里的一面浇灌水泥沙灰，向外的一面砌石脚。他们一些人拉沙子，一些人搅拌，一些人浇灌。这些天沙场由于满下至鹿子路段在进行改扩工程，因此，公路老板用挖机挖了很多沙，如满下村寨村民要用，可现时装车，所以拉沙很快当。拉沙一快，后边的工序自然也就快，到中午就完成了预期的任务。

村民和汝信已做完竖新厨房的木工活，今天请了一些村里的亲戚帮忙竖房子，两间崭新的房子在他家园子里拔地而起。

阿四金家族（八家）的后生和尚军、和朝柱、和朝亮、和福春、和武军、和金桂、和朝光、和朝泽、和朝东、和朝珍、和玉祥等人去城里购买后天和尚武老先生出葬所需的一切，付钱由和尚军负责，记账由和朝亮负责。

2006年5月23日　农历四月二十六日　阴间细雨

满下村寨村民在忙着和尚武老师的丧葬事宜，天刚一亮，青年们及不承担重要职事的村民们先到山上砍一背柴。和尚武家族的妇女们则天一亮就忙着蒸馍馍、煎糯米条，好让所请的村民们做茶点。炊事组及蒸饭组的村民先到一步，他们吃过早点，就要做12点吃的午餐饭。因此，每家办丧事都是这两组人员先到。9点多钟人们陆续到了，有些拿着工具，有些背着柴，还有的是空手而来（有重要任务的）。人们吃过早点，总理就分配其他杂工。吃过午饭（12点），大部分村民去砍柴，三辆手扶（两车杂柴，一车夜晚烧的栗柴）。家族年轻人杀猪，记账收礼员帮忙扎牌楼（用两棵松树和松枝扎，用一根椽子拴上松枝横架于两棵松树上，样子像门），再拴上用五色纸做成的花朵，装饰灵台，贴上其弟和尚勋题的对联"三十八年讲坛笔耕，喜桃李满神州大地"及"育桃李呕心沥血，建家园不遗余力"。其他承担各种任务的村民各行其是，家族的老者在忙着剪孝。

吃过晚饭，在院坝里烧上了熊熊篝火，村民们围着火塘，跳起了"喂目达"。有名的民间老艺人和建良领唱，之后，村民们都领唱一两段，一直跳到鸡叫时才休息。刚休息就进行了"岩居八达毗"（鸡鸣祭饭，传说这碗饭死者能吃到，所以，每当鸡叫，儿媳及女儿就备一碗稀饭来祭灵柩，不免又哭泣一阵）。所唱的"喂目达"用录音机录好，准备明天在灵柩前播放。之后烧上些洋芋，人们围火而坐边吃洋芋边喝茶边聊天。聊天内容主要是丧葬时唱的"喂目达"的词和义，当然这主角是民间老艺人和上了年纪的老者。

2006年5月24日　农历四月二十七日　阴间晴

全体村民为和尚武老人举行丧葬礼。8点半家族祭奠"好屁"，9点举行追悼会"戴孝"，四方宾客纷至沓来，12点开始待客。程序是："足若"（村民）、远方来客、近客，太安乡教委16人单独在其弟和尚勋家招待。到下午4点待完客。

吃完饭来参加丧葬活动的人们在院子里跳起了"窝忍忍"，到5点举行送葬礼，由和尚军主持，太安乡教委主任（中心校长）和仕强致悼词。悼词中赞颂了和尚武老师为太安乡教育事业作出的贡献，名师出高徒，桃李满天下，他所培养的学生有很多成为建设祖国的栋梁。

5点半出葬，太安乡教委及教师代表和村民一道把和尚武灵柩送到坟地。在太安中学支教的北京青年志愿者（女士）摄下了当天的一切活动过程，她说："这里的丧葬习俗值得研究，很有价值。"

特点：

1．他是满下村寨连接去世的第四个退休人员。

2．所收礼金稍少于和尚典大事，但约为和作良、和益先大事的两倍。

3．三个儿子合伙，各人负担很轻（几乎没有），如若平时不给三个儿子钱，他每月退休生活费约1600元的收入是用不完的。

4．在满下村寨一个月内出葬三人是1949年以来的第一次（1949年前有过，因患传染病死，一天就抬出三四具尸体的现象曾出现过）。

5．在一个月的时间里兄弟俩及姐夫三人同时逝去，这对其弟和尚勋的思想打击太大了，使他夜不能寐，黑发即刻变白发。阿四金的家族在短短半年多点的时间里去了三个人（和国军、和尚典、和尚武），怎能不使他伤心过度呢？有生必有死，但为什么不能相差个一年半年的呢？儿子走了，老子为何不留几年呢？

2006年5月25日　农历四月二十八日　晴

阿四金家族及亲戚去上坟（伏山），他家所请的各种职事把各种事情都办好，只等伏山回来时交代给家族的人。

12点半回到家后，收礼记账，收款组首先交了账，要族中的长者和尚勋、和尚军、和圣伟及他们三兄弟（和朝东、和朝泽、和朝珍）参加。他们首先向大家讲明："因为昨天和朝泽的开车伙伴长水老友把礼钱直接交给了和朝泽，我们就把和朝珍老友（五七、五春拾、五春刚、五德华）四人所记的礼钱退给了和朝珍。因此，在人情簿上有涂迹。"同时还把和朝泽的文华老友所记的50元也退给了和朝泽，并从簿上划掉。把总收的钱交给和尚勋，待明日分给三弟兄。收礼仓库的钥匙交给了和尚勋保管。吃饭时，由家族人来待候各种职事。吃完饭后，搬上烟酒、瓜子、扑克、麻将，让职事尽情玩。到4点左右，坐不住的年轻人又与成年人相约进行篮球比赛，结果负于成年人。过去的体育运动主要侧重于篮球，哪怕是银发斑白的六七十岁男人也会运好球、投好球，只是体力有所不及而已。现时的体育运动又侧重于足球，20来岁的年轻人对篮球显得有些生疏了，看着60岁上下的人在篮球场上露出的身手，只能以吐舌示服。

2006年5月26日　农历四月二十九日　晴

吃过早饭，阿四金家族的妇女们（除和玉祥及五三姐婆媳外），都在和朝泽家忙着捡东西、还东西、收拾东西；而男人们在和朝珍家，由族中长者和尚勋主持，以孝男商议、族人评议的方式，对和尚武丧葬所花费用进行三人（和朝东、和朝泽、和朝珍三弟兄）分担，以及对丧事所收到的礼（钱、肉、米、小麦、玉米等杂粮、柴、烟、酒、茶）进行分配。同时商议决定：和尚武的丧葬费及一次性抚恤金，以及4、5两个月的退休金由和尚勋掌握，遵照和尚武生前遗嘱执行付和朝东5000元（和朝泽、和朝珍两人已每人给了5000元，和朝东应补此项）；付和尚武与和朝泽生活10个月的生活费1500元；和朝珍应付和朝珍结婚时小弟兄挂的人情1000元（当时交给和尚武在全家中使用）。除这三项外，进行三等分。当场分给了他们三弟兄收礼款近6000元整，加上购买东西及招呼老人的所剩款项，每人分得2796元。招呼了近两个月时间，加上丧葬活动，他们三兄弟每人只付出了20多元。其主要原因有：1. 招呼期间的一切费用由和尚武工资中支出；2. 太安乡教委组织全乡教师每人投慰问金10元，在职及退休共有141人，捐献了1410元；3. 家族及在单位上的侄女每户每人都挂了100元的高礼。分配过程中没有大的争议，是很公开的。商议及分钱刚完，和玉前背着小儿子五丽东来到，说是"五三姐昨晚吃药过多，而口齿不清、发音浑浊"。真是牛事不了马事发，大伙暂停分物又赶到她家，看情况、提问题，给五三姐喂了红糖水、金不换（解药），认为不怎么严重就又返回和朝珍家继续进行物资分配事宜。事隔约一个小时，和玉祥又说："老奶奶仍然不见明显好转。"大家就组织送医院救治，所幸的是和朝亮、和朝珍的出租车自5月16日和尚武去世那天就开回停在家里，一直到今天料理完丧事后准备回城。

就由和朝亮开车，和武军护送，和福春、和金桂护理，五三姐的亲家母五六芝也被家族请去招呼五三姐。到医院检查后认为不那么严重，就在门诊里打吊针。

在家的家族人们帮三弟兄除烟、酒外，全部物品都已经分完。晚上，在和朝泽家吃了一顿饭，就意味着和尚武治丧全过程已结束。待明日三兄弟带烟、酒去酬谢总理、厨师总管、蒸饭总管等担任重要工作的职事。

2006 年 5 月 27 日　农历五月一日　阴间小阵雨

村民和尚军、和一花夫妇及儿子和朝柱，从满上村和朝柱二舅处借来手扶拖拉机（因自家手扶于 22 日购买和尚武老人丧葬用品返回途中部件坏了，至今还没时间修理），边捡洋芋（去芽捡烂）边上车，共装了约 3000 斤。这手扶洋芋是应约要拉到丽江市的一家烧洋芋店，是满下村寨 2005 年收成出售的最后一手扶洋芋。这些洋芋曾在半个月前就有来南溪的洋芋商出过 0.50 元一斤的价，但因和尚军家处在和尚典老人治丧期没有时间，而出不了手。现在，这些洋芋约好以 0.47 元一斤的价格全卖。虽然收入比以前出过的价每斤跌了 0.03 元，加上油费 30 元及误工花销，合计少收入 170 元左右。但历史上就有"死者为大"之传统，就是说，治丧为主，生产暂让于丧葬活动。所以他们家也是无话说的，是心甘情愿的。

2006 年 5 月 28 日　农历五月二日　阴

村民们都在忙着下田锄洋芋，和国兴、五德华父子及和永昌、和春银父子却在合伙修补供手扶拖拉机走的路。他们从沙石场拉来碎石铺在路上，再拉几车沙子填上。沙子是由"满下—鹿子"路段改造工程老板指派，工程拉沙车拉来的，用装载机上车，人工就没有参与了，效果明显，投劳不多。主要原因是：和国兴是满下自然村的村民组长，沙场是免费提供沙子的，所以村主任有求老板必应，不但村主任有求，就连村民有求，老板也只得应答。如村民和汝浩夫妇今天专门用手扶拉沙堆积在家里，拉了十多趟，准备以后用。如人挖人装，请上五六人，一天下来只能拉五六趟。用装载机挖沙、装沙，只是运输一下，下下沙，自然一天就可拉十多趟。动脑的人，就省力增效。

2006年5月29日　农历五月三日　雨转阴

雨时下时停，早晨的细雨挡不住人们下地锄洋芋，已出土的嫩绿的洋芋苗在向人们暗示："该抓紧进行洋芋田间的锄草扒根了，要不然没有锄完就得薅，而且会很紧张的。"村民们都看到了这个势头，因此，冒着细雨在锄洋芋。

村民和朝珍及老婆和闰英，从前年开始就不种田，弃农开出租车。现回来招呼父亲和尚武有两个月余，了结父亲大事后准备回城开车，今天忙着收拾。和闰英还冒雨洗被、洗沙发，干得很欢。的确，说来也很同情他俩，开车挣钱养家糊口不容易，但和朝珍考虑到父亲病重将要辞世是一世里的一年，找钱是一辈子的事，不管怎么困难也要看守到死。经过近两个月的招呼，给父亲送了终，再等两天无牵无挂地又可去开车了。

2006年5月30日　农历五月四日　小雨转大雨

从昨晚下半夜开始下小到大雨，持续了一天，农民不能下田劳作。黄山镇五副镇长等则冒雨驱车来满下至鹿子公路改造施工现场视察、监督、指导工程施工。这充分体现了镇党委政府对此项工程的重视。

同时镇民政干部和水管站的领导也驱车来到满下村寨和福祥家，询问雨季和福祥家上面山体的情况，四五年前镇党委政府曾考虑到和福祥家上面的山体有滑坡的危险，多次动员和福祥搬家，搬到比较安全的地方，并答应由政府补助一定的烟、酒钱（四五千元），但和福祥家不同意搬。因此，每年雨季都有镇领导三番五次地来看。

2006年5月31日　农历五月五日　雨

今天是端午节，照例，养蜂的村民要割下些蜂蜜品尝，还送点给亲戚朋友品尝。因今天下雨，此事不宜做。

村民和天林乘节日之机杀了一口肥猪，村民们都争先去买，生怕买不到好点的肉，100多公斤的鲜肉除猪头和项圈外一卖而光。满下村寨的村民一直以来是注重饮食文化的，逢年过节，即便自家有很多腊肉，也要买些鲜肉来食用。年年如此，节节依旧。因此，邻村杀猪卖的人也会到满下村寨来卖，结果一卖而光，高兴而回。

和天林背着卖不完的猪头和项圈肉到满中村去卖，摆了近两个小时无人买，只有看的。他背回去，说只能自家食用了。

饮酒的村民还特意喝点雄黄酒，女青年及幼女都在手上戴上五色线，说是来日可防止蛇虫咬。

2006年6月1日　农历五月六日　晴

今天是"六一"儿童节，下了四五天连阴雨的老天，也为儿童们掀开了罩住太阳的黑纱，太阳公公也笑呵呵地参加了庆"六一"活动。南溪完小院内彩旗飘飘、歌声阵阵。学校举办了庆"六一"歌舞联欢会。从9点开始，穿着节日盛装的儿童们在老师的组织指导下进行了庆祝活动。第一项是发展少先队员，一年级的小学生都参加了少先队组织；第二项是奖励优秀少先队干部、优秀少先队员，参加各学科竞赛的获奖者；第三项是歌舞大联欢，各年级学生上台表演，有集体舞、独唱、合唱、二重唱，有不少同学还演唱了纳西歌，各种节目都演得很精彩，院内爆发出阵阵雷鸣般的掌声。中午12点，进行最后一个项目：给一至六年级学生分发黄山镇财政所给南溪完小学生的"六一"礼物（书包、笔记本）。满下、中、上村的村民照例参加庆祝活动，一直到收场为止。旦都村的部分学生家长也丢下紧张的农活前来观看学生们的活动。行政村村委会书记和继武、副书记和国军、副主任和丽军也参加了今天的庆祝活动。南溪完小校长在此前就向南溪各自然村村长发了邀请，请各自然村村长与儿童们共庆儿童节，但因这些天锄洋芋地的农活较紧，只有满中村的和国高、旦前村的和述贤、旦都后村的和学志3个自然村村长来参加。

学生的活动结束后，满中村的男青年和满下村的男青年进行了足球比赛，结果1∶2，满下村队胜利。满下村的男青年为欢庆胜利，在村中买了两只大公鸡"打拼伙"（打牙祭），畅谈欢饮到12点方休。

2006年6月2日　农历五月七日　晴

古城博物院的李副院长来到南溪云南大学纳西族调研基地调研绿化种树问题，一同来的好像是在种树这行很资深的人。经他俩研究，在基地种些小垂柳较为适宜。理由是，小垂柳耐寒长得快，虽只是春夏两季，但绿茵茵的。另外，在院坝里种两棵缅桂花。他要和尚勋老师请两个人来挖坑、备土，每工出价30元。和尚勋老师在满中村走了一圈，村民都已下田锄洋芋。又跑到满下村去请，也未请到。无奈之下把老伴从田里叫回来，老两口就动手挖坑、备土，挖了12塘树坑，从上午11点干到下午4点，把坑都挖好了，只等李副院长把树苗拉来就可种下。商定后，李副院长及时回城，说是去联系树苗。

2006年6月3日　农历五月八日　晴

趁着大好晴天，村民们大多都起早贪黑地在锄洋芋。有些还带了午饭到离家较远的山地里去锄，有些村民则干脆从小卖部买些糕点带走。

满中村的村民五春红去冬就与黎明乡的一个房子老板定好要买一所新房子，由于路途遥远，两地相隔一百五六十千米，加上途中木材检查站检查严格，木材老板变成了房子老板，在当地就把木料做成房子。今天，用这样的方法把五春红所买的新房料拉到家了，不仔细看的确像是旧房子。老板下了车就转回去了，说是等他种四五天烤烟再回来竖新房，五春红也有意扣下 2000 元钱未付清（今天付了 15000 元，总价格是 17000 元）。要是在 1980 年以前，前边山上这种料子多的是，用"满山遍野都有"来形容当时的森林资源，确实一点也不过分，但是经过多年的乱砍滥卖，已一扫而光。

2006 年 6 月 4 日　农历五月九日　晴

古城区博物院的李副院长拉来了小垂柳树苗，和尚勋老师和夫人和家良精心种下了这些小树苗。见到娃娃及学生，教育他们要爱护树苗，让树苗茁壮成长，早日绿化好云南大学调研基地，也为我们家乡增添几分姿色，爱家乡、爱祖国就要从丁点小事做起。小娃娃及小学生们也表示决不破坏树苗。小树苗今天种下了，但浇水、管理更艰苦，这艰苦的工作还要体现在每天放羊和关羊时，与牧羊人一起护好树苗，以防羊群伤害树苗。

2006 年 6 月 5 日　农历五月十日　晴

村民和家良因其老伴和尚勋昨日傍晚进城接送小孙女上学，看守云南大学调研基地的任务就由她承担，从昨天晚上开始她就睡在云南大学调研基地，今天天刚蒙蒙亮就起床给昨天种下的树浇水，每棵都浇了两桶，共种了 14 棵，用了两个小时。

回到家里吃过早饭，和家良就和暂停开出租车回来帮忙锄洋芋的儿媳和福春一同下田锄洋芋。脱离了体力劳动两年多的儿媳，做起农活来赶不上年近六旬的婆婆，这是村民们常说的"越闲越懒，越闲越软"的应验。当今的少妇除了个别的在勤干硬干外，绝大多数人都有少妇不如老奶奶的现象。

2006 年 6 月 6 日　农历五月十一日　晴

村寨正处于锄洋芋的大忙季节，年轻的小伙子五子环则只顾忙于家庭建设，他独自一人打石头，砌木楞房的石脚，忙得有些超常。这主要是因为他家劳动力富余，父母还处于壮年，弟弟五仕环也是小伙子，而且对农活样样在行。这样的家庭条件就允许五子环做家庭建设，或外出打工挣钱。有些村民则看着他近两年家庭建设突飞猛进的局面，在猜测着他要讨媳妇了。是的，在满下村寨，全体村民都在儿子未成家时就把家建设得比以往好些，或起新房，或隔整，或装修，总认为建设家庭应在儿子（姑娘）办大事之前进行。否则，办事成家后各方面条件都变差（经济、劳力、时间），不容人们搞基本建设。因此，村民的猜测是有道理的。

2006年6月7日　农历五月十二日　晴

村民和国武离家去鸣音乡收购药材，往年的这段时间，他是在家收购中草药材。做这种生意的人在满下还有和四闰、和永红两家，满中村的二嫂青家也做这种生意，且都村也有几家。面对这样的竞争，去年和国武就有点争不过别人，因此，他今年改变主意，干脆远离家乡，到还未过门的入赘女婿家（鸣音乡）收购中药材。他估计那儿可以低价收到，而且收的品种和数量会比在家里多，盈利自然也会可观。他的打算得到老婆、女儿的赞同，支持他的举动，他满怀信心而去。

2006年6月8日　农历五月十三日　晴间阴

村民们都在起早贪黑地忙着锄洋芋，家家如此，因为还没锄完洋芋，早出土的又得接着薅坛①，而且油菜间苗的事也接踵而至。对农事抓得很紧的村民和作典家，种的亩数最多，但干得很积极，锄洋芋的农事已接近尾声。有些种得少的还没有锄完一半，这些人思想上就有"慢慢来，不须慌"的想法。这部分人种得少，完成得晚，收成也不可观，收入也就比较少些。形成这样结局的村民不懂得"大富于天，小富于勤"的哲

---

① 薅坛：指的是在洋芋地薅草的同时，把土围着洋芋苗锄成一小坛，这样洋芋就会成窝地长。

理，而像和作典家这类农户则深知"作为农民，多劳多得"这个道理。是这个道理鼓舞着他们多干、苦干，结果也是所得必然就多，年年丰收，岁岁有余。

2006年6月9日　农历五月十四日　晴间阴

村民和国模家，因二儿子及二儿媳的多次要求，今天进行分户（一分为二）：一户现有三口人，二儿子、儿媳、孙女；一户为四口人，大儿子、小儿子及和国模老两口。老人根据目前的家庭现状是不愿意分户的，理由是：1.两个儿子还没讨到媳妇；2.小孙女只有3个月，还在襁褓中，还需人照顾，若分家后，小两口必然忙这忙那，会产生顾不及小孩的现象。但年轻人的心态是，自我发展，我行我素，自自由由。当今的家中老人好多都主不了事，只能由小的行事了。和国模的老伴发着牢骚说："过门后，还没有好好干过几天活，可她心里认为是很苦了，挨不住了，就随她的便吧！"事情果真也是像她所说的一样，田里有三个兄弟及老母操持，家务由和国模老人操持，二儿媳到家后十月怀胎，在小卖部卖点东西或在家休息，在田间地头很少见到她的影子，加上坐月子，繁重的体力劳动还没沾边。

从今天起他们家的小卖部从新宅院搬到老宅院，由四口之家经营。田地活也开始各干各的，牲畜已分，但因新宅院没有牲口房，还关在老地方，暂时由四口之家喂养，待搞好新的牲口房后迁到新宅院。

2006年6月10日　农历五月十五日　雨

村民五满秀、五芳、五亚芬、五玉琴随同五满月到玉龙县医院去看望在医院生孩子的五亚月，五亚月是五满月的姐姐，嫁到石鼓镇鲁瓦村。在玉龙县医院生一男孩，亲属就去看望她，所带的礼品不尽统一，娘家自然多些，至少一只母鸡及50个鸡蛋；亲戚家有的带了20个鸡蛋，有的送了20元钱。去医院探望产妇的这一举动，在三年前是没有的（只有娘家及婆家人带着礼品去招呼、探望）。亲戚去医院探望产妇是近两三年来才兴起的一个礼节。这礼节的兴起，充满了族人和亲戚的友爱感，但年轻的父母心里是不平衡的，只是违心地随大流行事而已。

2006年6月11日　农历五月十六日　雨转阴

雨一停，村民们又扛着锄头下地锄洋芋了，大部分村民还带了雨具，准备雨小坚持干，雨下大时就在田里避避雨，等雨小些或停了又继续锄洋芋，免得躲雨往返耽误时间。这部分村民珍惜这段黄金时光，几场大雨后，出土的洋芋苗一天一个样，一个劲儿地往上长，它仿佛在催促人们快来给它们薅坛。这段时间的农活一个接一个，在逼着人们早点干、干快点。就连平时在家领小孩的村民都基本上离家往田里干活，锄一点就是一点。年近八旬的老人和文海大妈都头顶雨帽，身披雨衣坚持在田里干着。70岁左右的和银桂、和尚友、二嫂顺、和女她们四妯娌干得比少妇们还带劲。

2006年6月12日　农历五月十七日　晴

南溪村公所坐北朝南的平房改造工作今天已全部完工。该房的改造内容为：原来的土基墙改成空心砖墙，并加以沙灰及白灰粉刷；原来的空瓦盖成石瓦，如果瓦不够就添补一些；原来前面没有隔整，现改造后隔成一堵砖墙，上截用铝合金窗框及玻璃窗隔好，三间房子只安一扇门；地面铺瓷砖地板；上方安装天花板；外加一扇铁皮大门。款项由黄山镇拨付20000元，改造工程老板由满中村村民组长和国高担任，施工人员由和国高请来前年建云南大学基地的九河泥水匠；窗框及窗子直接由门窗商来安装。空心砖、石灰、沙子、天花板、地板砖等材料由和国高根据需要来买。他请工的方式是承包，施工人员每天收入35元左右。

和国高成了当地的第一个小建筑老板，据他说，他每天的收入在30元以上。

此房改造完后，村公所旧貌换新颜，从外表及内装潢都给人漂亮、别致的感觉。

2006年6月13日　农历五月十八日　晴

锄洋芋任务完成得早的村民和作典家、和亚兰家、和玉琴家，从今天开始转入薅洋芋。薅洋芋前家家都给每坛洋芋施足了"尿素"，都想让洋芋长得快、长得大，都想多收些洋芋多卖些钱，所以买化肥的投入也不少。和作典家在满下村寨是洋芋收成最多的一家，每年用于买化肥的钱也支出近千元，形成了本大利大的局面。

这些天，虽然天气炎热，但村民们都在你追我赶地锄洋芋，有些中午饭也在田边吃，劳动时间大部分村民都为10小时左右。

2006年6月14日　农历五月十九日　晴

前些天，满中村村民五春红从黎明乡买来的房子由黎明乡老板和木匠来做了修理、组合工作，昨天已经把四排屋架组合好。今天，五春红请村里人和亲戚来竖房子，房子很高，材料也基本上可以，竖房感到较吃力（下面高3米，楼上高2.3米，是满中村第一所高大的民房，也是所花价钱最高的一所）。五春红两口子打算把这一所房子整得好一点，石脚下得好一点，因此，竖房前就从文屏石厂买来了石脚，还准备请鹤庆的石匠来砌石脚，并打算用砖砌墙。

今天从上午10点开始竖房，到下午5点结束，因为房子较高，上横料时吃力些，所费的时间也多些。

竖完房子后人们开始进行娱乐（打扑克、打麻将），吃过晚饭，除老少外，都参与了这两项娱乐活动，有些还玩到天亮。

2006年6月15日　农历五月二十日　晴

村民和永良请鹤庆人盖砖木结构平房，砌砖部分昨天已经完成。同时请了本村木匠和金胜做木工师傅，做人字屋架的木工部分。和金胜是跟着白华的基建老板李伯合做这部分工程的，单是在南溪，他跟李伯合做了不少工程：南溪完小的两所平房、村公所的两所平房、南溪旦都小学的两所平房、南溪鹿子小学的两所平房等。因此，和金胜对人字屋架是很熟悉的，和永良就特地请他来当木工部分的大师傅。今天，和永良请来亲戚和顺明、和永华、和永贤、和永红、和社员、和国臣、和建成等人帮着上屋架及钉椽子。和永良本想起四间的一所房，但好些人讲，在南溪村寨起房盖屋不兴盖四间房。所以，他就干脆盖成五间。

和永良每天付和金胜的工钱 30 元，并包吃包喝。

2006 年 6 月 16 日　农历五月二十一日　晴

满下村到鹿子村的乡间公路扩修工程已告结束。满下沙场经过修路老板一个月的放炮采沙石，沙土处于松散状况，沙子可以现成上车。因此，不少村民停下田间活而拉沙，虽目前不用，拉到家以后备用。他们是：和国臣、和建华、和金星、和建成、和朝光、和仕福、和圣华、和圣军、和亚军、和社兴、和永良、和顺光、和朝柱、和作武、和丽军、和国红。采沙人多车多，但不需出力挖，只需现成上车，因此，上一车沙用不了多长时间。十五六户采沙人，每户都拉了六七趟。这比放炮前采沙省工、省力、省时，并且效果很好。这些村民的思维是新颖的，他们知道效率及时间的关系。

村委会书记、副书记、副主任三人及旦前村组长和述贤，旦都后村村民和丽勋，满下村村民组长和国兴，满中村村民组长和国高，满上村村民组长和永刚去参观大棚养猪，下午 3 点左右返回到家，是由村委会副书记和继武用黄山镇政府车子送回来的。

2006 年 6 月 17 日　农历五月二十二日　晴

天一亮，除留一个人在家做家务外，全部劳力都在薅洋芋。早晨薅一阵洋芋，吃过早餐后，有些村民去种绿肥。如和作典、和朝东、和圣伟、和朝光4家耕牛组，每户要种一天，要连续种四天才能完成；和金辉、和金星、和林耕牛组，也要连续种3天才能完成；和金发、和子一、和子红、和永秀耕牛组也要连续种4天。有些人则忙于拉沙子，因为这段时间采沙不费力，又可多拉几转，如和建忠、和丽军、和国红、和朝光、和社员五户在拉沙子。今天因为拉沙的人少，排队时间短，每户都拉了十多转，到下午6点左右就休息了。这几天村民们都在盼着下一场雨，下场雨的话，洋芋就好薅一点。像这些天经太阳暴晒，土干，土粒往下滑。淋雨的湿土就不会下滑，薅起来就省些劲了。

2006年6月18日　农历五月二十三日　晴间阴

村民组长和国兴于早晨9点召集满下自然村户长会议。昨晚通知早晨8点开会，但等最后来的人（她们是先在田里干一两个小时才来的）到9点才开得成。开会的时间也不长，由组长和国兴讲了三个问题：1.由于南溪公路扩修工程及满下至鹿子村路扩修，满下沙场做出了无偿奉献，鉴于满下村寨没有一个集体活动场所（连开个会的地方也没有），黄山镇政府为了平衡满下村无偿献出资源的心理，决定给满下村寨1000块空心砖、4000片瓦、一些水泥，支援建一所三间平房的活动场所。除这些补助外，要大家投工投劳。明天，每户出一个男人去山上砍木料（除和玉祥家外，因她家丈夫和公公相继失踪、去世）。手扶随着以前修车道时的安排，继续往下轮，去12辆，他们是：和建国、和建成、和建军、和亚华、和永秀、和学伟、和林、和金辉、和金红、和子一、和圣明等12户（义务工）。2.建设房屋与乱砍滥伐的问题，请村民自觉点，不要只顾自己和只顾眼前。3.巡山护山要坚持、认真，不能应付。今年黄山镇政府对满下村寨支援了球场、房子的部分材料。

2006年6月19日　农历五月二十四日　阴

满下村58户每户一位男人（在城里开车的也回来一些），组织了集体公益活动，内容是上山砍木料。和学仁（61岁）、和玉祥（女）两人在村口排沙铺路。到山上抽烟休息片刻，村民组长和国兴布置任务，每人砍两根长九尺五寸的椽子，一根长一丈二尺的梁头（粗要天心三寸），不能砍邻村的树林地。他的话音一完，大家四处散开钻进树林去找料子砍，大家都首先保证质量。抬不动梁头的互相帮忙，两人抬一根。这个任务完成后，抽杆烟，休息一阵，又布置第二个任务，每两人合砍一根长九尺五寸的（粗天心五寸）料子，并派专人砍两根一丈四尺长的过梁。砍到后陆续上车转回。今天很幸运，天阴而不下雨，所以一路很顺利地到家了。到家后下好车，先吃午饭。午饭后在木料堆旁休息，准备剥料子皮。大家说说笑笑，说笑话的也有，吹牛皮的也有，谈天说地的也有，有些还谈到老年人要有个老年协会的想法。好久不在一起劳动，今天聚在一块，真是另一番情趣。剥好料子晒好后，又回家拿了锄头去草坝挖沟排水、修桥。一直干到下午4点左右，人多力量大、效率高。收工后，青年人和中年人又去赛足球，输家要请120元的酒。尽管中年组拼尽力气，使尽技能，也踢不赢青年组，青年人手脚灵活，跑得快，胜券是他们的。

满中村村民五珍华，与3月相识并已在他家共同生活的妻子，今天举行婚礼。岳父家（大具）不再办婚礼，只是送些嫁妆，五珍华家昨天就安排3辆车去大具，今天把新娘的嫁妆及新娘方来做客的亲戚拉来，参加在男方家举行的婚礼。

四方宾朋云集和国才家，庆贺他的小儿子五珍华成家，满中村的每户人家也参加了今天的婚宴。

2006年6月20日　农历五月二十五日　晴间阴

满中村的大多数妇女天刚蒙蒙亮就扛着锄头，手提装尿素的口袋，下到田里薅洋芋。她们一到田间就埋头干，先给每坛洋芋施加尿素，想使洋芋苗长得茁壮、茎块肥大，然后给每坛洋芋薅土。这样干到9点左右陆续回家，喝点水，吃点便饭，又到和国才家去帮忙婚宴待客事宜。打麻将、打扑克熬了一夜的男人们则不然，他们吃过晚饭就喝酒、喝茶，展开了麻将之战，一直战到鸡叫方休。有些男士本来扁嘎的衣兜，经过一夜不眠之战而胀饱了。不管是输者还是赢者，他们一躺下就呼呼大睡，一觉睡到太阳三丈高，好像农忙与他们无关似的。洗漱后，又到和国才家里帮忙昨日的婚宴待客。今日的早餐是一汤一饭，午宴相比昨日的菜肴暗淡了许多。午宴后，大家一直休闲玩到太阳快要落山时才散伙。

2006年6月21日　农历五月二十六日　晴间阴

村民和作典、和朝东、和朝光、和圣伟耕牛组，经4天的耕种，今天已经种完2006年的绿肥及饲草的播种任务。和顺明、和顺达、和顺光、和亚华耕牛组也自今天开始种绿肥，每户种一天，得4天以后才能完成。

村民和尚军、和朝柱父子忙于打石头，下石脚，准备把石脚下好后请来砌砖师傅砌砖。最近几年，和尚军除了搞建设，做洋芋生意，农事很不做了，除犁田之外，很多农事都由其妻和一花来做。

村民和国武请叔伯弟和国臣去白华信用社，以和国臣的名义贷款5000元。他准备带上此款项，再返鸣音乡去收购中草药，想在中草药的收购、出售上挣点利。可能会如愿以偿，因为鸣音乡山生长的中草药肯定会很多，而且收购时可比南溪的收价低好些，和国武已经算着能拿到一笔收入了，所以他前两天特意从鸣音返回家乡，来办借贷收购款之事。

2006年6月22日　农历五月二十七日　晴

村民和朝光请鹤庆的4位砌砖师傅来砌正房的砖。请工方式是：供吃、喝、抽烟、包款。包款后，有关砌砖的事都由师傅自己干，主人家只管他们的生活及材料。这样的方式是当今最切合实际的做法，也是有利于双方的有效做法。原因是：1.主人家不需再请小工来帮忙，解决了现时难请工的问题；2. 避免了施工者出工不出力的现象；3. 施工者尽力发挥，大大缩短了工期，对双方都有利，主人家可以少支生活费用，施工者可多得收入。

村民和四闰家已在撒蔓菁，撒好蔓菁后，他从山上砍来五六背杂木盖于蔓菁垄上，以防鸡群来扒。盖上树枝杂木后，鸡就难以动作，到蔓菁发芽时，把树枝拿开就不会影响蔓菁的生长。

2006年6月23日　农历五月二十八日　雨

雨，一天的小雨，又经昨夜一夜的中雨，不宜进行薅洋芋的农事。一些好麻将的男人，又一伙伙相约到一处打麻将。地点不再像以往一样在和四闰的小卖铺了，因为和四闰、和李福分家而居后，原来开小卖铺的宅基由老二和李福夫妇居住，他们有出生才4个月的小女孩，村民不便在此聚会和休闲。所以，今日相约打麻将的人另择地方，到和国臣家玩。

妇女有些闲在家里，有些则披着雨衣、戴着雨帽到油菜地里施化肥，她们把尿素撒在油菜垄上，好让油菜乘湿吸收化肥。她们冒雨挨冷地劳作，充分体现了居住在南溪村寨的纳西族妇女吃苦耐劳的传统美德。

2006年6月24日　农历五月二十九日　雨转阴

满中村的大多数村民已经薅完了洋芋，种完了绿肥，有些在收豌豆，有些在已收割的豌豆地里锄杂草，还有的往已经挖除杂草的地里送厩肥，准备撒蔓菁。但有些村民还要薅好几天洋芋，还赶不上单身户。该村现有以单身汉为户的两人，一个是和月林已有53岁，另一个是五克权，也是在45岁左右。过去在南溪流传着一句口头语："没见过穷的寡女，也没有见过富的鳏夫。"然而他俩则不是流传语所形容的那一类人。和月林离过三次婚，加上订婚还未过门就退了婚约的一人，共4人（前山放牛坪村的五一芝，太安乡海西村的一个，拉市乡吉余村的五凤清，太安乡太安村的五满秀）。五克权曾与两位女性有过婚约，但不知为什么又被女方抛弃了。虽然他俩各自为政，样样事情都得自己干，安排计划、执行计划都得一个人干。"麻雀虽小，可五脏俱全"，一个男人操持一家，对众多男人来说是个难题。但他俩样样农事都完成得较快，在村寨属于中等生活水平，目前扶贫济困还轮不到他俩。有些个别劳力多的家庭还赶不上他俩呢！

2006年6月25日　农历五月三十日　阴间晴

满中村村民五雁秋，在家帮父母亲薅了一周的洋芋后，今天回城里开出租车。她与她的二姐五雁菊家合伙买了一辆出租车，已快有两年时间。自买车以来她们两家把夜晚包给她大姐五满会的儿子五雪元开（满上村人），白天每家开一周。轮到五雁菊休息的这一周，她都来帮父母做农活（因为父母都已是七旬的老人，五雁秋已出寡四五年，两个孩子一个读初中，一个读小学），农活家事全靠父母于心不忍。她开车时拼命挣钱，轮休时农活顶着干，做到生产、抓钱两不误。再加上父母和她都会精打细算过日子，"有时想缺时"。因此，收入和积累成正比例关系，收入越多积累越多，是村寨中积累多的农户之一。她才四十出头，正是苦得起、挣得着钱的时候。家中虽然缺少犁田、开手扶拖拉机的男人，找一个还正是时候，但不知她怎么想的，好像一点儿心思也没有。她是个聪明人，可能想得很多很远，才不再招姑爷入赘的吧！

2006年6月26日　农历六月一日　晴间阴

村民和朝光请来部分亲戚和家族的人，帮忙砌土基。他所砌的是砖包墙，砖部分承包给鹤庆砌砖师傅，里面的土基部分由自家来砌。他今天所请来的人是和朝东、和福春、和文亮、和圣军、和作典。砌墙的工作主要由和作典主持，和朝东做帮手，其余人员都是小工，搬土基、和泥、搬泥。从早晨干到天黑也还没砌完，看来还要砌一天。越往上，速度就越慢，搬运传递土基就越吃力。目前每家每户都在忙着薅洋芋、薅油菜、收青稞、收豌豆、撒蔓菁，是一年中农事多的一段时间。帮和朝光的人们心里急着农事，只是嘴上不好讲。不知和朝光暂停砌墙，待农事完后再砌，还是继续砌。如要继续砌墙，人们也只得忍气吞声地做完，要是他能说出等几天再砌，那就是求之不得的事了。

2006年6月27日　农历六月二日　晴

今天是南溪满中、满下村的祭祖节。每户村民的长者照例在中午时分就备好祖先牌，摆设好供品，然后端上茶、酒、香，从大门口把本家的历代祖宗迎进门来摆在供桌上，以各种供品相祀奉。接祖仪式完毕，就忙着煮肉做饭，肉是前天就在村民和圣伟家买好了的。和圣伟家在前天（农历五月三十）杀了一口肥猪卖，初一和祭祖节是不兴宰杀的，因此，提前两天就动手杀了。在家操持做饭的人是够忙的，今天的菜做得多，平时最多一菜一汤，而节日就得做8个菜（连肉），至少也得6个。傍晚，回来祭祖的人到时，就先敬他们带来的酒，再把所做的全部饭菜供奉于牌前先祀奉祖先，接着所有人都跪地向祖先牌磕头，由操持者主持送祖仪式，把祖先送到"送祖地"。最后家人围坐饭桌吃晚饭。

村民和顺明及和永贤去丽江城医院看望因患痔疮出血而住院医治的和学新。和学新与和顺明是亲家（顺明长女嫁给学新儿子），和永贤与和顺明是叔侄。和国南也请和永贤带去了一点钱以示看望（和国南是和顺明的大嫂）。

2006年6月28日　农历六月三日　晴

村民和万军、和作武、和四闰、和李福4家已开始在收完青稞的地里撒蔓菁。今天先撒和作武与和万军家的部分，他们两家在村中属于田多的农户，蔓菁一天是撒不完的。

和国春、和永昌耕牛组也开始撒蔓菁了。好些村民都还在忙着薅洋芋。少数农户此项农事已接近尾声，有个别田少的农户只剩下洋芋还长不高的一点点地没薅，就可算完成了。

和圣明在去年七月会里买来的一个母牛，今天下了一头小牛犊，村民们都说："养母牛可在不太累的情况下赚点钱。"的确是的，和学伟、和金胜两家在3年前就给村民做出了榜样，每年生一头小牛，可卖千元。由于喂的精饲料不多，可以将牛拉到田头地脚拴好，就不须管它。到目前村里已饲养了4头母牛（和学伟、和金胜、和圣明、和圣昌各一头），看势头到今年七月会可能会有些增加。

2006年6月29日　农历六月四日　晴间阴

有部分村民已薅完洋芋，如全村寨里种洋芋面积最多的和作典家，已在昨日全部薅完。今天学习考驾照，但理论考试还未过关，一直坚持补考的儿媳和爱花又去城里看看能否补考过关。

村民和学仁因舅爷和国军（满中村人，现任南溪村委会书记）在前些天踢足球时，不小心被人踢着一脚，较重，说是大腿肌肉拉伤，不能开车。他就帮和国军开车，开车时顺便买回村民所托买的化肥、饲料等。今天他帮和家良家买回一袋化肥，帮和玉琴家拉回一袋做饲料的小麦。他虽然只得了一句"谢谢"，但解了村民的燃眉之急，从内心里感到为村民做点事而高兴，他说："我不需抬、不需背、不需出力、不受累，车子拉轻拉重一样得烧油，这点点小事是可以帮忙的。"

2006年6月30日　农历六月五日　晴间阴

玉龙纳西族自治县残联为地处高寒贫困山区的南溪村委会捐助了一些办公桌椅，今天请满上村驾驶员五占军开农用汽车去拉货，由在城里开出租车的村委会副书记和继武负责上车、下车。

下午3点半五占军开车到白华，由在此久等的和继武领到木器厂去装桌椅，装好后又回到白华，吃了点便饭就拉回南溪。拉到家后，和继武就请村公所的邻居和朝光来帮忙下车，和朝光有应必答，赶忙来帮忙下车，并把桌椅都抬到办公室。自从和朝光搬家到村公所旁住以后，大事、小事都常帮忙（如帮忙做饭、买鸡、买肉，从自家拿些洋芋等），有机会时，村委会干部也给他些东西（如2006年元月中旬给了他十来丈板子，有时给几袋米、面粉之类的食物）。和朝光因此而乐意帮忙村公所做些零星事情。

2006年7月1日　农历六月六日　晴

在城里开出租车的村民和建军，知道这段时间在沙场采沙很容易，因此回来采沙、拉沙，准备用来打院坝的地皮。和他一同采沙的是他的老婆和海。

今天是中国共产党建党85周年纪念日。村里没有举行集体庆祝的活动，但很多老党员及村民都在心里感激共产党。老党员们在回忆、思考85年的艰苦征程，确实感到"没有共产党，就没有新中国"。他们在领会党在不同时期所肩负的不同责任，共产党员在不同时期作出的贡献，深深感到共产党是伟大、光荣、正确的党，是中国无产阶级的先锋队。

2006年7月2日　农历六月七日　晴

和国臣、和国红、和福光、和国武耕牛组开始撒种蔓菁。他们耕牛组原先是采取二牛抬杠的形式来种田的，如若农时紧张，就加上拖拉机来犁地。而今他们一改常态，和学武前不久从鸣音乡岳母家要了一把单牛犁，驯了几天牛，今天就把犁和经过短驯的单牛用到实际操作之中。操作后的结论是：单牛犁田比二牛抬杠有劲，犁田的人感到比二牛抬杠轻松些。再则省人，二牛抬杠由两人来犁（一人驾牛、一人撑犁把），现在只要掌犁的一个人，他一边撑犁，一边用杆杆赶牛，因此人数也减少了。原始的又成了简单易行的农耕工具，特别适应于单家操作。

2006年7月3日　农历六月八日　晴间阴

南溪完小下午召开学生家长会，所有家长都参加了会议。会上，对本学期期中考试成绩优良的学生进行了颁奖。在家长会上这样做，是能够鼓起家长对子女的希望，也能够引起家长加强对子女的教育。颁奖会后，由各班班主任召集该班学生家长，对学生一学期来在校的表现和学习情况做了交流，做到家长与老师沟通。对六年级的学生还要求在本月11日由家长领着到玉龙县一中进行小学毕业检测，结束后由家长领回来。

黄山旅游公司的和总来南溪云南大学纳西族研究基地，做7月7日来调研的准备工作，他拿来10个灯笼及4幅照片，指导基地管理员挂好。然后到旦都后村去看石磨，要和尚勋在7日前拉到那儿摆好。

2006年7月4日　农历六月九日　阴间阵雨

满中村村民和志坚、和志强两兄弟今日分家，各立门户，满中村又增加了一个农户。按照南溪纳西族传统的做法，他家分家条件还未成熟，即和志强还没找到媳妇，但从现代的发展观来看是应该分户了。因为，和志坚讨进老婆已快10年，再这样下去对发展是有碍的。

黄山镇党委、政府的南溪工作组来南溪查看和指导满下至鹿子的路段改扩建工程。此路段施工的老板看来不是内行，需要常来指点和检查。从此路段的施工情况看，没能按要求完成。首先，要求比原路面加宽些，但是除了荒地处以外都没有加宽。其次，边沟没有理。对公路来说，修好边沟是巩固路面的先决条件，即使路面不加宽，边沟也是必须理好的。不知道工作组的负责同志会怎样说。

2006年7月5日　农历六月十日　晴转雨

村民和国红在砌自己家房子的砖。这是整所房子砌砖的最后一天，他叫儿子和自忠把砖块和沙灰递给他，他一人爬在最高处慢慢地砌。他边砌边对旁观者说："我是不赶速度，只求质量，质量好点，可多牢些，使用年限也肯定会长些。我对砌砖这一行虽然不熟悉，但看到别的泥水匠砌砖的方法，认为自己能够砌。我不是舍不得支出千余元请师傅，而且我自己砌比别人砌心里踏实些。"的确事情与他所说的完全相符，他砌这所房子的砖，不请别人，就连传递材料的小工也不请。拌沙灰叫他老婆和社菊来做，帮忙抬砖抬沙灰叫儿子和自忠来做。他一个人边砌边教儿子砌砖的要领，有时也让儿子砌一阵，他又做纠正。有其他事情时就搁下砌砖，先忙其他事，等其他事情做完了又砌砖。这样，持续时间长一些，从开始到结束大概跨越了两个月的时间。结果：1. 节省了大笔家庭经济支出；2. 增长了他的砌砖技术；3. 儿子也对砌砖活初知一些操作技能；4. 是满下村有史以来第一所自己砌的砖房（没有外人参与，独立完成）。

下午砌完后，拆了架子，搭上一把长木梯，补搭架时插杆的洞。

2006年7月6日　农历六月十一日　阴转大雨

村民和家良停下农活，忙着洗碗刷锅，为他们家暂到云南大学纳西族调查研究基地生活几天做准备。她洗刷出一些锅碗，就让老伴和尚勋陆续背到基地搁置好。她洗刷了一个上午，老伴背了三转。先背生活用餐具，接着背柴、米、油、盐等食用品。到下午，和大妈又叫老伴拿来火腿，叫老伴把边边上肥肉多的一截先用锯子锯下来，放于橱柜中；然后锯下瘦肉多的最好的一块，用火烧一下，之后，用温水加纯碱洗了又洗，一连洗了四次，准备煮给明天的来客吃。她就是热情大方，讲究卫生，让人吃了觉得满意。然而，不知内情的个别村民说："在基地做饭吃，太幸福了。"持这种见解的人，误认为和大妈可以在那里白手公吃。他们哪里知道和大妈是一如既往毫不吝啬地招待所有来家的客人，不像有些人那样只想占别人的便宜。

2006年7月7日　农历六月十二日　阴转雨

云南大学纳西族研究点（南溪满中村）张灯结彩，装点与往日不同。正楼上挂了6个红黄色布料制成的、四面都印有"东巴象形文字"的方形灯笼；大门两边、厨房两棵中柱上也各挂了两个同样的灯笼。大门、厨房走廊上铺上了一层厚厚的青松叶（这是世世代代居住在南溪的纳西族最高、最隆重的迎亲方式）。大门上还贴了一副"东巴文字"书写的对联和门神，对联大意为："秀美山色，淳朴民俗，喜迎远方来客到来。"这副对联是文笔峰旅游公司经理和升拿来的，他还拿了一些装在镜框内的东巴字帖及南溪村寨的一些照片。松叶是基地管理员和尚勋出30元工钱请村民从山上采来的。

下午3点左右，云南大学社科处长、"211工程"负责人何明教授，云南大学博士研究生、纳西族研究基地项目负责人洪颖女士，陪同美国一位著名大学教授到达基地。宾主先到厨房火塘上就座、交谈，云南大学的两位负责人用很流利的英语和美国来宾对话，互相做了深入细致的交谈，有问有答，谈得很融洽，充满了和谐热烈的气氛。黄山镇纪委书记和玉刚也陪同前来，他表示镇党委政府尽力为云南大学基地排忧解难，支持云南大学的研究项目顺利开展。南溪村委会主任和国军、副主任和丽军参加了今天的活动。满中村的部分群众也停下农活前来凑热闹。村民和立功还拿来木制盐臼及舂棍想当作古董卖给老外，但美国来宾看都不看。在火塘上交谈结束后，洪女士引领来宾观看了基地的房间，边看边介绍用途。他们还到满中村村民和万里、和丽元家考察。

2006年7月8日　农历六月十三日　阴间小雨

在云南大学基地忙碌了两天后的村民和家良，又忙着下田收青稞。她请老伴和尚勋来帮忙背青稞，想大干一天，但老天不作美，干不多久又下起小雨，只好停下此活，改做挖除杂草。

村民和金雁、和社香、和亚兰、杨文花、和爱花等人开始上山采挖中草药重楼，现在重楼的收购价为每公斤20元（现采现收）。她们的收入都在40元以上。面对这样的收入，干完农活的村民都会上山采药。

村民五社兴、和圣华、和自华、和永华等人帮架设高压电线的那位老板拉沙铺路。因为雨季，路泥泞难走，老板就出30元的工价请4人每天都来拉沙修路，路段是从满下到鸡冠山背后。材料的运输流程是：先由卡车拉到满下与旦都岔路口堆放，再由拖拉机拉到鸡冠山背后，最后由南涧县马帮用马驮到工地。

2006年7月9日　农历六月十四日　晴

村民和亚兰、和良命、和万芝、和金雁、和社香、和社菊、和菊花、和德华、和永贤、和永华、和亚华、和汝信、和万红（代表三家）、和尚花、和一花、和秋谷、和玉祥、和玉芬、和家良、和朝光、和社兴等30多人，去前山石镜头村参加石镜头村民五佳明的丧葬礼。从石镜头村女家到满下村的和亚兰、和良命是五佳明的家族，和永华妻、和亚华妻也是五佳明的家族。从满下嫁到石镜头村的和尚花之女五青梅是五佳明侄子的妻，应喊舅舅。白事百里响，一个跟一个，一族跟一族，去的人就有30多个，有些因农事、家事脱不开身的就置了点礼。去参加丧葬的人因路途较远（要紧走3个半小时，松点4个小时），所以大多数都带了钱，只有很少部分带米和肉之类的礼品。

死者五佳明是在从七河返回石镜头村途中，到放牛坪村下面的河上手扶拖拉机翻倒时，后脑被砸而死的。他死后丢下了个悲惨的家庭，一个年逾八旬的老母，一个四五岁的幼儿，其妻五亚春遭此难，受不住心灵上的打击而昏迷，精神受到严重打击。翻车时车上坐有四人，佳明当场死亡，护林员脑部受重伤，驾驶员脚断成三四截，肚里的小肠也断了一根，是一起伤亡较重的交通事故。参加丧葬的人除了和尚花、和良命留宿石镜头村外，其余村民等到出灵送葬后返回。和朝光在返回途中还特意进山捡了两公斤白松茸，卖到12元钱。他为之感到很满意，他说：

"我今天一举两得，很划算。"

2006年7月10日　农历六月十五日　晴

村民五社员请鹤庆木匠杨师傅隔整六合门，装天花板，做一张床。所用六合门是从太安街向剑川木匠买来的，其他窗芯也是买来的，只是安装一下，就花了1500元的工钱，实在太贵了。杨师傅每天收入的工价在100元以上。在满下还有一个鹤庆木匠在做活，两人相比，那一个做一所房的时间，杨师傅就能做两所。他坦然地说："那个木匠找2000元钱，我找到了5000元钱。"众人都评说："你杨师傅虽然夜晚做的时间比他多，但实际上你要价也是太过头了点。"

不管怎样评说，需做活而自己不会手艺的人，再天价也只得请人来做。不是吗？杨师傅明天就要去和家良家安一间天花板、一堵板壁，材料都是在建材城买的，只需安装一下，再做一张床，要价600元，每天会拿到200元（只需3天就会完成这工作）。

五社员来到五子香家上门入赘做女婿后，先后送葬了岳母五金开、岳父五习，还办理了两个娃娃的出生大事，现在就能隔整装修房屋，应该说是不简单了。他除了农田收入以外，别无经济来源。老岳父五习在世时，是村里村外有名的捡菌能手，一年可增加3000多元菌款收入。他一辞世，这笔可观的收入消失，只能在田间创造一切生活所需，这样搞建设困难是大些。

2006年7月11日　农历六月十六日　晴

村民和顺达请鹤庆县辛屯乡的泥水匠砌砖，他的请工方法是每砌一块砖付0.08元，其余的开销主人家就一概不管。今天已经砌完，整所房子砌了14000块砖，加上砌里面土基的工钱每工30元，共3个工，一共付款1210元。去年买房，今春砌石脚，今夏砌砖，只剩下隔整及装潢部分，打算以后再搞。这样的速度是要有十足的决心和资金的。和顺达的独儿子和永贤停开出租车两年，家里的变化就起色很大，要是前几年和永贤不考驾照、不开出租车，这房子可能早就买好、盖好。

鹤庆的这三个泥水匠，以同样的方式，明日去帮村民和尚军砌，他家的工作量比和顺达家多些，有两间厨房要砌砖。

2006年7月12日　农历六月十七日　阴转雨

好多村民如和万军和益花夫妇、和作才和学青夫妇及儿子和圣军，和家良夫妇、和永良杨耀秀夫妇、和国兴和彦花夫妇、和顺明和命夫妇都在收割青稞。割着割着，大雨倾盆而下，收割的青稞被大雨淋了个透。多心眼的和国兴，下雨前就回家去拿篷布，准备下雨时再盖在手扶拖拉机里的青稞上，但在拿着篷布往田里走时，在路上就淋了个透。田地离房子近点的，扔下手里活先到房下避雨。这样一场雨，割好的青稞不好收藏，只能单独挂在透风处，不能挂在粮架上，如果淋了雨的青稞挂在粮架上就会发霉、变烂，有些还会生芽。因此，有些村民则把淋了雨的已割青稞晒干后再上粮架，或挂在房屋挂梁上。当天收割青稞的村民都把已割好的青稞放置于田间，待阴干或晒干后再往家拉（背）。

2006年7月13日　农历六月十八日　晴转阵雨

做完农活的村民和金燕、和爱花、杨文花、和寿香去挖重楼，她们到虎头山上去挖。从早晨8点出发，晚上7点左右回到家，每人都挖到了30多元的重楼。最多的是杨文花，她挖到两公斤多，卖到了44元。勤劳的人们开始向大山索取钱财了。较年老的人则在挖中草药续断、岩陀、灯盏花等。善于捡菌子的村民又开始跑往长菌的山岭。养育了世世代代南溪人的大山，开始无私地向勤劳的人们奉献珍宝。

村民和汝浩请白华泥水匠五仔做的大门，终于全部完工了，一座砖木结构、顶瓦贴瓷砖、铁块门板的大门，漂漂亮亮地展现在人们的眼前。村民们都佩服和汝浩两口子建设的劲头，去年才盖了一幢五间厩房，今年又马不停蹄、一鼓作气地盖了一所大门，且修大门花的材料款和工钱都是相当多的（4000元左右），仅工时就花了近50个，每工30元的工价，还包吃包喝，好烟、好肉、好酒相待，时间一长花销是多的。

满中村村民和立伟夫妇请满下村和学仁、妹夫和学忠，领着女儿和云新到昆明去医治先天性心脏病，他两口子在养儿育女方面吃了不少苦头，和云新是第三胎所生，此前有两胎都死于腹中。

2006年7月14日　农历六月十九日　雨

贯穿于村中东西纵向的小河，因下大雨，洪水滚滚而来，河水改变了流向（流到以前没有流过的地方）。大雨过后，洪水减退，村民和永昌拿着锄头，按照古代的河迹清理了起来，住在西边的村民大嫂出来阻止，"不要把水放到我家这方"，和永昌坚定地说："我是按照古代河迹而挖的，你根本管不着，你家每年填一些土，把水堵到我们这边，你们从上到下，宅基地往外扩，河水堵住北边已有两三米宽，长度达200余米，你们家想生息得好好的，让村民邻居怎样过？做人要讲道理，你们两口子，不讲道理、不顾别人，只顾自己，做伤天害理的事是要短命的，你去问一下40岁左右的村民，古河迹在哪儿，再来给我说。40岁以上的村民没有不知道古河迹的，你们家再霸道，要霸到天上去吗？"这样一说，大嫂无话可说，狼狈而归。事情真是和永昌所说的，她家确实填占了两米多的河道，只是她家的邻居和福光、和福林、和家良三家忍气吞声，而她家得寸进尺，多年填河把水引向邻居方。

2006年7月15日　农历六月二十日　晴

满中村召开户长会议，会议的主要内容是根据黄山镇政府的要求，在满中村进行献爱心捐助活动。2006年7月11日，满中村村民和立伟的独生女儿和云新在玉龙县医院、丽江市医院就诊，经医院检查，确诊为先天性心脏病。目前县、市医院未具备诊疗此病的条件，推荐到省属医院治疗，急需费用在5万元左右，而和立伟家无力支付此巨额的药费。14日，黄山镇和闰英副镇长来南溪下乡，知道这一情况后，马上掏出200元私款捐助，并答应由乡民政捐助1000元。同时要求在满中全村号召村民进行献爱心捐助活动。会上村民组长和国高传达了和闰英副镇长的要求，号召全自然村各户对和立伟的女儿进行献爱心捐助活动，捐助要出于爱心、自觉自愿、捐助金额根据各户的经济情况确定。会上村民们还提出岔往云南大学基地的水管要重修一下，否则影响冬春季全村用水。和国高表示，向洪、和两位老师反映，要到一点材料款和工钱就进行重修。接着就进行捐款。捐款有两部分，一部分为户头，另一部分为个人捐，户头捐到款总额为1330元，个人捐为120元，总计为1450元。结束后，村民组长和国高、副组长和万里到村公所请村委会副主任和丽军写红榜，回到村中在小卖部旁贴好公示。

为和立伟独生女儿和云新捐款的名单、金额如下。

南溪满中村为和立伟幼女和云新献爱心捐助情况：

杨耀武	100元	杨永新	50元	(此两人是在满中村种药材的老板)	
和国高	100元	和万里	50元	和吉顺	20元
和立忠	40元	和万先	20元	和丽元	20元
和习武	10元	和仕其	50元	和万高	30元
和国才	50元	和立岗	40元	和占典	20元
和丽武	10元	和丽典	10元	和志坚	50元
和占军	20元	和春红	50元	和国军	20元
和军红	50元	和仕黄	20元	和国珍	20元
和立辉	40元	和国启	50元	和仕春	20元
和水功	40元	和军坤	50元	和立强	20元
和立虎	50元	和万春	20元	和立章	50元
和月林	20元	和万军	20元	和爱秋	20元
和丽军	10元	和志忠	20元	和志强	50元

个人献爱心捐助情况：

和冬梅　10元　　和立功　10元　　和庆秋　10元

和国贤　50元　　和春月　10元　　和润芳　10元

和翠　　10元　　和江木　10元

众人对此次捐款的评说

对满中村和立伟的独生女和云新，因患先天性心脏病，前去昆明医治而捐助活动的看法较多，众人评说不一。

这一捐助活动，先由镇民政部门救济，再由满中村民捐助，接着由镇政府在镇上组织全体干部及双管单位捐，此款一部分助和云新，少部分助鹿子村一个在丽江市医院住院的学生。

有村民把这些活动看成是一方有难八方支援，是献爱心互相救助的好行动。

有些村民则说，病难随时有，就整个南溪行政村而言，到过昆明医治绝症的先例有三个。一个是满中村村民和二的独儿子五四红，因患心脏病到昆明开刀，用尽了家里所有积累，还欠下了一身账，结果财去人空（距今17年左右）。一个是满上村的五立黄爸五金言患肿瘤，去昆明肿瘤医院治疗，为去昆明治病，东借西贷，连家里的耕牛、年猪也卖了，结果财去人空，并欠下公私款近3万元（距今11年）。一个是鹿子村民五四的独生子五立群因患肿瘤到昆明治疗，结果也是财去人空，用尽家里全部积累后还欠了一身债。这些村民有病难时，对前两个（五四红、五金言）是无分文捐助救济的。一样的事件，不同的待遇，人们心里极不平衡。事情确实使人费解。五立群医病时由当时的妇女主任和继花（鹿子村人）在妇女中发动捐助，所得甚少，不到千元（距今有7年）。

有些村民则直接说，这些局面是与行政村干部有关的，他们向上一级反映，去组织村民就好一些，会得到一些救济捐助；不反映、不组织就会一无所得，就看他们执政为公还是为私了。

2006年7月16日　农历六月二十一日　阴转晴

种完蔓菁的村民们都忙着上山,有的三个一伙,有的五个一群,有的年轻人伴多一些,还有的孤雁单行。他们身背小竹篮,手持两面斧(一面可砍,一面可挖),还带上晌午饭,有些还随身带有冰糖和水果糖,以备累了、饿了时补充能量。有的村民还在种蔓菁,和永昌、和国春耕牛组今天进行的是本年要种蔓菁的最后一天。有一些村民还在锄杂草,准备种蔓菁。还有些在送厩肥到地里,个别户还在忙着收割不饱满的青稞(因为在四五月间遇上霜冻,而造成迟迟不成熟及不饱满的现象)。总之,初伏已临近,蔓菁、萝卜定要在初伏前入土。所以,村里呈现出繁忙景象,手扶拖拉机声不断(送肥、犁田),吆喝牛声不绝于耳。应验了南溪古时就流传下来的农时谚语:"头伏萝卜末伏荞。"意为萝卜、蔓菁要在头伏前下种,苦荞在末伏前下种,这三种农作物是在南溪占用地时间最少的,现在又多了一种占地时间少的农作物——绿肥。

黄山镇人民政府今天对满下到鹿子村的公路修补工程进行再次验收。前次验收时指出了不合格点(不修边沟、涵管少),对这些不足之处,修路老板做了适当的修补,必要的个别地方又加了涵管,部分路段也挖了象征性的边沟,被雨水冲走的路段上又铺上了沙子,也许是通过验收了,老板在村委会备了一顿便饭。

2006年7月17日　农历六月二十二日　晴间阴

村民和朝光请本村的年轻石匠五子黄来盖严石。前些天,他将去年新翻盖的正房砌完砖,今天安盖严石,确实是一鼓作气了。最近几年和朝光建设的速度也使村民瞠目结舌,摆家(摆了三所房子)、翻新、买石头砌石脚、打砖墙、打盖严石都在近四五年内完成的,这样的速度和精神不得不使人震惊。他请五子黄的方式是一次性承包。再由他请几个抬石头的小工帮忙五子黄。五子黄在村里年轻人当中可算个多才多艺的,他不但石匠做得精,木工、泥水工都比较在行。近些年,他几乎没有参加农田劳作，而是干打石头、砌墙、做木匠等技术活儿。

南溪完小各年级各科目学年检测今天开始。玉龙县教育局决心进行一次教学大检查，安排各乡镇相互监考。南溪完小的主监考是从白沙乡抽来的两位老师，又从白马完小抽来一位老师，任课教师回避。一天考两门，到 19 日上午结束。考试结束后，集中教师到白马完小集体阅卷。

2006 年 7 月 18 日　农历六月二十三日　阵雨

村民和金辉家及和子一家，请满上村医生和友贤来阉割牛犊。他们请了各家的家族及亲戚来帮忙，被他两家请的人是：和金星、和金发、和子红、和金圣、和国臣、和学武、五社员、和金红、和作武，加上两个主人家共 11 人。早点一部分人在和金辉家吃，一部分人在和子一家吃。吃完早点两家的妇人在和金辉家做早饭，男人们则按照医生和友贤的指点，把和金辉家牛放倒，并摁好，让医生给牛犊做睾丸切除手术。和金辉家的牛做完了，接着做和子一家的牛。每做完一头，和友贤都要注射抗毒素，以防伤口感染。做完后大伙在和金辉家吃早饭，早饭做得很丰盛，基本上盘盘都是肉食品。吃过早饭后，妇女们照例在和金辉家做午饭。男人们有的边喝酒边打麻将，有的边喝酒边打扑克（三打一，三人对付一人），一直玩到吃中午饭，只有主人家和子一、和金辉、医生和永贤随时看看牛，观察术后牛的动静。到下午 3 点时分吃午饭，午餐的菜类和早餐差不多，只是少了一盘鱼而又多了一碗煮鸡蛋。吃过午饭和友贤医生拿了每头 50 元的手术费回家了，回家时他对主人家说："要勤观察牛，如有不适情况就来喊我。"

2006 年 7 月 19 日　农历六月二十四日　阴转阵雨

村民和丽军请来家族弟兄和天林、和万红、和李福、和万琴、和万军、和永昌及姐夫和建成、老友和吉诚等人，帮他家杀猪卖。他们吃过早点，喝酒、抽烟休息一阵后，动手捉猪宰杀，杀死烫毛时就叫和万红到村里喊村民来买肉。大个子和万红，身大声也大，他边走边喊："买肉了！买肉了！"他的喊声震荡村中，村民们都不约而同地来到和丽军家买鲜肉。为过火把节，村民们想买鲜肉的心切，都围坐在和丽军家等剖猪割肉，有些村民还立即就提出我要买××部位的肉，以防吃点的肉被别人先买了去。和丽军家的猪肉卖价是后腿每公斤13元，前腿每公斤12元，带肋肉每公斤10元。这样杀了卖，虽然麻烦一些，但比整头活猪卖给做猪生意的老板划算得多。除了留下一个猪头和内脏，总收入为854元，如果活猪卖的话，猪老板只会出600元左右。村民们你家买3斤，我家买5斤，人多些的称的数量多些，人少些的就称少些，一个多小时就卖完了。

中午他们家炒了肝子，煮了块鲜肥肉招待杀猪人，下午煮了猪头和肠子又请杀猪人吃晚饭。

满中村的村民五四哥及和立强也合资买了一口活猪杀了卖，在满中村卖了一半左右，就用手扶拖拉机拉到满上村去卖，在那儿卖不出几斤，又拉到满下村来卖，卖出了一部分，但没有全部卖完。因为，和丽军家杀了一口猪，村民都买了，只是有些买得少的村民再向和立强买一点而已。

从历史到现在，满子师三个村各有特色，满上、满中两村村民很注意节俭，而满下村村民则好吃些、铺张些，遇上三五个男人干什么活就约着"打拼伙"（打牙祭），买鸡杀狗的，先吃上一通，不注意节约，过个节，过节食品都在满下村最好卖。

2006年7月20日　农历六月二十五日　阴转晴

上午11点左右，满下草坝天然足球场上热闹异常，中青年足球爱好者聚集于此进行足球比赛和观看。首先是金龙村与满下村赛第一场，结果以2∶1金龙胜，满下村青年输给金龙村三箱啤酒。接着是满中村与金龙村比赛，以7∶2满中村胜，胜这么多的原因是满中村的小学刚毕业的五继文没有引起金龙村人的注意而被他灌出四球之多。再接下来是满下村与古城区、七河乡前山放牛坪村进行比赛，这场球赛进行得好紧张、激烈，以1∶2放牛坪村险胜满下村。最后满中村与旦都村比赛，球赛直到天黑时才结束，3∶2满中村胜。草坝里围满了观众，观众主要是满下和满中两村的村民，他们都为年轻人的勇猛拼搏精神所感动，不少足球爱好者认为，山区足球水平有了一个飞跃式的提高，这主要源自现在初中毕业生逐年增多，上过初中的人都学会一些足球功夫。

晚上，满下村全部男女青年和放牛坪村足球队员在和子一家杀狗、杀鸡，会餐交际，共度2006年传统的"火把节"。

满中村青年在球场举行欢度"火把节"的篝火晚会，他们从云南大学基地接了照明电，在篮球架上挂上篷布，安上电灯，摆出一张桌子，在桌上摆了放音机，在球场边上烧起了熊熊篝火，青年男女趁着电光和火光，随着放音机的音乐旋律翩翩起舞，跳起了各种舞蹈，民族打跳、青年交际舞等。上了年纪的老人围坐篝火旁观看，直到夜间12时后才依依不舍地陆续回家，青年们欢唱欢舞到鸡叫时分才散伙。

2006年7月21日　农历六月二十六日　晴间大阵雨

满下村寨建设公共场所的集体劳动今天10点开始，早晨9点召开户长会议，会议上讨论了建盖公共活动用房的有关问题，及公共活动场所——球场的建盖事宜。鉴于满下村寨对南溪公路（文屏村到鹿子村路段）无偿献沙献石，对改善整个南溪的交通贡献很大，镇政府资助满下村14吨水泥、4000片瓦、1000块空心砖来改变满下村寨无公共活动场所的状况。早晨会议分工确定：会木匠的村民做木工活，其余村民每户出一人，女的理河沟，男的一部分架一座从球场通往"当呢句"的农用手扶过路桥，和社兴、和万琴、和吉诚、和朝柱、和圣华等人下房子的石脚。虽有较大的阵雨，但下雨时避一下雨，雨停了继续干，直到傍晚才收工。

天然足球场里节日的气氛还很浓，11点左右又开始了一场足球赛，满中村与放牛坪两村的球员在观众阵阵喝彩声中越战越勇，互相间毫不示弱，到结束前，放牛坪村的杨振强从右边射进了两个球，最终以2：0战胜满中村。当这场球赛开始大约有半个小时，坝区文华行政村文笔村和金土平村的30多个青年坐一辆农用大车来到草场，他们是从坝子里相约好到这儿比赛的。等满中村与放牛坪村的球赛一结束，他们两村就开始比赛了。虽然时有大雨，但他们的球劲不减，暂停一下，待雨停后又继续。在金黄的油菜花、白里透红的洋芋花、鲜红成片野花的陪衬下，南溪草坝的美景别具一格。这种自然的美简直胜过国际大赛场，真是成了百花园里的一块运动场。最后文华两村又联合跟放牛坪队比赛，文华队一开始就抵敌不住，不到10分钟放牛坪队就进了一个球，上半场结束时放牛坪队以2：0领先。下半场两队都较稳重，但不管文华队怎样拼搏也抵挡不住放牛坪队的频频射门，最终以0：3输给了放牛坪队。

　　晚上放牛坪队和满中村足球队员合伙买了三口乳猪在满中村五珍华家欢宴。吃过饭照例在球场上举行篝火晚会，青年们又跳起了熟悉的舞步，观看的老年人却寥寥无几了，但青年人凭着兴趣、凭着火一般的热情还是跳跳玩玩，到午夜3点多才散伙。

　　今年的"火把节"，满下草坝足球场破例热闹了两天，可能是邻近的年轻人和村里的年轻人受前不久法国的世界杯大赛的影响太大了。

2006年7月22日　农历六月二十七日　阴间阵雨

　　满下村公共场所建设劳动继续进行，木工组照昨天的人员进行下料；和顺明、和建忠、和金发3人继续修桥；和朝光、和子红、和建成、和永贤4人去砍不够的木料，手扶拖拉机由和永贤家出；另外还派了和作典、和社兴、和朝东三辆手扶拖拉机负责拉沙拉石；一部分人拌沙灰进行房子石脚灌浆，另一部分人们（十来个）在沙场上沙上石；和国红、和万红、和万元3人在房前挖了一口深约3米的水井。这个地方是古代满下村庙，曾建盖有庙房一所、水井一口，深丈余，四边有木楞形式拦住井口的土，延长井的使用时间。大伙各负其责，干得很带劲，到下午7点左右石脚及房基铺沙工作完毕。村民组长和国兴在收工时布置了明天的工作：木工继续干，挖井的砌井石，下水平石脚的四人继续干。因施工场地有限，其他人暂停到工地工作，待竖了房子后再进行球场建设。他还向大家说了一条新村规："找青饲草不要在洋芋地里成群结队地走，今后各家要在各家田里找"，不知村民能否实行。

2006年7月23日　农历六月二十八日　大雨转晴

满下村寨的集体劳动继续进行，木工组、挖井组、石脚组按各自的任务在工作。木工组继续下木料，今天增加了锯柱子口的3个人来帮忙；挖井组的3个人今天开始砌井石，在建设集体活动场所的同时要把这口古井恢复好，并改用现代的石头及水泥等来固土固井，不再用古老的木楞方式进行固井固土，并要求井口比地平高出两市尺左右，以保持井水的洁净。还要盖上盖板，以防不懂事的孩儿落井；石脚组搬来灌浆的栏板空心砖，并把空心砖码好，然后帮助砌井石组搬运石头。

不进行集体劳动的村民忙着往山上抓钱，挖重楼、挖岩陀、采菌子。他们很珍惜大山的奉献，哪怕只是挖着10元、8元的药材，也无怨言。有的人一天最高收入近50元。

2006年7月24日　农历六月二十九日　阴间晴

满中村的村民和志坚帮在满中村种药材的老板看鸡（防止鸡吃种下的药材），老板所种的地不多，且就在和志坚老家背后。月薪为300元，每月还买给两条烟。村民们都羡慕和志坚，认为做这样简单的事每月净得400元左右，是一笔可观的收入，同时也不费劲。

满中村捡菌的五和三友、和福生、五四环又拼命往山上跑，每天都能捡到价值百余元的菌子，第二天由老婆背到城里去卖。

村民和永华父子从华坪县买来一辆面包车，车价 20000 元左右，准备搞南溪到丽江的城乡客运。人们相信和永华会跑得好，因为村民们都知道和永华是个很勤劳，平时又很注意节俭的人，满下村寨里的年轻人再挑不出可以和他相比的。因此，不仅家里人对他买车具有相当强的信任感，而且村民们都相信他能找到钱，会成功的。

2006 年 7 月 25 日　农历七月一日　阴间阵雨

村委会召开各村民组长、副组长会议。会议主要由黄山镇财政所主持，进行"农村综合补贴"的查表、审定、造册等事项。每亩地补贴 4 元多，满下村寨人均为 1.9 亩。依据 30 年不变的基数来进行，会有人少田多、人多田少的现象，一些死了多年及嫁出多年的人还占有很多田。这一问题目前还没有得到处理。

2006 年 7 月 26 日　农历七月二日　晴

今天的公共活动场所建设任务是竖房子，由杂工组负责进行。木工组继续进行没做完的木工活，采沙组继续采沙，妇女们负责下沙。杂工组将木料组合起来，之后就开始竖房子，到中午时已经竖好 4 间平房。

午饭后，杂工组开始砌空心砖，有的拌沙灰、有的搬运空心砖，干到收工时砌出五层。这样的效果就是进度慢的。南溪古代就流传下来"狗多不黏山"，这一口头语是形容人多干事效果却低下的现象。集体劳动就成了这句口头语所形容的现象。

2006 年 7 月 27 日　农历七月三日　晴

满下村寨建设公共活动场所的集体劳动仍在进行中。木工组及锯料人员休息，其他人员继续昨天的项目，采沙上车组由和万军负责照常进行，砌空心砖的泥水师傅各就各位，他们是和丽军、和社兴、和朝柱、和汝浩等，妇女们有的筛沙、有的下沙。上了点年纪的人则搬运空心砖。

集体劳动，人们的形态和表现形形色色，有的只注重吹牛皮、说笑话；有的站、闲的时间较多；有的带闲带做，手脚没有嘴巴得力；唯有上了年纪的村民在尽力干。

到下午出工时（15 点），各组就商量打牙祭的事宜，装沙组在和圣昌家买了一口乳猪做火烧猪；杂工组在和亚兰家买了一条狗（100 元）、一只鸡（40 元）在她家煮；砌砖组则在和朝光家买了一只小狗（45 元），在和朝光家做吃。参加打牙祭的妇女们说："满下村寨的男人只要有三人聚首，就先组织'打拼伙'（牙祭）。我们妇女，在家庭事务中顶天立地，平常很不参与打牙祭这活动，在劳动时应该参与一下。"这样 40 来个人分成三伙，各组派了两三人去料理晚饭事宜。从四面八方嫁到满下村寨的妇女还总结说："满下村寨'打拼伙'注重吃这方面是整个南山片最为突出的。"（南山片即丽江城南面的山区，从与鹤庆、剑川接壤的地方到与丽江坝相接的所有村寨。）

2006 年 7 月 28 日　农历七月四日　晴

香港路华车主会会长何志伟及云南国际旅行社老总潘虹，由丽江国际旅行社领导陪同来南溪路华希望小学查看、调研。南溪路华希望小学是 1996 年"2·3"大地震时，该会出资 27 万元，政府配套投资 13 万元（地区教委 5 万元、县教委 5 万元、乡政府 3 万元）恢复重建的。当时称作"四十万工程"。从那以后，破旧、矮小的南溪完小变为如今的砖混结构、砖木结构、校舍宽敞的新颜。今天潘虹老总转述现在要投资 20 万元，建议政府投入 14 万元，新建一幢教师和学生宿舍楼。今天随同何会长一同前来的路华车主会的两名成员，认了两个一、二年级的学生和红仲、和风云为资助对象，从下学期开始供给学费、书费到大学毕业。

黄山镇中心校长木龙也随同前来。

2006年7月29日　农历七月五日　晴

满下村寨集体劳动正在加紧进行，休息了两天的木工组又上工地劳动了，他们的任务是：钉椽子、钉檐板、钉封边板，这三项任务中午1点左右完成。下午3点开始盖瓦，从杂工组抽调10名妇女搬瓦，再抽调4个男人传递瓦。采沙装石组，由于劳动强度很大，连续干了6天，今天做了轮换，新换上10个人去采沙上车，原先上车的换来杂工组铺石头。今天所盖房子只差地面没有灌混凝土外已基本完成。球场铺石，已把前不久拉到场地的每户2方，共56户，120方全部用完，只铺了1/2多点的地面，可能还要120方左右的石头才够。对于大部分球场地面都铺了80厘米以上厚的石头，大多数参加劳动的村民都私下嘀咕："球场不必铺那么厚的石头，这样高了，反而让在球场运动的人们不安全，隐患大。"

今天才去采沙上车的人和社兴提出，采沙上石实在难，要每个人都轮着干一下才好。今天上沙的10人又在和子红家杀乳猪打牙祭。

2006年7月30日　农历七月六日　阴间晴

满下村寨集体劳动今天改变了方式，群体劳作改为个体劳作，任务是每户捡2方石头（两手扶拖拉机）。这个决定是村民组长和国兴在昨晚休工时做出的，当这一决定在大伙中一宣布，就有人去发动手扶拖拉机，雷厉风行，马上就开到有石头的地方去捡。大概有15户在昨天傍晚（7点后）就开始捡了，有些甚至昨晚就完成了任务，如和永昌、和建华、和国红、和永华等。今天天一亮就有村民去捡石头，大部分村民都在中午12点就完成了任务。在城里开出租车的农户，有些请亲戚帮忙拉，有些打电话夜间回来今天拉石（如和建军）。村民们你追我赶，有个别的两方一次拉了来（如村民和金胜请满上村村民五闰红用他的拖拉机一次从满上村的"社吉古"两方一次拉了来，又如村民和尚军从家里把上几代人砌墙的石头两方一次拉了来）。从现象上看，个体劳动效率比群体劳动高。在群体劳动中光说大话笑话、不出力的村民、拈轻让重的村民、在手里捏着力气不使的村民，总之在群体劳动中很不带劲的村民，改成个体进行劳作后，爆发出全身的力，及早完成了任务，又去忙于做自家的事情。有的上山采药，有的脱粒大麦、豌豆，有的采沙筛沙，各干各事。村民组长和国兴在场上登记各户的车数，这充分体现了村民思想道德素质的差异。

2006年7月31日　农历七月七日　晴

雨季难得的天晴，满下村寨集体劳动在紧锣密鼓地进行。除一组采沙挖沙外，其余劳力都集中力量铺石头。由于满下村寨所居住的地势系西高东低，偏东部分铺的石头需要量很多，昨天拉的114方石头都铺上了才勉强够，中午前完成了铺石的全部任务。

下午又多派了3辆手扶拖拉机去沙场拉碎石，拉来碎石铺在石头上。好些村民都做了家庭内部劳力调整，挖重楼、捡菌子得力的人上山挖重楼、采菌子（如和万琴老婆和金燕挖药得力，和子一老婆杨文花挖药得力，和金发家和金发挖药得力），挖重楼和采菌子不得力的人就来参加公益劳动。找钱劳动两不误的家庭还有和作典家，儿媳和爱花每天采药收入都在50元左右；和圣华家老婆和良命每天挖药收入在50元左右；和万琴家、和永昌家、和亚华家、和万元家每天收入都在30元以上（一个挖药人）。

今天的采沙组前天晚上和今天晚上各杀了一口乳猪"打拼伙"。

2006年8月1日　农历七月八日　阴间阵雨

今天起，满下村寨的集体劳动改为分组进行。全村分为四个小组，每组14户，每组由3辆手扶拖拉机来拉沙子。每天由14人来作业，分4天进行（14人里包括开车人在内）。每辆手扶要拉9转（9车），共合27车，上下车由小组各自完成。今天采沙的14户（14人），在10点已打电话请跑车的和永华买回鲜肉、鲜鱼等食品，准备晚上打牙祭，真是做到"兵马未动,粮草先行"。难怪邻村人都说:"满下村人真正做到'民以食为天'哪。"不管在什么年代、什么场合,满下村寨的人只要有三五人聚首,就必定进行"打拼伙",尽管包产到户,各干各事,也难以改变历史上沿袭下来的传统。今天的劳动,虽然有阵雨的干扰,但有了定额,也就有了目标,14个人都干得很带劲,决心早点完成任务。心往一处想,劲往一处使,平常惯于在众多人群里偷懒的村民也只得挺住干了,所以到下午4点半就完成了任务。擅长做饭的主动去做饭,其余村民则做完家务后去吃饭。相信后面3个小组也不会例外。

2006年8月2日　农历七月九日　晴

天气晴朗,满下草坝足球场异常热闹。身穿运动服的运动员们在进行着激烈的足球比赛。周围站的站、坐的坐,有很多观众。正进行足球赛的是满中村队和古城区金山乡漾西行政村队。山上人怎么会约到坝子里人呢?原来和国军书记给黄山镇要球衣,他去买时恰好遇到漾西队也在买球衣,就在那时约好今天来南溪踢球。和国军把球衣给了满中村,由满中村人出场比赛。今天这场比赛开始时双方都较紧张,到下半场时比分有些悬殊了,满中村以3∶6落下了,士气低落,漾西队也有些松懈了,但他们万万没有料到山里的人们还会有这样的踢球水平,虽然他们以7∶4的比分领先,但也使他们打破了山区人只会打篮球,不会踢足球的传统意识。他们毫不掩饰地说:"坝子里不如满中村的足球水平的还不少,欢迎今年冬季来我们漾西再赛一场友谊赛。"

2006年8月3日　农历七月十日　晴

满中村村民五福生今天放下放羊的活计,把此活安排给儿子五继文跟着他爷爷去放,他自己则在8点半吃了早饭,备上点午饭去捡菌子,一直到傍晚5点才返回到家。今天的收获很好,是今年捡菌子以来所得数量及名菌的数量都最多的一次。到家里一过秤,一窝菌有约12斤,牛肝菌有 16 斤，目前丽江城此两种野生菌的市价分别是 12 元和 16 元。明日他的老婆五菊去城里卖会收入 220 元左右，扣除车费和花销 20 元，会带回净收入 200 元左右，每工平均 100 元。这样的收入在五福生前些年是常有之事，他过去每年卖菌收入都在 3000 元以上，在满中村可称得上是捡菌王。像他这样的捡菌王有五社华夫妇、五四环、和立强等人，他们的捡菌收入与五福生的收入不相上下。

2006 年 8 月 4 日　农历七月十一日　晴

满下村寨分组轮流采沙、运沙的劳动，今天是由第四组来进行。也就是说采沙子、拉沙子的活计暂告结束。经过 4 天 4 个组轮流拉沙，每天拉 27 手扶拖拉机，共拉了 108 车沙子，可能浇灌一块篮球场也够用了。每个组都把劳动进程掌握得前紧后松，从早晨 9 点开始到下午 1 点就拉 21 转，下午（3:30 到 5:00）拉 2 转（6 车），5 点开始休闲做饭打牙祭。每组此次打牙祭的食物，都请和永华从城里买回鲜肉和鲜鱼，加上酒钱，每组都在 1500 元左右。4 个组大同小异，只是做饭的地点和人员不同而已。

除劳动以外的村民绝大部分都上山采药，经济收入各不相同，最高的每人 40 多元，最少的 10 元左右。

2006 年 8 月 5 日　农历七月十二日　晴

大山抚养着世世代代的南溪人，它无休止地为南溪的每一代村民奉献了一切，成为南溪人代代繁衍生活的重要依托，建材、肥料、柴薪、泉水都源自山里；牛羊都在山上放牧而生存、发展；每到夏秋季，它还无私地献出所有山珍、药材、蘑菇菌、松子等，为南溪人民提供了生活的物质保障。但不小心也会给人们造成危害，不是吗？今天发生在鸡冠山背后的采挖岩陀丧命一事，提醒南溪人以及所有的人，向大山索取时千万要注意安全，若不小心随时都有负伤或丧生的可能。大山无私地养育了人，同时也会给人带来损失。今天一早旦都前村几个妇女到鸡冠山背后的山上采挖中草药岩陀,她们是五三谷、五银谷、五四花及长女五吉梅等,她们挖着挖着,到午后,五三谷在上段不小心踩滚下来一个小石头,正好打中在下段采挖的五四花的头部,五四花跌下岩去,造成重伤,昏迷不醒,在一旁的女儿五吉梅见状,立即跳下扑向母亲,可这一跳却结束了她幼小的生命(9岁)。伙伴和村民向市医院求急救,她们把五四花母女从事发地背到满下村和朝泽家旁边,抢救人员赶到立即进行抢救,经过半个多小时的全力紧张抢救,五吉梅抢救无效死亡,五四花由救护车拉到市医院继续救治。

傍晚,满下村与五四花家沾亲带故的村民,带上酒、米等东西去旦前村五四花家慰问。

此事(近50年第一例)提醒人们:不管做什么都必须分外小心,注意安全。

2006年8月6日　农历七月十三日　晴

今天举行"七月半"的"迎祖"(迎接各家历代祖先回家接受后生们的奉祀)。每户的老者到下午2点时分,在桌上摆放好祖先牌,然后在牌前摆上三堆水果(梨、桃、海棠)、备上酒菜,点上香到大门口迎接本家历代祖宗回家,并接受祀奉。在大门两边撒上青松叶,插上香,口里不住地说:"本家历代祖宗,今天是农历七月十三日,请你们回家接受我们后生的祀奉。"到家里,在祖先牌前插上香,献上茶、酒,在三堆水果旁摆三双筷子,再煮三碗面条,摆放祖先碑前(此次迎祖必定用面条),晚饭也只能吃面条和肉、菜。

村民和圣昌家、和金辉家、和金胜家、和金星家、和建华家、和汝浩家、和万群家、和永红家、和永良家等不举行今天的活动,因为他们的父母有一方还健在并在老宅基与小儿子吃住。

2006年8月7日　农历七月十四日　晴

满下寨里的和金辉家、和金胜家、和金星家到五林家送祖，在一起吃送祖饭，因为他们的老父和福祥还健在，在五林家吃住，并且五林家住老宅基。和建华到和建忠家送祖并共同吃送祖饭，他们的老母和闰近还健在，按月轮流在两兄弟家各吃住一个月，由于和建忠家住的是老宅基，所以共同在和建忠家举行送祖、祭祖。和万群家到和万琴家送祖，并就餐，他们的老母与和万琴吃住，并且和万琴居老宅基。和汝浩家到和汝信家送祖，并吃送，他俩的母亲与和汝信吃住，并由和汝信居住老宅基。除以上这些农户合伙送祖外，都是每个农户单个进行祭祖、送祖等活动。合伙进行的兄弟是其父或其母一方还健在，只逝世了一个。兄弟不和睦的、相处得不好的，虽父母一方还健在只逝世了一个，他们也会把死者灵位接到各家，各自进行祭祖和送祖。

白天，草坝足球场四周围满了人，踢足球的、观看的，总共有200多人。坝区文华村开车队也组织了一个足球队与满上村进行比赛，文华队以4∶2取胜。

接着满中村与旦都队进行比赛4∶2，满中村以5∶2取胜。

最后满下村与旦都进行比赛，结果满下村以4∶2取胜。

今年6月以后的每个节日，足球场上人声喧哗、人影跑动，都有足球比赛，坝区队已有4个队上山，前山放牛坪村人也前来，这是过去几年所没有的。前几年逢年节，足球比赛大多在南溪行政村各自然村举行。今年的这种现象表明南溪的足球运动水平有新的提高，年轻人从电视里观看世界杯赛也受到了一些激励。

2006年8月8日　农历七月十五日　晴

因过七月"迎祖""送祖"（简称"七月半"），满下村寨集体劳动停止了3天后，今天又分工一个组（44人）再拉公分石、铺石缝。由组长和国兴召集、指挥。剩下的劳动量已经不多了，因此，劳动进行得不那么紧张。部分人去上车，部分人下车，部分人拿着锄头将石头间的缝用公分石填平。

少部分村民已经在薅蔓菁了，很多蔓菁因撒得晚，再加上今年雨季雨量不充沛，蔓菁苗长得稀、长得弱小，还不能薅，村民都在担心会歉收。

2006年8月9日　农历七月十六日　晴间阵雨

满下村建公共活动场所，会议室及球场的公益劳动已接近尾声。今天每户一人分成4个组进行篮球场混凝土浇灌工作。人们从9点开始集中到球场，每户拿出一块板子做壳子板，男人们钉壳子板，女人们用簸箕搬沙子，等待着五德华拉水泥来。五德华是昨天就去丽江城赶七月骡马物资交流会的，11吨水泥的运费是全村寨每户出15元，共57户人家855元（镇政府只给水泥费，运费由村民筹集）。到11点才开始下水泥、拌水泥。为了保证质量，今天只浇灌一半，留下一半明天继续。

村民和玉祥8月6日下午3点半左右在田间割猪草时，接到一个可疑电话，她只听懂"你是不是南溪？"其他的听不懂。她心中起疑，就叫从维西县送母亲五三姐回家的姐姐和国英又打刚才的电话，和国英问刚才电话的内容，只听道："说完了。"到5点左右，其叔和尚勋又打了这个电话，但什么都听不清，只听到人声嘈杂。这个电话引起和玉祥怀疑去年11月5日人与车失踪的丈夫和国军被坏人所扣，就到玉龙县公安局请求查这个电话，一同前去的和武军怕公安局对此不当一回事，就唬说"要拿20万元钱来赎人"。于是公安局就登了记，答应给查。

2006年8月10日　农历七月十七日　晴

满下村寨集体劳动继续进行。但11吨水泥不够，昨天黄山镇镇长到现场调研，情况属实，他认为再用3吨水泥就够了，他当场表示再给3吨。今天村民组长和国兴一早就和村委会书记和国军一道去办理这3吨水泥的手续。到10点钟，其儿子和德华开车进城去拉水泥。参加劳动的村民们上午把昨天用后剩下的水泥浇灌完后，下午就在球场等着拉水泥回来。有些村民主张在农户里借出来浇灌得了，但村民副组长和圣伟不敢。因此，大家只好坐下等，到下午4点半左右水泥才拉到，一到场就还了先前砌空心砖、修桥所借用的农户水泥，然后集中力量浇灌没有灌完的球场面，到5点半左右完工。

2006年8月11日　农历七月十八日　晴间阴

满下村寨公益集体劳动（建盖活动房4间及修一块混凝土篮球场）进行最后一天的全民（每户一名）劳动。分成三组进行，一组浇灌活动房围墙石脚，一组用泥沙铺筑球场边，以防日后因石头垒高而垮塌，一组拉沙铺路，另修一条从球场边通往田间的农用车道。分组前，村民组长和国兴向大家说明了每户筹集20元，57户共1140元钱的去处（用途）。另外，他儿子和德华拉了三次水泥，和国兴到镇上要水泥、瓦等物误工三天，现还需每户出2.8元，共160元左右作为运费及误工款。分组说明后，各组进行劳动，劳动不紧张，前些天的紧张劲松下来了，因为任务不重，劳动量不大。中午后，每个组分工两人去买鸡杀狗，准备今晚打牙祭。

满下村寨三人一见面，五人一聚首就组织打牙祭的这个传统，细细想来的确有些过头，应注意积累与消费的正确关系。再说，上山采药、捡菌的人也照样苦和累。谁能出来劝劝就好了，但对劝者如果加上"小气"一词，并一直喊下去，会传到后人。因此，在满下村寨谁也不会劝，只会无声地参与其中。

劳动结束后，利用专门时间就和李福前天从前面山上砍了七手扶木料问题进行讨论，批评了这一做法。大家虽然很同情和李福，但深更半夜去偷砍是不对的。经过讨论，木料给和李福用，但给予了批评。

2006年8月12日　农历七月十九日　阴间晴

村民和李福请家族的和天林、和立军、和万琴、和万军、和万元、和国臣、和国红、和国亮、和玉梅、和德华、和建成，加上兄弟和万红、和四闰和他共14人来拆房子、搬房子。所拆搬的这所房子是起于20世纪20年代左右，起这所房子的人是东巴福。东巴福生有一子三女，三女嫁出，独儿子和发魁20世纪60年代初毕业于昆明工学院（是南山片的第一个大学生），在大姚铜矿任工程师。和发魁把家属和永信及三个儿女（菊花、春华、春兰）农转非居住大姚，家里这所房屋无偿地给了近族中侄儿和国辉。和国辉在20世纪80年代末卖了一所，后又起了一所新房，但他家也在丽江买了房，2002年迁居丽江（和国辉为丽江印刷厂工人）。这以后所剩房屋请和李福家看管，现在就以500元的价格卖给了和李福。此房在和国辉手中于20世纪末翻盖过梁头、椽子，原先用的柱子和大横料都还好。经过这次换一下烂了的料子，和李福这一生也就不必再动这房子。

他们拆房子的顺序是先揭瓦、下椽子、下梁头、下横方，从上往下逐渐拆，拿下大横料，最后放倒柱子。上午拆搬到和李福新宅基后，下午开始组合，又把屋架竖好。

由此看来，在南溪房子上盖好瓦，不漏雨，梁头、椽子换上一两次就可使用百年左右。

2006年8月13日　农历七月二十日　雨转晴

村民和李福继续请昨天他所请的人（除和天林外）帮忙上横梁、钉椽子。会木工活的做新木料，准备新起一所房。由于早上下雨到11点左右才转晴，工效很不高，但大家干起来也是拼着干的，到傍晚就把昨天所搬房子的方、梁头、椽子、檐板都做好，只待盖瓦砌墙后就可以使用了。

村民仍继续上山采挖药材、岩陀、重楼等，他们这些天每人收入都在 20 元左右，不像前段时间每人每天多则五六十元，少则 30 多元。采挖时间长了，药材自然被采得差不多了，大山现出了储藏快完的表情。但大多数村民仍不灰心，继续采挖，他们最远的去到后山行政村寒近洛村附近的山上，来回约 30 千米。真是"金钱使人使得轻松，人使人是使不动的"。

2006 年 8 月 14 日　农历七月二十一日　晨雨转晴

村民和命（和顺明之妻）、和六娘（和建国之妻），今日乘坐村民和永华的面包车到城里去卖昨天两个男人捡来的野生菌。和命带去 7 斤"一窝菌"，每斤卖到 12 元。和六娘背去 3 斤"一窝菌"和 10 多斤杂菌，"一窝菌"每斤卖到 12 元，杂菌每斤卖到 6 元。她俩说："往年到这时节就卖了 2000 元左右的菌款，可今年还没卖到 500 元。"主要是今年满下村寨公益集体劳动时间长，影响了捡菌人的捡菌时间。今年雨季南溪雨水不充沛，比以往每年都少，影响了野生菌的生长，长出的菌没有往年多。和六娘的一贯做法是，只要丈夫捡到五六斤以上的杂菌就到城里卖，原因是村里每公斤杂菌最高的收购价才 1 元，去城里就比村里多出十来倍，误工的工钱、乘车的车费及花销都有了。

玉龙纳西族自治县计划生育局的工作人员带着黄山镇医院的 5 个医生以及检查仪器，来南溪行政村帮助妇女检查身体，为计划生育服务，这是党和政府对山区妇女关心爱护的具体表现。到下午 1 点左右陆续来了一些育龄妇女，医生们为她们逐一认真地检查。整个行政村来了 30 个妇女，全面检查每人只收 40 元，比在医院检查优惠了好多。村委会副主任和丽军、妇女委员杨耀秀服务医生的检查工作（烧水、做饭），到下午 5 点半才返回。

2006 年 8 月 15 日　农历七月二十二日　晴间阴

除老妇人在田间薅蔓菁外，中年人及青少年都往山上去，有些挖中草药重楼、岩陀、续断，有的捡野生菌。虽然，采挖中草药的收入日渐减少，但人们的心里想着：收入10元就是10元，哪怕只收入5元、8元也可以。有些老妇人甚至挤出半天时间也要去采挖。如村民和家良，每天都坚持去一转，每天收入由30多元到20多元到10多元，再减到七八元。到家后又去割猪草，割好两篮。第二天上午照样上山，下午又找猪草。她比从早到晚专门采药的儿媳妇和福春收入得多。

这几年上山采药捡菌的收入成了南溪新的经济增长点，是村民一笔可观的收入。如村民和作典家，和作典与儿媳和爱花每天收入近百元的有40天左右，其余时间都在每天60元左右。虽然每个人和每户村民都不能和他公媳相比，但近三个月下来至少也收入1000元左右。这种现象在4年前是没有的，造成这种现象的主要原因是：1.国家实行退耕还林，过去的轮耕田不再轮耕撒燕麦了，这部分劳作时间可向大山索取药材、野生菌等；2.生产观念更新了，大部分村民都充分认识到，种轮耕田（有些田块三年一轮，有些田块二年一轮），撒种燕麦耗费工时多、工序杂，所花精力很大，而收成低下。因此，用撒种绿肥来做饲草，多种洋芋来增加收入。种轮耕田的初犁、砍枝叶，所要花费时间约一个月，冬春季的拉松毛、烧火土需五六十天，撒种约10天，薅草约10天，收割五六天，每年1/3多点的时间要花在此活上。国家政策、生产观念的转变，使南溪的经济增长上了一个新的台阶。采药、捡菌已成为南溪人民新的经济增长途径。

2006年8月16日　农历七月二十三日　晴

村民和国兴在捡拉石头、沙子，准备起养猪温棚。这是镇政府扶持山区发展的一个举措，给了一定的资金和物质援助。全行政村先搞4户：满中、满下村的村民组长和国高、和国兴，旦都后村的和丽勋，满上村的五拾红。

村民认为这件事让劳动力多的，有较好养猪经验的农户来搞较为合适。

2006年8月17日　农历七月二十四日　晴间阴

村民和尚军、和朝柱父子俩从文屏石厂捡来厂方丢弃的五彩石碎片，用条形的碎片砌了三个花坛，成块的碎片砌了一块地皮（两座房子之间的空地）。结果砌成的花坛美观、大方、实用，砌出的地面胜于混凝土浇灌的地面。从去年以来他父子俩一直不管农田（农活由和朝柱之母和益花包揽干），一直专心于家庭房屋建设，到目前已见成效，家庭房屋处于满下村寨里的排头。和尚军会木工，也会泥水工，还会打石的活计。所以，除了大些的工程需要人帮助外，其余的活都是父子干俩，农闲时和益花也帮父子俩干一下。父亲还年富力强，儿子已基本能掌握建设规划和出力气干，更为主要的是10多年来与族人不和，而想争口气。

2006年8月18日　农历七月二十五日　晴间大雨

南溪文屏村发生了2006年暑期南溪完小小学生意外死亡的第二例。文屏籍三年级学生和强生傍晚在文屏石厂的废水塘里溺水死亡，他是前不久在鸡冠山背后岩子上跌死的和吉梅的同桌。可能是傍晚时分，他和他妹妹在石厂废水塘边走着玩，不小心掉进废水塘里。他妹妹在他完全沉下去时才去喊大人，等大人跑到塘边时，他全无踪影，已沉溺于废水里。捞上来时采取的一切急救措施都为时已晚。

面对今年发生在南山片的意外死亡事故（前山行政村高龙自然村翻手扶压死40岁有余的五寿育，前山石镜头村手扶翻车而死的近40岁的五佳明，"七月半"那天在天红行政村汝寒坪足球场突然死亡的天红村男青年，南溪的两位小学生），村民都认为农历闰七月确实是不好的年成。

2006年8月19日　农历七月二十六日　晴间阴

村民和万红家请家族人和万琴、和万军、和万元、和社香、和国亮、和国武、和国臣、和国红、和亚兰、和丽军、和永昌、和德华及和建成、和作武等，来搬和万红帮和学群看山的一所旧房子。和学群家随丈夫和国辉进城后，田、林不放弃，由村子里的农户轮流看山，和万红帮着干。今年前段时间，和学群请来车子要搬这所房子给其女儿五一青，和万红就说："你们家先把我帮你家看山的工钱算清了就搬去吧！"这样，和学群就许了这所旧房抵看山工钱。今天，和万红家请这伙人把此房搬到他家的宅基地上，有几根柱子和几根横料有些烂，他就请木匠和国亮给换上新的，到傍晚又把屋架竖好。

和万红对和学群家提出的要求，村民们认为一点也不苛刻。和学群家住城里已6年，轮流看山已有4年，每户不到一个月就轮到一天，最低一年12天，4年就48天，每天最低以25元计算，已过去的工钱合计800元左右。如果以后村里还继续轮流看山，得和万红家顶去了。如果和学群家卖此房，不会卖到1500元。因此，说来论去，还是合情合理，两方有利，和万红家需要，和学群家不必拿出看山工钱，真是两全其美。

和四闰到傍晚还忙着收中草药岩陀、重楼、龙胆草、翁公漆及野生菌，利益的驱使，使他不觉得累，真是越干越欢，越干越带劲。每年他代汝南化村的老板五茨平收购药材作为增加他家经济收入的手段，效果良好，一利老板、二利村民、三利他家。

2006年8月20日　农历七月二十七日　阴间晴

村民和天林请和永红、和永贤、和文亮、和建成、和国臣、和福军、和国亮、和朝东等人帮忙起一所两间的平房。所用的料子原先就请示村民组长和国兴，准砍5棵，而且要到鸡冠山后砍。这一标准是每户都如此，但多数村民则到前边山上或附近的山上去偷砍，说是偷不如说是明里在砍了。20多年的看山育山，每户都出同样的看山费，而今成材林都成干得起、有力气的村民的了。真是傍晚出动，天黑拉回，要用的大砍，暂时不用，以后备用的也砍。组长在会上说过几次，但毫无效果。和天林所用的材料不够部分，是天黑时分从附近山上现砍来的。他今天把两间新屋架竖好，并在石脚部分丢下杂石，灌上沙灰作为石脚。明天他还将进行另一侧的石脚灌浆及上横梁、钉椽子、盖瓦等事情。上述事宜一完结房子就可以使用了。

目前满下村寨，一棵树也不砍的只有在城里开车的五六户村民了。

2006年8月21日　农历七月二十八日　晴间暴雨

村民和朝泽今天去丽江城买了一台电视机和一台数码接收器，共2000元整。他的哥哥和朝东在一个多月前也买了与和朝泽今天买的差不多的电视机和接收器。如果他们两家乐于消费，这点开支是前些年就可承担的，但可能两家都想等着老父和尚武（退休教师）来买，也可能是那时舍不得花费。

到现在，满下村寨已有35家有了彩电和接收器，有个别家还有两台（如和家良家，家里有一台，儿子在城里开车，买了一台在城里看；和圣伟家老两口买了一台，儿子、儿媳也有一台）。村里有桌面电话18部、手机32部，变化真大啊！这样的变化来自党的富民政策，一方面，村民的消费观念有了转变和提高；另一方面，也是社会的发展和进步。

2006年8月22日　农历七月二十九日　阴间阵雨

村民和国兴请了家族人和永昌、和万红、和万元、和万琴、和作武、舅爷和建忠、和建成、和建华、和学军等来浇灌畜院地坪。他家的住宅分成两院（人畜分院而居），人院在前些年就整得很好，家禽家畜都进不了人院。今天请人来做畜院的天井地平。从今后，他家成了满下村寨农舍里不见一点灰、不沾一点泥的第一户。他家能成为首家房舍好户，主要是和国兴是大木匠，有一手起房的好手艺，还可做些隔整之类的木活。加之家族人多，舅爷也多，不管做什么事情都可以很快做成。

2006年8月23日　农历七月三十日　阴间阵暴雨

村民五二友停止开出租车后，着力于家庭房屋建设。在停开车两年的时间内，他翻修了厨房石脚，并砌上空心砖，安上透明的玻璃窗，还就便在墙壁上做了个橱柜，既不占地方，而且美观。他还用6500元从其舅（满上村和友贤家）处买了一所木楞楼房，并且把它装潢好，还打放了一副石脚。不仅如此，他还把原先的三间房，因宅基地小而改成两间构建好，准备用来做储藏洋芋的房子。如此用房有余的状况，真是"万事俱备，只欠东风"（只待找个媳妇了）。

这些天，他专门编竹篮卖，篮子编有大、中、小三种，大篮可作拉松毛用，每个卖价10元；中篮可作背洋芋用，可装100斤洋芋，每个卖价6元；小篮可用于捡野生菌，装中草药之用，每个卖价4元。他说："我的这生意还不错，在家编篮，等于上山采药，还不需日晒雨淋，一天编出三个大的就是30元了。不管编哪种型号，收入都在30元左右，这比我开出租车时的收入还硬些。"

2006年8月24日　农历闰七月一日　雨

村民和玉兰及她的丈夫五八斤（还未举行婚礼，但已成了入赘女婿，他是农历七月初二和玉兰从丽江城他所打工的地方领到家的，经过多次与前山行政村石镜头村五八斤父母商谈后，同意儿子的选择，以入赘女婿的形式一直在女方家）在忙着收拾房子，拉来沙子，准备打混凝土。他们一边从还未整好的房间里搬出石头，然后搬进去土基、打碎，浇上水让水浸透后，用大木锤夯实，准备水汽干后铺上沙子，再浇灌混凝土。真是人逢喜事精神爽，长期手足风湿疼痛的玉兰妈和闰芝也参加了他们的劳动。还有爱说笑话的玉兰妹和玉梅更为积极，4人你说我笑，劳动间充满了喜气，欢声笑语伴随着劳动，劳动在轻松愉快中进行。他们所整的房间不急着用，而是怕以后玉兰有孕，就不能整了，因而在提前准备。居住在南溪的纳西族，历来是家中若有身孕者，就不能破土搞建设，其理由是会伤及孕妇及婴儿。所以历史上每家每户都很注意的，怕万一发生不测之事。

2006年8月25日　农历闰七月二日　阴

村民和玉祥、和亚兰、和满谷、和社香、和益寿、和芳等人到太安街去买篮子。所买的篮子准备用来背洋芋、背柴等。有些买了两个，有些买了三个，和满谷还买了一口大蒸锅，有些还买了簸箕，准备用来挖洋芋时用。前些时，买农具大都去鹤庆县辛屯街，近些年基本上都改去太安街上买。这些农具丽江城也多的是，但买农具乘车不便，所以常到太安街买。买这些农具的人都是自家无人会编的，个别会编的也抽不出时间编，且又急用就去买。太安街到满下单程约需两小时，比丽江城或者辛屯街都近两小时的步行路程，既不费钱，又不累人，所以，不少村民喜欢常去太安街。

2006年8月26日　农历闰七月三日　晴间阴

南溪满上村村民五四洋的小儿子和昌龙，今年高考被云南财贸学院国际会计师专业录取。

今天五四洋为小儿子的高考成功举行欢庆，并设宴请来三亲六戚共同庆贺。前来参加庆贺的人们为学子祝贺的心意是送人民币，有的送500元，有的送400元，有的送300元，还有的送200元，最低也送100元。和昌龙是满上村寨有史以来的第一个大学生，他成了该村寨的骄子，他的父母和家族亲戚也感到荣耀，为之感到骄傲。有些村民则认为，国家的形势发展变化得快，特别是中央抓了"科技强国，教育先行"的方针后，高校扩办，生源扩招，就一个小小的丽江市就有两所大学，全国就会有上千个高校，这给努力的学子提供了深造的极好机会，为提高国民素质提供了更多的场所。是的，国家的教育形势的确像这些村民所说的那样，但这机会只属于勤奋努力的学子，所以竞争还是激烈的。

2006年8月27日　农历闰七月四日　阴间晴

旦前村最困难的村民和尚友（也可能是全行政村最困难的农户之一了）的长女和仕梅今年高考被玉溪师范高等学校（本科）录取。这对老婆患精神病、家境十分困难的和尚友来说，太高兴了、太振奋了。他逢人便说："我家长女能有今天，是多亏了党和政府的多方救助，老师们也尽力联系补助和仕梅的学习费用。特别是原黄山镇镇长和卫红（现任古城区公安局政委），在和仕梅读高中的三年里用他的私款每年资助了1000元。"今天和尚友宴请了所有的亲戚来庆贺，专门杀了一头猪来待客，和卫红也应请来到他家，他还动员了大东温泉的老板一同来赴宴，他俩每人资助了1000元的学费。和卫红到后不到几分钟接到电话说有急事，他俩连一口水都没喝就返回去了。今天前来庆贺的还有退休后居住在鹿子村的和尚明老师。他参加完和仕梅的贺宴，搁下饭碗又去到文屏村和文会家，去实施他退休那年许下的诺言："凡南溪学子考上大学（含专科）每人资助200元，考上重点高中每人资助100元，考上民族中学每人资助50元。"他一直实施他的诺言，每年8月，他都打听消息，亲自把所资助的钱款送到学子手里。和文会被德宏师专录取（专科），家长今天为她举行贺典。

到今年，南溪行政村8个自然村村村都有大学生，共26人。他们是：

文屏村：和文会　　德宏师专

金龙村：和银红　　云南农业大学　　在玉龙县鲁甸乡林工站

　　　　和丽梅　　大理学院

　　　　和亚武　　函授专科　　在玉龙县龙蟠乡任教

满上村：和昌龙　　云南财贸学院

满中村：和丽勇　　云南大学丽江旅游学院

满下村：和丽娟　　丽江师专

　　　　和发魁　　昆明工学院（1963年毕业）在大姚铜矿

　　　　　和国英　　云南中医学院（20世纪70年代末毕业）在玉龙县医院

　　　　　和国娟　　西安纺织工业大学　　在昆明铣床厂

　　　　　和朝花　　函授本科　　在玉龙县医院

　　　　　和丽菊　　云南民族大学

旦前村：和银凤　　大理师专　　在古城区民族中学

　　　　　和仕梅　　玉溪师范高等学校

　　　　　和文华　　函授大专　　在玉龙县太安乡政府

旦后村：和金花　　云南民族大学（专科班）

　　　　　和闰秀　　昆明理工大学

　　　　　和自红　　函授专科　　在太安乡任教

　　　　　和春武　　云南民族大学

　　　　　和永军　　函授专科　　在古城区法院

鹿子村：和学骞　　成人高校（云南教育学院）在玉龙县人事局

　　　　　和桂华　　（不详）

　　　　　和雪兰　　昭通师专

　　　　　和学诚　　成都体育大学　　在丽江市体委

　　　　　和向渊　　云南民族大学

　　　　　和仕发　　云南民族大学

　　　　　和学光　　函授专科　　在太安乡中心校

最近十年考上大学的：

和文会　和银红　和丽梅　和昌龙　和丽勇　和丽娟

和丽菊　和仕梅　和金花　和闰秀　和春武　和桂华

和学诚　和向渊　和仕发　和雪兰

2006年8月28日　农历闰七月五日　阴间阵雨

满下村寨青壮年们云集草坝足球场，与前山行政村石镜头自然村的青年队进行友谊赛,引来了满中村及满下村的很多观众,满下村村民在丽江城开车的人都全部回来参加球赛、观看。比赛在友好的气氛中进行,双方队员本着"交流、互学、增进友谊、提高球艺、友好交际"的原则,尽力施展各自的球技,发挥各队的特长。除满下村青年和朝柱、和德华两人因不小心而脚扭了一下外,其余队员都未曾伤着。结果满下村队以2∶1险胜石镜头队。

这场比赛结束后,没有上场机会的青年人不甘心,因而提出要青年和壮年对赛。有些精疲力尽的成年人拗不过青年们的热情,又展开了一场比赛。这两队的基本情况是:青年队身强力壮,但技术没有成年队好,他们跳得起,但运球、传球技术欠佳,结果以0∶1输给了壮年队。

下午2点他们就派和圣华、和永贤二人到旦都村买鸡,派五社兴、五二友杀鸡做饭,每时每刻都不忘满下村寨的"传统"(打拼伙)。除了和朝柱脚伤得厉害不能走动而不来参加外,40多人集中在和朝珍家吃饭、喝酒、吹牛到半夜方休。

2006年8月29日　农历闰七月六日　晴

在满中村村民和丽元家,住着两个鹤庆县松桂乡做羊毛垫毡的师傅。他俩借和丽元家的洋芋储藏房做操作间,借楼上及铺盖住宿于他家。他们两者之间的经济关系是:不管主人家做多少羊毛活,不收分文工钱,只要管饭吃和烟酒;主人家也不再收房子钱。这是历来的做法。师傅们在哪家干活,生活就由哪家负担。此外工钱的标准是:做披毡和垫毡,一斤收3元(做一件披毡或垫毡就合24元的工钱);做羊皮褂一件20元;做毡帽一个10元。一天下来,一个人的净收入60元左右。到今天两个师傅已经做了14天,满中村想做羊毛制品的村民已做得差不多了,只剩下做羊皮褂或毡帽的人了。

在历史上,这些事情(做羊毛垫毡)都是村民自己做的,根本不靠外来人做,只是近20年来松桂师傅窜进了村寨,村民们想来算去,终认为出点钱让人做还省事。就这样，此手工艺渐渐在南溪失传，本地再无人做这手工，就靠松桂人来做。

2006年8月30日　农历闰七月七日　晴

村民和国武的长女和玉兰及丈夫五八斤请和国武在村里借点钱，要起一扇一次性的大门（长久使用，不是应付临时的）。和国武就向村民和家良家借了2000元钱，领着女婿五八斤，请了满上村五占军的农用车去丽江城购买材料。和国武老婆和闰芝也一同前往坐镇，生怕和国武没有买回好的材料。他们仨买回了做大门所需的砖、水泥、铁门、瓦等材料，要买的东西无一遗漏，只待采沙及做工了。

对和国武的所作所为，他的老婆和闰芝是千万个不放心，特别是在经济上，她总是心里像装着七八个水桶在打水似的七上八下，因为前段时间和国武去鸣音收中药材，借了胞兄和国亮4000元、堂弟和国臣4000元、和国红2000元，到目前他只拿回2000元左右。再加上和国武在20世纪80年代做生意时，不知亏本还是什么原因，卖了家中的两所楼房（一所是他老父的遗产，一所是他自己起的）倒贴了，而且欠了吉子村民的三四千元大白豆款至今未还。根据他的这些过去之事，她让他带钱出门总忐忑不安，但天天跟着他又不可能，不让他出门又无事可做。

按理说，和闰芝的担忧是多余的，和国武都是快要做爷爷的人了，不会像以前一样乱花乱用了，最近三四年间家里又搞了不少建设，令村民都佩服。有不少人这样评价他，烂得快，建得也快，确是"浪子回头金不换"。

2006年8月31日　农历闰七月八日　晴

村民五子香、和玉琴、和国秀、和学仁等10多个人在和永红家做临时工。做工的内容是刮翁公漆（中草药，是制云南白药的主要药材）

的皮，工价是刮净一公斤一元。如果不找猪食、不做家务，专门只干此活，每天可能会刮下20多公斤。但妇女们样样都得做，特别是这段时间的猪食（青饲草）都由妇女们割，所以，没有哪个是只干刮翁公漆活的。有些只是吃过晚饭后去刮一阵，干到晚上11点才休息睡觉。她们认为，相比较之下，这些天上山采药的收入还不及干这活计，又不累人，还是划算的。

村民和永红在这季做中药材收购、转卖，加工盐渍杂菌。转卖药材已有四五年时间，每年的净利收入都在5000元以上，这比起挖药、捡菌的收入多得多。干这事的村民今年有两家，和四闰一家、和永红一家，往年和国武也常干，但今年他去了鸣音乡采购。

2006年9月1日　农历闰七月九日　晴

南溪完小和全国所有学校一样，开始了新一年的教学生活。早晨，同学们照样迎着晨光上学校，离别了40多天的同学，以无比喜悦的心情开始了新学年的第一天。同学相见，叙不完的假期趣事，讲不完的社会实践（跟随父母上山采药、捡菌、逛七月物资交流会等活动）。特别是（去年）三年级的学生，怀着怀念的心情讲述着他们的同学（一对同桌同学）以不同的形式意外地相隔10多天离开了他们的父母、离开同学、离开人间的事情经过。有些平时与和吉梅、和强生要好的同学还流下泪水。

上午发课本，举行开学典礼，下午学生放假，老师开会排课，安排新一年的教学工作。教导主任和家香一早起来就进城领部分未到的教科书。

2006年9月2日　农历闰七月十日　晴

满中村村民和立功的女儿和云鹤被玉龙县一中高中重点班录取，满下村寨村民和金星的女儿和亚芬被玉龙县一中高中普通班录取。和云鹤去报到已快有20天，参加并结束了学前的军训，和亚芬到9月11日才去报到就学。

今天接受义务教育的初中新生开学报到，满下村村民杨文花送儿子到玉龙县一中，满中村村民五三友送儿子和开红到玉龙县一中，村民五福生送大儿子和继文到玉龙县一中，村民五社育送儿子到玉龙县一中。家长的期望是，孩子能够读到毕业，很担心读了个把月后就辍学。最近几年里，有一部分学生辜负了父母的期望，中途退学在家，父母动员、亲戚劝告都无济于事。满下村就有和自华、和自忠、和丽华、和金凤、和金龙、和圣琴、和学先、和朝柱、和文昌。满中村有和芹秋、和翠秀、和闰芹、和冬梅、和闰里、和建华、和承军等。辍学的主要原因是：学习成绩差，学业跟不上，产生厌学思想。个别人的学业虽然跟得上，但因为受社会不良风气的影响而停学。

2006年9月3日　农历闰七月十一日　晴

满中村青壮年应古城区金山乡漾西村足球队的邀请，到漾西村踢足球。今天的人员较集中，前次没有参加的人都到齐了，他们的决心是："今天这场球一定要认真对待，要尽一切力量踢平或踢胜，否则别人会认为山里人不行。"在参赛队员的共同拼搏下，功夫不负有心人，以2∶1战胜了主场漾西队。漾西队还邀请南溪满中村队也来一场篮球比赛，满中村队仍以62∶51战胜主场漾西队。观看的村民大都发出惊叹，"想不到住在文笔山顶的人球技这么好，是始料不及的。"比赛结束后，主场队盛宴招待了客队，他们请村里的厨师们做了一顿丰盛的饭菜，做了10多样菜，摆得桌子都显得挤，夹点想吃的菜都够不着手，大都吃着各人前边的肉、菜。他们这样招待客队是礼尚往来，是对前次他们来南溪踢球的回报。那天比赛结束后，满中队就地取材，买杀了四口乳猪招待漾西客队，使他们产生了好感。

吃饭休息了约两个小时后，他们才返回。负责运送球员的车是和国军一辆、和军坤一辆、种药材的五三友一辆。

2006年9月4日　农历闰七月十二日　晴间阴

村民和国兴请了鹤庆辛屯乡木匠"迎亲"来帮他家装潢正房。装潢的内容是楼下部分钉天花板、安装电灯、木楞上钉高力板，工价为1000元，加上材料费约用2000元。"迎亲"师傅做得很认真，没有半点马虎，搞得牢实美观。因此，满下村寨请他装潢的比请鹤庆松桂乡杨师傅的多得多。

和国兴不袖手旁观，而是发挥自己的手技，在浇灌的混凝土上罩一层木板，同时做得认真细致，他不干预"迎亲"师傅，而是自个儿搞自个儿的。他不惜花这么多钱，付出这么多工时来装修正房，有不少村民猜测着他的儿子五德华可能要娶媳妇了，甚至个别村民给五德华开玩笑说："把你老爹搞得这么紧张，看来要当新郎官了吧？"他风趣地回答说："搞装修的不仅仅只是我一家，其他家还要娶什么呢？"

2006年9月5日　农历闰七月十三日　雨

南溪村委会书记和国军、副主任和丽军、副书记和继武三人去鹿子村参加欢送大学生的宴会。他们仨是应今年考取昭通师专的和雪兰之父所邀前去参加庆宴的。他们的礼品是给每个考生送200元，这礼节是5年以来一直坚持下来的。南溪行政村今年是有史以来考取大学人数最多的一年，共考取6个，每个送200元，共1200元。这礼金是向镇政府要的，村委会没有分文的经济来源，就连村公所用的电话费、报刊费、办公费都是向镇政府要的。自从农民减负后，村内一无工厂、二无企业，的确没有经济来源可供支配。原来收农民的上缴款时还有些钱，可现在真的没有分文公款。这样一无所有的山区村委会可能还有很多，当这村的干部，要想办件公事，困难不小。

2006年9月6日　农历闰七月十四日　阴

村民和顺明请满上村兽医和友贤来帮他家做公牛阉割事宜，他请家族男人和永红、和永良、和社员、和顺光、和顺达以及女婿和灿来帮忙。

做这件事，请这么多人似乎有点多余，但实际上，放倒牛、摁牛是需要这么一班男子汉的，只不过是所需的时间不多（最多只需一小时，一般半个小时左右完成）。本来可以用吃点早点、喝点酒、抽杆烟、喝杯茶就算了事的办法来待客，但历史上村寨里的先民们把做牛的阉割术看成是一宗大事，事先就去城里买菜打酒，到时请亲戚来帮忙，大吃大喝三顿。这一传统一直沿袭到现在，且越来越浓重，发展到两顿饭都是 8 个不同的肉。被请的人，只那么一个来小时的活计完结后，就整天饮酒、抽烟、休闲在他家，可把当家的妇女们忙坏了，她们刚吃完这顿，又在准备下顿。

今天和建国家也做同样的手术，这对兽医和友贤来说是个大方便，做阉割术的牛在同一个村里越多越好。因此，过去当人们请他时，他叫来请的人把要做的约好，由和友贤定个日子在同一天进行。牛多的时候，他一天做七八头，到傍晚钞票塞得衣袋鼓鼓的，醉意十足地兴奋而归。和建国请了兄弟和建成、和建军、和建忠、和建华、和德华、和金红等人来帮忙，同样吃喝休闲到半夜才散。

2006 年 9 月 7 日　农历闰七月十五日　晴

满中村的村民五菊、五芝二人乘坐和国军书记的面包车去丽江城，卖昨天其丈夫五福生、和立强捡来的野生菌"一窝菌"。她俩所背去的数量不多，一个 10 斤，另一个 6 斤。回到家后听她们说："每斤卖到 15 元，是今年卖价最高的一次，可以说是生意真好。"旁听的一个村民说："不是生意好坏的问题，而是因为今年雨水少，野生菌生长量也少，才导致了物以稀为贵。"的确，这村民说得有道理，自古以来，市场行情就是物以稀为贵，多则便宜。一年生长一次的山珍"一窝菌"，居住在山区南溪的村民约有 40% 一年也吃不到一顿自采的，有些虽吃上也是出钱买的，而且只能买到两三斤。若要买的数量多，捡到菌的人不会卖给你，而要拿到城里去卖。知道此菌生长地方的村民每年收入都很可观，不知道生长地方的村民走遍茫茫林海也捡不到。捡到这种菌的人多为过去放过羊的人，过去曾有这样形容放羊的口语叫："羊群每天翻越99座山，边走边吃也难饱。"这话不免有些夸张，但说明放羊必须翻山越岭，每天走很多山。这样放羊人在山上走的路长了，走的时间多了，到夏季野生菌也见多了，暗暗记下生长地就成了如今他们的"自留地"。

2006年9月8日　农历闰七月十六日　雨

村民和国武用石磨磨沙石，这种做法是有史以来不曾有过的，人们只知道石磨用来磨粮食，把粮食颗粒磨成面粉来食用。事情的缘由是这样的：和国武的长女和玉兰讨入赘女婿五八斤，他们想在举行婚礼前就盖个大门，五八斤就让和国武向村里邻居、亲戚借上2000元钱，盖个较好的以后不必返修的大门。于是和国武在邻居和家良家借了2000元钱去买材料，买来两袋马牙石（水唱石）颗粒。这颗粒有玉米粒一般大小，不宜粉刷，要粉成细末才能粉刷。和国武先用锤子敲马牙石颗粒，可是敲打来敲打去，马牙石颗粒却散落在周围地上，粉不出多少来。看着这场面，和国武想了一阵后，从邻居和国春家借来一副丢下不用的旧石磨，抬到家里磨起来，真有效，他把一勺一勺的马牙石往石磨里放，一边推磨一边放马牙石，真像磨粮食那样磨出粉状。云南大学少数民族研究基地纳西族研究点的村寨日志记录员和尚勋老师见状后风趣地说："这又是一件怪事。为什么今年南溪村怪事接二连三？一是3个人打死一只野猪；二是同桌两个男女同学在同一个月里去了玉龙第三国；三是你用磨粮食的磨来磨沙石。"和国武就讲了磨沙石的理由。是啊，只要多动脑筋，遇事多想，就可一物多用。

2006年9月9日　农历闰七月十七日　阴

南溪完小举行"庆祝第22个教师节"的活动，南溪完小全体教职工（教师12人，炊事员2人），行政村干部3人，退休后居住南溪的老教师参加了庆祝活动。黄山镇党委政府派以和寿生副镇长为组长的慰问组参加了南溪完小的活动。今天的活动是到白沙"户外乐园"游玩。通过游玩，使得南溪籍的老师们大开了眼界，看到丽江的建设和发展与全省一样快（不是南溪籍的老师有5人还没到过丽江北郊，没有路过雪山中路，更没有观看过丽江近些年城市建设的成果），内心感到很欣慰，犹如到了异国他乡，同时深感本地发展远不如外乡村。通过游玩，使教师们增长了见识，活动结束后，校长代中心校向退休教师赠送了慰问品（这是黄山镇10年来的第一次）。

2006年9月10日　农历闰七月十八日　阴间小雨

黄山镇党委政府召开2006学年教学工作表彰大会，所有在职教师及各村村委会干部参加，还特邀了南溪鹿子村退休教师和尚明参加。

会上党委政府表彰奖励了2006学年教育教学成绩突出的老师，关心支持教育的村干部、后勤工作者。南溪村委会干部得到重奖，和国军代表村委会上台领奖。得奖原因是今年高考南溪取得好成绩，报考生有7名，考取6名（4个本科、2个专科），成为2006年黄山镇升学率最高的村，也是南溪有史以来考取大学人数最多的一年。退休教师和尚明也得到奖励，主要原因是和尚明老师近十年来坚持鼓励南溪优秀学子，他公开向社会承诺，"在他有生之年要奖励南溪优秀学生，考取民族中学每生奖励50元，考取高中重点班每生奖励100元，考取大专每生奖励200元。"每年都是这样做的，今年是他付出奖励款最多的一年，总共为1450元（大专6人，高中重点班1人，民族中学3人）。自从他实施奖励学子以来，共奖出近1万元（含资助亲戚学子，亲戚学生考取大专每生送千余元）。这在黄山镇是独一无二的壮举，可能在玉龙县乃至丽江也不会有几个。

2006年9月11日　农历闰七月十九日　阴

满中村和丽典的儿子和江龙在蒙自军分区河口县服役为士官，今天他回来探亲，傍晚乘坐他姨表和亚东的面包车到家。乡亲们及青年伙伴们都特别高兴，青年朋友们刚吃过晚饭就来到他家，他家热情地接待了青年们，给他们敬烟、敬酒、泡茶，和江龙的妈妈还端出几盘瓜子让大伙吃。在城里打工的妹妹和江木也一起回来，她今晚上比平常忙得多，忙着敬烟又忙着倒茶，刚敬好茶又忙着敬酒。小伙子、小姑娘们聚在火塘边，叙不完的别后情，讲不完的家乡变化。听到和江龙讲的外地的变化，青年们虽不饱眼福，倒也饱了耳福，思想上开明了许多，听着听着，他们感到仿佛目睹了祖国各地在飞速发展的大好形势。听到部队里生活、学习、训练情况时，小伙们都感到很羡慕，真想去参军当兵体验一下，但又深知自身达不到当兵条件，主要是文化程度这个关过不了，身体条件也许还有可能通过。他们你谈我笑，一直闲聊到深夜。和江龙是最近八九年来南溪全行政村唯一的一个当兵人，现已服役期满，留部队当士官。此次探亲假时间为40天。

2006年9月12日　农历闰七月二十日　阴雨

满中村村民五三福在和立功家旁边的小房子里开办小卖部。昨天从城里进了货，今天开始营业，主营副食烟酒，兼营小百货。20世纪90年代末，此地曾经由和立功、五三福、五春红三家合伙经营过小卖部，同时兼营饲料粉碎。当时的生意还马虎，小卖店还取了个大名叫"联营公司"。后来，此地增加了五四红家的小卖部，相隔几步路（约30米）就有3个小卖部（五闰海家、联营公司、五四红家）。渐渐地联营公司就衰落下来了。到2001年年末，联营公司垮了，单独由和立功经营。和立功家也尝试了几年，到2006年开年之时就接近关闭，到5月真的关闭不搞了。很可能是竞争不过五四红家，因为条件是五四红家硬些。五四红是攀枝花退休工人，他把老婆和小女儿搞成农转非，因此，家里田少，田里只有长女五闰良及入赘女婿和立强的活。五四红及老婆就有条件24小时坐镇小卖部，从开办小卖部以后，五四红的老婆就没有下过田了，老两口只管小卖部及家里做饭、喂猪之事，开办以后一直没出现暂停现象。五三福不知能坚持多久，人们的心里都有个问号。

2006年9月13日　农历闰七月二十一日　阴

满中村村民和丽典通过电话与大理的洋芋老板约好来拉一车品种为"新八五单交"的洋芋，每公斤价钱为0.4元，现挖现装。和丽典一清早就到中村的几家农户家问货，走了几家，都愿将此品种洋芋挖时就在地里卖掉。理由是，现挖的洋芋沾泥沾水，很压秤，再则是免了运进院、搬进屋的劳动工序，节省了手扶拖拉机所用的油，节省了劳动量的付出。他请五三六家、五二家、五社华家挖好这部分洋芋，他自家也挖自家地里的。下午7点左右，四家所挖的洋芋就地被大理老板拉走了。不少村民都想以同样的方法来出售这种洋芋，请求和丽典等些天再联系几车。

2006年9月14日　农历闰七月二十二日　阴转大雨

早上7点半左右，满中村北边农户家传出"嘟、嘟、嘟"的牛角号声。听到号声知道有人死了，村民就丢下家务往吹号的农户家去，还在酣睡的村民也急忙起床赶去出事的农户家。结果是村民和习武死了，他死得很突然，因为死前没生病，家里人和家族人也没去招呼。所以他去得匆匆，死得突然，家人和村民们都意料不到。人们猜测他是患胃癌而死的，根据是，去年同一时期，他患胃病差点死去，多亏找医吃药打针才渐渐好起来。昨天他又感到有些病，但万万想不到会死，所以儿子、老婆也不注意，直到今早起床时才发现，估计在凌晨4～6点这段时间里不辞而别（不得口含），不得"绍沙"而去。

村民们陆续到他家，和国军守在大门口，安排还没进院的村民到满下村和旦都前村去报丧，安排他家家族人五社军（满上村民）及本村村民和志强去城里买棺材和寿衣。

和习武从旦都后村到满中村讨五秀花为妻，做上门丈夫，他的老婆五秀花是满下村人，由她的大姑妈谷每永抱养 [谷每永有一女一男，一女五谷嫁旦都后村；一男五凉已讨一个旦都后村女青年和国英为妻，生有一男，但婆媳关系紧张，他抱着"骂老婆怕岳父岳母，骂母亲怕舅舅"的想法，不如自己一死了之，就拿根绳子一气之下死于他家东北边的一座山上。之后，谷每永就要了满下村其弟和发明（开爸清）的三女五秀花来给她送终]。和习武、五秀花这一对夫妇不是出生自满中村的。

村民们停下农活在他家等着买棺材和寿衣的人回来，才洗尸入棺，"芝步吉"，很晚才做完这事。

2006 年 9 月 15 日　农历闰七月二十三日　晴转大雨

村委会召开村民组长会议，会议的主要内容是，动员收缴 2007 年度新型农村合作医疗的村民投资部分。新型农村合作医疗在玉龙县推行试点的 3 年来，确实解决了因病致贫、因病返贫的一些实际问题，得到受益的村民确实感到这一项目是党和国家关心农村的一件大事。但最近几年没有患过病的村民总认为每人每年 10 元白白地给了别人，所以收缴此项款还是需要宣传、教育的。今天的会议由村委会书记和国军主持，和继武、和丽军以及各村民组长参加了会议。和丽军副主任兼任今天会议的炊事员，煮了一锅火腿肉作为中午饭招待了村民组长。各村民组长表示，不管有多大的难度，一定要按时收缴好此款项。

2006 年 9 月 16 日　农历闰七月二十四日　阴间阵雨

满中村和习武的家族及邻居在忙着料理和习武的丧事。今天去城里买菜，定于后天出葬。他的家族和建明家，满上村的五社三、五社军，满中村的五福生、五福海、五七四（和习武的女婿）到城里去购买后天出葬所需的物品。在家的家族人员及和习武的儿子和闰里在村子里请丧葬活动的各种职事。在满中村，一旦死了人，各种职事是由村里安排的，村民组长把各种职事名单记录好，把本子交给主人家，丧者家族就可按照记录去挨家挨户请。这样做是很好的一种方法，按照各自的特长由村里安排。真是"隔里不同大"，这种做法比起满下村寨由家族人商定各种职事的办法好得多，可以做到扬长避短，各取所长。再说稍有安排不当的现象也无话可说。由家族商定的如有不当，会被人说长道短，家族势力弱些的，个别人还会挑剔。

2006年9月17日　农历闰七月二十五日　阴间晴

满中村全体中年人和青年人集中在和习武家，准备和习武明天出葬的工作，砍柴、择菜、煎肉食品等。这次丧葬的总管（村民口语简称总理）是和国军、和丽典两位，除各司其职的都要听他俩的指挥。各司其职的人员也要按照他俩的要求做出该做的事宜，如要两点吃午饭，炊事组和蒸饭组必须在1点半左右就得把饭菜做好。大家吃过早饭后，便分组进行，青年们上山砍柴，守灵组（家族）装饰灵台。主持烧尸的人今天没有事，但每顿饭都得去请他们来吃，今天的早饭到后天午饭全村所有人员都在他家吃。傍晚，村民们开始送丧葬活动礼品：肉、米、酒、玉米、小麦、烟、人民币等，家族人还多了记账。傍晚开始吊孝（举行追悼礼），晚上休闲到半夜才散伙，有好些人还熬到天亮。

2006年9月18日　农历闰七月二十六日　阴转晴

满中村全体村民为死者和习武举行丧葬礼，各种职事一起床就各司其职，到12点就待客。10点左右，主持烧尸的人和村民（每户一人）去备柴，纳西语叫作"书鲁阿"，要从每户中抬出一根干柴到火葬场去堆积好，由烧尸人具体安排。

待客的顺序是先"足若"（村民，要抬灵柩的人，每户一人），接着是"尸扛"（死者的家族和亲戚，如和习武是从旦都后村来上门的，就是指旦都后村和习武家族及亲戚），之后是按由远到近的顺序来招待。

和习武家的火葬场原来在满上村（因为他所上门的这家祖先是满上

村的家族），现在嫌远了，所以，族中的和建明老人就从满上村火葬场把祖先接下来，在满中村和满下村火葬场附近新找了一块火葬场。待完客，跳了一阵"窝忍忍"，就把尸体抬到新火葬场焚烧。

来客近点的，发灵后踏上了归途，只留下路远些的来客和明日要上坟（伏山）的人。

2006 年 9 月 19 日　农历闰七月二十七日　晴

满下村村民组长和国兴约上金龙村村民组长五金山一起到丽江城区去寻找、购买半旧篮球架。今年黄山镇政府给了这两村修建篮球场的水泥，两村人都投工投劳把场地修好，等待着政府来给篮球架，结果说是无资金，村委会书记和国军及副书记和继武到县直各局去要资金，结果在国土资源局要到 3000 元钱，两村一分，每村 1500 元。两个组长就到丽江城区的单位及建设工地走访，寻找有没有旧的篮球架，结果金龙组长打听到金山老板从七河拉来一副篮球架，满下村没有寻找到。和国兴于是决定从建材城买钢材，当场按合适的长度割好，用手扶拖拉机拉回家，请满中村的村民五拾红焊接篮球架。五拾红对这一活计较为拿手，早在 6 年前他就帮白华基建老板李伯合焊接了两副篮球架（满中村一副，旦都小学一副），他的焊接技术是可以的。

2006 年 9 月 20 日　农历闰七月二十八日　晴

前来满中村参加和习武丧葬礼的后山高美村人，到 11 点得到消息：该村村民五丽元在早晨上山采松苞时，从树上跌下来当场跌死，就忙着转回。五丽元是满下村寨和顺光的侄子，丽元妈五闰妹是和顺光的亲妹妹，嫁到后山高美村，生有一男一女。满下村寨村民和顺光、和顺达、和顺明、和永红、和永良、和永军、和永光、和金桂、和友秀等亲戚也开着手扶拖拉机带着礼品前去丧家慰问。村民们都在说："五闰妹的命够苦了，当孩儿幼小时常受酗酒丈夫的打骂，后来丈夫患癌症病倒，三四年后去世。五闰妹一直熬到娃娃长大，过上好日子才三四年时光，去冬才为儿子丽元娶上一个媳妇，媳妇身怀有孕四个月。安然地走了，留下的困难只得由她担住了，好可怜啊！"同时人们的话题又转到了"年成"，都认为古来就在南溪流传下来的"三每闰没多"（农历七月不能闰），意思是农历七月有闰月是不好的征兆，开年之时就担心意外事情随时发生。特别是上了年纪的老人，随时都提醒年轻人要时时小心、处处留神，以防不测事情的发生。

从今年所发生在南山片（丽江城南面山上指南溪、前山、后山、吉子、太安、天红、汝南等行政村）死人的情况来看，有些像古时所说的农历闰七月的年份有些不尽如人意。

2006年9月21日　农历闰七月二十九日　晴

云南大学纳西族研究点的管理员和尚勋，今天请行政村电工和友勤来研究是否要换闸刀及电源空气开关。原因是7月末请电工来改变电闸及空气开关位置时，电工说："电闸已坏，不能长时间使用。空气开关已经坏了，没有作用了。为了安全最好还是新买一个。"7月末电工要和老师买来6平方的电线100米，和老师如数买来。当时和老师建议还是安全些好，电工说："照明没问题"，就用上了。结果，前些天由于天气冷，用了加温器，电闸就接触不正常，和老师又请电工查看，发现电闸盒与电闸连接的电线发热。电工说："那段电线要换下来，请你买6平方橡皮包铝电线，要40米。"和尚勋老师前天专程买来，换完后，和尚勋老师很郑重地与电工交谈："这次电闸及空气开关的变位，带来了电线的较大浪费（100米），仅两个月时间就搞了两次，这可能不好说，其中的一份（所浪费电线）只好由我来补贴了。如果说得过去，是不会让我贴的。"

今天，因为电工还要做本村和红芝家及五三福家小卖部的接电、安闸、安电表等，因此，没有喝酒休息，工钱一拿就去和红芝家了，一直干到天黑才搞完。他的腰包里也装了近百元工钱，并在五三福家喝得差不多才回家。今天他感到满意，多喝了点，走起路来有些趔趔趄趄的。

2006年9月22日　农历八月一日　晴

村民和国兴请来侄儿五子黄、邻居五丽军砌空心砖。他所砌的是准备温棚养猪的围墙，温棚的材料——水泥由政府给了1吨，要示范户自己买空心砖砌好后，再由政府出资统一来盖温棚（整个行政村5户）。

吃过早饭开始砌了，和国兴及儿子五德华拌沙灰，抬空心砖，五子黄及五丽军为砌砖师傅，4个人抬的抬、拌的拌、砌的砌，配合得很好，进度也较快，这主要取决于当小工的和国兴干得有条不紊、紧张有序，要什么抬什么。到傍晚6点左右就砌完了。和国兴虽然年近六旬，但他历来都是无论做什么事，都认真细致地去做，各种农活、技术工、苦工、杂工样样如此，现代的年富力强的年轻人有很多是赶不上他的。最可贵的一点是，他无论是做自家活还是帮做别家的活，还是集体劳动都一样，绝不像一部分人那样自家的拼命干，别家和集体的混日子。所以，村里人大都喜欢请他来帮忙。

2006年9月23日　农历八月二日　晴

田野里到处可见盖有篷布的手扶拖拉机，旁边有三四个人或一两个人在挥锄挖洋芋，这象征着南溪秋收开始了，日照时间又短了许多，繁忙紧张的秋收事沉重地压在每户村民的头上。然而，人各有所想、各有所算，就拿满中村的村民五彦秋来说，她家有五口人，父母都已年近七旬，两个女儿尚在学校读书，她又与人合伙买了辆出租车来开，每人开一个星期。轮到她休息的那星期，她就排田种地（她的丈夫已死有5年左右，死因不明，自个无病无痛死在她家，是个入赘上门的女婿）。她今天开始以每天每人25元的工价，请满下村寨村民和朝光、杨耀祥、和圣伟等5人来挖自家的洋芋，请5天，以便她利用这一周多挖洋芋，之后，又安心回城开车一周。她精于计算，勤于劳作，出寡多年生活却过得很富足（在满中村属于上好户），正印证了南溪村寨代代流传下来的"妮奴穿你心能冬没几"的口语，意思是说："寡妇婆是没有贫穷的，因为她们都比别人勤劳、节俭、争气。"不是吗？如果单从五彦秋家庭成员的情况看，人们不会相信她家有出租车，但有车、有好房、有好生活是事实啊！

2006年9月24日　农历八月三日　晴间阴

满中村的绝大多数村民天刚蒙蒙亮就下田挖洋芋，一直挖到下午1点左右回家吃午饭。午饭后球场上围满了人，球场边停了不少汽车及拖拉机。汽车大多来自城里开车的吉子行政村籍体育爱好者，满中村在城里开车的年轻人及在家的大多数村民，旦都、满上的足球爱好者，这里举行着一场农忙时节很难见到，且很精彩的篮球比赛，吉子队对满中村队。比赛一开始，双方都施展自己的技术，死死守住对方，进攻与守卫并重，比分交替上升，但上升速度不快，上半场结束，打成平手20∶20。下半场开始了，吉子队调整了阵容，换进了一个大个子，顶住了后卫，提高了进攻力量，结果以23∶20结束了下半场。全场结果以3分之差客队战胜了主队。

接着又到足球场进行足球比赛，先是吉子队与满中村队进行比赛。可能是吉子那地方足球场少，或是别的原因，吉子队的足球技艺比起篮球相差甚远，踢起球来不是满中村的对手，幸好守门员是位篮球猛将，好多射门的球都被他接住，结果以0∶3输给满中村队。不精彩的比赛，引不起观众的兴趣，有不少观众比赛开始后半小时就退场回家了。

第二场是满上村与旦都村进行比赛，别看旦都村球员个子小，但脚下功夫是够好的，如和桂华、和云峰、和云龙、和文龙4人，个个都会踢球，结果以2∶1战胜了满上村队。

2006 年 9 月 25 日　农历八月四日　晴间阴

村民和家良家请满上村的亲戚五立黄、五爱菊夫妇，及五福仔三人帮忙挖洋芋，并借来五立黄的手扶拖拉机。他们挖的是品种为"五四八八"的洋芋，这种洋芋的特点是不好储藏，放上一段时间后，从一头开始烂，烂得较快。她婆媳俩为了避免背进屋、背出屋的劳动，干脆就地卖给鹤庆的洋芋老板。6人挖了一上午，才挖到3000斤，每斤0.2元。

和尚花、和圣伟两口子也请侄儿侄女五子红、五菊花、五珍福、五英、五珍元、五友祥6人来挖同样品种的洋芋，他们共8人，挖了3000多斤，以同样的价格卖给了鹤庆的洋芋老板。这样做既省力，又不烂。但好多村民都还不愿卖出，这些人是有劳力，他们不怕劳累，指望着卖个好价钱，哪怕是每斤上多出一两分钱，也是求之不得的。

2006 年 9 月 26 日　农历八月五日　晴间阴

村民和子一、杨文花夫妇及女儿和金凤、和金红、和三姐夫妇、和亚梅、和亚月、和亚华、和玉琴母子、和国亮、和六芝夫妇、和玉梅和闰芝母女、和天林、和立军、和国春父子、和永昌、和社芬夫妇等停挖洋芋上山去采松苞。他们大多开着手扶拖拉机到鸡冠山背后去采。今年村里来了3个维西县人，帮老板收松苞，连包一起称，每公斤0.25元，从来未有这样买松苞的现象。村民们想想算算，这样每人每天可卖到60元左右，于是以上村民停下挖洋芋活，先采几天松苞。果不其然，和天林一人就卖了100多元，其他人每人都卖到60元以上，维西县人今天就收了一万多公斤。这3个维西人是维西县永春乡人，与本村村民和玉祥家沾点亲。因此，和玉祥也停下挖洋芋的活计，为他三人做饭、帮忙堆放松苞等。采松苞的这些村民估计还会采几天。有些村民想去采，又怕从树上跌下，近年来邻村村民在采松苞时小心不够，从树上跌下来的事时有发生，如去年满中村的和立功跌伤，医治了两个多月；前年满上村村民和吉瑞采松苞差点丧了命，花了四五千元医药费；去年吉子村的一农妇差点丧命；前些天高美村五丽元因为从树上跌下来而丧命等。满上村和耀珍、文屏村和红秀、满中村五四谷想想这些事例，都感到不怕一万，就怕万一，而控制住没有参与采松苞找钱的行动。

2006 年 9 月 27 日　农历八月六日　晴

采松苞的村民增加了不少，大约有 2/3 的劳动力去采松苞。就连小小的一棵树都不敢爬的和良命，也邀约五社兴、五社红及她的丈夫和圣华，四人合伙采，而她在树下捡他三人摘下的松苞，到时四等分。今天收入最多的还是和天林，他一人就卖了 150 多元，最低的也在 70 元左右。原因有两个：一是收价提高了，每公斤 0.35 元；二是采得带劲。

看来收松苞的老板也是想大干一番的，他们今天请和国亮带路到后山木苏村收松苞，每天付和国亮 50 元工钱。和玉祥一边帮着做饭，一边帮他们收钱，工钱为每天 60 元。短短几天工夫，利了老板，也乐了村民，有不少村民在这几天里就收入几百元到千元，这是前所未有的，每日人均收入最高的事例。

2006 年 9 月 28 日　农历八月七日　晴间阵雨

满下村村民组长和国兴请满中村五拾红来焊接篮球架，经过五天艰苦细致的焊接，终于在昨天完工。这得益于勤于思考，见的场面多的和国兴，事前请五拾红实地丈量了满中村的篮球架，并照此开好材料单，买材料时就地截成所需长度的钢材，这样既有利于手扶拖拉机运装，也节省了焊接时切割的时间。他俩在焊接开工前，在院坝里用木斗弹墨线绘好一个篮球架的图案，照此焊接，速度较快。

今天各户户长集中在新建的球场上开会，会上和国兴向大家说明了焊接篮球架的过程及生活开销、球板、螺丝、运费的开支情况，每户合 9 元。材料款除国土局给 1500 元外，焊接工钱及不足部分以后向镇政府要。决定在下周三（10 月 4 日）请政府来验收满下村公共活动场所，每户出 25 元，与政府领导欢宴一餐，并进行篮、足球友谊赛。

会上还宣传了农村合作医疗交费与报销的有关事项，要求村民在 10 月 10 日前交完 2007 年农村合作医疗集资款。

会后，大家把新篮球架搬到球场上竖好，并灌上混凝土，压上几个大石头。从此，满下村寨有了较好的篮球运动场和开会的房子。

2006 年 9 月 29 日　农历八月八日　晴间阵雨

满中村在城里开车的村民五福前今天回家来，请来满上村的姐夫五拾红、本村叔叔和国才、满下村姨妹的岳父和作典，共同来帮他妈妈做棺材。他妈与他一起生活，这事必然由他来料理。他也深知老母已接近七旬，不能再大意了，现时虽然老母还没有什么大病，但老人一旦病起来是一发不可收拾的，乘今年有闰月做了，就有备无患了。按照古老的传统，年到 70 岁才做寿棺是晚了很多，过去，一般 49 虚岁就备好棺板，55 岁就把棺木做好，放置于很少走人的楼上。特别是近些年，老年人突发病亡的逐渐增多，面对这样一些现象，年到 65 岁把棺木做好是必要的，以免到用时措手不及。

2006 年 9 月 30 日　农历八月九日　晴

早饭后，退休老师和尚勋代表本家到村民组长和国兴家去算板子款。和尚勋去年从城里买了一些板子，还没用，和国兴为做篮球板，向和尚勋家买了 8 尺，合 132 元。和尚勋家应交合作医疗集资款 50 元，制球架零星材料费 9 元，验收日的伙食费 25 元，共 84 元。和国兴计算后退给和尚勋 68 元。和尚勋回到家后再三细算，发现和国兴多退了 20 元。他就马上回到和国兴家让他再算几遍，并说明多了 20 元，把多的款退给了和国兴。在场的满中村村民和立功及和国兴两人都异口同声地说："要是别人遇上这种事是不会吭声的，幸好是您。"和立功还风趣地说："是真正的共产党员才能做出这样的举动。"和尚勋老师严肃地说："不是自己的财物分文不要,这是我一贯的做人准则,而且要求家人及学生都这样做。钱是身外之物,多有多用,少有少用。月薪32元时也过来了,增到130元照样过,猛增到1300元也不够,假如给3000元也不会够。做人最要紧的是思想道德,而不是钱。"和国兴、和立功说:"现在社会上这样的人不多了,您确实不愧为一个老党员、好老师。"

2006年10月1日　农历八月十日　晴

绝大多数村民继续采摘松苞,因为前两天就把松苞的收购价提高到每公斤0.5元。这样,最差的村民每天也能收入60多元;能干点的、敢爬大树、吃得起苦的人每天能收入150元左右,如村民和天林、和建成、和金星、和金辉等。前所未有的收松苞这一行动,使每个村民(劳动力)比往年多收入1000元左右。由于金钱的驱使,平时很少干活的村民和国武也随同老婆、女儿上山采摘松子,一连坚持干了三天。

村民和国兴则请来满中村的和立功,利用前些天焊接篮球架所剩的材料来焊接畜厩房的大门,这些材料丢了也是白丢,利用起来还好些。他在帮忙和立功切割钢管时,电锯片碎裂,擦破了右手的合谷处,伤得不轻,他擦了药水又开始帮和立功做副手。

为庆祝祖国母亲57华诞生日,满下村寨青年与旦都村青年,在满下村足球场进行了足球友谊赛。下午两点开始,足球场边陆续停了一些手扶拖拉机和面包车,人们也开始在足球场上活动。两点半开始进行比赛,比赛在友好互学的气氛中进行,双方都抱着"宁失一球,不伤一人"的良好心态,运动员的每一脚下,每个举动都是文明、和谐,没有半点鲁莽、粗野的举止。到比赛结束时双方队员都喜笑颜开,观看的村民也为此场友谊赛赞不绝口。

2006年10月2日　农历八月十一日　晴

收购松苞的老板再次提高了收购价,每公斤松苞0.6元,面对这样的高价，前些天就采松苞的村民倦意顿时消失，继续上山采松苞。一个松苞都没采、埋头挖洋芋的村民也动了心，他们深知，经过近一个星期的采摘，挂在树上的松苞已不多，但他们还是暂时停下挖洋芋的农活，去上山采松苞。就连去年从树上跌下一次，后怕还未消尽的村民和爱花，在没人开手扶的情况下，也跟着和朝光夫妇去采松苞。手负有伤的村民和国兴也和老伴和艳花一起上山采松苞，回来时寄在和天林的手扶拖拉机上拉回家。一天下来人均收入都在100元以上，老板还为每辆手扶拖拉机加上10元的燃油费。采松苞这一活计增加了村民的经济收入，成了南溪村增收致富的新亮点。不少村民都说："这样的生意，连做梦都没想过。"这个活动在满下村进行，使满下村的下鹰爱好者都忍痛割爱，丢下下鹰之事而去采松苞。老板现已收到100多吨松苞。

2006年10月3日　农历八月十二日　晴间阴

一时间，由于经济收入的驱使，好多村民都上山采摘松苞。人们各自在心里算计着收入的概况：这些天，要是上山采松苞，最低最差，平时显得最无能的村民每天收入也在80元以上，这比干什么都收入高，是满下村寨有史以来最好找钱的一次机会。有些人家，如和天林、和建成、和金辉、和金发、和建忠、和国红、和立军等，这次采松苞就要收入卖出一万斤的洋芋款（按平时卖价计），而种出一万斤洋芋的投入是不可估量的，采松苞仅仅费上十七八天的时间和精力就可得到。因此，全村寨只有个别户，如和顺明家、和永秀家、和家良家、和圣伟家、和土芬家没有采松苞外，其余村民都去采松苞。就连从攀枝花市矿务局退休在家的和学仁老人（现年61岁）、从攀枝花市建材总厂退休在家的和顺光老人（现年57岁）也投入这一行动中，为家庭经济增收投劳出力。

2006年10月4日　农历八月十三日　晴间阵雨

南溪文屏村五福子的儿子五建山，五建立的儿子五金文，开着两辆面包车，领了七八个文华行政村文笔村人，来到满下村寨和国亮家中，威吓在他家收购松苞的外地小老板（四川、东北、维西人），说："你们收好的这些松苞以收购价转卖给我们，不然有你们好看的。"看来，这帮人来势很凶，小老板们一看这势头，就认为是丽江的黑道人，当即用手机向老板做了汇报。老板要他们继续收松苞，问题由老板解决。在旁看见的村民对这帮恶势力人恨得咬牙切齿，埋怨国家政法机关为什么不治他们一下。

2006年10月5日　农历八月十四日　晴间小阵雨

有些村民正专心于家庭经济增收的活动，仍然上山采松苞，但他们增加收入的愿望今晚受到了意外的冷局，文华人把小老板打跑了，人们只好怨声载道谈论一番后，把松苞拉回家，对文华人的行动心里感到很愤慨。前些天称松苞从傍晚（6点）一直称到11点或12点，人们喜笑颜开，手里的收入多了，每人每天拿到100多元钱，这可能与科学家、工程师的收入差不多，怎能不使村民高兴呢？而今天，他们怀着可收一笔巨款的心理而来，却遇到这样的冷局，怎能不痛心呢？

村民和德华请了堂哥五福寿去旦都前村和红军家说亲，他与和红军之女五桂花相好，今天上门求亲，象征着这事已成定局。村民和学军也请了叔叔和建军去本村和作武家，与和作武的长女五满菊说亲。现时，进门求婚就已表明此事必成。

昨天来的这班人，今天又气势汹汹地窜入和国亮家，并且七手八脚地打了老板，还抢走一些现款。大老板要挨打的小老板报警，说若丽江警方还不理睬的话，他定派人来摆平。他们今天停止了收松苞，来卖松苞的村民对这样无理打人、抢人的行为恨之入骨，怕得心惊。人们在桥边谈论着："国家为什么不打黑除恶，让坏人这样无法无天，公安会保护合法者、惩治不法者的。"人们替老板担心这二十几万元的松苞会不会被恶人抢去。

2006年10月6日　农历八月十五日　阴间阵雨

有好些村民集中在和国亮家门口卖昨日采来的松苞。昨天文屏村的五建山、五金文领来的文笔村的几个地痞把小老板打跑后，被打伤的人住院治疗了几天后，派出所的人叫他们回南溪满下村继续收松苞，于是他们昨晚天黑回来，今天继续收购松苞。从上午9点开始称，到12点左右，约称了一半，还有十来辆手扶拖拉机未称，五建山他们又气势汹汹地来到和国亮家，威吓村民并大叫："你们为什么不来上村卖？"旁边的村民劝五建山不能这样，而他不但不听劝告，反而大骂村民："叫你们来满上村卖，你们为何不来，我今天给他们一点厉害看看。"说着就想打收购松苞的维西人，有正义感的部分村民见事不平，愤怒从心起，打了五建山一顿，那帮地痞马上把五建山拉上车一溜烟跑了。

事后大家谈论着："出现大白天窜户入室打人抢人，这样作恶的现象令人痛心。再说人家外地老板把钱投到我们这儿，老板得利，村民受益，两全其美，他们这帮地痞这样做是破坏了当地的社会主义经济。不管老板是哪儿人，对当地村民增收致富有利的，政府和政法部门应给予保护，不能让地痞为所欲为。"中秋团圆节满下村村民与地痞结下了怨仇。

今天是传统的"中秋"团圆节，满中村和旦都村的青年进行了足球比赛。晚饭后各家聚首明月底下，赏月尝饼。

2006年10月7日　农历八月十六日　晴

村民们停止了采松苞的活计，都到油菜地里收割秋油菜。人们一起床，手拿镰刀到油菜地里收割，如若天晴，下午就得停干，因为成熟的荚会自动炸开，造成浪费。所以必须抓住早晨或者天阴的白天收割油菜。正当村民们在田间干得正是劲头的时候，听到一个妇女大叫声："救命啊！救命啊！请乡亲们赶快帮一下，快要打死人了。"人们听到叫声都放下手里的锄头往家跑。原来是五建山的同伙戴着墨镜来了十五六人，说是要与收松子的老板谈点事，结果一见到村民三三两两跑来，就急忙上车（两辆面包车），开着车逃跑了。村民们在桥边谈论着："以后要出事的，要村民组长和国兴向各级政府（村委会、镇政府）以及黄山派出所报告昨天事情的前因后果，不然会出事。各级领导只知道村民组长，因为你是满下村的法人代表，各级领导也只会听你的反映。"和顺明还说："要你昨天就把事情的来龙去脉上报，你为什么迟迟不报？"看样子和国兴有点不愿报，他心里可能想："又不是我的事。"或许想："人家老板自己找钱我们去管那么多干什么？"村民们都说："老板把这么多钱让村民找，老板发财，群众得利，应该保护老板，以往有这么多收入吗？单单十来天，收入最高的农户已收入松苞款约4000元，最低户也收四五百元，只有两三家分文不收，以前有过这样的好事吗？路见不平，拔刀相助，老板是对的。"

2006年10月8日　农历八月十七日　晴间阴

村民五德华与旦都前村女青年五桂花举行订婚礼。昨晚五德华由五福寿陪伴，背着订婚礼[女服1套、腊肉1挂、酒1桶（6斤）、2瓶瓶装酒、烟1条、米10斤、红糖2坨、茶叶2包]到旦都前村五桂花家定亲。今天五德华家备了酒席，请了客[近代家族10家，德华舅5家，德华姑妈2家，德华姐1家，德华的本村男伙伴10人，表叔2家，外村朋友五玉山（白华人）、五二友（满中村人）]。家族及舅表叔、姑妈、姐姐家带的礼大都是6斤米、半挂肉、1瓶酒，男伙伴及朋友带来的礼是钱，最低者20元，最高者100元。他把未婚妻五桂花领到家中，在亲戚朋友面前亮相了，他已在人生的道路上迈开了第一步。南溪村民自古就有人生四大步之说（订婚、结婚、生育、寿终）。

2006年10月9日　农历八月十八日　雨转阴

从昨晚下半夜开始下小雨，一直下到下午两点才转晴。上午村民们都休闲在家，有些按捺不住寂寞的村民去串门，打扑克、打麻将。部分闲不住的老妇人冒着细雨，背着篮子在洋芋地里割猪草。年轻的少妇们则休闲在和国武家打扑克，她们心里没有想着牲口今晚吃什么，好自在啊！也许她们心里根本没想到：她们的婆婆冒雨挨冷割猪草，太苦了。年轻人悠闲，老年人苦的现象没有使她们产生羞耻感，还似乎是合乎情理的。日复一日、年复一年，这现象如长期下去，代代传下去，那老年人的身体及心理能支撑得住吗？这现象合乎人生礼仪吗？实在发人深思。

下雨天晴后，人们背着篮子、扛着锄头到附近的田里去挖洋芋，可说是争分夺秒了。

2006年10月10日　农历八月十九日　阴间晴

村民五子元及妻子五丽春，五社兴及五社红弟兄，和永军、和玉祥4户6人用两辆手扶拖拉机从沙场拉来石头，修一座简易型的桥及清理通往他们4家的路。由于和作尚、和圣华父子两代人，每年往外堵出一条小河，久而久之，有些路几乎走不成手扶了，特别是前些天和圣华占道砌石脚，就更难以行走。他们4户在百忙中抽出时间修便桥铺沙子，是对和圣华家行为的一种无声的抗议。

他们6人又上石头、沙子，又下车，还要砌桥，整整干了一天才勉强修好。

黄山镇卫生院的有关负责医生，来到南溪村委会收2006年8月至2007年8月的农村合作医疗集资款。此前，由各自然村的组长、副组长，把各农户按总人口每人10元已收齐。今天各自然村组长把收好的款项及合作医疗本交给卫生院的人。

中午的伙食由卫生院负责，大家痛痛快快地吃了一顿。吃完饭后，围着桌子玩了一阵才散伙。

2006年10月11日　农历八月二十日　阴

满中村村民五菊背了约20斤的"一窝菌"去丽江城卖，这些菌是昨天她丈夫和福生从山上捡来的。村民五二社也带了十来斤同样的菌去丽江城。到了城里，篮子还没放下来就有很多买主围过来了，买主问卖主多少卖价，五菊说："零卖每斤16元，堆卖每斤15元。"一个中年妇女全要了，围上来的人只好不欢而散，又去其他地方买菌。五菊提秤过称，有21斤，买主带笑地说："这菌又不是你种出来的，只是捡来的，那一斤的价就让我好了，整收300元。"五菊马上答道："虽是野生的，我们不需去施肥浇水，但我们去捡它，走遍几十座山，撕破裤子和鞋子，上山四五天也捡不到。还要知道生长菌的地方，来之不易，讲好的价分文不让。"买主拿出315元付给五菊，走了，五菊也满意地离开市场。和国军书记的车1点转回，她两点到家，到家后又立即去挖洋芋。这315元的收入算是一工半得到的，要是天天都能这样，该多好啊！但这绝不可能，野生菌每年只生长一次，才使得价格这样昂贵，可说是物以稀为贵啊。

2006年10月12日　农历八月二十一日　晴

满下村寨村民组长和国兴，今早9点到10点在新修的球场召开户长会议。会议议程是：一、发回各户的农村新型合作医疗证书，并转告各户长，在年内利用门诊费结余款到镇卫生院开药，明年要换新的证书；二、决定明天进行满下村公共活动场所建设竣工典礼，部署明天活动的各项事宜，组织庆典足球、篮球友谊赛，比赛双方是满下村与黄山镇政府。最后举行庆典宴会，宴会请黄山镇政府、黄山镇财政所，玉龙县国土资源局，南溪村委会干部、各村民组长、南溪完小等单位参加。会议安排了各种事的分工。食物，买一口肥猪、10只鸡、每户出3个鸡蛋、5个洋芋（做烧烤）。赛事由和国臣负责；炊事由和永红负责（分配8人为炊事员）；蒸饭由5个妇女进行，由和永秀负责；烟酒由和子红、和天林两人负责；杀猪分配了 8 人，由和万军负责；烧洋芋由和朝光负责；分配了 16 人借板凳，8 人借锅。未婚青年男女参与服务，在城里开出租车的村民也特邀回村参加。

2006 年 10 月 13 日　农历八月二十二日　晴

今天，鸡冠山欢笑，满下村寨洋溢着欢声笑语，村民们个个喜笑颜开，集中在新近建成的水泥篮球场上举行满下村公共活动场所落成庆典。村里以户为单位出钱，买猪杀鸡准备欢乐一天。8 点开始，村民们陆续拿来柴、蛋、洋芋、锅、碗，等到猪杀出来了，炊事组就烧火做饭，小伙子们帮忙杀鸡。到 9 点半左右，负责烧洋芋的和朝光及和国红在紧张地烧着洋芋。10 点半左右所请的单位陆续来了，乡政府、财政所一起来。到场后用烧洋芋招待了领导，他们吃得很香，说："真好吃，简直赛过在城里卖的烧烤。"村民们听在耳里，喜在心上，说："地方穷，没什么好吃的让领导们品尝，我们心里过意不去。"

过了一阵，黄山镇政府与满下村进行了篮球赛，比赛在友好激烈的气氛中进行。20 世纪 70 年代末至 80 年代中期，曾经在南山片及丽江西坝赫赫有名的篮球队，由于近 20 年几乎没进行过一场篮球运动，显得与篮球有些陌生。年轻人只会足球，对篮球很外行，结果比分悬殊，镇政府遥遥领先。接着行政村干部队与满下村老年队进行比赛，这两队打下来不相上下，老年队有技术，干部队力气较大但技能稍不如老年队，结果老年队以 2 分之差险胜干部队。

篮球比赛结束后，满下村民组长和国兴作了简短的发言，主题是：由于镇政府的关心和支持，满下村建了一所活动室会议房及一块水泥篮球场，结束了满下村实行生产责任制以来没有会议房的历史，代表村民向各级政府领导表示感谢。接着和国军书记代表村委会向满下村表示祝贺，并希望镇领导一如既往地支持和帮助南溪的各项公益事业建设。接着黄山镇镇长和志强讲了话，他说："在建设期间，我来过两次，看到大家十足的劲头，团结一心，支持村干部，支持各级政府干大事，使我受到很大鼓舞。特别是南溪公路改造工程，满下村寨无偿地献出沙场资源，没有一个村民提出不满的怨言，更从没有村民对建设说这说那进行干扰，我实在感到满下村村民素质是相当高的，从心眼里很感激，我代表镇党委政府向满下村表示衷心的感谢。"并表示以后只要村民有建设公益事业的要求，政府一定尽力相助。还表示今天给1000元的牙祭费。

接着开始宴席，顺序是：各级领导（镇政府、财政所、村委会、各村民组长）、本村在城里开出租车的人、今早杀猪的人、要参加饭后足球赛的人为第一巡。第二巡是各户长及青年服务人员、炊事人员。

今天宴席食物的主料出自1口猪、10只鸡，真正做到南溪特色饭（肥肉、炒瘦肉、排骨加萝卜、猪头加葱、猪肝加洋芋、煮鸡蛋、鸡肉、凉拌萝卜丝、八大碗）。

吃完饭后留下几个人招呼现场（以防狗、鸡来捣乱），大家就去看足球赛。第一场是黄山镇对满下队，政府队以2：4输给了满下队。第二场是满下青年队与中年队，结果1：1成平局，在进行点球赛时，青年队以3：2险胜中年队。

天黑时又吃了一顿晚饭，休闲喝酒，闲聊到很晚才散。散伙前青年人把所剩的食物寄存在邻居和永红家。和国兴要求各户长明早8点半来集中一下，事由是，今天所剩的食物明早还可吃一顿，再是今天的收支要在户长中结算一下，最后是把所用的炊具和桌凳各自收回家。

2006年10月14日　农历八月二十三日　晴

满下村寨57户户长集中在新建球场，炊事组热饭炒菜，组长和国兴及副组长和圣伟结算昨日的收支。结算完后向户长公布各项支出及各项收入。此次活动费的收入来自：1. 各户出25元；2. 镇政府给了1000元；3. 镇财政所给了300元；4. 村委会给了200元；5. 迁居丽江城市户口仍留满下村的和学群家，因未参加建设公益劳动捐助200元。收支两顶结余 900 元，组长征求户长意见后，将此款做公款留用。此外，应邀前来参加庆典的南溪完小校长和建雄送来一个篮球，满下村寨在城里开出租车的村民，和灿、和朝亮、和朝珍、和春拾、和圣武、和万琼、和万林、和建军、和武军 9 人送来一个足球、一个篮球及 5 件饮料，旦前、旦后、满中、满上四村民组长送来一件啤酒，本村在家男青年送来 3 件啤酒，女青年送了一件大麦酒和一件啤酒。此次的活动显得隆重、丰盛，干群同乐、干群共欢，增近了干群关系，干部听到群众的心声，部分村民已排除了以前对村干部不理解的偏见。吃过早饭后，有的打扑克，有的比赛投篮，来一点小小的经济刺激，但一上午下来，输者最多也不过 30 元，赢者最多也是 35 元封顶。到中午宣告此次活动结束，各带炊具散伙。休闲间还讨论了建立满下村老年协会的问题。

2006 年 10 月 15 日　农历八月二十四日　晴

今天是云南大学纳西族调查研究基地的管理工作交和尚勋老师来管理一周年。一年来他边管理基地房屋财产，边像往年"忠诚党的事业，一心扑在教书育人"上一样，没有减退半点的事业心，反而更加认真负责，坚持每天写日记，每晚都睡在基地看守。有时候偶尔去丽江一两天，也由老伴和家良顶替看护。和尚勋老师同时承担了接待工作，在搞接待时，不仅误了他而且也耽误了老伴的农活时间，但从未计较，更没有向基地负责人要过误工钱。特别是 3 月后，他在基地边种了一些从本地山上挖来的冬青红灯笼，3 月 2 日木府又从城里拉来了一些柳树及桂花、玉合花、冬青年等名贵树来绿化，从此后他投入基地的心血和精力更多。起初每天浇一次水，一个月后每三天浇一次水，村民放羊和关羊时间都守护在所种好的树旁，以防止羊群过去过来时伤害了小树，长期坚持下来初见成效，树成活率在 85% 以上。今天他从家里砍来竹子，给种在院坝里的桂花树、玉合花树、吊兰等五树搭架子，准备下霜时盖上塑料布，以防止霜雪伤害，让小树安全过冬。见状的村民们问："和老师，您搞这工作云南大学每月给您四五百元的酬金吧？要不然您不会这样负责任。"和老师坦率地笑着回答："酬金不多，但我这人很不在乎钱，如果我在乎钱的话，不会这样早就退休，只因考虑到自己的身体及工作效率（不想本地师害本地生），才申请退休的。我认为钱这身外之物可多有多用，少有少用，每月30元工资时也过来了，每月300元也同样，每月1300元也不够。我的性格是答应了别人的事，就要负责到底，直到最后。这样做一下对我本人也有利，我可以老有所学、老有所为、老有所乐、为云南大学基地、为村民做点力所能及的事。"

那几个村民听后说："和老师，当今的人能捞一点是一点，能要一点是一点，能占一点是一点，像您这种人的确不可多得。"

2006年10月16日　农历八月二十五日　晴

满下村寨和福祥家族共九家，每家一人到和福光家帮和福光做棺材。9人中有4人是木匠，不会木匠的也帮忙扶料、压料、推料。在农忙的情况下，停下农活先来做此事，是因为和福光自去年7月以来身患重病，医院诊断是胃癌晚期，现已卧床四五个月，饮食不能自理，大小便不能自理，已有两月之久。这些天，骨瘦如柴，呻吟不断，回生的希望很渺茫。因此，家族怕到时措手不及，今天组织家族的和金辉、和金圣、和金星、和金红、和子一、和子红、和社员、和林等人共同来做和福光老人（60岁）的寿房。他们边做棺材边议论猜测，到底是棺材会赢还是人会赢的问题，多数在场的人都认为棺材会赢。

其余村民都忙着挖洋芋，大部分村民交流："今年的洋芋产量没有往年好，干起活来很不带劲，这现象可能与今年雨水少有关。"

注：人赢还是棺材赢的问题，有史以来世居南溪村寨的纳西族有这种说法，当人病倒时间长了，有点舍不得死去或谢世还为时早些，家人就请来木匠和家族人把寿棺做好，寿棺做好后，有些病人慢慢好转来，这种现象称"人赢"。有些棺材一做好，人没过多久便死去，这种现象

称"棺材赢"。纳西语叫:"国你高呢兴你高。"

2006年10月17日　农历八月二十六日　晴

村民们都在附近地里挖洋芋。快到中午时分,一只黑色的猎狗撵了一只麂子到坝子里,看来猎狗已撵的时间长了,麂子很累了,快跑不动了,挖洋芋的村民和作才、和圣军父子、和朝光等举起锄头迎头堵去,只见麂子掉转头往母猪山跑去,猎狗紧撵不舍,又把麂子撵下山到村子西面的洋芋地里,在地里挖洋芋的村民和子香(妇女)举起锄头迎头打去,正打在腰间。恰好背洋芋回家,又转回地里的和子一路过此地,他奋不顾身地扑上去,双手紧紧抓住麂子的犄角,叫和子香继续打。他俩叫路过的和林抓住麂子脚,和林却不敢抓。在附近挖洋芋的和良命、和圣华夫妻见状,忙跑过来帮忙打,直到把麂子打死,抬回到和圣华家剥皮解剖,他们把整只麂子砍好后用一口大锅煮好,并欢迎喜欢吃的村民都来尝尝野味。通过解剖,发现这是只怀胎的母麂子,难怪麂子跑得这样累,胎儿都有兔子般大小。麂胎由和福祥老人拿了去收藏,这是一剂难得的妇科药。

晚上,和子一家三口,和圣华家五口,和子香家四口,和社兴两弟兄,和林家四口,和朝泽家三口,和作武家两口子等约30人共尝了野味,他们都觉得野味很香,怪不得卖价那么贵。

2006年10月18日　农历八月二十七日　晴

拉市乡海东行政村民主村民二组的村民拉着一手扶包心菜和苹果,由文华行政村金土坪村村民五先陪同,停在满下村和国红家门口叫卖。听到的人及回来吃午饭的村民路过此处,就称了不少。换的话是苹果1斤换洋芋2斤,白菜1斤换洋芋2斤;卖的话,一斤苹果6角钱,一斤白菜6角钱。路过及听到喊声的村民都围到手扶边买或者换,随身带钱的就干脆买了,没带钱的,先把苹果及白菜背回家,再从家里背了洋芋过秤，不到两个小时就把整手扶的货都交换完了，有好多村民还没买到苹果。

2006年10月19日　农历八月二十八日　晴

村民和玉祥在挖洋芋，她家地里多了3个人，连她一起共有4个人。农忙时节这些人是谁呢？是从哪里请来的呢？原来，所多的这3人是维西县拖支乡人，他们在满下村收购松苞，乘拉松苞的拖拉机还没有来的空闲时间，帮忙和玉祥挖洋芋。这的确帮了和玉祥家无劳力的忙，和玉祥的婆婆和志贤对此举很满意，因为和玉祥前段时间忙于采松苞，和他仨一起称松苞，因此，挖洋芋的急事搁了20多天。家里就和玉祥一个劳力，她担心洋芋会受冻损失，有他仨的帮忙，洋芋就不至于被冻坏了。他们仨虽然对挖洋芋这农活不很娴熟，但翻坛，背洋芋上车，脏活重活是顶着干的，速度和效果都比和玉祥一人挖快得多。

2006年10月20日　农历八月二十九日　阴

今天是2006年最后一个"土皇"节令的头一天，满中村村民耕牛组的五四哥及妻子五菊花，和涛及妻子五闰英，和万里及妻子五七香，和立强及妻子五闰良四家八人开始撒种青稞。和万里用个提篮提着青稞种边走边撒，撒种时手的动作和迈脚是相互协调的，他撒完一田就停下来抽杆烟，由五四哥开着手扶拖拉机来犁田。五四哥一边犁，其他人就拿着耙子把所犁的地耙平整。撒种前没有撒厩肥，这主要是田地土质好，若撒上厩肥，以后青稞长得过好，会一片片倒下致使青稞不饱满，所以把施肥这程序免了，好多村民都是这样做的。南溪的小春作物种植应抢在"土皇"节令这18天时间里完成。如若"土皇"节令过后再种便有"颗粒不饱满"之说。满中村的这耕牛组抢在头一天撒种，主要是图撒了种后下几场雨，"土皇"节令的天是常阴常雨的。在南溪远古的时候就有"婆娘嘴，土皇天"的口头语，指的是婆娘说的话不一定真，她们是想什么说什么，土皇节令的天常阴，要下不下，要晴不晴。

2006年10月21日　农历八月三十日　阴转阵雨

村民和永昌去年帮他侄儿子五丽红（他姐的儿子，太安乡吉子行政村汝南化村人）在玉龙白华信用社贷的款就要到期了，由于侄儿子在快一年整的时间里分文不还，急得他像热锅上的蚂蚁，前些天多次打电话给五丽红，但他不接，只好在昨天下午直接跑到汝南化五丽红家与他商谈还贷之事。并逼着五丽红一起来南溪，今早乘坐和国军书记的车去信用社，做延期借贷的手续。开初对贷款一事，和永昌是很不乐意的，但在五丽红的再三再四请求下，帮他贷了4000元。他说："我有年近八旬的老母，要是她去世的话，要花费近万元，你拖着迟迟不还贷，要是老母有个三长两短，我不可能贷到款（老贷不还，不贷新账），借也不会借到这么多钱，你要是不积极还贷款，我就把老母领到你家，叫你来收拾。"他还对别人讲，帮别人贷款一事，以后千万行不得，假设自家急需用钱要贷时就贷不到了。再说，不帮贷只是恨你一段时间，催促还款，就认为你啰唆，恨的时间更长。

事情的确是这样，当亲戚朋友有困难需要用钱时，借点、贷点帮忙是在情理之中，但不自觉的人过了三五年也不还所借所贷之款，去要回所借款或催还所贷款，是件不容易的事。因此，有困难的一方要紧紧把握好古来就在南溪流传的谚语"借胜过给"的哲理。纳西语叫："低土低用普。"

2006年10月22日　农历九月一日　晴转雷阵雨

黄山镇兽医站及农科站的负责人和部分工作人员，到南溪行政村大棚养猪示范户（和实红、和国高、和国兴、和述贤、和丽勋）家帮忙安屋铁架和盖塑料布，让示范户开始用大棚养猪。在这件事上，政府无偿援助每户一吨水泥，铁架、塑料，价值1500元左右。这五户中有三户是各自然村村民组长，其余两户是村民。

2006年10月23日　农历九月二日　晴

久病卧床，并由家族人员守护十来天的村民和福光今天早晨9点半与世长辞了。和福光现年60岁，中共党员，是父母早逝，姐姐也去世，到十三四岁就自立家庭的单身汉。和福光入伍当兵六年，复员后又讨了本村从汝南化村离婚回来的村民五金合为伴，后生有一女一男。

他停止呼吸后，他家族的年轻人（五亚梅、五金象）在村道上边走边喊："阿老十不行了，请帮忙一下！阿老十不行了，请帮忙一下。"准备出工的村民，都改变方向，直往他家而去。

注：阿老十、爷爷十，和福光的乳名叫五十，年纪老了就喊阿老十。

2006年10月24日　农历九月三日　晴

正当村民们忙着挖洋芋，早出晚归地埋头苦干于田间，松苞老板却拉来了两台脱粒松苞的机器，要脱粒松苞。原先老板估计不好请到帮忙脱粒的村民，然而使他们出乎意料的是，听到机器已到的消息，就有很多村民前来探工价，抢着报名，他们是：和建忠、和四姐夫妇、和圣华、和良命夫妇、和国红、和社菊夫妇、和朝柱、和一花母子、和闰芝、和玉梅母女、和作武、和茂花夫妇、和社红、和国臣、和自华父子、和朝东、和秋谷、和爱花、和玉祥、和六芝、和自华、和满谷。每台机器，由10人来搬运松苞并脱粒松苞，每小时每人5元的工价。有些村民视而不见，看了一下脱粒机，就悄悄离去，往田间走去。这些村民认为，一年的田间劳动成果正等待着收挖，哪怕一天给百元的工价，也不是找钱的时候，老天已开始下霜，若不抓紧抢收就会遭到霜冻，这损失是不忍心的。持这种想法的村民较多。人真是各有所思，各有所求，有些则急于得到唾手可得的现款，如上述排名者。有些不图眼前，兼顾重点。

2006年10月25日　农历九月四日　晴

在城里开出租车的村民和朝亮,把从江苏来丽江的游客拉到家里招待。事情的经过是这样的:前天和昨天,和朝亮拉到两个游客(夫妻),女的第三次到丽江,男的第一次到丽江。今天和朝亮因停车休息,故叫本村村民和圣武去拉这两个游客去游景点,游客不答应,在古城茶馆休闲。到中午,游客要和圣武找和朝亮,和圣武哄游客说:"和朝亮不在城里了,回家帮农活了。"游客强硬要求和圣武打电话找和朝亮,不然我们各走各的,和圣武无法就把这两个游客拉到白华和朝亮的住处。游客一见到和朝亮就说:"师傅,我们多次到丽江,觉得您人品好,我们要去您家玩一转,可以吗?请答应我们的要求。"和朝亮就答应了游客的要求。他打电话叫在家的老父和尚勋清扫一下院坝,他先拉着游客去城里买东西。5点半左右把游客拉到家,和圣武也一同前来。一到家,和朝亮忙着杀鸡煮肉做饭,和圣武也帮忙。游客则由其父领到外面看山水风光,他俩称赞说:"这里的山景色确实美,可惜没有水。"和尚勋介绍说:"南溪的景色7、8、9三个月最好,到处是青山陪衬花,五颜六色的满坝野花,鲜红的九节花,红、白、紫色的洋芋花,满子师村成了花的海洋,那时节游人赏花的很多,以后有机会希望你们在那时节来观赏一下,这里有许多大城市看不到的美景。"为赶上夜间11点的飞机,俩游客9点半离开。

把游客拉到南溪农户家,这是六七年来百余南溪人进城开出租车的第一次。

2006年10月26日　农历九月五日　晴

和福光家族去城里买和福光送葬礼所需的物品,除和永军家、和金红家因无人只去一人外,其余和金辉家、和金胜家、和子一家、和子红家、和金星每家去二人,开去两辆手扶拖拉机。他们把菜、肉及零星食品买好后,酒、烟、饮料等东西就请本村小卖部的和四闰批发给他们,以批发价付给和四闻货款。

脱粒松苞的村民继续脱粒松苞，两个组都加了夜班，和国亮家这组加了2个小时，连续工作11个小时，每人收入72元。和国红家这组夜班加了3个小时，每小时工价7元，因工效显著，每人奖励5元，12个工作时，每人共收入80元。此外，和尚军、和朝柱父子、和闰芝、和玉梅母女，和建忠、和四姐夫妇，和国红、和社菊夫妇，和国臣、和二女夫妇，这五户近几天每天收入142元或者160元，这样的收入是前所未有的。真是老板得利，村民有收入，两方有利。

2006年10月27日　农历九月六日　晴

被和福光家请为总理（两人）的和国兴、和顺明，炊事（10人），蒸饭（8人），记账（2人），收礼（6人），酒官（2人），烟官（2人），埋尸（4人），烧草席（3人），招待老人（2人），小工等所有人，都集中在和福光家准备明天的送葬事宜。他们到和福光家后，各行其是。吃过早饭后总理安排各种事宜，埋人组及烧草席的人今天暂时无事，来吃两顿饭就了事了。小工及各组的一部分人安排上山砍柴，记账人及酒、烟官扎灵柩的牌坊，家族守灵及剪孝。

人多的农户，除了和福光家请的人外去参加脱粒松苞的劳动。此项活动，两台机器、两个场所（和国亮家、和国红家）同时进行，每组10人。和国亮这组连续工作13小时（上午5小时，下午4小时，晚上4小时），工效一般，没得奖励，每人共得酬金75元（夜班3小时每小时7元）。

收松苞开始到结束，和国亮家收到伙食费、住宿费、场地费、误工费共6000多元，和国红家得到500元场地费，和玉祥得到3000元误工及住宿费。和国亮的长女五一兰家也得了约3000元的收松苞费。和国亮、和玉祥、和一兰父子三家在此次收松苞的活动中得到软钱（不出汗劳苦所得的钱，在满下村寨称为"软钱"）12000多元。

村民挣去老板的7万多元（最高户得6000多元，最少户得约2000元）。

2006年10月28日　农历九月七日　晴

今天全村村民为和福光举行送葬礼。收礼在本家进行，做饭待客在本家族和金红家进行，由于和福光没有兄弟姐妹，再加上可能平时他们家少参加吊丧事宜，因此，来客较少，从12点开始待客到2点左右待完，收的礼也比其他家少得多。3点左右村民们在院坝里跳"窝忍忍"，不安葬，纳西语叫作"寄山"。为什么产生这种现象呢？居住在南溪的纳西族，在"土皇"节令期间不能挖土安葬，不能动土建房，禁搬动孕妇的睡床。因此，在"土皇"节令18天里的死者，举行了送葬礼后抬到墓地先暂放地面上，等"土皇"节令完了，请来埋尸人挖坑入葬。和福光的这种现象是满下村寨有史以来的第三例。第一例是1952年逝世的村民五七斤，第二例是20年前死的村民五克迟。

2006年10月29日　农历九月八日　晴

和尚勋老师接到太安乡中心校总务主任的电话通知，带上身份证可来领取已故大哥和尚武老师的抚恤费及安葬费。因和尚武老师有三个儿子，中心校领导怕三兄弟对此遗产发生争执，在出葬时就请和尚武老师的胞弟和尚勋老师，按照和尚武的遗嘱，分给三个儿子。和尚勋带了身份证，领了在家的大侄儿和朝东、二侄儿和朝泽、回来参加和福光葬礼的三侄儿和朝珍，一起到城里找太安乡中心校总务主任杨丽军老师。杨丽军按玉龙县教育局的账单开给了支票，抚恤费及安葬费共11530元，就到银行取款。原先和尚武的工资卡里余有2990.78元，共合14842元。取款后，四人围坐一块，由和尚勋按照和尚武生前的遗嘱先补给大儿子和朝东5000元，和尚武生前在二儿子家的生活费1500元，小儿子和朝珍（结婚时小弟兄挂的礼款）1000元，然后每人分了2444元。分完后三兄弟每人拿出20元，共60元作为和尚勋、和朝东、和朝泽三人的午饭款和往返的车费。他们兄弟仁都明确地意识到今后不再沾到老父的光了，只有自己拼搏才行了。

2006年10月30日　农历九月九日　晴

村民和朝珍、和闰英夫妇，结婚近十年，因和闰英患妊高征致使生育失败，今天在其堂姐和朝花的引荐下，在玉龙县医院要到了一个女青年生下的私生子（女婴），他付了女青年的住院生产费1000元，便由堂兄和朝祖、和武军二人拉到白华住所。他见到来丽江城的叔叔和尚勋，请他给婴儿取名，和尚勋想了想说："是只金凤凰飞到你们家来了，就叫玉凤吧！"他俩高兴地采纳了，并提笔写在出生证明书及婴儿注射预防针的册子上。

他俩要了刚生下的婴儿，困难是可想而知的，和尚勋鼓励他俩："要知难而上，要付出艰辛，除此之外别无他法。要个侄儿侄女抚养，成功的希望很渺小。以前南溪要来侄儿、侄女的，一个都不成功，抚养大以后都闹矛盾，不欢而散。"要来婴儿抚养虽然苦些，但散伙的可能很小。他俩也默认了这些道理。

因不孕不育而抱养别人的孩子，在满下村寨是近五六十年的第一例。

2006年10月31日　农历九月十日　晴

村民和作武、和万军、和四闰、和李福家耕牛组开始撒播青稞、豌豆，他们组的耕牛在7月已卖出，买了两头小牛喂养。因此，今年的秧播用手扶拖拉机来代替耕牛，这一现象比往年多。村民和家良家也请了满中村村民和福军，与他家一起耕播。由于平时和家良家对和福军家较体贴，再加上今年犁的地不多，有六分田左右，因此和福军拒不收工钱。

今年秋播用牛犁田的只有6个耕牛组了。

今天有些村民暂不管田间事，先上山采剥松苞，他们是和建国、和万琴、和金发、和圣华等。山上的松苞虽然前一个月被村民采得所剩无几了，但这些村民认为今年松子一斤绝对不会低于10元，因此他们估计一天还能收入百元左右。他们的算法是，每人每天最低会剥到10斤松子，目前背到市场去卖，每斤最低可卖到10元，而田间损失不会有山上采剥松子收入那么多。

2006年11月1日　农历九月十一日　晴转小阵雨

有十来个金山乡的白族泥水匠来到南溪村公所，据南溪村委会副书记和继武同志讲，这群师傅是黄山镇政府请来帮南溪村公所打院坝里面的混凝土地面，翻盖地震那年建盖的两所平房的瓦。所需资金是组织部给的，每个村委会四五万元，建设党员活动中心。原先打算在村公所东边把旧房掀掉，建盖一所砖混结构的三间平房。到施工时改变了原计划，这说明坝子里的村委会把资金用多了，给南溪村委会的就只够做翻瓦及修院坝了。

师傅们喝水休息了片刻，请和继武副书记找9个村民去拉小杂石。和继武到满下村请到村民五德华，用金山乡师傅开来的手扶拖拉机去"楞石古"拉石头，拌混凝土用的沙子是从坝子里用汽车拉上来的。

2006年11月2日　农历九月十二日　晴

前段时间忙于采松苞、脱粒松苞来增加经济收入的村民，今天全力忙着挖洋芋，上午9点就到地里劳作了。

村民和家良家在今天已挖完了所有的洋芋，主要原因有这样几点：一、她家田少，只有两人的承包田，现有五口人来挖；二、她婆媳俩没有采卖松苞及参加脱粒松苞，一直忙于挖洋芋；三、婆媳俩不管家务，只忙农活，家务及孩子则由丈夫来负责。

村民和尚军一家三口到山地里搓打油菜，到了山上，儿子和朝柱砍柴，和尚军及和一花夫妇搓打油菜，到太阳落山时，柴已装满手扶，把所搓到的菜籽架在柴上返回来。这天的劳动效率很高，既找回一车柴，又搓了油菜，且只烧了一点油。工效的快慢，耗油的多少，全靠人脑来安排。

丽江市、玉龙县两级疾病控制中心派员来南溪，继续查证2005年11月1日在南溪鹿子村村民小组突发的公共卫生事件的病毒源。工作人员带来捕鼠笼，拿给满下村村民组长和国兴，请他发动村民捕鼠后交到村委会，每只老鼠给 5 元的酬金。和国兴接到鼠笼后留两个自己捕外，拿给副组长和圣伟两个，邻居和国武两个。疾控中心派来的人员每天要到南溪村委会拿老鼠，解剖后，把鼠的五脏带回去化验检查。

2006 年 11 月 3 日　农历九月十三日　阴间晴

有不少村民先搁下挖洋芋的农活，去搓打油菜。大部分村民都反映说："今年的秋油菜增产不增收，反而是增产减收，是前几天的那场雷阵雨夹有很多冰雹，冰雹把菜籽打掉好些了。"据说在"楞实古"这片地方特别严重，如满中村村民五国海家的菜籽被冰雹打得只剩下油菜秆。村民们回忆说："近七八年来，在农历八月十五中秋节以后晒干的油菜遭冰雹打掉，而且较严重的已是第二次了。这次损失重的农户约损失 1000 公斤，这些农户几乎颗粒无收；最少的也损失两三百斤；收到八九百斤的农户就算幸运了"。看来出售油菜来增加家庭经济收入是不现实的了，只能作为来年的食用油。面对自然灾害，只能承受，没有能力避免和预防，特别是冰雹。

2006 年 11 月 4 日　农历九月十四日　晴

村民和建国家在这农忙之时，请了家族人和建成、和建忠、和建华、和建军、和德华、和金红家每户 2 人，并从前山请来 3 个侄儿，帮他家浇灌天井的混凝土。他家这样紧张地进行家庭建设，原因是他的长子和学先年底要与本村女青年和满菊结婚，因此，他家想抓紧进行建设。

做完混凝土后，到傍晚，他在院子的边边烧起了好几堆塘火，以防夜晚霜来冻混凝土。烧了好几塘火就可抵制霜下来，在低空中把霜化了。

南溪完小校长和建雄接到中心校电话通知，说是下周县教育局要来南溪完小检查工作。下午他组织全校师生搞卫生，学前班和一年级的学生负责周围的果皮纸屑、塑料袋的捡烧之事；二至六年级的学生打扫院内的所有地方，墙壁及窗玻璃也洗擦得干干净净，准备接受教育主管部门的检查。

2006年11月5日　农历九月十五日　晴间阴

满中村村民五秀花请家族和建明家、和丽典家、和丽武家帮忙挖洋芋。她的丈夫和习武突然去世后，放羊的任务就由和秀花来承担，田里的农活落在儿子和闺里一人的身上。从农事忙不过来的角度来说，两人一家，不宜放牧群羊，但从这几年的羊价来说的确是舍不得卖出的。面对舍不得，母子俩暂时把这群羊继续养起，因而拖了农事没能及时完成。虽然大伙从早上9点半挖到下午6点钟，而且尽力干，但还是挖不完。如果明天照样能请到这伙人，就会挖完，请不到的话，母子俩还得挖三天才能挖完。

2006年11月6日　农历九月十六日　阴

满中村村民和福军帮大理洋芋老板买洋芋，品种为"胜利二号"的洋芋6000公斤，每公斤0.8元，他在和丽典家上车。具体做法是，由老板自己看洋芋，商量价格，和福军则问哪家要卖洋芋，等老板和卖主商定后，和福军帮双方过秤、记账、算账，双方复查后就了事。一般称6000公斤左右的一车，就由买洋芋的老板付50元的误工钱。如果过秤一万公斤左右的一车就付100元、120元不定。前者只需花4个小时左右，后者则要七八个小时才能称完。

开始就出这样的价格，是高的了，不知以后会怎样，谁人都说不准。

丽江市、玉龙县疾病控制中心的工作人员，今天转移到鹿子村去检查、化验老鼠，继续查找去年鹿子村所发生的"11·1"公共卫生事件的病源，他们把借给满下村的10个捕鼠笼收回去带到鹿子村。

2006年11月7日　农历九月十七日　晴间阴

今天是二十四节气的"立冬"。早上起来，田野和屋顶瓦上下了一层霜，白白的。田野里只有蔓菁和绿肥还是绿色的，蔓菁有些怕霜，有些黄叶害羞似的躲在绿叶底下；院坝角落里的秋菊和玫瑰花骄傲地顶霜怒放，特别是红玫瑰（和朝泽家、和尚勋家、和朝珍家、和圣昌家）开得很欢，一簇簇，从远处看好像挂了一个个大红灯笼，格外引人注目。在南溪，玫瑰花的花期最长，一棵玫瑰从5月开到11月，花期有7个月之久。

"立冬"是一年中的最后一个"土皇"结束之日，和福光的家族、和福祥全家、和金胜全家、和金星全家、和子一全家、和金红全家、和永军全家以及家族和学伟家、和学仁家、和亚华家、和学新家，每户一人，请来埋尸人和国亮、和圣昌、和顺达、和建国4人，在和福光家族坟场挖坑，掩埋"寄山"已十来天的和福光灵柩。嫁到汝南的和福光女儿五闰菊及女婿五社福也回来参加这一活动。把灵柩埋好后，大伙和埋尸人一同就餐，今天的炊事和招待由和福祥等八家的女人主持。吃完饭后，就地休闲，有些打麻将，有些打扑克，还有的喝酒、闲聊，直到吃完晚饭后才散伙。和福光的寿终大事，今天才全部完成。

2006年11月8日　农历九月十八日　阴

村委会与玉龙县农机局联系，借来农机局的挖洋芋机器，在南溪进行试验。目前整个南溪行政村中，只有满下村寨没挖完洋芋，他们就到满下村寨的村民组长和国兴家地里试验。挖洋芋机由手扶拖拉机来做动力，操作完全跟犁田一样，一人驾驶手扶拖拉机的机头，机头牵引着挖机，拖拉机边走带动挖机，挖机把一坛坛洋芋成行挖起，边挖边筛，把洋芋都筛落在地面，人们只需把筛出的洋芋拣净就可以了。一台这样的机器，最少要由六七人来捡洋芋（十来个为宜），工效显著，只要捡的人跟得上，一天挖二三亩地是轻松的。今天和国兴家的半架山地（半架约三亩）到下午4点就挖完了。见状的村民议论说："以后可用机械代替劳力了，人们的劳动负荷会减轻许多，三五户合起来可买一台这样的挖机。"

2006年11月9日　农历九月十九日　晴

村民和朝光一直想卖出一口肥猪，但猪老板出的价太低了，他就不卖。今天他乘满下村寨还处于挖洋芋的农忙之机，请来和永良、和朝东、和圣武、和尚勋、和圣军等亲戚来杀猪卖肉。天一亮就把水烧沸了，他请的人一到，随便喝了杯茶就开始杀猪，他们要争取在村民出工前（约早上9点）杀出，卖完。和朝光把要杀的那口猪套上绳子拉出厩，大伙把猪压翻，拴好手脚，抬到桌子上杀死。杀死后，他们5人紧张地进行烫猪。和尚勋在村子里边走边喊："卖肉啦，和朝光家卖肉啦"。走完主要村道后回到和朝光家，买肉的村民陆续来了，等猪解剖完就开始卖肉，不到一个小时就卖完了。只剩下猪头和猪肠没人买，杀猪人吃的肉都差点不剩了。和圣武割肉，和永红过秤，和尚勋算钱收钱，和朝东、和朝光洗肠。猪肉卖价为后腿肉每斤7元，前腿肉每斤6.5元，肋肉每斤5.5元，肝每斤6元，肺每斤7元，油每斤4元。卖完后一结算，一口猪卖到850元，还剩下猪头、猪肠。与猪老板出的价650元相比，多收入200元。杀猪人在他家吃午餐和晚餐。

2006年11月10日　农历九月二十日　晴转阴

村民和汝浩、和四谷夫妇、和永红、和永光兄弟，和家良、和福春婆媳，和二友，和建成，和建国，和万琴和金祥夫妇，上山采松苞剥松子，所得的数量不多，每人10斤左右。他们当中，有些是挖完了洋芋上山来的，如和二友、和永光、和家良、和万琴；有些是还有很多洋芋要挖，如和汝浩、和建国，但考虑到经济效益和松子已自动脱落的这一情况而上山的；有些是洋芋快要挖完，如和永红、和建成。由于前段时间采松苞卖的人家多，现在采确实很难了，只要一棵大树上有两三苞，他们就爬上去采。爬树的时间多，剥得的松子却不多，劳动负荷太重，有些人就产生畏惧心理，说明日不来了，只遗憾卖松苞时没有采卖。

村民和作武杀了一只羊，以200元（羊皮留下）整只卖给老板。前些天村民和作才家也卖了一只。这样卖是卖家划算，一只羊除内脏外的肉最多只有二十七八斤，每斤就合7元多了。养羊几年，虽吃不到一顿羊肉，但收入的钱是算高的。

2006年11月11日　农历九月二十一日　晴转阴

满中村的所有农户已完成今年挖洋芋的任务，最早完成的农户至今已有20来天，最晚的在昨天才完成，时间相差20天。究其原因是：所种的地多少不同，劳作的进度不一。完成得最早的村民都上山采松苞剥松子，田里的收入不尽如人意，就想由山上的收入来弥补。

今天开始，陆续在收蔓菁和萝卜。在生产进度这一点上，满中村历来是整个南溪行政村里最快的村寨，他们起得早、干得凶，劳动时间比别的村寨多。

村民和福军、五春华已在帮洋芋老板买洋芋，帮忙过秤记账，来增加家庭经济收入。

2006年11月12日　农历九月二十二日　阴转小阵雨

一些挖完洋芋的农户，如和作典家、和学伟家、和国兴家、和万琴家、和顺明家、和友秀家、和圣伟家，有些上山采松苞剥松子，哪怕是只剥到四五斤；有些则去收蔓菁，有些去搓打油菜。满下村前段时间倾心于采松苞的农户，还有好些洋芋要挖，所幸的是，今年下的霜不那么大，比往年同时期的霜少好些，所以霜冻对洋芋的威胁不大。

村民和学武请和国武修手扶拖拉机。他的拖拉机前些天去城里回来时半路上出毛病了，经和国武拆下检查，发现方向弹子出了故障，他把出了毛病的弹子拿下，装上一排新的弹子，到中午时分就安好试发动，问题果真出在这一环节上。和学武说："三老，在农忙时您帮了我的大忙了，实在感谢您了。"和国武说："不用谢，邻里互帮是应该的。"和学武高兴地开着拖拉机到山上洋芋地里拉洋芋去了。

2006年11月13日　农历九月二十三日　晴

村民和圣伟、和尚花夫妇已完成挖洋芋和搓打油菜的农事，今天和尚花去侄儿和子红家帮忙挖洋芋，这主要是由于前段时间挖洋芋的时候，和圣伟、和尚花老两口挖了两天后，请和子红开手扶拖拉机来拉洋芋，每两天拉一车，这样坚持了近一个月，虽然每次只是耽误了两个小时左右，但久而久之，和子红家挖洋芋的速度就慢了好些。所以，和尚花帮和子红家挖几天，也在情理之中。和圣伟则在家休闲，他在休闲的同时料理家务，喂猪、拴牛。他还以每斤1.5元的价格卖出500斤油菜籽。这样的价格比前些年降了0.15～0.2元，留下400斤左右准备榨油食用。

2006年11月14日　农历九月二十四日　晴

和顺明家家族和顺达、和继花、和友贤、和顺光、杨秋秀、和永华、和永良、杨耀秀、和文亮、和永红、和玉金、和永军、和仔香、和顺明、和命以及亲戚和天林、和丽军、和万红、和万福、和四闰、和友秀及在城里开出租车的禾灿、和武军，旦都前村的五光、五迟两兄弟，去山上找寻昨天上山采松苞剥松子的和国南的小儿子和永光。和永光昨天吃过早点就去前边"楞石古"山上采剥松苞，到天黑都没有归家。和国南老人就到大儿子和永红、二儿子和永良家转告这一情况，他们六家开了汽车、手扶去前面"虎头山"附近找，到夜间11点才返回，但一无所获。今天一早又去前面山上找，仍未找到踪迹。他们家族的年轻女人五桂秋、五桂芬、和永秀、和金良、和金桂、和寿谷在家做饭、烧水，招呼老奶和国南。

晚上不少村民到和国南家询问，对老人进行安慰，给出寻找方法。经和顺明等商量确定，请和灿、和武军、和顺达到九河乡算命先生处算卦，请和国春、和永华到金山乡的算命先生处算卦，请一些村民继续上山寻找。

2006年11月15日　农历九月二十五日　晴

满下村寨的绝大部分男人（每户一人），个别户二人，如和万红、和四闰两弟兄、和尚军、和朝柱父子俩,参加了寻找和永光的活动。他们分成5个组,两个组分别去九河乡及金山乡,因金山乡的算命先生不在家,后到七河乡三义村打卦;两个组进村查询;和圣华、和亚华、五光3人到邻村吉子,高且到汝南(属太安乡的村落);和四闰、和亚军、和永贤组到后山木梳村、鲁图村、寒近洛村查访。上山寻找组(约50人)分成三组寻找,年轻组由和永红带领去远点的木梳村背后寻找,中年组由和顺明带领到鹿子村东南部山上寻找,老年组由和永良带领到鹿子村东山上寻找,还有妇女组到旦都村南边山上找。通过寻找,只找到前几天和永光丢失的篮子,手锤及剥到的一些松子。每组都带有手机或移动座机,随时都在联系。各组人员,走过一村又一村,翻过一岭又一岭,到天黑都未找到和永光的蛛丝马迹。人们推测有两种可能:一种是摔死在山上,一种是有可能走到别的地方。和永光本人前些年因患轻症神经病,现时有复发的可能。他患此病一直待在家三年多,偶尔出去劳动也只有半年时间,以前两母子的农活大多由和永红、和永良、和永军家帮忙完成。

2006年11月16日　农历九月二十六日　晴

满下村寨每户一人自觉参加寻找和永光的活动,昨天没来的和金发、和玉祥、和建国、和林、和金红、和金胜、和子一、和子红、和朝东九户也来参加这一活动。今天的主要搜查地点为"虎头山",人们排成行,两人间只隔两米左右的距离,看得很认真。翻过一山又一山,寻过一岭又一岭,山林那么宽广无垠,到下午4点左右,因为一点线索都没查到,大家都像泄了气的皮球,软软的有气无力,都感到似大海捞针,没有劲头。吃了点自带的午饭,大伙又往回搜,一直搜到村子附近的山上才下来。太阳已快落山,筋疲力尽的村民都到和国南家喝水充饥。吃过晚饭,失去希望的村民无精打采地坐在火边休闲,到7点接到从汝南打来的电话,说在汝南发现失踪的和永光,两兄弟相拥而泣,他们家族的人都激动得放声大哭,泪流满面。大家都不停地说:"老祖宗保佑着他,是老祖宗把他领回来了。"因为高兴，大伙都休闲到凌晨四五点才散伙。原来和永光并不是人们所想象的旧病复发，而是在深山密林里迷失方向，在山里过了三天三夜，第四天下午才认出方向自己回来。

2006年11月17日　农历九月二十七日　晴

玉龙纳西族自治县第十四届人民政府县长和承勇在黄山镇党委书记和学典的陪同下，由南溪村委会干部和国军、和继武、和丽军引领，到南溪村委会各村民小组进行"送温暖、献爱心活动"。他们到满下村寨困难户和万琼家、和国南家、和社兴家各送了一床新被及500元人民币。还到现就读于云南民族大学的和丽菊家送了1000元的爱心助学金。这是县长在南溪的首例献爱心事例，村民都认为，现在有困难不必怕。

2006年11月18日　农历九月二十八日　晴

除和万福、和建国、和金辉、和建忠、和建华、和汝浩、和国亮、和国武、和金红、和金胜、和金发、和金星、和圣华13户没有挖完洋芋，继续挖洋芋外，其他农户都开始收蔓菁。人们把手扶开到田头地角，边收边装进手扶拖拉机里拉回家。村民和福春及和圣伟两家因为开手扶的人不在家，则由人来背，这种劳作在现代社会显得很苦很累，但因无人开手扶，在你忙我忙家家忙的情况下又不好请人，因此，只能自己顶起干了。

村民和朝光及和朝东两弟兄则去犁油菜地，目的是想让冰雹打落的油菜籽盖上湿土发芽，一发芽就会遭霜冻死，等以后锄洋芋时就不会有油菜苗了，省工就多了。因此，他俩准备把今年种油菜的地都犁完。

2006年11月19日　农历九月二十九日　晴

由组织部投资，玉龙农民企业家李金星（白华人）承包的南溪村委会修缮工程已全部结束。新修的混凝土院坝实现了无泥无土的环境；新翻盖的石瓦黑里透白，整齐别致；新粉的墙壁洁白无瑕，在阳光的照射下耀眼；新翻动的天花板刷得雪白；新装的吊灯照得房屋格外明亮；加高了的大门，显得高大，另有一番景象，真是旧貌变新颜。

翻修建设中所剩的建材（水泥、石灰、沙子、砖头等）由满下村的村民小组长开来手扶拖拉机收拾，拉了两转，可能明天再拉两转才能拉完。

2006年11月20日　农历九月三十日　晴间阴

满中村村民和福军开着手扶拖拉机到鹿子村买油菜籽，他是受汝南老板杨礼清之托而大量收购的，出价一公斤3.2元。他今天买到1000多公斤，拉回自家收存好，待买到的数量多时再由杨礼清老板转运出去卖，完事后由杨老板一次性付给他工钱和油钱。和福军在这段时间一面帮洋芋老板买洋芋，一边买菜籽，忙得很，但乐在其中，利在其中。

帮种药场看鸡的满中村村民五春华因这段时间不需看鸡，就干起了帮大理洋芋老板买洋芋的活计，他因患有胃病，近些年不干重活，只干轻活（开车、看鸡、家务等），但找软钱（指不出力而挣到的钱）他是有一手的。

满中村寨的村民已全面完成农事活动，开始上山拉松毛、砍柴等活动。

2006年11月21日　农历十月一日　晴

上午10点半，在满下村寨活动中心召开了户长会议，会议的主要内容是：传达市、县两级疾控中心对去年"11·1"南溪鹿子村所发生的公共卫生突发事件起因的调查化验的疑点，对住房进行消毒预防，人们按要求服用预防药，禁食野生动物及鸟类以及不明死因的家畜、家禽。如发现不明死因的家畜、家禽要火化，死得多的，要及时报告疾控部门和检验部门，重点在鹿子和旦都前、后3个自然村。近一个多月来天天有疾控中心的人员到这3个村预防检测，对村民体检等。

接着玉龙县疾控中心的三名工作人员对全村寨的每个农户填写了健

康调查表，做到不漏户、不漏人。这些活动充分体现了党和政府对人民的关爱，是保护人民生命财产的具体表现。就连天天跑车的村委会书记和国军都认为现在是非常时期，各级政府都担心去年的公共卫生事件复发，所以层层抓得紧。

2006年11月22日　农历十月二日　晴

这些天下的霜逐日渐大，目前还未挖完洋芋的村民和金红、和国亮、和建华、和金辉等搁下挖洋芋的农事，先收蔓菁。因为蔓菁叶经霜冻后立即变黄脱落，因此，为保证蔓菁叶不受霜冻，就得先收。

村民和国兴早晨9点左右背上彩礼（2条好烟、2瓶好酒、6斤散酒、一挂腊肉、8斤米、2坨红糖、2包茶叶），到旦都前村亲家商订儿子五德华与未婚儿媳五桂花的结婚日子。亲家和红军择定吉日（农历二月初六）为嫁女日，和国兴二话不说闲了五六个小时，搁下礼品回来了。因为这事一般由女方家说了算，男方家无权提出异议。

傍晚，村民和建国也背着彩礼（与以上物品大同小异），到本村亲家和作武家商定和作武长女及和建国长子成亲之日。定于农历十二月十日举行婚礼。

打算年内或来年开春要娶媳妇的男家，都要在今天带上重礼到女方家探吉日商定婚期，商量双方必请的客人，特别要注意女方家的后亲客。在南溪古来就有"成每旧奇播"的传统。

注："成每旧奇播"的意思是农历十月初二是男方必定要到女方家的求婚日，并要带上重礼。

2006年11月23日　农历十月三日　晴

村委会召开村民组长、副组长会议，参加人员有黄山镇镇长、副镇长、村委会书记、副书记、副主任，各村民组长、副组长（16人），丽江市疾病控制中心工作人员，以及玉龙县疾控中心工作人员，林业局，兽医站，总共有 40 人左右，是近些年参加会议人数最多的一次。会议的内容是：就去年南溪鹿子村突发的公共卫生事件（"11·1"事件）继续开展爱国卫生运动，要求全民参加，灭鼠，消毒，清扫，对家禽、家畜打预防针。县、乡政府要求村委会 3 个干部要坚持上好班，手机保持全天开通。鹿子村、旦前、旦后村，以及邻近的太安乡吉子、高旦村为一类预防区；满下、中、上村为二类预防区；金龙、文屏以及文华行政村的金土坪村为三类预防区。市、县疾控中心工作人员及从玉龙县医院抽调的医生已由村委会副书记和继武带队在一类区展开工作，对村民进行体检，给预防药。会上还要求为了确保人民生命的安全，禁止放鹰打猎，禁食野生动物。

这充分体现了党和政府高度重视人民群众的生命安全，杜绝去年的事再发生而危害人民的生命。

2006 年 11 月 24 日　农历十月四日　晴

村民和国武家还未举行婚礼，已过门女婿五八斤及老婆和玉兰接到前山石镜头村五八斤母有病的消息，夫妻俩就开着手扶拖拉机，带上给八金妈的礼品去前山石镜头村看望生病的母亲。到前山老家后，五八斤、和玉兰小两口看望了老母，问了好，和玉兰陪伴婆婆聊天散心，给婆婆拿药倒水，问寒问暖，并帮婆家做家务。五八斤则开着手扶拖拉机到田间去拉白芸豆，拉到家后先堆在一处，这样忙着拉了三车。拉完后，他就处理出豆杆，打算打大白豆，打剥完后再回南溪满下村和国武家。但不测的事情发生了，到夜间 12 点左右，和玉兰突发急病，他就给在城里开出租车的弟弟打电话，让他开车回来，一同把和玉兰拉到丽江医院治疗，进行护理观察。听到此消息的和国武、和闰芝老两口急了，感到既要保胎，又要治病，是个难题，他当即打电话要求保胎。

注：未举行婚礼已过门，是男女双方互恋后，女方一次性到男方家或男方一次性到女方家。再由家族人背着礼到对方家求亲，再补办婚礼，这一现象 20 世纪 70、80 年代比较流行。

2006年11月25日　农历十月五日　晴

全村寨已挖完洋芋，并且有部分蔓菁已收完。在满下村寨待了好几天的白华人五玉山就要去山上放鹰了，村里年轻人和文亮、五丽军、和德华、和仕黄、和社红、和朝柱等跟着五玉山去到前山、后山的地盘上放鹰。他们开着手扶拖拉机，拉着猎狗，还备上了油，看来此去要放上好些天，放到尽情过瘾时才转回。对放鹰游玩，有些家长持反对态度，认为家里边有做不完的事情，这样游玩出走后什么事情都拖后或由父母独立完成，这不在理；有些家长则不反对，认为年轻人在家除了非做不得的农活外，一般都不主动做，反正休闲；还有一些家长出于面子，心里不乐意，面上却不露声色。

2006年11月26日　农历十月六日　晴

村民和建国的长子和子黄没有去参加放鹰游玩的活动，忍痛割爱，独自进行建盖大门的事。此事对要在农历十二月初十举行婚礼的他家来说已是迫在眉睫的大事了，所以和子黄一改往日的常态，开始盖建大门、砌围墙。他当师傅，父亲和建国当助手。在满下村寨的年轻人当中，和子黄的手艺是数一的，他不仅会木工，石工及泥水工也很拿手。别人做的石工不如他意，要自家做。现在即将要当新郎官的他，更是浑身是劲，变成了另外一个人，干起活来双手飞舞，干得认真细致，干活的时间也比以前多了，相信用不了多长时间就能盖成完工。

2006年11月27日　农历十月七日　晴

村公所东面的旧房今天开始拆了。这是前段时间玉龙县县长和承勇来南溪送温暖献爱心时，表态给5万元拆除村公所东面的旧房，新盖一所砖木结构房。建设工程由李金星老板承包，他派了金山白族乡的师傅来南溪施工，他答应把拆下的旧房（木材部分）无偿给副书记和继武，和继武要了后准备修畜厩用。

白族师傅干起活来比纳西族师傅更扎实、卖力，实干加巧干，工效很显著，才 3 个师傅，一天就完成拆下隔板、揭瓦、下椽子等繁重的工序。

和继武的老婆和月请其弟五华用手扶拖拉机把所有拆下的隔板拉到金龙村家里保管好。

市、县领导对南溪的支持帮助是明显的，去年市委书记和自兴来南溪时，给了 10 万元，做了满下到鹿子村公路维修启动资金，对困难的村民也给了相当的实惠。今年县长又给 5 万元建盖村公所的房子。估计以后三五年内，卫生局也可能会给南溪支持建盖卫生室。

这座房子建成后，村公所面貌会焕然一新，房间也用不完。

2006 年 11 月 28 日　农历十月八日　晴

香港路华车主会的会长及四五个工作人员来南溪路华希望小学，规划学校校舍建设。玉龙县教育局、黄山镇政府、黄山镇中心校等领导一同前来。经现场调研，决定拆除原有平房（坐西朝东），由路华车主会捐献建一所二层楼房；对坐南朝北的土木结构楼房，由黄山镇政府出资拆除土基，砌成砖；篮球场由教育局出资重新修一块。并研究决定明年 3 月开工。

香港路华车主会会长还给前次来时承诺供读的学生每人 500 元的费用，供读学生为二年级的和宏仲、和建兰，三年级的和风月，这三位被供给的学生都为满下村人，此款托校长转交家长。

2006 年 11 月 29 日　农历十月九日　晴

满中村村民和福军正加紧进行购买油菜籽的事情，他以每斤 1.75 元的价格购买。由于一人进行这项工作较吃力，他就把满下村的和永昌（和福军的大姐夫）及和春银父子请来帮忙。他收菜籽开始时出价每斤 1.6 元，接着每斤 1.65 元，再接着提高到每斤 1.7 元，昨天已提高到每斤 1.75 元。很多村民都认为是最高价了，于是都卖给了和福军。单是村民和金发家，去年和今年的菜籽（去年因价低而没出售）一共卖了2310斤。今天卖出的还有村民和金辉家800斤，和国兴家1307斤（去、今两年的），和作武家600斤，和圣昌家982斤。加上零星的，和福军总共收了一万多斤。这价格在最近四五年中算是高的了。满下村村民和尚军、和朝柱两父子也做起了菜籽的生意，但他俩的规模没有和福军大，因为和福军是受汝南村老板杨礼清之托，所以价高数量多。全村寨的菜籽已卖得所剩无几了，只有少数几家每斤要卖1.8元而还没卖出，如村民和子一家等。

2006年11月30日　农历十月十日　晴

村民和国兴忙着在厨房盖石棉瓦，他家的厨房与南面正房间有空隙，原先用纸板挡风，如若不挡，厨房里风很大。他要在农历十二月初六为儿子和德华举行婚礼，所以要在举行婚礼前把家里面所有要做的事情都搞完（两房间盖石棉瓦，两房间砌空心砖）。他是多面手，木匠大师傅，石匠和泥水活也马马虎虎，不需请人，因此进行小修、小补，他从不请人来帮忙。今年也是自个儿进行。他先把原先挡风的纸板取下，条子取下，换上大点、新点的条子，先把支架钉牢、钉好，再盖上石棉瓦，这样厨房里就没有一丝的风。

村民和永秀请邻居和亚军、五二友、五满秀、五四妹等人称洋芋上车，她在南溪完小教书的丈夫和学新搁下教学工作也来帮忙上车。他家以每公斤0.6元的价格卖出品种为"五四八八"的洋芋5000斤。由于车没有装满，汽车老板又在村民和闰芝家、和永红家买了一些，才把车装满。对和学新老师的这一行为有些群众习以为常，不足为怪。因为南溪完小历史上教育教学抓得最紧，对教师管理最严的和正文老师任校长时（1992—2002年），和学新老师是民办教师，校长认为同工不同酬，不好过严，也就对他另眼看待，他也常常上了所排课时就去做农活、砍柴等。有些群众则很痛心，认为转了公办就应该好好干，背后嘀咕："他这人福气真大。"

2006年12月1日　农历十月十一日　晴转阴

满中村的村民和福军帮杨礼清买菜籽，价格升到每斤1.85元，今天他请了姐夫和永昌，各开了一辆手扶拖拉机到旦都村去买。在旦都村买油菜籽的人有四伙（和福军、和永昌一伙，鹤庆老板一伙，旦都村和尚军一伙，满下村的和朝柱及汝南化村的五军、文屏村的五红兴一伙），买菜籽的老板一多，价涨得快，这可利了村民，可老板之间结了疙瘩，其中两伙人对骂起来，到夜晚两伙人在金龙村岔路口发生了打斗，甚至还打电话请来帮手。结果，打得很凶，有人断了肋骨，有人挨了一刀，差点丧了命，真是毛插毛两边伤。一些人说的"商场如战场"，的确有一些人陷入了争夺经济收入的不拿枪的战争，导致伤了身去住院，比如上面这例。玉龙县公安局派员协助黄山镇派出所，查看了南溪路金龙岔路口的现场，目前还不知道此事怎样处理，伤者都住进医院治伤。

2006年12月2日　农历十月十二日　晴

村民和国亮今天与古城区七河乡的泥水匠李忙仲商谈：由李忙仲买下并拉走东北老板在他家堆积的松苞粉碎脱粒后的松苞碎渣，经过讨价还价，李忙仲答应以1000元成交，今天暂付给和国亮200元的定金。李忙仲把这些松苞渣拉到木材综合加工厂去卖，可能会有一些利润。和国亮也坐享其成，一伸手就拿1000元钱。今天遇着金满斗，便谈起收松苞对他家产生的经济利益，这有点夸张，但对他家的经济收入来讲，像前不久收松苞时老板付给他家的酬金，是他家有史以来没有过的收入。今天卖出这堆松苞渣也是不费半点力就得了1000元，这现象是很少有第二次的。付了定钱后，李忙仲装车，和国亮去割绿肥。

2006年12月3日　农历十月十三日　晴

丽江市及玉龙县两级疾病控制中心经过多次捕鼠化验，发现南溪鹿子村有一些老鼠带有鼠疫病。目前人还没有被传染，为防止鼠疫对人的传染，对一类防区（鹿子村，旦都前、后村，太安结子行政村沟当自村等）开展全民灭鼠的爱国卫生运动，将德国产的高效灭鼠药放在村里、田间、山林；在二类防区（满子师片：满上、满中、满下3个自然村），也开展灭鼠行动，但声势没有前者浩大，所用的鼠药也只是丽江防疫站自制的。放鼠药的工作在疾控中心人员的指导下进行，各自然村由组长、副组长及3个村民负责实施。

2006年12月4日　农历十月十四日　晴

村民和永昌家以1000元的价格卖出两口肥猪，一只为老母猪，老母猪的价格是一般肥猪价格的一半多点。

村民和国红也以400元的价格卖出一口老母猪，体重约有280斤。他曾在先前跟几伙老板讲价，有些提出过秤，每斤1.8元；也有的老板只出380元。今天出价400元，是算高价了，他就一口答应卖出。他对各种农副产品的行情是比较清楚的，也常做农副产品的小生意，如在村里买了油菜籽卖到鹤庆，又从鹤庆买来米在村里卖；买些洋芋、松子到市场卖。前不久他以一斤7元的价格买了近千斤松子到市场上卖，每斤盈利1.2元，赚利千余元。因此，他对他家的农产品是比较把握后才出手的。

2006年12月5日　农历十月十五日　晴

村里的老妇红每图病了，好像要离开人间似的，不吃、不说、不喝，偶尔瞎挥挥手。她的家族紧张地看护着她，生怕她也像历代不得口含者一样悄然离去。和学伟、和学仁不离开老妇半步，红每图的儿子和学新也告假看护老母。在城里开出租车的孙子和灿以及族人和春拾也来看望她，有的带来鸡蛋，有的买来冰糖和水果罐头，有的捉了只母鸡送来。就连嫁到前山高龙村的孙女五春兰，春兰的老公、老公的哥哥（大伯）也及时前来探望。吃了晚饭后，大多数村民都来到她家看老人，他们家族的后生们忙着给来人倒茶、敬酒、敬烟、烧火。屋里、屋外都坐满了人，好像是来给老奶奶"送行"。到夜里零点后，人们想着今夜不会辞世，才零零星星地散去，而他们家族的人是坚持看护，方法是轮流睡觉，轮流看护。

2006年12月6日　农历十月十六日　晴

村民和建国、和作武两亲家忙着在村里请客，双方都要请的亲戚家中，应两亲家同时到，同时请，待双方都要请的请完后，才各自请单方要请的亲戚。他俩打算今天把满子师三村（满下、中、上）要请的亲戚都请完，但事与愿违，他俩都喜欢喝酒，村人皆知道，每到一家都倒酒相敬，都要坐一会，就完不成计划了，但不喝一口，亲戚不让离去，他俩也无奈，只能喝完了所敬的酒才离去。

在满子师村，请客必定要在这个月（农历十月内）完成，如果远方的亲戚多的话，这活是够紧张的，要抓紧进行才能够完成。请好客后再慢慢地筹备婚礼及做好婚前要搞完的家庭建设。和建国的长子和子黄正抓紧建盖大门及围墙的围砌工作，看他有使不完的劲，从早到晚一个人坚持干，与先前判若两人。

2006年12月7日　农历十月十七日　阴转晴

村民和永华开着面包车拉买白芸豆的老板，他把老板从剑川拉到鹤庆，拉到七河乡的前山，往返于这些地方。他不满足于从家乡拉几个人到丽江，又从城里拉几个人到家乡的客运。他认为哪种钱赚得多就干哪种活，干了这活还要干那活。在拉客营运的同时做些菌子生意（从家乡买了到城里去卖）、药材生意。要不是父亲和顺光责骂，他早就把车卖了（买来才三四个月）去做洋芋生意，但在父亲的强拦大骂下才坚持驾驶面包车到今。他这样做每天的纯收入可达百余元，要是只拉客每天顶多纯收入五六十元。人应该不停地去努力创造，他是目前满下村寨年轻人值得学习的一个人，创造财富、节俭持家是他人生的闪光点。

2006年12月8日　农历十月十八日　晴

村民和万军已备齐橡子、梁头（晚上砍来），今天到前山行政村行茂洛自然村去买部分大料，准备明年春天起一所大点的房子。他原先打算跟老板买一所现成的新房竖起来，所以，在去年就把一所旧木楞房搬到公路边的园子里，用作储藏洋芋。但他看到近些年满下村寨的村民搞民房建设大都是批准5棵，砍百棵来进行建设，他就打消了出高价买现成房的念头，下午到前面山上砍橡子、梁头等，到夜晚用手扶拉回来。他到行茂洛村买料是去买在本村山里没有的大木料（如柱子、大过梁、承柱等）。经过与多家商谈，最后决定给五二金家买20棵，每棵价260元，每棵树大概出材一根柱子和一对挂方（属于大中料）。这个价格与10年前相比下跌了好些，下跌幅度在35%左右，但近些年木工工钱又猛涨，竖一所房子工价在2200元左右，比起10年前涨幅为50%左右。

2006年12月9日　农历十月十九日　晴

村民和万军请村中姐夫和建忠，和作武侄儿和亚军，舅爷和圣军，以及满家家族和万红、和万琴、和万琼、和四闰、和李福、和天林、和丽军、和国成、和国红、和万林、和万元、五八斤、和国亮、和德华等人，开了八辆手扶拖拉机到行茂洛村砍树、拉木料。他带上午饭用的东西，领了老婆和一花，让她在五二金家做午饭。他们把树砍倒后，按照所需尺码，用锯锯成各种建材（柱子、挂方、大过梁、承柱、随用方等）。吃过午饭就扛料上车，到6点左右回到家，把木料下车堆放在公路边的空地上（他自家的闲地）。吃过晚饭，他舒了一口长气，说："料子基本备齐，全靠大家的帮忙，今晚请大伙好好休息一夜，玩玩麻将、打打扑克，喝点酒，请大伙不要马上离开，以后还有很多的事要请大伙帮忙。"于是，爱扑克的聚到扑克桌边，喜欢麻将的围到麻将桌边，玩到午夜才散伙。

今天的木料尺码由族中人木匠师傅和国亮以树而定，每棵树都由他指挥锯成什么料，其他人依照他的指挥锯料。

2006年12月10日　农历十月二十日　晴

南溪村委会村公所拆除重建的东房，今天竖新房。新房的木料是在城里买的，工也是在城里请来的，一切都做好后，今天早上用汽车拉上来。拆除和重下基石部分工序由古城区文治办事处的3位白族师傅负责实施。村委会的3个干部（书记、副书记、副主任）参加了今天的竖房活动，他们还请各自然村的组长（俗称村长）、林政员、妇女委员也参加了今天的竖房活动。承包建房的老板从城里备了今天的伙食，请满下村在学校做饭的和丽芳、和学青及妇女委员杨耀秀在厨房做饭。老板给她们开了工钱，但不多，每人只有20元，总共支付了320元。由于房上的材料没有全部拉到，今天的工作只是竖起安装好挂方，并用木杆顶起来使房子稳固，待砌好砖后再钉梁头和椽子。村民组长大多数玩到天黑才回家。一所新屋架竖好了，别人问花了多少钱。老板说："花了18000元，贵不贵？"提问的人说："太贵了，这么三间平房花18000元，人家规格为下层九尺高、上层八尺高的大楼，由老板从黎明黎光做好运到南溪，竖好，并直木钉椽，主人家一样不管，也才花17000元。"

2006年12月11日　农历十月二十一日　晴

满中村村民组长和国高家杀年猪，今天照例请南溪完小的老师赴宴。他家自从女儿和五仙入学后，杀年猪时请老师赴宴，坚持了5年之久。这是尊师重教的表现，是对老师寄予厚望，希望他们教好学生，教好自己的女儿。在满中村寨杀年猪常请老师来家吃饭的农户还有村支书和国军家，他家是20世纪90年代开始就请老师了，当时他的两个娃娃已相继上学读书，同样怀着对老师的厚望，希望老师搞好教育教学工作，搞好教书育人的神圣事业，并希望对自己的子女严加教育。老师和他的子女不负他的厚望，教有耐心严肃、学有奋发不倦，儿子和丽勇终于在2006年7月大学毕业，女儿和丽娟在读丽江师范专科学院。这事例充分说明了只要老师坚持认真教学，家长始终关心孩子的成长，学生努力奋发，南溪的学子也会像城里的孩子一样学有所成。近些年南溪考生考取大学的人数也充分说明这条哲理。

2006年12月12日　农历十月二十二日　晴

村民和学仁的儿子和春拾（无业在开出租车）、儿媳和家香（在南溪完小教书）要在丽江城买房子。首付由男女双方向各自的亲戚借款或者请亲戚到信用社贷款。首付为6万元，交房时再付4万元，其余的分期付款（每月还贷1000多元）。这是满下村寨在城里买房的第三家，先前已有和发兴、和国辉两家落居于丽江城。和学仁请人贷款，儿媳也积极在娘家中济村筹措，筹集到了首付款，全家四口都沉浸在幸福和欢乐中，村民们都以羡慕的口吻论述着和春拾有福气。

2006年12月13日　农历十月二十三日　小雪转晴

村民们担心下大雪，下了大雪就会把割晒在田里的绿肥淋湿变烂。于是，不少人忙着下田背绿肥，没有开手扶拖拉机的人家就由人来背。例如，村民和作武家因拖拉机手和作武看护在红每图身边，无法脱身，就由其长女五满菊、丫女五三姐、老婆和茂花三人用绳子或篮子背，直到把一块地里割晒的绿肥背完为止。又如村民和家良因儿子在城里开车，没有拖拉机手，就暂时搁下家务，约了退休的老头和她一块背，每人背了五背。拖拉机手在家的村民，发动上拖拉机一下子就拉回小山似高的一车车，直到拉完后休息。拉完绿肥的村民，有的开着拖拉机去山上砍豆杆，准备送到前山亲戚家里，给来年种白芸豆插用。

年近八旬的老妇人和文海在草坝里捡牛粪堆积在田里，准备来年种洋芋时施加在洋芋坛里。这么大岁数的人，在这样冷的天气下不休息地劳作，不少人都很不能入眼，认为这么大了，不是干活的年岁了。这一现象在南溪还比较普遍，人们都希望改变一下在南溪人越老越苦的这一反常现象。上了年纪的老人，很想像部分年轻人一样，带闲带做，过过晚年，但明知难以做到。

2006年12月14日　农历十月二十四日　阴转晴

看护了十来天的老妇人红每图于今天凌晨2点半去世。去世前，从晚上8点起，到她家参与看护的村民约有30人。到12点左右，人们想陆续回家睡觉，可他们家族中的和学仁请求大伙都留下坚持帮忙看护，他估计红每图老人的生命可能不长了，很可能今夜去世。果不其然，到夜间两点，村子里两组人喊了起来，他们边走边喊："红每图去世了，帮忙一下。"从熟睡中听到叫声的村民都立即起床往红每图家赶去（起码是每户一人）。帮忙收尸、洗尸、入棺，这些程序搞完就参加"芝步吉"，"芝步吉"完后，喝茶、喝酒休闲到太阳升起才陆续散去。就在"芝步吉"回到火塘边时，村民组长和国兴向大家收了公祭公葬款每户10元，当时就交给了红每图的儿子和学新。

红每图是2006年满下村寨中继和尚典、和国坚后逝世者中年龄最大的，终年80岁。一个小小的山村村寨一年内死了5人是1949年以后很少有过的。

2006年12月15日　农历十月二十五日　晴

村民和作典家杀年猪了，是满下村寨今年杀年猪的第一户。与往年相比，发生了如下细小的变化：

一、参加杀猪的人和所请的客多了耕牛组的和朝光一家，耕牛组成员还有和圣伟、和朝东两家没参加；

二、往年和作典的儿子和圣武的开车同伴约10人，今天没有请来；

三、和作典老婆和八娘方的亲戚（金龙村人五户）都没有来。

产生这种变化的原因是各种各样的。一是他们家除了耕牛犁田外，换洋芋、上街买东西已开始常请和朝光。二是开车伙伴互相帮忙杀猪，互相请客，花费比一般大，此外，还误了开车找钱时间，收入减少。三是和八娘大哥的小儿子（和八娘的小侄子）家也在今天杀猪做饭。

2006年12月16日　农历十月二十六日　晴

村民和丽军家及和家良家杀年猪，这已说明满下村寨开始杀年猪了，生怕亲戚家杀猪日期相同，所以不少村民先就要定好杀猪日。如不进行择日，这杀猪日还是不好定的。主要原因是：南溪满下村寨传统上是初一、十五不杀生（过去的老人连个鸡蛋都不曾打破）；祭祖日和第二天也禁杀生；已死父母的生辰也不能杀生。这样有些农户要禁好多天，如农历十一月的初一、初二（祭祖日）、初三、十五这四天全村寨禁杀生；村民和圣昌、和圣明、和万群、和万琴、和永红、和永良、和永光、和圣化等要禁已死爷、奶、父（或母）的生辰三天，这样就成了传统禁日七天。加上避开亲戚的杀猪日，就难定了，因此7天前就看日子择日，已成了势在必行的举动。

和家良家杀年猪的场面也有些变化，以往和圣伟家父子只参与一人，现在参与二人；断绝来往十多年的家族和尚军家从今天起又参与了该家族的公共活动，这主要得益于4月28日该家族和尚典突死一事中，和尚军、和朝柱父子主动前来参与料理丧事，从此解开了结了10多年的疙瘩。同时多了白华朋友五玉山，村里的朋友五德华一人。往年和圣武所请的开车伙伴，因和圣武这次不再请而没有参与。

2006 年 12 月 17 日　农历十月二十七日　晴

死者红每图的家族（俗称"那每芝"家族，和学伟家、和学仁家、和学新家、和玉琴家）在商谈红每图老人的出葬日期、戴孝等事宜。日期定在农历十一月初四，村中各种丧事职事集中各就各位，各司其职，初五举行出葬礼。商定后，由和学仁守灵，和学伟、和学亲、和春拾、和二友、和灿、和亚华 6 个男人拿着记录本，挨家挨户地磕头请丧葬活动的各种职事。遇到人不在家的农户，他们去了第二次。

据他们家族讲，自红每图死后，先后有 80 多户亲戚来祭入棺饭，有这么多户数来参加这一活动在满下村寨是第一户。说明了亲戚很多，同时也显现出南溪及邻近村寨的丧事活动与传统的历史做法发生着明显的变化。

2006 年 12 月 18 日　农历十月二十八日　阴

满中村村民五兰家杀年猪了，这场面少了她家的上门女婿。这女婿从小凉山来到南溪满中村，许以五兰长女和芹金为伴侣，入赘当女婿，在她家生活劳动已两年多，并在去年农历五六月间与和芹金举行了婚礼。4 个月前，由于五兰狠骂女婿，小两口外出在丽江城打工。后男方提出要回宁蒗县，女方不愿去，两人协商各走各的。男方一气之下远走他乡，到深圳去打工，而和芹金又回到南溪满中村老家。这真是棒打鸳鸯，和芹金成了 1949 年以后满中村已婚又离的第六个人。第一个是老村支书和国栋、第二个是从攀枝花市退休的老工人和国启、第三个是和国启的哥和国良、第四个是退休老教师和国贤、第五个是和月林（离了三个）。

2006 年 12 月 19 日　农历十月二十九日　雪

村民和永贤从后山寒近洛自然村找来了一个对象，把对象领来他家，这个寒近洛村姑娘没有带着女伙伴，孤身一人随从前去她家求亲的杨耀秀及和永贤来到男方家。这是近十年来男女青年婚恋中别具一格的新现象。和永贤家父母和顺达、和继花，至今才搁下一颗悬着的心，30 岁的独生子终于找到了媳妇，出了一口大气。他们特意从城里买来菜，请来侄子和永红、和社元做了一顿丰盛的饭，并请来本家族的兄弟和顺明、和顺光、和国南家一同贺喜。

不少村民也庆幸他找到了媳妇，这些村民认为和永贤的父母都已接近 60 岁高龄，和永贤该找个媳妇了，这样老两口就可放松些了。有老婆的管束，和永贤也会好好干活了。听说女方比和永贤大五六岁，因为她家父亲长期患病，家中困难，两个弟弟又不懂事，看到母亲的苦处，她不想出嫁，拖延至今才考虑自己的终身大事。这种事例在邻近村寨里也曾有过，如高美村的五社英、鲁图村的五一女，因关心自己的家庭而拖至快 40 岁时才嫁人。

2006 年 12 月 20 日　农历十一月一日　阴

村民和玉祥家杀年猪了，在城里开出租车的家族和朝珍、和朝亮、和武军三人，因为她家情况特殊而停车回来帮忙杀猪，杀完猪吃了中午饭后又回去城里开车。和玉祥照着婶婶和家良家的做法，给和朝珍、和武军各送了一点鲜肉，因为他两家老婆没有养猪。

吃完午饭，在做晚饭时，不知怎的和玉祥、和一兰姐妹大吵起来。和一兰的脾气很大，吵着吵着就昏过去，在场的人们急着把她弄醒，父亲和国亮也在劝两个女儿。事态平息后，和玉祥向来人讲了以下的话："老公去世两个月后，婆婆领着小孙子到维西女儿处，本该在家你劝我、我慰你地共同生活，可婆婆一走，我和大儿子孤独感很大。再说家中的花销钱随时短缺，开支都靠自己卖松苞挣到的钱，这次杀猪还用了香港老板给五丽松（大儿子）的学费 500 元。她母女俩（指婆婆和她的小姑子）可能认为我会把钱给我娘家，可我随时都向娘家要钱，我对生我养我的父母还随时发脾气、骂，可对婆婆从来没顶过一次嘴、说过一句硬话，别人会误认为我待婆婆不好，她才去女儿处。家里的种种事激起我内心的烦躁，因此，当听到姐姐说出不顺耳的话语时，我发泄一通，舒了憋在肚里的一口气。"真是"上天容易做人难"，婆婆担心媳妇一走了之，就把钱死死管好，儿媳妇认为该花的钱、该用的钱应该留下。

2006年12月21日　农历十一月二日　晴

今天是满下、满中村寨2006年最后一个祭祖节。中午时分，不少村民忙着找红纸请人写祖先牌，到中午开始祭祖。供桌靠墙正中摆着祖先牌，牌前插上点燃的香，奉祀供品除酒茶外，摆三棵蒜苗、三小堆黑色小石子。所做出的饭菜照例先供摆在桌上，以示让本家历代宗亲食用。送了祖后才吃晚饭。

村民和万元家的年猪早晨喂食时发现不饮食了，有病了，他就不管三七二十一，破例请来家族的人杀了。他们在迎祖进屋前把两口猪杀了，早点返回，抓紧做饭。明晚再请杀猪客。现在的杀猪客，大多用鸡鸭鱼蛋、火腿肠等从城里买来的食品，加上出自所杀猪身上的肉，都用八盘肉品。

2006年12月22日　农历十一月三日　晴

市、县疾控中心的工作人员在南溪村委会副书记和继武、副主任和丽军的陪同下，前往南溪鹿子村、旦都村进行杀犬、杀猫的行动。因为去年鹿子村发生的"11·1"公共卫生事件怀疑是鼠疫所致。通过今年两个来月对鹿子村和村附近的鼠（死鼠、活鼠）近百例的检验，发现有鼠疫症。报告政府后，政府下令采取果断措施，确保人民的生命安全，杜绝鼠疫传给人，并杀绝与鼠接触较密切的猫、犬（强行捕杀）。可见各级党委和政府视人民群众的生命和健康为第一。对二类防区、三类防区按户发放了高级消毒药，要求给猫、犬洗澡消毒。

2006年12月23日　农历十一月四日　晴

满下村寨进行着红每图老人送葬礼的准备工作，所请的各种职事都集中在她家，做明天出葬前的一切准备工作。最忙最苦的是炊事组和蒸饭组。吃了早点后，除以上两组人员外，男人都参加杀猪，杀了两头大肥猪，一头在200公斤左右，一头在160公斤左右，收拾完这两头猪就吃早饭。早饭后，打杂的去山上砍柴；记账；酒官烟官布置灵堂（扎牌坊、编花朵、贴对联）；家族剪孝布折孝。他家要戴438幅孝，考虑到有部分人不一定来，就暂剪380幅，如若不够时准备现剪现给。这次的孝中有两顶帽子，一顶是给红每图之女五闰芝的长女和玉兰的男人（已举行过婚礼），一顶是给红每图侄女五习开的女婿（还未结婚，但婚事已定）。历来规矩是先戴一顶帽子再戴孝，这是古来就有的习俗。具体的内涵是什么，有待考究。

2006年12月24日　农历十一月五日　晴

今天举行红每图老人的送葬礼，各种职事都处于紧张繁忙状态。上午8点半开始陆续有人上祭，10点开始戴孝，因为她家的亲戚多，吊孝就用了一个多小时，总理和国兴就叫4个埋尸人先上坟场挖墓坑。11点半开始待客，到3点才招待完。到4点左右就发灵，把灵柩抬到墓地后，闲不住的中青年人组织了一场足球比赛。当晚"足若"每户一人，在她家吃晚饭。外村来的吃了晚饭才返回，本村的上祭人就不再吃了。晚饭后，打牌、玩麻将各尽其乐，有些玩到通宵，有些玩到夜半三更，夜里2点前回家的很少。

2006年12月25日　农历十一月六日　晴

满下村寨继续进行红每图老人的丧葬活动，今天的活动比起前天、昨天来轻松多了，忙的只是炊事、蒸饭的职事们，他们得把今天的这顿丰盛的午饭备好，等到去伏山的红每图家族人和亲戚来安排招待此次活动的各种人员。到中午12点半左右，他们家族自己分工好各种服务事宜，请各种职事依次入座食用（实质是死者家对各种丧葬职事的答谢宴）。入座人员顺序依次是主管、埋尸人、洗尸人、炊事组人、烹饭组人、记账、收礼、酒烟官，招呼老人的人及杂工。

这次丧事活动的特点：1. 丧事活动的费用继续增多，花了 1 万元左右（不含猪肉款）。2. 所收礼款有 7700 元。继和尚典丧事后，满下村寨的丧事活动送礼发生了变化，除送传统的五谷、烟、酒、肉外，加送的钱多了。3. 村民组长和国兴用验收球场时剩下的公款买了两个热饭器，4 个大托盘，4 个大菜盆，饭勺、汤瓢等公用品，供办婚丧事时用，大大减轻了蒸饭组的热饭时间和服务组的上菜人员及时间。

吃完午饭后，主人家拿来扑克、麻将，摆上烟、酒、瓜子，请大伙休闲娱乐，直到傍晚才散伙。

2006 年 12 月 26 日　农历十一月七日　晴转阴

村民组长和国兴于上午 10 点半在球场召开满下村户长会议。会议的主要内容：一是对现时满下村寨壮年男人偷砍成材树木相当严重的情况做了制止的说明。二是向全体户长征求"楞石古"石场的石头卖不卖的问题。对砍树问题村民议论不多，因为大部分农户家都已偷砍过，在 56 户农家中，最近五年不曾砍过一棵成材树的只有和国兴、和圣伟、和家良、和朝珍、和玉祥、和社元、和万林 7 户。对是否出卖石头的问题争议较大，思想认识不一样，劳力多的，会打石撬石的，看到他可在石场找点钱，不主张卖；有些家庭建设还没有搞好的农户，生怕把石头卖完了，会影响家庭房屋建设用石，因此坚决反对卖石头；有的人认为资源不能在一代人手中用几年就卖完，后代人建设就无石材可取，支持不卖；还有一两个正直人深有感触地说，70 年代末、80 年代初村民乱砍滥伐，把老祖宗留下的青山成材树砍光卖完，害得我们建房时要高价去买，希望全体村民牢记这一历史教训。经过激烈的争议，得出的结论是不管建筑老板出多高的价也不能卖石头。

2006年12月27日　农历十一月八日　晴转阴

满中村村民五福海今天帮大理的洋芋老板在满中村买洋芋种（小洋芋），价格是每公斤0.4元，卖给他的农户是村民五七四，上了1.4万斤。该农户是最近五六年来在满中村种洋芋、收洋芋最多的一户，每年都收到8万斤。他们家只有五七四、五雪梅两口子排农种地，却是收入首户，究其原因是：他家地多，再加上小两口勤快，吃苦耐劳，从早到晚扑在农田的排田种地事宜上，家务和料理娃娃之事由老母和作琴来操作，母子关系、婆媳关系都较为协调。因此，家和万事兴；化肥投入也较多，五七四每年种洋芋之前就先备好一手扶过磷酸钙、尿素等化肥，支出1000多元，做到科学种田、科学施肥，成就了投入大、收益高的局面。

2006年12月28日　农历十一月九日　阴

满中村村民和志坚找来一些竹尖，给大研镇人试种的中药搭棚防霜。在北京工作的古城区大研镇人，在南溪满中村租了8亩农田，并在和国军书记的宅基地上盖了一所砖木结构的新房（他们停用后归和国军书记所有），配了一辆白色桑塔纳自用车，请了一个开车的师傅，专门供其弟弟和立强在南溪满中村主持药材的试种工作。同时，请满中村的村民和志坚帮忙看看鸡，工钱为每月300元、两条中上等烟。平常，和立强请和志坚做什么，他都积极帮忙。今天是他受和立强之托搭防霜棚。人们都在猜测这种药材价格肯定会很高，不然不会出很高的租田费、工时款、车油款等那么多费用。药名保密，说是此药要运到北京去。今年租的8亩田，只试种了一半。

2006年12月29日　农历十一月十日　阴

村民和尚军家杀年猪了，今天的场面与前12年前有明显的不同。12年前参加他家杀猪的人只有满上村的几个舅爷，如果杀的猪大，就很吃力。参加的人少，人际关系也不尽如人意。今年却有新的变化，他家族的人和朝亮家、和玉祥家、和朝珍家、和朝东家、和朝泽家、和朝光家、和圣伟家都参加了他家的杀猪活动，就连在城里开出租车的和朝亮、和朝珍也被接连不断的好几个电话催回去参加。这说明他家的人际关系发生了根本性的变化（由原来家族人断绝来往，变成共同参与家族中的公共事宜）。发生这样明显变化的原因是和尚军父子主动前来帮忙参与今年4月底族中老者和尚典突然辞世时的一切活动。从此，他们家族也就对他家另眼相待，和起初时一个样。

今晚，大家围坐火塘有说有笑，休闲到半夜才散，年轻人则围坐玩麻将到天亮。

和尚军还托人捎肉给住在医院里治痛风病的族中兄长和尚勋、和家良夫妇。

2006年12月30日　农历十一月十一日　阴

白华村的村民五玉山来到满下村寨和国兴家买杀一口猪，这是他在满下村寨买杀年猪的第三年，前年在和武军家买杀了一口，去年在和全红家买杀了一口。他认为这样做有几个好处：1. 山上养的猪不喂生长素，肉食鲜美，好吃；2. 省了喂猪时间，省了喂猪的精料，可把买精饲料的钱用来买一口年猪杀，既省力又省时；3. 杀猪时不须请客，节约开支。他请来满下村寨的年轻老友五子黄、五杜红，加上和国兴、和德华父子共5人，在和国兴家杀了猪，解剖后擦上盐巴，把肉挂在和武军家，待以后他要吃肉时，自己上来拿一块下去，或打个电话叫下来城里的村民拿来一块。满下村寨的中青年大都是他的朋友，他可以在满下村寨连续休闲半年，甚至一年，是不会饿肚子的，一家待上十天半个月是不成问题的。因为满下村寨在城里开车的村民认为万一有点事，可请他出来解决摆平。所以，他上来一转，人人都争着招呼他，是出自互相依靠的关系。有些不开车的村民，因放鹰、猎鹰的共同兴趣和他当上了朋友。一旦哪家里有红白事，他都来参加，礼挂上50元、100元不等。

杀完猪后，猪的内脏炒吃一顿后就搁在杀猪家，他不再拿回去了。

2006年12月31日　农历十一月十二日　阴转雪

村民和朝光家、和万军家、和金星家、和国红家、和圣华家趁天黑忙着偷砍木料，村民组长及村民看见或知道也不好劝阻，因为前两三年，搞建设的村民明目张胆地偷砍了不少，村民就以"前边有人走，后边有人跟"的方法来对待。白天把所需的料子砍好，到下午驾驶着手扶拖拉机，两口子或请上几个亲戚上车拉回，天黑拉到家就没事了。不砍树的村民看在眼里，痛在心上，认为出了20年护林费，连一棵树都砍不着，但又不敢公开喧嚷，怕人家说："谁让你不砍"，只好自认无力倒霉。这些偷砍树的村民，想在今冬明春内起房或买房。

2007年
日志

2007年1月1日　农历十一月十三日　阴

今天是 2007 年的元旦，为庆祝元旦及篮球场的建成，南溪行政村、金龙村寨举办"庆元旦体育运动会"，邀请全行政村各自然村及左邻右舍村寨的运动队前来参加。内容有篮球比赛、足球比赛，晚上进行民族打跳及青年交谊舞比赛。满下村寨、满中村寨的中青年也组织了球队前往参加，他们中的大多数人是双料材（既是足球爱好者，又是篮球能手，也会打跳、唱歌）。这运动会持续 4 天左右才会结束。年轻人无忧无虑地前去参加运动，不少父母在家忐忑不安，因为从 20 世纪 80 年代初开始，运动会上不断出现乱打架、打群架的不良现象，以至发展到轻易不敢举办运动会的局面。人人爱好，个个参与的南溪篮球运动会销声匿迹已二十来年。

2007年1月2日　农历十一月十四日　阴间小雪

在金龙村举办的运动会上，满下村足球队昨天初战告捷，以 1：0 的成绩险胜吉子队。为鼓舞球员斗志，今天又有不少中青年去金龙村观看，指导年轻队员。大伙还从家里拿了肉、鸡蛋、米，带了钱，打算在金龙村买鸡杀鸡煮肉吃午饭。年轻的姑娘和亚梅、和玉梅负责做饭，中午和国成、和万军则负责杀鸡后参加比赛。

今天，村民和永红家杀年猪，请在城里开出租车的和武军也回来帮忙。但和武军没有回来，就连他的老婆和金桂也没回来，他找理由说是下个月（农历十二月）村里要结婚的有四对，做客、帮忙得花半个月左右，误那么长时间，影响租车人的包款，太对不起主人家了。其实，他没有回来参加老婆伯父和永红家杀猪活动的主要原因是：自从去年他在他妈和尚花与老婆和金桂常吵常闹、无法劝说的情况下，与父母分家，领了妻儿到城里开车（已快足一年了）。这一年他开车，老婆领娃娃、做饭。虽然他的父母还在种田、养猪，但已各自吃饭，生产、生活上父子互不来往，不知道老两口杀猪时请不请儿媳和金桂方的亲戚。因此，他不回来参与杀猪活动是自有道理的。

2007年1月3日　农历十一月十五日　阴

村民和永昌准备杀年猪了。今天他和老婆和社芬驾驶着手扶拖拉机去城里买沙发，他两口子要尽量在杀猪之前把前不久装修好的正房"武装"起来，以便杀猪时请来完小的老师们有好的坐处（他们的姑娘丽芳在完小做饭已经有三年了，月工资为600元，包吃。因此，最近3年老师成了他家杀猪客的嘉宾）。

他们花了600元买回一套板底铺垫沙发，看来很耐用，可算是价廉物美，又可以随时随意坐（不必小心、不必讲究卫生），旁人看了都夸他们两口子买货看得仔细，花钱算得精细，买前反复考虑观察，推敲再三，是满下村寨里有名的"少花钱，多办事，办好事，轻易不乱花钱"的持家好手。

2007年1月4日　农历十一月十六日　阴

满中村村民和占军家杀年猪。和占军本人学过医，并在南溪村行医多年，人们俗称他为"和医生"。但他看清开车这一行比行医找钱，就弃医去学车、开车。他今天请了亲戚们来帮他家杀年猪，这一天说来是过得很紧张的。村民和福军的老婆五羊自患病三四天，因村医和秀英自2005年10月筹备婚事，结婚、怀孕、生育至今没有在村卫生室上班，造成了村民有病难求医的现象，五羊自就到满上村和友贤（人、兽都看）处要了一些注射用针水，带回家请和占军帮她静脉滴注。和占军今天虽忙，但看在人病重的面上没有推辞，帮五羊自挂上吊针，大约过了5分钟，五羊自的身体抖起来，和占军见状劝她停止注射，但五羊自坚持说："没事，继续滴注，不要停止。"滴着滴着，五羊自身不由己瘫软下去，失去知觉，和占军知道是药物反应，立即找了一针解药注射，并派人找来和福军，劝说他们立即上医院，并答应用他所租开的车送她去医院。

事已如此，和福军急得手足无措，只会千谢万谢和占军，并请村民五兰护送一下。到医院后，立即进行了抢救，五羊自脱离了危险，转危为安，住院接受治疗，和占军与五兰返回家里参与杀年猪的活动。在场的人都惊了，和爱花还吃了镇定药，他们都说："要不是此事发生在和占军家，五羊自必定命归黄泉。"

2007年1月5日　农历十一月十七日　阴

满中村和国军的儿子和丽勇在乡党委书记和学典的帮助下，在丽江"香港会"打工。自去年12月3日到那儿报到后，"香港会"的负责人分工他和一些妇女做扫地的清洁工，工价为包吃包住后月薪500元。干着干着，和丽勇心里不是味道，虽然活计不算苦，但得起早贪黑地干，一个小伙子跟一群妇女一起干感到很不自然；再说读了四年大学（云南大学丽江旅游学院），整天拿着扫帚扫地，实在感到有些委屈了，确实不光彩，要是让熟人看见，会成为他们的笑料。他越想越气恼，越想越不愿干此活，总认为一个大学毕业生应该与扫帚无缘，于是抛弃了基层官员多方相助才找到的工作回家来，向父母（和国军、和社青）说明了自己的心思，并表示自己去另找工作，一边工作一边温习功课，再参加2007年的公务员考试。2006年的公务员考试，他以8分之差而落榜，但他不气馁，决心要参加2007年的公务员考试。如果不行，还要参加2008年的招考，决心要找到一份如意的工作才罢休。父母只得依了他，让他自己去找工作。

2007年1月6日　农历十一月十八日　阴间小阵雪

满下村村民和圣华去鹤庆买盖严石和五面石，他买了7块盖严石和若干五面石，并请鹤庆的两辆拖拉机拉回来，价钱不算很贵，总共花了2000元左右，这比自己找划算得多，要不然他的老婆和良命不会让他这样干的。和良命对每种交易都算得很精，对一件大事、一宗大的买卖更是算得分文不差。凡事她都精打细算，收入可观，支出时也做到算了又算，认为划算才会出手，村人称她为"经理"。家里的大小事务都是由她主张、决策，是村里及四邻都有名的持家能人。她出钱买石头，肯定会比自家找石头划算得多，要不然她会叫和圣华自己打（和圣华是村里数一数二的石匠）。拉来石头，这意味着她家已备齐了建房子的料，准备最近就盖一所房子。

2007年1月7日　农历十一月十九日　晴

退休后居住满下村寨的和尚勋老师因患急性痛风性关节炎，关节疼痛肿，不能动弹，更不能行走，生活起居很不方便。他的儿子和朝亮拉他住院治疗，并由老伴和家良前去招呼，云南大学基地由儿媳和福春暂时看管。村寨日记的记录因病而暂停，他打算等病情好转后，用电话询问儿媳，通过儿媳的口述，再做记录。

入院后，医生为他进行了打针治疗，从下午5点滴注针水到夜间3点半，老伴守候在床头，直到输液完了才打个盹。

2007年1月8日　农历十一月二十日　晴

村民和永红帮汝寒村的洋芋女老板买洋芋，他在和学仁家、和灿家、和作才家、和国武家买到了，价钱是每斤0.32元，除了装洋芋时发现烂了的洋芋丢掉，一律不拣不挑，由和永红过秤记录，女老板一点儿也不插手，甚至不在称洋芋的现场。上洋芋的人把称好的洋芋用手扶拖拉机拉到汽车旁上车，一趟拉1000多斤。先上和学仁家的，他老两口的有6000斤，卖到1920元。上完他家的就接着称和灿家的，他家只卖了4000多斤。在上和灿家的同时，以人背上车的方式，一部分人上和国武家的，他家暂时只卖出3000多斤，最后上和作才家的，和作才家的上了6000多斤。虽然汽车装不满，但天已黑了，不便再上车，只拉了这四家的就走了。今天卖洋芋的村民都说："这样不拣不挑的在过去未曾有过。"

2007年1月9日　农历十一月二十一日　晴

村公所的盖房建设工程已全面完成，一座崭新别致的四合院，内外修饰一新，院坝的靠南边还修了旗台，银光闪亮的旗杆高出房头两米多，显现出庄严、肃穆。村公所的房子盖得这样好，引起了一些村民的猜测："国家花这么多钱盖建村公所，是不是以后国家要安排大学生村官，把房子盖好让村官安居乐业。否则，按现行的村干部格局，没有必要花重金盖建新房。"

今天村委会的干部请满中村的村民五春红来清扫院坝、重修火塘，村委会书记和国军、副书记和继武、副主任和丽军收拾房子，整理东西，他们4人各忙各的，有时合作，有时各干各的。

2007年1月10日　农历十一月二十二日　晴

村民和圣伟、和尚花老两口要杀年猪了，杀猪的人差不多都到了，就连在城里开出租车的侄儿和朝珍、和朝亮也于昨晚回来参加今日他家的杀猪活动。人们吃完早点，吃饱喝足，还不见已与老两口分灶生活的儿子、儿媳到来。自去年婆媳争吵互不相让，万般无奈下，父子另立锅灶，各自生活。老两口种地为业，小两口男的开车，女的领小孩、做饭已快一年。茶余饭后，来杀猪的人们在猜测："儿子回来无疑，肯定会回来参加杀猪。"但儿媳会不会回来，大伙都拿不准，有的说："会回来的，不然儿媳方的亲戚在此的确不自然。"有的说："不一定回来，因为婆媳俩你牛、我牛，吵分后，没有正常讲过话。"

结果儿子、儿媳背着小女儿回来了，这合了大家的意，得了大家的心。他家杀猪的人和客人与往年同样多，有8桌客人，这在满下村是客人最多的一户。老两口杀年猪花了700元钱，这些钱主要用在烟、酒、饮料上，还买些菜、鱼、鸭、火腿肠之类的食品。最近几年村民的消费水平呈上升的态势。

2007年1月11日　农历十一月二十三日　晴

村民和朝光的畜厩木料已基本备齐，今天请村民和建良来动工建盖，在和建良的提议下，他还请了村民和金星一起来做木匠活，以点工进行，每工工价30元（包生活）。和建良与和金星一边干活，一边议论："满下村寨阿四金家族中的后生们，数和朝光厉害，他主持操办了自己的婚事及弟妹的婚事，还搬了家，搬家后还返修了一所正房。就建设和操持家务这方面来讲，'朝'字派的人个个不及他，其他人虽然各方面比他好，但都依仗了父辈的福；再说他搬到这儿后偷砍树也很方便，只要他出动，神不知鬼不觉就把所需木料拉到家了。"

事情也的确像和建良他俩所议论的那样，和朝光到目前已办了四桩大事（父亲丧事有伯伯、叔叔、姐夫、大姨爹和圣伟等亲戚的资助，他不须花较多的钱）。他的婚事、弟弟和朝祖的婚事、搬家所需的钱、妹妹和朝梅的婚事都是他筹办的，可以说在满下村寨同辈人中办事最多的就是和朝光。

2007年1月12日　农历十一月二十四日　晴

村民和建良、和汝浩、和汝信、和建军、和建国、和建成、和金辉、和金星、和金圣、和林、和金红、和子一、和子红、和学新、和闰芝、和永红、和永良、和永军、和尚花、和永光、和顺达、和顺光、和顺明等家前去旦都前村参加和林的丧葬活动，一般带去的礼是5斤杂粮、1瓶酒，或5斤大米、1瓶酒；有些带去5斤米、1瓶酒、半挂肉，或者5斤米、1瓶酒、1挂肉。带去的礼最多的是和建良家，因为和建良老婆五习芝是死者和林的亲妹子，他家带去的礼是花圈挽幛、烟1条、茶2包、酒2瓶、腊肉1挂、猪头1个、公鸡1只，大米、小麦、玉米各8斤。还另外带了给"足若"们的烟4条、酒1箱。和建良还为此次的花费感到心疼，说："旦都村人嫁女不给像样的东。他们去别处也不带这么多礼。"

2007年1月13日　农历十一月二十五日　晴

村民和万琼家杀年猪了，杀猪做饭的人来得特别齐。至此，满中、满下村基本上都杀完了年猪。到12点左右，和万琼租房住的东家——白华人五拾全家四口人都来做客，他们一到就忙着烤肉吃，边吃边说："南溪的烧烤真好吃，在城里和镇子里简直吃不到这样的美味！"快到下午5点钟，五拾对和万琼说："老友，我们回家了，你慢慢地搞吧！"和万琼执意要他们吃了晚饭再走，但五拾说："我们一到就吃饭，还一天地烧肉吃，晚饭没仓库装了，到家我们也不吃晚饭了。"和万琼劝说不过，就赶紧装了一大袋洋芋（约80斤），割了一块肥肉和一块瘦肉装在塑料袋里送给五拾带去。吃晚饭的亲戚也很齐，7点吃饭，到8点半才吃完。

2007年1月14日　农历十一月二十六日　晴

村公所在满下村村民组长和国兴家买杀了一口肥猪，以备2007年食用和应急。肥猪以每斤价3.5元过秤后杀。村委会书记和国军、副书记和继武还请了满下村村民和万红来帮忙杀猪。和万红是本行政村旱季巡山员（每年的11月至下一年的6月），村公所的事只要需要，他都干，是属于人们常说的听话、好使的一类人。他们4人把猪拴翻后过秤，有295斤，价款为1032.5元，为方便起见，干脆付了1050元。这些款很可能是在镇政府下拨的办公款里支付，村委会的3个干部掏腰包的可能性完全没有。每当村民杀年猪时，他们都买杀一口，已有六七年了。有时县、镇干部下乡，得立即组织一顿饭，到时有点现成的东西就好办了。到12点时猪还没杀完，而玉龙县疾病控制中心的人员来鹿子村下乡，把副书记和继武也叫了去，剩下3人干活就更紧张了，一直干到下午4点才收拾完。把猪解剖后擦上盐巴，用和国兴家的手扶拖拉机拉到村公所挂好。和国兴今年出售了两口猪，前一口卖给了白华人五玉山，不讨价还价，直接付了1000元。他还养有两口年猪，待举行儿子五德华婚礼时一次性宰杀。

2007年1月15日　农历十一月二十七日　晴

村民和作典用手扶拖拉机从田里拉回晒干的绿肥，他没有把绿肥直接拉回家，而是拉到村民和国武家，请和国武用多功能粉碎机来粉碎。他与和国武的老婆和闰芝一起粉碎，同时叫他的儿媳和爱花从家中背来前不久拉到家的部分绿肥一起粉碎，打算把一年要喂猪的绿肥都粉碎好，以防到时又耽误其他农事。粉碎完后过秤有1535斤，每粉碎100斤收价5元，合计76.75元，和国武收了76元整，那零的0.75元就免了。要粉碎的人还多，只能按顺序进行，和国臣、和永昌等，有的可能要等到明天才轮到。

2007年1月16日　农历十一月二十八日　阴

满中村的村民五福海今天成了一个大忙人。他首先帮大理的洋芋老板问了并称了2.3万斤洋芋种，每斤0.2元。上车的有满下村寨村民和国兴家、和尚花家、和家良家、和玉祥家，和国兴家请了和建成、和金红、和三姐、和四黄、和春银等人来上车；和尚花家请了和圣琴、和自忠、和顺光、和圣伟、和英等人上车；和家良家请了和朝柱、和一花、和秋谷、和玉祥来上车。等和尚花家的上完后，和圣伟、和英来帮和家良家上车。和家良家的上完后，在和家良家上车的一班人又去和玉祥家上车。总数量是和国兴家5200斤，和尚花家7000斤，和家良家3300斤，和玉祥家2300斤。接着在和国兴家上车的这班人马又去上和建成家的。

下午2点后，五福海又帮昆明老板去满中村称大洋芋，品种为"护水八八"，到晚上7点装了4万斤，每斤介绍及过秤费给他0.01元，他今天收入了600多元钱，是近些年介绍洋芋、称洋芋劳务费收入最多的一次。他老婆很支持他的行动，今晚有一个大理的洋芋老板还睡在他家，等待五福海明天给他介绍及过秤一车。

陈丽华老板要把洋芋种拉到临仓去卖，昆明老板则要把大洋芋拉到蒙自（红河州）去卖，他们都要拉700来公里的路程。

2007年1月17日　农历十一月二十九日　晴

村民和万军请村中的姐夫和建忠、和作武以及堂兄和李福、和万红等人帮他锯用于横梁、中横梁、小横方的木料。他从行茂洛村买来大部分大料后，多次请来村中的亲戚，在满下村寨集体林中砍了好几车木料。现已把整所房子的料子备齐，等把方料锯好后，准备请木匠来竖房子。

村民和朝光也请了和朝东、和福春、和圣军、和作典、和万琴、和文亮、和二友，满上村的和春琴等人来帮他家下柱石，到下午把柱石下好后，和朝光请和文亮、和圣军连同他三人到满下村寨集体林砍了一手扶木料。他偷伐，你偷砍，最近4年都是这样。村民组长在会上说了也屡禁不止，把各家各户出钱封了20多年的集体山林毁在最近四年里。究其原因是没有把开头偷砍的几户村民制止住，到后来就一个看一个，一户跟一户，没有把村民组长的禁令放在心上。全村寨共56户人家，一棵都没砍的就四五户，村长哪能说服得了大多数。即使白天有看山的，到夜晚也要偷砍，真是无法。

2007年1月18日　农历十一月三十日　晴

一部分村民认为今年洋芋种的价格没有上涨的势头，依据是：往年到这段时间洋芋种已经卖了一半多，可今年还没拉走十车。因此，今天好几家农户都争先卖洋芋种，如村民和朝东请和福春、和尚花、和朝柱帮忙装洋芋；村民和作典请和圣军、和祝英、和圣昌、和四娘、和圣伟、和明贤帮忙装洋芋；村民和建国请和彦花、和金红、和三姐、和满菊、和茂良帮忙装洋芋。上车的方式是汽车停在和万琼家门前，车尾处摆上一张桌子，桌子上放一把板秤，卖洋芋的农户把洋芋装进篮子里，把篮子放在手扶拖拉机里，用拖拉机拉到汽车旁逐篮过秤上车。这样做虽然费时且劳累，但又方便几家同时上车，男人多些的农户上车快，男人少些的农户上车慢。例如，和建国家有三父子加上和金红共4个男人，他们先上完和建国家的，后又上了和金红家的。和金红家上了6000斤，和建国家上了 10000 斤。他们两家的上完好大一阵，和朝东家的 6800 斤才上完。因为，只有和朝东与和朝柱两个男人装车过秤。和作典家的 7000 斤也早就装完了，装洋芋的人中有 4 个男人。今天的洋芋种价仍以 0.2 元一斤成交。据洋芋老板说这车洋芋种是要拉到楚雄。

2007 年 1 月 19 日　农历十二月一日　阴

村民和朝光请亲戚和朝东、和朝泽、和朝亮、和朝祖（此二人在城里开出租车，停车转回）、和圣伟、和尚勋、和春立、和春琴、和作才以及村民和建成、和作典，加上木匠和建良、和金星共 13 人竖他家的厩房。大伙吃了早点后（约上午 10 点半）开始组合屋架，和作典及和金星专门负责修挂方，和建良、和春琴负责组合屋架，到下午 1 点才组合完五排屋架。早饭做了五菜一肉。到 1 点半开始竖房子，四间厩房由五排屋架组成，因为天冷，大伙抓紧干，生怕傍晚更冷，中间没有休息，一直坚持把房子竖完才一次性休息，到 4 点半完成。休息片刻后吃午饭，午饭简单些，馍馍伴酒茶。此后就休息，喜爱麻将的玩麻将，和朝祖与和朝亮回城开车，其余人就地休息。

到 7 点半吃晚饭，晚餐做得很丰盛，做了 8 个肉，3 种酒水。8 个肉即鱼、鸡、鸭、炒瘦肉、凉拌猪肝、煮排骨、肥肉、鸡蛋；3 种酒水即大麦酒、啤酒、饮料。近年来，大多数村民都这么做，这体现了党的政策好，村民由温饱过渡到了逐步富裕，生活水平有所提高。

2007 年 1 月 20 日　农历十二月二日　阴间阵小雪

村民和国武请家族、亲戚、邻居帮忙筹备明日为长女和玉兰举行的婚庆礼。今天的工作主要是找柴，炊事组煎鱼、煎肉、杀鸡等。杀猪一事，因为今天部分亲戚要到前山石镜头村女婿家做客（男方家今天举行婚礼），因此提前在前天就请亲戚杀了。这种在双方家每家举行一天的婚礼与传统的婚礼比起来是不完整、不合传统的婚礼。此前，满下村寨有过四例类似的婚礼：一例是嫁到维西的和尚典的姑娘和国英，一例是嫁到丽江古城的和尚勋的女儿和朝花，一例是嫁到四川的和顺光的女儿和爱菊，一例是嫁到文山砚山县的和尚军的女儿和朝娟。

被和国武家所请的人们，11点吃饭，12点左右开着两辆手扶拖拉机上山砍柴，一辆找干柴用来做饭现烧的，一辆砍来湿柴做篝火晚上用的。到5点左右砍柴的回到家了，6点开始吃饭，和国武的老婆忙着喊亲戚来吃饭（全家人都喊）。

2007年1月21日　农历十二月三日　阴转晴

村民和国武为长女和玉兰招女婿入赘举行婚庆典礼。婚礼两家亲戚各举行一天，男方家里昨天举行，一些传统的常规都免了，如尝酒、迎送（没有迎亲的人，没有送新郎的队伍），不送嫁妆，但男方家照样喜联满院贴着。今天下午1点左右，新娘和玉兰及新郎五八斤，同女方家去男方家做客的亲戚回到家中。到2点左右开始待客，同样免了尝酒仪式，因为男方家的亲戚一个也没来，而且不知道什么时候到。等到所有来客都待完了好大一阵（大约5点半），男方家的亲戚才到。

此次婚礼，收到7000多元人民币，以及肉、米、烟、酒等贺礼，是满下村寨婚庆典礼收到人民币最多的一户，其原因是和国武的朋友有好些是坝子里和城里的。

此次婚礼的举行也使和国武有些忐忑不安，怀疑女婿以后有可能回男方家（前山石镜头村）。

2007年1月22日　农历十二月四日　晴

村民和国兴请了近族人和永昌、和春银、和万林、和万元4人，连同他儿子和德华共6人，开着和永昌及和万元的两辆手扶拖拉机去丽江古城购买后天为儿子举行婚礼所用的生活用品。

和国兴老人为总指挥，和春银看车守东西，和万林、和永昌、和万元、和德华在和国兴的指挥下逐一买东西,和万元负责把买好的东西背到手扶拖拉机上搁下,让和春银看好,和国兴负责付款。他们分工合作得很仔细、很认真,但最终还是忘记买了鞭炮和扑克,回到温泉处和永昌才想起这些事情,告诉和国兴,和国兴停下车来叫儿子和德华打电话给在城里开车的和朝亮,请和朝亮买一大卷鞭炮和10副(一打)扑克牌。办这样的大事尽管细心也会有遗漏之处。

2007年1月23日　农历十二月五日　晴

村民和国兴请亲戚家族及和德华的伙伴,来筹备明天婚礼的各项事情。吃过早饭后,一些人杀猪,一些人砍柴。杀猪的人都是中年及炊事组的人员,杀了两头大肥猪(一次性杀了年猪及结婚用猪)。杀完猪后,炊事组人员开始着手煎鱼、煎肉之类的事情。砍柴的人多为年轻人,收礼、记账、管烟酒的多为中年人。到了下午5点钟左右,两辆手扶拖拉机找柴回来了。他家的柴火很充足,一个月前就由金龙自然村的连襟和福先帮他烧了一窑栗炭,有300来斤,昨天又由和福先的儿子五春见拉来一手扶拖拉机干栗柴,解决了烤火做饭的柴火。今天从山上砍下来的柴,此次婚礼上就用不着了。

吃过晚饭后,喜欢打麻将的中青年人又开始了桌上输赢的活动,一直干到天亮,这些人多为不听父母话的或自以为能的人,而精明点的人打了几盘,或赢或输都适时闪开了。大人们很担心满下村寨的个别中年人会成为满下村寨历史上(民国时代)的赌王五才(人称毛堆式的人才)。五才很好赌,赌得钱财都空了,甚至把老婆也卖给旦都的五三金,还要继续赌,结果只剩下光棍一条。1949年后成为满下村的"五保户",到1975年去世,享年75岁。

2007年1月24日　农历十二月六日　晴

村民和德华举行婚庆典礼,房前屋后打扫得干干净净,屋后树上也贴满了红纸，显现出一片喜气洋洋的景象。柱子上贴着喜联，但新房正中的两棵柱子及南屋前排正中的两棵柱子（共4棵柱子）空着，那是留着贴和德华的干爹施崇基送的喜联（施崇基是鹤庆辛屯人，云南省农民企业家，曾经是北京辛屯沙发厂的经理，近年来又做房地产老板）。这是采用鹤庆白族人送喜联的风俗，在满下村寨是第一例。

早上10点左右迎亲的队伍出发了，女青年8人，男青年8人，媒人夫妇，共18人，加上去女方家做客的人，拉嫁妆的手扶拖拉机6辆，组成了相当规模的队伍。5点左右把新娘接到家后，按照常规进行尝酒仪式。尝酒仪式结束后，开始待客，待客的顺序是：送新娘的姐妹们及新娘方的亲戚—远客—老年人—本村人—帮忙的人—炊事及蒸饭的人。

吃过晚饭后，大伙围着火盆烤火，嫁方的亲人在楼上进行特别招待，媒人和永昌及其老婆和社芬夫妇负责招呼（后亲客）。喜欢打麻将的人则在邻居和永昌家玩，好些人都打到天亮才休息。

2007年1月25日　农历十二月七日　晴

村民和德华的婚庆还在进行中，他家所请的帮忙的人除了一些家务事较多，或者另有急事的外，都照常在他家帮忙。客人只有后亲客，以及部分昨晚留宿的远客。村里家族和近亲一个都不漏。12点吃早饭后，新郎、新娘及和永昌去旦都前村女方家回门，来男方家做后亲客的也一同回家。媒人和永昌陪同新郎、新娘前往，主要的任务是请女方家的父母、叔婶、姨妈、舅舅、舅妈等至亲的人来和德华家。

今晚的饭菜和昨天待客时一样丰盛，其目的是在亲家及亲戚面前表现出富有、大方。今晚吃饭的人是亲家方面亲戚，男方家的家族，村中主亲，帮工。

新娘五桂花回来时开来了父母给她买的面包车，这是以前她在娘家时开的面包车，因其弟弟五桂华跟随表叔（前山行茂洛村）和志杰（丽江路桥施工队长）开压路机，父亲和红军年纪大又不会开车，因此作为嫁妆给了她。南溪村以前办婚事嫁女的曾有给一二万元现金的，但还没有给过车的，这在南溪村属于首例。

此次婚宴，所收礼、烟、酒、肉、米不说，单人民币就收了1.5万多元。

2007年1月26日　农历十二月八日　晴间阴

村民和国武家、和国兴家因办婚事时一次性杀了年猪，今天两家都乘办婚事后还有很多剩余烟、酒、美味佳肴，就请杀猪客，请各家杀年猪来往的亲戚和朋友吃饭。

村民和建国家则请兄弟和建成、和建军、堂兄和建忠、和建华，加上父子共6人去丽江城购买长子和学先后天结婚用的货物。村民和作武也请本家族的和圣华及和良命夫妇、五社兴，以及长女五满菊加上和作武本人共5人去丽江城购买长女五满菊后天举行出嫁礼用的货物。嫁妆在前些时已备好，今天只是去买婚宴上用的东西。嫁女家比娶女家花费少些，因此，只开了和圣华的手扶拖拉机去城里。

2007年1月27日　农历十二月九日　阴

村民和建国、和作武两亲家为明日的长子、长女婚嫁事忙着，他们请人杀猪、找柴、备碗盘，炊事组的人还忙着煎鱼、煎肉。

和作武家由于人多，找了满满三手扶柴。

和建国家因人手少，虽去了三辆手扶，但找不满，所幸的是和建国的二儿子五四黄在事前跟金龙村的二姑爹五福先在金龙村山上砍了满满一手扶栗柴。栗炭也是姑爹五福先在金龙村山上烧的，这样就用之有余了。

与他们两家不沾亲的村民则自个上山找柴，一般都是带闲带做，一天只上山三次。

2007年1月28日　农历十二月十日　雪

村民和建国为长子和子黄举行婚庆典礼，村民和作武为长女和满菊举行嫁女婚宴。因为雪天，给待客、迎亲、送亲带来不便，所幸的是新婚夫妇都是本村的，相隔只有几步路。和作武家新娘送出就轻松多了，人员只剩下帮忙的人，好些人都去男方家做后亲客①。正因为路近，所以男方家也是等新娘接到家后，举行尝酒仪式后才待客。待客的顺序也是先请后亲客，再远客、老人、近客、村里客。男方家帮忙的人虽然请了一些前山放牛坪村的表姐、表哥，但由于两家都要请村中青年人及中年人，人员便显得有些紧张，有些少。好多后亲客只吃了些瓜子、糖果之类的，根本没动筷子，因为才从新娘家吃了来，肚子里装不下，但宴席不得不摆，席散后收回厨房中。因为雪天，人们都忙着去烤火，什么啤酒啊、饮料啊，来客都不想动它，更不想喝它。后亲客招待在楼上，烧了三盆炭火。

近客吃过饭后，嘴巴一擦忙着回家；远客没有回家的也到村里亲戚或朋友家烤火。帮忙的人只能顶着寒冷把待客、收拾的事做完才得休息。

2007年1月29日　农历十二月十一日　阴

黄山乡党委政府对南溪行政村的新建房进行验收。验收组以镇党委书记和学典为组长，组员有政府和副镇长、办公室的人员、黄山镇财政所长等5人。验收组对新建平房的各个环节进行了认真的检查，整所房子从外到内、从上到下都看得很仔细。看后，在会议室进行评议。评议的结果是：工程基本合格，并对主管该房建设的李老板提出不足之处。主要是：走廊两边墙壁要由砖砌成凸出的方圈，显示出丽江纳西族民宅的特点，要求老板按要求补修，老板表示马上改进。

---

① 婚礼中新郎新娘是主角，两人的亲属成员均属于各自的"后亲"，做为接新娘和送新娘的成员，新郎的"后亲"要在新娘家受到款待，同样的，新娘的"后亲"也在送新娘时往新郎家接受款待，这一过程称为"后亲客"。

在验收评议结束后，他们把从镇里带来的国旗用绳子拴在旗杆上，把国旗升起。五星红旗在村公所上空迎风飘扬，这是以前没有的。

2007年1月30日　农历十二月十二日　阴

今天，满中村村民和占典在城里的农家乐里为长子和杰举行婚庆典礼。这是满中村寨有史以来在城里举办的首例婚宴，主要是因为和占典家已在城里开车有三年时间，自家买了一辆出租车由和占典、和杰两父子轮流开；二儿子和肖读高中，老婆和益花拉客及做饭。在城里举行婚庆宴宾的特点有：一、宾朋所带的礼都是钱，便于主人家管理、使用；二、节省时间及费用，如果婚宴在家举办，亲朋故友得聚三天，而在城里一般只吃一顿饭，个别最亲的亲戚吃两顿饭。所用的时间一缩短，费用随之节省了许多。

和杰的爱人是玉龙县鲁甸乡人，她在丽江城打工，两年前两人相识并长期坚持往来，今天终于结成夫妻。

2007年1月31日　农历十二月十三日　阴转小雪

南溪行政村满下村寨和立军、前些天嫁到满下村寨的和桂花，以及旦前村和金菊三人的面包车，因没有运营证被视为非法营运，被整治非法营运车的人员抓获。他们把车开到运政处，经调查取证，确属非法营运的黑车，运政处拟从重处理。

和立军、和桂花、和金菊三人的车被整治小组的人开走后，给南溪村民进城办事、买东西带来极大的不便。但整治非法营运车是国家的法律，又有谁人敢说呢？当然，人们又会去想别的办法来解决乘车难的问题，但肯定不会像6年前那样靠自己天生的11号车（步行）来往于南溪与丽江城间的路上。

2007年2月1日　农历十二月十四日　大雪

满中村村民五秀英生产坐月子了，生了个胖男娃。这可乐坏了父亲和丽元及丈夫五春立。因为父亲和丽元本来是太安乡吉子行政村汝南化自然村的人，来南溪满中村五社芝家上门做女婿。他就想生个男孩，但事与愿违，只生了两个女孩，于是他就叫二姑娘五秀英招夫上门，二姑娘也听从父母的要求，找了本行政村文屏自然村的小伙子五春立入赘做上门女婿。两人结婚后生过两胎，第一胎（女孩）没有养活；第二胎生了个女孩；这次是第三胎，生了个男孩，这使做爷爷的和做爸爸的心里着实欢喜。这一现象是南溪纳西族传统的"重男轻女"思想的体现。

2007年2月2日　农历十二月十五日　雪

雪还在时断时续地下着，大部分村民都围坐火塘烤火，或烧上一盆炭看电视。村民和学新家的小孙女和群瑛感冒了，因为南溪无地方可要到药，和学新打电话给在城里开出租车的儿子和灿，叫他回来带老婆、娃娃去丽江看病。和灿接到父亲的电话就开车往回赶，可雪太大了，文屏村上面的坡上不去，他便打电话请他的岳父和顺明开手扶把和群瑛母女送到文屏村，他在那里等候。和顺明开着自家新买的手扶拖拉机把长女和永秀及外孙女和群瑛送到文屏村，母女俩由女婿和灿接走。他打转回家，爬了一截坡，车轮在雪里倒滑，无法前进半步，他就打电话给亲家爹和学新，要他想办法。和学新、和永秀夫妇（婆媳俩的学名都叫和永秀）请家族中的侄儿五二友、族中兄长和学仁，以及亲家妈和命开着一辆手扶拖拉机去倒滑地点接和顺明。他们5人连抬带推，把亲家和顺明的手扶拖拉机推到不再倒滑的地方，再慢慢地一起开回来。遇到倒滑时，5个人又推一把，回到家里5人都感到很累很冷。

2007年2月3日　农历十二月十六日　阴

因为雪天，不能上山砍柴及拉松毛，满中村的村民照例从家拿些柴到球场边小卖部玩。喜欢打扑克的玩"三打一"（三人斗一人）；喜欢"哈几"的进行"哈几"。还有不甘寂寞的一些村民，如五春立、五福生、五社华、五珍华等人则去雪地里逮野兔，他们在山上雪地里折腾了近两个小时，捕到一只野猫，在五春立家煮好，美食了一顿难得的野味。

"哈几"的人输得最多的输了五六百元，赢得最多的赢了 300 多元。散伙时，输的垂头丧气，赢的喜笑颜开，庆幸运气好。

2007 年 2 月 4 日　农历十二月十七日　阴

村民组长和国兴在球场召开满下村寨户长会议，议程有二：一、传达上级关于护林防火的有关指示，强调旱季防火的重要性与必要性，并要求家长教育好娃娃们不能玩火，并给每户发了一张"玉龙县人民政府与农户签订的护林防火责任书"。二、上交"退耕还林补助款存折"，并在"退耕还林补助表"上签名盖章。今年此项补助发放推后了一个多月，在这段时间里不免有些猜测和谣言，有的说："退耕还林不好好种，要停发补助了。"也有的说："活该，不发补助才痛快呢，正像古代故事中所说的'烧房不要紧，烧死老鼠才痛快'，我们村多的二三十亩，白拿国家补助款；没有地的一分补助款也没有。在整个行政村，只有满下村不调整退耕还林的田地，这太不公平了。但没有的只是占少数，是弱势群体，这不平等现象去向谁诉说呢？"有较多地的村民，怕停发补助会丢了六七千元钱，便跑去行政村问干部，行政村干部的回答是"不知道"。这下，这部分人的心平静了，心中暗喜庆。

签名、盖章及收完存折后，和国兴把全村的存折交到行政村副主任和丽军处，待和丽军收齐全行政村的存折一起交给黄山镇财政所，由财政所按表按户拨存到玉龙信用社白华营业室。拨付完后再把存折交给村委会副主任和丽军，由和丽军负责发给各村民组长，再由组长转发给各农户。

2007年2月5日　农历十二月十八日　阴间小雪

前些天下的大雪还没化，今天又有小阵雪，天气很冷。村民和永良家请了亲戚们来杀年猪，他家是今年杀年猪的最后一家（除了他叔叔和顺达家办喜事时才杀外）。他请了家族和顺明、和顺达父子、和顺光父子、和永红父女、和永光、和天林、和丽军、和永军、和朝光、和圣伟、和学新，以及旦前的表兄五尺、五光两弟兄、和建成等。

天气虽冷，但人手多，干起事来人多力量大，他们干得很利索，两个小时就把两口肥猪收拾完了。他们分工得很好，杀猪的就杀好猪，把猪收拾完后，不再参与做饭和其他事宜；做饭的就不参与杀猪。上了年纪的和顺达、和顺光、和学新、和圣伟等人清洗一下猪肠子就了事了。

村民和福春在家里的火盆边绣羊披带，她是帮村民杨文花绣的，杨文花正在准备女儿五金凤的嫁妆（不知何时嫁女，女儿现时才十七八岁）。居住在南溪村寨的纳西族，嫁妆"七星羊披"是必备的。女儿自己会绣的，十七八岁开始绣，绣了后缝在羊披上，到出嫁时带走；如女儿自己不会绣，有心的母亲就请人准备（如杨文花请和福春绣已是两副了）。

2007年2月6日　农历十二月十九日　阴

村民和圣华请和作武、和圣琴父母，和社兴、和社红兄弟，和作典、和爱花公媳，和作才、和圣军、和竹英、和圣昌，和土福、和福军父子、和亚兰、和丽雪母子、和圣伟等亲戚来搬畜厩房，他要把原来父辈所起的坐南朝北的厩房改造成坐东朝西（基石已在去年就下好）。他们把房子从头往下拆，顺序是，先下椽子，再下梁头，接着下方，从上往下逐一拆除。拆完后，又在下好的基石上重新组合屋架，这顺序又得从下往上，先把屋架组合好，共有四排，然后一排排竖起来，等竖了二排就上方，让方把屋架互相拉住，这样就不会倒了。竖三排屋就放一排方料（纳西语称挂方），竖四排屋架就上三排方，这样就稳住了整所房子。再加顶杆稳固后，就放梁头、椽子。他们人多，时间抓得也很紧凑，到天黑时分，已经钉完椽子。以后就不要那么多人了，盖好瓦片后，每天一人，或两三人都可以做没有做完的事情。

2007年2月7日　农历十二月二十日　阴间晴

雪化得差不多了，只有阴坡及村里背阳的地方没有化，部分村民又上山砍柴刨树根。有些去两三转，有些只去一转。村民和国武家一反过去的常态，今天开始背厩肥到山上田里堆肥，提前20多天就进行春耕、春种的准备。这很可能是女婿五八斤的主张，因为五八斤的老家农事比南溪多，很少有南溪这般的休闲，他闲不惯，因此提议背肥到田间堆肥。

村民和顺达家请家族和顺明、和文亮、和永红、和永军、和立军去城里买东西，备办后天为独生子和永贤举行婚宴的东西。

村民和金发请来兄弟和金辉家二人、和林家二人、和金星家二人、和金圣家二人，加上和永秀，把小洋芋（洋芋种）装进篮子里，在家过秤后，用手扶拖拉机拉到汽车旁上车，全部装完有12300斤，每斤0.23元，比前段时间每斤上浮0.03元，比前段时间卖的人就多收入366元。洋芋出手得早的村民，每万斤收入就少300元。

2007年2月8日　农历十二月二十一日　晴间阴

满下村村民和顺达请家族、亲戚中的年轻人和中年人来筹备明日为独生子举行婚宴的工作。吃过早饭后，年轻人及中年人上山砍柴，他们开去三辆手扶拖拉机到前面山上（口阔洞）砍柴。由于近几年乱砍树木的村民相当多，到处都是树尖、树枝，加上他们家族人强马壮，到3点多钟，找了满满三手扶柴回来了。

炊事组的人则杀猪，因和顺达没有料到儿子会在今年找到儿媳，所以只备了一口年猪，但和永贤在农历十一月初谈到了一位后山行政村寒近洛自然村的小姑娘，并决定在明日举行婚礼。因此，年猪也拖到今天就着婚事宰杀，杀猪组也进展得快。杀完猪后就忙着煎鱼、煎酥肉，所要煎的东西都在今天煎完。

满中村的村民和丽元家也请亲戚、家族的人来准备明日为新生孙子举行祝米客（开于）。同样请人上山砍柴，用手扶拖拉机去拉。炊事组则在煎鱼、煎肉、煎花生、煎虾片。

2007年2月9日　农历十二月二十二日　阴

满下村寨村民和顺达为独生儿子和永贤举行婚庆典礼，"多喜奇男已丈夫"，和顺达及老婆和继花悬着的一颗心终于放下来了，心里怀着以后抱孙儿的企盼。今年满下村喜事连台，一连为四对青年人举行了婚庆典礼。迎亲的队伍9点半出发，因为新娘的嫁妆前些天就从丽江买好后一次拉到男方家（这主要是图方便，以免嫁妆在迎亲的路上受损坏），今天的婚嫁仪式只需接送亲的人群和后亲客，所以手扶拖拉机只去了六辆，由该族中的和永良、杨耀秀夫妇做媒人。寒近洛亲家下午3点半就打发新娘了，但山路不好走，路面凹凸不平，又有石块突出的路段，开车速度不能快，到鹿子村后才能加速。因此，新娘6点才到新郎家。新娘到家门口时，炊事组的人照样给新娘"除布"（用旧瓦片中放些燃烧的炭火，炭火上放些肉呀、饭呀、菜呀丢出去，以示给新娘驱邪）。

到家后，照例先在厨房里进行"日松"（尝酒）仪式，所有到场的男女双方至亲，都坐在厨房里，新娘盛酒、新郎敬酒，人人一杯。待在座的人都拿上酒杯后，由族中长者和顺明端起盛酒、香、烟、钱的盘子，把香插在祖先坛边及火塘三脚边，然后口中轻声说着吉利话，说完后把酒泼进火塘中，火燃起，大伙齐声喊"大吉大利、百年好合、长命百岁、早生贵子"等祝语。仪式完后就开始待客。待客的程序，按老规矩先后亲客、老人、远来的客人，再弟兄客，最后是村里客。

夜晚，人们围着院中的篝火跳起了"喂目达"。小伙子们在跟新郎、新娘闹房。然后新郎、新娘给跳"喂目达"的人们敬酒、茶、烟，一直跳到鸡叫时才休息。

2007年2月10日　农历十二月二十三日　晴

村民和顺达为长子举行婚礼的第二天（回门、会后亲）。但今天的过程与传统的常规不一样，虽然进行了回门的程序，但没有进行会后亲。这主要是女方家的父母考虑到，两地相隔较远（20千米左右），路又不怎么好走，而且男方家要付出可有可无的一大笔花费。因此，事前就通知和顺达此次婚礼免了"会后亲"的程序，这样就减轻了好多经济和精神负担。会后亲这一过程历来都是要有很丰盛的饭菜（两顿），较高档的烟、酒来招待，言行举止也要分外谨慎，千万不能惹后亲们不喜欢。如果有谁不慎惹着后亲不悦，后亲就会用刻薄的言语对待亲家；如果没有惹着就和好无事。近些年，如若娶方家稍有不周之处，嫁方亲戚也相安无话，这是一种社会进步、人类文明的象征。

虽然没有"会后亲"，但村里的近亲近邻还在他家，待到明天午后才散伙。

和顺达对此次免会亲之举，从内心感到亲家真体贴人，知人情，尊重客观，是宽宏大度的文明人。

2007年2月11日　农历十二月二十四日　晴

村民和朝光从满上村其弟和朝祖家买了3000斤品种为"胜利二号"的小洋芋，拉到丽江坝子换玉米及小麦。换的生意很好：1∶1.5，就是说1斤小麦换1.5斤洋芋，换到1500多斤小麦。上好车往回赶时已是夕阳西下，也许他边开车边想着这车洋芋赚了多少钱，或许是想着其他心事，拖拉机开至中济村出口处撞在一辆三菱汽车上，把汽车后尾撞烂好大一块，同时他的手扶拖拉机方向也有毛病了。停下车，和朝光要报交警处理此事，生怕开汽车的人打他，敲他好些钱，可这汽车是外地的，开车人说算了就走了，他感到很幸运。事情的确也是很幸运了，这车要是本地的，和朝光必定得赔个五六千元的修理费。他心里确实有说不清的后怕。他今年是36岁，走红了，他感到很安然、很幸运。他老婆问他怎么开拖拉机时，他回答没有见到他前面有车，他老婆说："我的心都掉下去了，以后开车得专心才是。"

黄山镇和副镇长率民政干事和菊香来南溪慰问困难户，他俩到南溪后由村委会书记和国军、副书记和继武陪同，先从鹿子村开始慰问，村委会副主任和丽军在村委会做午饭。慰问组在和国军的引荐下，上午慰问了鹿子、旦后、旦前、满下的困难户、党员困难户、70岁以上的老党员。在村委会吃了午饭后，由和国军、和继武继续领他们到满中村、满上村、金龙村、文屏村（金龙、文屏由和继武一人领去），慰问困难户及70岁以上的老党员，并向这些人送了慰问物资及慰问款。通过这些活动，人民群众深知党和政府是很关心人民群众的疾苦，从内心感到共产党好，社会主义好。

2007年2月12日　农历十二月二十五日　晴

村民和万元请了和德华、和春银、和万军、和万琴、和天林、和四闰、和李福等家族人来帮他竖新厨房。本月7日他就请和国兴、和永昌两人为这新厨房做木匠活，所用的木料是和万元与老婆和万芝前不久从前面山上砍来的。因为满下村寨管了20多年森林，现在好砍了，车路也方便，因此，砍点厨房所用的柱子等大料也只需两口子加上一辆手扶拖拉机就解决了，不必兴师动众。在白天砍好，上好车，等到天黑时拉回家，下好车就了事了。

他们吃过早点开始组合屋架，和国兴是干了30多年木匠活的老师傅，指挥有方，组合有序，竖房有巧，样样工序安排得井井有条。因此，太阳还没落山就钉完椽子、檐板。一样木工活都没剩下，只待进行盖瓦、砌墙、隔整等工序。

因为人手紧，他两口子没时间进城去买菜，就由和万芝的哥哥和万华从城里买来今天所需的菜、肉、鱼等食物，并在早晨就送到他家。他们兄妹的情谊是深厚的，哥哥随时都关心着妹妹。在各自当家立户后，有这般兄妹情的人是较少的。

2007年2月13日　农历十二月二十六日　晴间阴

今天南溪全行政村的绝大多数村民心里非常高兴，盼望已久的退耕还林款终于抢在春节前，由黄山镇财政所、黄山镇林工站的领导和职工拿下来，分发到各自然村的小组长手中，请各组长代发到各农户手中。各村民组组长按照表格，把存折和部分现款发给各户户长。除满下村寨的和万元家、和朝珍家、和金红家、旦都村的和继先家没有分文的退耕还林款外，全行政村各农户都有不同数额的退耕还林收入，其中做得最好的是满中村，他们村按户头平均退每户11亩。除满下村悬殊，没有调整外，其余各村虽有相差，但不悬殊。满下村的和作武、和作典、和建良等农户一年就收6000多元退耕还林款，而和万元等农户却无分文，形成了鲜明的对照，但这样不平等的事去向谁诉说呢？

2007年2月14日　农历十二月二十七日　阴转小雪

晚上7点刚过，看守云南大学基地的和尚勋老师正准备吃晚饭，突然接到满中村青年和闰里打来电话，说是借用一下云南大学基地，和尚勋老师问其有何用意，和闰里回答是要打牙祭，和老师当即回答他"我吃了饭就来"。和尚勋老师丢下饭碗就冒雪往满中村而去，可到云南大学基地时连一个青年人的影子也没有。他就到基地邻居五福生家问，并说明刚才接电话的内容。五福生告诉他："今天是'情人节'，青年人在和杰家打牙祭庆祝'情人节'，有人说想借云南大学基地用一下。他们打电话试探您的。"和老师赶到和杰家一看，青年人有十来个，四个男的，五六个女的。和闰里说，这儿没电，我们想在云南大学基地玩一夜。和老师说："玩到12点就要停止了，柴可供你们烤。"和闰里说："今晚您回家睡得了，我们玩个通宵，我们代您守。"和尚勋老师说："这样不行，要是这样做我就失职了，你们要玩就到12点为止。"结果他们没来云南大学基地，可能是不中他们的意。

2007年2月15日　农历十二月二十八日　阴

村民和国武家请来家族、亲戚、邻居10多人帮他家卖洋芋，洋芋价以每斤0.40元成交，这个价格已经卖了10多天，他家今天卖了19000斤，合人民币7600元。至今，他家除留下种子、食用的洋芋外，要卖的全部卖完。因为和国武在四五月间去做药材生意时借了和国亮家4000元、和国臣家4000元、和国红家2000元，共1万元整。再加上长女和玉兰8月份招来入赘女婿五八斤时借了和朝东家1000元，建大门时借了和尚勋家2000元、和万琴家1000元，为长女举行婚庆时借了舅爷和学新5000元（收到礼款后已还），和学新家还欠一部分。当时他向别人借钱时的承诺是："等卖了洋芋后还。"但客观条件与主观愿望相差较大，借款远远超出收入款，他只好按借款的先后及催款人的用途缓急，先还部分。急着用钱的人只感到："借出钱容易，拿回钱难。"虽说婚庆时收下的米和肉够年内食用，但欠下这么多钱，平时不注意抓紧节约和积极还款是难以一时还清的。有些人为他担心。

2007年2月16日　农历十二月二十九日　阴

村民们都在忙着备办年货，两三天前就开始到城里买年货了，今天已是最后一天了。本来应是欢欢喜喜地备办年货，但今年有相当一部分村民缺少了往年欢欢喜喜的气氛，因为跑南溪—丽江城的私人营运车，无影无踪了，手扶拖拉机也不敢载人去城里。因此，有一部分村民真的开动了自己天生的"11号"车到城里，到城里备好年货就合伙包一辆手扶拖拉机拉回来。他们鸡叫就出发，下午六七点才返回，为的是防交警及车管部门的检查。有些个别村民还步行到太安街去买年货。看着今年办年货乘车难的局面，个别村民还风趣地说："肉家里有，鸡家里有，面粉和米都不缺，烟、酒、糖、茶，可在小卖铺买，春联也可在和四闰小卖铺买到，不进城不要紧，就缺点绿色的素菜。"说这些话的村民，话虽这么说，却依然进城备年货。有个别村民把买洗衣机等家具也当成年货来购买，如村民和建军在买年货的同时买来了一台洗衣机。

2007年2月17日　农历十二月三十日　晴间阴

今天是除夕，各户的男主人忙着杀鸡，烧洗猪头，并忙着煮鸡肉和猪头肉，忙完这些就贴春联；女主人则忙着从里到外地打扫卫生，扫除所有地方的垃圾，扫完后就忙着做年夜饭。不管事的小伙子们邀约好满上村的中青年们进行了一场观众不多的足球和篮球比赛。年轻人虽有力气，但脚下功夫不及满上村中年人那么娴熟，以0∶2告败。在篮球比赛中，满下村年轻人凭着两三个高个子的空中优势，挽回了败局，险胜满上村队。

到下午6点，陆续响起了鞭炮声，此起彼伏的鞭炮声送走旧岁，迎来新年。吃过年夜饭后，有年轻人或小娃娃的家人陆续燃放花炮，一直持续到夜里12点才渐渐少了。人们在欢庆新春的到来，希望来年五谷丰登，六畜兴旺，人寿年丰，生活更加美好。

2007年2月18日　农历正月一日　晴

全村寨除了和国臣家、和国红家外，各户的男主人带着祭品，有些还领着小孩去坟场扫坟祭祖。这次扫坟祭祖与清明节的扫坟祭祖有几个不同点：一是嫁出的女儿即使是父母已双亡的也不来参与今天的祭祖活动；二是家庭妇女及姑娘都不参与今天的活动；三是今天的祭祖活动，从家里带着熟食祭供品，供奉祖先后，人们将就喝酒吃茶，吃点供品，不再像清明节那样做丰盛的饭菜。供品大都是些煎品，如煎糯米条、煎糖包、煎粉皮、煎虾片、煎豆腐、煎鱼、煎肉片，外加米饭、汤、酒、菜等。

中午饭后，部分在家待不住的人们到球场上打球、打扑克、闲聊，有些当观众。今天一般不兴串门，特别是妇女，哪怕是亲戚，哪怕是天天串门的邻居，也绝对不能串门。6点左右陆续响起了鞭炮声，说明是开始吃晚饭了。

2007年2月19日　农历正月二日　晴

今天开始过大年走亲访友，除个别农户外，基本上都回娘家（老家）拜年。今年的拜年可忙坏了最近成亲，及在春节前举行婚庆典礼的五八斤、和玉兰夫妇，和德华、和桂花夫妇，和子黄、和满菊夫妇，和永贤夫妇。他们吃过早点，端着盆子，盆里放有大米（5斤左右）、瓶酒（1瓶）、腊肉（一挂或半挂，一挂有4斤左右，半挂有2斤左右），先在村中家族家拜年，接着到亲戚家拜年。他们一到，所到的家族或亲戚会拿出糖果、糕点、水果，做上糯米油条招待新婚夫妇，还要做饭招待，但因时间紧而一般不吃，他们拜完村里亲戚后，还要去女方亲戚家拜年。因此，随便吃点糖果，搁下所带礼品辞别。辞别时家族和亲戚要送新郎、新娘钱（有些送20元，有些送40元，有些送60元，有些个别的送100元）。这次新郎、新娘的拜年活动，男女双方的至亲家都要去，所以花的时间长些，耗费的礼品也多些（送女方家亲戚的礼品传统上是由新娘家所给，现时有些给，有些不给，各行其是）。

2007年2月20日　农历正月三日　晴

村民们继续走亲访友，路远些的闲上一两天才返回，在村中的吃顿饭便回家。这样的拜年形式是多种多样的，有的带上2瓶酒，有的带上4斤米、1瓶酒，还有的带上一挂肉或半挂肉、4斤米、1瓶酒，有的除带肉、米、酒外，再加上几包冰糖之类的。馈赠压岁钱也是多样性的，有的给20元，有的给10元，还有的给5元。有些农户给压岁钱不计较拜年礼带多少，有些农户则视拜年礼给压岁钱，带的礼多些，钱就多给些，带的礼少些，钱就少给些。

不去拜年或不需在家招呼来客的年轻人，吃过早饭就围在球场边打扑克、打篮球，充分享受着节日的欢乐，不少人玩到傍晚才回家吃饭。吃过晚饭就看电视。到今年春节，满下村寨只有 10 户农家没有电视机需到邻居家看，其余 46 户已有电视机，并自己购置了卫星接收器，所以看电视很自由，可以选择很多电视台播放的电视节目。

2007 年 2 月 21 日　农历正月四日　晴

绝大多数村民还处在悠闲欢乐的气氛中，村民和国兴、和金圣、和金红三人背着木匠工具到村民和万军家做木匠，帮和万军做一所新楼房。和万军采取一次性承包的方式，以 2500 元的价格（不包吃喝）包给和国兴，和国兴又请和金圣、和金红两个搭档。他们仨到和万军的木料场后，把背来的工具放下，抽烟闲谈了一阵后，就开始动工。他们分工合作，由和国兴任大师傅，主持画木（和金圣也会画木）。他们干一阵后，各自回家吃饭，回家吃饭时由和万军的父亲五金才来看木场，因为木场在路边，生怕丢了木工工具。做这样一所房子需要 30 多个工，最多不超过 40 个工，估计元宵节前后就可竖房子了，包工比不包快。

2007 年 2 月 22 日　农历正月五日　晴

人们又开始干活了，主要是上山找柴，多数人在拉松毛，准备出厩肥后作垫厩用。村民和朝光夫妇则去前面"楞石古"采石头，准备用作今年新起的厩房的基石。他俩争取在种洋芋前拉够石头，因为种了洋芋后，手扶拖拉机不能像现在一样到处跑。他已把村委会旧房改造的剩余瓦片要到家了，只待种完洋芋后砌上石头就盖瓦。

村民和金发卖出一些洋芋，价格比春节前上涨两分，就是说每斤洋芋 0.42 元。因为村民都估计洋芋价还会上涨，所以现时还不愿全部出手。今天买洋芋的老板就这家一点、那家一点，东拼西凑，勉强装满一车。

2007年2月23日　农历正月六日　晴

村民和家良、和福春婆媳，考虑到农忙起来不好请人，又怕到时手扶拖拉机不通，就请村民和子一用他家的手扶拖拉机把厩肥拉到田里。和子一因家中有事，拉到田间后又把拖拉机开到和家良家，他回家忙他的事，待和家良婆媳装满拖拉机时去喊他来开拖拉机，就这样拉了四转。

村民和国臣、和国红、和国武、和子元耕牛组，今天开始出厩肥，堆积在院子里。今天先出和子元家的，人员有和二女、和自华、和玉梅、和闰芝、和国武、和金合、和社菊。他们整整干了一天，把和子元家所有要出的厩肥都出完、堆好，待种洋芋时再拉到田间。在堆积肥时，有些人家加些事前备好的腐叶，再加些大粪和厩肥一起堆好；有些就只浇点大粪，不再加任何原料了。

2007年2月24日　农历正月七日　晴

村民和子一、杨文花夫妇，和尚军、和一花夫妇拉厩肥到学校附近的田里，他们把厩肥下在田头，就从学校的厕所里挑来大粪，浇在厩肥上堆成一堆。学校厕所过去曾由满下村村民和国武以每年15元的价钱承包，近些年他已不再出钱包厕所，但每年他照样先要到学校的厕所里挑粪。今年春节前，满中村村民五五农、五四环兄弟先挑了几天，然后由和国武家挑了几天，没有挑完。前天和家良家向学校的和学新老师要了几挑，所剩还多，今天就由和尚军、和子一两家挑来堆肥。他们两家挑后，所剩不多，学校若要种洋芋，那就只够学校用了。

2007年2月25日　农历正月八日　晴

村民和圣昌的大儿媳在医院里顺产，和圣昌的老婆五红雁和大儿子五四福两人一同前去丽江医院招呼生产的儿媳。今日，五红雁抱着胖乎乎的小孙子，五四福开着手扶拖拉机，分外小心地把母子俩接回家。

到家后，家里商谈关于祝米客的事，和圣昌、和红雁夫妇征求儿子、儿媳的意见，祝米客办还是不办呢？最后的结果是不办。不举行祝米客的原因是：儿子、儿媳成家时没有举行婚礼婚庆，只是经人介绍组合成为结发夫妻。

他们平时遇小病不吃药，祈祷一下就完了，他们认为是神在保全着他们，因此，他们的一切举止都很小心，处处留神，不做损人利己的事，家中不吵不闹，与人和睦相处，不贪钱财，如若越轨，生怕神来惩罚。

2007年2月26日　农历正月九日　晴

村民和朝柱开始犁田了，他开着手扶拖拉机，拉着铧犁到田边停下后，解下拖斗、安上铧犁，抽了杆烟，他的父母还没来，他就不再等父母，开始犁地。才犁了一垄，母亲和一花就到了，一看错了，是在犁邻居和家良的地，可她说："只是四垄，干脆帮她家犁完算了，事后我们告知她家一声就是。"和朝柱也就将错就错，把和家良家的四垄地给犁完。这儿的地，偶尔做过几十次活的村民，如不留神很容易搞错，因为这儿是集体时代的"饲料地"，每户两分（四垄），大小一样，又没有界石来区分，犁起地来也挺难的，常把这家的土翻到那家田里。

和朝柱今天的这一举动要是在前些年是不会有的，这主要是去年4月二大伯和尚典去世时，他们又主动合入家族的缘故。

2007年2月27日　农历正月十日　晴

清早，村民和秋谷到亲戚、家族家请人，帮他家装洋芋。一家请了一人，但亲戚多，也就成了一群，接着她的妯娌五英也到家族家请人帮忙上洋芋。今天同时上车的还有五丽军家（五丽军、和秋谷两家装一辆汽车）。买五英家洋芋的和永红、五菊（太安汝寒坪的洋芋老板），及昆明的洋芋老板三人在询问谁家还要卖洋芋，和尚勋见状就把此三人领到家中让他们看洋芋，买洋芋的三人一看合意，就定下五英家与和尚勋家上一车（先装和尚勋家的，再装五英家的）。

今天卖出的洋芋数量是：五丽军家 20000 斤，和秋谷家 17600 斤，和家良家 16500 斤，和英家 18000 斤，共 72100 斤。离开时，洋芋老板五菊付给和永红 250 元的问洋芋费。人们看着这 250 元，都感到问一下洋芋就收入这般好，估计和永红今年问洋芋的收入肯定要比种洋芋收入多。

2007 年 2 月 28 日　农历正月十一日　晴

村民和春拾喜逢 36 岁生日，按照南溪纳西族的传统，男逢 36 岁时，就要竖房建设请客宴宾。而和春拾已在去年底在城里住宅小区内购买了住房，竖房建设一事就免了。他和他的老婆和家香老师在城里农家乐里订好几桌饭菜，宴请和春拾与和家香的亲戚，以及他夫妇的朋友。南溪村委会的书记和国军是和春拾的舅舅，自去年底玉龙县开展整治打击"四黑"以来，他很久不出车了。今天，侄儿请客，他拉了和春拾家的亲戚、父母去城里赴宴，可他很注意行车安全（查堵黑车人员没上班就到城里，等到天黑尽后才返回）。前来庆寿的人们在农家乐里玩了一天，一直等到和国军说"走吧"，才上车返家。

在满下村寨，36 岁设宴请客是首例，而起房盖屋搞建设的则多得数不尽，例子也举不胜举。

在 1949 年前，有钱有粮的、家境好点的男人，逢 36、39、63 岁时，要抱上大公鸡到白沙"三朵阁"去烧香磕头，求这年里平平安安，风调雨顺，田好仓满，六畜兴旺。一般农家则以起房盖屋来祝愿"消灾灭难"，哪怕是穷得盖不起房子的农家，男子逢以上 3 个岁时，也要爬上房顶拉整[①]一个瓦片，以求这年不遇不测风云。

---

① 丽江纳西族民居为土木结构，屋顶多采用斜坡式。屋顶的瓦片易滑动，需要两三年拉整一次，或更换破损瓦片等。是最简单的修整房屋方式。

2007年3月1日　农历正月十二日　晴

满中村村民和福军、五洋志夫妇帮舅爷五四吉、五志生两弟兄砍白芸豆杆（两米左右，拇指般粗）。其舅爷是太安乡汝南行政村中螳螂自然村人，因近两年农副产品逐年增值，一公斤白芸豆卖到6元左右，但豆杆又成为产豆地方的一个难点，因此，该地村民就到邻村亲戚家请亲戚帮忙砍一些。满中距中螳螂村约25千米，路程不太远，可也不是那么近，但碍于兄弟的面子，不得不远道前来求助。今天，4人开着手扶拖拉机去山上砍，跑了好几座山头，砍不到多少，收效甚微。究其原因，主要是满子师（满下、满中两村）山林面积宽阔，但前面有前山行政村的村民随时砍走豆杆、椽子、梁头等木料，管理巡山跟不上，即使是巡山人看见了，也没有几个会出面阻止。后面山上有邻村汝南化（3个自然村）的村民经常来砍豆杆，砍到鸡冠山顶上。因此，五四吉、五志生两弟兄是迟到的砍豆杆人，他们没有砍到满意的数量，也没有砍到质量好的豆杆。

2007年3月2日　农历正月十三日　晴

满中村村民五二社请来亲戚及家族的人，搬坐南朝北的牲口房（一所两层房）。此房建造才10年左右，现在他请来人把此房再往南搬，搬出四米左右，打算今后分成人畜两院。

本来就按照四合院或三方一照壁建造的传统纳西族民居，现有一些人又破例把以前的民居方式改建成人畜分院而居。特别是近些年，农民收入有所提高，经济来源比之前多些渠道，家庭增收致富的农户就设法把住房搞得好些，以前传统的木楞房日渐稀少，砖房大房逐年增多；传统的民居逐渐被新式的人畜两院取代。

南溪村民每隔七八年、十来年就动一次房子，这一方面是赶时尚；更主要的一方面是，开初建造时没有长期打算，缺乏深思熟虑，只顾当前不思往后，就造成了劳民伤财，一辈子都苦在住房上，所积累的钱，

80%以上都花于房屋的建造、改造上。但人们都不以为我白苦了，没有以为我一生付出了不必要的劳力和财力；相反，还认为我能，我盖了几所房，搬了几次。其实，这是多余的付出，这是与汉族、白族等先进民族的明显区别，是赶不上先进民族的具体表现。

2007年3月3日　农历正月十四日　晴

满中村村民组长和国高、村民五春华（帮忙在满中村种药材的大研镇人看鸡），以及药材老板的弟弟（也就是药材老板的代表）五三友和他的开车司机4人，丈量今年要租种药材的地。药材老板去年在满中村试种药材（形状似胡萝卜的草本植物，根茎也和胡萝卜相似）6亩，获得成功，今年就想扩种100亩。每亩地租金800元，由出租田地的农户种植、管理，另外单独付种植和管理费。今天丈量的出租田地，按照各农户的出租意向，出租户参加丈量。有些农户出租五六亩，有些农户出租一二亩。出租田地的数量不一定要统一，而是农户自己打算：种洋芋划算，还是种药材划算？各自在心里权衡以后才报数，再按所报数及地点进行丈量。

满中村的村民猜测着，此药必定价钱很昂贵。他们通过客观的估算来进行猜测：老板代表五三友，生活全包，还配备了一辆桑塔纳自用车，工资具体不详；开自用车的司机，包生活外月薪700元；看鸡的五春华不包生活，月薪300元，还随时给些烟、酒和较贵的东西（如电视1台、铧犁1把、衣物等）；在书记和国军的宅基地上建盖了五间砖木结构房（椽子、梁头由和国军家出，砖、水泥、瓦以及建盖工钱由老板出），计划今年买一所或盖一所三间平房。以上这些土地出租费、种植、管理费等支出不少。这样看来，这药材必定昂贵，否则老板不会支出这么多。

2007年3月4日　农历正月十五日　晴

今天是传统的元宵佳节，不少村民改变了传统的过节方式，青年人到城里去逛,有些到鹤庆县天主庙会,有些到丽江城,晚上绝大多数青年男女又到前山放牛坪村参加青年联欢,即使是没有去逛街串会的青年也都到放牛坪村联欢共度元宵之夜。

相当一部分中年夫妇则乘丽江城在元宵节这天举行传统的"棒棒会"之机,把元宵节作为找钱来增加家庭经济收入的机会。他们在前两天就上山找来腐叶,有些还挖了些树形较美的冬青树。根据前些年的经验,找腐叶卖的人增多,挖树卖的人稀少。一手扶腐叶卖到 400～500 元,而树价则逐年下跌,不好的还卖不掉。

2007 年 3 月 5 日　农历正月十六日　阴

村民和作典、和朝东、和朝光耕牛组今天已开始犁田,准备种洋芋了。虽然和朝光、杨耀祥夫妇去元宵节"棒棒会"卖腐叶和树,今天还没回来,但和作典与和朝东两人已经驾牛犁田。

和家良、和福春婆媳应满上村和家良之妹和家花所请,帮忙她家种洋芋。满上村和满中村的一部分农户已开始种洋芋了,然而满下村却没有要种洋芋的举动,可能到 3 月 10 日左右才会开始种,主要的原因是去冬今春下雪多,土壤湿润,出芽块,怕黑霜给冻了。因此,满下村只有个别户按捺不住开始犁田外,大多数村民则上山打柴、采松毛。

村民和万军、和益花夫妇开着手扶拖拉机去丽江城购买后天竖新房所需的生活物品,初四动工建造的新房定于后天竖,随同他俩去帮忙的还有堂兄和四闰。

2007 年 3 月 6 日　农历正月十七日　阴间晴

村民和国武请来他姑娘的舅妈和永秀,为要生产的长女和玉兰准备坐月子食用的米酒。

居住在南溪的纳西族,坐月子的米酒原料是麦子(一般的数量是 50 斤)、甜曲。做的程序是:在脚碓里舂麦子,舂时掺上少许水,舂后把麦皮扬净，在锅里用水煮一阵，再捞上来用蒸笼蒸熟后晾于簸箕里，待麦粒都冷了时掺上甜曲，然后装进箩筐里，放在火塘边烤，借着火热来发酵，发酵到米酒甜甜时（一般需要两天两夜），装进备好的土罐子里，用一个小碗加上用水拌好的灶灰泥封紧土罐口，不让漏气，到孕妇生产时才开盖。做这种米酒历来的规矩是：媳妇要生孩子了，就要在产前三四个月时请母亲或者父亲来做，如果他们真的不会做，才轮到男方的母亲、父亲或请人来做。和国武的长女和玉兰是招姑爷上门的，所以，和国武事前请了姑爷的父母来做米酒，亲家却以不会为由拒绝了此事，和国武就请来和玉兰的舅妈和永秀来做。和国武的老婆做和永秀的帮手，烧柴、提水，两人从12点干到下午7点才做完。

2007年3月7日　农历正月十八日　晴

村民和万军今天竖新房，同时请竖新房的客。竖房子的人，除了和林、和子元、和汝浩、和汝信、和金发五家外都请了，家族14家全体成员也都请了，有的请来做饭，有的请来洗菜、洗碗。他所请来竖房的人中，和学仁（61岁）、和作典（60岁）最大，其他都是些青壮年，总共有50人左右。

竖房子的人陆续到他家后，喝茶吃早点，过后又摆了六碗菜的一桌饭，但好多人都不再吃饭了。按以前的竖房习惯，早点只吃馍馍及米粉条，而今天是木匠师傅考虑到木料湿、屋架高、地基窄，会给竖房工作增加一定的难度和时间，所以早点做正餐一样的饭菜。因为人多，又因师傅指挥得当，新房到下午1点竖完。竖完后吃午饭，午饭同样是六菜，与早点时一样。人们吃过饭后，和国兴师傅说："喜欢扑克、麻将的，可以尽情玩，由十来个年轻人正一下房子就可以了。"于是扑克围了两伙，麻将也围了两伙，开始玩起来了。喜欢篮球的村民按捺不住了，都说："开始正房吧，正完房后我们进行投篮比赛。"于是就开始正房，进行了半个小时左右，正房完成后就到篮球场上。他们投篮的方式是，定点画圈，每人出5元钱，按顺序投篮，投中所定的数量为胜者，第一名得奖40元，第二名得奖30元，第三名得奖15元（有17人参加投篮比赛）。

到下午5点左右举行上梁仪式，正中房间摆了一张方桌，桌上摆着用盆装好的米、酒、肉、烟、茶、五尺杆，五尺杆上还放了两米左右的布（这些东西都是送给大师傅的礼物）。仪式由大师傅和国兴主持，主人和万军请人在院子里摆好桌子，桌子上摆好糖果瓜子，竖房的人坐在桌子上，边吃糖果边看上梁。和万军抱着一只大公鸡，拿给和国兴，和国兴就开始诵起了上梁台词，一边诵一边把鸡冠子血点在柱子、梁头上，随着朗诵的节奏有两人上房，接着把要丢的馍馍提上去，再把梁头提上房顶安好。随着师傅的台词，把馍馍按顺序丢向东西南北四方，最后往下丢给跪在梁下的主人（和万军、和丽朋父子俩）。丢馍馍时，人们都争着去捡，古来就有捡到这种馍馍为吉祥、安康、万事如意之说。

做完上梁仪式就吃晚饭，待客的顺序是先竖房人，再来客，最后是帮忙的人和炊事人员。晚餐很丰盛，八盘四碗都是肉食品，鸡头要放在大师傅坐的那桌，让大师傅边吃边看来年的运气好坏。

人们玩闲到半夜才散伙。

2007年3月8日　农历正月十九日　晴

今天是普天下妇女的节日，满子师3个自然村的妇女们改变了以往的庆祝方式，尽管交通不怎么便利，她们还是成群结队租车到城里游玩，以逛公园、景区为主，并在丽江古城四方街与城区、坝区妇女打跳同乐。晚上8点后还在丽江古城四方街跳起了"喂目达"，引来了众多观众，有些半会不会的中老年妇女还跳了起来。领唱的妇女和秋谷，声音清脆，音符清晰，合唱的众人也就整齐有序了。接着她们又唱起了"实本"（纳西情歌），悠扬的歌声在回荡，听众越来越多，不想离去，赞不绝口。到12点她们离开现场，离开时好多妇女都拉着她们的手说："我们跳个通宵吧，这样的纯纳西调很难听到。"妇女们都说："我们今夜得回家，我们正处于种洋芋的农忙时期。"城区妇女们说："那在三朵节又来吧！我们在这儿等候你们。"南溪妇女则说："相见在明年三八吧！我们那地方三朵节正忙。"听众都在议论，让她们多留一下，我们多听一下，那有多好哇。她们在凌晨4点左右才陆续回到家中，都感到今天很愉快、很满意。

2007年3月9日　农历正月二十日　晴

村民和圣伟、和尚花夫妇今天请前山行政村高龙自然村的村民五一社（本家族和尚武的女婿）来帮他老两口子犁洋芋地。五一社从家里拉来犁，用手扶拖拉机做动力来犁田。他到和圣伟家后，先让老两口往拖拉机上装厩肥，去犁地时把厩肥拉到田里，省了老两口用人力来背肥或另请人来拉肥之事。五一社是在春节回家拜年时，和尚花就请好他来帮忙的，当时和尚花以人情的方式送给他一袋（约70斤）油菜籽，估计价值120元左右。前些天和圣伟从城里买来柴油，准备用于犁田和拉厩肥到田里，五一社犁田拉肥也就不再收费了。再犁两天就会犁完。

本来和圣伟是参加和朝东、和朝光、和作典耕牛组的，现在也还养着一头牛犊，而且可以在今年春耕春种时驯练耕地。但他两口子可能考虑到春耕时间紧、任务重，驯牛犊时费力，人手又少，才想出请五一社来用手扶拖拉机犁田的念头。

2007年3月10日　农历正月二十一日　晴

村民和家良请来满中村村民和福军，用手扶拖拉机犁地。和家良家的地分布在方圆1.5千米内，在不同地方，不同方向共有8小块地，最小的那块有三分，最大的那块有一亩左右。今天先犁村子附近的肥地，和福军犁完一块又去犁另外一块，一天下来共换了8个地方，驾着带有铧犁的手扶拖拉机，从这块地到那块地，是很费力的，但他念平时和家良家对他家的恩惠，再苦再累也是无怨无悔的。到下午6点左右，在村子附近的 8 小块地都犁完了，明天和家良要请他到山地（以前的轮耕田。这些山地，三年一耕，或者两年一耕，撒种燕麦）去犁田。这些山地，五六年前是进行轮耕的，可现在成了年年耕种洋芋的田地。这是因为人们的生产方式发生了变化，是市场经济引领村民改变传统的生产方式和种植品种。近些年，传统的特产燕麦已被村民抛弃。燕麦虽然营养高，味道美，但产量太低，劳力耗费太大，因此燕麦这一粮食作物在南溪几乎绝迹。

2007 年 3 月 11 日　农历正月二十二日　晴

村民们都在田里干得热火朝天，有的种洋芋，有的拉肥料，有的犁田，还有的打土块，一片繁忙景象。到下午 1 点左右，突然听到"和文海老奶奶病危，请帮忙一下"的声音，在田里忙着农活的人们丢下手里的活计跑到和文海家，年近八旬的老奶奶在她儿子和建成、侄子和建华的搀扶下艰难地吐着胃液，那苍白的脸上没有一点儿血色。从田里回来的村民们岁数大一点儿的挤在厨房里，中青年、壮年们在院子里，和文海的儿媳、孙子、孙女们忙着给村民递火、敬烟、敬酒。村民们在她家待了一个多小时，看到老奶奶吐了几口后，气色有些好转，估计今天内不会有危险，便又奔向田里各忙各的。和文海家族、女婿、女儿（和国兴、和彦花、和金红、和三姐）都留守在老奶奶身边，同时请和国兴的儿媳妇和桂花驾车到城里去买老奶奶的寿衣、寿被。和建华还电话通知了嫁到金龙村的二女儿和彦谷。傍晚，邻村的亲戚带了慰问品来看老奶奶，本村的亲戚也送来了鸡蛋、面条、水果罐头、糖等。夜里村民们又挤满了她家，看老奶奶的病势有些好转，很多人到凌晨时就回家睡觉。

2007 年 3 月 12 日　农历正月二十三日　晴

玉龙县代县长和慧军，由黄山镇党委书记和学典、镇长和志强陪同，来到南溪村委会。此番来南溪，没有什么专门的调研题目，只是来看一下黄山镇所属的各个村委会。他们到南溪后休息一阵，由村委会副主任和丽军做了一顿饭，这顿饭很有南溪特色（火腿肉炖蔓菁花）。从县里下来的干部换换胃口，觉得挺不错的，不免赞扬了一番。

2007年3月13日　农历正月二十四日　晴

今天，南溪完小多了两位小姑娘，一位是南溪村委会书记和国军的姑娘，乳名叫五闰芳（和丽娟）；一位是原南溪村委会副主任五习开（现任玉龙县计划生育局干部，原来居住旦都前村，"2·3"大地震后第三年在城里买地基建房，住于城中）的女儿，乳名叫五春芳（和春芳）。两人都将在今年7月毕业于丽江师范专科学校，她俩经父母与校长联系好后，到南溪完小实习。见此状，有些村民议论说："本地的人回来本地教一下学生，那有多好！"有些村民则说："一个学校关键是校长，校长管理不严，本地教师多也是白多；如果校长管理严格，教学抓得紧，南溪子女也会赶上城区和坝区子女的。不是吗？20世纪90年代初到2002年，这10多年南溪完小校长和正文抓得紧、管得严，出了不少大学生，那以后的情形就显然不同了。"有些村民还说："校长要由本地有责任心、事业心的老师来担任，对娃娃有好处。但现有的五位本地老师年事已高，从事教育的年轻人又不多（只有4人），还是有困难的。"

2007年3月14日　农历正月二十五日　晴

村民和文海老奶奶的三个儿子（三家）和建国、和建成、和建军，以及家族和建华、和建忠、和建良、和汝浩、和汝信，从今天开始轮流看守和文海老奶奶。和文海老奶奶的病情虽不危急，但也没有明显好转，没有自理能力。这样的病势按传统的规矩，必须有人看护，以防不测，到临终时得给她放口含。目前，南溪正处于春种洋芋的大忙之际，全体儿孙、亲戚都守护老人，只会影响春耕生产，不能误了一年之计，但又不能丢下老人去忙农活。因此，他们讨论后，从今天开始，每天由三户

(三个男人)来看护老奶奶，这样就可做到生产、看老人两不误。

2007年3月15日　农历正月二十六日　阴　大风

不少村民在村子前面的坝子里做农活，有的种洋芋，有的犁田。今天的风刮得很大，刮得坝子里的尘土随风飘扬到空中，构成了天昏地暗的旋涡。在远处看，别有一番景象，看似一个个的灰色大气球升上天空。可在那里劳作的人们，睁不开眼睛，所施加的化肥也被风吹得放不到要放的地方，犁田的人也是满脸是灰，人们的耳朵里、鼻孔里、眼里，甚至嘴里都沾满了灰尘，你看看我，我看看你，都成了大花脸。但农民哪能避风躲雨呢？他们还是坚持干到收工时间才回家。

村子附近被风吹倒的篱笆，一排排倒在路上，人们等聚了三五个，就一个站一截扶住篱笆，把一排排被风吹倒的篱笆推向田里，人与拖拉机才能通行。

2007年3月16日　农历正月二十七日　阴间风

村民和国亮请金龙村大女婿五亚军回家来犁地，大女儿五一兰也随同丈夫一起回家，帮忙老爹、老妈打土块、种洋芋，五亚军专门负责犁田。自去年开始，五亚军不仅负担和国亮老岳父家的犁田任务，而且也要负担五一兰的妹妹和玉祥家的犁田事宜及部分送肥任务。这样他的负担够重了，所幸的是五亚军的父母都还身强力壮，还有个未成家的弟弟来做自家的农事，他就可以有足够的时间来帮忙岳父及姨妹家。

今年满下村寨请人来犁田的农户有和家良家、和尚花家、和国亮家、和玉祥家。这些农户中，有些是付工钱，有些是人情工，方式不尽相同。不管采取什么方式，该犁的还是犁了，该种的还是种下了，该收的也收到了，只是有些迟早之分。

2007年3月17日　农历正月二十八日　小雪转晴

人们都在忙着种洋芋、犁田。清晨，积极的农户已到田里干了一阵；其他的农户正赶往田里，或刚到田里；松弛些的农户还在家吃早点。老天下起了鹅毛般的雪，不大一会儿，田野换上了一片银装，到田里的村民无法进行农事活动，有些干脆把手扶拖拉机开回来，把装在车上的农家肥、洋芋种、化肥又拉回来；有些村民把种子、化肥丢在田间回来，以待天转晴时再去进行农事活动。

12点后，天转晴，雪化得快，先前银装素裹的景象消失了，人们干脆吃了午饭又走向田间继续种洋芋。不少村民交谈："昨前天的刮风，可能就是在孕育今天这场春雪吧！这场雪可能是今年最后一场雪了吧！"也有的村民说："这场雪不一定是今年的最后一场雪，在南溪古来就有'清明断雪，谷雨断霜'之说法。"这种说法的含义是：在南溪，到清明节前还下过雪，到谷雨节气时才没有下霜。这句谚语道出了南溪的气候特点，雪期长，无霜期短。

2007年3月18日　农历正月二十九日　晴

村民和永昌眼看最近的洋芋行情，估计后期的洋芋价很可能下降的幅度较大，就利用在学校帮学生做饭的女儿和丽芳星期天休息的机会，父女俩拉了一手扶拖拉机洋芋去丽江坝子里换粮食（玉米、小麦）。他俩到白沙乡龙泉村去换，有些洋芋也就地卖了，卖价一斤为0.55元。但在农村拿钱买的并不多，大多数村民见卖洋芋就摇头转回去。他父女俩经过精打细算，一斤玉米换1.3斤洋芋也差不多，这样就以1∶1.3来兑换。不到两个小时一手扶洋芋就换完了。换完后，在当地做粮食生意的鹤庆老板出价每斤0.7元想买下玉米，但和永昌考虑到，如果把玉米拉回家中，可转让给村中人，每斤可多挣一两分钱，反正车子得回去，他就把玉米拉了回来，想出售给村里人。依他的算法，自己去换了洋芋又卖玉米，比在家里出卖洋芋的价钱要高得多，即使除去工钱、油钱、零花钱，每斤洋芋也可比在家里卖多收入一角钱,拉去 3000 斤就可多收 300 元;要是在家卖出两万斤的话,就要少收入 2000 元。他已下决心以自己去换洋芋——卖玉米的方式来解决今年的洋芋销售问题,隔三五天去换一车。

2007 年 3 月 19 日　农历二月一日　晴

村民和国武开着手扶拖拉机来到和家良家,帮忙他家拉农家肥到洋芋地里。和家良的儿子在城里开出租车,婆媳要到远点的地里送肥,只好请别人来拉一车。和国武今天不请自来,不是他学雷锋,更不是他闲着无事,主要是平时家里经济转不开时,常得到和家良家的帮助。特别是,去年 7 月招女婿时借给数额较多的款项,本来约定好卖洋芋时还回,但和家良家看到和国武的长女和玉兰有孕在身,就说:"到时需要去医院或者有什么不测,那时借款又难了,我家所借给的款暂时不要还了,等到女儿分娩坐月子后,如果那时有钱再还好了。如果没有,到来年卖洋芋时还得了。"和国武感到重大事情面前人家这样帮助我,要知恩图报,因此,不需请就自动来帮忙拉肥。拉了四车,和国武执意不让加油,和家良于心不忍,还是把一小桶柴油送到和国武家。和家良家今年的拉肥问题解决了,全家人都很感激和国武,连声道谢。

2007 年 3 月 20 日　农历二月二日　晴

在城里开出租车的村民和春拾把在南溪完小教书的老婆和家香接到城里待产,她已向黄山镇中心校请了产假。她的预产期是在 4 月底 5 月初。女教师请产假时间这么长,在南溪任教的女老师中已有先例,但这些先例仅产生于近些年。学生家长都认为是义务教育阶段的教育教学任务不重,能够得以松懈,比起 20 世纪的老师,当今的小学教师清闲多了。

2007年3月21日　农历二月三日　晴

村民和爱花因前段时间估计洋芋价还会上涨，因此，在价格为每斤0.45元时，一个未卖出。近20天来没有洋芋老板进村，她又估计洋芋价要下滑，于是急得坐卧不安、心烦意乱，她就到处打电话，找过去曾经在她家拉过洋芋的城里小老板，找了好几个，最后有个名叫"五亮花"的女洋芋老板（丽江城里人，此活干了近20年，也曾在和爱花家拉过洋芋）答应来看一下，并在下午搭车前来看洋芋，经过讨价还价，最后以每斤0.4元的价格答应等几天来拉。和爱花唉声叹气，差点要哭，老公和作典数落的话儿不绝于口："每斤洋芋价下滑0.05元，一万斤洋芋就丢了500元，现在最少也有5万斤洋芋要出售，就丢了2500元钱。我们说可卖出一些时，执意不卖，现在一丢就丢了2500元钱，多叫人心疼。"各有各的理，和作典的理是：前些年在后期卖价高，是因为前期卖出的洋芋数量多；今年，学他家的村民多了，留了很多洋芋打算在后期才出卖，价钱就不会像前些年那样越到后期越高。因此，每斤卖价为0.45元时主张卖一部分，留一部分。但儿媳管家，争她不过，凡事都得儿媳说了算，现在也只是说说气话而已。这样的形势（洋芋价时涨时落）只能用过去流行在南溪村的一句名言来概括："生意八只脚，神仙摸不着。"

2007年3月22日　农历二月四日　阴

早上村民和万军到家族家（满家家族）挨家去请人，有些邻近的，不等他上门来请就到他家，说是他的老父五金才从凌晨开始行为有些反常，在说昏话，请家族的人来帮忙看守一下。眼下虽是种洋芋的大忙节，但招呼临终的老人是家族义不容辞的神圣职责，不管多忙多紧，也得去看守五金才老人（现年70岁，南溪村历来以虚岁为人的年龄）。儿子和万军和年轻人和万琴、和万仕等忙着料理招呼老人的地方；儿媳和一花及男人不在家（在丽江开出租车）的妇女和亚兰、和社香忙着烧水、做粑粑。上了年纪的人和国春、和国兴、和国亮、和国武等人在炕上看守着五金才老人。在场的人在猜测:"老人会不会死,等多长时间会死?"大家各抒己见,大致认为会死了,而且满家家族的人历来都是不需看守很长时间就去世。大多数人估计不超过10天老人就可能辞世。

2007年3月23日　农历二月五日　晴

满中村和国才家族(和国才家、和国光家、五二社家、五七四家、五三友家、五福钱家、五社前家、和国军家、和国启家)的人们分成3个小组去寻找和国才老人(现年64岁)。和国才老人在13天前就出走,出走时给家人说是要去挖中药材,第二天不知从何处给家里边打回个电话,说是在外打工,此后就杳无音信,离家已经有14天了。离家前与家里人未发生过很大的口角,只是在种洋芋时说了句肥料施得不对,有这么点小口角。此事,他们家人从未给邻居、家族人提起过,今天有人问起他,他们家的人才把这情况告诉家族人。和国军感到事态有些严重,就提出要去寻找和国才。他们分成三组,一组人去鹤庆及丽江城,一组人去太安、拉市两乡,一组人按照瞎子算命的指点(一起早,和国才家人到旦都失明村民五金红处打卦,五金红说在东北角,不能见活,只能见尸),到文笔山及文笔山后面的大山深处去找。没有一点信息和踪影找人,只会是大海捞针。他们家族里的五三友,最近又发点神经病,前天拿了两条火腿肉,开手扶拖拉机往城里而去,昨天五三友的老婆五芝去找,也未见踪影。今天的找人组人员就一次性地打听两个人的踪影。村委会书记和国军在家族中很有声望,寻找此二人的行动完全由和国军来组织指挥,其他人对他言听计从,没有二话。

到夜晚,发神经的五三友自个儿回来,却一脸伤痕,不知怎么搞的;寻找和国才的三组人却未发现和国才的蛛丝马迹。经研究决定由和国军领一人明天天不亮就出发到古城区,找七河乡三义村委会算命先生打卦后再安排找寻,由电话传送信息。

2007年3月24日　农历二月六日　晴

家族人招呼了两夜的村民五金才,于今天凌晨1点30分离开人间,终结了70年的生命历程。开始由家族人招呼的那天,有些上了年纪的人说:"满家家族的老人,招呼的时间一般都不长。"果然不出那些人所料,家族人招呼这么短时间就辞世,对死者是个福气,对招呼看护的人也是有利(减轻了精神负担及家庭的经济开支)。这样的现象,村民们管叫"命好"。

家族的和国春、和国兴、和国武在死者脸上盖上白纸后,叫五春银、五满立、五满扣3个小伙子到村里喊人;和国武找来一个啤酒瓶,把瓶底打烂,当成临时的羊角号吹起来。这时女儿们、侄女们都喊天呼地哭起爹来。

村民们一部分是吃过晚饭来他家闲时,看到病情有些严重,估计会死,就没有回家;没有来他家闲的,听到喊声,起床向他家里来。基本到齐了,就按照传统的做法:提水—烧水—备洗尸—洗尸—穿衣—入棺—(芝步吉)和凑钱,一整套程序做完,休闲至鸡叫才散去。

上午10点左右,三亲六戚带着酒、米,女儿及家族们带着熟献食品来给死者"吉子好毗"献饭酒。由家族商量出葬日期,商量出葬礼的各种职事,商量发丧布的人和数量。在发丧布问题上,他们对传统的方法做了大胆的改革,其方法是自报。如家族和国兴家方面的,由和国兴决定该带多少家,一次性记在和国兴家上。举例:和国兴家有四口人,另外实在亲近的,有8家要戴孝,就记成和国兴12幅。再由和国兴负责分发给他的8家亲戚。这样做减少或避免了不必要的争论。

2007年3月25日　农历二月七日　晴

满中村和国才家族,前、昨两天寻找和国才,仍然没有结果。今天请满中村(每户一人)帮忙寻找和国才。在城里开出租车的村民在城里寻找,在家里种田的村民在南溪鸡冠山、文笔山、阿雄刀等山上寻找。

找寻和国才的人数由原来的十来人增加到四十来人。这种事情如果发生在满下村，全体村民在昨天就会自觉加入寻人的队伍。群体意识、村寨意识两村比较起来有明显的差别。

根据和国才的性格和能力，不少村民判断，估计与儿子或儿媳有口角，才会出走。而且，绝对不会寻短见，也许以后找到一些钱时才会回家来，拿出一沓沓钞票，面对儿子、儿媳大声说："看老子生活需不需要靠你们？你们睁开眼睛瞧瞧。"寻短见是万一。因此，在山上找的人也很不带劲，在城里或其他地方找的人也没有信心，只是应付一下。当天仍然没有音讯。

2007年3月26日　农历二月八日　晴

五金才家族（满家家族）的男人和国兴、和永昌、和万林、和万元、和万琼、和万琴、和万红、和李福、和天林、和丽军、和国亮、和国武、和万军、和国红、和国臣，以及迁居丽江城的和国辉16人（代表本家族16家），走村入户，请五金才出葬时的各种职事。他们每到一家都面向北方下跪磕头，再拿出记录各种职事名字的记录本，按照讨论记录请人。他们太阳一丈高时就从家出发，到10点左右结束。

今天是"三朵"节，是祭祀纳西祖神"三朵"的日子。玉龙县委政府在白沙"三朵阁"举办"三朵"节。

满中村及满下村的男村民年龄为36虚岁或39虚岁的，带着家眷请了好朋友到文峰寺去庆寿（向菩萨磕头、烧香），以求男人在忌年能够平平安安、顺顺利利（南溪村古来有男怕3、6、9，女怕7，从而就产生了36岁、39岁的男人到白沙"三朵阁"在"三朵"神像前磕头、烧香的传统，以及女人27岁严禁出嫁的历史传统。现在为省事、图方便，就在文峰寺向菩萨祈求保佑，得以平安）。磕头祈求后，就在林子里做饭吃，休闲娱乐至傍晚才返回。

2007年3月27日　农历二月九日　晴

今天是南溪满下、中、上、旦都等村的祭祖节。到中午时分，各户主持者把自家历代祖宗从大门口接到厨房的祖先台上祀奉起来。奉供品为煎虾片、米粉条、酒、茶、黄瓜等生熟物品。祖先牌上写有本家受祀奉的三代宗亲的名字，牌前插上香，摆上酒，然后摆上供品及三双筷子。然后开始做饭，每做出一样菜，都先摆在祖先台上，以示供祖先们食用。饭菜全都做完后，全家人跪在祖先台前磕头，以求祖宗保佑后生们平安。主持者拿一块瓦片，瓦片中装上燃烧的炭，从每碗中捡点菜装在一个碗里，炭上加几块肉，用盘子端出酒、茶、饭菜、瓦片，燃上三炷香去送祖，送祖后就吃饭。家家如此，户户这样。

2007年3月28日　农历二月十日　晴转阴

黄山镇两委换届，南溪工作组今天召开各村民组长会议，参加的人员有镇派往南溪工作组全体成员、村委会书记、副主任、副书记，以及各村民小组组长、副组长，共计25人。会议的主要议题是：进行选民登记，由各村民组组长、副组长核实各村民小组有选举权和被选举权的公民人数，报给村委会副主任，再由村委会副主任张榜公布各村民小组的选民人数和名单。会议结束后，大伙在村委会吃午饭，下午休闲玩乐到傍晚才散伙。

这次南溪的选举委员会组成人员全都为现任各村民组副组长，他们是：和承军、和国军、和学忠、和万里、和圣伟、和银红、和秀文、和兆台。组长由和承军担任，副组长由和银红担任。定4月18日为选举日。

2007年3月29日　农历二月十一日　晴

村民五亚军今天请本家族的杨文花、和金发、和林、和金圣、和金红、和永军及岳父和作武到白华信用社贷款。他准备买半辆车（与和朝亮合买一辆后，和朝亮与和朝珍分出，自家开一辆车，五亚军就与和朝珍合开一辆车），因车价目前涨到每辆出租车43万元左右，半辆就得备22万元，他家一时难以筹这巨款，就请以上人员到信用社贷款，或取出存款借给他。准备与他合伙的和朝珍也帮他贷了3万元，现已备齐了22万元。万事俱备，只欠东风，他等着和朝亮买到车时把此款付出，就与和朝珍合开一辆出租车。原先和朝亮与和朝珍合伙拥有的车牌号为云P1396的出租车将是和朝珍与五亚军共同拥有。这些人的往返车费由五亚军负责，并负责午饭。往后满下村寨将有3辆出租车。

2007年3月30日　农历二月十二日　晴　大风

满下村的大部分村民集中在五金才家，准备五金才的丧葬礼。早晨年轻人背着昨天就砍好的柴往他家去，中年妇女带着蒸饭的工具往他家去，酒官自带着铁壶往他家去，凡是他家所请的人都往他家去。这次丧葬活动的总管是和顺明、和朝泽两人。一到五金才家，人们各司其职，蒸饭组忙着做饭，炊事组忙着做菜，酒官、烟官忙着倒酒敬烟，帮杂的年轻人忙着借桌凳，暂时无事可干的是收礼的和记账组，及埋尸组、烧草席组的人。

吃过早饭，打杂的年轻人上山砍柴，炊事组忙着杀猪，记账组忙着布置灵柩（扎牌坊、做纸花、贴挽联），大伙都在为五金才老人明天出葬而忙着。吃过晚饭，按照常规，村民们应围着院子里的篝火跳起"喂目达"。可今晚却例外，满家家族的人都在炕上看守着五金才的老伴五一贵。五一贵自五金才死后，精神一天天不济，饮食减少，言语无力，今天更是严重。到夜间11点，五一贵老妇人心脏停止了跳动，跟随丈夫五金才同奔瑶池。人们就忙着洗尸、入棺，哭爹叫娘的声音此起彼伏，长时间不断。村民们收完尸后，把装有五一贵的棺材先安放在屋子里。夫妻双双在一周内去世，一家里面停有两个装有尸体的棺材，这种现象不仅在满子师，而且在邻近村寨都属于首例。村民称这种现象为"叹气尸"（纳西语，意为伤心过度而导致死亡），老夫老妇在相隔不长的时间内接连去世。在南溪有"夫妻恩爱,情深意浓",先逝者不愿留下爱侣,而领去同赴黄泉;后死者不愿让好伴侣孤独而行,就急忙跟上的说法。话虽这么说,可苦了儿女和家族、亲戚。

经过家族商量,后死者的"吉子好毗"仪式(献入棺饭)决定在4月2日举行,现先安葬先逝的五金才。

2007年3月31日　农历二月十三日　晴　大风

满下村寨为五金才办理丧葬礼。早上9点左右,家族、女儿、村民开始上祭,10点举行追悼会,戴孝。各种职事各忙各的,收礼、记账组显得特别忙,炊事、蒸饭组也很紧张,各种职事都比过去传统的丧葬活动紧张。

12点开始待客,顺序是"足若"(本村每户一人抬尸者)、远客、近客、村里上祭者、孝男孝女。一直待到4点。待完客,就跳起了"窝忍忍"。到5点左右发灵。前来参加丧葬的亲朋都为两位老人在七天内死亡的现象而叹息,都称没见过,叹息中有人怀疑平时儿子、儿媳对老人的态度。

傍晚,村民们把五一贵的棺材抬出来,搁在原先摆放五金才灵柩的地方,点上长明灯,摆上一碗祭品,灵柩上头挂起用粽叶包的鸡头、鸡翅、鸡脚。

2007年4月1日　农历二月十四日　阴　大风

黄山镇换届工作组及南溪村委会干部在满下村召开户长会议。会上南溪工作组组长、副镇长和寿生宣传了《选举法》的有关条款,以及这次换届选举的有关事项。然后,就村委会书记、主任、副主任,满下村的村民委员提出了初步候选人,对初步候选人通过户长投票。投票结果是:书记人选投原村委会副主任和丽军的人数多,满下村民委员人选投和圣明的人数多。

户长会议上村民和国武提出要开发"楞石古"山上的石头卖,有些村民认为过去20世纪80年代乱砍滥伐卖木材的教训值得引以为戒，有资源不宜乱卖，乱卖有损于后代。石头还是不卖好，即使卖了石头每户能分到三五百元钱，一下就花光了，资源没有了可苦了孩孙们，不能卖。结果和国武帮忙文华村民买石山的计划没有实现。

会后，工作组及村委会干部出红榜，公布村委会组成数额（主任1人、副主任1人、村民委员9人，共11人组成村民委员会）以及这些人员的条件。

2007年4月2日　农历二月十五日　晴转阴

村民和朝亮以42万元的价格买了一辆车龄已有3年多的出租车。这是满下村投资最大的农户，他的资金来源是：1.两年前以12.5万元购置的半辆车，现以21.55万元的价格卖给本村村民五亚军；2.向亲朋借款10.5万元。向以下人员借了以下款额：和朝花（其姐）4万元、和武军（堂兄）1万元、和玉祥1.5万元、和耀武（其姨表）1万元、和朝泽5000元、和家珍（其舅）5000元、和占军（其麻将朋友）1万元、和圣武（开车朋友）1万元；3.自家投入积累11万元。

年轻人认为办成了一件大事，老人则忧心忡忡，认为买车风险大，但只能屈从于年轻人的意志办事了。至此，满下村寨已有3辆出租车，4人合伙拥有2辆，这比起鹿子村和旦都村，只是零头。这样的差距，出自人的各种素质，特别是看事物的眼光，吃苦耐劳、勤俭持家的精神等。

和朝亮敢于投这样的巨资买车，主要因为退休的父亲还不怎么老，是他还债的依靠，他自信还10万元钱，在父亲有生之年是轻而易举的事。

2007年4月3日　农历二月十六日　雨转阴

满家家族经过研究做出举行五一贵丧葬活动的各种职事的人员安排和时间，定为4月7日出葬，除举行五金才丧葬活动时安排不当的个别人员做了调整更换后，基本照那时的人员来安排。戴孝面有所扩大，五一贵的后家戴全孝，她家族的出嫁女戴孝，她们是五满红、五满秀、五满吉、五满秋（估计这4人中只会来五满红与五满秋两人，五满秀远嫁到维西县，五满吉远嫁到文山州，不一定回来参加丧葬活动）。今早他们一户一人，共16人挨家挨户磕头请丧葬活动的各种职事。请完后，除一家一人在五金才家守灵外，都抓紧去种洋芋。因为从招呼五金才老人开始到送葬，又料理五一贵的后事，他们家族误了10多天的农时，还有很多洋芋要种。一连死两人，对家族的拖累确实不小，但也无奈，因为南溪古来就有"丧事为先，死者为大"的说法，不管农事、家事怎样紧，也得首先服从和服务于丧事，尽管死者比你小，也得戴孝。

晚上他们请来总管和炊事总管，安排计划丧葬时用的一切物资，并开好菜单，准备明天进城买所需物品。

2007年4月4日　农历二月十七日　阴

满家家族16家每两家去一个人，共8人去丽江城购买五一贵丧葬礼所需物品，开去两辆手扶拖拉机。

阿四金家族的和玉祥、和朝东、和朝泽、和朝珍4人去丽江城购买清明节的用品。今年的清明节由他们4家请两顿饭（中午饭在坟地就餐，晚饭在和朝泽家做吃），本家族的和尚勋、和尚花、和朝光、和尚军家不需再备明日的用品。请客的原因是，和玉祥的老公公和尚典于去年4月27日去世；和朝东、和朝泽、和朝珍的父亲和尚武于去年5月16日去世。因此，今年的清明节由他们四家合资请本家族。

阿德立家族的和学武也去丽江城购买物品，以便明日请阿德立家族及舅舅共度清明节，原因是他父亲和福光于去年10月去世。

那每芝家族的和灿也在积极买明天请他家族的用品，他奶奶也死于今年春节前。

死了人的家在清明节请客一事，在满下村寨已盛行十来年，现已成了不成文的规矩，很难因一两户而改变。随着生活水平的提高，请客之风只会愈演愈烈，无法改变无形中形成的村规。

2007年4月5日　　农历二月十八日　　阴

今天是传统的清明节，满下村寨全部农户都上坟场祭祖过清明节。村寨里虽然有和国臣、和国红两家因祖辈都进行火葬而未过清明节，但他姐夫和福光于去年去世，他姐姐五金合家今天请德立家族（共8家）及和国臣、和国红两家一起过清明节。村民和学新家也请那每芝家族（共4家）及旦都村亲戚来他家坟场过清明节。和万琼、和万琴两兄弟合伙请满家七户（满家家族共16户，分三处坟场而葬，扫坟祭祖也分三伙进行。和国兴、和永昌、和万林、和万元四户一处；和国亮、和国武、和国辉三户一处；和万琼、和万琴、和万军、和天林、和国春、和李福、和国模七户一处；和国臣、和国红两户的父母火葬，未进行清明扫坟祭祖，只在祭祖节进行祭祖）一起过清明节。晚上，16户又在和万军家就餐，因为整个家族近20天来招呼和万军父亲五金才，连着又办理和万军父母亲的丧事，几乎天天都在和万军家。阿四金家族由和朝东、和朝泽、和朝珍、和玉祥四家合伙请本族（共8家）在坟场扫坟祭祖，中午饭在坟场进行，晚饭在和朝泽家进行。因为四户合资，食物很丰盛，有鸡4只、鱼、鲜肉、烤鸭、鸡爪、猪头肉、凉拌菜等。此外，和玉祥家在昨天提前请了满中村的大舅五国海、二舅五国南、大姨妈五一香三人。远在维西的姐夫阿七和姐姐和国英也回来参加扫坟，祭去年去世的老父和尚典。今年的清明节按理应该请一下在太安生活的叔叔和尚洪，但绝大多数人没有想到，有人想到也不便提出，因为这些事是要请客家考虑的，舅舅、姨妈等都提前请了，却把叔忘了。说实在话，清明节请客，各具不同的心理，有些真心实意，有些不情愿但碍于面子，有些不愿意但兄弟要合资请，出于无奈。但不管有什么样的心理，这已在满下村寨成了规矩，而且会成为传统，年年传下去，这样才算一年内逝去者的丧事真正全部结束。满下村寨的丧葬过程比传统的守灵、出葬多了个来年清明节请客。

2007年4月6日　　农历二月十九日　　晴转阴

满下村寨的中、青年们集中在和万军家，筹备明天五一贵的出丧事宜。

吃过早饭，中、青年们上山砍柴，去四辆手扶拖拉机（两辆砍细短柴，两辆砍粗长的柴，分别用于做饭，烧篝火）。记账、烟酒管扎牌坊、纸花，炊事组杀猪、煎鱼。收礼及掩埋的人员没有事情，但也得到他家吃饭。60岁以上的老人们都到他家火塘就座，有专人招呼、敬酒、敬茶、吃饭，这种现象纳西语叫"左入"，意为不让火塘空着。

附："压炕"含义

世居南溪的纳西族压炕，纳西语为"左入"，理由是：青年男女结婚时，长者围厨房里的火炕（火塘）而坐，饮酒、喝茶、烤火、闲谈。当待客前品喜酒时，该族中夫妻双双健在的男老者托起装有酒杯的盘子，插好香，嘴里念叨："炕为永不息火的炕，永不缺人的炕。"边说边把酒往火塘里泼，众人举杯大喊："好酒，好酒，大吉大利，早生贵子，长命百岁。"然后把自己杯里的酒一饮而尽。吃过饭后又围坐炕上到第二天早上。这种做法引申到人死了，也要有老人来压炕，死后要有人在炕上睡七夜。丧葬活动期间也就由老者压炕（这段话由老者和福祥讲述，和福祥现年75岁）。

2007年4月7日　　农历二月二十日　　晴

满下村寨中的青年人天一亮就到和万军家，各忙各事，特别紧张的是炊事组和蒸饭组，他们要在12点前做好今天待客的饭菜。

8点半左右，满家家族已开始上祭，祭品为：肉1挂、米1盆、玉米1盆、小麦1盆、好烟1条、酒1瓶，人民币（不等），近族还有祭单，接着孝女来上祭，4个孝女所带的祭品大致相同：毛毯1床（价值百元左右）、鲜猪头1个、公鸡1只、米1盆、玉米1盆、小麦1盆、好烟1条、酒1斤、人民币100元。接着村里亲戚来上祭，除个别近亲带3盆粮外，一般都带5斤米，1瓶酒、1挂或半挂肉，人民币5元、10元、15元、

20元、25元到50元不等。开始上祭以后可忙坏了记账和收礼的人。尽管上祭的外来人还没到，10点还是开始举行五一贵老人的追悼礼。悼礼由家族中的和国红主持（过去常由专人主持，10年前由村民和作良、和学新主持，最近10年来改为家族内部人自己主持），追悼礼结束后，孝女们哭声骤起，持续了近半个小时，哭娘叫爹，好伤心的景象。客观来说也是可怜的，父母双亲在一周内相继去世，而且先逝者还未抬出，第二个也辞世，两副棺材摆在家里，这是有史以来未曾有过的。

12点开始待客，待到下午3点半待完。待完客就在院子里跳起了"窝忍忍"，到5点左右发灵。

此次丧葬的特点：

1. 各种职事与前次（五金才丧事）相同。

2. "足若"（村民每户一人）所享的烟酒与前次同样多，每人1瓶多酒，4包烟，因为家族户数多（16户）、孝女多（4个），再加上两个死者的妹妹。

3. 所收到的人民币与前次差不多（收到4000多元）。

2007年4月8日　农历二月二十一日　阴间小雨

满下村大部分村民进行五一贵老人丧葬礼的最后一个仪式——上坟，又叫伏山。早上死者家族的妇女们在死者家中备祭品，煎糯米条、粉皮、虾片，以及一点鱼、一点豆腐，煮好一个鸡蛋，热好一碗饭，用口缸煮一口缸汤。做完后家族的男女老少带上以上食品及茶、酒、水、香到坟场去。亲戚也每户一人，戴好孝，拿上一瓶酒、一炷香到坟场去。到坟场后，族中老者和国春、和国兴插上香，开始祭供。先供山神，祭供山神时，一边供食品一边口中说道："满家家族的成员五一贵已离开我们，跟着老祖宗而去，请山神爷招呼好，请老祖宗们招呼好。"接下来是祭供坟，先供新近逝去者，从上往下，最后到"苏不鱼"。祭供"苏不鱼"时边供边说："今天是本族人五一贵请大伙来此团聚，请大家受用，保后生们平安。"祭供完后，大伙磕头，就开始分成几伙吃酒、茶、煎来的食品，休闲到12点下山回到家里，他家所请的职事们已把饭菜做好。他们家族就分工招呼职事们吃饭，然后招呼上坟的人们吃饭。吃过饭后，大家围桌而坐，或打扑克，或打麻将，或喝酒闲谈，一直到晚上六七点才散伙。他们的家族和女儿家都在他家吃晚餐。

2007年4月9日　农历二月二十二日　阴

南溪行政村选举委员会张榜公布了经南溪各自然村（村民小组）有选举权的村民一人一票提名产生的第三届村民委员会主任初步候选人5名，副主任初步候选人9名，村民委员初步候选人26名。他们是：

主任初步候选人（10票以下省略）：

和丽军（现任副主任）396票、和继武（现任副书记）289票、和国军（现任书记兼主任）178票、和国高（满中村村民组长）35票、和万锋（旦前村村民）18票。

副主任初步候选人（10票以下省略）：

和丽军453票、和继武160票、杨耀秀（女，村妇女委员）150票、和银红（旦前村副组长）51票、和国军32票、和国高26票、和文军（旦前村村民）20票、和国臣（满下村村民）16票、和国军（文屏村副组长）10票。

村民委员初步候选人（10票以下省略）：

和圣明（满下村村民）140票、和述贤（旦前村组长）139票、和银红（旦前村副组长）136票、和国高110票、和承军（金龙村副组长）110票、和其军（金龙村组长）90票、和根全（满上村组长）85票、和兆台（鹿子村副组长）77票、和秀文（旦都后村副组长）77票、和学志（旦都后村组长）66票、和学忠（满上村副组长）54票、和万里（满中村副组长）54票、和文宏（文屏村组长）46票、和万里（旦前村村民）32票、和占军（满中村村民）29票、和学武（鹿子村村民）36票、和合林（旦都后村村民）25票、和国兴（满下村组长）25票、和尚明（退休教师，现居鹿子村）23票、和国华（鹿子村村民）20票、和国军（文屏村副组长）16票、和友强（旦都后村村民）14票、和绍友（旦都后村村民）13票、和亚星（文屏村村民）12票、和国军（金龙村村民）12票、和学典10票。

2007年4月10日　农历二月二十三日　雨夹雪

南溪村选举工作组召开南溪行政村第三届村民委员会选举委员会（由各自然村副组长组成，和永军任组长，和银红任副组长，共有8人）会议。主要议题是讨论和确定村委会主任、副主任、委员的正式候选人。根据初步候选人的投票结果，由多到少确定正式候选人，应由和丽军（原副主任）以及和继武（原村委会副书记）两人来当。但在会上和丽军表态对主任一职的竞选弃权，因为他认为自己无能力当一把手，如自己坐上交椅，做不好事，会愧对村民。工作组和选举委员会接受和丽军的请求，于是就按初步候选人的得票由多到少确定了主任正式候选人为和继武、和国军（原书记）两人。副主任正式候选人为：和丽军、杨耀秀（妇女委员）两人。委员正式候选人为：和圣明、和述贤、和银红、和国高、和承军、和其军、和根全、和兆台、和秀文、和学志。具体要设主任1人、副主任1人、委员9人。正式候选人多提了一个，不知正式选举时是等额选举还是超额选举，对这些事情村民无所谓，选谁、谁当选村民也都无所谓。

2007年4月11日　农历二月二十四日　小雨

满下村寨村民和国红在丽江城南郊买了一所旧房，格式为三间二层，下八上七（下层高八尺，上层高七尺），进深一丈四尺，顺深中间格为一丈二尺，左右两格为一丈，价钱近20000元。加上拆房开销及运回家中的花销，不到20000元也相差不会很大。他请了家族的部分人，以及亲戚的部分人到城里去拆房，所请去的人的食宿安排在丽江城东界河叔叔和发兴家中，由侄女和丽春及满上村的侄女五建芬两人来负责买菜、做饭。他所请去的人今天拆房子里面隔整的壁板、楼板、天花板、六合门之类的内部构造物，边拆边装在侄儿和学武的手扶拖拉机上，装满后由和学武拉回到和国红家堆放好。因为整天下着小雨，他们没有上房揭瓦，把内部构造拆完后就休息。

满下村的村民（除和国兴家、和圣伟家、和家良家、和玉祥家、和朝珍家、和万琼家以外），在最近三个月来几乎每户每三天砍一车料，有些砍的料够两所房子用，大部分农户家成了木材站似的。这部分村民心里乐滋滋的，认为20多年封山育林，出看山育林费也划得来。而一棵树未砍的五六户村民同样出了护林费（按户头平摊），出了同样的看山义务工，他们的心里必定不是滋味。但和国兴是村民组长，和圣伟是副组长，他们不好下手砍；和家良家、和朝珍家、和万琼家年轻人在城里开车，老的又干不了；和玉祥家无男人砍树。他们看到户户堆材如山，心里干着急。在城里常年开车的村民和万林、和建军、和圣武也时常回来砍树拉材料。这样无度地乱砍滥伐，破坏了自然，也埋下了不少隐患。

2007年4月12日 农历二月二十五日 晴转小雨

满中村村民和国才出走一个多月后，他的家人心里忐忑不安，请亲戚家族的人找，请村里人找，请电视台播放寻人启事，一切都没有效果。前些天又去丽江城找算命先生打卦，算命先生说："你家里发生了一件大事，你父亲出走失踪，现已不能生还，你们可到东北角有条小溪分为三股流水的山上去找，若找不到就不必再找了。到了打卦以后的21天，狗会带回失踪者的信息。"他还对前去打卦的和国才的小儿子五珍华说："你所娶的老婆是以前与人结过婚而后离了婚的人，你们家族的火葬场也有些不规则了，已成了'T'字形，祀山神的地方也长出一棵黄连刺。"五珍华回到家里请了家族人五占西一同去火葬场看，结果与算命先生说的相吻合。他老婆的事也与算命先生说的完全一致，就相信算命先生的言语，今天又请满中村（每户一人）到地处满中村东北角的"画测岩"去找，因为那山涌出的泉水一股流向文屏村，一股曾流向金龙村，剩下的一股径直流下。村民们冒雨坚持找，找到傍晚也没踪迹。

人们在边找边议论着和国才生与死的可能，根据知道他们家情况的村民透露：和国才有两个儿子和一个姑娘，姑娘出嫁到邻近汝南化村，大儿子五社华另立门户已将近有10年，在小儿子另立门户之前，立下家规：等办理了五珍华的婚事后，和国才、五四娘老两口一个跟一个儿子过。五珍华的婚事办理完后，和国才多次向大儿子提起此规，可大儿子及大儿媳却不搭理，甚至平时也跟老家少来往，和国才一气之下就说出"我的事你们不需要管"。五珍华在买老人寿板时，和国才一再拒绝买他的寿板，只准买老伴五四娘的，于是五珍华就只买了一副棺板。和国才平时口口声声称"我根本不需要你们管，到老也不需要"。根据他平时的怨气，很难猜测他是死还是活。今天村民们最不满意的是：和国才的大儿子五社华没有参加寻找父亲的活动，而是去城里拉空心砖（同时进行手扶检审）。

2007年4月13日　农历二月二十六日　小雨

换届工作组与原村委会领导共同协商后，公布了第七号公告。内容为：根据《选举法》确定和承军、和银红为第三届村民委员会委员候选人，不再担任选举委员会主任和副主任，确定和兆台、和秀文为第三届村民委员会委员候选人，不再担任选举委员会委员，缺额由无记名投票推选和亚堂（金龙）、和万锋（旦前）、和友强（旦后）、和尚明（鹿子）递补。并由和学忠任选举委员会主任，和万里任副主任。

同时村委会张榜公布了2007年经济收支情况：

收入4080.5元（上年结余80.5元，镇政府补助4000元）。

支出：1885元

①补副组长2006年度报酬590元；

②副妇女主任、团支部书记补助 240 元；

③妇女信息员补助 192 元（8×24）；

④参加黄山镇 2007 年春节运动会伙食补助 500 元（金龙村与旦前村参加）；

⑤春节运动会运费 240 元；

⑥会议伙食补助 123 元。

收支结余为：2195.5 元

2007 年 4 月 14 日　农历二月二十七日　晴

村民和国红今天又比昨、前天多请了几个人（和国兴、和圣伟、和永昌、和万琴、和万元等）去拆房。从上往下，先拆椽子、梁头、方；接着拆权等大点的屋架组成部分，最后拆柱子。除了椽子给了住五台村的姨表五桂芳外，全部材料都装进五德华的汽车拉回。下午 5 点到家，到家休息一阵后，大伙又忙着把材料从车上抬下来，小心地堆放在不碍人行走的地方。

村民和万军家请了十来个村里的亲戚种洋芋，村民和万红家也请了杨文花、五金凤母女来帮忙种洋芋。和万军为料理父母大事，和万红家帮忙和万军料理伯父、伯母大事，两家都误了种洋芋。所请的村民也全力以赴，帮他们两家种洋芋。

有部分村民又出现在沙场挖沙，他们是受邻村村民所托采挖沙子的。从去年开始，满下村寨就有部分村民白天挖好沙，暂时下车在自家中，天黑时又装车拉到满上和满中村去卖（买卖双方早有约定）。一手扶沙 60 元，今天挖沙的村民也会到天黑时拉去卖。

2007 年 4 月 15 日　农历二月二十八日　晴

村民和作才请来胞兄和作典、和朝光、和二友、和学仁、和圣昌等做木工，准备盖一所两间的平房，用来储藏萝卜、蔓菁以及煮猪食。

和顺光家已请村民和金圣、和金星两弟兄为木匠师傅，并请了家族里的和永红做帮手，开始做木工，准备把旧厩房掀掉，新盖三间厩房。由于他家地处公路边，交通便捷，再加上父子同心协力，找了很多材料，盖下这所厩房后还会剩下很多。

村民和国红家也请前几天所请的亲戚拆除家里的旧房，安排昨日买回家里的正房的地基。

村民和万军、和万红两家继续请人帮忙种洋芋，还要种好几天。

2007年4月16日　农历二月二十九日　阴

计划了近两年的南溪行政村卫生室的建设，今天终于实现了。黄山镇卫生院院长领来了施工人员，同时拉来了水泥和沙（一大卡车）。建筑老板已跟村公所邻居和朝光讲好了石头价格，和朝光约了他的连襟和永良，各开了一辆手扶拖拉机去"楞石古"石场采石，采满一车就拉回一车。他打算从明天开始出钱请两个人专门撬石头，他俩专门拉，这样才能供上施工所需的石料。

建筑民工（拉市乡南尧行政村人）开始测量钉桩、拉线、挖基槽。看见此状的村民们议论说："要不是从镇卫生院分两三个医护人员上来，起上最好的房子还是白搭。要是镇医院分派医护人员来常驻，这的确对南溪人民是件大好事。"

建筑民工因村公所没房住，就借宿在村公所邻居和朝光家，和朝光收一点房租费，工地就在和朝光家门前，很方便管理材料和施工，老板也就应允出房租费（两头有利），和朝光也有经济收入，老板也不必担心建材丢失。

2007年4月17日　农历三月一日　晴

村民和永红请来和永良（和永良让儿子和文亮去拉石头）、和永军、和顺明、和永光等家族人，以及居住在旦前村的姑爹五红来做木工活，建造两间平房，打算专门做存放洋芋的仓库。和永红本人对木工活比较熟悉，砍料子时就预算好了各种材料的尺码，大伙做起木工活来就省力多了。

村民和金圣今天停下和顺光家的木工活，提着斧头到旦都村与满下村间叫"各闸洛"的山林里砍料子。他砍料子的力气很大，自个干了三四个小时就砍到了二十来棵树（满满一手扶）。他对手扶拖拉机的驾驶不怎么熟悉，不敢开车到山林里，就事先请了满上村寨的朋友五闰红开手扶拖拉机来帮他拉木料。五闰红看和金圣是木匠师傅，平时请他，随请随到，并与和金圣性格相同，交了"纳西老友"。过去的老人们一般只与鹤庆人及坝子里的人交老友，为的是交换物资及上街住宿方便。如今南溪有一部分中青年交上了"纳西老友"，是因为现时多为独儿子，有事时好互相帮忙。这些交老友的人平时杀猪、请客，红、白二事都来往密切。

2007年4月18日　农历三月二日　晴

今天进行南溪行政村第三届村民委员会选举工作，主会场设在南溪完小，下设文屏、金龙、旦前、旦后、鹿子5个分会场。县委派驻黄山镇的换届工作队队长和卫忠及主要领导，黄山镇党委书记和学典及部分工作人员，黄山镇派往南溪的工作组全体成员参加了今天的选举会。南溪村换届领导小组成员领着各自的选民按时到指定的地点参加选举；选举委员会的成员主持了今天的选举工作。在分会场上选举委员会的成员做异地交换主持，如金龙村的和亚堂到文屏村去主持，文屏村的和国军到金龙去主持，鹿子村的和尚明到旦前村去主持，旦前村的和万锋到旦都后村去主持，旦都后村的和友强到鹿子村去主持。5个分会场上午9点开始进行投票，到11点又都带着现场封好的投票箱到主会场。主会场有满上、中、下3个自然村的选民参加，下午1点开始进行投票。投票前，原村委会主任、书记和国军抽出时间作了简短的发言，向群众述说了他任职 3 年间的工作情况和功绩。此番发言也许是因为他的票数很少。

投票结束后，选民和各级领导原地坐好，选举委员会的人进行检票、唱票、计票，这项工作进行的时间比较长，约进行了两个小时，到 3 点左右才结束。

结果：和继武（原村委会支部副书记）以 608 票当选南溪村第三届村民委员会主任。

和丽军（原村委会副主任）以 981 票当选南溪村第三届村民委员会副主任。原村委会主任、支部书记和国军落选主任职务。

杨耀秀以只有 85 票的结果落选副主任职务。

新当选的第三届村民委员会委员如下（按得票多少排列）和述贤、和根全、和兆台、和承军、和圣明、和文红、和国高、和学志、和银红。

选举结束后，向大家做了公布，并写公告在各分会场张榜公布。

新的村民委员会开了短暂的会议，选举领导小组及选举委员会的任务还有支部的选举工作及村民小组的选举工作，预计到 5 月底才会完成。

2007 年 4 月 19 日　农历三月三日　晴

村民和学武请了部分德立家族的人及和圣昌、和福军父子、和一花等 10 多人装洋芋。由于和学武家在村子中间地带，汽车停在和朝泽家旁边的公路上，用手扶拖拉机从家拉洋芋到公路边上车，他们先装大篮子过秤后装进手扶，再小点的篮子架在大篮子上，装成两层，一趟拉去一千七八百斤。这样拉了 14 趟才装满汽车。最后总计有 24000 多斤，每斤价格为 0.3 元，比起 3 月 1 日前的最高价每斤下降 0.15 元，比那时出售少收入 3600 多元，这不能不让人心疼，但这只能自己责备自己，每斤卖价 0.45 元时，想着价上涨时再卖，是自己贪大而所失，到如今再降价也得卖。

村民和金星也请部分德立家族的人及邻居帮忙装洋芋，以同样的价格卖洋芋。由于他家居住在村子边上，交通便捷，把汽车开到大门口，安上梯子，称一篮、背一篮上车，到下午6点半左右装满一汽车，共2.6万斤。和金星发出声声叹息："生意八只脚，神仙摸不着，原以为每斤洋芋会涨价到0.5元，到现在一跌就跌到0.3元一斤，丢了一家一年的花销钱。"

长期习惯在最后卖洋芋的村民还无动于衷，不慌不忙，如村民和作武家、和金辉家、和圣华家等。

2007年4月20日　农历三月四日　晴

满下村寨上午9点在球场召开户长会议，参加的人有现任村委会主任和继武、副主任和丽军，原村委会书记兼主任和国军，以及满下村各户代表，共61人。会议由和继武主持，议题是：选举村民小组组长、副组长（传统称自然村村长、会计）。首先老书记和国军对原任村民组长和国兴任组长7年来的工作作了很好的总结，点出了很多优点，指出了失误之处（退耕还林不平等，不制止乱砍滥伐）。他的发言里充分显露了继续选和国兴为组长的言语和心情。接着现任主任和继武也作了简短发言，内容与和国军大同小异，同样希望和国兴能够继续当选。有村民提出："那天选委员候选人时，你们说村民委员会委员是本村的组长，我们已选了和圣明，没有理由再提名选一个组长，叫我们选个副组长就行了。"选举领导小组在各个村民小组选初步候选人时的确说过"委员就是组长，要考虑周到，慎重提出初步候选人"。今天只好听村民的了，就投票选举副组长。经过无记名投票，和圣华当选副组长。接着老组长和国兴公布了他与和圣伟误的工，大伙凑了误工补贴。接着和国兴公布了他任职7年来的经济收支情况，收入900多元（去年验收球场时各户拼凑款及政府捐赠款支出后结余）。

支出：买盆、托盘、保温桶；

结余110元，这钱买酒、饮料、糖果进行消费。

有人提问卖打沙机的钱和沙子钱，和国兴说卖打沙机时他借款去还了贷，出钱又修了好几次，卖机款刚好还贷及付修理款。沙子款没有做说明，不知是否有此事，或是他不说明，这些都无法知道，只有和国兴和提出问题的人知晓。

最后由新任村民组长和圣明作了发言，他决心不负众望，搞好本村的各方面工作，也希望全体村民能够支持他、听从他。他提出目前的乱砍滥伐不能再继续了。等三天就要连续开三四天会议，对山林进行各户承包管理。

2007年4月21日　农历三月五日　晴

云南大学纳西族调查研究基地的管理员和尚勋老师去丽江城背一棵桂花树。事情的全过程是这样的：2006年6月初，丽江古城博物院在基地进行绿化，从丽江苗圃买来两棵桂花树和两棵玉合花树种在院子里，还买来一些垂柳种在大门前。种好树后，和尚勋老师精心呵护，勤浇水、除草、搭棚过冬，到霜少的春季到来后又掀开棚子，给树喷药水。尽管这样，种在大门边的那棵桂花树还是一天天枯黄了，眼看无法救活。和尚勋就与木府的园艺师李师打电话联系，请李师转告博物院领导，采取补种措施。他请李师告诉领导，基地的树必须保种保活，否则就影响院内的景观。李师汇报情况后，领导同意再买一棵桂花树补种，并通知和尚勋老师来丽江城苗圃背。李师买了一棵价为230元的桂花树，和尚勋老师背回到基地后，从邻居五福海家借来铲子种好。他希望所有的树都成活，把基地点缀得好好的。

2007年4月22日　农历三月六日　晴间阴

村民和建华请了胞弟和建忠及他家的手扶拖拉机，堂兄和建成及他家的手扶拖拉机，以及和尚军和他家的手扶拖拉机到太安乡汝南行政村老底村民小组去拉木料。本来还想请堂兄和建国、和建军两人及两辆手扶拖拉机一起去，但和文海大妈（和建华的伯母，和建国、和建成、和建国的母亲）病情有些加重，就暂不请和建国、和建军两兄弟，让他两兄弟招呼和文海老人。和建华又从汝南下村请了舅爷和他家的手扶拖拉机，同时还请了居住在太安乡天红行政村高美古村民小组的和建华的连襟和他家的手扶一同拉木料。

六辆手扶拖拉机只拉了18根大样（14根柱子、2根大过梁、2根大杈）。和建华以每根400元的价格向汝南老底村的人买，而汝南的这个人又向本村气壮力强的小伙子买，小伙子是从古城区土河乡后山行政村木苏村民小组的山上偷伐来的（因为这两个村民小组是邻村，山水相连，并且木苏村及他们的山林比老底村海拔高，运木料可顺坡而下，较省力）。和建华他们今天前往汝南的路是从旦前到鹿子再到吉子到高旦，最后到汝南，大约25千米。回来时则从汝南到高旦，经吉子绕到后山的木苏村、鲁图村、寒近洛村，再经前山行政村的行茂洛村到家，行程近40千米。回来绕这么远的路程主要原因是去时的这条路虽近，但有2千米左右的路段重车行驶很艰难，需要由人搬。他们晚上7点半才到家。

2007年4月23日　农历三月七日　晴间阴

村民和圣华请来家族和作才、和圣军父子，和圣昌、和福军父子，和作典、和作武、和社红、和圣伟及亲戚和子红、和满立、和万林、和子华，加上木匠和国兴、和建庄、和金辉来竖他家新做的平房。今天的竖房活动与传统的竖房形式相比，别具一格，吃过早点才组合屋架，到12点组合完（三间房要组合四排屋架）。吃过早饭就竖房子，到下午3点竖好。之后又马不停蹄地放梁头、钉椽子、钉檐板，没有半个时辰的休息时间，安排得很紧凑。这样的效益（这种竖房形式）属于前所未有，传统的竖新房形式是紧里带闲（竖时紧张，竖完休闲），上梁头、钉椽子是明后日的事情，竖完屋架后就开始休息娱乐。

他所用的料子部分是前些年就砍好的，但大部分是今年砍的，他夫妇俩在两年内砍到的木料除用在新做的平房外还剩很多。

2007年4月24日　农历三月八日　晴间阴

满下村寨新选任的村民组长和圣明、副组长和圣华召开户长会议，会议的主题是对山林权做初步改革，和圣明主张把原先由集体集中管理的林权下放一部分到户来管理，建议把村寨附近的南面母猪山、西面鸡冠山的林权分到户来管理。他是根据最近两年乱砍滥伐的严重现象得到的启示。这一建议得到大多数户长的支持。开完会后，大伙先上母猪山测量编号，等到把鸡冠山也测量编号后一起抽签，归户主经营管理。

会上，户口在攀枝花市、丈夫退休后回满下村寨居住的和国秀说："我老公是满下人，森林权我家也要。我儿子和春拾只是打工仔，虽然我的户口不在满下，但我们是生在满下，一定要。"经户长们讨论决定分给她家一份（山林分两份来分）。

南溪完小召开学生家长会，议程是：①校长向家长作上学期教育教学工作汇报。②教导主任公布上学期期末成绩。③各班主任与家长进行沟通。④新任村委会主任和继武发言，他表示支持学校工作，并表示对统考成绩能居镇里第一名的科任老师奖励200元，第二名的科任老师奖励100元。这种举措在南溪教育史上是前所未有的。⑤说明这学期的工作要点。⑥给上学期学习成绩优异的学生和教学成果突出的老师颁奖。⑦校长要求家长支持学校工作（包括舆论与行动的支持）。有不少家长在底下嘀咕："有些舆论是你们老师内部传出的，你不必将责任推给学生和家长，学生懂什么，家长又没天天看着老师。你们也要为人师表。"

2007年4月25日　农历三月九日　阴

由香港路华车主会捐助投资的南溪完小教师宿舍楼的建盖工程于今天开始，由白华行政村武荣自然村村民李伯合承担此项工程的建筑老板。今天的工作是拆除地震时盖建的那幢平房，由满中村村民组长和国高承包。和国高约了一些满中村的中年男人和妇女揭瓦,揭瓦片时大家都很小心,因为这些瓦李老板以每块0.2元的价格卖出,当场就有满上村的村民五富祥买了一半的瓦,另一半由村委会现任主任和继武买回家。吃过午饭后,他们分两组工作,一组拆椽子、梁头等屋架;另一组(妇女)修从公路通往篮球场的车路,以便施工拉材料时好让车子一次把建材拉到球场,方便施工。一部分男同志把拆下的木料捡起来堆集在一块,以便再利用。和国高从他与李老板承包的款额中付给村民工钱。

2007年4月26日　农历三月十日　阴间小阵雨

今天举行南溪行政村党支部大会,主要议题是选举产生南溪村第三届党支部委员会,从10位正式候选人中选举产生9人,符合党章规定的人数。参加会议的还有工作组的全体同志,以及镇长和志强。会议由上届支部副书记和继武主持,支部书记和国军向大会作了上届支部工作汇报,并通过了选举草案,由和尚勋老师任监票长,和占军、和耀军任记票员。选举开始,由监票长发出34张选票,等大家填好投票后,收回了34张票,3人就开始公开监督、唱票、计票。选举结果由和尚勋老师向大会公布:和国军得34票、和丽军得34票、和继武得32票、和万锋得32票、和吉红得32票、和红光得32票、和文善得30票、杨耀秀得26票、和文军得11票、和秀英得10票。从和国军到杨耀秀等9人为新一届南溪村党支部委员,得到镇党委的立即批复。批复后立即召开支委会,选举和继武为新一届支部书记、和国军为副书记,也得到了镇党委的立即批复,并由镇党委副书记、镇长和志强向大会宣读了批复件。接着新任支部书记和继武向大会表示,决心在今后的工作中带领支部党员和村民,为建设好社会主义新农村积极努力工作,决不辜负众望,争取优异的成绩在届满时向南溪人民交一份满意的答卷。散会后镇长召开了支委会,制订了南溪今后3年的奋斗目标和工作计划。至此,南溪村两委换届工作已告结束,圆满完成。

2007年4月27日　农历三月十一日　晴转阴

满下村寨的户长们上午继续前几天进行的森林丈量编号、钉桩的工作。经过三天半紧张的工作，终于按预期的计划完成。吃过午饭又分作3个小组清理前段时间乱砍滥伐的狼藉，收拾清理公路边的树枝，并将收拾的树枝堆放在一处点火烧掉。通过清理，消除乱砍滥伐给各级领导留下的不良印象。清理完后，又集中在球场里，由副组长和圣华用很小的纸片编写从1到58的数字做签，和国兴、和顺明等找来竹子，把竹管切成一寸来长的58节，和圣明把写好数字的纸张卷起来装进竹管里，等58张都装完了，全都放进帽子里，等村民们围拢后把这些竹管撒在中间，让村民们抽签。村民们一户抽一节，把所抽到的签打开后，报给副组长和圣华做了登记。从此，满下村寨附近的山林也分到户，由各户自行管理、使用。有些村民一散会后就去看自己所抽到的山林，有些则不忙于去看。不管是去看的还是不去看的，心里都想着把自家的山林管好、护好，到时要起房盖屋就有材可用了。特别是年轻人在城里开车，父母年老抡不起斧、扛不起料的村民更是心满意足，深有感触地说："这回可不会像二十几年前的乱砍乱卖，和这两年的乱砍滥伐了吧！看护好山林，再等15～20年就自家有材了，不再会像前两次一样从老祖宗留下的绿色宝库里一无所获了吧？"

2007年4月28日　农历三月十二日　阴间小雨

久病倒床两个来月，并由儿子或家族招呼了两个来月的和文海老奶奶于今早6点左右辞世。她家族的后生们昨晚开始就很注意地观察着她的情况，因为和文海的病况比以前有所加重了，前些天不停地在动的手已停下不动了，滴水未沾了。再则，今天是和文海丈夫和积礼（5年前去世）的属日。有不少要死的人，在父母或丈夫或妻子的属日逝去。因此，在守护和文海老人的人中，有人提出要多加注意。到6点左右，和文海老奶奶停止了心脏跳动，辞别人世。看护的人给她放好口含，脸上盖上白纸，大约过了15分钟，才派人到村中喊："阿奶和文海不行了，请乡亲们帮一下！"在家的人也在同时吹响了羊角号（吹起羊角号表示人已死了）。听到号声和喊声的村民们陆续向和文海家走去，准备帮忙收尸。因为现代通信设备的发达，家族电话通知了在满上村的和文海老人的家族，也通知了嫁到金龙村的和文海的二女儿和燕谷。金龙到满下虽有五千米之远，但现代社会交通工具多，二女婿和福开着拖拉机一会儿就到了，接着满上村的和友贤、五洋红、五习、五闰红等也到了。大伙喝茶、吃粑粑闲了一阵后，从楼上抬下棺材，接着由男人们把遗体抬出到屋檐下，由妇女们给和文海洗尸。嫁到本村的和文海的长女和燕花也参加了洗尸，估计她可能有"为妈妈洗净些"的想法。洗尸入棺后，和文海的小儿子给和文海的灵柩献上了鸡心汤，二儿子和建成献上了"哈五"（入棺饭，一大碗米饭上盖四块肥肉，上竖插一根筷子，横放一根筷子，成十字形）。男村民们就去"芝步吉"，和文海的大侄儿和建华手举砍刀放于右肩上领头，和建军用簸箕抬着柴、木杈、土罐、碗等，大伙一个跟一个，边走边吹羊角号，同时喊"入绪、入绪"，到达"芝步吉"的地方，由走在最后的村民用石头把所带去架在木杈上的罐、碗、杯打烂。之后，人们在她家门口用烧草烟和水洗眼洗手。村民们围着院坝里的火塘烤火，一边烤火，一边交钱（每户10元，由村民组长和圣明收齐后交给主人家和建军，57户共570元，主人家不交）。交完钱后，村民们有些想回家，但大部分被和建军家族的人拦住，让吃了饭再回各家料理家务。早饭是两肉（一碗肥肉、一碗带骨肉）、四菜（一碗白菜、一碗洋芋粉丝、一碗切成大块的洋芋、一碗酸菜），虽不算很丰盛，但也不错了。吃饭的席间，家族和三个女婿给村民们敬烟。这一举动是满下村寨办丧事中的又一发展，先前没有这种现象，这种现象原来只是在丧葬礼上才有。

和文海老奶奶是自去年4月28日和尚典老人突然暴病死后的第八个死去的老人。就是说，满下村寨自2006年4月28日至2007年4月28日的一年内逝世了8个人，是有史以来老人去世最多的一年。

2007年4月29日　农历三月十三日　晴转阴

建盖南溪卫生室的老板请一辆汽车拉来三间平房的料（事先已经在城里做好），以及两个木匠。料子由下石脚的人（拉市乡南尧村人）下车，他们共有6人，加上木匠共8个人。他们一边下车，一边组合屋架，到下午1点钟组合完四排屋架。今天的午饭由工地管理员代做，吃过午饭没休息多久就开始竖房子。他们先竖中间的两排屋架，而后全力去竖右边的一排，最后竖左边的一排，到6点钟，三间平房完全竖好。起初看去，竖房的人不够，事实上也的确少了，但人少有人少的办法，要是从左到右，或从右往左按顺序竖，那必须有人扶住屋架，人员就会显得更紧。

拆南溪完小的满中村村民因工钱不合意而停工，和国高及他老婆五秀就在球场边修车路做零工。

2007年4月30日　农历三月十四日　晴转阴

村民和顺光家请了家族的男人和顺明、和顺达、和永红、和永良、和永贤、和永军、和永光以及亲戚和圣伟、和金辉、和林、和亚华等来帮忙竖新房。新房格式为四间平房，用途为畜厩。他家请村里的木匠和金圣、和金星两弟兄来做木活，方式为包款不包吃，就是说以700元的工钱包给木匠，生活、烟、酒不再由主人家供给。因木料粗大，且粗细不匀，所花的木匠工日比预料的多得多，算下来，每个工日不满30元，木匠心里有些不乐意。主人家看到木匠不乐意的表情，经家人协商，决定再增加一点工钱，但具体加多少，目前还未说准。今天竖房的方式是：上午组合屋架，下午竖房，到6点左右竖完房就休闲。他家族的妇女们，也够紧张的，一天做四顿饭，休息时间并不多。但纳西族妇女的天性是任劳任怨，再苦再累也不叫苦，看着男人们喝酒、抽烟、打扑克，她们也都无话说。

2007年5月1日　农历三月十五日　晴

今天是"五一"国际劳动节，南溪满中村的村民以休闲、打牙祭的形式来庆祝劳动节。休闲娱乐、打牙祭以男人为主体进行，具体方法是所有的成年、壮年男青年每人凑钱买来糖果、瓜子等食品，摆放在五三福小卖铺前的天井里，供来休闲的所有人吃。全村寨男人除了打工在外脱不开身的（在观光大酒店打工的和志强、在照相馆打工的和建新，以及长期离开家庭不归家的和万春3人），都回来参加庆祝活动。大伙买了9只鸡（每斤12元）、1只鸭（每斤10元），由不喜爱娱乐的男人操刀宰杀、做饭。做饭的地点也就在五三福小卖部边的空房里。其他男人在五三福小卖部天井里打牌、打麻将，有的进行"三打一"，有的进行斗地主，还有的进行"哈鸡"。围观的人包括妇女、青年、老奶奶。到吃饭的时候他们中间的年轻小伙子请村里60岁以上的老人（男性）来同大伙免费用餐，但绝大多数人都很客气，请不来，只有和国良来参加。吃完饭，饭碗一丢，又开始继续打扑克、麻将，虽然有点经济刺激，但数额不大，只是为了消磨时间。

杀鸡做饭的人收拾完锅碗后，算了一下账，并向大伙做了算账结果的公布，每人合23.50元。人们听到后，立即从包里拿出钱来，由村民组长和国高收齐后，转付给卖鸡、卖鸭的村民，并付清了五三福的糖果、瓜子、酒、饮料的钱。算账付钱诸事结束后，做饭的人们也加入了围观的行列，这更加助长了扑克、麻将爱好者们的斗志，他们迟迟不肯散去，到零点左右才有部分观看的村民陆续离去，玩扑克、麻将的斗士们到凌晨3点半才散去。

2007年5月2日　农历三月十六日　晴间阵雨下冰雹

村民和圣昌请了和学武、和社红、和作武、和作才、和学青、和明贤、和丽春、和八娘、和圣明等人装洋芋上车。汽车停在和朝泽家旁边的公路上，用手扶拖拉机从家里拉来上车。他家以每斤0.22元的价格成交，卖了 28000 斤。他家的洋芋已全部卖完。年前老板曾出价每斤 0.45 元，可那时他们家的人认为年后洋芋价可能还会上涨，谁知 3 月 1 日后拉洋芋的老板及汽车来得越来越少，卖洋芋的希望就指望在清明节后。过了清明节，情况越来越对村民不利，偶尔来一两个老板，出价每斤 0.35 元，只有个别人卖；接着下落到每斤 0.30 元，也只有个别人卖；再下落到 0.25 元一斤，人们心里可慌了。由于来买洋芋的车不多，来一辆车就有好几个村民围过去，领老板到家看洋芋，老板可就好中挑好，傲气十足地说："我们给你们每斤 0.45 元时，我们赚着一点钱；现在你们给我 2 角多一斤，我也挣不了几分钱，拉一车也没有多少赚头。"

今年洋芋价下落的局面是令人痛心的，就拿年产 3 万斤洋芋的农户来算，高价时卖的话可卖到 14500 元，可留到现在只能卖到 6600 元，减少了 6900 元。而每年收 3 万斤洋芋的农家，每年花销 7000 元就足够了，为了贪多而丢了一年的花销钱，怎能不让村民们痛心呢？

2007 年 5 月 3 日　农历三月十七日　晴间阵雨

满下村寨的一部分村民开始种秋油菜了，和作典、和朝光、和朝东耕牛组，和金星、和金辉、和林、和朝泽耕牛组，和顺明、和顺光、和顺达、和亚华耕牛组，和国臣、和国红、和子元、和国武耕牛组都开始种秋油菜的事宜，这些耕牛组有的组一天就种完两家的，有些种完三家的，还有的只种完一家的，这要看要种的面积。

前些天逝去的和文海的家族和建华、和建忠、和建国、和建成、和汝浩、和汝信、和建军、和建良、和尚军家的人去村子东边的公山上砍柴，以解决烧柴问题。和国兴家、和金红家也参加了今天的找柴活动。金龙村的和春建（和文海二女儿的儿子）还用手扶拖拉机去拉柴。他们砍了满满的两手扶拖拉机柴，到下午 3 点就回到了家。到家后，把柴码在举行丧葬礼时做饭的地方，好让厨师们烧到好柴。

2007年5月4日　农历三月十八日　小雨转晴

承包建设南溪卫生院的老板用农用汽车拉来两所平房的屋架，由在建设工地上长期做工的拉市籍民工下车。边下车，边抬到石脚上组合。组合的顺序是先组合左边的屋架，再组合左中的屋架，接着组合右边的屋架。右边组合的屋架不再靠在左边已组合的屋架上，而是顺右边另靠一头，再组合右中的屋架。他们组合屋架和竖房顺序跟南溪村的组合顺序和竖房顺序不相同。南溪村组合屋架和竖房的顺序是根据新房的宅基，看好应先竖的位置，如必须先竖左边的屋架就先组合右边的，接着组合右中这排，再接着组合左中这排，最后组合左边这排，组合好的屋架一排靠一排，竖的顺序就从左排开始，再竖左中排，接着竖右中排，最后竖右边这排。

到下午2点，屋架组合完成。中午吃饭休息一个小时，下午3点开始竖房，还是8个人，先竖左中这排，接着竖右中这排。紧紧张张干了四个多小时，到傍晚7点半两所房都竖好。至此，已竖好了三所房子，等些天就可以安装梁头、钉椽子、盖瓦、砌砖等。这个老板请的工人可能是好几伙，砖要请四川工人来砌。

2007年5月5日　农历三月十九日　晴

和文海家族的和建军、和建国、和建成、和建华、和建忠、和金发、和汝浩、和汝信、和学军、和朝柱、和月华、和学青等人去城里买和文海老人丧葬礼用的物品。和文海老人逝去已有好些天，本来可以提前些时间举行丧葬礼，但这段时间处于"土皇"节令，只能等到"土皇"节令过后才能举行，所以决定于2007年5月7日出葬。

去城里买回东西后家人们忙着下车，整理东西，剖鱼肚刮鱼鳞，一直忙到天黑了还要在电灯下干一阵才能完成。

虽然这些天有些缺水，但村里的年轻人都忙着洗衣服，准备明日到和文海家帮忙时穿得干净些。

和万琴家、和万琼家、和四闰家、和天林家、和玉祥家、和万军家、和家良家、和朝泽家、和朝东家、和丽军家各派一人到前山高龙自然村去慰问和万菊，和万菊是和万琴的二姐，嫁到高龙，她的老公公昨夜去世，和万菊的家族和亲戚就去看望，当晚10点回到家。

2007年5月6日　农历三月二十日　晴

满下村寨的中青年人集中在和文海家，准备明日为和文海老人举行丧葬礼的工作。天一亮和文海的小儿子和建军、小侄子和建忠、和文海的孙子（大儿子和建国的小儿子）和四黄，开着手扶拖拉机去金龙村买用于和文海老人丧葬礼的活猪。买来的这口猪重315斤，是和建军的连襟低价卖给和建军的。他们10点左右把猪拉到家。

上午9点，炊事组和蒸饭组的村民们忙着做菜和蒸饭，年轻人则背着柴陆续来到他家，他家所请的各种职事都陆续来到。这次丧葬礼活动的主管是和顺明与和圣明两人，炊事主管是和永红，蒸饭主管是杨耀秀，记账是和万军、和国臣，收钱是和武军及和灿，埋棺材是和国亮、和顺达、和圣昌、和金辉4人，招呼老人是和四闰及和林两人（在满下村年满60虚岁的人视为老人，凡是60岁以上的人都请来压炕，并分配有专人来招待老人们的生活、酒、烟茶等。有20位老人，其中和国南、和红、和银秀、台每娘4人因眼、腿不便没来，总管就派年轻人去送饭）。烟官：和天林、和社红；酒官：和子红、和子元；烧草席：和尚花、和闰芝；守灵家族一户一人，和建华、和建忠、和建国、和建军、和建成、和尚军、和建良、和汝浩、和汝信、和尚勋、和圣伟、和朝泽、和朝东、和朝光、和朝珍、和学伟、和学新、和亚华等共18人。炊事组：和丽军、和圣武、和朝亮、和圣军、和金星、和永红、和李福、和亚军、和永华、和八。蒸饭组：杨耀秀、和亚兰、和金燕、和丽春、和良命、和社菊。收礼组：杨文花、和社芬、和社香、和茂花、和万芝、和世仙。追悼礼和送葬礼由和建良主持。吃过早饭后，总管分工年轻人及部分今天没事做的人去山上砍柴，砍柴分为三组，每一组负责砍满一手扶拖拉机。其中，男青年负责砍一手扶拖拉机烧篝火用的大根栗柴，剩余两辆手扶砍现烧的短小干柴或半干柴，实在砍不到干或半干的柴时，就砍回湿柴。守灵的年轻人杀猪，并烫净剖好、洗净后交给炊事主管和永红保管。其他上了年纪的守灵人则剪孝，他家要戴250幅，考虑到有些人不一定来，或者路较远的亲戚只来一部分，就剪220幅，留下30幅做机动，若到时不够发再剪。记账，收钱，烟酒管扎牌坊、贴对联、装饰灵坛。各忙各的任务。今天、明天、后天（三天）主人家及家族不管任何事情，都由所请的两位主管来安排。

吃过晚饭休息一阵后，人们围着院子里的篝火跳起了喂目达，所唱的内容主要是"人生经"，赞颂死者的一生。今晚的领唱者是本村老艺人和建良、和国辉，大伙一直跳到鸡鸣时才休息。

2007年5月7日　农历三月二十一日　晴

满下村寨为已故老人和文海举行丧葬礼。早上7点左右家族开始上祭，接着村民开始上祭，嫁到本村的两个女儿（和燕花、和三姐）及他们的家族、亲戚也和村民一起来上祭。8点左右，嫁到金龙村的二女儿和燕谷及她的家族亲戚由二女婿和福先用手扶拖拉机拉来上祭。人们就只等着和文海的后家（满上村的和友贤家族五家）到来，就举行追悼礼。但他们迟迟未来到，和文海的小儿子和建军给他们打了好几个电话催促，直到9点半才到，他们一到就举行追悼礼。追悼礼的主要内容是三献、戴孝，发孝布到10点半左右才完，这可急坏了总管，因为发完孝，才能去挖埋尸的坑。幸好和文海家坟场没有大石头。

12点半开始待客，家族和女儿开始给"足若"摆酒，摆酒的家族是和建成、和建国、和建良、和汝浩、和汝信、和尚军、和建华、和建忠；女儿有和燕花、和燕谷、和三姐。摆酒的人还有和文海老人的三儿媳和海的哥哥和给友、堂妹和三谷、二儿媳和茂良的弟弟和天林、和丽军等共18瓶（每桌摆十几瓶不同的酒，"足若"58人，加上埋尸者4人共62人，分9桌而坐)。到下午2点半待完客,之后在灵柩前的院坝里跳"窝忍忍"。到5点左右发灵。

此次丧葬礼收到人民币4300元,其他是挽幛(毛毯3床,由3个女儿送来,线毯6床,被面2床)、肉150斤、米1000斤、杂粮400斤、酒200多斤、烟40条。

2007年5月8日　农历三月二十二日　晴

满中村的好些农户自来水断了好几天,云南大学基地邻居和木叶家、和福生家、和二家早晚都在基地挑水;和文吉、和耀宗、和克权、和建明等8家在和福军家挑水。造成水紧缺的主要原因是:一、建设南溪卫生院的工地拌沙灰、往砖上泼水用水多;二、有三四个地方长期漏水,没有及时修复。如云南大学基地的接头处,和耀宗家附近有两个地方,和国启家,这四个地方漏水比较大。去年6月间和国高、和万里两人曾对基地管理员和尚勋老师提出,要求向云南大学基地负责人要点修复费用。和老师电话告知云南大学和晓蓉老师,和老师表示支付四五百元。和尚勋已把和老师的意见转告满中村村民组长和国高,和国高表示在去年秋季农忙之前搞好,和尚勋催促过几次,但最终没有搞。今天满中村的村民(不知是谁)用塑料布把引向学校和村公所的水管塞得紧紧的,学校里170人的饮水中断了。校长和建雄一方面叫来满中村村民组长和国高商量,一方面请满上村的和闰红用空压机吹水管,结果吹出一大团塑料布。和国高请村民和丽功、和春红、和三福3人去检查,接好漏水的地方。和国高要和尚勋老师向云南大学基地负责老师要他们去年答应过的工钱和材料费,和尚勋老师表示一定转告并要求搞得好些。有不少村民说:"建设基地时剩下好多水泥和砖块,都被和国高抬回自己家中私吞了,现在他还有脸向云南大学要,太无耻了。"

2007年5月9日　农历三月二十三日　晴间阴

在城里开出租车的村民和朝珍乘回家参加和文海老人的丧葬活动之机，向兄弟亲戚等借钱，等筹足钱时准备去昆明医治他老婆和闰英的病。和闰英常患高血压，特别是妊高征严重，几次怀孕未成功。前段时间和闰英因患胸膜炎而住院医治，经查实，她同时患有先天性心脏病及慢性肾病，需转院到昆明医治。和朝珍在经济相当困难的情况下，东借西贷筹资要到昆明医治。这些年他的经济负担够重了，首先是自讨进老婆后，老婆到他家一年左右就开始病，时时药不离嘴，还经常去医院住院治疗。再加上老婆有病长时期不劳动，全靠他来养活。每次父亲住院医病都使他误工，老父的退休金他却得到很少（这点他父亲和尚武在临死前也有深刻的反省，他向招呼他的老人说："三个儿子中，和朝珍待我最好，可我因为讨厌和朝珍的老婆，所以对和朝珍实惠很少，这是我的一大过失，若我还能活段时间，定作补偿。"但事与愿违，说出此话后20天老父就辞别西去了）。

和朝珍深深知道若不开车，这些花费无法支付，他从心底感激支持帮助他开车、买车的亲戚们。

今天他请他的二哥和朝泽帮他贷款1万元，向他的大哥和朝东借款2000元。资金到位后，他去请他在县医院工作的堂姐和朝花办理转院手续。和闰英将成为满下村寨有史以来第一个进省城医院医病的人，对她是一种极大的福分，对和朝珍却是很大的负担，但病魔缠身，他也无奈了，只好挺住了。

2007年5月10日　农历三月二十四日　晴间中雨

新任村民组长和圣明召开他上任以来的第二次户长会议，这次会议的主要议题是关于"楞石古"石场石头出卖与否的问题。这个问题是文华行政村文笔自然村的人托满下村寨村民和国武帮文笔人买（文笔人买了后拉到城里建设工地上用）。关于这事，一两个月前和国武曾经多次提出过，在未换届时的和国兴手上也专门召开过户长会讨论，但绝大多数户长珍视资源，拒绝卖出。组长上任后，和国武又领着文笔人给新组长和圣明提出卖石头的问题。今天的会议上，只见眼前的婆婆妈妈们不从长计议，同意卖石头；到会的部分有主见、深谋远虑的男户长则为前些年卖石，让挖掘机挖了一个月，感到很心疼、很惋惜，认为以极少的钱（那时有56户，每户得到50元）拉走了很大一座石山。若现在再卖一个月，岂不是整个石场都完了，就坚持不卖。大多数村民在私下议论，可以利用近百年的石资源，分文不值地损失在一代人手中是愧对子孙的。不少人在背地里指责和国武不该帮文笔人说话。

今天的会议也决定不卖。

2007年5月11日　农历三月二十五日　雨

村民和万琴、和金燕夫妇、和万琼、和万芝、和一花、和四闰、和丽军、和天林、和社谷夫妇、和丽雪、和尚勋、和英、和玉祥、和四娘、和亚华、和吉诚、和自华、和自忠、和六一、和桂秋、和春银等到前山行政村高龙自然村参加和万琴二姐、和万琼二妹和万菊老公公的丧葬礼。和万菊老公公为和社谷的姑爹，所以和万琴、和万琼、和天林三家所带的礼品大致一样（1只公鸡、1个猪头、米、小麦、玉米、肉1挂、人民币，每户还准备了2条烟在待客席上传烟）。其他人带米、肉、酒、有些还加点钱（5～20元不等）。这些人由和万琴、和万琼、和天林三家的三辆手扶拖拉机拉去，早上10点到高龙村赶上追悼礼，当晚住宿高龙村。

2007年5月12日　农历三月二十六日　雨转阴

村民和金圣请家族的和亚梅、和子红、和菊花、和益社、和林、和四、和芳等人，加上和金圣的老婆和玉兰和女儿和亚月9人帮忙卖洋芋。上车的方式是称一篮背一篮上车，每篮装100斤。从他家到公路边约有150米。起初讲价的时候讲好每斤0.22元，但上车时，洋芋大多为虫所蛀，并且小洋芋掺有很多，装到 5000 斤时老板提出要和金圣每斤让一分，每斤价为 0.21 元装车，和金圣无奈，应允了继续上车。他把所有想卖的洋芋都过秤完了，共有 19000 斤。老板还想再买上 3000 斤左右，但零的不好买，也就只拉了这些走了。

村民和国红、和万琼两家合上一辆车，洋芋卖价为每斤 0.22 元。汽车停在两家中间的公路边，用人背了上汽车。由村民和永红及女儿和文琴代老板过秤记录，等上完车，付了洋芋款后，老板会给和永红、和文琴误工钱，但比起过年前后的工钱少多了，主要的原因是市场上洋芋价大跌，老板所挣的钱不多，所付的工钱也就随之少了。过年前后那段时间帮老板问洋芋、称一车洋芋所得的工钱是 100 多元，那时洋芋价格高，老板挣的钱多，所付的工钱也就多了。

2007 年 5 月 13 日　农历三月二十七日　雨

下午 2 点整，满下村寨召开户长会议，有 56 个户长到会（和朝珍、和学群两户因在城里，故未能经常参加）。村委会主任兼书记和继武，副书记和国军，副主任和丽军也参加户长会议。会议的主要议题是继续前天讨论的关于"楞石古"石场卖与否的问题。昨天文笔村的和卫东、和本立等人已把挖掘机开到石场，表示要动工开挖石头。今天的会议由和圣明主持，他说："请大家原谅我，我已在前些天与和卫东等写了出卖一个月石头的合同，价为 15000 元，这是我的错了，但请户长们卖出一个月的石头。"人们就问他："你以前曾多次说过，15000 元不能卖，要卖也得领老板到户长会议上说，而今你当村长就认以 15000 元出卖，道理何在？我们不同意卖，即使卖也得在 3 万元以上，挖一个月要拉走几代人的建设资源。"村委会书记和继武说："合同要到公证处公证才算合同，最起码也要到镇政府办理才算合同，目前这只是协议书，没有法律保障。作为一个村民组长，行事要慎重，说原谅一下，村民的损失能原谅干部吗？今天的会上每个户长都表态，不能含糊，我们村委会和各级政府不能指令大家卖或不卖，自家的资源请自家做主。"于是户长们一个一个地表态，有些出于自己不用石头，就拍手称卖；有些坚决不同意卖；有些要把价格提到3万元才卖（这种意见占绝大多数，会议就以此意见为准）。有些坚持不卖的人则提出："我要以15000元的价格买一个月公山，我要以15000元的价格买一个月的沙场。"当然这只是气话，但也明确地表示，若此次以15000元的价卖石头的话，往后的村事是无法收拾的。不少村民议论：在当村民时很坚持原则的新任组长和圣明，不知为什么会这样？

2007年5月14日 农历三月二十八日 中雨

村委会书记兼主任和继武、副书记和国军、副主任和丽军在满中村召开户长会议，会议的主要内容是选举产生新的村民组长、副组长，因为下着中雨，会议在云南大学基地的木楞房里举行。在会议开始之前，满中村的户长们三个一伙、五个一群在暗地里议论："这次我们仍然要叫和国高当组长，叫和万里当副组长。要不是这样，去年欠下的每户1000多元的卖树款就很难落实到户了；若叫他俩继续当下去，就可逼他俩把这笔款交到户里。再则，村民都不知道云南大学基地的地基合同是怎样签订的，这是直接关系到村民利益的建房问题。去年，和国高已在农田上盖了房，我们以后要盖房他就不好阻止了。若换了别人，每户的卖树款1000多元会泡汤了，盖洋芋储藏房也会成问题。"

会议开始时，村委会书记和继武对以前和国高与和万里的工作做了总结，评价也高，希望能够得到连任。接着副书记和国军也做了补充，也是同样的内容，只是语言有异。和国高也在会上对以前的工作做了肯定，表示希望由别的村民替任村民组长。选举开始了，有几个人先提议，由原任的两个人继续当任，众人应和。和继武问群众，"需不需要进行无记名投票？"群众异口异声回答："不必了，我们坚决同意由和国高继续任组长，和万里继续任副组长。"和继武指挥户长们以掌声表示选举通过。希望这两个村民组长、副组长继续做好村里的各项工作，并支持村委会干部的工作。

2007年5月15日　农历三月二十九日　中雨

村民和子黄家请家族的和海、和建成、和月华、和茂良、和建华、和满谷、和建忠、和四姐、和汝浩、和四谷、和汝信、和尚军、和一花、和朝柱以及村中的亲戚和圣华、和良命、和社红、和爱花、和圣军、和满秀、和亚梅、和丽军、和万军、和德华、和桂花、和天林、和四闰等约30人筹备明日为和子黄最近出生的小女孩举行祝米客。按照常规，今日吃过早饭就应该分组进行筹备工作，除杀猪外，炊事组煎明日所要用的肉食品（鲜鱼、酥肉等），其余人应该上山砍柴，最少也得砍两手扶拖拉机。可是今天整天雨下个不停，而且是中雨，无法开手扶拖拉机上山，砍柴的村民们只得休闲在家。杀猪的人也只好在走廊工作，因为人多，很快就收拾完一口猪。炊事组的人和蒸饭组的人忙点，因为不管天气怎样，得给这伙人做三顿饭吃，晚饭时人还会有所增加。由于去、今两年村里乱砍滥伐树木，和子黄家有5个劳动力，父母还处于壮年，和子黄、和仕黄两弟兄年轻力壮，因此，木料、柴样样不少，所以今天不能上山砍柴是无所谓的。

2007年5月16日　农历三月三十日　雨

和子黄家为新生的女儿举行祝米客。这女孩出生已有20多天，但他家首先得参与和文海老人的丧葬活动，只得把祝米客推迟到今天来举行。

吃过早饭，村民和作武背上一罐米酒，抱上一只大公鸡，冒雨到和子黄家为外孙女取名，并在红纸上写下："外公为外孙女取名曰：春风，易养易活，尔寿尔康，福如东海寿比南山"，最后写下日期，贴在坐月子的房间旁，然后大喊一声"春风"，产妇立即应"嗯"，取名仪式就这样完了。到下午5点开始待客，院里搭上了避雨棚，上面盖上篷布，待客在篷布下进行。祝米客的待客程序比一般的红、白两事麻烦，饭前得先用米酒加鸡蛋来待客，再用酒肉来待客，这可苦了穿着雨衣、打着雨伞招待的人们。收礼的人还用簸箕抬着米酒请客人口尝，客人边品尝边说吉利话，"好甜好甜，米酒好甜，愿小孙女长寿健康。"收礼的人又用簸箕抬着外公家送来的礼品在席间走着，向众人大声说："外公送来这么多礼，感谢了！"因为下雨，客人吃完饭就回家或到和子黄的邻居家烤火。人们都议论着：和子黄的父亲和建国办事情都是碰到雨雪天，每次都是这样。南溪的历史上有这样的说法，"办事情遇到雨雪天的农户是平时生活小气的原因。"

2007年5月17日　农历四月一日　雨转阴

文华行政村文笔村民小组的村民五卫东、五本立等石头老板，不理满下村是否愿卖石头，其理由是协议已定，价钱出不起3万元，只出得起原来与和圣明协议的1.5万元，不管卖不卖，反正要采挖石头。挖掘机已在石场开动，撬起一堆堆石头。满下村寨的村民看在眼里，痛在心上，可谁也不敢说一句"不出3万元不准开挖"的话，原因是怕村民以后进城或下坝换洋芋时遭到文笔村的这些人报复，又无处申诉。有些村民还害怕这些人伤害满下村在城里开车的村民，因此，只能忍气吞声。

2007年5月18日　农历四月二日　阴间晴傍晚阵雨

满中村村民每户一人（大多数为妇女），由村民组长和国高带领着到"楞石古"看山界，因为那儿有满中村的山和旦前村的山。他们与满下村的村民组长和圣明一同看界石（山的分界线堆有一小堆石头作为标记）。结果，挖掘机确实已经挖到满中村的山里，和国高向文笔村的石头买主提出，不能再继续往东边挖了，请在西边挖。于是挖掘机在去年挖过的地方往深处挖。

和国高、和万里二人在回来的路上交谈了建盖满中村活动场所（一所平房）的有关事宜。

2007年5月19日　农历四月三日　晴

村民和圣华请了和亚兰、和社红，加上和圣华的母亲及老婆共4人，借了和社红的手扶拖拉机去边犁田边种油菜。由于今年这段时间长时间的连阴雨，今天种秋油菜的人是今年播种秋油菜最迟的农家，最早播种与最迟播种时间差近一个月，成熟不知道会不会相差这么长时间。

今天村民和尚军家以每斤0.24元的价格卖出16000多斤洋芋。因交通不便，用手扶拖拉机把洋芋过秤后拉到公路边去上汽车。装洋芋时，只要捡出烂洋芋，芽芽无须抹掉，因此，装起来很快，装了近3个小时就完成了。总结起来，与今年洋芋卖价最高达0.45元一斤时相比，每斤下滑0.21元。本来把洋芋留到这段时间卖的农户，指望着像往年一样价格能上浮到0.50元一斤，可万万没想到下降的幅度这么大，这使把洋芋留到现在才卖的农户很心疼，口里直叹道："真是生意八只脚，神仙摸不着，若价格再往下降也只得卖。洋芋这东西不能再保存了，长芽后就不行了，吃又吃不完那么多，喂牲口也喂不完。"从去年农历八月十五日以后开始挖，边挖边装进房间储存，到现在已有近8个月时间。

2007年5月20日　农历四月四日　晴

满下村村民组长和圣明应满中村村民组长和国高之邀，请了村中年纪大的老人和福祥（75岁）、和作典（61岁），到"楞石古"看山林界线。和圣明年轻，没有弄清满下村的所有山林面积，这两位老人是他特意请去到现场认定界线。到现场后，和福祥老人说："满中村的山只有一丈多，过去卖田的规矩是，卖田不卖山。但又有一个规矩是田边一丈的山林应给买田主，用作砍烧灶的树枝。因此，这山是满下村寨的。"由于在山林界线上的争执，历史上两村就曾有过矛盾。如今这石场的山界也发生争执，不知道结果会怎样。买石头的人肯定会按满下村人说的界线去采挖，满中村的人会听满下村人说的话吗？为这石场的山林界线，两村的矛盾可能会加深。

2007年5月21日　农历四月五日　晴间阵雨

村民和玉祥请家族的和圣伟、和朝东、和朝光、和尚勋、和秋谷及她的父亲和国亮、母亲和六芝，帮她家翻盖瓦。这事已在去年的4月29日准备进行，4月27日就从太安街上买来菜，可在28日她的老公公和尚典患急性病去世，所以拖至今年的今天才进行。起房10年来，隔整、装修后，瓦片一直未重新整理过，因此，下雨漏得较厉害。今天整理瓦片的方法是，把原盖的瓦片全部掀掉，重新盖一次。早饭前就坚持下午1点半把正房盖完。吃过午饭后，又整理厨房，因为厨房只有两间，面积也较小，因此，到下午4点就盖完。盖法和盖正房一样，把所有的瓦片掀了，用扫帚扫净烟灰，重新盖好。吃过午饭后，大伙帮着把她请人砍来的木料剥皮，并抬进院子里晾好。利用休息时间大伙又把她砍的柴搬进去码在房子底下。大家干的事情多，到傍晚7点半才休息，可大家谁也没有怨言，因为她一人得承担一家的一切家务和农事。

2007年5月22日　农历四月六日　晴间阴

村民和万军请姐夫和作武、和建忠姐姐和茂花、和四姐岳父和作才、舅爷和圣军，以及家族和万红、和万仕、和李福、和天林、和丽军、和万琴、和社香等人帮他家盖瓦和重新整理瓦。顺序是：先盖今春新建的新房上的瓦。他们中的女人抬瓦，高个子的男人在楼上做接应，接从下面传上来的瓦片，再把瓦片传到房顶上。因为房子过高（下层高九尺，上层高八尺），因此接应很吃力，下层有两个人专门往上传递，上层也搭架站好，人分两层传递才传到房顶。他们积极地干，不敢怠慢，天阴着黑脸，怕随时都会下起雨来。他们把顶上盖完后就吃早饭，早饭后又继续盖下层的。盖完新房子后就整理旧房子的瓦片，方法是掀了重新盖。

因为他家房子多（六所），一直干到天黑还有三所没有盖完。

文笔村人今天开始用农用汽车拉石头，每辆一天拉三转。

2007年5月23日　农历四月七日　阴间晴

村民和永红、和永良两弟兄帮他叔叔和顺达家锯木料，这些木料大部分是二米料，有部分是四米料。这些料有些要锯成板子，有些要锯成方。锯木料用钎锯（村民间叫吊锯），和永红站在木料上往上拉，和永良站在下面往下拉，往上拉时，下面的人帮着往上推点。用这种锯子速度快、工效高，只需二人来，最多三人（上面一人、下面两人），这种锯子在南溪村寨始用于20世纪80年代初。20世纪80年代前，在南溪村寨使用的锯子叫平锯，锯齿在锯片上由中间向两头逆向排列，支撑锯片的架子也比较笨重，由四人来锯，两人站一边，站在一边的两个人面对面双手握住锯的扶手往自己所在的一边拉，此时，对面的两人手要放松，后脚跟往上踮或轻轻抬起，一边拉一边哼着"时迟时、时迟时"，这哼声起到了一起使力和一起放松的作用。用这种锯锯板子吃力不少，工效低，每天只能锯出板子二丈多；力气大，配合好的人，最多也只能锯出三丈四尺左右（劳动时间都在8小时以上）。这种锯现在已经淘汰，被钎锯代替。

2007年5月24日　农历四月八日　晴

村民和国兴邀约了村民和金圣、和金红、和万琴3人去相邻的汝南化村和金合家，帮她家起新房。说"帮"有些用词不当了，因为现在做人情工，相互帮忙是很少的，特别是手艺人的活，工价年年上涨，不出高价是请不到的。今天要去起的这所新房，由主人家全包生活（烟、酒、茶、饭），工价是2300元；要求是，竖好房子钉上橡子就算完事。竖这样一所房大约需要45个工日，照这样计算，每工可得51元，加上一日三餐酒肉相待，最低也合75元，这样的高收入是令村民们羡慕的。大师傅在上梁那天还会多得些米、肉、酒、烟、布、公鸡等上梁用的物资，最低也值 300 元。这些天，村里开始锄洋芋地了，但这样美的事情，只要会做木匠的人都愿意跟着去，只是看大师傅约不约。

2007年5月25日　农历四月九日　晴间阴

早上 8 点，满下村寨在球场召开户长会议，参加会议的有 56 个户长（和朝珍家、和学群家、和学仁家缺席），参加会议的人还有南溪村委会书记兼主任和继武，南溪鹿子村民小组的组长和兆台、副组长和建祥、和道海。会议由村委会书记和继武主持，主要议题是讨论支持鹿子村的新农村建设项目，需要在满下村的沙场采 750 方沙，每方付 5 元钱。和继武说："满下村沙场在以前的公路建设中作出了奉献，现在请各位户长一如既往地支持村里建设。"接着，鹿子村村民组长和兆台也说了感谢话，希望能得到满下村村民的支持。大伙讨论时各抒己见，不少女人（妇女、青年）代表户长们表示不再支持，说满下的资源在公路建设时用了不少，而我们要一点旦前村的水都要不到，村委会的干部也不协调。以后，等满下村的建设完后资源再给别村。有些男人则说："每方 10 元就可卖给他们。"最后和继武收场："如果鹿子村能出 10 元一方的价，我们就去采沙，不再召集户长会议，如果出不起就不开采，散会。"

2007年5月26日　农历四月十日　晴

村民和永军请兄和永良、和永贤及耕牛组的人和建成拉杂石。这些石头在村委会北边山坡上，这宅基地本来是地主五兆家的，1949 年后没收分给满中村的芝每闹家及满下村的和义家两家居住。20 世纪 60 年代中期和义家搬到满下村老宅基居住，芝每闹家搬到满中村新宅基居住。和义是和永军老婆和子香的爷爷，和永军到和子香家上门，所以，这些旧时留下的杂石就属他所有。他在前些天修了一条从学校球场到老宅基的手扶便道，今天请和建成开手扶拖拉机把杂石卖到建盖卫生院的工地，每手扶 35 元。他们 4 人今天拉了 22 车（从工地到拉石头的地方约有 500 米）。多年以前留下的这些杂石乱石，一旦建设需要也值一些钱。今天拉后还剩下一半多，待以后陆续拉到学校建设工地去卖。

村民和作武家请了家族的和圣明、和圣华、和良命、和作典、和圣昌、和社兴、和明贤及和万军、和建忠、和四姐、和一花等人装洋芋。今天的洋芋卖价每斤 0.3 元，比起前段时间每斤 0.21 元、0.22 元又提高了好大一点，每万斤就上浮了 800 元。今天他家装了 3 万斤，比售价最低时又多收入了 2400 元。胆子大的人的确是有些福分的，在卖洋芋这一事上，满下全村寨就和作武的胆子最大，每年都是最后一家出售。今年也有个别农户在学他的这一做法，因此，有几户还没卖出洋芋。

2007 年 5 月 27 日　农历四月十一日　晴

满下村村民和永军继续请前天所请的人到老宅基拉杂石到卫生院建设工地卖。满中村的和丽元（芝每闹的上门女婿，芝每闹的女儿和社芝的丈夫）也来到他们跟前，对和永军说："这石头也应该有我家一半，请你给我家留下一点。"和永军尊重历史，很乐意地说："如果你家这样说，我就留下一半由你家来处理，要不然我打算全部拉去卖了。白白扔下近 40 年，现在有卫生院和学校在搞房屋建设，这些本是垃圾无人看、无人过问的杂石头又值一点烟、茶钱了，咱们两家一家卖一半是对的。"他打算拉了今天就不再拉了，那一半留下给和丽元家。于是他今天只拉了 15 车。

村民和尚军家从鹤庆县买来一副盖板石，花了 800 元，是由他侄儿（汝南化村）和军用后轮驱动拖拉机拉来。和尚军同时还拉来满上村和五家的一副，共 10 块（每副 5 块，共长三丈一尺）。

2007 年 5 月 28 日　农历四月十二日　晴

和春拾为出生满一个月的儿子举行祝米客，按照南溪纳西族的规矩，这事应在出生后十来天就进行，但因夫妻俩为山坝结合，故推到满月才举行满月客（按坝区规矩）。南溪历史上传留下来的外公为外孙取名的事也就按坝区规矩免了，只好由新生儿的父亲和春拾来为其取名，经当老师的老婆和家香的同意，取名为和新禹。

这次的满月客也在城里举行，和春拾在城里的农家乐订上酒席，居住在南溪的亲戚和家族们乘车去城里，并带着鸡、蛋、米等营养食品，有些还加了点钱（顶替新生儿的衣服），家事脱不了身的托人带点钱而了之。和春拾还请了在城里开出租车的同伴和圣武、和朝亮、和朝珍、和武军、和万琼、和建军。他们合伙买了娃娃车作为礼物送去，同时，停开车在那儿休闲放松一天。

大部分客人都吃过午饭后回家，和春拾特意挽留下伯伯和学伟、舅舅等年纪较大的人，想让他们明天再返回。

2007年5月29日　农历四月十三日　晴

村民和尚军、和朝柱父子到南溪卫生院建设工地上去安放盖板。此前已有民工把托盖板的五面石安放砌好，现在只需把盖板盖在五面石上面。三所平房（每所约长10米），共盖30米长的盖板，承包价为520元。他俩背着小手锤、切割机等切打石头的工具，从早上8点半开始干到下午5点半休息，盖好20米，剩10米准备明天再安放，估计明天下午2点前就能完成。

除个别搞家庭建设的村民外，绝大部分村民都在进行洋芋的第一道薅锄。在南溪，洋芋得薅锄两道，第一道是锄，除洋芋坛外，整块地的每个地方都应锄到，同时应把草和草根锄尽、捡净，丢到离田地较远，不影响庄稼地的空地上堆积好。第二道为薅，就是洋芋苗长到五六寸时，把第一道锄好的土围着洋芋苗垒成一坛一坛的，洋芋苗中间也放适当的土，把坛垒成圆锥体，洋芋苗一边往上长一边在垒高的土里生薯块，长大。薅第一道比薅第二道费力些。

2007年5月30日　农历四月十四日　晴

　　南溪坝子中间的满下足球场与往常不同，用青松树和青松枝搭了一座牌坊，挂了一块横幅，幅上书写着"庆祝六一儿童节"，牌坊上靠有两块木板，木板上贴着一副对联，内容是赞颂南溪教育，牌坊前摆放了一排桌子和凳子作为临时的主席台。靠近牌坊，用彩带围了一大圈，这圈是学生们庆"六一"的活动场所。因为6月1日要参加黄山镇中心校组织的"六一"文艺汇演，今年的庆"六一"活动提前到今天进行。又因为学校正在搞香港路华车主会资助的教师宿舍楼建设工程，活动在足球场进行。

　　应邀参加今天活动的有南溪村委会领导和继武、和国军、和丽军，黄山镇派驻南溪工作组组长、黄山镇副镇长和寿生，南溪卫生院基建和老板，黄山镇卫生院长以及三位职工代表，黄山镇文化站站长和丽华，满中村村民组长和国高，满上村村民组长和占军，文屏村村民组长和文红，退休教师和国贤、和尚明、和尚勋。满下村、满中村、满上村的村民都停下农活，观看学生活动。

　　活动场的周围插着好几面红旗，红旗在阳光的照耀下分外鲜红。上午10点活动开始，各中队由场外集队入场。入场完后就开始进行活动的各项仪式：发展新队员，村委会领导祝儿童节日快乐，校长代表学校向同学们致以节日的祝贺。接着对优秀少先队员颁奖，奖励的东西可以说比南溪历史上所奖励的多得多，奖品为一把活动伞、一支水笔、一张奖状。发奖结束后各班按顺序退场，开始演出精彩的节目。其中有南溪完小的特别保留节目"纳西调"（包括喂目达、实本、打跳），精彩的节目引来观众的阵阵掌声。演出结束后，接着开展体育比赛，集体赛项目为拔河、接力赛，个人赛有跳绳。比赛结束后进行午休。被邀请的人由学校招待了一顿便饭（火锅）。午后组织同学进行游园活动，到下午4点半放学。同学们回家后，以村进行打拼伙（打牙祭）。满下村村民组长和圣明从公款里给了满下村学生100元，以贺节日，这种现象在满下村寨是第一次，是爱后代的具体表现。

今天在南溪同学的心里，整天都充满了节日的欢乐。

2007年5月31日　农历四月十五日　晴

村民和二友、和仕黄两人各开各家的手扶拖拉机到满下村至旦都村的公路边捡杂石，他俩把捡来的杂石拉到南溪完小教师宿舍楼建设工地上，价格为每方20元，一手扶算2方。他俩各捡各的，各自下各自的石头，今天拉了5手扶，除去燃油费约20元，每人纯收入180元。这样要持续15天，因为这里的拉杂石任务全由他两人包了。现在南溪正处在薅锄洋芋的农忙时节，但他们两家的劳动力是多的，和二友家现有3个劳动力，二人种田一人搞经济收入；和仕黄家现有5个劳动力，目前虽有大嫂坐月子，但三个人种田一人搞经济收入是很恰当的。目前在满下村寨，劳力充裕但不抓经济的只有和圣昌一家，他家现有5个劳动力，且个个都身强力壮，但他家却全部下田种田，收入也不少于别的村民，这真是各有各的方法，各有各的主见，各有各的致富经。

2007年6月1日　农历四月十六日　晴

满下村寨养牛的农户从今天上午9点起进行群放牛。这一规矩源于人民公社时期的集体时代，产生这一规矩的主要原因是：南溪在5月草儿苏醒，长成绿茵茵的，早点放出牛，牛就可多吃到些青草，这对牛的身健膘肥很有益处。特别是牛养得较少的现代社会，经过四五个月的早放，头头都会长得膘肥体健，昂首"哞哞"，偶尔还以顶斗来活跃气氛。过去的"火把节"和"七月半"，村里的壮年小孩以斗牛的方式来过节，青年人则到后村与吉子村中间的山上会情人、唱情歌。

村民和圣华家、和建忠家、和万元家一同请来后山行政村本里科村的村民和二及家的石头粉碎机，在满下沙场把石头粉碎成沙子。粉碎后，用手扶拖拉机拉回家，储放在避雨的地方，以备农忙完了后进行家庭建设用。

南溪完小高年级的部分学生（参加节目演出者）去黄山镇中心校，参加中心校借用丽江市文化局的云岭剧场举行的"庆六一"演出活动。全体老师和炊事员以及村委会的干部和继武、和国军、和丽军也随同前往观看。南溪完小演出的纳西调，充分展示了纳西族各种活动时的不同庆贺方式，揭示了纳西文化源远流长，引来了观众们的阵阵掌声和喝彩声。演出结束后，报幕员作了高度的评价。

2007年6月2日　农历四月十七日　晴

村民和金辉家请了和金星家3人、和林家2人、和四黄、和国臣、和金发家2人、和朝泽、和金红家2人、和子红家2人、和子一，连同自家人算起共16人卖洋芋。洋芋的单价为0.3元。上这车洋芋的人手必须比前段时间多出三五人，因为现阶段储存的洋芋已出芽，而且芽较长，都在一市寸以上，有些已达到五六寸，所以先要把洋芋芽抹尽后才能装篮过秤再上车。和金辉家住在村子最里面，汽车只好停在和汝浩家旁边（距和金辉家六七百米远），人背上车较吃力，就用两辆手扶拖拉机拉去上车，每车每转拉1000斤左右，拉到汽车旁再由人背了上车。今天共卖出24000斤，还剩下5000斤左右没卖完。现在卖洋芋比20天以前的价格有大幅度的回升（每斤回升0.08～0.09元），可现时已处于薅洋芋的农忙时节，有些人去山地里锄洋芋，因此，人员有点不好请。

2007年6月3日　农历四月十八日　晴

满中村村民和闰新于上午10点左右接到电话，得知父亲和志于昨晚不幸去世，死因是服毒，拉到丽江城医院抢救，但抢救无效于昨晚死亡。

今天她得此不幸的消息，要去前山放牛坪老家给老父祭入棺饭，满中村她家的家族和国南、和国海、和秀花、和国高、和志强、和志坚、和三福、和三六、和占典以及她的小妹子和爱社、和爱花，他们带着米和酒跟随和闰新去放牛坪村，由和国高开着手扶拖拉机拉着这伙人前行。和志现年65岁，生有五女一男，而且一男和光最小。因6个子女中最小这个为男孩，所以对他自幼宽容、放纵，管教不严，和光读小学四五年级时，前山完小的老师们茶余饭后谈论学生的品行时，杨春华老师曾预言，在放牛坪村，和光父母对和光过分溺爱，这样下去，以后老人势必会服毒或上吊自尽。现在的结果确实应验了杨老师的预言。

现实社会科技发达，生产发展，人们的生活有了提高和改善，但不少年轻人懒的现象较为突出，不少农家时常为农事而发生口角。想不开者采用和志所采取的方法一死了之。这种现象虽属个别，但反映出年轻人缺少尊老、敬老的好品质，致使家庭发生不该发生的事情。这种现象不仅前山有，在南溪满下、满中村也发生过类似的事情。

2007年6月4日　农历四月十九日　晴

村民和汝浩请旦都村他的表叔和国忠、和国新建造的新厨房今天竖房，他请本家族的部分人员来帮忙。新厨房结构为一层两间（习惯上称两间平房），全木料屋架。和汝浩与大木匠和国新于昨晚11点后在南溪完小南面沟沟里举行了"送木神"仪式。在进行"送木神"仪式时有两忌：一是不能让旁人见，二是地点不能看到竖新房的地址。因此，一般都选择在晚上人们睡后的十一二点，在沟沟里面进行，方向由大师傅通过"白满动"（打卦的一种方式）来确定。

因为和汝浩近一段时间帮木匠做杂活，没有时间进城买菜及今日所需物品，故请在城里开出租车的连襟和道昆买来，同时请他帮忙竖房子。到傍晚6点左右竖房、钉椽子、钉檐板等木活全部完成。因为不请客，晚饭和午饭都只待帮忙竖房子的人。

2007年6月5日　农历四月二十日　晴

满中村村民组长和国高说："等几天满中村要建设一个小院作为集

体活动场所，群众投工投劳，瓦、空心砖、水泥等建材款向黄山镇政府申请援助，现任镇长和志强曾表示同意援助。同时，也向云南大学纳西族调查研究基地申请捐助。再过一段时间就要组织砍木料。"和国高请基地管理员和尚勋老师电告基地项目负责人洪老师。和尚勋老师深知，目前该基地没有正常的经费，因而不能进行正常的研究工作。和国高的要求使和尚勋老师很为难，欲说不忍心，不说又不行，经过反复思考，认为转告不转告是和尚勋的事，捐得起捐不起是云南大学的事，结果于下午7点左右跟洪老师通了话，转告了和国高的要求。洪老师讲了目前该项目没有正常的经费来源，给记录员的补助是想办法来支付的，确实无法捐助，请和尚勋老师转告村民组长和国高。和尚勋老师把实际情况和洪老师讲的转告了组长。

对于建设满中村活动场所一事，该村村民的看法有三种：一种人认为不关我事，人干我干，不干更好；一种人认为盖点活动场所也是好的，乘政府援助盖起来是好事；一种人认为搞公益建设，有些当头的财心重，先想到捞，不同意盖，这么长时间不盖还不是过来了。持第一种看法的人较多，持第二种看法的人较少，持第三种看法的村民占1/3多一点。不知结局会怎样。

2007年6月6日　农历四月二十一日　晴间阴

村民和国武为前些天出生的小孩子和江涛举行祝米客。前天进城买东西，昨天开始进行准备工作，整个过程要花4天时间（前天、昨天、今天、明天）。今天主要是招待来自四面八方的亲戚和朋友。满下村寨的祝米客（习惯上叫作不请的客）沾亲带故的人都带来些营养食品（基本上都是鸡、蛋、米、糖），有些还加带婴儿衣物和玩具车，有个别的只带点钱。

和国武的入赘女婿五八斤是前山石镜头村的人，他这一方的亲戚来了20多户，因为路远（约25千米），路面又不好，怕把蛋打烂了，因此前山的来客把礼品米、蛋合装在一个大塑料桶里，放在手扶拖拉机的最前面；把鸡集中关在一个大铁丝编的笼子里，拴在驾驶棚上。这样一来，坐车人也不挤了（因为没有背篮子），蛋一个也不烂，米一粒也没撒。记账时由五八斤的母亲及叔叔和文良帮亲戚们记下所带的礼品，收礼的人慢慢把蛋和米背上去，这方法很好。

小男孩的名字是由五八斤的父亲和文光取的，因为是儿子上别人家的门，他又成了外公，这件事就落在外公身上，这是历史上传下来的规矩。

今天的祝米客中多了一桌采石头的人（文华行政村文笔村的和卫东及采挖石头的挖机手）。

2007年6月7日　农历四月二十二日　晴间阴

村民和永昌请来前山石镜头的泥水匠两人（他的叔伯、老表）帮他家盖大门，大门的结构是砖木与铁结合。框架的支撑部分为砖砌，上面木顶盖瓦（就是在下半截砌好砖后，在砖的上面安装梁头，梁头上钉椽子，椽子上盖石瓦），门面为铁门。由于事先没有通话预约，今天和永昌家还来不及去城里备菜，只是由他在学校帮学生做饭的姑娘和丽芳从学校温棚里采点各样鲜菜来应酬。和永昌家自从姑娘去学校做饭以后，在家庭建设方面有了进展，原因是比先前的农耕多了一份学校所给的固定收入。和丽芳帮住校生做饭，起初那两年月薪300元，自2005年秋季开始月薪为600元（原因是住校生增多，需要由两个人来做饭，但和永昌夫妇考虑到两个女青年在一处，不会搞好团结，不会和好，因此和永昌为此事专程跑到镇教委主任及校长家里，要求不再增人，愿意两人的事一人承担，再苦再累也不说。教委和校长同意了和永昌家提出的要求）。就这样，和永昌夫妇把姑娘做饭的工资一年一次地领来，用在家庭建设上。人们都认为这比出去打工好，活不重，又可时常帮做家务和农事，姑娘上班时间（约10个月）的生活可免费（与学生共餐）。原先做饭的两个人都有些后悔（原先做饭的和永秀、和金桂要嫁人，把这样的美事让给了同村的和丽芳、和学青来做。和丽芳做学生饭，和学青做老师饭。做老师饭的比较轻松，但补助费比做学生饭的人少些。

　　和永昌夫妇可算是会用钱的人，从不乱花，把钱用到重要处。家庭面貌也比先前好多了，他夫妻俩想乘年富力强时多搞点建设。

2007年6月8日　农历四月二十三日　晴间小阵雨

　　南溪卫生院建设工地上比原来多来了三伙人：一伙是永胜县在丽江的农民工4人，主要盖瓦（围墙、厨房和厕所）；一伙是玉龙县九河乡人，以木工为主，装修房内木工部分；还有一伙是本地人，和子一、和建成、和永良3人，做打杂小工，他仨的工价为每人每天35元（不包吃）。加上原来就在干砌砖的四川人搞排水沟，砌围墙的玉龙县拉市乡人，工地上够热闹的。卫生院的建设任务定好在7月1日完工，不知道能否按期完成。卫生院领导及建房老板随时都来工地观看指导。各单项建设实施的民工，尽力在做各自所承包的工作。

　　村民们乘下了点小阵雨，忙着薅村子附近地里的洋芋，有人做家务的村民一直坚持到傍晚8点才收工回家。

2007年6月9日　农历四月二十四日　晴间阴

　　满下村寨村民和金辉今天用牛犁的方法来薅洋芋。具体的做法是，事先从白华铁匠处定做了一张铁制的单牛犁具，把牛套好，让女儿和亚梅牵着牛在前面走，和金辉扶着犁把并掌握好犁尖的深浅。和亚梅牵着牛横行走一次，再竖行走一次，就算把地锄完，然后让牛休息下，并给牛在田边喂草，人抬着锄头锄一下牛没有犁着的地方。这样做比用人工来锄省了好多劲，节省了好多时间。和金辉认为洋芋坛比较稀的山地完全可以这样做，这样用牛和犁代替人工锄洋芋可算是半机械化，避免人汗流浃背地挨累，用牛犁就显得轻松了。但要抢在洋芋苗不怎么高的时候进行更好。他还说："自从儿子和亚军买了半辆（与和朝珍合伙拥有一辆）出租车后，儿媳和满秀也时常在城里给和亚军做饭，我不想点办法就收拾不完所种的洋芋。不知道怎么搞的，我们村的老人越老越苦，年轻人则很有闲福，一发现身怀有孕就不下田劳动，一直到孩子断奶。丈夫开车，老婆跟着吃闲饭，这现象不知该怎么说！反正是看不顺眼，是逆理之举，老人则苦得一直到病倒在床上为止，又有哪个年轻人同情，可怜呢！"

2007年6月10日　农历四月二十五日　阴

满中村村民和福海请太安乡汝南村人修院坝及围墙石脚，安放正房的盖严石等工程在今天已告完成，剩下砌砖一事要另请师傅来完成。和福海于一个月前请了汝南人和台、和合、和给、和高、和闰河5人帮他家做以上工程，起初商定的形式是承包，干了两天后，汝南师傅认为做饭麻烦又误时，商量后改成点工的形式，包吃包饭，每天工价30元。和福海今天付出了4800元的工价，总投劳动日为162.5个工，其中，2个半工（每个师傅半天）就不算工价了，每个师傅劳动32天，每人合960元。和福海为建设这些工程总共花了一万多块钱（工钱、生活款、水泥、沙子、石料）。院坝四周用青石块铺就，中间用水泥沙灰铺就，具有历史文化的气味，又具有现代建设的气息，是古今结合的产物。今天吃了早餐付了工钱后，和福海开着手扶拖拉机把师傅们送回汝南家中（和台继续留下帮满中村村民和亚里家打石脚。和台为南溪鹿子村人，在汝南上门，后爱人丢下他和两个儿子与他离婚改嫁他人，和台也就东几天、西几月地过着。他的儿子由老岳父、老岳母招呼着）。

2007年6月11日　农历四月二十六日　阴间雨

因为天阴有小阵雨（文屏、金龙及坝区可能有小到中雨），每天奔跑于满下至丽江城的四五十辆拉石头的汽车突然消失了整天鸣响的声音，村庄恢复了往日的寂静，学校里的学生暂时免除了噪声的干扰。

到中午后老天又露出一丝丝阳光，睡在和国武家的香格里拉籍驾驶员又开着汽车到"楞石古"石场拉石头，拉着石头转回到草坝旁的山坡上，因为是下坡且坡度很大，因此，他们个个提心吊胆，异常小心。远看这些车下坡的情景，好像停着不动似的，近看似蚂蚁在爬动，速度放到了极慢。可见阴雨天拉石头，驾驶员还是怕的，看到此景的村民们为他们捏了一把汗，直到他们安全地下到草坝里，才长舒了一口大气。

2007年6月12日　农历四月二十七日　阴间阵雨

满下村村民和天林请白华村的泥水匠和祖来帮他家修建大门，大门的构造是现代型的砖墩，木架瓦顶，铁门，加贴瓷砖来装饰。请工方式为点工，每天工价为40元并包生活，工价比去年提高了10元。今天已把砖墩砌成，顶部木架做完，铁门已在事前就订做好并拉到家中。剩下贴瓷砖、盖瓦、钉天花板、安门等装饰工序，待薅完洋芋再继续进行。原因是和天林两口子须先忙薅洋芋的农事，没人帮师傅做小工。路过现场的人跟和祖师傅说："师傅您又在为南溪人民做好事了。"和祖却风趣地说："我是来南溪挖洋芋的（此话含义为：我是来南溪找钱的）。"请和祖来做大门，不仅因为他做的式样美观，而且和祖会多种技术（泥水工、木工、石工、装修）样样会做，只请他一人就能完成全部工序。这既方便了主人家，又合了和祖的心意（可多做些工时，多收入些钱），真是两全其美。

2007年6月13日　农历四月二十八日　晴间小阵雨

村民和永良请玉龙九河乡木匠装修新房（此房在去年起好，共五间）的工作今天全面结束。木工部分装钉天花板，加上安门，两部分包款为1700元，生活由主人家负担。比较做下来的结果，村民普遍认为这工价只有鹤庆松桂杨师傅要的一半多点，而质量和美观度却比杨师傅好得多。往年请杨师傅装修的农户，见到和永良家的装修后都感到有些不悦，所花费的工钱比和永良家多得多，而质量和美观度却赶不上和永良家，只叹前两年如果这伙师傅来我们村就好了。

和永良家的窗子是做成铝合金窗框加玻璃，这事另由做门窗的师傅专门来完成，同时还请这伙人安窗帘。由于和永良的儿子和文亮没有掌握好房子高度，因此在安时才发现窗帘过长了，和永良就把全部（五幅）窗帘背到村民和学青家，请和学青把长出的部分剪掉后重新用缝纫机缝好。缝好后背回家请安窗师傅挂好。

和永良家装修此房花了近万元，包括工钱、材料款等。不少村民因此在猜测和文亮可能在年底或新春就要讨媳妇了。

2007年6月14日　农历四月二十九日　阴间晴

玉龙县拉市乡海南行政村的足球爱好者与南溪满下村的足球爱好者（青壮年）在南溪满下草坝足球场进行足球比赛。这一赛事是在城里开出租车的和建军与海南村的开车人相约了来的。相约时就约定双方都应以相互学习和友谊为重，不得野蛮，不得因势欺人。败家输200元钱。到中午12点双方如约而来，海南村人用三辆面包车拉着足球队员来；满下村在城里开出租车的人及在官房酒店打工的和汝军，由和德华用面包车及和朝珍的出租车拉了来。在家的青年人早已在球场跃跃欲试。下午1点比赛开始，时值南溪薅洋芋的大忙之季，仍然有不少的观众围坐球场边观看（满中、满下村民及在南溪卫生院建设的各地民工）。比赛一开始，双方都不敢怠慢，踢得很认真、很带劲，上半场比赛以0∶0结束。下半场时，满下村做了人员调整，把和学军与和二友换下，把壮年和武军、和朝亮两人补进去，这样就占了主动，连连攻对方的球门。值得一提的是，下半场开始后下了约半个小时的雨，双方都在冒雨拼搏，结果满下村以2∶0战胜了海南村队。比赛结束后，满下村队员挽留海南村队员吃了晚饭再回去，但他们谢绝了，由队长（相约人）付了输金就回去了。他们说："真想不到山上的人还会踢足球，而且踢得很好，以后我们经常相约吧！"

满下村组长和圣明拿出 200 元公款奖励给足球队，队员们买来 30 多斤鸡和 4 斤腊肉，在和朝珍家打牙祭庆贺，一直休息到凌晨 2 点左右才散伙。

2007 年 6 月 15 日　农历五月一日　晴间阴

南溪鹿子村新农村村道建设工程已开工 10 多天，备了一些铺路用的石头，但沙子是个难题，买打沙机来打吧，有些不实现，因为买一台打沙机不够用，买两台又一时筹不足资金；从城里买加工沙吧，更买不起；经过反复推敲，最后决定向满下村买沙（每手扶拖拉机 10 元），并且于今日开始在满下村沙场采沙。每天出动 15 辆手扶拖拉机，每辆拉三转，每天就从满下村寨沙场拉 45 方沙子。整个工程要 750 方沙子，按照今天的数量来算，拉完全部所需沙子要半个多月。满下村的看山村民从今天起每天要到沙场两转，看看有几辆手扶拖拉机，拉了几转。满下村的卖沙公款收入可达 7500 元，加上石场一个月的收入 1 万元，目前共有公款 1.7 万元。这些公款会不会像以前的公款一样在村长手中销声匿迹，这是相当一部分村民很担心的。事情往往是前头有人走，后边有人跟，前几任村长都让公款在自己手中无声无息地消失，后来者不免也跟着学。

2007 年 6 月 16 日　农历五月二日　阴转晴

村民和汝浩、和永军两家乘鹿子村人在满下沙场放炮炸沙子，装满车后拉回鹿子村之机，拉鹿子村人炸下的沙子，不到一个小时就拉一手扶。到下午就拉了四手扶，一直拉到晚上 8 点半。他们两家暂时放下很忙的薅洋芋之事而去担沙子，因为乘着鹿子村人放炮炸沙，不须费劲去挖，就可拉到数量很多的沙子。今天他两每人拉了六手扶，要是在平时自家挖沙，拉六手扶得请上 5 个人，汗流浃背地从早干到晚才会采挖到。

他们这样做，鹿子村的人心里是有异议的，但当面不说，因为资源是人家的，只好忍气吞声，任人自在地拉了去。

2007年6月17日　农历五月三日　晴间阴

村民和国武家种洋芋时，种了数目较多的面积。到目前，由于长女和玉兰生小孩坐月子，小女儿和玉梅两个月前就到丽江城打工，和国武本身忙于文笔人采石的工地或铺路上，洋芋长势已在催人赶紧薅，看来，靠和国武之妻和闰芝及女婿五八斤的双手是很难完成今年薅锄洋芋的任务。因此，今天他家请了亲戚和亚华家的3个人（和亚华，其母和玉琴，妻子和世仙），邻里和家良共4人帮他家薅洋芋。他们先到山地上薅，中午饭也带了去，在田间吃，免得回来往返耽搁时间。他们干得很带劲，共薅了两架田（牛犁山地用一天时间的田块为一架，一架一般有6亩左右，过去山地一般用"架"做面积单位）。薅完两架，太阳已落山。帮他家的人，虽然自己家的洋芋还没有薅完，但被人所请，不好推辞。

2007年6月18日　农历五月四日　晴

村民和国武家继续请村民和亚华、和世仙夫妻及和亚华母亲和玉琴帮他家薅洋芋。他们两家事前商量决定了劳力交换条件：如果和亚华家帮忙和国武家薅洋芋，和国武答应石场到期（石场卖石的期限）时给和亚华家几车现成可拉的石头；如果没能拉到石头就付工钱。这样和亚华家3个劳动力不管帮多少天和国武家的忙，也是乐意的。他家需要石头，且自家个把礼拜也挖不到所需石头。万一石头拉不成，反正也得钱，都一样。

今天帮和国武家薅洋芋的还有村民杨文花，她家在今春种洋芋前曾请和国武帮修理手扶拖拉机，今天帮和国武家属于还那半天的修理工。

这样请工后，和国武家所种的洋芋已薅得差不多了，如果再请五六个人干一天就可全部薅完。

2007年6月19日　农历五月五日　晴

今天是传统的端午节，在南溪从远古的历史年代到当今，过端午节一般都很隆重。远古的历史年代里，端午节这天，年轻小伙和姑娘常去鹤庆县辛屯街上逛，买回一些五色线，到家分给全家人，每个人都把分到的五色线缠绕在手掌与手腕之间的关节上，男人绕在左手上，女人绕在右手上。用这样的方法来庆贺端午节。还有一层意思，就是说端午节买来五色线绕在手腕上可防止蛇、蛙对人的侵害。养蜂的农家常在端午节掏蜂蜜，并请亲戚来家里尝蜂蜜。在掏蜂蜜时如若遇到人，也请人品尝点蜂蜜。

以市场经济为导向的今天，历史的传统抛弃了，即使养蜂人养有几十窝蜂，掏了很多蜂蜜，也舍不得给亲戚尝半口，自家也舍不得吃，而是卖出，每斤可卖到 8～10 元。

今天满下村寨养有蜜蜂的和建良、和金辉、和金圣、和作武 4 人，待村里人都到田间劳动，没人在村里走动时，就动手掏蜂蜜。这样避着人掏是生怕见到的人要吃一点。

2007 年 6 月 20 日　农历五月六日　晴间阴

村民和丽军把已怀身孕的对象和金凤领到家中（未婚先孕），这类事情在过去是少有的，历史上偶尔发生过类似的事情。那时把这类事情看作耻事，是不正当之举，当事人也会感到羞愧，无地自容。这种事情要是发生在 20 世纪 60 年代中期以前，大多数都去殉情。遇到这类事的父母，也感到无脸见人，在社会上抬不起头，总是躲躲闪闪的。部分当事人想方设法打胎，不让人发觉，个别的在人们还未发现时就匆匆结婚。而在当今，做出这类事情的青年男女则感到理所当然，不以为耻，反以为荣。和丽军今天把和金凤领到家来，是因为现时满下村寨悄然兴起媳妇有身孕就停止劳动这样一股风，和金凤不好在娘家闲着，和丽军就借口请和金凤来家帮忙家务，而实际上是让和金凤来家里养身休息。和丽军与和金凤发现怀孕后，和丽军请家族的兄长和万军做伴，带着求婚礼到和金凤家，这样就在双方父母间公开了两人的关系。因为有了这样的求婚仪式，现在领到家中休闲，也就顺理成章了。如果说有不恰当之处，是以后若婆媳不和时，婆婆会抓住媳妇这一把柄痛骂媳妇。

2007年6月21日　农历五月七日　晴

进行了一个多月的挖石头、拉石头的事今天停止了，南溪大部分村民盼望停止这事的愿望实现了。这件事情和这一个月的基本情况如下：这事先由满下村和国武想方设法帮文笔村和卫东活动，把刚上任的村民组长和圣明拉到城里，不知用了什么方法，就写了协议，以1.5万元的价卖一个月。事隔几天召开户长会专论此事，到会户长都说要卖就得要价3万元，结果，以1.5万元强行开挖。开始头十天内用一台挖机，用50辆汽车拉，每辆车每天拉三转，每转拉15～16吨。后20多天挖机增加一台，并用炸药来炸石头，同时还用了金龙村和金福的空压机。10天以后汽车增至每天120辆，每辆车每天至少拉三转，每转15～17吨。那么多的车辆来回跑，从城里到南溪的公路路面和部分路基、涵洞严重受损，并损坏了从满下到石场的田间路，压平了不少路边的庄稼。石场边有满下、满中、旦前的少部分山林，增加了三村林地争执。细想起来，等于白送给文笔老板和卫东一个月石材（每车石头实际卖价不足5元），还损坏了不少路段、田地，真叫人痛心。这对南溪人民和满下人来说，和圣明成了历史的罪人（虽然是和国武想方设法在活动，但和圣明是掌权者，卖和不卖只能由他定。他没有考虑后果，造成不可弥补的损失，说他成了南溪的罪人，一点儿也不过分）。现在和圣明在民众面前抬不起头，吭不起声，客观现实不得不使他这样。

2007年6月22日　农历五月八日　晴

石场大规模挖掘石料已停止，石场上停满了手扶拖拉机，这时满下村寨在家的壮年男子都忙着捡拉石块，他们想把可用的、买方没有拉走的小块石头捡到家存放起来，准备用到时随时可用。这些捡拉石头的人群中，也有金龙村的和春健，他以"帮他大舅和建国家拉"为名，把石头拉回金龙家里。

捡石头的人争先恐后地忙着上车，人人都想多拉几车，唯恐被别人一时间捡完了。全村寨58户人家只有约20户没去捡了。有些捡了五车，有些捡了六车，最少的也捡了三车。从满下村到楞石古石场，两三公里的路上手扶拖拉机穿梭似的来来往往，好一派热闹景象。

2007年6月23日　农历五月九日　晴

村民组长和圣明从买石头老板处扣下的修复道路工程款中，拿出500元，请村民和四闰约几个年轻人去修理一下实在不行的路段。在未开工挖石头之前就有言在先，若把路整坏，就由买方修好，并在和圣明手里押了钱。现在买方满载而归，留下一点修复路的工钱就轻松自在地走了，和圣明就请村民来修，要不然他更难向满下群众交代了。

今天村民和四闰约了和子黄、和二友两人去修理坏得较重的路段，工价是500元包了。

2007年6月24日　农历五月十日　阴间晴

建设南溪完小教师宿舍楼的四川广安县许师傅和他的同伴们，今天浇灌第一层混凝土。他所带的施工队没有10年前带领的人马多，10年前的三四十个精兵强将，如今已另立山头，另组队伍。许师傅现在所领的人马来自不同的地方，且技术力量比以前差多了，人员也少，总共只有七八个人，怎样进行浇灌呢？原来他是请了其他工地上的吊机（搅拌机）来，用吊机搅拌混凝土，他的人马只负责给吊机进料（公分石、沙子、水泥、水等）以及让两个师傅站在上面平整一下。挑混凝土的两个壮汉也是跟随吊机请来的。许师傅在南溪只请了满中村村民和福军、和颜正夫妇及和福海3人，帮他负责进材料之事。到下午1点就浇灌完了，浇灌完后就把震动机抬上去，在浇灌好的混凝土上面进行震动，压平整。

这使见状的南溪村民大开了眼界，都说人的智慧是取之不竭的力量之源。没有这吊机起码要30多人干，还得硬干到晚上8点才能做完。见状的村民们知道了本地人与外地人的差距。

2007年6月25日　农历五月十一日　晴间阵雨

村民和永华家种绿肥了，今天的现象与往年有点不同，今天种绿肥的人只有他家的4个人，却没有了以前长久组合进行这项工作的耕牛组的人（原先是与和顺达家、和顺明家、和亚华家一同进行的）。今天，由和永华驾驶手扶拖拉机犁田，其父和顺光及其妻和金良则在手扶拖拉机前放绿肥种，绿肥种里已经拌好磷肥。看来，目前他家劳力充裕（共4人），不想请耕牛组的人帮忙，相互间的意见也少些。满下村寨前些年就单干的农户有：和作才家、和家良家、和玉祥家、和学伟家、和国亮家、和国兴家、和天林家、和万琴家、和万琼家、和建军家、和尚军家、和万林家、和万元家，去年和圣伟家也单干。这些实行单干的农户中，大部分农户犁田、运输、耕作都不靠别人；有少部分人耕作全由自己干，但犁田、运输得靠别人，如和家良家、和圣伟家等。因为他们两家年轻人不在家务农，又没有手扶拖拉机，因此只得这样做。

2007年6月26日　农历五月十二日　阴间晴

今天村民和家良家杀了一只公鸡，请邻居和玉兰来家吃饭。和玉兰坐月子前几天满月，满月的第二天，和家良就去请了，可和玉兰家说是要去城里一转后再来。和玉兰昨天去城里给婴儿打预防针，今天和家良家就请她来。在南溪，凡是生孩子坐月子的婆娘，满月后，娘家若是在近处，就先回娘家一趟，休息一阵吃顿好饭；娘家远些的，就由兄弟或家族家请她来吃一顿饭，之后才能到邻居家及别的人家串门休闲，不然则不能出门休闲。这规矩古来实行，至今传承不弃。和家良的儿媳和福春生第一个娃娃时，娘家没请她回去，她一直等啊、盼啊，盼了10天左右仍听不见请她回娘家的口信（她的娘家在满上村，是最近的）。在这样的情况下，和福春的婆婆和家良，请求邻居和玉兰的妈妈和闰芝请一下和福春（因和福春与和闰芝是亲老表），当时和闰芝照和家良的请求做了。今天和玉兰被和家良家所请是以礼相还，再则和玉兰是招姑爷上门的，如果她的伯伯和国亮及家族的其他人不请，她就不能到处乱跑。今天她在她伯伯及家族未请之前就有和家良家诚心相请，她就来了。产妇要离开她来当客的这家时，主人家不兴让产妇空手而回，要送点蛋啊、米啊之类的东西。以后领回小外孙子或小外孙女，要送一挂肉和一些米。不按照这种做法行事者，大体有两种情况：一是父母亲根本不懂礼俗；二是儿子、儿媳掌管家事，儿子、儿媳无礼，老者怕着他们，而不敢按规矩办。

2007年6月27日　农历五月十三日　晴间雷阵雨

满中村部分已经收割完小春作物（青稞、大麦）的农户，今天开始犁翻收了小春作物的田，在田里撒种去年在满中村试种成功的中药材。试种药材的老板通过去年试种成功后，今年在满中村扩种，这些田地局限于闲田或撒了小春作物的田地，因此，所计划的200亩没有足额，只量了150亩左右。租田仍然按照去年的方法，就是每亩地付租费800元，另付栽种的工钱，与药材的产量没有联系。有些村民精打细算后，认为种药材不如种洋芋的收入多，就没有多种，只是试验性地种上两三亩；有些村民则认为种药材虽然没种洋芋的收入多，但种洋芋投资和投劳都相当大，种药材不必投资，所投的劳动日和花费的精力与种洋芋相比就轻松多了，就种了五六亩，但这类村民不很多，持前种看法的村民多，因此药材老板没能按计划租到地。

种这种药材的工序的确简单，只要把地犁好耙平，把草捡净，打塘撒种盖上土，到药材长到两寸高时，田间拔一下草就了事，直到成熟时挖了晒干。

2007年6月28日　农历五月十四日　阴

满中村村民和福军利用田间农活稍松点的机会，到南溪完小教师宿舍楼建设工地上，跟四川广安建筑师傅做临时工。和福军对砖石工、泥水工、电焊工比较熟悉，是个多面手，在建设房屋的工程，样样在行。他做工的工价是每天50元，从早晨8点开始到晚上8点（中午饭时间一个半小时在内），生活自理。他今天先做电焊工，焊接的钢条，负责施工的广安籍许师傅很满意和福军的工作。许师傅在事前还专门看了几所和福军砌的砖房，觉得可以，才接收和福军来他负责的工地做临时工。明天和福军将手舞砖刀，和四川师傅一起砌砖，可见和福军的技能和体能都比较好，要不是这样，哪能合四川师傅的意呢？

2007年6月29日　农历五月十五日　晴

村民和尚军请来本村村民和建忠、和建国、和建华、和作典，满上村村民和四祥（和尚军的三舅爷）等人，帮他家做木工活，建一所两间平房。建造这所房子的掌木（大师傅）由和尚军自己担任，请来的人员做砍、锯、刨、凿等活计。和尚军在此前虽做过多年木匠活，但从来还没有画过房木，此次是第一回，他既有点自信，又有些担心。

他家起这所房子，本来是可起可不起的，因为他家现有房屋六所，是现时满下村寨中有房最多的农户，还有很多房间空着没用。只是乘村里乱砍滥伐无人阻止之机，砍下许多木料而起的。加上父子年纪处于正当时，又有点宅基地空着，就起上一所房，以防万一。

2007年6月30日　农历五月十六日　晴

村民和尚军试画一下房木，折腾了好大一阵，的确画不出来，他便去请村民和金圣来帮他画房木和做木匠，每天开工钱30元（包生活）。和金圣没有推辞，接受和尚军之请到他家画房木。他从上午9点开始画到下午4点半画完。画房木一般都是由大师傅画的，可见和尚军要当大师傅还有一段距离。目前在满下村寨能够画得出房木的只有4个大师傅（和建良、和国兴、和国亮、和金圣），其中和建良已65岁，和国兴、和国亮已接近60岁，和金圣已是45岁的人了。看来若没有年轻人学木匠，村中的大木匠师傅会后继无人，这可算是一种人才危机。在整个满子师村（含满上、满中、满下）也只有7个人能画房木，没有会画房木的人，只会砍、刨、锯、凿的人是建盖不出房屋的。

村民和爱花全面完成农活（薅洋芋、薅油菜、种绿肥、收青稞）后，自今天起去城里考驾照（跟车驾驶），家里只剩两个满60岁的老公公老婆婆以及她的大儿子（上小学六年级）。到9月1日儿子开学以后，家中只有两个老人了，但两位老人的干劲还胜过年轻人，和爱花进城学车绝不会影响到她家的家庭收入（农收）。

2007年7月1日　农历五月十七日　小雨

今天是中国共产党成立86周年纪念日，南溪村党支部委员会召开了支部大会。南溪村共有党员47人，有37人到会，其余10人因病、因事，或因年事已高不宜走动而请假。会议由村支部书记兼村委会主任和继武主持，村党支部副书记和国军受支委会的委托，向大会作了上半年支部工作汇报。和国军说明了南溪鹿子村民小组整村推进建设的实施情况，以及建设南溪卫生院的基本情况，广大党员听了后较为满意。和国军的话结束后，立即有党员提出由于满下村和圣明组长卖一个月石场，在拉石头过程中，车辆超载，多年精心尽力修好的丽江城至南溪公路部分路面损坏，以及村民小组（满中与满下）的山林争执矛盾加大等问题。有党员还指出有些村的村民组长为所欲为，不顾全局只贪图个人利益的不良行为。争论了好一阵后进行第二项议程，讨论预备党员和文红的转正问题，以及入党积极分子和万顺、和万红接收为预备党员的问题。这两个问题在支部大会上通过了。大家过了个有意义的建党节。

2007年7月2日　农历五月十八日　晴转阴

村民和永良家、和永红家、和建成家、和永军家耕牛组今天犁田撒蔓菁，他们四家每年都还负担和国南家的犁田种地任务。和国南家的小儿子和永光自去年冬季上山采松苞失踪三天后，病情好转，那以后时常参与他们四家耕种。因和金桂、和尚花婆媳不合而导致亲家（和永良、和尚花两家）不来往一年多的和圣伟、和尚花老两口又合伙四家耕种。和学伟见状后，取笑说："和尚花好似以前的放猪娃玩一样，真可笑，她的脸皮的确厚些。"大多数村民都这样认为，她闹的时候好似婆媳，和亲家都能够天南海北，天各一方似的，一点儿情面都不留。事隔才一年半多点，就又和亲家合伙劳作。要不是和永良、杨耀秀夫妇宽宏些，是绝对不会有今天合伙劳作的现象，所幸的是和永良两口子不比一般人。撒完蔓菁后和圣伟、和尚花夫妇请和永军（和金桂的叔叔）用手扶拖拉机拉肥到田里。儿媳和金桂已在一个月前回来帮忙了几天，一切都重归于好，这是好的现象。不少人但愿和尚花不要像以前一样就好了。

2007年7月3日　农历五月十九日　阴间雷阵雨

玉龙纳西族自治县疾病控制中心开展"庆七一"献爱心的支部活动，他们租了一辆丽江交通集团的大客车，专程来到南溪村委会鹿子村民小组，慰问该小组的困难户，给困难户送了该支部党员捐的款和衣物。他们的这一活动，使困难户感激万分，南溪村委会干部和群众对这样的活动很赞赏，觉得"庆七一"的活动采取这样的形式，人民群众会深深感到共产党好，社会主义好。慰问活动结束后，他们请村委会干部去城里参加另外的活动，三位村干部不好推辞，和他们一同去城里。疾控中心党支部选择来鹿子村，是因为自2005年11月1日在鹿子村发生公共卫生事件后，常来该村调查病源和病情，到现在都不间断。

2007年7月4日　农历五月二十日　阴转晴

这些天的农事活动五花八门，有的村民在收成熟的青稞，他们把青稞割下后一捆一捆地扎起来，快回家时或割完一块田就码在手扶拖拉机上拉回去。拉到家里有的把青稞挂在粮架上，有的挂在屋子底下的闲梁上；有的村民在撒蔓菁，这里一伙，那儿一群，有的以耕牛组为单位进行，有的是自家进行；有些村民则在种绿肥，这属于种得最晚的农户了，他们根据自己以往的农事经验，认为绿肥种晚一点好，于是就拖到今天才种；有些村民在薅油菜，这部分村民原先打算只给油菜施加化肥，铲除杂草就了事，可这些天，农事不太紧，只铲一下杂草也有些放心不下，就重新给油菜垒土；有些村民在已收割完青稞的田里挖除杂草；有些村民则拉着农家肥往收了青稞的田里运，准备撒蔓菁；还有的村民在建设卫生院工地上打工，每工价35元，从早晨8点上班到12点吃午饭，下午1点半又上班，到傍晚7点下班。这些人认为农活迟早几天不要紧，在工地上打工能够找点零花钱，而且比挖草药、捡菌子划算些。

2007年7月5日　农历五月二十一日　阴间晴

还应该处于甜甜蜜蜜、恩恩爱爱的和玉兰、五八斤小两口顶起嘴来了。和玉兰抱着满月不久的娃娃，坐在炕上絮絮叨叨："五八斤，你洗头何必在这时候洗，天黑以后不行吗？"盆里灌满洗头用热水的丈夫边准备洗头用具边回敬说："我洗我的头，关你什么事，你管到我洗头的时间上来了！反正这会没有家务做，趁闲着我洗个头不行吗？"和玉兰心平气和地解释说："我不是闲得无聊来爱管你洗头的事情，而是听老人们常说，人们洗头一般都在天黑以后洗，大白天洗头的事只有想去殉情的人才做。"是的，1949年前，居住在南溪村寨的纳西族人，成人洗头或洗身都是在天黑以后进行，有些讲究习俗的农家给娃娃洗头、洗澡也是这样，而不怎么讲究习俗的农户对小娃娃可以例外。那时候，去殉情的青年男女白天在各自的家里梳洗打扮，天黑以后趁家里人不防，悄悄地出走殉情。现代的南溪村民,不再讲究这些历史习俗,但从这个现象看,有些人家还讲究这些历史习俗。五八斤听后笑着对老婆说:"我又不会去情死,你怕什么?"和玉兰以命令的口吻说:"以后不要这样了。"小两口的顶嘴因为一个讲究历史习俗,另一个不懂历史习俗而引起,也在轻松愉快的气氛里结束了。

2007年8月1日　农历六月十九日　小雨转晴

满下村寨今天为不幸遇难者和自华(乳名五满扣)举行丧葬礼。天一亮,村里被他家请的各种职事到他家集中,吃了早点后,大家各司其职。这次丧事的主管和圣明、和朝泽两人显得很忙,因为这次的丧葬礼不同于以往举行的丧葬礼,以往正常的丧葬礼是出葬前一天就进行准备事宜,而这次是没有准备,进行一次性的出葬,所以各种职事都显得特别忙。

因为和国臣家是满下村寨仍进行火葬的一户,上午10点,每户一人抬一根干柴到火葬场聚柴(纳西语叫"书鲁阿"),去火葬场的顺序是:家族一人肩扛砍刀引路,由孝子(无子则由家族中同辈人)扛引路方(纳西语叫"河"),接着烧尸人提着香、酒、茶,再是家族人,接着是村民。人们所抬的柴,尖尖向前根部朝后,抬着柴的人走路不能回头看。人们把柴堆在火葬场后,当即转回,由烧尸人和金辉、和圣昌、和顺达等人安排具体烧尸点。

因为是年轻人,又是不幸遇难,传统的"喂目达"不跳了。到下午2点半就出葬了,路上各种送葬调都免了,只是到火葬场时的驱鬼仪式照样做。这仪式是这样的:快到火葬场时抬棺材的人换成了体健力壮的人,好多人护扶着棺材大声吆喝"哈哈哈,哈哈",送葬人群也齐声大声吆喝"哈哈哈,哈哈",抬棺材的边叫边快步跑到火葬场,转一圈(转的方向为男从左往右,女从右往左)。放下棺木后,休息片刻,烧尸人祭了山神就着手烧尸。和圣昌把燃烧的火把拿给和自华的弟弟和满强,让他在棺材尾部点火,家族就离开现场。抬尸的人们在火葬现场休息好大一阵，喝酒，休息抽烟（酒官把酒背到火葬场）。

2007年8月2日　农历六月二十日　阴转晴

和建国、和建军两家请了近族兄弟和建成、和建华、和建忠、和金发、和春拾、和汝浩、和汝信、和朝柱以及和建国的长子和学先、和建军、和建军的舅爷和给永，共11人，用四辆手扶拖拉机去城里购买和六元、和仕黄两人的丧葬用品（每家二辆手扶）。

同时和建军家请了近族的女青年妇女和六一、和六金、和四谷、和茂良、和一花、和银谷、和四姐、和学青、和满谷、和继恒、和继菊以及远族的和吉诚、和亚华、和灿、和朝亮、和朝泽、和朝东、和武军、和玉祥、和朝珍等人帮忙搭灶围棚、借东西、杀猪等事前的准备工作，猪在和金发家买。和建军家里的事情由和尚军主持。

昨天在和国臣家帮忙的各种职事，有些早上就不再到他家了，这些人去筹备和六元明天出葬事宜。没有参加和六元出葬事宜的职事们也到中午后就散伙了。因为和六元是遇难，人们不像以往为老人送终那样休息，打牌，玩麻将。

2007年8月3日　农历六月二十一日　晴

满下村寨举行遇难者和六元的丧葬礼。家族的人于早上5点起床做早饭，到8点各种帮忙的职事到了就开始吃早饭。早饭后总理和圣明及和顺明两人分工职事各司其职。家族吊孝，家族里和六元的同代人，不管年纪大小都戴了孝，亲戚里与和六元同辈的也戴了孝。

埋尸人和金辉、和圣昌、和顺达、和国亮4人，带了烟、酒茶水等物与和建国、和建成、和建军、和建华、和建忠五兄弟去坟场选和六元的坟址。

11点半开始待足若，到下午2点半左右发灵。

家族里上了年纪的和建良、和尚勋、和圣伟以及和国兴等人则陪在和建国家。

　　这次出葬处于"伏天"及"土皇"节令,不能挖土葬人,只能寄山,(寄山:把装有尸体的棺材抬到山上坟场搁起,不埋,待"土皇"节令完后择日掩埋)。

　　关于"寄山"一事,在1949年有过一例,死者和七斤(和国兴的父亲),死于"土皇"节令期间,就抬出先埋在坟场边,没有直接抬到坟场。可能那时野兽多而暂挖坑埋入,以防野兽伤尸。到"土皇"节令结束后扒出又埋入坟场。"寄山"时埋的坑至今还有约一市尺深的痕迹。20世纪80年代初的和克强棺尸"寄山",是直接抬入坟场要埋的地方。经反复考证,与和七斤棺尸"寄山"一例作比较,和克强棺尸"寄山"有些出格了,这是因为年岁久远,再加上没有老年人指点所致。这也说明到80年代在满下村寨,"寄山"的规矩失传了。1984年和克强棺尸"寄山"到现在已有23年之久,其间有四具棺尸"寄山",不可能再把原本的规矩纠正过来了。

　　历史传统上,在南溪世居800多年的纳西族,大多数人为火葬。就满下村寨来说,在1949年前全村寨中除"毛吉"家族和"满家"家族进行土葬外,都为火葬。火葬的人装进棺材时的尸体姿态是"侧身",俗称"烤背睡"。如果"三伏天"有死人,在火葬场是禁烧的,也就是说"三伏天"(纳西语称"无")不能在火葬场烧尸。历史上曾有过这样的事例:约在1947年,村里发生传染病,村中和尚模家有5人先后在"三伏天"死亡,人们就先把他家的死人抬到火葬场边挖坑埋起,待到伏天完后,看日子请人扒出棺材后烧掉。那段年代共有7个死者这样处理过,火葬场边的这7个坑到20世纪80年代末都还有很明显的痕迹。

　　今天也正处于"三伏天",但不按规矩进行了,随便就烧了,这可能是不懂的缘故,或者是自20世纪60年代初以来,人们逐渐把火葬改为土葬,到现在全村寨只有两家(和国臣、和国红)仍进行火葬。慢慢地人们对火葬的规矩淡忘了,不在意了。

此次戴孝的只有和自华的胞弟和满强，堂弟和自忠，堂妹和林妹（和国红的女儿）三人。

2007年8月4日　农历六月二十二日　晴

和建军的家族及亲戚们早上10点左右去上坟。到坟场后，他们族中的和建华、和建忠在和国兴的指点下，先用酒、茶和各种供品祭祀山神位、各位祖先位，昨日抬上坟场的和六元棺材，然后是"苏不鱼"。祭祀完后，所有来上坟的人向这些神位磕头。磕头完后围坐树下喝酒、喝茶、吃瓜子、粑粑等食品，休闲到12点回到和建军家，由和尚军安排家族及亲戚的年轻人招待这次丧葬活动的各种职事。

"寄山"于坟场的和六元棺材，及装有放口含的鸡的三角形松明条盒子，紧挨着摆放在要埋和六元的位置，并用塑料雨布紧紧地包好，生怕下雨时被雨淋着。

到下午3点多，和建国家请去城里买鲜货（鱼、猪、猪肺、猪头）的村民和德华、和朝柱、和三友、和继廷4人从和建军家来到和建国家，搭便棚，杀猪，煮猪肺、猪头，准备明日举行和仕黄的丧葬礼。

2007年8月5日　农历六月二十三日　晴

满下村寨为遇难的和仕黄举行丧葬礼。这次的各种职事与和六元丧葬礼相同，待客和发灵时间也相同。因为是小伙子遇难，传统的出灵前跳的"喂目达"、围在灵柩边唱的"窝忍忍"、出葬礼仪式全免了，只保持接魂到厨中祖先台上，插香敬酒、茶奉祀。村民们抬起灵柩到坟场的途中，死者的亲戚跪成"1"字形，让灵柩在跪下人们的头顶过去，这种做法叫"搭桥""过桥"。这种"过桥"要做四次（如果遇到有河的地方都要搭桥，这就不止四次了），每次过人桥时，抬尸和送行的人们齐声大喊"过桥"。第一次下跪搭桥时，一个族中后生肩扛砍刀，跪在第一个，第二个是扛"引路方"的孝子。村民在拴棺材抬杆时，搭桥人面向拴棺的人而跪，以示向村民表达谢意。当人们拴好棺材抬起时，下跪的人应立即起来急忙转身跑前几米，面朝前面下跪，以示给死者送行，到"芝步吉"（死者洗尸入棺后人们抬着瓷罐、碗、鸡毛、干柴等来芝步吉的地方），下跪的人面向后面，不再向前，而鬼魂来迎接，人们不再往前送。过去的做法是到"芝步吉"后，哭送的人们或不哭来送的村民及四方宾朋都得转回去，特别是女性，一个也不到坟场或火葬场。而现在有些破例了，除了女性，送行的人有不少送到坟场或火葬场。

今天，把和仕黄的灵柩抬到坟场，与和六元的灵柩一样进行"寄山"，待"土皇"节令过去后挖坑下埋。

2007年8月6日　农历六月二十四日　晴间阵雨

和建国家所请的各种职事早晨在他家，炊事组的人们继续做各种各样的菜，今天做的菜要比昨天多两个品种（共十种），席间还要加菜。记账和收礼组将亲戚送来的钱算好，把肉称好，把各家送来的肉重量记在户名后面，然后把钱、烟、肉都点了交给和建国。到12点上坟的回来后，由和建国家族的人及亲戚们招待各种职事入座吃饭，他们吃完饭后，各行所好，休闲娱乐。这已成为满下村寨办完丧事后的村规，家家如此，户户这样。

到3点左右，前来参加和仕黄丧葬礼的前山行政村放牛坪自然村的男青年与满下村寨的男青年进行了一场足球友谊赛。比赛进行得相当激烈，最终以5∶3放牛坪队告捷，放牛坪村读过初中的人多，所以会一脚的人多，满下村寨队的这类人不多，单凭身强力壮是踢不过别人的。

傍晚，回来参加和六元、和仕黄丧葬礼的在城里开车的和圣武、和武军、和朝亮、和朝泽、和亚军、和朝珍等人准备回城里时，和朝亮接到他老婆和福春打来的电话，内容是今天他们所睡的出租房被撬锁，偷走人民币1700多元。在场听到此消息的和朝亮父说："失去的，不会再复得，以后把钱存入信用社及银行，只要有五六百元就去存，要吸取教训。这次失去的，就算是你们今后生活的学费吧！财去人安乐，不要与老婆吵了。"和朝亮表示赞同。

2007年8月7日　农历六月二十五日　晴转雨

今天是一年一度的火把节。传统的过法是到旦都后村与吉子村中间的那座山上（纳西语称"高正的古"）去会情人、唱情歌；中年人和老年人在草坝里看斗牛。天一亮，主人牵着牛去牧草，喂得饱饱的，回来再喂上一桶盐水，下午拉到草坝里斗牛；在端午节买来缠在手腕上的"五色线"解下，在晚上点的火把上烧了；吃晚饭后，家家门前燃起用松明扎成的火把。

今天，满下足球场上围满了人，来自前山放牛坪村和来自旦都村的青年足球队在这里进行比赛。足球场里绿草茵茵，各种野花还开着，加上周围草坝里各色各样的野花和田野里金黄色的油菜花的陪衬，足球场里显得很美丽，真有点专业球队训练和比赛场的模样。比赛在观众们的喝彩声中进行得很激烈。双方队员都以友谊为重，但也轻易不放过对方，在势力相当的比赛中，最后以2∶0放牛坪队胜利。

晚上，在满中村的篮球场上由满中村青年举行"火把节"篝火晚会。吃过晚饭，青年或壮年每人从自家抱了一捆干柴在球场边烧起了熊熊篝火，小孩子举着点燃的火把围着球场跑，你追我赶；青年人借着篝火的亮光在篮球场上跳舞、唱歌；上了年纪的人围在篝火边看年轻人，凑热闹；还有一些喜欢玩扑克的村民围在和三福的小卖部前玩扑克。到晚上11点左右柴快烧完了，但年轻人还舍不得离去，就找来电线、电灯，从和福生家接出电源，抬来录音机，播放起纳西打跳音乐，青年们随着乐声跳个不停，一直跳到凌晨3点才散去。玩扑克的这些村民更带劲了，一直玩到天亮才散伙。

2007年8月8日　农历六月二十六日　阴转晴

村民和建军请了和六元丧葬礼时的埋人职事和金辉、和国亮、和顺达、和圣昌4人，以及家族的和汝浩、和三友、和建成、和子黄、和金发、和二友、和学仁、和亚华、和尚军、和朝柱、和尚勋、和朝光、和玉祥、和朝东、和秋谷，近族中的年轻妇女及年轻人和四姐、和谷、和茂良、和银谷、和一花、和四坚、和坚梅、和四谷、和继菊及和德华、和国兴父子，旦前村和六元舅舅和芳、和给友，金龙村和六元的姑父和福先、姨弟和金华，满下村的和六元的三姑妈和三姐、三姨弟和金红等亲戚，进行和六元棺材下葬。

今天是二十四节气中的"立秋"，也是今年第三个"土皇"节令的结束日，和建军看了日子，正巧可以入土埋葬。参加今天埋葬活动的人，除了近族和亲戚每户带一瓶酒外，其他远族和埋尸人都空手而来。

除妇女、青少年及和德华、和子黄、和三友做炊事工作外，其余男人都上山，到坟场后，在山神祖先面前敬上烟酒茶后，有的挖坑（主要由埋尸人进行，再加一些帮手），有的用撬杆、铁镐撬石头，有的把石头用肩扛或者身背到坟坑边。等到坑挖好后，除了与和六元属相相同的人外，都帮忙安葬、填土、砌石等事宜。死难者时间已长，加之还有一只装在松明木条棺里的死鸡，又加上气候特别热，坟场里也臭得不得了，绿头苍蝇成群飞，臭气可在方圆500米内闻到。盖好土，砌好坟后，再祀奉山神、祖先及新葬下的坟，休息一阵后，转回到家。人们一直到深夜才陆续离开回家，有些年轻男人就睡在和建军家，给他们家做伴。

2007年8月9日　农历六月二十七日　晴

连续几天的丧葬、节日等活动，影响了和建军家族及亲戚们的青稞、大麦脱粒等农事，今天乘天晴，又不合和仕黄的下埋日子，各家各户都忙着脱粒。和金发家、和尚军家、和建成家、和建华家、和朝光家，一家接一家地用手扶拖拉机带动小型脱粒机来脱粒。脱粒每户所收的青稞或大麦，不需要一个小时的时间，但搬来搬去要费些时间。手扶拖拉机几乎户户都有，没有的只是个别户（和家良家、和圣伟家、和玉祥家因为开拖拉机的人不在家），有个别户还有两辆，一辆作犁田用，一辆作运输用（和尚军家、和国武家、和金发家）。小型脱粒机只有和尚军家及和国武家有，村民们就向他们两家租用，他们两家有时还租给外村人。

和家良、和尚勋老两口则用传统的粮杆甩打脱粒，主要的原因是家里收的青稞少，他家只有两人（和家良及儿子和朝亮）的地，是全村寨地最少的农户之一。全村寨中和朝珍家、和玉祥家、和家良家、和万元家、和天林家、和子红家是人多地少的家户，这些农户中有些只有一人的田地，有些只有两人的田地，靠最少的田地养活2～5人不等，是村寨中的弱势群体。这弱势群体户数少，在村中又没有势力，田地问题提了好几次也得不到解决。有些农户人死去近20年，仍然占有田地，农村中这些不合理的现象将继续不知多少年，正因为这个原因，想租地开发满下村寨草坝的开发商，没能开发成功。

2007年8月10日　农历六月二十八日　阴间晴

村民和建国忍受着失儿的悲痛，去山上捡菌子。自从和仕黄不幸遇难后，他没上过一天山，估计野生"一窝菌"的"自留地"已被其他村民所碰到。结果大出所料，一行行、一坨坨肥壮的"一窝菌"仍留在他面前，心里很满意。他慢慢地找寻着，结果捡到了10多斤，明天可让老婆或者大儿子和子黄去城里卖。据天天上街卖菌的人讲，这些天可卖到好价钱，"一窝菌"在每公斤30元以上。

上午10点左右，村民和建军领着小儿子和六锋，用袋子提着酒，和六锋拿着一条烟，到家族家中，每家送一瓶酒、一包烟，以示感谢在长子和六元丧葬事中给予他家的帮忙和援助。

傍晚4点半左右，满中村的村民组长和国高问云南大学"纳西族研究基地"项目负责老师来了没有，如果来了请转告他，他说要签什么协议之类的东西，可能是指他们村地盘的使用问题。和尚勋老师回答："到时定告诉他。"

2007年8月11日　农历六月二十九日　雨

长时间患精神病而休闲在家的满中村村民和三友，今天上山捡到十来斤"一窝菌"。据他本人向村民说，在今天前已捡到好些菌，有些由他自己在家里卖了，有些由他的老婆和芝去城里卖。满中村村民根据以往和三友的行为举止，说他的精神病是装的，每年的这一季他要捡好多野生菌，卖得不少钱。如果真是精神病人的话怎能捡到这么多菌呢？连正常的人都不知道长菌子的地方或忘记了长"一窝菌"的地方，别说捡到，就连闻都闻不到。根据这样的推断，说和三友装疯真有些像。捡菌子的这段时间他成了正常人，而从种洋芋时开始到捡菌前这段时间，他一样事也不干，还东走西走，走的同时还这家摸摸，那家偷偷，可偷摸的不是贵重的东西和人民币，而只偷摸酒，有时还把自己的火腿肉拉到城里卖了。这些不正常的举动，说他患精神病又确有点像。

2007年8月12日　农历六月三十日　雨

因为雨天，大多数村民都在家里休闲，有个别闲不住，而又一心想乘夏末初秋大山无私奉献之机多找些钱来增加经济收入的人，冒雨去山上捡野菌。在这个季节忙了好几年的村民和四闰，照样忙得团团转，收杂菌、收药材，卖小杂货，加工菌，闲不住地忙。可今年他改变了往年的收购方式，往年他是帮汝南化村的小老板和次品收药材、收菌、加工菌，收到一堆或数目较多时和次品就拉走，先按和四闰收货的记录付给和四闰药材及野生菌款，到结束时再付给一定的报酬，最多时一年得到3000元左右。今年他直接与九河木匠合伙收货，加工卖出后的盈利平均分。加工菌的方式也做了改变，把过去盐渍加工的方式改成加工干片。他在他家煮猪食的小房间里搭了个长条形的临时简易灶，再按照灶的长和宽搭了一个高约两米的木架，木架隔成10个台台，再用竹子编了二十来块与木架同样尺度的晒盘，他用水果刀把各种收到的野生菌分类切放于盘上，再架到木架子上，等十层都放好了，他就在灶里生火烤菌。烤菌的火不得烧大，但又要保持一定的热度，利用微火的热度，将菌里的水分烤干，既要有耐心，又要有毅力。他在做着满下村寨前人没做过的事情，白天他蹲在烤架边不停地移动着烤盘（一会把下层往上搬，一会又把上层逐层往下移），一会又把烤干的菌片装进口袋称一称，试算着湿菌烤成干菌的比例和成本。看似傻乎乎的他，经过多年耐心实践，在实践中得到提高，已经变得精了，成了会精打细算的精人了。这正中了流传在南溪村寨的谚语："刀不快石上磨，人不精世间练，吃得苦中苦，方能人上人。"事情果真是这样，多年帮人收买药材、菌，办小卖部，他家的经济收入比先前提高得多了，解决了温饱，向富裕迈进。

2007年8月13日　农历七月一日　阴雨

民间医生和友贤（满上村人）来到满下村给猪打预防针。他在给农户的猪打预防针的同时，给和作典家劁猪，他家劁了五口，每口收3元。然后又帮村民和圣伟家劁两口雌性小猪，劁第一口时，他遇到了难题，从猪肚里拿出了一个又一个满是水的瘤，却没有摸出小猪的卵巢，摸了约半个小时摸出一边的卵巢，他边摸边说："从来没有遇到过这样的猪，可能是那么多肿瘤的缘故，劁着这样的猪真不划算。"他把摸出的卵巢割丢后，又摸另一边的卵巢，摸了20分钟还是摸不出来，看来他无可奈何了，缝好了刀口，说"以后要在肚皮正中划开重劁一次，到时又来请我"。把这口猪放了，又捉来另外一口，由两个人一个摁头部，一个拉紧小猪脚，不让小猪乱动，从划口到缝合上药不到五分钟就完成了。的确是，劁一只雌性小猪用不了五分钟，劁一只雄性小猪就要三分钟。像前面这口猪，摁了近一个小时，还劁不到半边卵巢，真是不划算。

2007年8月14日　农历七月二日　晴间阴

村民和建国又请来他次子和仕黄丧葬礼时的埋尸职事和金辉、和国亮、和圣昌、和顺达4人，族人和建成、和建军、和建华、和建忠、和尚军、和金发、和汝浩、和汝信、和尚勋、和玉祥、和圣伟、和朝东、和朝光、和秋谷、和学仁、和学新、和亚华，以及亲戚和作武、和社红、和圣华、和万军、和德华、和国兴、和金红等，把遇难的次子和仕黄的棺材掩埋。本来坟场上从"立秋"节令这天开始就可入葬，但他家看日子后，今天才适合下葬。人们吃过早饭，从家里抬去两块石板（一块用作坟头、一块铺作坟头供奉用），拿着酒烟茶等，还备了些除臭剂，拿着锄头、铁镐、铲子、撬杆、铁锤等工具去坟场。路线照抬棺时走的路线，到坟地把东西放好，闲了一阵，由埋尸职事供奉山神及祖先后，开始挖坑，其他人则去周围撬石、抬石。由于棺材搁在坟场的时间长了，的确臭不可闻，令人作呕，他们时而喷些除臭去污剂，还顶点事。坑挖好了，把棺材埋下，盖上土，大家七手八脚地把坟砌好，就打电话给在家里做饭的年轻人，拿来供品供在新坟前。大家磕过头，在坟场喝酒、抽烟休息一阵就下山回家休息。前来参加今天埋棺活动的还有前山放牛坪村人，高龙村人、和文献、和春前、和桂前、和爱英、和永建、和凤华、和银秀、和爱前、和金顺（这些人都是死者和仕黄的老表，其母和六娘的侄儿、侄女）。到今天，和仕黄的丧事才算办完。

这次遇难者3人，办理丧事有这样几个共同点：

一、虽是遇难，但都举行了较为隆重的葬礼，都有村民和四方亲朋来参加。

二、亲朋及村里的人们考虑到三人完结了一生，和仕黄、和自华去做朋友结婚客时所挂的礼在此次丧葬时又挂回了，亲戚和村民还不同数目地加挂了人民币。因此，每户都收到4000多元的人民币及肉、米、烟、酒等礼品。

三、因为出葬时遇到"土皇"，和仕黄、和六元两堂兄弟，不能直接埋葬，多了"寄山"一事，两家破费比和自华家多些。

四、这次遇难的主要原因，村民们议论总结的结果是：他仨安全意识不强，是钱的诱惑而丧命。

五、出葬时间都在下午2点左右，不跳、不唱、不吃喝、不贴挽联。在远古的时候，南溪村寨土葬讲究：不得口含者及产妇在产期死者，不能直接埋尸于坟地，而是把遗体火化后捡来尸骨装于土罐再埋到坟地，砌坟。但近15年来没坚持这一规矩。例如，约在1992年和尚模服毒身亡时，没进行火化而直接埋入坟地；此后的和尚典不得口含而死，照和尚模一样埋入坟地。这样过去的规矩渐渐被丢弃了。有些规矩也在变化，如过去土葬者的寿衣禁穿毛皮类和毛织品，主人家家境宽裕想穿也不行，只能在"芝步吉古"烧送，但现在女死者穿七星羊披，铺氆毛、毛呢坎肩而葬，男死者穿毛呢制服而葬。

2007年8月15日　农历七月三日　阴间小雨

和明贤、和良命婆媳已在薅蔓菁，和金合家、和尚花家、和永华家也开始薅蔓菁，而大多数村民仍在上山捡菌子、挖中药材（重楼、独定子、岩陀、灯盏花等）来增加家庭经济收入。和李福的老婆和爱英则不上山，她向上山捡菌的村民买来菌，第二天乘坐和德华或和永华的面包车去城里卖，从中找些差价来增加家庭收入，她以每斤五六元买下"一窝菌"，以每斤一元买下"奶菌"，每斤二元买下"阿芝实"，这几样卖出时每斤最低5元。这样她除了车费、开销，还剩余较多的盈利。村民们看着她的行动，联想到全村妇女的总体情况，认为全满下村寨妇女中来自前山的和亚兰、和六娘、和良命、和世仙、和金良、和爱英，以及来自满中村的和爱花这七个最会找钱，最会卖东西。都说前山与鹤庆的辛屯相邻，特殊的地理位置培养出她们的找钱经验和方法，与鹤庆人长期接触，练就出找钱动脑、动手的能力。

2007 年 8 月 16 日　农历七月四日　雨转晴

上午 10 点，在球场召开满下村寨户长会议，村民组长和圣明主持，村委会书记兼主任和继武代表玉龙县交通局文峰寺公路改造工作人员，向户长会议征求意见：以 1.5 万元的价格买满下村寨沙场的 5000 方沙子，用来铺山门到文峰寺的加宽公路。满下村寨的大多数户长表态说："每方 10 元，按照鹿子村村民小组买的价就可采挖。"有一些户长则说："每方得卖 15 元。"会议正在进行议论，和书记突然接到家人打来的电话，说是"金龙村的和正奎突发急性病于今早死亡，要他及时赶回帮忙村里丧事"。这样会议才举行了几分钟，没有统一意见就中断了。看来如果施工老板不付每方 10 元的价，这个计划是实现不了的。因为前不久本行政村的鹿子村村民小组国家资助搞村道建设，与满下村以每方 10 元的价买过沙子，村民就肯定会以前例为价，甚至高出些才会卖给施工老板。

2007 年 8 月 17 日　农历七月五日　阴

村民和建军自长子和六元遇难后回家料理儿子丧事，把他所承包的汽车转包给本村的和春拾开。他打算在家一段时间，把前不久新竖的厨房砌砖，再盖大门，把洋芋收好，就领老婆和海及小儿子和六锋到城里，让老婆休闲养心一段时间，同时想让和六锋在城里读书。今天休闲时他遇到村民组长和圣明，说："你村长不让卖沙子，就不会有那起重大的死亡事故"。和圣明说："不是我准卖沙子，而是不准卖，但村民们禁而不止，不听制止。"

众所周知，资源（森林、石头、沙子）都是集体所有，除农户自家用外，从来不准农户个人采了卖。每次户长会上所任村长都提了不准采石头卖，不准乱砍树木，不准采沙卖。但在 2004 年有一些村民在采石场采石卖给坝子里的一些驾驶员。自那以后，大部分村民听不进村长的禁令，常有人卖石头，森林也遭厄运，遭到村民的乱砍滥伐，有些村民晚间偷偷卖木材。之后，沙场也遭到身强力壮、大胆村民的采挖私卖。先是有些村民白天把沙子采好，拉到家里堆起来，到晚间再拉出去卖到满中村或满上村。到卫生院建设时，有几个村民白天也从沙场拉了沙子卖给建卫生院的老板。此后，有一些村民在白天公开采沙拉到满中村卖，任何人也制止不了。如果村长出面制止，他们还会给村长提出质问：以前卖的那些是你批准的吗？我们不也是满下村人吗？结果就发生了2007年7月30日沙场采沙压死3个小伙的惨案。

2007年8月18日　农历七月六日　晴间阴

村民和家良、和社芬、杨耀祥3个妇女去山上采挖草药"独定子"（翁公漆）。3个人穿林过坡边挖边走，目的地是位于村子东面距村子有近8000米的火把山脚下。她仨分散开向着目的地边挖边走，到火把山脚下的一片松树林里，和家良碰上好运，遇到一处别人不曾发现过的生长"一窝菌"的地方，她高兴地捡起来，装满了准备装药的小篮子，还装满了一塑料提袋，有十五六斤。她捡好后喊和社芬与杨耀祥过来，她俩听见喊声立即跑到和家良那儿，和家良给了和社芬、杨耀祥每人三四斤"一窝菌"，她自己留了10斤左右。因为背着这点菌穿林钻树丛不方便，她就背了这些"一窝菌"提前回家，她还把给和社芬的那点菌也背回，放到和社芬家。她又跟杨耀祥说："帮你也背回家好了。"杨耀祥说："你给了好菌，不再麻烦婶婶了。"的确是的，当今的村民除了和家良，又有谁会给别人七八斤好菌呢？七八斤好菌在当地也可卖，不仅把那么多好菌给了人，还把长菌的地方告诉了她俩（村民知道"一窝菌"的地方都是保密的，捡菌是独自走的，还随时提防别人看见）。和家良这个老大妈说傻，她不傻。今天这事，人们都说她太傻，其实是她良心好。在金钱为重的当今，在满下村寨，有她这种举动的人是再也找不出第二个了。

2007年8月19日　农历七月七日　晴

村民和六芝捡到1.8千克松茸,卖给和永华,和永华以每公斤50元的价格买了,又到城里卖给松茸老板,从中收点利。和六芝说:"每年的这些天是松茸出得最多的黄金时段,却是松茸价格最低的一段时间,这可能是收松茸的老板们为达到他们自身多得利而故意为之,等到松茸快没有了,农历八月十五后,松茸价格又猛涨,涨到每公斤600~800元。而捡松茸的人们不可能像这些天一样捡到松茸,所以,捡松茸或者转手倒卖的人,是被控制在老板的手里。这几天的松茸与一窝菌价格相差不大。事情可能与和六芝说的一样,因为和六芝是满下村寨的捡菌王,她每年靠捡菌收入2000多元。满下村寨和她收入接近的还有和顺明、和建国、和顺达。

在满中村靠捡菌收入2000多元的人是举不胜举了,有20多人,捡菌年收入在3000元以上的也有这么些村民,他们是和仕黄、和三友、和福生、和社华,他们把握好生菌的时间和地点,几乎两天中有一天上山采菌,他们的老婆也是隔一天上街去卖菌。其中和仕黄几乎每天都上山采菌,采菌、卖菌由他一人承当。当他从城里卖菌回到家,只要离天黑还有两小时,他也会去山上捡野菌。他的这种分秒必争、分文必收的精神,全满中、下村民都佩服。

2007年8月20日　农历七月八日　雨

在城里开出租车的村民和朝珍的老婆和闰英近些天病情有些加重,医院要她住院治疗。和朝珍考虑到她的病在两个月前曾到省城昆明大医院医治过,在市、县医院也医治了好多次,认为医不好了,用南溪村的一句流行语"羊亡饲草完"来下结论,心想:"为医病花完钱,病却不可治好,倒不如回家养病,吃点止痛药"。由于他俩租房住的主人怕和闰英在他家发生意外,就得给和闰英买口千余元的棺材,就得破费千余元。因此,就冷言冷语催他俩离开。纳西族古往今来,视外人在家死亡是吉祥的事，但得为死人送棺材；外人在家生小孩却视为不吉祥。因此，外人在家生娃娃的事是几乎没有的，哪怕是已嫁出的自家姑娘，也不准在娘家生娃娃。

鉴于主人家的催离，和朝珍把老婆、孩子领回家，并带回所有的生活品，把车租给村里的搭档和亚军妹妹和亚梅来开（车是和朝珍、和亚军两人合伙购买的）。他打算在家长住一段时间。

2007年8月21日　农历七月九日　雨

11点半左右，好些村民在酣睡中被惊天动地的雷声惊醒，接连不断的雷声伴着哗哗的雷雨震耳欲聋，听到雷声的村民都感觉到地动房摇，估计附近遭到了雷击。还未睡下的满中村年轻人和村民、和菊、和红看到电闪雷鸣，受惊不浅。和菊有好几分钟待在楼上下不来，闻到臭味后才觉得事情不妙，下到房中看见电话机被雷击坏，她就喊醒丈夫和福生把电源都关掉，吃了受惊药才睡下。和红也被这突如其来的雷声震怕了，受惊了，得吃受惊药。睡在云南大学基地的和尚勋老师惊得不敢出来看，到第2天起床时才发现云南大学基地的电表被雷击，房子正房梁头的瓦掉了一些，掉下的瓦砸在平房上，又砸坏了一些瓦，造成连环受损，受损瓦面积约2平方米，椽子震断一根。他细察后把情况汇报给该项目负责人洪颖、和晓蓉两位老师。和晓蓉老师要他把这一情况向丽江古城博物院（木府）陈副院长汇报一下，请求木府援助修理。

据南溪村委会副书记和国军统计，昨晚上受雷击的还有南溪鹿子村村民和光家，比满中村受损严重好几倍。此次雷击，满中村有8部电视机和1台电话机被击坏；鹿子村有一农户的厨房受损较重，有5部电话机和6台电视机被击坏，所幸没有伤着人。

2007年8月22日　农历七月十日　晴

云南基地管理员和尚勋老师遵照和晓蓉老师的指点，到丽江古城博物院（木府）找陈桂云副院长汇报昨晚发生的事情，并请求木府予以援助维修，陈副院长说："得汇报请示黄院长才能答应。"于是她拨通黄院长的电话，黄院长说："正在开会，等下午说。"和尚勋老师下午2点又到木府找领导汇报，黄院长说："这下我们很忙，等明天以后抽时间上去看一下再做决定。"和尚勋老师告辞回家，等待木府领导来查看现场。

和尚勋因为云南大学基地没有电照明，再加上昨天晚上的事心有余悸，当晚没有住在基地，想在照明恢复后再住到那里。

满中的部分村民闲在小卖铺前，谈论着昨晚发生的事情，有些村民看着云南大学基地受损景象在谈论着，有的说："好险啊！幸好没伤着睡在里边的老师"；有的说："和老师一生从教，做人诚实忠厚，对事业忠心，教育教学认真负责，好人是不会有难的"；也有人说："坏人不遭殃好人反难多，以后打雷下雨时防点为好"。也有的交流着事发当时的自身感受，和菊心有余悸地说："我真害怕我妈和三姐的悲剧在我身上发生（2000年中秋节前一天，因家里电表及电器受雷击，和三姐受惊吓，后抢救无效死亡）。"大家都说："的确生命是可贵的，怕是理所当然的。"

2007年8月23日 农历七月十一日 晴

昨天，村民和丽军借了其兄和天林的手扶拖拉机去城里参加"七月物资交流会"，买他的未婚妻和金凤的嫁妆，和金凤、杨文花母女随同前往买货。和丽军、和金凤两人的婚礼要在农历八月初六举行。因为看货讲价，费了好些时间才把货买好，回到家时已将近晚上10点。和丽军的母亲借"回来晚"这一借口，骂和丽军，于是母子之间发生了争吵。

今天早上和丽军起床到厨房，和丽军的母亲和女及父亲和国春又与和丽军争吵，和丽军的哥哥和天林前来劝解。和天林走后他们又继续争吵，到早上10点左右和丽军走进宿舍发现父母不在。原来和国春、和女老两口（和国春现年60岁，和女现年66岁）找到六包磷化锌（老鼠药），买了一斤酒，出走到鸡冠山背后的一座山坡上（山名叫"尼不行准古"），找到一块老两口认为理想的地方，在一棵二米左右高的松树上拴了两根绳子，准备在山上服毒后上吊。准备就绪，老两口就服毒了，和女服得多，再加上平时不喝酒，毒性发得快；和国春可能服得少，再加上平时经常喝酒，药力发得慢。村民和社红、和子元、和金龙3人在此山上猎野鸡，看到老奶躺在一边，老爷坐地而泣，就赶忙回村报信。家族和部分村民闻讯后，开着手扶拖拉机，在和社红等3人的引领下，急速赶到事发地点把两位老人拉回家。到家后忙找来解药给他俩喝，和女已不省人事，和国春无重大中毒迹象。经过和丽军、和天林两弟兄商量，决定将母亲和女拉到医院抢救，和国春由部分家族的人和村民相陪在家。到医院后，玉龙县医院的医护人员对和女实行了紧张的抢救，和女暂时脱险，和国春也暂时无事。

2007年8月24日　农历七月十二日　晴

南溪满中村云南大学纳西族研究基地管理员和尚勋老师，遵照丽江古城博物院领导的指示，请来行政村电工和永勤查看基地房被雷击的情况。经电工和永勤查证，这次雷击击中电表，电表被击烂，不能再用。房屋损伤是雷击电表所致。由于电表安得高，没有避雷设施，从电杆到电表的电线有部分露出引起雷击。按说，这应该是农村电网改造时的过失。在南溪农村电网改造时，项目施工老板把质量差的皮线用在了这一工程上，南溪不少家接入各户电表的皮线都出现脱皮露线现象。和尚勋老师与电工和永勤预约好，等买回电表等所需材料后再帮忙安装，并由电工开了所需材料单。

在拆出被击电表查看的同时，和尚勋把在农网改造前用了几个月的电表拿出来给电工查看，问他能不能用上，电工说："这要拿到电厂去检验，有他们的检验合格证才能使用，要出一笔检验费，不划算。这电表已是多年前的了，倒不如买个新的。"

2007年8月25日　农历七月十三日　晴

今天是居住在南溪满上、中、下村的祭祖节，纳西族语稀称作"三每玻记"。旦都、鹿子两村不进行此次祭祖活动。祭祖节过程为今、明两天，今天为"玻祖"（迎祖）。下午时分，每户户主整理好祭祖台，祭祖台上正中摆着祖先牌，上写有本家三代祖先的姓名，也就是说南溪纳西族祭三代（父母、祖父母、曾祖父母）。台上铺满青松针，上摆三双筷子，三堆水果（带皮青核桃、梨子、海棠），每堆加一个黄瓜、一个茄子。摆好后抬着酒、茶、香到大门口接祖。户主把香插在事先铺好的青松针上，一边泼酒茶一边口里说道："今天是猪年七月十三日，请本家历代祖先回屋里坐。"然后到祖先台前，把大门口插剩的三炷香插在祖先牌前，摆上酒茶，磕头说："各代祖先请上坐喝茶、喝酒"，再把煮好的三小碗面条摆在果品堆旁。当天的迎祖仪式就完了。

2007年8月26日　农历七月十四日　晴

今天是农历七月纳西族祭祖节的第二天，各户的主人起床洗脸后，首先给祖先台插香（有些农户把祖先台设在楼上，绝大部分农户则设在厨房中的方桌上）、敬酒、敬茶、煎粑粑、蒸馍馍，先祀奉祖先，把粑粑和馍馍分三份摆在三堆水果旁，然后才能吃早点。吃每餐饭前都先得把饭菜摆在祖先台上祀奉，然后才能吃。到下午，回来参加祭祖的各家女儿或外侄、外孙陆续回到村里，把她们所带来的酒摆在祖先台上，由主人在杯中盛酒，口中还说："本家历代祖先，×××女回来给你们敬酒来了，请喝吧！"等主人把晚饭做完了，把所做的饭菜都摆在祖先台上以示给祖先们吃。然后，由主人去送祖，送祖前所有人都应下跪磕头。主人用簸箕盛上水果、粑粑、馍馍、黄瓜、茄子及做的各种饭菜，到送祖点去送祖，并把祖先牌也在送祖点烧了（祖先牌有些是永久性的木板做的，有些人家在街上买一张临时性的祖先牌)。满上村和满中村还坚持自古以来的送祖方式，就是把各家所做的饭菜拿来，在送祖点一同吃饭。

2007年8月27日　农历七月十五日　晴

村民和丽军、和天林两弟兄趁家族和亲戚在他家招呼欲死未遂的老父和国春与老母和女之机，请族中会做木匠的和国兴、和国亮、和永红、和永昌、和国臣、和李福、和万琼、和万林等人，以及在他家看护老人的和万琴、和万军、和万红等人共同来做两位老人的寿棺。中毒严重的和女经医院抢救，暂时已脱离危险，但医院没有绝对把握。要是和女活不了了，估计和国春也会有"牛事不发马事发"的势态，肯定会在和女死后有三长两短之事。因此，族人和国兴等采纳了和丽军两弟兄的意见，大家吃过早点就动工，两口棺材一起做。大家七手八脚地干开了，主要由和国兴掌木，画好木后，和国亮、和永红指挥弹线，然后砍的砍，锯的锯，刨的刨，凿的凿，到傍晚就把两口棺材做好了。要是和女与和国春两位老人真的离开人间，也不至于后生们手忙脚乱的。

云南大学纳西族研究基地管理员和尚勋老师请来电工和永勤在基地安装电表，接装电线，经过从早晨10点到下午3点的紧张劳作，受雷击损伤的电路已恢复了正常。电工和永勤说："电厂指示我安一个电表收工价40元，已在旦都村三四家实行了这个工价。"和尚勋按照他说的付了款，并把电工领到满下村自家里待了一顿午饭。电修复后，和尚勋把所有灯都打开，电工查看电路的电线（暗线无法查看），再把电视机接上电源，查看电视是否遭雷击，结果没有损坏。

2007年8月28日　农历七月十六日　晴

满中村村民和国高、和四哥、和仕军等6人送娃娃去玉龙县城镇中学读初中，满下村的和金发、和圣武等4人也送娃娃到今年新建成的玉龙县城镇中学读书。玉龙县第一中学已在前天收假开学，在该校读书的满中、满下籍初中生和江红、和开红、和建红、和学锋四位学生辍学在家。这些学生由家长、亲戚劝说也无济于事，说死说活也不去读书。究其原因是：学生在小学的基础差，到初中就吃不消所学课程，产生了畏惧心理和厌学情绪。这样的学生最近三四年在南溪屡见不鲜，满中、满下两村初中毕业生寥寥无几，高中毕业生到今年全行政村只有和丽锋（满下村籍）一人。很多村民都在留恋（思念）五年以前（1990—2002年）任南溪完小校长的和正文老师，以及在他带领下为南溪教育作出重大贡献的老师们。他们深有感触地说："过去十年的南溪教育成果累累，出了不少大学生，如今南溪学子上大学出现了断层，别说大学、高中，连初中毕业的也只有屈指可数的几个了。学生一年、两年就辍学跑完了，这主要是最近五六年南溪学校管理不严，教学不负责，学生不努力，使学生基础差所致。"为鼓励南溪学子，给考上大学（本科、专科）、高中重点班、初中民校或民族班的学生进行奖励的鹿子村籍退休老师和尚明说："从今年开始我的奖学负担减轻得多了，估计奖几个录取民校的初中生就了事了，这是前些年就料到的事了。"和尚明老师用自己的工资给南溪籍考取大学者每生奖励200元，考取高中重点班者每生奖励100元，考取民族中学或初中民族班者每生奖励50元，这种做法已快有二十年，并一直承诺坚持终身。

2007年8月29日　农历七月十七日　阴

黄山镇人民政府派镇兽医站的技术员到南溪行政村各村民小组的各户村民家中，登记核实各村民小组长上报的母猪养殖情况，并发放玉龙纳西族自治县黄山镇《优良母猪证》。有些村民问技术员登记母猪有什么用？有的技术员不做回答，有的技术员说："可能发点养母猪补贴。"满中村的村民和克权说："我有两只雌性小猪，也登记一下吧！"技术员说："是这样的，只登记生过小猪的母猪和已怀胎的母猪。"有几个村民对和克权说："上级领导怕村民和基层干部像你一样的谎报、假报，因此直接叫技术员上门登记。"由此，有的村民有些联想："中央的有些惠农政策和措施，逐级丢了一些，没有到农民手中的事情可能有。"

2007年8月30日　农历七月十八日　阴间晴

南溪完小的老师回校集中开会，会后召集了部分满下村及满中村的小学生来打扫校园。南溪完小老师在9月1日前回校是最近五六年来未曾有过的，而今年提前几天回校是个例外的事情，村民们都说："与往年不一般。"有的村民还猜测在镇教育会议上，南溪校长和部分老师受到教育主管部门领导同志的批评，要不然怎么会一改常态，提早回校呢？有的村民还在悄悄谈论："可能校长换了另一人，若是原校长提前归校一事是不可能的。按照他们的常规，9月1日那天都要等到10点或12点才到校，发发新书又放学了。"学校教育是社会的窗口，很多村民是关注着学校教育的，特别是学生家长，对学校的一切都很敏感，但怕校长或老师对娃娃进行报复。因此，有些事只能忍气吞声。

2007年8月31日　农历七月十九日　晴

村民和丽军的家族根据和丽军的母亲和女服毒自杀，暂时抢救成功，目前已转危为安的这一情况，再加上和丽军办婚事前有些事情还需继续做（如还需修整房间）。因此，经商量从今天起解除家族看护和女、和国春老两口一事，由儿子、儿媳、女儿、女婿（和女、和国春的嫁到保山市蒲缥镇的二女儿和茂芝及二女婿已在三天前从保山赶回到家）来照看。而且结算了从事发之日起到今天的所有费用支出（药费、生活、烟茶酒），结果是支出5000多元（医院药费及抢救费4000多一点，合作医疗费给报销了2000元，自家负担2000零一点，生活及烟酒茶等破费1000多元），其中，自家实际支出3000多元，误了家族百多个工日，这真是不应该的"劳民伤财"。当初，三口人互相忍让，就不至于这样伤身费财，而且臭名远扬四邻村寨，老人和年轻人在四邻村寨村民中及亲戚中的声誉全都丢尽。对这事，不同年龄的村民有不同的认识，老者认为，"年轻人应该尊老、爱老、让老，若年轻人让点、火气小些，就不至于发生这次恶性事件"；年轻人认为："和丽军三十出头，好不容易找到个老婆，老人应该把孩儿的婚事尽心来操持，他老两口这样服毒是有意整娃娃，太不应该了。"公说公有理，婆道婆占理，做人要懂得尊重、谦让。要是老人解放思想破除旧的传统观念，让年轻人以主人翁的态度来自主；要是年轻人能正确对待老人，能给老人让步些，就不至于发生这件不体面的事情。

2007年9月1日　农历七月二十日　雨

今天南溪完小按期开学了，学生们冒雨从各个村寨陆续来到学校。到齐后，在升旗台前举行了升旗仪式和开学典礼。经过三个多月紧张施工的南溪完小，宿舍楼已由昨天完工，没有了前学期的乱杂现象，如今的校园比往日更美，村民们指望着教学成绩也同学校教学楼和宿舍楼一样好。很多村民在公开场合议论说："如今的教师待遇比以前好多了，教学条件比以前好多了（集中办学、教师都有炊事员、有很高级的宿舍楼和教学楼，老师的办公费由国家财政部按每生45元一学期拨付），按理说老师应一心扑在教学上。"村民对学校和老师们寄予厚望。这学期撤销了和建雄老师的校长职务，新任命赵家善老师为校长，可见黄山镇中心校领导也和南溪村民一样，对这几年南溪小学教育有些不满意，似乎发觉了一些问题。因此，撤换了学校的核心人物。

有自称是上海乐彤公司的一男一女，手提装有有关乐彤公司材料书的手提包和乐彤公司出产的"红外磁波脚底按摩器"和"高效按摩棒"，专访离退休人员。花言巧语说："我们受老干局之托来看你们一下。"接着说开了他俩带的器材如何如何好，可治什么病，逐渐显露出推销员的本质。到和尚勋老师家，他们宣传解说后，拿出一些登记的花名册，开始说赊销，接着说要付150元的公证费，再说付现款如何优惠等。和尚勋经不住他俩的好言好语，虽然老伴反对，仍以300元付现款，赊欠300元的方式留下了他俩所带来的产品。傍晚遇见满中村和国贤老师的侄子和春红，交谈了今天这两个人的举动，和尚勋老师才醒悟到有80%的可能上当受骗了。但无法挽回过去的事情，他劝老伴不要生闷气了，以后提防点就是。

2007年9月2日　农历七月二十一日　阴

南溪完小宿舍楼的建设今天全面结束，四川广安县籍建筑施工师傅已结算并付清与他一起参加建筑的农民工工资。满中村村民和福军参加他们施工近两个月，拿到2700多元钱，心中感到很满意。他与知心人讲："满中村村民一年到头种洋芋人均纯收入不到2500元的还有相当一部分农户，我不到两个月时间就收入2700多元，这比排田种地强多了，怪不得四川人、永胜人、鹤庆人、年轻力壮的都跑出家门做工，是比在家种田强得多。如果我们也能像他们一样离家外出，每年每人可收入15000元左右，一人可顶五人的农业收入。"但南溪纳西族历来说，"赚本生意不做也可，亏本农田不种不得"，这传统陈旧的观念长期束缚着南溪村民。因此，制约了南溪经济的快速发展和生活水平的提高。新世纪开始，一些年轻人转变了这个观念，进城开车，先是租了开，接着是合资买车开，到现在已有近百辆价值50万元左右的出租车。大部分人自己买车，还有一部分为两家合资买，属共同拥有。

和福军近两个月参加四川籍工人搞建筑，得到负责施工的许师傅的信任，邀约和福军等挖完洋芋，处于农闲时再来参加他们在九河中学建筑教学楼的施工，只能参加一两个月或再短些时间，欢迎他来。

2007年9月3日　农历七月二十二日　阴转晴

村民和三姐、和燕花、和月华、和满月以及嫁到石鼓回来探家的和亚月，去东边山上挖中草药。她们身挎小篮子，肩扛小铁锹到东北边山上去挖翁公漆、重楼等。她们挖回后卖到中村的和丽元家。和丽元家以前不收药材，今年只是因和丽元的侄子（前山高庄村）和闰华做中药材转手倒卖生意，而叫他帮收药材的。一开始收的时候，收价比村中和翘奎家高得多，也比满下村寨收药材的和永华、和永红、和四闰家高点，因此人们都尽量卖给和丽元家。

南溪满中村云南大学纳西族调研基地，请满中村泥水匠和福军来修补被雷击损坏的瓦面及椽子，经过和福军昨、今两天的紧张劳作，于今天修补完成。

此次修补，买了两根椽子，200张瓦（板瓦100张，筒瓦100张），石灰200斤，在满下村寨和朝珍家买。瓦片价为每张0.5元，石灰每斤价为0.3元，椽子每根8元，修补工钱以100元包给和福军，在请不到人的情况下由和尚勋老师做和福军的帮手（传递瓦、传递石灰）。为这次修补，和尚勋老师花了6个工日。

此次修补支出：电表一套及电工工钱200元、泥瓦匠工钱100元、材料款180元、车费36元。

如能给和尚勋老师每天补助30元的误工费：30×6=180元，约总支出700元。

2007年9月4日　农历七月二十三日　阴转小阵雨

前些天，上山割树叶的妇女和二女、和爱英、和社菊、和社季等人一起到东南边的山上割青树叶，准备积肥。她们边割青叶边闲谈，和爱英谈得最多，她谈了她六七年前的不幸。她先是从娘家放牛坪村嫁到邻近的伏仲村，前夫和开文家境比较好，父亲是总站退休工人，退休后还到私人修理厂当修理汽车师傅，家庭经济收入比较充裕，她与和开文生有一男，后丈夫和开文不幸患了尿毒症，曾千方百计医治，还到省城医院医治过，花了两三万元，结果还是无治而离开人间。她真不想离开这个温馨的家庭，更舍不得离开儿子。越舍不得死的人，他死后的灵魂又经常来家里。和开文死后，他的灵魂又常来看家，经常在楼上发出"叮当"的声音，起初很害怕，后来就慢慢地习惯了。大家听了都信以为真，听的人听得入了迷，默默地听她讲完，产生了同情心。到晚上和二女入睡后，在家里的楼上发出不断的"叮当"声，在晚饭时和二女曾把白天和爱英所讲述的事情讲给丈夫和国臣及小儿子和满强。当听到自家楼上有"叮当"的声音不断地发出，和国臣越听越害怕，和二女在难以入睡的情况下，壮着胆子，照着手电筒去看个究竟，结果她看见是一只老鼠在滚动，发出"叮当"的声音。这样白天和爱英所讲的一事在和二女的脑海中烟消云散、无影无踪。她告诉和国臣在楼上看到的真相，他们才慢慢地入睡了。和二女认为在世上是没有和爱英讲的事情的。

2007年9月5日　农历七月二十四日　阴

今年毕业于丽江市师范专科学校小学教育专业的满中村籍青年和丽娟（南溪村党支部副书记和国军之女），在黄山镇党委政府领导的引荐下，在其父和国军的耐心说服下，当了青年志愿者，在南溪完小任教。任教时间为两年，待遇为每月600元工资，外加一年200元的医疗门诊费和每年200元的交通费。领导推荐、父亲说服的主要理由是：该生参加事业单位用工考试可能考不上，考试不合格在事业单位就业有点不现实；若当两年志愿者，表现好，就有可能转为正式教师，也就解决了就业问题。和丽娟本人也知道自己的文化知识底子，要是与很多专科、本科毕业生去争高低，是会一败涂地的。因此，她高兴地接受了领导和父亲的主意。她深知，是父亲当了二十多年南溪村干部，从干事到村长，到书记，又到副书记，二十多年风雨历程中结识了不少上级领导干部，才会有领导同志帮忙出主意、想办法，自己才有这样的好事。她决心苦干两年，努力工作，争取转为正式教师。

2007年9月6日　农历七月二十五日　阴间晴

村民和春银跟九河籍木匠小师傅杨春龙学房屋装修。九河小伙子杨春龙已在满下村寨装修了几所新房，经他装修的有和永良家的五间平房一所、和丽军家的三间楼房一所、和顺明家的两间平房一所、和永红家的两间平房一所，还有满上村和福仔家的三间楼房一所。他装修的手艺比以前来南溪装修房子的所有鹤庆师傅高超得多，装修的房子也比以前装修的所有房子美观得多。因此，在以前装修了的人家有些后悔，对杨春龙小师傅今年才来南溪感到惋惜。在满下村这段时间，杨春龙与满下小伙子处得很热火，特别是和春银的性格和为人很合杨春龙心意。因此，同意和春银做他的学徒。和春银的父母和永昌、和社芬夫妇也很乐意让儿子学点手艺。南溪从古至今有"饥荒三年饿不死手艺人"之说，做父母的都希望自己的儿子学会做木匠，因为木匠在南溪人的生活中是很重要的一种技术工。南溪海拔处在3200多米，常有雾气缭绕，雾加剧了对房屋的腐蚀，缩短了房屋的利用期，一所房子最多只能用40年左右，这以后就得随时翻盖，换梁头、椽子、挂方等变烂材料。因此，会木工的人在南溪很吃香。

2007年9月7日　农历七月二十六日　雨

满中村村民和春华背着种药材老板买来的小口径步枪在村子东南面的山上打鸽子、野鸡，听见有两只狗的叫声，再仔细听听，知道是两只猎狗撵着一只野生动物，而且声音越来越近，野兽朝着他所在位置的方向逃。他就拿出手机给村里的和福海等人打电话，和福海接到电话后约了邻居和涛、和三友等人拿着枪去和春华所在的地方，刚跑到那里，果然看见有两只猎狗追着一只大麂子。他们朝麂子打了几枪没有命中，眼看被狗撵上的麂子有些跑不动了，他们估计能打到，于是和春华又给几个在家的年轻人打了电话，很快就来了不少人。他们把麂子往田野里赶，不让跑上山去，结果那只跑累的麂子跑到足球场旁的洋芋地里躺着不动了，人们一拥而上用石头、棍棒把麂子打死。他们抬着麂子在卫生院门前的空地上剖腹剥皮；满下村寨的和顺明在草坝放牛，也参加了追打麂子的活动，他就割了块颈肉回家；和朝珍要了麂子心肺给患先天性心脏病的老婆和闰英煮药吃。剖完腹剥完皮，他们动手洗肉、砍肉，在和福海家里用大锅煮起来。到吃晚饭时打电话让全满中村的成年男子都来吃野味，并打麻将一直休闲到午夜才散伙。

去年满下村民打着同类的一只麂子，今年满中村又打着一只，这说明森林在20世纪80年代惨遭乱砍滥伐后，到现在又恢复了以前的茂密情景，有不少野生动物又栖息在附近山林中，生态环境已有了初步的好转。

第二天，猎狗的主人跟踪到和福海家，把猎狗和麂子皮要了回去。据说这人撵山不用枪，只用狗。因此，对狗很是宠爱。

2007年9月8日　农历七月二十七日　晴

玉龙县委杨副书记及玉龙县教育局局长和延刚两位领导到黄山镇检查工作，顺便也到黄山镇中心校检查黄山镇九年义务教育的情况，在中心校看到了由黄山镇中心校编的《黄山教育十年》一书。细翻看内容时，杨副书记看到书中记载的关于南溪退休教师和尚明鼓励捐助南溪学子的事迹后，建议和局长和他一起去南溪。于是，由黄山镇中心校长木龙老师陪同两位领导来到南溪完小，并专程到麂子村去拜访和尚明老师。县委杨副书记对和尚明老师捐助南溪优秀学子的举动很是钦佩，对随行人员说："在我们丽江市乃至我们云南省工资收入较低，且家庭并不富裕的情况下，和尚明老师十多年来坚持这样的捐助行为是难能可贵的，是典型。教育局要争取在今年教师节期间，通过电视新闻向全省、全市、全县所有人表扬和尚明老师的助人为乐精神。"同时代表玉龙县、县委政府向和尚明老师赠送了装有500元人民币的红包，给南溪完小全体教职工捐助了1000元"教师节"的活动费。

2007年9月9日　农历七月二十八日　晴

南溪完小教职工，退休教师，行政村干部（教师11人，和家香、和丽霞两位老师因病请假。退休教师2人，临时工3人，村干部3人，共17人）提前进行"教师节"庆祝活动。活动的方式是出游，到大理州剑川石宝山去体察白族民间文化，观看2007年剑川石宝山对歌会的盛况。他们观看了对歌会演出的节目，然后游览了在那里的宝相寺和石钟寺。因为恰逢剑川县一年一度的"石宝山对歌会"，游人很多，看对歌的，游景点的，来来往往，车水马龙，拥挤得很。两寺都设在悬崖峭壁之上，游人要有点胆量，从上往下看时，的确有些望而生畏。因此和学礼老师在半途就退缩而回。退休已十多年的和尚明老师对和尚勋老师说："想不到我俩能和在职教师一同游览这地方，我们一定要看个够、看个细。"结果两位退休老师也鼓足勇气和大伙一道游览了两寺融险、奇、峻为一体的风景，领略了石宝山的秀丽。这次"教师节"的活动经费一部分是玉龙县委杨副书记昨天来南溪检查工作时给的1000元，加上中心校工会给一点，县教育局给一点。今年的教师节在大家的心里留下了深刻的印象。

2007年9月10日　农历七月二十九日　晴

黄山镇中心校根据玉龙县委杨副书记及教育局局长和延刚的指示，派中心校办公室主任李建光老师请了丽江市电视台新闻部的工作人员到南溪鹿子村专访和尚明老师。南溪完小校长赵家善、南溪行政村书记兼主任和继武、副书记和国军、副主任和丽军一同前往，现场向电视台新闻记者介绍和尚明老师的事迹。

和尚明的老伴和芝命做了一顿便饭，招待了从城里来的客人，客人感到这顿饭格外好吃，有城里吃不到的好口味。

2007年9月11日　农历八月一日　阴间大雨

村民和建良今天卖出10只绵羊，每只价格为320元，每只活羊的体重大约在60～70斤。这次卖羊总价格为3200元。和建良喜不自禁地逢人便讲："养羊时间还不足两年，我在去年以每只150元的价格买来13只羊后，至今已卖出5只羊，其中有两只隔奶羊每只卖了170元，其他3只每只卖了300元，卖羊总共收入4500元左右。现在还有17只羊，其中有12只母羊将会生羊羔，我一个65岁老人的年收入比一个正劳动力还强些，而体能消耗却少得多，放羊是老年人较为轻松而经济效益确实可观的一件好事。"的确，老人说的是真的，市场上物以稀为贵，最近几年养羊的很少了，就满下村而言，只有和金辉、和建良两家有两群羊；满中村也只有和红光、和木叶、和福生、和二家四群羊。而且放羊只需下午出去放，上午可帮助种地排田，或帮忙做家务。可就是要一年三百六十五天（除春节两天关喂在厩外）都得风雨无阻地放羊，大多数人就因这点而懒的养羊。

2007年9月12日　农历八月二日　阴间晴

大多数村民都往山上去挖中草药，捡菌的人也转为挖采中草药。因为这些天野生菌的生长已处于落潮，捡到的菌不多了，捡菌的经济收入不如挖药的经济收入。不少人都认为山上的重楼在去年被采挖了很多，估计今年就不会挖到重楼了。谁知去年挖得几乎绝种，今年照样能挖到。眼睛较好、在草丛、树丛里识别能力较强的人每天都能卖到40～60元的重楼款，再差的人也能挖到20来元的重楼，可见重楼的自身繁殖能力是很强的。常常收购的其他药材如岩陀、独定子、灯盏花、秦艽、白芨都和重楼一样，虽然遭到村民接近灭绝的采挖，但它们的生命力的确是无限的。用唐代诗人白居易的"野火烧不尽，春风吹又生"的诗句来形容，也恰如其分。真是"又到今年采药时，只待勤劳者来采"。

2007年9月13日　农历八月三日　晴

村民和朝东、和英夫妇背着五谷（大米10斤、玉米10斤、小麦10斤、青稞10斤、黑青稞10斤），加上一条小红河烟、两包茶叶、两块红糖、两瓶酒、一挂腊肉、一只公鸡、一个鲜猪头、一床毛毯、一个花圈、100元人民币，还背了酒、烟等准备敬人的礼物去后山行政村木梳村村民小组参加和英的叔叔和宏65岁的丧葬礼。和宏是在七天前服毒自尽的。和英夫妇及和朝东的家族七家，每家一人也带了米、酒等礼物跟随和英夫妇一起去看望和宏入棺。不知道是怎么回事，自满下村寨和国春老两口服毒自杀未遂以后的最近这段时间里，邻近村寨里连续发生了三起服毒自杀身亡事件。在木梳村和宏自杀前一天，吉子村的中年妇女杨丽（42岁）自杀身亡；在和宏自杀之后的第三天，汝南村的和珊波也服毒身亡，好像是被和国春、和女夫妇传染似的。

现时，邻近村寨都早已脱贫，解决了温饱问题，为什么连连会出现服毒自杀的事情呢？肯定不是为了争吃穿，可能是家中发生口角所致，或许是因为酒醉，或许是因赌博而产生争吵。在我国实行联产承包以前（农村第一步改革）也曾有过类似的事件，那时多因争吃穿所致。

和英、和朝东所带去的丧葬礼是满下村寨里近些年来所带丧葬礼中最多的一次，礼品这样齐全是独一无二的，去年他的老父和尚武去世时所带的丧葬礼品也只有今天的1/5左右。这说明"隔里不同天"，各村的丧葬礼不尽相同。

2007年9月14日　农历八月四日　雨转阴

2006年提出计划，2007年实施的由丽江市国家税务局资助15万元的南溪鹿子村新农村建设整村推进工程全部结束，今天进行庆典及验收事宜。鹿子村村民小组在原小学校球场进村大路口，做了精心的装饰，增加了热烈的气氛。青松枝扎成的牌坊立在进村路口显眼处，各级领导来的车从这儿过更增添了几分姿色。这一项目是由时任玉龙县委办公室主任的和掌骞推荐的，具体的内容是：改善村民的饮水条件，返修和加固自来水积水塘，更新抽水机；改善村道，把原来的泥土路改造成混凝土路面；改造了村民各户的厕所；添置了公共活动炊具（锅、碗、瓢、盆及十套饭桌）。所资助的15万元都用在以上的各项工程上，村容、村貌发生了根本的变化：走路不沾泥，饮水不愁缺水，活动有场所和工具，上厕所卫生舒适。全体村民都感到共产党好、社会主义好，都感到我们国家的经济实力很强。

参加今天活动的有县、镇、村各级政府的部分领导，国税局的领导，南溪各村民小组组长、副组长，鹿子村全体村民。其间还进行了多场篮球比赛。所有人员都参加了午宴。

新农村建设是中央的方针大计，但不可能一起来做，会有先后之分，满下村寨的新农村建设工程，将会等到全行政村其他7个村民小组都做完后才会轮到。

2007年9月15日　农历八月五日　阴

村民和子一、杨文花夫妇在忙着筹备明日嫁女的事情，他家所请帮忙的人都陆续到来了。喝完茶、吃完早点后，和子一的胞弟和子红（此次婚宴被请为总理）、弟媳和菊花（被请为临时摆嫁妆，今日帮忙蒸饭组）不知为什么与杨文花发生口角，在和四妹等一些人的偏言下，更加不可收场，和菊花说声："我回家了，再也不来登你家的门"便回家去了。和子红也想走，却被村民和家良挡住说："兄弟之间发生点口角是正常的，但事情得照办，办完事后再交谈兄弟间的不对之处。"他就听了劝说留下了，继续组织指挥进行各项筹备工作。大约过了半小时，和菊花也手拿大盆、蒸笼等用具转回到和子一家，可能她自悟到举动有些过头。发生这样的口角可能来自各种职事安排上，和菊花、和子红夫妇认为对他俩的安排有些重了。在场的和四妹没经过思考和分析就乱指责杨文花，和家良对和四妹说："我们村有一部分人，好似他（她）们不需吃饭、喝酒，讲着别人的坏话就心满意足，本地土生土长的人不分青红皂白，合伙成一群，用恶言冷语攻击从外地、远处嫁到这村的人。但这些合伙之众长期如此，也没别人强。"和四妹好像当头挨了一瓢冷水，无话再说了。是的，满下村寨的部分妇女嫉妒心特别强，自己的本事为人又不如人家，因此拉群结伙攻击能者。嫉贤妒能的人在满下村比其他村寨多一些。

2007年9月16日　农历八月六日　雨

村民和子一、杨文花夫妇为女儿和金凤举行嫁女礼，和国春、和女为次子和丽军举行结婚典礼。因为曾经发生和国春、和女老两口出走服毒自杀一事，两亲家各怀心事，表面上表现出平平和和，但各家的心态就不那么平和了。和女服毒被救脱离危险后，行走、生活等没有恢复正常，因此和丽军家族的人把和国春从长子和天林家叫来，让和国春去和子一家做亲家客，老人只好应允，然而表情和心态却很不自然。新娘和金凤的母亲杨文花在事前逢人便说："这么小的年纪，这样不懂事的年龄就做出必嫁人的事情，我一样嫁妆也不给她，给也给不起，婚事也办不起。"但结果她还是为女儿筹买了万多元的嫁妆，沙发、衣柜、电视机、接收器、电磁炉、洗衣机、电饭锅、衣裤、鞋、七星羊披，应有尽有。招待客人的饭菜也很丰盛，美味佳肴俱全。由于丈夫和子一不识字，不会认钱计数，不会交换钱物，在这样的情况下，安排全家的生活、娃娃的上学费用等全都由杨文花做主。

2007年9月17日　农历八月七日　阴转晴

今天是和丽军、和金凤婚礼的第二天（回门、请后亲）。到吃早饭时，和丽军的媒人和万军来和子一家，请和金凤的舅舅等后亲客去吃饭。很多人都答应去，但和金凤的二舅（五二友）却坚持不去，在其哥哥五林的连劝带骂下，暂时息怒，钻进被窝装睡觉。等大家都去和丽军家吃饭时，五二友悄悄爬起来，借用和仕福家的摇手柄把自己的手扶拖拉机发动起来（他的摇手柄被他的妹妹杨文花藏起来，不让他开手扶）开走了。

原来五二友是因为今天早晨和金凤没有送洗脸水来给舅舅，所以借酒发怒。新娘给舅舅送洗脸水，这一风俗在南溪是没有的，在汝南村是必行的。纳西民俗多种多样，真是"隔里不同天"。这样借酒发作的人是很少了，特别是在南溪村寨这种现象接近消失。借酒做"英雄"的人被村民看成是傻子，是无能，是笨蛋，是不受人尊敬的长辈。因此，过去常发酒疯的人，现在也改正了，即便遇到不顺心的事，也不再重演借酒发作的拙劣手法。今天五二友的举动，村民当作视而不见，让他自行其便。

2007年9月18日　农历八月八日　晴

今天虽不是什么节日，但因为满中村村民和福海前些天借到海西村的两只猎狗，经过几天拴在他家喂养，和他建立了一些关系。于是，和福海就约了满中村民和万元、和万里、和涛、和春红、和闰里、和春立，七人拉着猎狗、扛着火药猎枪和小口径步枪去山上打猎。到火把山（位于满子师东面约5000米）他们就把狗放了，让它们去找野兽。狗共有五只，过了好一阵后，狗声在火把山响起。他们七人便分头去找山口防守，准备当猎狗追着野兽路过山口时开枪射击。结果因为林海茫茫，不知猎狗把野兽追到哪里去了。快到太阳落山时，他们边呼唤猎狗边转回来，但借来的两只猎狗，千呼万唤也不见回来。到了夜里零时左右，村中还响着和福海呼唤猎狗的声音，但回答他的只是万籁俱寂的夜空。和福海心里十分不好受，坐立不安、睡不能眠。

2007年9月19日　农历八月九日　晴

"和乐开死了，我家和乐开死了！"乐开爸和珍元这样喊着跑到和子一家。在和子一家的乐开外公和金胜急忙往家跑去，和子一、杨文花夫妇，和金星等人也一同急速跑到和金胜家中。只见只有两岁多的和乐开黑脸青唇，瞪着白眼没法动弹，只有微弱的呼吸。和金胜忙抱住外孙子，摇呀、喊呀，杨文花急忙找来一个鸡蛋和一个碗，在碗底竖鸡蛋来算卦，算出的结果是：前不久"7·30"特大沙场事故中被压死的3个小伙子的阴魂在咬小乐开。于是人们七嘴八舌地骂，杨文花、杨玉兰等妇女解下围腰，边骂边拍打小乐开的身体以驱鬼。她们又找来3个碗，盛上冷水，加上几个火炭，每碗里放些饭粒，要把3个死鬼送出去，边送边骂："以后若再来我们家，就要撒尿给你们，用斧头、砍刀砍你们。"她们边说边把饭碗摔到大门外朝沙场方向的地方。这招真灵，小乐开又睁开了双眼，呼吸由弱变正常，脸色也正常了，大伙儿悬着的心才落了地。南溪村寨中至今还有好些类似今天的例子。如20世纪90年代初在南溪鹿子村旁的水塘边，因一辆大拖拉机翻车压死两人，以后路过此地的外村人和鹿子村人常常中邪发急病、大病，人们就用今天的方法驱赶鬼神，使患者得以好转。

自从和仕黄、和自华、和六元3人在沙场遇难后，旦都村、鹿子村的小学生不再自个儿行走，而是由家长轮流用手扶拖拉机把学生们送到学校。因为是全行政村集中办学，就把原来的村小撤了归到南溪完小，由于校舍紧，满中村、满下村的学生及满上村、旦都村的一至三年级学生都不住校。旦都前、后两村的学生家长就坚持每天都轮流送接没有住校的学生娃娃，生怕中邪生病。就连以往下课后常骑单车回家过夜的鹿子村籍老师和学礼，新学年开始也改变了以往的做法，住校时间多了，因为压死人的沙场就在去旦都村与鹿子村的路边。

2007年9月20日　农历八月十日　晴

村民和子红、和金红、和金发、和金辉、和朝泽5人开着各家的方向盘拖拉机到七河乡共和行政村小南溪自然村去接新娘，他们是应堂妹和益花（吉子村人）所请，帮她去接儿媳及宾客到吉子村。和益花为长子和丽春举行婚礼，和子红等5人还同时带去了给新媳妇家的礼物。和金星、和子一、和林、和金胜也一同去小南溪村做客。下午他们5人的妻子及和银谷、和社菊、和仕、杨文花、和三姐、和芳、和秋谷、和子香、和丽春、和义社、杨玉兰等人背着米、酒、肉，带着钱及礼品去吉子村和益花家里做客。

2007年9月21日　农历八月十一日　晴

满下村村民组长和圣明、副组长和圣华请村民和学伟、和作典、和建忠、和汝信、和圣军、和万军等人，陪同村委会主任和继武、副主任和丽军、行政村林政员和吉红，以及黄山镇林业工作站负责人，到南溪满下村鸡冠山背后，与汝南化村划清山林界线。因为玉龙纳西族自治县在太安乡实行林权改革试点，必须弄清楚本乡与外乡的林界。汝南化村村干部和村民代表也在林改工作队及乡林工站负责同志的陪同下来到鸡冠山，双方人员汇集一处，共同阐述历史上划分的界线。由于汝南化方的代表否定历史的界线，尽量往满下村林地占地盘，满下村的人也依据历史上划定的界线毫不退让，双方坚持不下，商谈失败。估计以后还需商谈几次，才能确定。但也不容乐观，因为双方会为争山林地盘而互不谦让。

2007年9月22日　农历八月十二日　晴

村民和顺明请了亲戚和顺达家3人，亲家母和永秀，耕牛组的和亚华家3人，加上他两口子共9人去挖洋芋。在天气好及农忙时请人帮忙挖洋芋，主要基于两种情况：要在明天去换饲料，或者要去城里卖洋芋。否则，是不请人帮忙的。

今天请人帮忙挖洋芋的还有村民和作典家，也请了七八个人来帮忙，他们准备挖满一手扶拖拉机后，明天去坝子里换小麦或玉米，做猪的精料。

村民们每家都在开始挖洋芋储藏了，乡村出现了一片繁忙的景象。

2007 年 9 月 23 日　农历八月十三日　晴

满下村寨自去年 4 月 28 日以来至今，这段时间里死的人较多，先后有 11 个老少去世。然而这段时间里增加人数也是较多的，先有和菊芬、和永平出世，后有前些年嫁到金龙村的和一兰领回丈夫和亚军及女儿和娟，接着有前些年嫁到石鼓的和耀云领回了丈夫和珍元及儿子和乐开，9 月 1 日又有和仕平从前山迁来他母亲和爱英处定居生活。村里一下子增了 9 口人。她们把丈夫和娃娃领回满下村老家定居，是出于各自的特殊原因。和一兰的父母都已接近六旬，年老体弱，身边又没有儿女，因此和一兰就领着丈夫及女儿回来定居；和耀云是因男方家各方面条件不及满下老家，且她的妹妹也处于找对象结婚的年龄，她就趁其妹还没找到对象时领丈夫和儿子回家定居，这样她妹就会出嫁；和仕平是和李福老婆和爱英与前夫所生之子，前夫死后，和仕平由爷爷、奶奶照顾，几个月前和仕平奶奶去世，爷爷也接近七十，准备跟着女儿过。因此，和仕平就来满下投靠母亲和爱英及继父和李福。

2007 年 9 月 24 日　农历八月十四日　晴

今天是满中村村民和兰、和三六夫妇的小女儿和庆秋的生日。和兰夫妇为小女儿的生日举行庆贺，备了三桌饭。和庆秋请了满中村在家的青年男女（包括新学年开始辍学在家的三名初二学生：和开红、和江红、和建红）。青年男女们每人的贺礼是提了一箱啤酒。和庆秋还特意请来了本村在城里开出租车的青年和建华，人们对此举产生了猜测，估计他（她）俩是相好。和兰夫妇还请了村里与她家关系较好的亲戚和福军一家三口参加晚宴。吃完晚饭后，年轻人随着舞曲声在院子里跳起了纳西舞，他们边跳边喝酒，跳上一阵，又休息喝酒一阵，这样折腾到快鸡叫时才休止。

关于庆生日这一活动，南溪这地方原来是没有的，只有女儿生了小孩满月后必定先回娘家一趟，娘家一定要送点肉呀、米呀之类的食品给女儿带回婆家，这一古老的风俗还完整地保留着。庆生日，在历史上是没有过的，只是最近这些年有不少青年进城打工、开车，学到了汉族的庆生日。也有些年轻夫妇学着为自己的婴儿举行庆生日活动，但这些现象是少有的。

2007年9月25日　农历八月十五日　阴

今天是传统的中秋节，南溪村民过"中秋节"的主题是团圆，也就是合家团聚，在外打工、嫁出的女子大都回家来吃顿团圆饭。饮食主要内容为甜食，每家都想方设法做些饼子或买些饼子回来。有不少村民吃饼子的时间可能会延长到20天，甚至一个月。自家做些月饼，再从城里买点回来数量就多了，又加上农历八月十五后开始挖洋芋，撒青稞、豌豆等农作物，农事十分繁忙而时日又短。因此，早点或中午饭不少人家就喝杯茶，吃点饼子就忙农活，觉得挺合适的。所以，家家户户做月饼，一做就是一簸箕，这也成了南溪村的一个不成文的规矩。做饼子的时间不统一，有的在前晚上做，有的在昨天或昨夜里做，也有的在今天做，各家看其方便而行。吃过晚饭，休息一阵后，家家户户的火塘上都摆满了各种各样的糕点、水果（基本上都从城里买来，本地没有水果）。要是哪个去串门玩，哪家都会让他吃个饱。串门的人不必客气，可随心地吃。这种场面也象征着秋天的丰收景象。

2007年9月26日　农历八月十六日　阴间晴

满下村阿四金家族一共八家，从今天开始看护身患百病的中年妇人和闰英。和闰英从满中村嫁到满下村和尚武家，与和尚武的小儿子和朝珍成婚。婚后不久就常病，近十年来她主要患有妊高征，以致怀多胎而无成活。今年上半年又住院多时，查出患有肾衰竭、胸积水、先天性心脏病、高血压等多种疾病。在丽江医治了很长一段时间后转省城昆明附一医院治病，检查结果与在丽江所查的结论一致，医了十天后病情有所控制，后转回丽江。前不久又复发，全身浮肿，胸闷肚胀，无力行走，坐卧不宁。家族因处于农忙，但又不能把招呼和闰英的事丢给和朝珍一人，根据两者都得兼顾的客观情况，每天由家族中的两户（每户一人）帮和朝珍看护和闰英。晚上有不少村民也来帮忙看护，但主要还是由家族来承担。

2007年9月27日　农历八月十七日　阴转雨

满下村寨阿四金家族的人和家良、和尚花、和益花、和朝东、和秋谷、和玉祥、和朝柱、和玉芬、杨耀祥、和朝光及和万琴、和社香，和朝珍的邻居和圣华、和闰英的哥哥和春红，嫂嫂和玉海，堂哥和春华等人去东边山上帮和朝珍家砍柴。手扶拖拉机去了两辆，一辆是和朝珍的二哥和朝泽家的，另一辆是邻居和圣华家的。

和朝珍常年开车住在城里，老婆和闰英也在他那里做两口子的饭，平常很少回村来生活，因此家里柴火短缺。面对这一客观现实，砍柴的人个个都拿出良心，都想多砍点拉回去，以便招呼和闰英时有足够的柴烧。他们砍好柴、上好车，就地吃中午饭，午饭后动身回家。手扶拖拉机拉着很重的柴，刚行驶到足球场边，老天就下起了雨，大家都很幸运。要是晚回半小时，下了雨路上就难行了，特别是上坡度较大（人称"地板秤"）的地段，下点小雨手扶就很难爬上来。可今天他们抢在下雨前到家了，很幸运。

2007年9月28日　农历八月十八日　阴转雨

满中村云南大学纳西族研究点管理员和尚勋昨晚因通宵招呼和闰英，没睡在研究点，他心里很不踏实。今天吃过早饭，他来到研究点看看，结果大门上留下了昨夜有人用脚踢门的迹象，他就回家找了些钉子，带上铁锤，用钉子把大门板加固。之后，他就去找满中村村民组长和国高及村委会副书记和国军反映这一情况，并要求两位村领导教育群众，保持爱护国家财产的文明举止。和国军立即教育群众，要求每户家长管好自己的子女。自云南大学办研究点建房以来，这还是首次发生这样的事情。两位村领导认为，初中辍学在家的年轻娃娃不三不四，昨晚的不文明举动，很有可能是今年9月以后停学的初中生所为。但经过调查，是和闰里所为。

2007年9月29日　农历八月十九日　阴间小阵雨

清早起来，不少村民手拿镰刀到油菜地里割油菜，把割下的油菜两三把地放在一起，就地晒在割了的地里。到中午12点左右，人们又暂时搁下此活，背着篮子、扛着锄头或铁耙去挖洋芋。下午时分，天气较热，油菜籽会自动脱落，造成损失。因此，趁早上油菜上沾着露水不易开裂时割晒较合适。下午热度大了，油菜上的露珠干了，为了避免油菜籽的损失就去干挖洋芋的农活。

把割下的油菜两三把放一处，是为了便于快些晒干，好剥籽收藏。

2007年9月30日　农历八月二十日　晴

在城里包开出租车的村民和朝泽，接到其弟和朝珍的电话，就买了几条烟回家来，帮忙招呼弟媳和闰英。和朝珍为招呼老婆之便，不久前买了张台球桌，顺便卖点烟、酒、方便面等零食。和朝泽所带来的烟一时抽不完，和朝珍就打算卖给来打台球的年轻人。和朝泽回到家后，见到和闰英的病情还不到病危的状态，准备明日又回城去，家里由老婆和秋谷去关照和闰英。

2007年10月1日　农历八月二十一日　晴

今天是一年一度的国庆节。全国各族人民都在欢度国庆节，喜迎十七大。南溪满子师村的民众在忙着挖洋芋，没有举行庆祝国庆的活动。只有各村民组长和行政村干部由黄山镇党委政府召集前去丽江城里的一个酒店里过节。下午在刚刚建成的满上村篮球场上，应满上村的邀请，满下青年和满上青年进行了一场篮球比赛。

2007年10月2日　农历八月二十二日　晴

经过分开近两年各自生活的村民和圣伟、和武军父子（和圣伟、和尚花老两口在家；和武军、和金桂小两口及女儿和新蓉在城里），现时有了合家的迹象。和武军的老婆和金桂领着和新蓉又经常出现在和圣伟老两口处，而且开始帮忙老两口做些农活。吃饭、睡觉也常在家里。由于两年前和尚花、和金桂婆媳俩经常三天一小吵、五天一大吵，在和武军左右劝说无效的情况下，请来家族协议，与父母分伙自立。和武军把老婆、孩子领到城里，他自己包开出租车，老婆做饭、领娃娃。在短短的近两年各自生活的时间里，头一年，双方互不理睬。而后，老两口又常给儿子和武军打电话，或许和尚花感到这样做有些过头，或许有人指点她待儿媳不能像以前一样，于是她又常跑去城里看看小仨，还把小孙女和新蓉背回家领上几天。和武军、和金桂也常买些城里的鲜菜、鲜肉、鲜鱼捎给老两口，一来二往，婆媳关系有些改善。和金桂回村帮其他人家办事时，又回婆家睡一夜两夜。这段时间和金桂又领着女儿回来帮忙老两口挖洋芋。不少村民根据和尚花的为人，有疑问："这种现象会长久吗？"也有村民认为："因为老者一年比一年老，少者一年比一年大，若在生活中老者服老，少者谦让，我知你让，是会长久的。"

2007年10月3日　农历八月二十三日　雨

村委会召开村民小组组长、副组长会议，参加会议的有行政村干部3人（书记兼主任和继武、副书记和国军、副主任和丽军），各村民小组组长、副组长，共19人，全部到齐。

今天的会议主题是：先由村委会书记兼主任和继武传达玉龙县关于"县乡两级换届"的文件，以及黄山镇党委的安排意见，然后由和国军副书记做了补充，最后由和丽军发给各组长从镇里发下的宣传标语，并要求张贴好，做好向群众的宣传。会上有些组长向村委会干部提出，文屏村上面有一小截公路得赶紧修复，不然会影响整个行政村的洋芋出售，这直接影响村民的生产、生活。中午做了一顿饭，午饭后干部们各投所好，开始娱乐、麻将和扑克，直到傍晚才散伙。

2007年10月4日　农历八月二十四日　阴转晴

满下村寨村民杨文花傍晚收工背了一篮洋芋回到家中，突感胸部、咽部疼痛难忍，口中吐出一口痰，可这痰里有血，她再吐了几次口水，口水里也带有血。于是她着慌了，赶忙向城里开出租车的家族人和亚军打电话。和亚军接到电话后半个多小时回到家，把杨文花拉到县医院检查医治。要是在15年前发生这种事，只能忍住病痛挨到第二天早晨再请上四五个人做个担架，由人轮流扛到县里，山高坡陡路难行，得花上四个小时。可现在，自发现病后不需两个小时就可得到救治。这是社会进步、国家发展、农村的基础设施得到改善，人民生活走向富裕的结果。特别是乡村公路的改善，给村民出行带来极大方便。和亚军把杨文花拉到玉龙县医院，经医生检查后住进医院治疗，病情稳定，很快会好起来的。

2007年10月5日　农历八月二十五日　阴

村民和圣伟从前山石镜头村姑爷家借来手扶拖拉机，早上出工时请人把手扶拖拉机开到田边停好，他们就挖洋芋，把挖到的洋芋装进拖拉机挂斗里，一直干到太阳偏西，又请人开拖拉机回家。到家后，儿媳妇和金桂做家务，和圣伟、和尚花老两口下车，并把洋芋分类（大、小、种子、次品）装进事前备好的房子里。他家请来开手扶的人大部分时间是和金桂的弟弟和文亮。和文亮把手扶开到田边停好后去干自家的活，收工前又把手扶开到和圣伟家。和金桂嫁到和圣伟家后，由于和圣伟家没有手扶拖拉机（以前曾有，但又卖出了），和金桂的父亲和永良或者弟弟和文亮天天用自己的拖拉机帮忙拉和圣伟家的洋芋。可和尚花有福不享，常与儿媳吵架，以致发展到两亲家不来往，再发展到与儿子、儿媳分伙。去年他老两口拉洋芋东请一天，西请一天。今年他俩趁和金桂回来帮忙挖洋芋的机会，干脆从和金桂家借来手扶拖拉机，请和文亮只是来回时开车，做到两亲家的农活各家一点儿也不误，这是较为上策的举动。

2007年10月6日　农历八月二十六日　阴转晴

村民和建忠家今天的劳动分两组进行：一组是老婆和四姐、姑娘和学青、儿子和学锋三人挖洋芋，他们把挖好的洋芋用袋装好，然后集中在一块，并且用雨布盖得严严实实的，以防雨淋湿；另一组是和建忠一人，他开着手扶拖拉机去山上采松茸，他把采到的松茸用篮子背到手扶拖拉机挂斗装好，到下午3点左右，他采到满满一挂斗，就拉着回来。到家把松茸下完后又去拉堆放在田边的洋芋。由于今年满下村寨先前还没有人采松茸，他是第一个，因此很不费劲，不需用很多时间就采满了，他还看好了明后天可采的树。还没人采松茸的主要原因是在十五天以前，南溪满子师村连续下了三夜霜，所有的杂草都遭霜冻而枯萎，人们都认为今年霜来得早，就怕洋芋被霜冻坏。因此，都先忙于下田挖洋芋。去年的这段时间除个别农户外，基本上都还在忙着采松茸，可今年却不然，有些已挖了1/3，个别劳力多的农户已挖了一半（如和建成家）。

2007年10月7日　农历八月二十七日　晴

村民和国兴家去"楞石古"挖洋芋，回来时手扶拖拉机在路上倒滑，请了些同时回村的村民帮忙推，推了好大一阵，毫无结果。最后借了和建成的拖拉机帮忙拉，再加上一些人在后面推，费了好大的劲才拉出来。凡是要走这条路去挖洋芋的村民，都对村民组长和圣明及村民和国武恨得要死，气得要命。因为和国武千方百计闹着卖石头，和圣明不顾群众利益，图一时私利被和国武及文笔村人利用，卖了一个多月石场的石头。

在一个多月的时间里，每天百多辆大汽车来来往往，路被损坏得坑坑洼洼，一旦下点雨，坑洼里积了水，拉着洋芋的手扶拖拉机陷进坑洼里不能自拔，而去"楞石古"附近的田地干活又无其他路可走。于是村民们怨声载道，责骂这两个人。当车陷下推不出泥坑时，恨不得跑去揍他们两人一顿，可这不现实。卖石场他们两人得私利，秋收时害苦了村民，他俩却气不出一口，又互相责怪，死活不提修路一事。对村民来说，他俩成了罪人，他俩的这不利民的动作难以在村民的心中被忘掉。

2007年10月8日　农历八月二十八日

阿四金家族的人近一个月招呼和闰英以来，实在有些挨不住了，因为招呼病人是昼夜不分、轮流看护，再加上这段时间农事很紧，都感到有些熬不住了。大家认为要不是"快嘴和尚花"把和闰英患不能医治的病告诉和闰英本人，那招呼之事可推后到这些天才进行较适宜。这些天和闰英的病情的确有些加重了，坐卧不安，浮肿不消，饮食减少，粪便难以排出体外。每天白天由两户抽出两人帮忙和朝珍看护，晚上也分上、下夜两个班来看护。上半夜由邻居和圣华、和良命夫妇看护，和顺达与和八娘、和爱花婆媳时常来陪着照看；午夜3点后换下夜班所轮到的两人看护。这样的看护不知道还要进行多久，患者难过，看护的人也难过。但不管怎样也只能挨着。

2007年10月9日　农历八月二十九日　晴

不少村民往"楞石古"方向去挖洋芋，回来时有驾驶技术不过关的拖拉机手把拖拉机陷在路上泥坑里，不能自拔。等后面转回的人及拖拉机逐渐增多时，人们把车停下，不约而同地帮忙推陷在泥坑里的拖拉机。只听到"一、二、三；一、二、三"的喊声，十来个人一起使力，载有一吨洋芋的手扶拖拉机被推出泥坑，到安全地带停下来等后面的车过来。如若后面又有车陷下，大家又去帮助推车。大伙七嘴八舌地咒骂现任村组长和圣明以及村民和国武，都骂他俩私下收了石头老板的一笔钱，不但把全村的石资源耗尽，而且把路弄得烂成这样。大家建议和圣明应组织修理农用路，但和圣明深知如把村民集中起来，怕会乱起来。因此，他不敢集中村民修路，东躲西藏地避开众人。

2007年10月10日　农历八月三十日　晴

黄山镇中心校长（原称教委主任）木龙老师，来南溪完小布置有关香港路华车主会捐助援建的南溪小学宿舍楼竣工典礼及欢迎路华车主会的负责人来校验收的事宜。他要求南溪要组织好村民热烈欢迎香港来人。目前南溪村民还处于农忙中，怕难以组织民众前来参加欢迎活动，就要求由满上、满中、满下村的学生家长组成欢迎队伍。老师布置的事，学生从来不会说"不"字，学生就会逼着家长来参加。木老师要求，竣工典礼那天的气氛要弄得热烈、隆重些。

2007年10月11日　农历九月一日　阴间晴

村民和秋谷搁下挖洋芋的农事，先去搓油菜。她的理由是：洋芋埋在土里，收迟点没事，油菜正处于危险期，要是下一场暴雨或冰雹，油菜籽就会随着大雨或冰雹损失完。是的，去年有不少农户的油菜就这样无收了。把油菜割好晒在田里，油菜干后，别说大雨、冰雹，风大点都会把油菜籽吹落在地而造成损失。只有趁天晴把晒干的油菜搓打、扬净后装进袋子里收好才是放心的。

可能是撒种迟早的缘故，现在有不少油菜可以搓打，但仍有一些油菜绿绿的，还不能收割。如果霜下得晚，就还有望收到一些；如果霜期来得早，就不会饱满了。

和秋谷能适时安排农事，生活上精打细算。她在满下村阿四金家族的少妇里是佼佼者，在阿四金家族的少妇中谁也不及她。

2007年10月12日　农历九月二日　晴

村民和八娘的风湿病又发作了，疼得她脚不能伸缩，关节也不能活动，可她还是一拐一拐地坚持挖洋芋。见状的人都劝她休息医治才是，可她说："农事这么忙，怎能休息呢？"她向村中曾患风湿病的人要药，人们都说："她家这么富有，怎么连一点儿常用药也舍不得买呢？"她问到和尚勋，和尚勋说："风湿病和常用药我都备的有，但我现在听到几例近期发生的医疗事故纠纷的事，就不敢给人了。因为我不是医生，万一出了问题，我担当不起的。以前我没有考虑后果，凡有人来要，都没说二话就给了，听过前几天前山放牛坪村民和兰事件的传闻后，我就不想随便把药给人了。"和八娘说："发生什么意外都不怪您，请给一点。"和尚勋在万般无奈中给了药，但由他定时、定量地给。结果病情有些好转，脚行走又便利了，这可乐了和八娘的丈夫和作典与儿媳和爱花，说以后请帮忙买点药。

2007年10月13日　农历九月三日　晴

金秋十月，秋风送爽，在全国人民迎十七大的大喜日子里，南溪完小在举行"宿舍楼竣工典礼"。

今天学校大门外布置得格外漂亮，用青松枝扎好牌坊，两旁插上四面少先队队旗，五颜六色的彩带从学校东边的鱼潭边拉到村公所大门边，从公路到校园的路段铺满了青松针，这是南溪纳西族迎客的最高礼仪。庆典大会主席台设在新建楼的走廊里，校园四周挂了六幅红布标语，大意是"感恩助学捐赠"的内容。

今天参加庆典活动的有：捐资援建"南溪路华希望小学"教学楼和宿舍楼的香港路华车主会会长何志伟先生，以及四名车主会成员；云南省中国旅行社总经理潘虹女士；玉龙纳西族自治县分管教育的副县长木志英；教育局、中心校、黄山镇党委政府的领导；南溪村委会干部；各村民组长、副组长；满上、满中、满下村的大多数村民。全校师生（学生穿校服，老师穿纳西族服装）和村民从公路上到校园门口手举花环，夹道欢迎领导和捐助者。

　　庆典大会由黄山镇党委书记和学典主持，木志英代表玉龙县委、县政府作了讲话，大意是向捐资援建者表示深深的谢意。鼓励南溪的学生们努力学习，争取用优异的学习成绩回报关心、支持学习的好心人士，要求老师们在舒适的教学环境里辛勤工作，决不能辜负党和捐助者的希望。接着，云南省中国旅行社总经理潘虹女士讲话。她回顾了丽江发生"2·3"大地震后，香港路华车主会愿意捐资援建一所贫困地区学校，委托旅行社搭桥调查、联系。通过对原丽江地区四县七校的调查，最后定在南溪。主要原因有二：一是南溪地处高海拔（3200多米），气候寒冷，出产贫乏，属于高寒贫困地区；二是时任校长和正文在艰苦的教学环境和条件下，带领全校老师踏实工作，劲头十足。之后，旅行社领来了车主会会长何志伟先生等十多人，投资27万元建设教学楼。看到师生的住处困难，何志伟先生又捐助了18万元兴建宿舍楼。今天何志伟先生还特意从香港给和正文校长带来一份礼物（金表一只）表示慰问，他在任校长时对教学工作认真负责，对南溪的教育作出重大贡献。接着何志伟先生和随行人员向2006年考取大学的六位学生的家长发了助学金，每生5000元。获得这次奖学金的是：鹿子村和仕发，鹿子村和雪兰，旦都后村和春武，旦都前村和仕梅，满上村和昌龙，文屏村和文慧。何志伟先生承诺这样的助学行动将继续进行下去，以鼓励南溪学子学业成功。他还特意送了每个学生一份礼物（书包、文具盒、笔，还加了小朋友喜欢的糕点）。

　　最后，领导、捐助者与村民、师生一起进行打跳。在打跳时，香港捐助者拉着三年级学生和红仲、和建兰，四年级学生和凤月的手说："乖乖，要好好学习，一起努力，一定要争取考上大学"。这三位学生是去年何先生派员下来调查时，香港来人答应从小学供到大学毕业的。

　　庆典活动在欢乐的气氛中结束，剩下的是师生的努力！

2007年10月14日　农历九月四日　阴间阵雨

在城里开出租车的村民和朝亮把开车的事全让老婆进行，他回来帮老父、老母挖洋芋。村民和国武家借给他一辆手扶拖拉机，让他开着去拉洋芋。和国武的老婆和闰芝与和朝亮的老婆和福春是老表，但这不是和国武借出手扶拖拉机的主要理由。主是原因是和国武在去年7月找到上门姑爷后，想要建盖大门，但手中没钱，又难借到。和朝亮的父亲和尚勋借给他2000元，解了燃眉之急。之后，他拿钱想还给和尚勋，和尚勋看到和国武的长女和玉兰有孕在身，同时也理解和国武的家境，就对和国武说："先等和玉兰分娩、生产以后再说，生小孩时没有备点钱是难的，等明年卖了洋芋再还我。"和国武深感和朝亮父母人品好，能体贴、同情别人的困难，于是发生了借出拖拉机给和朝亮用的一事。和朝亮父母也知他报恩，要和朝亮多挖点洋芋。可老天不通人情，偏偏下阵雨，劳动效率很低，人只好听从老天的摆布了。

2007年10月15日　农历九月五日　阴转雨

清早，病倒在床，由族人招呼近一月的村民和闰英病情加重。其主要表现是：有时说胡话，有时看不清人，没有眼神，没有以往的那种坐卧不安的现象。家族人就不再轮流照看，而是每一户一人都留下来，和尚花家的三人都留下了。根据这一情况，长者叫和朝珍打电话给在城里开出租车的和朝泽、和武军、和福春，要他们去白华村棺材铺买一口棺材。他们接电话后立即到棺材铺购买了一口价钱为1400元的黑漆棺材。南溪的纳西族历来的规矩是按不同的年龄段用不同颜色的棺材，死者为80岁以上用大红棺材（整个棺材都染成红漆），50~79岁用身黑头红的棺材，成年人到49岁用全黑棺材，未成年人用薄板钉成棺材，并且不上漆。同时用电话通知满中村和闰英娘家人，和闰英的胞兄和春红，堂兄和春华、堂弟和春先都赶来参加看护。这一规矩也是古来就有的，称作"生离死别"。但到临终由家族长者给死者"送别"（纳西族语称"布补")放口含时默默退出。送别的方式是:当病人停止心脏和脉搏跳动时,由看守的族中长者大声呼唤病人名字,告诉本家祖宗三代得口含逝去者的名字,要她紧紧跟这些祖宗而去,并大声点出死者面前有三条路,上条路是猛兽的行走路,下面一条是飞鸟行走的路,中间一条是死者通往仙境的路,要死者从中间一条去,并向老祖宗报告说是"从家族面前来,从众乡亲面前来"。

到下午2点左右,和闰英寿终正寝,结束了她37岁的短暂人生。死后家人吹羊角号召集村民,村民们闻声陆续来到她家,准备帮忙洗尸入棺。棺材在白华铺子里,在和闰英死后十分钟装车,由卖主用汽车送来,运费已包括在1400元中。村民们抽烟、喝酒、喝茶,等着棺材到来。阿四金家族的妇人忙着备饭,男人忙着给村民敬烟、敬酒。村民们在没有"芝步吉"前不离开她家。

注:"芝步吉"纳西语,意为帮死者另立锅灶,方式是把死者洗尸,入棺安放好后,由族人抬着簸箕,里面放有几根劈小并有烧痕的柴及用野桃枝做的三角,三角上架有土罐、碗、杯子、茶罐、筷子、饭勺,洗尸时所杀的鸡毛和鸡内脏,洗尸时用的毛巾和垫在死人屁股下的板子。村民们(男人)边吹羊角号,边大声吆喝着"入绪哈哈""入绪哈哈",到专门的地点把罐、碗、杯用石头打烂,有谁胆小谁打中的说法。

2007年10月16日　农历九月六日　雨

阿四金家族和尚勋家、和尚军家、和尚花家、和朝珍家、和朝光家、和玉祥家、和朝东家、和朝泽家,共八家人全都集中在和朝珍家,安排和朝珍之妻和闰英的丧后事宜。女人们一清早就起来忙着做早点,吃过早点后,长辈和尚勋、和尚军、和圣伟三人坐在灵柩旁休息;年轻人和朝泽、和朝东、和朝珍、和朝亮、和朝光、和朝柱、和武军、和玉祥八人具体商量和闰英丧葬活动和各种职事人选。这一举动是全权让年轻人做主,学会处理事务的一种得体做法。商量完后,按照笔录再做思考,看安排是否合适。认为没多大误差后，除和朝珍、和玉祥留下以外（因为和朝珍刚刚寡夫，和玉祥是妇人，这两个人不能参加请人的行动。特别是和朝珍，等到夫人的丧事料理完后，由兄弟一人陪同先去上街一天，回来后才能进他人家门），其他6个年轻人去挨家挨户地请人、要柴。这次对传统的要柴法做了改变：原来要柴，不能向担当主要职事的人家里要，只向小工和不那么主要的职事家要一背柴；而这次却向全村每户都要一背，不分所请职事的主要、次要。请职事完成回到家后，他们商量确定戴孝的问题，商量时还请来了和闰英的哥哥和春红、堂弟和春先参加，主要是请他俩提出死者方家族及亲戚的戴孝人员。

2007年10月17日　农历九月七日　雨

一连两三天的小到中雨，院子里、村道上只要人走动得多些的地方，都是一片泥泞难走的景象。农事很紧（挖洋芋，搓收油菜，撒种青稞、豌豆等），但又无法劳作，田间洋芋拖泥带水，油菜也是连杆连菜湿漉漉的，欲挖不能，欲搓不成，村民们都只好在家休息。可忙了阿四金家族，他们为举行死者和闰英的丧葬礼而忙碌着。年轻人顶着淅淅沥沥的雨，开着两辆手扶拖拉机到沙场拉来沙子，铺在和朝珍家院坝没有打混凝土的地上，以防丧葬礼时人多泥泞；年老的妇人则收拾搬动松毛、垃圾、干柴等，整理做饭的地方。大家都整整干了一上午。做完事后，年轻人忙着搓麻将，年老妇人则忙着各家的家务（喂猪、找猪食、割羊草、洗孙子、孙女的衣服），忙得累了也没时间坐下几分钟休息。和家良深有感触地对人说："人生最难、最累是当奶奶了，不当奶奶就好了。"这话是很客观的，它一方面揭示了南溪村寨不少家庭老妇人负担着繁重的家务和农事劳动，另一方面揭示了不少当代年轻人避重就轻、弃繁就闲，只图享乐、不图奋发苦干的不良现象。现时老父、老母健在的年轻夫妇肯干活的也是有的，如和圣武、和爱花夫妇，和圣华、和良命夫妇，和永华、和金良夫妇。但也有极个别的少妇，见了麻将、扑克就把家务事和农事抛于脑后，一头扑到赌的行列里。

2007年10月18日　农历九月八日　阴转晴

瑞典老人生态旅游组一行21人，由丽江导游引领来到南溪。其中有一瑞典老人曾在2004年11月由云南大学两名研究生陪同到南溪做关于选举方面的调研，得到村委会副主任和丽军的支持，同时得到和尚勋老师和家人的热情招待，并得到和尚勋老师的全力支持和关心。至今，老人难以忘记，特地从丽江来到南溪看望和老师、和夫人。

村委会副书记和国军，和尚勋老师在村委会门口迎接这21位瑞典老人。在村委会休息了约半小时左右，会说中国话的、以前来过的那位老人询问了一些村里的情况，如现在南溪的人口、农民收入、外出打工情况、村民医疗、学校教育、计划生育、村里以后的发展规划等，和国军、和丽军两人都一一做了介绍，听不懂中文的瑞典老人由导游用英语翻译给他们。他们从瑞典带来些小礼物，一份送给和国军，一份送给和尚勋老师。送给和国军的是一盒小孩玩的画卡，送给和尚勋的是包装得很贵重似的一盒火柴。然后，他们要到两个农户家看一下，这两户事先就安排在满中村和万里及和丽元家。看完后，他们提出要到和尚勋老师家去一下，热情好客的师母和家良为远方来客备好了茶水、糕点、水果、瓜子、松子等。休息了40来分钟，以前在和老师家住过的瑞典老人给了和师母100元的小费，其中的一个老人拿出珍藏在包内的瑞典全家合照精装玻璃一块。通过此事，当事者体会到"来旅游的老外不一定比中国人富有，而且比中国人小气得多"。

2007年10月19日　农历九月九日　阴转雨

满下村寨为死者和闰英举行丧葬礼做准备工作。年轻人及担任各种职事的成年人都聚在和朝珍家。

早晨，被请人们背了一背柴来到他家吃早点（此前，担当重要职事的人家是不要这背柴的，如总管、炊事、蒸饭、记账等，这次开始，不管担任什么职事，每人都要一背柴，这是一个新的方法，这方法打消了部分人的心理不平衡）。主人家原来打算今天吃早饭后不再集体找柴，这做法是坚持了20多年的规矩。炊事主管和永红对主人家说："这规矩不能改，以前，不管下多大的雨，家家都去砍柴的，今天拖拉机用不上，人背人扛也要去，要不对以后的丧葬中集体砍柴是个难题。"于是，总管派来帮忙的小工（多为未婚青年）每人砍背柴。不少人冒雨到山上去砍了来，一些较懒的则从自家背了来。其他职事各忙各的，家族在忙着剪孝布。由于这些天连着下阴雨，总管便指挥在家的人员搭盖雨布，把做饭、吃饭的地方盖得严严实实的，可以和天晴时一样进行活动。

2007年10月20日　农历九月十日　雨

满下村寨为和闰英举行丧葬礼。一起床，各种职事各忙各的。9点家族进行上祭，祭品做了细小的改革，就是免了家族各户的挽幛（俗称祭单，一般由缎被面或绸被面做），改为祭钱20元。这样做对丧家有实际的作用，被面用途不广，对丧家有实惠的是钱，钱可以变通为所需物品。9点半举行丧葬礼，纳西语称"悬白"。因为和朝珍、和闰英夫妇没有儿子，所以丧葬礼上的"三敬、三献"（敬香、敬酒、敬茶，献饭、献肉、献汤）由本族后生五八金、五丽松、五建伟3个小男孩进行。这项内容，规矩上是由孝子和孝子的堂兄或堂弟进行。出葬时的"引路方"（纳西语称"河"）本应由孝子扛着走在灵柩前，但和朝珍无子，后生们都幼小，就由和朝珍的胞兄和朝东扛。

南溪纳西族丧葬礼中，家族祭供品本来为五谷（米、玉米、小麦、青稞、燕麦），现在为三种：米、玉米、小麦，近族每种粮食大多为10斤或8斤，一般亲戚多为5斤，现时还加了人民币（多则200元，少则5元不等）及烟等物品。历史传统没有家族摆酒、敬烟的现象，这一举动在南溪开始流行才有六七年时间，造成丧葬活动中不仅丧家花销大，而且家族和较亲的亲戚花费也很大。三亲六戚送小礼，开初多为一瓶酒，现发展为钱；开初多为两三元，现为30元不等。例如，这次死的是长者和尚武的儿媳，和尚武的侄女或其他亲戚送来一份丧礼后，还要给和尚武的3个儿子、女儿、和尚武的兄弟另送酒或数额不等的钱。这一做法也是最近十年来才兴起的，源自太安乡汝南村，后南溪村也接受，并越演越烈。

不管家境的好坏，都得赶潮流。

2007年10月21日　农历九月十一日　阴

阿四金家族和亲戚带着供品去坟场上坟，又称"伏山"。到坟场后，由长者和尚勋、和圣伟、和尚军3人进行祀奉祖先的事宜，向历代祖先寄托和闰英的灵。祀奉寄托后，大伙儿向山神、祖先磕头，然后食用所带来的食品。休闲娱乐一阵后，12点回家。家族的年轻人都安排了各人所担的工作，请各种职事入座就餐，入座的次序是：总理、炊事、蒸饭、埋人、洗尸者、烧衣被者、烟官、酒官、记账、收礼、招呼老人的小工。招呼完毕，各种职事就摆上扑克、麻将进行娱乐休闲。

闲不住的中青年共30多人，用手扶拖拉机拉去满上村球场，与满上村人进行篮球赛。历史上在南山片常得冠军的满下村人，有傲气，但比赛起来却一败涂地，给满上村队输了100元（参赛者及观看者都每人凑5元，共凑到160多元），剩下的钱回到村后买酒喝。他们边喝酒，边总结，结论是："没有进行平常训练，过去常胜将军年龄都过五旬，不再出现在篮球场，没人指点和传授球技所致。"

傍晚，各种职事都从和朝珍家拿回了自己的用具。

2007年10月22日　农历九月十二日　晴

村民们都忙着下田挖洋芋，搓打油菜，干得热火朝天。阿四金家族的和尚花、和金桂婆媳也去挖洋芋了，和家良及和朝亮、和福春三人也准备去挖洋芋，但听到和玉祥说："今天我们家族要还东西，今天就下田劳动，众人会说笑的。"这样就打消了劳动的念头，把东西还完后又去和朝珍家闲。族中的和朝泽、和朝柱去邻村汝南化参加老东巴和学文的丧葬礼，还帮带去了本族其他人家的丧礼（钱），和学文家与本族沾亲。

今天才彻底结束和闰英的丧事，前后花了十多天的时间，这还算是短的，要是家里人多，出葬日难择，更会增加时间。

村委会召开选举领导小组会议（各村民组长为领导小组成员，村委会书记为组长，副书记、副主任为副组长）。今天的会议内容是提名黄山镇第二届人大代表及玉龙县人大代表（要求非党员，女性一名）。会议提出了村民组长及村委会干部为镇代表候选人，另提了妇女主任杨耀秀；县代表提出了8个人，其中，每个村民小组一人：满上村为和桂芝，满下村为和亚兰，满中村为和学英。

2007年10月23日　农历九月十三日　阴间阵雨

村民小组长召开户长会议，会议的主要内容是：第一，副组长和圣华传达了前些天镇里召开的统计填表会的内容和要求。他要求各农户把原来所填发的"土地承包合同书"交到他那儿，由副组长到村委会重新审查登记。第二，和圣明传达了一个喜讯——县农业局给南溪村委会田间路修理补助款，修补路段为4千米，每米补助10元。其中满下村寨分得2千米，也就是说满下村寨得到玉龙县农业局2万元的修路补助款，这是一件大好事。农民修自己走的路，按理应做无偿劳动，修路还得到补助款，这是求之不得的好事，是党和政府支农、惠农、爱农的具体表现。但现实农事太忙，不能及时开展这一工作。如果现任村民组长不把拨款装入自己的腰包，那每户可分到344元，除去拉沙的柴油款144元，每户还可得200元的劳务费。但村民估计和圣明不敢像个别人那样，因为，前不久卖石场的举动使他很难堪；再则，他已向村民公布，不便再装入自己的腰包。

2007年10月24日　农历九月十四日　晴

满下村寨组织村民（每户一人，和朝珍家因事未参加）修补从村寨到"楞石古"的路段。开工前，村民组长和圣明张贴了公布昨日讨论的代表候选人的告示，并向参加修路的村民发了各户的选民证。喊到和顺明时，和顺明说，"我不要，你来各户填写就是了"，并发表了不愿意修铺路的语言。和圣明也无话可对，忍气吞声，他知道和顺明是在与自己找吵架的碴儿。他发完选民证后，宣布第一组和第五组上车，第二、第三、第四组下车铺路。说完，各组就分别活动。上车的爬上手扶拖拉机去沙场上车，铺路的有些拿着锄头、有些拿着大锤，往泥泞路段而去。到沙场，十辆手扶拖拉机等在那儿准备拉石头，上车的够紧张了。到下午1点半吃午饭，吃过午饭又到出工的时候，在球场上和金星等人说："我们满身溅着泥浆，而一部分人则像逛街一样干净，集体劳动就是这样，特别是今天来参加铺路的那几个少妇，纹丝不动，真不自觉，不知道她们自家的农事和家事是怎么做的。"（参加铺路的妇女有和玉兰、杨耀祥、和玉祥、和丽雪）今天拉的手扶拖拉机是按前几年公益劳动轮流继续派的。到太阳落山时才收工。

村民都知道和顺明对和圣明的态度完全是由他发官瘾而产生的，不管和顺明发多大的火，村民都不会选他当组长。

2007年10月25日　农历九月十五日　晴

前些天失去妻子的鳏夫和朝珍，今天去城里逛（纳西语叫"只口"）。居住在南溪的纳西族女人，一旦出寡，就由妯娌陪着去城里逛一天后，才能到亲戚家去；男人成鳏也如此，先要去城里逛，除年岁大者（60岁以上）由兄弟或侄儿陪同前往外，一般都不陪。如今因社会发展，过去进城上街步行已改成坐汽车，又考虑到开销，因此除个别不能或不会自理的人外，一般都无人陪同，由自个儿进行。这样进转城后，鳏夫寡妇又可随意去亲戚邻里家走动。

2007年10月26日　农历九月十六日　晴

满中村组织村民进行田间公路修理。方法是每两户出一辆手扶拖拉机，到满下村沙场要来石头和沙子，先将石头铺在坑洼较深的地方，然后拉来沙子铺上。在进行时有些村民提出："我们不走这条路，我们不参与"，村民和占军说："这是村务活动，不管走与不走，都得参加。"他鼓励还处于为难之中的村民组长和国高说："集体活动，全村参与，天经地义的，你要大胆，该修的路段都必须修一下，不管花几天时间，这样村民心理就平衡了。"这样一说，本来不想干的也来了劲，觉得和占军说的在理，于是修路又顺利地进行。

满中村的这次活动也是得到农业局资助的修田间路每米10元的补助才组织进行的。

从满下、满中两村修铺田间路的情况看：村干部及村民不以为这是农民自己的事情，应该自己在农闲时做，而是得到了上边的资助后才应付一下。

2007年10月27日　农历九月十七日　晴

村民和作典、和朝东、和朝光耕牛组今天播种青稞、豌豆，村民和玉祥因丈夫失踪无人犁田，请他们三家代犁。和作典的儿媳和爱花与和玉祥的丈夫和国军是姨表，和朝东、和朝光是和国军的家族。因此，他们三家不好拒绝，也因为数量少（只有五六分），他们就帮着犁了；要是数量多，他们三家不会帮助犁，和玉祥也会出钱另请手扶拖拉机来犁。

他们组的撒播进行得快，因为全村寨中和作典家四口人干起农活来个个生龙活虎，61岁的和作典夫妇不亚于年轻人，精神饱满的儿子和圣武和儿媳和爱花，干起活来好像演员在舞台表演似的轻松扎实。虽然和朝东、和朝光、和玉祥他们排农种田的功夫不在和作典四人眼中（不满意），但犁田不能单个进行，而且他家所撒播的面积比其他农户多得多，农业收入、家庭经济收入居全村寨第一。他家是苦得起、干得好的致富典型。

2007年10月28日　农历九月十八日　晴

　　和建成、和永红、和永良、和永军耕牛组，今天进行撒播小春的农事。这一耕牛组合伙的时间已较长，他们四家每年都担负着帮和国南家犁地和播种的任务，这个耕牛组也就成了五家。他们组有两头牛可犁田，但为了争取在今天就撒种完成，就用两辆手扶拖拉机来犁。耙田的妇女和男人集中把一块一块田耙完，没有分组进行。南溪土壤肥沃、土质松软，撒种青稞从来就不加肥料。如果加了农家肥，庄稼成熟时长得高、长得壮而会成片倒垂，反而造成歉收。因此，一般都不施肥，撒播进行起来比较快当，所撒种的数量也少，每户四五分，最多也只有每户二亩。

2007年10月29日　农历九月十九日　晴

　　村民和永昌家、和丽军家以及和国兴家在种青稞。过去几年是和永昌、和丽军两家合伙进行，和国兴去年从他的三舅爷家退出后，先自个儿干了一年，今年又参与到他们两家里。干上紧张的一天，三家的青稞均撒完。

2007年10月30日　农历九月二十日　晴

　　村民和朝珍为去年从玉龙县医院要来的养女和玉凤举行生日庆典活动。和朝珍在去年的今天，通过在县医院当医生的堂姐和朝花的推荐，要了刚降生的私生女来抱养，经一年养育（一口母乳也没喝过）小玉凤长得结实，已开始咿呀学语、抬腿学步，很逗人爱。她被生母抛弃，养母和闰英前些天因病去世，只有父爱的她，生得很精灵。

　　庆典活动较为隆重，和朝珍备了宴席，请了亲朋故友、亲戚共九桌人。来客所带的礼品都为钱，每人20元到100元不等。晚饭后，小孩子们围在和玉凤身边，边拍手边唱《生日快乐》歌。成年人则围桌而坐边抽烟、喝酒，边展开扑克、麻将之战，有些人将在这"经济战火"中得到可观的收入，会洋洋自得，暗庆运好；有些人将会输得干净，垂头丧气，后悔当初不该参与；有些人还将受到妻儿的责骂。

这些人开展的"快速致富"举动，很不入老人的眼，可青壮年却视之为娱乐。这风气的确不好，但又无法制止，只好任其下去。

2007年10月31日　农历九月二十一日　晴

村民和国亮家、和尚军家、和家良家在撒播青稞和豌豆。可他们却没有驾着牛犁田，也没有开着手扶拖拉机犁地，而是在挖洋芋。他们在挖洋芋之前把青稞或豌豆种撒在洋芋地上，然后挖洋芋，把洋芋用锄头或铁耙翻上来、打碎，再把洋芋拣干净，顺便平整一下。细心者把种子在衣袋里装上一些，当翻开一坛时，便从衣袋里掏出几颗种子撒在翻开的坛底，再在坛中间的空地上锄翻一下，就算把小春作物种下（在南溪把秋冬季节播种、夏天收割的粮食作物称作"小春作物"，把春种秋收的作物叫作"大春作物"）。

这种耕作方法属于创新，是前人没有做过的。用这种方法有这样的优点：①可以单户进行；②省时；③收种同时进行，节省了一些手续。洋芋挖好、小春种好，两大农事一次性完成，是个好方法。在满下村寨，去年村民和国亮家已尝试这种方法，他们家认为与传统的播种成果基本差不多。今年就有和尚军、和家良两家学着干。

2007年11月1日　农历九月二十二日　晴转阴

满中村村民和福海领着昆明籍的洋芋老板买洋芋种，他帮老板问洋芋，过秤、记账，酬金跟去年一样一斤一分钱。今天的开价使卖洋芋的农民比较开心，大洋芋每公斤8角钱，小洋芋（洋芋种）每公斤5角钱，比历年的开价高出好些。与往年不同的是，买洋芋的人不单买大洋芋，而是大、小洋芋一起买，一样装一半，说是要把这洋芋拉到弥渡县去卖。和福海家还有五六亩洋芋要挖，但考虑到帮忙老板买洋芋，就搁下挖洋芋的活。不少村民都认为现实的每公斤8角抵得上来年三四月卖的每公斤9角，因为现在洋芋刚出土，还沾有泥土，水分也挺重的，大多数村民都想卖，但和福海只上他家的、他弟弟和福生家的及和兰家的。

有些村民则认为今年所有物价上涨过猛、过快，涨幅过高，洋芋开价8角一公斤还算低了，以后还涨才合情合理。因此，现时还不动声色。

2007年11月2日　农历九月二十三日　阴

云南大学纳西族研究基地负责人和晓蓉老师来到基地调研，一同前来的有从西藏拉萨来的喇嘛教活佛，香格里拉松赞林寺活佛及大喇嘛一人，云南大学研究生两人，尼泊尔的一位客人也同来基地调研，共有8人。和女士到基地后，详细询问了基地的情况，并与基地管理员商讨了基地以后开展工作的打算。同时她仔细察看了基地由电线引起雷击震坏房屋的情况。她打算在今年底或明年初在基地举办一期"东巴文化传承班"，以便弘扬民族文化，使南溪有东巴文化再传承的人员，她要求管理员和尚勋老师做好统计宣传工作。与此同时，她付给满中村村民组长和国高自来水管维修费300元。在基地逗留时，从西藏拉萨来的活佛，在基地楼房的天花板四角钉上了不同的四块小玻璃牌子，象征着佛法保佑此房以后不再遭受不测。

自在南溪建立基地以来，先后有瑞典、美国、尼泊尔等国学者以及河南籍民俗学生刘帅东、贵州籍学者、云南弥勒籍学者、云南丽江籍人类学博士杨杰宏、江苏南京籍民俗学者张岩、河南洛阳籍民俗学者段小青等人，到基地调研纳西族民俗、民风。杨杰宏还出了一本关于南溪民俗的书《溪村社会》，此书的出版有助于进行民俗研究的学者对纳西族进行调研。有些后来的学者还专门买来此书，到实地对照、核实。

2007年11月3日　农历九月二十四日　阴间有雾

江苏南京籍云南大学民俗学研究生张岩及河南洛阳籍云南大学民俗

学研究生段小青（女），跟随纳西族调查基地管理员和尚勋老师到田间，去看农民挖洋芋的情况。他们要参与挖洋芋的生产活动，和尚勋老师及夫人都怕泥土弄脏了他们的衣裤，千方百计让他们俩休息，他们不肯，就叫他俩去山上捡柴；他们捡回一些柴回到田里后，执意要动手试试，和夫人就让他俩捡洋芋。眼看着他俩笨手笨脚的，真是在城市里长大，从小拿惯笔的研究生，干农活的确不是件容易的事，就叫和尚勋老师把他俩领回家里休息。

晚上，三人在火塘上边烤火边交谈有关居住在南溪的纳西族各种风俗习惯。

2007年11月4日　农历九月二十五日　晴

云南大学纳西族研究基地管理员和尚勋老师，吃过早饭后领着云南大学民俗学研究生张岩、段小青两位同学到鸡冠山背后的东巴灵洞调研。这是在2004年来做调查的研究生杨杰宏、刘帅东两人到东巴灵洞后的又两个民俗学研究生。他们从鸡冠山背后的跌水岩路过，到东巴舞场休息片刻，再往上爬到灵洞。路过跌水岩时，两位研究生看到水从石崖的半腰流出后形成瀑布，被这一美景深深吸引住了，他俩对此地山水的美赞不绝口，轮流在此拍照留影。这里的山水风光真是美不胜收。到东巴灵洞，他们结合资料上学到的知识，细细察看了灵洞的各个角落，并拍下了许多照片，连声说："我们到了神圣的地方，太幸运了，太幸运了。"和尚勋老师也在百忙之中陪他们，为增加学者的学识而牺牲个人利益感到欣慰、乐观。

晚上，和尚勋老师请来大东巴后代和丽元，请他谈以前他见过的一些东巴祭祀仪式。在谈到南溪的丧葬活动有很大的变化时，和老师与和丽元一同回顾了南溪丧葬活动的情况并做了讲述。张岩同学对此很感兴趣，拿出录音机，请和老师再讲一遍，一直到零时过些才睡觉。张岩临睡前三番五次地说："南溪的丧葬礼仪很有研究的价值，等以后我还要再蹲上两个月做一番细细的研究。"

2007年11月5日　农历九月二十六日　晴

村民和永红今天帮太安汝寒坪村女老板五菊买洋芋，开价大洋芋每公斤8角钱，小洋芋每公斤5角钱，要两种洋芋同时各上一半。他在他弟和永良家问好大洋芋，在和学伟家问好小洋芋。车子停在公路上，和永良因路近就由人背了上车，称一篮，背一篮；和玉琴、和学伟两家离停车的地方远一些，就在各家过秤登记后，由手扶拖拉机拉了上车。由于三家同时过秤，上车显得有些拥挤，从12点开始上车到下午4点左右上完。上完洋芋后，和永良用满意的口吻说："卖了洋芋，拿了钱我就安心，不管以后价格上涨也不后悔。去年把我搞得很厌烦，每公斤9角时不卖，最后每公斤只卖了4角，每公斤丢了5角，真痛心。而今，我已怀揣人民币，不再担忧洋芋价的涨与跌。"

2007年11月6日　农历九月二十七日　阴转晴

云南大学纳西族研究基地管理员和尚勋老师，送走了云南大学民俗学研究生张岩、段小青两位同学后，去中村找满中村村民组长和国高。

和国高已完成自家的秋收秋种任务，在帮大理洱源的老板买洋芋。今天在称他邻居和闰菊家的洋芋，尽装品种为"护水八八"的大洋芋。装洋芋的人们装的装，抬的抬，背的人们你来我往，专门负责把称好的洋芋一篮篮背到汽车上装好，和国高负责过秤记录工作。他安排了两把秤，在两把秤上放两个篮子，同时称，忙得人们没有休息的空隙。这样做虽然紧张，但缩短了上车所用时间（车子装满快）。和尚勋转交了云南大学和晓蓉老师托付的水管维修费300元和留言条，和国高看过留言条，收下款，又忙着记录过秤。主人家和闰菊、和春立在忙着洗肉、做饭。人人都在忙碌着，和尚勋老师与和国高寒暄一阵后离去。洋芋卖价每公斤为8角，如果今天卖3万斤，和闰菊家收入12000元，和国高的酬金得到 300 元（由买洋芋的老板付给）。

2007 年 11 月 7 日　农历九月二十八日　雨

村委会召开各村民组长、副组长会议，会议的主要内容是进行明天选举乡（镇）、县人民代表的准备事项，填写选票。这次选举，整个行政村分为文屏、金龙，满上、满中、满下，旦前、旦后，鹿子 4 个选区来进行。上面分配给南溪行政村的县代表名额是一名，条件要求是非党员女性。镇代表 7 名，其中戴帽一名（黄山镇人民政府副镇长，南溪工作组和寿生）。其他六名的分配是：文屏、金龙选区一名，满上、满中、满下选区二名，旦前、旦后选区一名，鹿子选区二名。经过一段时间的提名酝酿，县代表的正式候选人是满上村村民和桂芝，旦前村村民和学英（实行差额选举）；镇代表人选：文屏、金龙选区和继武、和文红，满上、满中、满下选区和占军、和国军、杨耀秀，旦前、旦后选区和丽军、和述贤，鹿子选区和兆台、和国军（鹿子村村民副组长）、和寿生。

今天召集各村民组长、副组长是把这些候选人的名字填写在选票上，任务很重。填完后，讨论了明天进行选举的办法。因为南溪还处于挖洋芋的大忙时节，集中进行是不可能的了，因此各村民小组的选票分发给各村民组长，要组长、副组长负责各村民小组的选举，利用早上还没出工的时候到各农户家填写选票，填完后集中到村公所检票。

2007 年 11 月 8 日　农历九月二十九日　阴间晴

上午各村民组长、副组长依照昨日的安排，拿着选票到各农户家进行选举。12 点集中在村公所由县代表集中唱、检、计票，汇总南溪选民的全部票数。镇代表以各选区的选民来计票产生。这些事宜在黄山镇南溪工作组组长和寿生同志的安排下进行。

通过检票，南溪全行政村 1097 位选民投票，满上村妇女和桂芝以 734 票赞成、350 票反对、13 票弃权的结果当选为玉龙纳西族自治县第十四届人大代表。通过南溪四个选区选民的投票选举，以大半数赞成为选举结果，和继武（村委会书记兼主任）、和国军（村委会副书记）、和丽军（村委会副主任）、和述贤（旦前组长）、杨耀秀（村妇女主任）、和兆台（鹿子村民组长）、和寿生（黄山镇副镇长）七位同志为黄山镇第二届人大代表。至今，南溪村县、乡（镇）换届选举工作已初步结束。

会后和继武主任受黄山镇卫生院的委托，布置各村民组长收缴2008年度的农村合作医疗集资款及合作医疗证。

2007年11月9日　农历九月三十日　阴间小阵雨

村民组长和圣明拿着一支笔，一个登记表，还提了一个小包包，挨家挨户地收缴2008年度农村合作医疗集资款。他每走进一户，就先要合作医疗证，再按证上的各户参合人员填写在登记表上，然后按参合人数收款，每人10元。从组织新型农村合作医疗开始到现在，统筹金为每人10元，做到村不漏户、户不漏人，做到所有村民都参合。新型农村合作医疗回补农民的办法是：第一年给每人10元的门诊费，住院费报销10%；第二年门诊费每人7元（到2007年），当年用不完的可累计余额继续使用，2007年开始住院费报销50%（如若一人一年内住院两三次，也照样按比例报销）。农民得到实惠，尝到了参合的甜头，有效控制了农村医病返贫、因病致贫的恶性循环。因此，村民对这一项活动是衷心拥护的，在进行此款收缴时没有人说二话、没有人说怨言，即便是暂时手中无钱也及时向他人借来交了。

以往是各户长集中一下，让大伙在同一地点、同一时间向组长交款，很顺当。和圣明选择入户收缴的办法，主要是怕人一集中，有些村民惹是生非，怕抓住和圣明卖石头带给村民的不利事宜吵起来。因此，他不召集人，而是自个儿费点时间挨家挨户地收。当然，惹是生非的人毕竟是少数，是个别人，但只怕一些人也跟着这些人瞎吵乱嚷，和圣明只用了两个小时左右就把此事做完了。

2007年11月10日　农历十月一日　阴

完成了自家挖洋芋的村民和玉祥、和家良主动去帮助家族和朝光家挖洋芋。她们俩是满下村寨里地最少的农户，和玉祥又经常得到父母、姐姐、姐夫的帮忙。她平时虽然拖沓些，但由于以上两个原因而完成得较快；和家良也把在城里开车的儿媳和福春叫回来挖了一个星期，又得到和国武的帮忙（用手扶拖拉机拉洋芋），也完成得较快。她们俩考虑到田地多的和朝光家，不仅自家田地多，而且借了满中村和占典（和朝光的姨表兄）家的一部分地，还有很多洋芋待挖，就主动去帮忙。

到今天，和国兴、和永昌、和圣伟、和尚军、和永良、和永红、和玉琴、和永秀等十五六户已全部挖完。和国红、五八斤、和尚军等又去做洋芋生意。另有些家去采松球、剥松子，但松球在去年大采卖的影响下，今年结的数量很少，而且现在已有许多松球在树上裂开，松子自动掉落。因此，剥到松子的数量也只有十来斤。但精打细算的和国兴说："每斤松子至少卖7元，如果一天能剥到10斤，你的收入就是70元，虽然苦些但也值得。"

2007年11月11日　农历十月二日　阴转蒙蒙雨

村民和子一前段时间里因妻子杨文花病重，住院治疗十余天，耽搁了一些农事。今天他请了家族及平时要好的已挖完洋芋的人家：和子香、和永军夫妇、和金合、和子元母子、和家良、和子红等人帮忙。他出工时就用箩锅备好米、肉等物品，打算到山上做午饭吃。要是没遇到病痛之事，一般情况下，他们两口子干农活是不会请人来帮忙的。他俩都是劳动能手，特别是杨文花，干起活来不分自家和别家的，有劲全使上。受到她帮忙干农活的人都知道她心好口快、手勤、使劲。因此，当需要干她家活时，这些村民都比较热心。今天帮忙他家挖洋芋的人顶着蒙蒙细雨，当着没事一样坚持干。结果到下午，仿佛老天爷见他们的劲头而产生了畏惧心理一样，细雨不下了，劳动的效率也就更高了。

2007 年 11 月 12 日　农历十月三日　晴

村民和圣武家、和玉祥家、和万琼家、和万琴家、和圣伟家在卖洋芋种。因为城里各加油站柴油供应紧张，必须排好长时间的队才能加到柴油，各家家里等得有些心急，帮洋芋老板买洋芋的和永红（有人称这类人为"剥洋芋皮的人"）也有些急了，就用电话与老板和菊联系。到 12 点左右汽车与女老板和菊一同到满下村，先从和圣武家上起，一直到天黑时才上满一车。他们 5 家有的卖了 2000 斤，有的卖了五六千斤，有的卖了 10000 多斤，整整拉了 35000 斤，每斤价仍然为 0.25 元。如若不给帮忙卖洋芋的本地人（如满中村的和福海、和国高，满下村的和永红）帮忙问、帮忙称的酬金（每斤一分）的话，卖洋芋的农户可卖 0.26 元一斤，但被"剥洋芋皮的人"剥走每斤一分。因此，有一些人不愿卖给这些本地人。这些天，满中、满下两村卖洋芋的较多，比以往每一年都早，可能是吸取了洋芋价大起大落的教训。

2007 年 11 月 13 日　农历十月四日　晴

根据黄山镇党委书记和学典、镇党委副书记代理镇长和晓芳的指示，南溪行政村党支部书记兼村委会主任和继武要满下村村民组长和圣明召开满下村户长会议，和继武与村委会副主任和丽军也参加了今天的户长会议。有 56 户的户长出席了今天的会议。会议由村民组长和圣明主持，主要内容是要满下村卖沙子，这些沙子用于文峰寺公路改造，从山门铺到文峰寺约 6 千米，以 3 万元购买这路段所需的沙子。满下村大多数户长认为，前年满下村无偿献给满下村到鹿子村公路改造铺路沙子（总长约 5 千米，铺沙子 3000 方左右），同时在前年还无偿献给从文屏村到村委会路段的改造铺沙工程，用沙大约 3000 方，路长约 5 千米，这种村民一分钱也没得到而献出这么多资源的事是当今社会不多见的。因此，坚持要照今年卖给鹿子村村道建设时一样，每方沙子 15 元，而且要求政府像资助鹿子、旦都、金龙村的整村推进一样，安排并资助满下村整村推进的建设，就同意再无偿献沙。镇领导表示同意，但说明目前没有资金。户长们要求领导写下合同，待来年进行资助，实施满下村建设工程，但镇领导没写合同。这样村民认为口说无凭，资源耗尽、领导调走，找谁要资助呢？会议就不欢而散了。

2007年11月14日　农历十月五日　晴转阴

村民和永红继续为太安女洋芋老板和菊买洋芋。今天上车的是和亚华家昨天没拉完的4000斤，和永红之母和国南家的13000斤，和圣伟家的16000斤，每斤价4角。这车洋芋是要拉到弥渡县去的。和菊只管在南溪买、称、付款等事，驾驶员只管拉，和菊给弥渡那边的老板一个电话，就不再跟车。这样做了十七八年，她对云南各地的洋芋老板都比较熟悉，互相信任，那边老板管收货、汇款，不直接来丽江称洋芋。

看着目前全省柴油、汽油较紧张，人们担心油价上涨，也许会造成洋芋价的下跌，因此不少村民争着想卖，这可助了和永红"剥洋芋皮"（找钱）的良好机会。他先安排他家族和亲戚的，并表现得有些趾高气扬。有些村民就直接找满中村的和国高、和志强、和福海卖。

2007年11月15日　农历十月六日　阴雨

南溪完小召开学生家长会，因为天公不作美，会议不能按照以往惯例在校园旗台下召开，临时安排到房间里开，120号人（学前班到六年级的所有家长都到场）挤在两间房子里，显得很拥挤。会议先由校长赵家善主持，他向家长讲了家长会的内容：首先是对本学期期中考试成绩优秀者及进步生颁奖，因天阴下雨分班由班主任进行。其次是介绍了寄宿制学校学生补助款的有关规定，讲明学生家距离学校3千米以上的才有这项补助，因此，满上、满中、满下村不属于补助范围。再次是向家长们公布他任校长后的住校生生活管理和补助费的情况。他今年9月上任南溪完小后，给住校生每人买了一床价为70元的毛毯、一床20元的床单（除学前班外），每人一套吃饭用具、一套洗漱工具，每周给住校生吃两顿鲜肉。今天，做校服每人要交50元（除学前班外）。最后讲了教学工作，决定从下周开始，四年级学生也要与五、六年级学生一样上晚自习。家长们听后，与前任校长和建雄比起来，感到有明显的区别，新校长有了新的、符合家长意愿的表现。会后由各班主任对家长进行了沟通。

2007年11月16日　农历十月七日　阴转雨

满下村民和建成家、和作才家、和家良家、和万琴家每家再卖一车洋芋。原想村里和永红在帮太安和菊女老板买洋芋，出于本村人的面子，他们大都要卖给和永红，好让他多"剥点洋芋皮"（多收入一点），其中，和家良家曾向和永红说了好几次，和永红却想先把他家族的买了再买其他村民的。其他村民害怕柴油涨价后，来买洋芋的老板会减少，会产生洋芋跌价的现象。出于这样一种心理，目前满中村已卖出一半多洋芋，有些农户已全部卖完。今天，由于和建成家是和永红耕牛组的，就由和永红来帮和菊上车，其他三家则请了满中村的和国高、和春先两人来买。这四辆车都每辆只拉走二万一二千斤，在现时的三五天内要卖给他俩的农户排得较多。

2007年11月17日　农历十月八日　阴

黄山镇政府要用满下村沙场的沙子来铺文峰寺路段，曾多次召开户长会征求各户长的意见，没有结果。今天村委会干部改变了方法，不再召开户长会，而是造了满下村各户花名册，把他们分成两组：一组是村支部副书记和国军，村委会副主任和丽军；一组是村支部书记兼村委会主任和继武，村支部委员、妇女主任杨耀秀。他们分别拿着各户花名册和印油，挨家挨户要各户签上各户的意见，并签名、盖上手印。结果，各户都同意让这些路段使用沙子，资源费为3万元。

在满下村，这种方法近年来已使用了两次，其中一次是想卖满下草坝时，由于户长会上无结果，就由政府人员入户签名，用这样的方法同意卖出满下草坝（但最后，开发商害怕没有水资源而搁浅）。

2007年11月18日　农历十月九日　晴

今天，满中村、满下村来买洋芋的车辆特别多，祥云的一个洋芋老板就住在满中村和春先家，他们在满中村及满下村买洋芋。前段时间因昆明老板认为价格过高，而没来拉洋芋，和福海无声无息地过了半个月。看到这些天和国高、和春先、和永红等人"剥的洋芋皮"（经济收入）较多，今天他不甘寂寞，抬高了洋芋的价，以每斤0.42元向满中村和春红家买好一车。这样一来，和国高、和春先两人在昨天预约好今天卖洋芋上车的农户，也不愿以每斤0.42元的价格出卖。请和福海买洋芋的老板到村里时，说："0.42元一斤买不起。"结果，今天待上车的六辆汽车停在南溪，老板遇到了难题，转到满上村看洋芋。但今年满上村的洋芋质量次于满中、满下村，只敢出价0.38元一斤，村民就没人卖。今天只有满下村和顺明家、和天林家、和永昌家、和建华家、和玉祥、和永军（两家）卖了五车共5万斤左右的洋芋。看来明天以后洋芋可能会涨价。

2007年11月19日　农历十月十日　晴

满中村村民和福海昨天在满中村观看了洋芋买卖的情况，今天来满下村买，真心出价0.42元一斤。满下村村民和国兴家卖给他22000斤，这价是今年最高的卖价。满下村村民和永红继续为太安汝寒坪女洋芋老板和菊购买洋芋，价钱比前段时间加了每斤一分，为0.41元一斤。今天卖给和永红的是和顺达家、和永秀家。和顺达是和永红的叔叔，和永秀是和永红二叔的亲家，大事小事都来往很亲密，他们两家以比和国兴家少收入一百七八十元来给和永红面子。事实上和福海出价0.42元一斤是有意识给其他老板作难了，老板出不起这个价，又会到太安、后山、吉子、天红等地去。卖洋芋的村民，只知道已卖到0.42元一斤，或者想卖得更多一点。结果，老板承受不起，就转移到别的产洋芋的山村里买。

2007年11月20日　农历十月十一日　晴

今天已建成完工三个月（7月30日竣工）的卫生室终于挂牌了，而且挂了两块牌子：一块是"玉龙县疾病控制中心南溪检测点"，另一块是"黄山镇卫生院南溪卫生室"。从这两块挂的牌子推测，这卫生室的建成是与2005年11月1日南溪鹿子村突发公共卫生事件有关。用途也有两个：一是由县疾控中心的医务人员定点观测各种疾病的病况和病源；二是由黄山镇卫生院派医生、护士来此为南溪村民治病。

这一工程是加拿大张宗儒先生及夫人在玉龙纳西族自治县援建的第3个项目，夫妇俩在此项目上捐资5万元人民币，这项目充满了外国友人的情谊，南溪人将把这份来自加拿大的情谊记在心中。如果卫生院派员来开业后，对山区人民的防病、治病有很大的方便，村民们都盼着早点开业。既已挂牌，开业时间也许不会拖很久了。一旦开业，将会结束山区人民"小疾拖着，大病破费比坝区及城区多的现象"。

2007年11月21日　农历十月十二日　晴

由云南省水利厅防汛指挥部拨款，永胜县农民工修筑的由鸡冠山北部经满上、满中流入满下草坝的中村河段拦洪坝（位于满中村云南大学基地北面70米处）建筑完工。这一工程始于2007年10月28日，由五个永胜县农民工负责施工，他们住在满中村村民组长和国高家。拦洪坝全用沙石砌成，石头采自满上村的"社吉古"公路边，沙子在现场河里采挖，水泥由他们自带的拖拉机从城里拉来。拦洪坝底宽1.5米，上面宽1米，长度为4米，高度为2米，是专门用来防止洪水对该河床的冲击，拦住从上游冲下的细沙。这一拦洪坝的建成，对满中村河段每逢夏季发洪水时垮塌是有防护作用的，河道被冲来的细沙填满而河水拓宽的现象也会有所减少，是个民心工程。

2007年11月22日　农历十月十三日　晴

南溪村委会书记和继武领着防汛工程施工者（永胜农民工）来到满下村寨村民和福祥家，进行察看、测量。他们根据黄山镇政府及水管站领导的指示，要在和福祥家正屋上边砌一堵挡土墙，以防雨季发生山体滑坡。但和福祥老人坚决不同意，不让施工，说是将建造挡土墙的经费全部给他家，他家就搬迁到其他地方建新宅而居。

历届党委政府关注民生，曾在五六年前就多次动员和福祥家搬迁，政府答应给适当的补助，但和福祥老人考虑的太多，动员多年均没有结果。今天政府是在动员搬迁无效的情况下才要建造挡土墙的，但也遭到和福祥老人的阻止。不知道事情的发展结局怎样，不知道能否按照老人的意愿做。

2007年11月23日　农历十月十四日　晴

经过一年辛勤的生产劳动，满下村寨取得了洋芋丰收，少则2000斤，多则万余斤。由一个人承担家里的一切农活的和玉祥，也比往年增收约3000斤。今天她乘村民和永华的面包车去城里，买回了一台洗衣机。像她一样卖了洋芋后添置家用电器的农户不少，如去年和尚花、和圣伟老两口添置了电视机，和朝泽家添置了电视机和放像机。今天，村民和子红驾着自家的手扶拖拉机，并请了村民和子元做伴去买电视机和洗衣机。年轻小伙子和春银、和自忠、和亚冬等人则买了手机。由于增收，村民也就舍得花钱。

2007年11月24日　农历十月十五日　晴

上午9点半，由南溪村委会书记和继武、副主任和丽军在满下村球场召开满下村户长会议，会议由书记和继武主持。他说："我们做了多次村民组长和圣明的思想工作，要求他继续担任满下村村民组长，但他多次提出不干了，今天的会议请大家另选一人。"他的话刚说完，村民和顺明就抢先说："你们两个对沙场出卖一事入户签名是强迫行为，镇领导和你们千方百计压村民，而你们吃回扣。要卖沙，应出 7.5 万元，3 万元是不卖的。"和继武、和丽军说："我们入户签名绝对没有强迫，如果你不同意，我们没说不同意不行。至于你说的回扣，我们是一分不沾。卖沙一事是镇领导让我们做的，我们就履行职责。"和顺明继续说："做预算时，一定是把材料表算好了的，你们哄哪个？"接着村民和圣昌说："满下村的组长和副组长由你们两个兼任好了。"之后，会场鸦雀无声，一片寂静。过了好一阵，和顺明继续发作，并骂签名同意卖沙的 48 户村民。村民都知道他乘机想争官（村民组长），没有人理睬。村委会副书记和国军到场后，看了一阵，还是他打破了僵局。他说："既然和圣明多次提出不当组长，今天就请大家选一个称心的，能为满下村办点实事的人来当组长。"他撕下了几张纸，让所有户长提名，通过检票筛选，最后村民和金发以 36 票赞成的结果，当选为组长。和金发却说："我是不会当村长这角色的，我坚决不当。大家不要散，请另选一个。"村委会干部及很多户长都说："你既然被群众选中了，就要干了，完全会干的人没有，可以在干中学，任何事情都没有百分百的，只要有 60% 以上村民同意、支持、拥护就完全可以行事。"大家都在鼓励他，希望他能够接受村民的意愿，但他一直推辞，户长会没有结果而散。和顺明大声说："村委会、镇政府里有什么就去吃吧，但千万不要来吃沙场和石场等资源。"有人在低声嘀咕："你当村长时又怎样呢？"

2007 年 11 月 25 日　农历十月十六日　晴

村民和金辉家、和万红家、和李福家、和圣华家、和万琴家、和建成家以每斤 0.42 元的价格在卖洋芋。由于他们六家每家装一辆汽车，每车至少得装22000斤，所以上车的人显得比较紧张。再加上这段时间柴油供应紧缺，上车时较远的路也无法用手扶拖拉机拉去上车，而是靠人一篮一篮地背到公路上去装车，所以今年卖洋芋这活就有些累。今年卖洋芋的特点是：时间提前了，往年的现在这段时间还没人卖洋芋，而是在春节前后才卖；今年卖得比较集中，这段时间车多时，有五六辆装洋芋，一般也有三四辆。往年则不这样，零零落落，每天最多时装三辆车。其主要原因有三：第一，洋芋开价较高，且稳中有升；第二，满下村今年的洋芋比其他村的好；第三，现在就出手，烂的少，洋芋水分还足，大多村民都愿卖。到今天，全村寨里一个洋芋都还没卖出的农户只有七家，除留下种子和自家食用的外，已全部卖完的农户有五六家。

2007年11月26日　农历十月十七日　晴间阴

前几天的户长会没有开成功，但在此前"关于沙场开发愿意与否"入户签名时，全村有近50户同意收取3万元的资源费，让文峰寺路段老板来采沙，有七八户人家不同意。在多数同意的情况下，今天有辆装载机开进满下村沙场，开始挖沙、装沙，文华行政村中村及上村的一些村民驾驶着农用汽车来拉沙。一天拉四转，一转拉十多方，每方沙子的运费为13元。

在新选组长和原任组长未交接的情况下来采沙，满下村大多数村民无话可说，不同意出卖沙场的村民则认为这是政府与老板勾结掠夺集体资源，是不合法的，在私下嘀咕不休，但又不敢去阻止采沙。但有不少村民认为卖沙大家都有些收入，要不然像以前那样，沙场似乎成了几家有劳力的农户家的资源，他们白天采夜里卖，后来发展到白天采白天卖。为此，在今年7月底有三个小伙子在沙场丧生，造成沙场自采沙30多年来的第一次命案。

新选组长不想干，原任组长不想干。因此，对此事也就无人来过问。

2007年11月27日　农历十月十八日　小雪转晴

满中村"剥洋芋皮"的人今天突然又冒出和立功与和三友，到目前为止，满中村利用农闲时帮洋芋老板问洋芋、称洋芋、记洋芋的人已有六人，他们是和国高、和春先、和福海、和福军、和立功、和三友。他们利用居住在公路边的有利条件，帮洋芋老板买洋芋、称洋芋来增加家庭经济收入。今天他们每个人都领着一个洋芋老板，负责上一辆车，六辆车都集中在满下村装洋芋，每辆车都装了26000斤。这些洋芋有一辆要拉到祥云，有一辆要拉到弥渡，其余的要拉到大理。

往年利用这段时间帮老板买洋芋的和福生不知什么原因，今年却没有出现在买卖洋芋的场合。

2007年11月28日　农历十月十九日　晴

满下村寨村民和德华的老婆和桂花，前几天在玉龙县医院产下一男孩，昨天出院回到家。今天和德华开着汽车到四方亲戚家"报生"（告知举行祝米客的日期），他先到旦前村岳父、岳母家，接着去该去的亲戚家（女方亲戚由岳父、岳母决定该去哪些家报生）。从旦都转回后又去小南溪、金龙、汝南、吉子等地，村里的亲戚则由和德华的父母利用早晚时间报生。报生的传统做法是：每家带去一小碗甜米酒，加上切碎的红糖或白糖，每到一家，拿出一小碗米酒后说："请 ×× 尝一下小孩的米酒。"这家的长者当时就拿出一双筷子，夹一点米酒放在火塘的三脚上面，每只脚上面都放一小点，然后吃一口，吃完后大声说："甜啊，好甜啊，小孩子长寿安康。"来报生者回家时，每家都拿出若干个鸡蛋送给报生者带回家（5～15个不等，岳父、岳母家给百来个）。和德华择于农历十月二十四为新生儿举行祝米客。按南溪村历史传统，举行祝米客的时间是孩子出生的当月，不得跨月。

2007年11月29日　农历十月二十日　晴间阴

满中村村民和福海家今天杀年猪，他家是满中村今年杀年猪的第一户。往年满中村杀年猪的第一户是和闰良家，因为她家在满中村来说是田地最少的一家，可今年她家借了旦前村俩舅舅家的一些田地，种上洋芋，撒上蔓菁。因此，喂猪的东西比往年多了，杀年猪第一户轮不到她家了，或许还会成为最后收尾的一户。从今天以后，满中村的很多农户看日历定杀年猪的日期，好让亲戚和家族互相错开杀猪时间。

因为现在柴油贵，且很难买到，所以改变了以往进城买杀年猪请客用的物品的方式（过去多为驾驶自家的手扶拖拉机进城买货）。

和福海家杀年猪请的客人，在满中村来说是比较少的，因为他家家族的户数就比其他家族的户数少，邻村或外村亲戚来做杀猪客的一般只来一个。

2007年11月30日　农历十月二十一日　晴间阴

满下村村民和家良家在50天前下的小猪可以上市了，村里不少亲戚和邻里要求卖给他们。目前市场上的小猪价很高（卖价三四百元），是历史上所没有过的，这就为难了和家良老两口，卖给村里不好要高价，但人家要买又不好拒绝。两人商议后，喊来要买的邻里，其中和国亮家、和永昌家、和良命家，知道现时小猪价很高，就说以后再买；而和春红家、和尚军家、和朝东家，说是定要买，就来抓小猪了。抓小猪前，和家良对三位邻居说以最低价（每只小猪300元）出售，他们任挑了后又觉得猪小了。和家良准备买些配合饲料喂些日子再出卖。这样的收入自她当家以来是前所未有的，她心里感到很高兴。两年前，小猪市价每口才四五十元时，她的老伴花了350元从玉龙县畜牧局猪种场买来的小猪，现时有成效了，一窝小猪就可望卖到3000元，这样的收入怎能不使她高兴呢！

2007年12月1日　农历十月二十二日　晴

现年已有36岁（虚岁）的满中村村民五春立（满中村人因为在和仲贤、和俊贤兄弟两家有两个名叫五春立的成年男子，和俊贤家的五春立是12年前从满下村来他家做上门女婿的，从那时开始就把两个五春立分别叫大五立、小五立）举行"三十六庆寿"。可小五立的"三十六庆寿"方式不同于传统的庆寿方式。传统的庆寿方式是抱上一只大公鸡去白沙三朵阁或文峰寺烧香磕头，烧香磕头完毕后就去那两个地方的山上把鸡杀吃了再回家。小五立的庆寿方式是乘今日他家杀年猪之机，请了两桌满中村和满下村的平时和他要好的同龄人来参加庆寿。来做庆寿客的人们就带一点人民币做贺礼，每人30元到50元不等。

做客以币代礼，且金额多的现象最近两年在南溪越来越浓重，致使个别家庭经济难以承受，部分村民心理也确实不平衡。但已成为一种潮流，又无法阴挡。

小五立今天请了这么多人，就收到了600元左右的人民币。

小五立36岁这一年（从2006年春节前开始至今）一直在家，没有外出开出租车，在家里做牲畜厩房的建设，意在36辟邪免灾。南溪历来就有男怕三、六、九的说法，就是男人的岁数逢三、六、九，特别是36岁，49岁，那两年逢灾遭邪的较多。因此，兴在农历二月八日去三朵阁或者文峰寺烧香磕头，以求免灾免难。

2007年12月2日　农历十月二十三日　晴间阴

满下村村民和家良与满上村村民和家花两姐妹去汝南其姐姐和家义家做客，其姐和家义今天为她的次子和丽合举行结婚庆典。和家良与和家花在商谈所带礼物时有这样的考虑：前年和家花的小儿子和立强在城里举行婚礼，和家义所带的礼是300元人民币，和家花这次去做客，也要带300元人民币及一些米和一挂腊肉；和家良女儿及儿子在十年前举行婚礼时，和家义所带来的礼物是米、酒、肉、烟等物品，那时也有人加了人民币，最多为 100 元，少者为 20 元。对此，年轻人和老者产生了不同的看法：年轻人认为，虽然是姐妹，但应该礼尚往来，别人送来什么礼物，就带去什么礼物即可；老者认为，十年前送钱（以币代物）的现象还不盛行，现在时兴了，只好赶潮流了，亲戚间就不能计较你少我多的问题。结果年轻人听从老者意见，还是带去 300 元人民币，八袋米（六斤的），一挂腊肉。

虽然这么做了，但心里总觉得不平衡。在南溪的婚嫁丧葬、祝米客、庆生日、庆寿等仪式上带的物品和人民币，一年比一年多，这使得在六七年前办完大事的人觉得吃了亏，事实上也是这样的。

2007 年 12 月 3 日　农历十月二十四日　晴

村民和国兴为小孙子举行祝米客，准备工作于昨、前两天就进行了。前天他的儿子和德华及侄子和万元、和万红、和永昌四人去城里买东西；昨天，请来所有家族（满家家族共 15 家）及亲戚们帮忙砍柴、杀猪，不仅杀用于祝米客的猪，而且把今年年猪也一同杀了，一次性把杀猪的事给做完了。

在往常的祝米客宴上，一般在宴前就由外公给孩子赐名，可今天则例外，是由祖父和国兴给小孙子起名字，叫作和云鹏。这可能是和国兴的亲家对和国兴的尊重所致。

今天的客宴上不仅有来自各村的亲戚，而且有本村在城里开车、打工的和德华的同龄人，他们凑钱买了些娃娃玩具车，很早就从城里赶回村参加客宴。这层人在四五年前是不请的，只是近些年才学着城里、坝区里的人兴起的。

2007 年 12 月 4 日　农历十月二十五日　晴

南溪满子师片（满上、满中、满下三村），今天开始卖第二轮洋芋（洋芋收得一般以及收得多的农户，在收储洋芋时分类储藏，把比较差的那些先卖掉，把好的留下，等段时间再出卖）。每斤价为 0.45 元，与第一轮开始卖出时的价格差不多。还有一些农户，如和春立（大五立）、和占军、和珍华等就在第一轮的时候卖完。今天在卖的农户有和七仕家，卖出 4 万斤，他家在卖出第一轮时候以每斤 0.4 元的价格卖出 3 万斤，今天又以每斤 0.45 元价卖出 4 万斤，前些天以每斤 0.25 元的价卖出 12000 斤的洋芋。他家是满子师片洋芋收入最多的大户，村民们很佩服和七仕、和雪梅夫妇俩吃苦耐劳的精神，当然也少不了和七仕的老母和作琴全力操持家务的功劳。最近五六年来他家所卖出的大洋芋每年都在 6 万斤以上，这样靠种洋芋收入这么多的农户，全行政村（八个村民小组）也只有十多户。和七仕家今年的家庭经济收入就有：洋芋收入 33000 元，油菜收入 1500 元左右，猪、羊收入 5000 元。这样的收入是有史以来最高的一年，因为所有的物价都在升高。

不少村民称"卖洋芋是赌博游戏，卖出洋芋拿着钱心里才踏实"。过去的经验证明这话很合乎事实，有些年开价高，越往后越跌价；有些年越往后价越高。

村民和菊家在卖出一车后，还留有一车（3 万斤左右），她的丈夫和福生说："可以卖了。"但她坚持说："那涨了又怎样，一涨就是好几千，今年一定要赌上一把。"结果和菊胜利了，丈夫和福生却在低声嘀咕："像去年那样就够惨了，每斤价 0.45 元时不卖，最后以每斤 0.28 元、0.29 元、0.3 元卖出，洋芋放在房子里损失了惊人的经济收入。"

2007 年 12 月 5 日　农历十月二十六日　晴

村民和四闰今天拉来好些酒、烟、茶、饮料、蛋、火腿肠、蚕豆、瓜子等，价值近万元，他准备把这些物品作为杀年猪货，以批发价批发给村民。村民也看到他批发的价适中，当场就有好些村民批发走了所需物品，他们是和国臣、和金星、和尚勋、和金桂、和玉祥、和良命等七家，每家都背走了 500 元左右的货物。这样做对和四闰来说是薄利多销，他要求批发的农户把空酒瓶和饮料瓶还他,他想把这些瓶卖出,来增加点收入。对村民来说也比从城里买方便、轻松点了,双方都有利。和四闰是从去年开始就这样做的。

2007年12月6日　农历十月二十七日　晴

满中村村民组长和国高家杀年猪了。在满中村村民中,他家客人较多,除亲戚外,南溪完小的老师(除5个本地人外)都去他家做客。完小老师这桌客人是自从和国高的女儿和玉仙上小学后就开始请的,并坚持每年都请。这一现象在满中村先前也曾有过一例,就是现任南溪村委书记的和国军,在他儿子和丽永及女儿和丽娟上小学时,每当杀年猪时都请老师做客。这种尊师重教的现象在南溪满上、满中、满下村仅有这两例(在邻近村寨的前山、后山、吉子、汝南等地,这种杀年猪请老师做客是一种不成文的村规,每逢杀年猪之季,学校老师很少自家做饭吃,而是去村民家做杀猪客)。

还有来自黄山镇农科站的领导及农技人员,大伙不仅吃得痛快,喝得舒心,而且玩得开心。杀完猪后,除了做饭,麻将、扑克一起上,白天有农科站的同志陪着玩,晚上有老师陪玩,一直玩到第二天天亮。玩的结果:有些人输了八九百元,有些人输了三五百元,有些人得了六七百元,有些人得了三五百元;输了的无精打采,赢了的暗自高兴。经常玩的人则不在乎输赢,认为一下输一下赢,到头来输得不惨、赢得不多。

2007年12月7日　农历十月二十八日　晴

村民和永昌家在今天杀年猪,是满下村寨今年杀年猪的第一户。今年,他杀年猪请的客有明显的变化,主要变化是客人比往年少多了。首先是少了南溪完小的老师们,自和永昌的女儿和丽芳在南溪完小当炊事员后,杀年猪时不请老师已有两三年,老师、同事都不请。他认为当炊事员的请老师有些过头了，似乎有些不当。其次是他女儿和丽芳的村中女朋友没有参加了，这主要是因为她们去打工了，不能赶回来参加。这样一来，比前几年的热闹气氛减了许多。

今天，有不少村民在择杀年猪的日期，这日子要提前选择，要避忌日，不能与亲戚家族同择一日。

2007年12月8日　农历十月二十九日　晴间阴

村民和玉祥家杀年猪了，今年的情景与前年、去年有些不同，因为前年和国军失踪，去年老公公和尚典突然间逝去。因此，在城里开出租汽车的亲戚都回来帮忙杀猪、做饭。今年，这些人不再回来参与了。

自去年4月底和尚典辞世后，他的遗孀和志贤长时间领着小孙子和立冬去维西跟女儿和国英生活。今天她领着小孙子从维西赶回来参加杀年猪，这让和玉祥得到了极大的安慰。

与往年的不同点还有一个是，和玉祥考虑到只有大儿子和丽松他母子俩长期在家生活，就把事前养好的两只年猪中的一只作为商品猪卖出，只杀了一只。所杀的这只猪体大肉多，供母子俩生活会足够的。去年杀的猪，因为婆婆和志贤已年近七旬，怕随时会产生三长两短。因此，和玉祥还节约有百来斤腊肉，以备应付婆婆不测事情发生。

2007年12月9日　农历十月三十日　晴

村民和尚花家杀年猪了。今年与去年相比有明显的不同，去年杀年猪时儿子和武军及儿媳和金桂也回来参加，但只是以宾客的面目出现；而今年的杀猪活动他俩则以主人翁的姿态出现，主持筹办杀猪客的货物，参与炊事，参与杀猪，不再像去年那样别扭、被动。这充分体现了曾因婆媳不合，常吵常闹，导致老两口与小两口分开生活的这个家庭又破镜重圆，又开始了共同的生活。亲戚和村民看到这一现象都感到高兴，不再像前年、去年那样做客吃肉没味道，而是喜滋滋的，大伙有说有笑，觉得这样肉才香，酒才美。

在党中央号召构建和谐社会的大好形势下，家庭是社会的一分子，家庭必须和睦。只有家庭和睦，才能与邻为善、与人为亲，这样才能成为和谐社会里的文明人。

从她家的事例使不少村民看到：矛盾归矛盾，父子归父子，婆媳（在儿子、媳妇不离婚的前提下）是婆媳，父子不可能各奔东西，婆媳不可能长时间分离。因此，要在生活中学会化解矛盾，要学会做人，要多想到理解，想到体贴。要不然，丑闻传到人们耳目中，老人、年轻人都出丑。

2007年12月10日　农历十一月一日　阴

村民和顺光家的一窝小猪可以卖了（出生已有60天，每窝小猪到60天就可以卖出，故有"双月猪"之称）。小猪出生后就有一些他的亲戚和家族人想买，和顺光家人（老婆杨秋秀、儿子和永华、儿媳和金良）眼看目前小猪的市价很高，认为按照市价卖给村里人，有些不恰当；按照和家良家一样每只小猪以300元的价卖给家族人和亲戚，心里又有些不满足。于是，他家就对要买小猪的家族人和亲戚说："小猪有点气喘病，喘得肚子一鼓一鼓的，怕卖了害着你们，我们只好去市场卖了。"于是就用和永华的面包车把小猪拉到太安街去卖，结果380元一只卖了一对，370元卖了一对，340元一只卖了一对，平均下来每只卖到363元多一点，要是在家卖，就会少收入380元。

村民和家良能够在家以300元的价让给村里人，是她心胸宽广；再就是她有老伴的退休工资，儿子、儿媳在城里开出租车，她没有把钱看得太重，她的生活中很注重人情。因此，11只小猪都以300元的价卖出，按照市场价最低也让人700元左右。

相比之下，显现出各人的思想境界。

2007年12月11日　农历十一月二日　阴间晴

村民和圣华、和良命夫妇去丽江城备办明日杀年猪用的东西。他们与前些天杀了猪的村民和永昌、和玉祥、和尚花家一样，干脆出一点运费跟随和永华的面包车去上街。和圣华家有两辆拖拉机，但因柴油价格贵，又不好买到；再加上坐手扶拖拉机特别冷，就搭了和永华的车去买东西，回到家时付给和永华东西托运费和人的乘车费就解决问题了。

这种事例在前些年就有，但不多，特别是开拖拉机的人在家的农户，一般是开着自家的拖拉机去上街买东西。看来今年除了个别农户开拖拉机上街买菜，一般都会乘坐汽车而去。这样既节省开支，人也省劲。

2007年12月12日　农历十一月三日　晴

村民和子黄、和学锋、和三姐、和继菊4人昨天去汝南中村表叔家做嫁女客。从南溪到汝南相距约有20千米，大人步行需要3个多小时，昨天因步行累了，今天他们4个就坐车回来。本来从汝南坐车到高且村半小时可到，再从高且到南溪步行顶多一个半小时，但他们却绕了一大圈，车费每人花去12元。现在农村经济条件好了点，可年轻人吃苦耐劳的精神差了，花钱不心疼了。这种做法，对于上了年纪，曾过过艰苦生活的人看来是不必要的开支。

2007年12月13日　农历十一月四日　晴

有不少村民去绿肥地里割绿肥。由于今年的绿肥长势比往年差多了，割起来较吃力，速度较缓慢，本来可用一天时间割完的地得用两天时间才能割完。再加上天晴、空气干燥，一到下午，就出现人的手一抓住绿肥，绿肥就碎的现象，造成损失。为了避免损失，有很多村民采取天亮下田割晒绿肥，下午休息的方式进行。虽说休息，也没几个人在家闲着，她们匆匆吃点午饭，又背着篮子去山上拉松毛或者砍柴。她们不浪费时间，抓紧进行各种农事活动，体现了纳西族妇女的勤劳。

2007年12月14日　农历十一月五日　晴

满中村村民和丽元家杀年猪，他的二哥伍石红来做客。伍石红现年已66岁，作为大东巴的儿子，他对东巴的各种活动从小耳濡目染，很多规矩、仪式、过程、目的都还记忆犹新、历历在目。他讲述了东巴祭风的目的："祭风是由不得口含而逝者或死者的家人所为，是为死者以鸡代人重放口含[①]，寄托给本家历代祖宗的一种仪式。举行了这种仪式后，死鬼不再当饿鬼，不会伤害人畜，也就没有鬼缠身之类的事情。"他还讲了学东巴的人事关系，他说："东巴一般传授给子孙，也传给外人，如前不久才去世的老东巴和学文是由我爷爷康爸教成的。也就是说，在我们这一带地区没有东巴的后代，才能学东巴的规定。只是东巴的子孙与东巴接触多、受东巴的影响大，所以他们的后代受到潜移默化的传教。因此，东巴后代又成了东巴。但有规定，长者才能主持仪式（当大东巴）。"

2007年12月15日　农历十一月六日　晴

村委会书记兼主任和继武及副主任和丽军来到满下村，找村民前不久选出的和金发谈话，要求他接任满下村组长。和继武对和金发做思想工作说："既然是群众选出的，那说明群众信任你，请你不要违背群众的意愿，担当起村民组长的职务。"和金发却说："我确实没有能力担任村民组长，我现在正在供两个孩子读书，我不能听全村近60户的口舌，不想接受近60户人家的指责，请你们另外选一个，我是坚决不担此任的。"在场的和金发的哥哥和金星及堂兄和子一也在一旁唠叨："满下村的组长不好当，是怕几个蛮横无理的村民随时发表些不切合实际的意见，部分村民又不分青红皂白，又有些村民在会上鸦雀无声，更有少数村民

[①] 鸡代人放口含：纳西族民间规矩。如果临终人因种种原因（例如横死、暴亡、家人疏于守护等）没能在咽气前得到口含，则有一个补救的办法，用一只活鸡（男性用母鸡，女性用公鸡），用面粉等塞入鸡脖子使其窒息而亡之后，再将本应放给亡者的口含放到喉里，然后将鸡挂于特制木框里随棺材一起火葬。

不容分说地站到蛮横一方。"

2007年12月16日　农历十一月七日　晴

和万琴家杀年猪，刚吃完晚饭，发现和朝珍的女儿和玉凤哭叫不止，有很不舒服的表现。大伙就怀疑是鬼缠身，于是拿出鸡蛋来看，然后把鬼送出去。当初只算到被×××缠住了，只把它送出门，可是和玉凤的病更加重了，翻白眼，闭上双眼，丝微不动。和万琴、和万军就拿起砍刀，边舞砍刀，嘴里边骂前不久被沙石压死的3个死鬼，并找来3个碗，放上水和饭把它们送出去。这样，和玉凤慢慢又呼吸起来了，眼睛也渐渐睁开，脱离了险境。此时此刻的和朝珍急得哭了起来，亲戚们把他父女送回家，陪他招呼和玉凤，继续用舞刀弄剑的方式驱赶鬼神，和玉凤好转后才陆续离开。和朝东、和英夫妇就睡在和朝珍家，以防不测之事发生。

2007年12月17日　农历十一月八日　晴

满下村村民和家良家杀年猪了，比往年多了些热闹，虽不说是宾朋满座，也比往年来的客人多一些。来的客人有些变化，首先是杀年猪从未到过她家的大哥和家珍，因为南溪与汝南两村相距较远，除特殊情况外，一般不常来。现在因交通方便，和家珍先坐汽车到城里，再由和家良的儿子从城里用车接到家。其次是侄女和朝梅、侄子和朝杰因工作及路远的关系从未到过她家，今年也由和朝亮用汽车接到家，吃过晚饭再由和朝亮送回城里。和家良的女儿和朝花及女婿赵桐林，外孙赵永星也受到和朝亮的关照和接送。该来的都来了，亲戚们离家时，和家良给来的女儿、侄女、侄子、哥哥每人一份鲜肉和米灌肠，除和家珍坚持不拿走外，其余的都乐意地接受了。和家良还让儿子和朝亮给他租屋住的房东（白华村李大妈）带去鲜肉和排骨，同时给了和玉凤半挂鲜肉。这样开朗的农妇在村中是不多的。她之所以能这样，是因为家里经济情况比以前好些，更主要是她心地善良、通情达理、热情大方的缘故。

2007年12月18日　农历十一月九日　晴

满中村村民和春华今天杀年猪，从形式上看有些不一般，首先，来的汽车多，有八九辆不同颜色、不同车型的汽车开来停在他家门口；其次，灯火通明；最后，烧烤味道比一般农户浓烈。

产生这些不同点的原因是：在满中村试种药材的大研镇人和三友，看到市场肉价天天上涨，就在满中村和实红家买了一只肥猪，和他家的年猪一起喂养，乘和春华家杀年猪之机，在和春华家一同杀了。他昨日从城里买了酒、烟、蔬菜、鱼、鸭等所需物品，今天请了些城里的亲朋好友来南溪满中村饱尝不喂混合饲料的鲜肉。大伙燃起火炭，开始烧烤，觉得很香、很好吃，都说这美味在城里是吃不到的。这些人吃饱了就玩，玩饿了又吃，在和春华家整整待了二十五六个小时，到第二天7点左右才离去。离去时他们还在不住地念叨："对不常上山下乡的城里人来说，昨天真是神仙过的好日子。若有机会，还想多上几次山。"

和三友把火腿、肥肉、猪头寄挂在和春华家，待以后在南溪食用，并拿回一些瘦肉、排骨给家里人品尝。

2007年12月19日　农历十一月十日　晴

村民和永红在洋芋逐渐卖完的情况下，今天又开始挨家挨户地买油菜籽，开价每斤二元五角。这价钱比去年刚卖油菜籽时的价格提高了一元，可还是没有人卖出，大伙的心里估计着油菜籽价还会上涨，因为市场里各种消费品价格上涨幅度都很大。因此，和永红走完整个满下村也没买到一粒油菜籽，他就咕哝着："唉！真是眼睛黑、银子白，人眼横生，不易满目，给了二元五角，又想二元六角，生意真不好做。"

是的，经过十年市场经济大潮的洗礼，再加上当今信息的灵通，很多村民的经济意识、物价估算都有很大的提高。老板想在村民身上发大财、发横财的机会就不如开始那么容易了，只能捞取几百元的劳务费。特别是针对本地老板的压价，村民中间就产生了外地老板开价后，本地老板才能买到的现象。

2007年12月20日　农历十一月十一日　晴

今天，杀猪客休闲的较多，上了年纪的人在闲谈，中青年则在玩扑克或麻将。在闲谈中，有人谈及丽江"2·3"大地震的情况，知晓当时情况的人谈了"2·3"大地震时各方对南溪村民的捐助及村干部的表现。丽江"2·3"大地震时，黄山乡的中济行政村和白华村的开文自然村是重灾区，其他行政村均受不同程度的损失，受援时整个黄山乡都以重灾区来对待，物质和经济都比其他乡镇多得多。南溪离乡政府所在地有22千米的路程，受援物资（衣物、被毯、食物）全靠手扶拖拉机去拉，经济援助由乡政府填表划拨各行政村发放。南溪地区属山区，8个自然村居住分散。因此，南溪村实行收集农户家长印章，由当时的行政村干部和献龙（时任村书记）、和国军（时任村长）、和桂花（时任副村长）、和建仁（时任村干事）4人在乡政府下发的表格里盖上收集好的印章，再发放救助款。

2007年12月21日　农历十一月十二日　晴

今天终于有村民出卖今年收的油菜籽，出售价为每斤2.6元，和家良家上午以这个价卖给汝南村的小老板400斤。午后，有在丽江城里象山市场开油坊的鲁甸乡籍人以每斤2.65元的价在买，结果有和建华家、和永秀家、和子元家、和朝东家、和子华家共卖了2000多斤，由村民和朝柱帮忙过秤、上车，用他的手扶拖拉机拉到丽江城，每斤运价0.05元。可能在一段短时间内会保持这一价格，但或许隔上五六天，价格又上涨，或者下滑。如果保证这价格，今天收油菜籽的榨油人声扬要买20000斤。和尚军、和朝柱父子也在为找到一点运价而帮忙买主问油菜籽，还挺卖力的。

2007年12月22日　农历十一月十三日　晴

北京籍的云南大学法学研究生孙燕，请一位大研镇熟人陪她到南溪云南大学基地。她一到基地就开始投入紧张的调研采访，并认为效果良好。吃过晚饭后，她提出要回城里住宿，第二天又上来，这样持续三四天就可完成调研计划。基地管理人员和尚勋老师却对她说："你这样做是出于减轻我的麻烦，客观事情也的确这样。但这样做，对你又增添了很多麻烦，特别是上上下下坐车又难，既麻烦、费时间，花费又大，作为读书的研究生，这种负担是够重了。你今晚住在基地突击工作到夜间12点、1点，明天抓紧一天，傍晚或者后天早上全面完成任务后回城，这样就对你有利了。对我的麻烦，算不了什么，只要你们完成调研任务，我也就满足了。""从在南溪建立云南大学基地请我任《村寨日志》记录员以来，开始就这样，现在是这样，以后也仍然是这样，我会尽力帮忙云南大学基地做要做的事情。"结果在和老师的诚心挽留下，孙燕及陪同她来的和白华老人住宿在云南大学基地。搁下饭碗，又开始了紧张的调研采访活动，一直到零时多才休息。第二天吃了早饭后，又进行她的调研，还请来了满下村和福祥老人。到中午，她的计划全面完成，和尚勋老师的老伴为她们做好午饭，吃过饭，和老师帮她们找车回城。离别时，孙燕向对她的调研工作做了极大帮助的和尚勋老师再三表示衷心感谢，并表示一定要向何明院长及和晓蓉老师转告和老师对云南大学学生的热情，对工作的负责，对学者提供的帮助作用很大。

2007年12月23日　农历十一月十四日　晴

村民和朝泽家杀年猪，参加杀猪的人较多，所杀的猪只是一头，因此杀年猪时，上了年纪的人有好多个插不上手。插不上手的老年人就坐在坛上喝酒、抽烟、聊天。和朝泽的老岳父和福祥在目前满下村寨里男性老人中年岁排行第一，年龄有75岁。年轻时曾任过书记、队长等职，经历的事及接触的下乡干部数他最多，他知道的事情也就多，大家听他讲述满子师村的来历。他说："1956年、1957年的时候，有一个从省博物馆下来南溪研究东巴文化的学者,叫朱宝田,睡在满下村东巴和羊家里翻阅研究东巴经书。从东巴经书记载知道,满子师村的先民来自丽江坝子(今清溪村、束河村),是丽江土司木老爷家的放马户,在满子师居住已有800多年历史。满子师村早先的'我金古(放木偶的地方)'在象山上,后来清溪村人怕满子师村人又搬下来居住,有人就有意在'我金古'丢下牲畜尸体,有臭味物体丢过的地方是不能'我金古'的,'我金古'便又改在文笔山的东坡上。自此,满子师的历代人没有返居清溪村和束河村的,只有在南溪坝生存、发展。"

注:"我金古"是死人丧葬后,进行祭送亡灵的地方。通常由东巴在家进行仪式后,由孝子及族人从进行仪式用的松树上砍下一截松枝,做成木偶状,藏在腋下,送到"我金古"。

2007年12月24日　农历十一月十五日　晴

时逢星期一,学校因老师去中心校开一天会,而学生放假四天(含星期天)。三年级数学老师和家香看到金龙村三年级学生和晓冬、和士海、和四环及满下村三年级学生和贤没有做完假期作业,就叫这四个学生离开学校后把作业做好了再回来上课。于是和贤回家,和晓冬等三人则走出校门后一直沿着公路没有目的地走,一直走到丽江城郊,到傍晚才由在城里开车的金龙人打电话告知金龙村学生家长,说这三个学生在城里。村委书记和继武打电话告知学校校长,校长问及和家香老师,和家香老师才想起上午的事情,于是急忙请他的老岳父和学仁借和国军的面包车(和学仁与和国军是姑爷、舅爷关系)驱车到城里把这三个学生从城里接回来,送到金龙村学生家中,并向家长说明情况。

这件事对老师是个警示:"严要适度。"对家长来说,有些不满意,认为老师们平时放假时间多(超过了法定假日),并且对学生过严,就容易产生这样的事情。要不是有人在城里开车看见娃娃,那这么大的地方,家长何处寻找?

2007年12月25日　农历十一月十六日　晴

很多辆汽车（每天约有30辆）在从满下沙场拉沙到文峰寺，老板给的运价是每方沙子13元，驾驶员为了多挣钱，每辆车每次都超载运行，致使南溪路面受损严重。村委会干部看到南沙路要损坏完，就研究了对策。经研究，从今天起对所有运沙车辆进行限量运输，还要求每辆运沙车必须义务运一车沙，铺于损坏程度较大的路段，并请养路民工和国治监督执行，付给和国治每天30元的误工费。这是亡羊补牢之举，但也许能起到一点作用。

村民对这种建设一方、损坏一方的事情看在眼里，痛在心上，明知不花大力气，不投入较多的资金是修复不好已损坏路段的，但面对政府与村民、政府与老板的工作关系，只能任其自然。

2007年12月26日　农历十一月十七日　晴

村民和建成经常上山下獐子，今天终于下到一只雌性獐子。忙着张罗买石头的村民和国武闻此讯后，急忙离开上车现场，来到和建成家以150元的价钱买下这只獐子。买石头的小老板及来拉石头的驾驶员看到野味很想尝尝，加上听了和国武说獐子肉如何嫩、如何香，更增加了想尝野味的念头，于是来买石头的小老板提出想要这獐子，和国武开价500元，小老板出价400元，和国武就以400元把獐子转卖给买石头的小老板。和国武不费吹灰之力，把刚买来的獐子一转手净赚了250元钱。这种事情在一个人一生中是不可多遇的事。事后和建成听说事情的结果，也只是在心中有些不畅，后悔当时应多要点价或者抬到公路边放一阵。但细想，不属于自己的东西就永远得不到，只怪自己没有多卖价的福分。

2007年12月27日　农历十一月十八日　晴

村民和国武今天又想找点软钱（不需出大力、流大汗能挣到手的钱，一般指买卖）。他打听到满中村村民和珍华有一辆损坏而搁置的方向式小型拖拉机，就到和珍华家问卖不卖？和珍华说："留着也没有用，反而还占地方碍人，可以卖出。"和国武知道货主有卖的意向，就从600元起价，到800元成交。说定后，和国武怕有人指点这太便宜了，就赶忙付了定钱，转回家来开自家的手扶拖拉机，分两转把和珍华家损坏的拖拉机拉回家。拉到家后，他对家里人讲："这拖拉机当成废铁卖到收垃圾的场所，最低也可卖到一千三四百元。"和国武的上门女婿五八斤说："可买些新的零部件换上，再费上两个工，改成手扶拖拉机，肯定有人买去犁田用，这样会比作为废铁卖多赚些钱。"在他家帮忙下车的人听了姑爷、岳父的谈话，觉得五八斤说得更占理，心里想，"和国武真是找到了既能吃苦耐劳，又会精打细算的能人"。

2007年12月28日　农历十一月十九日　晴

村民和圣军开着手扶拖拉机，拉着母亲和妻子到前面山上去采松毛，一同去的还有开着三四辆手扶拖拉机的村民。到下午，五辆手扶满载而归，每辆手扶上都装满了松毛，四周用新砍来的松树干围得严严实实的。松毛也堆压得很高，有两米多高，围松毛的松树干也砍成两米多长，到家后削皮晒干用作椽子。

在这段时间里，有些不自觉的村民常以拉松毛为由在砍树，把所砍的树砍成两米料，先装在手扶拖拉机的底部，在上面压上些松毛，看起来真像拉的只是松毛。其实砍木材是主要的，拉松毛是伪装的。

2007年12月29日　农历十一月二十日　晴

昨晚霜下得特别大，今早起来，大地一片银白，田野里、屋顶上像下了一场小雪，太阳出来非常耀眼，可过了一阵却什么也看不见了，清晨银白的大地转瞬即逝。人们利用霜大晨间万物松软的特点，戴上手套，在地里卷晒绿肥。人们先把绿肥一捆捆卷好，到天气热了，绿肥在阳光的暴晒下变硬、变脆了，就不再卷了，而是把卷好的绿肥一捆捆拿到手扶拖拉机上装好，并用绳子拴好拉回家。没有卷的绿肥生怕人的手触摸到它时会碎了，造成浪费，也就等些天霜下大时再卷了拉回家。

绿肥这一农作物十年前在南溪还没普遍种植，被南溪村民冷淡了。近十年来，随着各农户逐渐扩大洋芋的种植面积，曾被冷淡过的绿肥被村民重视起来了。每户每年都要种三亩以上的绿肥，田地多的农户要种十多亩到二十多亩，而且每年都轮田而种。经过多年实践，村民们发觉种过绿肥的田再种洋芋，洋芋长势喜人，收获比其他田地要好得多。这是南溪村民轮田种绿肥的原因所在。种绿肥的另外一大优点是，割晒干的绿肥可用来做牲畜的饲草，可供牲畜过冬食用。

2007年12月30日　农历十一月二十一日　晴

村民和圣伟、和尚花老两口携孙女和新蓉去前山石镜头村女儿和青梅家做杀猪客，老两口的家务由在城里跟着丈夫领娃娃的儿媳和金桂回来料理几天。曾经因婆媳（和尚花、和金桂）不和而经常吵闹，导致小两口与老两口分家各自生活。经过两年多的老小各自生活，现在看来情况有些好转，和金桂又常回家帮老两口忙农活和家务事，老两口的各种经济收入也交儿子和武军保管，有点不言而合的迹象。村民们都想看到和睦幸福的家庭，不想看到吵吵闹闹、打打散散的家庭，愿所有村民都能理解并按照历史上流传的南溪谚语"接骨防筋，养儿防老"的传统美德行事，不愿再看到独儿子与老父老母分开生活的现象。国家实行计划生育后，南溪行政村是实行计划生育的先进单位，杜绝多胎生育，一对夫妇只生两个娃娃，已实行了30多年。80%的村民都只有独儿子了，在生活上如果不能尊老爱幼、互敬互让、老人又由谁来赡养，这不就成了严重的问题吗？

2007年12月31日　农历十一月二十二日　晴

满下村寨最近一段时间连续发生"鬼缠人""鬼咬人"的现象。自村寨里的农户开始杀年猪以来，连续发生"鬼咬人"，致使人突发大病，甚至差点送命的怪现象。发生这种现象的人是和玉凤、和鹿开、和建华、和琼英、和金红、和万元、和闰芝等。今天清晨和智刚也遭遇此现象，他惊叫一声奶奶，就屁滚尿流，瞪上白眼，失去知觉，昏死过去。他的奶奶和家良抱住孙子大喊邻居和永昌夫妇，和永昌在现场咒骂死鬼，打碗舞刀，他的妻子和社芬忙跑去喊邻居，邻居和国武、和闰芝夫妇，姑爷五八斤，和金桂、和益花等人立即赶来。和国武一到现场，就往和智刚脸上狠狠吐了一把口水，并大骂："不要脸的东西，怎么到处这样缠人，你们找你们的父母要吃、要花、要喝的，我们要用砍刀和斧头砍你们。"边咒骂，边用砍刀又砍烂一个碗，和智刚这才慢慢苏醒过来。和国武边骂边找来三个碗，碗里盛上冷水，再拿一团米饭，在和智刚脸上擦擦，然后分放在三个碗里，叫和闰芝、和金桂、和社芬每人端一碗边骂边送到沙场方向，和智刚就慢慢恢复呼吸并入睡了。这些事仿佛是沙场受难者和仕黄、和六元、五满扣三人的死魂所为。

　　这种"鬼缠人""鬼咬人"的事，客观上看起来是存在的，但这属于迷信，这种现象无法用科学的观点来解释。根据过去东巴进行"祭风"的说法，给不得口含的死人进行"祭风"仪式，通过"祭风"活动，让死者的灵魂由本家老祖宗关照，这样就跟得口含者一样了，很少会产生"缠人""咬人"的情况。十多年前南溪鹿子村在村边发生一起拖拉机载人翻车，造成两死多伤的事故，此后，鹿子村里也常发生类似上述"鬼缠人""鬼咬人"的事，闹得村民人心惶惶，早晚不敢经过事故地点。这种事情多发生在热闹的时候（如举行婚嫁、丧事时），对这种事情有传说，"三年以后渐渐减少了"，不知是真是假。如今的满下村成了十多年前的鹿子村，弄得人们提心吊胆的。本来不相信鬼神的村民，也无言解释这一现象，感到有些畏惧。

　　过去虽有这种现象，但没有到差点致人丧命的程度。现在这般严重，人们认为是三个死鬼同时对某一人实施"缠、咬"所致（这是众人的意识）。

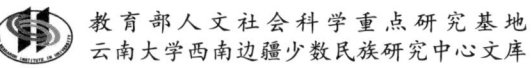

教育部人文社会科学重点研究基地
云南大学西南边疆少数民族研究中心文库

新民族志实验丛书·第二辑
主编 何明

山村时轮

玉龙县黄山镇南溪村纳西族村民日志
（2006—2018年）

和晓蓉　李继群 编
和尚勋 记录

学苑出版社

目 录

2008 年日志 / 423

2009 年日志 / 657

2010 年日志 / 879

2008年
日志

2008年1月1日　农历十一月二十三日　晴

今天是2008年元旦，除杀年猪或帮忙杀年猪家做事的人外，村民们都上山砍柴、拉松毛，带闲带做，较为悠闲。

今日村民和万琼家杀年猪，帮忙的人有十五六个（包括妇女在内），这些帮忙的人来自本村和满中村的亲戚。吃完午饭，收拾完毕只剩下做晚饭的事，满中村的和实红提议男同志去满上村进行篮球比赛。于是打电话联系满中村、满上村在杀猪的农户，以杀猪农户户主的名为球队名，如在和万琼家杀猪的人参赛名为"和万琼队"。接着拉了两件啤酒，用一辆出租车和一辆面包车把和万琼队拉到满上村球场，与满上村的和学忠队进行比赛。虽说是和学忠队，但满上村的主力队员基本上都参赛了。比赛进行得很激烈，和万琼队的参赛队员是二十几年前誉满南山片的老球员，虽然年纪大些（都已45岁以上的人了）、体力差些，但娴熟的球技还能发挥出来；和学忠队队员是30岁左右，参加过修建篮球场，并利用傍晚时间坚持训练近半年的新兴球队。他们在平时训练时也挺认真、挺花力气的，在训练中和立黄与和凤祥曾经相撞致断了两根肋骨，和天红滑倒，致手腕骨裂，两人都医了好一段时间。通过训练，他们的球技提高很快，要是村与村进行比赛，他们会居首。这场比赛很紧张、激烈，比分在拉锯式地上升，最终以48∶44的比分，和万琼队获胜。和学忠就在满上村小卖部里买了一件啤酒和一件饮料给两队人喝。满上村的年轻队员，开初满以为能够轻松拿下对方，打起来感到不好对付，在进行比赛中还换了好几次参赛队员，结果还是输了。他们边喝饮料边感叹："老球员，好球技，真是名不虚传，我们想战胜他们谈何容易。"和万琼队的老球员和万军说："若你们组织得好点，还是可以的，开初我们按常规打，后来看到这样打下去体力不行，肯定会输给你们，我们就又转成慢攻，才勉强获胜。"满上村的观众则评价这场比赛为"近二十年在南溪球场所没见过的讲友谊、讲球场道德的比赛，双方都发挥了技能"。

接着，满中村的和仕军队与满上村的和昌红队进行比赛。这场比赛与前场比赛在球技方面差得多了，但也增添了节日的欢乐气氛。

2008年1月2日　农历十一月二十四日　晴

今天村民和永军家杀猪，帮忙杀猪的人较多，主要原因是和永军由本村阿闰金家族到本村阿德立家族上门所致。目前阿闰金家族有六家，阿德立家族有九家，两族合在一起再加上村里的几家亲戚，共有二十来人。人多好干事，做起来快当得很。他们把两只肥猪同时抓住，拴好手脚和嘴巴，杀死后先烫大点的那只猪，到烫好可刮毛时立即拉出木桶在桌子上用刀子刮毛。和顺明又从厨房提来一桶沸水倒进木桶里，第二只猪立即被放进木桶摇动，不一会儿也就烫得差不多了。四五个年轻人刮一只猪，年纪大点的根本插不上手。

吃完午饭后，上了年纪的人因无事干，就在火塘边喝酒闲谈。谈到满下村的现状时，有人提起开春后政府答应支持修村道一事，有的说："我家不需修村道，到时要背一些水泥放到家里，可用于家庭其他建设。"听者认为这些话是极为不对的，但也无人反驳。从满下村居住的地形上看，有七八户居住在公路边，跨几步就可到大门，修不修村道，村里通不通车，对这些人无关紧要。但这是集体公益事业建设，哪能不参加公共建设呢？有大部分村民认为和圣明辞去村民组长，关键是修村道时怕产生矛盾和困难而自动下台的。和金发也怕面对一些不顾大局，只顾个人得失的村民而不敢上任村民组长一职。

2008年1月3日　农历十一月二十五日　晴

从金龙自然村到满下自然村上门的和国亮长女婿和耀军，看着一些人在城里开车，一些人在开着拖拉机做洋芋生意。特别是看到从前山石镜头自然村来到满下和国武家上门的五八斤，开着拖拉机，领着媳妇和玉兰从前山买了洋芋去鹤庆换大米，又把大米拉到满下村卖，用这样的方式来增加家庭经济收入，对他启发很大。于是给老岳父和国亮提出，要买一辆后轮驱动的拖拉机，利用农闲时间去鹤庆拉瓦、拉砖，到丽江坝拉空心砖来南溪卖，用此方式来填补家庭经济收入。得到和国亮的同意后，他今天请五八斤帮忙到鹤庆县去买辆二手拖拉机。他俩在鹤庆市场访、查、看、试后，以17000元的价格买回了一辆后轮驱动拖拉机，准备用来跑运输，原有的小型拖拉机仍然留下做农活用。至此，每户有两部拖拉机的农户也由原来的六户增加到七户，他们是和金发、和尚军、和国武、和圣华、和朝光、和顺光、和国亮。原来的六户均为一辆手把式（用来犁田），主要用于生产，一辆方向式（用来运输）卖洋芋、换洋芋等。

2008年1月4日　农历十一月二十六日　晴

　　鸡冠山坐落在南溪坝子西南，由大小十来个山峰连绵组成，站在坝子里抬头望去，峰峰都像大公鸡的冠子，故名鸡冠山。主峰很大，它紧靠在满下村的背后，好像母亲抱住孩子似的把整个村子抱在它的怀里。正面都是百十丈高的悬崖，背面是起伏不断的大山，山中有神圣的东巴灵洞。自古以来，居住在南溪满子师的先民称鸡冠山为神山。1949年前，每逢大年初一，各家各户的男主人起床后，洗脸烧香完毕后的第一件事是敬鸡冠山的山神。对于鸡冠山山神，过去的传说是：由于有神山鸡冠山的守护，强盗们没有进过满子师村。曾经也有一些盗贼想来抢满子师村，但到了旦都村与满子师村的中间地带，他们一个个头昏脑涨、打哈欠，因身体不舒服而退回。外地人来满子师村走亲访友也会产生同样的状况。当产生这些状况的外地人在当地老人的指点下，烧上一炷香，面向鸡冠山跪地磕头就会好转。这种做法还持续到20世纪60年代中期。

　　正因为山上有东巴灵洞，南溪古时的东巴相当多，灵洞的洞口朝着邻村汝南化村，也孕育了汝南化的众多东巴。山里渗出清清的泉水，供代代满子师人饮用，山里的树林产出中草药、野生菌、木材等，给代代满子师人提供了生存的条件。

　　鸡冠山，代代满子师村民会爱你、护你，也会向你索取生活的必需品。

2008年1月5日　农历十一月二十七日　晴间大风

明天就要召开玉龙纳西族自治县人民代表大会了。按照上面分配给南溪的代表名额（非党妇女）一名，满上村妇女和桂芝当选。今天和桂芝乘车前去参加县人民代表大会，这是她一生中的光荣，也充分体现了党对妇女的关心和信任，是对南溪妇女的最大关怀。然而有些村民看着她去时，发出了这样的议论："县里面的人大代表，最好由行政村干部担任，这样才能在会议里提出人民最需要的问题，能够正确提出适合本地的议案，能够让县政府领导听到人民的心声。一个农家妇女又能提出什么切合实际的问题呢？即便是提出了切中要害的，需要政府出面解决的问题，政府领导会听进去，记在心吗？像杨耀秀那样，当了好几届乡、镇人大代表，却对满下村没有丝毫的益处，只起到吃吃会议饭，领领纪念品的作用。估计和桂芝也不会例外，若是这样，岂不误了好几年南溪的大事。"也有村民说："这是上级领导的有意安排，基层干部和群众是没有办法的，这可能是县政府在近期内担负不了关系南溪民生的事情而安排的。"也有的说："和桂芝在南溪妇女中是佼佼者，她能说会讲，思路比一般妇女灵活，而且曾当过满上村村民组长（村长），家事安排得很出色。根据这些优势，也许会反映出南溪人民的民心、民愿。"

2008年1月6日　农历十一月二十八日　晴

今天是二十四节气中的"小寒"，在南溪古来就有"'小寒''大寒'里，鹅、鸭感到耐不住的有三天"的谚语，意思是指一年里最冷的时节是"小寒""大寒"，在这个节气的一个月内，就连生活在水里的鸭子也感到很冷很冷。按照以往的气候现象，这一时节的南溪虽不说冰天雪地，但也天寒地冻，寒气逼人，还随时下一场场雪。可最近几年，雪天渐渐少了，没有以前那么寒冷。今年的"小寒"没有丝毫的寒气，而是暖烘烘的。留心的村民感到近些年人们戏称"小中甸"的南溪，天气没有以前冷了，但说不出原因。

2008年1月7日　农历十一月二十九日　晴

有一些村民在忙着拉在田里晒干了的绿肥，有些村民把拉来的绿肥收藏于自家的楼上，以用于冬春季的牲畜饲料。这部分村民打算喂牲口时自己用砍刀把绿肥砍碎后就喂。另外一些村民则把绿肥拉到和国武家，请他家用饲料粉碎机把绿肥粉碎后，装入口袋以备春冬喂牲口用。同一个用处，不同的收藏方式，有不同的优势和不足。前者，喂时砍碎，麻烦费时，但又省了粉碎费二三十元钱；后者，喂时方便、快当，收藏占地面小，但必付出二三十元粉碎费，这部分人，感到农忙时不在乎这点钱。

今天有四五辆手扶拖拉机满载晒干了的绿肥，按次序等着和国武家用粉碎机来粉碎。

2008年1月8日　农历十二月一日　晴

阿四金家族的和玉祥、和家良、和玉芬、和尚花以及和玉祥的姐姐和一兰，去维西县拖支乡参加和国英婆婆的丧葬礼。和国英是本族和尚典的女儿，在中甸读书，后分配在维西拖支卫生院做医务工作，并嫁给当地人杨文彬。明天要举行杨文彬老母亲的丧葬礼。

维西与丽江相隔200多千米，往返路费每人150元左右，要耽搁几天才能回到家。有些人因这两个原因没有亲自去，而是寄①了一点礼金，和朝泽寄了100元礼金，和朝光寄了100元礼金，和尚军寄了50元礼金，和国武寄了50元礼金。和朝光的老婆杨耀祥来寄礼金时，和尚花说："你家按理去一人参加，从人数上讲你家多，从亲戚关系上讲也是你家比别的人家亲，你家岳父与和国英父既是堂兄又是连襟，你们年轻的不去也可让老奶奶去一转。"杨耀祥回答说："我家老岳父丧葬时的礼簿上找不到和国英家的名字，他们什么礼也没挂。"

事情真是这样，往往有一些人（只占极少数），人情来往欠缺，送

---

① 寄：当地汉语口语表达，指委托去参加葬礼或婚礼等的人带去礼金。

点礼很难出手,到有事时,从不思量自家的过去,只看重现实。但这些人的亲戚只能以"去年的历书看不得"而自慰,赶上时兴。对此事,也有不同的看法:和玉祥家认为,和尚典死时,杨文彬的亲兄妹都来了,大约有七八个,这下若我们家族不去,和国英这方就无人参加,很不光彩;有些人认为,老岳父死了,姑爷的亲兄妹来参加丧葬礼是应该的,现在和国英没有更多的亲兄妹,老家的和玉祥去一下即可,家族人寄上点礼钱就可完事。各说各有理。去参加的人的心态是:现在不在乎三五百元钱的花费了,正值农活松闲,去看看也乐得和玉祥、和三姐婆媳高兴。

2008年1月9日　农历十二月二日　晴

村民和金发家原来想留下2.5万斤洋芋,准备到过了春节以后才出售。他家从当时的情况推测,今年的洋芋已基本卖完,开春后洋芋价有大幅上涨,因此就留下2.5万斤左右的洋芋。结果,他家看到现在来南溪拉洋芋的汽车几乎没有,又打听太安、天红、后山等地卖洋芋的情况,听说现在那些地方洋芋还没拉。他家怕价格下跌,所以前天打电话给他的老友(洱源的洋芋小老板),请他来拉和金发家的洋芋。洱源老友看到目前拉洋芋找不到多少钱,但他与和金发是多年的老友,以往也曾请过和金发帮忙买洋芋,看在这种情分上,洱源老板今天上来拉他家的洋芋,价格仍按每斤0.45元。和金发请来亲戚近10人,帮忙他家称洋芋上车。因为现在村里房前屋后的农田都闲着,汽车就从闲田里开过来,直接停在他家大门口,这样上车很省力,从上午11点开始到下午2点上完。经过称重,这车洋芋有2.47万斤。至此,他家的洋芋已全卖完,共卖了7万多斤,属于满下村洋芋收获最多的农户之一。最近几年洋芋收得最多的农户是和作典、和圣昌、和金发、和圣华、和金辉五家,他们每户每年都收7万斤左右,相互之间最多相差三五千斤。

2008年1月10日　农历十二月三日　晴

满中村90%的村民天还未亮就上山，男的砍柴，女的拉松毛，一直干到下午1点左右，有的砍了三背柴，有的采了四篮松毛，也就是说，最少的人也上了三次山砍柴或者拉松毛。吃过中午饭后，大约下午2点左右大家休闲在和三福的小卖部前，有的打麻将，有的打扑克，有的打台球。玩的过程中都带些经济刺激，就连70来岁的老人玩扑克也玩一、二、三（输者每次输一元，光头一次输二元，100分每次三元），一般中年人则玩五、十、十五，玩麻将的人则更多些。不玩的也坐在那里当旁观者，闲不住手的老妇人则边凑热闹边补衣裤，或缝背带。外人路过此地见状后，都认为这村人很会闲，其实他们在上午就干了别村一天的活。就满下村而言，虽不见村民休闲在一块，但一天下来也只砍三四背柴或拉三四篮松毛。中村人干活时你追我赶，紧张进行，其他村人带闲带做地进行。

2008年1月11日　农历十二月四日　晴

满中村村民和福军帮他的连襟汝南村小老板杨礼清问好的洋芋种今天终于拉走了。这些洋芋种是和福军去年11月中旬与邻居和仕黄、和仕春两家约定好卖给他的。杨老板在当地把芸豆的生意做完后，去大理拉了一车磷肥和尿素来到满中村销售。看到情况的村民赶紧来到和福军家，把车上的磷肥抬下来，各自堆放在一处，每户10～15包不等，磷肥一抢而空，尿素剩下50包左右，存放在和福军家，待等些天再拉一车到满下村及鹿子村销售，到时把今天所存的尿素也一同拉去卖。这些化肥准备用于明年种洋芋时做底肥。下完车后，就称洋芋种上车，和仕黄、和仕春、和福军三家同时上车，每斤价为0.27元，三户共卖了2.2万多斤。杨老板还想再买点，但在满中村没买到，可能是认为价格低了点，他就只好先拉走这些。杨老板付给和福军一些适当的信息费，去年和福军在这方面的得益较丰厚，因此只要杨礼清盼咐，他都努力去完成。

2008年1月12日　农历十二月五日　晴

满下村民和尚军今天开始买洋芋种（小洋芋），拉去白沙玉湖村出售。他在村里以0.27元一斤的价格买，拉到玉湖村，以每斤0.4元的价格出售。他的小型拖拉机一次拉3000斤，每斤盈利0.13元，一车盈利390元，除去加柴油及开销净利300元。他常常在这段时间做些小洋芋的生意，觉得盈利可观，于是他早在挖完洋芋时就请亲戚把小洋芋留给他，价格随行就市，如果往下跌，就决定保护价为0.2元。亲戚又不好拒绝他的要求，就给他留下了。他要在一个月内拉完卖完，时间紧、任务重，收入也会使他满意。因此，他决心每天起早贪黑，大干一个月，在这短暂的一个月中增加家庭的经济收入。

2008年1月13日　农历十二月六日　晴

村民和万军以每天120元的租金，租来满上村村民和闰红的空压机到"楞石古"石场采石。同时也把主人和闰红请来掌握机器，机器所用的柴油由和万军负责。和万军同时还请了叔伯兄弟和万琴、和万仕、和永昌、和丽军等人来帮忙。由于去年文笔村人和卫东的疯狂采挖，石资源所剩无几。今天由人工采挖很吃力，数量也比乱采乱拉前少。但家庭建设需要它，因此和万军还想明天继续干一天，他估计再干一天就可采到他所要用的石头。回家时就把空压机放在石场，待明天继续使用。

今天采挖石头的人们，滔滔不绝地讲述时任村民组长和圣明对出售石头的错误做法，大伙都恨不得把他抓来揍一顿才解恨，认为他做了一件有愧于满下村村民的坏事。但这只是在背后议论，真正当着面时，咒得最凶的人也不会说出口的。

2008年1月14日　农历十二月七日　晴

云南大学下派做田野调查的纳西族民俗调查组，先在丽江城的有关部门进行调研，找资料后，派部分学生上南溪做调查。村委会副书记和国军接到镇党委书记和学典的电话指示后，立即驾驶着汽车去接要上南溪的研究生。云南大学纳西族研究点的管理员和尚勋于上午 10 点左右就等候在基地，为学生们准备床铺和吃喝。由于从玉月映潭至文峰寺的路段在修理中，在路上发生了堵车现象，到晚上 8 点左右才到南溪。今天来的一个是张岩，江苏南京籍人，已第二次到南溪；一个叫顾霞的博士研究生，云南曲靖人；还有一个叫赵丽江的吉林长春籍人，三人都是云南大学研究生。当夜因劳累而休息。

2008 年 1 月 15 日　农历十二月八日　晴

云南大学丽江调研组开始对玉龙纳西族自治县黄山镇南溪行政村的六十年情况进行调查，他们首先到村委会查找借阅有关近六十年的文字记录资料。找到资料后，由村委会副书记和国军用汽车拉到云南大学基地。

下午他们请来了村委会的现任领导：书记和继武、副书记和国军、副主任和丽军，南溪村第一任党支部书记和福祥，丽江有名的大东巴康爸才的后代和丽元进行座谈。他们还邀请了满中自然村村民组长和国高，但和国高没来参加。会上张岩同学讲述了这次田野调查的目的及意义，要求村委会予以支持。和继武书记说："我们已接到镇党委的电话指示，要我们协助好你们的工作，我们一定会协助你们，你们有什么困难尽管提出来，我们共同解决。"座谈会后，大家共进晚餐。吃完饭，大家围坐火塘进行了采访活动，方式是提问、回答问题、录音、摄像。大家回答得非常积极，到达了争先恐后的地步，一直谈到深夜 1 点多钟。

2008 年 1 月 16 日　农历十二月九日　晴

南溪满中村召开户长会议，主要内容是商讨给种药材的老板租借村边的荒地，作为他们晒药材、加工药材的地方之用。租借后会出现盖房、修场、修道的情况，盖好后如若老板不再种药材了，房产会留下。因此，大部分户长认为荒地统一由集体租借，租金按户头平分，房产老板不再使用后，留下做集体活动场所；有个别家因为在要租借的荒地里有较多的土地面积，心里不想平分租金，但他们是该村中的弱势群体，只好屈从于大多数户长的意见。讨论确定，会议之后大伙到荒地现场落实各户的荒地面积，以防没有荒地的农户也混杂其中，如果出现这种情况，就要从其他地方量出地来补给面积较多的农户。

会后就进行了土地丈量、定桩的事宜。从现象上看，种药材的人要在南溪大干一番，听说药材老板决心在2008年种药材的面积要达到500亩以上，范围扩大到满下、满上及鹿子、旦都等村寨。

2008年1月17日　农历十二月十日　晴

遵照玉龙纳西族自治县教育局的安排，南溪完小于今天进行期末统测。看来，新任的教育局李银保局长要通过检测来分析和评估所属各学校的具体情况，因此从严组织了统考事项。监考老师实行交换，黄山镇与奉科乡交叉，南溪完小的考务由一位奉科乡老师和一位文华完小老师负责。监考老师回避所教的科目。因受桌凳和考场的限制，同桌学生也进行交叉。即五年级与三年级同桌交叉（五年级一人与三年级一人同桌），尽量避免同年级同桌互相偷看的现象。

统考完以后，要照例在白马完小集体阅卷，阅卷登分事宜由中心校（原教委）教研员统一安排。

2008年1月18日　农历十二月十一日　晴间风

满下村村民和德华趁沙场上有装载机在装沙子要拉到文峰寺路段之机，从城里开回准备卖出的农用车，到沙场上拉沙子，倒在他家南面的河边。他的父亲和国兴及堂哥和永昌，一边把拉来的沙子平整铺在河边的路上，一边从沙子中翻出石头沿河边砌高，这样一则可以防止雨季洪水冲走所铺的沙子，二则可起到加固路基的作用。他们两家铺这约20

米的道,是为了方便手扶拖拉机的进出,还可用来作为卖洋芋时上车的地方。和德华今天拉了12车,效果明显,所铺沙子的路面比原来的路面高出一尺多,所砌的拦洪路基比原来高出两尺多。这样不仅有利于他们两家,也有利于邻居在这里上车装洋芋。村民们要是雨季走这一段路,就可避免泥泞的现象。从这点上讲,修桥铺路惠及全体村民。

2008年1月19日　农历十二月十二日　晴

云南大学和晓蓉老师领着丽江市博物馆的和继全老师以及甘孜桑披岭寺的活佛,还有云南大学研究生王磊,到南溪的纳西族研究点进行检查和指导田野调查工作。同时请和继全老师及活佛在鸡冠山上的东巴灵洞里举行了祭祀东巴祖师丁巴什罗的仪式,这一活动也是田野调查的内容之一。所有调查的研究生都一同上山到灵洞进行实况拍照、摄像、录音等。回到基地后,和晓蓉老师对调查人员做了具体的指导和分工,并叫王磊同学也留在南溪进行调研。

2008年1月20日　农历十二月十三日　晴间风

在满中村种药材的杨三友,叫拉文峰寺路段沙子的汽车从满下沙场拉来沙子,倒在他们所租用的满中村荒地上。从早上拉到傍晚才休息,可能拉了200多车。其中满中村的个别农户也乘机拉了一些沙倒在自家地里,这些行为不知是怎样交易的。对这件事,满下村的村民看在眼里、痛在心上,心想:"自己的资源廉价被政府强行让老板用在修路上不说,还在中途被其他人占用,这简直不成道理了。"但想想原来的村民组长卸任不干了,新选的村长拒绝不当,一般村民又不好开口,真是"哑巴吃黄连,有苦无处说"。听说,村委会的干部也不知道这件事。

说起来,这些事情是有些不对,要用沙子起码应当给行政村干部说一声,不能浑水摸鱼,这样做后果很不好。

2008年1月21日　农历十二月十四日　晴间风

满中村的村民手拿小铁锹在地里挖药材。全村38户人家，家家都种了不同面积的药材，最少的种了五分地，最多的种了三亩多。从远处看，根本看不到所种药材的枝叶，走到地里才看清。这种药材根本不是根深叶茂的植物，而是叶细、叶稀，根扎于土里，叶平铺于地面，叶和根形状像胡萝卜。挖药时必须弓腰细看，才能把药挖干净。村民们边挖边擦净药上沾的土，装进箩筐里。挖完后，各家各户背着药交到种药材老板杨三友处，杨三友边过秤，边把各户所交的数量登记好。

根据村民的说法，种药材时撒种撒得密些的农户所收到的数量就多一些；撒种撒得稀的就收得少一些。今年所收的药材数量不影响农户的经济收入，农户的经济收入按租地面积每亩付给租金800元，另外还根据药材收交的数量做适当的奖励或罚款。

2008年1月22日　农历十二月十五日　阴间大风

修文峰寺路段的汽车拉沙队不停地拉沙，从满下沙场拉到文峰寺。今天风特别大，每当载满沙子的汽车驶过时，西南风卷起了一团团灰尘，使行走在公路上的人们睁不开眼，还要闭嘴背风站一两分钟，怕灰尘吹进嘴里。远处的田野里，大风随时卷起一个个旋涡，旋涡里夹杂着红褐色的灰尘，远看这旋涡像夹着浓烟的火球直冲云霄。大风吹得房屋吱吱作响，没被扣上的窗户还噼啪大响，经历过十年前发生在丽江"2·3"大地震的村民，看到今天这样的大风，心里压不住地嘀咕着："是不是要发生地震了？"

2008年1月23日　农历十二月十六日　阴间晴

来南溪村做田野调查的云南大学研究生继续进行入户访谈。他们分成三个小组，博士研究生顾霞为第一组，继续做数字资料的调查；第二组由和尚勋老师做向导和翻译，继续在满下村访谈；第三组请满中村青年和志强做向导和翻译，到满上村访谈。到满下村的这一组访谈了南溪村第一任党支部书记和福祥，访谈的内容涉及中华人民共和国成立初期南溪村的概况，包括合作化、公社化、四清、"文化大革命"到十一届三中全会后的概况，流传在南溪的民间故事，以及和福祥个人的简历。和福祥回忆说："南溪的每个重大活动都是按上级部署实施的，每个活动的每个时期上级党和政府都下派工作队来协助工作，每次变革都与中央的决策指示息息相关。在我一生中，感觉变化最大的是实行包产到户后，国家有了较大的发展和进步，农村面貌变化一年比一年大，城乡人民生活一年比一年好，农民经济收入一年比一年增加。南溪是位于丽江城以南高山上的村庄，过去常因气候寒冷，海拔很高（3200米），落后贫困而受坝区人轻视。而今全村已购买有六十辆出租汽车，十多辆载重量不同的农用车，几乎家家有手扶拖拉机，生产实现了半机械化；几乎家家有电视，能坐在家里了解天下事，这真是翻天覆地的大变化。这来源于党的政策好，再加上国家扶持，群众出工、出力改变了山区的公路状况，公路状况好了，卖洋芋不需出远门、买米不需出远门，过去人背马驮到鹤庆县换米的现象已成历史，不复再现。"

2008年1月25日　农历十二月十八日　雪

云南大学调查组的人在继续进行入户访谈，他们踏着积雪，顶着寒冷到满上村去访谈村医和友贤及东巴后代和国强。和友贤对访谈到的行医收入这项很保守，说是："没得什么钱，只是为人民服务，进行救死扶伤。"其实，在经济快速发展的现阶段，有些医生行医的目的主要是赚钱。在市场经济环境中，世间的所用物品都可以讲价，唯有给医生要药不能讲价，医生张口要的价是比铁还硬，病者根本没有讲价的余地，即便自家没钱，也得向村邻亲戚借了付药款。

东巴后代和国强是中共党员，复员军人，十一届三中全会前是行政村民兵连长，满上村生产队长，一直干了二十几年。他为人诚实，毫无保留地谈了他所知道的一切。虽已年逾七旬,他还以矫健稳当的动作跳起了东巴舞。

吃过晚饭后,调查组对满中村的和耀奎、和国启两家小卖部进行入户访谈。对前者的采访收效甚微,后者能如实回答采访,调查人员较为满意。事实上,和耀奎家小卖部的经营收入多于和国启的几倍,经营范围也大于和国启。他家起初从经营烟酒日杂到后来经营面条面粉、猪饲料等,规模居整个南溪行政村各自然村的所有小卖部之首。其主要原因为:一是占了公路边的地理位置,来来往往的过路人多;二是和耀奎本人从攀枝花退休回家,有足够的时间经营小卖部;三是他老婆和秀花农转非,户口随他在攀枝花市,家中田地少,不必去参加农田劳动,老两口就全力经营小卖部。但和耀奎老师傅很谦虚,回答很简单,"只得一点烟茶钱"。

2008年1月26日　农历十二月十九日　晴

云南大学田野调查组早上起床后,进行检查补漏工作,组员顾霞博士对所做的调查持还没做完的心态;组长张岩同学则持"差不多了"的心态;协助他们工作的和尚勋则主张,该做的要做好做完,迟回城一两天不要紧,调查工作如有遗漏,就会增加麻烦。赵丽佳、王磊同学则无所谓。最后张岩说:"定了,下山回城,如有遗漏,把和尚勋老师挽留在城里两天,也就基本没问题了。"

于是调查组请旦前村的面包车司机和金梅,用她的车把学生们拉到丽江城。夜间他们又投入紧张的整理文字的工作,遇到难点时,向和尚勋老师提问请教,一直忙到深夜。

2008年1月27日　农历十二月二十日　雪

满下村青年和文亮及和学青去丽江城找打工的地方。和文亮早年就学有驾照,并曾在城里开出租车,后自家买了一辆面包车往返于南溪至白华的公路上跑客运，后因需经常修车而将车卖出。和学青前几年一直在南溪完小帮老师做饭，到今年1月做了约4年。她认为做老师的炊事员难，酸、甜、苦、辣、熟、生、炒、煮各有所好；而老师们认为她平时欠勤快，双方之间产生了不满意的情绪。今年放寒假前，她已向校方提出辞职，校长也在学生集队时宣布了要公开招聘教师炊事员的信息，要求学生转告给家长和社会，有意者请与校长联系。

和学青辞了教师炊事员一职后，打算与和文亮一起进城打工。从形势上看，他俩要结成伉俪为时不远。他俩相好已有多年，现在又一同进城找工作，村民和家长都能想象得到结果会是什么。

2008年1月28日　农历十二月二十一日　大雪

满中村召集户长会议，主要内容是分发三年前所欠的卖树款。三年前满中村以集体的形式挖了两批松树卖给城市搞绿化的老板，当时只拿到一批树款，欠下一批未付。在村民的多次催促下，村民组长和国高前些天到老板处拿回所欠的树款，每户分到500元。

2008年1月29日　农历十二月二十二日　雪

黄山镇中心校在白马完小召开"2008年黄山镇离退休教师春节座谈会"。南溪行政村因下雪没有过往车辆，只有因事情来城里待着的和尚明、和尚勋两位退休教师到会，和国贤老师因雪天没车而未到会。在南溪完小退休，原居住在七河小南溪村，现居住在城里的和忠信老师，按以往的惯例，今年也没到会。和国贤老师的春节慰问品（酒、糖、茶）托和尚勋老师给他带回。在大雪封路、没有车辆的情况下，和尚勋老师乐意地接受了校长的委托，不辞辛苦带回家，送给和国贤老师。和忠信老师的慰问品照例由长水完小退休老师和爱华带走，因为和忠信老师的老婆是和爱华老师的侄女。

在进行午餐时从老师们的交谈中得知，和忠信老师从教约18年后病休，一直在家里。黄山镇文华完小还有个叫和忠信的老师，教委总务拨转工资后，银行的人把两人的工资调换了，这样持续了一年。后来在文华完小退休的和忠信老师拿着工资卡到黄山镇教委总务和建照老师处查清，发现确实把两人的工资调换了，就由总务处通知病休的和忠信老师，并从他的工资中按月扣出转多的部分，等到扣满应扣数后，一次性拿给从文华完小退休的和忠信老师。可能因为病休的和忠信老师爱面子，退休后一直未参加中心校召集的任何活动。其实这是银行造成的误会，要是那时发现他的工资有变动，及时问一下教委总务就好了。

2008年1月30日　农历十二月二十三日　雪

村民和德华驾驶自用面包车去丽江城，顺便拉了一些到城里买年货的村民。因为连续几天下雪，从南溪到城里很少有车子往来，公路上有些路段积雪很深，当汽车驶进这些路段时发生了倒滑，坐在车上的人们就下车先把积雪扒开，再一起推车。这样困难的行车对31岁的和德华来说还是前所未有的，所以他开车提心吊胆的，心里很不是滋味，开车也特别专心，生怕滑下边沟。车开到文屏村五花石厂下面，情况变好了，公路上积雪很少，而且在化了。到丽江城比平常多用了半个多小时。

他在这样行车困难的情况下还冒着危险到丽江城，人们对平时开车很不积极的他有些不理解。原来他是与旦都后村的老表和秀英家商约好，两家合资买一辆出租车，他今天进城，是来借贷筹集买车资金的。

对买车这一事，他家父母不一定支持，积极支持他买出租车的是他的姐姐和爱英及姐夫和保德，岳父和红军、姨父和金红等。这些人也给和德华借了一定数额的资金。

2008年1月31日　农历十二月二十四日　雪

满下村村民和德华今天早上把要筹集的购车款基本筹集到位后，与老表和秀英及和秀英的丈夫和丽钊一起去看车、讲价，一同去的还有他的姐夫和保德。经过近两小时的看车、试车、讨价还价后,结果卖主和买主双方商定明日中午12点提车转款,价钱约48万元。该车车龄已近五年,只是行车牌照贵,约46万元。买车方每户要付出24万元购车款。和德华待付出购车款后,还须准备车子转户手续的费用,于是向村民和圣武提出借款,和圣武答应借1万元,并叫他的老婆和爱花回家拿存折。回家的时候,乘坐和德华车的满下村村民有十五六个,结果车子确实无法容下这么多人,就叫和丽芬、和月华等小姑娘留下来待明天再回。车子行至金龙村岔路上面约200米处发生了倒滑,乘坐的人们就下车推,这样推了四次。行到满中村和福军家旁,公路雪积到约一米深,无法再继续前行,就掉转车头停放在路边,人们步行回家。等和爱花从家里拿了存折后,和德华又开车回城里去,乘坐他的车去城里的村民还有和金桂及和新蓉母女、和玉祥及和丽松母女。

这样大的经济投入在满下村是第二户,他家现在还有一辆待售的旧农用汽车和现在还在运行的面包车。

2008年2月1日　农历十二月二十五日　雪转阴

在满中村试种药材的老板杨三友,今天冒雪来到满中村付种药材租地的租金。他们以每亩800元的租金向满中村农户租借田地试种药材,一半的租金已在去年6月撒种药材时付给,留下的这一半他们决定在过年前发放到村民手中。于是他们今天带着钱上来,并叫和春华通知各农户来领租金。在今天发放租金时,他们还当众进行了对种植药材农户的奖优罚劣,对药材产量收成较多的和七四、和福海、和二社三家农户分别奖励了900元、700元、500元;对药材收成量最少的和四香、和春先两家各罚了50元(这只是象征性的了)。拿到租金后,有些群众在谈论,租地种药的收入没有种洋芋的收入多。但种洋芋的劳力投入和经济投入就比种药材的投入多得多,因此种药材还是划算的。

2008年2月2日　农历十二月二十六日　晴

满中村村民和福军、和吉顺、和国高、和万里、和三友、和春华、和志强、和万峰、和克权等人，带着猎狗，扛着小口径步枪去山上捕野兔。他们踏着厚厚的积雪，很多地方的积雪都有膝盖那么深，但芳香的野生动物肉味，深深地吸引着捕猎者的心。他们将寒冷丢在九霄云外，一个劲地寻找野兽的踪迹，但最终没发现，到太阳偏西时返回。

回到家中，大家都很扫兴，本来满以为这么多人能够捕到五六只野兔，结果空手而归。大家围坐在和国高家火塘上烤火，你看看我、我看看你，说不尽人人心里的失落感。过了一阵，和万里提议说："今天我们没得到野味，付出的精力却不少，要不要补充一点能量。"大家异口同声地说："买只狗，杀吃。"于是有一些人掏出手机，打电话买狗，结果以80元的价在满下村村民和家良家买到一只狗，立即拉了来，七手八脚地杀、洗、砍、煮。煮好后，喜欢麻将的人们又投入紧张的"快速致富"活动中，一直到吃饭时才暂停。吃过饭休息片刻后，又继续打麻将，一直决战到鸡鸣头遍时才休战。其结果，和福军赢得800元，和寿月赢得500元，他俩今夜确实达到了"快速致富"；输者则唉声叹气，但他们总认为"长期玩，这不在乎，有时输，有时赢，没关系的"。

2008年2月3日　农历十二月二十七日　晴

满下村村民和学武驾驶着手扶拖拉机，想去丽江城置办年货。乘坐他的拖拉机一起去的有七八个人，可行到学校旁边的路上，任凭八九个人怎样使尽力气推也没有向前走分毫。因为从学校到满中村和福军家旁边的公路上积了两尺多深的雪，转弯处及和福军家旁边的公路上积雪深达一米多。人都得绕着走，手扶拖拉机及汽车就更无法通过这段路，他们使了一阵憨气力后，觉得今天无法通过这路段，便又把手扶拖拉机推回家里。

今年这场雪下的时间较长，一连下了四五天，下的量也特别大，平均积雪深两市尺左右。虽然晴了两天，但气温很低，积雪难以融化，隔断了丽江到南溪的交通，这是近六十年来下的最大一场雪。所幸的是南溪这段时间搁下的冬闲地多，庄稼没被冻坏，虽种有少量青稞，但即使雪下得再大也伤不了青稞。

下这样的雪，大多数村民担心没法去城里办年货。

2008年2月4日　农历十二月二十八日　晴

中午12点左右，南溪村委会副主任和丽军同志来到满下村村民杨耀秀家，要求杨耀秀同志召集一下满下村民，排一下从学校旁到满中村和福军家公路上的积雪。目前，在满下村寨没人当村民组长的情况下，村委会求助于杨耀秀也是理所当然的，因为杨耀秀是南溪村党支部委员、南溪村妇女主任和保育员，同时也是南溪满上、满中、满下选区选出来的黄山镇人大代表。这些天的雪虽没伤害到基础设施及庄稼，但也是一种雪灾，在这种时刻，人们需要有人来号召，带领村民去跟灾害作斗争。不到几分钟杨耀秀就通知邻居，人们你传我，我传他，有的扛着锄头，有的拿着铁铲，还有的拿着木耙来参加排雪通路的活动。大家有说有笑，干得很欢。58户人家，除了七八家人没到场外，约50个人参加了扫雪的活动。人们虽然感到手脚有些冷，但大家都想到这是自我服务的劳动，因此仍是干劲十足，没有半句怨言。从这一活动中可以看出，满下村的村民是很尊重干部的，只要干部领着干，村民就会坚决跟着干。明天道路可以行走车辆了，人们也就不愁办不到年货了。

2008年2月5日　农历十二月二十九日　晴

满中村在青年人的倡议下，经全村的户长会议通过决议，在卖树的收入款中留下4000元更换篮球架的篮板、篮圈，再买些黑漆，把已不大清晰的球场界线重新画一下。同时决定由村民组长和国高、副组长和万里去城里的体育用品店里买这些东西。

和国高驾驶着自家的手扶拖拉机（运费算100元），并付给和万里的误工费及他自己的误工费每人50元（吃一顿午饭）。他们买了一副（两块）篮球板（同时配有篮球圈），4000元就算是用完了。

2008年2月6日　农历十二月三十日　晴

满中村在家的中年人和青年人，吃过早饭聚集到球场上，更换新买来的篮球板。大伙的情绪可高了，特别是喜欢打篮球的年龄在40岁以上的中年人，比起现在20岁左右的年轻人的劲头还高涨好几倍。会电焊手艺的和实红、和丽功两人承担了今天的师傅，他俩负责把原先安的篮板取下来，又把新买的篮板安装上，和三福、和万选、和福海、和福生、和仕村、和仕黄做他俩的帮手。

村民组长和国高指派和志强、和黄生、和三友，每人拿一桶黑漆、一把刷子，把场地上的界线又照旧迹刷了一遍。

村民副组长和万里从家里拿来锯子、锤子、钉子等木匠工具，由和月林、和克权、和三六、和闰里做帮手，用拆下的木板做成简易的长条凳子，一条凳子可坐4个人左右，共做了六七把。在和三福小卖部里打扑克的老人也停下打扑克，在球场边上看中青年人的行动，小娃娃也在其中凑热闹。到中午就大功告成了，散伙前已预约好明日进行篮球比赛（青年对中年）。

2008年2月7日　农历正月一日　晴

据村委会书记兼主任和继武同志讲："今年因雨雪天气，镇里停止举办春节运动会，因此分给各行政村一些春节活动费，让各行政村在各村自行活动。给南溪村委会4000元，已按各村民小组（自然村）的户头每户10元分下去，由各村民小组长分发（如满中村36户，拿给和国高360元；满下村58户，拿给杨耀秀580元，并要求把这些钱分发给参加公路排雪的村民）。"

事已隔几天，满中、满下两村还未把这款发到村民手里，满下村的杨耀秀昨天给在满下村球场排雪的青年人每人买了一盒"来一桶"方便面，人员有十来个。

村委会书记和继武借了金龙村亲戚的车子，拉了镇里下发的米、油、钱到各个村民小组，给困难户发放春节慰问品，从早上一直忙到下午才回家料理过年事宜。

发放春节慰问品的事应在春节前做完，但因大雪封路而拖至今日才进行。

2008年2月8日　农历正月二日　晴

今天是大年初二，人们正陶醉在节日的欢乐气氛中。吃过早饭，一帮青年人踏着没化的积雪，提着个篮球到满中村，约满中村的人进行篮球比赛。因满中村的人认为满下村人有些蛮横，没有应约，没有与满下村人进行比赛。满下村的年轻人遭到满中村人的拒绝，就到满上村与满上村人进行比赛，结果以42∶60的比分惨败于满上村队。这结果充分证明，过硬的球技是在平时苦练中逐渐积累和形成的。满上村队自去年7月建成以后，几乎天天傍晚都练一阵，之后每隔两三天打上一场球，在练时也产生过相互撞破断了肋骨之事，也曾发生过跌倒滑伤的事例。而满下村的人则是在想打球时才匆匆相约，平时就根本没在一起练篮球。在20世纪七八十年代，满下村的人常能拿到冠军锦旗，常练习起到了主要作用。但当时的老人对年轻人不理家务而跑到球场练球的现象很反感，认为拿冠军锦旗又不能当饭吃，反而误工误事，导致劳动工分少了。因此，不赞成常练球、打球。

2008年2月9日　农历正月三日　晴

今天开始有邻近村寨嫁过来的人回娘家拜年，过去常携儿带女，今年却因路上积雪未化，只有大人单独行动。满中村的村民和福军，岳父家在满中村西南方向的汝南村，路途较远，他驾手扶拖拉机向北到丽江城，再向西经拉市、太安，转向南经天红到汝南，绕了大半圈。他还拉了好几个要去汝南拜年的满下和满上村的村民一同前往。

回娘家拜年所带的礼品，过去一般是肉、米、酒这三样东西，而今随着经济的发展和家庭结构的变化（娶了儿媳了），有些家带的礼品变得多了，除带了传统的三样东西外，还加了茶、糖、糕点之类，酒的数量也由过去的一瓶增加到两瓶。家中由儿媳操持家务的，则由传统的三样礼品变为面条、糕点。虽然经济发展了，物质增多了，但礼品五花八门，各不相同，有的显示出富有，有的更显现出小气。

2008年2月10日　农历正月四日　晴

人们沉浸在欢乐的春节气氛中，都还在进行休闲，除去拜年的村民外，各有所好：有些在篮球场进行篮球比赛，赛累了，又进行站立投篮比赛；有些麻将爱好者围坐在和四闰家打麻将，扑克爱好者也聚到他家打扑克。和四闰家热闹异常，变成了满下村春节活动中心，有一些外乡村民来满下村拜年的人也参加其中的活动。

满中村的村民则集中在和三福的小卖部（他们称之为联营公司，这小卖部在20世纪80年代初由和春红、和立功、和三福、和实红4人联合经营而得名，至今仍沿用此名），麻将、扑克爱好者围得水泄不通，男女老少都到场，有四五个人还嫌那儿太挤，就来到云南大学基地大门边打扑克，夜幕降临时才散伙。

2008年2月11日　农历正月五日　阴间大风

下午大风骤起，呼啸而来，令人有些望而生畏。这样大的风过去的确很少见，站在村子南面山脚下往村子看去，只见住在最西南边的农户的房子上被风掀下的瓦片往下掉，听得到叮当的响声。从这儿能清晰地看到已建成半年之久但还未有人上班的卫生室的瓦片被风掀下来的情景,被风吹飞的瓦片扬起一米来高,然后落下,发出丁零当啷的瓦片砸碎声,吓得有孙儿、孙女的老人,把孙辈们招呼在房间,轻易不让出门,生怕被风吹落的瓦片对人造成伤害。有些想上山而出了门的妇女,也只得回家休息,生怕山上树被吹倒而发生意外。有些胆大的村民(如和金辉、和子一、和金发及和建良等),估计到这样大的风会吹倒一些树,他们就不顾安危扛斧上山,想趁机砍下一些木料或柴。他们到天黑时方归,真是功夫不负有心人,都砍到不少木料或一堆堆柴,待明日他们可只管往家搬运。

这次大风,满中、满下两村不少农户的瓦片都有不同程度的损失,损失较大的是满中村的和吉顺家、满下村的和子红家以及卫生室的房子。

2008年2月12日　农历正月六日　晴

满下村的大多数村民,拿着斧头、砍刀、绳子上山砍柴,他(她)们争着砍那些昨天被大风吹倒的松树,那场面用"争先恐后"来形容一点也不过分。山上只听到噼啪的斧头、砍刀声,赛过除夕和大年初一拂晓时的鞭炮声,噼噼啪啪,此起彼落。在通往山上的小路上,背柴回家或去山上的人来来往往、络绎不绝。个别人在自家的山上砍,大多数人则见到倒了或弯了的树就砍,有部分人只在公山上砍。有的砍到一背就先背回家;有的干脆先砍好堆放在山上,想待些时日再慢慢背回家;还有三五个不自觉的人在水源林里挥斧砍被风吹弯了(还没倒下)的树。身强力壮的人,一天下来砍了十一二背,最少的也砍了五六背。村子附近的山林,经昨日一场大风的摧残,又加上今天村民的肆意砍伐,真是雪上加霜。个别热爱自然、懂得保护生态的村民,把这些现象看在眼里、痛在心上,但也无法制止。

2008年2月13日　农历正月七日　晴间转风

满下村的阿四金家族共八家,除和玉祥母子去维西其姐和国英家过春节还未回来外，其他七家的男主人和尚勋、和尚军、和圣伟、和朝东、和秋谷（因丈夫和朝泽在城里开车不在家，而她来顶替门户）、和朝珍、和朝光、和朝柱等人，各户拿了香、酒、茶等供品，带上斧头、锄头到坟场上来，准备收拾一下前天被大风吹倒的山神树。

在南溪村寨，从古到今，不能乱砍乱动坟场、火葬场的山神树，即使倒了也不能把树枝砍回家当柴烧，也不能把树干砍回家当料子用或当柴烧。山神树倒有不祥之兆的说法，但因狂风所致，该族人还聊以自慰。

他们到坟场后，先烧上一坛大火，这就是古来所说的"纳西米你迪"（纳西语，意为纳西族做什么，都得先烧一坛火），休息片刻，由族中的长者和尚勋、和圣伟、和尚军插香于山神前、坟前、祖宗位前，再逐一祀奉供品，边敬供边说："山神，＿＿＿，＿＿＿，＿＿＿，＿＿＿，×××，×××，×××，×××[①]，祖宗们，今天是鼠年正月初七日，因狂风吹倒了山神树，我们来收拾一下被吹倒了的树，请你们保佑我们平安，谢谢！"说完再逐一向神位、坟、祖宗位磕头，然后众人也逐一磕头。休闲一阵后，年轻人挥斧收拾大树，砍成若干截抬到坟前横放好。

2008年2月14日　农历正月八日　晴

大多数村民都往山上去砍柴。下午，村民和汝信、和永华、和尚军三家在用手扶拖拉机装洋芋。前两家是当初自家留下不出售，想在春节之后拉到市场去卖。和尚军是在挖洋芋时就请求邻居留下卖给他，并讲好价钱随行就市，如若落价了，就以每公斤0.5元作为保护价付款。他做洋芋种生意一月有余，今天装的这车是他请求留下洋芋的最后一家。他的拖拉机发动不久就出现了水混进机油往外喷的故障，他把拖拉机熄火，立即去满上村二舅爷和永红家借拖拉机。在他去借拖拉机的同时，他叫老婆和益华拿了20个袋子先装着洋芋，以便到时过秤上车快些。到

---

① 文中"＿＿＿"符号为埋有两人的坟"×××"符号为埋有一人的坟。

和尚军借回拖拉机时，和益华和卖主一起已经把 20 个袋子装满，拴好口子就可过秤上车。他们先过秤用篮子装的，约 2000 斤，再把袋子装的过秤上车，共装了 3644 斤，除去零头 44 斤，以 3600 斤算价，以每斤 0.27 元付款。

2008 年 2 月 15 日　农历正月九日　晴

村民和国兴、和金红、和金圣三人一同帮村民和建华家建造一所新房。新房的规格为下九上八的两层三间楼房，长度为每间一丈，进深长度均为一丈二尺，走廊宽度为十尺。此房的料子从前年就开始准备，梁头、椽子，随用方均在本村山上砍到，大料去汝南买，有些在汝南没买到的横料及梁方到城里加工木材的地方买。建房的作业方式为包款不包饭（就是说：开工时就讲好把房造好，竖房，定好椽子的工钱一次性以 2200 元包了，主人家不再招待木匠的生活）。其实，口头虽是这样商定，钱照商定的数额付出，但好多时候主人家还是招待午饭、晚饭和烟酒。主人家担心要是待师傅不周，师傅在建房过程中会马虎应付。因此，每个农户家都考虑到一生只起一两所大房子，对木匠就不敢怠慢。

和国兴是村里远近闻名的竖房大师傅；和金圣的技术没有和国兴高，名气也没和国兴那么出众，但也是竖过三十几所房的大师傅；和金红与和国兴是连襟，和国兴外出竖房时经常都领他同去做。因此，对此活很熟悉，三人做起来会很快当。

2008 年 2 月 16 日　农历正月十日　晴

村民们仍在忙于砍柴，由于春节前下了比历史上任何一次都大得多的雪，雪化后土壤湿润，好些处于风口的山上大树及砍过松明的树经不起大风的狂吹猛刮，倒了不少。有些村民在自家的山上收拾被风吹倒或吹断的树；有些村民则先把自家山上的暂时搁下不管，去收拾邻居家山上被吹倒的树或公山上的树。如村民和朝东及老婆和英、女儿和玉芬三人先不去砍自家山上的树,而是先把和朝光家山上的倒树先砍成柴,堆放起来。和朝光的老婆杨耀祥认为这样做太欺负人,于是就拿了根绳子,把和朝东砍好的柴背回自己的家里。对这种行为,村民们有的说:"杨耀祥做得对,既已分过山林,应各自管理好自己的。"和朝东的做法是没有道理的,这是拙劣的表现。这样做一是名声不好,二是帮主人家砍柴出力不讨好。

2008年2月17日　农历正月十一日　晴

村民和丽军请他们家族的人去山上砍柴,原因是:他与和金凤以前因为大雨天和办喜事时没有上山找柴,前些天他为降生的女儿举行祝米客,又因为下雪天,无法上山砍柴。因此,当时家族人从各自家里每户背来一背柴,以解决待客炊事之用。和丽军的岳母当时就指教和丽军:"以后请家族及亲戚帮忙补找柴。"今天和丽军是遵照老岳母的指教而去山上砍柴的。

类似和丽军一样,办喜事或祝米客时未能上山找柴,在以前也屡见不鲜,但没有一家是进行补找柴之事的,这在满下村寨属于首例。村民的看法也各异,议论不休,有的村民认为,事既已过,补是多余的,也不曾有过前例;有人认为连办两件事,传统的找柴一事因雨雪而误,心里肯定不舒服,今天补找些也是可以理解的。

2008年2月18日　农历正月十二日　阴间小雪

帮忙种药材的满中村村民和春华,承担了老板委托的查询满下村寨的农户是否愿意种药材、种多少面积、在什么地方种等急需统计的工作。因满下村现时无村民组长,到副组长(俗称会计)和圣华家两三次没遇到,又听到和圣华母亲说:"没时间,做不成(指做不成调查统计工作)",于是就请看管云南大学基地的和尚勋老师代劳。租地的租金为每亩800元(种植时要听从种药材老板的指挥,按老板的要求管理,这关乎药材收成的数量），种时先付一半款，留一半到收药材时付清。根据收成的质量，每村有6户（分三等）的得奖机会，奖金为600元、500元、400元。地为肥地、固地两类，杜绝种植于山地，要种药材的农户要求在种洋芋时就把地安排好。

傍晚，和尚勋老师拿着纸笔，深入满下村各农户，照和春华说的进行宣传统计，结果大多数农户都想种上一两块地试一试。能够精打细算，通过与种洋芋比投入、比收成后，乐意种上一两亩的农户也有一些。和尚勋老师为能帮村民做点有益的事而感到高兴。

2008年2月19日　农历正月十三日　小雪

今天是文峰寺路段改造工程在满下村拉沙的最后一天，知情的满下村村民杨耀秀家、和永红家、和顺达家、和灿家、和福祥家、和吉诚家、和建成家、和金星家、和万琼家都请拉沙的驾驶员拉了好几车沙子，其中和灿家、杨耀秀家、和永红家拉得多（每家四车）。这些沙子都是作为建房备用的，是不费吹灰之力到手的。很多农户都想这样轻而易举地得到，但不知情。在拉到沙子的这些农户里知情的只有杨耀秀、和灿、和吉诚三家，其他几家看见他们在拉，就请求驾驶员也拉一车。这些沙子除和永红、和金星、和万琼三家直接拉到家门口外，其余都暂时倒在自家田边，或村公所门边，这些农户为选倒这一车沙子的地方也费了一番心机。

2008年2月20日　农历正月十四日　阴

满中村的和万里、和万选、和三六、和社华、和涛、和丽功等村民去山上挖树形较美的各种冬青树，准备明日去丽江"棒棒会"卖。

满下村村民和尚军、和益华夫妇，和朝光、杨耀祥夫妇，和金发、和银谷夫妇开着手扶拖拉机去山上找腐叶，准备明天拉去"棒棒会"上卖。

这些村民以往就有在"十五"元宵节里卖树、卖腐叶来增加家庭经济收入的习惯,他们懂得哪种树好卖、哪种树价钱高,就在昨天和今天专门去挖那些树。卖腐叶的也很熟悉在什么地方卖、怎样装袋等增收的方法。因此,这些人不失时机地把握好元宵节前的备货工作。做这些生意的多为文屏村、金龙村的村民。这两个自然村在家的大多数村民都在做这两种生意,而满中、满下村人是从那两村人学来做的。人应该这样,学人所长补己之短,这样才能发展、才能逐步走向富裕。

2008年2月21日　农历正月十五日　晴

今天是元宵佳节,在家的年轻人都去鹤庆县辛屯天子庙赶会。丽江南山一带(南溪、前山、后山、吉子、天红、汝南、太安等行政村)的村民,传统上都是去天子庙会赶"棒棒会"的,赶会后必定要买回根甘蔗当棒棒扛回,还要买个草箩和两条鱼。

而今,因交通便利和物资流通,除年轻人去天子庙会赶热闹、交谊谈情外,中老年人一般都去丽江赶会;而且由过去的只买回物资,不卖东西转变为去卖腐叶、卖树。回来时,买回的不再是草箩而是时兴的塑料桶、盆之类的生活用品。元宵节变成了部分山民的增收经济日,如满下村的和朝光家、和金发家、和尚军家……都拉了腐叶去卖,一手扶卖到四五百元;满中村的和万里、和万选、和社华、和丽功、和三六等人挖了冬青树去卖,而且也卖到好价钱。

去鹤庆天子庙会的年轻人今晚聚集在前山放牛坪村搞文艺联欢,明后日还进行体育赛事。

2008年2月22日　农历正月十六日　晴

满下村村民和万林、和亚兰夫妇宴请亲朋,为他们的小女儿和丽雪举行出嫁庆典。和丽雪高二时辍学后去城里打工,在打工时与前山石镜头村的和二友一见钟情,产生了不得不赶紧结婚的局面。停学才一年多点时间,田间活还没做几天就得嫁人,这对父母在经济上和思想上来说都是个不轻的压力，但作为儿女的事，父母又不得不为之操办。

在今天的嫁女礼上没有摆出嫁妆，原因是嫁妆在事前就买好后直接拉到石镜头村男方家放好了。这做法与传统的嫁女习俗有根本的不同，但也有好处：一是可以避免在山路上颠烂嫁妆的现象；二是迎亲的人少了背嫁妆、拉嫁妆的麻烦。今天的嫁妆礼由和亚兰委托和万芝把一张两万元的存款单交给新娘和丽雪。这种做法自2004年满下村姑娘和青梅出嫁时，买嫁妆只要1万元现金为嫁妆礼开始时兴，以后陆续有一些人这样做。在满下村寨用现款或存单做嫁妆的已经有：1996年结婚的和国英（在单位工作），1998年举行婚礼的和朝花（在单位工作），2000年结婚的和爱菊（在单位工作），2005年结婚的和朝娟（嫁到文山州砚山县），2006年结婚的和春兰（嫁到前山高龙村）。从这一现象上看，嫁到农村的已有三人用钱陪嫁，说明了传统的嫁妆礼在发生着变化。

2008年2月23日　农历正月十七日　晴

满中村村民和福元开着手扶拖拉机犁田，他所犁的地是上年撒种蔓菁的地。这类地过去传统的耕作方法是：在事前先犁一次，然后把翻上来的土块用木耙打碎，打碎后再犁一次才种洋芋。保交提留到户后的开初几年也还是这样做的，到后来，除一些老农还坚持这样做以外，大部分人都是一次性犁了后种下了事。这几年由于轮耕地有相当一部分作为退耕还林地，农事就比以前减少了，过去传统的烧火土种燕麦的农事废止了，省下很多时间可以休闲，因此有部分人又开始在种洋芋前就把地犁一遍。大部分村民只犁一次就种了，两种做法的结果到收洋芋时没有多大的差别，但在洋芋芽出土后的锄洋芋地及洋芋苗拔节后进行挖洋芋时，犁了两道的地肯定会比只犁一道的地松软得多，也就会好锄些。

2008年2月24日　农历正月十八日　晴

满下村村民和立军与金龙村的和仕南合伙买一辆价格为51万元的

出租车，该车离更新时间还有四年。为买车，他们一家投资约 26 万元。和立军在满下村投入巨资买车的已是第七户，到目前为止，满下村寨已拥有四辆出租车。满下村购车的情况是：开新车价偏低（每辆出租车卖七八万元）时，一户也不敢买，直到一张车辆牌照卖到 15 万元时才陆续合伙买，所以购车时间晚、价高，老人们都为年轻人捏了一把汗。和立军购车的经济来源主要是向信用社贷款、向亲戚借款、自家拿出等途径。他请和朝珍、和亚华、旦都后村和丽南每户向信用社帮他贷款 3 万元，共 9 万元，他自家有 4 万元，又从攀枝花拿回他父亲的工资及向他姐姐借款 6 万元，向亲戚借款 4 万元。年轻人就这么大胆，敢借敢贷，老人们则忧心忡忡，担心着何时才能还完借贷的款项。

2008 年 2 月 25 日　农历正月十九日　晴

满中村村民和占典今天驾车回村中，向亲戚朋友家借款。他借款是准备去付商品房的首期付款。他已在城里做好买房的报名、登记、填表等有关手续，等几天就要交首期付款。他是满子师 3 个村约 120 户人家中，在城里开车、买房的第一户人家。此前，南溪行政村的村民在城里开车，并在城里买房住的农户已有：金龙自然村的和万红、和社堂，鹿子自然村的和玉龙、和现才、和雷、和万红，旦都村的和香社等（这些农户都是进城开车的农民在城里购房者，另外，还有鹿子村的和学武、和丽川、和正文三家也在城里购房居住，但这三户是家里有当干部的人，再加上有人开车或在城里打工）。

据悉，现时在城里没有固定工作，在城里开车或打工的村民想在近期内买房子的还有好几户。

2008 年 2 月 26 日　农历正月二十日　晴

村民和顺明为二女儿和永梅举行婚庆典礼，和永梅招鹿子村的村民和春红做入赘女婿。和永梅高中毕业后一直在丽江玉水寨打工已快八年，和春红曾入伍当过兵，复员后曾在劳教所看守犯人（合同公安），后辞职开出租车。他俩的婚事均由两个年轻人订好，没给家中大人商量，由他俩选择日子后，通知双方父母在婚前7天内请好客。

今天的婚礼是在丽江城的一个农家乐里进行的，新郎、新娘合伙包了农家乐的酒席，双方均安排收礼、记账。这种婚庆典礼属于首创，以前在城里举行婚庆典礼时都是男方家举行一天，女方家另外举行一天。村民都认为：在城里举行婚礼比在家举行婚礼简单、节约得多了，而今天举行的这种两家一席的方式比两家分别办更简单、更省事。这种方式成了节支增收、反对铺张浪费的办事模式，年轻人都比较赞成，上了年纪的人则认为与传统的婚礼差距甚远，不合规矩。

2008年2月27日　农历正月二十一日　晴

满下村村民和朝光、杨耀祥夫妇拉了自家留下的洋芋去丽江坝子里换玉米。由于洋芋数量不多，所换到的玉米就不多，他俩认为只拉这些玉米回家有些不划算，于是就到蔬菜批发市场批发了一些大白菜、蚕豆、莴笋等拉回来在村里卖。结果，以批发时的两倍价卖出，且费不了多长时间就在村里卖完。卖完后，和朝光对杨耀祥说："做这种生意也可赚好多钱。"杨耀祥说："这些钱虽然不费体力而轻松获得，但如果卖不出去的话，这些蔬菜就会烂了，就会赔本的，不能想成每次都会像今天这样顺利。咱俩前些年已做过很多次蔬菜生意，收入也不怎么可观。"和朝光说："这时节不比那时节，那时村民手里钱少，舍不得买鲜菜吃，现时村民的经济收入增加了，手里的钱多了，想改善生活、改换食品口味的人也多了。如果没有人做这种生意，我俩每隔三五天可以去拉一手扶来卖一下，可多收入一些。"的确是这样，在改革开放以后，随着生产水平的提高，村民的生活水平也有明显的提高，七河人来卖凉粉、豆腐，三天一转，供不应求；文华人来卖凉粉和鲜菜，两三天一转，照样卖得一干二净。

2008年2月28日　农历正月二十二日　晴

村民和金辉怕运肥的车被堵了，就用手扶拖拉机把厩肥先拉到西片的地头，准备等些日子再挑点大粪和水浇于厩肥上堆积起来。

村民和家良也有同样的担心，于是就请来满上村的侄儿和立黄及他家的手扶拖拉机，往西片的地里运了两手扶厩肥。如果现在不用拖拉机把肥运往这片田地里，村民和学青家要是提前种上洋芋，和家良就得用人背两三天才能做完运肥一事。因此，在这片有田地的农户，都趁早用手扶把肥运到自家地里先堆好，才松下一口气。

其他地方的地，用不着这样急，也从来不急，只是到种洋芋时才拉肥，和种洋芋一起下地干活。如果西片地头的和学青家能想想"自家的拖拉机也时常从别人地里过"，就不必让其他人家这样紧张地运肥了。

2008年2月29日　农历正月二十三日　晴

满下村村民和朝东以每块砖0.43元的价格（含运费）买了13000块，由鹤庆县甸南人拉到家中，分两车拉来，第一车7000块，第二车6000块。大车把拉来的砖先下在公路边的地里，再由手扶拖拉机一车一车地拉到和朝东家中。和朝东家离下车的地方只有百来米，还算很近。和朝东请和圣伟、和玉祥、和尚勋、和朝光、和秋谷、杨耀祥6个族人来帮忙运砖。大家都在紧张有序地上车、下车、码砖，从下午3点一直干到傍晚8点半才搬完第一车（断了的砖头没有搬）。在搬运时，大家和和朝东开玩笑说："你早些时候就把钱拿出来买砖、砌墙，就只需付出一半，可那时你两口子把钱死死锁于箱中不拿出来，只等待着老父亲的工资来帮你们添砖加瓦，结果到现在得付出两倍的代价。"

从现象上看，的确有些像，当教书退休的老父亲还健在时，他俩对家庭建设无动于衷，没有进行；老父亲去世后却不间断地进行着。这说明前段日子里依赖于老父亲在经济上的帮助，而今老父亲去世了，经济援助无望了，才把多年积累的钱拿出来做房屋建设。

2008年3月1日　农历正月二十四日　晴

满下村村民和作才、和学青夫妇请大女婿和万军来犁地。和万军犁，和作才夫妇种洋芋。这些天种洋芋还为时早一些，但和学青认为村子西片（满下村去旦都村的路边）的田地，拉肥、运肥都会从她家的地里过，所以提前在地头种上一点洋芋，不让送肥的拖拉机通过。事情也的确是这样，通往西片的地没有田间公路，只有条人行道，过去还较宽，后来路边有地的农户把路逐年耕占一点点，就变窄了，要用拖拉机运肥必须从和学青家的地里碾过去。在现代生产劳动中，不能不利用手扶拖拉机来运肥、拉洋芋，单靠人背不仅费时还费力。因此，全村人都对和学青的做法很反感，都在背后责骂她："只顾自己，不顾别人。她家也没用飞机来运肥，她家运肥、拉洋芋还是碾别人家的地。她每年都这样做，太不近人情了。"

2008年3月2日　农历正月二十五日　晴

满下村村民和建华请和国兴、和金红、和金圣3个木匠师傅建造的新房今天竖起来了，竖完后做了上梁仪式，他还请了竖房客，和建华、和谷夫妻双方的近亲们来做客。

参加竖房的人除了村中阿闰金家族的六户外，全村寨52户的每户一名成年男人参加了竖房的活动。竖房的一切行动都由和国兴指挥，并有和建良帮助，参加竖房的人都按他俩的指挥来行事。

下午1点半竖完房后，就用午餐，午餐的内容是传统的四菜两肉，共六碗。

竖房的人用过中午饭后，就休闲娱乐，各有所好：有的打扑克，有的打麻将。现年62岁的村民和作典说："我们满下村人休闲娱乐只是在竖房、婚庆、丧葬等场合进行一下，组织老年协会可没指望了。"村民和金辉却说："组织起老年协会也不中用啊，像您老人家三分钟也闲不住，别人都看您，别人的后代都以您为老人的榜样来要求自家的父母，组织了协会又会有谁来休闲娱乐呢？"有人说："只要一代人解决了，代代都会跟着来，像邻近的太安村，组织老年协会将近有十年，年轻人再紧再累也没把老人带到地里帮忙，也没有人有怨言，只要组织起来，就会改变传统的'老人苦'的现象。"

到下午5点左右进行上梁仪式，由大师傅和国兴主持。梁前面的方桌上摆了两份礼品（两大盆米、两挂肉、两床毛毯、两条上好的烟、四包上好的茶、四瓶上好的酒），是和谷的两个弟弟（和满红、和满社）带来的庆上梁礼。这礼是大木匠的份，事后由主人家和建华背到和国兴家去，还会带去上梁时用的那只大公鸡。

2008年3月3日　农历正月二十六日　晴

满下村村民和万军、和四闰、和作武耕牛组今天开始犁田了。他们这组以往是用两牛抬杠为主要的犁田形式，今年都改用手扶拖拉机带铧犁来犁地，主要的原因是去年用来犁田的耕牛年岁已老，当菜牛卖出，后买来的牛犊还没有驯好。由于今年和作武患胆囊炎而住院接受手术治疗，他无力操作手扶来犁田。因此，和万军、和四闰犁田时，按地域进行，遇到谁家的地就犁谁家的地，真正起到了耕牛组耕作互助的作用。在社会经济迅猛发展的南溪村，这样好的互助村民已不多见了。一些村民如若自家无人、无力犁田，就出钱请别人来犁，哪怕是弟兄，只讲经济不讲情的人也不少。"一家有难，众人相济"的传统美德逐渐在消失。

2008年3月4日　农历正月二十七日　晴

在南溪满中村试种中药材玛咖的负责人杨老三，趁在春节前给满中村租赁荒地（户长会议通过）时利用修路老板在满下村沙场拉沙之机，与老板沟通后拉了百多车沙子堆放在所租借的空地上。今天，又有鹤庆的汽车拉来了瓦片，丽江坝子的汽车拉来了红砖，车来人往。村民们忙着卸货下车，好一派热闹景象。所租借的荒地上堆满了沙子、红砖、瓦片，看起来药材老板真有大干一番的气派。建材目前就只缺木材及石料了。

如果他们试种药材获得成功，那将极大地推动南溪产业结构的调整，对推动南溪经济的增长会有益处。

今年他们要在南溪七个自然村试种500亩药材（金龙、满上、满中、满下、旦前、旦后、鹿子，文屏村因海拔比这7个自然村低，不宜种此药材），每亩付租金800元。他们打算以后还要逐年扩种。

2008年3月6日　农历正月二十九日　晴

玉龙纳西族自治县妇联在玉龙新县城广场组织近郊乡镇的妇女进行演出，提前开展庆"三八"的活动。

南溪村委会的书记兼主任和继武、副主任和丽军、妇女委员杨耀秀率鹿子村村民小组的演出队前往参加活动。她们演出的节目是传统的纳西族"时本"（纳西族情歌对唱），当节目进行到高潮和尾声时，引来了领导和观众的阵阵掌声、叫好声。特别引人注目的是，女方有一个男装女扮的人在领唱，更增添了几分乐趣。

2008年3月7日　农历正月三十日　晴

满上村由妇女自发组织"庆三八游大理"的活动，满上村公款捐助了4000元作为妇女活动经费，请村民组长和占军做领队和向导，共30人，今天离村出游。他们村的公款来自南方电网公司从丽江安装到香格里拉的线路时，建铁塔付出的地基占用费及山林损坏费。此前由村公款曾经给过男同志4000元，在修路、桥、球场时用作打牙祭款吃完。村干部这般廉洁，在当今的南溪村是不多见的。据群众讲，满上村的历届村长都不贪，一五一十、清清楚楚地向群众公布村务开支情况，做到群众满意。

以村助妇女集体到外地游览过节，在南溪行政村的八个村民小组中属于有史以来的第一次。

2008 年 3 月 8 日　农历二月一日　晴

今天是三八妇女节，山村的妇女不亚于城里和单位的妇女，她们用不同的方式欢度自己的节日。

南溪行政村妇女委员杨耀秀应黄山镇卫生院的邀请到大理地热国、大理风景区等游览。她兼任卫生院的南溪防保员，因此每年的"三八"节她都随黄山镇女干部或黄山镇卫生院女医务人员外出游览。丽江境内的景区都已游览过，最远的地方去过广西桂林，观赏过甲天下的桂林山水。

村中的妇女虽没得到公助游览，她们也不示弱，自费结伙去丽江境内的风景区游览，用这样的方式庆祝自己的节日。今天满下村妇女结伙包车到虎跳峡游览，她们观看到了虎跳峡险、峻、奇的景色，有些妇女还惋惜地说："要是也能看到汹涌的金沙江水推波助澜，凶猛闯过虎跳峡的猛劲就更好了。"最近几年以游览方式庆祝三八节的妇女，基本上逛过近郊的景区，使她们增长了见识、开阔了眼界，懂得了丽江以旅游促进经济增长的做法。

2008 年 3 月 9 日　农历二月二日　晴

2007 年 7 月 31 日已竣工验收，到现在还未开业的"黄山镇卫生院南溪卫生室、玉龙县疾病控制中心南溪检测点"的房子瓦片被今年春节期间刮的大风吹掉下来不少，今天卫生院院长请来补盖瓦片的鹤庆籍民工六人，由玉龙县拉市乡的包工头拉瓦来补盖。包工头在旁边大声指挥说："这地方风大，要盖好一点，盖不好就不付工钱。"自从那场大风以后，还没上过一天班的卫生室房前屋后，散落着被风吹到地上的碎瓦片，很刺过往人们的眼睛。大家认为早就该收拾一下，重新盖上了。

3 月 7 日，卫生院院长领来原来负责木工部分的施工负责人等四五个人，重新钉上被风吹落的室内天花板。现在有些房屋的装潢真是华而不实，看似漂亮、美观，但经不起一场大风的冲击，出现了要返工的现象；要是装潢成老式的，就不至于一场风就吹掉下来。

2008年3月10日　农历二月三日　晴

村委会书记兼主任和继武、副主任和丽军、副书记和国军3个村委会的干部听说,明日玉龙纳西族自治县县委书记孙文忠要来南溪村委会调研,于是他们三人从上午10点开始就在村公所内外进行大扫除,把室内整理得有条不紊,争取给上面的领导留个好的印象。

南溪离丽江城只有24千米,属于离县城较近的高寒山区,曾有不少市、县领导来调研过。他们是:原丽江县委书记和学武,丽江行署副专员马立超,玉龙县委书记李世碧,丽江市委书记和自兴,玉龙县县长和承勇,玉龙县代县长和慧军,丽江市政协主席杨文彬。这些县、处级以上干部到来时,有些领导同志通过调研,的确解决了一些南溪人民心里盼望已久,需要及时解决的问题;有些领导同志则走马观花就过去了,对亟待解决的问题没有引起重视、没有得到解决。领导到村寨来调研,对村寨来说是一种不可多得的好机遇,只要村委会的干部尽量把所存在的问题、需要解决的问题原原本本地向领导汇报,领导也会给予指导或提出解决问题的途径和办法,甚至会对需要解决的问题答应投入资金。明天县委孙书记来南溪调研,知情人对他寄予厚望,希望在改变南溪落后面貌的大事上,能引起他思想上的重视。

2008年3月12日　农历二月五日　晴

中共玉龙纳西族自治县委员会书记孙文忠同志,今天率民政等一些部门的领导分乘十余辆车前来南溪行政村调研。他们路过文峰寺公路改造工地时,停下车来检查了一阵。到南溪后,他们没进村公所,就一直去到南溪鹿子村,去察看那里去年由税务局援建的"整村推进项目"。由黄山镇政府、党委领导陪同调研。南溪村委会书记和继武、副书记和国军同随行的黄山镇部分职员帮助村公所做接待工作。满下村的村民杨耀秀、和万红,旦都后村的和秀英(村医)也由村公所请来做饭。黄山镇中心校长木龙已在南溪完小恭候着县委书记的到来,想抓住这一难得的机遇，向领导汇报一下南溪完小无球场及坐南朝北的师生生活用房需要返修的情况，想求得资金上的支持。

孙书记一行从鹿子村调研回到村公所后，休息了一阵，用过午饭，到南溪完小调研。他们仔细询问了师生的生活情况，对山区半寄宿制的师生表达了关爱之情。中心校长木龙详细汇报了南溪完小在"2·3"大地震后，得到香港路华车主会的援建资金支持，在硬件设施方面有了大进展、大变化，但目前急需返修生活楼及修一块篮球场。孙书记听后表示一定责成有关部门尽快解决这两件事情。

2008年3月13日　农历二月六日　晴

上午10点左右，满中村每户一个男人，驾驶一辆手扶拖拉机，排成长长的车队，气势浩大地开往东面山上去。他们是要去砍卖给种药材的老板杨老三在满中村建盖他们的"玛咖公司"用房的材料的。他们把车开到目的地后，抽烟休息一阵，利用休息时间，和国高把所要砍的各种木料的数量、规格向众人宣布，并讨论采伐的方式。通过大家讨论，认为还是以集体的方式砍伐为好，于是就分工找各种不同大小、不同规格的木料。等各组把要砍的数量砍足后，就地吃午饭、休息。

吃过午饭，大伙上车，并把每辆手扶拖拉机上的料子用钢丝绳拴得结结实实的。中村的村民争论起问题来像是吵架一样，可做起事来又是这样的同心协力，这的确是当今南溪的一个榜样，特别是满下村更有必要向满中村学习。满下村的情况与满中村截然相反，开会讨论问题一言不发，而转过身后又有那么一大堆问题，做起集体事来很不尽心。过去不曾有过这样的情况，只是在近十五年才这样的。

2008年3月14日　农历二月七日　晴

满中村每户一名男劳动力，集中在种药材的杨老三建房工地上砍削昨天拉来的木料。以集体的方式进行，砍料技术较好的村民，如和军坤、和福军、和福海、和福生、和万里、和吉顺、和二社等村民就砍大些的木料和梁头；其余砍料技术不怎么好的村民就砍椽子。他们还专门抽出和万选、和三友、和克权、和万社、和国启五人，从和三友家里买来两只狗杀吃，杀完后在和国启的小卖部旁，找上三个大石头代替三脚，再从和三友家抬来一只大锅，在那儿煮好，同时还煮好两大罗锅米饭。砍料子的人太阳快落时砍完，就休闲在小卖部前等着吃晚饭。这样"打拼伙"（纳西语，意为合伙打牙祭），在南溪是随处随时都在进行的，别说集体劳动，就是休闲或雨雪天都经常进行。

在南溪满子师村，杀狗吃这一现象历史传统上是不存在的，到1964年进行四清运动和社会主义教育运动时，工作队一进村就下令不准养狗，于是就开始打狗、杀狗。那时有的村民认为把狗打死丢了有些可惜，就约上一些人，在屋后架锅煮吃，从那时起就有了杀狗吃的现象，而且近些年更盛行。

2008年3月15日　农历二月八日　晴

今天是纳西族的"三朵"节，村民以不拘一格的方式在欢庆"三朵"节。南溪行政村金龙自然村（村民小组），以青年们为主体，在村中举办篮球运动会。这次运动会有些特别，首先是不发奖品。其次是划定参赛球队，性质为邀请赛。他们请了太安乡的天红村球队、吉子村球队，南溪行政村的满上村球队（男、女队）前来参加比赛。到时，金龙村女队与满上村女队进行友谊赛；金龙村男队、满上村男队、天红村男队、吉子村男队，互相自愿进行比赛，不再由主办方安排比赛对手，主办方只负责记分、裁判、监督比赛规则。最后是由主办方（金龙村）免费提供所有球员的伙食，他们村决定支付此次运动会的生活费5000元人民币，派青年人在昨天进城买好菜、肉、米、鱼等食品（他们村的公款来源是，南方电网公司付给他们在村山上竖铁塔的地基赔偿及树林损伤赔偿款）。今天赛不完，明天还要进行一天，反正来参加比赛的球队，队与队之间都要交锋，就是说金龙男队要与天红队、吉子队、满上村队比赛。同样，天红队要与金龙队、满上村队、吉子队比赛，以此类推，共要进行十场比赛。

这样的运动会是南溪历史上还没有过的。显而易见，这场运动会将完全避免七八十年代南山片常为球赛争吵、打架的不良现象。

满下村村民和国武今年适逢49岁，他利用"三朵"节率全家大小共六口人到白沙三朵阁，在"三朵"像前烧香磕头，求"三朵"神给予保佑，让其平安度过49岁这年。

满下村村民和万元、和永军两人今年是36岁，他俩相约，两家人（每家四口，共八口）到大理寺庙去烧香拜佛，求佛保护平安度过36岁这一年。由于门票费用有些舍不得，他（她）们只进了一所寺庙，在泥菩萨塑像前磕个头就转回来，算是年逢三十六，拜菩萨求保佑。

过去在南溪村，男人逢36岁、40岁，有"凶多吉少"之说，因此产生了在农历二月初八，抱着大公鸡，买上香步行到白沙三朵阁拜"三朵"，磕头求保平安的现象。或者在春节期间就请上一场客以避灾难。今天去拜神的三家村民，以旅游的方式进行。

2008年3月16日　农历二月九日　晴间阴

今天是满子师村（满上、满中、满下三村）的二月祭祖节。除父母双双健在的外，在丽江城打工、开车的，嫁到本村或邻近村寨的女人们都得回家参加祭祖活动。这可忙坏了在城里开出租车的满下村村民和朝珍，自去年10月他老婆和闰英英年辞他而去以后，他家就剩下父女两人了（女儿是在医院里要来抱养的）。他们父女守了一些时日的孝，到春节后又回城里去开车。像今天这样的日子他还得到满中村和闰英娘家去参加祭祖活动，因为和闰英的老父亲早已不在了，现有老母亲还在世，不去不行；此外，又得在家里举行自家的祭祖活动，祭祀家中历代祖先和辞去的夫人和闰英的亡灵。因此，他于中午12点返回到家，在家里准备了一下祭祖的事宜，就拿上一瓶酒，到满中村老岳母家去祭祖。到她家后，他跪在祖先牌前点上香，磕了个头，喝了杯茶，又回到自家主持祭祖活动。

和朝珍在城里开车期间，请了侄女和玉芬帮他带周岁半的女儿，报酬为包吃、包住后每月300元。今天因车路不便，侄女及女儿没有回来。

2008年3月17日　农历二月十日　晴

村民们在紧张地进行着种洋芋的农事活动。根据以往的经验，洋芋这农作物一般在惊蛰、春分两节令内种完。最近两三年，有不少农户拖到清明节令以内才种完，而且说，种晚点的洋芋产量比种早点的还好些。但不管怎样，这些天的确家家户户都在忙着种洋芋，就连平时在城里领娃娃并为开车的丈夫做饭的村民和金桂也领回娃娃，帮忙和圣伟、和尚花老两口种洋芋。曾经父子分家各自生活一年多的他家，现已默默地汇为一家。在城里开出租车的村民和圣武、和圣军、和立军也利用白天休息的时间赶回来帮忙种洋芋，他们回来主要解决犁田、送肥的工作，这也是种洋芋过程中的两大难题。除这两个工序外，其余种洋芋的工序，老人、体弱者、妇女都可以自己解决。村民和万琼也请别人开一星期的车，回家帮老婆和社香犁地、送肥、种洋芋。村民和建军利用昨天回来参加祭祖活动之机，把他家需要种洋芋的地都犁完了再返回城里开车。

2008年3月18日　农历二月十一日　晴

在满中村种药材的老板杨老三房屋建设工地上，有三部分人在施工建盖房屋。主体工程由鹤庆县辛屯乡沙河村民工来负担实施，这些人近些年常在南溪砌石、砌砖，对南溪的情况很熟，可说是了如指掌。他们负责下基石、砌砖、盖瓦、粉刷、打混凝土地皮等工序。建房的木工部分则由满中村村民和耀宗、和军坤父子承包，人字屋架，钉椽子，每所1100元，共三所（九间平房）为3300元。此项工序是鹤庆民工又转包给他父子俩的。和耀宗现年72岁,是满中村唯一的大木匠师傅,他初学木工活时,投满下村寨的和兰兴手下求艺,到20世纪60年代中期,南溪各生产队大盖集体粮仓时开始自己掌握主持屋架组合的画墨程序,能够画出一所房子的墨,就表明已成为大师傅。

另一部分人是满下村寨的村民和吉诚、满上村寨村民和文祥、满中村村民和万选,他仨是通过和吉诚是负责施工的鹤庆人的老友关系来做工的。

2008年3月19日　农历二月十二日　晴

满下村近些天发生鸡传染病,有些农户的鸡一天就死五六只,有些农户的鸡已经都死完,就连一只鸡种也没剩下。此种鸡病没经过检疫部门的鉴定,但可以确定不是禽流感,而只是一般的鸡瘟病。根据的理由是:有些家及时发现邻居家有鸡病现象时,就把自家的鸡关起来实行隔离,或者买来疫苗注射,就安然无事;有些发生了部分鸡病死的状况,及时喂给一些药,结果还剩下部分鸡。据村民讲这次鸡病的病源是:和建华竖房时从城里买来鸡,洗鸡时没有妥善处理好洗鸡的污水。这污水就被邻居和金星家的鸡喝到了,事隔两三天,和金星家的鸡全都死光。鸡尸被丢在旦都村与满下村之间的山上,有些被和永军家的狗拖了回来,和永军家的鸡也全都死光。虽然看来只是死几只鸡,但细细算来还是损失了好大一笔钱。在南溪,一斤活鸡卖15元,每只鸡约有5斤以上,就损失了80元左右。如果死了10只大鸡的农户,就造成直接经济损失800元。全村经济损失超过10000元。这种事例在近十年内发生过多起:一次是村民和林请祝米客时传染,几乎全村的鸡都死完;一次是和金红弄院坝里的水泥地面时从城里买来的鸡传染,全村有一半以上农户的鸡死完;一次是和永军家弄院坝的水泥地面,从城里买来鸡,传染全村鸡差点死光;一次是举行村中退休老师和作良丧葬礼时,从城里买来鸡,传染后全村鸡都死完。通过这样的事例,有些村民从城里买来鸡,剖洗时格外注意洗鸡水的处理，这样就没造成对其他村民的危害；有些人则不注意洗鸡水的处理，就造成全村的经济损失。对这样的现象，村民心中有怒而口中不言，或者背地谈论一下，就相互忍让而过之。

2008年3月20日　农历二月十三日　晴

在南溪满中村种药材的老板杨老三住处，杨老三与满中村村民组长（村长）和国高当众大吵起来（当时在场的有满中村村民和福海、和春华、和春红、和国启、和志强、和军坤以及鹤庆民工三人）。吵架的原因是：昨天满中村村民和仕军在药材老板建筑工地上逛时对杨老三说："老三，你买的这些椽子一根7元钱，这太贵了，说真的只值5元钱一根。"杨老三马上回答说："这些椽子我每根以8元的价格买的，我前些天把钱如数交给村长和国高，每根椽子8元钱，共500根；每根梁头40元，共150根；横料每根100元，共50根付的。"和仕军说："和国高给村民是以每根椽子7元，横料每根90元来付款的。"

杨老三对和国高毫不客气地说："村长，你这样贪，还有没有良心，我已给你介绍施工人员的介绍费2000元，村里砍木料的组织费500元，这样付给你工酬，我已到极大限度了，你又把椽子钱每根贪了1元，横料款你每根贪了10元，这样做，你身上还有点共产党员的气味吗？有点共产党干部的形象吗？以后我真的不敢跟你合作，更不敢请你办事了。"和国高顿时哑口无言，过一阵后大声说："你拿这点小钱来败坏我的名誉，太不该了，你要单独与我说一下，我把贪了的钱拿出来补给村民不就了事了。"杨老三说："我不把事情原原本本公开给村民，我以后还能办得了事吗？我们要给村民办几千万元的种药生意，村民会乐意做吗？我没有你那样脸皮厚，有机会就贪，不以为耻，还反以为能、反以为荣，从今以后我们不跟你打交道。"和国高无地自容，坐了一阵后就悄悄离开现场。

2008年3月21日　农历二月十四日　阴

满下村村民和四闰今天停下种洋芋的农活,去布置他的小卖部。他把原来的柜台搬在边上,把刚从城里买来的新货架摆设在中间。他买来的新货架是城里超市里用的那种,把东西置于货架上,让顾客自己挑选所需物品,然后看货收钱,这种货架在南溪他是第一个使用。这充分体现了和四闰相当相信顾客,要是对顾客不信任的卖主,只会是用老的方式,顾客点哪种货就拿哪种货。和四闰说:"货架改新以后,卖主可以轻松地拿货物,买主可以随心挑选物品,是两全其美的大好事。买主拿来要买的东西,我就照货收款,速度也快了。"当村民走进他的小卖铺时,就有了些新的感觉,特别是学生娃娃,他们因为可以挑这选那而开心。今天放学后,学生就络绎不绝挤在他的铺子里。他打算以后单独起所房子进行营业,扩大经营范围和物品。

2008年3月22日　农历二月十五日　阴转雨

满下村寨村民和建国家的一只母猪因病死了,弃下一窝生下40多天的小猪(8口)。死前曾两次请来兽医和友贤医治,打了几次针但无效。他们家先不动母猪尸体,先到村副组长和圣华家报告了这一情况,和圣华要他家到村公所说一声。吃过早饭,等村委会的副主任和丽军来上班时,和建国的老婆和正秀来到村公所向和丽军报告了母猪死的情况。和丽军立即拨打黄山镇兽医站的电话,可电话基站出故障,南溪路目前还处于全封闭施工之中,移动公司的车不能上南溪,基站得不到及时维修,暂时隔断了南溪与外面的联系。和丽军对和正秀说:"只要兽医医治过,对上面就好说了。到傍晚时若电话仍然不通,那就把猪尸埋了。"

现在死只母猪要报给村委会和各级有关部门,是一件前所未有的新鲜事。原因是:去年政府为支持农民养猪,给优良母猪发放了补助金(每口50元),同时还为母猪做了保险,村民交50元的保险费,政府补助一点,现在猪死上报是向有关部门申请赔险的一种手段。可见政府的确注意到了农民的方方面面的问题。

2008 年 3 月 23 日　农历二月十六日　雪

昨夜下了一场雪,到下午雪才化完,雪化后因地里的土成泥泞状,村民们都未下地种洋芋。他们有的在家里闲着看电视,欣赏电视里的精彩节目;有闲不住的妇女则在身闲手不闲地忙着绣七星羊披带子上的花,她们有的是帮姑娘做嫁妆用(如村民和社芬、和满谷是准备给姑娘用的),有些则是想自己用(如村民和丌芝、和金燕是绣好后自己用的);有的村民则集中在和四闰家,就在他的小卖铺前打麻将、打扑克。

村民和朝光则利用休闲之机通知家族各户,请各户陪他妻子杨耀祥到后山高美村去参加她姑爹的丧葬活动。他家族的和秋谷、和玉祥拿出各家举行老岳父丧葬时的"人情簿"翻看记录,可怎么也找不到明日要举行丧葬这家人的名字。那家人在前年举行和尚武、和尚典丧葬礼时根本没来参加,但既然杨耀祥提出陪她去一转,不好拒绝,只好寄上一点人情,送给杨耀祥一点安慰的钱、酒之类的东西。形式上虽然这样做了,可她们的心里总不是滋味,认为后山这家人不来我们家,我们本没有必要去参加丧葬礼。

2008 年 3 月 24 日　农历二月十七日　晴间阴

黄山镇林业工作站袁站长陪同省退耕办、县退耕办的"退耕还林验收组"的成员来到南溪行政村,对南溪的退耕还林地进行检查验收。他们一到村公所,休息了片刻,喝了点开水,就请村委会书记和继武、副书记和国军、副主任和丽军三位村干部当向导,到村子东南面的"拖吉此"进行了实地查看验收。当他们看到现场仍是一片荒地,没有绿树郁枝,就很不满意。回到村委会后,提出要补苗栽种,村委会领导表示一定抓好这一工作。验收组的同志回去后,他仁赶忙向各村民组长布置,通知各农户在最近两天内把树苗补完。村干部的这招是出于关心村民的收入。

2008年3月25日　农历二月十八日　阴

南溪全行政村的村民按照村委会干部的布置，扛着锄头，背着篮子，有些村民还带了午饭，到退耕还林的山间地里去做补苗的工作。

村民在忙着种洋芋时停下农活，先去补苗，主要是为了应付各级有关部门的验收，验收后才能得到2007年的退耕还林补助款。

具体做法是：全行政村中，只有满中村是集体进行这项工作，退耕还林补助款也是按户头平均分的。他们每户出一个劳动力，到现场后做了具体分工，有的挖塘（在原来种过的无苗塘上进行），有的在树林里挖树苗，有的妇女专门把挖到的树苗背到地里，有专人栽种，从早上9点半干到中午1点完成。

其他村村民则单户进行，他们有的干了一上午，有的干了一整天，有个别的不去做这一工作，他们认为："我家只有一点点退耕还林地，一年的补助款只有八九百元钱，给不给无所谓。对于那些每年拿五六千元的农户来说，国家已经给了四五年，付出这么多种子，一棵绿树也不见，他们白拿了国家3万多元钱，停了补助才好呢。"有个别的农户感到白拿了国家的钱，一棵树也没种活，心里感到内疚。因此，从早上干到傍晚，在扎实地进行着，但不知道能否成活。

2008年3月26日　农历二月十九日　阴

2007年7月30日建成验收的南溪卫生室今天终于开门了，村民们都欢喜异常，认为有病可以及时得到救治，小病不必去镇上或县上医治，农民的因病致贫、因病返贫现象能得到遏制。在建设卫生室的时候，黄山镇卫生院的院长、南溪村委会的干部告诉村民，说是"卫生室的房屋建成后，要从镇医院分3名医务人员来南溪卫生室上班"。人们见今天开了门，都认为镇医院分的医务人员来上班，可走进去一看，使人大失所望，心都凉了半截。只见崭新的房屋、病床，墙上挂满各种医院的管理制度，真是琳琅满目，很有气派，可不见医务人员，只是村医和秀英在那儿上班。身为村医的和秀英医疗技术没有专业人员那样好,她已担任近十年村医,从近十年来她的情况看,还是不能满足医疗需求。南溪村民真希望医院分来一两名医务人员。没有条件时不敢想,现在国家投入六七十万元建了这么好的卫生室,创造了一定的条件。而镇医院也有30来个医务人员,由于黄山镇处于丽江城郊,坝子里的人病了都往县医院、市医院跑,很少有人到镇医院看病。因此镇医院的医务工作很松闲,完全有条件分人员来南溪卫生室上班。可不知为什么,设备虽然变样,结果依然如旧。

2008年3月27日　农历二月二十日　晴

满中村的村民和万选、和春华、和国启、和春立等农户,在春节前种药材的老板杨老三拉沙时也给他们这几户拉了沙子,每户两三车不等。这些沙子及杨老板药材基地建房所需的沙子是通过与杨老三要好的朋友与公路老板沟通后,无偿地从满下村寨沙场拉到满中村的。满下村村民对此意见不小,为此,村委会书记叫公路老板停止拉沙。通过交沙款后才允许又拉了不够的沙子。

今天,这些农户借来修南溪水泥公路时国家给各村用完后,由各村长管理的打沙机来粉碎成细沙。这些农户打沙时有的用手扶拖拉机做动力,有的用电做动力。这些沙子不是急用的,而是备用的。这些人一是趁杨老三拉沙之机向杨老三要;二是趁满下村没有村长,村里的事无人管的时机来拉的。

2008年3月28日　农历二月二十一日　晴

满中村所有农户已全部完成2008年洋芋种植任务,完成时间比往年提早一个星期左右。究其原因主要有以下三点:第一,开初(农村实行第一步改革时)组成的耕牛组的组织形式在满中村已完全消失,不再有犁田由耕牛组合伙来犁的现象。自去年8月开始,满中村全村没有一户养耕牛了，取而代之的是手扶拖拉机犁田。这样一来，原先耕牛组曾经有过的互相合作已不复存在；家里没有犁田人的农户就出钱请人来犁，或者请亲戚来犁。第二，满中村种洋芋开始的时间也比别的村寨早些。第三，满中村的村民，虽然休闲打牌时较为松散，但农忙时干起活来，紧紧抓住时间，村民出工时间早、收工时间晚，中午吃饭休息时间少。再有一点是，每户都留了一些种药材玛咖的地，如果以后种药材的收益比洋芋高或者与洋芋一样，那就将会用更多的地来种药材，因为种药材比种洋芋少成本以及少劳力投入。

2008年3月30日　农历二月二十三日　晴

满上村村民和高圣与旦都后村村民和丽庭合伙买了一辆价格为54.35万元的出租车，每户出资27.3万元。到目前，满上村已拥有两辆出租车（和珍贵一辆，和四兴半辆，和高圣半辆）。和高圣以及村民都觉得：如果在前几年买就不需这样高的费用，他在两三年前就有十多万元，那时就买上半辆或一辆问题都不很大。村民对和高圣评价说："高圣找钱、积钱是能手，花钱买吃、买货舍不得，这两三年他是等于白找钱，白苦。"真是的，在物价上涨的当今，每年苦到的钱不如买了货划算。就出租车来说，去年同期的出租车价每辆43万元左右，仅仅一年就涨了十多万元。南溪村最先买出租车时每辆价7万元左右，接着9万元、12万元、14万元、17万元、22万元、25万元、29万元、33万元、38万元、41万元、43万元、47万元、51万元、53万元，在短短的七八年内，7万元左右的一辆出租车已涨到54万元，翻9倍左右。

2008年3月31日　农历二月二十四日　晴

满下村村民和永红家、和永良家、和永军家，停下各自家的种洋芋农事，今天先帮忙其母和国南及其弟和永光家种洋芋。他们8个人集中全力把和国南家的一块山地种完。这种好现象在当今的南溪满子师村已不多见了。和永红、和永良、和永军三家帮忙和国南老母亲干农活,前些年比现在还多。这两年,由于其弟和永光的病情好转多了,他已正常劳动两年,故这两年比先前需要他们帮忙的地方就少了许多。

在满下村,像他家兄弟一样能够帮助老人、病人的事是不多的。

2008年4月1日　农历二月二十五日　晴

满中村村民和彦秋、和彦菊两家已在前些年合伙买了一辆出租车。今天她两家各请村里家族和亲戚帮忙贷款,想筹集资金再合伙买一辆出租车,估价在56万元左右。她们两家请每户贷款3万元,共请了十家。白华信用分社自去年以来对南溪的买车一事非常关心,给予了全力支持。只要南溪村民提出买出租车,就给有车户每户贷款10万元,无车户每户贷款3万元;买有信用社股金的农户利息少一点,没买信用社股金的农户则利息多一点。和彦秋、和彦菊她们这样大胆的举动,对一些老年人来说是不敢想的,特别是和彦秋两个年逾七旬的父母替她两姐妹担心。这当然是多余的顾虑,只要不做车子买卖的生意,只是自家开车找钱,车价涨跌是没有关系的。最近一段时期,南溪的旦都自然村也购买了四辆,这股买车热,一是看到市场前景;二是看到先前的榜样(早些时买车的,现已买了房子);三是信用社的全力支持。

2008年4月2日　农历二月二十六日　晴

满下村村民和子黄帮岳父和作武家犁地。和作武原为和四闰、和万军三家耕牛组的成员。从去年开始,他就常请大女婿和子黄来帮忙犁地,口头上虽不说退出耕牛组,但形式上已是。他的优势是二女和满秀及长女和满菊嫁在本村,还有个三女在家,耕作可靠女儿、女婿来进行。今年初他患胆囊炎做手术,犁地、送肥就全靠和子黄来进行;二女儿的老公和金辉因儿子在城里开车,偶尔也由他亲自来帮忙犁田、送肥之类的农活。和子黄这样常帮岳父家,他虽没怨言,但他的母亲和正秀时常发些牢骚说："自家的活都做不完，还天天帮人家，自家的活就拖下得更多了。"但不管父母怎样说，姑爷帮岳父家做事干活是古来就有的规矩了。流传在南溪的口头语"女婿的事情千万桩"，正说明了只要岳父家有请，女婿就得搁下自家的事情先帮岳父家去做。

2008 年 4 月 3 日　农历二月二十七日　晴

今天满下村寨去丽江城备办清明节食物的村民很多，村中现有的跑于白华到南溪的面包车只有和德华家一辆。因此，有些乘车难的现象。生娃娃后一直还未从事农活的和德华妻子和桂花看到，一则可以收入点钱，二则可解决村民乘车难的问题，于是就把喂奶的孩子及老公公和国兴拉到白华，叫老公公在白华村领娃娃，她去跑车。从南溪到白华她跑了往返六趟，既不误婴儿哺乳，又不误村民进城买菜，且增加了家庭经济收入，跑最后那趟车时又把婴儿和老公公拉回家。从这一现象上来看，从旦都村嫁过来的女人，经济头脑比本村人灵活得多，大体情况的确如此，如和永秀、和海、和学群、和万芝，都赶上了从前山嫁过来的女人。从前山嫁到满下村的妇人和亚兰、和良命、和正秀、和文英、和世村、和春良等都是找钱能手。她们是村中的榜样，应该向她们学习。但土生土长的满子师村人不但不学她们，还要讥讽她们，这是素质差的表现。

2008 年 4 月 4 日　农历二月二十八日　晴

今天是 2008 年清明节，满下村共 58 户，除和国臣、和国红弟兄两家外，56 户村民都到坟场扫墓祭奠各自的祖先。

扫墓方式是家族在坟场集体野炊，全村各家族都学着阿四金家族，集体购买野炊生活品，轮流着由两户杀两只鸡，东西也由杀鸡的那两户负责购买，最后结算付款。

阿四金家族由和朝珍负责今天的生活费用，因为他老婆和闰英在去年 9 月底逝世。哪家死人，就由哪家在清明节请家族的人，是自十年前本村阿闰金家族先开始的。这以后，各家族都学着这样做，到目前已形成了不成文村规。在物价过高的当今，这种做法，在有些村民的心理上难以承受，经济花费也大，但既已形成规矩，哪个人都不愿意第一个改掉这一做法。

毛吉家族的和建国、和建军两弟兄负担了今天家族清明野炊的费用。因为他两兄弟的儿子和仕黄、和六元于去年7月底在满下沙场采沙卖时，沙子垮下被压死在沙场。

2008年4月5日　农历二月二十九日　晴

南溪村委会召开各村民小组组长、副组长会议。各村民组长、副组长基本到齐（满下村民组长、副组长和圣华参加了会议），村委会的3个干部也参加了会议。会议由村委会书记兼主任和继武主持。会议的主要议题是：向各组组长、副组长反馈前些天退耕还林验收的情况，退耕还林的情况不容乐观，不能忽视，总体是不满意的，也有些好的，但毕竟很少。这需要干部们上下一起发动村民把补苗这一环节做好，必须在4月10日前完成补苗移植工作，否则就直接关系到南溪群众的经济利益。抓得好，可按合同继续得到经济补助，补不好苗就会中断经济补助，要动员村民做好。

另外由南溪村林政员、满上村民小组副组长和吉红传达了黄山镇护林防火会议精神，提出从清明到6月初是森林火灾的高发期和危险期，要求各组长宣传、教育村民防好火、用好火。他还总结了前几年南溪护林防火工作所取得的成绩（近十年来南溪几千亩森林没有发生过一起火灾），是群防的结果所致。

2008年4月6日　农历三月一日　晴

下午6点左右，南溪金龙自然村的山林发生森林火灾，发生的地点在金龙村南面约2000米的山上。刚刚冒烟时就让金龙村一位在村子边拴牛的老人看见，他把这一情况报告给村民组长和金山。村民组长立即召集村民赴现场扑火，村委会书记和继武随同扑火队伍去组织扑火，同时把这一情况向护林防火指导部报告。报告后不到半小时，护林防火的直升机吊着装满水的大桶低空飞到火点的上空，倒水扑火，这样飞了两次，倒了两桶水大火就被制住了。然后由金龙村村民把火彻底扑灭，用锄头铲土，盖在烧过的地方。参加扑火的人都说："要不是直升机来扑火，单靠人来进行，别说灭火，火反会把人吞了。从飞机扑火的事情上看，我们的国家的确是发展很快。"

满中村的村民也在副书记和国军及村民组长和国高的带领下，共有36人赶到现场。不过当他们赶到现场时，火已经被完全扑灭，他们没有直接参加扑灭山火的活动。但这精神是可骄的，它充分体现了南溪村民的素质是高的，只要干部能引领村民，村民就会跟着干。

目前，火灾原因还没查清，由于发动得快、报告及时、扑救及时，森林损失也很小，烧损面积约3亩。这是近十年来在南溪发生的第一起森林火灾。

2008年4月7日　农历三月二日　晴

南溪村委会要求全行政村对原已进行退耕还林的山地进行补苗活动。原因很简单，前些年没有进行认真的补苗，到现在已有五六年时间，可一棵像样的树也没有，各级退耕还林办公室对现状不满意。

有些村是集体进行补苗，退耕还林补助款各户同等分（如满中村是这样）；有些村没有集体进行补苗，但由于退耕还林开始实行时，山地做了调整协调，各户所拥有的退耕还林面积和补助款均相差不大（满上村、金龙、旦都、鹿子村都是这样）。这两种情况好一些，只要上边说声"补"，村民就立即行动起来，只是因补苗时不是种树季节，导致年年补苗，年年不活，也就造成至今还不成林的现象。有些村进行退耕还林时不做山地调整，有些户有二十多亩，有些户有十多亩，有些户有四五亩，有些户一点也没有。退耕还林补助款方面，有些户年收入6000多元，有些户三四千元，有些户千余元，有些户六七百元，有些户一分也没有（满下村是这样），这就造成了村民心理不平衡，消极情绪占大头。前些年村委会虽三令五申叫村民补苗，有些村民不听，有些村民虽做了补苗，但只是应付一下。这次全行政村大补苗，满下村行动迟缓，没有认真进行，还有个别农户不去进行补苗。造成这样局面的主要原因是：时任满下村组长的和国兴不想得罪少数退耕还林地多的农户，再则他自家也有十五六亩，属于上等类，不想调整。因此导致多数村民不满。

2008年4月8日　农历三月三日　晴

满下村村民和朝光、杨耀祥夫妇应满中村村民和占军的请求，从满下村沙场拉沙子卖到满中村和占军家。由于满下村沙场在春节前由公路老板请工大量放炮采沙，沙子松了，自然从上边向下滑。因此，现在采沙不需费气，只需将沙装上手扶拖拉机。夫妇俩加上和占军共三人，一天下来拉了七手扶，每手扶价60元，和占军付给和朝光400元。因为和朝光与和占军是姨表，所以和朝光也不好讲价。

村民和朝柱一家三口也忙着拉沙，他仨把沙子暂时拉去搁在家里，待些天天黑后准备拉到满上村去卖。满下村村民卖沙自去年建盖卫生院时就开始了，这以后有不少村民也公开卖起沙来，直到去年9月初和仕黄、和六元、和满扣3个小伙子在采沙卖时遇难后才停止了一段时间。春节刚过，有人力的农户又开始在沙场上挣钱了，人人都看到这是不合理的现象，但却又无人去管它。从满下村的现状看，急需产生一个新的村民组长，而且这组长必定要是个敢作敢为、有智有勇的人才能胜任。

2008年4月9日　农历三月四日　晴

满下村村民杨耀秀、杨耀祥的叔叔杨文胜今天要出葬了。杨耀秀、和永良夫妇及和永良的家族：和永红、和永军、和顺光、和永光、和顺达、和顺明、和世仙等人；杨耀祥、和朝光夫妇及和朝光的家族和朝亮、和朝泽、和朝东、和朝柱、和玉祥、和金桂、和朝祖以及和朝光妹妹和竹英家陪同去后山高美村参加丧葬礼。这些陪同前去的人是杨耀秀、杨耀祥请来的各自的家族和亲戚，"请参加丧葬"是后山村的规矩。南溪则不必请，需要去或者是陪同得由各家自己权衡。真是纳西族民俗，隔里不同天。和永良、和朝光，开了各自的手扶拖拉机，把各方陪同前去的人拉到高美村参加丧葬活动。高美村距南溪满下村约30千米，步行需5小时左右，手扶拖拉机要走一个半小时多点。

2008年4月11日　农历三月六日　晴

云南省退耕还林办公室有关人员由市、县退耕办有关方面负责人陪同来查看验收南溪村退耕还林情况。黄山镇林业工作站袁站长，南溪村委会书记和继武，副书记和国军及南溪村林政员和吉红陪同前往南溪各村退耕还林地带。他们的做法是，把车开到退耕还林地附近或地边，再下车步行，一片片、一块块地细看，从上午10点到下午4点左右才查看完。验收组到村委会吃了一顿便饭又回城里去了，当时没有发表什么意见，使得村委会的干部心里很纳闷，合格还是不合格呢？以后几年的退耕还林补助款给还是不给呢？他们为南溪村民的经济得失心里忐忑不安。可事情的结果不可能随村干部的思想而发展，按说种不好树不再给钱是情理之中的事，谁人也不可改变。目前还不知道结果会怎样。

2008年4月12日　农历三月七日　晴

鹿子村的村民和桂立、和满菊夫妇去旦都前村（旦前）沙场拉沙。他的拉沙行动属于不正常行为（应属于明抢或者偷拉），但和桂立的父亲和吉亮是由旦前村去鹿子村上门的，他就仗着旦前有亲戚这点关系去拉。像他这种行为在南溪已经不是偶然，而是普遍的现象了，特别是在满下沙场，这种明抢暗盗沙子是常有之事。

夫妇俩在旦前村亲戚和满山的帮助下，上午拉了两手扶，下午继续采沙。到下午4点左右，不测的事情发生了，一块沙石意外地落下来，正好压在和满菊的身上。搭梯采沙的和桂立也翻梯摔落在地上，受了点轻伤。他们赶忙抢救被压在沙子里的和满菊，等到从沙子里翻出时，人已死了，无法把她救活。这是自去年满下沙场压死三个小伙子以后，发生在南溪沙场的第二例采沙事故。这两次都是不合法的行为所致。人死了，村民都深感怜惜和同情，但各种议论都有。

人，生来都是在逆境中成长的，但"背时"（纳西语，意为命不好）的人总是悲惨事多、喜事少。十年前，和桂立因手扶拖拉机重车载人，发生翻车而导致一死三伤的事故。事故后，和桂立由于搭车方的人上告而被拘留、判刑、罚款，一系列事情对其影响较大，以后伴有轻度精神病症。今天，又发生了第二次死亡事故，村民都担心他的精神病会复发。

警示：家庭建设这一大事，凡成家立业的人都要去做，但要通过正常的途径，并要十分注意安全。

过去的纳西东巴教认为：人意外地死去，就得"招魂祭风"才能使死鬼不缠活人，以后就会少发生类似的事情。这种仪式现时在南溪没有做。因此，"鬼缠人"、"咬人"的事情较多（前些年多发生在鹿子村，今年多发生在满下村）。意外死伤的事情也累累发生，自2005年以后不正常死亡事例约有10例。

2008年4月13日 农历三月八日 晴

满中村和耀奎家今天请人搬房子，就是原来作为小卖部的这所房子（原来坐西朝东），小卖部只利用到一间房子，给他家的买卖带来诸多不便。通过十多年做小卖部的营生，和耀奎、和秀花老两口盈利丰厚，认为还可以发展，可以挣更多的钱，于是就决定把这所房子搬弄一下，改变原来的方向，弄成坐南朝北，三间铺面都面向公路，扩大经营门面，增加经营数量。在现在经营日用杂货、副食、配合饲料、食用面粉、烟酒、药品的基础上再增加南溪畅销的各种物品，想办成南溪销售品种最多的小卖部。他们的想法一定会实现，他们的目的一定能够实现，因为有这样三大有利因素：一是占了有利的地形，他们家紧挨公路，改变房子方向后，铺面朝公路开，肯定会吸引过往的人；二是和耀奎从攀枝花建材厂退休后，不做农活专门从事经营小卖部，他的老伴和秀花近十年从未参加农业劳动，而是帮助和耀奎经营小卖部；三是批发商可以直接用车把货送到小卖部。

2008年4月14日　农历三月九日　阴间小阵雨

满下村村民和建成请来亲戚、家族的男女劳力，把20年前盖好的正房做搬动。具体的做法是，方位仍然坐西朝东，只是把整所房子向北面移动一丈左右，把房子紧靠北面厨房，把原来厨房与正房中间闲置的空地利用起来，使南面空出地盘，以备以后再盖间房子。他们把房架往北移动好后，把烂了的梁头、椽子都换新了。因为午后下了小阵雨，休息时间过多，因此移动房子的所有工序不能按计划完成。

才建盖20多年的房子，现在就搬弄它，真是有点劳民伤财。一般来说，搬弄房子的原因大致有如下几点：一是过去由于受经济限制，盖房时没有长远打算，随便选址起房，现在经济条件好转了，有能力整得好一点；二是盖建房屋时受宅基小的限制，现在可以好好地整院落；三是部分材料需更换，如椽子、梁头、方头，趁更换材料时把整所房子重新摆弄一下。

这样做虽然是劳民伤财之举，但大多数村民都这样，几年省吃俭用节省下来的钱都投到房屋建设上。由于南溪地处高海拔地区，雾较大，雾对房屋材料侵蚀太大，房屋的使用年限也不长，一所房子只用到五六十年，而且中间要随时维修翻盖（换椽子、梁头、方头）。有些村民是乐意花钱出力整好点，有些村民则出于无奈，不得不做。

2008年4月15日　农历三月十日　晴

鹿子村和桂立家族为在采沙子时被沙子压死的和桂立之妻和满菊举

行丧葬礼（今日举行丧葬礼，明日出葬）。四方亲戚今天去鹿子村和桂立家参加丧葬活动，有个别亲戚去不成的就托去参加的人带去点丧礼钱。

老人们看到去参加丧葬活动的人，不禁产生了议论，议题是和桂立命不好，有一位70多岁的老人和建兴议论说："纳西都莫，没本没套"（纳西语，意为纳西规矩，不依不行），若近克贪主（小儿住老宅），天经地义。和桂立两弟兄分家时和桂立（是长兄）住老宅、和桂华（为小弟）住新宅，这样就伤了和桂立。和福祥老人也回忆南溪村的分家居住情况后说："过去也偶尔有些老大住老宅基的，但一般都不顺利，有些人家甚至家破人亡、绝了后代，邻近村寨及南溪的情况都如此，过去的规矩不依不得，不依就有可能发生类似不吉利的事情。"

据鹿子村的人说，和桂立因复发精神病而被家族的和全会拉到精神病医院治疗，真是祸不单行啊。

2008年4月16日　农历三月十一日　晴

满下村村民和圣伟家请了亲家爹和永良，儿媳的大伯和永红，叔叔和永军、和永光，以及村民和朝东、和社兴等，进行房屋瓦片的整理重盖工作。此事在南溪每两三年进行一次，有些男主人勤快些的农户每年要进行一次，把一个冬季风吹下滑的瓦片重新盖好，这样有利于保护房子，使用年限长些。过去进行这项工作的时间一般都在农历五月间，那时地里该下种的燕麦种完了，该锄的洋芋锄完了，有一小段松闲的日子，人们就利用这段时间来整理重盖房屋上的瓦片。但近些年农业产业结构调整，撒种燕麦的农事被南溪村民淘汰。因此，节省了很多农时，有更多的时间来从事其他事情，可以拉松毛、砍柴、修整房子等。再加上农业生产已实现半机械化（每户都有手扶拖拉机或方向拖拉机，用于生产、生活上的运输、犁地等），生产速度和工效都大大提高。

和圣伟家今天请了6个人，加上他本人共7个人整理瓦片，只完成两所房子，明天再进行一天才能整完。

2008年4月17日　农历三月十二日　晴

满下村村民和永昌家请了他们家族（满家族）每户一人，共14人，以及满中村的和福生、和福军，和永昌、和丽华两父子共18人来打混凝土院子。他家的院坝约有30平方米，用去48包水泥（约2.5吨），这样的数量在满下村是用水泥最多的一例。自满下村寨十五年前有些农户开始打混凝土院坝以来，到现在积累的经验认为：以前水泥拌沙子时的水泥比例低了，加之现在的水泥质量没有以前好。因此，和永昌及帮他家打混凝土的人认为水泥要多放些，这样就可能会避免以后开裂。以前做了的，大部分都有裂缝，不知是因水泥的比例少所致，还是南溪的霜期过长，由霜冻所引起。大多数村民认为是后者所致，有些人认为是前者的原因所产生。

今天参加的人，人数多且大多是身强力壮的汉子，因此从上午10点半干到下午4点就全部干完了。到目前为止，满下全村寨58户人家，只有九户没有弄混凝土院坝，其余49户人家在十五年前就陆续弄起了，和永昌家是第49户。参加今天劳动的村民都说："如果以后这块混凝土院坝有裂缝，或开裂现象，就是霜冻所致，说明在南溪由于高海拔、气温低，不宜用水泥。"

2008年4月18日　农历三月十三日　晴

满下村村民和国红与鹤庆县辛屯乡的两伙泥水工及一伙永胜县的泥水工，洽谈他家房子砌砖一事。三伙师傅的要价都在2000元左右，包生活，师傅的理由是，现在所有工价都在提高，泥水工的工价也应随之上涨。和国红经过三思，认为现在物价很高，烟、酒、糖、茶、鱼、米、油、盐、肉，样样都涨得惊人，使很多人都难以承受。四五个人的生活包上20天左右，千把元的生活费是远远不够支付的，再加上工钱，要花四五千元才砌得起来。他支付这么多钱有些心疼，于是决定自己动手砌，他想让老婆和社菊及儿子和自忠做他的帮手（抬砖、拌沙灰），他们三人一同来做，顶多一个月就能砌完。

他不仅这样想，也这样做了，他让儿子和老婆搬砖并用水泡砖，他自己则手拿尺子和木斗吊木画线、钉钉、拉线、弹木线，忙开了，他很有自信心、很有把握。见到这情景的村民也相信他会做好，因为他在前年也自己动手砌了一所自家楼房的砖，而且砖砌得也不错。和国红虽然身材单薄、气力不大，但他细心、肯动脑筋。凡是手艺活，经他细细察看几天后，他就掌握到要领了，如石匠活、砌砖活、木匠活等他所在乎的这些手艺。他没有专门跟着师傅学过，只是休闲时看看在打石头的石匠、在做木工的师傅操作，看看砌砖师傅在现场操作，这些手艺他一动手，也就会了。

2008年4月19日　农历三月十四日　晴

玉龙纳西族自治县教育局小教组教研室照旧进行小学三年级作文竞赛和五年级数学竞赛。参赛学生的比例为全班人数的40%。过去的做法是由教委派人到南溪单独设竞赛分场，就是说，黄山镇分设白马（坝区学校集中在此进行）和南溪两个赛场。自去年起，全镇参赛学生都集中在白马完小进行，且单人单桌，由各完小教导主任带队。

南溪完小三年级有19人，参赛人员为8人，她们是：和宏仲、和玉梅、和智璇、和建兰、和丽武、和丽娟、和章强、和勇群。五年级有16人，有8人参加了数学竞赛，参赛学生比例为50%，和丽鹏、和顺良、和丽山、和自强、和金强、和建文、和元芬、和银正参加了竞赛。这些参加竞赛学生的往返车费由学校工杂费支付。开展竞赛有利于山区学生锻炼胆量、增加见识，有了新的感觉。十年前，在这两项竞赛中，南溪完小曾有一些学生获得过三等奖，而近几年这些桂冠好似与南溪学子无缘了。

2008年4月20日　农历三月十五日　晴

满中村村民和万里（现任满中村民小组副组长，俗称"会计"）在火葬场附近建造简易房屋。他家在离村子六七百米、离火葬场两三百米的空地上建盖了一些简易房屋，是准备给他的二儿子和建华及二儿媳用来办养鸡场的。二儿子和建华在城里开了几年出租车以后，找到一个在丽江的外地女人为老婆（离异后跟和建华来）。两人在丽江城生活了年余，认为还是回家乡好，就想出了在家乡弄一番快速致富的新招，认为办鸡场养鸡既省力又赚钱。于是由和建华的老婆出资买建材，和建华家备石料、木料，选址在离村子较远（怕村里发生鸡瘟传染）的火葬场边。今天，和万里、和建华两父子请人动工砌房墙（用空心砖），房屋要盖成墙抬梁（人字屋架），这样的房子既省木料又省工，所以南溪人称之为"简易房屋"。他们家决心在这段农闲时间里把鸡场盖好，到5月就开始养鸡。

这种办养鸡场养鸡的事在南溪行政村（8个自然村）中尚属首例，但愿他家如愿成功，在山区兴起一个新的产业。

2008年4月21日　农历三月十六日　晴

满中村村民和福生请家族和亲戚来搬旧房子，就是把已起房有35年的坐北朝南的正房（木楞楼房三间一所），搬到南面空园子里。此房已有35年的历史，木楞、柱子、横料等大件都还完好，只是梁头及椽子有些不好，如果继续使用还可以用10年左右。但和福生事前就已砍好新的梁头及椽子，他说："干脆换成新梁头和新椽子，我这辈子就不需再动这所房子了。"大家就按和福生的说法，把梁头和椽子换成新的。由此可见，在南溪，一所房子最多能用80年，而且中间要进行维修，使用年限只有坝区的一半左右。古来就有"山区是土克木，坝区是木克土"的说法，意思是，山区木材经不住土气的侵蚀，在坝区则木气胜于土气，土气不可能侵蚀木料。因此，坝区木料使用年限比山区长得多。

参加今天搬房子的人们异口同声地说："我们的房子都是木楞房就好了，搬动起来像抬个蒸笼似的容易，不需费很大的工时，如若不如意就可多次搬动。大地震也震不倒木楞房，是天然的防震房。可惜现今不能砍到做木楞房的木材。"过去南溪木楞房多，主要是有这样几个原因：一是森林资源丰富，木材很多，自用过剩，出卖有余；二是容易搬动，弟兄分家，可以马上搬房、马上入住；三是木楞房防震性能极强。

2008年4月22日　农历三月十七日　晴

满下村村民和李福今天请他们家族（满家家族）一户一名男壮年来帮他家竖新房。这所新房是五间大平房，是部件较多的一所房子，由六排屋架组成。因此，昨天没能完成组合屋架的任务。今天上午所有请来的人都参加组合屋架，到12点吃午饭前组合完成，到中午1点开始竖屋架，到5点竖完。他家没有请竖房客，也不举行上梁仪式，竖完房子就打扑克玩了一阵，吃顿晚饭就算了事。

看到和李福分家自立家庭以后的建设情况，村民们在私下议论着："和李福的老婆和爱英的确有些钱，可能在医治前夫时留下一些私房钱，与和李福再婚、生育，自立家庭后短短的三年时间里买了一辆近万元的手扶拖拉机，前年返修了一所旧房，去年起了一所平房，今年又起一所新房。这个来自前山放牛坪村的妇人确实厉害，和李福也挺服从她的安排计划。"

事情的确像村民议论的，一个能干的女人在一个家庭里所起的作用比丈夫大得多。再加上和爱英从小跟鹤庆人打交道的时间多，做什么事都能精打细算，因此家庭变化也就很明显。

2008年4月23日　农历三月十八日　晴间阴

满下村村民和万军家还有约1.8万斤洋芋，这些洋芋在15天以前就由本村村民和尚军帮汝南化的侄儿和军买好。当时的南溪洋芋卖价每斤0.50元到0.52元之间，和尚军就与和万军谈好每斤0.55元，等到5月再拉。到拉时价格上涨就付0.55元一斤，价格下跌也照付0.55元一斤。这几天南溪洋芋价格上涨到0.57元一斤到0.6元一斤。看到这行情，和万军的老婆和益花又有些舍不得以 0.55 元一斤卖出。

今天，和尚军的侄儿和军开着后驱动拖拉机来拉洋芋，和益花要价 0.6 元一斤，昨天有人已卖了这个价。和军说："阿舅和尚军与表哥和万军谈好每斤 0.55 元一斤，表姐却要卖 0.6 元一斤，那就像昨天卖出的那家一样，装洋芋时拣出小的，净称大的，我也可以付每斤 0.6 元。"双方坚持各自意见，和万军出来圆场说："比原先谈价的基础上加上几条烟钱怎样？"和军说："我既然来了，也就这样算了。"这样谈好后，和万军就去请人帮忙称洋芋上车，今天拉去 7000 斤，还剩下约 1 万斤，等把这车洋芋卖完了再来拉。

到结算时和军以每斤 0.57 元的价格付款。

今年的洋芋留在后面卖的比前面卖掉的上浮每斤 0.17 元，真是"生意八只脚，神仙摸不着"。有一年洋芋往后留的时间越长，卖价越高；有一年往后留的时间越长，价格越低。村民们无法把握自己的产品能否卖个好价。

2008 年 4 月 24 日　农历三月十九日　晴

在维西县拖支卫生院工作的和国英及丈夫杨文彬，开着自家的营运面包车回南溪满下接老母亲和志贤回维西跟女儿女婿一起生活。自老父亲和尚典前年去世后，老母亲和志贤及小侄子和丽冬常在维西拖支女婿家生活，接她们的原因是如果老母亲有病，南溪缺医少药，和国英本身搞医务工作，好照顾母亲的病情。再一个原因是和国英担心其弟和国军失踪及老父亲去世后，只剩下婆媳俩和两个侄儿，怕在日常生活中婆媳之间产生口角和矛盾，于是就常把母亲和侄儿领到她家，让弟媳和玉祥及大侄儿和丽松在家生活。和志贤在清明节前回家过清明节，并拿给和玉祥猪款，但和玉祥执意不拿。从南溪拉猪到维西虽然有些麻烦，但南溪的猪比维西的猪大得多，在以前和国英就拉去养过好几只，感到有前途，因此，今天又拉了一只准备做今年的年猪。

2008年4月25日　农历三月二十日　晴

满下村村民和子黄今天为女儿和春凤举行一周岁生日庆典。他今天早晨驾着自家的后驱动拖拉机去丽江城购买今晚举行庆典所需要的食品，他买来了鱼、鲜肉、鲜鸡爪、花生米……到下午4点左右就赶回到家。

到家后，他立即投入做饭的工作，他们家族的小辈和月华、和庆挺以及他的小姨妹和三娘帮他做饭，由和子黄的妈妈和六娘负责蒸饭，厨师由和子黄兼任。

到黄昏时分，参加庆生日的客人陆续来了，他们是和子黄的岳父和作武家，大姑爹和国兴家，二姑爹和福先，三姑爹和建军家以及和子黄的连襟和亚军家。这些参加庆典的客人所带的礼都是钱，大多数客人都带了50元，有个别的带了100元。本来在这些庆典上送娃娃玩具或衣服之类的比较恰当，但举办庆典的人家事前没有说，只是到时才通知。因此，这类东西没时间准备，就送些钱了。

2008年4月26日　农历三月二十一日　阴

玉龙纳西族自治县黄山交警中队的交警及玉龙县农机监理所的工作人员一同来南溪宣传交通安全知识，以及在拖拉机上喷写"严禁违法载人""不准载人"等安全法规。这是自2007年1月建立黄山交警中队以来，第一次有人上山（来南溪村委会）宣传交通知识和交通法规。这是一个极为难得的好机会，可惜只有鹿子村的村民前来参与这一活动，很可能是各村民组长没有通知各村的农户所致。到下午见再没有村民前来，交警及玉龙县农机监理所的工作人员就驾车回城了。

2008年4月27日　农历三月二十二日　雪

昨晚下半夜（27日凌晨4点左右）下起小雪，清早起来，只见到处都是银装素裹，田野里、山上、房子上都积了雪，一片白茫茫的。

吃过早餐，因为雪天不能下地劳作，大家就串门闲聊了，老人们都说："过去南溪的气候，一般都是在清明节前就不下雪了，偶尔有一年在清明后下过几场雪，而今谷雨节令都快完了，再隔七八天就是立夏节令了，在这样的时节下雪是罕见的现象。"现年78岁的和建兴老奶奶说："今年这时节的雪不是'瑞雪兆丰年'的雪，而是要庄稼长势劣，粮食要歉收的雪。山上的杜鹃鸟已啼叫好些天了，今年的杜鹃鸟是先从西边山上鸣叫起来的，今年的粮食一定会'减产'。"她是根据过去南溪民间流传下来的"杜鹃始叫于东边，粮食定会大丰收；杜鹃始叫于西边，村民饿肚在眼前"谚语而说的。

2008年4月28日　农历三月二十三日　阴

南溪鹿子村村民和春红（乳名五立）今天被公安局抓走。被抓的原因是在一个月前和春红开出租车时，在车上强奸了一名女游客。此案在一个月前发的，案发后被害人把车牌号及事情经过向公安机关告发了，公安机关立即开展了调查。车主当时就把和春红辞退了，又把出租车转包给南溪满上村村民和学文来开。这以后，和春红就待在鹿子村家里。

公安机关经过调查证实后，今天把和春红抓走，这是1948年以来南溪行政村因涉嫌犯强奸罪而进监狱的第二例。第一例是二十年前满中村的和实全因强奸幼女罪被判刑8年。

在南溪村村民中，涉嫌犯罪的人很少。从1949年到现在，因犯各种罪而被抓、被判刑的仅有10人。这充分说明南溪村民是遵纪守法的，村民的道德素质是较高的。在这10人里有两人因出身为地主，语言有错被判刑劳改的（和台、和燕）；一人因酗酒过失杀父（和发光）；两人为犯强奸罪（和实全、和春红）；盗劫案一人（和云军），其余的为偷人民币案（和军、和耕耘、和闰月），和社廷被拘留过的原因不清楚（听说是因宣传信神）。

公安机关是人民的卫士，是社会和谐的中流砥柱，应该对各种犯罪严厉打击，严惩危害人民生命、财产的各类犯罪者。村民对和春红被抓一事拍手称快，同时也深深觉得对社会上的罪恶分子不能让其逍遥法外。

2008年4月29日　农历三月二十四日　晴

满下村村民和永秀的老母亲香每恒去世了（旦都后村人），和永秀哭得很伤心，伤心的是老母亲生前自己一人生活，想到她养育儿女一生，含辛茹苦，老来却未能与儿子、儿媳一起生活，孤独一人。和永秀在伤心的同时，又感到欣慰，欣慰的是老母亲没病多长时间就去世了，也算命好；要是病倒在床的时间长了，对老人是一种折磨，对子女是拖累。和永秀和她的阿纳美家族的和国秀、和四妹、和玉琴以及和永秀的亲家母和命一同去看望"入棺"，并去送"入棺祭品"。

三亲六戚都忙于参加丧葬活动。

2008年4月30日　农历三月二十五日　晴

在丽江城里开出租车的满中村村民和福前在丽江市出租车协会门前遭到三人打劫。事情的经过是这样的：他接到一个电话，要他到出租车协会来一下，他以为协会有什么事找他，就开车到协会门前（时间为傍晚）。他停下车，刚一下车，就被左右两人打了几拳，一个人对他说："你骂我老婆，我老婆有孕在身，挨了你的骂，她心情不好，影响胎儿发育，你拿钱来补她的营养。"说着就掏和福前的衣包，把他带的300元钱抢了去，那两个人还想打。他知道遇上了黑道，就弃车而逃，躲在一条水沟边，才幸免于难，待好长时间才敢转回去开车。

事由出自昨天傍晚，和福前拉了一个女人。那女人不知身上没带钱，还是故意的，到下车时没有付车费，和福前就骂了她几句："你没钱为什么搭车，没车费就不要搭车嘛，世上哪有不出钱坐车的好事，真是叫花子模样。"殊不知被他骂的那女人的丈夫是个在光天化日之下肆无忌惮、敢作敢为的"男子汉"。和福前真的后怕，庆幸逃脱了，如果不逃，这些人会对他采取什么手段，他不敢想。

和福前骂不出钱坐车的女人，语气的确重了点，特别是"真是叫花子模样"一句。如果他能以坦荡的胸怀，让她白坐这趟车，就不至于遭打劫。但和福前以及很多像他一样的人，出巨资买车跑车挣钱，或出资包车跑车挣钱，遭到乘车人的抢劫、抢杀，丢了好些出租车司机的命，也有人、车同时失踪的重大案件，而得不到有关部门的关注。这种现象不知该如何解释，村民及有良知的人们对这现象很不满意。

2008年5月1日　农历三月二十六日　晴

今天是五一国际劳动节，南溪各自然村的村民以劳动度过这节日，而南溪满中村则以另外的一种方式来欢度五一国际劳动节。自2006年5月1日在满中村男村民和春红、和丽功、和国启、和国军、和三六、和仕军等人的倡议下，把5月1日定为南溪满中村"男人节"。他们的理由是，目前国家还没有"男人节"，"五一"正逢农活较松季节，可以休闲吃喝玩乐一下。这个倡议得到全村成年男人的赞成和参与。今天全村40多个成年男人聚集在和国启小卖部（俗称联营公司）前，这些男人都是18～50多岁的年龄，60岁以上者及少年男人就没有参加。他们喜欢打麻将的打麻将，喜欢打扑克的打扑克，喜欢打台球的打台球，不喜欢进行这三项活动的男人，有些用大石头搭起临时的灶，有些买鸡杀鸡，有些找来大锅和罗锅准备煮饭。等把鸡杀好、洗净煮好后，停止以上三项活动，转入体育运动。首先进行篮球比赛（按年龄段分组进行），篮球比赛结束后紧接着进行足球比赛，比赛结果两种球赛都是中青年组领先。年纪较大的和三六深有感触地说："体育、体育，身体是第一要素。球技再好，手脚不听使唤就无法，回想起我们青年时的篮球比赛情景，比起现时的青年人强着好几倍，可现在连一点也不在眼下的年轻人都打不赢了，人到40岁以上就有些力不从心了。"事情果真是这样，在南溪有句流传久远的流行语叫"三十河东，四十河西"。意思是说人到30岁左右精力旺盛，40岁以后精力渐渐衰退。要成就一番事业（过去常指起房盖屋，现时广指所有事情），必须抢抓 30～40 岁这段时光进行，定会想到做到；40 岁以后精力减退，力不从心，心想而体难行，必将一事无成。过去靠人背、人挑来弄起房、盖房建设，年龄和精力至关重要。

到下午 6 点左右，大伙就吃牙祭饭了，40 多人，杀了七只鸡，再加点米钱和盐、油、辣椒、酱、酒钱，每人合 25 元钱。饭后，又继续开始了麻将、扑克、台球的玩乐，一般都玩到夜间 11 点，有些则玩到凌晨 1 点才散伙。

2008 年 5 月 2 日　农历三月二十七日　晴间阴

今天，满中村的大多数农户在种油菜（秋油菜）。因为种油菜的工序较繁杂，所以，都以几家合伙的方式进行。撒种面积少些的农户，一天可完成两三家的油菜种植任务；种得面积多的农户，两三户合伙进行，有些可以一天完成，有些要两天才能完成。

种油菜的工序为犁地（用拖拉机带铧犁）、平整地垄（用木耙或六齿铁耙）、打坛（用锄头，这项工序要有一定的技术，要准确把握坛间的距离）、施肥（把磷肥和尿素拌匀，装进小桶或袋子里，一手提桶，一手抓把化肥撒在打好的坛中作为底肥）、撒种（用塑料瓶装好油菜种，瓶盖用烧红的钉子打三个小孔，再把瓶盖严。撒种的人倒拿塑料瓶，在打好的坛上抖一下瓶，让油菜种从瓶盖小孔中渗出抖落在坛里）、盖土（这道工序最简单，折来几根树枝握在手里，枝叶头放到地垄上拉着走，像小娃娃扫地似的）。这六道工序都应相继完成，因此，人手多点好进行。

2008 年 5 月 3 日　农历三月二十八日　雨

满下村妇女们三个一伙、五个一群，背着小篮子到东南面山上去采摘蕨菜。她们有的带了馒头，有的买了糕点，准备饿了时食用。现时是蕨菜大量出土，并且还在嫩的时候。勤劳的妇女们冒着细雨上山采摘蕨菜，有些是想吃顿鲜蕨菜来换换口味，有的是想摘来加工，以便今后食用。捡来蕨菜后，去掉花，留下茎，把茎切成一寸来长。加工的方法是：先将锅用洗衣粉或洗涤剂洗净油污，然后烧上适量的水，待水开后，把切好的鲜蕨菜放入沸水里烫上一些时候（千万不能煮熟），捞出来，再用水浸泡上一两天（其间要常换浸泡水），然后捞出来装进塑料桶，放上适量的水，加上盐巴，这方法叫盐渍。到吃时，拿出一些经过盐渍的蕨菜，再煮一阵，去水就可吃，很鲜嫩。这是新的加工蕨菜法。过去传统的加工法是把蕨菜一次煮熟，晒干收藏起来，到食用时用温水浸泡一段时间后再煮吃，没有现在这种方法加工出来的味好。

2008年5月4日　农历三月二十九日　晴

今天是"五四"青年节，满下村的青年男女改变了以往欢度青年节的方式，不再到鸡冠山背后的跌水岩去休闲打牙祭，而是乘坐面包车去丽江城逛街，玩景点、游公园、会情人、与情人照相合影。

青年人的父母对两种欢度节日的方法各有不同的看法，大多数青年人的父母认为，今天采取的这种方式太不好了，破费很大，给每个青年200元钱，男年轻人还嫌不够，不乐意，女青年一般带上一百来元就不再吱声了。有些男青年的父母还唉声叹道："男娃娃，有时还会在城里打架，这太不好，要是不去逛城就好了，经济不必破费这么多，也不必担心。要是休闲打牙祭，一个人给他五六十元就够了。"有一些青年人的父母则说："花点钱不打紧，就是不要去惹事。"有个别的家长则说："让他们自己去认知世界，才是好的，这样的过节可增加见识。"各说其词，各有各理。

2008年5月5日　农历四月一日　小雨

在丽江城看守拆除房屋工地的满下村村民和国武，在工地上看守已有两个多月。在看守期间，他领着未满周岁但早已断奶的孙子和江涛及老婆和闰芝在拆除工地捡砖，他的长女和玉兰也经常去到工地上帮和闰芝捡好砖。和闰芝、和玉兰母女捡到好砖近万块，今天用两辆农用汽车拉回来，砖及运费均被老板免了。按照今年砖价来推算，一块砖价已到0.42～0.45元，这就意味着她母女俩在两个月内找到4000元钱，她们感到很划算。

村民见到和国武回来，就打招呼说："三老，你回来了！"他很有风趣地回答说："我在城里工作，一家人都跟着我，我实在是负担不起，财力、精力都支持不住了，因此回来了。"见状的人都笑着说："这是三奶（指他老婆和闰芝）对你放心不下，她担心你会像以前当老板时那样把钱风流完，才跟着你，监督你的。"他也含笑回答说："年过五旬，这时不比那时节，担心是多余的。"大家哈哈大笑一阵后转入正题，和国武告诉在场村民说："这个拆房工地已完成，等几天又要去砍树的地方看材料。"

2008年5月6日　农历四月二日　晴间阴

大理籍的一个药材老板，通过与满下村民和国武的上门女婿五八斤的沟通，让满下村村民和作典、和国红、和朝光、和子一等十多家（在村子东边叫"高机比"的地方有山地）村民同意以每亩40元的价格租借给药材老板种植中药材续断。今天由五八斤带着卷尺，领着这十多户村民和老板一同去丈量山地。他们在丈量完土地后，由老板计算并报出各户租借山地的亩数。村民与前些年搞退耕还林时的山地面积比较，觉得老板算出的亩数很可疑。他们就先回村里吃午饭，和作典就问和尚勋老师求地积的公式，和尚勋老师告诉他："求地积的公式有几种，最简单的公式是先求出面积再乘以0.0015亩就是了"，老板却不依。村民又去问前些年任满下村村主任，并参加过退耕还林丈量山地的和国兴，和国兴的说法也与和尚勋老师说的一样。村民就坚持要以此方法来算，可老板却不愿意，五八斤就对老板说："你们先回城里，去问清楚求地积的公式再来吧！你们的这种算法村民不同意。"结果老板和村民在没有达成统一的情况下,把此事暂时搁下来。看来老板想在每块地的亩积上压下来一点,而村民则如数想要,双方因各自利益相持不下,才导致产生这种情况。

2008年5月7日　农历四月三日　晴

满下村村民和国武家把小卖铺搬至村子北边的公路边营业,他们家打算平时由和国武老婆和闰芝一边领孙子,一边经营。他们家的小卖铺扩大了经营范围,在原来经营烟酒、副食、猪的配合饲料的同时,扩大经营面粉、面条等粮食制品。这样做,一则可以增加家庭的经济收入,二则有利于村民就地购买面粉。他家的这所屋子是2004年底就搬至公路边,准备用作小卖店的专用房,时隔三年多的今天,终于实现了。村民们都说:"和国武很动脑筋,会找钱,同时也有福气,找到一个好女婿。女婿也不亚于和国武,精打细算,做小生意赚大钱,比和国武还有能耐。"事情的确与村民夸的完全符合,来自七河前山石镜头村的入赘女婿五八斤,从小与鹤庆人打交道,练就了精打细算做小生意的本领。农闲时间他常领着老婆和玉兰从南溪买了些洋芋、小猪、废铁之类的东西到鹤庆、丽江等地去卖,又从鹤庆买来米、饲料、水果、食品、烟等在南溪卖,从而来增加一些家庭收入。

今天,把小卖部搬到公路边,更占了地利,相信他们家能够如愿快速致富。

2008年5月8日　农历四月四日　晴

黄山镇农科站的站长及两个工作人员来到南溪村委会,转告村委会干部和继武、和丽军两同志:"农科站长向玉龙县农业局要到15吨尿素,约370包,要给南溪村的农户每户一包,要求村委会的和丽军副主任负责把各农户的签名表报到站里。"村委会干部对农科站给予南溪群众的支持深表感谢,对站长再三表示感谢,并答应在下周一把各农户的签名表报到农科站。

农科站的三位工作人员离开后,和继武、和丽军两人回忆说:"自黄山农科站建立以来,这样大金额扶持南溪人民农用物资是第一次,以前偶尔调来一些绿肥种、洋芋种等,但费用都是农户出的。我们村委会的干部不知道农业局有扶农资金,也就不敢开口向农科站要。站长主动到局里要求转拨给南溪,虽然每户只有100元,但对新任站长支持、关心山区农业发展,人民是会铭记心间的。"

2008年5月9日　农历四月五日　阴间小阵雨

在南溪满中村种药材的老板杨老三今天搬进新居,从今天起他们不再寄人篱下(原借住和国军家闲置房屋内),而是心安理得地住进了不久前租用满中村闲地新建起来的三坊一照壁小庭院里。他们按照南溪纳西族启用新火塘时请客的风俗,买来三只公鸡杀了煮起来,到吃晚饭时请来满中村的干部和国军、和国高、和万里,以及满中村平时和他俩要好的村民和福海、和国启、和万选,炊事工作由和春华、和春红两人来主持。

"用新火塘"纳西语叫"左是足",一般在兄弟分家分居时进行。进行"左是足"时,主人家要做顿好吃的饭菜请客。请客的范围比较有限(家族中的近代兄弟、舅、姑、姨,男女主人的兄弟姐妹、亲朋好友)。过去客人送的礼一般是炊具(锅、碗、瓢、盆)、米、肉、酒之类的东西,现在请这类客一般都送人民币,20～100元不等。相比之下,现时的送礼方法是对主人家有利,主人可以随心去买所需生活用具。

今天的客人,不带什么礼,不送什么钱,老板也不会收礼,他们吃过饭后开始打麻将、玩扑克,平时喜欢串门的村民也不约而同地来到杨老三新居,参加了麻将和扑克的激战,他们一直玩到凌晨4点方休。

2008年5月10日　农历四月六日　雨

下午5点召开满下村户长会议，由村民小组副组长（原称"会计"）和圣华召集，村委会书记兼主任和继武，副主任和丽军参加并主持今天的会议。满下村到会户长为96%（除和圣伟家、杨耀秀家、和学群家、和朝珍家、和建军家五户未到，其余都到场）。会议先由和圣华宣布议题："今天选一个村民组长，与此同时，我的顶替者也选一个，我无能力扮演这角色。"随后村委会书记和继武讲："去年11月大家选出和金发，可和金发不愿任村民组长，我们做了多少工作也无用。一个村，上传下达的人没有是不行的，今天我们请大家来，重新选一个。选到的村民请不要推托，当村民组长的确是苦差事，但一个村没个村长是不行的。满下村的现状的确是集体'慢性自杀'（乱砍滥伐无人管，采沙卖沙无人管，把集体资源视为己有），大家心里对现状是很不满意的，但有口无法说，这样长期下去受损害最深的还是本村民众。因此，希望大家出以公心，对本村负责，也就是对自己负责。"接着就开始进行无记名投票，初选提出的有和永红、和万红、和圣明等10人，其中有一张票是提了随家长来会场玩的小娃娃和见比的名，有些票还写了自己的名字。这体现出满下村有些村民素质的确很差。接着在票数多的和永红、和万红、和圣明三人里选二人。结果和永红、和万红票数居多，在此两人中再投票选一人，除有几个弃权外，两人均各得22票。再准备投一次票时，村民和顺明提出，"选个村长当然重要，但你们先把以前沙场的事情了结了再选村长，是个好方法，要不然选到哪个，哪个都不会干。你们应该把去年镇政府强行卖沙的事情给群众了结了，再选村长就合理。"这一建议得到众多户长的支持，村委会书记和继武也觉得有道理，于是决定他去取去年修文峰寺路时老板所付的沙款3万元，以及拉到满中村的沙款，到下周二由他一起分付给村民，到时再进行选举。

2008年5月11日　农历四月七日　阴

满下村村民和永红,请村民和亚华驾驶着拖拉机去白华拉饭店用具。这些饭店用具是和永红的姑娘和贵芬、和贵秋二人在2007年11月从别人那里转让来的。她们姐妹俩经过半年多的经营实践,认为没有前途,找不到钱,就认定不想做了,在2018年4月中旬就贴出转让的告示,但无结果。到现在只好把桌凳、柜台、灶、锅盆、冰箱、床等用具拉了回来。

经过半年多时间的实践,村民们及她姐妹俩深深感到,看别人办饭店似乎很找钱,其实自己办起来就不那么容易了。在城里或城郊南溪村(满下村人)曾有和学群、和益青母女办过一段时期的饭店,大概也只是做了半年多点就关门,另寻生计去了。之后又有和爱英、和青梅(满下村人)两女青年合伙办了一段时间,她俩搞了三年多点,还算可以。结果和青梅找到对象结婚嫁人后,和爱英也就把这活计丢了,去考驾照。事隔三四年之后又有和贵芬、和贵秋姐妹俩去试经营,结果仅以半年时间就告失败而回。

世间的事情总是这样,别人在做,看似容易轻松、赚钱;自身试一下,有成功者,也有失败者,成功者多,失败者少。究其原因,立马想捞很多钱的人失败早些,耐着性子、慢慢来的人成功率较高。

2008年5月12日　农历四月八日　晴间阴

玉龙纳西族自治县疾病控制中心的工作人员通过前段时间在黄山镇南溪鹿子村、旦都前、后两村及满下村的东南边山上"楞石古"等地捕鼠检查,发现这些地带有鼠间鼠疫发生,但到目前还没有发生鼠疫传人的病例。前一段时间疾控中心的工作人员在村委会干部的协助下,在鹿子村、旦前、旦都后村及附近山上、田间大量放毒老鼠药,今天他们在满下村、满中村的田间也放了大量的灭鼠药,并把满上、满中、满下三个自然村也划为一类预防区来灭鼠。

丽江市卫生局局长毛志良，在玉龙县分管卫生工作的副县长木志英和玉龙县卫生局局长等领导的陪同下，来到南溪行政村，查看玉龙县疾控中心灭鼠、捕鼠的情况，并与村委会干部进行了调研，强调了预防鼠疫的重要性和必要性。

缺乏科学知识的村民对此不以为意，认为疾控中心的人拿着工资没事干，才来南溪休闲带捕鼠，要不然，已起好这么好的卫生院，国家为什么不派下来一两名常驻南溪卫生院的医生呢？

有些懂点文化科学的村民，听到鼠间鼠疫发生，担惊受怕，就加强生活卫生、饮水卫生，在家里进行灭鼠的活动。

有个别素质差的村民则认为："这是吓唬人的，古往今来，有人的地方就有鼠，要是鼠疫病有这么厉害，人类早就不存在了。"

2008年5月13日　农历四月九日　阴间小阵雨

上午10点满下村又召开户长会议，主要议题是：分发去年年底卖给文峰寺路段修路老板沙子的款3万元，以及满中村种药材老板交的1000元，共3.1万元。由全满下村58户来分，每户分到534元。这些款是去年底老板付给村委会书记和继武，因满下村那时没有村民组长，无人接收这笔款，和继武就以村委会的名义把这钱暂存入白华信用社，昨天他去城里时把此款取了回来。村民们拿到钱后，虽然觉得沙价太低，但怨言也不再多了，他们知道怨言再多，钱也不会多一点。

分完这钱后，开始选举满下村村民组长，因为前次初选和万红、和永红两人的票相等（各22票），和万红事先作了申明："我没能力当村长，大家选我是明摆着不对的事情，今天再投我的票，我也会像和金发那样赖着不干，结果还是我们满下村的损失。没村长的半年多来，我们村的沙场资源，森林里的成材树被别村人白白捞用了半年。再这样下去，资源损失不可估计，希望每个人都要多加考虑，不要乱投票。"投票选举仍在他两人中进行，结果和永红39票，和万红17票，和永红当选满下村村长。和永红也说他不当，经过村委会干部和继武、和丽军、和国军的耐心开导和部分村民的请求，他终于答应了。根据村委会副书记和国军的提议，再选五个村民委员，加上组长、副组长两人，共七人来主持满下村村务，五名委员可以起到参谋助手作用。对于再选五名委员，村民和顺明提议："村中各族推选一个族长来当满下村村民委员，这样对满下村的各种事情好管些。"这一建议得到村民的同意，就推选和顺明、和作典、和万军、和尚军、和金星为满下村村民委员。和永红就临时召集这些委员讨论村规民约，到下午2点又集中各户长对村规民约做补充修改。相信今天以后的较长一段时间里，将不会再有乱砍滥伐树林，私自采沙卖、采石卖等坏现象。

2008年5月14日　农历四月十日　晴

汝南化村的洋芋小老板和军来到满下村和尚军家买洋芋。和尚军家现有4000多斤洋芋，原先打算自己去丽江市场零卖，但眼看可以锄洋芋了，农忙已迫在眉睫。因此，他家以每斤0.75元的价卖给侄儿和军，和军拉去市场零卖。和军说在市场零卖每公斤可卖2元多点，目前市场上老洋芋很少，而新洋芋渐多了，在这种情况下，老洋芋的卖价在市场有大幅上涨。由于前年、去年洋芋越是留到最后就越跌价，因此，南溪村民把今年的洋芋卖得很早，基本上都在过年前卖完，有少部分留到清明节前也就卖完。今年越到后面价越往上涨，差不多可以卖到开初时的2倍。看来，市场物价真是难以把握。和尚军家去掉洋芋芽，装袋过秤上车，总共有4375斤，以4350斤来计算，共卖到3282.5元，就以3280元的整数来收款，乐得和尚军的老婆和益花眉开眼笑，喜不自禁。回顾今年的洋芋卖出情况说："今年洋芋增产，也做到增收，总产约有5万斤，每斤平均价约为六角五分钱，差不多同玉米价一样了。"

事情的确是这样，过去在南溪民间口头流传的有一句谚语，"一天三行市，神仙难把握"，意思是说，市场物价涨落不定，随时变化，就看做买卖的运气了。

2008 年 5 月 15 日　农历四月十一日　雨

满下村村民和满谷、和四姐、和国兴、和益花、和万军、杨文花等人去前山行政村高龙自然村参加高龙村民和仕宏的葬礼，旦前村、满上村去参加的人较多。他们淋着雨，踏着泥泞的路，一路谈着走。和仕宏是 5 月 7 日在丽江城开出租车时被人杀死后丢在丽江城与玉龙县城之间的荒地里，他所包开的出租车却翻在洱源县境内。抢劫出租车、杀司机这类案件在丽江常有发生，而当地公安机关对这类案件没有破获、抓到犯人。面对这些现状，人们不禁发出了对现时丽江社会治安状况的不满意，各抒己见，毫不掩饰地说着心里话。有的说："在丽江接二连三地发生抢劫出租车的事，是公安没破案的原因，如果公安破了一件，把作案人绳之以法，严惩严打，就不可能累累发生这类案件。"有的说："难以理解以钱赎回犯罪人员的情况，公安机关抓到坏人，罚点款又放了，这不明摆着有钱人的子女可以无所顾忌地杀人、抢人，犯罪了吗？如我们邻村的汝南化村村民（老板）和正文的儿子杀了人，他破费了十五六万元，就把杀了人的儿子赎回来，法律真的有这样的条文吗？我们老百姓不清楚。"有的说："从电视里看到，中央是好的，他们处处为民着想，可到下面就与中央说的很不协调。全国各地都像丽江吗？实在令人担忧。"边说边走，不到两小时就到和仕宏家了。

到和仕宏家，老的、小的哭成一团，目不忍睹。

2008 年 5 月 16 日　农历四月十二日　雨

玉龙纳西族自治县疾病控制中心的工作人员在满下村东南面山上"楞石古"发现有鼠间鼠疫发生，故把满下村、满中村、满上村划为一类预防控制区。他们今天拉来好多灭鼠药，发放给这三个自然村的村民，在群众中开展灭鼠，要求家家户户参与。他们把灭鼠药发到村民各户，让各户在自己家里开展灭鼠运动。在灭鼠的同时，他们还带来抗病毒的预防药板蓝根片和四环素片发放给村民。具体做法是：他们把老鼠药及预防药分给各村民组长、副组长，又请组长、副组长分发给各户。他们还把一些板蓝根片拿给南溪完小校长赵家善，赵老师按各班学生数把药片分给各班班主任老师，让班主任老师把药片发给每个学生。

为防止鼠疫病传染人，疾病控制中心的医务人员是比较负责的，他们以预防为主，把预防知识教给村民。村民们感到各级政府是重视和保护人民的生命安全的，他们从心里感谢共产党对民众的关心和爱护。

2008年5月17日　农历四月十三日　雨

文屏村花每合老人出葬，今天来参加丧葬礼的人真多，可以说是三邻七村的人都有，大研古城、下束河、茶马古镇来的人也很多，还有从拉市海边来的不少人，真可谓是四面八方的来客都有。招待客人的地方很拥挤，吃饭的像古城里一样抢着位子吃，拘拘束束一时是吃不到的。从上午11点开始待客，一直待到下午4点半左右才待完。5点左右出灵。

傍晚吃晚饭时，在花每合家发生了一件使在场人都惊慌的事情：首先是文屏村的盲人和万红发高烧不省人事，只说昏话："有3个鬼把我压起了，我的头好痛，我的牙齿要掉下来了，疼死我了。"接着文屏村民和社华、和仕花也突然发病，而且也病得不省人事。急得文屏村人没法，有的说："赶紧把这3个人拖到大门外边，死在人家家里就不好了。"花每合老人的二儿媳和凤春说："不怕，别拖出去，要是真的死了，外人死在家里古代说是好事，只是主人家要给死者棺材，经济破费点而已，我们在家里招呼他们。"说着她拿出三张草席铺在地上，让发病的3个村民各躺在一张草席上，大家围着这3个人束手无策。有的村民猜测说是传染病，有的村民猜测说是食物中毒，还有的村民说赶紧备车送医院。前来参加丧葬礼的满下村民和四娘对几个文屏村的长者说："可能是那3个满下沙场压死的鬼在咬吧，你们找个鸡蛋来算一下。"那几个人照和四娘说的用鸡蛋在碗里直竖，结果鸡蛋竖立。他们就马上找来9个小碗，各放上冷水，用饭团在患者头上擦擦后放进3个碗里（一个患者用3个小碗），点上香，拿上装有水饭黑火炭的碗，口里说着驱鬼的话，把饭和水倒到朝满下村方向的公路边。做完这般送鬼、驱鬼的事后，那3个患者慢慢地好转了，在场的人都说："迷信这东西真怪，平常说信则有，不信则无，从这件事说明了信也有、不信也有鬼缠身、鬼咬人的事。"这绝不是创作，而是真实事情的记录。

2008年5月18日　农历四月十四日　雨

根据村委会的布置，满下村村民组长和永红、副组长和圣华组织满下村民为地震灾民捐款。捐款的地点在球场边的活动房里，由和圣华登记，和永红收款。村民们都通过电视看到了"5·12"四川汶川大地震的实况，因此，不必由村干部宣传鼓动，大家一来到活动场所就进行捐款。有些农户每户捐10元（这类占60%~70%），有些农户捐20元（这类占20%左右），和子元家、和圣昌家每户捐30元（占总户数的4%），有些农户捐15元（占6%左右）。有人对丽江"2·3"大地震时家庭人口为七八人的农户捐10元的现象很不满，说："接受别人捐助时享受七八个人的份，捐助别人时才掏出这么点，真缺乏良心味。"村民和闰芝在捐款时心直口快地说："我们有难时受到别人的捐助很幸福，当别人有难时最低也得捐个20元。"她说完就捐了20元。当村民和金相手拿面额为20元的一张币捐款时，和永红说："记成你妹和金良和你家一家10元吧！"和金相应允。

全行政村各自然村都在进行此项工作，满中村的村民组长和国高及副组长和万里则以入户的方式进行，村民捐款的数目大体和满下村差不多。

2008年5月19日　农历四月十五日　阴

村委会书记兼主任和继武，请金龙村村民和八昆开车去丽江农资公司拉黄山镇农科站给南溪村的尿素15吨。为了减轻村民的运费负担，他请和八昆把15吨尿素一次拉完。他们到文屏村就打电话叫文屏村村民组长和文宏清点化肥数量（每户一包重40千克）。然后他俩暂不去金龙村，先拉到满上、满下、旦前、旦后、鹿子村，每户一包。之后回到村委会，在村委会里下了18包（这18包打算给各村民组长、副组长每人一包，以作为对他们的附加补助），最后才把金龙村的拉回到金龙。

村委会副主任和丽军对在场的人说："村民组（自然村）干部的补助很少，过去每人每年为160元，现在（从2008年开始）每人也只有300元。因此，村委会为关心村民组干部，每年都从各种救助物资中拿出一些来做附加补助。如大米、棉被、衣物等，让他们安心知足。但有个别组长，我们千方百计来增加他们的待遇还不知足，一见钱就贪，当然其中也有很好的组长。"

拉来的化肥发到各个村后差错（不够数）5包，和继武当即打电话给农资公司仓管员及黄山镇农科站长，他们答应等几天下来时补给差错部分，和继武的心也就感到舒畅了。要不这样，就得把他一个月的津贴贴进去才能把这件事摆平。

2008年5月20日　农历四月十六日　阴间晴

满下村村民和建良请来亲戚帮忙搬房子。他把坐东朝西的这所三间楼房往北边搬4米左右，方位仍然为坐东朝西，只是紧靠坐北朝南的房屋。在搬运房子的同时，把原房有点烂了的材料都换成新木料，旧房的材料只用了60%左右。这所房子是1967年左右盖的，建盖时的方位是坐西朝东，在十五年前（1993年左右），方位搬迁成坐东朝西。那时对梁木、橡子进行了更新翻盖。今天他把屋架间随便烂点的料子都更换成新的，这样一来这所房子的使用年限最低也在40年左右。和建良是个大木匠师傅，他想乘他还有力气做得起来木活时就把所有的房屋都整好点，好让后生们尽量安乐些，真是可怜天下父母心啊！他这一生里，他亲手建盖了五所房子（两所大楼房、三所小平房），而且有三所房子已做两次搬动翻盖（维修）。

从此举可以看出南溪村房屋的使用年限不很长（一般在七八十年，而且使用期间还需进行维修、更换材料）；还可以看到，建盖房屋时的随意性及建盖时有临时打算，待到经济条件和物质条件好点时搬动，造成重复劳动，有点劳民伤财。如果建盖房屋时，像白族人或者坝区人一样有长远眼光，南溪村民的生活一定比现时富裕。

2008年5月21日　农历四月十七日　阴

村民和家良有一窝（6只）小猪可出栏上市了。知道她脾气的村民们就来到家里求她卖给小猪，其中，她们家族和玉祥说让卖给两只，村民和汝浩家要买两只，和永昌家要买1只。今早，和玉祥又提出请卖3只，这样就难为了主人家，主人和家良就留3只自家养。村里人都知道和家良的心好，和家良认为村里人或亲戚买小猪不会每年都来你家买，因此价钱让利的比例很大。如前一窝（有11只小猪），那时的市场价是每只小猪400～500元，由村里人和益花家买了两只，和汝浩家买了两只，和朝东家买了3只，每只只拿了300元，剩下的4只由买洋芋的鹤庆人以每只390元的价买了去。现时的小猪市场价在每只400元以上，和玉祥付出900元，说："请收下我的这点（每只300元）。"和家良却把200元退还给她说："家里人，随便拿点就行了，我只拿这700元了（每只合230元多点）。"两人你推我让，最后和家良把200元钱塞进和玉祥的衣袋里。

知情的村民都认为："这样的价钱，只是收了市场价的一半。现时以经济建设为中心的农民，这种人是寥寥无几的，哪怕亲戚间让价也顶多三五十元就行了，哪有她这种大方、宽以待人的。要不是她老公有退休工资，她这样待人，儿子、儿媳是会有意见的。现在她这样做，自然条件是优越的，但最主要是她的良心好，和她家条件差不多的人又有哪个像她一样让这么多的价呢？"

2008年5月22日　农历四月十八日　小雨

满下村部分在城里开出租车的人，今天又重新组织"化崇"（过去常做，已经停了近两年），到大东温泉休闲洗澡。这次新组织的"化崇"人员有和春拾、和亚军、和朝珍、和朝亮、和灿、和德华、和武军、和文亮，还有满上村寨村民和学文，共九人。"化崇"的方式是每人储金500元，拿储金的顺序由今天抽签决定，第一名是和学文，今天他拿到4000元"化崇"储金。休闲的地方由拿储金的人来选定，生活费及车费自负，在每月20日举行活动。以后愿意参加者，来者不拒。

他们在大东温泉休闲、泡温泉，玩乐一天回到白华村各自的租房后，和武军的老婆和金桂就与和武军大吵大闹起来，理由是不准和武军参加"化崇"休闲，生怕他去赌博。和武军的理由是，辛苦了一个月，与伙伴们共同休闲玩乐一天是天经地义的事情，再说搞"化崇"实行互助储金，可以在经济上相互支持点。他俩各说各有理，互不相让。在旁边的满下村村民和桂秋、和玉芬两姑娘使劲劝，结果越劝和金桂的火越大，竟拿起菜刀来向和武军示威。和玉芬见状，狠狠地给了和金桂两记耳光，这下可真生效了，和金桂不再乱了，和武军自然也就停下休息了。在场的人都佩服和玉芬小姑娘的举动。"好事不出门，坏事传千里。"这场风波立即被住在白华村的南溪人知道了，和学文听说后，到和武军的租房把500元储金退给和金桂，并开玩笑说："不让和武军参加'化崇'是可以的，但你不能杀了他，杀了他后你要去当谁的经理？"逗得大家都笑了，只有和金桂还在为那两记耳光而恨着和玉芬。

和玉芬是和武军的侄女，在劝阻不住的情况下出手教训一下婶婶，在旁人看来是无大错的，可和金桂对和玉芬的这两记耳光却记恨一辈子。

和玉芬的出发点是好的，但和金桂的心中不会权衡好与不好，只会知道恨和玉芬。

2008年5月23日　农历四月十九日　晴

南溪村委会召开村民组长、副组长会议。支部书记和继武、副书记和国军、副主任和丽军参加会议，镇分工负责抓南溪工作的副镇长和寿生主持了今天的会议。会议的议程是：第一，传达县委组织部的通知，要求每个共产党员向地震灾区交一点特殊党费，从最低50元起自愿交，并在今天下午或明天上午交给各党小组长。第二，公布南溪各村民小组（自然村）新农村建设补助事项。目前旦前村及金龙村已在实施村道混凝土路面工程，以后还要做满下村的村道水泥路面工程，以及满中村的村道改造工程。第三，要求村委会督促各村干部组织群众抓紧实施。

和寿生副镇长讲完后，新近上任的满下村村民组长和永红说："天天说满下村有项目，有项目，你们领导却一样也不表示，到底有什么项目，应该摆出来，商量讨论，计划并实施。年年讲满下村有项目，年年不见实施，不摆出来就不要说了。"村委会副书记和国军接着说："对了，满下村的村道改造工程不解决，其他村的就很难实施，所以应该尽快把满下村的做起来，金龙村的和满中村的才能顺利实施。要求把满下村组长说的尽快向黄山镇主要领导汇报。"

开会结束时，和继武让每个组长、副组长拉一包尿素回去，作为他们的补助。

2008年5月24日　农历四月二十日　晴

黄山镇和寿生副镇长及南溪村委会副书记和国军今早把昨天满下村和永红组长说的话向镇党委书记作了汇报，党委书记和学典听完汇报后觉得和永红说得有理，于是他仨一起到南溪村找和永红交谈。和永红说："满下村为南溪公路文峰寺路段，满下到鹿子公路无私无偿献出沙资源，又地处村委会附近，按理说应该先把满下村的各项公益事业做一点，可政府却把各种改造村容、村貌的事先摆到旦都前后村、鹿子村、金龙村。我们村的沙资源用了这么多，可还不见政府来补助实施项目，我的内心很不是味。"和学典书记拍板说："你有决心，我们一定帮助你们村把村道改造工程做起来，然后再做三个蓄水池，与水利部门联系好后修一段村中河道。明天就派人来测量村道，然后做预算，你们可以准备施工了。"和永红问道："党委书记说的话算数了？"和学典书记笑着说："早该在满下村实施村道改造工程，但你村没有组长，这就误了半年多时间，要是有组长来向上要求汇报，组织群众的话，恐怕到现在起码已把材料备齐。现在一言为定，马上实施。"和国军也说："只要满下村的做完了，其他各村的也就好做了（他们想利用满下村的沙资源）。"和永红还向和学典书记汇报了在沙场由人工采沙有很大的危险性，要求政府帮助解决。和学典书记表示，要请挖机来采，村民负责把沙子拉到施工现场。

和永红表示今晚召开村民小组代表会议，讨论商量主道与附加道的问题。

另外，各党小组长把收来的特殊党费交给村委会书记和继武。全行政村52个党员，除党员和继武、和国军、和丽军、和尚勋四位每人交100元外，其余每人都交50元。集中后由和继武交到镇党委组织干事手中，再由组织干事交到县委组织部。

2008年5月25日　农历四月二十一日　晴

满下村村民组长和永红召集村民代表和顺明、和万军、和尚军、和作典、和吉诚以及副组长和圣华，讨论关于满下村村道改造工程。通过讨论，一致认为改造村道主道路的工作应户户参加（有些家住公路边的农户不需改造村道，因此，他们有不想参加改造村道工作的思想），现已居住丽江城而户口仍在满下，还享有农田、森林、资源的和学群家也必须回来参加，否则要停止农田、森林、资源的使用。之后讨论了道路主路的数量及起止点，讨论决定为主路六段：第一段为东面与公路分岔处到村中间和国武家背后；第二段为第一段中间岔北外起往村上面和建良家背后；第三段为公路桥边岔处起往北到和永昌家下面；第四段为村子西南岔处起到和作典家背后；第五段为公路桥边岔往东边经球场到农田边；第六段为村子西边岔往鸡冠山背后的路段（200米左右），六段主道共长约2千米。同时讨论决定每户从主道到各自家门口的石头、沙子要自备，施工由集体来帮忙。

11点左右，镇里派员下来进行了村道测量，村委会书记和继武、副主任和丽军以及满下村村民代表参加了测量，测量时发现村里有几个路段要做成一米宽的便道。

测量完后，留下村民代表来讨论施工分组的问题，讨论决定将全村（58户）除去组长、副组长以外的56户每14户分为一个组，分成四个组先进行主道的备料工作，从主道接往各户的材料由邻居合备或各户自备。

2008年5月26日　农历四月二十二日　晴

在满中村试种药材的杨老板今天开始丈量种药材的地积。先从满下村开始，他们请和尚勋通知满下村想种药材的农户来参加丈量。因为这些天正处于锄洋芋地的大忙之季，各户村民都早早等在路边，打算把自家的地丈量后好去锄洋芋。到上午8点半，满中村和国启、和春华陪同杨老板，拿着丈量土地的工具开始丈量。村民们都争着先量自家的地，在争着的情况下，和尚勋说："定个方位，先从村子东边量起，到村子西边，再到满中村上面，这样各户可根据自家地所在的方位估计一下时间，可以先去锄一阵洋芋。如地在村子东面的村民留下来，开始丈量登记；地在西边的村民到中午12点左右到现场看看，或者我来喊大家；地在满中村上面的村民可到下午4点左右到那儿等待。"这样不少村民就先去锄洋芋地，丈量的人就开始从村子东面的地里开始丈量，一直忙碌到下午 7 点左右才量完。有 32 家想试种药材，共有 35 亩地。

2008 年 5 月 27 日　农历四月二十三日　晴

满下村在球场又召开户长会议，主要的内容是和永红向户长们宣布前天村道改造工程测量的情况和村民代表们讨论决定的事项。他说："满下村的村道改造工程经我们七人讨论决定的实施方案，有意见请各自保留，但要根据决定来执行。"然后进行分组抽签，各组选举一名施工组长。之后，各户在前次户长会议所定的村规民约上盖章，发给每户一份，要求各户都自觉遵守村规民约。

村委会书记和继武领着金龙村的组长、副组长，向满下村户长要求，按照鹿子村村道建设时的价卖给金龙村同等数量的沙子。因为油价上涨，又难买到，所以金龙村不再从坝区拉沙，而是打算向满下村买来用。经过讨论，决定以 7500 元供足金龙村村道建设所需沙子，但得等满下村这次施工用完后才能由金龙村来拉。

会议结束后，和永红、和圣华领着四个施工组长进行主道分配、定桩。此事完后，和永红、和圣华来到和尚勋家，请和尚勋给镇政府写一份使用挖机来挖石、挖沙的申请书，和尚勋老师热情地帮忙了两位村干部。

2008 年 5 月 28 日　农历四月二十四日　晴

满下村寨居住在西面的村民和作典家、和作才家、和朝东家、和圣华家、和作武家、和圣昌家、和圣明家、和社兴家、和子一家、和学武家、和玉祥家、和永军家十二家，每家出点钱在昨晚买了些烟、酒，到村民和顺达家，去要求他家让点地给他们做扩大公路之用。此外，还需和作典家、和朝东家、和圣华家、和作武家、和作才家每家也让出一点地。今天他们 12 户人家每户出一个劳动力，来挖竹子、拆篱笆，想把要修的村道修宽一点，好让汽车进到村里来好上车，要不卖洋芋时，上车太累人了。所以有点眼光的村民坚持把路整宽些，有些保守的村民因为要损失点自己的地则想不通，很不愿意让出地，但在大家的强烈要求下也不得不让出点地。到傍晚，经过12人的同心劳作，把要拓宽的路面都整平了。晚上他们在一起打牙祭，欢乐到半夜才散伙。

绝大多数村民对今天劳动不满意的是，和作典的菜地让得太少了，和作典不听儿子和圣武及儿媳和爱花"多让一点"的意见，固执己见只让出五六寸。

2008年5月29日　农历四月二十五日　晴

南溪完小召开学生家长会，学校坚持每学年召开一次全体学生家长会。今天家长会的主要内容是：第一，由学校校长赵家善向家长汇报上学期的教育教学情况和下学期期中前段的学校工作，并向家长公布半寄宿制学生补助费用的开支情况。第二，由教导主任和家香老师公布上学期期末检测的情况，以班级成绩做详细说明。第三，对上学期教学业绩突出的老师和各年级学习成绩优秀的学生进行颁奖。第四，由各年级班主任及任课老师共同召集各年级学生家长，互通情况，征求家长对学校和科任老师的要求及建议。

学生家长对这一年的教育教学工作基本满意，家长们交谈时认为：集中办学优化了教育资源，学校的教育教学应该比分散办学时期有显著的提高。目前，学校集中了十四五个教师，而学生算上学前班，共七个教学班，一百三十七个学生。在这样师资充裕的情况下，对学前班应该进行识字及识数的教学，可一学年下来，学前班老师只起到领娃娃的作用。对此，家长们感到不满意。但只是在私下议论，如果公开提出，怕对学生不利。再说，一学年即将过去，提出来也只是互伤感情了。

2008年5月30日　农历四月二十六日　晴

满下村寨居住在寨子上半部分的村民和吉诚家、和春拾家（和春拾已在城里买有住房，但老父亲和学仁、老母亲和国秀仍在满下村居住，并享受满下村森林资源、沙石资源的分配,他家没有使用村里农田)、和亚华家、和灿家、和林家、和金辉家、和金圣家、和金红家、和建忠家、和金发家、和汝信家共 11 家,每户出一个壮劳动力,扩宽从岔路口到和金发家上面的村道。他们进行起来很顺利,一路都可以往田埂上挖扩,不存在让地、让田的问题。只是由于要挖田埂,挖出的土要用手扶拖拉机拉到学校南面的河边倒掉,因此劳动负荷是大的。但他们每个人想到今后可在家门前装洋芋上车,这就太方便了,而且有利于子孙后代。所以,干起活来干劲十足,心很齐,劲很大,他们用三辆手扶拖拉机把挖出的土拉到学校南面的小河边。虽然大家都很累,但都是乐呵呵的。想到以后大车可通到家门前,大家的心里就畅快了。和学伟说:"以后装洋芋的劳动强度比现在少多了,真是年轻人太幸福了。把村容、村貌做好了,村道修好了,不仅节省劳力,而且小伙子们找媳妇也可能好找些。"和学仁接着说:"的确是这样的,古来就有人往高处走,水往低处流的说法,哪个姑娘不挑好汉?哪个姑娘不想占有各方面的优越条件?我们上了年纪的人跟年轻人一起干,是为年轻人帮忙,年轻人们则要加劲干,干好点。"虽然人多心齐,但工作量大,估计至少四天左右才能干好。大家对晚饭的食用很关心,过去称"打拼伙"(打牙祭),现在称"一起吃顿饭"。下午安排专人买鸡、杀鸡、做饭,他们还商定明晚买鱼吃,后晚买狗吃(这晚的生活费由在城里开出租车的村民和灿、和春拾、和亚华三人出,其他人家就不需出钱了,是这三人请大伙的)。

2008 年 5 月 31 日　农历四月二十七日　阴

南溪完小于今天举行庆"六一"的活动(因为"六一"逢星期日,故提前举行)。今年的庆"六一"活动除了传统的活动内容外,增加了跳新近出台的儿童迪斯科。这场儿童迪斯科舞由一、二、三年级的部分学生演出,他们动作整齐、舞姿优美,引来了阵阵掌声,在家长们(观众)的要求下这节目演了两次。传统的南溪完小压台节目"实本"(纳西族情歌对唱）不再演出了。因为天阴怕下雨，上午学校先安排室外的歌咏、舞蹈、体育比赛，下午进行游园活动。学校还请了村委会干部、村民组长、退休老教师、种药材的杨老板、中心校领导、黄山镇政府领导参加庆祝活动。镇政府、中心校、村委会赞助了一点活动经费，杨老板给学生们买了点学习用具，请校长转发给每个学生。庆祝活动结束后，各村民小组的学生回到各自的村寨后进行"打拼伙"。

2008年6月1日　农历四月二十八日　晴

　　黄山镇人民政府请来的炮工要在满下村沙场放炮采沙，这些沙子是要用来做满下村寨、金龙村寨、满中村寨村道建设用的。满下村村民组长和永红考虑到，如果一放炮就会把沙子皮头的泥土也给炸下来和在沙子里，这样就会造成沙子质量下降，于是他今天组织村民（每户一个壮劳力），分组、分段在沙场排土。具体做法是：按照前些天户长会上抽签的小组为单位，按照顺序从下面往上一字排开，把两米宽的土挖出来，边挖边把土排到离采沙现场较远的地方。村民们都干得很欢，每组都在紧张地进行着，有的挖、有的装在簸箕里、有的把土抬到远点的地方倒。大约进行了两小时，在上方操作的三组人大叫："危险，要垮下来了。"赶快叫在下面打炮眼的炮工让开，挖土的村民大部分离开现场，跑到较安全的地方观望。和永红及几个大胆的村民爬上去察看，果然看见在三组排土的地方出现了裂痕。这导致改变了原来的主意，临时安排三、四组去修理到"楞石古"石场的路，一、二组继续在沙场排土。吃过午饭又轮换进行，三、四组在沙场排土，一、二组修铺路。到傍晚6点，各组开会安排明日要用于捡石头、拉石头的工具和手扶拖拉机。在第二组的小组会上，和尚勋向组长和国臣提出："有四家的壮年男人在开车，不能回来参加修村道的劳动。这样一来，一个十四人的组里竟有四个壮年男人不能来，剩下的十个人就难以完成任务了。"于是小组就决定叫这四家另请人来参加劳动。

从今天组织劳动的情况看，和永红是个动脑筋、遇事想得周到、做事果断的人。有这样的人担任领头，满下村寨的公益劳动会组织得有条不紊，各种村里的事情会做得比以前好。

2008年6月2日　农历四月二十九日　晴

早上9点，满下村寨的30辆手扶拖拉机形成队向村子东南边的"楞石古"石场开去，看上去前不见头，后不见尾。有的已在石场停好，有的还刚从村里开出，有的在半路陡坡上倒滑，村民们都忙着帮忙推倒滑的车。精明的二组组长和国臣在村口就叫和圣昌、和金辉两人赶快抄小路去石场，看看好捡石头的场地。他们有四五个人同时到达石场，但他俩抢先一步占了好场地，把车装好拉走后，剩下的七人排出一条可通行手扶拖拉机的便道，上车就更方便了。今天他们组最高拉了五转（午饭前三转，午饭后二转），其余三个组（一、三、四组）因石头难捡些而只拉了四转。二组村民和海请了村民和社红（付酬代劳），和秋谷请了吉子村的亲戚来代劳，和万芝叫丈夫和万元回来参加，和尚勋请满上村的侄儿和亚军（付酬代劳）。

各个小组把石头拉到各组事前抽签好的路段上，今天开车的村民们的劳动负荷较重，他们不仅要开好车，而且要捡石头上车，拉回去后还得由自己一人下这车石头。但这种劳动是轮转作业的，今天开车的这七人，明天就不必开车了，明天则由另外七人来出车、开车。

今天是各组修村道的开始，干劲大，效果好。

2008年6月3日　农历四月三十日　晴

满中村村民和万里在满中村与火葬场中间的空地上依山而建的养鸡场已建成，他买来石棉瓦、空心砖等建成两所简易房，一所为鸡厩，另一所为晚上住人用。房周围用铁丝窗围成一个大园子，白天可以放养，活动的空间很大，又不损坏附近的庄稼，鸡也不会走到山上而丢失。昨天他的二儿子和建华及二儿媳从城里买来100只小鸡已养在鸡场。

今天晚上，他的二儿子和建华为了庆贺养鸡场开业，请了满中村寨他的同龄人来家祝贺。他备了一顿丰盛的饭菜，来参加庆贺的伙伴们带上50元人民币作为贺礼，在和万里家吃晚饭，休闲娱乐到半夜方休。

2008年6月4日　农历五月一日　阴间小雨

在丽江绿丫头公司打工的满中村村民和江木，时逢19岁生日。今天，她在城里一家农家乐里请了她的亲朋好友及满中村在家的青年男女来参加她的生日庆典。满中村在家的青年男女应邀前去参加。

在南溪青年中，长到成年过生日的现象这是第二例，第一例是去年满中村女青年和庆芹在家过生日，宴请伙伴们来庆贺。这是在南溪前所未有的现象，也许是吸纳了电影、电视里外国人的做法而学着做的。

在南溪，过去曾为满周岁的婴儿举行生日庆典，做法是：由母亲背回外公、外婆家，外公、外婆条件好点的就准备件衣服给满周岁的外孙或外孙女；条件一般的就给点米（约2.7斤），半挂腊肉（约2.5斤）；条件差点的就送几个鸡蛋为生日贺礼。这样的做法到20世纪60年代初开始消失，到21世纪初又陆续恢复。到这两年，就比较普遍地给婴儿做生日，排场比过去大得多，设宴请客、送礼、送钱，很是隆重。

2008年6月5日　农历五月二日　雨

因雨不能下地干活，中青年人都相约着到一个地方打麻将、打扑克。满中村的村民大多数人对这两种娱乐很感兴趣。吃过早饭，上了年纪的老人们集中在和国启小卖部空房里打扑克，有些中年人则在农家桌上激战麻将，进行"快速致富"。满下村的扑克、麻将爱好者则拥挤在和国武家小卖部走廊里，进行娱乐。玩起来简直忘了吃饭，饿了在小卖部买点糕点或者方便面，和国武提供开水。喜欢喝酒的还买上一瓶酒，边喝酒边玩。路过的人看着他们休闲的情景，都投去羡慕的目光。玩扑克的人一般都到傍晚做家务时间散伙，玩麻将的人则不然，他们坚持战到吃晚饭时才散伙。

农民们，雨雪天或年节才得以休闲，应该尽情地玩乐，只是担心玩的钱数目大了，赢者成了"快速致富"，输者则两口子吵架、打架，或影响家庭生活。因此，钱不宜玩得过大。满中村村民玩的钱有点过头了，满下村的人玩的则适中，赢者得上百十来元，输者顶多输个百十来元。

2008年6月6日　农历五月三日　晴

因昨日雨天，满下村捡石头、拉石头的活动只好停下来。利用这一时间，居住在村寨中段的农户和国武家、和国兴家、和永昌家、和家良家、和尚军家、和圣伟家六家农户，每户出一人来扩修从岔路到和国武家背后的路段。此路段两旁都是农田，原来的路面很窄，只能勉强通行一辆手扶拖拉机（且只能单向行驶），现在要扩宽成可通行大车的三米道。事前已向在这段路两边拥有农田的农户请求让一点，得到农户的同意后就按照所需宽度进行扩展。

在进行劳动时，和国兴、五八斤、和尚军、和圣伟、和尚勋、和永昌6个男子干得很带劲，形成了争先恐后的局面，他们把好土铲到田里散开，把篱笆撤了堆在一起。午后他们用三辆手扶拖拉机把杂草和土质不好的土拉到沙场的公路边倒下，并从沙场拉回石头砌在改变了的田埂上，使路面变宽。傍晚，在此段路边拥有农田的村民和永军来到现场察看，看到现场的情况时说："你们得走此路的人——和国兴家的菜地不让一点，我们不走此路的地就挖了这么多，这像话吗？这合理吗？这近乎人情吗？"到快收工时，村民和朝光看到现场的状况，也给这六户人家发难了。而这六户人家中，和国兴家的菜地在路旁，他只随便动了一根桩子，大约只让了五市寸左右，而别人家的农田（和朝光家、和永军家、和圣华家）则挖宽了二市尺左右，明摆着已亏理，不好说什么。

晚上6个人在和国兴家买杀了一只大公鸡打牙祭（过去叫打牙祭，

现在叫合伙吃顿饭，说明现时的生活水平比过去提高得多）。

2008年6月7日　农历五月四日　晴

满中村部分村民已开始种药材玛咖了。村民和珍华是第一个在南溪种庄稼使用现代化机械起垄机来耕地的，他驾驶着用手扶拖拉机带动的起垄机在耕种药材的地。起垄机是种药材的杨老板特意买来供农民种药材时使用的，只要加上动力燃油，种药户家就可以使用。用起垄机耕地，大大节省了劳力，耕、耙、合垄三大工序一次完成。和珍华耕和建明、和社华及他家的二亩多地只用了约一小时，在耕好的田垄上撒上玛咖种子就算种完。撒种子的方法也比较先进，跟种油菜一样，把种子装在瓶子里，在瓶盖上通个小洞，撒种时手拿瓶子，瓶盖朝下，手一抖，种子从小洞中渗出均匀地撒在田垄上。今天，满中村有五六家使用这种机械来耕药材地。

2008年6月8日　农历五月五日　阴间晴

今天，在满中村荒地上新近建成的小院子的大门旁，挂起了一张木制白底黑字大牌子，牌上写着"丽江格林恒瑞生物种植有限公司"。今天的挂牌仪式有些特别，首先没有热烈的气氛，没有前来祝贺的领导和来宾，没有看热闹的，村民没有举行仪式和议程，只是由在南溪试种药材已有两年的杨老三把牌子挂起来。

尽管挂牌过程这样简单，但已向众人显示出了在南溪满中村试种药材的不是一两个人，而是一个团体，是个公司。据杨老三说，这儿只是公司下属的一个点。他们前一段时间的任务是在南溪获得试种成功的基础上，逐年扩大种植面积，逐年增加效益。在前年、去年两年租地试种的基础上，力争今年种500亩（除文屏自然村以外的南溪七个自然村），每亩地按照前两年的办法付租地款800元，租地款预计投入40万元。明年就打算按药材产量来计价付款，但保证不低于种洋芋的收入。

这样做可能会对南溪产业结构有所调整，对农民经济收入的增长起一定的作用。当村民的传统种植观念转变后，形成多种药材的局面，就会减少村民的农业投入（包括经济和劳力的投入），减轻村民的劳动负荷。但村民的种植劳作意识是一时半会难以转变的，只能在伸手可及的经济利益的驱使下慢慢地转变。

2008年6月9日　农历五月六日　晴

中午，天空中乌云密布，雷声隆隆，老天爷在孕育着一场大暴雨或者大冰雹，见状的人们胆战心惊，但愿老天别伤害人类。乌云越来越浓，滚雷声越来越响，所幸的是，乌云和雷声同时在南溪满上村上空呼啸而过，没有落下大雨或冰雹。午后听说南溪文屏村及金龙村受了冰雹灾害，把待收的小麦打落在田间；把待培土的洋芋苗打得只剩下杆杆；把刚长到三四寸高的油菜苗打得粉身碎骨。农民种下的希望成了泡沫，老天太无情了，它对人类随时降下自然灾害，村民们看着这般惨景都唉声叹气，有些老奶奶还喃喃自语："来年吃啥呀？"

村委会书记和继武在村公所听到两村民组长的电话汇报灾情后，驱车赶到现场察看灾情，与两村的村干部共商补救的措施，并向黄山镇党委政府汇报了灾情。

回顾过去的历史，金龙村曾多次受到大冰雹的袭击，而且损失都较重，最惨重的一次是把松树的松针和嫩树枝都打落了，受冰雹的这片树林里的树木都枯死了。从这些历史看，冰雹常在这些地带降落。

到了傍晚，知道丽江坝子和老市坝子同样遭到雹灾，损失也很惨重。

2008年6月10日　农历五月七日　阴间雨

奥运火炬今天在古城丽江传递，黄山镇分配给南溪村100个参加迎接奥运圣火传递活动的名额。由于南溪目前处于农忙状态，村委会决定由各村民组长、副组长及在家的部分年轻人共50人前去参加，其余50

人从城里开出租车的人中选出参加。满下村寨的和永红、和圣华以及和四闰、和万琴、和吉诚参加了喜迎奥运火炬的活动。由于这是一项光荣的政治任务，从南溪到城里的往返车费和中午伙食费由黄山镇人民政府负责支付。金龙村的组长、副组长因昨日受到冰雹灾害，庄稼受损惨重心情不悦，无心参与活动，因而缺了金龙村的人。

参加今天活动的人们认为，这是他们一生中最大的幸福和快乐，他们深深感到迎奥运、讲文明、树新风的意义，感到今生今世亲眼看到奥运圣火的传递真是太幸福了。

2008年6月11日　农历五月八日　小雨

由黄山镇人民政府请来的炮工经连续几天打炮眼、装炸药等准备活动，今天终于放炮炸沙了。炮响的声音不很大，但在村里有股地动山摇的感觉，这一炮效果真不错，炸下三四千方沙石，足够满下村和金龙村使用。村民们先前只见过修路炸石时的放炮，从没见过放这样大的炮，确实开阔了眼界。村民和作典（现年61岁）曾在1965年修南溪公路时放过炮，他说他只放过顶多装2斤炸药的炮。村民和顺达、和国亮曾在1969年修黑白水电站公路时见过不计其数的放炮，可从没见过放这么大的炮，只想象过"装的炸药越多，沙石飞得越高越远"，想不到会有这么大威力，真是"技术越来越先进，效率越来越高"。专门从家里来到沙场看实况的和福祥老人说："过去曾见过许多次放炮，那时的炮大多是炮响石飞天，人们都躲闪得好好的，仍有不少人被飞上天的石头落下砸死或砸伤。现在放这样大的炮，一个石子都没飞天，技术确实好。人类一代比一代进步，各种技术一代比一代提高。"

2008年6月12日　农历五月九日　阴

满下村沙场上轰隆隆的马达声震耳响着，这是黄山镇人民政府为南溪村建设村道请来的装载机。镇党委、政府的领导看到沙场上由村民采沙确有危险，出于对人民生命的负责和关爱，镇政府不惜出巨资请来装载机，把炸下的沙石排到较安全的场地上堆好，以便村民使用时可以随时拉来用，一点危险性也没有。开装载机的人按照村委会主任和继武的要求，先把炸下的泥土混沙部分和大石头铲下堆放于一边，再把好的沙子铲了堆放在另一边。装载机按照每天工作8小时来计算，炸下的沙石至少要4天才能排完。要不是我国经济快速高效地发展，哪会有出巨资放炮炸沙，用装载机来排沙的事呢？路过沙场的老年人看到装载机在排沙，觉得很新鲜，像小娃娃看到新鲜事一样，久久待在那儿观看，不愿意离开似的。装载机司机的伙食由满下村村民组长和永红在他家负责做好，夜晚住宿在村委会，由村委会书记和继武或副主任和丽军陪同住宿。

2008年6月13日　农历五月十日　晴转雨

满下村修村道的第三组和第四组，因前些天先做薅洋芋的农事，昨天和今天又开始拉石头。由于"楞石古"满下石场上的小石头抢先被旦前村的村民拉了个够（他们的村道建设项目在2月公布，他们就在公布后先把"楞石古"石场上的石头捡够备足了），再加上满下村拉了三四天，第三组和第四组的人们捡石、撬石所费的时间多了，上午只拉了一转。吃过午饭又去拉，到石头快捡满时，偏偏天公不作美，把脸沉了下来。看到要下雨了，一旦下了雨，下山的路很滑，很难行走，于是他们开着手扶拖拉机往家跑，好像是在跟老天赛跑似的，他们一心想抢在下雨前回到村里。但往回走不多远，老天不留情地下起雨来，他们只好把拖拉机全都停在山上，让拖拉机负重在山上过夜，人先回家，打算明天天晴后路面干了些再把拖拉机开回家。

2008年6月14日　农历五月十一日　雨

满中村召开户长会议，主要的会议内容是关于修村道的问题，首先由村民组长和国高简要介绍了各级政府关注"三农"，把改变农村的面貌提到议事日程上。2008年南溪行政村的金龙、旦前、旦后、满下四个自然村由政府扶持，把泥泞的村道改造成混凝土水泥路面。政府扶助水泥及沙子款，村民得投工投劳，撬石头、拉石头、拉沙子、铺石头、浇灌混凝土等。接着和国高把他与村民副组长和万里商量修村道的具体规划谈出来："我们村首先初步规划三条主村道，主村道的工程要由全村集体来完成；其次辅助村道是从主道接到自家门口的道，要由各家自己来完成。第一条主道是从公路岔往南口到和二社家门前；第二条主道是从公路桥岔往北到和丽元家菜园边；第三条主道是从和占典家菜园旁岔往东到和志强家门前……"他的话还没有说完，就有参加会议的村民叽叽喳喳地议论开了，而且村民和福海、和社菊等大声提出来："你俩既是这种规划，就干脆不要修村道了，你提出的这三条主道只有第一条是家家必过的，而第二、第三条完全是为你们两家修的。要修主道就得从村北公路岔东经和闰里家门口到东片农田，这才是家家必过、户户必走的主道。"他俩的话一说完，就有近一半的人附和称是，"要修就不分主道和辅道，全部一起修完，要不就别修村道了。"经过近三个小时的讨论、争论，最后统一全部村道由集体完成，岔往种药公司的路（约有20米）铺石、浇灌工钱为2000元，拉石头、拉沙子每车付40元（总计5000元左右），分成三个组施工，组长、副组长也和村民各户一样，按户头分到所在小组里。

下午3点，户长又集中抽签编组，丈量各组施工的路段。丈量过程中，先把在城里开车的和占典家、和文吉家、和彦秋家的份额量给他们，然后到东面山上去占领撬石头的场地，决定自己本月17日开始拉石头备料。

2008年6月15日　农历五月十二日　晴

满下村村民和家良家种药材玛咖。因为满下村是今年才开始试种的，虽说玛咖在南溪满中村已试种了两年，但满下村村民从未见过玛咖。所以，杨经理把和家良家种玛咖一事当成示范，由他们的员工和春华、和国启来操作起垄机,由杨经理及他们的员工亲自下种,邀请满下村要种药材的农户前来观看,但因现时农事太紧没有人来观看。杨经理他们就同和家良家请来帮忙的3个人,共7人,到12点左右把两亩多地种完,午后又去种和圣昌家的。

出于好意,和家良指使老伴和尚勋做顿丰盛的午餐来招待参加种玛咖的人,大伙很乐意地来到她家吃午饭。今年满下村有30户想试种玛咖,面积有40亩左右,明后天会陆续完成玛咖的种植。

2008年6月16日　农历五月十三日　雨

今天早晨的雨够大了,人们都在谈论着今年的雨水来得早、来得猛,过去几年农历五月下这么大的雨是较为少见的。今天这场雨从凌晨4点左右下起,停停下下,而且下的雨量也大,把正处于农事繁忙的村民困在家里。有些性急的村民,想到一桩接一桩的农事,闲在家里,心急如焚、如坐针毡。待雨小些后,和作典、和八娘、和爱花一家三口披上雨具、戴上斗笠去地里给油菜间苗、拔草。之后陆续有部分妇女身背篮子,身穿雨具来到油菜地里给油菜拔草、间苗,村民和社芬、和金燕等还乘下雨之机先给油菜施上一道化肥(尿素)。

在南溪村古来就视农历五月十三日为下雨的日子,可好些年份都没有下,或只下几滴小雨点,年已八旬的台每娘老儒回忆说:"五月十三是下雨的日子,可在我懂事以来,五月十三下雨似今天这般大的没有几次,今天算是最大的了。"

2008年6月17日　农历五月十四日　雨转晴

负责指导南溪村工作的黄山镇人民政府副镇长和寿生,今天来到旦都后村挖沙的工地上,制止挖沙。其理由是旦都后村的村道修补工程还没有立项批准,只是在申请报告的过程中,资金及物资都还不到位,在这样的情况下提前施工会造成资金缺口,无法支付。旦都后村的村民组长和学志说："乘挖机在南溪各自然村挖水塘之机，请他们先挖好沙子是最好的机会。"和寿生问："这样做是哪个领导叫做的？这挖沙工钱你垫付吗？"和学志回答说："钱我垫付不起，这样做我已向村委会书记和继武请示，得到了他的同意。"和寿生说："这简直是乱干，你垫付不起就立即停下来，你要是坚持挖，你就去找和继武要钱，我现在无法拿出钱来开展还未批准立项的工程。"

原来旦都后村请小型挖掘机挖沙是村民组长和学志未经政府有关部门和有关负责同志的批准，只是给村委会书记和继武交谈一下就动工了。南溪村委会一无所有，缺少了上级政府和有关部门的扶持，就只会一事无成。面对客观现实，和学志暂时得放弃准备沙子的念头，等到批准了才动工。

作为干部，应该有闯劲，有要干事的思想，但万万不能脱离客观而冒进、急进，只能有的放矢地干。

2008年6月18日　农历五月十五日　晴

满下村村民和朝东想等几天后请鹤庆籍泥水工张冰祥等4人来帮他家砌砖，在泥水工到来之前，他就得把原来砌的土基墙拆了。现实农活紧，他只好请家族的人来帮忙拆土基墙了，他请了和朝光母子二人、和圣伟公媳二人、和家良夫妻二人及和玉祥、和秋谷、和朝珍9人。虽然目前家家户户被繁忙的农事缠得难以脱身，但既有人请，不好推辞。

今天所拆的土基墙是四年前才砌好的，砌土基墙的时候有人曾提议"一次砌砖为好"，才使用了四年又拆，确实造成劳动的浪费和财物的多余支付。和朝光跟和朝东开玩笑说："我曾劝你一次性来砌砖，那时你把自己的钱压得紧紧的，不让露出一点，只想利用老父亲和尚武的钱来完成你的大业。现在我们得付出不必要的劳动时间，你也得做出多余的开支，哪种合算？"和朝东只笑不答，默认和朝光说的在理。人们一边干一边开玩笑，回忆着老人在世时对子女的好处，都说："老人在世时对子女有利，子女没感觉到，老人去世后的生活才迫使子女认识到老人在世时对子女的好处。"

因为人多，拆墙任务在下午6点左右完成，眼看时间还早，就把碎土块装进手扶拖拉机里拉到离村较远的地方倒掉。

2008年6月19日　农历五月十六日　晴

丽江市副市长杨静全及市长助理、市创新办、玉龙县长和慧军、黄山镇和晓芳镇长等各级领导及随同人员约30人，驱车来到南溪满中村"格林恒瑞生物种植有限公司"，察看该公司的玛咖育苗、种植等情况并详细询问了该公司的具体情况和困难。杨老三经理就杨副市长提出的问题以及他们公司的计划、现状等一系列问题作了详细的汇报。听完杨经理的汇报后，杨副市长说："种植中药材'玛咖'不仅国内市场宽阔，而且国际市场对此种药材供不应求，因此前景是宽阔的。在种植过程中可能一时难以改变村民传统的种植习惯，不能急于求成，资金及各方面的困难市政府和相关部门一定给予支持和解决。等几天王君正市长还要亲临这里视察，以后的情况会比现在好得多，你们公司也要为农民多种、增收方面做出努力。"

公司的人员深受鼓舞，他们在南溪种植大面积的药材玛咖的劲头更足了，信心更大了，他们相信暂缺的资金不可能全部依赖于政府和相关部门，但会统筹解决一部分。领导离开现场返回后，他们在窃窃私语："领导来得越多，越对我们的生产有利。"

2008年6月20日　农历五月十七日　阴

政府饮水扶贫项目要帮南溪行政村的各自然村加修一个积水塘。因为满下自然村修积水塘的地方小型挖机无法开到，只好待以后由人工来挖塘。今天小型挖机就开到满中村水源附近去挖塘。满中村的村民组长和国高及副组长和万里，把挖机及施工人员领到要修水塘的地方，画好线，然后对和万里说："施工者的生活（午饭）叫村委会的干部做，反正他们也喝我们的水，不会推辞的。"于是他打电话给村委会副主任和丽军，要他给施工的人员（三人）做顿午饭。村委会里只有点米，什么菜也没有，但和丽军考虑到村公所饮用着满中村的水资源，所以他没拒绝，一口答应了。

南溪行政村8个自然村除满中村的饮用水源较为丰富外，其余7个村都较紧张。满中村的饮用水资源，除满中村37户农家饮用外，南溪完小的100多名师生、村公所、卫生院、云南大学纳西族研究基地、格林恒瑞生物种植有限公司等单位都用这水，还有余地。虽然满下村的鸡冠山后面有较大的水源，但南溪人没有利用上，只有利于汝南化村；旦都后村的西南山上也有很大的水源涌出，但南溪人同样利用不上，而被太安乡的吉子行政村、太安乡、海西海、云南第四劳教所，以及拉市乡的部分行政村所利用；鹿子村北面的山上也有饮用不完的水源，但鹿子村利用不上，在1998年由政府出资把这水引到金龙村，从此在南溪缺水很突出的金龙村一下子就有了人畜饮用不完的水，成了饮用水很丰富的村寨。

在20世纪50年代中后期，满下村民曾试过用木槽把鸡冠山背后跌水岩的水引到村子里来饮用，结果没有成功。如果现代人敢于像前人一样大胆设想、实施，那成功率是相当高的。如果把此水引到满下村，缺水、水紧张的状况就会不复存在。

2008年6月21日　农历五月十八日　晴

满下村村民和圣明接到黄山镇中心校通知，去丽江城办理已故退休教师和作良（和圣明之父）的一次性抚恤费补发金。据说，补发的这部分是按照国家民政部对原来的一次性抚恤费的更动而增加的（原来为10个月基本工资，后改为在2004年10月1日后逝者为20个月基本工资）。和作良有三个儿子和四个姑娘，大儿子和圣伟去本村和尚花家上门，二儿子和圣昌另立门户已20多年，两个老人跟小儿子和圣明生活。据和圣明及他们的家族介绍，和作良于2005年三四月间死后，他的遗产（余款）已由和圣昌、和圣明平分，并给现活着的三个姑娘和已故四姑娘和圣芬的遗子分给适当数额。一次性抚恤费及安葬费由和圣明存银行保管，以备用于老母亲（和作良的遗孀台每娘）的丧事。和圣明还说："这次所要补发的10个月的基本工资，照样要存入银行，由他保管，待办理老母亲的丧事时使用，使用后如有剩余，那就两弟兄平分。"和作良的大儿子和圣伟因和作良在世时与他们不合，很少与他们来往，因此，在分配和作良的遗款、遗物时，一分也没得到。

村民们认为和圣明的做法是合情合理的，他没有一个人占有，抚恤费备作老母亲丧事之用是个上策之计，要不然到时两兄弟凑款，就有些不好说。这样做最起码事情好办得多了。

2008年6月22日　农历五月十九日　晴

上午8点，满下村寨在球场召开户长会议，会议由村民组长和永红主持，内容为：第一，讨论关于打沙或不打沙的问题，叫各位到会的户长充分发扬民主，进行讨论，最后决定打沙后再拌混凝土浇灌村道。如若不打沙，沙里掺有不少石块，怕拌混凝土浇灌后不耐用。并经讨论决定，打沙机和柴油机去租，租不到就买，用完又可出卖。第二，讨论什么时候开始铺村道的石头，有些劳力多的农户，认为随时都可以铺；有些劳力紧的农户认为再过一周再铺；一般的农户认为再过三四天农田里的事就差不多了，可以铺石块了。最后决定先从事农活3天，3天后开始铺村道的石头。第三，传达关于扶贫办扶持修水塘的事情，要求每户捡一手扶拖拉机石头，每手扶价40元，今天就拉。村北边水塘和村上面这两个水塘边各下8车，由附近的几户人家完成；其余42户要拉到西边的"洼洛"新挖水塘处。散会后村民们就马上去"楞石古"石场拉石头，傍晚由文华行政村、文笔村村民小组的施工小老板和天珍付石头款。

2008 年 6 月 23 日　农历五月二十日　晴

昨天散会后，因事拉不成石头的村民和建忠、和万军、和作武、和万红、和金发等几家人去拉石头，运到新修或扩修水塘的地方。这一任务是每一家都必须完成的硬任务，不能因为不要这 40 元钱而不拉石头。因此，昨天因事未能完成的，在今、明两天内补拉。因开拖拉机的人不在家或没有拖拉机的农户（全村 58 户中只有和家良、和国秀、和学群三家没有拖拉机）也得请人拉石头完成任务。因此，村民和圣伟请和永军、和秋谷请和尚军、和海请和金红、和家良请五八斤、和国秀请和灿已在昨天拉完。这些农户给请来帮忙的拖拉机手加了点油，因为这些人大多沾亲带故，而且只是拉一手扶，又不好要运费。

大多数村民抓紧这几天时间在撒种绿肥，他们把还未犁完的洋芋地和油菜地先搁下，集中力量抢种绿肥。主要原因是等两天修村道工程开始后，男人必须去参加修村道的工作，犁田的人就有问题了。所以，今年种绿肥农事，不在乎农时的早晚，只忙着下种。

2008 年 6 月 24 日　农历五月二十一日　晴转雨

满下村村民组长和永红、副组长和圣华经过前些天的电话联系，得知前山行政村放牛坪村（过去为木老爷牧牛场）村民和国伟自家的打沙机和带动打沙机的柴油机在帮别人打沙、出租或自家打沙卖，于是他俩开着和圣华的拖拉机去放牛坪村找到和国伟租打沙机。经过双方洽谈，和国伟以每天租金 100 元，用油及损坏材料由满下村负责的条件同意租借给满下村。如果主人在场，每天付误工费 50 元。商谈完毕后，他们请放牛坪村人把打沙机和柴油机装到和圣华的手扶拖拉机上，连主人和国伟一起拉回满下村。下午转为下雨天气，拖拉机傍晚行到满下村附近的东面山上叫"地板秤"的路段，因为坡陡路滑，拖拉机无法爬动，和永红就跟村里打电话联系，要 20 多个村民来推拖拉机。接到电话后，村里立即组织 20 多人由五八斤的手扶拖拉机拉到"地板秤"附近停好，下车去推，大伙齐心合力，用了不到半小时就把倒滑的拖拉机推到安全地段。

"地板秤"这一地段原来的真实名字叫"的加洼"。在农村实行包产到户的头几年，村民们乱砍滥伐，以拖拉机的马力论价，35匹马力每车30元、40匹马力每车40元、55匹马力每车70元，大肆乱砍滥卖。当时的黄山公社拖拉机站（农具厂）有十几台拖拉机也在这条路上络绎不绝拉木料到坝区。这一地段有两小段路较难走，有一段路面石头多，有一段路坡度大，驾驶技能不过关及机器马力小的常在这两段路上倒滑或费好大劲才上得来。为此，村民和驾驶员把石头多的地段叫作"石板秤"，把坡度大的路段叫作"地板秤"。这两个地名的实际含义为："拖拉机有没有力，驾驶员技术过不过关，可在这两段路上看出来。"从那时起，这个地名一直用到现在，已有30多年。40来岁的村民只知现用地名而不知原来用的真地名，估计将来也会一直沿用现在的地名，因为习惯叫法很起作用。

2008年6月25日　农历五月二十二日　雨

全村各组今天开始铺村道的石头。早晨8点半，雨在淅淅沥沥地下着，每户一名男壮年（男壮年不在家的请别的人，和秋谷的丈夫和朝泽在城里开车，她就请了吉子村的和丽春来顶替，和海的丈夫和建军在城里开车她就已出钱请村民和社红来顶替）披着雨具，手拿大锤或小锤来到工地上冒雨铺石头。他们有的抬石头，有的甩着大锤把大石头打碎成小块的石头，还有的在路面上铺石头，人们各尽所能，扬长避短。雨越下越大，人们就跑进附近的农户里避雨抽烟，等雨小点又继续干。下雨天石头不好摆弄，但人人都知道今年农时紧，村道建设时间紧、任务重，还要在雨季抢晴天，因此虽不好摆弄，但每个小组都坚持着干。第一小组14个人中，因特殊情况参加了一个妇女叫和玉祥（因她丈夫和国军失踪近三年），村里照顾她情况特殊，准许她参加村里的一切劳务活动。

他们这组就派和玉祥做炊事员，从今天起每天做两顿饭（午饭和晚饭，午饭一般做饭菜，晚饭鸡、鱼、鲜肉、鸡爪、狗肉轮着买来做吃）。其他三个小组晚饭合伙吃，同样吃丰盛的饭菜，做饭的人轮流来做，一户抓一只3斤以上的鸡，每天杀4只，请跑短途客运的驾驶员和闰红、和六言从城里买不同种类的肉食来改善生活。

2008年6月26日　农历五月二十三日　晴

满中村全村分成3个小组，要进行全长1600多米的村道建设，每个小组分配500多米。村民组长和副组长两户的铺路任务，和国高提出要平均分到3个小组里，他与副组长和万里就打算作为管理人员及联系各种与村道建设有关事宜的人员，但遭到村民的强烈反对，结果他们两人也编入小组。既要搞好小组里的劳动，又要联系村里的各种事情，显得比一般的村民忙些，他俩有怨言也没办法，白天要按时参加小组的采石劳动。

满中村的石头资源和沙资源的情况是：石头资源少，因此，难采石头；沙资源没有，只好到下边坝子里买，或者出一点资源费去满下村要。根据上面补助的沙款（每方10元，预算需400方沙子，共补助4000元沙子款）及村里的经济条件，不可能到坝子里买，如若到坝子里买，每方沙子40元，加上运费和开销，一方沙子得花75元左右，约3万元以上才能买到所需的沙子。面对这种经济负荷重的现实，镇政府会帮忙协调在满下村沙场采沙。

2008年6月27日　农历五月二十四日　晴

满中村各小组已进行了好几天的采石劳动，但因石头资源少而收效甚微。3个组相隔一定的距离在3个地方采挖石头。以村民和丽功为组长的第三组中，和彦秋家因和彦秋在城里开车，家里只有年逾七旬的父母和在读六年级的小女和江闰；和占典全家在城里开车，并已在城里买下房子；和四哥夫妇在城里开车，姑娘和建秀在城里打工，家里只有老父亲及上小学的儿子。因此，把他们三家的任务单独留给他们三家，让他们各自去完成，其他人进行集体采石。而在今天，村民和月林在中午休息时提出："像我这样的劳力（和月林现年55岁，确也还身强力壮）顶得上你们俩人，我也要自己干了，请把我的劳动工地分给我。"经过一阵争论后，从明天起第三组就各干各的，各拉各的石头到各自的地段堆放。一个小组就这样散了。

2008年6月28日　农历五月二十五日　晴

满中村采石所需的炸药、雷管、引火索越来越紧张。由于国家在奥运会结束前对爆炸物品管理得很严，没有批给任何建设单位。因此，前些天他们所用的炸药等是前些年建设时用剩的，保存在农户家里的零零星星的一点点，找出来用的。今天以和国高为组长的第一小组定了一个公约，就是"能要到三小坨炸药，一尺引火线、一个雷管（放一石炮的数量）就可以顶一天的劳动工时"，有几个人就到文屏村、金龙村、鹿子村去要，结果只有和国高从鹿子村要到放两炮的炸药、雷管、引线，明、后两天他可以不参加采石劳动。收工时，大伙商量采石的办法，最后统一提出要去满上村和闰红家租空压机来钻石。

以和万里为组长的第二小组却沾了老书记（现任副书记）和国军的光，和国军把以前收存的炸药、雷管交给小组使用，并到金龙村村民组长家、鹿子村村民组长家要了一些这两村以前建设用后剩下的炸药。这样，这一组所用的炸药、雷管、引线是足够的。这组就提出，和国军可以免除五天的采石劳动，但和国军说："我要拉老师回城，或拉老师回校时，误点工时，大伙不计较就行了。如果要开会，就由我大哥顶替，这样就可以了。"大伙听了他的话表示同意。这组的采石劳动进展顺利，主要的原因是这组村民的劳动技能高，和国军找炸药也是主要原因之一。

2008 年 6 月 29 日　农历五月二十六日　晴

满中村各自进行采石的第三组村民，一家人最少有两人（夫妻俩）出工采石，他们不找炸药，而是开着拖拉机到 4 千米之远的文屏村上面、金龙村上面的路边和山上去捡、去撬。他们捡满一车后，由男人开着拖拉机拉回来并负责卸下车，女人留在山上捡石头。男人下车后又去拉，把女人捡到的石头上好车，如果装不满，就去帮忙女人撬石头，你追我赶，很少停息，他们的心里都想着："你家完成时，我家也要完成，看看我到底体力差，还是不差。"

和国高为组长的第一小组从满上村和闰红家租借了空压机来钻石、采石、打石。租金每天 50 元（如遇下雨天停工就不付租金）。他们小组里的村民和福生发牢骚说："国家给了一点水泥和一点沙子款，可苦了我们村民，这活一定得干四个月才能完成，误了我很多捡菌子时间，今年我的家庭会减少最低 3500 元的经济收入。"像他这样想的和说的村民不仅是他一个"捡菌王"，靠雨季捡菌、卖菌增加家庭经济收入的村民心态都是这样，只是有些村民没有明言，而是弯三转四地说："这扶持项目要是早点给下来，可在三四五月顺利进行，现时农活又紧，雨天又到，真不是时候，不知道拖延到什么时候才能完成。"客观地说，各种扶持项目早些时就下达，村民就可以在旱季、农闲季里抓紧进行，但不知道什么原因，政府是在五六月才下达这些项目的，这样村民就有些困难了。

2008 年 6 月 30 日　农历五月二十七日　雨

满中村男青年于 29 日晚 9 点左右，集中休闲在和万里家（和万里的小儿子和建华及未婚媳妇离城回家已有八九个月）收看电视、打扑克、打麻将等，还观看了足球欧洲杯决赛。他们一边玩一边喝酒，一边评论欧洲杯的比赛情况和猜测决赛的结果。现场直播开始了，他们丢下扑克、麻将，全神贯注地注视着电视屏幕，他们的眼和心都被这精彩的球技所吸引住，不时发出惊讶或赞叹声。他们时而为惊险的球而惊讶，时而为运动员的负伤而感叹，个个目不转睛，评论声、惊叫声不绝于耳。

比赛结束后，约凌晨4点半，他们从家里走出来到球场，燃放事先准备好的鞭炮，噼噼啪啪，一响就是十几分钟。球场附近的村民被鞭炮声闹醒，很不关注电视的村民都误以为哪家的小伙子领了个媳妇来了。清晨起来相互询问，才知道男青年为庆贺西班牙队夺冠而放鞭炮。

2008年7月1日　农历五月二十八日　阴间晴

南溪村党支部在村委会举行建党87周年庆祝活动。

活动的内容为：第一，村党支部书记和继武向全体党员汇报了一年来的工作。他回顾了一年来党支部引领村民进行的增收致富工作，组织村民及时扑灭突发的山火，在扶持项目上争取到了旦前村村道改造工程以及满下、满中村道改造工程，金龙村与公路相接路段的改造工程，各村民小组饮水扩建巩固项目，学校宿舍楼修缮工程，防洪工程等。第二，村党支部副书记和国军向支部党员汇报了党建基本情况。第三，进行新党员和文宏（文屏村村民组长）、和万顺（鹿子村村民）、和万红（满下村村民）入党宣誓仪式。各项议程完毕后，党员们相互交谈，好多老龄党员一年不见，有些两三年不见，一见面就有说不完的话。谈话的主题是赞颂国家的变化、改革开放的成果，有些党员还提出应"从严治党，严惩腐败，要做好社会稳定和社会治安好的局面"。

党支部委员、村委会副主任和丽军说："现在中央是很重视党的建设的，如前些年七一经费只给200元，去年和今年每年给了800元的活动经费。"

支部书记和继武在谈及南溪的情况时说："现时南溪的教育成了薄弱环节，当地教师年事已高面临退休，外地教师不安心，开一天会误三四天。这确实是个问题，的确与优化了的教学环境和条件不协调了，要尽快给主管部门反映。"说完后带领部分党员到学校看了看。回到村委会后,去学校看的党员说:"向主管部门反映是你们村干部的事,要是误了教育,影响了后代的素质,就代代不如别人,代代落后。"村委会副书记和国军说:"外地教师在南溪教书的关系很硬,恐怕白说。"

2008年7月2日　农历五月二十九日　小雨

满下村寨村道改造施工第一、二组在村北面绕往村西的路面上铺石头。二组的人和社红提及村民和作典不肯让菜地的事,人们都说:"这类人素质太差,他们不知道村道改造工程是为子孙造福的事,这是中华人民共和国成立六十年来才得到的第一次机遇,他们根本不珍惜这难得的机遇,不会很好把握这机遇,他们只计较当前的个人得失,殊不知这类人已成了害子孙的罪人。"在这当儿,二组的和建成从家里拿手锤出来,路过一组施工地段时他插嘴说:"是啊,不肯让地的人的确素质太差了,我是让了好大一点。我这宅基地是用三分六厘的面积给和金圣换的,再加上一些家里的自留地。"和金圣说:"建成,你也素质太差了,三分六厘地能占得了这么宽大的宅基地吗?"和建成大怒骂起来:"我打给你一场,你信不信,我让你们德立家族走这条路也是够好的了。"和建成走后,一组其他铺石头的人说:"事不关己,少说为佳,遭强人打,自找亏吃。"从客观看来,人人都这样,哪能把事情办好呢?主持村务的人伸张公正、合理。

2008年7月3日　农历六月一日　雨转晴

满下村村道路面改造工程继续进行路面铺石和去沙场打沙。一组、二组的一半人(14个)去打沙,一半人(14个)铺石头;三、四两组(共28人)铺石头。打沙的这组因上午还继续下雨,又加上要试机,所以打沙效果不佳,一天打不出30方沙子来。但这是应该理解的,逢雨不好打沙,试机耽搁时间,这是成年人应知的客观现实,不能怪打沙的人。

三、四两组在村子西边铺由西面进入村子的路段，当他们铺到村民和顺达家房背后，发现有一地段下陷，需要很多石头来填平，他们组嫌填坑需要费石头，就提出来要给居住在村子西边的村民罚款。于是居住在村子西面的村民和作武、和圣华、和作才等，利用中午休息时间，从和圣华宅基上拉了两手扶石头填入下陷坑中，避免了一场要罚款及要出钱人之间的争吵。

三组在铺进入村中路段时，村民和永军看到他家的地由居住在村中间地段的村民挖了二尺来宽，而和国兴家的菜地篱笆却只缩进去五寸左右，他大发雷霆说："我事先已答应让出所需的地做路面，说要多少挖多少，但祖祖辈辈要走这段路的村民和国兴家只让五寸，而不走这路段的我却要让这么宽的地，占理吗？既然如此，我不让，铺石头从和国兴家菜园篱笆旁量起，量到哪里就把石头铺到哪里，平整成路面也给我搁下，我要用这路面围篱笆。"在场的人都觉得和永军说得有理，就照和永军说的铺石头。

关键时刻见人心，村民们都看到了各人的心地好坏。

2008年7月4日　农历六月二日　雨

今天是南溪满中、满下、旦前、旦后、鹿子5个自然村的祭祖日（满上村昨天祭祖，金龙村后天初四祭祖）。

满下村寨的集体劳动在下午2点停止，午后各自安排各家的祭祖活动事宜。满下全村寨目前除和永红、和永良到其弟和永光家祭祖，和建华到其弟和建忠家祭祖，和万琼到其弟和万琴家祭祖，和金圣、和金辉、和金星到其弟和林家祭祖，和汝浩到其弟和汝信家祭祖，和圣昌到其弟和圣明家祭祖外，每户都应该自行操持祭祖仪式。现在不需自己操持祭祖的是：现有老父亲或老母亲还在世，并与小儿子共同生活的目前不须自个儿祭祖，待父母都去世后得自个儿进行祭祖活动。

2008年7月5日　农历六月三日　阴间小雨

满下村停下村道改造作业，根据自家的情况进行3天的田间农事活动，这是因为四面的村主道浇灌混凝土后不能及时通车，需要保养一定的时间后才能把手扶拖拉机从家里开出去做各种农事。

今天全村只听得到手扶拖拉机的噪声，很多农户都驾车忙着往田地运送厩肥，准备撒种蔓菁、萝卜；有的农户正用手扶拖拉机代牛耕地撒蔓菁；有的农户正用手扶拖拉机把刚割下的青稞运往家里，好一片繁忙景象。大家都感到今年太紧张了：锄洋芋、挖洋芋、锄油菜地、挖油菜地、撒种绿肥、割青稞，在青稞地里挖草根、送厩肥、撒蔓菁，种中药材玛咖。在按时做完这么多农事的同时，主要男劳力还要进行村道改造的备料工作：挖石头、铺石头、打沙、拉沙等。造成这样紧张的原因是，满下村没村民小组长的时间长了，要是村委会的人在年初组织召开户长会议产生村民小组长，那挖石头、打石头、拉石头、打沙、拉沙的事在农忙之前可提前做完，可到了5月底才产生村民组长，就形成了这样紧张的场面。

2008年7月6日　农历六月四日　小雨转大雨

村民和永贤为前几天出生的女儿和靓婷举行祝米客。此次祝米客的形式与以往有所不同，因为农事及村道改造工程紧张，他家没有像以往一样在事前一天就做准备工作（杀猪、砍柴）。因为少用了一天时间，就省去了砍柴一事，杀猪之事在今天进行，显得比较紧张些。祝米客，比起办红事、丧事多着一份待客服务程序——吃米酒。炊事组把丰盛的饭菜做好，然后准备给来客吃饭前喝的米酒，要由烫米酒的人把米酒烫热，加上煮熟剥皮的鸡蛋和糖，端出事先备好的燕麦炒面，先给客人吃米酒，吃完米酒再招待宴饭，这样就比办红、白事情紧张了。中午又遇下大雨，在他家帮忙的人感到特别紧张。下午5点开始待客，到傍晚7点半左右待完客收拾东西休息。待客时间与过去传统的待客时间（过去一般从8点左右待客到晚间十一二点才待完）有了明显的转变，来客也从过去傍晚才到来变为下午两三时就到来。

2008年7月7日　农历六月五日　阴间小雨

满中村也暂停三天采挖石头的工作，让村民自己安排自家的农事。一、二组的男人忙于拉运暂时堆在还未收割的青稞地、豌豆地旁的厩肥，准备把青稞和豌豆收割完后，由妇女用篮子背到田间将肥撒开再撒种蔓菁。第三组的农户已基本备足石头，有些已在两三天前就在忙田间农事，而和彦秋、和四哥两家已在路面铺石头，他们打算赶紧铺好石头回城里去开出租车。从这些现象来看，各人的思想意识不同，所迸发出的劲也就不同，各户自行操作修路（第三组）显得比集体操作（一、二组）效果好，竞争力强，可以说"需要就是原动力"。例如，就和彦秋、和四哥两人来说，村民们总认为"和彦秋是个女的，又在城里开车四五年，体力和耐力都远远不如在家的男人；和四哥已在城里开车五六年，体力、耐力都不如我们"，结果，他们两个比其他人干得快。

2008年7月8日　农历六月六日　小雨转中雨

满下村寨村道改造作业今天轮到第一、二组打沙，第三、四组休息。前天，村道所需的水泥、水管已拉到，今天因打沙的人多，从一、二组里每组抽了两个年纪较大的人（最大的60岁），以及和国兴、和作才、和尚勋、和万琼、和金红和年轻人和社益、和亚华等人去村道间埋设三处暗管。虽是雨天，但人人都知道这些事是必须由他们来做的（因为这些需要设暗水管的都在第一、二组的工段上）。因此，大伙披着雨具，冒雨进行打沙和埋设水管的工作。打沙的人，柴油机一发动就忙开了，随时都要放些小石头到打沙机里，要不然只装进沙子，就随时会堵塞沙窗。一旦沙窗被湿沙堵塞，就得把机器停下来，先清除堵塞的沙子，这样就太浪费时间了。所以，抬沙子的、装沙子的、捡石头的、负责把沙子和石头装进打沙机里的、把打出来的沙子装进拖拉机挂斗里的、装满沙子后拉到改造路面倒沙的,个个忙得忘记了抽烟,一直忙到要往机器里加柴油时,大伙才休息下来抽杆烟。埋水管的这组人也忙得没时间休息抽烟,他们在需要埋管的路段挖坑排土,挖好坑后用拖拉机拉来水泥、水管埋好,并在水管上面铺好石头,这样埋设了三处水管暗道。一天下来人人都感到筋疲力尽,直到大伙在吃晚饭时才发出欢快的笑语声。

2008年7月9日　农历六月七日　阴转晴

满下村寨村道改造工程最后一道工序——浇灌混凝土今天开始,四个小组同时在不同的3个方向展开:一组在东南面的球场边往村子方向浇灌,二组在西面和朝泽家旁边往村子方向浇灌,三组、四组在村子北面的和建良家上边由村里往村外浇灌。为了保证施工质量,每天只浇灌一段路,也就是说整个主村道安排四天浇灌好。

早晨8点,每个小组都拿着小型塑料水管、接水用的大油桶,抬着木板,并用手扶拖拉机把水泥拉到各组的工地上,在自己的工段上开始劳作。用人工搅拌混凝土是比较紧张而又繁重的工作,浇水的、拌沙的、平整的,大家都得齐心合力地干。因为有前些年改造南溪公路时学的搅拌灌浆的经验,而免了用桶提灌,所以还轻松了许多。浇灌长50多米、宽3米的路面,各组都在下午1点左右完成。午饭后,每个组都备好防雨的塑料布,堆放在灌好混凝土泥浆的路旁,以便下雨时能及时盖好路面,防止雨水对路面的破坏。所幸的是老天积云而不下雨。

2008年7月10日　农历六月八日　阴间晴

满下村继续进行村道路面灌浆工作。第一、二组在村北面接昨天三、四组所浇灌的路面,第三、四组从村西边和作典家背后往村外方向浇灌。有些小组早晨7点就开始干,有些小组要先让路于第二组和第一组,到8点半开始干。第四组担心第三组不给让路,就把今天所需的水泥用手扶拖拉机于昨天下午拉到工段,并用雨布盖好;把所需要的板子、水桶、水管等也在昨天下午搬到今天要灌浆的工段上，并把每个水桶都灌满水。

天渐渐转晴了，村民们边干边议论说："老天真开眼，我们灌浆时它晴了。"有个上了年纪的人（和福祥，78岁），路过此路段时插嘴说："过去有神山鸡冠山护着我们村的说法，任何强盗、土匪都不敢进我们村，不受雹灾，火灾也很少袭击我们村。那时，逢大年初一，一清早各家各户就在自家'冲巴敬古'（烧香坛）先敬神山鸡冠山。可这种事在1958年后就消失了。"曾听老人们讲过"冲巴敬古"的，不以为意；未曾听讲过的年轻人则觉得和福祥讲得很奇怪、很荒唐，认为是哄人的。

今天真是好天时，防备的雨布都不必盖在已灌好浆的路面上。

2008年7月11日　农历六月九日　雨

趁雨天，满下村村寨召开户长会议，参加村道改造作业的人参加了会议，参加会议的还有满中村民组长和国高、副组长和万里，第三作业组长和立功，村委会副书记和国军，村委会书记和继武。会议由满下村村民组长和永红主持，主要议题是：满中村要用满下村的沙子来铺他们的村道，对此事要求户长充分发表各自的意见。和永红把会议的内容要求说完后，满中村的和国高、书记和继武、副书记和国军作了简短发言，内容基本相同，要求满下村像以往一样把沙子资源资助南溪各村民小组的建设。接着各户长提出各自的意见，大部分户长提出：让其拉沙，但资源费要收1万元，因为目前什么物价都涨幅很大，所以，不能再按照鹿子村及金龙村那样按每方10元来计算收费，而是要上涨一点，并让他们拉够所需沙子。但绝对不允许产生像今年年初那样把沙子拉到村民自家里的事，如果发现有这种现象产生，就坚决不让拉了，工程中途停工也不让拉。和国高请求付8000元，并表示保证拉沙期严格管理，不让村民拉到家中。

在充分发扬民主的基础上，组长和永红做了集中，决定收取9000元资源费，让满中村拉够所需沙子，并要在满下村拉完沙子后动工。

最后对村里的附加道（主道到各户门前的路段）打沙子问题做了安排。几户相约好要打多少，有几个组，就按抽签的顺序进行。

2008年7月12日　农历六月十日　阴间阵雨

满中村村民今天利用采石停工休息的机会，到水源附近帮扩修积水塘的老板搬运石头、沙子。修水塘的小老板由文华行政村文笔村村民小组的村民和天珍担任。满中村村长和国高与和天珍商谈后决定付1200元的搬运费。他们采取每户一个壮年男子出工，共同搬运石头、沙子，然后按照村道改造的作业小组，每组分给400元。一、二组村民决定把这400元款留作进行村道铺石或拉沙子时的打牙祭款；三组的部分村民也提出要像一、二组那样做。前段采石时，三组由各户独自操作，已形成很不团结的状况，在村中乃至南溪行政村的知情村民中已形成不良影响。一些村民提议下一步的铺石、拉沙、浇灌混凝土等工序以集体的形式进行，不知道这一提议能否得到全组村民的赞同。

2008年7月13日　农历六月十一日　阴

满下村寨因怕下雨，继续停止村道路面灌浆作业。闲不住的村民有些到山上去捡菌子，有几个爱好麻将的村民聚在和朝珍家（因和朝珍家自去年他老婆病死后，只有和朝珍及抱养的小女孩和玉凤），关好大门轮流玩着麻将。其中有一个叫和玉祥的妇女也参加其中，她的手气一般都很好，听她说她赌只赢不输。在满下村的扑克、麻将爱好者中，数她最爱好，属于高手。一有人玩扑克、麻将，她很少缺席。村民在私下议论：一个农家妇这样做有些不合适，家中的一切事情都得靠主妇的双手去做，比方说，找猪草、洗衣、做饭、扫地等，她经常这样玩，失去了主妇的勤劳形象；也有人说："和玉祥自丈夫和国军失踪近三年，老公公和尚典去世两年多，老公公去世后婆婆和志贤常在维西女儿和国英家生活，只是偶尔回来几天又转去了，她一个人和大儿子和丽松待在家，感到孤单,确实可怜,这样玩乐一下她就好打发时间。"话虽各说各有理,但一个家庭主妇经常这样参与玩牌,会误了不少自家必做的家务事。

2008 年 7 月 14 日　农历六月十二日　阴间晴

满中村村民和福军利用停止三天公益劳动的机会,拆院子北面的围墙,这围墙是六年前他从学校上面的老宅基搬到现在的新宅基后两三年时砌起来的。当时经济条件较为拮据,但在路边又不得不把院子围起来。因此,所用的材料款向本村村民和春红借贷了 1000 元,年利息付 70 元,用这样的方法买来了空心砖、瓦、水泥、石灰等材料。由于当时家庭较拮据,他就不请师傅,自己边学边砌,首先到邻居家详细看看外地师傅砌的围墙,反复观察、仔细琢磨,细心施工,终于未付分文工钱和招待费,用自己的双手砌成了这座围墙。

今年喜遇满中村村道改造工程实施,他通过反复考虑,打算在现在围墙的地方盖一所储存洋芋的房子,把大门也拆了往院子里缩,把公路到大门的距离拉长,到实施村道混凝土工程时一次把混凝土路面修到现在规划盖大门的地方。有人见状问他,拆掉才做好几年的围墙,你不心疼吗?和福军回答说:"一分工钱和招待费都没支出,只是付出我的劳动工时,只浪费点水泥、石灰、瓦片。因此,没有于心不忍的事情,按照自己的设想,建盖好家园就满意了。"

从和福军的行动和谈话中,可以明显看出,南溪村民对民房建盖的随意性是很强的,只要他们想干了,就不在乎劳民伤财造成浪费的事,只要把房屋盖成自己想盖的式样就舍得付出。

2008 年 7 月 15 日　农历六月十三日　晴转雨

满下村四个作业小组,今天进行第四天的村道主路浇灌混凝土工作。每个组都分到四段主道的改造任务,到最后一道工序(灌浆)时,为保证质量每个组每天只进行一段,今天所进行的是主道的最后一段(每段长60米左右，宽3米）。由于边拉来水泥边进行浇灌工作，每个小组今早开工时只分到昨天用后剩下的80包，只够灌各组路段总长的1/3。因此，到上午10点左右就停工待料，等着水泥拉来后继续工作。爱好体育活动的中青年们闲不住等料的两三个小时，就互相邀约进行足球比赛，条件是哪组输了就由哪组筹钱买140元的饮品、啤酒等共同来饮用。二组和四组进行的足球比赛，经过激烈的拼搏，结果3∶0，二组大胜四组。回到球场后，由四组组长和金星垫付140元买来饮料、啤酒、白酒、冰激凌等放在篮球场，运动员和观众都坐地而饮，边饮边谈论足球赛事的情况。接着四组的中年人不服输，提出来还要与二组进行篮球赛，条件同前场足球赛相同，二组也积极应战，双方又进行了一场较为激烈的篮球比赛，由村民组长和永红当裁判员，由副组长和圣华当记分员。经过激烈而精彩的四节比赛后，二组以58∶30又大胜四组。比赛结束后，四组组长和金星对二组组长和国臣说："我们还要去杀狗杀鸡打牙祭，没时间喝酒休息，拿给你们组140元，你们自己买吧。"说着他就把140元钱付给和国臣。和金星向他们组的每个人筹钱时，出现了一段不愉快的小插曲，他们组年逾六旬的和作典说："天天杀鸡、买鲜肉、杀狗、买鱼、踢球、打球又输那么多钱，以后这种事情不要干了。"边说还是边掏钱付给和金星；年近六旬的村民和顺达说："两样都输了，由打球的人付钱就是了，我不付钱。"和金星当即坚决地说："这不行，这是大伙自愿的集体活动，你要不付，事前为什么不说，现在不付不行。你虽不打球，但输赢都是我们组集体的事，应由大家付出和分享。"和顺达就从包里掏出钱付给和金星。人们见状都说："和金星做得对，做得讲诚信。"到吃晚饭的时候，二组组长和国臣买了一件啤酒送到二组吃饭的地方让二组的人喝。

今天是满下村村道改造第一回合的工程顺利完成，村委会书记和继武、副主任和丽军各抬了一件啤酒分别到一组、二组参加晚宴，表示祝贺。村民们对他俩表示欢迎和谢意，他俩同村民一同休闲娱乐到深夜方回。

2008年7月16日　农历六月十四日　阴间晴

满下村各组进行各自路段的拆板、抹路面的工作。任务不重，两个小时左右就做完。做完后，一组又邀约二组进行篮球比赛，其他两组村民，除个别人回去忙田间活外，都在球场休闲观看比赛。结果二组胜了，一组输了。一组同样掏了140元钱买酒、买饮料，大伙休闲饮用。一组的村民和国兴挖苦他们组的年轻人说："没球技，还要逞强，自己买酒喝，何乐而不为，偏要买酒送给别人喝。"说得年轻人无话可说。

散伙后，一组、二组、四组又聚到各组打牙祭的村民家里，买来鸡杀鸡做饭打牙祭。从前山来满下村上门做女婿的五八斤窃窃私语："满下村的吃喝太过分了，我长这么大，到过很多地方，从未见过这样吃的地方。"50多岁的村民和作才对他说："这是满下村水土的关系，历史上满下村的人比毗邻村寨的人都吃得凶，不管在什么地方，只要有三个人相聚，他们首先进行的是打牙祭。在城里开车的，饭店老板就能从吃饭的现象上辨认出是满下村人还是其他村人，这样源远流长的民俗不易改变，如果谁提出改变，就会被村民取笑。"

在邻近村民看来，满下村的确很注意吃喝，旦都村进行集体劳动月余才打了两次牙祭，满上村、满中村、鹿子村村民的生活都很节俭。

2008年7月17日　农历六月十五日　晴间大阵雨

满中村交付给满下村村民组长和永红9000元的沙子资源费后，就于今早开始拉沙子。沙子事前已由镇政府出资炸下，并请装载机掏出来堆在路边安全地方，准备让满下、金龙两个自然村使用。满下村第一期村道工程只用去堆好的小一半沙子。今天，满中村出动十多辆拖拉机，来来往往奔跑在满中村与满下村沙场中间，他们个个都多拉快跑。同时，请了一辆鹿子村石场的装载机来上车，所用的拖拉机是能够自动翻斗的，这样不仅装车装得快，而且下车也下得快。一天下来每人都拉了十二转。

村民们见状，心里猜想着满中村怎么会在金龙村前边拉沙，大伙猜测是村委会书记和国军出的主意。满中村人也只想尽快把沙子拉到村里就放心了，因此动脑又出力，把这一挖沙、拉沙的大事打算在今、明两天内完成。

今晚他们村三个组分别在和万里家、和国军家、和立功家打牙祭，为了保证明天按时出工拉沙子并拉完，他们定了今晚各组不准打牌、玩麻将，到10点准时睡觉。每个组都这样执行了。

2008年7月18日　农历六月十六日　阴间小阵雨

丽江高等师范专科学校教师杨杰宏（民俗学硕士、人类学博士），与两个同行来南溪东巴灵洞。这是他自2004年7月来过一次后，第二次上山来灵洞，继续研究过去东巴们在东巴灵洞祭东巴祖师丁巴什罗的情况。由于东巴灵洞周围灌木丛生，村民们又不常去灵洞，因此过去走的小路不明显，再加上没向导，他们三人在鸡冠山上转来转去花了三个多小时也未到灵洞。杨杰宏就打电话与在赶太安街的和尚勋老师联系请教，和尚勋老师给予认真的指点，并邀他们去家里吃午饭，和尚勋老师告诉他们和师母在家，她会热情接待杨老师他们。杨杰宏曾在2004年7月（在攻读云南大学民俗学硕士研究生时）受云南大学的委派到南溪做社会调查，在和尚勋老师家食宿一周，在工作上得到和尚勋老师的全力帮助，在生活上得到和师母的热情招待和关照。杨杰宏深知和尚勋老师家人的行为，他就领了伙伴到和老师家。一到家，和师母就给他仁煮蛋、做饭、炒肉，像久别的子女回来探家一样热忱相待。杨杰宏老师临走时说："大娘，太感谢你们家了，我每次来都得到你们的全力相助和热情招待，经过近十年的不懈努力，我所写的《纳西族民俗通论》一书已出版，我要赠一本与和老师，那里也含有和老师的指点，请转告和老师抽空来我处一转。"和家良深有感触地说："你假日不休、半夜不眠，辛劳的付出是对我们民族的贡献，我们为你获得成果而高兴，希望常来。"

2008年7月19日　农历六月十七日　阴间小雨

满中村及鹿子村租借来打沙机，由一组进行打沙，二、三组铺石头。铺石头的两组工作较为顺利，打沙的这组比较吃力，由于所租借来的带动打沙机用的柴油机很陈旧，作业起来常出故障。沙石放进打沙机时只能是少些、慢些，只要是不注意放多了、放快了，柴油机就自动熄停。面对这样的状况，一组12人（12户）都唉声叹气地说："要这样下去，一个月也完不成打沙任务，干脆买台新的马力比较大的柴油机来打沙，打沙完后，又可以低价卖出。"一天下来，他们才打好五六方沙子。村民组长和国高与副组长和万里、三组组长和立功商量一下，决定买台新的柴油机来带动打沙机，并在明天请和国军的面包车去丽江城办理此事，购货款由和国高暂时垫付。

2008年7月20日　农历六月十八日　雨

满中村村民组长和国高借了和国军的面包车，买回了一台马力为20匹的小型柴油机拉回到村里，他约了几个村民安装好，并进行了试运转，很正常。村民们见到此事各有心态，有的村民说："这样就好了，要不然一两个月打不出沙子，再加上雨天的干扰，说不定早已拉到村的100吨水泥废了。"有的村民则唉声叹气地说："政府只给点水泥和沙子款，我们农民撬石、拉石花了一个多月时间，租借空压机及花销每户已用去四五百元，还要出新买柴油机的筹款，群众负担太大了。"也有的村民说："丢下农事活及捡菌子的事修村道，本来村道也不怎么泥泞，修不修水泥路无所谓。"

村里的事情千万桩，每一件事情都不可能完全符合每一个村民的心意。政府的帮扶政策有些村民理解，有些村民不理解，但只要基层领导坚持干，就会出成果。在这种场合，干部是决策者，要果断、要紧跟上级的领导，村民心里不满，但行动是会跟上来的。

2008年7月21日　农历六月十九日　雨转晴

满下村村民和圣伟今天借着到和朝光家拿篷布之机，大发雷霆地与和朝光的老婆杨耀祥吵起架来："你们把全部房子都搬完做好后就不要我们了，我家的篷布在你家挂了近十年，现在你要把好点的这块篷布拿给我，你们姐妹俩（指和圣伟的亲家母、杨耀祥的姐姐杨耀秀）专门讲我老两口的坏话。你的侄女在我家创了什么业，我们分家时是你拿了肉、米的。在十五六年前，办你老岳父和尚模的丧事时我家给了你们家50元，拿回来。"杨耀祥也不示弱，她大声吵了起来："我们搬房子，你帮我家做的工，还不抵你所吃的酒饭钱，你还有脸说出口。我们讲你的背后话，该讲的讲，不该讲的我不讲，说话我自由，关你什么事，谁叫你家讨我侄女，为什么要请我来你儿子分家的现场。现在你在两块篷布中捡一块回去"，并拿出50元钱摔给和圣伟，说，"拿回去"。和圣伟捡起钱，拿着篷布回家了。真是遇到对手了，和圣伟的脾气在村里人人深知，对老婆和尚花的话百依百顺，不考虑行与不行、能与不能、好与不好，只要是老婆指使的，他就事事如此、句句照办。杨耀祥说的也有些硬，但不如此，是对付不了他的。

他走后，杨耀祥笑着说："圣伟确实笨，当他在捡钱时，不会说那时的50元顶得上现时的500元，那样的话，我就没办法了。"

2008年7月22日　农历六月二十日　阴

退休老师和尚勋在割"若考"（一种草本植物，高1米多，茎、叶煮熟可喂猪）时，接到从北京打来的一个电话，他很愕然。原来打电话的人是云南大学民俗学硕士研究生，江苏南京籍人张岩。他事前曾两次到过云南大学设在南溪的"纳西族调查研究基地"。这个电话是他到北京过暑期生活，从北京打来的。电话的内容是：请和尚勋老师帮他写一篇较为完整的丧事活动记录（从准备到实行丧葬的全部详细过程，发生在南溪或者周边村寨里的都可以），以及拍摄些丧事过程的照片，并写好图片的含义。他想用这些作为写硕士毕业论文时的参考资料，同时答应付一定的酬金以表谢意，并负担拍照的费用。在电话里和尚勋老师满口答应。

可在回家的路上，和尚勋老师边走边推敲，这确实是件不好办、不易办、不可能在一定的时间里办到的事情，因为满子师三个自然村里不知何时会死人。到周边村寨里去拍照，他们会认为他所拍的照值钱，和尚勋可能把这些作为商品卖出，所以会招惹一些不明真相的人的为难。不计较他自己的误工、误时及花销，单凭以上两点，是有些难做的。如果满子师村有人死了，那他一定尽力而为，但要等到有那么一天。他到家后，把这些事跟老伴交谈了，老伴说："学者有求，你就找机会帮好。"

和尚勋老师只好等待时机，来完成张岩所求一事。

2008年7月23日　农历六月二十一日　雨

居住在满下村寨最里面（西北方）的农户和灿、和耀华、和春拾、和学伟、和建忠、和金星、和金圣、和金红、和林9户人家，今天每户出两个劳力去"楞石古"石场捡、挖石头。他们分配了专人来做饭，中午饭和晚饭两顿采挖石头的人们合伙吃饭，纳西语叫"打拼伙"，汉语叫"打牙祭"，现实村寨里的流行语叫"合伙吃顿饭"。这种象征着团结、和谐、友好的做法历来就受到满下村民的重视，比任何一个村寨都突出，只要有两三人合伙干一件事或者休闲，满下村人都先组织"打拼伙"。过去的一般做法是各人拿点米、肉、蛋、油等好吃的东西在一起做，大家合伙吃。现时大都以凑钱买鸡、买肉、买鱼来共同食用，过去凑东西的方法很少见。这种做法好是好，但个别时间会出现个别人酒足饭饱，闲谈过头而发生互相吵嘴的不乐之事。

采挖石头的人们，今天集中力量先采挖石头，把采挖出来的石头堆放在一处，堆成好几堆，准备这样采挖几天，等到老天晴上两三天时就集中力量把这些石头拉回家，做铺垫各户门前村道之用。

2008年7月24日　农历六月二十二日　阴

今天，满下村村民和永华准备明日为新近出生的女孩举行"祝米客"。因村中主村道改造工作已完成，农时又较为松闲，他家就按传统的做法来举行"祝米客"。

吃过早饭，他家请来的亲戚和家族的人们分工各行其是，妇女及部分男人开着手扶拖拉机去山上砍柴，准备明天做饭的男人们就杀猪。杀完猪后，炊事组的人们把这次"祝米客"要用的鲜肉留足后，拿出一部分到公路边卖。这是因为天气热，一时吃不完，又无冰箱可以藏，怕发臭了，才不得不卖出的。

在办红事、白事、喜事时，不论年龄大小，长辈是不承担这些事务的，而只是休闲在办事人家的火塘上，饮酒、喝茶、闲聊。他们家族的长辈和顺光、和顺达、和顺明三人就休闲在火塘上，喜欢喝酒的喝酒，爱喝茶的喝茶。这次"祝米客"的总管（俗称总理）是家族中的和永红，由他来安排一切事务，指挥来帮忙的人做事。

2008年7月25日　农历六月二十三日　阴间晴

南溪完小师生宿舍楼翻修工作今天开始进行，承包了此项工程的四川籍老板拉着古城区金山乡的施工人员（8人）来到南溪完小。在他们到来之前，满下村的好些农户（和国武家人四口、和国红家人三口、和朝光家人三口、和永昌家人三口、和金星家人四口）早已在南溪完小要翻修的房子旁等着抢拆土基，各户准备把拆下来的土基拿回家，砌到自家的房上。这是件两全其美的事，老板不再要这些土基，得把土基拆丢了，改砌成砖墙。村民这样一等一抢，老板就不再出拆土基、搬土基的工钱了，想要土基的村民也得到现成的土基可砌自家房了。在这样的情况下，老板很乐意地向拆土基、搬运土基回家的村民敬烟，而且敬得很勤快；拆土基的村民也感到很满意，不仅得到急用的土基，而且抽到老板传的好烟。

满下村的年轻小伙子和丽华、和自忠两人，从今天起参加到金山乡施工人员中做小工，每天工价 40 元。金山乡的施工负责人以同样的工价请了满下村女青年和月华，在南溪完小施工期间帮他们做饭。

2008 年 7 月 26 日　农历六月二十四日　阴间阵雨

南溪完小因需翻修房子，中心校决定暑假期间由教师守校（过去为炊事员代守），今天守校的木雪梅老师回到学校，同时负责填写各年级学年末的各科考试成绩。12 点左右，分居在文屏、金龙、满上、满中、满下、旦前、旦后、鹿子各村的小学生纷纷走向南溪完小，领取学年末统考成绩通知单。

这次学年末统考由玉龙县教育局统一印制各学科的试卷，并决定交叉监考、实行单人单桌。据有关人员透露，这一举措是新近上任的玉龙县教育局局长李银葆同志新官上任烧的第二把火，他想通过这样严格的手段来提高教育教学质量；据说，他烧的第一把火是解决了前些年中小学放长假的不利教学工作的现状；他要烧的第三把火是要逐步在玉龙县实行设岗定员，解决人浮于事的臃肿状况。

在南溪完小，从 1991 年到 2002 年 7 月，和正文老师主持南溪完小领导工作时，都是以单人单桌、任课老师回避监考的方式进行学年末统考的。严格的考试纪律，激发了师生的教学情绪和学习积极性，为后来（两年以前）每年都考上三五个大学生奠定了基础。那时的学校教育教学管理、教学成果，南溪领导和群众都回忆说是"南溪教育最辉煌的一段"。

2008 年 7 月 27 日　农历六月二十五日　阴间阵雨

今天是一年一度的"火把节"，今年的"火把节"，满子师村民过节方式可以说是应有尽有。有些"捡菌王"一清早就出门上山，有的满载而归，有的空篮而回；需要做家务（蒸肉包子、糖包子之类晨食）的妇女做完家务，吃好早饭就背篮出门上山，有的去捡菌子，有的去挖中药材，还有的捡菌、挖药材样样干；有的村民忙着在房前路上铺石头；现时还养有牛的农户，一早起来就拉牛出门到田埂上、草坪上放牛，让牛吃得饱饱的，回到家中再喂上一桶盐水，把牛喂得胀鼓鼓的。到12点把牛放到草坪上时，许多牛吃饱喝足，无心思再去低头吃草，只是昂头高叫，相互邀约着斗一场。不到半个时辰，有十来对牛找上对手斗上了，主人和放牛的在一旁看着，边看边猜测自家的牛胜败之事。有些斗了几下败下阵；有些斗得难分难解，互不相让。在足球场上，满中村与旦都村的学生展开了激烈的足球比赛，小观众和成年观众都很多。旦都村的学生是用拖拉机拉来的。比赛结果是满中村学生队以2：0的成绩击败了旦都村学生队。接着满中村女子与旦都村女子进行了篮球比赛，由于旦都村女子球员接受教育的学历层次高，在校接受正规体育教育的时间长，有较好的球技，投篮命中率也较强，结果大胜满中村队。

　　这场女子篮球比赛结束后，旦都村成年队及满中村成年队进行了篮球比赛，旦都村成年篮球队员少，满中村却都是成年篮球队员，比赛条件是由输家买100元的酒和饮料。比赛一开始，双方都不放松对方，都在激烈的争夺中，比分一直都追得很紧，旦都队的成年队员和万一上场就以人盯人的方式跟着满中村的和国高。快到全场比赛结束时，和国高就用手拐子拐了两下和万，裁判员和银红（旦前村副组长），吹哨判他们两人同时开除下场。和万拉着和国高的手说："过节玩一下，何必这样动手。"场外的满中村村民和志强，就冲到和万跟前说："你叫什么？"同时也出手打了和万的下额，并用双手握了一下和万的脖子，和万声气不出，和志强就放开他，不再理会他。可能和万也小声说了几句不服气的话，和春华把和万从沙堆上拉下来打了几下，这下可像捅了蜂窝一样，满中村的青年男人一群地追打和万。由于旦都方的球队及观众大多数是学生娃（最小者是学前班学生），没有帮助和万，和万被满中村男青年追打得在球场周围乱跑，无处藏身。村委会副主任和丽军拦着追打的青年，仍拦不住。满中村的村民和福海护着和万，并说："你们要打就打我。"

村委会副书记和国军把和万护住，和万还是被打。其中，也有很自觉的村民，如和金凤，在护不住和万的情况下死死抓住自己儿子和建新的胸脯，不让他去打和万。又如村民和菊，拉住大儿子和江红的衣服，不让其去打人。群（满中村部分男青年）打单（旦都前村和万）停止后，被打的和万及旦都村的人们离开现场回家。回到家后，他们把事情的经过一五一十地讲给旦都人，旦都人很愤怒，都异口同声地说："火把节足球赛是满中村所约，他们欺负小娃娃，这种现象确实不能容忍。要是我们村的娃娃出了格，挨几下打，是情有可原的，但这样无理打人，我们一定要找和国高（满中村村民组长）、和志强、和春华讨个说法。"最后统一了由前村村民组长和述贤领着和万去黄山镇派出所报告所发生的事情，报告后，领着和万去医院检查治疗。

不知怎么的，到傍晚，在城里开出租车的旦都人都回来了，要满中村的和国高、和国军、和志强、和春华出来讲清楚今天所发生的事情，双方（满中村及旦都村从城里返回的人们）发生了对打。结果，旦都村的和六言、和山被满中村人打着；满中村的和福祥、和福军、和福海、和国军、和万选被旦都人打着。所幸的是，黄山派出所民警及黄山镇派来的干部及时赶到，制止了事态的发展，避免了一场恶战，减少了流血之事，并把被打的人拉到医院去。从旦都村（前后两村）出来赶到满中村的人群（每户一个男子），原来准备把他们所提及的那四人狠狠教训一番，但政府和派出所的人在场，不好下手。事态平息后，派出所的警察把旦都村的人全部送回家。

"小不忍则乱大谋"，本来想欢欢乐乐度"火把节"，为了一个球，为一时好强，惹下了大祸，埋下了苦果，结下了一时难解的怨恨。满中村的村民围坐在"联营公司"旁，有的妇人在哭，有的在唉声叹气，有的在互相指责，各有情态。派出所的民警从所里拉来铺盖睡在村公所。

2008年7月28日　农历六月二十六日　晴

今天是"火把节"的第二天（南溪过"火把节"，节期为3天，即农历六月二十五、二十六、二十七日，第一天较为隆重），大多数村民都在休闲，部分农妇下田割猪草或上山挖药材。上午10点左右，有十多辆警车从城里方向开来，在南溪村公所门前停下后，警察待在岔路口。村民们见状后都有心理准备，已知昨日发生之事的村民知道这十多辆警车和四五十号警察都为昨日之事而来；不知昨天发生之事的村民，猜测着南溪有重案发生；有个别村民则认为警察们来南溪满下草坪观花。但他们都回忆说，南溪从来没有今天这样大的警事行动。都认为昨天之事，在以前算不了什么事。这种事发生后，从来也没来过警车和警察。像昨天傍晚的事，满中村十年前发生过两次：一次是满中村与满下村发生口角后，满下村人来到满中村打骂，满中村的人四处乱逃，逃进家里把门死死顶住，大气也不敢出；另一次是在满中村举办文艺晚会时，金龙村人打满中村人，满中村人同样四处躲避，结果金龙村人把满中村村民和国启打了个半死（这两次打架属于群体性质，也较为严重）。憨直的人常挨打，精明的人怎么也打不着。和国军是第一次被打，和福祥、和福海、和万选常被打。昨天傍晚听说和国高见势逃回家里躲起来，未伤毫毛。警车、警察真的是为昨日之事而来，在村公所停了片刻后，他们分两路出动了，一路去满中村，一路去旦都村，一方面做动员工作，责令开车的人回城，生怕在家待着再出乱子；另一方面在调查事情的真相。满中村的村民无精打采，被打的家属只恨和国高、和志强、和春华先挑起事端。

2008年7月29日　农历六月二十七日　晴

玉龙县公安局和黄山镇派出所的民警在昨天动员开车人回城开车、村民下田劳动后，今天开始对满中村和旦都村的部分人员进行详细调查、记录、取证，他们把打群架现场丢下的棍棒、石头等拉回县局去。对涉事人员个别进行了询问、调查等工作，但警车和警力大大减少了，只有三四辆车和十来个警察。村民们看着他们这次在南溪的行动（投入警车、警力多，时间长），都猜测着"要对双方都予重罚，可能是因为这事发生在北京奥运会开幕在即之时"。

满中村的部分村民又上山捡菌子、挖草药，有一些人还在家唉声叹气，都怪年轻人不懂事、好强，而惹了这祸；有些村民则认为，一些年轻人，听不进父母的话，听不进村中长者的话，自以为是，自以为了不得，应该给予重重的教训，社会风气才会好转。

2008年7月30日 农历六月二十八日 晴

满下村村民在村主道改造完工的基础上，继续进行辅道的前期工作，拉石、铺石等。这一工作有的单独进行，有的合伙进行，从总体上看合伙进行的较多，这是因为多数村民能够发扬互帮互助精神，也有部分原因是各家所需铺的路段相差不大。单户进行的村民，因有些斤斤计较难以合作。到今天大多数农户已铺完自家门前的路。和作典、和圣华、和永军、和学武、和社红、和玉祥六家已合伙铺完从主道接头至河边的路面（约长25米），只剩下通往各户的路段；和永军、和学武、和社红、和玉祥四家为照顾和玉祥无车、无男人的情况，而决定四家合伙完成撬石头、拉石头、铺石头到各户大门前的工作。

今晚和作典等他们六户在和圣华家合伙吃晚饭（打牙祭）。吃完晚饭后，闲谈之时，回顾了主道完成后的一些得失。和作典说："主道宽多了，不需要3米宽。"和社红说："路本来是宽一点好，货运汽车能够通到各家更好，我们家每年卖出的洋芋只有别人家的1/3左右，而一年卖六七万斤的人家都舍不得让出点菜地和边角，视这点零星无用之地为黄金地。"和圣华说："和社红，不能这样说人家，你却干不出什么。"和社红听后抡起一把凳子要砸向和圣华，说："我干不出什么与你们何干，我两兄弟天天帮你家干活做事，你家的哪一件事、哪个活我两兄弟缺过一天，只要你家说一声，我们把自家的活先搁下帮你们家，这下你就说我干不出什么。"在和良命、和玉祥、和彦等人的拦阻下，板凳才没有砸向和圣华。这真是说话要瞻前顾后，不能随意出言。

2008年7月31日　农历六月二十九日　晴间阴

满中村今天进行村道灌浆的工作。他们的做法是：在打沙场搅拌混凝土，把搅拌好的混凝土用手扶拖拉机拉到铺好石头的路段上倒好平整。他们分工得很细：平整的专门有人；开手扶的专门拉混凝土；上下车的也分了专人；搅拌的活是重点，人员也分得多。他们干得既紧张又有秩序。这样做的优点是：第一，不浪费沙子和水泥；第二，浇灌的质量好，搅拌均匀；第三，没有损坏铺好石头的路面。大家在干得紧张的时候（约10点钟），有警车停在球场边的路上，有四五个警察径直往东边的村子走去，在场劳动的人们在猜测，警察可能去找和国高、和志强、和春华。大约过了半小时，警察把和志强、和春华弟兄俩带上警车，往城里方向拉去。警察走后，人们在窃窃私语："怎么没带走和国高，狡猾的人还是滑脱了，老实的人总是吃亏。事端先是由和国高引起的，担子却落在老实人头上。"

一些人住院，一些人去招呼住院的人，一些人被派出所警察领走。干活的人还是在鼓足干劲，想尽快完成村道改造工程后去捡菌子、挖药材来增加家庭收入。

事情本来就是这样，开初打和万的时候，只要和国高以一村之长的身份说声："你们不能打人，球场上的事是我俩的事，我看你们谁敢打。"那就不会有事了。可他没这样，反而不吭一声，事情就发展到这样的地步。

2008年8月1日　农历七月一日　雨转阴

满下村村民和家良及老伴打青稞，他俩采用甩粮杆的打法来进行。吃过早点，和家良的老伴到村民和作典家借来两副打粮杆，在院子里把青稞捆铺好，就一个站在一边打。由于他家所收的青稞数量少，借脱粒机和拖拉机来用机械脱粒不划算，于是就用传统的甩粮杆的方式来脱粒。老伴对和家良说："在南溪行政村最早用脱粒机来脱粒燕麦、青稞、豌豆的是我们家。在20世纪90年代初，我们就买了南溪第一架用电带动的脱粒机，不仅脱粒自家的及村里其他农户的，还到鹿子村、旦都前后村、满上村、满中村脱粒，靠脱粒也增加了家庭经济收入。随着农业产业的逐步改革和市场经济的发展，我们家又成了甩粮杆脱粒的农户之一。先进的农事劳动与传统的落后吃力的农事劳动，在近20年的时间里，我俩都深有感触。"和家良边甩粮杆边鼓励老伴说："这杆干点出力活，对身体有益，是一种延年益寿的锻炼。"她的老伴听后不再言语，在使劲地甩着粮杆打青稞。打得差不多了，和家良放下打粮杆，拿起小铁耙梳理着打碎的青稞杆，老伴也把青稞捆翻过来铺好，又继续打。到傍晚收场时才打好百来斤青稞，还要择日扬净呢！传统的劳动方式真是效果不佳、累人，但面对实际，这种劳动在部分农户里还不得不进行。

2008年8月2日　农历七月二日　阴间阵雨

满下村村道改造工程援助单位只答应按比例补助村道所需水泥，结果在灌主道时水泥比例用超过了，剩下待灌浆的村道，只能按长度每米1.25包水泥（125斤）的比例来供应。接黄山镇南溪工作组长和寿生同志的指示，满下村村民组长和永红、副组长和圣华对已铺好石头的村道再次进行了实地测量。各小组组长和尚军、和国臣、和社兴、和金星也帮助他两人进行测量。

下午2点半，拉来15吨水泥，按照1米的路段配125斤水泥的比例，先把这车水泥分给居住在村子里头的九户人家和村子西边的十二户人家，各家用自家的手扶拖拉机按分配的数量运走，待采挖好沙子后灌浆。

2008 年 8 月 3 日　农历七月三日　阴转中雨

满下村居住在里面的九户人家，每家一个男人（壮劳力）等在家里继续拉水泥到各户。下午 1 点左右，从丽江城拉水泥的汽车到达满下村岔往村里头的路口，各户人听到汽车喇叭声后把手扶拖拉机开到汽车边，准备下车。村民组长和永红在现场分配水泥。居住在里面的居民和金红对和永红说："这点水泥是不够了，我们所铺的路面确实宽了点，但有段路可算是主路，有好几家从这段路过。"和永红说："镇政府只按他们丈量过的预算拨付水泥，现在五截主路上用去的水泥已超过 10 吨，政府的态度是超过预算一包也不行，我们只好按照预算改造的路段长度，把现有的水泥分给各家各户，让各户自己去完成自家所需改造的路段。如果水泥确实不够，政府要各户自行想办法解决。如果每户都按原来预算的 2.5 米路宽来施工的话，现分的水泥是够的。"大家就忙着从汽车上下水泥装进手扶拖拉机，用手扶拖拉机把水泥拉到各自家里保管好，待几天由装载机采好沙子后，拉来沙子再浇灌。

在这段时间里村民组长和永红重操旧业，尽管村里事很忙，他又干起了收中药材、加工野生杂菌的活计，他每天买很多种菌，晚上加工洗净后装入塑料桶盐渍。他有趣地对卖菌、卖药人说："当了村长不仅得当家长，还得当小老板，苦也，乐在其中也，利也在其中也。"

2008 年 8 月 4 日　农历七月四日　雨

中午 12 点，七河乡卖凉粉、豆腐的人在满下村和李福家大门前卖凉粉和豆腐，满下村的一些村民围着买凉粉。在这时，村民和福祥与退休在即的和学新老师发生了口角。起因是他们两家是邻居，在前些天的村道铺石上有些意见分歧，今天又提及此事，于是发生口角，而且越吵越凶，互不相让。在场的村民（有十来人）视而不见，不当一回事，谁也没吭一声，任凭他俩吵骂。路过此地的和尚勋老师发现吵架的双方一方是八旬老人，一方是五十出头的民办转公办的人民教师。他感到这状况很不协调,看着有些难以入眼,于是先对和学新老师做了劝说:"邻里之间不管多大的事,相互忍让一下,忍口气就了事了。"他俩还是吵,和学新转身回到和福祥身边,要约和福祥到放牛的牛坪上去较量,和福祥也不示弱,走到和学新身边说:"要打要杀随你便,不必去草坪,就在这儿,你随心来吧。"最终还是由和尚勋老师劝开了。在场的村民和国模对和尚勋说:"人家吵人家的,关你什么事情,你有什么劝才?"和尚勋愕然了,他想:是啊,事虽与自己无关,但旁观者劝吵架或打架的人,是在情理之中。当今社会物质生活好转了,但人的思想也随着发生变化了。过去吵架有人劝、打架有人阻的现象在村中逐渐消失了,这是一个很不好的状况。

他把今天的事讲给了来他家休闲的人,他们说:"现时的人,凡事与己无关就视而不见,不言语、不劝说。"和尚勋却把这些看成"人的品质在变"。

2008年8月5日　农历七月五日　雨

满下村寨趁雨天召开户长会议。会议的内容是:第一,宣布村寨村道(辅道),自家门前的路段由各户自己完成;第二,安排拉沙子的农户和日程,拉沙子在天晴时分组进行,每天有15户拉沙子,要拉的沙子已在昨日由黄山镇政府请来装载机挖好,并堆放在较为安全的公路边。

会议结束后,有些捡菌王就冒雨去山上捡菌子。捡不到菌子的个别村民也以较低的价格买来菌到城里去卖,这样做的村民有和天林、和良命。他俩以每斤2元的价格买来一些奶菌,到城里又卖到一斤10元;以15元的价在村里买到一窝菌,到城里卖每斤20元,用这样的方法来增加家庭经济收入,是一种胆量和手法。

爱好扑克、麻将的村民又约着去打扑克和麻将,村民们称靠打扑克、玩麻将"快速致富"的人为"捡干菌",意思是说,不淋雨、不着湿、不累、不饿就捡到菌子了。

2008年8月6日　农历七月六日　雨

满下村村民和朝光今天以5100元的价卖出一头母牛和一头乳牛。这头母牛是去年（到现在刚好有一年）在满上村和洋红家以3100元的价买来（子连母，还有一头乳牛），喂养一段时间后，乳牛以1450元的价卖给和永红。一年的时间和朝光就净利收入3450元，相当于一个劳动力农田纯收入一年的利。他觉得养牛可能很容易地赚到钱，因此，他打算和他老婆杨耀祥一同去七月骡马交流会再买回几头雌性小牛来喂养。

不少村民也看到这样做很赚钱，但又嫌麻烦。因此，在满下村买牛喂养一段后又卖，卖了又买的农户不很多。这些年只有和金圣、和学伟、和朝光、和永红、和建忠几家常这样做，和圣昌、和圣明也在学着做。

2008年8月7日　农历七月七日　雨转晴

南溪村委会召开各村民组长、副组长会议。参加会议的人有各村民小组组长、副组长，村委会主任兼书记和继武，副书记和国军，副主任和丽军，南溪行政村林政员和吉红（满上村副组长），黄山镇南溪工作组组长和寿生和三名工作人员，以及玉龙县林业局下派的工作人员。出席今天会议的人为"南溪村林权制度改革工作领导小组"成员，由支部书记和继武任"林改"组长。

会议由和继武主持，黄山镇派往南溪工作组的组长和寿生传达了县"林改"会议的精神及黄山镇党委政府关于执行玉龙县"林改"政策的决定。随后由县林业局下派的干部具体传达了这次"林改"的有关政策和规定，由黄山林业工作站袁站长做了具体的布置，要求各村民组长把"林改"的意义和政策宣传到村民中，做到家喻户晓。

今天的会议是"林改"的动员大会，会议结束后，各村民组长都认为这项工作任务很重、难度很大，同时也感到非完成这一任务不可。

2008年8月8日　农历七月八日　晴

和圣华家、和作典家、和作武家、和永军家、和玉祥家、和学武家、和社兴家，共7家合伙浇灌从主路分岔到和圣华家与和永军家中间的河边路段的路面混凝土。他们七家将这截路面浇灌完后，将继续浇灌到各户门口的路面。到时，和永军家、和玉祥家、和学武家、和社兴家还要继续合伙进行，其目的是帮助照顾家无成年男人的弱势家庭。这种现象在满下村是不多见的，特别是经济比以前发展、生活比以前宽裕的当今，不顾别人、只顾自己私利的人越来越多，"宁可吃点小亏，让邻里满意"的人却越来越少。

2008年8月9日　农历七月九日　晴间阴

永胜县团街乡农民工四人（三男一女）来到满下村寨，进行修村中河道的"三面光"工程，并由今天开始施工，先从球场边的桥上开始。

在闲聊中，曾参加过测量三面沟村道的满下村和作典说："测量、计划三面沟时是从和圣华家与和永军家中间的这座桥上开始的，到球场边桥下面还有二十几米，可现在施工却从球场边桥上面开始，并且只修到老水塘上面一点，离原来测量、计划的地方还差近30米。现在的事情真是不好说，上头计划的到下边怎么只实施一半，按计划拨下的资金怎么只干一半左右的工程。真是看得清说不清啊！"

村民们都议论说："河上段（和圣华家旁）应该修成三面光，这能对造成地质灾害有预防的效果，而且修了三面光的沟以后，和圣华的母亲和明贤就不可能像以前一样每年都把河水堵过来。河上段工程的施工难度比下段大些，可却把这段给丢下，不知老板和项目负责人怎么想的。"

2008年8月10日　农历七月十日　阴

满下村村民和朝光、和建成、和万琴、和二友等人去帮满中村和占典家浇灌水泥路面。水泥路面长45米，宽3米，面积为135平方米。帮工的方式是以 600 元全额承包，和占典家负责中午饭（家常便饭）。下午他们做完混凝土路面后，派和朝光到满下村买来若干只鸡，在和占典家打牙祭，一直折腾到晚间 11 点左右方归。大伙扣除打牙祭的款项后每个人分得 40 元多一点。大伙认为这样劳动一天，虽然辛苦点，但牙祭也吃上了，钱还分到一些，是可以做一下的。闲着也是白闲，反正这些天没田间活干，上山采药、捡菌子不一定采到或捡到这么多钱。事情的确也是如此，上山采药走遍几座山不一定采到可卖这么多钱的药；捡菌了，除了懂得松茸菌和一窝菌生长地的村民外，捡杂菌的村民，即便背回一大篮子杂菌也卖不到这么多钱。

2008 年 8 月 11 日　农历七月十一日　小雨

从南溪满下村嫁到吉子村的和开秀（现年 54 岁）的外孙（现年 10 岁，就读于小学三年级，黄山社区人）被汽车撞着，抢救无效死亡。满下村和开秀的哥哥和国亮、弟弟和国武等商量去参加丧葬的事时，他们问及和国亮的二女儿和玉祥去不去时，和国亮的老伴和六芝插嘴说："和玉祥的丈夫和国军开出租车失踪时，和开秀家没来和玉祥家探望过。"她的意思是和玉祥可去可不去。和国武认为："失踪，尚不知死活，不好探望；死人，已是明摆着的事，二者不可一概而论。"

从这样的谈话看来，规矩这一文明的东西，可被各人视着随心，各说各有理，最终归结到再亲的人也是"礼尚往来"。

2008 年 8 月 12 日　农历七月十二日　阴

满下村村民和家良家的村道约长 35 米，宽 2 米，面积约为 70 平方米。他的老伴与在满下村扩修饮水用积水坛的鹤庆县松桂乡农民工李老板商量，包给他们来浇灌混凝土。李老板要价 500 元，和家良的老伴说："我们满下村人去帮满中村人浇灌路面，面积为 135 平方米，价为 600 元，我的面积约 70 平方米，我最多给你们 400 元，再加一顿午饭，保证让你们吃得满意。"李老板说:"回去考虑下"。结果他还是领着他的施工人员(9人)来到和家良家,边搅拌混凝土,边用手推车把混凝土推到路面上浇灌。和家良有些舍不得出这么多钱请人,认为找这么多钱不容易,自己可以做,但老伴既已出言,只好做饭招待帮工人员。于是在满下村浇灌混凝土出钱请人的事,她家成了第一户。她老伴则认为,请亲戚来帮忙,一则欠了人情;二则老人得去帮亲戚,体力损耗大;三则招待费也不少,反正都一样。他说:"付款请人还清爽。"

2008年8月13日 农历七月十三日 阴转大雨

村民和圣昌家、和子一家、和圣明家,给到家门口的路段合伙浇灌混凝土。他们用汽油桶装水,用很长的塑料管把水从和圣昌家接到和作典家房子背后的岔路口,盛进汽油桶里,把水泥从和子一家用手扶拖拉机拉到施工现场。他们吃过早饭就开始干了起来,干得很带劲。和圣昌家三人、和子一家三人、和圣明家一人,共7人,他们先把水泥与沙子和好,翻来翻去,然后浇上水搅拌,把搅拌好的混凝土用手扶拖拉机拉到铺好石头的路面上浇灌。和好的混凝土拉到路面后先要用锄头和抹板平整,可怎么也平整不好。后来才知道是沙子粗了,无法浇灌。他们三家就发动各家的手扶拖拉机到沙场拉些细沙,掺在原先备好的沙子里。

今天的这件事告诉人们,做任何一件事都要有实践经验。他们认为备下了很好的沙子(无土尽是沙),但结果颗粒大了点,水泥与沙不能黏在一起,这说明沙要细、不能粗。

2008年8月14日 农历七月十四日 阴间晴

今天是一年一度的送祖节(纳西语叫"宝敬"),是南溪村民敬奉祖先最为隆重的一个节。这次敬祖活动共两天时间,从昨天中午各户迎历代祖宗到敬祖台,给予祀奉,到今晚吃晚饭前祀奉完后把历代祖宗送到送祖的地方才算完毕。今天的敬祖,从早上起来洗漱后,各户的主人家给祖先台插香、敬洗脸水、换酒、换茶,然后摆上包子、糯米粑粑等。吃每顿饭前都把要吃的饭菜先摆在祖先台,以示先给祖先们食用,然后才能轮到人们来吃,一天三顿都是这样。

吃过晚饭,青年男女没像往常一样去满中村球场聚会,主要的原因是大伙都忙着看奥运会的直播节目。

2008 年 8 月 15 日　农历七月十五日　阴间晴

因为好天时,满下村寨有好些农户想浇灌通往各家的村道,住在最里面的九户要灌他们九户的道路,和国兴家、和尚军家、和圣昌家、和子一家、和圣明家、和建国家、和建良家、和汝信家等。因为人手太紧了,和建国、和汝浩两家停工,其他农户按计划进行。初秋的南溪雨水还多,天气晴朗的日子不可多得,村里的一些便道不要村民去修。因此,户户都在抓紧浇灌通往各户的村道。浇灌混凝土的村民,各自都开工早,中间没有休息,抓紧干活。因此,到中午 1 点左右就干完了,而九户小组中和建良、和汝信家一直干到下午 3 点才休息。晚饭户户都做了上好的饭菜,火腿肉、鱼、鸡,家家不少、户户不缺,有些农户在昨天就上街备下今天的肉、菜;有些农户则打电话叫在城里开车的买了寄上来。时代在前进,村民的生活水平也大大地变了,向越来越好的方向发展。

2008 年 8 月 16 日　农历七月十六日　晴间阴

满下村召开户长会议,把原来预订 8 月 20 日召开的第一次林改会议提前在今天举行。已搬到城里居住、户口仍留在满下村的和学群家事前已电话通知回来参加会议。此次会议要求男主人参加,妇女不得参加。因此,在城里开出租车的村民和建军、和万琼、和万元、和朝泽、和朝珍等男主人也于昨晚夜间回来参加今天的会议。

今天的会议时间不长(从上午 9 点半到 12 点),但会议的内容却相当重要。村委会副主任和丽军向大家传达了有关林权制度改革的文件及政策、法规。具体是:"现有的集体林地根据村民意见,可以分给农户管理、经营,也可以由集体管理、经营,时间为七十年。"和丽军传达完后,工作组长和寿生要每个户主充分发表意见。

到会村民进行了充分讨论,大体认为:"前不久已分到户的,村子附近的林地继续由各户管理,还未分到户的较远处的林地由集体管理、经营。"其理由是:第一,大家担心与外村接壤的林地如分到户,外村人就会抢占;第二,所有林地都分到户,担心劳力多的人明抢暗夺劳力少的农户或无男人巡山农户的树木;第三,林地分到户利少弊多。大家意见基本一致后,举手表决满下村林地管理办法,全村58户户长一致举手通过"前久已分到户的少部分林地由各农户管理,还未分的大部分林地由集体管理"。然后各户长在《林改合同书》上签名、盖章。

这次的户长会议既简短,却又很重要。

2008年8月17日　农历七月十七日　晴转雨

满上村的干部和占军、和吉红对到满上村修三面光水沟的小老板(文华行政村文笔村人)和天珍的工程不满意,因为他们修的规格是高80厘米,宽50厘米。和占军、和吉红认为这样的沟渠规格太小,不适应满上村雨季时的水流,就不要和天珍他们干这不符合客观要求的水沟。和天珍就返回到满下村与村民组长和永红、副组长和圣华商量,满上村不修就回来修满下村原先量过而准备停修的这一河段(从和圣华家旁边到和李福家上面)。见状的村民都说:"如果有项目、有经费的话,该修这段水沟。因为这段河边地面窄,人和牲口多经过这里,雨季(6~10月)很难行走,又容易发生滑坡等地质灾害。"和永红说:"要修的话,不能少于下面永胜人在施工的规格,高1米,宽80厘米,若把这个规格降低了,就是修了也无用,等于不修。"和天珍答应:"照永胜人已做的规格施工。"于是和天珍就请和圣华用他的拖拉机把石头从满上村拉到这段河边。这些石头是满下村村民和建成卖给和天珍,并从和建成家拉到满上村河边堆放好的。这对精打细算的小老板和天珍是经济上的重复支出，是小损失，虽然舍不得支出，但又不得不支出。

2008年8月18日　农历七月十八日　阴间晴

满下村村民和圣昌家、和子一家、和圣明家在合伙浇灌通往他们三家的路段，村民和建国家、和汝浩家也请亲戚朋友来帮忙浇灌通往他们两家的路段。通往这五家的路段都比较长，和圣昌等他们三家在此前已进行了两天，今天是第三天。和建国他们两家已进行了一天。在满下村中，今年因修村道，投入劳力最多的是他们五家和住在里面的和金辉、和灿、和二友等九户，他们投入的劳动日每户都在40个工日左右。

从此，满下村寨改变了旱季满道灰、雨季满道泥的状况。村中大点的路都灌上了混凝土，村寨面貌有了大改变，人居环境有了改善。等些天，再把便道也浇灌上混凝土，到那时，走在村中任何一段路上，雨天不沾泥、晴天不沾灰。过去因路难走而很不出门的小孩，今后可在混凝土路面上玩童车，老人可在村中随心散步。

村民和国模（现年67岁）摸着胡子说："村貌的改变，说明我们国家的国民经济发展了，国家富了，虽然只给水泥及涵管，但国家这么大，人口这么多，而且西部贫困面积很大，一个小村子上给这么一点，汇总起来定会是惊人的数目。"

2008年8月19日　农历七月十九日　晴

满下村村民和学武家请亲戚帮忙挖洋芋。他家把早熟品种"五四八八"挖了五六分的一块地，装满一拖拉机（约有2450斤重）。和学武及老婆和丽春就到丽江坝子换小麦或玉米，换回家后准备做猪的精饲料。吃过午饭，和学武的母亲和国珍领着亲戚到挖了洋芋的空地上去种蔓菁苗。他们先把空地垄成一垄一垄的，然后插上蔓菁苗（从撒蔓菁的地里拔来蔓菁，在靠近根两三寸的地方把上半部分叶子用手扭断做猪草，连根带茎的下半部分作为移栽用的蔓菁苗），到收蔓菁时可和撒种的蔓菁同时收，茎叶与撒种的一样好，蔓菁块比撒种的蔓菁块小很多。用这样的方法来补充牲口饲料的不足。在十五年前，这样做的农户比较普遍，现在这样做的农户很少见，其原因是撒种的绿肥多了，可用绿肥做牲口的饲料，很多人就不再种蔓菁苗。今年这样做的满下村农户有和国红家、和李福家，他们的想法是："既收了洋芋，又收到蔓菁苗，一举两得，闲了白闲，到冬、春季有足够的干饲料就比什么都强多了。"

2008年8月20日　农历七月二十日　晴转雨

南溪满下村召集各户的男主人（在城里开出租车的已在早晨返回家参加）去跟古城区七河乡前山行政村行茂洛村定林地界线。此前，林改工作组及满下村组长、副组长及两个识得山界的老村民曾去认定。但那天，因行茂洛村全体男性都来参加，很大一部分年轻男人不顾历史依据乱认山界，故这次满下村召集了各户的男主人参加。

快到交界地，工作组长和寿生要村民组长和永红向户长交代注意事项，有些村民主张一拥而上，全部去界线谈，但工作组长要和永红选几个代表前往交界地与七河乡工作组及行茂洛村人认定界线。和永红挑了十来个人，他特意请历次都参加山界认定划分的老人和福祥一同前去。结果，行茂洛村今天照事先约定的干部和代表来了，没有以前乱哄乱叫的现象。他们的干部和代表依照历史认定界线，由双方人员捡来石头把原来的山界标记垒大点，双方林改工作人员忙着制图、填表、摄像，最后双方干部和代表在认定书上签名、盖章。

回到村里，和永红对大家说："今天很顺利，照历史上划的界线认定了，我们村历来既不要别人的，也从不失去自己的，以后的村界认定要像今天这样进行，随时通知、随时到场，大家都累了，喝点酒和饮料。"于是大家坐在球场旁的房子里喝酒闲谈，大家有的谈过去，有的谈今天，有的谈未来。大伙都谈得津津有味，有些村民一直到太阳落山才散去。

2008年8月21日 农历七月二十一日 晴

黄山镇人民政府和副镇长来南溪村委会，专门与南溪村党支部副书记和国军交谈火把节那天在满中村发生的事情。和副镇长对和国军说："事发快有一个月时间，经派出所、公安局长时间的调查，要给那天带头打闹者以治安处罚，否则此事一时难平。"和国军说："他们（旦都村人）傍晚聚众围攻满中村，此事就有理了？他们为什么要打我？白天打球推推打打，我是出面阻拦的，这是满中村人的不对，我已对打闹人做了批评；可旦都人傍晚聚众围攻满中村，我出面劝解阻拦，他们却打我，为什么要打？此事你们如不很好地解决，我是决不放过的。如果你们没有很好地解决这件事，那我们就找在我们村的地盘做活动的单位来解决（如云南大学基地、药材种植公司等）。那天晚上我真气，我被旦都人打着的头部、腿部疼得难受。可医生知道是白天被打的对方，因此不让住在县医院。以后，我还要说。"

这件事情的确是不好办，旦都人傍晚若不聚众围攻满中村，那处罚满中村人，满中村人容易接受。可是白天旦都人一人被打（自那天住院至今还没出院），满中村人傍晚却被打四人（和国军、和万选、和福军、和福祥），住了四五天院就出院了。他们中有的被石头打伤，有的被棒棒打伤，有的受刀伤。满中村村民见只处罚满中村人而不处罚旦都人是不会服气的。

2008年8月22日 农历七月二十二日 晴

满中村各户今年跟往年一样忙得不可开交。在家的、在城里的，无论是农民、司机、"捡菌王"、挖药能手，还是村干部，家家紧、个个忙。在城里开车的（和占典家、和三哥家、和彦秋家）或承包给别人，或付工钱请零工来浇灌混凝土。今天和三哥以每人每工价50元请了满上村的十来个男村民来浇灌混凝土路面，除付给工价外，还负担一日三餐所需的烟酒。这样做比和占典一次性承包给别人破费大，单是生活这部分就多出了好大一笔钱。和彦秋开初自家捡石头，自家在路面铺石头，后因所花时间太长，经过权衡后，先是请旦都前村的老表和三友来拉沙、打沙，这些天又出工价50元，请太安乡汝南行政村上螳螂村和志生来帮她家做，而她回城开车。南溪村党支部副书记和国军除去乡里或村里开会的时间外，都参加路面改造工程。捡菌能手和四黄、和福生两人则怨声载道："今年没时间捡'一窝菌'，不仅减少了好大一笔家庭经济收入，更担心自己的自留地（只有他一个人知道生长'一窝菌'的地方）暴露出来，生怕别人无意撞见。"只有捡菌王和三友、和福芝夫妇，因儿子和开红（17岁）可顶起参加公益劳动，他俩的捡菌、卖菌经济收入没有比往年下降，反而比往年多，其原因是一窝菌价比往年提高了，开初时每斤卖到20元，后来一般都卖到每斤18元左右。

2008年8月23日　农历七月二十三日　晴

　　满下村村民和国兴家的老黄牛，膘肥体壮，今天上午以7400元的天价卖给了拉市乡做黄牛生意的人。这样高的牛价在南溪属于首例。一些村民听到后感到有些震惊，见到的人认为养黄牛划算。他们认为平时虽然得付出点时间和精力，但不需买精料来喂养，只需用草来喂，可拴在田边、地角放牛，很轻松。养牛不仅可以犁地，还可以卖这样高的价钱。

　　之后，买牛人又以6500元的价格买下了村民和永昌家的牛。这头牛虽然与和国兴家的牛一样高，但体形没有和国兴家那样圆肥，而且皮色是紫红色的。体形差异并不大，但皮色不是纯黄色的，价钱就差别了900元之多。买牛人常以这样的顺口溜来压牛价："先看四只脚，再看一张皮。"生意做成后，和永昌家的那头牛有些胆小、认主，见到生人，它的样子有点使人害怕。买牛人就付和永昌50元的误工费，把他家卖的牛牵到拉市乡。和永昌说："这头牛养了十多年，每年合500来元，不仅犁地，还积了厩肥，不必喂五谷。等些天，还要买头隔奶小牛来养。"和社芬对丈夫的看法表示同意。

2008 年 8 月 24 日　农历七月二十四日　晴

前天晚上领着大伯和永红去村中和建忠家求亲的和文亮的未婚妻和学青（还未上门求婚，还未过门，还未登记结婚，还未举行婚礼）已在丽江玉龙纳西族自治县妇幼保健院产下一男婴。这可苦了一无所备的和文亮父母和永良、杨耀秀，他俩一方面要继续去和建忠家求亲，另一方面要照顾未过门的儿媳坐月子；既要张罗结婚之事，又要准备祝米客。南溪的产妇历来都要吃甜米酒（小麦做的，要装进土罐子里酿四五个月时间），说是产妇吃了能产生催奶的作用。而这些都来不及准备好，这是娃娃所误的事。幸好最近两个月以来，他们家族中就有 3 个产妇（和永华老婆、和永贤老婆、和顺明的二姑娘），可以向他们三家要点米酒给和学青，以保证产妇有足够的奶水喂婴儿。其他事情是先举行婚礼呢？或是先举行祝米客呢？还是两样礼同时举行呢？或是不举行婚礼了呢？只好看情况办。这样仓促的事例在南溪是首例，不免成了村民们互相交谈、议论的话题，中心是"娃娃不懂事，苦了做父母的"。

2008 年 8 月 25 日　农历七月二十五日　阴转中雨

今天满下村四个小组都同时进行村道混凝土路面改造工程的最后一道工序——修便道。就是说，修了主路段和通往各户的手扶拖拉机路段后，还剩下一小部分村中不通手扶拖拉机的路段。这部分路段虽然不能通行（或没必要通行手扶拖拉机），但日常生活当中又是村民们走来走去、拉牛牵马的必经之路。这部分路段有 2000 多米长，每个小组分了 53 米长，宽 1 米。这也属于村道改造计划工程，所需水泥由镇政府给。从村民和学伟家到和建忠家的路段（约有 10 多米），事先由和建忠用石头铺成宽约 3 米的通车道，经过村民小组讨论决定，这段路的一半由和建忠自家买水泥浇灌，一半由集体来浇灌。

一早起来，各组开着拖拉机往沙场而去，精明的第一、三、四组人早就在石场上，有的在捡石头，有的在采挖沙子。等第二组的人开着拖拉机准备去挖沙时，到现场，车已经无停处，挖沙也无处下手，他们只好把车开回来，到修主路段时剩有沙子的地方去装沙子。村长要求各组今天把沙子备好，铺好石头，明天浇灌。但天有不测风云，到12点左右老天爷淅淅沥沥地下起雨来，过一阵就转成中雨下个不停。劳动无法进行，大家就中止了今天的劳动，各组都去打牙祭了。有的杀鸡煮肉做饭；有的打扑克、麻将；有的饮酒闲谈，海阔天空，无所不及。有的为输了钱而叹息，有的得了钱而自慰，只有做饭的在为大伙服务。

2008年8月26日　农历七月二十六日　雨

七八天前生女婴的产妇和永梅的奶水不足了，婴儿哇哇地哭。和永梅的父亲和顺明见女儿突然少了奶水，怀疑是别人"偷了奶"，就叫老婆和命到面向丽江城的山头上去"把奶喊回来"。

年纪轻些的年轻人，只见过"喊魂、招魂"，不知道"偷奶"和"喊奶"之说。

在南溪古来就有"偷奶""喊奶"的事情。"偷奶"纳西语称"阿伯西你苦"，意为奶水被别人偷去了。因此，产妇很长时间不出门，孕妇也不进产妇房。只是随着时代的变化、社会的进步，把这事给淡下来了，一般45岁以下的人就对这风俗很少知道。在过去，婴儿母亲缺少奶水都视为她的奶水被别的孕妇或产妇偷去了。因此，孕妇或待产妇的丈夫都不能到产妇房或见到产妇，特别是身孕不明显的孕妇和丈夫，更不能见产妇。一旦发现奶水少的情况就进行"喊奶"（意为把奶要回来）。其方式是你怀疑谁家孕妇把奶偷了，就在哪家门前背着人，手拿香轻声喊叫"×××，把我婴儿的奶还给我们，你不要偷了，饿得我家婴儿好难受"。这样边走边喊到产妇门口，并大声："×××，你吮吸奶吧，我把你的奶要回来了。"

过去牲口（牛、马、猪、羊）产子，也与人同视，很少对别人讲。有些（大多数）村民，一旦家里牲口产了子，就先找个小土罐子，里面盛些水，并插上一根筷子，挂在产子牲口房的门上方，以示防止被别的产子牲口和待产牲口把奶偷去。

这种风俗在现在的南溪几乎没有了，提起这风俗，也只有60岁以上的人会讲一些了，这是科普知识提高、医疗卫生事业发展的原因。

2008年8月27日　农历七月二十七日　雨转阴

南溪满中村混凝土路面改造工程今天下午已全部完成。他们的施工形式（不同于满下村）是由集体掌握施工总量，求出每户的施工量，交由三个小组分量完成。其中有一个组因特殊原因把各户的施工量分给和占典家、和三哥家单独来完成，和彦秋家捡石、铺路前半部分施工任务自家完成，拉沙、打沙、浇灌等后半部分开钱请人来完成。村民和光彦因丈夫和建明年近七旬无力参加劳动，儿子和万寿在城里开出租车，故请满上村的外孙子和满文来顶替参加所有路改劳动。从6月到今天已拖延了两个月，其中整天劳动（从早到晚）43天，和光彦付给和满文1290元钱（每天30元），只劳动半天或几小时的工钱就不给。和满文对此很不满意，他对别人说："干石头、沙子活很苦，一天下来才30元，很不划算，几天一次牙祭花了不少钱，一天也就剩下20余元，划不来，又不好说，真亏。"旁人评论说："这种价与这种活和现时的工价很不吻合，这样累，干这样长的时间，即使是外孙也应该多给些，牙祭所花的钱也应由和光彦家负担。同样是开车人，同样有自家的出租车，而且家庭条件比和彦秋家优越得多，但与和彦秋家、和三哥家比起来就相差多了，和满文当然不会乐意。"但不管别人怎样议论，和满文怎样不乐意，事情就这样结束了。

村道改造工程完工后，满中村的村貌发生了根本的变化，人走在村间无泥、无灰，跟走在城里的宽阔马路一样，使人看了有舒适感。

2008年8月28日　农历七月二十八日　阴

黄山镇中心校长木龙同志今天率黄山镇党委政府领导，玉龙县教育局有关负责人来南溪完小检查验收西面师生生活用房的维修工作。此工作由黄山镇人民政府出资9万元，对西面生活用房（原为土木结构）维修翻新，把房子升高30厘米，把土基丢了砌成砖，重新盖石瓦，把原来的楼上天花板换新刷漆，把原来的木窗换成铝合窗，把原先的校门拆了在外面又新盖大门。此项目由四川籍一个小老板承包施工又包给丽江古城区金山白族乡农民工来施工，其中的木工（重钉天花板）又包给四川农民工来做，工程质量中等，木工部分中等偏下，但已检查验收合格。

在丽江"2·3"地震前的南溪完小校舍，是分给各个自然村来负责维修翻盖的，每个自然村都有份。要是哪所房子需要返修了，校长就反映给行政村领导，行政村领导去布置、监督自然村村主任组织该村村民维修好。丽江"2·3"大地震后，由于国际友人及港澳同胞的大力捐赠，加上各级政府的资金支持，各自然村盖上了砖混结构的大房子。从此，由各自然村村民建盖、维修校舍的事已在丽江陆续销声匿迹了，其变成了基础硬件建设找政府、靠政府，由政府来解决的局面。这可能也就是中央一再强调的"减轻农民负担"的一方面吧。

2008年8月29日　农历七月二十九日　晴转雨

玉龙纳西族自治县农机管理站的工作人员，继去年来南溪村委会进行手扶拖拉机和方向式拖拉机的检查验审后，今天又前来南溪村委会进行拖拉机2008年度检审工作。这不仅大大地方便了有拖拉机的农户，而且为拥有拖拉机农户节省了不少的开支。例如，在去年以前的拖拉机年检，都开着拖拉机到丽江城的农机监理站去进行，人的花销费、拖拉机往返于南溪与丽江城的燃油费，最少也得花费五六十元，还得花一天时间。在家门口检审后，村民可回家做家务事及田间劳动，或者上山捡菌、挖药，来增加家庭经济收入。有大部分思想开窍的村民是这样想的，所以，这些人一听到消息就积极地将拖拉机开到村公所进行审验，结束后立即回家又去做别的事情。有少部分村民没这样想，他们认为，这些部门要找钱，连农民的一辆农用手扶拖拉机都不放过，为了收取每辆拖拉机每年的50元检审费而上门。因此，这些村民就不愿意进行检审，或者来得较晚。有个别的村民干脆不来检审，这部分村民宁愿自己多抽包烟、多喝杯酒，却不乐意付每年的四五十元检审费。这极少部分村民的做法，既不符合国家《机动车管理条例》的相关规定，也对自家的拖拉机进城区不利。

2008年8月30日　农历七月三十日　阴转中大雨

今天是满下村寨进行村道改造工程施工的最后一天。开初大家都估计今天的天气会阴转晴，就进行便道的混凝土浇灌。谁知有的小组刚浇灌完，有的小组正接近尾声，老天又下起雨来了。大伙估计下的时间不会很长，就搁下活先去吃饭。午饭后雨小了，人们又继续干，坚持把村中每条便道（分给各组的任务）都浇灌完。大家看到老天的脸越沉越黑，就知道还要下雨，就从各户家里找了篷布、塑料布把各组浇灌的便道盖好、保护好，不让雨水把路面损坏了。果不其然，盖好篷布收工后，老天下起了中到大雨，雨量很大，却没有把村民弄好的混凝土路面弄坏。

当天晚上四个施工小组都在打牙祭，有的小组买狗杀狗吃，有的小组买鸡杀鸡吃，有的小组请驾驶员从城里买来鲜肉、鲜鱼、鸡爪等。每个组都在打牙祭的农户家休息到晚间12点，有些扑克、麻将爱好者还玩到凌晨3点才散伙。

从今后，行走在满下村各户间的大小道上，都不再是拖泥带灰的现象，村貌发生了根本的变化。遗憾的是有个别农户损人利己，在已修好的路上设置不必要的自家防水措施，这事村民和村干部看在眼里、恨在心上，但嘴里却不说。主要是这些人家占着自身有手艺，人必求，且村里亲戚又多，故而我行我素。

2008年8月31日　农历八月一日　雨转阴

玉龙县国土资源局领导委托黄山土管所在南溪村找个家境比较清雅的农户，买上一只绵羊杀好，做一顿饭，他们要来休闲一天。土管所所长委托南溪村委会干部操办，并在旦前村买好一只价格600元的绵羊。村委会干部选择了满下村和学新家，他家庭院宽敞，人畜分院，院里种有花木，环境相当宜人。和丽军从旦都拉来绵羊后，请和学新家邻居和二友杀羊，并把羊肉洗净。市国土局、县国土局的干部驱车来到和学新家，高档车停满了和学新家周围。下午3点左右，黄山镇党委书记和学典知情后，邀约了镇长和晓芳（女）来到和学新家陪同。他俩认为土管所所长应把这事事前告诉他俩一声，好让他俩安排陪同。事后，和晓芳镇长批评了所长。这是第一桩有头有脸的领导人来南溪休闲（化祟），各级领导约有25人。席间满下村村民组长和永红应邀坐在镇长、书记旁，和学典书记高度赞扬了和永红。他向其他领导介绍说："他是这村的现任村民组长，他很有能力，是他转变了满下村领导软散、瘫痪的现象，是个好组长。在他任职3个月里就完成了村道改造工程，这一工程在满下村除他来组织实施外，没有第二个人能组织实施，的确了不起。"领导们听了，都举起酒杯向他祝贺。

2008年9月1日　农历八月二日　小雨转阴

南溪完小今天按期开学，老师们打破了近些年的惯例，于昨天下午回校。今天上午组织同学们扫教室、清扫校园及假期中翻修的生活用房，进行完大扫除后，发放新课本就放学。下午部分老师在结算学校小卖部存留的东西，由要退休的和学诚老师清点交给现任校长和家香老师。

今年南溪完小教师更动很大，去年刚上任（刚满一年）的校长赵家善因管理不严，导致去年南溪完小的教学质量下降而被免职，由和家香（女）老师任校长，和占专老师任教导主任。和学礼、和学诚、和学新、和国圣四位老教师退休，和丽霞老师调玉龙中学、木雪梅老师调文华幼儿园。全校13个教师走了6个，是南溪完小有史以来更动人员最多的一年。自2003年始，南溪完小的领导（校长）也更换得多，先后有和丽华老师、李建光老师、和建雄老师、赵家善老师、和家香老师5位老师担任校长。造成人员更动的原因是有些老师调往其他学校，有些老师不善于管理。从客观上来说，校长换得多，对提高学校的教育教学不利，但根据学校的教学实际及群众的意见，中心校领导不得不采取这样的措施。

2008年9月2日　农历八月三日　小雨转晴

满中村村民和丽元很崇敬爷爷，他为爷爷曾经是丽江有名的东巴而感到骄傲，更为爷爷精通东巴绘画、舞蹈、文化，是丽江著名的东巴画师，开办过东巴学校，培养出一大批东巴而感到自豪。遗憾的是这样一位负有盛名的人，连一张正规的遗像也没留给后人，好让后人世代缅怀爷爷。和丽元就从老家汝南化村找来一张20世纪50年代初爷爷与长水东巴和青的合影照，拿给和尚勋老师，请他托人帮忙把爷爷的像做成独像（个人像）。和尚勋老师打电话请求丽江市东巴博物馆的和继全老师做一下此事，和继全老师欣然同意全力帮忙，因为东巴研究院的人都知道和丽元爷爷的身世，他们很乐意帮忙。

和丽元爷爷名叫康爸才，法名东才，他是丽江境内最有名的东巴，精通全部东巴文化（包括东巴文字、祭风、祭署、占卜、绘画、舞蹈等），特别是他画的《东巴神路图》尤为著名。丽江黑龙潭得月楼、解脱林以及重要建筑物上的画都是他画的。东巴博物院及东巴研究所的研究员们，无不对康爸才的深厚功夫和渊博的东巴文化知识感到钦佩。

和丽元也为没能传承东巴文化而感到莫大的遗憾。

2008年9月3日　农历八月四日　晴

南溪满中村在做完村道水泥路面改造工程后，今天由集体（按先前分的3个小组）进行路边铺沙固路的工作。3个小组都开着手扶拖拉机到火葬场附近的沙地上挖沙子，拉来沙子后把沙子倒在水泥路的两边，用锄头垒起来。这样做，一方面起到防水作用，预防雨水天的洪水把路冲坏；另一方面也起到路面扩宽的效果。原先3米宽的路面，一边垒五寸宽的路边，就成了一丈宽的路面，行车时遇到行人或牲口也不显得窄小。集体的路段修完后，各人又去挖沙子，把沙子拉来，在自家门前的路上也照例这样做。

至此，从开工到今天，历时两个多月修村道的任务不留尾巴地做完了，只待镇政府来检查验收。人们有的为改变了村貌而高兴，有些年轻人走在水泥路面上，摇头摆尾，好自豪；但也有部分村民因为付出两个多月的劳动日而感到惋惜，捡菌王为今年因修路而没时间捡野生菌，叹息道："今年家庭比往年少收入四五千元。"干部（行政村、镇、村民小组三级领导）认为："我们任职期间做了一件大事，有政绩。"人们的心态不一，但结果是旧貌变新颜，满中村变了。

2008年9月4日　农历八月五日　晴

今天南溪完小来了五位新老师，这些老师是来顶替已批准退休以及调回坝区工作的教师的。新学期黄山镇中心校在玉龙县委和县教育局的直接领导下，在玉龙县率先实行"设岗定员，校长聘师"的试点。除南溪完小外，城区四所完小中有部分年轻老师被抽去边远乡镇支教，有部分教师被安置在幼儿园（四所）。任课教师由各完小校长聘请，落聘的教师去南溪（山区）支教。今天来南溪的这五位老师是城区学校落聘的教师。

知情的部分南溪村干部和群众对这一做法感到反感，他们认为："南溪的儿童也同样是祖国的花朵，其中不免有将来建设祖国的人才，需要同样的关爱和公平的教育，怎么能把坝区被淘汰的老师安排在南溪？南溪老师也可以弄竞聘上岗。现在这一做法对南溪教学质量的提高是不利的，对南溪娃娃是无益的。"

这些措施是上面主管部门的安排，村干部和群众是面对客观现实，发泄一下不满情绪。

2008年9月5日　农历八月六日　阴间雨

在南溪鹿子村山上买石头、采挖石头的老板，由于采挖石头的方法欠佳，采挖效果不令人满意。今天，老板请满下村寨的村民和国武去管理、指导石头采挖工作，因为和国武曾在满下石场做过两次较大规模的采石场指导管理，这方面的经验是过人的，老板估计请了他后就会有明显的效果。和国武也愉快地接受了老板的邀请，因为他的个性是善于找软钱（不花费气力挣到的钱，在南溪村称作"软钱"）。他和采石老板一同乘车前往鹿子村采石场查看指导。回到家后，他安排家人杀鸡做饭招待老板，这架势看起来要跟老板合伙似的，饭后老板付了饭钱，并说"帮我管理不会亏了你的"，和国武欣然同意去鹿子石场指导。

2008年9月6日　农历八月七日　雨

满下村村民和国武帮买石头的老板指导管理采挖石头，很负责任。他在做现场指导采石的同时，很关注运石头的路途中存在的问题。他今天请了满下村村民和国臣及和天林两位村民开一辆手扶拖拉机去修铺文屏村到满上村的难行路面（这些路面本来是好好的，但拉石头的汽车超载运行，造成路面损坏越来越严重，致使车行到这些路段时常被陷下不能行走）。和国臣、和天林两人就捡石头拉到这些路段上填好，再铺上些沙子或土，但一天下来也只修铺好一处。当南溪村民路过这些路段时，就咒骂卖石头的人说："捞起来有牛头大，分下来有虱蛋大（比喻很大的一碗，分下来就一点点），卖了20000元，每户分到300来元，但是花10万元也修不好损坏成那样的路。前年满下村卖了两个月石头，被损坏的路面不少；今年鹿子村又卖石头，恰逢雨季，损坏路面的程度更大。要是不修路，拉洋芋的汽车上不来，洋芋就不值钱。只产洋芋的南溪，如若洋芋卖价不高，群众的生活就不好过。卖石头的人不想想，要出多大的人力和财力才会把路修通畅，他们只想得了一点钱，却不想坏了路得付出更多的部分。"的确，不管做什么事，事前要考虑好得与失的关系，要先报告村委会和镇党委政府，像卖石头一事，不经请示、不经批准就做，大部分群众和干部都很不满意。

2008年9月7日　农历八月八日　雨

今天满下村村民和四闰帮汝南化村药材老板和次拼收中草药"重楼"，收购价有些提高。前段时间（从开始收中草药到昨天）一公斤虫蒌（现挖现卖，不去须根）20元，今天开始每公斤24元。有几个村民在傍晚卖重楼时对和四闰说："四闰，听说汝南化村在以每公斤40元的价收重楼，请你跟和次拼建议一下，再提高些价，只是一山之隔两村收购价悬殊这么大，挖药的太不划算了。"和四闰听后说："那你们就去汝南化村卖好了，我不收了。"

从这样的对话中，可预测出和四闰收草药的盈利是丰厚的，估计他转卖给老板时也得到每公斤40元或40多元。在回家的路上，几个村民交头接耳："我们采药的是为老板找钱，和四闰每天赚这么多钱，要是我们不卖给他，他也就得不到这么多钱。"有个村民说："我们不是老板，又处理不了这么多挖到的药材，只好卖出去。"

是的，没有老板，大批菌子、药材、洋芋运不出去，出不了手。捡到的杂菌、挖到的药材、种出的洋芋，村民自个儿出手处理的不多，偶尔有自个儿处理洋芋的，但想来算去，不如大批量一次性卖给老板。所以，老板与村民的关系是：生产洋芋、捡菌、挖药材靠村民，村民的产品靠老板推销，老板把产品运出去，村民使老板发财了。

2008年9月8日　农历八月九日　小雨转晴

满下村村民和顺明的小女和永梅上月生一女婴，并于农历七月二十九日在和顺明家举行了祝米客。不知道什么原因，当时参加祝米客的人绝大多数为和顺明方的家族和亲戚，女婿和春红方的家族和亲戚大多数没来送礼和参加"祝米客"的佳宴。

今天，和春红及和永梅在丽江城里举行祝米客兼满月客，在城里农家乐订餐接待送礼的客人，参加的人绝大多数是和春红家的家族、亲戚和一些在城里打工的和永梅、和春红的好朋友，和永梅家的家族和亲戚一个也没有参加。

这样举行"祝米客"的形式，别说在满下村，就连整个南溪村委会（八个自然村）里还未出现过。而他们举行这种形式的祝米客，八成是亲家不和的原因所致。

和顺明长女出嫁后，按理说小女应招上门女婿，而他俩的婚事是在城里举行的。此前，和顺明也背着彩礼去姑爷家求婚，照理说，这门婚事是招姑爷上门，可从今天举行的祝米客形式看，男方家有否定"上门"之意。

2008年9月9日　农历八月十日　雨

满下村村民和万军和益花夫妇，和学先、和满菊夫妇，和亚华、和世仙夫妇，和万琴、和金燕夫妇，和子一、杨文花夫妇，和作典、和爱花公媳，和金发、和银谷夫妇，成群结伙去鸡冠山后面的山上采松球、剥松子。

今天剥松子的方法是：把青青的松球从树上采下来，用篮子背到一块空地上集中起来，等采到一定数量（越多越好）的松球后，就捡来干树枝堆成一堆，并找来松明引火，把树枝烧起来。然后，将采集好的松球放在燃烧的干树枝上，用大火来烧青松苞。等大火把青松苞上的松脂燃烧完，并把松苞里里外外都烧熟时，就把松苞拿出来，用斧头使劲敲，敲松后放到塑料布上，再用手把敲松的松苞撕成四瓣，开始剥松子。待所有的松苞剥完后，把剥下的松子装进口袋里，又准备第二次烧松苞。

这样轮回地干,一直干到太阳落山方归。

这些天剥松子的目的,是因为居住在丽江城里或城郊的纳西族有"八月十五尝新"的传统,而且特别注意尝新米和尝新松子,哪怕是不那么饱满不很可口的松子,每家都要买上两三斤品尝。因此,农历八月十五前市场上松子好卖,居住在山上的人就乘此机会来创点家庭经济收入。

这段时间虽然松苞容易采到,但得烧,烧熟后得敲,因此还是比较费时费力的。一天下来,一人收入也只是七八十元。

2008年9月10日 农历八月十一日 阴间晴

今天是中华人民共和国第二十四个教师节,以各村委会、完小为单位举行庆祝活动。活动经费的来源:一是离退休教师的经费由县教育局按人头发给;二是镇政府补助;三是学校拿出一点;四是村委会补助一点。南溪完小教师节的活动经费靠镇政府给。

今年的教师节,南溪完小在职和退休教师到城郊农家乐举行座谈会。黄山镇党委政府派驻南溪工作组的和寿生等三位同志、村委会的和继武等三位领导、黄山镇中心校的木龙校长等四位领导参加了座谈会,与南溪完小全体老师共度教师节,呈现出团结、和谐的气氛。座谈会结束后,中心校领导给退休教师送了节日礼品,祝愿老教师们健康长寿。老教师们对领导的关心表示由衷的感谢。

党和政府对人民教师无微不至的关怀,社会和民众对人民教师无比崇敬。同时,对人民教师寄予了无限的厚望:培育好祖国的花朵,教育好建国的栋梁。在职的全体教师应不负众望,不能"误人子弟"、虚度年华。

2008年9月11日 农历八月十二日 阴间小阵雨

离中秋传统佳节还有3天时间,虽然还有3天,但在满中村种药材玛咖的杨老板在忙碌着。他没有忙于种药材的田间，也没有忙于他设在中村的公司，而是驾着一辆白色桑塔纳自用车奔跑于南溪村委会（除了文屏自然村）的七个自然村里，给各村的村民小组组长（传统称呼为村长）送去中秋月饼，表达村长们对他的"生物种植公司"工作的支持和帮忙的谢意。在种药材玛咖以前，杨老板请各自然村村长宣传、登记各农户要种药材的亩积、地点等，同时还给他们送了烟、酒、茶等物品。当时满下村处于没村长的无头状态，他就请退休后居住在该村的和尚勋老师帮忙，他也给和尚勋老师送来了同样的酬谢礼。和尚勋老师对他说："杨老板，您在满中村做的时间已有3年，您的公司一点效益也没有，反而付出了45万元的租地款，在这种情况下，您今天的活动就可免了。"杨老板说："不管有效益还是无效益，您帮了我们，我们表达一下心意，是在情理之中。再说种药之事，是要等待村民慢慢改变传统的种植观念，公司就会好起来的，不可能急于求成。"

从与杨老板的交谈中，可以看出在南溪大规模地种玛咖，他是充满信心和希望的。他打算在近期内再盖房子（做仓库），增加育苗暖棚。他这样做也许对南溪产业结构的更新、南溪社会经济的发展将会起到推动作用。

2008年9月12日　农历八月十三日　阴间晴

满下村村民和灿、和吉诚、和万琴等约十人，合租了和学先的手扶拖拉机拉着剥好的松子去丽江城里卖。和学先把他们拉到市场后，再背着松子到各个市场去卖。同样的货，卖到不等同的价，有些松子每斤卖到5元钱，有些卖到每斤4元、4.5元，有的才卖到每斤3.8元，还有的以每斤3元的价成堆卖给小老板。真是各有各的财运。

二十年前的南溪村民进城做买卖很相信财运的好坏，因此有好些忌讳。例如：见有人要去城里，妇女要主动避开，如不避开就有"生意不好之说"。那时的满下村里就流传着"出门进城做买卖，遇到×××和

×××两个妇人,生意必定不好"的说法。家里若有人去城里做买卖(包括很平常的卖洋芋、换洋芋等活动),家里当天就不能扫地。若是扫地了,就会有出门人不顺利,生意不好的说法。近些年的老妇人(七八十岁的老人),还在像过去一样见到要进城的人或车就主动避让,一般65岁以下的村民就不计较这些了。

他们卖完松子,就买了些红糖、红纸、豆沙、芝麻、花生等物品,准备明天在家做饼子,有些还买回了城里卖的大月饼,准备中秋节阖家赏月。

2008年9月13日　农历八月十四日　晴间雷阵雨

满子师上、中、下三村的90%农户,今天一起床就准备做饼子。有些不大精通做饼的技术和程序,或者很少在现场见过做饼子、欠缺经验的,从邻近村寨嫁进来的妇女,在亲戚家里请人帮忙、指点着做。例如,从后山高美村嫁进来的杨耀祥,过去每年的今天她用篮子背来面粉、香油、红糖到家族和家良家,请和家良帮忙做,而她做和家良的帮手。每年的昨天和今天,和家良大妈忙得很,她不仅做自家的饼子(15斤左右),而且每年都在她家帮别人做15斤到20斤的饼子,做这么多饼,有时要熬夜。但她不辞辛苦,不计较个人的得失。她对别人说:"亲戚有请帮忙的,再苦再累也得帮。"别人嘲笑她说:"说她真憨,现实社会中像她一样的人难找,你去请人帮忙这么容易吗?"不管别人怎么说,她还是一如既往地帮亲戚做饼子,杨耀祥家的、和玉祥家的都是她帮忙做的。

2008年9月14日　农历八月十五日　阴间小阵雨

今天是中秋佳节,少妇们都背上买来的或自做的月饼回娘家送饼。一般路途较远的或老父母辞世了的少妇,不再回娘家赠送饼子。在城里单位上工作或在城里开出租车、打工的人也都回家来过"团圆节"。他们从城里买来了好吃的饼子,各种水果、鲜肉等。和朝亮、和福春夫妇却没买回娘家赠送的月饼，事前老父亲曾打电话提示，要买来月饼赠品，可能是和福春不想去。因此，没买回来。吃晚饭时，和朝亮的父母对他俩的做法提出了严厉的批评，并叫他俩从家里带去两个买来的大月饼以及两瓶酒，去和福春的娘家及大兄长家。和福春开初说，怎么也不去了，后来和朝亮的老父亲说："如果我们两个老人不在，去不去不打紧，可随你们的便，但现在我们老人还在，若你们不去，旁人会误以为老人当家，不让小的去，丢我们的脸，赶快去。"这样和朝亮、和福春两口子才驾车前去满上村和福春娘家及兄家。他们走后，大家细致地分析了和福春不想回娘家的原因，是因为她的哥嫂太不通人性，兄妹间没感情，和福春一年中回两次家（中秋和春节）受到哥嫂的冷落，没吃过一顿饭。面对这种情况她不想去是情有可原的。

2008年9月15日　农历八月十六日　晴间阴

黄山镇派出所通知满中村、旦前村"火把节"时两村群架中的受伤人员以及部分当事人，在黄山镇人民政府司法庭里召开调解会，派出所指导员及镇司法所所长主持了这次会议。

首先由派出所指导员对"火把节"群架的危害性和危险性做了充分的总结，并说："派出所可以把两村的受审人员抓起来、关起来，但这样一做，恶性循环的事情就会常出不断、没完没了的。现经镇司法所和派出所充分讨论商量，决定由双方有关人员分别负担伤员的医疗费用。满中村受伤人员和国军、和万选、和福军、和福祥四人的医药费用由和春华、和志强、和建新、和成军、和建华、和开红六人共同负担，旦都受伤人员和万的药费由旦都村有关人员来共同负担。"最后说："以后再不能互相过不去了，有病有痛不能怪对方。"对派出所的决定，双方表示愿意服从，以后不再报复对方。

满中村有关人员向派出所的同志表示，受伤四人的药费其实是由集体（全村）负担的，村里有前些年的卖树款约2万元，村里做过统计，从这款中付出药费。旦都村可能也会用同样的方法来负担受伤者所用的药费，他们村也有承包松茸的钱。

2008年9月16日　农历八月十七日　晴

满下村村民和永良、杨耀秀夫妇，因儿子和文亮与本村女青年和学青多年未婚同居，在没有任何手续（法律的、传统规矩）的情况下生了一男婴，今天为小孙子举行"祝米客"，为儿子和儿媳举行婚礼，两件大事归成一件事来做。他们事前不逐一上门去请客，而是发出了"两件事情同时办"的舆论，这使很不亲的人家有些为难，但人们还是送了礼。家族较亲的亲戚，送了两份礼（结婚礼和"祝米客"礼）；不怎么亲的或一般邻居就只送了"祝米客"的礼。从总体来看，这次所请的客主要有杨耀秀所接触的妇女干部，黄山镇卫生院医务人员，村委会干部，后山高美村杨耀秀亲戚，和文亮的小弟兄（同伴，在南溪"同伴"历来就称作"小弟兄"），和永良家族，其余的都为"不请的客"（在南溪古来就把"祝米客"称为"不请的客"，纳西语叫作"没哭板"。因此，举行"祝米客"和丧葬礼，主人家估不准有多少客人）；送来的礼不仅有鸡、蛋、米，而且有钱、肉、酒、烟，好多人两种礼（"祝米客"礼和结婚礼）同时送来。

这种事例在南溪还前所未有，是有史以来的第一例。在以前，这种未婚就有性关系是件非常不光彩的事，当事人认为马脚暴露，就都去殉情。国家实行改革开放后，虽有些未婚同居的现象，但不很明显，就把婚事办了，办后三四个月就生小孩，这就不足为奇了。和文亮、和学青小两口在众人面前也是无所顾忌了。

2008年9月17日　农历八月十八日　晴

满下村村民和永良今天上午往挂了客礼的各家请吃午饭。在一般情况下，满下村举行"祝米客"，除家族近亲外，都是只吃一顿晚餐（家族和近亲是要热闹三天的）。今天和永良所请的是村中不是他家家族或近亲的一般村民，在昨天挂了两份礼的村民。他家这样做，意思是示意今天中午这顿饭为婚礼饭。有些村民风趣地说："这也是改革开放的一种表现，'改革开放'顾名思义，是做前人及历史上没做过的事，只要想干的都可以干（除犯罪外），和文亮、和学青这么一干，不是省了好多事吗？给两边父母都减轻了很多负担。"

在今天休闲时，村民和尚花亲切地口口声声称和学青的爸爸和建忠为"五雪松外公"。和建忠以为女儿行为不轨，是做父母的教育不周，导致女儿有这样羞人的下场。因此，当众这样喊他，他觉得他的脸不光彩，又不好说什么，只好咿呀相对。

2008年9月18日　农历八月十九日　晴转阴

南溪村电工和永勤乘到各自然村抄电表之机，顺路把各单位（村公所、南溪完小、卫生室、恒林种植公司、云南大学基地）两次交电费（2007年11月至2008年6月、2008年7月至9月）的发票带给各单位相关负责人。他到满下村云南大学基地管理员和尚勋老师处，把电厂收款的发票交给和尚勋老师，和尚勋老师拿出和永勤收款时写下的收据发现有点出入，和永勤在收2007年11月至2008年6月电费时每度电收费0.6元，上缴时电厂只收每度电0.52元，他每度多收0.08元，2008年7月至9月收费时和永勤每度电收0.66元，而上缴电厂时收了每度电0.68元。他两人就按电厂实际收费，和原来收款做了多退少补，和永勤退还给和尚勋老师他多收部分的22.82元。

他俩在边吃酒边吃糖时，和尚勋老师给和永勤说："多收了你划算，少收了你要贴。"和永勤说："2008年7月至9月电费每度贴了0.02元，电价变化不好办。"和尚勋老师认真地说："2008年7至9月电费你贴了0.02元，但这只是全村3个月所用的电，数量不多，所贴的钱数额也不大，而你收的2007年11月中旬至2008年6月的电费，用电时间为7

个多月点，每度电你多收了 0.08 元，这多收部分你只会退还单位，不会退还农户，你想想算算你多赚了多少钱。但请你放心，这些实际的东西我不会向村民讲。"

和永勤说："我只能收入电费总数的 10%，一年五六千元。"和尚勋问："每次抄电表，收电费需要 10 天时间吗？"和永勤说："抄电表一个自然村一天（旦前、旦后合起来也只要一天），但收钱时就费时间了，每个自然村平均两天，总共半个月多点才能完成。"他俩共同细算了一下，每天约合和永勤工钱百元左右。和尚勋开玩笑说："你的收入与一个高级工程师或教授等同，你这个电工报酬确实可以。"和永勤也坦然地说："现在每年有五六千元的收费工酬，别人来请安电表、查线等还可以收工钱，收入是可观的，这是一笔不少的农业工资（从农兼做企事业工作所得，在南溪村民中称作'农业工资'），但到年岁大了，爬不起电杆时就一无所有了，这是件非常遗憾的事。"

2008 年 9 月 19 日　农历八月二十日　晴

满下村村民和朝光请太安乡吉子村委会汝南化村村民和三哥，帮他修理手扶拖拉机。和三哥把手扶拖拉机的后桥部分全都拆开，重新垫上垫纸，好让机油在机器运转时能保持在机体内跟着各种机器部件运转。当和三哥还没修理完的时候（下午 2 点左右），又来了两三个村民请和三哥修理拖拉机，有的说是柴油机难发动，摇得人累得喘不过气来；有的说是机体里的机油外泄，影响机器正常运转；也有的说是气门哑，得费很大的劲才能把柴油机发动起来。和三哥答应了这些村民的请求，回答说："把和朝光的修理好后，逐一来帮助修理。"

满下村寨里常请村民和朝泽来修理拖拉机，他是从 20 世纪 90 年代初开始干起修理的，但不是专业的，而是有人请就修。满下村寨的所有手扶拖拉机坏了基本上都是他修理的，村民和国武也偶尔帮人修理一下。自从和朝泽学了驾照去城里开出租车以后，有少部分村民请和国武帮忙修理，大部分人则去请和三哥来修理，就连和国武修不好自家的拖拉机时也请和三哥来帮忙修理。这几天，秋收农忙在即，来了一个修拖拉机的，大部分村民都想请他看看机器有无毛病，以防农忙时拖拉机出故障。

2008 年 9 月 20 日　农历八月二十一日　阴间晴

在南溪鹿子村石场买石头的老板，因雨天还不停地拉石头，导致南溪公路的好几个路段泥泞不堪，车辆难行，特别是小型汽车和载重汽车更难行。老板想在鹿子村石场多拉些石头，因此，今天向满下村村民组长和永红提出在满下村沙场买沙子。他用挖机挖沙上汽车，用拉石头的汽车把沙子从满下村沙场源源不断地拉到南溪公路各泥泞路段，以及鹿子村石场附近的泥泞路段，铺起来。和永红也乘挖机挖沙上车之机出钱请了村里两辆后驱动拖拉机拉沙倒在村里泥泞的田间路段，每辆车拉了七转，每辆付了 100 元油费，并负责当天驾驶员的生活，总共花费了 400 元左右。

对和永红的这样做法有几种看法：看法一，老板用汽车拉了这么多沙子只拿到 400 元的资源费，等于把沙子白送给别人；看法二，收到 400 元，就是 400 元，这 400 元又投到田间公路上，这是好事，是和永红动脑筋想办法为村民办事的好行动；看法三，根据满下村以前村组长们的惯例，当头的一定捞了；看法四，不管是哪个当组长，只要把该做的村务组织村民做了，捞一点也是当今社会风气，全都被组长捞了，一样事也不干，也拿他没办法。总之，对任何人和事，人多议论多。由集体来经营沙场，总比以前劳力多的农户卖了沙强，虽然收入的钱不多，农户分到的钱不多，但村里该支出的有了经济来源。大多数人认为，比以前好多了，是和永红转变了满下村无人管的现象。

2008 年 9 月 21 日　农历八月二十二日　阴间晴

满下村村民组长和永红安排改造村道时的第二小组（14 人）来排沙

修铺田间公路。有些人认为小组只是改造村道工程作业时的临时分工，村道工程完了就会随之消失；有多数人认为：二组的组长和组员都比较尊重村长，对村长的安排指挥都无言地服从，没人说这说那，其他三个组（一、三、四组）的组长和组员有时给村长顶牛，对村长的安排虽然服从了，但二话连天，有时还会给村长、会计提些难题。大伙边劳动边这样议论。组员们在没有村长、会计参加本组劳动的情况下，各尽所能，把昨天拉来倒在路上的沙子排开，铺在路上。他们先捡出沙堆里的石头填铺在泥坑里，再把沙子用簸箕抬来铺平在石头上，两边修了边沟。排完沙堆后，把路上的坑坑洼洼也用沙里捞上来的石子铺好。

村民组长和永红、副组长和圣华驾驶和圣华的拖拉机，以及请村民和亚华的拖拉机一起去丽江城买石灰和瓦，准备把今年春风吹掉了的村活动室的瓦添补上并盖上石瓦，这经费是黄山镇政府给的。

2008年9月22日　农历八月二十三日　晴

满下村村民组长和永红请鹤庆县辛屯乡在南溪砌砖的泥水匠张彬祥等三名师傅，盖满下村活动室的石瓦。由于3个师傅都需要在屋顶作业，他们没有带帮手，和永红就出钱请本村村民和万红、和亚华两个来帮忙筛沙、拌沙石灰、送沙石灰、送瓦等工作。和万红负责地面上的工作，和亚华蹲在屋顶做传递手。

路过的村民看见了，都感到现在的政府确实是为改变农村落后面貌出力了。村民和顺光说："要不是镇政府给钱，这所房子就这样会烂掉了。过去常说'一家起得了四合院，一村盖不了山神庙'，群众再有钱也不会掏出来修公用房。中央的政策特别对农村、农民十分关心。但有时候，不像中央所说的那样，在各级政府中走了样。"

因为，请师傅的形式是包工，张彬祥等三人干得特别带劲，除了吃午饭，干起来就不休息，到傍晚就把四间屋的一所房子的石瓦盖完。和万红、和亚华为白族师傅的找钱精神所佩服，认为师傅们的劳动量大大超过南溪村民的劳动量。

2008 年 9 月 23 日　农历八月二十四日　阴

南溪全村都忙于挖洋芋的农事活动。村民们相互见面的第一句问话是："今年洋芋长得好不好？"普遍回答的是："不好，今年的洋芋个头长得不大，而且数量少。不仅如此，洋芋皮上还起了一些疙瘩，比以往减收好大一些产量。"听到这样的对话后，满中村的老农（现年78岁）和道元说："今年是戊子年，历史传统上说鼠年是饥荒年，南溪村的历史上凡是鼠年庄稼比往年都歉收。过去我们南溪村有这样的说法'十二生肖年份中视猪年、狗年、牛年为粮食丰收年，这些年会收到猪、狗、牛都吃不完的粮；鼠年为饥荒年，只会收到老鼠够吃的粮食；其余生肖年份为一般年份。'明年是牛年，明年又会大丰收了。"

年岁老的村民常对后生们说："鼠年是饥荒年，要注意节约用粮。"现代的南溪村民，认为粮食的丰收与歉收与十二生肖年份没有关系，而是与天气有关。今年雨水多，庄稼就长不好，而且烂掉的洋芋也多，这是符合科学道理的。

从这几天开始到 11 月底，是南溪农活最忙、最繁的时节，不仅要挖洋芋，要收油菜、蔓菁，还要在其间撒播青稞、豌豆等小春作物。

2008 年 9 月 24 日　农历八月二十五日　晴转雷阵雨带雹

村民们都在地里忙着挖洋芋，劳动时相互打招呼的口头语是："今年洋芋这等不好，好像是过去文华村人捡洋芋一样。由于洋芋不好，干劳动的劲头都不足了，好像泄了气的皮球，鼓不起来。"人们边谈边干活，天气很热，热得有些辣辣的，而且觉得有点闷，人们预感到今天有一场雨要下。

果不其然，快到中午时分，晴朗的天空响起了阵阵雷声，一团团乌云像座座山峰涌了过来。挖洋芋的村民还来不及把挖好的洋芋装上手扶拖拉机，随着阵阵雷声，顷刻间，大雨下起来了。人们不顾未捡进口袋或篮子的洋芋，不顾未背到拖拉机的满筐或满袋洋芋，都急忙跑进拖拉机避雨，有个别的村民拿出事先准备的雨布，盖住全身，蹲在地里。雷声越来越响，雨点越下越大，其中还夹有冰雹，持续了一个多小时。村民们身在躲雨，可心里牵挂着待收割的秋油菜籽。人们都嘀咕着："完了，完了，一年的劳动果实，这么一下子就被老天收回去了。犁地、撒种、追肥、除草、锄地一系列从早到晚的劳动，一下子就付诸东流，一无所得。丰收在望的油菜籽被冰雹打落在地，人们无法捡上来。唉！我们这地方，当农民的不容易，眼看快到手的劳动成果，几分钟就完了，确实是过去老者常说的'靠天吃饭'。今年的油菜长得格外好，真是长势喜人，每家都能收上千把斤，多的农户可望收到两三千斤，可一小时之内就被老天降下的冰雹打落了。以排田种地为生的村民们怎能不心疼呢？"

2008年9月25日　农历八月二十六日　阴间晴

玉龙县退耕还林办公室请来西南林学院学生，对玉龙纳西族自治县的所有退耕还林项目做全面的调查。南溪村委会也来了七位西南林学院的学生，驻在南溪。调查的内容涉及很广，包括重新丈量退耕还林地，并做卫星定位、制图、填表，每块地要制出三份。请工的方式是，由县退耕还林办公室每天付学生工钱50元，生活由村公所无偿提供（南溪村委会无经费来源，由黄山镇人民政府负责生活款项，包括给学生做饭的临时炊事员工资），由村委会请一个临时炊事员。炊事员由村公所邻居和朝光夫妻轮流做（当和朝光忙不赢时，由他老婆杨耀祥来做）。学生们在村干部的引领下，先来到退耕还林地丈量，卫星定位（逐村量定），完成一个自然村的，就在村公所办公室制图、填表，干得很紧张。听村委会干部讲，这样做是为了以后退耕还林再补助八年做工作。

2008年9月26日　农历八月二十七日　阴间小雨

南溪完小开学上课已快有一个月。教师炊事员和玉梅向校长和家香提出，请她另请人来做饭，她辞去临时炊事工作了。和玉梅的理由是：她患气管炎，常咳嗽，到冬季天冷早起时也许会更加严重，怕影响老师上课。她还表示，如果一时找不到做饭人，由她做。上午交谈，下午就有好多个女青年来校报名做饭，有的打电话表示愿意来做饭。结果，这个差事由满下自然村女青年和文秋担任。

和玉梅以前在城里客栈打工，后知道完小需要炊事员，就请在南溪完小任教的舅舅和学新帮忙说情，在学校做厨师。但是找到炊事工作才一年，而且在今年寒假里接受了厨师培训的她为什么辞去这一工作，村民们都很不理解。大多数村民认为："包吃后给每月400元工资，可顶上每月收入700元左右，而且工作很轻，大部分时间可干家务或农活，一周只需做五天饭，节假日放的又多，别人想去做还做不到，她到底图什么？"上了年纪的村民有的说："老师的炊事员不容易当，众口难调啊！特别是女老师多的地方，难度更大些，不像和丽芳做学生的饭容易。学生嘛，只要煮熟，无人论及好吃与否，小学生的炊事员还可以骂小学生。两者相比，前者难做些。"

自从南溪完小建教师食堂设专职炊事员（临时工）以来（约在1994年9月开始至今），先后有满下村女青年和朝梅（那时每月60元，还不跟老师吃饭）、和金桂（包吃，每月200元）、和学青（包吃，每月300元，后到400元）、和玉梅（包吃，每月400元）四位女青年帮老师做饭，其中和朝梅做的时间最长（约五六年），和玉梅做的时间最短（只有一年）。学生食堂的炊事员和丽芳已做了五年，很安心。她因工作任务重，包吃后月工资为600元（做七八十个学生的一日三餐）。

2008年9月27日　农历八月二十八日　阴

趁天阴，大多数村民都去割油菜。今年的油菜因前天雷阵雨加冰雹损失不少，只剩下不多的几棵油菜，但村民谁也不会丢在地里不收。幸免于冰雹袭击的也有少部分，这部分属于锄地时追化肥量多，下冰雹时油菜棵还没有熟透发黄，菜还在绿。因此，冰雹对这类油菜的伤害不大。伤害大的是已熟透，荚已发黄或变黑，可割而没割下的这些油菜。

村民和尚军、和益花夫妇，改变了以往割油菜的方式。他俩把割下的油菜不是小捆小捆地晒在地里，而是装进手扶拖拉机直接拉回家，晾在空房子里，以防在地里再受损失。一般的村民则按照常规，把油菜割下，小捆小捆地晒在田垄上，待干了时把油菜籽搓脱回家。村民们全力以赴，都想在天阴或下细雨时把油菜割完，因为天晴太阳辣时，人接触到油菜，油菜荚就会自动炸开，油菜籽也就从荚里脱落出来掉在地上。

2008 年 9 月 28 日　农历八月二十九日　阴

满下村村民和金辉、和益寿夫妇，和三姐，和建国、和学先父子、和建华、和敬菊父女、和金星等人今天上山采松苞。这些村民自今年中秋节以后就专门上山采松苞，以此来增加家庭经济收入。和金辉夫妇把挖洋芋的任务让姑娘和文秀以及儿媳和满秀去做，他老两口一起早就上山采松苞。到下午 2 点左右，和益寿转回来去放羊，和金辉一直采松苞到傍晚才转回。他把采到的松苞一部分用拖拉机拉回来，一部分藏在山上，想在冬季农闲时松苞自动开裂后再去剥松子。和建国、和学先父子则把当天采到的松苞用拖拉机拉回来，堆放在家里，也待到冬季农闲时松苞自动裂开时在家剥松子。这样做安全度大些，有多少都属于自己的。和三姐把挖洋芋的农事让丈夫和金红去做，她吃过早点，带上午饭去山上采松苞，并把松苞藏在山上，待自行裂开时去剥松子。这样做，有些不稳妥，要是让牧人或逛山人看见她们藏的松苞，就会剥了松子或者把松苞背回家去剥，那就是无偿为别人服务了；要是放牧人或游山玩水人没看到藏的松苞，待冬闲松苞开裂时去剥，那就比现时背回家或拉回家轻松得多了。和建华父女也与和建国父子一样，当天采到多少，就把当天采的松苞拉或背回家，采取了安全度比较大的方法。

往年，这些农户以及和建良家、和金星家、和子一家、和学伟家、和万琴家，每年卖松子收入都在三四千元。这些农户里，有些是劳力多的，有些是两口子硬拼着干的。

2008年9月29日　农历九月一日　晴

和发兴，乳名五六兴，男，纳西族，中共党员，现居丽江市古城区东界河中段河西87号。他1936年出生在南溪满下村，14岁就参加中国人民解放军。1950年底入伍，开初驻丽江集训，1951年4月中旬赴云南中甸剿匪，中甸剿匪战斗结束后继续西进西康、西藏，进行剿匪平叛的战斗。在这两地一直驻到1958年，后调省公安厅武警中队，历任分队长、小队长、中队长。1966年改制为云南省军区独立师，任务为保卫机场，保卫广播电台，保卫来昆中央领导和省委、省政府领导。历任营长、独立营长，做来昆明的中央领导人的保卫工作，见过很多当时的中央领导人。1979年参加对越自卫反击战，时任团参谋长。为了准确了解和掌握敌情，以便做出相应的对策，战时常常深入前线，身负过重伤，在对越自卫反击战中荣立三等功。自卫反击战结束后，调中国人民解放军第十一军三十三师任师后勤部副部长。由于年事已高，再加上新部队里无老熟人、老战友，和发兴提出申请转业。1982年转业回丽江任丽江县公安局政委、党委书记，1997年退休。他从军时间为32年，不仅在南溪村，而且在丽江的整个南山片，他是从军时间最长、任过的军职最高的一个名人。他生有二女一男，大姑娘和国英1983年毕业于云南中医学院，现在是玉龙纳西族自治县人民医院中医专家，任中医科主任。二女儿和国娟2000年毕业于西安工业机械学院，现在昆明铣床厂任技术员。他遗憾的是儿子和国栋学无业绩，说痴不痴，在丽江境内下象棋是高手；说他不痴又无正当的工作，现已年过30的他还靠父亲生活。

和发魁，乳名五红青，男，纳西族，中共党员，现居楚雄市大姚铜矿家属区。他于1935年出生在南溪满下村，是和发兴的族兄，他父亲海爸福是大东巴。

和发魁于1959年考入昆明工学院选矿系，1964年毕业，是丽江南山片的第一个大学生（到1961年，有前山放牛坪村的和明兴也考入昆明工学院机械系），"南山片的大学生"这一美誉一直保持到20世纪70年代末80年代初。他毕业后先分配到易门铜矿，后又分到东川铜矿，两三年后又调到大姚铜矿。他在大姚铜矿历任工段党支部书记、劳工科长、干部科长等职，他的技术职称是副总工程师。

和发魁于1996年退休，退休后定居于楚雄市大姚铜矿家属区。他的学历在南溪乃至南山片最高，技术职称也是最高。他的足迹遍及有色金属矿区，在十四冶中有一定的名气。同时，他是谈老婆谈得最多的一个，与他定过亲的就有四个女人，满中村的和玉芝、鹿子村的和凤玉与他订过婚，但后来都退了。他在读高中时，满中村的女青年和七娘嫁到他家，一年后病死。之后，他与旦都村的和八仙结成伉俪，生有二女一男。他的三个娃娃读书不成功，都以合同工的方式为生，妻子和八仙已于1990年在大姚铜矿病故，葬在大姚铜矿公陵，他的后代将在楚雄市内生存繁衍。

和尚勋，乳名五木光，男，纳西族，初中文化，中共党员，1950年出生，现定居南溪满下村。

和尚勋于1958年入学，就读于南溪完小，后因校区"调整"，南溪完小被撤，并于白马完小，丽江南山片就只剩下吉子完小，和尚勋五、六年级在吉子完小就读。在吉子完小读书时，任吉子完小少先队大队长。1963年考入丽江第二中学（以前的丽江六所中学调整为包括地区中学在内的三所中学），任该校初十六班班长，一直到1967年初。初二上学期加入共青团，下学期开始任第二中学团支部副书记。1966年7月任丽江第二中学"文化革命委员会"成员，同年9月下旬选为丽江地区红卫兵赴京代表去北京。在北京的42天时间里，先后两次在天安门广场接受毛泽东主席和其他中央领导人的检阅（毛主席接见红卫兵第六、第七次），亲眼见过毛泽东等当时的中央领导人。

1968年11月，遵照毛主席"知识青年到农村去，接受贫下中农再教育"的号召，作为回乡知识青年回到家乡接受再教育（当时的南溪大队只有他一个初中生）。在家期间，任南溪大队团支部书记、黄山公社团委委员。1971年招干，被分配到怒江州福贡县利沙底公社任教。先后在利沙底公社的面很小学，总路底完小任教，转正后调基落完小任校长。1976年调利沙底公社教育办公室（今乡教委）任总务主任。1978年入党。1982年因照顾夫妻分居而调回丽江七河前山完小任教，1990年调回南溪完小任教，2002年退休。退休后从2004年开始任云南大学村寨日记记录员。从此，他记下了南溪的真实历史和传统的文化、民风民俗等方面的记录约五十万字，为云南大学学者、专家提供了可借鉴的研究资料。

2008年9月30日　农历九月二日　晴

今天轮到重新测满下村寨的退耕还林地，村民组长和永红要求有退耕还林地的农户每户一人参加重测。他的理由是"如果今天重测结果比前些年测得的结果少的话，村民就会怪罪村民组长、副组长"。今天的重测工作，村民遵照和永红的要求，每户去一个，去看重新测量自家的退耕还林地。但到现场观看测量的村民谁都不知自家的退耕还林地有多少，因为测量后没有立即算出面积来，现场首先做了卫星定位，然后记下几个数据就当场了事。有些先量完的村民就去捡"一窝菌"。村民和顺明碰上了好运，他捡回了15斤左右的上等"一窝菌"，明天可让他老婆和命去城里卖，准卖到250元左右。人人都羡慕他捡到的菌子，可又不可能人人都捡到如此数量的菌子。

2008年10月1日　农历九月三日　晴

在中华人民共和国成立五十九周年之际，回顾南溪村的变化，在中国共产党的领导下，特别是十一届三中全会以来，南溪村发生了翻天覆地的变化。从基础设施方面来讲，传统上的物资交流常以人背马驮的方式，把村里的产品背或驮到丽江坝子城里，以及鹤庆县辛屯乡去换米或其他粮食。结果是使人筋疲力尽，换不回多少粮食。自三中全会以来的30年里，政府资助维修和改造了1965年就已挖通的丽江至南溪的公路，经过逐年维修以及对有些路段进行的改造（丽江至文峰寺改造成柏油路面，文峰寺至文屏村改造成水泥路面，南溪满下村至社吉古长3.8千米改造成塘石路面，剩下约4千米为沙石路面），从丽江城至南溪已经畅通无阻。手扶拖拉机、方向式拖拉机、汽车成了南溪人民不可缺少的交通工具，户户有拖拉机，有些农户还有两部拖拉机（一部用作犁田，以代替耕牛；一部用来运输，服务生产，把产品拉出去交换等）。全行政村有现时每辆价值60万元左右的出租车60多辆。除文屏、满上两个自然村外，金龙、满中、满下、旦前、旦后、鹿子6个自然村的村道已改造成水泥路面，走在村里与走在城里无差别。村民的经济收入也有大幅度的增长，现在的收入相当于30年前的15倍。变化特别大的是，村民对文化知识越来越重视，30年前对学龄儿童很不重视，近些年已有40名左右的小学生在城里或城郊寄读，望子成龙的村民日趋增多。过去信息闭塞的山村，如今手机也成了村民交流的工具，有部分农户人手一部，成了户户都有手机或座机的村寨。到现在，南溪籍人在城里购房落户有49户，其中有工作在城里的31户，18户为农民落户到城里开车或打工。这些人中笔者所知的有：

文屏自然村：和学远、和文红（两人都在城里工作）

金龙自然村：和立贤（在永仁县工作，落户永仁）、和际奎（在丽江工作）、和万红、和社台（在丽江开出租车）

满上村：和永积、和吉圣（在丽江工作）

满中村：和占典、和仕军、和国军（开出租车）、和闰秀（导游）

满下村：和发兴（在丽江工作）、和发魁（落户楚雄市）、和国海（落户泸水县）、和国辉（在丽江工作）、和吉贞（开出租车）、和朝花（在

丽江工作)、和吉花(在丽江工作)

旦前村：和桂花(1997年由村干部转乡干部)、和学琴(在丽江工作)、和文华(在丽江工作)、和桂华(在丽江打工)、和万军(在丽江工作)

旦都后村：和自成(在昆明工作)、和永军、和学良、和立勋(在丽江工作)、和绍勋(在丽江工作)、和自红(教师)、和香社(开出租车)

鹿子村：和正文、和学光(均为教师)、和仕敏、和学骞、和学诚、和够士、和仕代、和建兴、和三哥、和现才、和韶祥、和玉龙、和社安、和石祥(均在丽江城开出租车)

30年前的南溪村，大学毕业生，只有和发魁，而今大专毕业生约有30人。

这些变化是惊人的，这变化来自共产党领导的改革开放，同时也离不开南溪人民的拼搏。

2008年10月2日　农历九月四日　晴

在城里开出租车的满下村村民和朝珍，自去年在家守孝3个月后继续回城里开车。他丧妻后，请他的侄女和玉芬帮他领他要来的娃娃和玉凤，包吃包住后开每月400元的工钱给侄女。出于他年纪还不大，再加上需要找个人来和他一起照顾抱养的女儿，于是他结识了在丽江城打工的鲁甸乡新主村籍女青年杨桂兰，相处近一年，和朝珍觉得女青年心地善良，能够同情他的困难；杨桂兰也感到对方家境较好，又加上不必侍候公婆，虽然对方家乡的出产远远差于自己家乡的出产，但总有人在那儿生活，别人过得去，自己也会过得去，于是答应和朝珍的要求，与他结为夫妻。和朝珍请了他的叔叔做伴，去鲁甸新主村杨桂兰家求亲。杨桂兰告诉和朝珍："此行求亲，要得到大哥与二哥两家的同意，因为我在大哥家生活，老父亲在二哥家生活。"南溪的亲礼应带米、肉、茶、酒、烟、糖。因和朝珍在城里开车，没有养猪鸡之类的家畜，都是在城里买了吃，杨桂兰提出肉也就不必带了。于是和朝珍在城里买了两个背篮，买了四条精品红河烟、八瓶中等酒、八包袋装蒸酶茶、八坨红糖、四包奶糖，分装在两个篮子里作为第一次上门求亲的礼物，外加一块送杨桂兰老父亲的鲜猪脚，开着自家的出租车去新主村杨桂兰家。他们来到"长江第一湾"石鼓后，一直沿江北行，到巨甸镇后，因巨甸至新主的公路不怎么好，怕小车行不通或难行，就把车停在巨甸停车场，转乘去新主的货运车。

到新主村杨桂兰家里，杨桂兰的二哥说："两地相隔较远（有140多千米），但现在兴的是婚姻自由，我们不能左右你俩的事，但求以后要相互关爱、白头偕老，不能朝三暮四，更不能今日和好、明日离。男的要照顾、教诲女的，女的不能骗男的，既然把男人领进家门，我们就视为弟妹，不允许你今日和好、明日散，万一出现这种事情，我们兄弟是不会容忍的。"

今年已八旬高龄的杨桂兰的父亲接着说："男大当婚，女大当嫁，天经地义。你远嫁他乡，生产、生活、语言两地有差异，你不会做的农活去看别人做，你不懂的去问亲戚、长辈。你要嫁的地方，虽比咱家乡出产差，但别人能生活，只要你们不懒惰，照样能够生活。女人自己的天地是自己选择的，不能怪别人，要跟旁边的人学着生活，愿两人恩爱到白头。"和朝珍的叔叔听了这两个人的教诲，悬着的心放了下来，也把男方的情况如实介绍给杨桂兰的父亲、哥嫂、二姐。

2008年10月3日　农历九月五日　晴

满下村村民和玉梅在9月初主动辞去南溪完小教师炊事员职务后，参加了几天自家挖洋芋的农事劳动。今天她进城在城乡结合部白华信用社旁，以3000元的价格转让了一所小食店，并在那儿经营小食店。和玉梅的母亲和闰芝也一同前去，准备去当和玉梅的帮手，做洗碗筷、擦桌子、择菜、洗菜等零碎事，同时还有监督和玉梅的一层含义。

最近十年来，满下村人在城郊办小食店的人，到现在已有过四起。

初起是和爱英与和青梅两个女青年一起在白华合办小食店，经营了约三年，收效并不很大；第二起是和学群、和益青母女在长水路岔路口办小食店，开店时顾客满座，后逐渐稀少，只办了两个月就关闭了；第三起是和青梅在城区交通驾校门前办了个小食店，由当时还未过门，但已确定婚姻关系的嫂子和金桂做帮手，不到一年时间又倒闭了；第四起是和文勤、和文秋两姐妹在白华办小食店，半年后又停办回家劳动。现在和玉梅母女是第五起在城里办小食店的村民。满下村村民从前面四起的情况联想到，估计和玉梅母女俩的生意不会很好，做不了多长时间。好多村民为和玉梅辞去炊事员这样轻松而收入又不低的差事而遗憾。

2008年10月4日　农历九月六日　晴间阵雨

满中村村民和志强请汝南行政村中螳螂自然村的泥水工和志生帮他粉刷正房的白灰工作已在今天结束。粉刷工作的内容包括，里里外外先用沙灰刷平整，然后再加刷石灰。工作时间为13天，每天工价50元，共付给和志生650元工钱。招待费、工钱款和材料（沙子、水泥、石灰）款都是在和志强的大伯和国贤（曾在大研镇有妻室儿女，后离婚在南溪生活近25年，退休教师，在其弟和国兴、和国宝家轮流生活，现在他一共有三个侄儿）给他的5000元中开支。和国贤在三个侄儿买房子、盖房子、做建设方面都给予了大力支持，前年、去年，和春红（和国兴的儿子）盖房子时给了1万元，去年和春华（和国宝的长子）买了一所房子给了1万元，此次和志强（和国宝的次子）粉刷房子给了5000元。和志强还视为不平等，认为应与前两个侄子同等对待。大部分满中村村民认为他们三兄弟很有福，可靠着这棵"摇钱树"，要是和国贤不离婚，与他的儿子、儿媳一同生活，这样的经济援助是不会有的。有些村民把和国贤离婚后与两个弟弟生活说成"一坨金疙瘩落在了和春红、和春华、和志强三个中间"，充分肯定了和国贤对这三家的经济支撑的程度。

2008年10月5日　农历九月七日　阴间阵雨

已度过一周长假的中小学生今天乘车返回各自就学的学校。有的学生早上9点就离家返校，有的学生在中午12点离家返校，还有的学生跟着在城里接送他们的爷爷奶奶。见到此情此景，村民的心态不一，说法也就各异了。有的村民说："现时的大学生都很难找到工作，小学生就在城里或坝区就读，劳民伤财。"有的村民说："国家对中小学实行长假很不合适，读好书本知识是中小学生的重任。学生放这么多长假，不知道国家有关部门是怎么想的。"也有的村民说："我们村村民的意识和素质没有旦前、旦后、鹿子三个村子的村民高，他们很关心娃娃的成长，关心后代的前程，而我们村的大多数村民则自我感觉良好，实际上方方面面都比不上那三个村的村民。"

村民们各抒己见，都有一定的道理，一方面说出了就业难的问题，另一方面也说出了长假对中小学生学习的不利。同时，还客观地说出了南溪各自然村村民的情况。目前，南溪八个自然村的村民中，旦前村、旦都后村、鹿子村的大多数村民知难而上，勇闯市场，大胆改革产业结构，买出租车、买商品房，在南溪及玉龙县是数一的，他们想摆脱山区气候条件、地理位置对致富奔小康的束缚，想改变劳动方式和居住位置来实现小康生活，值得人们学习。

2008年10月6日　农历九月八日　晴

在丽江城里开出租车的满下村村民和朝珍，拉来两个东北的松子老板，这两位松子老板前年在南溪满下村买过松苞。

他俩与满下村寨村民和学先洽谈，以每公斤价0.5元买青松苞，对帮他俩代劳过秤、记录的人，每吨付50元酬金。和学先与在场的南溪村民向郭老板说："这价不可能买到松苞，最近几年丽江物价猛涨，收买、过秤、记录每吨50元也少了，更主要的原因是目前正处于农忙之机，是一年里农事最繁忙的时候，家有富余劳动力的人家会采摘松苞，但他们不会以松苞的形式卖出，而是会留下来，到农闲时剥了松子去卖。"郭老板说："可市场上样样涨价，就是松子跌价。"在场的和尚勋插嘴说："这儿的百姓，他们根本不理睬市场，他们只知道样样物资涨价，松苞也应比前年后期的每公斤 0.62 元涨 0.2 元左右。南溪请劳务工的工酬每天已到 50 元，收、称松苞的工钱也应增加，否则，宁可清闲而过，也不会去做，这就是典型的纳西族'小的看不起，大的做不来'的传统经商找钱方式在南溪村民身上的反映。"

具体地说，老板来迟了二十天，要是二十天前就来闹腾这事，也许会有些收益，但到今天才来确是时机已过。

2008 年 10 月 7 日　农历九月九日　晴

满中村、满下村的好些村民趁天晴在田里搓打油菜。搓打油菜的方法真是五花八门，人们根据各自十多年的搓打油菜的经验，逐渐推敲出省力、高效的方法。有的村民用垫单把拖拉机四周围好，把油菜拉回家，搁在院子里，用小型脱粒机来脱粒，两三个小时就完成了四五天的工作量（满下村村民和尚军最近两三年是采用这种方法的）；有的村民则在地里将地面平整后，铺上篷布，把油菜抱起来放在篷布上，等放好一大排油菜后就用双手抢起木耙打，把油菜打得开裂、脱荚，然后把杆、荚丢出篷布外。这样反复进行，等到有一定数量时，用小簸箕筛去荚和糠，把干净的油菜籽装进口袋（满下村村民和金合家近些年是这样做的）；有的村民则在地里平整后铺上布，把油菜平铺于篷布之上，用甩粮杆来打，打得油菜荚都脱了，就把杆丢出去，再打一阵荚，然后把荚丢出去，这样反复进行（满下村村民和海家、和建忠家、和永良家、和国兴家常用此方法）；好多村民则采用传统的方法，就是把地平整后，铺上篷布，再由一人抱来油菜，放在篷布里，另一人用双手搓，之后用短杆杆（约两市尺长）拍打油菜杆和油菜荚，等到有一定数量的油菜籽时，把荚和糠筛净后把油菜籽装入袋里。方法是多种多样的，各有利弊，前三种速度快、工效高，可油菜籽有些抛撒；后者速度慢些，工效比前三种逊色些，但油菜籽不很抛撒。

收工回家时好多村民用手扶拖拉机把打过的油菜杆、荚拉回家，油菜秆用来垫厩积肥，油菜荚准备用作羊、牛的过冬饲料，有些农户还打算把油菜荚粉碎后掺和在绿肥里喂猪。可见油菜全部都有利用的价值。

2008年10月8日　农历九月十日　晴

满中村村民和福军傍晚收工后，把550元钱装进裤包里，开着手扶拖拉机去满下村寨和国武的小卖铺里买了一袋混合饲料。掏出钱付了140元后，他把钱卷好又装进裤包里，回到家时发现钱掉了，他急急忙忙回去小卖铺寻找。他心里猜测，这钱很可能掉在小卖铺里了，可能由和国武的上门女婿五八斤捡到了。于是他对五八斤说："这钱要是掉在小卖铺里，就由你捡到，如果捡到请还给我。"五八斤说："真的没捡到，如果捡到，我会还给来找的失主。"

结果是在学生（四、五、六年级）下晚自习回家时，在和国武小卖部前的公路上被满下村学生（七八个）捡到了，和满强数了一下，有四张红灿灿的票子，于是和农柱、和满强、和丽朋、和吉强四个高年级学生每人各拿了一张，当时大伙还商定："别声张，到星期六我们八个每人分一半，或共同买东西吃。"

和福军遗失的这400元钱是他的舅爷和志生帮满中村村民和志强家刷墙所得的工钱，寄给和福军保管的。

可见现时市场经济的社会里，南溪学校对学生的思想道德教育有些放松了，如果教育、教学同步跟上，学生中拾金不昧的事是常有的。

好心的人把事情的真实情况告诉了和福军，以免和福军对五八斤产生"拾金不还失主"的误解。如果和福军明智的话，应该向五八斤道声歉。

2008年10月9日　农历九月十一日　晴转雨

满下村村民和学先经几天的反复推敲细算后，觉得现时的青松苞每公斤0.50元比剥了松子卖划算些，于是他打电话给在城里开出租车的满下村村民和朝珍，叫和朝珍打电话找老板，转告和学先愿意帮老板收青松苞。老板接到和朝珍的电话后，答应立即派两个小工（负责过秤、付款的）去南溪，并要和朝珍以100元的价把这两位小工拉到南溪满下村和学先家。

和朝珍把两个小工拉到和学先家后，和学先的母亲和正秀很不乐意，对和学先说："天天得招呼别人，又误工，没前途。"和学先强硬地回答说："人家会付生活费，也会付我的工资，前年和国亮、和玉祥父女两家拿了多少钱，人家一分也不会白要你的，别啰唆。"和学先的父亲和建国说："子大不由父，他要怎么办就随他，老板绝对不会占我们的便宜，让他干吧。"

和学先就在村中传开了收松苞的消息，两个来自东北地区的买松苞的小工在和学先家等着买松苞。

2008年10月10日　农历九月十二日　晴转雨

满下村女青年和圣琴今天领来一个对象（男朋友）。和圣琴有三姐妹，两个姐姐已出嫁到本村和学先与和亚军家，她是第三个，养老送终的责任自然地落在了她的身上。今天她领进家里来的这个小伙子是邻近村寨（太安乡吉子行政村水闸口自然村的）人，相隔约一个小时的路程，家里有父母双亲、一个妹妹和他共四口人。

他俩相好已有两三年时间，只因一个是独儿子，需留家赡养父母；另一个是小女孩，也需留家赡养父母。故此，曾经有段时间他俩的关系冷了下来。谁知他俩却暗中藕断丝连，谁也不想把对方抛弃，于是就在今年的中秋节，男方叫女方去吉子村家中，男方的父母说："你俩以后赡养得起四个老人就可以结合。"据说，吉子村的男方父母认为"既然娃娃相爱，古来就有'月亮、太阳都不拆散恩爱夫妻'的说法，做父母的更不能挡断儿子的情缘，只好由姑娘招姑爷上门养老"，可见男方父母思想解放的程度。他俩认为只要两相情愿，男的也可以嫁人，女的也可以留在家。事情的确是"女人也是传代人"，没必要硬执行过去纳西族传统的"男婚女嫁"的做法。

2008年10月11日　农历九月十三日　阴间小阵雨

西南林学院的七名（男三、女四）2009届毕业生，已全面完成玉龙纳西族自治县退耕还林办公室请他们做的统计工作。他（她）们在南溪的这段时间里，不畏山路崎岖难行，不怕日晒雨淋，在村委会干部的引领下，他们走到南溪八个自然村的每块退耕还林地里，做实地测量、统计、卫星定位等室外作业。室外作业做完回到村公所，他们又挥笔填表、制图。在繁重艰苦的工作面前，他们不叫一声苦，得到镇党委政府领导和村委会领导的好评。今天他们七人由村委会副书记和国军用他的车送到城里，车费由黄山镇人民政府付给和国军。学生们所做的工作，一是对过去几年国家实行退耕还林工作的总结；二是为以后八年对退耕还林补助做摸底工作。

2008年10月12日　农历九月十四日　晴

在城里开出租车的满下村村民和武军，今天回家帮父亲（和圣伟，现年57岁）、母亲（和尚花，现年57岁）挖洋芋。他说他已向汽车主人家请了5天假，特意回来挖较远地里洋芋的。此前，他已指派他的妻子和金桂回家帮两位老人挖洋芋，和金桂已遵嘱帮忙挖洋芋，帮了约20天。不知什么原因，和尚花又与儿媳闹翻了，还穿上新衣裳声称要"自尽"。结果，孙女和新蓉见状吓病了，和金桂也弃家到和武军处。和武军劝妻子也难，说父母也难，只好自己回家帮父母亲挖洋芋。

回到家里和武军开着手扶拖拉机对父母说："先去挖远处的地，把远处的洋芋挖完了，我就得回城去开车。待在家挖洋芋的时间长了，就对不起车主人家，我平常有事还请过假，请了假的日子不付款，这样的车主不多见。因此，我也要对得起车主人家才是。"和武军父母听从和武军的话，到最远的地里"楞石古"去挖。

2008年10月13日　农历九月十五日　阴

被守护了20天的鹿子村的老人和士秀，今晚11点与世长辞了，他在人间活了78年，养育有三男一女。

听鹿子村小组副组长和道海讲："和士秀老人死的那天下午大约5点左右，有一只鸟嘴里含着食物，忽地从门里飞进厨房，落在仰卧火塘边的和士秀老人的脸上，立即又飞走了，晚上11点左右老人就断气了。你说怪不怪，早不来，晚不来，恰恰今天飞来落下，这很可能是一种预兆。他们这族死人，事前都会有些怪现象。"大家听后也觉得很奇、很神，以前也曾有过类似碰巧的事，都觉得这现象是鬼使神差的。

事后，守护和士秀老人的人才感悟到，"这只鸟可能是和士秀老祖宗的化身，是来给和士秀放口含来了，提示守护他的人们，要多注意观察病人，快咽气了"。

2008年10月14日　农历九月十六日　小雨转阴

好些人认为，现阶段南溪处于农忙季节，估计不会有人采松苞卖，结果恰恰相反。满下村有部分村民开着手扶拖拉机上山采松苞，他们是和建成父女三人、和汝浩和四谷夫妻、和天林和寿谷夫妻、和建忠和四姐夫妻、和耀军和益兰夫妻、和永军、和建华和满谷夫妻及大女儿、和建国、和作武、和圣华和良命夫妻、和子红和金龙父子、和社红、和自忠等人。

他们都到远离村子四五千米的山上去采，回来时满载而归，每公斤松苞收购价为0.6元，每辆手扶拖拉机都拉回1000公斤左右，他们都为每人每天能毛收入 300 多元而高兴,他们决心先弃农从副一个礼拜,即使每天每人收入 200 元左右,做上七八天,收入也算是高的。旦都村的部分村民也把松苞拉到满下村来卖,老板收到的数量是可观的,他们说:"按照今天收的数量看,用上十来天,就能收到两三百吨松苞,收到的数量越多对我们越好,我们不讲价钱,我们是讲数量的,是靠数量找钱的。"村民听后,觉得这些人说的有道理,认为这些人会做生意,找钱有方。

别的村民看着采松苞的村民一天就拿了好几张红灿灿的人民币,都动心了,想着明后天他们也去采些来卖。

2008 年 10 月 15 日　农历九月十七日　晴

满下村村民看到昨天部分村民采松苞卖,得到高额收入的情况后,今天又有不少村民去上山采松苞,就连 65 岁的村民和建良也在放羊之前(下午 2 点以前),用人背的形式采卖了两篮,共收入 62 元。他很自豪地对别人说:"我这样坚持十来天,又加上放牧羊的工钱,我这些天的收入可能超过了高级工程师的工资。过去常说要缩小和消灭三大差别(城乡差别、工农差别、知识分子与劳动大众的差别),如今市场经济的运作真正缩小了这三大差别。我一只羊最高卖出 650 元,最低的也卖 400 元,就算平均每只 500 元,我每年卖出 20 只,单这项就收入 6000 元。加上农业、副业,平时做木匠收入,我这六旬老人年收入 8000 元以上,这么美的事在改革开放前是不曾想到的,改革开放真是弄活了城乡经济。"今天,年满 60 岁的和作才和他的老伴和学青,和朝光杨耀祥夫妻,和顺达和继花夫妻及儿子和永贤、和吉诚,和金红和三姐夫妻都上山采松苞,他们有的用人背的方式,有的用拖拉机去一次性拉了回来。采用人背方式的村民每人也卖到 100 元左右,他们都为一天能收入这么多钱而感到高兴。

2008年10月16日　农历九月十八日　晴

满下村75岁的村民和红病危，看来就要结束她在世上的生活。和红幼时就患半边瘫，是残疾人，她不嫁人，也不能自食其力，前段时间是她的弟弟和国坚一家提供她的吃穿用。和国坚的两个儿子（和万琼、和万琴）成家自立后，由和国坚的大儿子和万琼来赡养和红，供她吃穿用已有十多年时间。在这段时间里，和万琼及妻子和社香待她胜于父母，对她很孝顺，村人都夸他俩是敬老孝老的好夫妻，是村人的楷模。

今天满下村满家家族共14户，人人都在和万琼家守护着和红，都想给她体体面面的去世，上了年纪的男人准备为她送行和放口含，妇人们准备烧茶做饭待村民，年轻人准备喊村人来帮忙收尸。白天有好几次和红几乎咽气，守护的人们都大声为她送行，但还是没断气。到晚上11点，和万琼打电话给嫁到前山高龙村的两个妹妹，说："娘娘已快咽气了，但很难去世，可能牵挂着你两姐妹，你俩赶快设法来一转。"两个姐妹及两个妹夫接电后赶到，结果他们四人来到和红身边不久，和红就与世长辞了。

正在熟睡中的村民被牛角号声，及他们家族年轻人在村里的喊声叫醒，急忙起床穿衣直奔和万琼家，帮忙洗尸、穿衣、入棺、"芝步吉"后才陆续转回自家。

2008年10月17日　农历九月十九日　晴

满家家族的全体人都继续集中和万琼家，安排本族年轻、有办事能力的五八斤、和四闰两人去丽江城买菜，这些菜买来后准备招待四方邻村来看望的村民，其他人员在家准备做饭以及招呼来祭入棺饭的人们，纳西语叫"吉子好毗"。

过去来祭入棺饭的人基本上是至亲的人，如今已扩大到跟着祭入棺饭的亲戚来的一大帮人，这样的情形就迫使全家族的人都参与到招待来人的行动中。

家族今天更大的任务是：一、商定出丧日期；二、商定戴孝事宜；三、商定丧葬各种职事。这三件事由家族中各家主事男人在一起商量定下。

因为南溪及山区村寨都处于农忙，祭入棺饭的人大多数都在傍晚来，为和红洗尸的人们也将在今天的晚餐得到招待。

经过家族商定，和红于本月（农历九月）二十六日出葬，因为农历九月二十三到十月初九为"土皇"节令，在"土皇"节令家里和坟场都不宜破土。因此，他们今天就安排人到坟场选和红下葬的地方挖上两锄，并把挖出的这两锄土收好，以备埋葬灵柩时用来盖第一把土。丧葬活动中的各种职事已商定，并由和国臣用记录本记下，同时戴孝事宜也商定。

2008年10月18日　农历九月二十日　晴

满下村满家家族的人们因和红的去世忙碌着，不顾前、昨夜的疲劳，中青年妇女天刚亮就起床，烧火的烧火、烧水的烧水、蒸馒头的忙着和面，备早饭的备早饭。馒头熟后，人们吃早点。吃完早点，妇女们又忙着备早饭。13个男人（一户一人）到整个村寨（除他们家族以外）所有农户家去磕头，请丧葬活动的各种职事。他们每走进一户，先跪地磕头，向男主人敬烟，男主人也向他们敬烟，然后由一人看着记录本向男主人说明该家年轻人所担任的职事，请完后就吃早饭。他们族中的年轻人及和红家的亲戚（年纪最大者58岁）去前边山上砍柴，并开去两辆手扶拖拉机，这些柴砍来做出葬前这段时间的烧柴用。因为人多，大约只用了三四个小时就砍到两车干柴，而且装得很满很高。这不仅来自砍柴人的劲大，更主要的是砍柴人的心齐，到下午3点左右回到家。

吃过晚饭后，他们家族商量说："从明天起白天由和万琼、和万琴两兄弟在家守灵，晚上家族中的男人又参与守灵。到农历二十三日晚又全部集中讨论丧葬用菜、买菜事宜。"和万琼说："族人每天陪我两兄弟才好。"于是就照和万琼说的要求，农历九月二十一、二十二、二十三这三天，每家族每四户派一名男人陪他俩守灵，农历九月二十四日进城买丧葬物品，二十五日杀猪砍柴做丧葬准备，二十六日出葬。

2008年10月19日　农历九月二十一日　晴

前些天满下村村民和圣伟要做"祝米客",不宜带去蛋鸡所下的蛋,只能带土鸡蛋。在满下村买不到土鸡蛋的情况下,他到满中村去买。满中村的村民和月林卖给他20个土鸡蛋,收了30元(每个鸡蛋1.5元)。后来他听满中村人讲:"这段时间一个鸡蛋只卖1元钱。"和月林左思右想,觉得这有点过分了,收多了,更何况是上村下邻的邻居,心中不是滋味。他想来想去,觉得还是把多收的款退还给和圣伟。他今天在路边的地里挖洋芋,边挖洋芋边观看和圣伟或他家的人是否在此路过。到傍晚也不见和圣伟和他家人,和月林见和圣伟的邻居和尚勋,就跟他述说了前段话,并把多收的10元钱拿给他,请他转交给和圣伟,并加以说明。和尚勋回到满下村,立即把钱拿给和圣伟,并转告了和月林讲的话,和圣伟说:"不管他要多少钱,那下子我只得买了,因为急着要鸡蛋。"

2008年10月20日　农历九月二十二日　晴

满下村村民和家良、满上村村民和家花姐妹俩去汝南村委会下螳螂自然村做"祝米客"。今天是她们姐姐和家义的小儿子和丽合的媳妇坐月子后举行的"祝米客"(纳西话叫"开于"或"开哭")。"祝米客"的送礼传统是带些产妇的营养食品,如鸡、鸡蛋、米、红糖,近亲者还加带小麦5斤左右,及婴儿衣服。她姐妹俩每人带去一只鸡和100元人民币,说这100元是鸡蛋、米、红糖、小麦、小孩衣服的份。随着市场经济的发展,各种做客礼都在发生着变化,"祝米客"的礼也发生着变化。这不仅使带礼去的人轻松,而且对收礼家也有好处,可以免除过去的食物过多,食用不完就背到街上去卖的现象。

2008年10月21日　农历九月二十三日　晴

在满下村村民和学先家买松苞的吉林省松子老板,今天从维西县拉来脱粒松子的机器。运机器的方法是:拆了运来,到南溪后又组装起来使用。老板说:"这是因为整台机器运的话,占地面积大,得请辆大车才容得下,大车的运费,虽然机器不是很重,但得付好些钱,现在拆了运,两个人不用半天就拆完了,安装时两三个人也用不了一天时间。拆开后租辆微型车就可以拉了,运费也只有大车的1/5,加上拆装、组装的工钱也只合大车运费的一半多点。"听了老板的话后,村民和建国说:"老板,老板,就是要精打细算,欠缺了精打细算的老板,会造成亏本,至少也造成他的收益不丰。通过精打细算后才做生意的老板,他的收益丰厚,至少也不亏本,他做生意的时间长,甚至成了他谋生的职业。"下午2点,和学先以及两个吉林老板开始组装机器,到傍晚6点半组装完成,可以投入使用,待一两天后准备脱粒松子。

2008年10月22日　农历九月二十四日　晴

满下村寨满家家族每两户派一人,共7人去丽江城买东西。今天买东西是根据昨晚他们家族及他们所请的为这次和红丧葬活动的总理、炊事总管一起讨论商定的计划而购买的。7个人开了两辆手扶拖拉机去,拖拉机燃油费及买东西人员的花销费用由和万琼家负责。他们家族未进城的男人,今天在家搭临时伙房,借桌子、借用具等丧葬的准备工作。从明天直到上坟回家后,一切工作由村里请好的职事们去办,家族不必再操劳。下午须招待职事。

2008年10月23日　农历九月二十五日　晴

满下村寨负责和红丧葬的职事集中在和万琼家中,准备明日和红出葬事宜。这次和红丧葬的职事分别是:

总理:和永红(满下村村民组长)、和朝泽(注:满下村历来就有村民组长任丧事总理的规矩)。

厨师:和建忠(主管)、和金发、和汝浩、和圣武、和永华、和圣军、和亚军、和永军、和吉诚、和学先。

蒸饭：杨耀秀（主管）、和福春、和海、和世仙、和良命、和丽春、和玉祥、和三姐。

埋尸：和圣昌、和顺达、和建国、和国。

烧草席：杨玉兰、和尚花、和玉琴。

记账：和吉贞、和灿（收款）、和武军、和朝珍（收款）。

收礼：和满谷、和命、和天仕、和益花、杨文花、和茂花。

酒管：和建成、和社红。

烟管：和子红、和朝光。

招呼老人：和林、和朝东。

60岁老人：和发金、和作才、和国南、和明贤、和作典、和八娘、和银秀、台每娘、和福祥、和学伟、和四妹、和学仁、和国秀、和习芝、和建良、和习支、和志贤、和秀贤。

杂工：和文昌、和继横、和继菊、和永光、和金龙、和玉芬、和英、和秋谷、和汝信、和圣明、和福军、和满月、和金亮、和亚梅、和社兴、和近提、和月华、和月仙、和朝柱、和朝亮、杨耀祥、和桂秋、和文琴、和竹英。

满中村亲戚杂工：和振锋、和振奇、和润金、和润平、和丽勇、和丽娟、和润菊、和克权。

吃过早饭，老人由和林、和朝东两人分男女两组，一组在和万琴家厨房休闲，另一组在和万琼家厨房休闲，并由和林、和朝东负责供水、酒、烟等。其余各职事在总理的统一指挥下行事，厨师组杀猪，杂工及各职事部分人员分工上山砍柴、布置祭坛，各忙各的。

吃过晚饭，大伙围着院里的篝火跳起了送葬的"喂目达"。

2008年10月24日　农历九月二十六日　晴

满下村寨进行和红老人的出葬礼。早上9点开始，家族及侄儿侄女上祭，上祭后举行戴孝仪式，仪式由家族的和万军主持。和红虽是未嫁的残疾老人，但姐妹多，侄儿侄女多，亲戚多，共发出310副孝。因对孝布考虑不周，出现了不够的现象，于是急忙到和万军家拿来他父母丧葬时用剩的孝布，还不够就到和朝珍家拿来他妻丧葬时用剩的孝布，才解决了问题。

上午11点开始待客，今天待客的菜是：

大肉（肥肉）一碗、肝子一盘、瘦肉一盘、猪头肉炒片一盘、鸡蛋一碗、肺汤一碗、烤鸭一盘、猪皮一碗。

待客第一巡由"足若"（村民每户一人）先吃。吃饭时，侄儿侄女，家族每家都在"足若"饭桌上摆酒，然后户户都给每个"足若"敬烟（共有24户摆酒敬烟），接着就下跪向"足若"磕头，表示谢意。

待完客后，到下午3点半就在院坝里跳起了"窝忍忍"，到4点半左右举行葬礼。出葬礼由和万军主持，接着就出葬。虽然这段时间正是禁挖土的"土皇"节令，但他们家族已在"土皇"节令到来之前就挖了几锹土。因此，按照常规进行埋葬。

7点吃晚饭。村民和圣昌、和圣明两兄弟因老母台每娘（80岁）久病在床，吃过饭后不在和万琼家休闲而赶回家。回到家发生了不幸的一幕：真是牛事不发马事发，老母亲台每娘已驾鹤归西，母子才离开一个小时左右，一顿饭工夫就永别了。全村人都又集中到和圣明家，洗尸入棺。家族们忙着招呼村民"芝步吉"后陆续散去。

这三年满下村寨死的人比任何年份都多，从2005年11月5日和国军人与车失踪算起，先后有和尚典、和国坚、和尚武、和福光、和正番、和益桂、和文海、和六元、和自华、和仕黄、和红、台每娘13人逝世。

2008年10月25日　农历九月二十七日　晴

满下村寨昨天进行和红老人出葬后，今天早晨她的侄儿、侄女、家族亲戚去上坟，中午由这些人招待职事人的午饭。午饭后，记账和收礼的人跟和万琼交接现款和礼品。这次丧葬活动收礼的情况如下：

满下村：

和朝珍：米10斤、小麦酒1斤，人民币200元（亲戚）

和万琴：米10斤、大麦10斤、苞谷10斤、小麦10斤、大红河烟1条、豌豆10斤、猪头1个、鸡1只、毛毯1床、大麦酒2斤、腊肉一挂（4.4斤）、猪后脚1只（14斤）、人民币500元（和红小侄女和万琼的弟弟）

和永昌：米10斤、小麦10斤、苞谷10斤、腊肉一挂（4斤）、小红河烟1条、小麦酒1斤、人民币120元（家族）

和国武：米10斤、小麦10斤、苞谷10斤、腊肉一挂（4.6斤）、小红河烟1条、人民币100元（家族）

和天林：米10斤、小麦10斤、苞谷10斤、腊肉一挂（5.5斤）、小红河烟1条、人民币120元（家族）

和丽军：米10斤、小麦10斤、苞谷10斤、腊肉一挂（5.3斤）、小麦酒1斤、小红河烟1条、人民币120元（家族）

和万军：米10斤、小麦10斤、苞谷10斤、腊肉一挂（3.8斤）、小麦酒1斤、小红河烟1条、人民币120元（家族）

和国亮：米10斤、小麦10斤、苞谷10斤、腊肉一挂（4.2斤）、小麦酒1斤、小红河烟1条、人民币100元（家族）

和国红：米10斤、小麦10斤、苞谷10斤、腊肉一挂（4.2斤）、小麦酒1斤、小红河烟1条、人民币50元（家族）

和四闰：米10斤、小麦10斤、苞谷10斤、腊肉一挂（6斤）、大麦酒1斤、小红河烟1条、人民币250元（家族）

和李福：米10斤、小麦10斤、苞谷10斤、腊肉一挂（4.1斤）、小麦酒1斤、小红河烟1条、人民币120元（家族）

和圣武：米5斤、小麦酒1斤、人民币15元（村民）

和万林：米10斤、小麦10斤、苞谷10斤、肉一挂（3.8斤）、小红河烟1条、大麦酒1斤、人民币100元（家族）

和朝亮：米10斤、小麦10斤、青稞10斤、肉一挂（3.7斤）、大

红河烟1条、小麦酒1斤、人民币105元（亲戚）

和朝花：人民币50元（亲戚）

和朝泽：米10斤、小麦10斤、苞谷10斤、小麦酒1斤、肉一挂（3.6斤）、小红河烟1条、人民币105元（亲戚）

和国成：米10斤、小麦10斤、苞谷10斤、小麦酒1斤、肉一挂（3.2斤）、小红河烟1条、人民币30元（亲戚）

和万元：米10斤、小麦10斤、苞谷10斤、小麦酒1斤、肉一挂（3.9斤）、小红河烟1条、人民币100元（亲戚）

和朝光：米10斤、小麦10斤、苞谷10斤、肉一挂（3.8斤）、大红河烟1条、小麦酒1斤、人民币105元（亲戚）

和作武：米5斤、苞谷5斤、青稞5斤、小麦酒1斤、肉一挂（3.7斤）、人民币20元（亲戚）

和国兴：米10斤、小麦10斤、苞谷10斤、肉一挂（4.5斤）、小红河烟1条、大麦酒1斤、人民币120元（家族）

和永良：米6斤、小麦酒1斤、人民币55元（亲戚）

和吉诚：米5斤、小麦酒1斤、人民币55元（亲戚）

和吉贞：米6斤、肉一挂（3.6斤）、大麦酒1瓶、人民币35元（亲戚）

和亚华：米5斤、小麦酒1斤，人民币35元（亲戚）

和石军（拉市乡亲戚）：人民币10元

和学先：米5斤、小麦酒1斤、人民币5元（村民）

和汝浩：米5斤、小麦酒1斤、人民币5元（村民）

和建忠：米5斤、肉一挂、小麦酒1斤、青稞5斤、人民币20元（亲戚）

和顺明：米5斤、大麦酒1斤、人民币5元（村民）

……

满中村：

和拾红（和军坤）：米10斤、苞谷10斤、小麦10斤、猪头1个、鸡一只、肉一挂（6.1斤）、大麦酒1瓶、啤酒1瓶、大红河烟1条、毛毯1床、人民币200元（和万琼妻之兄）

和社青：米10斤、小麦10斤、肉一挂（5.5斤）、大红河烟1条、大麦酒1斤、人民币200元（和万琼大姨姐）

和社月：米10斤、小麦10斤、肉一挂（4.6斤）、大红河烟1条、大麦酒1斤、人民币200元（和万琼小姨妹）

和春立：米10斤、小麦10斤、苞谷10斤、肉一挂（4.1斤）、小麦酒1斤、奠床单一床、人民币100元（一般亲戚）

太安：五木水：人民币30元

……

伍其：人民币100元（和红姐大儿子）、五国：人民币100元（和红姐小儿子）、杨春社：人民币30元、杨国亚：人民币30元、杨延华：人民币30元、五建：人民币30元、和积山：人民币20元、五润梅：人民币5元、五合：人民币30元、五良：人民币30元

白华朋友：

……

和风伟：人民币150元

机床厂朋友：和红章人民币100元

前山高龙村：

五丽江：米10斤、小麦10斤、大麦10斤、玉米10斤、豌豆10斤、大麦酒2瓶、毛毯1床、鸡1只、猪头1个、肉1挂（6斤）、大红河烟1条、人民币500元（和万琼大妹夫）

和万菊：米10斤、小麦10斤、大麦10斤、豌豆10斤、玉米10斤、大麦酒2瓶、鸡1只、毛毯1床、猪头1个、肉1挂（4.5斤）、大红河烟1条、人民币500元（和万琼小妹）

五丽传：米10斤、玉米10斤、大麦10斤、代猪头、50元人民币、

肉1挂（4.5斤）、鸡1只、大红河烟1条、绒毯1床、大麦酒1斤、人民币100元

……

根据记账本来看，近亲送大礼，一般亲戚送中礼，村民送小礼。总收入达人民币9000多元，各种烟近百条、酒300多斤、米1800斤、各种杂粮近2000斤、猪肉500多斤、毛毯7床。

这次丧葬活动（从守护病人到结束）支出近1万元。

台每娘家族和作典家、和作才家、和作武家、和圣华家、和社兴家、和圣昌家、和圣明家（共7家），聚在和圣明家商量台每娘丧事。

2008年10月26日　农历九月二十八日　晴间阴

满下村台每娘家族吃过早点就组织（一户一人）到村寨各户去请丧葬的各种职事人员，请完职事吃顿饭后，开了两辆手扶拖拉机到金龙村和圣昌的亲戚和玉泉家买柴，和玉泉以440元卖了装得满满两手扶的干柴。平常金龙人去城里或坝区卖柴，装不满车也卖到每手扶二百七八十元左右，现在不仅每辆手扶都装得满满的，而且每手扶价便宜了50元左右，这是看在亲戚面上的结果。

在满下村寨过去和现在一般死了人，出葬前家族集中砍柴，用于做饭和守灵时烧，出葬时由村里安排组织砍出葬所需用的柴，台每娘家守灵买柴是村中第一例，这暗示出该家族内部有点不和谐的气氛。如若团结和谐的家族就不会产生台每娘不得口含而去世的现象，也不会有买柴烧的先例。

2008年10月27日　农历九月二十九日　小雨

南溪完小今天下午设宴欢送退休老师，今年南溪完小有和学礼、和学诚、和学新、和国圣4位老教师退休，9月1日起这4位老教师已离开讲坛回各自家安度晚年。今天参加欢送会的有南溪完小全体老师，南

溪村委会书记兼村委会主任和继武、副书记和国军、副主任和丽军、黄山镇中心校校长（原镇教委主任）木龙，以及教研员和茂鲜老师、办公室李建光老师。欢送座谈会由南溪完小校长和家香（南溪完小建校以来第一位女校长）老师主持，中心校校长木龙总结了4位老教师执教以来的工作，并祝老教师晚年幸福。最后由和继武书记代表南溪人民对老教师给南溪教育事业作出的贡献表示感谢，并对在职老师提出建议和意见，希望通过全校师生（特别是老师们）的齐心努力，南溪的教育教学质量能像校舍和其他教学基础设施一样好，办出家长、村民、社会满意的教育。

中心校给每个退休老师送了一个纪念匾、一床毛毯，南溪完小送每个退休老师一床毛毯及一个电饭煲，村委会给每个退休老师送一个水壶。

六年前，给退休老师送的纪念品是：

每个退休老师由乡教委（今中心校）送一床电热毯、一个纪念匾，学校（完小）送一个水壶，村委会送一个水壶。

造成这种不同的主要原因是：学校经费来源和数量不同。过去每个学生每学期收15元学费作为学校的一切办公支出，而今学生免收学杂费，并由国家免费提供教科书，而且由财政部每个学期给每个学生拨48元学费，可用来开支学校的办公费用，学校就有足够的经费。

2008年10月28日　农历九月三十日　中雨转小雨

早上，雨下得很大，从昨天下午一直是中雨，持续到今天早上11点雨才小点，很多村民都围坐火塘休闲，可台每娘家族的中青年们则冒雨前去丽江城购买台每娘丧葬待客的食品。到12点后雨才停下，面对这样的天气，村民们私下议论说："命不好的人，事事都不顺心，台每娘一辈子很苦，又不得口含而去世，办她事时老天又作逆。"家族的后生们管不了这么多，冒着雨驾驶两辆手扶拖拉机去城里，到城里又刚好碰到远嫁河南省长葛市的台每娘的三女儿和三姐回老家参加老母亲的丧事活动，她也帮着他们看车招呼货物。在和圣武的分配安排下，大家分头去买各种所需品。买了好大一阵后，大伙又凑在一块，检查有没有还要买的东西，并把买到车上的东西一一做了清点，以防买漏了昨晚菜单上所列的物品。他们到晚上8点才回到家，到家后又不休息地忙着下车，摆放到事先预备好的和圣昌家的一间房子里，才休息吃饭。

2008年10月29日　农历十月一日　雨转阴

满下村寨担任各种丧事活动职事的中青年人都集中在台每娘的儿子和圣明、和圣昌家中，筹办明日台每娘出葬的准备工作。因老天下雨，无法开车上山砍柴，这次丧葬活动的总理（满下村村民组长，原来称村长）和永红决定："因天下雨，不能上山砍柴，除丧事主人家外，每户背一背柴来，不管你去山上砍还是从家里背来，反正要一背柴，以后如办丧事遇雨天照例执行。"这是今天又立下的一条新村规，很多村民都说："这样做很好，大伙只是办事轮转而已，这样的做法有利于村民。"是的，天有不测风云，人有旦夕祸福。每家、每件事不一定都处于天朗气清的好时光，也会碰到像今天这样欲干不能的情况。因此，定这条新规是一件好事。听到决定后，人们你传我，我传他，都纷纷去山上砍柴，或有青年人从自家背来，解决这次丧葬活动用的烧柴问题。

2008年10月30日　农历十月二日　雨转阴

南溪满下村寨为死者台每娘举行丧葬礼，在总管和永红、和朝泽的统一指挥下，各职事各司其职。早晨8点半家族们抬着各种各样的上祭品（米、玉米、小麦、腊肉、酒、钱、烟、毛毯）开始上祭，太安乡海西村的小女婿，三女儿和三姐已同时上祭。9点左右，嫁到汝南化村的大女儿和金花率全家，嫁到后山本里科的二女儿和双妹率全家，带着各种上祭品赶到。上祭开始时鞭炮声震响，哭声不断。到9点半举行丧葬仪式，仪式由他们家族中的和圣武主持。

埋尸组的人员今天暂时无事可做，因为这段时间正处在冬季"土皇"节令里，南溪传统礼节是在"土皇"节令不能在坟场破土。因此，台每娘的灵柩暂时只能抬出家，放在坟地上寄山，等到"立冬"节气那天（土皇时日结束）才挖坑埋。今早和国亮、和金辉、和建国、和顺达四人，提着装有酒、烟、茶、香的提箩，来到坟场，看地形，砍倒挡住向山的树木，并砍两根搁灵柩的木头。

11点开始招待"足若"，12点开始招待来参加丧葬活动的亲朋，下午4点半出葬（南溪俗称"发灵"），晚上7点待晚餐。

晚饭后，围坐篝火边的村民们议论说："人，命苦的人，真是苦到底，活时节衣缩食，省吃俭用，勤劳一生，死时连口含都不得，出葬又遇连雨，柴都砍不到。"

2008年10月31日　农历十月三日　晴转雨

今天是满下村寨为死者台每娘老人办丧事的第三天。吃过早点，台每娘的孝儿、孝女家族、亲戚们带着煎熟的食品（虾片、干粉皮块、糯米粑粑）、酒、香到坟场上坟（"伏山"）。各种职事在和永红、和朝泽的指挥下做饭。

下午1点，由家族、亲戚端出职事们已做好的饭菜来招待职事，孝儿、孝女待职事们入席坐好后就开始敬烟、敬酒，家族和亲戚的青年们忙着端菜上桌。

吃完饭后，大家各投所好，有的玩麻将，有的打扑克，有的闲谈。记账及收礼的人员跟台每娘家族的和圣武交账（物和款）。等到明日，和圣武将召集家族把这次所收到的丧礼平分给台每娘的儿子和圣昌及和圣明两人（长子和圣伟上门到村中和尚花家，因过去的一些零碎事与父母不和，互不来往，父亲和作良去世时，和圣伟、和尚花夫妇没来参加，只有其儿子和武军、儿媳和金桂参加。那次他们家族没分和作良老师的私房钱给和圣伟家，这次丧葬，也只有和武军及和金桂参加，但不参加分丧礼）。

2008年11月1日　农历十月四日　阴转晴

南溪满中村村民和彦秋，今天把自家的出租车以每月4200元的价全包租给满上村的姨侄儿和昌文及前山高龙村的侄儿开，自己回来搞田间活。她此举的动机是：虽然自己开出租车很找钱，但她的父亲和二及母亲和海年事已高，都已是七旬过七的老人了，已处于风烛残年之际，没人在家招呼着点是不合适的，把车子全包出去月收入4200元也可算是可观的。

和彦秋自十年前上门丈夫和满祥在她家死后（不明死因），她不再招姑爷上门，家里就剩下父母亲，她和两个女儿共5人。现在大姑娘就读于玉龙县民族中学高中二年级，二姑娘就读于玉龙中学初中二年级。此前她父母在家种田，她开出租车，先是与妹妹和彦菊家合伙买了一辆出租车，今年4月两姐妹协商后，把原合资所买的那辆车折价为52万元由和彦秋自家拥有，和彦菊家又另买一辆车开。和彦秋平时边开车，边随时回家看看父母，帮帮农活。她真是一个南溪村的女强人，村民们常议论说："和彦秋家祖上遗传对女的强一点，和彦秋爷爷和九，智力过人，1949年前曾在鹤庆开饭馆，他的智力遗传给他的女儿，和海、和青、和花，和海的智力又遗传给了和彦秋、和彦菊。"

和彦秋打算这次回家，在家待几年。

2008年11月2日　农历十月五日　晴

满中村村民和建新在丽江七星街他表叔姚灿冬开办的"天地人"影楼学照相已有两年多时间，学会和掌握了照相、洗片的基本技术。今天他带着照相机回南溪村，到每个自然村照相，方便了没能力上街照相的老人、小孩，也方便了正处于农忙之季的中青年人。因为每个村民都要有相片贴在《新型农村合作医疗手册》里，这是必须及时办的事，他回村照相既解决了村民的燃眉之急，又增加了他的经济收入，真正做了两全其美的好事。每个自然村集中一天来进行照相。

在南溪村，学照相做摄影找钱的只有和建新一人。

2008年11月3日　农历十月六日　晴

今年9月退休的南溪完小老教师和国圣、和学礼、和学诚、和学新4个人合伙在丽江城区农家乐宴请退休客，地点在丽江城东界河上段"素花阁"。宴请的人是：黄山镇中心校领导，南溪村委会干部，在南溪完小已退休的老教师，在职的南溪完小全体老师，从南溪完小调在黄山镇任教的老师，他们四人的中青年家属。

实际到场的有中心校领导5人（含工会主席1人）、村委会干部3人、退休老教师2人（还有2人未到，因年事高而不宜参加）、调出教师七人、南溪完小教师及家属、炊事员共16人，他们四人和家属共12人，合计有45人参加。

请客方式是不收请客礼，而是共同欢乐一天，宴席以婚宴的形式，先吃了后算钱，四人共同支付今天的费用。宴席为午餐、晚餐两顿。散伙后4个退休老师与农家乐老板结账，分摊伙食费、烟酒费，两餐共十桌，估计今天共支出费用1400元左右，每人负担350元左右。

在今天的退休宴会上，退休老教师商定：以后每月一天在丽江城区农家乐"化丛"，有病住院时，互相看望。此事由退居城区的和国圣老师主持，南溪完小现有退休教师8人，有6人参加此活动，他们是：和尚明、和尚勋、和国圣、和学礼、和学诚、和学新。

2008年11月4日　农历十月七日　阴转晴

在满下村村民和学先家买松苞的老板，到今天已把所买到的松苞全部脱粒完，是把脱粒机请农用汽车拉到丽江的太安乡天红村去脱粒。

在满下村脱粒的方式与前一次截然不同，前次是昼夜连着干，人员是自愿来的，定好工作时间，按时间计酬。此次脱粒，参加人员都是和学先家亲戚，而且是些松苞卖得多的村民，脱粒工作只在白天进行，工酬按每工50元付。因此，脱粒所花的时间较长，工钱付出的不少。老板打算把脱粒后的松子拉到丽江城，随货一同离开满下村寨。

村民和国臣及老婆和二女今天在撒青稞，和国臣撒好种后，用手扶拖拉机犁田，和二女耙地，把犁翻的土平整。他家是今年满下村寨最后一户撒青稞的。他逢人便说："可能为时已晚了，撒得早的已出芽了。"别人说："不晚，过去常在'土皇'节令后还撒一个星期到10天，青稞好的那些年，撒得晚的照样好，特别是集体劳动的年代，几乎年年都在'土皇'节令过去10天左右才撒完青稞。"

2008年11月5日　农历十月八日　阴转雨

满下村寨村民和国红用单牛犁具驾着去年在汝南立冬会里买来的牛犊撒青稞。不少人立足观看他用单牛犁地，因为在南溪从古至今都是二牛抬杠、双牛犁地。最近几年有个别农户开始用单牛犁地，如和金辉用单牛犁洋芋地替代人工锄洋芋地，和国兴用单牛犁油菜地替代人工锄油菜地，和永昌用单牛犁油菜地替代人工锄油菜地，节省了好多人力。单牛犁地这些活都是在离村较远的山间地（俗称"山地"）上进行，看到他们在操作的村民不多。而和国红今天进行这项农活的地方却在村寨周围且在路边，因此，过往村民见到后觉得这是件新鲜事。看着看着，人们就开门见山地提出了它的优点和不足："优点是可以单户进行耕作，轻松，不需付出很大的力气，适用于力气并不很大的农民进行耕作。不足是速度慢，一人牵牛，一人掌犁，费时间，喂养牛费力。"从客观上来看，的确任何一种耕作方法都有它的长处和短处，如二牛抬杠，速度比单牛快，犁的面积也多，但必须与别人合伙才能进行，不能自个儿随心所欲地进行；又如手扶拖拉机代牛犁地，减少了三百六十五天喂养牛的烦琐事，犁起地来速度也快得多，但驾驶手扶拖拉机犁地的人不仅要有技术而且要有一定的力气。

和国红的老婆和社菊在前边牵着牛走，和国红扶着犁把在掌犁，一身轻松自在，没有一点儿累的迹象，好像是孩时玩"耍"一样。和社菊还背有一个小篮子，边牵牛还边捡犁翻上来的洋芋。

2008年11月6日　农历十月九日　小雨

在城里开出租车的满下村村民和德华，今天请来在城里跟着开车的丈夫休闲的和爱英（和德华姐姐）、和学英（和德华老婆和桂花的大婶），帮忙他家挖洋芋。他家目前虽是有4个劳力的家庭，但和德华开车，老婆跟在他后面领娃娃做饭，排田种地的事就由父亲和国兴、母亲和彦花来做。他家是属于村中地多的农户，单靠老父、母亲来完成挖洋芋的农事已有些问题，于是他家还请了旦前村的岳父和红军，旦都后村的和爱英岳父和红（现年72岁），满中村的村民和丽功及老婆和玉富来帮忙挖洋芋，这样干上三五天，问题也就解决了。

现时的南溪村风气，真正成了一部分人所说的那样："老人苦，青壮年乐。"真是如此，村中儿媳娶到家怀孕后一直休息，坐月子四五个月一样不动，接着又领娃娃。除个别的干点农活外，老人下田干活，年轻的在家领娃娃，做点家务是普遍现象。十五年前这种现象在南溪是不多见的。

2008年11月7日　农历十月十日　晴

今天，是二十四节气中的立冬节令，这表示着冬天已经到了，气候开始寒冷。南溪村的风俗是在"土皇"节令中禁破土、砍料，按照风俗，在山上坟场寄山7天的死者台每娘灵柩今天挖坑下埋。

他们家族的人停下农活，女的做饭，男的帮埋尸职事和国亮、和金辉、和建国、和顺达四人挖坑、埋灵柩、撬石头、砌坟、填土、烧花圈，等这些事做完后，就用丰盛的佳肴来招待职事，共同用餐，休闲到深夜才散伙。从事情上看，台每娘的丧事不仅多磨，而且费时费财。此事就比平时的丧事多出一天时间，二三十人一天的生活破费也是一笔不少的开支，但依规矩又不得不这样。

台每娘丧葬事宜今天才全部结束，先后共花了5天，支出人民币1.2万多元。丧礼收入人民币8000元、米千余斤、腊肉500来斤、酒400多斤、玉米 300 多斤、青稞 300 多斤、小麦 300 多斤、烟 30 来条。支出米 400 来斤、面粉 100 来斤、香油 80 斤、腊肉 150 斤、烟 60 条、酒和饮料共 500 来斤。

2008 年 11 月 8 日　农历十月十一日　晴

在丽江城里开出租车，并已在城里购了一套住房的满中村村民和占典，今天开着自家的出租车回村里报生。他的长子和杰在一年多前娶了丽江鲁甸乡女青年为妻，现生一女婴，和杰已提升一级成为人父，和占典晋升为爷爷，长了一辈。和占典把车停放在他家门口后，提上几碗米酒先到他家族家中去报生（纳西语称为"注锁"）。每到一家，他把所带来的米酒端一碗放在火塘上说："请尝尝孙女的米酒。"主人家拿来一双筷子，夹一些米酒分别放在火塘三只脚上边，呷一口米酒在嘴里，说："米酒好甜好甜，愿孙女易养易活，长命百岁。"说完从柜子里拿出 10 个鸡蛋给和占典，和占典把鸡蛋装进提箩里，给主人家说明举行祝米客的时间，就又到下一家去。

家族家报完后，就到他的妹妹家，然后到行茂洛村和杰舅舅家报生。他此次报生与众不同的一点就是只报他家族和与他同辈的亲戚家，比他长一辈的亲戚家里就不报生了，如他的三个姨妈都还在（和志贤、和秀贤两个姨妈在满下村，和丽贤在文屏村）。这三家里虽不报生，但到举行祝米客那天，仍会带了鸡、蛋、米等产妇营养食品去参加。

传统报生则是家族家和近亲家都要去报。

2008 年 11 月 9 日　农历十月十二日　晴

在丽江国大花马街租铺面办小食店的满下村村民和朝柱，携他的对象和翠芬及开店用的部分东西回家来。据悉是转让了铺面后回来的，没有亏本，也没盈利。

两人是半年前商定并经营小食店生意的（绝大多数费用是由和朝柱

家支付的），虽未婚，但已经开始在一处干共同的事业。历经半年左右，两个人认为办小食店赚钱也不容易，于是就转让了铺面，转不出手的部分如炊具则拉回家。虽然还没举行婚礼，但未婚的和翠芳在男方家很自然，帮农活、干家务，样样不逊色，赢得了未来的公婆和尚军、和益花的喜欢。

村民对办小食店赚钱这一活计，看作比较难的事，饭菜给多了，又可能亏本；给少了，又没有客人上店来吃饭。满下村曾有人在城里办小食店，但干不长久就垮了。办饭店的主人对客人不仅嘴要甜，每时每刻都要以笑脸相迎，以甜言蜜语相送，还要把饭菜做得味好、量足，才会有客人经常光临，否则来客逐渐稀少，直到关闭转让。

2008 年 11 月 10 日　农历十月十三日　晴

满下村村民和德华为他的儿子举行一周岁生日庆典。他从城里买了些菜回来，并在家里杀上两只鸡，煮上些自家产的火腿肉，请了一些他们家的近亲，和德华的好朋友和占军、和朝亮、和汝军、和玉山以及旦都前村的岳父和红军家，旦都后村的姐姐家，满下村的和永昌家、和万元家、和万林家、和建国家、和建军家、和建成家、和建华家、和建忠家、和金红家，共两桌人。来参加庆贺的人们有的带了 50 元，有的带了 100 元，和德华的岳父和红军给小外孙买来一辆价值 700 多元的玩具车，数他带的礼最贵重。不知怎的，和红军对小外孙如此舍得，在和德华的老婆和桂花满月后回娘家时，和红军给了小外孙 1000 元钱，他的家境并不属富有这类，但对外孙如此舍得，真让人费解。人们在猜测，和德华的父亲和国兴属于富有的这类农家，因此和红军出于亲家面前不示弱的心理。不仅如此，和红军在平时也随时买来鲜肉鲜菜送到和国兴家，由此可见，和红军显示出他的家境虽不如亲家，但他的为人是花钱并不比亲家小气。

2008年11月11日　农历十月十四日　晴

满中村村民和万里为小儿子和建华举行婚礼，在他家里充满了喜洋洋的欢乐气氛，宾朋满院，一片欢声笑语。满中村的青年男女边喝酒、边唱歌跳舞，一直欢乐到第二天东方拂晓才散伙。

这次的结婚庆典有这样几个特点：

首先，因为新娘是位曾经嫁过人，并生育有孩子后离异，又与和建华相好并结婚的，女方就不再进行嫁女庆典，也就没有了接新娘的过程。新娘在和万里家与和建华共度夫妻生活已将近有一年的时间，今天就只在男方家举行婚庆典礼，以让亲戚和社会认可这一事实婚姻。

其次，因另有新欢多年没与婶婶和金凤共同生活，而与新欢者一同生活的大叔和万春，回来参加侄儿和建华的婚礼，引起村民的关注（没有办理与妻子和金凤离婚的手续）。

最后，据和万里家负责收礼的人讲，送礼有这样的特点："孩子已长成青年的亲戚朋友送的礼金多些，孩子尚小的亲朋送的礼少，只送象征性的一点礼金。"这是出于各人的情况不同，心理也不同。孩儿已成长为青年的人认为，自家也快要嫁女娶媳，所送的礼金会很快送还；孩子尚小的人认为，自家的孩儿还小，待孩儿长成青年时，日久天长世事如有变就不会送还。因此，只流于应付，象征性的送一点。

2008年11月12日　农历十月十五日　晴

满下村村民和秋谷与杨耀祥发生口角，她俩是同一个家族中的叔伯妯娌，大事、小事、生产、生活都在共同进行，本应处得和和睦睦的，今天怎么发生口角呢？究其原因是：和秋谷的儿子和红星（现在南溪完小就读六年级）在和红出葬后第二天打麻将的桌旁捡到一张红灿灿（100元人民币），和红星捡起时被杨耀祥看见，杨耀祥就喊和红星到大门外，对和红星说："你捡到的钱分给婶婶一点，咱俩各用50元，不然，我会告诉失主。"和红星依了她，杨耀祥与和红星各分一半，每人50元。事后，和红星把事情讲给别人，别人又把此事传给和秋谷，于是就发生了这次口角。

此事在村民看来，是件极不光彩的事，本应物归失主，大人还参与分享，这是道德素质差的表现。村民评议，即使是不归还失主，大人也不能搞"见者一份"的狩猎分物法。

2008年11月13日　农历十月十六日　晴

满下村村民和亚兰、和良命两姐妹接到从前山石镜头村打来的电话，说是父亲和天香已辞世，让姐妹俩回来看父入棺。这一噩耗不到半小时就在村里传开了。和亚兰家的近亲家族和国兴、和万芝、和社芬在积极准备米酒，准备陪和亚兰去她娘家探慰；和良命的家族和学青、和爱花、和茂花、和红雁、和社红、和圣明等也准备陪同和良命一同前往，姐妹两家开了和良命家的手扶拖拉机去前山。到家后，和亚兰、和良命跪地痛哭，随同她两姐妹来的女人扶她俩长时间站立在灵柩前哭爹，和亚兰由和万芝、和社芬两人扶着，时间一长，两人就有些累。扶和良命的人则较多，有和茂花、和爱花、和学青、和红雁等妇女轮换扶着，不觉得累。而和社芬感到累了，就对和国兴老人一同来有些不满意。她背着和国兴发起牢骚来："阿老在这种场合不宜来，但他却偏偏到什么地方都由他一人包了，现象上似乎在关心老伴及儿媳，但这种关心不在理上。应叫儿媳来，儿媳实在没法来就得让老奶奶来，我俩都快扶不住了。"事情的确应该像和社芬说的那样，去看入棺，参加丧葬应该根据实际情况，分派不同的人陪同参加。比如今天，即使和万芝、和社芬两人扶不住和亚兰，和国兴也无法出手去扶和亚兰的，只有女的才能行使此重任。

2008年11月14日　农历十月十七日　晴

黄山镇卫生院委托南溪村委会召开各村民组长、副组长会议，会议的主要内容是收缴已托村民组长、副组长收好的2008年8月至2009年

8月的新型农村合作医疗村民集资款。按照常规，此项工作应在8月底9月初进行，但今年新型农村合作医疗的一些条款改变，由过去每人集资10元，改成每人集资20元；过去合作医疗手册内只有姓名、年龄及所缴金额等内容，现在合作医疗手册内不仅要有以上内容，而且要附有每个参加人员的照片；住院报销由过去的40%提高到60%。因为照片时间延误，拖至今天才收缴参加合作医疗集资款。

今天由卫生院出钱给村社干部们安排了一顿丰盛的午饭，以600元的价格从金龙村买来一只绵羊，杀了洗净，切了煮好，羊肉煮熟后加上一些萝卜。从卫生院来的人尽拣吃萝卜，并说："萝卜真好吃，比肉还好吃。"村委会副书记和国军说："过去南溪村有句顺口溜，叫羊肉煮萝卜，美味传天下，事情果真是这样，很遗憾我不能吃羊肉。"

今天除鹿子村及满下村副组长和圣华不在家外，其他6个自然村组长、副组长把收来的款和照片交给卫生院长。

2008年11月15日　农历十月十八日　晴

中午1点左右，满中村村民和吉给老妇突然病倒在火塘边，并哑口说不出话，她的大儿媳和仕香来约她一同上山拉松毛，走到厨房看见这一幕，和仕香就大声喊叫："我家老奶奶病危了，说不出话了，请帮忙一下。"听到叫声的村民急忙赶到和吉给家，并相互传递了和吉给突然发生病危的消息，村民们都陆续来到她家。看到她病危的情况，大伙急了，几个壮年人把和吉给抬起来安放在火塘上，和桂贤等几个老妇人则解下围腰在和吉给身上拍打，有的人还找来蓑衣拍打，边打边骂，说是鬼缠身了。有的人找来一个碗，盛上冷水并装上些冷饭去送鬼。这样折腾了一阵，和吉给慢慢睁开了眼睛，并能有气无力地、断断续续地说话了。看到她有些好转，村民们陆续离开她家去继续干自家的农活。和吉给的家族没人离开，继续照看着和吉给，并以她的大儿子和春华、小儿子和志强为主，商议着去医院的话题，又给在城里开出租车的和春华老表（舅舅、女儿及女婿）打电话，告诉了这一紧急情况，要他俩开车回来拉和吉给去医院。

到玉龙县医院后，经医生检查是心脏病突发，情况较为严重，立即转送市医院诊治。和春华打电话请家族里的长者和仲贤、和俊贤进城帮忙护理，他们家族的人已有十来个人跟随和吉给到城里照看她。

2008年11月16日　农历十月十九日　晴

满中村村民和三六、和兰请亲戚和家族做明天为长女和芹金举行婚礼的准备工作（前年举行过一次招姑爷上门的婚礼，后离婚，现在和芹金要出嫁到汝南村）。因为他们家族的一部分人昨天去医院照看和吉给，今天就显得少了。因此，除杀猪的、备饭的以外，只安排一辆手扶拖拉机上山砍柴。又因为已是和芹金的第二次婚礼，所以请来帮忙的人也不多。这次的婚事总管是和国军，和国军风趣地说："她的婚事总理我已是第二次上任，每个人都像她，就会苦死我了。"有些人听了后说："两次当新娘也是命中注定的事情，不可能随心所欲。"有一两个老人说："这种事例在国家实行改革开放前是很少见的，改革开放后，不说别村，单说我们村就有两个（和建华妻及和芹金）。以后还不知会有几个，这是社会问题，是人为，不是命运。"

2008年11月17日　农历十月二十日　晴

满中村的村民和三六、和兰夫妇为长女和芹金举行婚礼。新郎官及迎亲的人们从汝南乘汽车出发，绕道经天红、太安、拉市、丽江坝到南溪，上午10点左右到新娘家。人们挂了礼，在新娘家喝水，吃瓜子、糖果，闲了一阵，各自散到村里走走看看。新郎的舅舅和彦领着六七个人到村公所休闲，到村公所，他连声说："南溪变了，变化可真大，如今的南溪比周边邻近村寨变化大，思想开放也较周边邻近村寨早。因此，社会经济发展都较快。我在黄山乡政府工作时，南溪是我最常去工作的地方,那时开动自己的'十一号车'(两条腿)走上两个小时就到,根本想象不到上下出门乘车的事,我在黄山工作22年处了9任领导干部,黄山和南溪的过去我还历历在目。想不到今日有机会做客又旧地重游,真使我有些不敢相信自己的眼睛,村公所、学校、卫生室、民宅、村道、公路、电路等一切都是新的,这都来自改革开放,来自共产党的领导,来自地方各级党委政府的关心,同时村民们也为脱贫致富奔小康而努力拼搏。"和彦老人说的话是实在的,他从丽江师范毕业后,在太安吉子完小教了4年书,1965年调黄山公社任团委书记,后任黄山公社秘书,在黄山工作时间很长,人们都称他为"老黄山"。黄山和南溪的今昔对比他最有发言权,因为他常来南溪下乡,南溪的山水、村民、田地等,他了如指掌。他跟现任的村官攀谈,询问以前的村干部的情况,并鼓励他们抓住机遇乘势而上,把南溪建设得更好。

因为绕道需跑60多千米的路程,新娘在迎亲和送亲人们的陪伴下于下午2点出嫁离开家。

2008年11月18日　农历十月二十一日　晴

黄山镇卫生院派几位医务人员来南溪进行小儿麻疹疫苗接种一事,在南溪卫生室进行。此事已在昨天由村委会干部通知各自然村村民,有儿童的农户由大人领(或背来)到卫生室接种疫苗。小学生由学校老师统一带领来进行(事前已征得学生家长的签名同意)。下午1点半省卫生厅派来的督察组来南溪督察,到南溪后看到卫生室的房子和各种布置,感到很满意。殊不知,卫生室的房屋和基础设施虽好,但一年下来也才开10天左右的门,督察组被表面现象迷惑了,南溪村民却几乎没得到卫生室的实惠,对这一真实的问题上面领导和督察组是不知道的。如若南溪到城里的路不好,南溪村民没有车的话,南溪仍属于看病难的山区村,但交通的便利改变了南溪人看病难的问题,只是破费大些而已。

2008年11月19日　农历十月二十二日　晴间阴

凌晨4点20分左右发生地震，震级大概在6级左右。有些下半夜不能入眠的老人基本上都能感觉到，青壮年及小孩们都睡得正香，没有震感。起床后相互间传着地震一事，当时感觉到的人们认为震得不强烈，不会对人的生命财产造成危害，也就没有恐惧心理；而小孩听到这消息后，有些害怕，有些学生娃娃（和凤月、和宏仲、和玉梅……）对父母说："四川地震死了那么多人，要是再地震会压死人的，我们搬出去睡吧。"她们的父母劝慰她们说："四川的房屋建筑没有我们的房屋建筑坚实、牢固，特别是我们的木楞房，很强烈的地震也不会震垮的，不需怕。"

村民们在出工的路上议论说："最近几年我们国家灾害频发，夏天发生洪水、泥石流、山体滑坡，冬天发生冰雪灾害，冬春季发生强烈地震等。而我们南溪，这类灾害造成的危害不大，偶尔会伤及庄稼，虽然海拔高，气候寒冷，但很少遭特大自然灾害的袭击，这点是难得的。"

2008年11月20日　农历十月二十三日　阴

南溪村电工和永勤今天开始抄2008年第四季度的电表，同时收第四季度的电费。当他抄收到满下村寨和国武家时，抄了和国武家的动力电表和照明电表，分别以每度0.75元和0.68元结算电费（动力每度0.75元，照明每度0.68元），两费合计500多元。和国武付款给和永勤后，沉默了一会，就说："老表，你收电费是一次比一次多，我家一年下来付了2000元左右电费，这样做村民能承受得起吗？在农电网改造以前，我们满下村加上损耗电也从来没有达到每度0.75元的电费，电网改造后，上面口口声声说'城乡电价一样，城乡一个价'，我去下面坝里和城里了解一下是否在同样收，要是不一样的话，我想去上访一下。"和永勤说："电价的变动不是我擅自搞的，是供电所叫我这样收的，小学校的电费一直叫我以每度0.52元来收，这些不关我事。"和国武说："要不是城乡同价，不管是谁我上访定了。"

云南大学纳西族研究点管理员和尚勋老师代交该研究点 2008 年电费时发现真实情况。他和电工的手续是：电工抄了电表，算了电费后，要电工写一张收款单据给他，待以后要电工从供电所开来发票，用发票给云南大学该项目负责老师报账。电工把从供电所开来的发票交给他时，他再把电工暂写留的收款单据交还电工。从电工收款单据和供电所收款发票看，情况是这样的：云南大学基地纳西点从 2007 年 12 月到 2008 年 6 月用电 279 度，当时电工以每度 0.6 元收价，并给和尚勋老师写下收款单据收了 167.4 元，而后来供电所的收款单据上每度电收了 0.52 元，和永勤给和尚勋老师退还 22.32 元。2008 年 7 月至 9 月电工以每度电 0.66 元收取，供电所的收据上收了每度 0.68 元，和尚勋老师又补给电工每度电 0.02 元。村民的就没有写收款单，要发票，做退补这些手续了。和尚勋老师当时给电工开玩笑说："阿舅，村民都说你是电老虎，很吃人，真是吃得很多，且很好吃。"和永勤说："不是每次都这样，有些时候是贴的。"

2008 年 11 月 21 日　农历十月二十四日　晴

满下村村民组长和永红今天开始又操持起帮汝寒坪村杨菊老板买洋芋、称洋芋的旧业。杨菊今天要先拉一车洋芋种，数量在 15～18 吨，和永红就跟满下村村民和永昌家、和学武家、和金星家、和丽军家买好，并说明了杨菊老板只付得起 0.27 元一斤。有些背洋芋上车的村民提议，把汽车开到和永昌家房子下面停好上车，正合中心点，对每家背洋芋上车的农户都有利。和永红说："村道改造工程还没有验收，在上级没有验收以前，要禁止大车进入村内，只允许小型汽车、拖拉机进入村中，验收后，各种车辆都可通行。"于是把汽车停在公路的桥边，各户都在过秤后背了上车，和学武家较远些，他家就在家里过秤记好后用手扶拖拉机拉到汽车旁上车。和永昌家请了 6 人，加上他两口子共 8 人，4 人装洋芋，4 人背，共卖了 1.1 万斤。背完后，和永昌有些伤感地说："前些时候，汝南村杨礼清老板出价每斤0.3元，我也答应卖给他的，可不知怎么的，他又在满中村拉了一车后就没再来。如果那时卖掉，可得3300元，事隔十来天，今天才卖得2970元，丢了330元，真是丢了两三个月的烟钱。"和丽军说："生意八只脚，神仙摸不着，就指这样的事例。高价时不卖，低价时又卖的现象，这是每个人都把握不住的原因所致。"有些村民则说："这是世界'金融危机'影响中国的原因。"

现时村里已普及电视机，全村除个别两三家没购买外，都有了电视机，茶余饭后的村民们大多数在电视机旁度过，多少知道些国际国内形势。

2008年11月22日 农历十月二十五日 晴 大风

满下村村民和顺达开着自家的手扶拖拉机去鹿子村买洋芋种，他事先跟鹿子村村民和积贤问好洋芋种，今天就去拉，说是和积贤自家培育的实生子洋芋种才3年，他以每斤0.45元的价钱买了1000斤。村民五八斤也来到鹿子村和发光家买洋芋种，一同来的还有村民和万寿、和家良。五八斤与和万寿是跟金龙村开微型车师傅和七三买的，事前和七三把和发光的洋芋以每斤0.43元的价格全部买下，再由和七三每天拉1吨左右去丽江城卖。今天，他又答应转卖给和万寿。

和家良是事前就跟鹿子村村民和山说好，和山答应卖1000斤种子给她，每斤0.5元。和家良装袋过秤后，由和山用手扶拖拉机送到道路旁的和发光家旁，帮忙装在五八斤的拖拉机里。五八斤就拉了三家（和万寿、和家良、他自己家）共2200斤左右洋芋回家。返回途中，一同返回的和顺达拖拉机迟迟不见跟来，五八斤就把拖拉机停在旦前村路旁，返回去看和顺达。和顺达因一只篮子掉了，就停车回头找，所以跟不上。一起出来、一起到家的互助精神是满下村历来的规矩，后人到今还坚持这样做。

2008年11月23日　农历十月二十六日　晴

南溪村乃至丽江所有的纳西族，从这段时间到正月3个月的时间里，从传统到现时都视为大喜的日子，90%的婚事嫁事都在这段时间举行，这主要取决于农事处于冬闲季节和宰杀年猪时机。然而满下村年轻夫妇和丽军与和金凤却在今天演着闹分裂的大戏（小两口于前年六七月间结婚，11月间生育一女孩，现小孩将满周岁）。两口子是为了喂猪一事而吵嘴的，吵着吵着就大打特打起来，和金凤娘家看到后不服女儿挨打的现象，于是，和子一、和金亮父子就闯入和丽军家想打和丽军。因和丽军脾气暴躁，别说和子一父子打他，父子俩跑都差不多跑不脱，要不是众人把和丽军死拉硬拖住，他父子俩反要挨和丽军的痛打。由于村民和社芬等人拖住和丽军，和子一父子才幸免遭打。和丽军、和金凤就闹到村公所要求离婚，到村公所后，村委会主任、党支部书记和继武说："欢欢喜喜、高高兴兴地结合才两年，就闹离婚，这样不好，两口子吵架是常事，俗话说'两口子床下打架床上和好，打骂不记仇'，生活中夫妻要互相尊重、互相体谅、互相忍让才是。"和继武百般劝说不见效，和丽军、和金凤硬要离婚，和继武说："既是这样，我们无权判决离婚，只能到镇司法所去解决。"和金凤先走出村公所，和丽军休息了一阵才离开村公所。当和丽军回到家里没见到和金凤，就到和金凤家里去看，也不见其人。他又返回村公所旁寻找和金凤的脚印，随着她的脚印找到山上，脚印不见了，人也不见了，于是他打电话给在地里挖洋芋的家族兄弟，要他们立即回村帮忙找和金凤。不到一阵工夫，满家家族在家的、从地里搁下农活转回来的都到山上、水坛边找和金凤，与此同时和丽军打电话给在城里考驾照的哥哥和天林，要在城里开车的家族兄和万琼回家。到傍晚，和丽芳从学校喂猪后回家时发现了和金凤，她就悄悄地约了家族中的妇人和文英把和金凤拉回家中。到家后，满家家族的人问他俩要怎么办，他俩都说要离婚，族中的长者和国兴、和国亮说："感情不好，爱情不深，闹离婚是正常事，大人离婚了，各走各的好自在，可小孩不管跟谁都是可怜的，会造成无父有母或无母有父的情况，最好把和金凤家人喊来劝一下，劝不成就没法。"满家家族就听从他俩的建议派人去喊和金凤的家人，和金凤的母亲杨文花也到各户去把德立家族的人请到他家共商此事如何是好，德立家族的大多数人认为："长期挨打，马虎拼凑不是很好之举，但为了小孩，我们劝劝别闹了。"就这样，两个家族的人约20人在和丽军家进行了商谈，和丽军、和金凤表示不再闹离婚了，满家家族向德立家族表示："以后若两口子吵架出走不再找寻，他俩谁出事都不管。"就这样把和丽军、和金凤闹大的事情安定下来。

2008年11月24日　农历十月二十七日　晴

满中村全体农户已全面结束田地间的农活（挖洋芋、撒青稞、拔蔓菁、割绿肥等），从今天开始进入半休息半劳动的状况：杀年猪、做客等冬闲间的活动。一般情况下，大多数村民坚持天一亮就上山，砍柴的砍柴，拉松毛的拉松毛。下午就围坐在和国启家小卖部前进行扑克、麻将等娱乐活动，活动中带有经济刺激的手段。同时已开始杀年猪，今天村民组长和国高家杀年猪请客，客人及杀年猪的人历来是相互帮忙的人及相互请客的亲戚。

2008年11月25日　农历十月二十八日　晴

满下村村民和益花与儿子和朝柱，以及还未过门但在她家生活近一个月、经常来往于她家的儿子的女朋友（过去称"对象"）和翠芳，一同去前山石镜头村和翠芳家，向和翠芳妈求亲（和翠芳父亲已故），并带去米、腊肉、酒、烟、茶、糖等聘礼。按照传统的规矩，这种场合是应当请家族中的中老年男人与男青年一同前往，由自己陪儿子前去求亲的事例在南溪还前所未有过，这是第一例。

笔者认为：由于和尚军、和益花夫妇与家族不和，断绝来往十余年。之前，他家与远族的和建华、和建忠、和建国、和建成、和建军家一起共事，大小事共同办。直到 2006 年 4 月 28 日本族老人和尚典过世时，他家主动又来帮忙和尚典的丧事，从此，他们家族又与他家来往了，大小事情又合伙办了。现在请介绍人，他家自己觉得请哪方也不恰当。再则可能怕女方向介绍人问起她家的情况时说坏话，才采取自家上门求亲之举。

2008 年 11 月 26 日　农历十月二十九日　晴

汝寒坪村洋芋女老板杨菊今天又来满下村寨买洋芋种，因为这种洋芋每户都只卖 1 万斤左右，因此得三四户同时上车。今天卖洋芋上车的有和玉祥家、和国亮家、和国武家、和亚华家。除和亚华家过秤后用手扶拖拉机拉来上车外，其余 3 户均为人背了上车，而且是 3 户合作上车的。先上和玉祥家的，再上和国亮家的，午饭后上和国武家的。快吃中午饭的时候，拉市乡的两村民拉来苹果和辣椒卖，正好把他俩的手扶拖拉机停在大汽车上车的附近，有不少村民来买苹果和辣椒，在和国亮家背洋芋上车的人已把他家的洋芋过秤后背上车完了，等着吃午饭，就出来走走。买苹果的人在议论各种话题，村民和茂花说："洋芋种在满中村是 0.28 元一斤，而我们这儿是 0.27 元一斤，她就压了 1 分。"此话被杨菊听到后，杨菊很不服气，她说："满中村这两天就卖 0.27 元一市斤，没有卖 0.28 元，要是我压价，我每年装三五百车洋芋，早就可坐享其成了。"其他上洋芋的人说："不必往心里去，愿卖的过秤上车，不愿卖的不予理睬就行了，你这个玉龙纳西族自治县的三八红旗手，确实为山区人民致富帮了忙，尽管产洋芋数量很多，没有你三五百车的推销外地，洋芋价是提不高的，山区大多数村民会把你的名字牢记，深知是你提高了南溪村的洋芋价。"好些村民也附和着，这样才平了杨菊的气。

等到上完和国武家的，总和了一下，也只有 18 吨多些，杨菊跟和永红说："你家的再装 4000 斤，要不然拉少驾驶员就亏了，他常年帮我拉，不能让他亏多了。"于是又到和永红家过秤上车，因为天黑只装了一吨半就拉走了。

2008 年 11 月 27 日　农历十月三十　晴

因患急性心脏病的满中村村民和吉给经 10 余天的住院治疗，已病愈出院回到家中。据休闲在"联营公司"小卖部前的村民和春华讲（和吉给大娘的长子）："住院十二三天，花去药费和住院费 1.1 万多元，新型合作医疗只报销了 2000 多元，可能是我妈在病危抢救时住的时间多，这段时间的抢救费、护理费不给报销，否则按 40% 的报销比例来看，应该报销到 5000 元左右。"他还说："农村有病花这么多钱，的确是件不易之事，幸好我家伯伯那儿（退休老师和国贤，老来离婚与两弟弟轮流生活）拿得出，在满中村生物种植公司的员工每人又给了两三百元，才解了经济拮据的燃眉之急。"在旁听的人插嘴说："是你的命好，幸好你当了他们的帮工，你当他们的帮工后，你有病住院，钱他们给你了，不仅如此连你妈病了都给，这比在正规单位里上班还强。"和春华接着说："我帮他们这几年工，他们的确对我很好，给了我很多物质和经济上的帮助，我只有好好帮他们干，才对得起他们。"

事情的确是这样，要是没有伯伯和国贤的工资，要是种植公司的人们个个不帮一点，单靠和吉给自家出钱是无法付出这巨额医药费的。

2008 年 11 月 28 日　农历十一月一日　晴

随时关着门的南溪卫生室今天开着大门，并把里里外外都打扫得干干净净。见状的村民都感到意外，觉得会有政府官员或监督检查组莅临南溪。

果不其然，上午 11 点左右，由黄山镇政府工作人员领了厨师并拉来晚饭食物（一只山羊、菜、肉、烟、酒等），说是玉龙县委书记孙文忠来南溪调研，他们是受黄山镇党委政府的委派来南溪村委会准备晚餐的。由于南溪村委会无经济来源，这些费用由黄山镇政府支付。到下午 3 点左右，玉龙县委书记孙文忠率有关部门的领导（一共有 14 辆高档轿车），先到孙书记扶贫挂钩点——南溪旦前村调研，然后转回到满中村生物种植有限公司调研，同时还查看了种有中药玛咖的地，最后回到村公所进行调研反馈和总结。孙文忠书记在总结时说："这次是我第四次到南溪，第一次是任丽江县纪委书记时，其他三次是任玉龙县委书记后。从第一次来南溪到现在，南溪的面貌的确日新月异，发生了很大的变化。2007年金龙自然村作为我的扶贫挂钩点，2008年旦前自然村又作为我的挂钩点，明年我还要在南溪挂点，因为南溪村干部和人民想改变落后面貌的决心和实干精神，实在令我佩服。南溪人民在各级党委政府的领导下，在有关部门的支持下，积极投工投劳，为改变家乡落后面貌不怕苦、不怕累的精神很让人感动，令人鼓舞。旦前村的村道改造，提供优良母猪项目已完成，我很满意。现在再支持每户3000元，每户安装一个太阳能洗澡间，要求年内完成，经费由玉龙县财政局负责。明年要做好饮水量不足的扩建工作，满上村、文屏村的村道土路面改混凝土工程也要力争实施。"他讲完后，响起了一片掌声，村委会书记兼主任和继武代表南溪村干部、村民，对上级领导关心支持南溪表示感谢。

　　当领导们离开南溪后，村委会干部和在场的人都深深感到领导干部的光临，可以说是一种机遇，把握这良好机遇的重要人员是镇领导和村委会领导。和国军副书记深有感触地说："南溪村比其他高寒山区村变化大，主要得益于各级领导的关心，同时也是黄山镇只有一个南溪（高寒贫困村）的原因。"

2008年11月29日　农历十一月二日　晴

　　今天是一年一度的南溪村冬月祭祖节。这次祭祖节除酒茶、美味佳肴外，必有蒜苗和小柿子摆在供桌上。这些年在市场上很难买到小柿子，因为市场多，小柿子的销量及售价都不很高。前些年每到昨前天，就有鹤庆县辛屯乡的村民赵宝胜背小柿子上来卖，而今他年事已高，加之眼睛不适走山乡路，最近两年来未曾上山来。因此，买到小柿子的村民就分几个给邻居。

下午 2 点左右，每户的男主人（没男人的则由女人）扫地，并在供桌和大门两角摆好青松叶，摆好祖先牌，点上香，摆上酒、茶，祀奉好祖先。等把晚饭做好了，都摆在供桌上，以示祀奉祖先，然后磕头，接着送祖，最后才用晚饭。

2008 年 11 月 30 日　农历十一月三日　晴

满中村村民和春立家杀年猪。吃过饭后，来客都转入休闲娱乐状态，他们都专心于打麻将、打扑克。大家都玩得正起劲，到晚间 11 点左右突然停电了，他们当中的一些人提议给电厂打电话。当时在场玩的满下村村民和圣武讲："大伙在议论纷纷，说是南溪电费每度收 0.68 元，而坝子里和邻近的文华金土坪村只收每度 0.52 元。农网改造后曾公布，电价城乡同价，且不随便涨价，为什么南溪村民每度多收 0.16 元，是电工所为？还是供电所收费者所为？或者是两者合伙所为？我们正用电时为何又突然停电？"和国高开初也随同村民议论，并答应由他打电话问电厂。可真的打电话时他却说："你们打得了，也要用你们的手机打，我的手机不要打。"之后，还是种药材的杨老板拨通了 114 台，问清了电厂的电话号码，和春立就打电话给电厂的人说："南溪人每度电收 0.68 元的费，我们正需要电时停止供电，这是怎么回事？"电厂接电话的人说："电价每度只是 0.52 元，城乡一个价，不会收 0.68 元的。"和春立肯定地回答："我们南溪真的收了每度 0.68 元，长期这样，我们南溪人会乐意吗？"电厂的人回答说："这是新城区供电所辖区，我们以后慢慢做调查。"到零时左右又恢复供电。

2008 年 12 月 1 日　农历十一月四日　晴

满中村一些农户在一个星期前就杀年猪了，大多数农户也选定了杀年猪的日期。满下村部分农户已在选日子准备杀年猪了。选日子就是要注意传统的杀生忌日，即初一、十五不杀生，属猪日忌杀猪，已故父母的生辰属日忌杀猪，加上如有学生在县城或坝区读书的，要将就星期六或星期天。这样一些传统的禁锢及现时的心理要求，不得不使一些村民事先选定杀年猪的日子，请好客，这样一来，家族亲戚就会自动错开各家的杀年猪日子。如满下村村民和玉祥选定农历十一月二十三日杀年猪，她这样一说，她的家族及亲戚就尽量安排在二十三日前或二十三日后杀年猪，以便杀年猪时家族、亲戚相互帮忙，相互做杀猪客。帮忙的形式是家庭一户一人，男人为主，无男人则由女人来帮忙；个别户（如和万琴家），亲戚或家族来他家帮忙的是女人的话，就由他老婆和金燕去帮忙，如亲戚或家族家来他家帮忙的是男人的话，就由和万琴去帮忙别家。这是因为市场经济导致他心理不平衡所致，他两口子认为："你们家男人开车找钱，来个女的帮我家，我家也由女的帮还你们。"

过去南溪村寨一般都在农历十月杀年猪，且基本上在十月杀完，传统的说法有"册每此玻扣"（纳西语，意为十月杀年猪）。现在由于生产水平的提高，有足够的粮食喂猪，除个别农户杀年猪的时间在农历十月底外，绝大部分农户都在农历十一月或十二月间进行。"册每此玻扣"的俗语在现在已不适用了。

2008年12月2日　农历十一月五日　晴

黄山镇兽医站的和站长带领该站工作人员深入南溪村委会，进行农户饲养母猪补偿的准备工作。调查、登记、填表等初步工作在此前已指令村兽医和友贤入户调查登记。和站长上来后，进行填表。当村干部和村民听到和站长讲"今年政府要给饲养母猪的农户补贴每头母猪100元，照常进行母猪保险，死亡一头母猪由政府赔偿1000元保险"时都说："现在中央政府对'三农'问题很关注，很关心农民问题，千方百计地为农民的脱贫致富着想。从电视、广播上得知，中央很重视'三农'问题，并加大对农村、农业、农民的投入力度，只要中央以下的各级政府不截留中央下拨的资金，农民的生活会加速向小康水平迈进。"

和站长同时还讲，已要求村兽医和友贤调查登记时，要做到入厩查看，以防止个别农户假报。去年在赔偿中曾出现以肥猪或架子猪死亡来谎报成母猪死亡，而领到保险赔偿金的情况。要求兽医入厩查看是防止这一现象在今年重演。

2008年12月3日　农历十一月六日　晴

满下村村民和建良家在做羊毛垫毡、羊毛开肩（羊披）、羊毛披毡等羊毛加工活计，师傅是鹤庆县松桂乡的两名中年男子，其中一人是后山木苏村的女婿，是十年前在该村加工羊毛时谈成领到松桂的。现时加工的羊毛制品多为男人劳动时穿的开肩，女人劳动时穿的羊披，这两种羊披形状完全不同，男人穿的是没有袖子和领子的衣服，女人穿得像七星羊披的形状。等羊毛制品干后，外面用白布，里面用黑色或蓝色布缝好，穿着以防冷保温。再则，可用作劳动背柴、背洋芋、背松毛等的垫身、垫肩之用。

今天是做村民和国武家的，这些羊毛是从满中村他姐和秀花家要来的（因为加工费贵，养羊人不想加工，就可以要到）。和国武在和建良家烧水供加工羊毛之用。他边烧水边对师傅说："在南溪村，历史传统上做羊毛加工之事都是在农历三月到七月间进行，加工用水都是用温水；而你们则在冬腊月进行羊毛加工，且加工用水都是很烫的热水。过去加工的制品穿用都可达到五六年之久，而近些年加工的穿用一两年就烂了，问题在哪儿？"在旁观看的村民有的猜测说可能是烫水浇的原因，有的说可能是由气候的冷热引起的，也有的说可能是搓的时间长短所致，还有的说可能是过去注重弹羊毛，现在可能不费劲弹了。和国武笑着说："问题的关键是，过去平整羊毛薄，现在平整羊毛厚，放薄的越搓越紧，放厚的再搓多也没薄的紧。"两个松桂师傅也笑着说："照过去的加工方法来做，我们挣不到钱。方法创新了，我们挣到钱就多，而且经常有活计可做。"现在做出的羊毛制品华而不实、不耐用是加工师傅所为。

2008年12月4日　农历十一月七日　晴

满中村、满下村的大部分村民在进行上山拉松毛的农事活动，除个别农户（每村一两户）外，都开着手扶拖拉机去山上拉松毛，随车去的人只有两三人（包括开车的）。因为村子东边山域辽阔，森林覆盖面积大，手扶拖拉机又无处不通，所以两三个人干上两三个小时就拉到很满很高的一拖拉机松毛。拖拉机四周用两米多长的可用作橡子的松树围成，每辆手扶至少砍十棵小松树做这样的围栏。这样做，虽然省力又多拉了松毛，但损失了多少快成材的小松树。细算一下，一年下来要砍掉几千棵这样的小松树，环保和经济的双损失是很严重的，这不仅影响了南溪的森林覆盖面积，而且对当地的林业经济收入影响是很大的。但村民们只顾眼前的轻松、高效，而无人去顾及几年后或子孙后代的用材问题。村干部也很少提及这事，即便提出也不会奏效，因为南溪村民只顾眼前、不思长远的现象较为严重。

2008年12月5日　农历十一月八日　阴

满下村准备在近期内要杀猪的农户，忙着在和四闰家买（赊）东西。和四闰出于薄利多销的原则，他把农户所要的批量物资以批发价出手卖给村民。村民们想到他所卖的是城里的批发价，又不需费力去城里，自前年杀年猪时开始，好多村民都在他家买东西，如瓶酒、啤酒、饮料、烟、鸡蛋、茶、卫生筷、炒花生、炒蚕豆、盐巴、味精、酱油、酸醋等；而菜、鱼……鲜货再去城里买。等请完杀猪客后，空酒瓶、空饮料瓶又不计费地交还给和四闰，和四闰把这些又卖给买废品的老板，作为他收入的补助手段。这样做一方面有利于村民，另一方面也有利于和四闰。也有一部分村民认为，反正要到城里买一些货，干脆都在城里买回好了，因此仍有部分村民驾着自家的手扶拖拉机去城里买。

2008年12月6日　农历十一月九日　阴转晴

有部分村民在割绿肥，相逢的人们都在谈论着："不知什么原因，最近两三年来，绿肥长得不好，说是种子的原因吧，过去撒的种大多是太安的，现在撒的还是太安的绿肥种；说是撒种季节的原因吧，每年撒种绿肥的节令都在相同时段进行。过去的绿肥，下霜期长势很好，而近几年的绿肥，下霜就枯萎了，割绿肥的时间也只能抓紧早上这段时间进行，到11点左右再割的话，绿肥就碎了，损失就多了。"

事情果真是众人所议的那样，南溪村近两三年绿肥长势不好，不同程度地影响村民喂养牲畜过冬的大事，过去所收的绿肥，有些农户喂猪、喂牛还有余，人们都摸不清底细。

2008年12月7日　农历十一月十日　晴

满下村民紧张而又带松闲的杀年猪活动开始了。今天村民和国武、和万琴两家杀猪。说紧张的是，杀猪家的家庭主妇及来帮忙的妇女和年轻人，她们要负责做饭；说松闲的是帮忙杀猪的老年人和中年人，他们完成了杀猪的事情后，就喝酒闲聊或打扑克、玩麻将。这样的请客吃饭休闲一般都要到杀猪的第二天中午饭后才了结，有一些家族到第二天晚饭后才结束。改革开放前及改革开放初的十年，南溪村杀年猪请客破费不大，一般除炒瘦肉一碗（拌鲜菜）、肥肉一碗、米灌肠一碗外，其余五碗都是用各种自产的菜来待客（洋芋、干菌、干蕨菜、萝卜、蔓菁花等）。所用的烟是一般的农民烟，酒是一般的散酒，手脚大点的农户，加几瓶一般的瓶装酒。随着改革开放的深入，逐步实现了温饱，村民的消费观念也随之改变。最近几年来，杀年猪满下村寨每户平均消费在850～900元，手脚大些的农户两天消费一千一二百元，手脚紧缩的也得开支800元。待客用的都是8个肉，其中3个肉（鱼、鸭、鸡）是城里买的，自家产的菜一样不用，酒都用瓶装酒、饮料、啤酒等，烟一般都用中档的，个别农户用较好烟。除饭后摆瓜子、花生、蚕豆待客外，还分发橘子、水果糖之类的果品。如今的南溪村，经济发展了，生产发展了，生活改变了，消费观念也改变了。

2008年12月8日　农历十一月十一日　晴

教书退休后定居在南溪满下村寨的和尚勋老师接到初中时同学和绍杰的来电（"文化大革命"前三年初中时，和尚勋任该班班长，和绍杰任副班长，当时丽江县因调整学校布局，而只有两所中学，即二中、四中），来电的内容是：原丽江二中"文化大革命"前的老三届同学各班都在聚会，而且为时已两三年，唯有我们初十六班未进行，一些老同学提出要聚会，并要求原班干部领头联系聚会之事。一别四十多年，别时风华正茂，老来相见同窗好友、共叙别后的牵挂、互知学友的现状之心很强烈。和尚勋老师的回答是："我身居山林树木间，来主持召集老同学聚会一事，实为难，你们相约好后定个时间、地点，我按时来参加聚会。"此回答的原因很简单，本人年少风华正茂时是学生中的佼佼者，可步入成年、壮年、老年后落为与学生时代很不匹配的人，故而推辞召集之事。

2008年12月9日　农历十一月十二日　晴

南溪满上村经村民小组各户家长及组长、副组长开会讨论决定：因为文华村、文笔村民小组及鲁拿古村民小组的个别村民经常驾驶着农用汽车或方向式拖拉机到满上村的封山育林地砍柴，经说服、教育无果，又不敢和他们吵架、打架，他们仗着居住于南溪至丽江城的路边，以强抢横夺的方式进行。若满上村村民跟他们吵架，日后他们随时都会寻机报复。所以，南溪村人不敢惹他们。满上村从今天起每户出一名壮年男子砍三天柴，集中在一处，然后平均分成28份，进行抽签，每户一份，做杀猪用柴。

文华村的个别人经常明目张胆地砍文屏村、满上村树的事是每年冬季都有的，没有终止过，因为地理位置和生活环境，南溪村无人敢惹他们，政府的劝阻也不奏效。

2008年12月10日　农历十一月十三日　阴

满下村村民和国兴应文华村委会中村村民和某之请，今天带着木工工具去文华中村做木工。事情的经过是：和某前段时间在丽江城买了一所旧房子，拆了拉到家后，发现有三棵柱子已腐烂，不能再用，就另买了三根木料，请和国兴来帮忙换一换腐了的料子，并指挥把房子竖好。文华人来请他的原因有以下两点：一是说明他们村木匠少了；二是因为和国兴过去在文华村、长水村、东界河等地做过竖房子的木活，知道他的木工技术好。十八年前，满下村的木匠师傅和建良、和国兴，领着满下村青年和尚军、和金红、和建华、和建国、和万琼、和金星、和作尚等在丽江坝子的长水村、白华村、文华村、城区东界河竖了五六十所新房。因此，这些地方的老年人还随时提起和建良、和国兴的名字，说他俩的起房技术是一流的。的确是的，在南溪村及邻近村寨（前山、后山、吉子、天红、长水、文华、白华、东界河），现年65岁的和建良至少亲手竖过200所房子，现年60岁的和国兴也亲手竖了150所房子。他们是乡里乡外有名的竖房木匠。

2008年12月11日　农历十一月十四日　晴

玉龙县政府派两名林业局退耕还林办公室的同志，来南溪村委会复核退耕还林的面积。南溪村委会主任兼支部书记和继武，村委会副主任和丽军两人陪同带领他俩到各块地实地测量，回到村委会后，办公室的同志就进行计算并输入电脑。他们说："这是第二次土地普查，目的是做好合理的土地流转，做到节约集约用地。"南溪村委会的林政员和吉红也经常到村公所参与这些活动。满上村村民和吉红的弟弟和吉亮对和吉红说："人家和国军副书记在村公所都不见影子，只见他跑车找钱，你却整天往那里跑，你要当他的替身吗？我想你这把年纪（56岁），你再积极人家也不会要你。亲戚请你杀猪，你就安心地帮亲戚一天吧。"不管别人怎么说，和吉红还是去村公所了。满上村的人在他走后说："和吉红这人一贯是这样，很喜欢去村公所跑一趟，回来后，好像是他比和继武、和国军、和丽军三人官还大，哄上我们一遍。"不知和吉红是出于对工作的负责，还是像村民所说的那样喜欢贴近官人。

2008年12月12日　农历十一月十五日　晴

杀年猪请客的时间已到高潮了，家家杀年猪，家家请客，家家都得花费好些钱来应对杀年猪请杀猪客一事。因此，过去几年一些农户在杀年猪前就把洋芋卖了。卖了洋芋后，该花的花掉，该买的买好，留下几个零用钱就存入信用社。往年南溪的洋芋已卖出近总产的一半，可今年却不像往年，只卖出近百吨洋芋种，大洋芋却还没有出手。其主要的原因是村民想卖高价（每斤0.45元），老板却出不了高价，只出每斤0.38～0.4元，喊价和出价相差0.05元。这样就影响了整个南溪的经济收入，也影响了个别刚达到温饱状态的村民杀年猪的事。村民们在电视里看到，或广播里听到世界"金融危机"对中国的影响，他们也知道今年洋芋运不出去是"金融危机"影响所致，"金融危机"的确不同程度地影响了农民的生产生活。

今天全村寨都没有杀猪，因为初一和十五这两天是南溪纳西族杀生的忌日。

2008年12月13日　农历十一月十六日　晴

村民们处于带闲带做的半休闲状态。

下午，鹤庆县辛屯乡的大米老板拉来一车大米到南溪卖，到了满下村，有好多村民都围过来了，有的凑凑热闹，有的想如果米好就买点。快嘴快舌的村民就给老板讲起了价，每斤大米1.6元，有些村民买走了，有些村民想买但今天家里没钱。老板说："家里没钱没关系，钱可以赊起，等到春节过后你们卖了洋芋再拿还我就是了。"听了老板的话，有好些村民都给老板报了所要买米的斤数，老板就把车开到要买米的农户家附近，称米、记账，等村民背完买的米后，她就把赊的米斤数和应付的款在笔记本上记好，并叫赊款农户过目。老板这样放心，是跟南溪人打交道的时间长，相处久了，相互间有了放心、相信的感觉。

2008年12月14日　农历十一月十七日　晴

满下村女青年和亚梅昨晚领来上门求亲的太安乡天红村委会汝寒坪村村民小组（距南溪满下村约15千米远）的男青年杨某。

今天满下村寨的人在互相传递着昨晚村里的这件新闻，上了年纪的村妇们都说："要娶和亚梅为妻的这个男人真有福气！和亚梅脾气好，劳动又能吃苦耐劳，既会干各种农事活动，也会开拖拉机，而且会驾驶中、小型汽车，样样事情都肯干，这样好的姑娘谁娶到谁就享福。"

和亚梅的父亲和金辉说："既已来上门求亲，那嫁女必在春节前，因为来年是儿媳和满秀的属相年，不宜嫁女。时间只有40天左右了，两家都必须抓紧筹办婚嫁之事。"

2008年12月15日　农历十一月十八日　晴转阴

2007年10月间丧妻成鳏的满下村村民和朝珍，过了一年零两个月的鳏夫生活，其间感受了成鳏后生活的不顺心。他为了养育好从医院里要来的养女和玉凤，出钱请他兄和朝东的大姑娘和玉芬来领和玉凤，开初在城里包吃包住后每月给400元，到今年8月，和玉芬又在家里领和玉凤，每月给500元。为了他的后半生生活得好点，为了更好地由专人来照顾养女和玉凤，他在城里边开车，边找对象。功夫不负有心人，由于他的不懈努力，果然找到一位在城里打工的鲁甸乡新主村籍女青年杨桂兰。由于杨桂兰是个未曾出嫁过的姑娘，他们家要举行嫁女典礼。第二次当新郎官的和朝珍方只请了近亲12家，及和朝珍的好朋友和汝军、和春拾前去参加婚礼。从丽江到鲁甸新主的往返车费每人要60元，均由和朝珍主动承担，另外开去和朝珍与和亚军共同合伙拥有的出租车一辆。南溪人到鲁甸做客，挂礼不尽相同，有的挂了50元，有的挂了100元。和朝珍带去的礼也不算多，只能说是现代婚礼的低档水平，他所带去的礼是：人民币1000元，媳妇衣服一套，给女方兄弟、父亲的三件衣服，茶、烟、酒。男方就不再举行典礼和仪式了。

对这件事，村民们都说："有一些未娶过媳妇的男青年还没有找到对象，而妻亡才一年又娶到一个姑娘的和朝珍，是因为有半辆出租车，才容易谈到对象的。"事情确实像村民所说的那样，现时的姑娘眼光很高，净挑些男方条件好或男方本事大的人为对象。

满子师村（上、中、下村）近五十年来中年丧妻的人不多，就满下村而言，20世纪50年代末和发魁丧妻，60年代初又找了一个；去年和朝珍丧妻，现在又找了一个。他俩的自身条件就比一般村民好，前者是20世纪60年代初的大学本科毕业生（当时是丽江南山片区的第一个大学生），后者是现代市场经济大潮中敢于拼搏的能人。

2008年12月16日　农历十一月十九日　晴

南溪满下村村民组长和永红拿着纸、笔挨家挨户地询问各户家长，说："上面讲要给满下村像旦前、旦都后村一样，由结对帮扶单位扶持一点养殖方面的物质，对养优良母猪的给点补助，每头种猪由农户出200元，其他不足部分全由帮扶单位出。全满下村给30头的指标，我来入户登记想要与否。若不入户当面登记，有些村民就会说：'我想要，但不知有这事。'当面登记了，日后就好讲好说。本来这事是村民小组副组长和圣华的分内事，可他在前些天就进城开出租车了，年底要填报的表只能由我来顶替做。"据说，对满下村寨新农村建设结对帮扶的单位是市电信公司、市经贸委等单位，共承担20万元的扶助资金来改造村道及做一些零星事。村民们有的说："现在的国家对农村、对学生的帮扶济困方面真是出大力、办大事。"

2008年12月17日　农历十一月二十日　晴

传说，20世纪30年代末，满下村的西面邻近村寨有几个比较霸道的人，他们想霸占其他村寨的山林、水源。满下村的鸡冠山虽然离汝南化村比较远，但它有丰富的树木和水源，而且美名四方的鸡冠泉（跌水岩）从鸡冠山背后面向汝南化村的石岩上喷涌而出。夏秋季节出水量大，可用来推水磨；冬春季节出水较小，但已可供汝南化村人畜饮水有余，还可用来浇地。鸡冠山上有东巴灵洞，相传东巴祖师丁巴什罗在那里住过。因此，每年都常有远近村寨的东巴来祭丁巴什罗（听村里老人讲规模最大的一次是1942年，有200多个大东巴参加，最远者来自维西、塔城、鲁甸、沙坝等地）。鸡冠山不仅林茂水多，而且是纳西族智者东巴神住的地方，因而，一些霸道的人就有了占有之心。而当时的满下村人不甘示弱，吵的吵、打的打，但不奏效，就告到县里，请县官评判。当时县官派了一个"爪阿"（纳西语，可能是当时县衙门分管林地的人）来就地断山。满下村的人抓了鸡、牵了羊，在跌水岩旁边烧水做饭招待"爪阿"；而汝南化村的东巴则祭山神，老东巴们就地整好临时祭山神的场地，举行起仪式来，口中念念有词："满子师的岩扑扑（意为满子师下村的鸡冠山）"，刚说出来，"爪阿"就赶快止住东巴说："不必再祭下去了，今天的事情已完，双方都听到了吧，汝南化村老东巴都说是'岩扑扑'是满子师村的，谁都不用去争，鸡冠山是满下村的。"断完山后，汝南化村人不服气，就骂起满子师村人来，说："满子师人吃生鸡。"满下村人也对骂汝南化村人，说："汝南化村人吃蔓菁干炒面。"

断山的地方地名纳西语叫"铺都送准古"。互相对骂的那两句话成了几代人相互刻薄的名言。

2008年12月18日　农历十一月二十一日　晴

满下村村民和建良，现年66岁，初中文化，人民公社时期曾长期任生产队（满三队，即现在的满下村）会计，负责全生产队的财粮分配大权，其间还做些木匠活。因其人的性格喜拈花惹蜜，村中又有部分妇人很势利，就与一些村妇有不正当的暧昧关系，事情暴露后，被撤了这一职务。

和建良脑子灵活，善于思考，喜欢学习。他是丽江南山片（南溪、前山、后山、吉子、太安、天红、汝南等村委会）有名的民间艺人，他会领唱纳西送葬"喂目达"，而且纳西"情歌"也唱得很有名，同时也精通"蜂花相会调"。在20世纪60、70、80年代，他都活跃在对情歌，跳"喂目达"，庆婚礼上跳"蜂花相会调"。他懂调但他的嗓子欠佳，因此，在进行以上活动时，他常邀约他的堂弟和建仁一起参加，并站在一块，由他把调子低声说出来，叫和建仁来领唱（当时人称和建仁为"金嗓子"），常常一直唱到天亮方休。他不仅这方面出名，而且是远近闻名的竖房木匠。他曾经在南山片、丽江西坝子里所竖的房子不下200所，现年事已高，力不从心，但还偶尔有人来请他画竖房墨。现在干竖房活的和国兴是他的高徒。他现在养着一群羊，每年卖羊收入都在六七千元，是很懂市场经济的村民。由于他自己会匠艺（木石、竹工艺），茶余饭后，潜心于家庭建设。匠艺人是农村里的特殊人才，他们需要请人帮忙时，就有很多人招之即来，来之尽力干。加上他们的收入较高，他们的一切都处于出众的状态（经济、生活、家庭建设、村里村外说句话都高于一般的村民），应验了古来就流传在南溪人的口头语"饥荒三年，饿不死手艺人"。

2008年12月19日　农历十一月二十二日　晴

满中村村民和福生一早起来，在大门口看见一辆买洋芋的农用汽车急驰而来，他忙跑过去，招手拦住汽车，他领老板看了洋芋仓库。老板见他家的洋芋差不多，就讲起价来。和福生要价每斤0.45元，老板不言语而想开车前行，和福生又说："每斤 0.43 元，怎么样？"老板回答说："每斤 0.41 元就拉不起了，我顶多出价每斤 0.4 元，此价若买不到，我要空车而回，不拉了。"和福生的老婆和菊见状，说："四角就四角，卖了。"

于是和菊请老板和驾驶员用早点，和福生去请帮忙上车的人。大伙吃了早点就上车，一直忙到下午 3 点左右才结束，总共装了 3.2 万斤。在结算付钱时，老板对和福生说："今天算你财运好，过年后洋芋会更跌价。"和福生笑着说："生意八只脚，神仙摸不着，谁知道过年后洋芋价是否会暴涨，但已出手，无怨无悔了。"老板说："世界金融危机影响到我国，现市场疲软，定会跌价。"众人也说："以往年的这时节，洋芋都拉了一大半还多些，今年却还没拉走，就满中村而言，只有和国高家、和福海家、和福生家这三家卖了洋芋，其他村民一点也还没出手，肯定有跌价的可能。"

2008 年 12 月 20 日　农历十一月二十三日　晴

南溪满中村村民组长和国高，代玉龙县畜牧局黄山镇兽医站收南溪养有繁殖母猪的保险费。他来到满下村先进入和国武家，说明了来意，并说："母猪保险费养猪农户每头母猪收 12 元，国家给每头母猪补助 100 元，万一母猪病死由保险公司赔款。由于前年、去年曾出现过冒领赔偿的现象，现在实行入厩登记、入厩调查。"和国武问，"开初兽医站长说每头母猪补助 150 元的，现在怎么成了 100 元"？和国高说："这些问题跟站长问才会清楚，我只是代理登记，收保险费，那 100 元补助听说也要转进'农业补贴'的存折。"在旁见状的人猜测说："可能每头母猪扣留 50 元来做代收代登记人员的误工费。"发出猜测的村民的依据是，过去几年退耕还林补助每亩扣下 20 元，做招待费及给村民组长们做退耕还林工作的误工补助费，由此而产生以上的猜测。

2008年12月21日　农历十一月二十四日　阴

今天是2008年二十四农时节气中的冬至，南溪村古来对冬至很有深刻的说法。说法一，冬月必"冬至"。意思是说冬至必定在农历冬月间（十一月间）。说法二，冬在前，如常过。意思是说冬至在冬月上旬，来年的收成将会平平常常，不会与过去一年有多少差别。说法三，冬在中，满堂红。意为若冬至在冬月中旬，来年一定五谷丰登、六畜兴旺，人们平安生活，不必有虑。说法四，"冬在尾，粮架空，鬼饿号啕"。意思是说冬至在冬月下旬，来年定会是饥荒年，粮食歉收、粮架无粮、鬼都饿得直哭泣，生活中就得注意节约，思想上有应对饥荒的准备。说法五，冬寒四十天。意思是从冬至开始的40天里是气候最寒冷的时段。说法六，"冬至"新皇历。意思是说：冬至是旧年的结束，新年的开始，算人寿岁大多以冬至为界，冬至过一天就是长了一岁。

现时的南溪村民，很不注重对冬至的传统说法，只注意撒种粮食作物的节气。如惊蛰、春分种洋芋，谷雨撒燕麦，头伏萝卜二伏荞等。

2008年12月22日　农历十一月二十五日　晴

今天村民和尚花家杀年猪，帮忙杀猪的人和帮忙做饭的人很多，因为她靠有三个姐妹，她招本村人上门做女婿，两个姐姐也嫁到本村，加上儿媳也在本村，再加上她家族7户共有20家的人来帮忙，村中亲戚最多的农户数她家。

吃晚饭时，盘点一下桌上待客的菜，有猪头肉（抵肥肉）、炒瘦肉、炖骨头、肝冷拌、酸辣鱼、烤鸭肉、鸡蛋、酥肉共八大碗。这些美味佳肴与过去（十年前）相比，确实发生了质的变化。十年前虽以八大碗待客，但大多以菜为主，肉类顶多三样（村中最富有、最舍得的农户），即炖骨头、瘦肉、肥肉，而且前两者中掺鲜菜较多，其他五碗均为菜，如干蕨菜、干菌、鲜萝卜、白菜加豆腐、芸豆或大块洋芋片。如今满下村杀猪请客都用八碗肉制品待客，家家如此，有些农户还随时变些花样，有的肉菜用煮鸡脚、煎火腿肠、鸡翅、鸡肉等。这现象一方面体现了现在农村经济发展了，生活改善了；另一方面也体现了满下村的吃文化——消费观念，就是说办事请客，家家不示弱，待客用的东西互争着保持一致的水平或者高出以前水平。

晚饭后，不仅有酒有烟到处摆着，而且有瓜子、带壳花生、炒蚕豆，饮料也随处可见，还给客人发橘子、糖果，这些现象自然成了没有文字的村规。

2008年12月23日　农历十一月二十六日　晴

南溪完小校长和家香老师，接到电话通知说后天香港路华车主会的人来南溪完小看一下，并送些学习用具给学生（书包、文具、作业本、字典）等。为表示对香港客人的热情，要组织村民穿上民族服装欢迎，请村委会干部发动组织一下满上、满中、满下村民。和国军对和家香老师说："过去几年组织还做得起来，最近一两年难以组织了。过去好组织是因为群众有好奇感，都抱着看一看的念头，而现时市场经济占据了人的大部分大脑，无酬之举难以组织。我教你一个好办法，叫学生喊家长来，这一定好办，学生一逼，做父母的就无奈了，只好听学生的摆布，家长们一定会来。"和家香在集合放学时宣布："后天所有学生家长都来学校参加欢迎香港路华车主会的活动"。南溪的村民对自己在校当学生的子女百求百应，从不推诿，这方法一定会奏效。

2008年12月24日　农历十一月二十七日　晴

满下村村民和朝东家杀年猪，前两天就把后山木苏村的老岳母和命接了来。杀好猪烫净、剖腹、清洗肠子时，和命拿着猪水泡在大羊披上搓，搓一阵，吹一下，又搓一阵，反复进行着。猪水泡吹大后用一根细绳把口子扎紧，不让漏气，再找来一根长些的绳子，把猪水泡挂在厨房的横梁上。她的外孙女和玉芬问她，"这样做有什么用"，她告诉和玉芬，

"杀了猪把猪水泡吹大挂在厨房中，可以防火。"南溪历史上有这样传统的说法，并把每年的猪水泡都挂成排，三五年后才清扫出去。这些年随着科学知识的普及，这种现象不多了，个别有老人在世的农户还保留着这个习俗。南溪还有一个独特的传统规矩是，煮吃猪头时，把猪头煮熟后，取下带齿头骨插在火塘边的靠板上，年复一年都这样，把靠板插得满满的，这样做说是来年六畜兴旺。现时这种现象也不多见了，一般年轻人图房内干净美观，不再挂猪尿泡、不再插带牙齿的猪头头骨。

2008年12月25日　农历十一月二十八日　晴

今天是2008年圣诞节，这节日对南溪纳西族村民来说不是节日，每年都以不视为节日的形态过，只有年轻人去城里游逛，以示过节。然而今天却例外，南溪完小及周围热闹异常，校园里飘满了五颜六色的小彩旗，遮天蔽日；校园外的冬闲地里满满停了30部从香港开来的车子；校园里人山人海，院坝里、走廊里到处都站（坐）满了人。这是南溪完小师生和南溪人民难忘的"圣诞节"。

从香港自驾车来看看他们所资助援建的"南溪路华希望小学"的香港路华车主会车主，千里迢迢，一路奔驰颠簸，于今天下午3点到南溪。30个车主，一行80人，驾着各自的车（共30辆）由云南省昆明国际旅行社总经理潘虹女士引领到来。他们此行有两个意义：一是旅游度"圣诞节"，一路到风景名胜逛逛，如到丽江他们游了虎跳峡和玉龙雪山；二是跟他们资助援建的"南溪路华希望小学"师生欢度圣诞节，并给师生送来体育教学用品（两张高档乒乓球桌、篮球、足球等），以及学生的学习用具和节日蛋糕，给老师们送了公文包及数目较多的节日蛋糕。潘虹女士介绍情况后，黄山镇和副书记致了感谢词，南溪完小校长和家香代表师生致感谢词。随后，香港同胞逐一给学生送学生用具，接着学生用精彩的表演来表示欢迎远道而来的客人。学生演出结束后，村民们欢快地跳起了民族打跳，有部分香港同胞也与村民手拉着手跳了起来，一直跳到太阳落方休。今天虽不是节日，却胜过节日。

2008年12月26日　农历十一月二十九日　阴

和国武的上门女婿五八斤去前山买洋芋，把买到的洋芋拉到鹤庆、丽江坝等地换米、玉米、小麦等粮食，又把换来的粮食卖掉，以这样的方式来做洋芋生意。村民普遍认为：今年外地老板都不来买洋芋，做洋芋生意可能会很难，利润也不会丰厚。今天五八斤做了十多天的洋芋生意后回来一转，他的知心朋友问他："老八，今年做洋芋生意，没什么前途吧？"五八斤回答说："除去加拖拉机油及伙食，每天都有一百七八十元的纯利收入，这收入也不是小数目了。不做生意，闲在家那就白白地休息了。家里用钱处很多，若不趁农闲时找一点，要用钱时就无来源，不能贪大弃小，家庭的收入和积累都得从小数开始。"他还了他家以前向邻居家所借用的千多元。事情正像他说的那样，如果休闲在家，不做十来天的洋芋生意，那还钱一事只能靠卖出自家产的洋芋才有可能。而现在他坚持干了十多天，这不大不小数目的借款经十多天的努力，解决问题了。村民们说："他的经济收支思路是从小受鹤庆白族人长期耳濡目染所形成的，因为生他的石镜头村邻近鹤庆县辛屯区，他们长期跟白族人打交道。"

2008年12月27日　农历十二月一日　阴转晴

满中村的中年人、壮年人天一亮就上山，有的背着拉松毛的篮子和六齿铁耙，有的拿着绳子和砍刀，还有的背着斧头和篮子。他们有的去拉松毛或腐叶，有的想去砍柴，还有的想去砍树根用作烧柴。他们一鼓作气地干，回到家里喝茶、吃些早点后，马上又去山上干活，一直干到中午1点左右吃午饭。村民们有的上了四趟山，最多的上了五趟山，少的上了三趟后回家做家务，一上午就干好了一整天的活计。吃过午饭后，村民们都陆续来到公路边和国启小卖部前（满中村人俗称此地为"联营公司"，因为开初时小卖部由村民和丽功、和春红、和军坤、和国启四人合伙开办），打扑克、玩麻将，有些是两样都不沾，但是成了不可缺少的观众。过路的人们见状后都说："满中村的人很会生活，冬闲时（农闲时）会休闲，显得很轻松悠闲。"这种状态会一直到3月种洋芋时，种完洋芋又开始这般休闲一段到5月锄洋芋时，等洋芋锄完了，部分村民又开始这般休闲。他们还高兴地称这段时间的休闲为"孟不四"（纳西语意为捡干菌子找钱）。这种休闲的方式，劳逸结合，半劳作半休息是好的，但以玩扑克、打麻将赌钱是有害无益的。

2008年12月28日　农历十二月二日　晴

满中村村民组长和国高领着白华收小猪的老板，早晨8点左右就来到满下村和尚勋老师家买小猪。和尚勋老师告诉他俩，小猪已被满下村村民买了，到明天刚合时日（明日属猴，兔、猪、羊为吉日子），村民就会来抓小猪了。老板说："我每只小猪加5元价，每只205元，卖给我好了。"和尚勋回答说："既然我答应了村里人，每只小猪卖价180元，我让村民一点。钱再多也不够用，你给我每头小猪出价300元，我也不会见钱眼开，人生信用为重啊！"他俩听后，无话再说，开着车子离开了。事情的确是如和尚勋老师所说的那样，他的人生哲理是：讲信用，说了算。他家的小猪近十年来没有上过市，而是以较低的价出卖给村里要买的村民。有些村民取笑他说："他患有职业病，是不懂经济的老实人。"还有的村民取笑说："和老师有国家发的养老生活费，儿子、儿媳又开车找钱，他用不完钱就便宜卖小猪。"作为退休在家的和尚勋老师，不是不懂经济、不会用钱的人，更不是家有万贯受用不完的富翁，但他懂人情、重道德，小看势利的人。

2008年12月29日　农历十二月三日　阴

满下村村民和建良家杀年猪，请来他的初中同学和文光老师（白华人，退休后居住白华村，平常以老友的关系来往）。1949年以前到20世纪80年代末，南溪村民与坝区里的人"打老友"，即交朋友，像亲戚一样来往，红、白、大事互相往来。平常南溪夏荒青黄不接时，常去老友家要点小麦或面粉，或者在夏收时吃住在老友家，捡麦穗打好扬净人背或马驮回家；到秋收挖洋芋时，居住在坝子里的老友们也纷纷牵马上南溪，在老友家要些洋芋和蔓菁、萝卜，人背马驮回家做菜吃。由于生活互相依靠的需要，有好多礼尚往来的农家有三四代接连是老友的，也有对对方苛求，自家又舍不得给对方些好处，结了一段时间的老友后，不再互相往来，另找老友的现象。到20世纪90年代后期，随着南溪通往丽江城的公路改善，南溪经济的发展，家家有了手扶拖拉机，交通条件的便利，经济的不断发展，山坝结老友的现象较少了。虽然还有老友，但生活相互依靠的现象已销声匿迹，而互相往来，红、白大事互走访一下，杀年猪时做客的现象还有。这只是情谊的驱使，不是生活所必需的。

2008年12月30日　农历十二月四日　阴间小阵雪

要娶满下村村民和金辉女儿和亚梅为儿媳的亲家，今天来到和金辉家，他们是太安乡天红村委会汝寒坪自然村的，来人是两个，背着两篮彩礼。至今已有六篮彩礼送到和金辉家了，具体的东西有6条猪后腿、六挂腊肉、60斤米、12包茶、12瓶中等瓶装酒、12坨红糖、12条中档烟。其间，由于和金辉提出免喝订婚酒，就少收了两篮彩礼。这样送彩礼与南溪村比，是过于多了。南溪村人对这样的做法不赞成，认为这样做会影响亲家来年的生活，只要男女喜欢，就不必送这么多彩礼。南溪村人称太安乡为西方（因为太安乡地理位置在南溪村西南），都说："西方的礼节有些脱规了。"

今晚，亲家双方协商确定在腊月二十四日举行嫁女婚庆。村民都说：

"和亚梅这小姑娘，在田间山上能开着拖拉机干活，在城里能驾着出租车找钱，送来这么多彩礼，值啊！"

2008 年 12 月 31 日　农历十二月五日　阴

满下村村民和朝光带着老婆杨耀祥去换洋芋，他俩把洋芋拉到文化村委会去换（文化距离南溪往返约有 100 千米）。他俩的做法是：头天晚上住在丽江城，第二天拂晓就赶往文化村。他俩以 2∶1 的方式兑换玉米，就是说二斤洋芋换一斤玉米。有些村民用钱来买洋芋，则每斤售价 0.4 元，跟用玉米换差不多。到今天，他自家的洋芋种已这样处理完。他把玉米拉到丽江后，以每斤 0.75 元的价卖给鹤庆的粮食商。今天所换到的玉米他拉回到家中，要以每斤 0.8 元的价出售给村民。有一些村民不会在乎这 0.05 元，认为这是必付的，算是去城里买玉米的运费和花销费，在村里买还划算，一不费工，二不费力，所以村民就争着买。这样做，和朝光也得到每斤 0.05 元的运费，双方都有利。

不少村民都为今年的洋芋价操心，开初每斤 0.4 元不愿出手，结果一斤大洋芋都还没出手。大家估计春节后会有些老板来，但价格是会低些，有些村民后悔了。留到最后才出手惯了的村民不操心、不后悔，他们认为到 5、6 月照样会有老板来买洋芋。

2009年
日志

2009年1月1日　农历十二月六日　阴

今天是 2009 年元旦节。虽然是国家法定的节假日，只有村学校按照国家法定的长假放学公休，村民们依旧各干各的农事活动，砍柴的、拉松毛的，从村里到山上的路上来来往往、络绎不绝。满下村民和国红拉着发情的母猪到满中村和国高家去配种，因为去年镇里以扶贫的方式帮助南溪尽快脱贫而无偿给南溪一只公猪种和一只母猪种，两只猪价 2500 元，全由黄山镇政府从扶贫款中支出，这两只猪种则由满中村村民组长和国高养着。由于猪种较好，满中村、文屏村、满下村所有母猪都到他家配种。2008 年 1 月 1 日起开始配种，每配一只母猪，和国高就收 25 元的配种费。据和国高本人给和闰红和其他村民讲："一年配了 168 口母猪，收入配种费 4200 元，除去（最多）1200 元饲料和饲养劳务费，净利收入 3000 元。2009 年元旦起要收配种费每口 30 元，比去年增加 5 元。"和国红配完猪后付了 30 元的配种费，可心里想："今年受国际'金融危机'的影响，什么东西的价格都下跌，小麦、玉米每斤下跌两角左右，洋芋价跌了且还没有人买，油价也跌了好些，小猪价也跌得多，可和国高却一个劲地增收配种费，这不近情理了，但满下村没人养有猪种，满中村也只有他家养，无奈了，只好说多少付多少。"和国红把配猪价提高之事讲给遇到的人，在半路遇到一起回满下村的村民和福军，他听后说："此前配一头母牛，付 50 元配种费，比起和国高现在收费来，也就便宜了。"

2009年1月2日　农历十二月七日　晴

满中村村民组长和国高、副组长和万里，带领满中村村民（每户一个成年男人）到 2008 年下半年划定的山林界线外走走，记一记。他们先去看与前山村委会高龙村民小组交界的地方，接着看与南溪村委会金龙村民小组交界的地方，最后去看与满上村、满下村交界的地方。他们这样做，其目的是想让满中村村民都知道一下本村的山林与界线，以防被别人强占了去。人人都知道一下界线，不至于丢了自己的林地，也不至于去乱砍邻村交界村的树木。他们的这种做法是好的，很值得各村民小组学习，让村民都知道各村的林地和界线，对管好本村的树木、不乱砍别村的成材木是很有益处的。过去村与村之间曾因不知界线而误砍木料的事发生，也发生过村与村之间的山林纠纷引起的矛盾（如满中村与满下村、满下村与旦前村）。这样做，不至于以后发生误会，产生打斗和矛盾。

看完山林界线回到家还有好些时间，就召开了会议，公布2008年满中村经济收支情况，以及商定轮流看山的问题。

2009年1月3日　农历十二月八日　晴

上午9点左右，满中村村民第二次上山砍柴或拉松毛，到球场边时看见来了一辆买洋芋的农用车，人们都不约而同地停下脚步。车行到球场附近的公路上时靠边停下，人们蜂拥而上围住车，问老板买什么洋芋，出多少价，当老板说："要大洋芋，每斤出价0.35元。"好些村民往后退了，只有和光彦的儿媳和社说："去我家看看洋芋，与两位老人问一下。"同时打电话问在城里开出租车的丈夫和万社，这样的价能不能卖，和万社说："卖掉，不能再拖了，再拖价就有可能跌得越大，年过后，肯定不会卖到一斤0.35元。"她把丈夫的话转告给公公和建民、婆婆和光彦，两位老人也就听从儿子的话，叫儿媳去请上车的人。洋芋老板对和社说："洋芋要顶上和底下一样，如果顶上盖些大点的，底下装小的就不要。"和社答应了。看这景象，村民们低声嘀咕着："看老板这种架势，今年的洋芋价就不会再提高了。"不免使以种洋芋为业的村民们多了些担忧。的确是啊！作为农民，收成多了，付出的劳力和成本也多，只有做到多产、多收入、多投入才会使种田农民感到舒心。有些村民说："明年不种这么多洋芋了，本大利小的事确实很苦，多种药材还划算些，不需垫本，劳力投入也比种洋芋省得多。"

2009年1月4日　农历十二月九日　晴间阴

满下村村民组长和永红在球场主持召开满下村户长会议。内容是：第一，传达镇派出所关于村民换二代身份证的意见，要求南溪村民还未换二代身份证的，在本月5—10日到黄山镇派出所办理，逾期不办的，要到玉龙县公安局办理，这样就增加了村民的麻烦，请自家权衡行事；第二，下发了农村新型合作医疗证书，此事在2008年9月就开始，2009年度的合作医疗筹款（每个村民20元），已在9月下旬收缴，但因证上须贴所有参合人员的半身免冠照片而拖到现在才下发。接着要求村民在农忙时，找生活用柴不能乱砍滥伐，只能砍杂柴，不能砍松树。

散会后，有些村民在小声交谈："2008年村里卖了三次沙子，关于钱的问题只字不提，是不是会学着前任村民组长的做法，全自吃了？"而没有人在会上正面提出，怕得罪人。

2009年1月5日　农历十二月十日　阴转雪

满下村女青年和圣琴（乳名五三娘），今天跑婚到太安乡吉子村委会水闸口村民小组的和玉竹家里，与和玉竹成婚定终身。这是一个特殊的事例。说"跑婚"，过去当地曾有过不少（从20世纪70年代初到80年代末），比较盛行的那段时间，女的先跑到男方家，再由男方家请家族中能说会道的人去求亲，补办婚嫁礼。到20世纪90年代初，这种现象已绝迹，恢复传统的先上门问亲、定亲、择日、请客再举行婚嫁礼等过程。现时是不多见的，此事例说特殊，就特殊在两个年轻人，按理说都应各自为政，在自家里讨媳妇过门给父母养老送终，或找姑爷入赘在自家度日。然而，他俩的条件有些不适合结合，吉子水闸口村男青年和玉竹是独儿子，虽说他还有个未嫁的姐姐，但纳西族男婚女嫁是历史传统，还没有男嫁女婚的现象。和圣琴有两个姐姐，且两个姐姐已出嫁，赡养父母的责任自然落到了她的身上。然而他俩不顾各方父母的劝说，结合在一起了，当天晚上和圣琴还打回电话给本村的女友和献慧及堂嫂和良命，告诉她们她已"跑婚"到吉子村和玉竹家。

有人风趣地说："青年人，难忘初恋情。"有些人说："这话可能专门指和圣琴与和玉竹二人，海阔天空，可到处去找相好，寻知音，他俩还不至于一对夫妇赡养四个老人，真是不知事的娃娃。"

2009年1月6日　农历十二月十一日　晴

吉子村委会水闸口村民小组村民和玉竹的家族一行六人，背两篮彩礼，来到满下村和作武家"上付"（纳西语，意为说亲求婚）。一般情况下只来两人，一人背一篮彩礼，但这一情况有点特殊，两人不敢前往，四人还嫌少，就来了六人（因为怕女方家父母发火骂人，才以众多人前来）。到和作武家后，来人把篮子放好，坐下，和作武及老婆和茂花已知其来意，和茂花说："我们都是邻村人，低头不见抬头见，我老两口虽对此事不满，但对你们说什么呢？只怪我俩教育不好三女儿，你们是受人之托前来的，我俩不会骂你们，请放心。"吉子村男方的来人也说："我叔叔婶婶知道这里须招上门婿，曾多次制止和玉竹与和圣琴相好，并说你不能去上门，也不要找来须招上门女婿的姑娘为你妻，但他俩却黏到一起了，无法解开，我们大人只好成全他俩了，以后有啥事叫他俩两边帮忙料理了。"

双方在火塘上边喝茶边交谈，和作武说："我们大人只见女儿的身影不见心，现在已成了不可分开的局面，我也只好忍着性子，打骂也是无用的，仅会使他俩产生逆反心理。"经和作武夫妇这么一说，男方来人悬着的心放下了，和茂花边交谈边做饭招待来人。

过去如有姑娘跑到不顺父母心的家里，曾有过骂来的人，不让其放下彩礼，或把彩礼丢出去等事，但都无效，还把人际关系弄僵了，相逢共处都不自然，当今的人不再干过去那些蠢事了。

2009年1月7日　农历十二月十二日　晴

经各村村民组长传达黄山镇派出所关于换第二代居民身份证的通知精神，南溪村委会各村民小组的中老年人纷纷去派出所换身份证，中青年大多数早已做完此事。因为人多，乘车显得拥挤，有三辆面包车和一辆客货两用车往返于南溪与丽江两地，今天显得车子少了，因而满中村民和国军（南溪村委会党支部副书记）往返跑了四趟，也只解决了满中村村民乘车的问题。有一部分挤不下的村民只好留宿丽城或城郊白华村，他们说："和国军等开'黑车'的司机们要是每天都像今天这样，不需很长时间就发了，每村民小组有一辆这样的车就好了。"但事实上，南溪到丽江平时人流较少，农忙时节很少人上街，往返于这两地的流动人员基本上是南溪村民和在南溪完小教书的老师，一年下来，估计也赚不了多少钱。开车师傅载满人的时间只有五六个月，近半年是常拉老师及在城里读书的中学生。因此，南溪村自用黑车多了对车主来说并非好事。

2009年1月8日　农历十二月十三日　晴

设在南溪满中村的生物种植有限公司，今天开始让种有药材玛咖的金龙村、满上村农户挖玛咖，挖出后切去叶子，把玛咖的茎块去泥土后交到公司里。种植玛咖的农户大多数以不管收成多少的包田（每亩800元）方式进行，种前公司把要种的地丈量后把地积计好，并按种植地积的50%款在下种后发到农户手中；也有个别农户采取按产量计价的办法，每公斤8元，这样做的农户种前既不丈量地积，下种后也不拿50%的预付款，待挖出茎块后过秤交货计价一次性收款。结果，挖出交货过秤时，金龙村的大多数种植户亩产超过200公斤，满中村的个别户也超过200公斤。这些农户很后悔，认为当初签合同时应该以过秤的方式进行，这种产量比按亩数取款亏了八九百元，他们认为如果当时签约是按产量单价进行的话，过秤交货的结果可拿到每亩一千六七百元的钱，而现在产量再多也只拿到每亩800元。面对现实情况，有些人提出能否按产量付款。公司杨经理说："我们双方在种下几天后就签下合同了，不能改变合同内容，明年大家看怎样做划算就怎样做吧！"人们也就无话可说，嘴上却说不出更多的不满，但心里总还以为"吃亏了"。通过挖交玛咖，大伙都总结出一条种玛咖的好经验，那就是：不能撒种，要移栽苗；再则不宜种得早，最好在火把节后移栽，这样不仅成活率高，而且茎块也大。

2009 年 1 月 9 日　农历十二月十四日　晴

满下村民和万林的长女和丽菊经过十六年的寒窗苦读（小学六年、中学六年、大学四年），于 2008 年 7 月毕业于云南民族大学法律系。经过严格的书面考核和面试，正式被吸收为国家公务员，被分配在玉龙纳西族自治县鸣音司法所工作。今天她到单位上班工作。

通过这件事，村民进一步认识到，大学毕业后一般农民子女难就业的局面已经转变，通过公平竞争，农民子女也可以得到择优录用，这是党风在改善的具体表现。

前几年，有些出身农家的优秀大学毕业生，书面文化考核虽然名列前茅，但往往在面试时就被淘汰，这些毕业生只好放弃自己所学的专业，到宾馆、酒店打工，或开出租车。见到那种情形，村民认为读书无用，白费钱供读大学，劳民伤财。

和丽菊成为南溪村近些年第一个考上的公务员，她的就业为以后的南溪学子树立了榜样，也为养她供她的父母添了几分光彩，她父母一直悬着的心终于落地了，在众人面前感到自豪。

2009 年 1 月 10 日　农历十二月十五日　晴

满下村民和尚军、和朝柱父子俩卖完自家的洋芋种后，觉得在村里再买些洋芋种到黑白水、文化、龙山等地卖，除去本钱、加油、花销的钱，在载有两千四五百斤洋芋种的一车上可获净利 150 元左右，比开出租车盈利还可观。于是他父子俩就在村民和圣昌家以 0.18 元一斤的价买了 3000 斤，拉到文化去卖，有一部分卖着 0.35 元一斤，有一部分卖着 0.3 元一斤，拿玉米换比例为 2∶1，玉米出售时为 0.75 元一斤，这一车下来获得净利 200 余元。现时村里这样做的人很少，就满上、中、下三村而言，偶尔做做洋芋小老板的人也只有和朝光夫妇和他俩父子。因此，和尚军认为，只要坚持做点小生意，每辆手扶拖拉机拉的洋芋（约 3000 斤），至少可得净利 200 元。如果能干上两个月，就是好大一笔收入，他打算干个两三个月。

2009 年 1 月 11 日　农历十二月十六日　晴

今天，南溪村民下丽江城的特别多，有五辆车（四辆面包车、一辆客货两用车），挤得满满的，每辆面包车里都挤了十二三人，客货两用车挤了约 50 人，南溪完小老师还专门打电话从城里请上来一辆。造成南溪今天人流这么多的原因是，满上村民和昌红在城里举办婚礼，鹿子村民和木花在城里举行嫁女庆典，南溪完小老师和建雄在家里举行婚庆典礼，三件喜事都在城里，做客的人就多了。退休后居住在文屏村的和学诚老师因坐不到车而步行到城里，这种事在十年以前是常事，不仅空身步行往返，而且还背上三五十斤的东西往返。但最近十年来，这种现象已近绝迹，见到和学诚老师步行走在去城里的路上的人，还指责他"不会享受"。

在城里办喜事的南溪人逐渐多了，这样做对主人家来说是轻松、节约、省时（如果在家举行需四天时间才完成，花费也很大）。但做客的人花费就大，目前最低的人情挂 30 元。以最低来算去做客的人，加上往返车费，一包烟钱至少也得备上 50 元，一些村民为此牢骚满腹。

2009 年 1 月 12 日　农历十二月十七日　晴

根据玉龙纳西族自治县教育局的安排，今天南溪完小进行 2008 年秋季学期结束考试。这次期末统测比较严格，各年级各科目都以单人单坐进行。监考老师交流，任课老师回避，统一集中在镇中心校阅卷登分。负责南溪完小监考工作的老师一位来自太安乡，一位来自文华幼儿园。

下午玉龙县教育局局长李银葆同志在黄山镇中心校校长木龙同志的陪同下驱车到南溪完小巡视，这样一来显得此次统测很认真、严肃。平时对自己的教学工作抓不紧的老师心里感到有些紧张，胆大些的老师则无所谓。

2009年1月13日　农历十二月十八日　阴

今天中午在南溪完小给学生做饭的满下村女青年和丽芳，趁学生午休时间回家一转，一同来的还有在文华幼儿园任教现回南溪当监考的和红莲老师及在南溪完小教书的和世英、段永兰两位老师。和丽芳端出一碗松子让老师们吃，吃了一阵后，临走和世英老师找来扫帚扫松子皮，和丽芳急忙制止说："今天我们家不能扫地除灰。"和世英问为什么，和丽芳回答说："今天我爸爸去丽江坝子换洋芋了，家里一旦有人出远门做生意，我们家是不扫地的。"和世英老师放下扫帚走了。是的，过去的南溪村民，凡是家里有人上街做买卖、去坝子里捡麦子、换洋芋，这天是不扫地的，哪怕家里垃圾很多很不干净，也要等到上街或下坝的人回到家才扫地，当天不转回来的也要等到第二天早上才扫地除垃圾。在现代，坚持这种做法的农户还有些，但不像过去那样普遍。

2009年1月14日　农历十二月十九日　阴转晴

设在满中村的生物种植有限公司，已基本收完2008年所种的药材玛咖，堆在温棚里。杨老板生怕把药材堆霉变烂了，就从城里拉来一架洗药材的机器，请了六七个满中村人来洗药材。洗净后，把药材切得薄薄的晾在温棚里。杨老板等伙伴看到今年所收的玛咖较多，脸上露出了满意的微笑。他们在南溪满中村试种玛咖已有三年整，第一年租了满中村几家农户的八亩地，由他和伙伴们试验种植。第二年在满中村全面推开租地请农户种，第一、二年的种植成功的基础上，第三年在南溪七个自然村（金龙、满上、满中、满下、旦前、旦后、鹿子）推广（在村民自愿的基础上推广）。收到的数量出乎他们的预料，高出了许多，他们也对自己的付出感到满意。村民们也窃窃私语："如果老板明年仍按今年的价格，那种'玛咖'比种洋芋划算多了。"就连今年没有种的村民也动心了。如果玛咖公司成功，南溪的产业将面临改变，南溪的经济将稳步上升。

2009 年 1 月 15 日　农历十二月二十日　阴

南溪完小遵照县教育局的安排，今天上午结束了所有班级所有学科的检测，到中午 12 点全校老师准备离校去黄山镇中心校集中批阅试卷。可当老师们还在校园准备各自回家取所需带去的东西时，满下村民和爱英来到学校，找校长和家香老师说理。事由是和爱英与前夫所生的儿子和仕平自去年从前山他爷爷处领到南溪随母和爱英与继父和李福生活，也就读于南溪完小四年级。该生学习成绩很差，数学是和家香老师所任，前些天考试时，和家香老师知道该生平时学习成绩很差，就以他的户口不在南溪为由不让他参加考试。家长认为和仕平学习成绩在去年（三年级时）也是该班级的倒数第一名，可没有这样不准参加测试的事例。为此，和李福、和爱英夫妇对这样的做法很有意见，就找和家香讨个说法。和爱英边哭边诉说，后面就升级成了指责和家香老师的做法。和家香老师经和爱英连珠炮式的提问，认为自己亏理了。在众多老师的相劝下，和爱英才停了下来。她开初的想法是，叫和家香打电话给中心校领导，让领导对此事表个态。

老师们在下面窃窃私语："当校长才一学期，就有两次村民来校给她讨个说法（实际上是吵架），她的做法使家长很想不开才来的，要是可忍的话，谁的家长都会忍了，家长也是对她的个别做法不能容忍才来的。"

2009年1月17日　农历十二月二十二日　晴

摘记一次民俗传承

南溪村与太安乡天红村委会汝寒坪村相距约12千米，站在山头上两村互相可以望见，同时又处于同一区位（丽江城的南山片区），生产、生活、红白喜事办理过程从古至今都是相同的，只是有些微不足道的差别。但是南溪村以西的天红行政村、吉子行政村、太安行政村、汝南行政村等办丧事时，有些人家请老东巴来主持丧葬仪式，由老东巴为死者超度。除这个例外，都是大同小异。然而在前些天由教师岗位退休下来后学习东巴文化、现为东巴协会会员、汝寒坪东巴传承点负责人杨鸿章老人为他的二儿子举办了一个20世纪50年代末就已消失的"东巴素注"婚礼。这一婚礼可以说是现代"特殊婚礼"。笔者认为对传承纳西族优秀民族文化、研究纳西民俗民风有一定的益处。现摘录赵坤玉、赵晓梅、杨宇三位记者报道在《丽江日报》旅游版的《杨丽军的东巴婚礼》，作为16、17两日村寨日记，为纳西族古时婚俗的研究和了解提供点资料。

杨丽军的东巴婚礼

赵坤玉　赵晓梅　杨宇

延续了几百年的纳西族传统婚礼习俗——东巴婚礼，已经渐渐地淡出了人们的视线和记忆。而在2009年的新年伊始，一个阳光中飘舞着雪花的美好日子里，两个东巴世家的后人在太安乡汝寒坪村举行了一场古老朴素的东巴婚礼。新娘是金山乡贵峰村的和爱琼，新郎是太安乡汝寒坪村的杨丽军，他们以纳西族古老的传统方式缔结了百年之好。

清晨7点：去接新娘

2009年1月5日7点，在晨曦中，新郎杨丽军和亲戚好友组成的接新娘的队伍出发了。他们要到金山乡贵峰村去接今天婚礼的另一个主角——新娘和爱琼。

杨丽军的父亲杨鸿章是当地一位有名的东巴。汝寒坪是丽江纳西族东巴文化的发源地之一，村里至今还保留着东巴祭祀的"神场"。逢年过节，杨鸿章和村里的老东巴们总要召集全村老小，在村头的祭祀场举行祭祀仪式，以祈祷天地保护生态神灵赐福百姓。

杨鸿章已年近古稀，却一直致力于东巴文化的传承工作，早在1995年，就在自己的家中开办了东巴传承班。他一心想在村里沿袭纳西族特色的东巴婚礼，可现在的年轻人追寻的是时尚的现代婚礼，为儿子操办一场东巴婚礼是他多年的心愿。

这一天他请了五位东巴为自己的儿子主持婚礼仪式，包括东巴文化研究院的和力民和市博物院的东巴木琛。几位东巴在纳西传统伙房里，开始布置神坛，这里将是举行婚礼仪式的主要场地。

上午11点：忙碌的婚宴准备

这一天是小寒节令，将近中午时分，天空开始飘起了雪花。杨家的院落却是张灯结彩，挂满了象征喜庆的红帘幔围，人们都在忙碌着，洗菜、炖肉，一派喜气洋洋。

参加婚宴的亲戚朋友也陆续赶来了，他们带来了丰盛的礼物：大米、火腿、土鸡等等。东巴则坐在火塘旁诵东巴经，迎请素神（生命神）。迎请素神的东巴仪式纳西语叫作"素注"。在纳西族传统文化里，人们从万物有灵的角度来认识事物，以为在婚嫁过程中女的灵魂出来后，要加入男方灵魂的"共同体"中。这共同体包括人、房屋、牲畜、五谷等。女方嫁到男方家，就要举行东巴素注仪式，"让新娘的灵魂加入到男方家，让男方的所有生命神来护佑新娘的生命神。"随后东巴杨学红点燃杜鹃树枝做除秽、烧天香等仪式。东巴向我们介绍说，东巴仪式共有三十多种，分为祈福、丧葬、禳鬼、占卜四类，东巴婚礼属于祈福类。而此时的新郎杨丽军接到了梳妆打扮好的新娘往家中赶来了。在路途中，逢桥和道路岔口，就要抛硬币，整个仪式和过程都完全遵照传统的东巴婚礼进行着。

下午1点，新娘接到家中，开始东巴祈福

"天和地成婚后星辰满天，青草遍地；日和月成婚后万物欣荣，人间洒满金光和银辉；山与谷成婚后，高山树木葱郁，深谷流水不息。"伴随着东巴的吟诵声，送亲的队伍簇拥着新娘、新郎从山头迤逦走来了。

大门在三开三闭后，新郎、新娘被引进了伙房。两位新人和男方的父母双亲跪拜在火塘素神前。伙房里弥漫着松香和黄油的香味，东巴用低沉的唱腔吟诵起《素神经》，并用松柏枝在他们的头上点泼清水，随后为新人授素神箭。这表示新娘的素已经融入新郎家族的素篓里去了。新娘成为新郎家中的一员，同时表示新娘、新郎的灵魂已经结合在一起了，并且让婚姻得到社会的承认。还要打上一个"记号"，这个仪式叫作"麻鲍麻"，麻鲍麻意为点抹圣洁的酥油。相传"麻鲍"是纳西女祖先天女挤取她饲养的一头天牛的奶所制成的酥油。东巴祭司用圣洁的酥油点抹新郎、新娘，据说这样可以使新婚夫妇不受病魔邪怪的侵害，象征福泽就会降临，素神就会保佑。尽管这里是东巴村，但对于村民来说，这种婚礼仪式也是久违的了，人们全都簇拥在新郎、新娘周围。这场特别的婚礼相信能为新人带去永远的幸福。同时，也将为有幸看到这场婚礼的人们留下最美好的记忆。

下午2点：婚宴开始

婚宴开始了，杨丽军和新娘热情地招呼着每位客人，敬茶、敬酒。院子里燃起了熊熊大火，前来祝贺的客人越来越多，婚宴将一直持续到深夜。

"白鹤做媒人，苍天送信物。"东巴的祝婚歌印证着两位新人的美好爱情。两位新人都远在昆明工作，新娘的家乡贵峰村也是一个东巴文化村，回到自己的家乡举办这样的婚礼，对于他们来说是神圣而又浪漫的。新娘说她最大的心愿是永远和自己的爱人开开心心、快快乐乐、恩恩爱爱、白头偕老。

2009年1月18日　农历十二月二十三日　晴

设在南溪满中村的生物种植有限公司，来了六七位贵客，这几位贵客来自北京、广州、深圳、昆明的几家生物制药厂。他们是因南溪村试种生物玛咖获得成功而慕名前来南溪村亲眼观察玛咖种植和收成情况的。他们仔细听取了生物种植公司负责人的详细介绍后，表示对这一稀有生物很感兴趣，他们用洗晒好的玛咖在大簸箕里拼成玛咖字样，用摄像机从不同角度进行拍摄，意欲制作广告，打出品牌，然后投入制药生产。

2009年1月19日　农历十二月二十四日　晴

今天是腊月二十四，过去的南溪村人把这日视为吉日，很多村民都在这日为其子、其女举办婚庆礼。满下村村民和金辉今天为爱女和亚梅举行嫁女庆典。

和金辉，现年51岁，现有人口六人（和金辉、其妻、其女、其子、其儿媳、其孙女），家庭经济状况（含固定资产）属满下村上等户。其女和亚梅会开出租车，持有驾驶执照，会开拖拉机，平时顶男人开拖拉机从事农事劳动，能吃苦耐劳，人品好，父母有些舍不得。但自从盘古开天地，男大当婚、女大当嫁已成为人类繁衍的根本途径。因此，南溪自古以来的规矩是，家里只要有儿子，再好的女儿不留家，今天的嫁女宴庆是和金辉夫妇忍痛割爱，依照规矩行事的。

和亚梅要嫁到太安乡天红村委会汝寒坪村民小组，满下村与汝寒坪村相距约15千米，步行要三个小时的急行才能到达，因此男方家请了一部中巴车和五部面包车从公路（经拉市、过丽江绕道而来）接新娘，11点左右到达。因为两地间行车要绕道而行，费时间，到12点半才举行嫁女仪式"日锁"（尝酒）。和金辉家的三亲六戚都坐在厨房中，由新郎官端上他定亲时送来的酒倒进杯子里，由新娘把盛好酒的杯子送到亲人手中。大伙都端好酒杯后，由新娘四叔和金圣主持仪式，仪式结束后举行婚宴招待来客。待客的顺序是：接新娘的，男方来客，本家族长者为第一轮；然后是远处来客，女方家亲戚，一般亲戚及本村村民。本来应在招待第二轮宾客时摆出所有嫁妆，但因嫁妆在前些天买好后一次性拉到男方家中安顿好，现只摆出铺盖、羊披、衣物等，还把一张2万元的定期存单交给男方家的媒人作为嫁妆。面对一年比一年多、一家比一家多的嫁妆，满下村村民中产生了不同的心理：作为女儿的父母，面对嫁妆所需的巨额资金担心，以后我们嫁女能不能跟和亚梅一样？作为女儿的姑娘，则认为到时的嫁妆最多只能比和亚梅少上两三千元，要不做父母的脸往哪里搁？

晚上在男方家进行了传统的"要钥匙"的仪式。仪式上新郎在盘子里放了2000元要钥匙的钱，放这么多钱要钥匙在南溪村是还没有过的。

2009年1月20日　农历十二月二十五日　晴

村委会召开各村民组长、副组长会议。会议的主要内容是：一是发2008年度村民组长、副组长的津贴。这些津贴的经费来源是政府下发的财政支出，每人每年补贴300元左右。政府本来只给组长一个人补贴，但因南溪村自农村实行改革开始至今仍用组长、副组长两人来主持村民小组的工作，所以把政府补贴一人的经费，分给两人。二是总结2008年工作。2008年对我们国家来说是极不平凡的一年，一些地方遭受了前所未有的冰冻灾害，还有四川汶川大地震。党中央和国务院领导全国人民抗灾救灾取得惊人的成就，举全国之力，成功举办奥运会，中国运动健儿获得金牌总数第一。2008年的南溪村，对南溪人民来说是拼搏、苦干、硕果累累的一年。在村委会干部的积极争取下，得到黄山镇党委政府的支持，村民付出艰辛的劳动，完成了从金龙自然村到公路岔口的公路水泥路面化工程；完成了旦前村村道水泥路面化工程，并还在继续为各农户建太阳能洗澡间；完成了满下村村道水泥路面工程和村中主河三面光改造工程；完成了满中村村道水泥路面改造工程；至今，南溪村委会八个自然村，除文屏村和满上村外，其他六个自然村已实现村道水泥路面化，极大地改变了村容、村貌，也改善了村民出行的条件，改变了过去雨天到处泥、晴天满村灰的现象。三是拟定 2009 年的计划。村委会主任和继武表示，将积极争取上级政府的支持，力争在 2009 年内解决文屏、满上两村的村道水泥路面事情。有些村民组长提出直接由农户自己到电管所交费，但形不成统一的规定，只能由镇政府与电管所联系后再做决定。

2009 年 1 月 21 日　农历十二月二十六日　晴

南溪各自然村（除文屏村外），都在进行玛咖的收交工作。对没有进行收交的农户，公司杨经理打电话告诉村民组长，通知农户尽快收交，以便各自然村都收交后，及时总结、计量、筛选出该奖励和该扣款的农户，并力争在春节前把留下的租地款那部分及以产药数量计价的款项发到种玛咖的农户手中，好让村民过个放心年、和谐年。

从收交玛咖的情况看，今年玛咖栽苗的收成好，撒秧的欠佳，栽苗并以数量计价的农户，户户都收到租地费的 2 倍多，租地费为每亩 800 元，而数量计价为每公斤 8 元，栽苗并过秤数量计价的每亩都在 200 公斤以上。就是说这部分农户每亩收入人民币一千六七百元，经济收入比种洋芋卖的经济收入多得多，且劳力投入和农业成本的投入都比种洋芋少得多，村民觉得比种洋芋划算多了，心中也就有了农业产业结构改革的念头——多种玛咖，少种洋芋。

2009 年 1 月 22 日　农历十二月二十七日　晴

满下村民和国红、和社兴、和金发、和金红、和顺明、和建成等拉着自家的洋芋种到龙山乡街子天去卖。龙山乡是山区，海拔高、气候冷，适宜种洋芋，但他们自家又不宜留种，因此，每年他们都有很大一部分南溪、太安等地的洋芋种卖到龙山，收入利润是可观的，每斤洋芋至少获利 1 角钱，卖上两三千斤就有两百元。不做小生意的村民也常把自家的洋芋种拉去那里卖,卖到的价钱也较高,常卖到每斤 0.35～0.5 元不等。可今年洋芋不像以往年那样好卖,做洋芋生意的人很少进村,本地也很少有人做洋芋种生意。因此,只好自家处理。今天把洋芋种拉到龙山卖,每斤只卖到 0.18 元,卖洋芋的人好丧气,只卖到往年一半价。但只种出洋芋的南溪村民,价钱再低也只得拉去卖。有些田地少、总产量少的村民干脆不卖这些洋芋种,用来喂猪,如满下村民和家良家是这样做的。她认为,既然价这般低,喂猪了还感到划算。

2009 年 1 月 23 日 农历十二月二十八日 晴

前些天跑婚嫁到吉子水闸口村民小组的满下村姑娘和圣琴的婚礼今天举行,这个婚礼与一般的婚礼不同,显得有些特别。因为作为和圣琴的父亲和作武、母亲和茂花,事实上不得不承认应该招女婿上门的三女儿,"跑婚"到吉子水闸口村民小组与和玉竹成婚已经既成事实,但思想上确实对她的行为不能容忍,因此和作武夫妇没有为三女儿和圣琴举行嫁女庆典。这婚礼就在吉子男方家进行,成了一个不完整的婚礼(没有接新娘的队伍,没有嫁妆,没有送新娘的后亲阵容)。男方在举行婚礼前,请了女方的家族和亲戚,同时也请了亲家,但今天去吉子村男方家做客的人,除了和作武、和茂花两口子以外,每家家族和亲戚都有人去做客,和作武托他的大女儿和圣芬带了一点礼,做成了礼到人不到的现象。

这事对任何一对养育有三个女儿,大的两个已嫁出,把养老送终的希望寄托在三女儿身上,一心希望三女儿找个上门女婿来为老两口养老送终,结果事与愿违,跑婚出嫁,都很难接受这无情的现实。

2009 年 1 月 24 日 农历十二月二十九日 晴

满中村村民和万春、和万选、和军坤等在菜园里种蔓菁种。蔓菁种在农村实行包交提留,分田到户。以前南溪村委会的八个自然村中只有文屏村种,其余七个自然村都不曾种蔓菁种,撒蔓菁用的种主要靠拿钱去买的方法来解决。分田到户后，各自然村的个别农户开始种蔓菁种，有些种在菜园里，有些种在青稞地里，解决了自家所需的蔓菁种，有些农户种上一年就收到够撒两三年的种。开初，村民都看到南溪可以自家种蔓菁种，但不如买来撒轻松，也花不了多少钱，蔓菁撒得最多的农户用上三四十元钱就够了。但到后来，认为买来的种不如自家种的好，就基本上家家都自己种蔓菁种，有菜园的农户种在菜园里，没有菜园的农户则种到青稞地里，这是农村实行第一次改革后的南溪村的一桩新事。

2009年1月25日　农历十二月三十日　晴

今天是农历十二月三十日——除夕，南溪村各农户的男主人都在家打扫卫生，贴对联、杀鸡、煮猪头、做饭，显得很紧张。这是传统节日春节前的紧张而快乐的场面。从古至今，南溪村各户都在今天做上顿丰盛的晚餐吃顿团圆饭，在外工作的、年内出嫁的姑娘、在城里开车、打工的，一般都回家吃这顿团圆饭。出嫁的姑娘吃了饭后得回婆家，不能住娘家，如住娘家日后会有鬼常压身的说法。因此，回家吃团圆饭的出嫁女，从古至今都没人住在娘家。

5点左右，村寨里陆续响起鞭炮声，各户都燃放鞭炮后就吃晚餐，乒乒乓乓的鞭炮声持续了一个多小时。千声爆竹，声声除旧岁，万炮齐响，声声迎新年。这期间绝大多数农户都是在进行晚餐前放的炮，有些农户放了炮以后才吃晚餐。

吃饭以后南溪村古老的传统是人人都洗脚，这象征着洗掉一年的疲劳，象征着洗掉全身的污垢，可轻身快步进入新年，象征着全身轻松，事事都赶得上别人。现时对洗脚这一传统不那么重视了，取而代之的是燃放花炮，当夜幕降临后，大人领上小孩在院坝里燃放花炮，花花绿绿的光，点缀在村寨上空五光十色，是那么的美丽，那么的吸引人。特别吸引了儿童和未知事的小学生，他们都要父母每年除夕前就买好多花炮，要连续燃放到正月初四，然后拿出各种糖和水果，边吃、边聊、边看电视，直到晚上十一二点才睡觉。

2009年1月26日　农历正月一日　晴

今天是大年初一，天未拂晓就响起了鞭炮声，炮声持续到早晨9时左右，示意迎新年。今天的南溪村，从古到今，女人不兴出门，更不能串门休闲，男人也除人家请的"头客"外，一般不串邻居家门，只到公共场所打球、打扑克休闲。"头客"是很讲究的，一般请健康、活泼的未成年男子，有些农户则由自家男青年除夕之夜睡在亲朋好友家，早起回家当自家的"头客"；也有的农户则鸡一叫就点上香去水塘里挑水，以水来当"头客"，这种做法纳西语叫"金闹板古背"。当"头客"人的身体健康与否，是很重要的条件。健康人当"头客"，预料来年会健健康康、平安吉祥，若"头客"身体瘦弱，预料来年会有病有痛，会有不顺心的事发生。

土葬的农户，每户的男主人早晨7点左右，带上酒、茶，煎的食品如虾片、干粉皮、糯米粑粑、鱼、豆腐、肉等供品来到坟场祀奉祖宗。他们来到坟场，把带来的东西和香都先摆在坟前，等整个家族都到齐了，年轻男人就用青松针铺在山神前和各坟头，长者先点上香，然后拿上供品，从山神开始逐一用酒、茶、供品祀奉祖宗，口里说："牛年的正月初一到了，我们来祭祀山神和祖先，我们不喝先给你们喝，我们不吃先给你们吃"，边说边倒酒、倒茶，拿各种食品放于山神前和坟头，放完后就磕头，祀奉完后就叫所有到坟场的人向山神和坟墓逐一磕头，顺序是按辈数和年纪大小而进行磕头。然后，围坐一处，饮酒、吃食品、闲聊，等香都燃完后才回家（以便做到用火安全）。吃不完的食品和饮不完的酒等分后各自带回。

2009年1月27日　农历正月二日　阴

满中村村民和福生要请满下村村民和国兴（木匠师傅）竖一所三间

平房。工程为直木钉椽,意思是竖好屋架、钉好椽子为完成任务;形式是包款不包饭,商定价钱为1700元。话虽说包款不包饭,但实际做起来还是得给饭吃、给烟抽、给酒喝,但区别就在,招呼不必周到,饭菜不需丰盛。在村民看来,去、前年竖一所大楼房包款2300元,现竖一所平房1700元,比起竖楼房价显高了,村民都说:"今年钱又增加了币值,但工价一点儿不下降。"的确如此,过去几年在村民看来工钱和物价都很高,但币值有些低,今年币值显高了,本应工钱也随之下滑些,但仍然像过去一样高,这使得要请工建设的农户花费仍然同前些年一样大。尽管如此,需竖房但又不会木工活的农户,只得这样做了,别无他法。

2009年1月28日　农历正月三日　阴

南溪村民正处在节日的欢乐气氛中,继续享受着春节的快乐。同时走亲访友、拜年的事也在紧张地进行,新婚夫妇到家族和亲戚家拜年更是紧张,他们没时间在每户亲戚家吃顿好饭,让亲戚们的心里落下不愉快,他们每到一家随便吃点瓜子、糖果之类的东西,就把拜年的礼物放好,拿上亲戚给的钱又忙着准备去另一家的拜年货,又到另一亲戚家。现时亲戚们给新婚夫妇的回礼至少三四十元,五六十元为中等,好些至亲给100元。这与七八年前拜年时的回礼相比,提高了五倍之多,这使一些亲戚思想上产生了不快,认为我儿子或姑娘做新郎或做新娘拜年时带去同样的礼物,但亲戚回赠的只有10元或15元,至亲也只给20元,但行动上不得不服从于现时的回赠数额,心里虽不平衡,但行动却是基本一致的。

2009年1月29日　农历正月四日　晴

南溪村民仍在继续着春节的走亲访友活动,自前天或昨天领着孩儿回娘家的少妇们,娘家在邻近村寨的已有些返回,有些还没返回。娘家离得较远些的,如汝南村、鸣音乡、前山、后山等村嫁到南溪的还没有回来。没有外出走亲访友的青壮年村民也没人上山下地，有的打扑克，有的打篮球，有的打麻将，还有的下象棋，投其所好，玩得很开心。今年的春节比往年悠闲，这主要是因为今年春节来得早，农时节令却来得较迟的原因。

2009 年 1 月 30 日　农历正月五日　晴

当村民们还沉浸在春节的欢乐休闲之中，满下村民和国兴却领着本村村民和万琴，身背木匠用箩筐，内装木匠用具到满中村村民和福生家，开始帮他家建盖新房，就是来建盖前些天商议好价钱（直木钉椽为工程完工，包钱不包饭，出价 1700 元的一所三间平房）的那所新房。

他俩到满中村和福生家中休息了一阵，和国兴让和万琴找来两个木马，再让主人家抬来一根梁，和国兴手拿锯子，主人家把抬来的梁横放在两个木马上面，和国兴用锯子在梁的顶端锯下一小块，拿回厨房中，并从装有木匠工具的箩筐里拿出木斗（用牛角或水牛角做成，里面装有墨，底部装配有线，顶端做好线的出口，木匠在木料上弹墨线时，用一根小木签把线压在墨里由另一人从顶端把线拉出，弹在木料上），放好墨汁，用木签蘸好墨在锯下的这块小圆木上正正规规地写了个"木"字，然后把小木块放置于厨房左上角祭祖坛上，接着和国兴燃上三炷香，找来两个杯子，一个盛酒，一个盛茶，敬献在小木块前面，并插上香、磕着头，嘴里喃喃地说："鲁班木匠祖师，今日后生受主人家之请来帮他家盖所新房，敬请祖师保佑后生安全完成建盖此房的任务。"

主人和福生夫妇要两个木匠休息一下，但已是包款的工作，两位不肯休息，立即做好施工场地干开了，当天主人家盛情招待了午饭和晚饭，用饭前，和国兴先把做好的饭菜向小木块献一下，然后才和主人一起食用。

2009 年 1 月 31 日　农历正月六日　晴

南溪村民还处在节日的欢乐气氛和休闲娱乐之中，往常拉来时鲜蔬菜、米线、饵块等食物卖的长水村小老板，今天又拉来五六百斤饵块到南溪卖。当车停在满中村小卖部前时，在此休闲的村民和万选、和耀奎等围拢过去，边看货边说："这几天你来早了，南溪村各农户基本上还没吃完过节前买好的各种过年用菜。"老板说："那就便宜卖，每斤卖个1.5元钱，就可能会有人来买。"和万选解释说："在除夕前各户都从城里买了较多数量的各种菜，有一些农户买好的菜可吃到正月十五，再便宜也无人买。"过去南溪村流传下来的有句名言："人为财死，鸟为食亡"，虽不说死，但钱使人，人则闲不住，小老板为了赚到钱，他顾不上休息又上阵了，人使人很难，钱使人容易，这是村民的共识。

2009年2月1日　农历正月七日　晴

人们刚过完春节，就有一两个洋芋老板进村买洋芋。好多村民都想卖，可老板把价格压得低，村民要价每斤0.35元，老板只出0.30元，他们在村里还挑挑拣拣的，见到洋芋个头小点儿的，就一言不发而离去，见到好点的他们也只出价每斤0.30元或0.31元。冬月末、腊月初太安乡汝寒坪村的洋芋女老板杨菊曾出价每斤0.4元，可那时村民嫌价钱低未出售，杨菊也不再加价，说："我出这价可算是今年洋芋的天价，你们不信就暂时搁下吧！"事情的结果真应验了杨菊老板的预料（杨菊因每年推销出太安乡所产洋芋的1/2而被太安乡党委政府和玉龙县委县政府评为"三八红旗手"）。经过在满下村寨十多户农家看洋芋议价后，在和子红家以每斤0.32元成交过秤上车，他家共卖出2.6万斤，收入7800元。和子红说："要是过年前杨菊买的时候就出手可卖得9200元，一个月之久少收入了1200元，真痛心啊，丢了我家一年的花销钱。"好多帮和子红家上车的村民都感到后悔当时不出手。

2009年2月2日　农历正月八日　晴

满下村村民和永昌夫妇、和尚军夫妇、和建忠夫妇及儿子和近铁、杨耀祥、和家良、和良命、和国珍和学武母子、和顺明夫妇约20人到鸡冠山背后的山上砍生活用柴。和永昌夫妇、和尚军夫妇、和建忠夫妇把当天砍到的柴装进手扶拖拉机里，傍晚回家时拉回家里。其余村民把砍到的柴各自码成一堆，打算满了一手扶拖拉机后再拉回家，和家良家里没拖拉机，想砍满一手扶后请亲戚拉回家。

大伙的做法是，吃了早餐后带着午饭出工，中午在山上就地吃饭，所带的午饭大多是便饭，如馍馍、洋芋、方便面。大伙食用方便面的方法可说是先进的了，等水烧开了，把方便面在一处撕开一个口子，装进热水，然后找根树藤把口扎紧，放上一阵，把方便面泡得软软的，掰来两节细树枝当筷子夹来吃。到太阳落山时归家，这样一天下来（约干十个小时的活），每人可砍到五六背柴。

这样做，一方面可减轻一次性把柴背到家所付出的劳力，另一方面也说明了村寨附近的森林资源不丰富。

2009年2月3日　农历正月九日　晴

满中村村民和寿月、和桂香、和秀等妇女带着午饭到村子东面，离村子约5000米的名叫"刮几此"的山上去砍柴。"刮几此"是前山村委会高龙南北村民小组、行茂洛村民小组、南溪村委会金龙村民小组、满上村民小组、满中村民小组、满下村民小组等七个村民小组山林交界的地方，离满上、中、下村民小组和行茂洛村民小组较近。那山里有很多砍料截下的树根和树尖，砍时不费劲，但由人背回却费时费力。因此，她们先把柴砍好后各自码成堆，待到砍满一手扶拖拉机就准备拉回。在她们看来，在村寨附近砍柴既省力而且砍到的柴的数量也多。笔者认为，村民们应该对这一现象引起重视，应行动起来管好山、护好山，过去南溪人常说："官富不如山富。"这句古话说明了世世代代的南溪人住山、靠山、吃山的生活情景。事情真是这样，大山里有生活用柴、建房用材、百种中草药、几十种可食用可上市的野生菌，大山可以无私地提供给南溪村民好大一部分经济收入和生产生活资料。人人都要护山、爱山。

2009年2月4日　农历正月十日　晴

云南大学洪颖老师带领着云南大学民族学研究生李力（丽江籍）、和晓瑜（丽江籍）、符广兴（江西籍）、冯海霞（青海籍）、唐小茜（昆明籍）、金贞丹（韩国籍，博士研究生）六位研究生来到设在丽江市玉龙县黄山镇南溪村委会满中自然村的"云南大学少数民族调查基地纳西族调查点"，对所在地满中村进行田野调查。

节气已过立春，已是开春气候转暖的时候，但地处海拔3200米的南溪村仍是寒冷气候，洪老师知道调查点有些被子，但很单薄，怕研究生们睡觉冷而得病，就从昆明买来了电热毯，并从丽江城的客栈里租来好些被褥拉到南溪让研究生们盖，这充分体现了她对学生的爱。到基地后她让大伙休息一阵后，大家围坐在火塘边，交谈了各人想做的调查内容，洪老师对每个人的调查内容都做了细致的指导，指出调查时容易被忽略的部分，给每个研究生指导进行调查的方法，她的行为真是爱学生如爱子啊！使在场的南溪村委会干部及和尚勋老师深受感动。

晚饭后，研究生们针对各自要进行调查的内容，向村委会干部做初步的摸底调查，村委会干部给他们做了介绍。随后，洪老师领着村委会副书记和国军、副主任和丽军、研究点管理员和尚勋以及研究生们到满中村村长和国高家里。到和国高家后，洪老师向和国高讲明了这次研究生下来的目的、意义，以及每个研究生的简要情况和调查内容，并明确指出，此次调查的重点在满中村进行，不仅要得到村委会领导的支持，而且要自然村村组长也给予大力支持。和国高也当即表示，要尽力支持，要大伙在调查中遇到困难和问题及时向他说，以便得到帮助。随后大伙吃点瓜子，喝口"玛咖酒"后告别回调查点，洗脸洗脚，洗去一天的劳累就寝。

2009年2月5日　农历正月十一日　晴

云南大学下派的民族学研究生李力等六位学者今天开始对南溪纳西族村寨进行调查。白天自己看资料，傍晚到南溪满中村村民组长和国高家，对和国高进行访谈。主要访谈的内容是和国高家2008年的家庭经济收支情况。和国高家现有人口为四个半（和国高夫妇、女儿和玉仙就读于玉龙中学初二、儿子和玉奇就读于南溪完小二年级，老父亲和玉南，现年82岁，在和国启、和国高两个儿子家一家一个月地轮流生活）。他在访谈中真实准确，有数有据地、毫无保留地给学者谈了访谈的内容，他的老婆和秀在旁说："和国高不要说大话"，暗示不能说真情。和国高对和秀说："真说了，人家也不会抢夺我的一分钱，说低叫苦，因为他们不是扶贫工作人员，不会给我一分钱，没关系的。"现将符广兴同学访谈记录的情况记录于下：

满中村民组长南溪村委会兼农科员和国高家2008年收入，支出明细：

人口（5人），和父（82岁）、和国高（42岁）、和妻（39岁）、和女（15岁）、和儿（10岁）

耕地面积：自留地3人×0.7亩＝2.1亩
　　　　　常耕地2.08亩×5＝10.4亩

收入：1.8亩洋芋收28000斤　0.45～0.5元/斤　收入2万元

　　　2.2亩油菜卖2/3，1/3自己榨油

　　　　　300斤/亩×2亩＝600斤×2元/斤＝1200元

　　　　　2亩蔓菁主要喂猪（偶尔放一点在菜肴中作佐料）

3. 养猪9头（1）2008年卖出4窝小猪共34只，收入10000元

　　　　　（2）2008年11月卖了2头肥猪1900元＋1750元＝3650元

　　　　　（3）杀了2头年猪还剩5头（2头母猪、1头公猪、2头架子猪）

4. 猪种配种收入：配了140头母猪×25元/头＝3500元

从 2009 年元旦起配种一头母猪价格为 30 元。

5. 养鸡：养了 17 只鸡，2008 年卖了 5 只鸡，卖了两回：一次

　　18 元／斤，一次 15 元／斤，一只最低卖价 60 元，大约总价卖了 350 元。

6. 养绵羊，现还剩 6 只，2008 年卖了 2 只，一只卖 300 元，另一只卖 550 元，总共 850 元。

7. 做生意：(1) 介绍给在城里杀猪卖肉的来南溪买猪，买到 3～4 头，给 100 元介绍费。

　　(2) 介绍给洋芋老板买洋芋，帮助过秤，上 15 吨给 100 元，10 吨以下给 50 元。

　　(3) 拉化肥上山来卖

　　做生意总计收入赚 8000 元。

收入：20000+1200+10000+3650+3500+350+850+8000=47550 元

　　2008 年是我家收入最高的一年（和国高语）

支出：买化肥：1200 元

　　饲料（小麦、玉米）7000 斤 ×1 元／斤 =7000 元

　　大米 900 斤 ×1.55 元／斤 =1395 元

　　面粉 500 斤 ×1.4 元／斤 =700 元

　　抽烟 2 包／天 ×365 天 =3500 元

　　儿子和玉奇零花钱：6 元／星期 ×20=120 元

　　女儿和玉仙零花钱、车费、伙食费：70 元／星期 ×20=1400 元

　　另外一个学期杂七杂八加起来还要 1000 元。

　　半年：1000+1400+120=2520 元

　　一年：2520 元 ×2=5040 元

　　做客、看病送礼：2000 元

家里吃的时鲜菜肉等：1500 元

　　电话费：900 元（夫妻各一部，共两部）

　　买手机：700 元（两部手机 348+348=696 元）

　　买天线：260 元

　　买药打针及医疗费用：500 元

　　夫妇个人零花钱：500 元

　　支出总计：25195 元

结余：47550 元 −25195 元 =22355 元

收支结余平均为：22355 元 ÷5=4471 元

听了和国高的访谈回答，看了符广兴同学的统计，是真实的，可信度达 100%。

2009 年 2 月 6 日　农历正月十二日　晴

　　云南大学民族学研究生李力、符广兴等六位学者今天继续在云南大学少数民族研究基地纳西族调查点所在地南溪村委会满中村民小组进行田野调查。白天到村公所去查阅南溪的年报统计表，并与村委会党支部副书记和国军、村委会副主任和丽军进行了访谈。这两位村委会领导对学者提出的各种问题都做了详细的回答。和国军副书记向学者简要介绍了改革开放前后南溪村的各方面情况，使这些学者对南溪的过去和现在有个粗略的了解。和丽军副主任从一扎扎资料袋中查找出学者们所要了解的各种统计、年报、汇总、文件、材料等给学者们看，学者们边看边提出问题，和副主任都耐心、细致地做了说明。

　　帮助学者们做调查工作的和尚勋老师还找来了南溪村委会妇女主任杨耀秀同志，学者们对南溪的计划生育、妇女健康等做了系统的调查了解，并了解了不少有关方面的数据。

　　通过今天的调查，学者们都认为，南溪村在改革开放三十年中和全国各地一样，有很大的变化，特别是南溪村民紧紧抓住开放的契机，下大力抓经济建设，成为玉龙纳西族自治县拥有出租车最多的一个村委会（全村委会有56辆私人出租车），同时成为农村人口流入城市挣钱人数最多的村委会（共有320人左右）而感到惊讶。

晚饭后，洪颖老师让各位都谈谈调查的体会，并对每个学者的调查问题做了精心的指导，学者们都感到很满意。

2009年2月7日　农历正月十三日　晴

云南大学西南边疆少数民族研究院的和晓蓉老师，春节刚过就到"奔子栏"研究点去调查。在调查时，由于劳累过度，她的旧病（肾炎）复发，洪颖老师要她及时回昆明就医，尽快把病治好。可她结束"奔子栏"研究点的调查工作后，带病坚持于昨天上午到丽江。在丽江市医院检查化验后，得知自己这些天的病是肾炎复发。她清楚此病对自己身体的影响，便打电话给以前主治过她这病的医师，医师从电话里告诉她治疗的处方，她及时在丽江市医院配了处方，熬吃，并在昨晚熬好一瓶装好，准备今天来南溪时热了服用。根据她的病情和交通条件（有她丈夫用专车送她）让她回昆明，但她对她和洪颖老师两人共同抓的南溪"纳西族调查点"很牵挂，有机会在寒假里领来研究生共同调查纳西村寨，她从内心感到高兴，但因病不能陪着研究生们在南溪调查，她心里感到很不是滋味。于是她带病于今天上午来到南溪，与洪老师及研究生们交谈这些天的调查情况，共同解难释疑。师生和知情人都很受感动，大家都劝她"赶紧回昆治病"。在大家的几番劝说下，她下午告别研究生经丽江回昆明。离开时她和师生们依依不舍，她痛苦的眼泪往肚里咽。

她的这种事业心和责任心使研究生们受到极大的教育，他们都决心把此次田野调查搞好。

2009年2月8日　农历正月十四日　晴　刮风

在南溪满中村做田野调查的研究生冯海霞提出，满中村村民组长和国高还兼任南溪村委会农科员，兼职是否多了，负担过重了？帮助他们搞调查工作的和尚勋介绍说："和国高担任的不仅是这两个职务，他还担任南溪村委会共青团支部书记、南溪村民委员会委员、南溪村党支部委员、满中村党小组长，最近开始还担任黄山镇兽医站的信息统计员。"

学者听后，对他一人任七职表示异议，最后从南溪的具体情况看，得到这样的结论：进城开车的多为村中能人，南溪村党员老龄化现象突出，就形成了这样的情况。有些职务则有名无实，没什么事做，如农科员，南溪村委会好几年一点活动都没有；团支部书记，南溪村好几年一次都没开展过青年或团员活动。有事干的还是村民组长这职，村民委员和支部委员偶尔还参加议论村里大事，兽医站的信息统计，做些农户养母猪、母猪保险、母猪死亡等的调查统计及核实工作。

2009年2月9日　农历正月十五日　晴

今天是正月十五元宵节，过去的南溪村民俗称为"小春节"。为过好这个节日，以往，村民们常在正月十四日就忙着蒸燕麦，舂燕麦饵块和米饵块，成年人常到鹤庆天主庙会逛会，买点时鲜菜、鲜鱼、农具等。即使没什么农具可买，也得买根甘蔗、木马、木枪、纸糊的鸡等小孩玩具，并把纸糊的鸡插在火塘边的柱子上，说是今年家里养的鸡成群成伙，会有鸡鸭成群的好景。

现时的正月十五，以每年举办的"棒棒会"视为难得的挣钱机会，很多村民把事前掏好的腐叶（腐殖土）用手扶拖拉机拉去会上卖，把事前挖好的各种各样、大小不一、形状不同的树拉到会上卖、把事前扎好的竹扫帚拉到市上卖，收入都很可观。就以满下村民和尚军夫妇为例，他俩拉了一手扶拖拉机腐叶，备上一些塑料袋，到会场后，他俩把腐叶装在袋里卖，卖得400多元钱；和建忠夫妇拉了些腐叶和山竹扎的竹扫帚，每把卖5~8元不等，扫帚下车摆好，不到一小时就卖完了，他拉去50把扫帚共卖得305元，加上卖腐叶的钱共卖得600多元。这种状况，他们对别人都是很保守的，当别的村民问及他们今天的生意情况时，他们只会说："不行，行情不好，没有搞成。"真实的情况只会向亲戚或者不会去做这种生意的邻居讲。

青年男女则穿上节日的盛装，坐汽车绕道经丽江到鹤庆天主庙会情人、交朋友，青年男女进行交谊。傍晚时到前山放牛坪村，参加晚上在该村举行的青年联欢活动（这种活动在1966年以前，每年都在南溪鹿子自然村举行，那时的气派比现时大得多，参加的人数比现时多得多，青年们来自太安、天红、吉子、汝南、南溪、前山、后山七个行政村，"喂目达"从晚上9点跳到第二天太阳丈高方休）。今年放牛坪村还将举办规模较大的足球、篮球运动会，各村青年参加完赛事后才会返回。

2009年2月10日　农历正月十六日　晴

满中村村民和福生夫妇为明日竖新房而忙碌着。女主人和菊请了他弟弟和福军，并带着她的大儿子和江红，由和福军驾驶一辆手扶拖拉机去丽江城购买竖房所需的物品：烟、酒、饮料、糖果、糕点、水果、菜、肉等，同时还买了用在中间两棵柱子的刻有花纹的圆柱脚，当地纳西语叫"三棵"，由一个刻有精美图案的圆石和一半圆一半方的石盘组成。因此，此物有些人又称"三棵三盘"，房子前排中间两棵柱子加石雕圆柱脚是当地村民建房的传统做法，这两棵柱子下面加这两个柱脚，房屋就显得美观、大方，同时又显现出农舍的纯朴感。

男主人和福生，今天显得特别忙，除做喂猪、喂鸡、喂羊、做饭的家务外，还要与木匠师傅做点帮手，还得搬开影响明日竖房的石头。看到这情景，不禁想起了南溪人过去常说的一句口头禅"主人家有大象般的力气"，说明起房盖屋的农户主人的辛劳。事情的确是这样，竖房子前，主人确实很紧张，不仅得起早摸黑，做饭伺候木匠，还得找做石脚的石头，得平整新房地盘，还得用好几个工来下水平石，还得帮木匠刨柱子、横料等工作（现时，木工部分都已作为包工、包款内容）。这样一来，造成建盖房屋的主人家，平常可以懒些，但竖房前得勤，主人家力小或无能，也得请人干竖房前必做的事情。

因为南溪村所处的地理位置海拔高（3200余米），每年夏秋两季空气湿度大，雾大，构建房屋的木料不耐用。因此，建盖新房后三四十年又得翻修，南溪村民为住房付出的人力、财力比坝区或半山区的村民付出的多得多。年龄较大的村民都说："要是我们南溪村房屋的使用年龄与坝区或半山区的一样，那村民的生活会比现状好得多，所付出的劳力和财力比现状少得多。"但这现实的建造、翻修、付出是客观所在，没有办法主观地来改变这一现象。

吃过晚饭，休闲到夜间进行送木神仪式。11点左右，女主人和菊做了一些熟食：香肠、油炸排骨、煎鱼、炒瘦肉、煎豆腐、煎荷包鸡蛋，同时备上烟、酒、茶。木匠和国兴、和万琴、主人家和福生、兄和福海、和菊弟弟和福军、和江红等人闲到夜深人静时（约夜间1点左右），抬着和菊所备的食品，一个木马，把开工时就奉祀起的"木神"放在装有食品的簸箕里，木匠师傅和国兴，一手拿着点燃的一把香，一手握着木工斧头，在每个柱子的基石旁插上一炷香，同时用斧头敲打每根柱子，嘴里喊"土的，土的，土气木气的"（纳西语，意为不好的土气、木气出去）。然后，一伙人走到看不见竖房家主人房子的地方，放下木马，烧上火，用凿子把"木神"打成两半并放在木马上，木马下边插上一排香，摆上所带的供品，大师傅和国兴口里边吟诵着送木神词，边双手不停地给木神供酒、茶、食品，"木神啊，鲁班师傅让我来起房，并要你帮忙我，今天，我房已造好，师傅要我在此来侍奉你，请你食用饮食完后远行，不要影响和阻碍我竖房，并求你在明日竖房过程中保佑平安。"说完用脚一蹬木马，木马上的"木神"倒下，和国兴即速捡起"木神"赶紧拼好，拼成一个完整"木"字，他脸上露出了笑容，这预示着明日竖房顺利；要是掉下去的"木神"拼不成"木"字，就预示着不顺利，木匠师傅得每时每刻提醒竖房的人齐心协力，还要多加小心。等竖完房子，木匠师傅悬着的这颗心才会落地，才会舒一口告成的长气。

2009年2月11日　农历正月十七日　晴

满中村村民和福生今天竖新房，新房的格式为大平房，坐北朝南，由于只是平房，他所请来帮忙竖房的人只局限在家族亲戚中。帮忙竖房的人有家族和闰里、和仕春、和承军父子、和仕黄、和丽元、和涛、和福海，亲戚和国高、和国启、和三六、和福海老父也自觉加入竖房人群中，在云南大学纳西族调查点帮助云南大学民族学研究生做田野调查的基地管理员和尚勋也自觉投入竖房的行动。和给命、和芝、和爱琼、和江木、和菊、和言正六个妇女负责做饭。

竖房的程序是，上午组合屋架，下午1点开始竖房。竖房前每根柱子的上头都拴好一对支杆（一边一根），点燃鞭炮，炮毕开始竖左边第一排，当地木匠把这排称为"左山"。竖直后，为了安全，把它固定牢再竖左边第二排。竖起第二排后，爬上去四个人（每排屋架爬二人），掌握支杆的人全神贯注握住支杆，一些人往上传递横方，站在屋架上的人接过横方对着柱子上拼好的洞放好，放上横方，这两排屋架就站稳了，所有的人都松了口气。就这样竖好一排放上横方，让横方把屋架拉紧、站稳，到下午4时半就竖完房子。竖完房子，参加竖房的人就休闲，打牌玩的、喝酒的、闲聊的各投所好。小伙子和闰里、和承军刚竖完房子，就迫不及待地驾驶着手扶拖拉机到前山放牛坪村去参加球赛，找对象谈情。

2009年2月12日　农历正月十八日　晴

南溪村委会党支部书记兼村委会主任和继武，村委会党支部副书记和国军，下午1点左右到满中村云南大学纳西族调查点，看望在这里做田野调查的云南大学研究生。在木楞房里他俩和研究生们做了广泛的交谈，在交谈时，和继武书记说："前些天因事不能前来和大家见面、交谈，只是委托和国军副书记、和丽军副主任帮助你们搞好田野调查,很抱歉。明天我们三个村委会干部都要去参加玉龙纳西族自治县县委组织部举办的学习十七大文件乡村干部培训班,17日又要去参加黄山镇人代会,若不在今天抽时间来就没机会和大家交谈了,我心里会产生遗憾。"

搞田野的研究生们看到村支部这样关心和支持基地的活动,很受感动和鼓舞。于是大伙你一言、我一语与村支书和继武做了重点访谈。访谈结束后,大家要他俩吃了晚饭后走,可他俩还有另外的事告辞了。的确,过去几年,纳西基地的工作得以进展,是与镇党委及村委会的关心和支持分不开的。

2009年2月13日　农历正月十九日　晴

自正月十五去赴天主庙会,并参加放牛坪村主持举办的"正月十五足球、篮球运动会",且经过数天的多场次比赛,夺得足球第三名的满下村男青年队及会情人看运动的满下村女青年,今天中午回到家中,他们为了庆贺出战获胜而进行"打拼伙"(合伙打牙祭)。他们在村中以每斤16元的价格买了4只大公鸡,以每斤12元的价格买了两斤腊肉,在满下村民组长和永红家杀鸡做饭打牙祭。吃完饭后,男青年围坐火塘吹牛,女青年在忙着收碗洗筷。和永红跟小伙子们说:"你们只得了第三名,还没有吹大话的资本。20世纪70年代中期到80年代初期,我们满下村每次举行的篮球比赛都夺冠。那时,我们男青年到哪里打球,女青年们就到哪里为球队做饭、烧水,很团结,球员都很有勇气和球技,但成名之后就骄傲了,一骄傲起来,别人就碰不得,一碰就有争吵的现象,有了这种现象,邻近村寨的人就对我们讨厌了,家里人也骂我们了。因此,千万不能骄傲。"青年们听后,都觉得和永红说得有道理,谈话的声音也就小得多了,刚才似乎要掀开瓦片的声浪消失了。

2009年2月14日　农历正月二十日　晴

帮助纳西族调查点做田野调查的研究生们做饭的和家良大妈,今天接受她儿子的安排，到城里去买菜。原因是，南溪村种洋芋的农忙即将开始，她家准备搬的洋芋仓库如不在近期搬，就很难请到人来帮忙。因此，她儿子打算明天请人来搬房子。和奶奶丢下做饭的活，在调查点帮助研究生做调查工作的和尚勋老师很担心学生们的生活，可也想不出更好的办法，只好让学生们来自己做。他淘好米、拣好菜后，不等他的指挥，研究生和晓瑜、冯海霞两个已卷起袖子，拿起菜刀，架上锅、放上油，很娴熟地做起切菜、炒菜事宜。等饭菜做熟了，大伙围桌吃饭时，见到香味扑鼻的饭菜，和老师伸出拇指夸她们说："你们真行，我原先认为喝墨水长大的你们做不出自己吃的饭菜，再加上现时的高才生多是独生子女，家里很少做家务事，结果出乎我的意料。"大家边吃边讲、边笑，格外开心。和老师还说："从今天起，我们就自己做饭了，奶奶没时间帮我们了，大家主动些。"符广兴同学说："择菜、做饭我不会，洗碗我包了。"果真吃过饭后，他收拾了碗筷蹲在水龙头边洗起来，和尚勋老师心里悬着的一颗石头落了地。

2009年2月15日　农历正月二十一日　晴

满下村村民和尚军家有一所坐西朝东的楼房需要隔整，2006年底，和尚武的女婿和益寿（前山高龙村人）毛遂自荐地承诺好由他来隔整、装潢。和尚军家就认为既然侄儿自荐了就应等他来，就不再另外请人来做。可左等右等，每次问和益寿，他说："等几天来做"，就一直等到今年。今年春节前再问一次，和益寿说："等十五天主庙会上卖骡了后来做。"今天已是二十一日了，还未见和益寿来。和尚军、和朝柱父子俩就去丽江拉市坝亲戚家里买一架刨床机，准备自己来隔整。到拉市亲戚家里，和尚军说明了来意，亲戚夏丛华很热情地招待了父子俩，并答应以五六百元的低价卖给他父子使用。还说，用完后还给他也行。和尚军三思后，认为五六百元钱买刨床机，如果用了后再送还他，假如坏了就不好意思了，就干脆付了600元钱，把刨床机拉到家，准备明天开始由父子俩来隔整、装潢。

这是南溪村委会八个村民小组中购买的第一台刨床机，是南溪村木工中第一人使用刨床机来做木工活的人。

2009年2月16日　农历正月二十二日　晴

满下村村民和朝亮今天请来木匠师傅和建良、邻居和八、和永昌，亲戚和福子、和亚军，家族和朝东、和朝光、和朝柱、和圣伟，来搬迁洋芋仓库。他在前些年才建盖的洋芋仓库地基靠近河边，由于每年夏季大雨所致的山洪水从河中流下，造成彼岸土质疏松，于是他家洋芋仓库出现了墙裂现象，不能再继续使用，如果再不搬，就会出现倒墙塌屋，因此他决定搬到北面菜园里。今天吃过早点，大家分成两伙，一伙由和建良老人（现年65岁）负责下基石，和朝亮、和圣伟、和福子、和亚军、和八在老师傅的指挥下挖坑、下石；另一伙是和永昌、和朝东、和朝光三人拆屋架。拆的顺序是：先拆下椽子，接着下梁头，再接着下方料，最后是各排柱子。由于场地路窄，搬时不能抬着整排屋架，因此，把每排屋架放倒后，再把各部件拆下，抬到新址进行重新组合。

吃午饭后，继续把基石整好，整好后进行屋架的组合。由于当初建盖时主人力小木料瘦，房屋的规格也小，拆下、组合都挺方便的，没多大工夫就把三排屋架都组合好了。休闲抽烟一阵后，开始竖房子。竖房的顺序是：先竖右排屋架，接着竖中排屋架，这两排屋架竖好后就上横方，让横方把这两排屋架拉在一起，然后再竖左排屋架，再上好横方，再上梁头，最后上椽子，太阳还没落山丈余就完工了。

晚饭后，木匠师傅和建良指点说："明天开始就要砌石脚了，这些天风大，房子这样空竖起不安全。"和朝亮继续请和八、和朝东、和朝光，满中村的和福军等，在明、后两天砌好石脚，以稳住房子。

2009年2月17日　农历正月二十三日　晴

云南大学民族学研究生李力等六位同学，结束了在纳西族研究点的田野调查。在半个月的调查活动中，他们受到云南大学洪颖老师的热心指导，受到南溪村委领导和继武、和国军、和丽军的全力支持，特别值得一提的是村委会副主任和丽军，不厌其烦地多次给学者提供所需资料和数据。村委会副书记和国军用车拉学者上下只收与村民一样的乘车费。村委会书记兼主任和继武在去县里开会前，抽时间来看望学者们的调查情况。再加上村寨日志记录员及基地管理员和尚勋老师从早晨到深夜帮学者们释疑解难，使研究生们各自的任务完成得比较顺利。今天他们已全面完成了此次田野调查的任务，离开南溪回丽江城了。

上午9点半，在丽江市委党校讲完课的云南大学洪颖老师带病（在讲课期间摔坏了脚，至今仍不能较稳行走）找来一辆汽车来接他们，他们把从丽江城借来的行李装进车里，再请和国军的车送他们回城。他们走后，和尚勋老师把他们所用基地的东西一一收拾到保管室里。

这次来南溪做田野调查的学者，不会忘记满中村民小组组长和国高和很多村民对他们的支持。

2009年2月18日　农历正月二十四日　晴

满中村民和国军、满下村民杨耀秀今天去参加黄山镇人民代表大会，一同去参加会议的代表还有和继武、和述贤、和寿生。据悉，这次代表会要选举和金朋同志为黄山镇人大主席团主席，选举和金星同志为黄山镇人民政府镇长。会议还将决议和通过和金朋同志代表黄山镇政府所作的工作报告。工作报告中提到2009年要争取实施从文峰寺到南溪的公路改造，南溪村民对此事很关注，因为山里的村民深深懂得"要想富，路先行"的道理，同时还没忘记路不畅通时的苦处，因此，特别希望政府重视南溪村民生大计——公路问题。

2009 年 2 月 19 日　农历正月二十五日　晴　刮风

满中村村民和福生请来兄和福海、妻弟和福军、家族和仕黄、和涛，加上其子和江红、其妻和菊等，对前些天刚竖好的新房砌石脚。砌石脚用杂石来砌。和福生、和菊夫妇在此前就从楞石古石场拉了好多石头，可今天砌起来，因为房子三面都得砌，而且要包柱两尺高，这些石头就不算多了，夫妻俩担心石头不够用。男的抬石头、砌石头，师傅由和福军担任，和仕黄、和福海、和涛虽算不了砌石师傅，但他仨也干过不少砌石活，可以抬起石头就随意砌了，所以进度比较快，质量比较好。家庭主妇和菊做好当天的四顿饭后还负责拌沙灰、抬沙灰的工作，她真是个年富力强的农家妇，是个典型的纳西族妇女。纳西族妇女，传统的标准是：勤劳、节俭、善良、朴实，地里是排田种地的好把手，家里是勤俭节约的好管家。

2009 年 2 月 20 日　农历正月二十六日　晴

负责纳西族研究点调查项目的村寨日志记录员兼基地管理员和尚勋应云南大学派来南溪村做田野调查的研究生之邀，丢下自家近日繁忙的家务活（拆迁洋芋储存房）到丽江城去，帮助研究生解难释疑。相见后，青海籍研究生提出，南溪村家族中是否有族规、有哪些、犯了族规怎样处罚等问题。和尚勋告诉她："世居在南溪的纳西人，家族之间历来很是团结，大事、急事都相互帮忙，特别是家族中的三件大事（庆生事、办喜事、办丧事）家家都不能缺席，中青年们都要承担办事中的各项任务，老者们应在办事者家围坐火塘边，看后生们办事，如果他们有些不合的地方，就及时提醒他们纠正。如家族中谁家有人生病了，就带些营养品去慰问；农活耽误了的，即使自家的农活还没做完，大伙都要集中帮上一两天；尊老爱幼是有史以来族中不成文的规矩，如有儿子、儿媳虐待父母的情况，族中长者会出来劝说指责；如有婆媳吵架、两口子吵架，媳妇一怒之下跑回娘家的，就由家族中比较有威望的人去进行劝说、调解，把媳妇从娘家喊回来。特别是有家族中的人将要过世，家族的人都要日夜守候在其身边，农忙时轮流守护。给逝者放口含一事，必须由家族的人来进行，给逝者放好口含送终时有一句话'见到家中祖先时就要说，我从家族人面前来，从村民面前来。'首先得提及家族，这说明家族这一社会的组成部分很重要。在南溪，家族已有七代以上的就可以通婚，通婚后，男女双方近代都解除了'家族'关系。"

研究生符广兴提出南溪村近些年总体经济情况怎样，和尚勋高兴地告诉学者："南溪村拥有56辆私人出租车，且有约40辆是花了40万到60万重金购买的，成为玉龙县拥有出租车最多的村委会。有一部分人已在城里买了商品房，实现了自然迁移，还有些正准备买房下移；南溪村办事过去常用两肉、六菜八大碗来操办各种大事，近些年家家户户都用八盘（肉食品）四碗（名菜）来待客。这充分说明南溪村经济发展速度很快，经济增收幅度较高，同时已改变了村民的消费观念，衣、食、住、行都往好的方向发展。过去村民常以步行背货往返于城村之间，这一现象已成为历史，今日不会再见到这一现象，见到的只是坐汽车进城。"

2009年2月21日　农历正月二十七日　晴

满下村民和永昌夫妇开着手扶拖拉机去丽江城里买化肥（磷肥、尿素、复合肥），俩夫妇整整拉了约一吨。回到家里，和永昌逢人便说："电视和收音机里天天说不能乱涨价，可是每到农民需要化肥时，售化肥的就涨价了，只有我们农户出手的农产品无法涨。前些天一包磷肥只卖42～43元，尿素卖90元一包，可今天磷肥就卖46元一包，尿素有些卖95元一包，有些卖98元一包，复合磷肥128元一包，这简直是吃农民、坑农民，中央三令五申地强调对农用物资不准乱涨价，可事情的结局却让我们种田人吃亏了。"

事情果真是和永昌说的那样，收看电视或收听广播的村民，看到或听到中央领导一再强调，对农用化肥和农用物资不能乱涨价，可经营商却瞅准农民正大量需要农用化肥时，突然涨价了。有好多学生家长也插嘴交谈说："现在的事情是很难说清楚，如小学生用的教科书上明明印有'免费提供'字样，可书费还是交了，学生的家长掏出钱交给了学校老师，老师交给谁？谁又交给谁？家长不知道，通过现象只知道，上面说一样，下面做另一样，上下不统一。"谈论这两例事的村民认为，前一例还可说得过去，后一例该怎么说呢？看来村民对国家的一些政策还不够了解呀！

2009年2月22日　农历正月二十八日　晴

满下村女青年和玉梅自由恋爱、自主婚姻，"跑婚"嫁到太安乡汝南村委会老顶村民小组（距满下村约12千米左右）。她是在白华村开饭馆的过程中"跑婚"的，今天她所开的饭馆关门闭户，人们还不知其原因，只知道和玉梅的馆子没有开门。

和玉梅的父亲和国武、母亲和闰芝知道自己的小女"跑婚"后，心里很不是滋味，认为："论年龄应该嫁了，论家境不该嫁，因为招上门女婿的大姑娘和玉兰会在五六月份生产第二胎孩子，不仅有好多的家务事要帮忙，经济开支也不宽裕，传统规矩上来讲也不宜今年出嫁，因为今年是还未出生婴儿的本命年，姑娘不懂，无法了。"

2009年2月23日　农历正月二十九日　晴

太安乡汝南村委会老顶村民小组和玉梅的公婆请了他们家族的人，来南溪满下村寨和国武家求亲。他们是从家里乘车来到南溪满下村的，车上拉来两篮礼，这些礼是火腿一支、腊肉一挂、米20斤、中等烟两条、茶叶四包、红糖四碗、中等瓶酒八瓶，这些东西平均分装在两个篮子里，一篮子里放火腿，另一篮子里放腊肉。来人把东西放在厨房中的桌子上，就坐在火塘边谈开了。和国武对他们说："你们辛苦了，你们是受他家之托而来的，我们之间没什么说的，只能怪自己的姑娘不懂事，大家抽烟、喝水、喝酒吧。"来人先是客气一番，和国武说，"从远处来，该渴了。从此后两个年轻人把我们拴在一起了，成了亲戚，不必客气。"边说边给来人敬烟、倒茶、倒酒。经他这么一说，来人紧张的心情放松了，脸上现出了笑容，嘴里也开始话多起来了，双方谈得很融洽。

　　过了一阵，和国武叫女儿、女婿给来人做饭吃，吃完饭后，来人要告辞回家。离别时，和国武对来人说："娃娃肇事，大人辛苦，你们不必再来了，干脆在农历二月初四那天让两个孩子回家来吧。"（两个孩子：指和玉梅和她的新郎）来人连声说："好，谢谢！"他们担心而来，满意而归。

2009年2月24日　农历正月三十日　晴间大风

　　太安乡天红村委会汝寒坪村洋芋女老板杨菊，今天来南溪满下村买洋芋。满下村现任村民组长和永红做她的搭档已三年，今天杨菊想要买一车洋芋，请和永红问谁家卖？和永红问杨菊价钱，杨菊说："每斤三角。"和永红笑着回答："我也不敢上门去问洋芋，因为村民在春节前每斤出价0.43元都不卖，这下价钱下滑这么多，如果有村民说一斤卖三角，请来我家拉一车，我就马上打电话告诉你。既然你今天来了，就拉我家的洋芋吧。"杨菊说："那好，你就请人上车吧。"于是和永红请来亲戚和家族上车，共装了3.8万斤，收入人民币1.14万元，加上和永红的过秤登记费100元，共1.15万元。吃饭时帮忙上车的人说："要是春节前卖出这车洋芋，按每斤0.43元计算，可收入1.62万元，留到现在，不仅价没上涨，反而丢了4800元。一户四口人之家正常情况下花销4800元已够一年开支，实在可惜。"还有人叹说道："唉！生意八只脚，神仙摸不着。"杨菊老板说："只能怪村民贪大价钱，我那时已苦口婆心地说了好几次，就是不中用。"劳动者卖不到好价钱是心疼的，但面对客观现实是无奈的，只好宽心自慰了。

2009年2月25日　农历二月一日　小雪

满中村村民在忙着春耕、备耕的工作。有的在忙着出厩肥，在院子里堆肥。堆肥时先将厩肥堆好一层，再从厕所里挑来粪，在粪中掺上水浇洒在堆好的这层厩肥上，然后撒上一层磷肥。这样反复地进行，直到把牲口厩里的肥料出完为止。有的农户干脆把厩肥一次性装进手扶拖拉机里，运到地头堆起来。今天开始，满中村不再有人在小卖部前打扑克休闲了，前段时间的午后必到此打扑克、打麻将的现象已经消失。

满中村村民和丽元则在地里忙着烧火土，他事前就把地犁了一次，用木耙把犁翻上来的土块打成小土块，然后从山上背来干树枝、树叶，堆成一堆，再用十四齿木耙把小土块捞起架在树枝、树叶堆上，等把小土块盖成一堆就点上火，他想用过去传统的耕种方法来试种这块洋芋，与现代耕作的洋芋进行产量方面的对比，虽然比现代耕作劳累些，但和丽元老人心甘情愿。女儿和秀英、女婿和涛也不阻止他的这一行动。

2009年2月26日　农历二月二日　阴

满下村民和建成的长女和月华今晚"跑婚"，嫁到前山村委会石镜头村民小组，这是自由恋爱、自主婚姻的结果。今天的这一结果，是和月华与前山小伙子长时间恋爱、交往、交谈，并在今年正月十五逛天主庙会及观看参加在前山放牛坪村举行的篮球运动会和青年联欢晚会时定下的终身大事，今天的日期和"跑婚"之事是两个青年男女在那时就商定了的。

产生于20世纪七八十年代的"跑婚"，从90年代到今已很少见，可在去冬今春满下村又连续出现了三起（春节前和圣琴"跑婚"嫁到吉子水闸口，前些天和玉梅"跑婚"嫁到汝南老顶村，今天和月华又"跑婚"嫁到前山石镜头村）。究其原因，和圣琴的婚事如不采取"跑婚"手段，其父母是绝对不会允许的。和玉梅、和月华所嫁的两地距满下村较远（两地都与满下村相距约12千米左右），她们怕因路远受到父母阻挠而采取先下手为强——跑婚的手段。

2009年2月27日　农历二月三日　雪

村民和建忠家与洱源县洋芋老板商议好,以每斤0.29元的价成交,正当和建忠家请来亲戚邻居准备过秤上车时,汝寒坪村杨菊老板也在满下村和尚花、和永军两家以每斤0.3元的价格在上车。和建忠夫妇听到这一消息后,亲自去这两家打听和看看,结果是真的以0.30元一斤价上车,他俩在往回家转的路上商议定,要洱源老板也在每斤加一分,若他不加就暂时不卖。他俩的理由是一斤上少一分,十斤就少一角,百斤就少一元,千斤就少10元,万斤就少百元,老板如果买2.56万斤,就少了256元的钱。到家后,和建忠给老板提出加一分,但老板说:"加不起了",和建忠说:"不加就不卖了。"老板由村民和金发领着到旦前村买洋芋,果然以每斤0.29元的价买到。和建忠所请好来帮忙的人也各自回家了,和建忠、和四姐夫妇也帮助和尚花家上洋芋去了。和永军、和尚花两家是亲戚,两家同时上洋芋,中午饭就由和永军家做,两家的上车人员都在和永军家吃午饭,午饭后又继续上车,上完车一结算,和永军家卖了2.2万斤,和尚花家卖了1.6万斤,共拉走3.8万斤。晚饭由和尚花家做,大伙都在和尚花家用晚饭、喝酒、休闲到零时左右才散伙。

2009年2月28日　农历二月四日　雪

满下村民和国武让前些天"跑婚"的女儿和玉梅及女婿回家来。这次回家是"跑婚"后对方求亲,一般来求上两次就订下日子,这等于正常结婚中的订婚或喝订婚酒仪式。和国武在前天就指使在家的大女儿和玉兰进城备办今天用的肉菜。今天和国武请了家族中的近族和国臣家、和国红家、和国亮家来做客,还请了和玉梅的舅舅和学新家、和玉梅的三姑妈和秀花家,并请这些人家的年轻人来做饭。来做客的人都带了米、酒、腊肉等礼品。

汝南老顶村人同样以前次的方式乘车而来，礼也带来两篮，数量和品种也与前次大同小异，只是比前次来的人多，和玉梅的婆婆和花也来会亲家了。做好饭后，和国武家对所有来客热情相待。吃过饭休息一阵后，汝南方面来的人（连同和玉梅一起）回去了，说定明后天又来商定举行婚嫁礼的日期。他们走后，家族和亲戚们抹了桌子，展开了麻将、扑克之战。

2009年3月1日　农历二月五日　阴间小雪

今天，村里、地里车牛交融，组成了春耕开始的景象。村里"咣当、咣当"的手扶拖拉机声震耳，地里有些村民在用手扶拖拉机犁地，有些村民用手扶拖拉机往地里送厩肥，一块块地里突然多了个黑堆堆，那是村民堆在地头的厩肥堆，这些厩肥是在家里上车时拌上大粪和磷肥的，拉到地头就堆好。最具特点的，也就是说在南溪村里与大多数人用机械犁田不同的要数满下村民和国红父子俩犁地的情景了。和国红用单牛犁田，他在前面牵牛，身后的牛拉着犁具，他儿子和自华在后面用手扶着犁耙，和国红的老婆和社菊在后面用木耙打土块。用单牛犁地，虽说慢点，但犁得比较着实，田边地角不留点滴死角，人也自在轻松。和国红说："我力气小掌握不起拖拉机，特别是田边地角转弯时太费力了。因此，我就买了头牛来单牛犁地，也不需要亲戚和邻居合伙，自家想什么时候犁就可以去犁，自在得很。犁起地来也是很轻松，像小娃娃玩一样，扶犁耙也不费劲。"的确，单牛犁地这一农事，在年轻人进城开车或打工，只有老人在家排田种地的南溪村很值得推广。

2009年3月2日　农历二月六日　阴间小雪

前些天"跑婚"嫁到前山石镜头村的和月华今天回家来。其父和建成请了近族兄弟和建国、和建华、和建忠、和建军以及姐姐和彦花、和彦谷、妹妹和彦山、大舅和天林、二舅和丽军等亲戚。今天饭前的尝酒仪式由和建国（和月华的伯伯）主持。和建国一手拿香、一手端盘，盘里放有盛有酒的杯子，他口里一边喃喃地说着些不大听得清楚的话语，一边把香插在火塘三角的边上，然后大声说："大吉大利"，就把酒往火塘里洒，火光很大，围坐火塘的大人都跟着齐声喊"大吉大利"，就把各人端的酒一饮而尽。下午前山方面来的人都回去了，他们走后，专门从丽江赶回来的和月华叔叔和建军把自家前段时间卖剩的小洋芋1000来斤卖给了杨菊老板，他说："二角七分钱一斤时我只卖了2500斤，这1000来斤也在那时卖掉就好了。"作为和月华的父母，他们知道女大当嫁的道理，但不满意的是女儿终身大事应向父母说一声，好让父母在思想和物质方面做些准备，这样突然"跑婚"，让父母措手不及，还好现时社会物质充裕，只要有钱就可买到东西。

2009年3月3日　农历二月七日　阴

根据黄山镇党委政府的要求，今年的"三八"节要以村委会为单位，举行庆"三八"活动。南溪村委会要各村民小组组织妇女搞好庆"三八"活动，同时，3月8日在南溪完小篮球场进行庆"三八"妇女民族打跳活动。为搞好庆祝活动，各村民小组的妇女组长已积极组织妇女利用晚饭后睡觉前的这段时间来排练打跳。有些村民小组不仅妇女组长积极主动地抓这一工作，而且村民小组长和副组长也积极支持妇女组长，组织妇女们排练打跳。如满中村村民组长和国高、副组长和万里，今天吃早点后就在村小卖铺前组织该村妇女练习打跳，练着练着，电线烧了，和万里检查修理了好大一阵也没修好。和国高就向和春华借恒信生物种植有限公司的院坝练一下，和春华告诉和国高："今天有几个领导要来调研，不方便。"和国高又向和尚勋老师提出要借用云南大学基地的院子练一练，和老师答应了，并要和国高跟村民交代，不能弄坏里边的设施，和国高向和老师保证，一定做到不损坏一点点设施。于是就在云南大学基地的院坝里，满中村的妇女们跳起了纳西族打跳，而且跳得很认真，练得很带劲。好些妇女认为，"我们牺牲了白天劳动时间来练习打跳，一定要练好。"练到下午6点，他们又到副组长和万里家练，而且在他家买来鸡，杀鸡打牙祭。这牙祭钱的来源是：村里有块地（一亩左右）让妇女们种，去年种了玛咖，因此，妇女组长手中有公钱来支付。和国高、和万里及没参加练打跳的妇女做饭，练习的继续练习。在练习打跳的满中村妇女阵容里有三个小姑娘，她们是和冬梅、和云鹤、和芹秋。

2009年3月4日　农历二月八日　阴

今天是一年一度的"三朵"节。在往年的"三朵"节，南溪村民适逢36、60岁的男人，买上香，抱着大公鸡，到白沙乡"三朵阁"向菩萨"三朵"烧香、磕头，祈求"三朵"神给予赐福平安。如因时间有限或其他问题，便到文峰寺向泥菩萨烧香、磕头，祈祷神给以保佑平安度过这本命年。然而今天满中村村民和福生，他既不是年逢36，也不是年逢60岁，但这两年他家里的猪不太安康，常有患病致死的现象。今天吃过早饭，他领上老婆拿上香，驾着手扶拖拉机去文峰寺，向大殿内的泥菩萨烧香、磕头，祈求菩萨给以保佑，来年六畜兴旺。

像今天这个事例，过去在南溪为不多见的新鲜事。由此可见，一些村民的脑子里"菩萨"和"神"成了保佑人们平安度日的保护者。

2009年3月5日　农历二月九日　阴间小阵雪

今天是居住在南溪村民的纳西族祭祖节。祭祖节，纳西语称"此波"，是世世代代的南溪村民缅怀祖先、感恩祖先、崇拜祖先的一种特殊方式。通过迎祖、供奉、送祖三大过程，表示后代不忘祖先恩德，表达后人对本家祖先的深切怀念。农历二月九日是一年中的第一个祭祖节，以家庭为单位祭各家的三代祖先。所以，祖台上开始祭祖时插三炷香，摆三双筷子和三堆供品，酒、茶也各摆三杯。出嫁的女人不管年纪多大，只要还活着，必须带着酒、香回老家参加祭祖，有病或走不动的，儿孙可以代之参加（远嫁五六十千米者例外）。

2009年3月6日　农历二月十日　阴

下午2点左右，满下村结对扶贫项目的第二个子项（给村民协助买优良母猪，农户每口猪出200元，其余不足部分由挂钩单位补足）已来兑现，拉来了12头优良母猪，头头都长得膘肥体壮，村民们见了人人都从心里喜欢。全村58户，三个月前报名登记时只有32户，后面又增报两户，但这两户因组长大意忘了向政府报。这样一来，34户有两户没份，第一次抽签失败了。于是村委会副主任和丽军向黄山镇副镇长和寿生电话汇报了情况，和副镇长又立即向挂钩单位请求再增加2口猪，得到同意事情就好办了，34户每户都可得到一口猪。抽签按母猪序号来抽，当天就把34头猪分三次拉到满下村，满足了部分农户的要求。得到母猪的农户已把200元钱交给了村民组长，组长又立即转交给村委会副主任和丽军同志，请他转交给政府和寿生副镇长。

见到这样体大膘肥的良种母猪，当时没有报名的村民有些后悔，但已没法弥补心里的遗憾。

2009年3月7日　农历二月十一日　晴间阴

满中村村民和仕黄要去村子东面的"游古"种洋芋。他装满一手扶拖拉机农家肥，再在肥上装上几袋洋芋种，他的老婆和社坐在洋芋袋上，发动好车子开着走了。他今早开的车速过快，当车行至和秀花家背后，又往东面的地方，机头突然弯向地里，把坐在洋芋袋上的老婆和社弹起两米多高，摔在路上。由于路面是混凝土，摔下来时和社脸朝下落在路面上，因此，伤得不轻，她自己感到手脚和身体各部有较重的疼痛感，脸面也沾满了血。和仕黄就搁下一切，拉着老婆去县医院治病。经拍片检查，和社的手骨头都断了，需要治疗好长时间。

因拖拉机操作不当，造成伤害的在南溪村时有发生，十年前满中村民和爱琼的上门丈夫和满祥从手扶拖拉机上摔下造成右脚半残废。同样也在十年前，满中村民和国才（和满祥的二叔、和仕黄的二姑爹），因去抓拉来木料的满下村民和金发的手扶拖拉机皮带，被转动的皮带截去三个手指头，造成右手半残废。这次就是发生在满中村的手扶拖拉机伤着人的第三起。

这些事例告诉村民，操作手扶拖拉机等机械千万不能大意，速度不能过快，但有些年轻的村民很不在意。

2009年3月8日　农历二月十二日　晴

今天是"三八"国际妇女节，南溪村委会组织举行庆"三八"活动。活动仪式和节目主持人是南溪村委会妇女主任杨耀秀及满中村村民组长兼南溪村委会团支部书记和国高，他俩轮流主持。主席台上就座的有村委会书记兼主任和继武，副书记和国军，副主任和丽军以及各村民组长、副组长。开幕式上和继武书记做了开幕词讲话。活动内容是纳西族打跳，每个村民小组的妇女上演两场，共十六场，场场都跳得很整齐，妇女们的舞步和舞姿伴随着动听的乐曲，真是美不胜收，观看的村民常报以热烈的掌声。其中满下村妇女和满上村妇女跳的节目里还反复出现了"三八"字样的阵容，充分体现了妇女们热爱自己的节日，道出了妇女们自尊、自重、自爱的思想感情。满上村妇女打跳的一个场次里插了一段纳西族情歌对唱（"实本讲"），很动听，仿佛所有在场的老人们返老还青，附和着打跳队轻轻地唱起来，活跃极了。

从北京来的一位女记者（恒信生物种植有限公司杨董事长的朋友），以及种植公司和春华用摄像机把今天的全部活动内容拍下来，并且答应制成八份光碟，送给每个村民小组一份作纪念。在场的和尚勋老师也向杨董事长要求帮他制一份，以便提供给云南大学调研基地作调研之用，杨董事长满口答应。

下午3点钟，庆祝活动结束，村委会领导给各村发了奖（每个村民小组获纪念奖状一张及黄山镇政府下拨的活动经费400元）。回到各村民小组后，各村民小组都组织所有妇女打牙祭，买鸡、煮肉、闲聊，各村都呈现出妇女们集于一处的景象。

2009年3月9日　农历二月十三日　晴

满下村民小组组织各户（每户一男劳动力）进行公益劳动，劳动的内容是砍木料，这些木料准备春季农忙完后建盖两间公用活动房。每人的砍料任务是一根4米长的梁和3.3米长的两根椽子，然后合伙砍15根柱子和随用料，地点是东面"口克洞"与前山行茂洛村交界处。手扶拖拉机是按照前些年公益劳动轮流分配的方法派了六辆。

开工出发前，村民组长和永红多次强调："交界之处，不要误砍了别村的树，万一砍着别村的树，谁砍了谁负责，要注意安全。"

在出发的路上，有些年纪较大，自己一个人扛不起一根梁的村民或在城里开车闲惯了干不起重活的村民，相互邀约两人共同来完成所分的任务。

下午2点回到家，午休一个小时，3点又出工剥木料皮。剥木料皮时，村民和作才风趣地说："集体时代很注重集体粮场建设，农村改革时以低价卖出，集体的房产一无所有，现时又兴修集体活动场所，在世上才活到60岁，经历的事情和生活已不少了。"

干完活后，进行篮球比赛，由村里公款买来酒、饮料，边喝酒、边打球，不参加打球的，也都在旁边当观众，给参赛者喝彩助威。

2009年3月10日　农历二月十四日　阴

在丽江城里开出租车的满下村民和朝亮，在其父母和其姐的三番五次动员、劝说下，今天终于醒悟到：在父母还健康时就在城里买个房子，对自己本身和后代都有利，于是托人向玉龙县计生局报了一套集资建房（庭院式、建筑面积为180平方米），并在今天下午3点从玉龙信用社白华分社转付玉龙县计生局账户（个人集资建房款），第一次付款20万元。此款是他向他的姐姐借来10万元事先存进信用社的，另外10万元是 2007 年 4 月 3 日买车借款还完后，全家（两人开出租车、一人领教师退休工资、老母盘田养猪）所节约下来的。他还要准备开工后就进行的第二次付款（10 万元），他的负担可重了，但全家都有决心以后节约还款，特别是他父亲决心很大。他父亲对他说："不可能筹到钱才办事，这样永远节约不到钱也办不成事，东借西贷办大事，五六年时间就可以还完借贷之款。在正常情况下，估计全家一年可还 5 万元，这不是无根据的，是根据租了别人的车的开车人的收入来衡量的，租车开的人每月得付二千二三的租车金，还负担一家三人的生活，而你两口子每月每人还 2000 元，老父还 1000 元，这样做不会影响生活的，事情也会成功了。"经他父亲这么一说，他更没有理由说不干的话。

2009 年 3 月 11 日　农历二月十五日　阴间风超大

南溪完小今天下午召开学生家长会议。会议由南溪完小校长和家香老师主持，会上由教导主任和占专老师向家长们汇报了上学期（2008 年 9 月至 2009 年 1 月）玉龙县各校各年级的期末统测情况。据玉龙县教育局小教股教研室检测统计，南溪完小综合评价在第十七位。对此社会和家长都感到满意，村委会领导在村公所资金非常困难的情况下，拿出 500 元来奖励老师。

校长和家香向家长会公布上级教育主管部门对学生减负的指示。本学期开始，玉龙县所有中小学都实行双休日；小学在校上课时间不能超过六节；低年级不能留课外作业；中高年级（三至六年级）课外作业不能超过半小时。传达完这些规定后，家长们议论纷纷说："这不是让娃娃的学习成绩上不来吗？这不是读书无用的反弹吗？这样一来，学生轻松，老师轻松，愉愉快快却误了孩子。""唉！农家娃能去到哪儿，干不起劳动时养养身子罢了……"说什么的人都有，总的说来是对学生减负很反感，都认为"学知识，特别是在中小学阶段，只有时间加汗水，只有努力奋发，苦读才能学到知识"。议论较大。

会议在叽叽喳喳的谈论声中结束了。

2009年3月12日　农历二月十六日　阴转小雪

满下村民和国兴家卖洋芋，价钱是每斤0.3元。帮忙过秤、上车，装洋芋的人有和永昌、和社芬夫妇及儿子和丽华、和万琴和金燕夫妇、和万元、和万芝夫妇、和建华、和国兴及儿子和德华、和建国、和燕花共12人。上车的方式是，先把洋芋装进塑料编织袋里，扎好口子，过秤，每次秤两袋，然后背袋上车，这样做比用篮子背了上车还省力些。到下午3点左右装完，结算共装了32000斤，收入人民币9600元。

下午有人谈到和国兴、和燕花老两口（和国兴现年61岁，和燕花现年55岁）农业收入很高，洋芋总收入估计在1.2万元，油菜收入3000元，卖猪收入3500元左右。儿子和德华在城里开车，儿媳和桂花在城里领娃娃，常在家排田种地的就老两口了。因此，在村里按人头算，数他俩的收入最多。有人说："虽然儿子、儿媳不参加劳动，但村里村外的人，只要和国兴说一声，帮助他家种洋芋、薅洋芋、挖洋芋的人很多，就连70多岁的旦都后村亲家老人和红（和国兴女儿和爱英的岳父）一帮就是约一个月时间。因为和国兴是大木匠，他请人最容易不过了。"

和国兴的家族和社芬深有感触地说："产量的增产，不如在洋芋仓库里增钱，今年我家以每斤0.35元的价卖了2.7万斤，收入9000多元，今天卖出3.2万斤，收入也9000多元，可卖出的洋芋数量却比我家多5000斤。如果我家要是在老板出每斤0.4元的时候出手，那么多收入1350元，因为那时没卖出，我家就等于丢了1350元。"

大家都说："是的，做农民不仅要有产品，而且还要适时出手，像今年洋芋价每斤出0.4元时不卖，到0.3元时才卖，家家户户都少收入好多钱。"

2009年3月13日　农历二月十七日　晴

古城区七河乡新民村委会的村民五玉龙（乳名）来满下村卖豆腐、凉粉时说："中国受国际金融危机影响很大的说法可能有些不实，就我们农民需要的化肥来讲，已涨价到100元一包，请工每天从50元增到60元，农民种粮不用化肥不行，农忙时不请工也不行，真是承受不住了。"来买豆腐的满下村民和顺明说："这些物资和工是需要的，不得不出高价。汽车及高新产品大降价，这是'金融危机'的表现。就以我们满下村村民和国兴做木匠的工价来说，可能是比生产高新产品工厂的总工程师还高。因此，农村里请工所付的工钱不能与国际'金融危机'相提并论。"有些村民说："现时卖的化肥，原料和生产都可能在去年或前年就已生产，生产成本可能高，因此价降不下来。"

2009年3月14日　农历二月十八日　晴

满下村寨村民和朝东家请家族和朝光和四娘母子、和玉祥、和圣伟和尚花夫妇、和尚勋和家良夫妇，邻居和八娘等人帮他家装洋芋，过秤上车。双方在看货讲价的时候买方曲靖市会泽县籍老板夫妇二人与卖主和朝东家提出："装在这间房里的洋芋底下和上面一样吗？如果不一样的话，我们就不买了。"和朝东说："上面这层是山地里挖来的，洋芋个头小的多些，下面比上面好多了。"买方就说："既是这样，就准备上车，要都是上面这样的我们拉走也出不了手。"于是他到邻居和圣昌家借来板秤，然后约了和圣伟、和尚勋及和朝东的老婆和英去和圣伟家借来梯子，搭在汽车上。老板和老板娘开初还一句不吭地过秤、捡洋芋，等称了3000斤，洋芋依然像上面一样，小个头的在80%，他俩提出不要了。说："开初说是下面好些，结果都一样，我们确实没办法出手这么害人的洋芋。"帮忙的人也无话可说，买主付给和英900元钱，就去关车门。在关车门时，和朝光跟老板和老板娘谈开了，说他的还有一万五六斤，要价0.32元一斤。老板开价0.31元一斤，他就答应卖了，于是和朝光又急忙去请和朝东夫妇及女儿和玉芬、和尚勋等，其余人员因忙着种洋芋，从和朝东家里转回后直奔地里种洋芋了。和朝光又请来在村子附近种洋芋的满中村民和桂贤及和闰新婆媳等人来装洋芋上车，结果只有1.115万斤。老板还想买5000斤左右，但因绝大多数村民都忙着种洋芋，买不到，只好拉着这七吨洋芋走了。

2009年3月15日　农历二月十九日　晴

在丽江城里开出租车的满中村村民和占军五天前接到原先在昆明市打工的女儿和翠的来电，说是她已到广西北海市打工找钱，可要先交数目较多的钱才能打到工，希望父亲及时汇款3000元。和占军接到电话后，再三再四地思考，觉得有些不对劲，打工要先交钱这事是不多见的，在去年上半年本村女青年和云鹤也是在北海这样受骗，后由其姨爹杨春华及其兄和云鹏领了回来。于是和占军也独身前往广西北海市，想要把女儿领回来。终于功夫不负有心人，今天把女儿和翠从北海领回家里，搁下了作为父母牵挂儿女的心。

常在城里或大地方走的人说："当今中国在改革开放的大潮中，什么都有，行骗的较多，要特别引起外出打工找钱的年轻人的警惕，要不然上当受骗很容易。"

2009年3月16日　农历二月二十日　晴

农时节令已将到春分，南溪全行政村八个村民小组的村民都在热火朝天地忙着种洋芋。通过几代先民和现代农民积累的生产经验，大都认为南溪村种洋芋应抓住惊蛰到清明这一个月的时间。因此，这一段是南溪村民春种的大好时光。时至今天，满中村个别农户种洋芋任务已结束，如和志强家、和三六家，其余大部分村民都已种完计划种植总面积的65%。然而满下村及其他村都只种了30%左右。究其原因，主要有两点，一是满中村村民怕手扶拖拉机开不到自家地里干下种等农活，尽量先种，怕堵了车的道。二是满中村的村民已留下好些地准备种玛咖，每户最少的也想种两亩左右，最多的想种五六亩。再则按照常规满中村人干起活来是起早摸黑，过去常有村民起床于公鸡报晓时，现时虽已没有这种现象，但也比其他村的村民起得早，出工出得早。

2009年3月17日　农历二月二十一日　晴转阴

满下村民和秋谷今天请本村男青年和吉诚来帮忙犁地。方法是用和吉诚的手扶拖拉机犁，所用的柴油由和吉诚负责，和秋谷包三顿饭（早饭、午饭、晚饭），烟酒，付劳酬金100元。这样做的方式不仅是她家，本村村民和家良已在四年前就请满中村的和福军犁地，那时就每天付工钱100元。

在和秋谷看来，这样做还划算，要种的洋芋地一天就犁完了，要是让在城里开车的丈夫回来，一是误了跑车，少了收入；二是上下车费也得花，这样做倒清爽、快捷。

在城里开出租车的村民和万元、和圣武、和万琼、和灿、和圣华、和亚军等人常回来自己犁地、送肥等，把这两种大事做完又去城里开出租车，他们认为这样做两全其美。各有各的思想，各有各的认识，各有各的算计。有些事情这个村民看成是好的，另一个村民不一定赞成，其他村民也许会反驳。

2009年3月18日　农历二月二十二日　阴

闲谈时，谈及南溪村进城开出租车的状况时，现任南溪村委会副主任的和丽军感慨地说："南溪村民进城开出租车这事真好，推动了南溪经济的大幅度上涨。目前南溪村委会有56辆出租车，是玉龙纳西族自治县拥有出租车最多（第一）的村委会。这些出租车中，大概有10辆购置于卖价七八万元时，20辆购置于10万元至25万元卖价时，约有20辆购买于卖价25万元到40万元时，约有6辆购置于卖价40万元到

58万元时。从这些现象来看，南溪的经济已有很大发展。这些出租车的拥有者中，不乏也有身负一二十万元贷款（借款）的人，也有分文不欠的车主，还有一部分在城里买下了房子（这类人鹿子村人多）。有一些很典型的人物，如鹿子村和万红、和社台等。虽然在这件事上南溪村民曾付出了生命的代价（满下村民和国军人车同时失踪），但总体是有利于发展，也有利于森林植被的保护，在没有进城开车时，旦都村常与吉子村、汝南化村等邻近村寨为砍柴而争吵，如今这一现象没有了。家里的团结和睦问题也好多了，因为年轻人在下面老人在上面，不常在一起，摩擦自然少了，避免了婆媳不和、妯娌不和的现象。"

事情的确是像和丽军所说的那样，进城开车，不仅带动了南溪经济的发展，而且多方面出现了好的现象，但愿这件事情做好、做强。

2009年3月19日　农历二月二十三日　阴

解说南溪村自古以来流传下来的口头语"三十岁河东，四十岁河西"一语。

"三十岁河东，四十岁河西"这一口头语是自古以来流传在南溪满子师村（上、中、下）的，至今还经常听到。满子师先民认为，人生一世，从二十二三岁到三十四五岁这一年龄段，是一个人一生中精力最旺盛、劲头最大、胆子最大、敢想敢做、想做必成的黄金年华；而40岁以后，体力逐渐减弱，精力逐渐衰退，思想不敢想大事，想做什么事都是力不从心，缩手缩脚，干不成大事。因此，常常用"三十岁河东，四十岁河西"这一句话来教育、鼓励、鞭策后生们要把起房盖屋、建设家园的事情尽力在身强力壮时做好。后生们也不辜负先辈的厚望，常在36岁（虚岁）时竖新房，庆三六（36岁）上梁请客，避灾脱难。即使不需起新房的，家庭房屋比较好的人家，男儿逢36岁时，也得爬到屋顶翻瓦重盖。

"三十岁河东，四十岁河西"一语，鼓励了生活在满子师坝的代代村民，趁力大如牛、心想事成之时就动手建盖房屋。如今，一些上了年纪的人，也常用此语鼓励自家的儿子，趁年富力强时就干大事，如买车、买房，实行自然迁移，盖高大漂亮的房子等。

2009年3月20日　农历二月二十四日　晴间阴

满下村民和学武的老婆和丽春，在玉龙纳西族自治县妇幼保健院产下第二胎（第一胎在自家产，没得到及时救治而夭折）。产下后，因婴儿还在母体内时吸收养分不够，需要由医护人员来救治，故把刚生下的婴儿转院到市医院小儿科救治。这样的事例在南溪村的产妇中尚属首例。作为已婚六七年，但还未育成功孩儿的和学武两口子，心里不是滋味，担心着婴儿的生命，当医生告诉他俩婴儿能治好时，他俩悬着的心才落下来。

陪着和学武的本族妇女和满秀说："这次也像第一次那样，在家生产的话，孩儿就可能无救了，医生的医术是不可低估的，人人都得相信科学、医学，才能保住产妇母婴的安全。"的确像和满秀所说的那样，近十年来南溪村产妇（除个别外），都到城里县医院或妇幼保健院生产，一旦进了医院，安全率达到100%。为了母婴的安全，村民对误几个工、花些钱是乐意的，是决不吝啬的。

2009年3月21日　农历二月二十五日　晴

满下村德立家族的妇女杨文花、和子香、和菊花、和芳、和仕、杨玉兰、和三姐等人，搁下种洋芋的农活，前去丽江城看望昨天生产的和丽春产妇。她们有些带去二三十个鸡蛋，有些送了二三十元钱让和丽春自己买点营养品。妇产科有位医生曾经说过这样一句话："南溪村民来看产妇的很多，但没有一人是送来一只鸡的。"事情确是这样，来看产妇，除产妇母亲或婆婆，一般亲戚都不带鸡，等到请祝米客时才会送去鸡、蛋、米等食品及小孩衣物，到医院看望只是做个意思，送的礼物也只是象征性的。

2009年3月22日　农历二月二十六日　晴

腊月末嫁到天红汝寒坪村的和亚梅种完婆家洋芋后，今天领着丈夫回到满下村帮助她的父母种洋芋。她父亲和金辉及母亲和益寿都是五十出头的人了，虽说气力还挺大，但家里地多，加上哥哥和亚军开出租车，嫂子和满秀领着娃娃，让娃娃上幼儿园。出于对父母的怜爱，他俩决心回家帮父母一段时间。旁人见了，都夸"这姑娘就是肯吃苦，能疼父母，不怕脏、不怕累，干起农活来是一把好手"。也有的人说："姑娘出嫁后，回娘家帮忙就这一次了，以后拖儿带女的，再疼也帮不上。"事情的确像后者所说的那样，出嫁后的姑娘，一旦生儿育女，就陷进自家的事务里，再疼父母也是心有余而力不及了。

2009年3月23日　农历二月二十七日　晴

满中村村民和万里借了满下村民和国兴家的面包车，去丽江城购买后天为小儿媳生下的孙子请祝米客用的东西，主要是鲜菜、豆腐、烤鸭、酒、烟、茶、饮料等，还准备在明天买来一口肥猪杀了吃。

如今，在南溪村办事（红、白、庆生、竖房、请工）花费都很大，因为待客席上所用的都是八盘（或碗）肉食品，有些农户已用十盘肉食品，烟也是用每包在5元以上的烟，而且时间很长，红事、白事、"祝米客"，一般都花四天时间，竖房三天时间，差别就是红事、"祝米客"、竖房这三件事，主事人家已有底了，请了多少客，心中有数。而白事是无法掌握的，南溪古来就有"白事百里香"的说法，意思是办白事会有四邻五舍，不仅三亲六戚来参加，而且亲戚的亲戚，你连我、我连他，他又连他，有时连主人家都一时弄不清楚这家是沾什么亲、带什么故，后来慢慢才弄清是什么关系。

和万里虽不会开车，但南溪的年轻人个个是农民，又都会开汽车，绝大多数年轻人包里都揣有驾照，只要有车，不必愁没人开车。如今天上街的人中就有和建华（和万里的小儿子）和万春、和万选（和万里的弟弟），都是多年在城里开出租车的老师傅。

2009年3月24日　农历二月二十八日　晴

满中村村民和万里家在进行明天为他的小儿媳生下的孙子请祝米客的准备工作。准备工作分两个小组进行，一组是到山上砍柴，这组主要以青年、壮年人为主，并且妇女占多数，任务是砍两手扶拖拉机的柴（一辆可现烧的干柴、一辆湿柴）；一组是炊事组，该组负责杀猪（从旦前村买来一口肥猪）、煎鱼、煎肉，做今天的便饭。说是便饭，也得做六碗、八碗的菜（早饭、午饭为一肉五菜，晚饭为二肉六菜），是较为紧张的，但不管有多紧张，人人都得拿出良心干，因为所请来帮忙的人都是兄弟、家族、亲戚的人，这样的事都是你帮我、我帮你，轮流而为，哪家有事，大伙都得这样做，再苦再累，任何人也没有怨言。家族中的长辈们就在他家休闲、聊天、吃饭，除此之外一无所管。这是族中老者不管事的具体表现，同时也是南溪纳西族尊老、爱老的表现。从今天起，族中老者们在办事家中食用一日三餐到后天才结束。

2009年3月25日　农历二月二十九日　晴

满中村村民和万里为刚出世的小孙子举行"祝米"客（庆生礼），上午11点左右客人陆续到来。今天的帮手们特别忙，因为吃饭前先得摆一桌米酒喝，庆生礼上这桌米酒是必备的，所以，路上客人遇到别人时，别人都会说一句"柱呱货"（纳西语，意为祝喝米酒醉）的祝福语。米酒喝完后就招待饭，帮手们收碗洗筷，真忙。帮他家做事的也分得很细，如炊事组、蒸饭组、烫米酒、烟管、酒管、杂事等，大家各负其责，紧张而有序。

今天来客中最先到的是居住在丽江城里的亲家爹、亲家妈，他们所带来的礼不是像农村送来的礼那样多，他们所带的礼是钱、娃娃衣、被、玩具车等，总共近千元。和万里的二姨爹姚英也居住于丽江城，同样送来人民币和玩具车。中午饭后，按照纳西族的传统习惯，和万里借来纸笔请二姨爹写小孙子乳名，请亲家爹给外孙取乳名，亲家爹推辞一阵后，取外孙的乳名叫"吾永贤"。姚英就提笔在一张红纸上书写："外公取外孙乳名曰：'吾永贤'，易养易育，尔活尔康，寿比南山，福如东海，"最后落下日期。和万里让儿子和建华把这张写有小孩名的纸贴在产妇睡的房子隔板上，然后让和万里的老婆和七香走进产室，和万里大喊一声"吾永贤"，和七香在里面大声应了一声。到下午2点开始待客，一直待到下午7点，来客少部分留宿，绝大多数吃饭后回家。来客一般送来的礼是米、鸡蛋、鸡、红糖、小孩衣物、毛线等。因在城里开出租车而荒弃了农业的亲戚也学着城里人送来了钱，如旦前村和七香的兄弟和建挺、和实家。

2009年3月26日　农历二月三十日　晴

满中村的小姑娘和江木，今天零时左右"跑婚"到九河乡雄古村。今天上午11点左右，雄古男方请人来到南溪满中村，向和江木的父亲和福海，母亲和给命求亲。来人把汽车停在大门口，背上礼物进门来，大家坐下后，和福海向来人说："你们辛苦了，不懂事的娃娃造成大人的辛苦和不愉快，你们远道而来，请喝茶。"来人说："千里姻缘是老天所配，作为父母，养大了孩儿的身体，可把握不住孩儿的心。再说现代交通的发达，南溪、雄古两地虽隔三四十千米，但只需一个多小时就到了，不算很远。我们做大人的，只愿小两口恩恩爱爱，白头偕老。"和江木的母亲和给命说："娃娃（指和江木）真不知事，休学后连一天的农田劳动都没做过，有时出去打工，回家时也很少从事农田劳动，年纪这么小就去嫁人，由于娃娃的不懂事会导致大人们的辛苦和不愉快。"来人说："这也没法，人类的繁衍就是这样代代相传的，人总是会你敬我让的，做父母的不必操心。再说孩子在父母的眼中永远是娃娃，他们永远不成熟，父母终生挂着孩子，这可能是人们常说的'可怜天下父母心'吧！"

吃过饭后，和福海对来人说："农历三月，南溪村忌进行婚嫁之事，也不能请客，一切有关婚嫁庆典事宜待到农历四月再商议。"

来人告辞走了，和福海两口子也去地里种洋芋了。

2009年3月27日　农历三月一日　阴转晴

满中村80%的农户已结束2009年洋芋种植任务。有一部分村民今天下午又集中在小卖部前的空地上休闲，打扑克玩，不打扑克的老爷爷、老奶奶坐在旁边，边休闲边缝背带。

有一部分村民则集中在村民和爱琼家，因为她的老父亲和占元病倒在床上已将近两个月。昨天，看来病情有些加重，和爱琼就请家族的人来帮忙照看（准备送终放口含），从今天起家族的村民日夜都要看护着和二老人家了。今天参加看护的还有鹿子村和占元的侄儿子们，和占元是从鹿子村来满中村做上门女婿的。在老人病情重时是一定要通知他的侄儿、侄女的，要不然，万一死后才通知这些人，就会招来这些人的不满意，有些人还会在举行丧葬礼时故意找茬儿惹主人家，与主人家闹矛盾。

2009年3月28日　农历三月二日　晴转阴

满下村民五八斤这些天忙得团团转，一则老岳父和国武去城里打工看守工地；二则老婆和玉兰已于前些天在玉龙县妇幼保健院产下第二胎，老岳母和闰芝也去城里招呼其长女和玉兰；家里还有好些洋芋要种。于是他今天请亲戚、邻居和永秀、和爱贤、和吉诚、和国秀、和世仙、和子香、和家良七人来帮忙种洋芋，并从和家良家要去两手扶农家肥。和玉兰的舅妈和永秀对五八斤说："侄儿，积那么两车厩肥需要很多松毛才行，不能忘了邻居的一片好心。"五八斤也说："积这两车厩肥不容易，以后需要我们帮什么忙尽管说。"

下午五八斤家热闹了,他老婆出院回家了,第二胎也是个男孩。第一胎是男孩,第二胎想要个女孩,但事不由己,还是生了个男孩。有邻居对五八斤说:"来做上门女婿的人,两个孩儿都是男的,这很好嘛。"五八斤说:"好是好,但男娃娃大多数调皮,不好管。"

有些夫妇想要个女孩,偏只生男孩;有些夫妇想要个男孩,偏只生女孩,此事真是事不由己,只好听从命运的安排了。

2009年3月29日　农历三月三日　晴

在丽江城里开出租车的满下村民和朝亮买回一些南溪本地没有的鲜菜、鱼肉回家,请满中村村民和福军及满下村民五八斤、和朝东、和朝光等人砌洋芋仓库的石脚和墙。因他家原建的洋芋仓库靠近村中河道,每逢山洪从河道似蛟龙而过,地质就有些变化而房子向后倾斜,如不再搬,有房屋倒塌的危险,故把此洋芋仓库搬到和朝光的老宅基地上。和朝光把整家搬迁到村公所边后,他家的老宅基大部分已换给和尚军家做宅基,小部分给和朝亮家(六七年前和朝亮付给和朝光200元钱,作为向和朝光要点宅基地的小礼物)。俗话说:"一根动,百根摇",和朝亮把洋芋仓库搬出后,须盖两道10米以上的围墙,每道围墙上应设一道门,需花费好多财力、物力、劳力,村民见状对和朝亮说:"你不必在家破费这么多。"和朝亮说:"我们的家乡真好,比城里好得多。"

村民认为和朝亮夫妇在城里开车,父母都已60岁了,没力气种洋芋了,两个老人种洋芋已成为负担,不必要。因此,不需破费这财力、人力、物力来搞洋芋仓库,而和朝亮认为,"不管怎么样,应把老家维修好。"

2009年3月30日　农历三月四日　阴间晴

好长一段时间没来南溪的洋芋女老板杨菊今天又来到南溪满下村拉

洋芋。她出价每斤0.32元，比大理、鹤庆、洱源、剑川洋芋老板多了每斤0.02元，好些村民都想卖。今天她装两车约8万斤。原先曲靖籍洋芋老板嫌因洋芋个头小而装了3000斤后不再装的和朝东家的，也在今天上车，帮他家上车的人给和朝东开玩笑说："以后你若见到那个曲靖老板，应该磕头道谢，因为他不装而提高了价钱，比原先多收入了600多元钱，这600多元可能已够你一年的烟钱，应该千恩万谢那老板才是。"他嫌我的洋芋小，我照样与别人的好洋芋卖了一个价。

看来，洋芋价有些上涨的势头，还没出手的村民想再等几天，已出手完的村民自叹"没福气"。

2009年3月31日　农历三月五日　晴

在城里开出租汽车的满中村民和社军和艳菊夫妇，把车临时租给别人开，他俩则回家看守和占元老人（和艳菊的父亲）。满中村老年人几乎每晚都在和占元家看守和占元，年轻人隔一两天看一个晚上。

南溪村的历来规矩（除鹿子村外），一旦有村中老人病重病危都要到他家看守，家族则要日夜看守到寿终，放口含，洗尸入棺后才能放松。主人家就要招待看守病人者的生活、烟酒，一直到丧葬活动结束。因此，南溪村古来就有一句形容这一现象的流行语叫"兴尸木呢好子凶"，译成汉语为"死人吃饭很凶"。应对这一状况，死者家属，看守病人时间越长，停尸在家时间越长消费就越大。

2009年4月1日　农历三月六日　阴

满下村民已有90%的农户种完洋芋，这些农户里的大多数村民则上山砍柴、拉松毛等，也有个别村民去帮助没有种完洋芋的农户。例如，村民和万琴、和金彦夫妇到今天已经帮助村民和国兴家种洋芋有五个工日，动机是和国兴与和万琴等种完洋芋后要到太安乡吉子村起房子。尽快把洋芋种完，好过了清明节就去竖房子找钱。因此，和万琴夫妇就无代价地帮助和国兴家种洋芋。

没种洋芋的农户，一点儿也不慌，村民和建国说："清明节以后十天内把洋芋下种，种早和种晚一个样，产量和个头基本差不多，有些年种晚的还比种早的要好些，因此，种洋芋不需慌，只要薅锄工作做得及时，收获都一样。"

2009 年 4 月 2 日　农历三月七日　阴转晴

满中村民和福海开始买洋芋装汽车了，他是帮昆明的洋芋老板买的。做法是，昆明的洋芋老板汇款给和福海，和福海在丽江找汽车，在南溪买洋芋过秤上车，洋芋价和车费由老板负责，和福海的工钱每斤洋芋一分钱。今天他一人装了两汽车共 8 万斤。和福海请他的侄儿子和江红帮忙过秤、记账，过秤一辆汽车的洋芋，给他侄儿子 100 元钱。他的侄儿子感到较满意，认为闲着白闲着，这样轻轻松松得到 100 元钱，还在卖洋芋的主人家里吃到一顿好饭。

据和福海讲，他前些年"帮老板问洋芋（询问哪家卖），过秤、记账的做法都是这样，好些时间每天装两辆车，收入 700～900 元钱是常事，每年单是这活最低收入 2 万元，可是用完了。"今年他出的价是 0.35 元一斤，比前两天一下就提高了每斤 3 分钱。准备卖洋芋的村民都想卖给出高价的人，估计从今天开始，南溪的洋芋会由和福海装车一段时间。

2009 年 4 月 3 日　农历三月八日　阴间小阵雨

满中村村民和月林今天提前过清明节。10 点左右就去上山扫坟。满中村 37 户村民中，只有和月林家及和福军家两户为土葬设坟农户，其余 35 户均为火葬，也就是说整个满中村中只有这两个农户过清明节。从外村嫁到满中村的妇人，如父母中有一人已过世而土葬者，则带上一瓶酒、两炷香回娘家过清明节，一同和娘家人扫墓祭祖。

和月林家今天提前过清明节，不是今年才开始的，已在二十年前就开始了。这样做的原因是,他出嫁到太安、拉市、文屏的五个姐妹家都要在清明节扫墓祭祖,而且个个都得在家做饭演主角,这样,她们商量后提前一天就回和月林家扫坟祭祖,祀奉祖先。久而久之,就形成了"提前一天清明"的家规。

2009 年 4 月 4 日　农历三月九日　阴

今天是一年一度的清明节。南溪满中村除了村民和福军家以外,无法捕捉到节日的气氛。因为满中村除和月林与和福军两户村民老人逝世后实行土葬设坟外,其他 35 户都实施火葬,不再给后人留下像祖坟那样显眼的祖宗谱。

吃过早饭后和福军夫妇忙着做扫坟祭祖的饭菜,因为扫坟磕头祭祖的人少(只有和福军夫妇、姑娘、大姐和社芬、二姐和社菊及小儿子和纪立),总共才六七个人。因此,每年清明节,他家都在家里做好祭供品,大伙在坟场吃的都是在家里做好,用篮子背去。到坟场先供奉好祖宗,大伙磕个头,就在坟场吃顿饭。孤孤单单一家人,不热闹,感到冷清。因此,吃完饭就回家。到家后,休闲一阵,家庭主妇又忙着做晚饭,让回来祭奉祖先的两个姐姐及侄儿吃了晚饭后才回家(和社芬嫁到满下村,和社菊嫁到满中村)。

2009 年 4 月 5 日　农历三月十日　晴

丽江市委常委、市政府常务副市长杨廷仁率几个相关部门的领导来南溪满中村恒信生物种植有限公司调研。他详细询问了该公司在满中村租地试种生物玛咖的详细情况,该公司杨经理作了一一的汇报,并反映了当前大面积发展玛咖种植面积的资金严重不足的情况。杨副市长当场拍板,表示对玛咖种植给予支持。他指出:"玛咖种植要形成规模,为山区人民脱贫致富奔小康起到应有的作用,由市政府出面解决 100 万元无利息贷款来支持玛咖种植生产,要该公司立即扩大育苗棚六个,玛咖苗要做到村民有求必供的地步。"公司杨经理对领导的支持表示感谢，决心也挺大。

2009年4月6日　农历三月十一日　晴

昨天杨廷仁副市长在满中恒信生物种植有限公司调研后，该公司杨经理于今天去办理政府解决的无息贷款一事。办完此事后，当即拉来了六个大塑料育苗棚的材料，同时从城里请来三位有安装塑料棚技术的永胜籍工人，明天开始安装塑料大棚。

棚内要用沙（阻止杂草生长，需要在棚内填三寸厚的沙子），杨经理与满中村民组长和国高商议后决定：拉沙由满中村民来完成，每棚拉沙费600元，另外给拉沙结束后的打牙祭钱400元，共4000元。同时他俩商议决定将愿意参加拉沙的村民编成小组，把任务和报酬落实到组，再由组来分拉沙的工钱。杨经理认为这种方法很好，解除了村民的嫌疑之心，也消除了中途流失的可能。

2009年4月7日　农历三月十二日　晴

满中村村民和军坤把自家的面包车（丽江市3—8路营运车）暂时租给别人开，自己回来起房盖屋，他准备在牲口院里新增建一所（三间）平房。石料、木料均在前段时间就备好，现木料已干，石料已齐，他就回来自己盖。他说要盖一个养猪场，让儿子和振峰、和振奇来养猪。可有些村民在猜测，现时的男青年不会做养猪、喂猪这一脏活，很可能是想起一个宅基地，以便两个儿子讨了媳妇后好各人安排一个院落。有些人讲："现时有两个男青年的农户，不必劳民伤财起房盖屋，其中的一人去做上门女婿就好了，这样做利人利己，更利于去上门的儿子坐享其成。"但也有村民说："如果儿子不去，或没人去怎么办？还是事先防备点好，要是真有儿子去上门了，就好办。"从客观上讲，后者说的有些占理，因为一则父母不可能对儿子强求，只能引导，但如果引导不到父母的思路时，父母拿儿子是没法的。二则有备无患，趁年富力强，盖点房屋以剩余资产而搁置，不碍事。

2009年4月8日　农历三月十三日　晴

满中村村民和福军、和万军、和福生三家以每斤洋芋0.35元的价格卖出，和福军家卖了1.4万斤，和万军家卖了1.2万多斤，和福生家卖了1.2万斤。这三家的洋芋都是和福海过秤上车的，和福海在装这三家洋芋的同时，请他的侄儿子和江红（和福生的长子）到鹿子村过秤上车。和江红装好车回到家说："旦都有家农户以0.40元一斤在装车。"和福军说："你这个笨蛋，你为什么不打个电话告诉我们一声，你家1.2万斤洋芋就可多收600元钱，我家1.4万斤洋芋白丢了700元钱，六七百元对山区农家来说是个心疼的数字了，要是你打个电话，我们就会与和福海提出要加价，不加价不卖，这就会提价了，你装个手机做什么，连这么好的经济信息都不告诉家里人，以后别这样憨了。"和江红已有十六七岁了，的确是有些不可思议，这么好的经济信息都不告诉父母和舅舅（和福军）。但洋芋已经卖出，只好心里自叹，但又比起卖0.3元一斤时，是可幸了。用这样的侥幸感来压住心中的不愉快，来实现自身心理平衡。

2009年4月9日　农历三月十四日　晴

瑞典老人一行22人来南溪游玩，这一瑞典老人是个"中国通"，普通话说得很流利，他曾在2004年11月间由云南大学研究生陪同来南溪村作"关于选举"方面的田野调查，留住了四天。他在2007年10月间又领来瑞典的"夕阳红"生态旅游团一行24人来南溪，那时送给南溪村委会书记和国军一盒动物卡片，送给和尚勋老师一盒瑞典圣诞火柴，送给南溪完小一架玩具望远镜。今天他们一到南溪就去完小里看，告别时送给教导主任和占专一个红包，内有400多元零钱，很可能是大伙拼凑的，还送了一本画有瑞典风景名胜的书。接着就直接到满下村和尚勋老师家来。经过前两次的接触，和尚勋夫妇知道老外很吝啬，但好客的和师母热情招待了远方的来人，她还对和尚勋老师说："人家这么大年纪，从老远外国来到我们家乡，太辛苦了，虽然我们没得到什么好处，但不能冷落别人，要热情对待。"

2009年4月10日　农历三月十五日　晴

满下村村民五八斤准备明天为新近出生的二儿子和江红举行祝米客。他今天请满家家族的青壮年和村里的亲戚帮忙，杀猪的杀猪，扫地的扫地，架锅做饭的架锅做饭，忙得紧张而有序。杀完猪后就吃饭，早饭后，除了做饭的人，都去山上砍柴。这次祝米客活动的总管和万军对大伙说："今天砍柴请到'拖吉此'岩洞附近，砍湿柴、砍栗柴。"砍柴的人们遵照主人家的要求，不砍干柴，只砍栗柴，虽然砍的费劲些、吃力些，但砍到了算好的两拖拉机栗柴。

过去办第二胎的"祝米"客没有那么隆重，如今一户学一户，讲排场、摆阔气、破费较多。前两三年只用买米或家里有的八盘肉来待客，如今已发展到杀一只猪。这一方面体现了南溪村经济发展而人民过上好日子；另一方面也体现了满下村民办事大手大脚、大吃大喝，互相攀比，讲阔气的历来风气。如今办这么个小小的"祝米"客，也得连办三四天，真是破财、费时，得不偿失。

2009年4月11日　农历三月十六日　晴间阴

满中村村民集中在小卖部开户长会议，会议讨论了关于恒信种植有限公司拉沙子填棚子地的事宜。经理杨耀武要求每个塑料大棚里面填20手扶拖拉机细沙，细沙可在火葬场附近的沙滩地挖，挖细些的每手扶拖拉机30元，就是说填每个棚600元，六个棚子都完成后给打牙祭费400元。经过报名，愿意参加这项劳动的有24户，每户一人，每12人编成一组，分两组进行，决定从明天开始按小组进行拉沙填棚劳动。其余13户因没人力而自动放弃找钱机会。分组完后就付钱，实行还没有劳动成果就付工钱，这是杨耀武经理经过四年在南溪试种玛咖后，对山民的信任，同时也充分体现了大多数山民的诚实。

2009年4月12日　农历三月十七日　晴

看护了近一个月时间的满中村村民和占元老人，今早9点左右仙逝了。守在他身边的村民伍社前、伍三六为他送行、放口含。10点左右，满中村的人都先后来到和占元家，为老人洗尸、穿寿衣、入棺、"芝步吉"。好些人都在他家用午餐，就在他家休闲。

和占元的二女儿和爱琼，把她丈夫（已故）伍满全的家族请到火塘边上说："阿大、阿叔、爷爷们，我母女一样也不知道，不知该怎样料理父亲后事，请家族做主，一切请家族帮忙安排。家里没个男人只有我们四个女人（和爱琼老母及她的两个女儿，大女儿读高中、小女儿读初中），什么事情都不懂，全靠家族来支撑了。"

于是"鱼化龙"家族就先商定出葬日期，然后商议戴孝的人。村民组长和国高与副组长和万里则商量和占元老人丧葬活动时的各种职事人员，并当众公布，不需像满下村那样挨门挨户去请。

由村民组长、副组长商定各种职事人员，这方法很好，没有说三道四的理由，值得别村学习借鉴。

2009年4月13日　农历三月十八日　晴

满下村民和作才今天为最近出生的二孙女和福近举行"祝米"客。此活动从前天进城买货到昨天杀猪、砍柴，今日待客，明日减少客人和部分帮忙的人，后日晚饭后才解散。这么一个小活动，前后需要四天，像举行第一胎祝米客一样待客。

满下村办事有这么个特点：你家前面有一家这样做了，你家也这样做或者提高一点，有条件者这样做，没条件创造条件也要这样做，或者比前一家要做得好些，这样就造成了人力、财力、物质和时间的浪费现象，无形中成了互相攀比、毫不示弱的心理。

长时期这样下去，会造成个别农户负债过多的现象。

2009年4月14日　农历三月十九日　晴

满下村从今天开始组织公益劳动，建设活动场所。每户出一名男劳力，共56人，分工进行，会木匠的做木匠活，会泥水工的砌围墙，打混凝土、粉刷、拉沙。通过几天的劳动，要建盖两间平房，同时在球场和房子之间围成一个小院坝，可以用来开会，搞节日活动、聚餐等集体活动。

这是市级挂钩整村推进的一个子项目，建材（瓦、石灰、水泥、空心砖、铁皮门面、加工细沙）都是挂钩单位给的（包括建材运费）。

有些村民说："三十年前，搞农村改革，把集体的大粮仓给低价卖出，三十年后的今天，又来建设集体活动场所，人的一生什么事情都可以经历一下。"

2009年4月15日　农历三月二十日　晴间阴

满中村"鱼化龙"家族，五七士、五二社、五仕军、五社园、五社前、五福前、五三由、五黄生八家，每家一人去城里购买和占元老人丧葬用的东西（肉、鱼、鸡、鸭、菜、酒、烟、茶、糖、孝布……）。他们开去伍社园的面包车和伍七士的拖拉机拉东西。

和占元老人从鹿子村来满中村与和闰海结亲，做入赘女婿，生育有三女一男，但男儿因患心脏病到二十多岁时死亡，和占元就让二姑娘和爱琼招本村五七士与五二社的兄弟伍满全做上门女婿。五满全在七八年前因赌博输掉四五千元后，服毒自杀身亡。和占元岳父家在满中村没有家族，现在无兄、无夫、无父的和爱琼只好靠已故丈夫五满全家族即"鱼化龙"家族来帮忙料理老父后事。"鱼化龙"家族的人也毫不推辞地帮忙和爱琼，从看护和占元老人，到放口含、入棺、祭入棺饭每个细节都帮忙了。今天他们照着需要购买物品的单子，一样一样地买，同时他们还买了丧葬礼用品（烟、酒、祭单等）。

2009年4月16日　农历三月二十一日　晴

南溪满中村的青壮年集中在和占元家，为明天出葬和占元老人做准备工作。各项工作在此次丧葬活动的总管和春华、和军坤两人组织指挥下进行。他们各尽其责、各守其职，做得有条不紊。吃过早饭后，除炊事组抽几个人帮忙杀猪外，再留四个蒸饭的人，其他人都去砍柴，家族布置灵坛。砍柴用四辆手扶拖拉机，两辆是和占元家族的，另两辆是和占元自家的。

从今天开始到19日的吃饭、喝酒、抽烟等生活事宜，主人家及家族无权问津，已交由各种职事去掌管，等到丧葬礼结束后，主人家才能去料理生活方面的事。

吃过晚饭，好多职事都参与娱乐（搓麻将，打扑克），有些还是通宵达旦。

2009年4月17日　农历三月二十二日　晴

南溪满中村举行和占元老人的丧葬礼，各种职事从早晨8点就集中在和占元家各司其职。10点左右，和占元的两位出嫁女儿（大女和三女、大女嫁满上村，小女嫁到本村）随同各家族及和占元的三个姨妹（大姨妹、二姨妹均嫁到旦前村，三姨妹嫁到满上村），还有和占元老人的本家侄子、侄女和家族（和占元老人是从鹿子村来满中村做入赘女婿的）亲戚带着各种丧葬礼到来，各家均在大门口放鞭炮以示孝女或各方亲戚到来。11点左右开始追悼（纳西语俗称"悬白"，意为戴孝），追悼礼由东巴大师康爸才的孙子和丽元（从汝南化村到满中村上门）主持。首先进行"三献",接着戴孝,该仪式做了约 40 分钟。12 点开始待客,首先待和占元老人方面来的四方亲戚,这体现了南溪村古来就常说的"兴尸兴考的",就是说丧葬仪式上,要首先考虑到死者方面的家族亲戚。到下午 3 点左右待完所有来参加丧葬礼的人,下午 4 点左右在灵柩前跳"窝忍忍",即参加丧葬者与死者送别。下午 5 点左右举行送葬礼,仪式仍由和丽元主持,首先进行三献,然后进行"古日古好毗"(各种职事组合而成来给死者上祭),接着出灵,先由和丽元挥刀打破碗,然后村民(足若)抬灵柩到大门口,拴好抬杆,抬着往火葬场而去,边走边唱"窝忍忍",到"芝步吉古",送葬人不再往前走,而是掉头回,按照传统的说法是活人送死者到"芝步吉古",祖先从"芝步吉古"把死者接走。足若把灵柩抬到火葬场,安放在早上备好的柴堆上,抽烟、喝酒、休闲一阵后回转,只留下烧尸者四人来焚尸。

2009 年 4 月 18 日　农历三月二十三日　晴
满中村举行和占元老人丧葬礼各种职事:
总管:和春华、和军坤(村民俗称总理)
记账:和国高、和占典
收礼:8 人
炊事总管:和万里 10 人
酒管:和建华、和杰
蒸饭主管:和一清 6 人
主持仪式:和丽元
焚尸:和丽元、和三六、和万选、和春红、和春立、和万军

现摘录部分和占元老人内亲来参加丧葬活动时带来的礼(因来参加者有 350 多户,不能一一摘抄),以及根据记录本上记录的情况总结了总收入。丧葬礼比三四年前变多了,据已故杨桂清老人的小儿子和福生讲:"三年多前我操办母亲杨桂清大事时,来客比和占元家不少,但所

收的人民币只有 3700 多元，另外死后'吉子好毗'（上祭）方式也变复杂了。"

满中村和占元老人丧葬收礼大概情况

和仕军：米、玉米、小麦各 1 盆，约 8 斤，大红河（88）烟 1 条，酒 2 瓶，腊肉 1 对（6.2 斤），公鸡 1 只，猪头 1 个，人民币 500 元（老人的三女婿）

伍寿园：米、玉米、小麦各 8 斤，肉 1 对（3 斤），人民币 5 元（上祭份），人民币 50 元，大麦酒 1 斤

伍福祥：酒 1 斤，人民币 150 元，人民币 5 元（上祭份）

伍三由：米、玉米、小麦各 8 斤，肉 1 对（3.5 斤），酒 1 斤，现金 50 元，现金 5 元（上祭份）（以上三人为和仕军家族）

伍二社：米、玉米、小麦各 10 斤，肉 1 对（4.3 斤），酒 1 斤，人民币 200 元，人民币 5 元（上祭份）

伍七士：米、小麦、玉米各 10 斤，肉 1 对（5.5 斤），大麦酒 1 斤，大红河烟 1 条，毛毯 1 床（祭单），人民币 300 元，人民币 5 元（上祭份）

伍争华：米、小麦、玉米各 8 斤，酒 1 斤，肉 1 对（6 斤），人民币 150 元，人民币 5 元（上祭份）

伍社华：米、小麦、玉米各 8 斤，酒 1 斤，肉 1 对（4.3 斤），人民币 50 元，人民币 5 元（上祭份）

伍寿前：米、小麦、玉米各 10 斤，肉 1 对（3.8 斤），酒 1 斤，人民币 50 元，人民币 5 元（上祭份）

伍黄生：米、玉米、小麦各 8 斤，肉 1 对（3.7 斤），酒 1 斤，人民币 70 元，人民币 5 元（上祭份）

伍福羊：米、玉米、小麦各 5 斤，大麦酒 1 斤，肉 1 对（3.4 斤），人民币 50 元，人民币 5 元（上祭份）

满上村：

伍争贵：米、玉米、小麦各 1 盆（各 10 斤），红河烟（88）1 条，茶 2 包，

大麦酒1斤，毛毯1床（祭单），猪头1个，公鸡1只，人民币400元（此户为和占元老人小姨妹家）

伍四洋：米、玉米、小麦各10斤，肉1对（5.6斤），酒2瓶，祭单1床，花圈1个，红河烟（88）1条，猪头1个，公鸡1只，人民币500元（此人为和占元老人的大女婿）

一般来参加丧葬的最少丧礼钱为人民币5元，若带粮食米则为5斤。

伍旭光：毛毯1床（祭单）、人民币500元

伍旭军：米10斤、肉1对（6.4斤）、小麦酒1斤、大红河烟1条、祭单1床、人民币200元

伍红立：祭单毛毯1床、花圈1个、现金150元

伍娟：现金100元

以上这四人为和占元老人侄儿、侄女，鹿子村人

和万兴：米、小麦、玉米各10斤，红河烟（88）1条，肉1对（4.6斤），猪头1个，茶2包，大麦酒2斤，毛毯1床，现金400元，鸡1只（此为和占元老人二姨妹家，旦前村人）

伍三由：米、玉米、小麦各10斤，猪头1个，鸡1只，肉1对（4.8斤），茶2包，酒2斤，红河烟（88）1条，毛毯1床（祭单），人民币400元（此人为和占元大姨妹家，旦前村人）

从丧礼单登记情况看，内亲送礼折币近千元，一般亲戚20～200元不等。

此次丧礼收腊肉300斤、米1800斤、小麦600斤、玉米600斤、烟30条、茶10包、酒300斤、人民币12132元、鸡5只、猪头5个。

此次丧葬戴白孝293人、红孝（重孙）1人、黑圈9人。

孝围腰25床。

支出费用不明，但估计也在1万元左右。

此次参加丧葬送礼只抄录了部分内亲送的礼，一般亲戚和带亲，满中村不带亲村民的没有抄录。

2009年4月19日　农历三月二十四日　晴

满下村民和圣华家卖洋芋，以每斤0.42元的价格成交。此前他家也以0.3元一斤的价格出售一车（约3万斤），两车出售时间相距40天。客观地讲，先前出售的这车与留在今天才出售的这车洋芋相比较，今天出售的这车洋芋个头比前车大，质量比前车好些。因此，他家大着胆子把好点的这车留到最后卖。采取这种方法的农户在满下村有好几户，如和作典家、和圣昌家、和金辉家、和金发家，一般来说，洋芋收成在5万斤以上的农户大多数都这样做。他们认为这样做卖价稳些，差点的洋芋卖价低点、好点的洋芋卖价高点。

路过的人们在谈论说："我们以每斤0.3元售出，留到现在每斤差价0.12元，早卖出2万斤洋芋就少收入2400元，这一数字对山区农民来说虽不算天文数字，但也可以支出三口之家半年多的生活开支。产品出来了，要会出手，出手胆气要正。我们胆小的人，生怕后期跌价，就早早出手；胆子大的人，留到最后才出手，得到好价钱。胆子越来越大，收入就比胆小怕事的村民多得多。"

2009年4月20日　农历三月二十五日　晴

满下村民和圣华、和良命夫妇请家族和亲戚和爱花、和圣昌、和圣明、和作武、和圣军、和亚兰到城里信用社贷款，或取钱借给他家。他已与大舅子和亚山商议好要合伙买一辆旅游汽车，各方都得备上十多万元。因此，他向家族和亲戚们能借到就借，不能借到就请贷款。

现在的年轻人，确实敢办大事，上了年纪的人确实不敢借贷上万元的款。这主要是国家支持"三农"的政策好，可以贷款给敢投入、想创业、想致富、思小康的农民，为他们创造了一个宽松可行的有利条件。近些年的南溪村成为玉龙县拥有出租车第一的村子，正是利用这一条件闯出来的。

2009年4月21日　农历三月二十六日　晴

满下村村民和社兴、和社红请来家族、亲戚帮忙称洋芋上汽车。他以每斤0.42元的价格卖给洱源县的洋芋老板，总共有2.2万斤。卖完洋芋吃午饭时，他瘫痪多年的老母亲和银秀说："你两兄弟要请家族的人来看守我了，一定要从今天起就看守了。"

吃过饭后，他俩兄弟请帮忙装洋芋的人打扫卖完洋芋的房子，把洋芋芽、土等垃圾倒出去，搭上个临时火塘、便床，把老母搬到便床上，请家族的人看守。

今天卖出洋芋，对和社兴两兄弟来说是件好事，一则卖的价钱较高，今年满下村洋芋最高价每斤0.43元，只由和国红卖了一车0.42元一斤以及和作典、和圣华、和社兴三家各卖掉一车。二则腾出了房间，可供看守病重的老母用。三则如果老母去世，肉、洋芋等自家还有，卖洋芋的钱也可用在节骨眼上。他两兄弟的心里也就有底了。

从今天开始，和社兴家族（历史上称阿五金家族）的人看守和银秀老人。

听到此消息的亲戚也带着营养品陆续来看望。

2009年4月22日　农历三月二十七日　晴

村民和社兴、和社红两兄弟请来和国兴（他俩的表叔），加上本家族的和作典、和作武、和圣昌、和圣明、和作才等帮他家做和银秀老母的棺材。大伙看着和银秀老姐姐的身体情况，都估计活不了多久，可能是棺材赢（南溪过去就有人赢棺材，棺材赢人的说法。当一个人病危时，请来木匠做寿棺，寿棺做成后，人好转，这现象叫人赢；棺材做成了，人果然死了，这叫棺材赢）。因此，做得比较抓紧，到下午5点左右就做好了。和社兴他两兄弟舒了一口气，认为完成了一件大事。做寿棺，在南溪的确是一件大事。过去，男到49岁、女到47岁就备寿板，等到有闰月的年份就做寿棺（如老人病倒了，及时请来人做）。如果老人寿终时拿不出棺材，就意味着儿子不尽责（如老人因急病而故则另眼相看）。

2009年4月23日　农历三月二十八日　晴

现年70岁的老妇人和银秀的病情加重了，一听这消息，吃过晚饭，满下村的人都往和社兴家去探望，到夜间11点左右就出现几次要断气的现象，当家族的长者们大声送她上路时，又回转来气了，直到凌晨3点左右才断气。这样快断气了又回转不断的现象南溪村人叫"迈岩"（意思是死者的心牵挂着后生），年长者说："和银秀很可能牵挂着两个未成家的大龄儿子。"

等和银秀停止心脏跳动和呼吸，闭眼合嘴后，放上口含、脸上盖张白纸，就吹牛角号，族中长者还派年轻人到村道上喊醒入睡的村民来帮忙收尸。村民们都来到和社兴家，帮死者洗尸、入棺、芝步吉（家族及亲戚的少妇忙着做饭）。因为和银秀的两个姑娘都嫁到本村，就无须等女儿，所以，这一切做得很及时、很迅速。到4点"半芝步"吉已完，有些村民回家补睡一觉，大部分村民留在和社兴家吃饭。

和银秀老人的大儿子和社兴对人说："我妈命真好，一碗水也不动已有8年，不下田劳动已有十五六年，前天卖完洋芋后就请家族来看护她，卖洋芋的钱可以用在办她的大事上，要是我两兄弟有媳妇的话，必定会把有病的老母你推过来，我推过去，不会活到现在，也不会活得这么好。"

2009年4月24日　农历三月二十九日　晴

满下村寨和社兴家族派和仕福、和圣军两人驾着和仕福家的手扶拖拉机去城里买菜、柴油等近期需用物品。其余人都集中在和社兴家商谈和银秀老人的丧葬事宜，参加商议者为每户一个男主人加上和社兴、和社红两兄弟共8人。他们首先商议了出葬日期，主要征求和社兴两兄弟的意见。在此事上，两兄弟认为，尸体在家不安放几天于心不忍，把灵柩抬出去"寄山"，又麻烦一次。因此，干脆在"土皇"节令结束出葬，大伙就定下5月5日（农历四月十一日）出葬。接着就商议各种职事，现任的村民组长是天然的一个总管，再商定一个组长的搭档，一边商议，一边叫和圣武做好记录。这项商定完后，和社兴又找来一本记录本，拿给和圣武，请他记录戴孝的人，大伙在商议时尽量听从和社兴两兄弟的意见。和社兴两兄弟提出："家族全孝，我母亲和银秀的家族也全孝（全孝指全家人戴孝，女的还加孝围腰）。"接着大伙提出方方面面的要戴孝的亲戚，这真是南溪人过去常说的"白事百里香"，也真是符合可以好事不往来，但坏事不能弃的说法（这话的意思是说，当你办喜事时请不起可以拉倒，但办理丧事时不能抛弃）。

商议完大事后，因为和社兴家没柴，大伙从各家背来一篮干树枝，准备做饭，招待来上祭的亲戚。

到下午5点，和社兴家族、死者嫁到本村的两个女儿的家族（几乎全村每户都有）来上祭，这次上祭纳西语叫"吉子好毗"，意为入棺后上祭。这次上祭在五六年前为一碗熟饭、四片熟肉、四块肋骨肉、一个熟鸡蛋、四片熟肝，如果死者的老伴已逝就用两碗熟饭，这几年就逐步改成送5斤米、一瓶酒，现时做法比较省事，也比较卫生。

2009年4月25日　农历四月一日　晴

满下村村民和社兴家今天请家族的人和亲戚帮忙砍柴，因为出葬老母前那段时间的烧柴没有了。面对和社兴家的情况，村民和武军、和朝亮深有感触地说："说起来，和社兴、和社红两兄弟的现状也不见怪，我们也是他俩兄弟的同龄人，而且已为人父，已是有一二个孩儿的父亲，可我们在农活、家务等方面没做什么呀，比起我们来，他两兄弟还算行。"

吃过早饭后，他所请的三亲六戚一户一人，约20人驾驶着和学先、和圣昌、和武军三家的拖拉机到东面山上去砍柴。到山上，大伙停放好拖拉机，就地休息抽烟。村民和国兴对大家说："现时是干旱期，特别要小心火，抽完烟各自把烟头熄灭，水火无情啊，千万要小心，砍柴时就不要抽烟了。"大伙都听从他的话,进入林区就不再有人抽烟。他们一鼓作气地砍柴,把砍到的柴背到拖拉机旁,到下午4点左右,砍到满满的三拖拉机柴,把柴拉回家,先吃午饭,吃了午饭再下车。晚上这些亲戚在和社兴家休闲到12点才回家,有些还睡在他家里做他两兄弟的伴。

2009年4月26日 农历四月二日 晴

一清早,满下村寨和社兴家族的和作武、和圣华、和圣昌、和圣武、和圣军、和圣明、和社兴7人(该家族现为7户,每户一人),由和圣武拿着记录本,挨家挨户请和银秀老人丧葬的各种职事。他们每走到一家农户大门前,都提醒和圣武细看一下记录,以防请错职事。走进农家,大伙磕头后,和圣武代表该家族向主人说:"和银秀老奶要在农历四月十一日出葬,请您家的×××帮忙做什么,请×××帮忙做什么,请在十日那天就前来帮忙。"

商定各种职事的情况是这样的:凡年龄满60虚岁的都算老人,请压炕、总管、炊事、厨师、蒸饭、酒烟管、招待压炕的老人、记账、收礼、埋尸、守灵、烧草席子等各种职事基本不变,只有个别的变动。他们每到一户,请完就走,打算在村民出工前就请完。

2009年4月27日 农历四月三日 晴间阴

下午2点左右,玉龙县疾控中心的人来南溪检查防疫情况,到村委会后,一位看上去50岁左右的人说要到鹿子村看防鼠疫情况,并要看卫生室,村委会书记说:"卫生员没来上班,没法开门。"那人说:"为什么不上班?从中央到地方都很重视乡村卫生医疗,我们给了钱的,等几天还要增加好些钱,不上班、不看病,不给村民打针、开药,是卫生员吗?我们已托你们村委会管理,你们要切实负起责任来。"等人去鹿子村后,才知道说此话的人是玉龙县疾病控制中心主任,今天同来的还有该中心书记、工作人员共5人。

卫生室的基础设施已好得惊人，但对卫生室一年只在有领导下来才开门的现象，村民意见大得很，又不敢直说。

2009年4月28日　农历四月四日　晴间阴

黄山镇政府和黄山镇财政所的几个干部和工作人员来南溪村公所宣传"家电下乡"，宣传农民买电器的补助范围和标准、方法。据下来做宣传的同志讲，这一行动是中央财政扶持农民拉动内需搞活经济的重要手段，也是缓解目前"金融危机"的一个行之有效的方法。据悉，想买家电的农户到指定的门市部购买规定的产品（如彩电、冰箱、冰柜、手机等），政府财政给予13%的补贴。农民申办"家电下乡"补贴时，要持身份证、户口簿、产品标识卡、发票、农民直补存折等材料到镇财政所办理。"家电下乡"活动欢迎农民朋友积极参与，主动配合，加强监督。"家电下乡"，财政补贴，农民受益，村民都说党的"三农"政策真好。

2009年4月29日　农历四月五日　晴

满下村村民和万琴今天请来满中村的大连襟和万春、二连襟和仕春及他的两个儿子、舅爷和春立，共5人拆老房子。和万琴、和金彦夫妇嫌这所老房子年代已久，有些料已腐朽，想把它掀了当柴烧，另起一所高大、漂亮的新房。他们五人拆房很有经验，从上往下拆，首先拆椽子，再拆梁头、挂方，接着下大过梁、横梁，然后再下楼板、楼楞，最后下屋架。到下午7点左右拆完了。当然这五人拆一所楼房是够紧、够累的，除了吃饭以外，基本上没有喘气的间隙，要是人员多几个可能多了喘息的机会，说明女主人很会安排人和事。当然，房子上的瓦片是和万琴夫妇事前下完了的。

2009年4月30日　农历四月六日　晴间阴

满下村村民组长和永红邀约了村民和永良、和永军、和建成、和建忠、和丽军，去给满下村活动场所盖瓦。瓦盖成石瓦，方法是：石灰与细沙、水泥搅拌后，加水搅和，然后沾在瓦片上盖好。干这些活肯定要出工钱，但人们不知道这工钱是上面给还是用村子里的公款来支付，人们猜测两者可能都有，如上面不给，村里有去年卖沙款2万元左右，会从那里支付。瓦盖完后，还剩下好些空心砖、水泥等，还可供其他需要修补的地方使用。

盖完活动场所的瓦后，满下村整村推进项目已基本完成，等待验收。

2009年5月1日　农历四月七日　晴间阴

今天是"五一"国际劳动节，南溪村民的过节方式不再像以往那样用劳动方式庆"五一"，而是逐渐在改变。以南溪满中村为例，他们从三年前（2005年）开始，村中的成年男子、壮年男子自称"五一"为"男人节"，而进行聚餐打牙祭。前年在满中村水源边野餐，全村青壮年有30个人参加；去年在小卖部门前场地上聚餐、打牌、打麻将直到深夜。今年有人提议到洱源县下山口（大理地热国）洗温泉澡休闲一天，有些人赞成，但有一部分人只愿在本村打牙祭休闲，这样就产生了两种过节形式。"鱼化龙"家族和"那不"家族的20余个男人前去洱源观地热情景，看看外面的景象；其余20多个男人则合伙买了5只鸡，带着餐具、饭桌，用手扶拖拉机拉到满下村的鸡冠山背后跌水岩边野餐休闲。

这充分体现了在发展经济的同时，山区村民过节时的休闲消费方式也在发生着明显的变化。

2009年5月2日　农历四月八日　阴间小阵雨

满下村部分村民就和银秀老人去世谈南溪村丧葬事宜的变化。

和银秀的两个儿子在戴孝人员的范围和方式上比以前有所扩大，扩大的内容是：三年前办族中舅舅和尚武、和尚典丧事时族中嫁出的堂姐妹家没戴全家孝；两年前办和银秀亲姐、姐夫两件丧事时，对堂舅和尚武、和尚典家只戴二人、一人的孝；办和国坚丧事时，对阿四金家族不戴孝围腰。而今，办和银秀丧事要给阿四金家族与和银秀同辈人戴孝围腰。

三年前一般戴孝围腰的人就给"足若"和来宾敬烟，但在办和尚武、和尚典丧礼时，给和银秀家及和银秀姐家戴了孝围腰，但没敬烟。因此，今日阿四金家族中有人提出不敬烟。族中和玉祥说："三年前，我家老岳父仙逝时，来'吉子好毗'（入棺上祭）时，上祭的亲戚只带一瓶酒来，而大伯仙逝入棺上祭时别人开始带5斤米、一瓶酒来，自此后，所有入棺上祭都带这两样礼，因此，过去的皇历看不成了，得敬烟了。"于是就统一了这个意见。随后还有人提出："以后本族中嫁出去的和尚友、和尚信死时怎么办？"大家统一："如果他两家逝世时也给孝围腰就给'足若'敬烟，如果不给孝围腰，只给孝，就免了敬烟一事"。

2009年5月3日　农历四月九日　阴转晴

南溪满下村和银秀家族（历史上称阿五金家族）的青壮年男人和圣武、和作武、和圣华、和圣明、和圣军、和士福、和社红7人（每户一人），驾驶着和圣华、和士福的两辆拖拉机到丽江城去购买后天举行和银秀老人丧礼用的东西。吃了早点，要进城去买货的人们向和银秀灵柩磕头，族中长者和作典吹牛角号，磕头的人们边磕头边喊出平时的称谓（××和银秀，我们去上街买东西了，如和社红喊"阿母和银秀，我们去上街买东西了"，和圣武喊"姐姐和银秀，我们去上街买菜了"。）然后就出发。到城里，和圣武管钱、记账、看东西，其他人分别买各种所需物品，菜、鱼、鸭、糖、茶、孝布、孝围腰（酒、烟、饮料由村中和四闰以批发价卖给和社兴家，用后空瓶又归还和四闰）。

傍晚回到家里，和作典照例吹牛角号，上街回来的人都向和银秀的灵柩磕头，并说："我们买东西回来了"，接着又忙着下车。他们把买来的东西（除孝布、孝围腰、花圈摆放灵柩上）都放在和圣华家的新宅空房里，待明天交给炊事总管和建忠。

在家族中办喜、丧事借用的车，只加点柴油，不再收费，全南溪行政村都这样。

2009年5月4日　农历四月十日　晴间小阵雨

满下村老、中、青年们集中在和银秀家准备明天举行和银秀丧葬礼的工作。以各种职事的职责，各负其责地进行。自台每娘老人逝世时，满下村就新立一条规矩"举行丧葬礼前每户必须交一背柴到办理丧事家里，杂工们事前要砍一背柴，雨雪天不再组织上山砍柴"。早饭前或早几天前村民就完成了每户一背柴和分配杂工每人一背柴的任务。吃过早饭后，老年人压炕（休闲在火塘上），由年轻村民和朝东、和林两人招呼老人。这次丧葬中此项活动的参与人比去年多了两人，就是年龄刚满60岁的和顺光及和尚勋，他俩各提一瓶酒摆于和银秀灵柩前，磕个头，参加到压炕老年人的行列里。压炕实际意思为这家的老人去世了，但这火塘里永不灭火，永远有人坐。另一重意思是，象征着逝世的老人请村里活着的老人们来做客。

中、青年人各行其是，砍柴的、布置灵坛的、做饭的等。老年人则坐在厨房闲谈，谈的范围很广，谈及解放60年的变化及近30年的变化，大家都认为改革开放30年，不仅经济建设取得良好成效，1949年前的一些民俗也得到恢复。还重点谈及老年人的老有所乐一事，大家认为，应该改一下南溪传统的"越老越苦，倒床后才停止劳动"的旧习惯。目前，政府资助建造的满下村活动中心已全面完工，老年人去那里休闲一下，娱乐一下，聚聚餐（一年三四次），条件已成熟，应该成立老年协会。同时大伙还提出，请和尚勋做筹备小组长以及成立后的会长。讨论结果由和建良、和学伟两位老人向村民组长和永红作了汇报，和永红表示支持，他还要在明晚村民吃晚饭时公布这事，让各户的年轻人支持这一活动，并规定年满55岁可参加老协活动。

晚上，村民们在院子里跳起了"喂目达"，由远近有名的民间歌手和建良领唱，一直跳到凌晨2点左右方休。

2009年5月5日　农历四月十一日　晴

今天，满下村寨举行和银秀老人的丧葬礼。各种职事都在早晨7点就开始忙碌起来，特别是蒸饭的和做菜的厨师们显得格外紧张，8点吃早餐，11点"足若"吃饭，接着待客。9点，家族及亲戚上祭，9点半行追悼礼，追悼礼结束后，埋尸组和国亮、和顺达、和金辉、和建国4人提着酒、烟、茶、香等，领了阿五金家族的年轻人去和银秀家坟场挖坑，11点左右回到家，参与"足若"吃饭，下午2点半待客结束，3点半跳"窝忍忍"，4点举行丧葬礼。5点进行篮球友谊赛，对手是本村青年队对本村中老年人。比赛在友好和谐、相互学习的气氛中进行。7点半吃晚饭，当大伙就座于席间，准备吃晚饭时村民组长（这次丧葬活动总管）和永红向大家公布了要成立满下村老年协会的消息。村民和金辉说："50岁开始参加老协活动更好，要是患上急重病匆匆而去，一天清福都不享，多不值得。"大伙说："我们所处的地理环境不像坝区，更不像城区，55岁这一年龄线比较合适。"

吃过饭后，大家围坐在篝火边，喝酒、喝茶、抽烟、闲聊，年轻人则和着录音机播放出的乐曲声进行打跳，因熬夜时间过多，到零点左右就散伙。

2009年5月6日　农历四月十二日　晴

满下村和银秀家亲戚早上去上坟，吃过午饭，记账及收礼人员向其子和社兴、和社红两人交账、交物，根据交接情况，共有265户村民参加了这次丧葬活动，总收礼为6865元、腊肉450斤、米1000斤、玉米200斤、小麦200斤、公鸡2只、鲜猪头2个、毛毯（祭单2床，均由两个女儿送来）、烟20条、酒200斤。其中送币最多的为500元（和银秀的大女儿和社菊家，二女儿和菊花家，和银秀的妹妹和尚花家），人民币和礼送得最多的也是这三户，摘录如下：

和社菊：米1盆、麦子1盆、玉米1盆、青稞1盆（每盆均为10斤）、啤酒1斤、大麦酒1斤、大红河烟1条、猪头1个、肉1挂（6.8斤）、鸡1只、祭幛毛毯1床、人民币500元。二女儿和菊花所带来的东西与和社菊一样，所不同的是腊肉重量为4.3斤。和尚花家比两个女儿少1个猪头、1只鸡、1床毛毯，其他都一样。其次，和银秀的家族和桂立家与和圣华家一样，除带米、小麦、玉米、烟、酒、肉外，人民币为205元。和圣明、和圣昌、和作典、和作才、和顺明、和玉祥、和朝光、和朝亮、和永红9户人民币为105元，其他5元到55元不等。米最少的是5斤。

从招呼病人到出葬已用去近万元。

和银秀老人丧事职事名称：

总理：和永红、和朝泽

厨师：和建忠（主管）、和金发、五八斤、和汝浩、和丽军、和国军、和万兴、和吉诚、和永军、和万琴

蒸饭：杨耀秀（主管）、和亚兰、和寿香、和福春、和海、和玉祥、和三姐、和世仙

埋灵柩：和金辉、和建国、和国亮、和顺达

酒管：和建成、和天林

烟管：和朝光、和德华

记账：和春拾、和国成

收礼：和万芝、杨文花、和一花、和灿、和朝珍、和社芬、和满谷、五上

招待老人：和朝东、和林

烧草席：杨玉兰、和玉琴、和金合

守灵：和永光、和圣明、和永贤、和永华、和永良

杂工：年轻人 50 人

2009 年 5 月 7 日　农历四月十三日　晴

与满下村村民和金发结拜的老友、曲靖市会泽县籍做洋芋生意的两口子，因倒车时不够注意，车尾碰在村民和学仁家房子的檐板上，造成两根椽子移向右边，把百来片瓦推集一处。事后和学仁的儿子和春拾及儿媳和家香（时任南溪完小校长）与他两口子争吵，并要赔偿 8000 元，做生意的两口子提出补偿 2000～3000 元，和家香夫妇不肯，硬要 8000 元，经黄山镇派出所和交警中队的人来协调也无济于事。后在村委会主任兼书记和继武与副书记和国军的协调下同意赔偿 4000 元。随后大理市阳光保险公司的理赔人员来到现场，见这一轻微损失，索赔这么多，但又处于异地百姓家，默认而归。见状的村民议论说："这样做太过分了。"

2009 年 5 月 8 日　农历四月十四日　晴

满下村村民和建成为长女和月华举行嫁礼，昨天和前天就开始此次嫁宴的准备工作，前天上街买东西，昨天杀猪、砍柴、煎鱼、做酥肉等。昨日所杀的这口肥猪是两个月前确定了和月华出嫁日期后买来的，养在家里加紧喂养，目的是养得又肥又大，以便在嫁礼上有足够的鲜肉来用。

因为新郎是前山村委会石镜头村人，两地约相距 30 千米，山路汽车不便于行走，迎亲用方向盘式小型拖拉机。新娘的嫁妆沙发、衣柜、电视机、洗衣机等已在前段时间由新郎、新娘买来后一次就拉到石镜头村新郎家安顿好。今天迎亲的队伍就只需背铺盖（三套）、羊披、衣物、柜子等。和建成还给了 1.5 万元现款做嫁妆。

迎亲的队伍上午 11 点左右到和建成家，下午 1 点开始待客，到下午 3 点半左右出嫁。

有些村民在附近看出嫁时的情景，边看边说："养女划不来，她们一分钱也不挣，反要送给她们那么多。"也有的人说："和月华在满下村她的同龄女青年中来讲,是问农活、好农事的,帮了父母不少农活的,该给点。"

有的人说:"一样也不做,一分也不挣,也得给,这是做父母的责任。从村民中可以看到:纳西族父母,不仅要把儿女养育成人,还要负责儿女的婚嫁大事所需的一切费用。用'可怜天下父母心'这句流行语来形容南溪村民,再恰当不过了。"

嫁礼持续到后天才结束。

2009年5月9日　农历四月十五日　晴

满中村村民和福海请亲戚、家族、村民(不沾亲,不是家族的,一户一人)来帮忙准备明日为女儿和江木举行嫁礼。本来应该在今天杀猪的,但今天是农历十五,当地的习惯是初一、十五不杀生,过去的先民连鸡蛋都不打破。因此,这事提前在昨天傍晚进行了。

今日的准备工作是砍柴,炊事组煎鱼、煎酥肉、择菜,基本上处于带闲带做。

砍柴的中、青年们把砍回的柴下车后,立即聚到篮球场打球,打了一阵,有一人传球时过猛,把球丢出场外,被花椒刺戳了一个小洞,漏气了,已没法补了,青年人也像泄了气的皮球,都软了。村民和福生说:"我们大家凑一点,我出10元,给青年人买个好点的篮球来。"他的话一说完就得到大家的赞同,村委会副书记和国军拿出20元,村民和福海拿出20元,其余在和福海家帮忙的人,每人捐出10元。不到10分钟就集到220元,要年轻人买个200元左右的篮球。这一方面体现了村民喜欢玩篮球;另一方面也体现出村民关心年轻人的爱好,支持年轻人锻炼身体。

吃过晚饭后,又开始娱乐扑克、麻将等满中村人最爱玩的东西,方法各异,有的进行"三骗一",有的进行"哈几",有的进行"卡头子",有的进行"斗地主",尽管方式多样、方法各异,最终都离不开经济来刺激，自然是有输有赢。

2009年5月10日　农历四月十六日　晴

满中村村民和福海为女儿和江木举行嫁礼，在蒙自军分区服役、现为二级士官的兄长和江龙请假回到家里参加嫁庆活动，远在广西北海市打工的和江木的女友和丽娟也赶回来参加嫁庆活动。满中村全体青年男女参加了送亲队伍。所有青年男女（含堂兄、表兄、表妹）都请了弟兄客，对此，一些上了年纪的人难以理解，他们认为堂兄堂妹、表哥表妹不宜再作为弟兄客来请。

这次嫁庆活动，除收到米、肉、酒、烟外，人民币收到1.7万多元，加上弟兄客送来的钱（专门拿给和江木带去，这些礼以后要由和江木去做客时还礼于人），共2.1万多元。据和福海讲："为操办这桩嫁礼共花去3.5万元左右，其中1.2万元现款作为嫁妆送给女儿和江木，事前已拿出1万元叫女儿买嫁妆，并已拉到九河乡中古行政村雄古村民小组婆家安顿好，1.3万元左右用于筹办宴席。"和福海还说："女儿和江木，一天劳动也没干过，我得破费这么多钱，这是一刀疼，自此后，我的负担减轻了，要是在家，不仅她不找钱，还向我要，拿给她两三百元，她还不乐意，每次得拿个五六百元，还要交电话费，还要买衣裤。这下她不可能老向父母伸手张口要钱，我已解脱了。"

过去南溪村有一句流行语叫"命入好的布"，意为嫁女只需一蒸笼饭，比喻嫁礼较为简单、简朴。但随着当今经济的发展，最近七八年来，南溪村民举办婚、嫁、丧、竖房、杀猪等，宴席都很丰盛，满桌都是肉食品、中等酒烟。因此，经济耗费都很大。这一现象说明南溪村经济发展了，家家户户都支付得起这样的消费，生活水平提高了。这样的好景象全靠党的领导和村民的辛勤劳动。

2009 年 5 月 11 日　农历四月十七日　晴

　　南溪村委会召开村民组长、副组长会议。各个村民小组的组长、副组长，南溪完小校长、教导，村委会干部参加了今天的会议。会议由村委会书记兼主任和继武主持，黄山镇主管卫生工作的副镇长和寿生传达了玉龙县卫生紧急会议的内容，"要求做好预防'猪流感'对人的传染。南溪在三年前发生过鼠疫，更要求各村领导和学校领导高度引起重视，县疾控中心会随时来各村指导预防和消毒，要求村民组长、副组长全力以赴做好这一工作，把这一工作作为当前最大的任务来完成。"随后，黄山镇派往南溪的工作组组长和兴林同志做了具体安排："要疾控的同志们先从鹿子村、旦前村、旦都后村发放预防药，搞卫生消毒，灭鼠，然后满下村、满中村、满上村、金龙村、文屏村，这样的顺序搞上来，争取一天搞完一个村。要村民组长、副组长及时抽调人员帮助做灭鼠消毒工作，做这些工作是会给误工费的。"

2009 年 5 月 12 日　农历四月十八日　晴

　　南溪村委会卫生员和秀英（旦都后村人）由于不想干这一行，想去开出租车，决心辞去这个职务。在她的坚决请求下，黄山镇卫生院领导今天下午做了交接手续。

　　据和秀英说："过去卫生院每月给她 400 元，疾控中心每月给她 150 元，最近一年多来没拿到卫生院的补助，只拿到疾控中心补助的 150 元。"经她这么一说，村民对卫生室关门闭户的原因有初步的了解，有些村民还同情地说："一个月 500 多元钱，脱产干卫生员不可能，有时补助还拿不到，谁也不会干。"

　　有些村民说："电视里中央到地方很关心农民医疗问题，投入很多资金办农村卫生室，可南溪卫生室搞了这么多年，一点效果也没有，对村民没有好处，要是卫生院领导能分配下来两三个医务人员，那多好啊！"

2009年5月13日　农历四月十九日　晴

满下村村民和子红、和六芝等10多人在草坝泥塘捉泥鳅（此塘10年前由村民和金发、和灿、和金红等人作为鱼塘养过鱼，两年后告败而丢弃）。大伙在约10平方米左右的泥塘里使劲捞，生怕泥鳅一下子被某一个人捞完似的。从小在吉子水库边长大，且每年旱季在水库泥塘抓过泥鳅、捞过鱼的和六芝老奶奶，每隔两三分钟就捉到一只，她的上门女婿和耀军则拿着盆子在岸边接，和六芝捉了约一个小时，捉到四十来条，她又上山去砍柴，其他人还在一个劲地捞，和子红、和金龙两父子捞到中午（约4个小时），捞到四五十条。

在南溪满下村，过去每逢这段时间（立夏节过后）都有不少人捞捉泥鳅，先是在"瓦洛"水塘里，最近10年又在这塘里，这两个水塘成了一些人的玩乐处，不在乎捞到多少，就在乎捉泥鳅玩一天。

2009年5月14日　农历四月二十日　晴

满中村村民和丽元家、和仲贤家、和军坤家、和军红家、和三友家、和金凤家都请人装洋芋，先把洋芋去芽后装入塑料编织袋里，装好后堆放于院子里，待老板来到后过秤上车。下午1点左右来了一辆可装4万斤左右的大车，和丽元、和军坤两家估计有4万来斤洋芋，这辆车就装这两家的。下午2点半左右，又来了一辆可装3万斤左右的汽车，和仲贤的儿子和春立说他家有3万斤左右，就上他家的去了。和金凤、和三友问老板和兴哥车什么时候到，和兴哥回答较含糊："车会来，但我也不知道什么时候到。"今天的洋芋是每斤0.47元，比昨天的0.45元提高了0.02元，这意味着目前南溪村2008年所收储的洋芋已不多了。从2008年10月开始挖洋芋装进房里储存到现在已有7个月之久，存这么长时间，够心烦的。

这两车洋芋装好后走了，和军红、和金凤、和三友三家等到晚上也不见车来，只好找来雨布盖在上面，心里真不是滋味。因为，明天还得请人帮忙过秤上车，请人就得破费一天的生活费用，他们在各想着心事，对洋芋老板和兴哥很有意见，但又无可奈何，只好等明天再上车。

2009年5月15日　农历四月二十一日　晴

满中村村民和军红、和三友家、和金凤家的洋芋以每斤0.47元的价格商议好，并已装好袋，定好昨日来拉。洋芋老板为太安人和兴哥，可能因找不到车昨天没来拉，今天才来拉，和三友说："不卖。"和金凤家丈夫和万春说："我们昨天就已请好人，把洋芋装入袋中，等着过秤上车，可左等右等，等到晚上你没来，今天又请人上车，误了十来人的两天时间，本来一天就可干完的事，却得用两天，你就买两件啤酒，让上车的人喝，要不然，就有点不在理了。"和兴哥看车已来，只好同意，照和万春的要求上车。他跟和三友左说右说也不成，最后，只好加一分，每斤0.48元成交，过秤上车，因为拖至傍晚六七点才上车，一直干到晚上10点才装完。和三友说："我的洋芋比昨日多收入300多元，如果他如约而来，我也不会这样卡他。"和军红没说什么给上车了。

到今天，满中村的洋芋已全部卖完，比较起来，最低价卖0.3元一斤，到最高价卖0.48元一斤，差价为0.18元一斤，每万斤差价180元，按卖出洋芋3万斤计算，卖得早的比现在才卖的少收入了540元。村民分析出结论为：卖得早的人胆子小，是前怕狼后怕虎的人；现在才卖的人是胆大的人，有天塌下来也不怕的气概，后者往往得利。

2009年5月16日　农历四月二十二日　晴

满下村村民组长和永红承包了岔往村公所路段的道路硬化工程，内容包括：找石头、拉石头、铺石头、采挖沙子、拉沙子、拌混凝土并浇灌在铺好的石头上，全长约150米。材料（沙、石）在满下村沙场和石场采，水泥由镇政府安排供给，工钱由政府负责，施工由和永红一次承包。

今天和永红邀约村中年轻人去采石头、拉石头，满下村村民约有15

人参加这一有酬劳动。这样做有利于发挥参加者的积极性，能够提高工效，能够增加少部分村民的经济收入。但也有部分村民在背后议论说："这样做没能做到资源共享，这现象在前几年卖石头、卖沙子、建卫生院时就产生了，说也不会起作用。"

2009年5月17日　农历四月二十三日　阴转小阵雨

满中村村民和福军一起早就锄洋芋地，到中午时分，他打电话问纳西族调查研究基地管理员和尚勋老师说："云南大学基地里的那把脚碓能不能用？如果能用的话，请借我捣一下麦子，我要做产妇的甜米酒。"和尚勋老师回答他说："如果可以用，完全可借你捣麦子，我立即过来基地，你自家来看看能否使用。"挂了电话，立刻往设在满中村的云南大学纳西族调查研究基地赶去，和福军也赶来了，同他一起来的还有满中村村民和丽元。他们仨一同细细查看了去年安好的脚碓，并试了几下，认为可以用来捣麦子。和丽元边查看边说："生我家孙子那年，为做产妇甜米酒，我女婿和涛不仅在丽江城郊区问了好多地方是否有碾米机，而且到鹤庆县辛屯区问，也没问到，没碾到麦子，结果我和老伴抬着麦子到咱村村民和军坤家，借过去脚碓用的石头洞，再找来一根有两根锄头把粗的木棒，在石洞里装上麦子，我双手握紧木棒往石洞里舂捣麦子，这样苦干了两天。要是那时知道这里有脚碓该有多好，不用费那么大的劲了。"和尚勋告诉他，那时还没有，这是2008年二三月份里才从汝南村买来安好的。

可见，原始的生产工具，现代村民偶尔还得使用一下。保存过去的生产资料，一方面可研究先民的生产生活方式，另一方面也可以用来捣米粉、小麦等。

2009年5月18日　农历四月二十四日　晴

满下村村民和四闰、和永华、和金亮等在草坝泥塘休闲带娱乐，捉泥鳅。说来也怪，小小一个泥塘，很多人、很多次轮番捉捞了好几天，可捉泥鳅的人几乎没有空手的，哪怕是一两条。捉了一年后，也没有人来放养泥鳅，它自然繁殖，下一年又会给村民一个惊喜，真是捉不尽，捞不绝。

他们3个小伙子，捉一阵，又在草坝上休闲一阵，抽阵烟，聊些伙子们的悄悄话。傍晚5点半左右，和四闰的左脚底突然感到热乎乎的，还有些辣疼，他赶紧爬上岸，发现是被玻璃划了一个大口子。他们用内衣把脚包好，把他扶到家。到家后流血不止，村里又没人来医，他只好打电话给在城里开出租车的村民和朝珍。和朝珍接电话后立即返乡，把和四闰拉到玉龙县医院治疗。

由此可见，南溪村民多么需要盖得好好的卫生室里能有几个医生来上班，解决一下南溪1600多名村民的实际困难。医治一下村民的突发病和一些小病，为村民排忧解难。

2009年5月19日　农历四月二十五日　阴间小阵雨

满下村小姑娘和玉梅的婆家（太安乡汝南村委会老顶自然村）举行婚庆宴礼，和玉梅的娘家没举行嫁女典礼。今天早上和玉梅的姐夫五八斤用手扶拖拉机拉去汝南村做客的和玉梅方亲戚，以及和玉梅的伙伴约20人，因一辆手扶拖拉机坐不下那么多人，五八斤借了和亚华家（和玉梅舅舅家族）的拖拉机，每辆里坐十来个人，不拥挤了。

去做客的人里有和玉梅家族和国亮家、和国臣家、和国红家、和玉梅舅及家族和学新家、和学伟家、和学仁家、和亚华家、和玉梅的堂姐和玉祥、表姐和子香、和闰梅（满中村人）以及和社芬（顶替姑娘和丽芳做客）。

去做客的人都带了钱去，以钱代礼。和玉梅的父母也在事前贷来2万元，作为给和玉梅的嫁妆送去，不再备什么嫁妆。12点左右到汝南老顶村，当天从南溪去的客人都在汝南和玉梅婆家留宿。

像这样只有一边举行婚礼的事情偶尔有，但不多。这次和玉梅父母没给她举行婚庆礼的原因是，他们曾在4月上旬为招姑爷在家的长女和玉兰举行了二胎生育"祝米"客，破费了一些，故把和玉梅的嫁女宴给免了。

2009年5月20日　农历四月二十六日　晴

清早起来，看到田野里下着霜。人们唉声叹气，都恨昨夜这场霜把刚出土的洋芋苗给冻死了。上了年纪的人谈论着："过去一般都是'清明断雪，谷雨断霜'，而谷雨节令已过去一个月了（明天刚好一个月），还下黑霜，不曾见，伤庄稼，饿百姓，明年定是饥荒年。"

12点左右，地里的洋芋苗在阳光的照射下枯萎了，在地里锄洋芋地的村民看着这黑乎乎的洋芋苗，感到有气无力，无精打采，没心思干活，三三两两地坐在地头休息，都在埋怨这场不该下的黑霜。这种心情是可以理解的，祖祖辈辈生活在南溪山区的村民，一年到头，面朝黑土背朝天，辛辛苦苦，都指望每年过上好日子，可随时都有霜冻或冰雹危害村民。所以，村民即使付出了艰辛的劳动，还要靠老天爷开恩，风调雨顺，才能过上好年景。

2009年5月21日　农历四月二十七日　晴

村民们都在洋芋地里锄地，目的是到洋芋可以薅坛时有足够的土薅成坛，再则是锄掉地里生长的杂草，让洋芋苗壮成长。因为昨日夜间一场黑霜把长得郁葱的洋芋给冻成枯萎状，村民们都很不带劲，有些村民干脆聚在一块闲聊。如村民杨耀秀、和金燕、和家良等在地里闲谈。谈到产妇住院补偿、住院护理及药费时，现时身为南溪村党支部委员、南溪村妇女主任兼计划生育信息组长的杨耀秀告诉她俩："现在党的政策很好，很关心妇女的健康，珍爱妇女的生命，特别关注母婴双健康，如果到县妇幼保健院去住院生产，有母婴平安补助费900多元，另有婴儿健康补助费500多元，加上农村医疗保险补偿住院费、护理费、药费，产妇家不需掏腰包,如果住院时间短,国家所补助的款都可以退回好些,还给婴儿发衣服和奶粉。比如去年满下村民和永贤的老婆,不仅不用自家钱,而且拿回补助所用剩部分好些。"她两个妇人听了,都说:"共产党好,党的政策好,这不仅是党和政府关心妇女、关爱儿童,而且表明国家的经济发展了。"

面对这样好的惠农政策,最近几年的孕妇都到县医院或保健院去生产。在县医院生产妇女就没有母婴平安补助,只补偿新型农村合作医疗的报销比例。

2009年5月22日 农历四月二十八日 晴转阴带小阵雨

由满下村村民组长和永红承包的从岔路到村公所的道路硬化工程,经过和永红组织的满下村村民和丽军、和万军、和永贤、和圣军、和永军、和永昌、和吉诚、和建成、和金发、和朝光、和永良12人的7天劳动,找石头、拉石头、采挖沙子、拉沙子、铺石头、搅拌混凝土并灌于铺好的石头上,而且抹得平平整整的,今天全部结束。村委会领导以主人的身份向镇政府要了些款子,负责今天的中午饭和晚饭,用来招待参加施工的村民。

上午和国军副书记及和丽军副主任去城里买菜、肉,中午饭和晚饭由和丽军来主厨并招待,表示对参加这项劳动村民的谢意。

饭后,村委会书记和继武把9000元现款付给和永红。和永红想把这款于明天早上分给参加修路的村民,每人可分得750元,每人每天合107元的劳动报酬,参加劳动的村民都很高兴,晚餐后一直休闲、喝酒到深夜。

2009年5月23日 农历四月二十九日 晴间阴

村委会书记和继武听说南溪完小教师和占专(现任教导主任)的老母去世了,于是约了村委会副书记和国军、副主任和丽军一同去和占专老师家问候。这充分体现了南溪村委会干部关心教师、爱护教师、体贴教师，他们这样做无疑是让老师们安心于南溪的教学工作，这很好。

南溪村干部第一次参加老师父母的丧葬活动，是在1996年和占高老师父亲去世时（拉市乡人），去拉市乡和占高老师家参加丧葬活动。那时和占高老师教书才3年，可在此前，在南溪教书30多年退休后定居在鹿子村的和德明老师去世时，村委会干部没有前去参加丧葬活动。那时就有一个本地老师悄悄地说："本地老师辛辛苦苦30多年，不如外地老师的3年，这种状况，何能调动本地教师的教育教学积极性呢？"这个老师言之有理，多数本地教师都想把本地花养育得更艳、更美，但当时村干部的做法让人难以理解。现任的村干部改变了这个状况，一视同仁，现在在教育岗位的本地教师也心满意足了，干起工作来人老心不老，安心于南溪的教育教学工作。

2009年5月24日　农历五月一日　晴

旱象越来越重，老天爷在近段时间虽偶尔把脸沉一下，阴一阵后又烈日当空，地里被霜冻了的洋芋苗枯干了，村民饮用的水也有些紧张了，有些水源出不了多少水，尽管如此，老天爷还是阴着脸，不肯下雨。

满下村2/3村民用的水不够了，只得又拿起扁担去挑水。今天和建成、和汝信、和建良、和学先、和朝光、和尚勋六位村民因他们共同饮用的自来水断了，就不约而同地到水源处看情况。先到一阵的和建成、和尚勋二位村民看见蓄水池里的水从顶上外溢，就知道是水管被空气阻了，于是找到排放空气的地方排放了空气，蓄水池里的水顿时从水管里流向下游。那四位村民也来了，大家都围在水源周围看，发现水源的水改变了流向溢出。大伙就动手清理水泉里的泥浆、腐叶，直至让水流都流进蓄水池。完事后抽烟休息片刻，休息间有人说："这个水泉有17户村民饮用，常发生空气阻水的现象，大伙就出来检查、修理，可有几户村民一次也没参加过，这太不该了。"每年的这季，满下村的人畜饮水是有点紧张的，根据这一情况，有个别村民提出重新修整水源出口，再搞个大点的蓄水池。但有些村民则认为，如果政府补助水泥等原料，村民出工、出力修是可行的，要不，雨季一到水又充沛了，用不完了没有必要劳民伤财。

满下村民喝的水有些紧张，可这两个水源里出的水质很好，比其他任何地方出的水都好喝，而且喝生水不会生病，可算得上是上等饮用水。

2009年5月25日　农历五月二日　晴

南溪村党支部副书记和国军（满中村人）开着自己的面包车，照例去丽江城接南溪完小的老师回校。他在行车时发现前面路段有交警，车里已超载，于是急停车，叫几个老师先下车，他驾驶着车前行。行至交警车旁，被交警拦下查证件，结果和国军只有驾驶执照，没有行车证，没有营运证，没有保险单，于是交警就把车子视作"黑车"扣起来了。老师们只好另搭车回南溪。此事被路过的南溪籍出租车司机看见，就打电话通知其他四辆"黑车"（旦前二辆、金龙一辆、满上一辆），说是"和国军的车子被交警扣留了，你们得提防点"。得到消息后，那些车辆的驾驶员随机应变，有的转道而行，有的中途下客，还有的到文华后就停止前行，让客人另找车去城里。

回到学校后，老师们在谈论这事时，和积尚老师说："和国军一般不拉村民，他拉村民只是在捡菌、卖菌季节，其余时间都拉老师，接送学校学生（在县城里上中学的学生），任务较重，责任很大。"赵家善等老师也有同感："乘坐'黑车'的确有些怕，万一出了事车主也说不清了，乘车人也无处可说了，的确是件不可行的事。"

2009年5月26日　农历五月三日　晴

服从中心校的安排，南溪完小的传统节目"实本"要参加黄山镇庆"六一"的演出，今天要去中心校彩排。师生共有30来人。因目前在搞打黑车非法营运的活动，加上昨日和国军的车子被扣，平时往返营运于南溪—丽江的黑车不敢进城。于是中心校请了三辆文华村的面包车来接送南溪完小参加今天排练的师生。由校长和家香带队，12点前往白马完小参加彩排。对整治黑车事情，人们都知道这是国家政策，是为人民的出行安全保驾护航。可对人口流量少、居住人口少的地方，正常的营运车又不常来，这给山区人民的出行带来不便，事情总是在矛盾中发展的。

有些村民担心，一旦查封了黑车，南溪人上街出行又要开自己的"11号"车了（意为步行）。有些村民则认为黑车封了，营运车会上来，只是可能车价比现在的高。

2009年5月27日　农历五月四日　晴

南溪满中村的"格林恒信生物种植有限公司"（村民统称"玛咖公司"）杨经理等邀约了满中村平时在公司做活的村民（六七个），提着炊具，抓了两只大公鸡，到满中村水源边休闲野餐。到目的地后，他安排一些人杀鸡、做饭，领了两三个村民到"阿波送吉口"边（鸡冠山下，由一口山泉涌出的山泉水形成的小潭），他先在潭旁插上几炷香，磕了头，然后卷起袖子把手伸进潭里，抓出了好些淤泥，他边抓边说："老天爷，请求你下点雨吧，太旱了，人们受不住了。"

在满子师村的历史上有"旱天去掏挖这口小潭，老天就会在近期内下起雨来"的说法。因此，遇到干旱年，就有村民去这口小潭里掏挖淤泥。在集体劳作的年代，满下村干部常派村民和天培去掏，结果有些年会碰巧，掏后即会下起雨来。

今天早上，满中村妇女和秀、和海两人跟杨经理打赌：掏了这口潭如果两天内下雨，她俩就各捉一只鸡输给杨经理等人。不知明、后两天内能否碰巧下雨。

2009年5月28日　农历五月五日　晴

今天是传统的端午节，满下村在活动中心举办了首次老年人休闲娱乐活动。年满55岁的村民都参加，共有43人，其中有3人因事在城里没来得及参加，40人都参加了今天的活动。活动由满下村民组长和永红主持，他安排了青年男女和丽芳、和献慧、和六芹、和玉芬、和吉诚及中年男人和永军、五八斤等做饭，招待老人。休闲到11点开活动会，和永红宣布满下村老年休闲活动今天开始，审批、挂牌等事以后申请。他说："南溪村委会干部和黄山镇领导很关心山区人民，很支持老年活动，物质上给了很大的支持，买给8套餐桌（每套230元）、炊具、碗盒、锅……都是价格高、质量好的，所需工具基本都有了，各阶层的人都可以在活动中心活动了。今天到场的40位老人选一个满下村老人活动会会长、副会长。"全体老人讨论后，一致选举和尚勋老师当会长，和圣昌当副会长。和永红宣布选举结果后，和尚勋老师向大家做谦让，他谦虚地说："我这一生，从来不管家中的生产、生活等具体事项，一家人的生活都安排不来，更没有能力安排这么多人的生活。再说我现在承担着管理云南大学基地和书写村寨日记的任务，同时还担任着我们同学会的理事，没有精力再承担这任务，请大家另选适合的人。"人们叽叽喳喳一阵，要求他为村民挑一下这任务。他推辞不过，接受下来了。接着他主持讨论制订老年人的活动计划，经过40位老人充分讨论制订以下计划：

一、把老年活动会办成友好、敬老的集体，要求老人也要自尊自爱，努力做到老有所乐，不能因饮酒而互伤感情或吵嘴。

二、每年在活动场所集体活动三天，休闲、娱乐、聚餐（端午节、九九老人节、正月十八），要求每个老年人都参加。

三、以全体老人的名义参加村中丧葬活动，利用筹集的经费买一床100元左右的毛毯做祭单（不分年龄大小，只要举行丧葬活动的人都送）。

四、每个老年人出筹金50元，用完后又筹集。每次活动时都公布账务。

五、老年活动日炊事及服务人员轮流派老年人的子女或媳妇承担。

六、在活动日休闲时不能讲不利于团结的话，合理化建议也要在开会讨论时提出。

南溪村公所派和丽军副主任来参加活动。

会议一结束，年轻人就摆上了丰盛的午餐，土鸡肉、酸辣鱼、排骨炖萝卜、回锅五花肉、凉拌黄瓜、番茄炖豆腐，样样都美味扑鼻，可口宜人。吃饭时组长和永红说："今天聚餐费用1000多元也是镇政府给的，以后的费用由老人们自理了。"老人们都异口同声地说出了"共产党好，社会主义好，感谢各级领导"等肺腑之言。

这一活动在南溪村是第一例，这是对南溪历史留传下来的"没本主没汁"（意为"不干劳动不得吃"），活到老、干到老传统观念的改变，不容易啊，不仅要得到各级领导干部的支持，还要得到子女的支持，才能搞好老年活动。

2009年5月29日　农历五月六日　阴间小雨

今天一早天变阴了，还下起了蒙蒙细雨，村民看在眼里，喜在心上，都希望下大雨，而且不停地下个两三天才解心头之急。地里没人挥锄锄洋芋，都希望老天爷下大雨，把土松软了，一则帮了洋芋苗及菜籽苗的出土生长；二则村民锄起洋芋地来也省劲多了。有些村民还打开电视机看云南电视台播出的电视节目《保卫延安》。

满中村民在休闲时谈起了杨经理掏"阿波送吉口"的事，都说"真灵验，过去的村民流传下这样的说法，很可能是碰巧后才流传下来的"。

2009年5月30日　农历五月七日　雨

和尚勋把满下村老年协会会员筹集的资金收齐后，于昨日下午5点交给副会长和圣昌管理使用。这事本应由老协会长和尚勋来管理使用，由和圣昌记账。但由于和圣昌没文化记账有困难，和尚勋主动承担记账工作，钱的管理支付由和圣昌来做。满下村55虚岁以上的村民有42人，为老协会员，前天会议决定每人筹集50元的活动费，现收到除跟丈夫在城里的和学群以外41人的款共2050元，加上村公所领导送来的贺款200元，共2250元交给和圣昌管理使用。交款时和尚勋对和圣昌说："你是老党员了，为人又正直，我对你很信任，因此敢这样做，我的搭档要是其他人，我放心不下，不会这样做。对老人的这点款我和你都不会有欲利心，也是千万不该有半点贪欲之心的。今后老协会的工作我们还是要依靠村干部、村委会领导来共同搞好。"和圣昌说："既然大伙选了，只得干一两年了。"

和尚勋的老伴指责说："老头子啊！你不该承担这事，对你伤脑又伤神，出力不讨好，你何不会轻轻松松去休闲，一旦有些老人酒后乱言，就不好收拾了。"

老伴的担心，不无道理，村里有极个别老人会借酒找茬儿，但毕竟是素质低下的个别人，多数人是讨厌和反对这种村民的。

2009年5月31日　农历五月八日　雨转晴

今年72岁的满中村村民和建明于今天中午1点左右与世长辞了。他的家人及村里人都说他命好，为什么呢？据家里人和村民说，和建明老人辞世前，招呼的时间很短，只是在昨天晚上才请来几个族中人，儿子傍晚回到家里才招呼的。虽说已有人招呼，但老人家需方便还是自己去大小便，今天早上还喝了两杯茶，抽了一杆烟，到早晨11点他与招呼他的家族人和丽元一起包起口含来，他还叫儿子和万军找来九根茶叶、九颗米、九点碎银，再找来三小块红纸分三小包包好，再由和丽元把三小包包成一包准备放口含。12点左右，和建明对招呼他的人说："请搬到堂屋招呼"，这话说完不久老人就哑了，约过了一个小时左右停止了心脏跳动。近一年来他有病，曾住医院治疗过，但没有倒床的现象。前些天，他还在田间地头走一走，割点羊草。他去世了，儿子、儿媳、家族招呼他的时间很短，他受病魔的折腾时间少，破费也少。

去世后，一些人洗尸入棺，一些人帮忙做饭，入好棺后就去"芝步吉"，"芝步吉"回来后，满中村民就休闲在他家，全村人（男女老少）都在他家吃晚饭。休闲时村民小组长和国高安排并宣布丧葬活动时的各种职事。虽说吃饭的人有全村老少男女，还有外村的近亲来"吉子好毗"（入棺上祭），但晚饭并不丰盛，较简单，一碗肥肉，一碗洋芋坨坨，一碗米线加白菜。这种待客方式，近些年在南溪已不多见，外村人都认为太简单，回家的路上评论说："这不是当今社会经济大发展时期的待客方式，还停留在20世纪80年代末90年代初的水平。根据现时的经济状况和生活水平，此餐应当办得丰盛些。"

2009年6月1日　农历五月九日　晴间阵雨

今天是"六一"国际儿童节，也是中国少年先锋队建队60周年纪念日。南溪完小根据黄山镇中心校的安排，提前（于昨天）搞庆祝活动。昨天黄山镇5个村（居）委会各完小都集中在白马完小搞庆"六一"文艺会演，南溪完小的"实本"这一传统节目充分体现了南溪纳西族青年交谊、谈情的古老方式，受到观众的热烈欢迎，多次响起雷鸣般的掌声。

今天为让孩子们过好自己的节日，放假一天。南溪各村民小组的学生都照例打牙祭聚餐来庆祝自己的节日。

满下村村民小组长和永红从集体公款中买一只鸡和一些菜（约支出100元）给满下村的小学生聚餐，还在满下村活动中心帮他们杀鸡、砍肉、教孩子们做饭，叮嘱孩子们一定要把食品煮熟了才能吃。孩子们做好饭后，就在球场打球、跳绳，开展各自喜欢的活动。

2009年6月2日　农历五月十日　阴转晴

小议南溪满中、满下村丧事活动的环节。

满中、满下两村在同一个山区坝里，两村田地、山林紧紧相连，居住也仅1000米左右之隔，生活起居、生产劳动都基本相同，只是在人去世后举行丧葬活动这个环节略有不同，分别叙述如下。

满中村一旦有成年人或老年人去世，去世后洗尸入棺，入棺前定要等到出嫁的女儿前来与遗体告别。洗尸入棺后，去"芝步吉"，"芝步吉"回来后全村人与死者内亲前来入棺奉祭的人一同用餐。理由是做饭方便，不麻烦。吃完饭后把装有遗体的灵柩安放在正房堂屋关好门，家族和亲戚不守灵，只是在每顿吃饭前主人家必先给灵柩献饭，清早还要送洗脸水。这样一直到丧葬活动开始的那一天，村民布置灵坛，家族守灵，才把灵柩搬至堂屋走廊放好。各种丧葬职事在当时由村里安排，主人家不再为此商议。

满下村一旦死了人，除主人家给村民敬烟敬酒外，家族的人也给村民敬烟。洗尸入棺后一次性安稳地停在堂屋，然后去"芝步吉"，"芝步吉"回来后村民围火塘坐吃"旧没岩"（洗尸时用的鸡，死者是男的用公鸡，死者是女的用母鸡），煎鸡肉，其间家族和亲戚不吃这肉，然后吃饭，比较丰盛，最少也5个菜、1个肉，但只是主事的人吃，好多村民都不吃。傍晚又做一顿丰盛的饭（六菜、两肉、一饭）供上祭的人，及家族、村民中主事（洗尸、入棺、穿衣、杀鸡、煎鸡肉等事宜的）者吃。家族的人、亲戚每晚都要守灵，灵柩旁不能没有人，一直到丧葬活动结束，早起要插香、点油灯、送洗脸水，吃每餐饭前都要先给灵柩献饭后大伙才能食用。这种做法的特点是麻烦、破费大。除这个细小环节外其他环节都是基本相同。各种丧葬职事要由死者家族商议确定。

2009年6月3日　农历五月十一日　晴

满中村老人和建明去世后，村里有人提出对丧葬活动进行改革。村民和国军（现任南溪村委会党支部副书记）提出："举行丧葬活动，应恢复以前传统的'足熬'（纳西语，意为出灵前一天晚上就全部上祭，戴孝、开追悼礼），不然，戴孝的时间不长，一天时间就完了。鸡鸣时的孝儿、孝女祭稀饭，现时的做法，只有孝儿进行，孝女如嫁到外村的就无法进行,送终的'喂目达'也会失传。"因此,为保护和传承纳西族丧葬传统,有必要恢复旧的方式。也有的村民提出:"戴孝应该像坝区那样,死后立即戴孝。亲戚的孝来探望时就发给来者,这样做孝至少可戴一个星期,个别需戴孝但没来探望者,到丧葬活动时发给。"

面对这些提法,有不少村民表示赞同,但和建明的孝儿和万军说:"这些提议好是好,但我家前面的丧事活动怎样做,我也就怎样做了,要改,以后改吧。"出于尊重主人家的意见,村民也只好照主人家的意愿进行丧葬活动。

2009年6月4日　农历五月十二日　晴

满中村仙逝老人和建明家本是满上村的家族,满中村只有和秀花一家是他们的家族。过去老人逝世后都抬到满上家族火葬场进行火葬。但居住地分散,有一定距离,他家在两三年前就提出要与居住在一块的满中村村民和文吉家、和耀宗家、和丽元家等7家认家族,加上原来的和秀花,满上村的和社军、和社山共有11家为本家族。两年前和秀花的丈夫和习武去世,不再把他的灵柩抬到满上村家族火葬场,而是在满中村火葬场附近新选了一个场,和建明也要抬到新选址去火葬。

今天,和建明的儿子请了其余10家家族的人(每户一人)到城里去买老父亲丧葬活动时用的菜、肉、酒、烟、糖、茶等物品。去城里帮忙买东西的人也把自己的丧葬礼买了回来,回到家先拿回各自的家里放好,准备丧葬活动时再拿到死者家里。家族中的老年人在死者家,而妇女们则帮助做家务。

像和建明家一样在村中认家族的还有本村和占元家,和占元家二女和爱琼找满中村鱼化龙家族的儿子上门,和爱琼在操办父亲和占元大事时与鱼化龙家族的10户认家族。

2009年6月5日　农历五月十三日　晴

南溪满中村在紧锣密鼓地进行和建明老人的丧葬活动，蒸饭组的妇女们起得特别早，她们天一亮就来到和建明家，烧火的烧火，刷锅的刷锅，和面的和面，忙着做早点。吃过早点，炊事组就忙着做早饭，和国军、和福海两个总管要大伙11点吃正餐。正餐后中青年们去山上砍柴，其他各种职事各忙各的事。下午3点砍柴的回到家，吃午饭，青年人换换装，到7点开追悼会（只有满中村人，外村人明天才参加），进行丧葬活动，家族上祭，村中亲戚上祭，戴孝（俗称悬幡，传统的规矩是戴孝后由孝子们把幡抬到大门口事先备好的高杆上悬挂起来。现时已不再做幡、悬幡，把戴孝一事总称"悬幡"），追悼会活动结束后吃晚饭。收拾完后，在院子里燃起熊熊篝火，村民们围着篝火跳起了"喂目达"。领唱的是纳西歌手和万里，和他一起领唱的还有本村小伙子和云鹏。歌唱的内容是人生养老、送终等方面的，村民们一直跳到鸡叫头遍。还有年过七旬的和耀宗老人也参加领唱，因为这位老人对送终方面的"喂目达"歌词比较熟悉。

2009年6月6日　农历五月十四日　晴间阵雨

满中村全体村民为和建明老人举行丧葬活动，外村的远近亲戚都于今天早上9点前来参加，参加丧葬礼的人络绎不绝，到中午12点才基本到齐。各种职事都显得比较轻松，因为本村已在昨晚做了上祭戴孝。今天来上祭时专门有家族中的人负责发孝。另外，火葬者不需挖坑，只需每户抬一根大点的干柴堆积到火葬场，纳西语叫"书鲁阿"。堆积到火葬场后，由烧尸的人把柴与棺材大小相等地码好，以便把棺材架到码好的柴堆上烧。

11点开始待饭，先待"足若"（满中村的足若为所有成人男子，满下村的足若则一户一人），接下来是由远而近地招待来客，到下午2点待完。招待客人结束后，就跳"窝忍忍"，表示众人与死者告别，跳到3

点就准备出灵，因为烧尸需要较长时间，夏天还会有阵雨。因此，不像土葬者那样到四五点才出灵。烧尸的人到晚上8点半左右才烧完回家。

留在他家的别村人不多了，只有明天早上要"伏山"的人留下，基本上都是满中村人。吃过晚饭，还提得起精神的人往麻将、扑克桌边坐；提不起精神的村民抹抹嘴，回家睡觉。

2009年6月7日　农历五月十五日　阴

满中村和建明家族的人们早上起来，忙着煎"伏山"时的祭供品（虾片、粉皮、彩色粉皮、糯米粑粑、鱼、豆腐、鸡蛋、猪肉），备好后，装进篮筐里，找上酒、烟、香、茶等去火葬场"伏山"。到火葬场后，先在山神树前和火葬场边北面一棵大树前插上香，铺上青松针，然后由家族中的长者和文吉、和建明的孝子和万军把供品逐一祭上，边祭边磕头，嘴里边说："和建明已跟你们去了，请山神和祖先们招呼好。"之后，所有来"伏山"的人都磕头，然后分几伙就地围坐，边吃酒边吃带来的食品，边闲聊，都说："和建明老人命好，还自己包口含盼咐家人要招呼好，这样明白逝去的人的确很少见。""伏山"回来后，家族和亲戚的年轻人忙着做饭，准备中午招待此次丧葬活动中的各种职事（满下村则由炊事组做好，伏山回来的家族和亲戚只需现成盛来端到桌上招待职事们）。

吃过午饭后，大家休闲到傍晚才散伙。除家族明天还需拿回各自的用具外，此次丧葬活动基本结束。以后由家族和亲戚轮流来他家陪他们睡觉，做他们的伴，要持续一个星期，直到和建明的老伴有些习惯了才停止陪伴。

2009年6月8日　农历五月十六日　雨

南溪旦前村村民组长和述贤因患癌症，于今天凌晨3点离开人世。在他重病和病危期间，他对自己的病痛全然不顾，全身心投入旦前村的新农村建设的高潮中。他虽然病重干不起繁重的体力劳动，但精心组织实施上级政府立项的旦前村整村推进扶贫建设项目（村道硬化工程、人畜饮水工程、太阳能热水工程、优良母猪养殖工程）。他拖着病体，坚持到施工现场观察、指挥、安排。他的行动给村民们鼓舞很大，形成了全村人心往一处想、劲往一处使的良好态势，立项计划的项目件件得到顺利完工，村委会及黄山镇党委政府对他的工作感到很满意，在他病重住院期间曾动员该村村民和南溪村干部捐款治病。今天早上村委会党支部书记兼村委会主任和继武把和述贤去世的不幸消息转告了黄山镇政府，并带领村委会副书记和国军、村委会副主任和丽军去旦前村和述贤家，向他的家属表示问候。上午10点，镇政府也派人来到他家哀悼，并向家人表示慰问。

　　旦前村的村民都惋惜地说："我们的村长带领和组织我们把我村建设得好好的，但他还没享受几天建好新农村后的幸福生活就离我们而去，很遗憾。"

　　镇政府的人临走前，表示要来参加和述贤同志的丧葬礼，并要求南溪村委会带领各村民小组的干部一同参加。

　　从这现象上看，和述贤同志的丧葬活动可算是高规格的，这不仅在南溪，就是在整个黄山镇，镇领导派员参加一个村民组长的丧葬活动还属首例，这是党委、政府对和述贤生前工作的充分肯定。

2009年6月9日　农历五月十七日　雨

　　南溪村的夏忙已经开始了，天一亮，村民们肩扛锄头、手提化肥袋到地里去薅洋芋，陆续成熟的青稞、豌豆正待村民去收割，萝卜、蔓菁、绿肥，还有近些年试种的药材玛咖也待人们撒播，村民们都处在一片繁忙的景象中。

　　满下村村民和家良则不然，自本月5日晚10点左右她在丽江市邮政局工作的女婿赵桐林患脑充血住院抢救后，和家良老人整日抹泪度日，她的老伴、儿子、儿媳，以及在城里开车的侄儿们都招呼在患者身边，他们都希望着经昆医附一院神经科专家（主任）龚会军、和来丽通过做脑部手术抢救的患者可以苏醒过来。但病况却让人失望，在医院里的人随时打电话给老奶奶，哄她说"病情有所好转"，生怕她老人家经受不住突如其来的打击。在家的侄女和秋谷、和玉祥不顾一天劳作的辛苦，晚上还陪她睡觉，劝她把心放开一点，可老人家哪里能放下怜儿爱女的慈母心。

"天有不测风云，人有旦夕祸福，马有九肥九瘦"，不是吗？好端端的一条好汉，瞬间躺下不动了，而且可能不再动起来了，有颗良心的父母，谁能不伤心呢？

2009 年 6 月 10 日　农历五月十八日　晴

满下村村民和朝光今天请来了鹤庆县辛屯乡泥水匠张宾祥等 3 人，以及木匠一人，对前年砌好的照壁进行盖瓦、粉刷等事项。因是扫尾工作，工价以计工的方式付给每工 50 元。木匠工作是上楼板，隔整楼上房间，安天花板等楼上所需做的事，全部以 2650 元承包给木匠。

和朝光对他们说："准备用作楼板的板子是 2005 年 11 月 1 日在南溪鹿子村发生鼠疫时，县政府用于应急的板子，几块好的已被村公所的人拉走，剩下的这些板子和国军书记准备让满中村村民组长和国高拉去用。我对和国军说，你们这是怎么搞的，让邻居用一下不行吗？于是和国军同意以一手扶拖拉机柴换这些板子，一共有十多丈，等于是我捡到千元多钱了。"木匠和泥水匠听完后都不约而同地说："怪不得村民都说，你自从搬到衙门口居住后，发了、变了。"面对不争的事实，和朝光不再出声气了。

事实上他家搬迁后发生的变化，仗着是村公所的邻居，有些利益、地利助了他，但不是全部变化的原因。更主要是他家比以前种的洋芋多，收得也比以前多，两口子还经常捡废品卖，还常做点洋芋小生意。

2009年6月11日　农历五月十九日　晴间阵雨

设在满中村的生物种植有限公司通过两三年的努力试验，在南溪已种出很有保健作用的生物药玛咖。今年在南溪村委会大面积种植，而且公司向村民保证，签订合同书，以每公斤8元的价格由他们回收。合同中还规定，所收产品不得卖给别人，如果发现卖给外人就罚款，并叫赔偿公司育苗损失。今年公司把种植户以五户为一组编好组。今天，公司让满中村的村民以组为单位，到公司领取玛咖苗，按照原来报的亩数，每亩发放九盘玛咖苗，让农户边签合同边领苗。今天开始公司呈现出一片人来车往，拥挤热闹的景象。村民把自家所要种的玛咖苗拉回自己家里保管好，有的先放在菜园里，有的放在洋芋仓库里，还有的放在走廊里，准备把洋芋薅完后再种玛咖。

签订了合同，公司和农户都心中有数了，互相有了信赖，种植户不需担心价钱的高低，只要把玛咖种好就行。公司也不担心有人把玛咖卖给外人，一旦发现，可按合同处理，双方都不会违约。

2009年6月12日　农历五月二十日　晴间阵雨

满下村村民和建华请村中亲戚和尚军、和建成、和金红、和李福、和建忠等会石匠的人为前年所竖的新楼打好了石脚。

今天请鹤庆籍泥水匠张宾祥等来砌砖。经双方协商讲价后，以1500元价格包给张宾祥等人，主人家只需把材料备好，把饭做好。搬砖、拌沙灰等一系列小工活全由施工方负责。这样的请工方式双方都很满意，主人家不必为帮小工操心，做好饭后可以去忙地里活；施工的讲好包款后，可以拼着干，可以多挣钱，对双方都有利。

到目前，满下村寨已有30所楼房为砖木结构。这说明村民的经济收入增加了，建房的方式改变了，显示出这些农户的生活已富足有余，已在改变传统的建筑方式了。

2009年6月13日　农历五月二十一日　晴

居住在北京的格林恒信生物种植有限公司董事长（人称杨老大）从北京赶回满中村，帮公司人员搞签约、发放苗盘等工作。加盟该公司的在丽江市电信公司工作的王万永同志休假后也来南溪满中村帮助公司工作，他打算帮一个星期左右。该公司的主要人员有些是专职的，有些是还在单位工作，但集资加盟于该公司的这部分人大多利用节假日，或休假期来帮忙公司工作。从现象上看，专职的和加盟的人员很团结，都有创业者搞出一番事业的势态。

2009年6月14日　农历五月二十二日　晴　傍晚转大雨

满下村村民和金辉家、和学武家、和国红家用单牛来犁洋芋地，以牛犁的方式代人锄洋芋地。一人牵着单牛在前面引路，一人扶着犁把，让牛行走在洋芋坛的行中，犁尖跟在牛的后脚跟把洋芋坛行间的土翻上来，每行都犁一下，犁完一块地后，让牛休息一会儿，两人一同把犁翻上来的杂草捡一捡，算是锄了洋芋地。这样以牛代人的方式，既省力又省时，是快速省力的劳作方法，很适宜年迈体弱的农民来进行。从和金辉夫妇使用这种方法已有三四年的情况看，人的手工锄和牛犁代人锄，产量上没有差别。和金辉对村民讲："若不采取这样的方式进行劳动，要做完这么多活，早就把老两口累死了。儿子开车，儿媳妇和孙女在儿子那里，我们老两口种这么多洋芋和油菜，这头牛起了很大的作用。等几天锄油菜地也要采用这种方法，要不然那么多农活干不完。"

2009年6月15日　农历五月二十三日　晴

满下村民和圣华准备投资购买一辆旅游车，到城里寻找卖车人时，有人告诉他："驾驶旅游车要有上岗证，没有上岗证只有驾驶执照是不准驾驶旅游车的"。他知道情况真实后，今天就托人找关系走后门去参加上岗证培训班，打算拿到上岗证后立即买车营运游客。

村民们都相信，他在老婆和良命的指挥和协助下，一定会把旅游车开好，并估计会在短期内就发起来，和圣华本人似乎也信心十足。

2009年6月16日　农历五月二十四日　晴

南溪旦前村为前些天病逝的村民组长和述贤举行丧葬活动。活动的方式是按传统的做法，在昨天晚上就举行追悼会、上祭、戴孝等活动。昨晚村民们在院子里围着熊熊篝火，跳"喂目达"给村民组长送行，领唱"喂目达"的是老东巴和才的侄女和永秀（乳名五芝），另一个是本村年轻的歌手和三友，大伙一直跳到鸡叫孝儿、孝女祭稀饭时才停止。通过昨晚的长时间跳，年轻的新歌手向年近七旬的老歌手学到很多送终的"喂目达"调子、歌词，这对传承纳西传统文化有一定的影响和作用。

今天还有黄山镇党委政府派人来参加丧葬活动，并给和述贤家属送来了慰问金，南溪村委会书记和继武也率领村委会其他领导同志和各村民小组组长、副组长一同参加了今天的丧葬活动。村镇领导参加丧葬活动，充分表明对和述贤任职时工作的满意。

2009年6月17日　农历五月二十五日　晴

满下村村民和玉祥去丽江市安通驾校报名考驾照。村民对她的这一举动难以理解，根据她一人要承担供养两个儿子和赡养一个年已七旬的婆婆的现状，她进城开车是有些不现实的。然而她考驾照去开车的决心挺大，可能是因为在家排田种地，得请家人帮忙，而且效益不高。她认为开车找钱不需请人帮忙，会减少家人的劳动负担。近一段时间，满下村有和玉祥、和金良、和万芝、和满秀、和学青、和永秀6个妇女及和亚华、和丽华8人在考驾照。目前满下村寨持有驾照的村民中在开车的有21人，持有驾照在家种地的有12人。拥有出租车四辆，其中三辆为两家合伙拥有，一辆为一家所有，是南溪村委会中拥有出租车数量最少的村寨。

2009年6月18日　农历五月二十六日　阴间中雨

满下村村民和尚勋、和家良的女婿赵桐林，今早7点50分在昆医附一院抢救无效而死亡。两个老人听到女儿从昆明传来的噩耗，顿时泣不成声，瘫软在地，家族中的少妇杨耀祥、和益花等来相扶相劝。和尚勋已从电话中知道在附一院神经科主任龚会军的帮助下，女婿的遗体及时得到火化，女儿和朝花及她的小叔子赵桐元乘坐下午3点的飞机带骨灰回丽江，儿子和朝亮及赵桐生乘坐救护车回丽江。需要去招呼女儿和孙儿、孙女，和尚勋给老伴宽了一阵心，劝说一阵后，立即下去城里。到城里女儿家中，摆在他面前的是女婿的一张遗像和一个骨灰盒，他的女儿和朝花被玉龙县医院的一群女医务人员陪着、劝着、扶着。见到这种凄惨的现象，他止不住内心的悲痛，泪水像泉水般涌了出来，但他为了稳定女儿的情绪，强装冷静止住了泪水，对女儿说："我们为一线希望，已付出百倍的努力，无法挽回他的生命，这就命中注定了你与他共同生活10余年的缘分，你要强忍悲痛，硬起来，走的已不会再回首，若你再倒下，我们两家会一起垮了，若你能够强撑着，有困难我和你弟不会不管你。"

同事们的好心相劝，使她的心稳定了。面对这一情景，和尚勋深深感到玉龙县医院的领导和同志们很团结，在困难时刻很能互相帮助。他深情地对玉龙县医院和泽源院长和在场的医务人员说："太感谢你们了。"

2009年6月19日　农历五月二十七日　晴

满下村村民和家良家族的和玉祥、和秋谷、和英、和朝珍、和朝光、和朝柱、和朝祖、和武军以及儿子和朝亮，去城里忙着给逝去的姐夫上祭，方式是和朝亮自个儿送祭礼，外加1000元人民币。祭礼包括鲜肉8斤、一袋25千克大米、祭单毛毯1床、花圈1个、茶叶、花生、酒等。和朝泽、和朝珍、和英三家为一份祭礼，大米10千克、肉6斤、茶、花生、酒、祭单床单一床、花圈一个外加每户100元人民币。和玉祥家与在维西拖支卫生院当医生的其姐和国英家合祭一份礼，礼品与以上三家祭的相同，外加每户 100 元人民币。和朝柱家、和朝光家、和朝祖家、和武军四家不进行上祭，只挂人情礼每户 100 元人民币。和朝泽的年龄大于逝者，但南溪村的传统规矩是"死者为大"，因此，和朝泽、和秋谷夫妇及和英都戴孝了。在维西县拖支卫生院当医生的和朝花的堂姐和国英也远道赶来参加丧葬活动，戴孝。满下村的和万琼、和万琴、和永昌、和圣华、和社红、和益兰家也参加了丧葬活动。

2009 年 6 月 20 日　农历五月二十八日　晴

和家良的家族年轻人及太安、汝南、前山、天红的亲戚都参加和尚勋女婿赵桐林的出葬活动，他们都以钱代礼，绝大多数都随礼 100 元，有些随了 50 元，有些远房亲戚随了 30 元、20 元。

上午 9 点开追悼会，由丽江市邮政局副局长致悼词，充分肯定了赵桐林同志从事邮电工作 20 年的工作业绩，表示以后要照顾好子女。出灵时骨灰盒由邮政局的职工装进棺，抬上邮车，由八辆邮政局的车护送到来河古镇上面山上的家坟里埋好。早上 10 点开始在丽江市邮电新宛职工活动中心招待参加丧葬活动的人。做饭、招待事宜除出钱请厨师外，都由玉龙县医院的医务人员来做。和朝花方的亲戚和福春、和玉祥、和秋谷、和英、和满红、和朝梅、和朝绘、和金桂、和朝菊等也主动参与收碗、洗刷的活动。

从女婿病倒到办丧葬活动，玉龙县医院的领导和职工都竭尽全力地帮忙，和朝花在城里开车的亲戚和家里的年轻人也全力相助，在众人心底深深地刻下了"很团结，很友爱"的印象。

下午 4 点，记账员和收礼员结账把收到的礼款共 4.917 万元交给和朝花，和朝花当即请其弟和朝亮去存入银行。

南溪、太安的和朝花家族们当晚留在她家，准备明日"伏山"后再回家。

2009年6月21日　农历五月二十九日　小雨

今天是二十四节气中的夏至节令,在南溪,古来就有节气必定下雨或天阴的说法,过去上了年纪的老人,遇上天阴下雨或下雪,就常常会对年轻人问是否是节气,当年轻人告诉他已是节气或快到节气时,他们总会自信地说不是吗,天又阴了,或天又下雨了。

过去南溪村过夏至节令时,人们就煮上猪脚,烤上蚕豆焖饭,把端午节系在手腕和脚上的五色线解下来,在院子东面围墙的烧香坛前烧掉,祈祷蛇虫不贴人。

而今的南溪村不再有人这么过夏至节令了,而是各忙各的农事,好似这节令与人无关。

2009年6月22日　农历五月三十日　晴转阵雨

在城里开出租车的满中村村民和占典经过几年的努力,他不仅早就购买了一辆出租车(那时的价在10万元左右),而且也购买了一套住宿公寓,现已装修好。今天他家请客(乔迁新居客),在他们租房居住的丽江城安乐村招待客人。满中村和占典的家族、亲戚都乘车去城里做客,这次客等于是南溪村寨里举行的竖新房客。和占典的亲戚都从四面八方去做客,实在去不了的也托人带去一点礼金。

这种事例在整个南溪村来说是多的(鹿子村、旦都村、金龙村居多),但在满子师片(满上、中、下三村)来讲,他家是第一例。也就是说和占典是这三村中拥有百万资产的第一富户。村民们有的夸奖他、敬慕他,也有的说他小气,但不管村民怎样议论,他是满子师片闯进城里搞市场经济的佼佼者,是成功者,是创业者的榜样。笔者殷切地期望,所有在城里开出租车的南溪人都能以和占典为榜样,在改革开放的大潮中,以科学发展观统领自己的一切行动,创出一番前人未有的事业来,为家乡扬扬名,为自己的子孙造福。加油干吧,有抱负的年轻人。

满中村现在拥有出租车五辆半,其中五辆是和占典、和爱琼、和仕军、和万军、和四哥家每户一辆,半辆是和春立与满下村和灿合伙拥有。

2009年6月23日　农历闰五月一日　晴

满中村村民和国军请家族、亲戚把北房的土基拆下来,买来空心砖,改用空心砖砌。他今天请来鹤庆县辛屯乡籍的泥水工张宾祥等来砌。请工的方式是:包吃、包住,砌一个空心砖0.5元。拌沙灰、搬运空心砖等小工由主人家请人来做,师傅只管砌。

看这架势,村民们猜想和国军的儿子和丽勇可能要在近期内结婚,此事可能是儿子逼着做的。

村民根据和国军前些年的各种表现猜想:他一心想让两个娃娃读好书,毕业后参加工作,找个固定的工作干。因此,在房屋的装修改造上很不下功夫。而今两个娃娃虽已大专毕业,但没有找到如意的工作,他也就把投资转向房屋修饰。

2009年6月24日　农历闰五月二日　晴

满中村部分村民已开始种玛咖苗了,他们把地里的杂草先拔得干干净净,再在地里撒上很多厩肥,地里显出一片黑黑的颜色,接着用手扶拖拉机犁成一垄一垄的。妇女手拿六齿铁耙把垄平整好,平整好一垄,就在平整好的地垄种上玛咖苗,种完一垄又去平整一垄,这样轮番地操作。

前两年按每亩补偿800元的方式计价,厩肥没放这么多,还需要公司的人提醒放些厩肥。今年按所收玛咖的数量付款,公司的人也不需向村民提出多放厩肥的要求,而是农户自己会多投放厩肥,期望收到数量较多的玛咖,增加经济收入。

2009年6月25日　农历闰五月三日　晴间阴

上午9点,金山乡洪老板带来了六七个四川籍农民工,说要在卫生院旁边立一座高达 7 米的碑（地下 1.5 米基槽灌混凝土，地面碑高 5.5 米），内容是关于保护环境、防止水土流失方面的，并要在这个月底或 7 月初完工，7 月中旬验收。看事前准备的材料（钢筋、水泥、公分石、石头、沙子）的数量，估计这座碑不仅雄伟而且高大，很可能是在做很重要的宣传教育，让过往行人都能醒目地看到。

2009 年 6 月 26 日　农历闰五月四日　大雨

由丽江市经济委员会做牵头单位的南溪满下村扶贫整村推进项目，经过一年的努力，现已完成。具体实施了村道硬化工程 2556 米、建设村民活动中心、人畜饮水改造、种养殖产业发展、绿色照明、科技培训六项内容，总投资 34.222 万元，其中市经济委员会投资 2.435 万元，丽江市电信局投资 2 万元，丽江市商务局投资 1 万元，黄山镇财政局投入 15 万元，满下村民投工投劳 13.787 万元。

今天黄山镇政府带领市验收办公室的负责人、牵头和赞助单位的负责人对项目进行了检查验收，总体认为比较满意。

通过该项目的实施，满下村的村容、村貌发生了很大变化，雨雪天行走于村中不再像以前那样泥泞。有 45 户养了优良母猪（每户一头），户户都安上了节能灯（绿色照明），村民活动中心已投入使用，相信村民的日子一天比一天好过。

2009 年 6 月 27 日　农历闰五月五日　阴转雨

满中村村民和春华趁着天阴下雨不宜下地劳动，就请来他们家族的和春红、和吉诚、和春立、和志强、和国高、和盛以及常买肥猪杀了卖肉的和万选，把家里养着准备在火把节杀了卖的肥猪给杀了。这些天正处于农忙，满中村各户都称了点，剩下五六十斤就拉到满上村卖。

猪肉的卖价依照过年前的价，这比起城里的肉价高得多了，但村民们又不好讲价钱，一只猪卖到 1100 多元，家里不留内脏、猪头等。和国高对大伙说:"这样杀了卖肉划算,如果把活猪卖了,猪老板顶多给800元左右,大伙虽然费点工辛苦点,但多收到400元左右,大伙还饱了两顿口福。"

卖猪肉得到的钱全都由和春华的老婆和仕香收管,不让和春华保管。究其原因,据说在满中村举行和建明老人丧事活动时,和春华参与玩扑克"哈几"输了1000多元钱,自那天以后他老婆就不让和春华把钱带在身上。

2009年6月28日　农历闰五月六日　晴间阴

近些天,满下村民就和家良女婿的病逝发议论的话较多,都认为近些年来满下村阿四金家族的和尚武家、和尚典家、和尚勋家下一代的早逝(和尚武的三儿媳和闰英前年病逝;和尚典的大儿子和国华于1991年7月在金沙江游泳溺水身亡,小儿子和国军于2005年11月5日人车一同失踪;2009年6月17日和尚勋的女婿赵桐林病逝于昆医附一院)是"因为他们的父母没有合墓所致,他们为母亲立碑时,没把老父亲的名刻在碑上,这样造成祖先对后人的不满意而没有关照后代,反而伤了后代"。就连他们的父母送给太安村舅舅家的小儿子和尚洪也打电话给和尚勋问起此事,说:"一定要把老父的灵魂接到祖坟里给老母亲合墓,并重新刻一个石碑,把老父的名字也定要刻在墓碑上。过去父亲上称天,母亲上称地,有天地,才有我们后代。一定要请个老人来搞好此事,否则心不安宁,面对一个个逝去的年轻人,我们的心难安。现在四个兄弟就剩下我们两个了,一定要把这件大事办好,您是共产党员若不方便,就由我来办。"面对弟弟有证有据的话语,和尚勋答应农忙结束后着手办理此事。他当即打电话给和尚武的小儿子和朝珍,要他把他的哥哥和朝东、和朝泽联系好,和尚典家由和尚勋负责联系,表示定把亡魂不在一块的父母魂合在一起,以保后人平安。

2009年6月29日　农历闰五月七日　雨

关于满下村寨和尚武父亲的情况追忆：

和尚武的父亲和继先，乳名五兴，排行老大，村民称"大哥兴"。生有六男一女，第三个男孩和第四个男孩因病逝于青年时期，把四男一女养育成人。因兄弟和仕哥家亡于传染病，剩下一男孩，也由和继先来养育，真是儿多父母苦，生活百般困难。但他忍受着千辛万苦，供长子和尚武上学念书，直至儿子国立师范毕业。1949年后，他毅然送儿子和尚典参军，1959年，他以模范军属的身份去省城昆明参加"群英会"。1960年他在生活上因经不起村中不孕妇女的引诱，产生了越轨行为。事情暴露后，他认为在村民中、在儿子、儿媳（大嫂已到家有三五年时间）面前无地自容，更感到对不起和他一起生了七个孩儿的老婆，感到走在村民和家人面前很惭愧，失去了生活的信心，就与勾引他的不孕妇女和农一起跑到鸡冠山后跌水岩附近一死了之（双双殉情）。当时就把两具尸体一同就地火化。死者的两家人都不做任何"祭风""招魂""捡骨"以及"鸡代人放口含"等事宜，对此事不闻不问。

1963年和尚武的母亲病逝，找坟地进行土葬，那时正值在农村开展"小四清"运动，在这样一种形势下，谁人都不敢做"祭风""招魂""合墓"等事。

1987年，和尚武、和尚典、和尚勋三兄弟经协商，认定应该给母坟刻个墓碑，当时和尚典提出要把老父亲的名字也刻上，理由是："不管怎样死的，都是养育我们的父亲，应该刻上，该祭奉亡灵。"和尚武说："听说不得口含者禁葬于坟地，不刻父名算了。"三人都尊重了长兄的主张，结果墓碑上只刻了母亲的名字，造成了清明节和春节祭奉，只祭奉老母，不祭奉老父的现象。

从以上情况看，村民的议论不无根据，和尚勋已打定主意，在适当时候给父亲"招魂"，以"鸡代人放口含"，与母亲合墓立碑祀奉。

2009 年 6 月 30 日　农历闰五月八日　阴间阵雨

天阴，阵雨绵绵，可南溪村的村民都没有休息，这样的天气难以做薅洋芋、薅油菜等农活，但适合种药材玛咖。在南溪大面积推广种植玛咖的今天，有些农户想种十五六亩，最少的也想种两三亩。因此，各自然村的村民们都抓住这阴雨天气种玛咖。他们事先把要种玛咖的地锄了草，撒上农家肥，犁成一垄一垄的，在种玛咖苗前，把地垄平整一下，就种下苗。有的村民还冒雨犁地，手扶拖拉机犁不成（因地里积水泥泞），就借来耕牛犁地。种玛咖的村民，除每户一人早些回家料理家务外，其余的基本上都要干到天黑方归。

2009 年 7 月 1 日　农历闰五月九日　阴间小阵雨

今天是中国共产党成立 88 周年纪念日，南溪村党支部举行"七一"座谈会，由村委会副主任和丽军主持，村委会书记和继武回顾了党的光辉历程，重温了历届党中央领导关于党和党建的方针政策。村委会副书记和国军谈了南溪党支部一年的工作，总结了成绩，查找了差距。谈及南溪村近几年的经济发展和社会发展时，和国军说：南溪村已成为丽江市拥有出租车最多的行政村，据统计，到现在南溪已拥有 80 辆出租车；产业结构已面临由传统的种洋芋向种玛咖转变。以后工作的重心是保证白华到南溪的公路油路面改造工程。接着讨论通过了预备党员和万红、和万顺两人转为正式党员的事宜。另外，还确定满中村的青年人和丽勇、和丽娟（和国军的子女）、和志强、和闰里、和翠，以及鹿子村的成年男子和学典 6 人为入党积极分子。今天的座谈会除年事已高（80 岁以上）的几个老党员外，其余的党员都参加了。

2009 年 7 月 2 日　农历闰五月十日　晴间阴

南溪满下村寨村民和女，昨天早上与小儿子和丽军发生口舌，跑出去寻短见，和丽军隔十来分钟后去追寻老母和女，寻至吉子水库边，不见人影，就转回来请家族和亲戚的人帮忙找寻，昨日无果。

今天早上7点半左右从吉子打来电话说是和女老人漂在吉子水库里，全村男人都不约而同地来到和女家，准备去收尸。自昨日听到和女跑出的消息后，好些村民都认为这次真的不会找到活人，也有少数村民认为她只是吓唬一下儿子、儿媳。

来到和丽军家，大伙带上一只母鸡（准备以鸡代人重放口含）、香、酒、茶、绳子等。走到吉子水库边，和国兴、和永红等把抬尸的担架整好，然后把遗体抬到担架上放好。村民和作典抓住母鸡，一边点香，一边在和女捞上来的地方洒酒、洒茶水，边大声喊："和女回家去，不能站在这里，跟着众乡亲，跟着家族回家去，家族的人和村里的乡亲们来接你来了，你不必害羞，走和我们一起回家。"说完后，大伙抬起和女的遗体往回走，和作典、和国兴、和永秀等人一边走一边喊："和女回家去，跟着众乡亲，跟着家族的人，不要东躲西藏，不要害羞，回家，和大伙一起回家。"一直喊到家门口。山高坡陡路滑，又不能把遗体放下来休息一阵，抬的人够吃力的，因此，走二几十米就换人抬。

到家门口，抬尸人和众乡亲都从后门（小门）把遗体抬进去（在外面死的人不能由大门抬进），把遗体摆在正房的走廊上，等待着死者后家人到来后洗尸入棺。

中午时分，后家人到了，批评了和女的两个儿子和两个儿媳说："这样做是失去了做人的良知。"批评了约一个小时，他们讲得有理有意，没有乱来。

和女的弟弟及侄儿们对和女的儿子、儿媳训话完后，满家家族的长者和国兴，手抓代人鸡大声说："家族们，和女病危了，大家来给她送行。你父叫五文，你要跟着他去。你前面有三条路，上边一条是虎豹豺狼的路，不能走；下面一条是野鸡野鸟的路，行不通；你要由中间这条前行，遇到石头把它踏碎了，遇到荆棘把它斩断了，大胆往前走。你要向祖先大声说，'我从乡亲们、家族们面前来'。"一边说一边往鸡的嘴里灌面粉，以示放口含给死者，等鸡死后，用一块新布包好，以示给死者穿新衣；然后把鸡装进事前备好的用松明柴条做的三角形盒子里，以示给死者入棺。

接着，妇女们开始给和女洗尸，首先和作典抓起另一只母鸡（此鸡纳西语叫"旧木岩"，即送行鸡）大声说："和女，从此后，你用你的水，你烧你的火。"说完后，她们七手八脚地给和女洗尸，有的扶着，有的拿着寿衣，有的放水，有的擦洗。洗完后，和作典拿来腊油说声："和女，你自己擦自己的油吧。"就由妇女们把油擦在和女的全身，穿好衣服。由男人们抬去入棺，封好盖后，抬到正屋放好，她的儿子一个献上鸡心汤，一个献上饭，然后大伙去"芝步吉"。

洗尸入棺后，家族的人和村民们去"芝步吉"，回到家后吃了午饭，饭后有的村民休闲在她家，有的村民回家忙家务。今晚她们家族和亲戚都进行了"吉子好眦"（入棺上祭）。

2009 年 7 月 3 日　农历闰五月十一日　晴

南溪完小现任校长和家香引荐来一位美国一所大学的教授，要找云南大学纳西族调查研究基地的管理员和尚勋老师，当时和尚勋在和女家，答应在公路上见面。见面后，和家香老师做了介绍。来人说："听说你这儿常有云南大学的研究生下来做田野调查，那些资料借给我看看好吗？"和尚勋当即想到 2003 年 12 月在云南大学培训时何明导师说的话："研究点的资料、日记，归云南大学所有，拿给别人，就等于是喂肥了头猪，让人拉走。"再想到事前他没接到项目负责人洪颖老师及和晓蓉老师的电示，他就以"在和女家做事，没时间交谈，田野资料及日记都由云南大学管理，不在他手上"为由拒绝交谈，欢迎改天再来。据说来者是研究环保方面的，他还问及暑期云南大学会不会下来做田野调查。

2009年7月4日　农历闰五月十二日　晴

村民们有的往地里运送厩肥，准备种药材玛咖或准备撒蔓菁、萝卜；有的驾着手扶拖拉机在犁地，撒播蔓菁、萝卜或种玛咖；有的忙着收割青稞或豌豆；有的忙着撒种绿肥；有的还忙着薅洋芋及薅锄油菜。因为今年的天气前段旱象较重，洋芋、油菜下种后久久没生长，近期下了几场雨，洋芋、油菜一起长，造成了村民农事集中的农忙现象。再加上种玛咖已成为所有农户的农活，因此这段时间南溪村的农事很繁忙。

和女家族（满家家族）的人，昨天商议好出葬日期、各种丧事活动的职事人员及戴孝等问题，今天早上挨家挨户请各种职事。

2009年7月5日　农历闰五月十三日　晴转雨

因为目前农事繁忙，满下村和女家族（满家家族）除每家一人在和女家守灵及帮忙做丧葬活动前的事务外，妇女及其他劳动力暂时先忙于各家的农事，如收割青稞、收豌豆、送肥到地里、犁地、撒蔓菁、种药材玛咖、种绿肥等。干这些农事真可谓是与老天抢时间，这些农活只能在天晴时进行，一旦下起雨来，就不能从事。

其他村民也同以上农家一样特别忙，都想抢在举行和女老人丧葬活动前多干些急需干的活。

2009年7月6日　农历闰五月十四日　雨转晴

满下村满家家族（共15家）每两户抽一名男人去城里购买和女丧葬活动所需物品，因和四闰家是个体商户，丧葬所需酒、烟、饮料等便请和四闰以批发价转给和丽军（和女的小儿子）家。和四闰则不安排在购买东西的户内，由他自己去城里进货，让搞批发的送货上门。酒、饮料的空瓶子则全部由和四闰回收后转卖给垃圾商，由此来填补批发价与零售价之间的收入差距。

留在家的男人们从和四闰家买来一只肥猪，过秤后杀，准备用于和女丧事活动的猪肉。经过秤，这口肥猪毛重287斤，目前猪老板在村里出的肥猪价是每斤4.6元，和丽军家想照这个价付款，可和四闰家说："兄弟之间，不必照行情，每斤付4.5元得了。"于是就按4.5元一斤付款，合1291.5元。和四闰父亲和国模说："付1290元就行了，零头不要付了。"称猪、杀猪的族人都说："族中兄弟，与市价相比让了30元左右，可以了。"

杀了猪后，把猪肉收拾到冰箱里收藏起来。

2009年7月7日　农历闰五月十五日　雨转阴

满下村的中青年为明日举行和女老人的出葬做准备工作。各种职事各守其职，青年杂工们因为雨天不用拖拉机砍柴，而是自带砍刀、绳子，砍一背柴回来，满家家族的妇女们也大都跟青年们一起上山砍柴，风雨无阻，每人一背。村中60岁以上的老年人按男女性别分两处休闲在和丽军家。

吃过晚饭，按照常规要在院子里烧起篝火，村民们围着火跳起"喂目达"，给死者送行。可是，和女老人是跟小儿子发生口角而自投于吉子水库自尽的（非正常死亡），因此，没人提起跳"喂目达"，的确送行的调子也不好唱，于是中年人打麻将、打扑克，老年人围坐火塘闲聊。闲聊当中，有的老年人认为"和女虽与儿子吵嘴而自尽，但事情出自她听了挑拨离间的话。"有些老年人认为："村中还有比和女儿子、儿媳还恶的人，但这些人家的老人不宣扬出来，自己忍受于心中，这样就没有了会起到挑拨作用的言论，这些家庭也就相安无事了。"

到鸡叫时，和女的两个儿子和两个儿媳、两个女儿（远嫁到保山市蒲缥镇的小女和孟芝也远道赶回参加丧葬活动）给和女的灵柩祭献了稀饭。据传，世居南溪的纳西族在所有的祭品中，只有这次祭的死者才得以受用，纳西语称"岩居八达毗"。

2009年7月8日　农历闰五月十六日　晴

南溪满下村停止一切农事及放牧之事，为和女老人举行丧葬礼（出葬）。早晨8点左右她的家族和亲戚开始上祭，祭品为腊肉、米、烟、酒、钱、挽幛，村里还送了花圈。满下村老年人以"全体老年人"的名义祭献了挽幛，这是首例。祭完后就戴孝，举行追悼礼（戴孝）。此项仪式结束后，埋灵柩组的和金辉、和建国、和圣昌、和顺达4人及他们家族的年轻人和万红、和万琼、和万琴、和万军、和万兴等去坟场挖坑。

10点左右，七邻八乡的亲朋陆续来参加丧葬活动。退休后定居在泸水县的和丽军伯父和国海也回来参加丧葬活动。11点开始待客，顺序依然是先待"足若"，接着待和女方的亲戚，"死者方为先"这是传统的待客规矩，接着待远处的来客，最后才是村中亲戚和家族。

下午4点左右发灵，因为是件不光彩的死亡，以往发灵前跳的"窝忍忍"这次也不跳了，传统的边走边唱"窝忍忍"也不唱了，不哼不唱地把灵柩抬到坟里。

太安无足比村人（和女的亲戚）发灵后都回去了，是因为和女的不正常死亡而心里不舒服。按照常规这帮人应留下来待明天伏山后才能转回。

2009年7月9日　农历闰五月十七日　晴

满下村和女丧葬活动的各种职事在忙着各自的工作，特别是蒸饭和厨师这两组照样忙，他们得在和女家族和亲戚上坟回来前（12点左右）把饭菜做好。收礼和记账的忙着核对钱和物，准备上坟回来后交给和丽军。此次丧葬活动中的丧礼，人民币收入约1万元，支出约1.2万元。

上坟的人们回到家后又忙开了，忙着请各种职事入座，摆酒席招待职事们，并请大家吃完饭后休闲。

傍晚，除和女家族及村中和女家亲戚的人外都散伙回家了。和女的家族和亲戚们明日还要还用具、拆伙房等，还要聚一天餐，后天才散伙。

2009年7月10日　农历闰五月十八日　阴间小雨

满中村村民和万高今天把自家的出租车以63万元卖给了旦前村他的舅爷和尚仁、和尚元两兄弟。和万高买车时的价格是15万元，开了约5年时间，现在一出手净赚了48万元。面对如此巨额交易，在场见到实况的人都不禁为和万高一下就赚这么多钱而感到惊讶。有些人猜测和万高把车卖了是要搞其他产业，还有些人猜和万高出巨资在七星街搞了个服装专卖店，又在城里买了住房，借的款多，看到车价如此高，才卖车的。有些人还说："买车的人也够大胆了，何时才能找回这么多钱？"

对于和万高卖车之事，大多数人都认为他赚了好大的一笔钱，但没了找钱的工具，这件事有好的一面，也有不好的一面。

2009年7月11日　农历闰五月十九日　雨

满中村召集每户一人在河边及足球场边种野生白杨树，树苗是黄山镇林工站拉来发给他们的。林工站去年曾经拉来一批柏树苗叫满中村人种，并给予种树苗补助款6000元。因去年种的成活率不高，这次他们补种的不再另发补助款。

有些村民说："国家帮我们村搞绿化，搞防止水土流失等利民工程，还给补助款，政策太好了。"

他们每户出一名劳力，共37人种了约6个小时才把拉来的树苗种完。有些村民估计这次种下的也不一定成活，有些村民则认为，现时是雨季，成活率可能大一些。

60岁以上的村民不参加植树活动，这是因为以前村里就定下村规，各家各户投入集体劳动时60岁以上的人不参加。

2009年7月12日　农历闰五月二十日　雨

满下村村民和建军在城里开出租车已多年，今天他与金龙村村民和福兴合伙买了一辆价为63万元的出租车，加上转户费每户投资约32万元。这样巨额投资买车在满下村58户村民中算是第二投资大户了。和建军跑车跑得勤，又会积累所得的钱，半辆出租车本来是可以在车价没现在这么高的时候购买的，但他的心里总认为出租车价会跌下来，因此，他想在车价处于低落时再买。去年有段时间出租车价在每辆48万元到53万元之间，那时他的妻子和海催他邀约合伙人买一辆，可和建军说："以后还会低落，等段时间再买。"殊不知，到今年出租车价猛涨到58万元以上，他又估计还会涨价，就急忙约和福兴于今天买了这辆车。他们认为，与前两天和万高卖的那辆车比起来，划算多了，因为车子才开了一年零四个月，还可以开五年多，而和万高卖的车离更新时间只有两年多点。

大多数村民都估计，和建军自家已筹集有20万元左右，只要再借贷10万元左右，就能买这半辆出租车。

这些年由于南溪村民讲信用，积极还贷，信用社对南溪村民很支持，每户给予5万元小额贷款。胆子大、想干一番事业的南溪村民，要贷款三四十万元，只需请上七八户亲戚就能把款贷上了。是玉龙县白华信用社扶持了南溪开车人买车的大事，没有信用社的支持，胆子再大也是无法办到的。

2009年7月13日　农历闰五月二十一日　雨转晴

满中村中年孕妇和桂秀临产前还坚持田间劳动，今天地里没什么农活可干，但她舍不得休息，去山上捡菌子，手里还提有一把斧子，准备见到有松明可砍的树时，砍上一点松明。目前村子里其他年轻女人身怀有孕，就不再干活。

夜里11点左右，她的肚子疼得厉害，估计是要生产了，她的丈夫和福军很急，急忙给在城里开车的满下村民和朝亮打电话，告知此情，和朝亮已知情况紧急，就把夜晚租出的车叫回来，由他驾着回南溪满中村接和福军夫妇去玉龙县医院妇产科。他看到孕妇疼痛难忍，加大马力急驶而去，到医院不到一个时辰，孕妇安全生产了，产下了一个女婴，和福军对和朝亮说千恩万谢了，要是你不来接，家里就无法了。南溪医生和接生员都缺，山区真是缺医少药，幸好有不少村民在城里开出租车，能及时送村民到医院救治。

产生这紧急情况，并不是他俩大意，他俩记着预产期还有10天左右，但提前产了，他俩也无法。

2009年7月14日　农历闰五月二十二日　阴

今天是头伏，按照传统的规矩，头伏这天人们是不能行走于田间地头，更不能下地干活，也不能割饲草等。说是如果违禁了，会发生冰雹、雷雨等较重的自然灾害。所以好多村民都在昨天把饲草割好，准备好今天的猪食，很少有人出现在田间地头，更没有人下地干活。

但今天，有一些村民（不多）在地里劳动，种玛咖、撒蔓菁、薅油菜等，看见此情景的村民则发出自言自语的声音："活再忙、再紧，今天该停一下，这些人简直不懂规矩。"

干活的村民则认为："管它伏不伏，反正干我的活，干出一垄是一垄，种完一块是一块，撒完一畦是一畦。"

有些原来打算安排休息的村民，看到有村民干活，也背起厩肥往地里去，准备撒蔓菁。

大多数村民则按规矩行事。

2009年7月15日　农历闰五月二十三日　阴转晴

满中村格林恒信生物种植有限公司举办了"玉龙县玛咖产业科技培训会"，会议由玉龙县生物创新办和副主任主持，丽江市生物创新办韩副主任讲："玛咖这一来自南美的生物，在南溪经过5年的栽培试验，已获得成功，今年已种了两千亩，是南溪乃至高寒山区的人民进行产业调整，快速致富的好的新兴产业。种植户与公司要相互依托，互守信用才能发展壮大。"接着公司曹总经理讲了公司和种植户的利益关系，要求种植户种好，公司保证按合同回收产品并及时付款。接着由黄山镇农科站站长讲解了种植玛咖的要领，他说："一是掌握密度是关键，不宜过密，株距与行距最低也要隔六寸。二是种植前要施足农家肥，羊粪、牛粪最好。三是田间管理要跟上，做到勤锄草，绝对不能让草长得高，吸收了土壤里的营养，会影响玛咖的产量。千万不能施化肥，要把这一产品培育成无公害保健品。"

最后由和副主任做了总结。满中村的全体有生产劳动能力的人和满上村每户两名劳动力参加了今天的科技培训会。

2009年7月16日　农历闰五月二十四日　晴

今天，南溪完小举行2009学年末统测考试。此次考试与往年不同，把传统的升初中考试（把六年级学生领到城里中学校去考试）变为由玉龙中学派老师来南溪完小监考，发卷、收卷、封卷等全都由玉龙中学老师进行，考完后把试卷带回学校阅卷。这样做，不仅减轻了任课老师领学生下坝进城的安全责任，而且也减轻了学生家长去陪考的时间和经济负担。

其他（一至五年级）年级的统测也在今天同时进行，这比过去的7月12日升初考的时间推后了，形成了小学统一考试时间的局面。

考完试后小学生将放暑假，老师们要集中到黄山镇中心校阅卷，对每个教师一学年的工作，特别是对2009年3月至7月这学期教育教学工作进行评比、分析、总结成绩、查找差距。

2009年7月17日　农历闰五月二十五日　雨转晴转雷阵雨

在南溪村历来传统的说法是："在有闰月的年份，而且在闰月里做寿棺最好，老人可延年益寿。"因此，村民在锯好或买好寿板后，一般都选择在有闰月的年份里来做，有条件的还要争取在闰月里来做。

满下村村民和作典老两口现年都 63 岁，在他俩 49 岁时就买好了寿板（1995 年），到现在已有 14 年时间了。他叫在城里开出租车的儿子和圣武买些鲜菜回家，并请村里的木匠师傅和国兴来做寿棺（当地人又称之为长寿新房），同时他还请了弟弟和作才、族中弟弟和作武来做帮手，加上他父子共 5 人。两副棺材一起做，虽然 5 个人都做得很紧张，但还是做不完，明天还要再干一两个时辰才能做完。吃过晚饭后，儿子和圣武回城开车，其他四人，喝酒、闲聊到 12 点方休。

做好棺材后，南溪村的规矩是不能把做好的棺材空空地放起，而是要在里边装上一点钱及刨花，所装钱的数额不限，可根据自家的经济情况而定。

对今天参加做棺材的师傅和亲戚都不付工钱，以换工的方式进行，因为和作典精通各种农活，也会做木工和竹匠。

2009 年 7 月 18 日　农历闰五月二十六日　晴

由黄山镇政府农机员和根山同志主管，金山乡洪师傅负责施工，重庆农民工施工的"国家工程长江上中游水土保持重点防护区"的碑，今天已全部结束。据说竖这座碑，总共花了近十万元。目的是让村民提高水土保持的自觉性。

另外，今天政府还帮南溪完小安装了太阳能热水器，可供师生洗热水澡，极大地改善了山区学校师生的生活条件。同时在村公所也安了一个，供村委会干部工作之余洗个热水澡。这两个太阳能热水器的费用摊在旦前村节能工程里（安装太阳能热水器，每户一个）。

在党和政府的关怀下，学校师生，村干部的工作、生活等条件有了极大改善，而且村民的生活条件也得到改善，过上了幸福的生活。

2009年7月19日　农历闰五月二十七日　晴

6、7、8月的南溪满子师坝，真是成了花海，草坝里各种叫不出名字的鲜花开放了，五颜六色的，以红艳艳的八台花、白的小花居多，再加上各色各样的洋芋花，金黄色的油菜花，构成了花的海洋，引来了不少游人，汽车每天在草坝上停有最少三辆，最多时10多辆。今天丽江市天地影楼拉来了好几对快要结婚的情侣，在草坝花海边拍婚纱照，他们都感到景色很美，照片拍了又拍。这三个月的星期六和星期天，来这里观花的人很多，来来往往，络绎不绝，有些还干脆在草坝里睡上一两个晚上。

2009年7月20日　农历闰五月二十八日　阴转小阵雨

满下村寨阿四金家族的和尚勋、和朝泽、和朝珍、和尚洪4人总认为这些年所发生的家事有很大的不顺心，就在今天，在丽江市东巴文化博物馆研究员和继全老师的引荐下，来到老东巴和承德（丽江大坝人，双目失明，精通东巴文化和各种仪式，还搞占卦，听说很准）处。到后他们说明了来意，和承德就请人找个小簸箕把一小袋石子放在里边，分成七八堆，有些五个一堆，有些三个一堆，不尽相同，最多的那堆八个，最少的那堆两个。分好后，他从挎包里拿出"白满"（占卦的器具），进行"白满逗"（占卦）。和承德把"白满"丢下后，由和继全老师告诉他"白满"颗粒面上的颜色和数量。这样反复搞了几次后停下来说："你们家坟地的西面有个山沟，另外，你们家下葬第一具尸体时，在山神下面没埋下'阴契'，让山神不快。"和尚勋问及该怎样补做，和承德说："在山沟边做上一个一人来高的三角塔，面向东，中间要砌进装有江水的土罐，还要修个烧香的洞洞。修好后要请一个东巴拿上一只公鸡来祭塔、开光，写一张'阴契'在山神面前诵读，读完后烧了，用山神把纸灰压住就行了。"他们四人表示一定照做，临别时和朝泽付给和承德50元占卦费。

他们4人出来后，决定照做，因为有"既然占卦了就要照做"的规矩。

2009年7月21日　农历闰五月二十九日　雨

由黄山镇下海创业干部和根山同志承包的"保持植被环境、防止水土流失"的水利工程，今天在南溪旦都后村开工。具体的工程内容是在山洪冲溢的沟沟里砌石头，让土壤得以保持，让植被得以保护和生长。具体做法是：他承包了此项工程后，又转包给金山乡籍洪老板负责具体施工，洪老板又请四川、永胜籍农民工来施工。工地所需石料全部向文屏村买，由文屏村的人采挖、上车、运送到旦都村工地。水泥、沙子由旦都后村民和云军来拉（他有一辆大卡车）。听南溪村委会的和丽军副主任讲，这项工程需要三个多月时间才能完成。从今天开始文屏村每天出动10辆农用汽车把石头拉到工地，不能让工地产生停工待料的情况。工程量大、投入资金多，老板还专门配备了一部小型挖掘机用于施工工地。

2009年7月22日　农历六月一日　阴间小阵雨

服务于旦都村筑堤工程的小型挖掘机今天在满下村娃洛水塘开挖，对原有的娃洛天然水塘边挖掘边扩容。据说："今天挖掘扩容的费用水利局给的，挖掘扩容以后还要放养鱼，鱼苗也是水利局给的。"以上消息只是道听途说，只有60%的准确性。因为，在进行这项扩容工程前，村民组长和永红没有召集户长会议，没有与任何村民交谈这一情况。村民副组长和圣华已到城里开旅游汽车，只是没办理辞去职务的手续，形式上已脱离职务。因而村里事村民根本不知道，村民中的议论也较多，但又没人当着面说。

娃洛水塘扩容养鱼，对村民是有利的。15年前（和顺明当村民组长时）也放养过几次鱼，捞鱼时，每户每次都分到七八斤的鲜活鲤鱼，泥鳅是每年夏季都可捉到百十斤（放养鱼时没人捉，也不准捉）。扩容以后放上鱼苗,管理好点,收益也就会大。

2009年7月23日　农历六月二日　阴转晴　傍晚大暴雨

今天是南溪满中、满下、旦前、旦后、金龙、文屏村的六月祭祖节(满上村于昨日祭祖,鹿子村则各户看日子,在六月内进行祭祖,没有统一的时间)。

满下村阿四金家族的和尚勋、和朝泽、和朝东、和朝珍、和朝光、和尚军、和圣伟、和玉祥8人(每户一人)吃过早点,备上祭品,带上采石工具到坟场去。到了坟场,他们用祭品祭了山神祖坟后,按照前些天占卦人说的,在坟场沟边修了一个三角塔。修完后,就地饮酒、吃糕点,闲聊到中午才返回。

中午饭后,各家各户的男主事人开始迎祖,做祀祖晚饭。晚饭前先送祖,再进行晚餐,所有这些都是按照传统的做法进行的。

2009年7月24日　农历六月三日　雨

满中村村民和福军请亲戚、家族、朋友来帮忙准备明日举行"祝米"客(第二胎)。在今天就打算完成的事情有:一、找两手扶拖拉机柴;二、杀一口猪,用于明天待客肉;三、煎好明日用的鱼、肉等。因为雨天,第一件事(找柴)就只能免了,雨天人不好砍柴,拖拉机也上不了山。大家都集中在杀猪、煎酥肉之类的事上。和福军主张杀大点的那口猪,而到他家帮忙的和吉顺、和涛、和七四等人据理反对,说:"杀了大的那口,肉只会用去一半左右,我们也可以买回来一点,但每人最多也只会买三四斤,剩下的肉不好处理(因时下处于南溪最热天气)。"大家都认为他们说得有理,是为和福军家着想,为了不浪费,就杀小点的那口猪。

猪杀好后,厨师们就忙着煎鱼、煎酥肉之事。妇女们则忙着泡木耳、洗木耳等。

没有事情做的人们围桌而战开了麻将、扑克，战麻将的人们声音小而且少些，偶尔听到一两人发出的唉声叹气；战扑克的人们声音大些，有时报价的声音逐步提高："六五、七十、七十五、八十"，报到"八五"时的声音更大，态度更坚决，其他三人和围观的人只好瞠目结舌，都知道报的人拿有好牌，担心着挨光头，会一次输出10元钱。打扑克、搓麻将的一直到深夜方休。

2009年7月25日　农历六月四日　阴转大雨

满中村村民和福军为新近生的二女儿和熙梅举行"祝米"客。来他家帮忙的人早上就到他家吃早点，早点后，各忙各的。下午1点左右，拉市、五台等远处的亲戚已到来，这些亲戚的"祝米"客礼都带了钱，每个都挂了100元，这跟传统的"祝米"客礼品一只鸡、30个鸡蛋、5斤米、两坨红糖价钱相差不大。接着满中村的、满下村的、满上村的、旦都村的、文屏村的亲戚也陆续来了，他们有的带着传统的礼；有的在传统礼外加点钱；有的带来米、蛋，外加点钱（算是送鸡的数额）；有的远房亲戚只带来5斤米、20个鸡蛋。下午2点开始待客，吃过饭后，来客休闲一阵后也陆续回家。

和福军老婆和桂秀方的亲戚都在汝南，路远，到3点左右才到，他们当中因图方便，大多数带了钱，一些亲戚带了传统的礼品。

这次"祝米"客，共收到3800元、100多斤米、20只鸡、500个鸡蛋、10套婴儿服、14坨红糖。

2009年7月26日　农历六月五日　阴间晴

满下村村民和作典、和爱花、杨耀祥、和益花、和家良、和海等从南溪完小厕所挑了大粪浇在新近才种植的药材玛咖上，都想把玛咖种好，多增加点收入。在排队挑大粪时，杨耀祥说："放假前面那几天，校长和家香把粪坑里的大粪抽了灌在河里，让河水冲走，多可惜啊！"和家良说:"可能是和家香怕厕所满了,就抽出去一些,好让下学期开学时师生解手方便些。"其他人说:"为什么抽出去,只有和家香老师心里清楚。"

等着挑大粪浇玛咖的人都担心晚了会挑不着,在此前几天,已有满下村民和子一、满中村民和金兰等挑大粪浇玛咖了。

学校粪坑里的大粪都是被满下村、满中村积极的村民挑了堆肥,挑了浇蔓菁地。在20世纪90年代末和正文老师任校长时,曾以每年15元,包给满下村民和国武家来挑,和正文调走后就不存在承包的情况。

2009年7月27日 农历六月六日 阴转大雨

小型挖掘机今天开始挖满中村水塘(过去称"积水塘",是用木槽从水源处引水放进去,用来解决牲畜用水的,现已不使用很多年)。据满中村村民组长和国高讲:"挖这塘的时间需要4天,挖的工钱要9000元,由县水利局出,以后要在这塘里放养的鱼苗也由水利局给。现在满中村各户凑20元来安排开挖机师傅的生活。"

可能是由村里安排专款料理生活的缘故,开挖机的小师傅今天干得特别起劲,不休息、不偷懒,工效也很高,见状的村民都很满意,有不少村民到那里看挖机作业,觉得是件新鲜事。挖机作业,对于生活在山区的南溪村民来说的确是件前所未见的事,特别是对上了年纪的老年人,更觉得稀奇。村民们边看边议论,村民和军红猜测说:"挖机的发明可能是照着鹅的样子来做的。"旁边看的村民都附和着说:"有这个可能。"他们还说:"机械威力大,社会机械化了,人就省劲多了,正像我们村民种洋芋那样,收成七八万斤的,不用手扶拖拉机,能实现吗?要是都靠人力,劳动力最多的那些户收成最多也不会突破3万斤,一般的万把斤就算多了。过去毛主席说的'农业的根本出路在于机械化'是正确的,机械的使用代替了劳力,使我们过上了小康新生活。"

2009 年 7 月 28 日　农历六月七日　阴间小雨

满下村村民和圣华（女儿已上小学四年级，儿子已上学前班）、和四闰（未婚）、和吉诚（未婚）今年已是 36 岁。他们三人邀约一起去大理游玩，表示祈祷 36 岁，破财求平安。这种事例以前只到白沙"三朵阁"及文峰寺，近些年去大理。祈福的方式也随之改变，先是抱着公鸡带着香在"三朵"神像前磕头求保佑，接着磕头祈福后请人吃饭，现在融旅游消费为一体。他仨表示要在大理逛上三天，家里人也支持他们，因为他们去花费正应顺了过去南溪村传统的："男逢三十六和六十岁，破财则平安"的说法。

2009 年 7 月 29 日　农历六月八日　阴间晴

在丽江城开出租车的满下村村民和朝柱，以及未婚妻和翠芳，请来摄影师，带着婚纱和照相机到满下草坝来拍结婚照。他俩取满下草坝火红的野花为背景，穿上婚纱，花了约三个小时，拍下了一张张结婚照。他俩准备中秋节前后结婚，特地趁南溪草坝野花盛开的美好时光取景拍照。他俩还以鸡冠山、母猪山为背景拍了照。拍完照在家里吃了午饭后回城。这是第一对南溪人采用自家门前屋后美景拍摄结婚照的情侣。相信照得很自然、很美丽。

2009 年 7 月 30 日　农历六月九日　晴

满中村民和耀奎、和秀清夫妇与女儿和桂良、女婿和士其反复仔细测算起房子的材料费、运费、招待费、木工费，都认为买一所半旧的房子比自己买材料起房便宜得多，于是几个月前在丽江城郊商定好一所半旧房子。这所房子建于 1996 年（丽江大地震后），是土木结构的三间楼房，高为楼下八尺五寸，楼上七尺，中间一格长宽均为 4 米，两边两间宽 4 米、长 3.6 米，是较为高大、宽敞的一所房屋，价钱为 4.16 万元（含瓦、土基、石头，整所房子已隔整好）。但因主人家之前租出给别人搞农家乐，7月中旬到期便可以拆走。于是，他们家在前段天晴时就拆了，请金龙村的村民和八昆、满上村的村民和实红用大卡车把拆了的房子拉回来，到家后用很多篷布盖好，收藏在避雨处不让雨淋着。

今天，他们家请来村里的亲戚帮忙组合屋架，准备明日竖起来。有25人左右来组合屋架，大伙边组合边议论说："这所房子虽然已有10多年的时间了，但仍像南溪村前两年竖的材料一样新，可算是新房一所，价钱也比自家起一所便宜得多了。砌好砖后，把隔整安装好，就可以使用了。如果自家起，自家隔整，总支出10万元，还不一定能马上住人。"和秀清在旁边插嘴说："我们家4个大人反算估算，都觉得买这所房子只需自家起房费用的1/3多一点，而且自己起房后五六年还不知道能否住人。买这所房子，最多一两年就可以住人了。要是抓紧点组装，半年一年就可用上了，不仅省费用，而且时间也节省了许多。"大伙把屋架组合好后，都从自家拿来地震时发的篷布，把屋架盖得严严实实的，生怕被雨淋了。

2009年7月31日　农历六月十日　晴

满中村村民和耀奎家今天请满中村（不沾亲的每户一个男劳力）、满下村、旦前村的亲戚来帮他家竖房子。因为是雨季，大家都怕老天又下起雨来，所以，被请的人一起早就到他家了。清早的天气很好，但大伙都不敢怠慢，生怕老天一变脸下起雨来。8点开始竖房子，到11点竖完，还不忙吃午饭。和耀奎的连襟和万里对大伙说："我们把梁也安好再吃饭，反正都是家里人，都得由我们来帮忙干。"

吃过午饭，在和万里、和士春、和士黄等人提议下，休息片刻又开始干了。有的钉椽子，有的上楼楞，还有的找来楼板放在适当的地方，准备安放完楼楞后就安上楼板，好让明、后天盖瓦时方便些。和士春边干边对和士其说："如果明天不下雨就要接着把瓦盖了，盖好瓦后就可以放松了。"和士其说："吃晚饭时给亲戚们说一声，二十来个就够了吧？"

大家都说:"差不多,二十来人盖瓦,一上午就完了。"

吃晚饭时,虽然和耀奎家不请竖房喜客,但和士春、和士黄(和士其的亲哥哥)还是每人拿给和秀清500元,作为竖房贺礼,和福军(和耀奎的侄儿子)见状,也拿给她500元,随后,和万里、和国高、和红军、和红光、和十、和彦秋、和国启、和三六等亲戚也拿给她每人两三百元不等。有些沾亲的认为他们家不请竖房客,此举是多余的,也就相安无事地过去了。

晚饭后,大伙闲聊说:"这个四川人(指和耀奎从攀枝花退休),平时很小气,今天走运了,老天对他这么优待,昨、今两天都放晴了,他的大事进行得很顺利。"

2009年8月1日　农历六月十一日　阴间晴

今天是中国人民解放军建军纪念日,黄山镇人民政府照例召开"黄山镇现役军人军属座谈会"。南溪村委会满中村民小组现役军人和江龙(二级士官)的父亲和福海去参加今天的座谈会。和江龙同志是最近五六年来南溪村唯一的现役军人,他的服役期早已满了,但他在部队努力学习,刻苦训练,思想提高,军事过硬,留部队提为士官,去年又提升为二级士官。他的父母和福海、和给命也很支持儿子,常教育儿子要"保卫好国家,报效祖国和人民"。

另外,满下村的复员军人和万红今天也去城里参加战友聚会,这是在丽江县一起入伍当兵,陆续复员退伍回原籍,或在丽江各单位上班的老战友的聚会。聚会采取化赍①的形式,每年的"八一"节相约在农家乐休闲、娱乐一天,和万红参加这样的活动已有四五年时间了。这是增进

---

① 化赍是丽江坝区纳西族中极为独特的文化现象,是通过货币或实物的媒介进行社会文化的方式。具体地说,化赍是性情相投、有一定社会关系的亲朋好友组成一个"赍",大家按月或季或按年缴纳一定数额的钱财,轮流集中给每一个成员使用,拿到钱的成员需组织大家进行休闲娱乐活动。

老战友之间的情谊，保持相互交往的一种形式，参加这种活动的还有满上村村民和永良。

2009年8月2日　农历六月十二日　阴间晴

这些天，南溪村村民显得很忙碌，忙着薅玛咖、薅蔓菁、脱粒青稞、上山采集野生菌……各忙各的。有些村民去城里卖前两天从山上捡来的菌子，满中村村民、现任南溪村委会党支部副书记和国军同志，天一亮就把汽车开到公路上，按几下喇叭，进城卖菌的村民纷纷从自家走出，走向他的车。从7月15日起至9月20日左右为每年南溪人卖菌子的高潮期，也是和国军同志服务于民，同时增加自家收入的高峰期，他每天都坚持让村民们赶上早市，好进行卖菌活动。村民都喜欢乘坐他的车，想趁早卖个好价。

这段时间往返于丽江城与南溪的车子虽然有七辆，但每天每辆车都有人坐，主要原因是各村民小组的村民要卖菌子。

2009年8月3日　农历六月十三日　晴

今天，南溪满中村格林恒信生物种植有限公司门前停满了各种汽车，共有十来辆，这是该公司经理杨耀武的好友们利用休息时间前来朋友处玩。此行主要有三个目的：一是观看一下南溪村一年中最美的景色；二是这段时间山上的天气凉，还可饱吃一顿山珍（野生菌）；三是庆贺朋友的公司种植面积上了大台阶。他们携妻带儿到草坝花海山玩个痛快，闲不住的妇人还上山捡菌了。杨耀武经理还买了只绵羊杀了，一部分煮好，一部分备作晚上烧烤用。

晚上，在公司门前的空地上烧起了篝火，妇人们忙着烧烤各种肉食品和菌子，男人们在火边月下畅饮欢谈，酒至半酣，他们边饮边歌，一直到鸡鸣前才收场。老天也似乎在欢迎他们的到来，滴雨不下。

2009年8月4日　农历六月十四日　阴转雨

满下村村民和尚军在儿子和朝柱的要求下，今天用筹集的17万多元购买了一辆九成新的面包营运车。儿子和朝柱现年20岁左右，他和未婚妻和翠芳看准了城里运输行业的势态，前些天就辞去租开的面包营运车，要求和尚军筹借资金自家买一辆。和尚军答应了他俩的要求，今天请村民和建忠、和学武以及满上村和朝柱的三舅和仕前，买了一辆价格为17.2万元的面包营运车。他们家打算把此车转户到古城区七河乡前山村委会和翠松名下，以便跑丽江机场营运时免费，以及享受年保、交过路费等优惠。这是满子师村120户里买车最年轻的一人，也是自己看好市场前景，自己决心干一番事业的第一个未成家的年轻人。

2009年8月5日　农历六月十五日　晴

满下村村民和朝泽请来舅爷和金辉、和金圣、和金星等人来锯正房左山墙边的柱子（坐西南朝东北）。这所房子是纳西语称的"莽楼吊沙"，竖起已有约20年时间。三年前发现此房左山墙边的二柱腐烂了，从底部往上烂，当时以为是茯苓在作怪，就请来以上三个舅爷及和建房老师傅，把这棵柱子锯断掉一截又换上一截新的圆木做柱子。前久和朝泽的老婆和秋谷发现新换上的这根也在发腐变烂，就把这一情况告诉和朝泽，于是和朝泽昨天从城里买回酒、烟、茶、菜等食品，今天请他们来修理。他们把墙拆下一部分，发现有三棵柱子和一根地脚已腐烂，就拿些方料作为千斤顶顶住上半部分，然后锯断变烂的柱子。他们在拆墙时发现所烂的柱子和地脚上生有一种说不出名字的菌，估计柱子变烂是由这种菌所引起的，于是他们把拆下的干干净净的土基碎块倒出去，然后在生菌的地方用火烧。最后他们改用石头加沙灰把下半部分砌起来，用这部分来顶替所锯了的柱子。这种做法对房子不会产生影响。

休息间，和金星提出这种菌引发木料变腐的能量真是太惊人了，值得研究一下。然而和金星又说："恐怕专家也研究不出来，因为这是很独特、很少见的事例，我们长这么大（都 50 岁左右的人了），在我们村中也只见过这一例，不知原因了。"

客观上，这种事情几十年来在村里不曾见，茯苓蛀木料现象是有的，但它的形式与这一例不同。因此，可能不是一回事。

2009 年 8 月 6 日　农历六月十六日　晴

满中村村民组长和国高今天请满下村村民和万军、和丽军、和亚军、和永军、和建成五人，在满中村水源附近设一个沙灰拦水墙，把白白流走的水堵起来。再建一个压水池，准备把水压进去年修的那个水池里，然后把水接到前些天挖好的村中积水塘里，准备放养鱼苗，估计可放养20000 尾鱼。这样做，鱼潭一年四季都不愁没有水了。请工的工钱是建水塘的老板付给，可能是在人畜饮水建设项目的款里支付。

这是村干部抓住机遇，大抓公益事业建设的具体体现，是为村里着想而做的。

2009 年 8 月 7 日　农历六月十七日　晴

满中村组织每户一名劳动力进行种树活动，这些树苗是水利局用于水土防治工程项目买来让村民种的，种活后，还给村民种树补助款。老人和光彦说："现在的世道真好，国家为农村种树绿化、保水土，还给钱，真是再好不过了。"

他们种完树后，又组织埋水管，把水从水源附近的压水池接到村子中间新近挖成的大水塘里。从此，干巴巴的空地变成了常年积水的大水塘，相信今后不长的时间就会把鱼苗放进塘中。此地将成为满中村村民休闲观鱼的好地方。

2009 年 8 月 8 日　农历六月十八日　晴

11 点左右，满下村寨足球场里有一群男女老少在玩，他们有的在玩足球，有的在忙着拍风景照。他们拍下了一张张金黄的油菜花，及鲜红色的和乳白色的野花照，他们还利用这些迷人的景象，加上周围青青的松林，给自己拍下了一张张留念照。夏末初秋的丽江，要找到这样美丽的景色，除南溪草坝处，没有第二处。报纸上偶尔介绍太安，但太安只限于洋芋花、油菜花连成一片，缺乏野花的陪衬。因此，明显地差于南溪，遗憾的只是南溪的公路远远差于太安的柏油公路。今年由南溪村驾驶员领来或自驾来此游的有五六千人。今天这伙是满中村村民和木显领来的丽江城里人。

2009年8月9日　农历六月十九日　晴

满下村村民和尚军今天请来汝南化村的侄儿和龙，以及小南溪村的侄儿和永福（小南溪属古城区七河乡共和村委会一个村民小组，距离南溪满下村13千米左右）来帮他家盖大门的瓦和照壁的瓦。这是和尚军家在为过不久娶儿媳前的最后一道家园修饰。他要把原先盖好的大门顶上的空瓦换成石灰瓦，而且要盖得有点样子。原先没盖瓦的照壁也要盖上石瓦，使家园变得更美丽完整。这次的请工是人情工，和尚军自身也会木匠、石匠，当亲戚需要时，他又帮亲戚去做就是了。

南溪村里有一技之长的村民好做家庭建设，特别是木工、石工、泥水工这三样最吃得开，这类人做自家建设，破费不大。其他人做家庭建设，得花费数倍于这类人的经济、物质才能做好。所以在南溪生活的人们有句口头语概括了这一现象"饥荒三年，饿不死手艺人"，以及自个儿"不吃不用备好待人"。

2009年8月10日　农历六月二十日　阴间晴

南溪村委会从7月起不再用老电工和永勤同志了，6月以前的电费仍由和永勤同志负责收缴。以后，由各村民组长兼任电工，负责收缴各村民小组（过去传统称"自然村"）的电费，按月收缴一次。满中村由现任副组长兼任电工,并负责查表、计电度、收电费。满下村由村民(年轻人)和四闰来兼任电工,查看电表、计电度、收缴电费。和万里、和四闰今天在各自的村寨里挨家挨户查看电表,计好电度和电费,抄完表后就开始收电费。这是村里的一种新现象,干了30多年村电工的和永勤,不再提着装钱的包包出现在村民的眼前,也不再提着装有电钳和电笔的包包来给村民查线、安装电表等有关照明及农机具、电器的修理。

2009年8月11日　农历六月二十一日　雨

汝南化村村民和丽红与丽江城里的一个小老板(是他的表妹丈夫)来到南溪满下村和四闰家,请和四闰帮他俩收野生菌。商谈的结果是,由和丽红他俩每天付给和四闰20元的收菌费,不管收到的数目多少,盐渍加工费及柴火费另算,同时还请和四闰收中草药,收中草药的报酬按收到总数的15%付给。

确定后,和四闰就向来他家小卖铺买东西的村民做宣传,公开各种野生菌和中草药的价格,并表示从明日起开始收菌子和中草药。到他家交7月电费的村民也知道了这个情况,做完田里活的村民们相互约着明日上山找钱。和四闰代收菌子、药材之举,方方都有利,对老板、对他自己、对村民都是个增加个体经济收入的机会。往年,和四闰自己单就这一收入在3000～6000元之间。山间的野生菌和中草药也变成村民腰包里的钱,靠捡菌卖的村民收入高的每年收3000～5000元,最少的也收入百多元。

2009年8月12日　农历六月二十二日　雨

满中村及满下村的好多村民,因下雨不宜做田间的薅玛咖、薅蔓菁的农活。认为上山捡菌子、挖中草药是可行的。于是三五成群地、背着篮子,提上小锹奔向大山去找钱。各自捡来各自去城里卖菌的村民的捡菌活动已进行月余,但捡到后不进城而是就地卖的村民今天才开始上山。

因为此前村里还没有人收杂菌和中草药，而且大多数农户的田间活也还很紧，所以，山上尽管杂菌生得多也顾不上，只是自捡自卖惯了的村民常去捡捡。

2009年8月13日　农历六月二十三日　阴间小雨

吉子水闸口村的和建仁老母亲（70多岁）丧葬礼今天举行，满下、满中、满上村沾亲带故的村民前往参加。老人家是四天前在山上看守松茸菌时突发病倒在山上的，等到吃晚饭时和建仁的弟弟和贵见母亲没回来，估计发生了意外。他就请了邻居、亲戚去看守松茸菌的山上去找，到那里，果不其然，只见老人哑口瞪眼，奄奄一息。大伙把老人抬回家，第二天拂晓老人便断气了。在场的水闸口村人都说是"和女你除"。（纳西语，意为此人死去是因和女的魂在缠她）

事情也很碰巧，满下村村民和女老人自尽在吉子水库里，被早上在水库里看鱼的和贵及他的同伴看到浮在水上的尸体，和贵就用放渔网的长杆勾住和女尸体拉到边上。事隔一个月之余（37天），和贵的老母亲早上出行时还安然无恙，却突然倒下。此事，恰符合了近期该村人谈论的问题，同时也在村民的心里有了"鬼缠人"的可怕感觉。

2009年8月14日　农历六月二十四日　小雨

各村寨的村民们都在忙着准备过"火把节"，有的村民乘车去城里卖菌顺便买回"火把节"的食品，在城里开车的人们也买些时鲜蔬菜、果品、肉食捎回来。满中村村民和三六家及满下村村民和国武家则忙着杀猪卖肉，这些在本地杀的猪大多喂过催肥素和生长素，但村民们都觉得比在城里卖的干净些，就有不少人买。每头猪杀下来肉净重都在200斤以上，两头猪的肉都在本村卖完，只剩下猪头、肠肠肚肚及内脏，由主人家煮了或炒了让帮忙杀猪的人们吃。和国武的上门女婿五八斤说："想卖活猪，但猪老板只给900元，现在杀了卖，虽然辛苦些，但卖得

1200多元，还饱了顿口福！卖活猪不如杀了卖。"事情真是这样的，但这种事情只能在过节前才有，平时买鲜肉吃的农户不多。因此，平时杀猪卖是难以卖完的。

2009年8月15日　农历六月二十五日　阴

今天是一年一度的"六月火把节"。满中村的男青年们吃过早点后，开了辆手扶拖拉机到前面（东面）山上去砍柴，准备照例在球场边烧起篝火欢度"火把节"（去年因打球时发生吵打而没过）。到山上大伙七手八脚，争先恐后地砍，不一会儿就砍满了一手扶拉回家里，把柴下在球场边，就开始打篮球。玩了一阵后觉得不赛一场球不过瘾，但自去年那事后，他们自己也深知南溪各个村的人不会和他们赛，就到汝南化村去，不知道赛了没有。

吃过晚饭，青年们在球场边烧起篝火，从和福生家把电接出来在篮球架上挂上一个150瓦的电灯泡，青年男女在灯下唱啊、跳啊，小孩和老人都围坐在篝火边看热闹。男青年们跳唱一阵，又喝一阵酒，一直欢歌笑语到鸡叫时才休场。看热闹的老人、小孩在零时左右离开回家。

自去年"火把节"发生了满中与旦前两村吵打之事后，以往逢年过节都很热闹的草坝足球场却冷清了下来，以前的情景消失了。

2009年8月16日　农历六月二十六日　晴

在各级政府和中国移动云南丽江分公司的关心下，南溪村委会所属8个自然村已列为"中国移动信息富民村"。南溪村民所用的手机、座机、移动卡都列入该项目集群。入网后集团内部通话不用再拨打11位手机号码，只需拨打一个以"62"开头后的4位号码就可接通对方手机。同时，可按集团客户员工的部门、职位或通话群体来自由编排短号码，集团内部人员通话就像拨打分机一样方便。短号集群内的用户均可享受到本地通话的资费优惠。中国移动信息富民村专项优惠是：第一，每位客户均配置6位数短号，拨打简单，方便记忆（南溪村的开头两位为"62"，再加上各自手机末尾4位数，如手机号码是159××××0790，短号为620790即可打通）。第二，所用客户使用短号拨打，话费更优惠。现已有南溪村民的330部电话机入移动信息富民网，大约还有100部的电话机因不知道这一活动而没入网。

2009年8月17日　农历六月二十七日　阴间转雨

满中村村民和三友从今天开始又像往年一样收购中药材，而且重楼的价格每千克为30元，比满下村和四闰代和丽红收的价每千克多2元。见此情景，满下村村民去东面、东北面的山上挖重楼的人就在和三友家卖了药材才回家。这样就意味着再等两三天重楼收购价还会上扬。满下村村民杨文花今天挖到的重楼就不出手，带回家里，埋在自家的菜园里，待隔些时日价格上扬到40元再一次性出手，此前也埋了4天所挖到的重楼4千克左右。她的做法是不外扬的，只是给丈夫和子一讲的。的确，她这样做是经过细算的。她审时度势，知道山里的重楼不再像往年多，药材老板待些日子会提高价格，如果每公斤上扬8元，10公斤就增收80元。她的这种算法不再给任何人讲。

2009年8月18日　农历六月二十八日　阴转大雨

不出满下村村民杨文花所料，今天满中村又多了一个收重楼的村民，名叫和万春，前些年他在丽江城开车，现已回家帮老婆种田9个多月。他今天傍晚就在满中村篮球场边叫卖："卖重楼来，每公斤35元"。一夜之间他就在每公斤现挖（湿的）重楼的价格上提高了5元，使所有（满上、满中、满下村）挖重楼的村民将挖到的都卖给和万春了。满下村寨的和四闰，满中村的和三友两家没有再收到重楼了。杨文花还是不动声色，把重楼带回家埋起来。

小学生也能挖到10多元的重楼，其中挖得最多的是五年级的和兴龙，他挖到 30 多元（不到一公斤）。这样势必会激发小学生上山采药找钱的积极性。

2009 年 8 月 19 日　农历六月二十九日　阴间小阵雨

满中村的在读中小学男生今天把各自家里厩养的绵羊放出来，合伙在中村草坪或空地上放，共有八九个学生，年龄最大的是初中一年级学生，最小的是小学二年级学生。他们在放羊时，一边牧羊一边玩玩具，下象棋、下跳棋，让小学生也学着下。这样做既帮了家里大人的忙，小学生也玩得开心，是个好现象。每个学生的家长都支持他们，还再三再四地叮嘱娃娃"不能让羊损坏了庄稼"。

2009 年 8 月 20 日　农历七月一日　晴转雷阵雨

满下村村民和尚军开着拖拉机去城里买小麦，并把小麦碾了回来。他对见到这情况的人讲："现在年轻人，很没有把握生活当中禁忌的防线，儿子与前山石镜头村的女青年和翠芳，一样手续（订婚、结婚）都不做，就大了肚子，使得我们做父母的先忙于备坐月子的米酒，真是子大不由父了。"见状的人说："这样还利落、稳当，要是按照传统的婚娶方式，还不算稳当。现在年轻人都流入城里，见多识广，见异思迁，弄不好还会给男女双方的父母造成心灵伤害。现在虽然父母无任何准备，但子女的婚姻大事却定了，办婚事也不必像以前一样花长时间准备。现时经济发展了，物质充裕了，只要孩子提出要结婚，随时都可以办给他们。"

2009 年 8 月 21 日　农历七月二日　晴

满下村村民和益花与儿子和朝柱今天去前山石镜头村求亲，商定结婚日期。说是求亲，但和翠芳（女）与和朝柱（男）早已在一起共同生活，现已成事实婚姻，只是双方共同举行一下婚礼而已。按历史传统的规矩，每年的七月初二，若要娶媳妇的人家必带着礼品去女方家求亲，商定举行婚礼的日子，不管在什么时候举行，哪怕婚期在冬腊月或来年正月才举行，婚期也必在今天商定。所以，南溪村有句口头禅叫"山每命鹅布"（意为农历七月初二订婚期）。他娘母俩今晚会得到和翠芳母亲的金口玉言。

2009年8月22日　农历七月三日　阴

村民们都想多得到点家庭经济收入。家家户户都挑着大粪浇已薅锄的玛咖，都想使玛咖长得好，多收入些钱，先挑村公所里的大粪，再挑自家厕所里的大粪。自家厕所里的大粪挑完了，就把油菜榨油的油枯用斧头或小锤捣碎，装进袋子里，提着去给每棵小玛咖施上一点点，想让它起到促进玛咖生长的作用。这一现象在前年、去年是不曾有过的，原因很简单，前年、去年种植玛咖回收的方式是杨耀武老板出地的租金，不管产量的多少，每亩800元，产量优者则受奖200～600元不等。去年有个别农户做了以产量付款的试验，现挖现称每公斤8元，每亩收入都在1200～2000元之间。杨老板觉得这招行，2009年就全部以产量计价，可他们又担心个别农户为了增收，就对玛咖施加化肥。于是，今天就让和春华从各个自然村中玛咖长势最好的田块里采摘几片叶子，由杨董事长（杨耀武大哥）带去昆明化验检查。

2009年8月23日　农历七月四日　晴

在丽江城开出租车的满下村女和海今天回家来薅玛咖。她家主要是以开出租车为业，自去年以来，不再种洋芋、油菜、绿肥、蔓菁、萝卜等农作物，只种少量的玛咖（一亩左右），也不再养猪种菜。由丈夫和建军全包了一辆（白天黑夜都租过来叫全包，黑夜租过来的叫半包）出租车，白天由夫妇俩轮开，夜晚又转包给一个太安籍人来开。需要回家做点零活及帮忙村里大事，帮忙亲戚办事则由和海来应酬，和建军则坚持跑出租车。像和建军那样全包了车，夜晚又转包给别人的现象是有一些的，如满中村村民和占军，这样做有很大的安全感。

2009年8月24日　农历七月五日　小雨

在丽江城里开出租车的满下村村民和德华很走运，在丽江大港万宝酒店门口拉到一个想买玉石的游客，他就把这游客拉到滇缅玉石城。到玉石城这游客仔细观看一阵后，买了好些玉石，待那游客离开柜台后和德华把他的出租车牌号记在售货单上，又把游客拉回到大港万宝国际大酒店，然后他返回玉石城拿买玉石回扣款。天哪！和德华得到2万元的回扣款。今年他经常得到每次两三千元、五六千元的回扣，村民都说："他今年很走红运，真是古人说的'大富于天，小富于勤'啊！"出租车司机得回扣的现象是多的，一般每次3000～5000元的居多。前年南溪金龙村村民和秋芬一次就得到近8万元，2008年旦前村的和学武得到2万多元，和德华今天得到的是自南溪村民进城开出租车以来第三次回扣巨款。

2009年8月25日　农历七月六日　阴间小雨

满下村村民和永良、杨耀秀夫妇为满周岁的小孙子和雪松举行生日庆典，方式是：做一顿美味佳肴请生日客。请客的范围是家族、亲家、近亲。送来的礼有人民币、小孩玩具、小孩衣服、最少的礼为50元人民币，最多的是和雪松的外公和建忠（本村人），送来一辆价格为600多元的电动玩具汽车。

这生日客是近三四年才兴起的，南溪过去的历史上未曾有过"生日客"这词和这事。一旦有一家举行了，后面的人也就跟着做了。礼品由开初的二三十元到最多50元，发展到现在的最少50元到最高六七百元。根据社会经济发展及计划生育等社会因素，南溪的"庆生日"这一新鲜事情会持续下去，所送的礼也随之而增加。

2009年8月26日　农历七月七日　晴

满下村村民和耀华家及和永良家今天请满上村村民和友贤（南溪村

兽医）来给牛犊做阉牛手术。两家各自请好亲戚朋友来帮忙。待早点后开始动手阉牛时，两家所请来的人共同先把一头牛拴好闹翻，并压住，和友贤动手术，完成了一头，又去做另一头。做完后，所请来的亲朋就休闲喝酒、打牌，饭则各家自己做好，也各自招待所请来帮忙的人。

过去牛养得多的时候，和友贤一天动六七头牛的阉割手术，而现在南溪村寨已很少养牛，他所做的手术已逐年明显减少，他的这项经济收入也随之减少。满中村、鹿子村和旦前村三村约160户，已有两年没养牛了。而现在养牛较多的是满上村、文屏村，满下、旦后、金龙村虽有农户养牛，但不多。

2009年8月27日　农历七月八日　晴

今年高中毕业的满下村女孩子和亚芬到现在还没接到正规高校的入学通知书，她的大学梦彻底破灭了。对考取大学，在她心里也是没把握的，只是有侥幸心理。因为她自己也知道自己在学校虽然刻苦努力，在班里成绩也只处于中下状态。

她的父亲和金星对女儿考上大学的愿望比和亚芬更强，认为把一个女孩子供到高中毕业，对山里人来说是件不容易的事。如果女儿考上大学就来日方长，定会有出头之日，作为父母，为供孩子读书，再苦再累也甘心。现在的情况，使他像个泄了气的皮球，思想上振作不起来，而且常发点牢骚。和亚芬于今天进城打工，在客栈里当服务员。

少部分学生继续升入高校深造，大部分毕业生流入社会，这是极为正常的现象。就南溪而言，在中华人民共和国成立以前就在家门口办起了"国立山寨小学"，办学历史可算是悠久的了，但南溪村人从中华人民共和国成立到现在吃过皇粮的人数只有50人左右。面对客观，每位做父母的都应想得通。

七年前已故村民和发亮常说过："读书之事，是天下第一难事，读书人既要脑灵，还要会用功，二者缺一不可。要是件易事，国家也无法安排工作。"

2009年8月28日　农历七月九日　晴

满中村村民和闰里、和七士、和涛等去考驾照。

对考驾照，村民们有不同的看法。有的村民认为："自家买不起车，没作用，不如种洋芋划算。就满中村来说租车开的人不多，只有和占军常开，前些年租车开的人，这两年又在家里干活的有好些。"有些人认为要干，趁年轻什么事都干一下才好，和涛的岳父和丽元就是这样认为的："考驾照是件好事，一个人应趁年轻时闯一闯，一个人有多种技术是件好事，我早就盼女婿去考驾照，但他不主动，老人不好说。"有的村民则认为："青年人该学，该去城里开车，要不然只在家里种洋芋，媳妇都找不着。"这种想法是有根据的，现时的女青年都往城里跑，都在城里打工，在家务农的极少，这对男青年谈情说爱是个问题。以往在传统节日、节庆里有男女青年聚会活动，现在少了，男女青年交际的机会转移到城里了。

2009年8月29日　农历七月十日　雨

满中村爱好捡菌子的村民都去捡菌子，有些原来爱好捡菌子的人，一部分已不再捡菌子，而是去挖中药材。产生这种现象的原因是：这部分人以往捡菌子都是去金龙村的山上，过去捡菌子、挖药这些事情是没有禁忌的。自2008年开始，金龙村对生长有松茸菌、"一窝菌"的山实行了夺标承包，由农户承包后，除承包农户外，任何人不得进承包的山里，承包期间还禁止砍柴、割叶、摘松子。金龙村今年也像去年一样实行这一规定，因此，过去满中村的一些卖菌收入大户受到了较大的影响。

2009年8月30日　农历七月十一日　阴间晴

满下村村民和永昌、和社芬夫妇今天把过去南溪人称作早熟洋芋

（黑皮洋芋）挖了，收藏于房仓里。在挖了洋芋的地里，把地整成一垄一垄的，再从种了玛咖的地里把过密的玛咖拔了来，移栽在刚挖出洋芋的地里。他俩想："反正刚挖出洋芋的地闲搁着，玛咖种得过密可能会影响产量，必定要拔了丢掉，干脆来个试验性的移植，可以为今后的玛咖种植积累一些经验，以利于今后玛咖种植，产量和经济得到增收。"见状的村民都认为现在这样做晚了点，但谁也拿不准，因为此前还没人这样做过，待收挖时才能清楚。

2009年8月31日　农历七月十二日　晴

南溪村的七月祭祖节于明天迎祖，后天送祖。今天家家户户都在忙着备办祭祖节的食品。在城里开车的人买了东西往家里捎，没人在城里开车的就进城去备办。有些村民在前几天就上山捡点山货，今天顺便到城里卖。往返于南溪到丽江城的汽车今天特别拥挤，人多筐多东西多，有的驾驶员还跑了两趟，如满中村的和国军、满上村的和闰友、旦都后村的杨耀武，这样才把进城的人拉完。

七月祭祖节又称"七月半"，历史上就很隆重，有"六月祭祖节，祭得起就祭，祭不起不强求；七月祭祖节，再困难也得祭"的说法。所以，这一节日到现时也比较受重视。

2009年9月1日　农历七月十三日　晴

今天是南溪村的七月祭祖节第一天——迎祖。吃过午饭，每家的男主人（男主人因在单位上的农户则由女主人）先把供桌擦干净，上面摆上祖仙牌（南溪人称牌位），然后把厨房、院坝、大门打扫干净，在大门两边的石神前和供桌上洒上青松针，供桌上摆好供品（三小堆水果，由梨、核桃、海棠、苹果、花红等组成，三双筷子摆在每堆水果旁，另加上一些煎品和三小碗面条），接着备上酒、茶，点上香到门口去迎祖。迎祖时一边在石神旁插香（一边一炷香），一边口语："本家历代祖宗们，七月半到了，请大家到家中堂上来"，并在石神上洒上一点酒和茶水。到供桌前一边同样口语，一边把酒、茶摆上，插上三炷香，磕头。做出晚饭时，样样都摆在供桌上，以示祀奉祖先，然后才食用。

2009年9月2日　农历七月十四日　阴

今天是南溪村的七月祭祖节第二天（送祖）。傍晚，嫁到邻近村寨的妇女，有的独个儿，有的携着孙儿，提着一瓶酒回老家参加送祖活动，这一现象纳西语叫"日绍肯"，意为给祖宗敬酒。每家每户都把晚饭做好后，摆在祭祖坛上，以示祀奉本家历代祖先。然后主持人找来一块瓦片放上些炭灰，并从每碗里都夹点放于炭火上，并用一块簸箕，抬上酒、茶、饭、汤、各种水果，拿上现买的纸牌位。大家磕头后，由主持人送到祖地，插好香，洒上青松针，摆放好饭、菜、水果，敬上酒、茶，并把纸牌位烧了。过去每个家族都把饭菜带来在送祖地方合伙吃饭，现今整个南溪村只有满上自然村还维持这一现象。其他村的一律以自家单独进行晚餐。

南溪村过去的今天，曾是青年男女交际，唱情歌、谈情说爱定终身的好日子，但在20世纪60年代初的"四清"运动中中断，以后不再恢复。

2009年9月3日　农历七月十五日　晴

南溪村委会召开各村民组长、副组长会议，主要的议题是研究修补从文屏村到村委员的这段沙石路的路面。近些年由于城里的老板购买南溪满下村、鹿子村的石头拉到城里，驾驶员超载运行；再加上前年从山门到文峰寺路段改造，用满下沙场的沙子，也超载运行，导致南溪公路路面损坏严重。从白华到南溪的公路改造，玉龙县已立为2009年的项目，并获得省发改委的批复，但不知何时才能动工开始。如再不修补车辆行走困难。

经开会研究，先由村委会干部量好各村民小组的路段，在一个星期内各村民小组把所分的路段修补一下,理好路的边沟,让雨水从边沟流走,不再流到路心。

2009年9月4日　农历七月十六日　晴

今天上山挖重楼的村民比前段时间多,十几人一伙伙,七八人一队队,三五成群走向四面山野里去采挖中药材重楼。自昨晚开始,重楼收购价格从每公斤38元提高到每公斤42元,这样就更加激发了村民上山挖重楼来增加家族经济收入的热情。

傍晚,村民陆续回家,有些村民挖到两公斤多,收入百元左右;可有些村民收入只有10元左右。这差别主要是前者为前些年就常上山采挖,寻找重楼已有一定的经验;后者是今年才上山采挖,从荒草树丛中寻找重楼的方法没有前者掌握得好,经验也没有前者丰富。这不是智力的差别,而是实践经验的差异却直接关系到经济收入的多少。正像捡菌子一样,松茸菌、"一窝菌",像一些村民的"自留地"一样,好多村民都不会捡到,有些生长菌的地待常捡的那人死后,才被另外一些人发现。因此,有的村民每年卖菌子收入二三千元,而一些村民则分文无收。

2009年9月5日　农历七月十七日　晴

满下村村民和学武今天请了亲戚来帮忙挖洋芋,到傍晚时挖满了一手扶拖拉机(约2000斤)。他家今天挖的洋芋一次性装在手扶拖拉机里,拉回家不再下车,准备明日拉到丽江坝子里去换小麦,拉回小麦来做喂猪的饲料。

前些年每到这个时候,几乎所有村民户户都去换一两车,但最近几年挖洋芋去换小麦的村民逐年减少,大多数农户已在每年的冬季就储备好来年的饲料,即使没储备好的,也出钱买小麦磨成粉来喂猪。自己挖了洋芋去换小麦或玉米,虽有赚头,但辛苦些,误点工时。左算右算,认为相差不大,干脆把洋芋在家里卖了,一次性买了饲料存放好还轻松,于是换洋芋的村民就不多了。

2009年9月6日　农历七月十八日　晴

过去的南溪村人不但迷信东巴教，而且对年龄的走运与背时是深有讲究的。随着历史及事情的变化发展，已在民间流传着一套不成文的口传理论和约定俗成的规矩。如"男怕三六九，女怕一四七"，就是说，男人的年龄逢三六九，特别是36岁、49岁、60岁那三个年龄必逢大难；女人的年龄逢一四七，特别是27岁、41岁、57岁必遇大灾。因此，古来就有男逢36岁、60岁去"三朵阁"，在"三朵阁"烧香、磕头祈福的做法；女人则有21岁、27岁不嫁人，或不生育的做法来避灾。在漫长的人生途中，有很多人和很多事有偶尔的巧合。例如，满下村村民和尚勋老人今年60岁，其女和朝花今年37岁，形成60岁丧婿、37岁丧夫的现实。在6月中旬其女婿赵桐林因突患脑充血而亡，这种巧合不得不使人们有些相信。有些人则遇破财，如时逢那些年龄的年份里，家里六畜病亡，丢失钱财的现象都时有发生。

若哪家里发生了不测之事，都会先与家庭成员每个人的年龄联想。其实，天有不测风云，人有旦夕祸福是人生的必然，巧合只是偶尔的。

2009年9月7日　农历七月十九日　晴

满下村村民杨文花今天请来亲戚及家族里的人帮她家挖洋芋。这挖来的洋芋，准备看市场行情卖出或换粮食（她认为哪种做法赚些，就采取哪种）。她还准备在挖出洋芋的地里又插上蔓菁（从撒了蔓菁的地里拔来些长得过密的蔓菁，把蔓菁叶去掉，留根插在做好的垄里）。这一种植方法，随着南溪村绿肥撒种面积的扩大而渐年减少。历史的传统耕种是因田地少导致牲畜食物不够而种的，那时没有种绿肥。现时家家户户都在过去的轮耕地里撒了绿肥，喂养牲畜有余。因此，插蔓菁很少有人再干了。而杨文花是个精打细算、勤俭持家、一心想多收农作物、多养牲畜，多收入点家庭经济的农家妇。因此，即使村里不再有村民这样做，但她每年都要这样做。

2009年9月8日　农历七月二十日　晴

南溪满中、满下两村由村民组长各自组织村民进行维修南溪公路的公益劳动，他们在村委会干部分给他们村的路段上进行维修。维修公路的内容是理边沟，填一填路面上的坑坑。村民们有的用锄头理边沟，有的在路边的山坡上挖土沙，有的用簸箕抬来土沙倒在坑洼里，有的用锄头平整。不少村民都干得很带劲、很实在，但也有少部分村民偷懒，只说大话和丑话，出工不出力。村民对这一现象很厌恶、很不顺眼，可谁也说不出不满意的话，谁也不想得罪人，只是在背后议论这些人的公益道德欠缺、公众意识淡薄。而这部分人，每逢公益劳动基本上都这样，二十几年都如此过来了。

到下午3点把各自的路段修填好就散伙。不少村民钻到树林子，有的去捡菌子或挖中草药，有的直接回家。

2009年9月9日　农历七月二十一日　晴

黄山镇党委政府今天照例举行教育表彰会，全镇教师及村委会的全体干部，重视教育、关心教育、支持教育的自然村村主任都参加了会议。

南溪村的所有老师，村委会干部及满下自然村村民组长和永红，参加了今天的会议。

在表彰上学年优秀教师的同时，总结了上学年黄山镇义务教育的情况。回顾和总结了一年的教育教学情况后，党委政府对中心校、对教师提出新的要求，要把黄山的教育质量提到新的高度。黄山镇虽地处优越环境，但教师的组成是复杂的，这对中心校领导的压力是够重的。

2009年9月10日　农历七月二十二日　晴间阵雨

今天是中华人民共和国第六十五个教师节，南溪村的所有教师、职工、退休教师在一起欢度自己的节日。村委会书记兼村委会主任和继武、副书记和国军、副主任和丽军以及负责南溪村工作的镇干部三人参加了今日的欢庆活动。

欢度的方式是在城里农家乐休闲、娱乐、聚餐，会后还给退休教师和在职教师不同的节日礼物（送给退休教师的礼物是酒、糖、茶，送给在职教师的礼物是实用物品，高级暖床单）。活动经费的来源是政府和中心校发给。

各村教师欢庆的方式不同，有些村教师到附近景点旅游，有些村教师在农家乐欢聚。

2009年9月11日　农历七月二十三日　晴

退休后现居住在鹿子村老家的和尚明老师谈今年（2009年）各级各类学生资助情况：自20世纪80年代末开始资助考入重点班或校的优秀学生，并于1993年秋季在全行政村学生及学生家长会上立下诺言："要在有生之年资助优秀学生考上民族中学，每生资助50元；考上高中重点班或民族班每生资助100元；考上大专（含本科专科）每生资助200元，直到本人辞世止。"且每年都付诸实施。大致的情况是：20世纪80年代末到1994年受资助的人数不多，1995—2005年这十年间受资助的人数较多，初中、高中、大学受助生都有。2006年后急剧减少，且高中、大学受助生没有。2009年高中受助生为和凤蓉一人，初中受助生为三人。

他估计，受助生不再会有2006年前那么多了，如果有他一定会资助的。

2009年9月12日　农历七月二十四日　晴

南溪村委会召开村民组长、副组长会议，通报前些天发生在金山乡文化村及七河乡的黄牛口蹄疫一事，对玉龙县委、县政府及黄山镇党委提出的预防和防止此类事发生的意见和措施做了传达。传达要求如下：

第一，近期内不允许村民外出买牲畜；近期内不允许村民卖出牛、羊、猪等牲畜。

第二，做好国庆六十周年庆祝活动前后的安全防范工作，一有异常情况立即向村公所报告，再由村委会干部向黄山镇派出所报告。

散会后，有些村民组长挨家挨户地去传达，有的准备明日召开户长会传达。村民组长们都知道这事刻不容缓，有些则遇到人就宣传，还要这些人传达给邻居们。

2009年9月13日　农历七月二十五日　晴

南溪村绵羊养得多的农户每逢农历七月中下旬就会卖出一些。如满中村和福海的父亲和道远所养的绵羊每年要卖出20只左右，收入6000～7000元；和丽元、和福生两家也与和道远不相上下。出售一两只、三四只的农户则有好多，即使是平时喜欢吃羊肉的，也看在羊价高而舍不得自家杀吃（除准备给姑娘做七星羊披备嫁妆的外），基本上都养肥后卖出。面对现时不准买牲口的老板进村，也不准村民卖猪、牛、羊等牲畜，村民的心里有忐忑之感，生怕辛辛苦苦喂养了一年的猪、羊卖价下跌。特别是群放的养羊户忧心忡忡，每群羊都有40只左右，必须在现阶段卖出一半，否则过冬的饲草不够养那么多，到春来母羊又会生小羊羔，喂养的数量还会增加，如若比前些年的卖价下滑得多又不忍心卖。和丽元说："只能忍痛割爱，像小猪一样价格高时每只达到三四百元，而5、6月的小猪价顶多200元左右，有些四五十元也卖不出，农民的产品只能靠运气了。"客观的事实确实是这样的，以养母猪生小猪卖为例，每年的农历十月到来年的农历三月这段时期好卖，价格也高；农历四月到农历九月这段时间小猪价处于低谷，特别是五、六月，连饲料钱也卖不到。但对农民来说价格再低也不得不养。

2009 年 9 月 14 日　农历七月二十六日　晴转阴

满中村的村民和七士两口子今天开始挖洋芋了。村民们说："什么农活都是他家干得早。"的确是这样，他家现有五口人，两个儿子尚小，老母亲又干不起农活，分地时他家分到的较多（当时有三个姐姐、一个哥哥、父母亲，加上和七士，共 7 人的地），现三个姐姐都出嫁，父亲已过世，大哥又流浪街头近 20 年，地里活就得由他两口子顶着干。他俩干得也很带劲，每天总是早出晚归，午餐也只匆匆吞口干粮，喝口凉水了事。每年的洋芋产量都是满中全村第一位（产量为 6 万至 7 万斤）。和七士逢人便说："老母亲包家务事，我俩包地里活，只有苦干、硬干才能做完地里活。庄稼活得赶时间，农忙季节松懈不得，得按时下种，按时薅锄，按时抢收，如不提早动手挖洋芋，要是洋芋被霜冻了，那就白干了。"他说出了排田种地干农活的要领，要抢抓节令。如惊蛰节令开始种洋芋，到清明节令要完成，若不这样产量会受影响；如洋芋苗出土后就要锄草，否则草会影响洋芋苗生长，同样产量会受到影响；洋芋苗有三四寸左右就要薅成堆，以便洋芋根在土堆里任其生长；挖洋芋也是如此，等到冬天霜下大了就会把洋芋冻坏，造成增产不增收的状况。

2009 年 9 月 15 日　农历七月二十七日　阴间小阵雨

满中村村民和福军见到和七士家已于昨日开始挖洋芋，他也在今天去挖，他乘别的村民还没开始挖洋芋，还处于半休闲状态之机，请来满下村村民和子香、杨文花、和家良等帮他家挖洋芋。他先到较远的"楞石古"去挖。

今天他所请的这三个人与他家不沾亲，但因平时处得较好，你忙我帮，我忙你帮，他们需要和福军时，他也随喊随到随帮。如和家良需要犁地，和福军随叫随到，和家良也乐于无偿帮和福军几个工；杨文花家、和子香家的手扶拖拉机有毛病请和福军检查修理时，他没有二话就去检查修理。因此，和福军急需时也乐于帮他。

这些年，在南溪村请个无偿的工是不好请的，工钱也高达每工50元，且还要以酒、肉、烟、饭全包的方式进行。根据这些状况，迫使在城里开出租车的一些村民产生了干脆在城里买房子划算的念头。

2009年9月16日　农历七月二十八日　小雨转晴

满中村女青年和芹秋今天开始去给南溪完小教师当炊事员做饭。这是南溪完小教师食堂设炊事员以来（1993年秋季开始设炊事员，此前由老师自己轮流做饭）由满中村村民担任的第一个校炊事员。过去炊事员都是由满下村女青年担任，先由和朝菊担任，后由和文青、和学青、和文秋担任。其中，和朝菊任期最长，达七年；和学青两年；和文秋一年；和文青三年。和永秀任学生食堂炊事员，三年后由和丽芳担任至今，已有八九年。村民和担任炊事员的人有个共识："学生炊事员好做，只要做熟就行。老师的炊事员难当，不仅要有耐力，而且要卫生，手艺要好，即使手艺再好，也很难合全体老师的口味。"因此，老师食堂的炊事员换得多，且所做的时间短。满中村的村民也在猜测和芹秋能否会坚持一年。其原因是现时的青年人较懒，虽然她的父母亲都在教她做人要勤，做饭要干净等人生道理，但不知道和芹秋是否听进耳里，记在心上。

2009年9月17日　农历七月二十九日　晴

满下村民和作典已开始挖洋芋了。现年63岁的他，自十二三岁开始盘田种地，从事农活劳动，样样农活都学得认真，做得实在。通过50年生产劳动的实践，积累了一定的农活经验，自始至终信奉古人常说的"赚本生意不做也可以，亏本农田不种不行"。因此，他紧紧抓住每个农时，地里活从不放松。当然，改革开放已有30年的中国农村，在南溪村口头流传的这话已经过时，但并非所有山区村民都能闯入市场。因此，老祖宗们流传下来的关于何时下种、何时抢收、何时入仓等古语还不能完全抛开。

和作典还根据自己的经验，并结合古人的传说讲道："有闰月的年份，往往以闰月误了些农时，这些年份的农作物比其他年份欠佳，产量也不如其他年份。"他还能用具体的自家每年收入数据加以说明，和他聊的村民听后都觉得有道理，事情的确有些像他所说的那样。

2009年9月18日　农历七月三十日　阴间小雨

满下村村民和永红领着长女和文其到丽江城买嫁妆。父女俩看好东西，讲好价，就请金龙村的和七山用他的汽车把嫁妆拉到太安乡天红村委会汝寒坪自然村女婿家放好。在结婚前就先把嫁妆拉到婆家的事例近些年日见趋多（十年前不曾有过此类事，认为此举是女人的身份下降），好处也显现出来：第一、事前就把嫁妆拉到男方家不受路途颠簸，不受损；第二、结婚时迎送亲的人们轻松，并不需考虑天气的阴晴；第三、迎送亲的人群不拥挤，所用的车辆较少。

和永红说："孩大不由父母了，婚姻大事过去由双方父母定，而现在年轻人自己定。"

2009年9月19日　农历八月一日　小雨

捡野生菌及挖中草药的活动已处于落潮，但又有一些小老板进入村寨来买青松苞。这些小老板有的来自黄山坝区，有的来自拉市坝，有的来自龙山乡，有的还来自太安乡，但他们都想把买来的青松苞转手交给中老板或大老板，想在村民（采松苞者）和大老板中间捞取点利。他们有的出价每公斤0.5元，有的出价每公斤0.6元，面对这样的价格，村民都无所反应，有些小老板就背着其他老板出价每公斤0.7元。这样就动了一部分村民的心，答应明天上山采摘松苞。

2009年9月20日　农历八月二日　小雨

目前南溪村已处在可挖收洋芋的时节，而且有一些村民已开始挖收洋芋，但因昨日有小老板来村里买青松苞，价钱也不算低，不少村民在心里盘算着："要是采了背回来，劳力最弱的人也能一天采背200来公斤，收入就可达一天150元左右；要是开手扶拖拉机，一家出动两三个人，到傍晚才回至少可采到1000公斤，收入就可达到700多元。按一斤米一元六角计算，一人一天就可得到一百多斤的大米。"因此，只要是敢爬树的村民都又上山采松苞。有的开着拖拉机去远些的地方，有的背上五眼篮就到附近的山上。有的三五成群，有的一两人不声不响。过秤拿钱时，村民和顺达有趣地说："过去先民说的官富不如山富，真是一点不假，自夏末至秋天，大山对村民献出了所有的宝藏，只要村民勤劳就去山上收宝，捡菌、挖药、采松苞、采松子，都是钱。这些年，我家的收入中山上收入和地里收入不分上下，但地里收入扣除成本和投劳工日后远远不及山上收入。"人们都知道他说的是事实，但不可能所有村民都像他家那样，而且上树有危险。有些村民虽生在山区、长在山区，但不敢上树，也有村民从未捡到过一顿好菌子。老人常说的"人手五个指头不齐"，就是形容人有差别。

2009年9月21日　农历八月三日　阴间雨

满下村阿四金家族集中在和尚军家，准备筹办明日举行和尚军儿子和朝柱的婚礼。昨日进城买货去了一部分人，另一部分人在家办需料理的事情。和建成家三口人、和建国家四口人、和建军家两口人、和建华家四口人、和建忠家四口人，和朝光家、和朝东家、和朝泽家、和朝珍家、和朝亮家、和玉祥家、和武军家、和吉诚家、和学武家、和建良家的所有人都到和尚军家，有的干事，有的休闲（上了年纪的长辈们）。干事的很忙，但再忙长辈们都插不上手，杀猪、做饭、备佳肴都是年轻后生们的事。

这种场合，干的事情虽不紧张，但家族的年轻人都得到场，上了年纪的人也喂了自家牲口后就得参与休闲。

2009年9月22日　农历八月四日　阴转晴

满下村村民和尚军为儿子和朝柱举行婚礼。因为女方（居住前山石镜头村）家在城里农家乐里举行嫁女欢宴，所以迎亲的队伍也由面包车、出租车、轿车组成庞大的阵容去迎亲。同时，经亲家双方在商定婚期时就讲好，免了"回门"这一过程。

把新娘接到家后，先在厨房里，双方亲戚的长辈们围坐火塘边举行祭灶神（过去由东巴来竖柱）尝酒仪式。仪式由家族中的长者和尚勋主持，但他对这仪式不甚熟悉，对过去常用的一些祝福语就更外行了，他就直接用现代语言说："我们的和朝柱讨来了靓女和翠芳，祝他俩天长地久，白头偕老，顺顺利利，大吉大利。"简单的尝酒仪式结束后就开始待客，程序是先招待女方家的亲人、族中老人，接着待远处来客，再待本村的来客。

到晚上又招待女方来客吃夜宵。

2009年9月23日　农历八月五日　晴

今天是满下村村民和朝柱结婚庆典的第二天——招待回门客。

按照传统的做法，今天吃了早饭后，新娘新郎、伴娘伴郎等都应回娘家，请来新娘的父母、伯伯、叔叔、大妈、婶婶、姑爹、姨爹、姑妈、姨妈、舅舅、舅妈、外公、外婆等至亲到男方家，由男方家人盛情招待。这样做的意义有两点：第一点是由女方家的这些长辈向男方父母和家族寄托新娘，并向男方家人说："从此后，该女活是你家人，死是你家鬼，希望你们给予精心指导。"有些口才好点的人会说："从此是一家人了，如有女儿不是的地方请勿外扬，如有女儿不对、不懂的地方请给予指点教育。"第二点是家里增加了一个人，也就多了一层亲戚，借此机会来相互认识。但因新娘已接近产期，女方家因人手紧而在城里农家乐请客，举行过简单的婚嫁仪式，回门这一过程也就免了。女方的这些至亲昨天来做客，今天就由男方家留下继续招待。男方家族一人不少仍参加今天的活动，舅舅们因村里修村道而告缺。

2009年9月24日　农历八月六日　阴转晴

设在满中村的恒信生物种植有限公司的经理杨耀武说："因为今年种的玛咖是去年的三四倍，所要支付的玛咖款也在300万元左右，携带这样的巨款有些不安全、不方便。经与银行商定由银行代转到各个户头，以存款的形式给农户发存折，不发现款，再由农户自己去银行取用。因此要各自然村的各个种植小组长把自己组的各户长的身份证号码登记后，报给玛咖公司。"听到这一消息后，有些村民很不赞成，说："付现款就好了。"有些个别的村民还担心："会不会让各农户贷款？这样就糟了。"于是就不报该户长的身份证号码，这些村民还说："现时社会哄人、骗人的人有不少，不得不防。"但绝大多数村民则按要求报上去了，虽然心里有些不踏实。

2009年9月25日　农历八月七日　晴

南溪村过去以看鸡头占卦测吉凶是常见的事，凡是东巴、手艺人，六七十岁的老人基本上人人都会看鸡头。现时虽没有像过去那样盛行看鸡头之事，但凡家中杀鸡，把鸡头盛给家中的长者，年龄在70岁以上的男人，不管会看不会看，都会边吃鸡头边装模作样地看一下。起房盖屋竖房杀鸡时，把鸡头盛给大师傅，大师傅则边吃边细看，他们对此事虽不算深研，但也粗浅地知道一些。

过去看鸡头的大概说法是：先看额头骨，见洁白相说一切顺利，如见黑点或黑块就说是不顺利或有大难大灾。接着看舌头，若是舌头两尖向内，说是家庭和睦、家人团结；若是两舌尖向外倾斜，说是家庭分裂不团结；若是两舌尖向内而挺拔，则家和万事兴，一切如意；若是两舌尖虽向内而尖向下则预测为家庭虽和睦团结，但不免有不顺心之事。过去的东巴，出门人特别注重看鸡头，他们在出行前杀鸡看鸡头，见吉利状才会出门,不见吉利状就会延迟出行日期。

2009年9月26日　农历八月八日　晴

满下村村民和永红今天请阿闰金家族的年轻人和文亮、和永贤、和永光、和永军、和永华、和永梅等人去丽江城购买举行长女和文其嫁宴的物品。这些物品多为猪身上没有的其他肉食品,如鱼、鸡、鸭、虾,以及蛋、时鲜菜、烟、酒、茶、饮品、糖类等。

和永红说:"现时社会经济发展,办什么事都可以不分季节、不分时间,只要有事就可办,是社会发展、经济繁荣的好处,要是在十年前,临时办这样的大事是困难的。有人办得起,但为数不多,大多数村民则需向信用社贷款来办。满下村人只要有哪家提升了办事的规格,再困难的农户也会千方百计、东借西凑赶上那个规格的。改革开放给农民带来了好处,经济发展了,生活质量提高了,经济开支有余了,家有大事需办不用愁了,真是过上了好日子。"大家听后都觉得是符合实际。但大家都又承认,年轻人的需求也比过去提高多了,家里有四五万元钱,也只够应付男娶或女嫁。

2009年9月27日　农历八月九日　晴

满下村村民和永红家请家族及亲戚来家里帮忙筹办出嫁长女和文其的事。人员安排大致分三种情况:长辈及老人休闲,中年人做饭、杀猪、备嫁宴的煎品,年轻人吃过早饭去上山砍柴。在丽江城开出租车的和灿、和武军、和永华、和文亮、和天林等也停开车回来帮忙。他们开了两辆手扶拖拉机去砍柴,到下午4点左右回到家。回到家后,大伙都谈论说:"今天运好,还砍到两车柴,前些天和朝柱家因雨不能上山砍柴,做什么事情都要有点运。"和天林说:"运气很重要,如开出租车,运好的人找到些钱,运不好的人跑得再勤,跑得再多也找不到钱;像我们山里人捡菌子一样,捡到的人一年下来卖三四千元,捡不到的人连菌也吃不到。运好的人开一天车找两三百元轻而易举，运不好的人跑了五六十公里也遇不到一趟，更不用说遇到买玉石的人了。运好的人把车停在酒店门口，半个或几个时辰就得到几千元或上万元。因此，人的运我是坚信不疑的。"

在南溪村操办婚嫁大事本不需5天，但一家开头了，后来者也就跟随了，无形中就成了规矩。一旦形成了规矩，就没人敢破了。有些村民认为，在城里操办婚嫁大事的人家，也在破除这个盛行近20年的规矩，但嘴里不说。

2009年9月28日　农历八月十日　晴

满下村村民和永红今天为长女和文其举行嫁女婚宴。早晨起来洗漱后，家族的年轻人及亲戚的年轻人都集中在他家操办各种事。

11点左右，接新娘的队伍到了。新郎是太安乡天红村委会汝寒坪村人，两地直线距离约20千米，但山路只能由人和手扶拖拉机行走，而现时接新娘都租用汽车，顺公路得走60千米左右。既然时下都租用汽车，因此再绕也得这样了。大伙先忙着招呼来接新娘的队伍，摆糖果、敬烟、敬酒、敬茶，新郎和伴郎也忙着给人敬烟。现时的新郎和伴郎到新娘家没事可做，要是在十三四年前，新郎和伴郎得用扁担挑着水桶去挑水，得把大水缸灌满。而现在人畜饮水条件得到改善，家家都通了自来水，就不再需要新郎和伴郎用扁担挑水了。

今天从四邻来做客的客人有两个不同点：一是虽不沾亲，但各村民小组（自然村）组长、副组长（会计），以及村委会干部和继武、和国军、和丽军等也来做客，原因是和永红现任满下村村民小组组长，以这个身份请他们的。二是集体时代的满四队（集体时满下村曾分为满三、满四队，以村中小路为界，路上面属满三队，路下面属满四队）各户都有人来做客，原因是实行农村改革后，满四队的各农户办喜事、竖房庆喜，都是全部请，满三队则不这样。

中午 1 点左右举行尝酒仪式，嫁女的尝酒仪式通常由新娘的舅舅来主持。此仪式结束后开始招待客人，顺序是：新郎方客人，族中老人，新娘的伙伴，和永红的伴（村干部），远处来客；去新郎家做客的新娘方亲戚，村中来客，服务人员。4 点左右迎送新娘的队伍出发。

2009 年 9 月 29 日　农历八月十一日　晴

满下村女青年和文其的婚礼还在继续，今天进行的各项程序统称"回门"。历史的规矩是：新郎、新娘由媒人伴着回娘家，到娘家后，新娘就把平时穿过的旧衣裤、披肩等背到婆家准备劳动时继续穿。新郎和媒人得把新娘的至亲（如叔叔、伯伯），家族中代际近的叔伯、姑妈、姨妈、舅舅等请到男方家，这一过程俗称"回门客"。回门客形式上表现为认识一下各方面的亲戚，实际上是女方的亲人向男方的家人和亲戚交代"此女从今是你们的人了"。

和永红、和永良、和永军、和永光、和顺达、和顺明、和顺光等十五六个人去男方家做回门客。

2009 年 9 月 30 日　农历八月十二日　晴

满下村的一部分村民在田里农活繁忙的情况下，仍坚持上山采松苞。他们大多数持续采了二十来天，以现年 61 岁的村民和国兴为例，他只在近处采，一天采三篮（上午采一篮、中午采一篮、下午采一篮），每篮重量在 50 多千克，每千克青松苞收价 1 元，他一天的收入在 150 元以上。他认为，这样干虽然感到苦些、累些，但能挣到这样多的钱，鼓舞着他坚持干。他说："我做木匠包工干活，每天干十来个小时也挣不到 100 元钱，点工干一天只得 60 元，虽有烟、酒、饭肉不离口，但总算下来也没有 100 元，这样的好事何乐而不为？地里的洋芋是自家的，没人会挖了去，比别人迟挖一段时间没关系，松苞没人收就得不到这么多钱了。即使有人收，一段时间以后就没有了。松苞不须施肥，不须加工，不须投劳，只需采了，背来就可拿钱装入包内，很现成，我还想坚持采几天。"村民和建华夫妇、和金发夫妇、和建国父子的话虽没像和国兴那样说，但他们都开着手扶拖拉机到较远的山上去采，每天采到七八百千克，收入还是很可观的。

2009年10月1日 农历八月十三日 晴

今天是中华人民共和国成立六十周年纪念日——国庆节，是祖国母亲的六十华诞，举国上下都在欢庆。

南溪村民在心里祝福祖国繁荣昌盛，在行动上以劳动的方式来庆贺节日。一些村民坐在电视机旁，观看首都北京庆国庆节的盛况。看电视的村民看完电视后情不自禁地说："真好看，看到了祖国的伟大、祖国的繁荣、祖国的富强，看到了中国军队的现代化建设，为祖国的发展感到自豪，作为一个中国人感到无比的幸福。身在北京的人不一定会看到这般壮观的景象，今天虽误了挖两三百斤洋芋，但很值得，赛过了亲身到北京的感受。"

今年的国庆节南溪村与往年不同的是：南溪完小老师轮流陪同炊事员和丽芳值班，以防发生不测之事。

2009年10月2日 农历八月十四日 晴间阴

南溪村委会支部书记兼村委会主任和继武带领满下村村民和永红、和永军、和丽军、和亚军、和永昌、和永光、和建成、和万军八人到文屏村抢修公路垮塌的路段。该路段经多年从文屏村中流出的水的冲刷，加上每年雨季大量洪水的冲击，已成为从丽江城至南溪公路的险要路段，再不抢修，有可能中断此路的交通，给南溪人民的生产生活带来很大的不便。和继武书记把这一情况向黄山镇政府作了汇报，并请求给予补助款来抢修。在镇政府还没明确表示补助的情况下，他看农忙在即，便先组织人员进行抢修。村民看到此情此景，都夸口说："和继武书记的实干精神很强,他真是想南溪人民之所想,急南溪人民之所急,的确是位好支书、好主任。"

2009年10月3日　农历八月十五日　晴转阴

今天是一年一度的中秋节,村民们为欢度这一传统节日忙着做月饼,几乎家家都停下了挖洋芋的农活。有些儿媳妇的父母还在世的,需要去给父母送月饼的已在昨天就做好,这些人今天开始给长者送去月饼。这一活动的范围只局限于出嫁女儿给父母亲送去,如若父母不在了,这一活动也就不进行了;有个别的给哥嫂也送去,但为数不多。送去的饼子主要是自家做的,而在城里开车的人家,女人们送的月饼是从城里买回的。

今年的中秋节是近些年来没有雨的一年,不少农家在晚上10点左右开始在月下团圆,共看月亮,品赏月饼,吃糖果,休闲玩乐,一直到夜间12点方休。

2009年10月4日　农历八月十六日　小雨

和继武书记带领8个满下村民继续维修危险路段。他们修理的步骤是先从文屏石厂拉来石头,放在要抢修的路段旁,再拉来沙子以及文屏村改造村道用剩的水泥。砌好石头,用水泥、沙灰黏合上。又从丽江城水泥制品厂拉来三根涵管,放入砌好的两道石墙中间,再放上石头,并用沙灰灌浆,让石头黏牢,之后把路面铺平。大概需要五六天时间才能完成。

2009年10月5日　农历八月十七日　阴

满中村村民和国军夫妇为儿子择了吉日——农历十月十四日,公历11月30日与在丽江城打工的宁蒗县籍姑娘结婚。商定日子后,和国军和老婆和社清忙着请客,请客一事须在这个月内完成,这是历来的规矩。和国军说:"我的同事们(乡、村干部及平时要好的老师们)可以到下个月办事前才请,他们不讲究请客时间,举行婚礼前一个礼拜左右请就合适了,如若现在就请,有些事情多的人会把做客一事给忘了。"

在南溪村,古时的规矩是办事前一两个月就请客,农历二月和七月两个月不办婚嫁喜事。现时请客一事还依照过去的规矩,但婚嫁一事已经破例,什么时候都可以办。

由于南溪的很多年轻人到城里打工,青年男女结合的伴侣已不再像过去一样局限本村中或邻近村中:有宁蒗的、贵州的、大东乡、金安乡的、九河乡的、也有维西的,等等,同时不再局限于纳西本民族中通婚,有汉族等其他各民族。这逐步改变了过去组成家庭的方式。

2009 年 10 月 6 日　农历八月十八日　晴

在南溪满子师村(包括上、中、下村)有这样一个真实的故事:20世纪50年代初,满下村女青年和金海在鸡冠山脚下割青叶,满上村的男青年和国太也在附近砍柴。当两人各自的事情还没做好就下起了大雨,所幸旁边有一块大石头,大石头下可容两三个人避雨,两个青年人顾不得害羞,不约而同地跑到石头下避雨。借这个极好的机会,曾当过国民党兵,走过不少地方的男青年和国太主动对和金海道出相爱之情,并出口立誓言:"你若嫁给我,我对你别说拳脚相加,就连吵嘴都不会。"和金海看到这彪形大汉为人这样诚恳,态度这般明朗,就答应嫁给他了。婚后两三年,有一天为了婆媳之事,和国太大声吵起来,和金海和声细语地说:"山一爸,你在鸡冠山脚下的大石头边怎么说的?"和国太一听,立即止住了吵。从此,这一对夫妇的生活中没再出现过吵嘴之事,总是恩恩爱爱,喜笑颜开地度过了一生。鸡冠山下的这个大石头在南溪也就出了名,村民们爱慕地称"岩肯鲁每拿"(意为鸡冠山脚的大黑石)。当村民们上山砍柴、拉松毛、割青叶、捡菌子、挖草药,见到这块石头时,都会不由自主地想到这个真实的故事。

2009年10月7日　农历八月十九日　晴

设立在南溪满中村的格林恒信生物种植有限公司，简称"玛咖公司"，今天开始再投入巨资起一所六间的砖木结构房，准备用于玛咖粗加工。从这一行动可以看出，公司的人对种好玛咖下了很大的决心，投入也就逐年增多，这样的局面给南溪村产业结构的调整创建了一个好的前景。但村民对传统的产业一时还难以改变，他们思前想后、思虑重重，都改种成玛咖又担心老板压价。大多数村民认为："种洋芋虽比种玛咖成本大，劳力投入大，但所产的洋芋要买的老板多，这个不要那个要。而玛咖只能交给公司，这又给公司有可降价或压价的机会。"所以，根据村民的思想观念，难以在南溪形成种植玛咖专业化、规模化的格局。

2009年10月8日　农历八月二十日　晴

在城里租开出租车的满下村民和武军同在城里给他做饭的老婆和金桂，回家帮助父母挖洋芋。他们的回家确实给不会开手扶拖拉机的和圣伟老人帮了大忙。这段时间，村里你忙我忙大家忙，真心想帮老人们拉一车洋芋的亲戚也难得挤出时间。再说，从客观上讲，在南溪村除了婚、嫁、丧、竖房客、"祝米"客外，帮亲戚做农业生产和起房盖屋等活计的现象逐渐减少。

近些年南溪村的经济确实发展了，人们的思想也跟着经济的发展在变化。因此，年轻人外出开车或打工、老人在家生产的农户，在农忙时年轻人要回家帮忙，否则完不成农事，并影响生活。

2009年10月9日　农历八月二十一日　晴

满中村、满下村的十来个村民有的提着米，有的还提着肉、米、酒等，到汝南化村去参加该村村民和比昆的丧葬礼。据和比昆的亲戚和圣昌讲："和比昆因酒醉，他的老婆和儿子没时间照看，担心他又到亲戚家混酒喝，于是母子俩就把和比昆拴在柱子上去劳动。中午回到家见和比昆已断气。"村民们谈论说："世间真是无奇不有，但把老伴、把父亲拴死这一声誉比老人平时受虐待上吊、跳水、服毒自杀的声誉更坏，会名传几代。"据知情的和圣昌讲："和比昆已好多年不干活，以酒度日，常醉常酗，结果母子的名声坏了。"

2009 年 10 月 10 日　农历八月二十二日　晴

满下村青年和丽芳把她的男朋友领到她家，这就是说她的终身大事已定，并向家庭和社会公开，她所领来的男朋友是古城区七河乡前山村委会石镜头村人。满下村和石镜头村相距约 20 千米，走山路人行得花三个半时辰，旱季开手扶拖拉机也得花两个小时左右，乘汽车经过丽江城绕道得花三个小时左右。面对这样的距离，作为父母亲，心里有点不大满意，但父母表示尊重年轻人的意愿，服从和支持女儿的选择，同意明天女儿跟随男友到男方家去。但不准领伴娘同行，而且在女儿还没有回到家以前男方不得请媒人来女方家，只能等女儿从男方家回到自己家里后才能来媒人。为什么这样说呢？现时南溪村及周边邻村的村民普遍认为，当姑娘在男友家就请媒人到姑娘家求亲，是姑娘已"跑婚"到男方家的表现。而和丽芳的父母同意男友到自家来，女儿到男友家去，主要目的是向双方父母和社会公开女儿和男友的关系。

2009 年 10 月 11 日　农历八月二十三日　晴

记满中村村民和凉的事，警示后人婆媳要和睦相处。

和凉，男，满中村人，和优的独儿子，当他还孕在母胎里时，父亲病故，不识父亲（纳西族把这类还未出世就丧父的子女称为"拨川若"）。1961 年其姐和谷嫁到旦都后村后，只剩下母子俩。1964 年他讨了旦都后村女青年和花为妻，把妻子娶到家后，婆媳经常发生口角，有些时候还有大吵的情况。1966 年和花生一男孩，坐月子时，婆媳又发生了吵架，和凉看着没办法，感到无奈。他大声对母亲和妻子说："你们俩都不自觉，不懂相互尊重，不讲相互谦让，叫我怎么办呢？批评母亲吧，我怕舅舅来骂我'一个寡妇拉扯大儿子，儿子大了，孝敬不说，反成忤逆之子'；批评妻子吧，我又怕岳父、岳母来教训我。摆在我面前的只有我先死了，再任你俩吵闹。"话一说完，和凉找了一根麻绳，跑到村子前面的山上。母亲和优请家族和村里的人去找时，一切都晚了，和凉在一棵大松树上吊死了。根据当时的情况，以及和优、家族的意见，把和凉的尸体就地火化了事。

一段时间后，和花携子又回旦都后村娘家去了，一两年后携子又嫁到吉子村和天寿家开始了新的生活。而年有60多岁的老母亲却孤苦伶仃，隔几年后要了满下村弟弟和青的女儿和秀花来和她做伴，来赡养她，给她养老送终。

这件事告诉村民一个做人的道理："人与人相处，和为贵，婆媳相处，和平、友善、互敬、互让为好。"

2009年10月12日　农历八月二十四日　晴

村民们在忙着挖洋芋，同时有部分油菜已经成熟，等待村民来割它。割成熟的秋油菜，看似简单易行，其实并不然。用镰刀割的时候要动作轻巧，以防荚炸粒落，用力过大和不慎摇动油菜都会发生不同程度的荚炸粒落，造成不该有的损失。因此，有部分细心的农妇不让手笨的男人去割油菜，而是自己趁天一亮就去割，到太阳照得大地暖烘烘时，她们又停下这一活计去挖洋芋。当农民，好像有强健的身体就行，其实农民不仅要有强壮的身体，还要善于观察和思考，才能够成为精通各种农事知识、掌握各种劳动技能的农民。

2009年10月15日　农历八月二十七日　晴

2009年7月23日，我因沾亲，前去参加汝南村老东巴杨寿康的丧葬活动。杨寿康高龄80有余，是丽江城南山片区村寨中现有唯一的老东巴。他的各种东巴祭祀活动只是在1964—1980年这段时间里中断。1998年后又开始各种东巴仪式和祭祀活动，太安乡及附近村寨的村民常请他主持各种仪式。故此，丽江市东巴文化传承协会根据他本人生前的要求，为他进行了东巴祭祀超度仪式。主持东巴和来参加的东巴们为其进行了系统完整的祭祀、超度仪式。这种仪式在20世纪50年代末丽江各地的纳西族都会进行。当时我曾产生把这个过程记录下来的念头，但爱婿过世才30余天，悲痛之情缭绕心头，再加上对祭祀仪式的意义模糊及东巴仪式上的法语不懂，故迟迟不能动笔把这一纳西族古老的丧葬祭祀仪式记录下来。

后有幸看到登载在10月17日丽江报上和旭辉同志写的《老东巴杨寿康的葬礼》一文，一气读了数遍，感到所写的和实际过程完全一致，而且他以博古的学识点明了各种仪式的意义。估计近一段时期内南山片区不会有这样盛大的东巴葬礼。他的这篇文章表述了纳西族古老的丧葬文化，我认为这篇文章对从事研究纳西族民俗、民族文化的学者有一定的帮助，故将全文摘抄于后，作为13日、14日、15日这三天的日记。

记老东巴杨寿康的葬礼

7月23日，得悉玉龙县太安乡汝南村的老东巴杨寿康病故，受其生前要求和孝子之请，丽江市东巴文化传承协会派了和旭辉和三名玉水寨东巴，一名博物院东巴一行五人来到汝南村，给老东巴杨寿康做超度仪式。

根据纳西族东巴教的传统，有人去世是要做超度仪式的，老东巴去世就一定要做更为复杂的超度仪式。杨寿康老东巴生前一直在太安一带做各种东巴祭祀仪式，当像他一样的老东巴去世时是否有人为其做东巴超度仪式也是当地民众所关注的。丽江市东巴文化传承协会一直致力于东巴文化的传承保护，给这样的老东巴做超度仪式是义不容辞的。这样的仪式在目前的纳西族地区来说也确实少见，所以做此记述。我作为东巴文化的传承者,记录东巴仪式不难,但读者可能会对一些东巴教专门术语不甚了解,当然也会有纳汉互译的不妥之处,请读者多多指点。以下是做这次仪式的主要过程:

7月23日上午,我们从城里出发。30分钟后进入太安乡境内,此时正是太安马铃薯花和油菜花盛开的季节,还有很多无名的野花在尽情地开放,广阔的山地变成一片起伏的花的海洋,纳西农舍点缀在花海中,我们的东巴仿佛行进在仙境中。由于海拔高,云一直离我们很近,在山地与云朵中间,公路两边的花海延伸着消失在我们视野之外的薄雾里。我们还议论着老东巴在这样一个季节里走了,一定去了一个风景更胜的地方。

中午12点左右,我们到达汝南村的丧家,丧家家属在大门口跪迎东巴,东巴做小型的迎接法杖仪式。这个小仪式的主要目的是丧家迎接象征东巴法力的法杖"什罗木徒"(东巴什罗的法杖),诵经《迎法杖·给法杖点灵药经》。丧家先让我们吃午饭,午饭后有主持东巴给其他东巴分配工作。先在主人家院子的北面设置一个神坛和一个烧香坛,迎请神灵,诵读《搭神坛·请神坛》《开坛经》《除秽》《卢神起身经》《加威灵经》《烧天香经》等经书。此仪式的目的是请神灵来威慑和消灭各种鬼怪。接下来是"使计崩",给死者做消灾仪式。这个仪式要在丧家的大门口举行,和平时的消灾仪式一样,要做此仪式独特的祭术,有七本此仪式专用的经书。这个仪式的主要目的是让世者解脱世间的一切灾祸,包括别人对死者生前的口舌是非之灾,死者的仇人,别人背后的咒骂,等等。纳西人认为人生前的各种灾祸会让死者亡灵回不到他要去的地方。

做完"使计崩"仪式,开始进行"日输蹦又",此仪式是给死者一头引路的猪(要一只黑色的没有被劁过的母猪)。东巴诵读经书《超度·给死者引路猪经》,由助手杀猪,杀猪时猪头向着大门的方向(因为猪要引领死者走回归祖先故地之路,所以头要朝着大门的方向。要留下猪的内脏,作为后面给死者献食时给抢死者食物的鬼食;猪的左前脚要煮好,每次献食都要拿出来供，最后用此猪脚来占卜）。由于时间紧，分两个东巴到丧家大门外举行"猛恩序"仪式，杀猛鬼和恩鬼仪式，在丧家大门外一点用一个猛鬼木牌，一碗黑谷，一个染黑的鸡蛋，一炷染黑的香条。东巴诵读经书《超度·杀猛鬼和恩鬼经》，按经书的要求，说明猛鬼和恩鬼的出处来历，人类杀猛鬼和恩鬼的故事和此仪式的意义，给猛鬼和恩鬼施食，送走猛鬼和恩鬼。纳西人认为猛鬼和恩鬼会挡住死者的去路，抢吃我们给死者的食物。此仪式完成已是山衔落日，飞鸟归林，就马上进行"嘴普"仪式，好些地方也叫作"悬白"，是一个挂幡仪式。此幡与汉族的魂幡（引魂幡）相似。东巴诵《超度·挂幡经》，把幡挂在丧家大门前，在灵前要同时给孝子和亲朋好友戴孝。挂了这个纳西语叫作"嘴普"的幡后，表示正式进入丧礼。此时已是傍晚时分，要给死者献食，纳西语叫"安姿密"，顾名思义，这个仪式的主要目的是给死者献食，同时要给会抢死者食物的恶鬼施食。东巴诵读《超度·给死者献食·粮食的来历经》，分别讲述粮食的来历、酒的来历，给死者献食，把死者的福泽留给后人等。汝南是一个民风淳朴的地方，按传统习俗，纳西人不先给死者奠食，人们不能先食。所以，东巴和丧家、亲属等在给死者献食后才开始吃晚饭。

晚饭毕，夜色已经悄然笼罩了这个小山村，繁星开始闪烁，看看表已是晚上8点钟，就开始"陆帕活受"，这是给死者做招魂的仪式。边诵《超度·给死者在居那苦罗神山四面招魂经》，边摇板铃，其他人吹海螺号，敲鼓等。死者生前到过什么地方，做过什么事，都会在无意间把灵魂滞留在那里，以致死者回不到祖源地，所以要做此仪式来给死者招魂。紧接着做"古硕辣"仪式，"古硕辣"意思是钉"古硕"（带五色线的柏木楔），东巴诵读《超度·钉古硕经》，先把带五色线（代表五行）的柏木楔浸泡在酒中，拿起带五色线的柏木楔子给死者点洒"灵药"（从头到脚点在棺材上即可），然后做死者棺材的大木匠就把这个柏木楔子钉到事先做好凹槽的棺材上（分男左女右），纳西人认为来源于木、火、土、铁、水五行，死后钉上带五色线的柏木楔，代表可回归本原。

然后做"般米致"仪式，给死者点灯或献灯，要准备好13朵花（纸花），13碗油灯和13支蜡烛。东巴诵读《超度·点灯经》《超度·点灯咒》，死者的亲朋好友要持香跪于灵前，东巴诵读到可以点灯的时候，亲朋好友同时给死者点灯，东巴跳灯舞和花舞，表示照亮死者回归的路径和祖先居住的地方。当东巴跳起东巴舞，村民们争先来观看，他们中的老年人议论着好久没有看过这样的舞蹈了，熟知纳西古风的老人还跟旁人说每一个动作是什么意思。丧家的整个院子被油灯和蜡烛的火光照亮，相信在这香火的照耀和法器的声音中已故老东巴的魂路一帆风顺。跟着进行"木姿"仪式，唱挽歌。东巴诵读《超度·挽歌》，给死者说明人的生、老、病、死是亘古不变的定律，让其安心地去死者该去的地方。同时，其他人可以跟着东巴"木照"（唱挽歌的间隔部分），一直到东巴把经书诵读完毕，其他村民围着院子中间篝火开始跳"窝忍忍"和"莫达"等舞来送别死者，有的东巴作为他们的领舞者，引领着村民不断用古老的祝词和舞步把死者完美地送到其灵魂居所。参加舞蹈的村民越来越多，歌舞声此起彼伏，按传统习俗一直跳到黎明鸡叫。

鸡一叫，东巴们就开始准备"安居居左"仪式，鸡叫唤醒死者。鸡鸣的时候东巴奏起法器，诵读《超度·鸡鸣唤醒死者经》，孝子要给死者献上一碗鸡肉稀饭。东方微现曙光，东巴诵读着悲凉的经句，孝子、孝女们早已哭成一片，这也是古风，因为这是最后一次唤醒死者，也就是说死者在家的最后一天了。到此仪式结束，天已经亮了，吃过早饭开始进行"冷臭职"仪式，赶"冷臭"鬼仪式。在丧家的大门口做一组"冷臭"面偶，用鸡血和黑谷给其施食后驱之，东巴诵读《超度·赶走冷臭鬼经》，诵完将偶丢弃。东巴死亡时专用的一个仪式，意思是为已故东巴解脱其生前做东巴法事时遗留下的罪责。东巴诵读《超度·解脱罪责经》，用炒面做三尊面偶，分别是一只猴子、一只果子狸和一只蝙蝠，施以黑谷和鸡血后送走。然后"格凡皮"，给死者清障。将一碗血饭弃到大门外，东巴诵读《超度·给死者清障经》，这个仪式的主要意义是东巴生前给别人做仪式，可是有些仪式会失效而产生各种鬼怪，所以超度东巴时要将这些鬼怪清除，让死者安心上路。这时到丧家送葬的亲属和邻村人越来越多，东巴开始进行"安姿密"，即给死者献食（午饭）。东巴诵读《超度·给死者献食·粮食的来历经》，除了经书最前面经腔不同外与前面的献饭仪式相同，以上仪式做完后就开始吃午饭。

吃完午饭，东巴开始做下面的仪式了，先是"臭吉化"，咒洗秽的水，用一个烧黑的茶壶，里面放水和银器，再插一枝冷杉枝。主持东巴诵《超度·咒洗秽黑水经》，边诵经边念咒语，要往壶里吹咒气。完后放在丧家，等送葬的人们归来后洗秽。接着做"普劳布"，送神。在神坛前诵《送神经》，诵完经书后收起卷轴画和神坛的东西，就可以准备下一个程序了。此时正午已过，可以发灵了，东巴进行"日坡"仪式，给死者开路。东巴手持法器诵读《超度·开路经》，准备一碗水在灵前，东巴诵读完经书后将水碗用镰刀打破。然后在前面跳东巴舞、镇鬼舞给死者开路，后面跟着丧家的亲属和送葬的人们，他们有的拿着花圈，有的拿着魂幡，年轻力壮的人则扛着棺材向山里进发。丧家的祖坟在一座山坡的脚下，要从村头的农田斜坡上爬，我走在东巴中间，到山脚往回看，浩浩荡荡的送葬队伍在村头的巷陌间唱着送葬"莫达"调蜿蜒而上。而坟地东巴进行"极空抗"仪式，射杀鬼酋仪式。将事先准备好的鬼酋面偶施以鸡血和黑谷后带到坟地，东巴诵读《超度·射杀鬼酋经》，按经书要求，一个东巴抛鬼酋面偶，另一个要用事先准备好的弓箭射鬼酋面偶，抛完、射完仪式也就结束了。东巴回到"臭布迪"进行"米咳瀑"，解脱罪责仪式。东巴诵读《超度·解脱罪责经》，将仪式所有罪责解脱。

到这里整个仪式就全部结束了，我们将代表东巴法力的"东巴什罗法杖"放在丧家的大门外，因为发灵过后东巴就再也不能进入丧家了。丧家和逝者的亲朋好友都来道谢。汝南是一个纯纳西族村子，对东巴教的信仰基础也很好，村民也很热情，很多老人都说，他们死时不知道会不会有东巴超度了，可是他们本身是很希望有东巴为他们超度的。我告诉老人们，丽江市东巴文化传承协会一直致力于东巴文化的保护和传承，如果有人请，我们一定会无偿去做法事的。老人们听了很感动，他们说，有这样一个组织，我们纳西族的东巴文化就会有一个大好未来。

看天色已晚，做仪式的东巴不能在丧家过夜，就在暮霭中和丧家、汝南村的父老乡亲们告别，回到主祭东巴太安天红的老东巴杨学红家做了一个除秽仪式，结束了这次外出祭祀活动。

2009年10月16日　农历八月二十八日　阴间晴

南溪村"阿仕牛本"的意义。

"阿仕牛本"（新郎、新娘磕头），在南溪村古来就很重视，历来就有新郎、新娘做"阿仕牛"，及在春节女儿回娘家做"阿仕牛"的两种传统。这两种"阿仕牛本"的礼品和所馈赠的礼品基本相同，但意义各不相同。

新郎、新娘做的"阿仕牛"是在正月里，它的意义是旨在新郎、新娘认亲戚。在社会的组成单位——家庭里，多了一个人，就多了一层亲缘关系。因此，纳西族古来就有让新近成婚的新郎、新娘带着米、酒、肉等物到双方的亲戚家做"阿仕牛"，以此来认识双方亲戚家的人，亲戚们又馈赠给新郎、新娘一点钱。所带的米、酒、肉等礼物与古时大致相似，而馈赠的钱从传统的2元逐渐增至5元、10元、15元、20元，到21世纪后一下猛增到50元、100元等，而且"阿仕牛本"的时间也不再限于正月了，什么时候举行完婚礼、婚礼完结后就去做了，这是一个很大的变化。

出嫁的姑娘回娘家做"阿仕牛"，时间都在正月初二到正月十五期间，其意义为回家探望父母，和家人欢度春节。所带的礼大多为传统的米、酒、肉等物，现时有些还加带了糖、茶等物。娘家也可馈赠给点钱叫"压岁钱"。数额从传统的2元、3元、5元、10元、15元、20元增至现时的50元、

100元。这些变化足以说明南溪村的经济也和全国一样，有很大的发展。

2009年10月17日　农历八月二十九日　晴

南溪村委会召开党支部大会。大会由村党支部书记兼村委会主任和继武主持，由黄山镇党委派驻南溪村工作组组长贾副镇长传达第三批保持共产党员先进性教育方面的有关文件，以及学习十七届四中全会关于"党的建设"方面的材料，然后以座谈的形式展开讨论。到会党员都认为，党中央非常重视党的思想建设，非常关注民生，各级政府对人民的居住、生活、孩子的上学读书，方方面面都给予很大的关心和支持，做到有困难的人有新房住（政府给旦都后村残疾人和宝起了新房，极大地改善了他的居住条件）；老有所养，政府给已丧失劳动能力的老人（60岁以上，没儿女）给了补助粮和生活补助款，元旦、春节期间还送去慰问品和慰问金；给家庭困难的学生生活补助，使学生们既能安心完成学业，又减轻了家长的经济负担；还为村民的老有所乐提供条件，帮助建盖活动场所，让村民和老年人有活动的场所。大家都说："真正做到了党的政策暖人心。"

2009年10月18日　农历九月一日　晴

当村民们还处在挖洋芋、收洋芋的大忙之中，买洋芋的老板雇了大型汽车来南溪买洋芋。他们今天来的意图主要是买小洋芋，以此作为洋芋种打算卖到大理、楚雄、保山、临沧等地做冬种洋芋种。他们出价每斤0.27元，在他们自己买不到的情况下，就请满中村村民和福海帮他们买。和福海请亲戚帮忙把自家的现在收到家的小洋芋过秤上车，在上车时就有在场的一些村民也答应卖，于是，称完和福海家小洋芋后，去称和福生家的、和爱琼家的、和闰里家的，就装满了一卡车（共重3.5万斤）。帮和福海上车的同时也卖出自家小洋芋的村民感到满意，对时间安排、生活安排、上车、洋芋价等都感到很合意。短短的几个小时，和福海本人收入350元（每斤洋芋给他一分的酬金）。老板本人也满意而归，并请和福海随时帮他们买洋芋，大洋芋出价每斤0.4元，小洋芋每斤0.27元。和福海家虽然还有好多洋芋要挖，但他欣然接受老板所请。

2009年10月19日　农历九月二日　晴

南溪满上村的村道硬化工程今天开工，具体工程是从公路到村中的主要大路，各户与各户之间的路都要改成混凝土路面。政府给予水泥及拉沙子的费用，采挖石头、拉石头、铺石头、搅拌混凝土及浇灌路面等均由村民出工、出力自行解决。他们还开了户长会议决定每户出400元的买沙子费，并在城区沙场买，运费由政府扶持补助。首先分组改村中通往各户的路，改完后再集中改主道。

在农忙时进行这样的公益劳动，充分体现了村民想改变落后面貌的决心，体现出村民想优化、美化、净化居住环境，建设新农村的渴求，也体现出村民组长、副组长等村干部带领村民进行新农村建设信心十足。

2009年10月20日　农历九月三日　晴

南溪村传统的兄弟分家后赡养父母的习俗。

南溪村民有两个或两个以上儿子的人家，历史传统上习惯于把所有儿子的婚事办完后分家而居。这样做，在社会上显现出家庭和睦的气氛，向众人无声地展示了婆媳之间、妯娌之间、兄弟之间、父子之间都团结友爱。分户而居后，父母一般跟小儿子同过生活，父母认为小儿子有好多事情要帮忙，如领孙孙、翻修房屋等。因此，有"父母爱幺儿"的说法；也有一些家的父母认为双老同在一家，那家的负担过重，就分开过，老夫老妻分开和儿子过。这种情况，一般父随长子，母随幺儿，故有"长子为父伴"的说法。这说法有两重含义，一是说，长子是大的，是一家兄弟中出世早、年纪大，因此凡事都要给父母帮忙，特别是犁田、砍柴、砍料等农活；二是说，兄弟分居加上父母跟儿子分开过，母亲留在老宅基，父亲跟大儿子过生活是历来的规矩。这规矩来自"女人不嫁二"的古训。

现时，大多村民都沿袭传统的做法，也有一些老两口单独生活，或者剩下一个老人，就在两个儿子家轮流生活（一般一家一个月）的现象。

2009年10月21日　农历九月四日　晴

南溪村委会副主任和丽军今天进城转付政府拨给文屏村民小组的买沙子款，他跟同行的文屏村村民组长和红光及副组长和国军说："现在政府很注重民生，越来越关心和扶持新农村建设，扶持的资金也越来越多。就南溪整个村委会来讲，前几年做村道硬化时政府只补助水泥，村民自己撬石、采石、打沙、铺石、浇灌混凝土等工作；而现在你们文屏村做村道硬化工程是我们南溪村最后一个村民小组，最划得来的也是你们文屏村，你看政府不仅给水泥，还给买沙子款、运沙子款。这与以前做的旦前村、旦都后村、满中村、满下村比起来，政府扶持的数额就相差较大。"

文屏村村组长、副组长都不约而同地说："举红旗（意为各种建设的先行者）的村干部和村民的确是苦的，干部做村民的思想工作难度也较大，村民对过重的投工投劳意见较大，很难形成共识。而最后做的，政府可以集中资金扶持，我们要动员村民做得好些。"

2009年10月22日　农历九月五日　晴

满下村村民和永红在自家还有好些洋芋要挖的情况下，让妻子及女儿去挖，他却拿着一捆塑料编织袋到满上村、金龙村等地去帮洋芋女老板杨菊买洋芋种。杨菊也是按过秤上车的斤数，每斤一分付给和永红酬金。通过三四年的这一活动，他认为帮老板买洋芋工酬可观，实为划得来。因此，家中农活再紧，他也情愿帮老板去买洋芋，家中妻儿也支持他去买。这样做，一则帮老板买洋芋的村民增加了经济收入；二则老板也不必再担心短斤少两，两全其美。两者必须相互支持，才能做到相互信任，从而达到两者得利。

2009年10月23日　农历九月六日　晴

前些天，在丽江城里开出租车的满下村村民和万元开车时撞倒一个年龄已接近退休的老教师，造成脑震荡，而且伤势较重。目前经医院尽力抢救，已脱离危险，药费已花了14万元。村里人都说："运不好，辛辛苦苦开车挣钱一年多，几秒钟时间就破如此巨额钱财，都是运差的缘故。"

村民们在谈论此事时，和万元的老婆和万芝也说："运气太坏，这下我家可不能脱出经济的困境，没法了。"她还说："过去纳西族讲究的一些习俗不得不相信，约在三个月前，村民和女出葬后的第二天，和女的老伴和国春老人曾来到我家找他的孙子和福红，这与现时发生的祸很恰合。"

过去的南溪村民很忌讳丧家人到邻居、亲戚家，丧子、丧女，特别是鳏夫寡妇要在丧葬后先到城里逛一趟，方能去邻居、亲戚家。如若没去城里，就说有晦气伤害亲戚、邻居家。这些传统的习俗在生活中常有巧合，所以一般村民都很注重这方面的行为，等丧葬结束后，由家人或亲朋陪同去城里（或集市）逛一转后，鳏夫寡妇、丧子丧女的人才会去别人家。如有还没去城里就进别人家则视为没修养之人。

2009年10月24日　农历九月七日　晴

满中村村民和福海、满下村村民和永红暂不顾家里有好些洋芋要挖，再加上霜已很大的情况下，仍在帮洋芋老板买洋芋种（小洋芋），而且把开初时的每斤0.27元提高到每斤0.3元，每斤一下就提高了0.03元。好多村民都感到一斤小洋芋卖到这样的价也是可观的了，拣好的大洋芋有时还卖不到这样的价，都想出手了。只因地里的洋芋要急着收，所以，他俩还是要费点时间挨家挨户问洋芋。满下村村民和永昌、和圣伟、和国武、和丽军四家合装一辆汽车。方法是和永昌、和丽军两家合伙过秤装车,由和永红负责过秤计数;和国武、和圣伟两家合伙过秤装车,由洋芋女老板杨菊过秤计数。四家共卖出3.54万斤,就是说这四家已挖到家的小洋芋已出卖完。

2009年10月25日　农历九月八日　晴

"九九"重阳节已来临,前些天担任老人活动小组长的和尚勋与副组长和圣昌、村民小组组长和永红两位通了电话,要求共同组织满下村老年人"九月九"(现时称敬老节)的活动。同时,要求在活动时另选一名老人活动组长(和尚勋本人因特殊的原因不能再担任此职)。村民组长和永红很支持村里各种事情,特别关心老人活动事宜,于是经他与和圣昌在昨天晚上商量活动的内容后,他俩今天来城里做活动的准备,购买老人食用的鲜肉、鲜菜等。在家中农事很紧张的情况下,他俩为村中老年人的活动搁下自家的急事,来操办活动用的食物。这确实是对村民的奉献,私心重的人是绝对不会这样做的,村民都感到他俩的行为确实很难得。

2009年10月26日　农历九月九日　晴

喜逢2009年重阳节,满下村活动中心炊烟袅袅、欢声阵阵。满下村年满55岁以上的老人集中在这里欢度"老人节"。这是农历五月五日端午节第一次在此欢聚后的又一次欢聚。老人们有的闲聊,有的打扑克,还有的打麻将;长舌宽嘴的妇女们,絮絮叨叨,互相讲述着各家的收入,时隔才4个月,但有讲不完的话,有些妇女像怕话头被别人抢了去一直滔滔不绝。笑声、谈声、麻将声交织在一起,呈现出一片欢乐的景象。

吃午饭前,由老人活动副组长和圣昌做了活动经费支出公布;接着村民组长和永红向老人们说了和尚勋的请求,和尚勋的老伴和家良对老人们说："我家老倌很关心老年活动，但去帮姑娘领外孙，没有时间再为老年活动的事劳碌，请另选一个来担任。"

老人们都感到事情很客观了，就另选和学新来顶替和尚勋。和永红还宣布了老年活动服务人员，由有老年人家的年轻人轮流做。之后大伙就进入丰盛的午餐。饭后又进行娱乐，一直到傍晚才散伙。

2009年10月27日　农历九月十日　晴

这些天下的霜大，待成熟的秋油菜经霜冻后荚很容易炸开，荚一旦炸开，油菜籽就会欢快地跑出来撒落地上，造成自然损失，这损失不亚于遭冰雹。因此，村民们天一亮就往油菜地去割油菜，还不成熟的也割下。到中午1点左右太阳照得大地发热时，只能停下此活计，又去干别的农事。因为在太阳的照射下，油菜荚受热，再加上人的摇动，就会炸开，造成油菜籽损失。为尽量减少油菜籽损失，人们不得不停下来，又去干别的农事。

眼观油菜地，没割的也寥寥无几了。

2009年10月28日　农历九月十一日　晴

满下村村民和玉祥因要在11月上旬去考驾照的跟车操作，今天请亲戚们来帮她挖洋芋。亲戚们及村民们在私下议论说："客观上，和玉祥的确是困难户，还好在她的老公公和尚典退休后由移动公司负担，当和尚典去世后由移动公司支付和尚典遗孀和志贤每月500多元的生活补助费，而使和玉祥开销不用愁。再加上和玉祥是本村人，好多农事由父母家帮忙她干，这样她平时就有些松懈，而造成农事积压的现象。"

2009年10月29日　农历九月十二日　晴

白华村村民和玉山带着鹰来南溪进行放鹰活动，他住在满下村村民和金龙家。和玉山来南溪满下村放鹰至今已有十多年了，开始他先住村民和武军家，和武军结婚后又住到和子黄家，几年后和子黄结婚后，他又住到和吉顺家，偶尔也住到和德华家，最近几年住到和金龙家。满下村的18～40岁的男性村民几乎都成了他的朋友，不管他到哪家都受到热情的接待。和他最要好的朋友也不少，与和金龙、和文亮等交情甚深。他在满下村住上两个月，吃住不愁。

今天，和金龙、和社兴、和子黄、和社红、和学武、和丽华等人和他一同去放鹰。他们一共放到五只野鸡，两只野兔，可算是近两年里放鹰收获最大的一天，不仅得到了放鹰的乐趣，而且还饱尝了一顿野味。"人上一百样样有"，这话一点不假，正像身居山里而一年到头没吃过一顿鲜美野生菌一样，也有很多见过野鸡而还未吃过野鸡肉的村民，这类人不喜欢狩猎及下野鸡、野兔，而喜欢放鹰。而喜欢狩猎、喜欢下野鸡、野兔的村民，吃野味比吃家禽肉还多，如满下村村民和建国和子黄父子、和建良和金发两岳父女婿、和国亮、和学武、和子红和金龙父子，满中村村民和福生、和万选、和三友等人。

2009年10月30日　农历九月十三日　晴

满下村阿四金家族到玉龙县医院看望住院生产的和朝柱妻和翠芳。

在南溪生病看望互相问候是传统的美德，但看望问候时所带的礼品则不尽相同，过去有送一二十个鸡蛋的，有送一只鸡的，有送一只猪脚的，还有送10个蛋、两斤面条的。最近几年大部分送钱，有送20元的，有送30～100元的，一般亲戚送50元的居多，内亲送100元的多。这些都说是"以礼相还"，但具体下来就不是这样了。如去年×××住院生产，亲戚×××去看望时送了30个鸡蛋，今年×××又住院生产，亲戚×××不好意思带去30个鸡蛋而是送去50元（个别还是送去30个鸡蛋，这种现象为数不多），这样做的原因一方面来自经济的发展，另一方面来自物价上涨的因素。

也有个别的年轻村民，只顾自家的积累而不讲究礼节，但这现象是很少很少的。

南溪村过去就流传有这样一句口头语："来来往往看得见，送这送那看不见。"说明了礼不在于轻重，但沾亲带故的人必须有去看望、问候的做人礼节。

2009年10月31日　农历九月十四日　晴

玉龙县黄山镇南溪村地处文笔山麓高海拔山区，为了村民早日脱贫致富，村干部鼓励村民中的剩余劳力进城务工，鼓励村民利用信用社贷款发展多种经营。近些年来玉龙信用社白华分社首先到南溪村进行摸底调查，分社负责人走村入户，了解各农户对信贷资金的需求，以及摸清南溪村民的信贷信用程度，然后会同县联社制定特殊优惠信贷方案，使大部分需要贷款的农户都获得了启动资金。据信用社的有关人士介绍：截至2009年10月底，南溪村民已得到贷款扶持资金1282万元，受惠信贷农户352户，支农覆盖率达96%。其中，用于购买各种车辆的信贷820万元，占贷款总额的64%，其余462万元大部分用于农户发展养殖业和商业贸易。

白华信用社分社充分发挥信贷资金的作用，减少不良贷款率，对信贷户始终进行跟踪指导，并引导其合理使用资金，同时积极宣传信用政策，有效防止了不良贷款现象的发生，至今在南溪村不良贷款率仅为0.004%。

由于信用社贷款资金的大力扶持，信贷户正确使用资金，现在的南溪村发生了很大的变化，在城里跑出租车的、开饭店的、做生意的，以及在村里搞养殖业的，都率先进入小康生活阶段。有好多农户还在城里买了自己的房子，变为城市里的新阶层，南溪村也名列丽江市农村拥有出租车最多的村委会。相信今后在信用社贷款资金的继续扶持下，南溪的明天会更美好。

2009年11月1日　农历九月十五日　晴

婚庆典礼举行后才40天的和朝柱妻子，前些天在玉龙县医院剖腹产下一女婴。在婚前和产前他俩没有办理结婚证、生育证、人口迁移（女方的医疗保险仍在古城区七河乡前山行政村石镜头自然村），根据古城区及玉龙县的相关文件，因和翠芳没有以上证件，生育住院的费用得不到报销。她的婆婆和益花很想不通，唠叨说："去住古城区医院就好了。"和朝柱说："不管住到哪个医院，文件是统一的，规定是统一的，不会得到报销，你说的话很不客观、很刺耳。"

他们办理了出院手续后今天下午3点出院回家。住院10天花费了4000来元的住院费、药费、花销费。这样的巨额支出，和益花是心疼的，但和朝柱是无所谓，"认为该用、要用，过去没实行新型农村合作医疗时，别的村民住院生产、治病，该支出多少都是自家掏，东借西贷也得支付，没有理由心疼，没有理由产生怨气。"

2009年11月2日　农历九月十六日　晴

满下村女青年和丽芳与石镜头村男青年和亚米经近两年的交往，在近期内相互去了对方家。今天和亚米和他的父亲背着聘礼（米、酒、烟、茶、肉、红糖等）来到和丽芳家。至此，双方父母和社会承认了这对青年男女的婚姻关系。剩下的事情是两亲家商讨举行婚礼的日期、请客、准备婚宴、举行婚礼等事。

村民都说："和丽芳是个懂事的女青年，要是她不懂事，前些年就会去嫁人了，现在父母也没有更多的理由阻拦她成婚了。"

2009年11月3日　农历九月十七日　晴

满下村村民和永红今天帮太安乡汝寒坪村洋芋女老板杨菊买大洋芋，价钱是每斤0.42元。对这样可观的价钱有好些村民还在彷徨，犹豫不决，心想"现时开价这样好，后期或许会更好"；有些村民则认为，这个价就可以了,说不定过年后又下跌,现在洋芋的水分都还饱满,现在出手划算。人各有思,志不相同。结果由村民和永昌家、和丽军家两家出售4万斤(和永昌家2.5万斤、和丽军家1.5万斤)。和丽军还表示,以这个价在最近就出售剩下的全部洋芋。杨老板的回答却比较含糊,"再看看好了。"村民估计她是想试一车,如赚头大她就想继续干,如赚头小,她就想暂停一下。和永昌却满意地说:"以后价钱再升高也不后悔了,价钱再跌也不打紧,剩下的如价钱不如意,可以自家去处理。"

2009年11月4日　农历九月十八日　晴

设立在南溪满中村的格林恒信生物种植有限公司再投入资金增加设置4个育苗大棚。从他们投入巨资扩大再生产现象来看,他们对南溪种植玛咖一事抱有很大希望,单单在2009年下半年用于建盖玛咖加工、育种塑料棚就投入约50万元人民币。对这样的大量投入,村民们各持心态,有的认为:"可能玛咖这一药材很值钱,投资的人会赚到很多钱。"有的村民认为:"他们投巨资在此地建设好,不知道以后会用作什么,也许会做别的产业。"

2009年11月5日　农历九月十九日　晴

满上村村民和友贤病了,病得较重,儿子把他拉到丽江市医院检查住院。经住院检查得知他得了肝癌。听到这个消息,不少村民都感到痛心,觉得南溪村的实用技术人才,治疗脑中风、脑血栓的名中医,面临即将过世的境况。这不仅是对他家经济收入的一大重创,而且对南溪村、周边邻近村寨及丽江、大理、迪庆的脑中风患者也是极大的不利。他当南溪村兽医40年来,同时也做人医,不知他为村民阉割了几千头牛犊、几千匹骡子,劁了几万只猪、几万只羊。村民们想到这些,都觉得不忍心他离去。他医治脑中风病不仅在丽江,还被请到香格里拉、鹤庆等外县,救治好多人,医名传四方。他不仅行医,还是一个竖房子的大木匠,编篮子、簸箕的篾匠，他家的新房都是他自己起的，他还为村民、亲戚起过 200 多所新房。作为这样一个"多面手"患了不治之症，家人定会伤心万分，村民也为他而遗憾。

2009 年 11 月 6 日　农历九月二十日　晴

挖完洋芋的村民们已转入搓打油菜的农事。进行这一农事，村民们各有各的方法，并自认为上乘的方法。有的拿块大篷布铺在平整好的地上，然后抱起油菜放在篷布上，用双手使劲搓，把荚都搓得差不多时，就用一根短小的木杆敲打一阵，然后把油菜杆丢到篷布外，这样反复轮番地进行着；有的村民则在大篷布上堆放好油菜，然后甩开膀子用打粮杆来打油菜，使劲打了一阵后，待荚都打下来了，就把杆杆抛到旁边，再打一小阵，把荚也抓到旁边。

显而易见，采取第二种方式的工效快一些，既省力又效果好。但采取第一种方法的村民认为，第二种方法虽快速、省力，但油菜籽有损失现象。采用第二种方法的村民认为，虽有损失，但不多，"打金银的地方，都落下粉粉，这点损失不算数。"

2009 年 11 月 7 日　农历九月二十一日　晴

满中村男青年和承军今天帮太安村洋芋小老板和兴哥买洋芋，洋芋价格比先前杨菊女老板每斤提高了 0.02 元，他出价为每斤 0.44 元。面对这样的价格，满中村民还是没人出手，他们在心里估算着："这价钱比往年同期价是可以了，但现时物价什么都在上涨，再观察几天。"和承军就到旦前、旦都后村买，结果有好几家愿意卖，而他今天只要 4.5 万斤，同时他给旦前村买洋芋的村民说："请不要像以前一些旦前村民一样用'炸弹'（指自己造好，用来卖洋芋时用的秤砣），造成斤头不足。先欠下 500 元，待到过磅交货时，洋芋足数了就立即付给你们，如果不够数量就从欠款中扣出不足部分的洋芋款。"旦前村卖洋芋的人同意了和承军的说法,双方说好后,开始过秤上车。

2009年11月8日　农历九月二十二日　晴

满中村村民和福海来到满下村买洋芋。他所买的洋芋是帮昆明老板买,事前在电话中老板和他讲好了洋芋的价钱及他的报酬,老板说洋芋价比先前贵点不要紧,就是要求洋芋个头大些,和福海的报酬仍按以往做法,按上车斤数每斤付0.01元。和福海就在满下村出价每斤0.45元。满下村村民有四五家领他去看洋芋,结果他看中了和万元家的洋芋,但出于面子,看完洋芋后,他对领他去看的村民说:"大家的洋芋都很大,挺喜欢的,近日和万元急需用钱(因他前久开车时撞着人,用了十二三万元的钱),今天就先上他家的吧,其他的以后再上车好了。"大伙都无话可说,有的问他:"满中村和旦都村没买到洋芋吗?"他回答说:"满中村的人越添越要,我不想买,只是在他们请我上车时我才装车;旦都村的人卖洋芋常常数量不足,常短两三千斤,我虽是旦都村的女婿,但我不愿与不讲良心的人做生意。"他还说:"事前就必须把价讲好,上车时数量就要足,这是做买卖的最基本准则。"大家都说:"是的,有道理。"和万元就请来亲戚、邻居过秤上车。

2009年11月9日　农历九月二十三日　晴

去搓打秋油菜的村民比前些天多了,这说明挖完洋芋的村民逐日多了。大伙在午休时交谈道:"今年的油菜因雨水断得早,割放好后没淋过雨,因此比往年难搓些,荚不易炸。但是今年的油菜籽又不易发霉了,收好后就可一次性储存起来,往年淋过雨后的油菜籽还得晒干后才能储存起来,真是寸有所长,尺有所短。"大家都还谈道,"农事,不出力、不费劲是不行的"。

有一个村民说得好:"世上的事情,不仅是排农种地,样样都得出力,都得顶住累。我们农民比干其他工作的人来讲,日晒雨淋时多些,干完一天就呼呼入睡。干其他行业的人不仅白天干，晚上还要想问题。因此，活着的人没有一个是不苦的（除小孩外）。"

2009 年 11 月 10 日　农历九月二十四日　阴

立冬节令过后霜越下越大，越下越白，村民们先停下其他农活，忙着收蔓菁、萝卜。因为经霜打后的蔓菁叶和萝卜叶几天就会变黄，并自动脱落。及时收藏好，其叶子青青的，家畜都爱吃。人们为了家畜过冬有足够的食物，常常把蔓菁叶和萝卜叶晒干收藏好。有好多村民把蔓菁和萝卜做成干坨坨，用来喂养过冬的家畜。

十五年前村民还把蔓菁、萝卜加工成片片或丝丝，晒干后做菜吃。随着生产的发展，经济的繁荣，农民生活的提高，这一传统的做法已在南溪村消失。偶尔有些农户，图煮火腿肉时好吃，做了点蔓菁花，但毕竟很少，反倒感到新奇。

2009 年 11 月 12 日　农历九月二十六日　阴

满上村在基本挖完洋芋，拔完蔓菁、萝卜的情况下，今天又组织进行村道硬化工程的公益劳动。经过前一段时间的施工，完成了通往各家各户的路面硬化工程，现剩下从公路到村中的主路线，约 600 来米。他们进行劳动的组织方法是：一户出一个男劳力、一辆手扶拖拉机，合伙去山上采石并拉回来，然后安排铺石头。政府帮助解决水泥、沙子、运费。

南溪村 8 个自然村，在各级政府的关心支持下，自 2000 年旦前、旦后两村村道硬化后，又先后进行鹿子村、金龙村、满下村、满中村、文屏村、满上村的村道硬化工程及篮球场的建设，有些村还建盖了活动场所（如满下村），极大地改善了人居环境。

2009 年 11 月 13 日　农历九月二十七日　晴

满上村村民和四钱前不久曾在玉龙县医院检查治病，后又转到丽江市医院检查继续治疗，对病他本人无明显感觉，医院也查不出病在哪个部位，但从和四钱的脸庞、行走方面看，他确实有病。为此，他的儿子、女儿、妻子以及兄弟们要他去省城昆明大医院检查。今天，他在儿子和昌城、弟弟和五哥的陪同下前往昆明。

如今的南溪村，普通村民也上省城大医院检查治病成了普遍现象。这不仅显示出近几年南溪村经济发展迅速，人民生活大有提高，而且得益于党的惠民政策好，得益于国家对农民实行了新型农村合作医疗制度，使农民做到病有所医，有效防止了因病返贫的现象。十年前上省城医院，大多数村民别说去，就连想也不敢想，上省城医院医病的村民寥寥无几。

这是南溪村民在医疗方面的大变化。

2009年11月14日　农历九月二十八日　晴

满下村村民和益花、和朝柱母子俩在忙着请"祝米"客。母子俩分工负责，路远点的亲戚由儿子去请，村子里及邻近点的亲戚由母亲来请。他们各提小提篮，篮中装上若干碗米酒，每到一亲戚家就端出一碗上面盖有红糖的米酒，说声："请尝一下孙女的米酒。"亲戚家的年长者拿来一双筷子，夹一点米酒分别放在三角的三只脚上面，然后夹一口到嘴里品尝起来，口里还说："好甜好甜的米酒，祝孙女健康长寿。"事毕，母子俩就跟亲戚说明举行"祝米"客的时间，帮手的分工，一一都请好。告别时，亲戚们都送10个鸡蛋（过去一般常送五六个）。请好一家后又到另一家，一天要跑好几十家，很没有时间逗留在某一亲戚家，说完就辞别而去。

2009年11月15日　农历九月二十九日　晴

满下村村民和建华、和国武、和国亮、和永秀、和永军等前去旦都后村安慰五花尽（乳名，因一村中有几个名为五花的，就以年龄大小来喊，五花尽指小的五花）的老伴和秀文。五花尽服毒自尽于儿媳的寝室。

据他们家人讲,"五花尽自前些天去龙蟠乡新尚村参加一亲戚家丧葬活动回到家后,与儿子、儿媳吵架,儿子和丽诚就打了她一耳光,后来五花尽自尽于儿媳的寝室里,估计可能是有鬼魔缠身。"

村民们听后议论各不同,有的说:"在经济发展,生活物资充裕,人民生活改善的现阶段,年轻人的思想道德方面欠佳了,服毒自尽的人不会是因幸福而这样,必定心中有难以忍受的苦处才不得不选择这一手段。死者已死,不会开口诉说苦衷处,把所有的苦处和难以忍受的心情带到阴间。有孝敬心和孝敬行为的家庭,别说是还在自食其力的父母,就连年迈七旬的爷奶都过得很开心。"有的村民说:"她自尽是她的愚蠢,在她现时还自食其力的情况下,如儿子、儿媳不孝,老两口可单独生活。"还有的说:"现处于50岁以上的人都经历了一段艰苦的创业历程,养儿育女,起房盖屋,操办娃娃婚事,这三件大事完成之后,可以松口气来生活几年。只要有吃有穿,大的也应让着点小的。当今社会不愁吃、不愁穿,五十老几死去挺可惜的。有病的人都往医院跑,想多活几年,健康人自杀更是可惜万分。"

2009年11月16日　农历九月三十日　阴间小雨

满下村村民和学仁前些天回家帮助老伴和国秀搓打油菜,一同前去的村民劝他俩不要再种了,因为儿子在城里开车,儿媳在南溪完小教书,和学仁本身每月有1500元的养老生活费,和国秀也有每月800元的养老生活费,都六十有余的年龄了,该停下农活养老了。和学仁对劝他的人说:"自己种点油菜、洋芋,养只猪,可自己解决生活所需的油、菜、肉,节约了一大笔开支。但力不从心时只得停了,我们老两口有自己的生活费,不需要由儿子、儿媳来供养,这对他们是一个有利的条件,希望年轻人看清这点。如若我们自己没有,养老是儿子、儿媳的责任。现状使我的儿子、儿媳轻松了很多,不知他们感觉到没有。"的确是的,他讲的符合道理,南溪村古来有"养儿防老"的传统习俗,大部分村民都以养育有儿子为荣的传统观念，在国家未实行计划生育之前，有点"重男轻女"的习惯。自从国家实行计划生育、节制生育，村民的这些传统观念也消除了，有了生儿生女都一样的新观念。

2009年11月17日　农历十月一日　阴

满中村村民和丽功今天开始负责帮格林恒信生物种植有限公司（村民俗称"玛咖公司"）搭建塑料大棚。方式是由公司以总款包给和丽功搭建，和丽功又请人来帮忙，并由他付款给帮手，由他做包工头（村民俗称小老板）。事前他就请好与他性格相似、合得来的和三六等8个村民，但他没向所请的人公布工价，只说："做完搭棚任务后，我们等分。"对他说的话，好几个来帮忙做的人都持怀疑态度，特别是对"等分"一词，认为现时的老板，没有给小工等分酬金，但想想眼下也没什么农事做，每天得个三十几元也算了，总比打扑克、打麻将强。

和丽功是南溪村20世纪70年代的轮式拖拉机驾驶员（时任黄山公社农具厂拖拉机驾驶员），对焊接技术、开车技术都比较熟悉，特别是对开车这门功夫很内行，当他在酩酊大醉时，也能把车安全驾驶到家。做老板、做经济是有些头脑的能人，只因娃娃长大了，让娃娃出去闯，而他守在家。

2009年11月18日　农历十月二日　晴

满下村村民和尚军今天请和建忠一同去帮他购买"祝米"客所需的物资。因为在之前举行婚宴用后还剩下些烟、酒、饮料等物品，可以用于此次"祝米"客，所以帮手就不需要很多人。到城里后，他就请了和朝泽帮忙他俩到市场上买东西。他买完东西后，对在城里开车的亲戚家族的人说："'祝米'客，杀年猪客一次举行了，因此不安排帮忙的人们也尽可能回来团聚。"和益花、和朝柱母子也在家里忙着，一方面忙着招呼坐月子的儿媳，另一方面还要忙农活、家务。

2009年11月19日　农历十月三日　晴

满下村村民和尚军今天请家族和朝东及两个女儿、和朝泽夫妇、和朝珍夫妇、和朝亮夫妇、和朝光夫妇、和武军夫妇、和玉祥、和建军夫妇、和建成夫妇及女儿、和学先夫妇、和秋谷母女、和建忠夫妇及儿子，还有满上村亲戚，帮忙明日举行"祝米"客的准备。

具体工作是：杀猪、砍柴，煎明日用的部分食品，如酥肉、鱼等。厨师、做饭、蒸饭、烫米酒、收礼、记账的人事已都在请客时安排好。今天除做饭、蒸饭的人以外都要去砍柴。上了年纪的人则在家休闲、吃饭，帮忙之事不用插手。

2009年11月20日　农历十月四日　阴

满下村寨村民和尚军、和一花夫妇为小孙女举行"祝米"客。

参加"祝米"客的人除本村的亲戚、家族外，来自前山石镜头村、太安吾足比村的远方亲戚居多，四邻村寨的亲戚都前来参加今天的"祝米"客。

来参加"祝米"客的礼大多为鸡、鸡蛋、米、红糖、小婴孩的衣物，有些距离远些的亲戚则以钱代物，有些挂了50元，有些挂了100元。带来礼最多的是小婴孩的外婆（和尚军的亲家母），她除了带来米、蛋、鸡、米酒1罐、红糖4坨、小孩衣物1套外，还带来小孩玩具车、背具等物，花费人民币近千元。外婆家给小外孙或小外孙女的礼物最近五六年来基本上是这么多，大同小异。小异的地方是有些送来的鸡蛋为150个，有些为100个；有些比较讲阔气的外公、外婆家送来七八百元的玩具车，有些家里还不怎么富有的人家则送来一两百元的玩具车；有些送来名牌衣物，有些送来一般衣物。这不仅显示出农村经济的发展，同时也隐藏了讲排场、比阔气的浪费行为，渐渐形成了攀比的不良风气。

2009年11月21日　农历十月五日　晴

满下村村民和作武、和圣华两家在卖洋芋种，这洋芋种是以每斤0.32元的价由和永红帮杨菊买的。今天这车小洋芋是满下村寨的最后一车，也就是说价钱最高的一车。村民都说："今年的洋芋种很好卖，价钱也很高，有些年份，大洋芋的价还不如今年小洋芋的价。"往年把小洋芋也留到来年四五月才卖的和作武、和圣华两户村民都在今天出手了，他们的心里也会有"可以了"的感觉，要不然他们两家是留到最后才出手的，有些年份留到来年四五月，有些年份留到来年的6月。有时，好些村民都会为他们而担心，可他们两家都尝够了最后卖的甜头，所以留到最后才出手。

2009年11月22日　农历十月六日　阴

满上村村民和友贤在家族及家人的护理下，于今天早晨9点停止了呼吸，家族的人们为他放好了口含。待到11点左右，他又呼吸起来了，这种现象纳西语叫"各冷仕"，意思是又复苏了。在城里开车的满上村村民一听到和友贤去世的消息就急忙驾车回到他家，见到他又复苏，开车的村民陆续回城，其他村民也离开他家，去干各自的家务。当村里的人死了，村民都得不约而同地到死者家去，帮忙洗尸、入棺、"芝步吉"，等到这些事做完才能离开死者家。这是不成文的村规，这一村规是古时候就传下来，直到如今还在采用着的。

2009年11月23日　农历十月七日　晴

这几天到南溪买洋芋的老板及来拉洋芋的汽车很多，价格在每斤0.46~0.47元。满中村的村民和福军帮汝南村的老板杨李清问洋芋、过秤洋芋，因他俩之间沾点亲，工酬就不像和福海那样丰厚。但和福军考虑到这些天总是闲着，闲了白闲，给多少也就收入多少了，反正过秤上车二万四五千斤，老板不会支付少于百元的工钱。他早晚忙于走村进户买洋芋，白天上车，等这车上好了，又买好下一车的。

车子多和老板多，象征着南溪村已有不少的村民在卖洋芋了。

2009年11月24日　农历十月八日　晴

满下村村民和玉祥今天请家族的人来帮忙称洋芋上车。她家孤儿寡母，支撑一家不容易，特别是经济迅猛发展的现阶段，很多村民的脑子被"钱"字所占据。在农村排田种地，一个寡妇是不易的，所以她报名考驾照。她打算把洋芋卖出后，把年猪杀了，就无忧无虑地去学操作（跟车）。因此，她以每斤0.46元的价卖给洱源的洋芋老板，被请的人不管你年龄多大也得去帮忙，即使是背不起百多斤重的洋芋筐，也得用簸箕装洋芋。装完后一结算，有2.43万斤，在场的人都说："劳动力平均收入，她可能还占了村中头一位。"

2009年11月25日　农历十月九日　阴

满中村村民和秀英今天路过云南大学纳西族研究点的房子时，听到似乎有漏水的声音，她立住脚，再细听数分钟时间，认为确有漏水的声音。回到自己家里后，把此事告诉给丈夫和福军，并要和福军打电话给管理员和尚勋。和尚勋接到电话后，立即叫老伴前去观看，结果在洗澡间有管子漏水的现象，和家良就请和福军来帮忙堵住漏水的管子。和福军在缺少材料的情况下，用橡皮把漏水处紧紧堵住并用绳子拴好，暂时堵住了漏水。他夫妇俩能这样，是因为一则思想好，二则与管理员和尚勋的关系好。

2009年11月26日　农历十月十日　晴

满下村村民和朝亮把自家的出租车夜晚租给黄山镇文华居委会上村（温泉旁）的村民和文明已有一年。现在合同期满，和文明要求再租开一年，但和朝亮考虑到自身的经济压力过大（在3月10日已报名购买丽江市计划生育局团购房一所，并已东借西借首付了 20 万元），说明不再租出，要他另租一辆，并把和文明的押金 1 万元如数退还与他。于是从今晚起和朝亮又自家跑车了，他又恢复了前些年的做法，就是老婆和福春白天跑车，他晚上跑车。他的父亲对他要求到晚上 10 点就要停车睡觉了，但不知他会照办否。

2009 年 11 月 27 日　农历十月十一日　晴间阴

满中村村民和福军帮杨礼清老板买洋芋，今天每斤已出到 0.5 元，比前两天上浮了 0.03 元。他在满下村村民和秋谷家以估算的形式买下两万斤，并用他自己带来的锁锁好，等到以后适当的时候拉出去。锁好后他付款给和秋谷 1 万元。事后，和福军有些后悔，总认为这间房里的洋芋最多不会超过 1.9 万斤，眼睁睁地已亏了 500 元，但已无法了，只能是心中不快而已。

下午他又到满中村他二姐和菊家买洋芋，他的侄子和江红说是要把他家的洋芋卖给和福海，舅侄俩就吵了起来。和福军认为："姐家的什么技工活都是由我帮忙干，如砌砖、砌石头、安放盖严石等。因此，这洋芋应该卖给我。"和江红认为，伯父和福海去年买洋芋时领了他几趟，每趟都给 100 元劳务费，要把洋芋卖给他，今年也可能去帮伯父上车几天。他俩各持己见，越吵越厉害，后来在众人的劝说下才停止了吵架。

2009 年 11 月 28 日　农历十月十二日　晴

满中村村民和国军今天开始为儿子举办婚庆礼做准备工作，他请和丽功、和丽虎、和春华、和志强、和二社、和七四、和仕军等人去城里买婚庆礼所需的物品（主要是用于待客用的物品，如烟、酒、饮料、鱼、各种菜）。新郎、新娘用的床、被、衣服、沙发、电器等已在前些时就已买到家摆设好，糖果、瓜子等也已准备好了。

明天，一部分人杀猪，一部分人备肉食品，如煎鱼、煎酥肉等，绝大多数中青年人则上山砍柴。

后天，招待来参加婚庆典礼的宾客。

大后天，家族、亲戚，他家所请帮忙的人都还团聚休闲，第五天晚饭后，家族们把各自的炊具拿回家。

也就是说在南溪村，举行婚嫁、庆生、办丧等重大事情，家族和亲戚都要花费五天时间才结束。

2009年11月29日　农历十月十三日　晴

再记述南溪村有关"鬼缠人"（纳西语"除你除"）。

"除你除"，在南溪村古来就承认存在这一现象，因此如有人病了，就先拿来个鸡蛋（或玉耳环片），再拿个盘子或碗（或者菜刀），把鸡蛋或玉片放在盘碗中或菜刀上来卜算。只要鸡蛋或玉片在这些物中立住了，就是算着了，于是一边嘴里不住地骂，一边备上碗，碗里放冷水、剩饭，还加点炭火，一边骂一边送鬼（一般指不得口含而死去的人的魂）。事后，有些病人病情有所好转，有些则没得到好转。久病后，请东巴来占卜，并请东巴来送鬼。

最近三年来，满下村村民被"鬼缠身"的事情屡见不鲜，有些还差点丧了命，所幸算得及时，送得快，这样不少村民就自然而然地相信了"鬼缠人"的厉害之处。最近几天，又有不少人在谈论被7月2日跳进吉子水库而死的和女之魂缠身之事，听后有些生畏。都说和女缠身，开初全身冷得发抖，后肚子胀痛得不得了，算着后，送出去马上就好了。被缠过的人活灵活现地一说，本来不大相信的村民都在内心产生害怕之情，都相信了。

怎样来解释这一问题呢？按照科学，特别是现代医学很发达的情况下，这种说法和做法都似乎有些愚昧无知。吃药无效，难道这样做一下就把病除了？

2009年11月30日　农历十月十四日　晴

南溪满中村村民和国军（现任南溪村委会副书记）今天为他的儿子和丽勇举行婚庆典礼。和丽勇自2005年云南大学旅游文化学院毕业后，长时间在丽江各部门打工，其间认识了宁蒗永宁乡在丽江打工的姑娘，今日终成伉俪。

来他家参加庆典贺喜的人真多，满中村全村、四乡的亲戚，和国军在各级政府、各个部门工作的朋友、老师，和丽勇的男性朋友。总之，他家的客人最多，所收到的礼接近1.8万元（另外还有肉、米、酒、烟、茶等礼物，要是物折币的话，收入不在3万元之下）。

这礼中有部分是亲朋还礼来，有部分是送礼的。吃过晚饭，院子里燃起了篝火，和国军要求村民们跳传统的"喂目达"来庆贺，大伙也没有辜负他的希望，跳起了"喂目达"。领唱者是七十五高龄的和耀宗及年近八旬的老儒人和桂贤、七十有余的和正秀（前每恒）。在三位老人的领唱下，队伍还算热闹，一直跳到鸡鸣时才休止。这种现象近些年在南溪也不多见。20世纪60年代初以前，每逢举行婚庆、送丧、竖房、聚会等都离不开"喂目达"，而今的南溪，该优秀传统文化已面临失传。

2009年12月1日　农历十月十五日　晴

满中村村民和国高今天在出售自家的洋芋，价钱为每斤0.50元。但由于村中和国军家昨日为其子和丽勇举行婚庆典礼，该村很多村民还需在和国军家帮忙做饭、待客、休闲等，不能请到满中村的人来帮忙。他就请了满下村村民和朝东、和子红、和社兴三人来帮忙上车，每个人付60元劳务费。村民估计这劳务费有98%的可能是让洋芋老板付的，和国高绝对不会做自己掏钱请人上车卖洋芋之事。

和朝东等三人上足2.5万斤洋芋，时至日落西山，他们仨在和国高家用了晚餐，拿了工钱回家了。和社兴说："这样的劳苦活，60元工钱也不划算"，和子红马上接过话茬说："你这是纳西族人'大事干不来，小的看不起'的典型表现，闲上一天还是白闲了，这下拿到60元，可买盐、酱、醋、烟、酒等用好几天了。你看今天这个洋芋老板，给我们仨付了180元，给和国高还会付200元左右，上过路费、燃油费、汽车磨损费，老板的工钱会得到多少？可别人是坚持，持之以恒，才能有收益，像我们这样总想不划算，那今天这个洋芋老板会空车而回。"

三人边谈边走到村边，认为和子红说的有道理，很客观。

2009年12月2日　农历十月十六日　晴

满上村村民在忙着为死者和永贤举行丧葬礼。事前村民小组组长（俗称村长）和占军，副组长和吉红征求了和永贤家属对丧葬礼改革的意见，其遗孀和子女都表示按照老传统的丧葬方式进行，即出灵前一天就悬白（戴孝）。依照主人家的意见，今天满上村集中中青年人紧张而有秩序地进行着和永贤的丧葬事宜。

吃过早点后，安排一些人杀猪、做饭，青年人全部上山砍柴。下午6点举行丧葬礼（戴孝），之后就开始招待四方来参加丧葬礼的亲朋好友。

吃过晚饭，在院子里烧起大火，人们围着大火开始跳起了"喂目达"进行送葬，村民和永光说："逝者和永贤，为我们村民打针给药、劁猪、劁牛，还救治不少患脑中风的危重病人，尽管我们村人少，也要为和永贤唱'喂目达'送行。"大伙听了他的话，纷纷参加到跳"喂目达"的队伍，跳的人越来越多，唱的声音也越来越洪亮。唱的内容多是赞颂死者为民作出的功绩，和失去能人而对村民带来的不利。领唱和永光，越唱越带劲，一直领唱到"鸡鸣献稀饭"时才休止。

客观而言，的确是这样，村中有个像他这样的能人，对村民是有利的，至少不必费时间跑到远处去请医，三五分钟就可请他来打针、给药，解决一下燃眉之急。和永贤才六十余三，这样急匆匆地走了，对他的家庭，对村民是个不小的损失，不少人都感到惋惜。

2009年12月3日　农历十月十七日　晴

满上村村民为和永贤继续举行丧葬礼（出葬）。吃过早点后，埋尸组的人员及孝子和福台，家族和闰红、和洋社、和洋红等人带了香、酒、茶、烟等祭品和挖坑用的工具去到和永贤家祖坟场挖坑。祖坟场为一座土山坡，下层含有些沙子，没有巨大的暗石暗礁，所以比较好挖。挖坑的人们回到家后，就开始待饭了。待饭前，先得给死者的灵柩献饭，以后才开始招待来客。下午2点左右待完客，人们就不约而同地来到灵柩前的院子里跳起了"窝忍忍"给村医送别，一直跳到4点左右出灵前才停止。

出灵前，和永贤的女儿、侄女哭得很悲痛，特别是他的侄女和仕兰，哭得昏过去，人们又得急救她。这种现象在开送葬礼和追悼礼时常有，一些村妇，一哭就昏死过去，常常需要部分男人来掐人中穴等来急救。当把死者送到"芝步吉古"时哭得伤心悲痛的情况就好转了，因为到此地，送行的人不再往前。说是到"芝步吉古"已死的祖宗灵魂把死人接走，活着的亲人不再往前送。

2009年12月4日　农历十月十八日　晴

满下村村民和国成在丽江城区买了一所旧楼房，价钱为2.8万元。因在此房中房主办有农家乐，隔整用的板壁、地板、六合门等没法找到，有部分楼板也需要买板子来填补，柱子、横料等屋架的主要材料也不够结实。但仍出这样的高价买房子，正说明南溪村的森林资源已经贫乏，南溪村已处于山多而无材的状况。面对这样的状况，需要起房盖屋的农家不得不东借西贷，筹集巨资买城里人要淘汰的旧房子来当自己的新房子用。面对这样的资源危机，村民应醒悟了，应该增强爱林、护林的意识。然而不少村民还没有意识到这些，还在不停地砍松树，有些村民砍到一车柴，还以为自己能、自己凶。若再这样任其发展下去，以后需要盖房但处于家庭困难的农户，起新房是更困难了。

以和国成买的这所房子而论，买价2.8万元，拆房、拉运、组合、重新竖房约需 5000 元，加上隔整，买板子，材料最低也需 1 万元。这样一来，整装完一所旧房子最低需要 4.5 万元左右才能住人。4.5 万元，对于能人来说不在乎，但对以种洋芋为业的一般多数村民来讲，虽不是天文数字，但也一时难以凑足这数目的钱。

2009 年 12 月 5 日　农历十月十九日　晴

时隔两三天时间，南溪村洋芋价已增到每斤 0.53 元。今天，满下村村民和尚军以这个价出售 6000 斤，另有 3 万斤以这样的价格在满中村村民和丽元家上车。

有些村民认为这些天猛涨价钱，看来以后还要增，有些准备出手洋芋的村民又悄悄地缩回了手，不声不响地准备把洋芋留下一段时间再卖。这些人认为："以后的洋芋价只会增而不会减"。现在出手的村民认为："洋芋价猛增一段后，又会落下去，干脆现在就卖了。"

到今天，南溪满子师片将有 1/2 的洋芋已经出手，且都村人却说："到每斤涨到七角时才出手。"

2009 年 12 月 6 日　农历十月二十日　晴

满下村村民和国成今天请家族的成年男子们来帮他组合屋架。因为从城里拆了旧房拉回来，材料堆成一堆的，得小心，不得用力乱扔、乱丢（怕把材料摔坏），得慢慢地翻找。因此，8 个男子忙了一整天，到傍晚才把四排屋架组合完。

和国成另外还请他的侄儿和学武去丽江城里买明天杀年猪用的菜。他计划明天把年猪杀了，请完杀年猪客，还会剩下许多肉、菜，后天请人来帮忙竖房子，就用不着再另外备一次菜。

他的这种算法符合节俭办事，既节约时间，又节约开支，值得村民学习和借鉴。特别是经济有较大发展的当今，村民中出现铺张、阔气、超度消费、互相攀比的满下村，很值得这样精打细算办事情。

2009年12月7日　农历十月二十一日　晴

满下村村民和国成请来亲戚和家族的成年男子帮忙杀年猪，他家是满下村寨中今年杀年猪的第一户农家。因为在城里买了一所旧房，拆回又急于竖起，盖瓦、砌石脚、砌砖，都要在冬闲时搞完。所以，今天来参加杀年猪的家族不局限在成年男子，妇女们也一齐上阵。男人杀猪，妇女择菜、做饭，各尽其能。像这样的家族、亲戚中有事尽力帮忙是过去南溪村寨村民的传统美德，而经济快速大幅发展的今天，这一传统美德已走样了。和国成家族如今还能这样齐心协力，是因为他们家族中没有去开车及在城里打工找钱的人。

2009年12月8日　农历十月二十二日　晴

和国成今天请亲戚、家族、老四队（人民公社时代划分，满下村寨以横穿林中而过的小路以东为老四队，住户共有25户）每户一成年男子来帮忙他家竖房子。家族、亲戚的人全部参加，有的做饭，有的蒸饭，有的负责烧水，有的负责敬烟，有的还负责敬茶，按各自的特长来安排各种事宜。除了做菜、蒸饭的人外，负责各种事的人还参与竖房活动。

10点开始竖房，因为是旧房新竖，一则材料干透，二则各种洞洞和栓栓都是干的，很容易安插进去，进行得很顺利，到中午1点就完成了竖屋架的任务。要是竖新房，竖好屋架就休息了，但今竖的是旧房，因此吃过午饭又继续安插梁头，钉椽子、安插楼楞等，一直干到天将黑才休息。剩下的工序是砌石脚、砌砖、隔整、装潢等，待隔些时日再进行。

2009年12月9日　农历十月二十三日　阴

满中村村民和福军、和言正夫妇帮邻居和涛家上洋芋，把才生下几个月的小女婴和喜梅放在家里。因为天阴冷，婴儿母亲和言正把女婴放置于娃娃架中，并用包被把下身包个结实，脚的下截还加了个热水袋，好让阴天里婴儿得到温暖，她的这一举动出自"可怜天下父母心"。作为妈妈的她生怕女婴冷，就加了个热水袋，结果小女婴因太热而不停地蹬脚，越蹬热水袋越往上，就把脚关节的后边部分烫得起了泡，痛得女婴直哭，她就在当晚把小女婴拉到丽江市医院住院治疗。

在来到和涛家时，和涛之妻和秀英就要和言正把小女婴抱到她家里来，可能和言正考虑到南溪传统的规矩（小婴儿第一次领到亲戚家、邻居家或者朋友、邻里家，都要送些肉、蛋、米之类的食物或钱），和言正感到不好意思，而坚持把小女婴放在自家中，等到装完一车洋芋回家看娃娃时，就发现了以上的现象。

2009 年 12 月 10 日　农历十月二十四日　阴

这几天，南溪村的洋芋价像夏天涨潮水一样一天一个价地大幅往上涨，今天已涨到每斤 0.64 元。满下村村民和圣伟、和尚花老两口请人帮忙称洋芋上车，他家的洋芋由和永红帮老板杨菊买，到结束时一算，共有 2.18 万斤，合人民币 1.3952 万元，把尾数 2 元舍了，杨老板付给和圣伟 13950 元，乐得和圣伟、和尚花两人都合不拢嘴，都说："这是有史以来卖到的洋芋最高价。"还说："明天要把这款存到信用社里去。"

他老两口自与儿子、儿媳分家后没过一年又归于和好，但自那以后，儿子开车，儿媳跟着儿子做饭、领小孩，没有与老两口在一起。因此，口角也就比相处在一起时少了。

和尚花还对帮忙的人说："我要儿子、儿媳回家来种地，我就打算养一群绵羊，这些年羊的收入是很高的，可他俩不回来。"有人劝和尚花说："奶奶这样过好了，要是在一起，像以前一样三天两头吵不休，不好过。"和尚花听旁人揭了她过去的不是处，心里很不好受，但又不好当面顶嘴。

2009 年 12 月 11 日　农历十月二十五日　晴

人们对待事物总是失去后才懂得珍贵，对人也是同样，当这人走了或死了时，才醒悟到这人的价值。

当南溪满上村村民和友贤去世后，村民和村干部都感到南溪村民又陷入缺医少药的状况，小病小痛也得到城里去治，给村民的生产生活带来很大的不便。

情况是这样的：南溪满中村村民和占军曾在村中行医，人称"和医生"，五六年前弃医去城里开车至今；满中村村民和国才会点人、兽两医，两年前失踪，现仍杳无音信；旦都后村的和自贤自己做点中草药及打针之事，已去世三年，其女和秀英由村委会送到医院代培，但今年3月已离家去城里学开车；和友贤常做人、兽两医，又在前些天病重去世，现在南溪村民确实就医难。

村委会现任书记兼主任和继武、副书记和国军、副主任和丽军三人讨论后，认为有必要动员和占军回村任医，并在卫生室行医。和国军给和占军做了交谈，但目前和占军没有表态，继续在城里开车。

2009年12月12日　农历十月二十六日　晴

满下村村民和圣昌以3万元的价钱在丽江城里买了一所旧房，今天他请了家族中的成年男人及亲戚家的壮年汉子，还特别请了他的连襟和学诚（文屏村人）做记材料的师傅，同时也是重新组合屋架、竖房的师傅和指挥员。

到城里拆房时，来帮忙的人们都回忆说："当南溪村有丰富的森林资源时（改革开放初期），村干部没有管好保护森林的工作，村民也只见眼前利益，纷纷到山里自个儿卖材料。35型拖拉机所拉去的一车材料卖35元，40型拖拉机所拉去的一车材料卖50元，55型（大型）拖拉机所拉去的木材卖70元。后来发展到一条金沙江烟也换一车材料，一袋玉米也换一车木材（玉米重六七十斤）。这样做了两三年，南溪村民原来自用建房用之不完、取之不尽的丰富的森林资源被一扫而光。之后村民又不重视育林，就造成了当今被动的局面。"

痛定思痛，大家都觉得要一起来护好林、养好树。否则，你砍一棵，我也不示弱，挥斧上山砍树，照样会代代重演"山大山多无材，起房盖屋出巨资，去城里或坝子里买旧房"的悲剧。

这样高价买旧房，不是南溪人富有，而是无房的人不得不采用的办法。

2009 年 12 月 13 日　农历十月二十七日　晴

设在南溪满中村的格林恒信生物种植有限公司从昨天开始让金龙自然村的村民挖玛咖交到公司所在地，要求连根带叶交来，到公司后再把叶子切下来，叶子单独过秤，又单独付一点钱。先交到公司的金龙村民嫌麻烦就说："连根带叶过秤了，再扣点叶子的重量。"这样公司的人就照这些人说的做了，连根带叶一起过秤，再扣 25% 的叶子重量，只付玛咖根的钱。另外公司又请满中村村民来切叶子，每个工付 25 元的工酬。满中村的老年妇女都舍不得休息，纷纷到公司切玛咖叶子。干了一天下来，有些体弱的妇女感到头晕目眩，说："这药性太伤人了，身体不好，不宜来此作业。"在场劳动的 30 多人都有同感。

部分村民对公司交玛咖扣除 25% 叶子重量的做法产生了意见，认为像去年一样农户一次切除叶子交来就利索了。这样做，把叶子丢在种植户田中，公司又不同意，不知道等几天会采取怎样的措施。

2009 年 12 月 14 日　农历十月二十八日　晴

南溪村的洋芋价今天已涨到 0.68 元一斤，小洋芋已卖到 0.48 元一斤。满中村村民和三友以这样的价帮祥云籍洋芋老板买洋芋。前些日子以每斤 0.40 元、0.42 元、0.45 元、0.48 元出手的村民唉声叹气地说："一天三行市，这句话用来形容今年的洋芋卖价再恰当不过了。当一个农民也不容易，不仅要种出多的、好的洋芋，还要会看准市场。不是吗？"和永昌说："当时以 0.42 元每斤价出手，想到比往年好了，可时隔才一个多月，每斤上我就丢掉了 0.26 元，实在令人心疼啊，但已出手，无法补回，我家可算丢了一家一年的花销钱。"

虽已到这样的高价，但还有部分村民不想出手，还要静观一段时间再出手。

2009 年 12 月 15 日　农历十月二十九日　晴

南溪村公所今天拉来一些太阳能热水器，据村委会和丽军主任讲，这些太阳能除了旦前村外，是各个自然村的一些农户的（旦前村在整村推进新农村建设中都已安装好每户一台，并早已投入使用，在节能上有很大的改善，如喂猪食都用太阳能的热水，不需再烧柴烧水喂猪、洗脸、洗脚、洗澡、冬天洗菜等）。安装太阳能的方法是由政府的能源站每台补助 1000 元，政府的家电下乡补助 13%，用户自付 1000 元，用这样 3 个资金渠道来解决太阳能费。这批太阳能热水器是给村干部、自然村干部和事前报了名的农户，事前不报名的农户现时还没份。这是国家对贫困山区农民的扶持，是少砍树、保护生态环境而采取的一种措施。

2009 年 12 月 16 日　农历十一月一日　晴

今天是南溪满上村寨的祭祖节，这个村寨的祭祖节每次都比满中村、满下村早一天（满中、满下的祭祖节为明天，初二日）。

他们迎祖、祭祖、送祖的方式，祭祖用的物品，固定的送祖地点，不仅与满中、满下村相同，而且与周边村寨，如前山、后山、吉子等村相同。最明显的不同点是，满上村在七月半送祖时，每户都做好菜饭，用簸箕端着到送祖的地方，在送完祖后，整个家族的人都集中在送祖地用晚餐。这一传统的做法从未间断，一直持续到现在。而其他村寨这一传统的做法很早就不再沿袭。

2009 年 12 月 17 日　农历十一月二日　晴

满中村和耀奎家杀年猪了，在他家杀年猪的人比过去五六年杀年猪时多了两人，他们是和耀奎哥哥和耀伟的儿子（也就是和耀奎的亲侄子）、和福军及老婆和言正。这么亲近血缘的两家人为什么过去五六年间有事不往来呢？原来两位叔侄为争老宅基上的红灯笼树而发生互不来往的现象。事情的来由是这样的：和耀奎、和福军两家的宅基地在南溪完小北边，但他们家又属于满中村，宅基地距离满中村远，觉得不便，和耀奎就在三十五年前搬到满中村现在的中村公路边。六年前和福军也搬到满中村居住。老祖宗在宅基地种下过一些常绿树红灯笼，五六年前卖价很高，小小的一棵价六七百元，古老点的、大些的老树卖到四五千元。和耀奎就独自卖给树老板，和福军闻知，就提着斧子去老宅基，跟叔叔和耀奎及买树的人说："老祖宗的业，我也有一份，不与我商量就卖，我把树砍了，不卖。"和耀奎说："你爸爸和耀伟是长子，按照纳西族传统的习惯，老宅基上的遗留物属小儿子的，没有你的份。"和福军也不让步说："你家已搬到满中村30多年，这30多年来这些树是我家照管的，按理说应各家一半才是，怎么你自个儿吞了？"这样争执之后，树卖不成，叔侄俩的关系也僵了，发展到互不来往。

直到今年六七月间，和福军妻生娃娃时，在和福军友人的劝说下，和福军才又主动去叔叔家请客、请帮忙，这样，两家关系就出现了有来有往的好势头。

在南溪村村民中这样的事例不少，不仅过去有，现在仍然有。不仅满中村有，其他村寨也有。

2009 年 12 月 18 日　农历十一月三日　晴

玉龙纳西族自治县人民政府县长和慧军率水利部门的领导及部分技术员来南溪，他们在村公所休息片刻后，由南溪村委会书记兼主任和继武陪同，去鹿子村落水洞查看水源及落水的情况。村委会副书记和国军及副主任和丽军在村公所忙着做午饭。在村公所休闲的村民说:"当官的到来,是村社发展的一种好机遇。"和国军告诉说:"县长这次来南溪主要是调研鹿子村水源,如果出水量多,县里打算把落下地层的水引到玉龙县城。"

2009年12月19日　农历十一月四日　晴转小阵雨

满下村村民和金发帮曲靖会泽的洋芋老板买洋芋,他在村民和国亮家以每斤0.70元成交。吃过早点,和国亮请亲戚、邻居帮忙上车,和金发帮老板过秤记数,和国亮家族中的和国成也被和国亮请作看秤记数的。他俩坐在一条凳子上,面向秤,各拿各的纸,每当背走一篮,各自都在自己的纸上记好。这样做的原因是以防记错,卖主担心记错了、记漏了、记少了。这种担心,一般情况下是多余的,但又不得不防。洋芋老板与帮他买洋芋过秤记数的人处的时间长了,因为经济利益的驱动,他的感情在老板与村民间相比,则重于与老板的感情。出于这样的原因,好多村民自家也请一个记数的。等到把汽车装满结算时,知道洋芋已装了2.443万斤,合人民币1.701万元,付款时老板说没10元零钱,请免收,和国亮爽快地说:"算了10元钱,等于送给你14斤洋芋。"他还说:"我家从未收入过这么多洋芋款,今年是比往年多出五六千元,还有一些没卖完,可能要净增收1万元左右。今年的洋芋比金子还贵,真是'玉'啊!"

2009年12月20日　农历十一月五日　晴转阴

南溪村村口的路上偶尔可看见有一小堆煮过的草根、果皮、草叶和树花等,这是病人熬服过的中草药渣渣,为什么把熬服过的中草药渣渣倒到村边的路上呢?这是古代流传在村民中的传统说法:"病人把熬服过的药渣倒在路上,过往行人见了,都认为倒药者病得很重,产生了同情心和可怜感,病人的病就由产生同情感和可怜感的过路人带走,病人就好得快。"人们按照这个说法做。但到现代文明、科技发展的当今,还有人这样做、这样想，也许是让病人心理上轻松吧！

2009年12月21日　农历十一月六日　晴

满下村寨此前已报名要安装太阳能热水器的村民和永红、和顺达、和国兴、和永秀四家农户，今天由镇政府请的安装技术工来安装太阳能热水器。村民和国兴提议："等到来年四五月安装最好不过了，如果可以改在那时再安装，现已运到村公所的热水器及零件由我们各户管理好。"上边来的政府人员说："不行，这是2009年的指标任务，必须在元旦前完成。"于是各户把热水器运到家，找个适当的地方，把太阳能热水器架起来。他们有的安在大门上，有的安在走廊里，有的架块方坯安在空的角落里。此次报名安装的农户认为"这是机遇，必须抓住。"未报名安装的村民认为"以后国家会全部免费安装，到那时再来。"有些村民则认为，这对生活关系不大，可有可无。

2009年12月22日　农历十一月七日　晴

满下村村民和四闰家今天杀年猪，招待杀年猪客所需的菜由四川籍驻丽江搞百货土杂小批发的老板买来。这老板与和四闰已有五六年批发东西的交往，通过这几年的交往已知和四闰是个老实人，批发东西对批发商也有利，于是就由他们把所要的东西送到和四闰家。自去年开始这家老板在和四闰家杀年猪时，跟和四闰家买一只肥猪一同杀了，杀后把肉拉回城里。今年也照例在和四闰家买杀一只，以活猪价每斤6元过秤后杀，他们杀的这只猪有234斤，合人民币1404元。和四闰说："就按整数算得了，以230斤来算，把4斤免了"，就收了1380元。这样在生意场会免二十几元的村民不多，只是少数。老板对参加杀猪的村民说："城里有很多人想像我们一样在农家买一只由粮食喂肥的猪，但人不熟不好买到，小和家已有两年这样用纯粮喂养，实在感谢了。在城里只吃得着垃圾猪肉及用配合饲料养肥的猪肉，跟山里村民杀的猪肉比起来，可就差多了。下面好些朋友托我在南溪买几只来杀，我已转告他们，南溪村民出售的肥猪也是配合饲料养肥的，只有村民自己杀的年猪才用净粮喂养，这种肥猪不好买，人不熟买不到。"

老板为酬谢和四闰家，还带了一箱茅粮酒，一箱啤酒，一箱饮料送给他家，以表谢意。

2009 年 12 月 23 日　农历十一月八日　晴

一个省外籍住丽江专卖生活用具的商人用三轮摩托车拉来茶壶、碗、盘、盆、砍刀、罗锅、热水壶、菜盒、口缸等生活用品，停在公路边的和国红家旁边，并搭起了临时简易的货架，把所拉来的东西摆放在货架上。过往村民看见了，都停下脚步看看所摆的货，随口问问价，如意的买上一两样东西。这样不到一个钟头，各家各户都知道在公路边摆有摊子卖货，有很多村民有意无意地去看看、瞧瞧，凡到那凑热闹看看的村民都买了一两样东西回家，并说："五六十元买一样东西，划得来，一件生活用具可用十来年，比打麻将、打扑克输钱好多了。"这商人今天的效果真好，比城里好得多。

2009 年 12 月 24 日　农历十一月九日　晴

设在南溪满中村的格林恒信生物种植有限公司请满中村妇人来公司帮忙切玛咖叶子，由于玛咖收的很多，若不及时切叶，把根收晒好，就会发酵变烂。由于每天付 25 元工钱不能带动参加切叶人的积极性，在五六天前就推出一个新举措，就是计量付酬，每公斤玛咖切叶价为 0.40 元。这样就大大提高了村民的积极性，她们各显其能、大显身手，有的村民一天能切 250 公斤玛咖，工酬合人民币百元。切下 200 公斤的村民占多数，人均日收 80 元。手拙、动作慢的妇女也能切下 120 公斤左右，将近也每天收入 50 元。来参加切叶的妇女们早出晚归，中午也匆匆吃点冷饭又投入切玛咖叶的劳动中。

过路人看见了议论说:"满中村设了种植公司,村民又可以去那儿挣钱,有了钱就什么都变通了,满中村人抱着个金疙瘩了,这种引资进村,老板有益,富了村民,两全其美。前些年,政府引老板要对满下村草坝开发,满下村村民及干部不变通,未能开发太可惜了。"

2009年12月25日　农历十一月十日　晴

满下村村民和圣军请和朝光、和圣昌到玉龙信用社白华分社去贷购车款,每户贷给5万元,连同和圣军家可贷得15万元。他们办完贷款手续,吃了午饭就去城里看车,见到贴有出售招牌的车,他们都拦下过问讲价,九成新的面包车(丽江人称3-8路车)要价24万元,比二十天前猛涨了四五万元;车龄较长,也接近更新的车也要价18万元到20万元不等。面对这几天突涨价的面包客运车,和圣军有些动摇了,于是,看看、讲讲、问问就转回来了。在回来的路上,和朝光对和圣军说:"孩子他二姑爹,要大胆些才是,闭着眼睛跳河,才能勇跳过去;睁着眼跳,觉着河太宽跳不过去,几次跑到河边想起跳,心里有点怕跳不到对岸的感觉,就顿住脚不起跳,翻来覆去永远也跳不过去。只要闭上眼睛心里想着跳不过去摔一跤也不打紧,这种人一下就跳过去了。抱这种想法的人才事业有成,缩手缩脚永远办不成大事。"和圣军听了说:"阿舅,车价这样突然涨高,我应跟母亲、父亲商量才能行事,我不像你那样可以自作主张。"妹夫与郎舅各说各有理,和朝光讲的也对,和圣军说的也不错,每凡大事,得到老父、老母的认可与支持就好办点。

2009年12月26日　农历十一月十一日　晴

满下村村民和永昌已定好在农历十二月办嫁女大事,为此,他早已备好煤球,并砍来好多栗木柴打算烧成栗炭供来客及参加办事的人们烤火。但满下村58户人家却没有一个烧炭的窑子,他就打算把栗木柴用手扶拖拉机拉到满上村叔叔和国治家中(其父和国珍是满上村人,为和国治二兄,来满下村入赘做女婿)烧。和国治在十多年前就在自家园子里挖了个烧炭的窑子,第一个在家里烧炭(过去都在山上挖窑子烧成炭再背回家里,但政府为了保护生态就制止在山上烧炭),烧出的炭除少部分自用于过冬外,大多做商品售出。和永昌事前已向叔叔借好窑子烧两窑。

最近几年满上村有好几家学着和国治在家里烧炭,他们是和永良、和永勤、和其俭,这些人家卖炭的收入每年都有几千元。

满中村村民和万春自去年也学着这些人的做法,满下村却无人学。这主要原因是满中、满下两村栗柴不好砍,现在和永昌所砍来的这些栗柴是从汝南化村边扛上来的,得上又陡又高的坡路才能扛到家,太吃力了。因此,满中、满下村村民办事用炭大多从城里或满上村买来用。

2009年12月27日　农历十一月十二日　晴

身闲脑不闲的满下村村民和国武虽身弱力单,但经济头脑怪灵,这些天在村里村外,以1元钱一根(长5米)竹子的价买竹子,待卖出的村民砍好削叶后,捆成一小捆一小捆的(每20根捆成一捆)。捆好后和国武叫他的入赘女婿五八斤用拖拉机拉到坝子里,事前和国武已经找好主,定好价,五八斤只需上车,拉去。买主自行下货,他按货的数量收了钱就是。这是和国武为女婿找的经济门路。他想到城里去施工工地或拆除工地做管理(此前常去干此活),但家里有两个孙儿要招呼,女儿、女婿都不愿让他出远门,他就在家做这样的小打小闹,弄点收入。

2009年12月31日　农历十一月十六日　晴

在丽江城南面山上(1949年前俗称南山),分布着南溪村、后山村、前山村、吉子村、太安村、天红村、汝南村、螳螂村(现称红麦村,全村都居住着螳螂族)共8个行政村。这些村北邻丽江城,东邻鹤庆县,东南面邻剑川县,西邻龙蟠、九河二乡,夹在三县两乡之间。这些村中南溪曾出过很多大东巴，传扬于东巴教中的什罗灵洞就在南溪满下村的鸡冠山上。然而东巴都相继谢世于20世纪50年代和20世纪60年代初期，1967年以后南溪村再也见不到东巴的影子。而离南溪相隔12千米左右的汝南村还有老东巴杨寿康健在，自改革开放以来，他在汝南村、天红村、红麦村、吉子村、太安村等（太安乡内）为死者超度、丧葬。笔者在2008年10月9日、10日、11日、12日、13日看到在汝南村由杨寿康老东巴（时年80岁）主持的丧葬仪式。事后写出了这一丧事活动的经过，并在当时拍有照片，现把去年写出的这份所见附在今年年末的日记上，好让研究纳西族习俗的专家、学者细研"隔里不同天"的区别。

一次丧葬活动

时间：2008年10月9日、10日、11日、12日、13日。

地点：玉龙纳西族自治县太安乡汝南村委会下村和家俊、和家伟兄弟两家，距南溪满下村约有12千米。

死者情况：姓名：和沙，性别：女，年龄：85岁。母子连名叫：沟每沙，养育有四女二男，是和家俊、和家伟的母亲，老伴和波已在十五年前辞世，长女和沟因智力残疾未出嫁，与弟弟和家伟生活，由和家伟负责赡养；和沙与长子和家俊共同生活，由和家俊家负责赡养。

丧葬活动的方式：和家俊、和家伟两兄弟共同筹集同等数量的粮、肉、钱，合作组织此次丧葬活动，收到丧葬礼后平均分成两份，各持一份。

丧葬活动场所：丧葬活动场所分设在和家俊家、和家伟家两处进行。和家俊家北房中间一间房里停放了灵柩，走廊上布置了祭坛。南楼上放一般亲戚及远亲送来的丧葬礼，楼下坐着孝子、孝女，死者家族随时都在向来参加丧葬活动的人们磕头道谢。西楼下放家族或至亲送来的丧葬礼，两处都有记账、收礼、发孝布的人。楼上安排了三女儿招待跟她前来参加丧葬活动的亲戚，摆有酒、烟、茶、糕点、瓜子等食品，供来人食用、休息。厨房里有休闲的人们，同时还有一个记账和一个收款的登记，接收三亲六戚给和家俊及妻子的安慰品及钱款（过去多为物，现时多为钱）。

和家伟家东面园子里搭了临时伙房，待客的菜就在那里做，院子摆满了方桌和凳子（十余套），用来招待吊丧来客。西面两间放着待客用的各种酒、烟、饮料以及各种肉菜，厨房里在蒸饭，同时也有记账和收款的两个人，在登记和接收来参加吊丧的三亲六戚给孝儿和家伟及妻子的安慰款。参加丧葬活动的亲戚络绎不绝地来往于两家厨房中，给两家孝儿安慰款，这些慰问款少则5元，多则百元不等。就是说，和家俊家设祭坛收丧葬礼，和家伟家做饭待客。

死者家外景：和家俊家大门前竖一根很高的木杆（约5米长），木杆顶上悬挂着七彩纸做的七节"幡"，边上着红、黄、绿等颜色，底端剪成纸丝条，上头有麒麟头，在很远处就能看到它。一见它，就能知道死者的性别，男死者的做成九节，死女人的做成七节，每节有二尺左右高，直径在1米左右。这是请老东巴杨寿康做的。和家伟家在冒烟，而且这烟很大，一看就知道是办大事做饭所冒出的烟。

丧葬活动的第一天：和沟家族选派年富力强的人到城里筹办丧葬活动用的物品，中年人到西村老东巴杨寿康处做"幡"，死者和沙与杨寿康是亲家（杨寿康的长女是和沙长子的妻子）。因此，他只象征性地收了点工钱。

丧葬活动的第二天：和家俊家中，家族年长者守灵，中青年及各种职事杀猪、做饭。嫁到本村的和沙二女儿和泳之夫和文明（和泳已去世3年）家，做上一顿丰盛的美味佳肴，招待和文明家至亲。他的至亲们给和文明家送了一份礼（米、酒、肉）。这种做法纳西语叫"命川当"，意为安慰孝女、孝婿，吃完饭后大家都带了丧礼随和文明家人来到和沙家。这些人一方面是来参加丧葬活动，更主要的任务是劝慰扶在灵柩前哭诉的孝女。

嫁到汝南中村的和沙的三女儿和家恒，也以和文明家同样的形式，先自家招待了一顿至亲，收了一份礼，全家就背着丧葬礼率着来她家的亲戚到和沙家。嫁到拉市乡吉余村的和沙的小女和花，没有进行以上两个姐姐家收礼的形式，直接率她的亲戚来到和沙家。女儿们上祭的丧礼为五谷，即1盆大米、1盆小麦、1盆玉米、1盆蚕豆、1盆大麦（每种约有10斤），此外还有腊肉一挂（五六斤）、猪头1个、大公鸡1只、挽幛（毛毯）1床、花圈1个、2条烟、2瓶酒、2包茶、200元人民币。女儿们上祭完了，和沙的家族也跟着上祭，他们所上祭的丧葬礼是每户大米、小麦、玉米、苦荞各8～10斤（不等），挽幛（毛毯）1床、腊肉1挂（四五斤）、猪头1个、大公鸡1只、烟2条、酒2瓶、茶2包、人民币100元（另外还得给孝儿们安慰款，每户都要给每个孝男或孝女100元）。孝子、孝女和家族们边哭边上祭，上祭后进行戴孝"悬幡"。丧葬礼由族中的壮年和家华主持，做完各种仪式后就戴孝，发孝的顺序是先孝子、家族、孝女、儿媳、女婿、孙辈、亲戚。戴完孝，由孝子抬着放于灵柩上的"幡"，一伙戴孝人来到门前木杆边"悬幡"，把幡高挂在杆杆顶上，微风吹来，杆上的"幡"随风摆动。接着就给所有参加丧葬礼的来客安排职事待晚饭。

到晚上10点左右，厨师们杀些鸡，洗净砍成肉坨，在大门外面用3个大石头搭个临时灶，拿口大锅架在石头上把鸡肉煮好；到夜间12点左右，把鸡肉捞出一碗由孝儿献在灵柩前，然后，孝儿、孝女、家庭近亲每户捞一碗，又请他们的亲戚们每人吃一坨。这做法纳西语叫"尸气波"。

至凌晨3点左右，孝儿、孝女、家族、近亲等，拿上些零钱，献到灵柩前，由一个"雄多"（东巴的助手）诵东巴经，意为给死者点路灯。

到凌晨5点左右，公鸡打鸣时，孝儿、孝女们（每人一碗）给灵柩献鸡心煮稀饭，边献边哭诉。根据古老的传统说法，所有祭上的东西中，唯有这碗稀饭死者能吃到。因此，纳西族从古至今丧葬时，都坚持这一做法，以表后代们对先辈的孝敬，并把这一做法叫作"鸡鸣献稀饭"，纳西语叫"岩居八达毗"。

丧葬活动的第三天（出葬）：一早起来，由大孝男用脸盆端水给灵柩献洗脸水，先让老母亲洗脸，接着上香，献酒、茶等。到做好饭准备待客时，首先由厨师从做饭处舀各种饭菜献到灵柩前，以示先让死者吃饭，然后开始待客。从早晨9点至中午1点，各地来参加丧葬活动的人三五成群，陆续不断。今天来参加丧葬活动的人所带的礼一般是5斤米、1条肉或1挂肉、1瓶酒，有些还外加10～50元不等的人民币。也有的人干脆挂上10元钱或20元钱。有些该来参加但没来的人托人带了并记在记账本上。大约下午2点，客人招待了一半以上，村中又名叫和挺的老人去世了，弄得他们村的人很紧张。在办丧事家的各种职事除记账、收礼、守厨房的以外，全都到和挺家去了。等把和挺的尸体抬到正屋安放好，脸上盖上白纸，尸体上盖好一床新床单后，都又转到办丧事那家继续待客。最后用饭的是"足若"（抬灵柩的村民），孝男、孝女家族蹲在灵柩前就地吃饭，以示同死者吃离别饭。

等"足若"和孝男、孝女吃完饭后，"足若"们围在灵柩前，众人在院子里跳起了"窝忍忍"（纳西族送别死者边喝边跳的歌舞，歌声凄凉悠扬，歌词的内容为赞颂死者，劝慰孝儿、孝女，总结人生必然规律）。跳了约半个小时后准备出葬，家族们忙着拆祭坛，收拾挽幛。木匠忙着备杠杆，在锯杠杆前由大孝男和家俊用茶盘端了酒、茶，点上香，盘里放20元人民币，这钱是送给锯杠杆的木匠的。"足若"把灵柩抬出来，到大门外用绳子把抬杆拴好。和家华拉着大孝男和家俊的手和戴孝的家族一起跪在路上，面向家搭桥让灵柩从头上过。这样共搭桥四次，其中第一次和第四次（到火葬场附近）面向家跪，第二、第三次则面向前方而跪。因为从家里到火葬场约有1800米，加上坡陡路滑，到半路上抬灵柩的"足若"放下灵柩休息了十来分钟，就地喝点酒，抽杆烟，又继续抬着灵柩往火葬场去。抬到火葬场，把灵柩放在今早就安排好的木头堆上，"足若"坐于上方休息。和家华拉着和家俊的手从家到火葬场（除搭桥时外）都不松手，纳西族把这种做法叫作"牵孝儿"。到火葬场，孝男、家族、近亲都向"足若"磕头道谢，接着都从包里拿出事先备好的零钱放到灵柩头上，先是大孝男来放，他边放钱边大声说："妈妈，这钱给您，您走到'老若着怒卡'（纳西语地名：据传是生者与死者的界河）后去买糖、买面吃吧！"每个人都这样称呼放钱，也都这么说，当和沙的二女婿和文明放钱时，他边放钱边说："妈妈，请您把这钱带走，到"老若着怒卡"后买东西吃，您的女儿已在您的面前了，请您分给她一点（您的女儿指和沙的二女儿和文明之妻和泳）。"众人听了很伤心的，有些人还落下同情的泪水。

然后由孝男和家俊、和家伟拿好干松毛点着火，背向灵柩尾部反手点起了火，并说："妈妈，从今天起您烧您的火吧。"孝男、近亲、家族（留下和家秦）都离开了现场，烧灵柩的人把火烧大了。烧灵柩的人和毛把放在灵柩头上的钱，除一些仍留在原处，抓起一把数了数有86元交给了本村老民（汝南村老支书）杨贵宝。问及此款做何用时，杨贵宝回答说："过去这些钱是给烧尸人买酒、买烟用的，这些年来，这些钱是给我们村老年会用了，会长是和家珍，今天我代他收一下，这些钱用来做老年会的活动经费，支出范围是：会餐，给死者买床挽幛（毛毯），买扑克、象棋等玩具。花圈和幡都放在灵柩上一起烧。"

回到家里，家族派一人提上饭、肉、酒、烟等到火葬场去（纳西语叫"好尸"，意为给死者在新居的第一顿饭，实为烧尸人所食用）。到晚上9点半"足若"烧完尸回到家里，吃了晚饭后到中午去世的和挺家去了。

丧葬活动的第四天：早上洗漱后，和家俊、和家伟的儿子到他们家族家里挨家挨户地请大伙来他们家帮忙。吃过早点，带上煎熟的供品、酒、烟、茶、香等，孝男家、孝女家的人员去火葬场"伏山"（过去叫"伏山"，现时叫上坟）。到火葬场后放下物品，长子和家俊烧上一坛火，点上香，在山神和火葬场插香，摆供品，大伙就磕头。然后，喝点酒、茶，吃些带来的食物，休闲一阵后转回家。回到家里他们和家族的年轻人都忙开了，今天由他们做饭招待"足若"和参加这次丧葬活动的所有职事。家族和家华忙着接收清点（点款、点物）记账收礼人交的丧葬礼。这次丧葬活动收到丧葬礼人民币约7000元、大米1000斤、腊肉500来斤、公鸡20只、猪头20个、挽幛10床、烟50条、茶数十包、酒约300瓶（300斤）、小麦300斤左右、玉米约300斤、蚕斗10斤、大麦10斤、苦荞100来斤。这些丧葬中不包含在他兄弟俩厨房里收的安慰款和安慰品。这次丧葬活动前和家俊、和家伟两兄弟每人凑了5000元、100斤米、50斤面粉、30斤腊肉、150斤洋芋。交接工作完成后，和家华详细清点职事和"足若"，如有还没到场的人，就指派家族中的年轻人去请来。等到齐，大伙就开饭，端菜、盛饭都是和沙家族的年轻人干的，"足若"和职事就接受他们的招待。刚交完的装有丧葬礼的两个房间，由和家华上了锁，待到明天，家族每家一个人给他兄弟俩分丧葬礼。

吃完饭后，大伙都在和家伟家休闲，有的打扑克，有的打麻将，还有的喝酒闲聊，每张桌子上都摆有烟、酒、瓜子，家族的年轻人给大伙端茶、送水，一直休闲到傍晚才散伙。孝男、孝女、家族都在和家伟家吃了晚餐才各自回家。

丧葬活动第五天（尾声）：人员只有孝男、孝女、家族，由孝男、孝女做熟饭后，大伙共同吃饭。吃完后，男的收拾东西，女的洗锅洗碗。和家华召来和家俊、和家伟两弟兄和家族每户一个主事男人，大伙商量后，由和家华给了三个孝女（二女儿由二女婿顶替）每人给一份丧葬礼带回家（米50斤、肉1挂、烟1条、酒2瓶），纳西语称这些物为"娜娃"。按规矩，孝女都应把这些物带回家，孝女就带着这些物各自回家了。然后大伙把所有丧葬礼平均分成两份，两兄弟各拿一份。其余家族人还桌子、用具等。晚饭后家族也散伙，各行各事。

小结：在丽江玉龙纳西族自治县山区村民办丧事，用的时间过长，破费也比较大，现时出葬一个人需支出1万元左右。随着山区社会经济的发展，丧葬礼也越来越多（数量），个别贫困户难以应付，但社会风气已形成，也只能"黄牛跟着山鹿跑"。居住在丽江坝南面山区，包括南溪、前山、后山、太安、吉子、天红、汝南7个村委会的所有邻近村寨办丧事，过程、方法、礼节都是大同小异。

附例一：

家族和家珍家在此次丧葬活动中的丧礼是：

米、小麦、玉米、苦荞各8斤，腊肉一挂（约6斤），猪头1个，大公鸡1只，大红河牌香烟1条，蒸酶茶2包，大麦酒2瓶，挽幛1床（毛毯价80元），人民币100元，安慰孝男、孝女每人10元（共60元）。

孝女和家恒在此次丧葬活动中的丧礼是：

米、小麦、玉米、苦荞、大麦各10斤，腊肉1挂（6斤多），猪头1个，大公鸡1只，大红河牌香烟2条，蒸酶茶2包，大麦酒2瓶，挽幛1床（毛毯价80元），花圈1个（价50元），人民币200元，收到安慰款300元左右。

一般亲戚：米5斤，肉半挂，大麦酒1瓶。也有的是：米5斤，酒1瓶。

附例二：

各种职事名称及职能

总管（俗称总理）：管理指挥丧葬活动的一切事宜

炊事总管：管理和安排丧葬活动的做菜

炊事：接受炊事总管的安排和分工做好各种菜

蒸饭：负责丧葬活动的所需饭

烟官：负责敬烟

酒官：负责敬酒

记账：负责记好送丧葬礼的人名和品种、数量

收礼：负责收好丧葬礼并堆放于一处

收款：负责收好送来的人民币

杂工：负责参加一切杂活（如找柴、洗碗、端盘、抹桌、烧开水等）

招呼者：负责招呼村里老年人，吃喝拉撒，一般分老官组、老妈组各一人

烧尸：负责把尸体烧净（土葬者负责把灵柩埋好）

烧草席：负责烧净死者的旧衣被、草席子等

2010年
日志

2010年1月1日　农历十一月十七日　阴

新的一年又开始了，举国上下都在欢庆元旦节。然而在只注重旧历年节日的南溪村，村民虽然知道是国家法定节假日，而且放三天的长假，但他们各干各的农活。在地里挖玛咖的、上山砍柴的、放羊的、在玛咖公司打工干活的，各忙各的事，好像"元旦"节跟村民没有关系。

有一伙人却借元旦节放长假之机，约着到满下村鸡冠山背后的跌水岩庆祝元旦。他们是在玉龙县中学就读的南溪籍中学生（初一、二、三年级），他们事前就约好买上好吃的糖果、上好的肉食品、鸡等到跌水岩野炊过元旦。炊具由满下村的和玉龙、和丽吉、和宏星从自家带来。到跌水岩后，他们先忙着烧火架锅烧水、杀鸡，把肉和鸡等煮好后，拿出糖果，边吃边聊。他们回忆了读小学时，老师常领着到此地春游、秋游时的情景，一幕幕孩时天真活泼、可爱无邪的画面又浮现在眼前。接着开始做起了唱歌、跳舞、猜谜语等活动，直到太阳落山才回家。

2010年1月2日　农历十一月十八日　阴

满下村村民和天林家杀年猪，家族及亲戚人多力强，样样事情都干得有头有绪，杀猪的、择菜的、做饭的，事事有人干。吃过午饭后，喜欢打麻将的就打麻将，喜欢打扑克的就打扑克，这两样都不沾的就做饭煮肉、做米灌肠等，准备晚饭。大家各有所好，玩得很痛快。

吃过晚饭，大伙围着火塘烤火，边烤火边饮酒（不沾酒的则喝饮料），边吃瓜子、糖果，11点左右大伙方散，各自回家就寝。到11点左右，主人和天林大叫大嚷，坐卧不安，他老婆和万寿急忙跑去喊人，和永光及和万琴闻讯起来，两人紧紧按住和天林，感到很吃力。和万寿又请来和国武等人，用鸡蛋来占卜，占卜的结果是3个压死于沙场的小伙子及自尽于吉子水库的和女（和天林母亲）的魂缠身。他们就用送鬼魂的方法去做，把鬼魂送出后半个小时左右，渐有转好的症状，和天林不再叫嚷了，慢慢地入睡了，不再用人按住他了。

来到他家的和万琴、和永光、和丽军、和国武等观看好大一阵后才转回睡觉。

这样的事例在满下村近些年较多，这显然不符合科学道理，但客观上确有这种事例出现，不知应做怎样的解释。

2010年1月3日　农历十一月十九日　晴

这几天南溪村的洋芋卖价没有上涨的势头，而且来南溪拉洋芋的汽车日渐减少。面对这现象，有些村民生怕洋芋出售价再降低，后悔每斤0.7元时该卖而没有卖。有些村民估计今年洋芋价只会上涨，不会下滑，而不动声色。满中村常帮老板买洋芋的和国高在满下村民和朝光家以每斤0.68元的价帮剑川洋芋老板装了2.4万斤的一车洋芋，在和万琼家以0.69元一斤的价装了2.2万斤的一车。事后才知道情况的和朝光很有些后悔，说："同一天上车我就丢了240元，等于丢了今天上车用的生活费及烟酒钱。"帮他家上车的和益花说："一天三行市，可能就指的这情形吧。"的确卖什么不管，要占些运，但总比先前以每斤0.42元、0.44元、0.46元卖出的村民强得多。

2010年1月4日　农历十一月二十日　晴

满下村村民和万琴及老婆和金燕请了村中竖房大木匠和国兴（本家族人），以及哥哥和万琼到丽江市区木材老板处买木料。请这两个人的主要原因是他夫妇俩不知道木料的规格，故请大师傅和国兴和会木匠活的哥哥和万琼，同时也打算请这两个人作为主体木匠来竖这所新房。

被请去的和国兴全权负责木料的长短、宽厚等规格，要买什么树木的材料则由主人主张，和万琴夫妇尽挑红杉、冷杉等树的材料（因为他俩听人们说杂木料比松树料经久耐用），直料（柱子）、横料（方、杈等）挑杉树的。挑好后，就请满上村村民和吉亮用大卡车一次拉回来。上车的任务由售料老板请四川工人来上。因为回到家时较晚（约晚上9点），当晚没有下车，要等到第二天才请人来帮忙下车。

买齐一所三间楼房的大料花了2.2万多元，加上运费和开销，支出2.5万元左右。小料（椽子、梁头等料）已在本村山林里砍了，晒在家里，而且晒干了。

2010年1月5日　农历十一月二十一日　晴

满中村村民和福军在两个月前买了一些洋芋储存在家里，当时买洋芋的价钱为每斤0.45元到0.48元不等，今天他又以每斤0.71元的价格出售给剑川县的洋芋老板。今天请来帮忙称洋芋上车的邻居，是开工钱请的，装了2.443万斤，共请了6个人，每人付了50元工钱。和福军说："像今年这样高的洋芋价，明年买洋芋做生意的人有些难做，村民卖洋芋也会犹豫不决，难以出手，生怕价格卖低了，做生意的怕价格出高了而赚不到钱。"

今天他请来的这几个人，和福军还请他们明天再装同等数量的一车，付同价的工钱，他们欣然答应了。

2010年1月6日　农历十一月二十二日　晴

满下村村民和永昌请和国兴来做女儿和丽芳的嫁妆——柜子，柜子是南溪村传统的嫁女必不可少的嫁妆。在过去物质缺乏、村民生活处于困难的时期，哪怕其他的东西没给，也得给1个柜子、1张大羊披、1床羊毛毡及垫毡等物。到精神、物质文明的20世纪的南溪村，哪怕给出嫁女儿电视机、洗衣机、沙发等现代嫁妆，还坚持给1个木板制的柜子，有条件的人家还给两个。

柜子做工很仔细，比其他柜子做得精美，做出一个柜子需要三到四个工日，材料要五尺板子6根，长六尺、宽五寸、厚两寸的方板，再买点油漆漆好，钉上门扣，就结束了全部工序。

和永昌也在家，帮忙木匠弹木线、刨板子等。因为是家族中的人，所以请工的方式是人情工。

2010 年 1 月 7 日　农历十一月二十三日　晴

满下村村民和国亮跟汝南村木材小老板买好一所房子的大料，并商定好由汝南老板把料子用卡车送到前山村委会的行茂洛自然村，到行茂洛村后再由和国亮自家拉回。

今天和国亮与入门女婿和耀军、村民和国臣、和李福共 4 人，带着木匠工具、肉到汝南村木材老板家量木料、点木料，并打算在那里出料（按照所需规格、锯长、刨粗）后再拉回家，以减轻车辆的载重量。

今年满下村村民有和国臣、和圣昌两家买旧房，和万琴、和国亮两家买木料要自己竖房。前者图方便、快捷；后者认为所需钱差不多，但估计使用年限还比旧房长些，故不嫌麻烦买木料自己盖。各有各的打算，也各有各的好的方面。

2010 年 1 月 8 日　农历十一月二十四日　晴

满下村村民和金发受文华居委会文笔小组的人（他岳父老友的儿子）所托，在村中买常绿乔木"红灯笼"小树，每棵付人民币 10 元。他的老岳父和建良利用放羊前的这段时间（早晨至中午 2 点）先去山上挖这种树，他今天挖到 15 棵。他说："如果整天去挖，挖回 30 棵是没有问题的，我再利用这样的时间挖 3 天，60 棵这样的小树挖到手是不难的，卖羊钱和卖树钱加起来，再加上找采摘的松子收入，差不多占了家庭总收入的一半，我这个年纪六十有七的老人，创经济的能力还超过了好多年富力强的壮年人。"

的确是他所说的那样，他所放的羊，一年卖出六七千元，他所采的松子卖出 2000 元左右，还有一半的时间帮助种地，有时还帮别人做木匠，能人收入多，的确是真的。

2010年1月9日　农历十一月二十五日　晴

满下村村民和朝光、杨耀祥夫妇拉着洋芋去丽江坝子换玉米。到丽江坝子后，他俩坚持以1∶1的比例（一斤洋芋一斤玉米）来换。有好些人都换去了，而有些人提着玉米说："你这只是东西，又不是玉，过去国家定下的比例是1∶5（1斤粮食顶5斤洋芋），你俩怎么这么狠？"和朝光回答说："洋芋今年比玉还值钱，在我们家里出售价为0.75～0.78元一斤，我拉下来的油钱，工钱加一点，一斤换一斤才划算。现时是市场经济，愿换的来换，不愿换的，我们也不强求。"经他这么一说，本来不怎么愿意换的村民都换了去，结果，当天就换完2000多斤的洋芋。回到家后，和朝光兴奋地对旁人说："做买卖交换的生意，不但要看货好，而且要靠嘴灵，会讲，像我今天，有一部分人本来不想换，经我这么一说，又都换了去。因此，能说会讲是做生意或以物易物必不可少的条件。"

2010年1月10日　农历十一月二十六日　阴转晴

满下村村民和朝东家杀年猪，后山村委会木苏自然村的和兴（和朝东舅爷）用手扶拖拉机拉着他的70多岁的老母亲前来参加。前些天和朝光及和尚勋叔侄打电话请和兴在木苏村买三块灯头（做棺材用在前面的短厚的板子），并烦请他拉到南溪，和兴不负他们所托买了来了，每块价为50元（和朝光要一块，备做他母亲的棺材）。

过去像这样的块板，在南溪山上随处可找到，但近十五年来都是跟木苏、行茂洛等村的人买，或跟木材小老板买，这是人们图一时的方便而乱砍滥伐的严重后果。在今后的二三十年内都得买，自家的山林里已出不了这么粗大的树木。

2010年1月11日　农历十一月二十七日　晴

满下村召开户长会议，会议由村民组长和永红主持，会议的内容有：第一，和永红传达前些天村委会召开村民组长的护林防火会议精神，要求各户做好防火工作。

第二，对满下村近两年的经济收支由和永红向户长做了公布（钱和账都由他收管）。收入来源是：满中村卖沙子款，金龙村卖沙子款，旦都后村卖沙子款，共24000多元，余款每户分着194元，怎么分让户长提意见。这时发言的人只有大个子和万红，提议分大头，留零头（绝大多数户长是想全部分了，但没发言）。结果每户分150元，剩余的做公留。

第三，在村民和社兴的提议下，讨论决定看山，每两户轮流看一天。

第四，对乱砍树的现象做了批评，要求做到不乱砍松树。

2010年1月12日　农历十一月二十八日　晴

满下村村民和吉诚受"玛咖公司"的人所托，用竹子在家里编簸箕。以单个计价，每个簸箕7元钱。他按公司人员的要求，一天就编下10个，傍晚他背着簸箕交到公司，公司人员对他说："这些天，若你没有事情做，就来我公司做几天得了。"和吉诚说："我倒不想干，也许我妈会来干。"公司人员说："你妈来也可以，反正公司里既有男人的活，也有妇女的活，满中村75岁的和桂贤老奶奶，年近70岁的和五娘老奶奶都在这里做，欢迎你妈来。"

从公司人员所说的话里，可以知道，公司正处于收玛咖、加工玛咖的繁忙时期，即使有满中村的很多村民在公司做工，但还是赶不上工期，人手还不够。机器声一响，在公司做工的人就忙得不可开交，抬玛咖装进洗刷机的、洗刷出来后抬到切片机的、片切出来后抬到晒架边的、把切片分晒在架子上的，各忙各的，真是呈现紧张的状况。

2010年1月13日　农历十一月二十九日　晴

满下村村民和四妹听到儿子和吉诚说可到"玛咖公司"找临时工，认为"一天给25元，总比闲起强，做10天就可拿到250元，何乐而不为"。但感到一个人去有点不是滋味，就去约她的妯娌和国秀、和玉琴，她们很愿意去，于是和四妹、和国秀、和玉琴、和世仙4个妇女去"玛咖公司"做临时工。她们四人的任务是摆晒架，同时也帮忙做收干片的事。

大事做不来，小事又看不上做的村民见到这一情况后说："一天25元钱，不划算，有什么做场，还不如带闲带砍上两背柴。"发这些议论的人，往往是忽视了家庭应当有多渠道经济收入的人，这些人的家庭经济来源只靠种地，在村子中就有点欠全面发展的感觉。

2010年1月14日　农历十一月三十日　晴

南溪村传统的"农历有闰月的年份做寿棺好"的说法，是因为农历有闰月的年份有13个月，比平常年多了一个月，有13个月的年份被视为做寿棺的好时机。村民一般男人到49岁，女人到47岁就备寿棺板（俗称"大板"），到五十六七岁（健康人）就做长寿棺（纳西语称"儒时多"，意为"长寿棺"）。现今好多年逾六旬的村民在有闰月的年份做寿棺。

满下村村民木匠大师傅和国兴在2009年正月以后到今天以前这段时间里，就做了13个长寿棺（年逾六旬的健康人请他做）。

为此，满下村和尚勋、和家良夫妇间就发生了争论，和尚勋说要做长寿棺，和家良却说："年纪还这么小，就做好棺材，心烦、心悸，闰年每三年有一次，等到以后再做。"在和国兴、和家花等人的劝说下，和尚勋同意老伴的说法，改变了原来的打算，决定今年不做了，等下次有闰月的年份再请和国兴来做。

2010年1月15日　农历十二月一日　晴

满下村村民和圣军请村民和朝光（和圣军老婆的大哥）、和万军（和圣军的姐夫）去玉龙信用社白华营业室贷款，他们三家每家贷款5万元，共贷到15万元，加上家里近9年的积蓄，他想购买一辆用于丽江市区及市郊营运的面包车。贷到款后，他们三人看了贴有"此车出售"标牌的有运证的面包车（丽江境内称3-8路车）。看了车、问了价、讲了价、还了价,但要价都在二十二三万,且车龄不算短。这样问了好几辆,和圣军认为要价过高,必须回家与父母商量后再行动,他们今天就空手而回了。

2010年1月16日　农历十二月二日　晴

满下村村民和朝光请和国兴师傅、和作典、和尚军,满上村的村民和春琴(和朝光弟弟的岳父)等4人,帮他做他妈妈和四娘的寿棺。和四娘67岁,现处于健康状况。她的寿板已在五年前跟汝南籍的小老板以500元的价买好,棺头用的板(长二尺有余,宽约二尺)前些天请后山木苏村民和兴帮忙买了来。拥有几千亩山林面积的南溪满下村,这么点自用的板子都无处可找,盖房用的大料都无处可砍,真是资源危机了。

和国兴以出工钱的方式请,其他的人沾亲而以人情工相请。他们4人较紧张地干了一天,把棺材做完了。

南溪村传统的说法是:做棺材时所砍下来的木屑不能烧在火塘上,要扫出去当垃圾烧了。而不懂传统规矩的和朝光之妻杨耀祥,把木屑拿些来正在火塘上烧,和作典见状,及时叫她把火灭了丢出去,不让烧。

2010年1月17日　农历十二月三日　晴

满下村村民和子黄、和丽军两人去丽江城报名考驾照。至今满下村58户,总人口240人中考驾照、持有驾照的人已有46人,他们是和文亮和学青(夫妇)、和文秋、和国臣、和万林、和自忠、和万军、和万琼、和万元和万芝(夫妇)、和丽军、和德华和桂花(夫妇)、和丽华、和朝亮和福春(夫妇)、和朝柱、和武军、和汝信、和汝浩、和子黄、和建军和海(夫妇)、和朝光、和亚华、和春拾、和灿和永秀(夫妇)、和文军和满秀(夫妇)、和吉诚、和玉祥、和社兴、和社红、和一华、和圣武和爱花(夫妇)、和圣军、和朝珍、和永贤、和朝泽、和永军和金良(夫妇)、和天林、和李福、和文昌。其中常开车的约20人,一天未开过车的十余人，时开时休的十余人，夫妇同持有驾照的大多为自家有一辆车或半辆车。

2010年1月18日　农历十二月四日　晴

满下村村民和圣军经过与父母反复多次商量后，买了一辆6万多元的微型客货两用车，并以二姐夫的名义把车落在古城区七河乡前山村委会，以和金春为车主。其目的是：常跑丽江到七河、丽江机场、鹤庆县辛屯街等运输线路。而且这车也是跟七河人买的准运证。

至今，满下村已拥有汽车八辆半（四辆半出租车、一辆面包车、两辆微型车、一辆无证自用面包车），这充分显示了村民经济有很大的发展。但与本村委会的鹿子村村民小组、旦前旦都后村村民小组、金龙村村民小组、满中村村民小组比起来，发展还是滞后的。

2010年1月19日　农历十二月五日　阴

满下村村民和永昌、和社芬夫妇请家族的青壮年人及亲戚的青壮年来筹办女儿和丽芳出嫁的宴前事务。昨天，和永昌夫妇、和德华夫妇、和万元夫妇、和万林等7人已从城里买来所需货物。今天的总管（村民俗称"总理"）是和万军，由他来安排这次婚嫁宴的所有事宜。

吃过早饭后，青壮年们上山砍柴，炊事组的进行杀猪和煎藕等。族中及亲戚老者在他家休闲。傍晚，族中少妇和桂花用车把和丽芳拉到丽江城去修饰新娘头，这种做法在南溪流行已有七八年的时间了，这已成了没规定的"新娘饰头"，她俩在明早修饰头后才回家来。

同时，玉龙县教育局已开始对全县各小学进行学期末统测考试。

2010年1月20日　农历十二月六日　阴

今天举行和丽芳的婚嫁典礼，参加贺喜的有她们家族的所有人，亲戚，还有南溪完小的老师，南溪村委会的干部，还有她的好朋友。来参加贺喜的人们所带的礼品有人民币、肉、米、酒、烟等物品，嫁到汝南化村的和丽芳的姑妈还送来一套被子。

中午1点左右开始待客，用8张桌子同时招待。下午4点左右出嫁。因为嫁妆已在元旦节期间由和永昌、和社芬、和丽芳她们仨买了后送到男方家放好，今天的嫁妆就只有一个柜子、两套被子、七星羊披和20000元的存单一张等。迎亲的队伍用拖拉机来接新娘。婚嫁送钱已在满下村实行六七年了，这给女方父母增加了负担，而姑娘心里则有"人家女儿给了，我也要"的心态，父母也有"人家女儿已给了，我们不给，没脸面的感觉"。

2010年1月21日　农历十二月七日　阴

今天是和丽芳婚嫁庆典的第三日（回门日），新娘新郎在伴郎的陪同下回新娘家，去新郎家做后亲客的人也同时回到新娘家。今天的主要事情：一是新娘在娘家把平时穿的衣物带去婆家；二是请回门客，得把家族、近亲家中的人请到新郎家。

今天去做回门客的是和丽芳父亲和永昌、家族（近族）的和德华、和万林、和万元、和丽芳的舅舅和福军、姨父和福生、姨父和三友、和丽芳的伯母和桂花、婶婶和闰菊、三奶和定。他们的主要任务是相互认识双方家里人和近亲。

2010年1月22日　农历十二月八日　晴

今天是举行和丽芳婚嫁庆典的第四天。她的家族们及近亲们仍聚在她家休闲、娱乐，各投所好，玩扑克、打麻将、闲聊、围观，烟酒、瓜子、饮料随处可见，只要是围了人的地方都摆有。

吃过晚饭，家族们各收各的东西散伙回家了，婚庆典礼就算结束了。

在南溪村举办婚庆典礼，连续需要五天，这已成了无条文的规矩（进城备办货一天，找柴杀猪一天，举行婚宴一天，回门一天，最后收摊一天)。这显然是破费较大,同时也显示出了南溪经济社会的发展。整个南溪村委会 8 个村民小组的情况都这样,差异只在于有的村大手大脚点,有的村计划节俭点,有的农户花费较多,有的农户花费少点(举行婚嫁、丧葬都要五天才算结束)。

2010 年 1 月 23 日　农历十二月九日　晴

南溪满下村村民和万琴今天请和国兴师傅开工建盖新房。在丽江城里租车开车的其兄和万琼考虑到弟弟竖房,他本人也会木匠活,不帮几天又不好,于是他请他的侄儿和丽勇帮他开一个月的车,他自己就在今天开始帮和万琴做木工。

吃过早点后,和国兴照例点上香,备上酒、茶,让和万琴抬来一根梁,叫和万琼在梁头上锯下一小块;然后和国兴用灶里的木炭在锯下的小木块的一面写上个"木"字,放在厨房里过去放香炉的位置上,并在这木块前插上香,摆上酒、茶,口中念念有词,算是供养了"木神"。之后他就动手量柱子、锯柱子,三人都忙开了。动工时(在今天)也就定下了竖房日(定于农历十二月二十四竖房),木匠和主人家都有了目标了,必须在二十四日前就做出木工部分和下好奠基石。

2010 年 1 月 24 日　农历十二月十日　晴

有 34 个满下村村民带着中午饭到鸡冠山背后砍柴。他们把午饭、烧水用的工具都放在跌水岩过北的东巴舞场上,就到东巴舞场下面去砍杂柴。有些村民则只下去四五百米,见到杂柴就砍。他们砍满一背后,就背上来,背到东巴舞场各自码好。有的村民打算柴干了些再用拖拉机拉回去;有的则打算砍满一车柴就拉回一车。他们这样做,既比现砍现背柴回家省力,又保护了附近的山林。过去几年的这个时节,满下村大多数村民都是这样做的。如今,村民和圣昌家就已这样做了五车。他家现时人强马壮,家有 7 口人,5 个正劳动力,除 1 人做家务及领娃娃,4

个人出去，两天可以砍到一车柴。已砍了一车柴的村民也较多。要不这样做（到鸡冠山背后砍柴），村子附近的山林早就会变秃了。

2010年1月25日　农历十二月十一日　晴

南溪村委会党支部书记兼村委会主任和继武，在凌晨3点起床夜尿，得知南溪村委会金龙村村民小组东面山上发生森林火灾，但还不知道发生火灾的山林是七河乡的山界还是黄山镇的山界。他打电话邀约了和仕先（金龙村村民、旱季护林防火员，年龄50岁左右，中共党员，复员军人），他俩半夜赶往火灾现场，一方面查看火灾情形和地段，另一方面打电话通知村委会副主任和丽军组织好应急扑火队伍。

村民们常说："和继武书记实干精神强，大家都佩服他。"

在情况不明，又在夜半三更，的确没有对人民的事业负责的心，没有视人民的利益为重的人，是很难有这种举动的。和继武书记这种以人民利益为重的精神，使他的同事们受到教育，使南溪村村民都很感动。

2010年1月26日　农历十二月十二日　阴

设在南溪满中村的格林恒信生物种植有限公司，村民俗称的"玛咖公司"的人员，因在开始挖收玛咖时堆积较多，管理和收拾跟不上而烂了价值三四十万元的玛咖。今天天气阴沉，很像要下雪的样子。公司人员很担心加工后晒在草坪上已成半干的玛咖片受雪浸而变烂变霉，于是就动员在该公司打临时工的满中村民，全力以赴紧急收装晒在草坪上的玛咖片。村民们都积极地投入收拾玛咖片紧张而有序的工作。大伙都亲眼见到该公司先前的损失，知道如再受损失，公司受到的打击会雪上加霜，很难使公司一时恢复兴盛，群众利益也直接受损。因此，大伙都干得很带劲，到下午2点半许就收装完毕。但老天跟人们开玩笑似的，反而阴转晴了，村民心里盼着下一场雪又成泡影了，不少村民望着天空，感叹着说："该下场雪了，青稞苗都干枯了，如若下场雪，青稞根部还有重发上长的希望；在电视上看到北方遭雪灾，而我们这里旱得很烦人，老天对人太不公平了。"

2010年1月27日　农历十二月十三日　晴

南溪满中村召开户长会议，会议由村民组长和国高主持，会议的主要内容是：对村民最近一段时期乱砍树的做法提出批评。针对近期该村部分村民擅自在村的封山育林区及其他山林中砍树取材，部分村民在山林里砍倒松树划柴的现象，在全村户长中提出批评。对这一问题争议比较大，有部分村民认为"要竖家庭住房的，畜厩要返修的，或者要新盖房子的，应该砍，不然全部料子都去买的话，成本太大了，梁头、椽子、随用方都应在村的树林中找"；有人认为"大伙对封山育林虽没有付出财力，但人力已付出多年（轮流看山），应该珍惜付出的劳动，不能乱砍"。经过激烈争论，最后通过了"要起房盖屋的村民可找足要用的材料，砍柴的村民不能砍松树，只能砍杂柴"的决定。

随后，有好几个村民毛遂自荐地提出要当村主任（村民组长），对这个问题也进行了较长时间的争议。最后大伙认为，此事只能等到今年5月换届选举时再进行，到时提候选人，进行选举才能定下。

2010年1月28日　农历十二月十四日　晴

满中村在继续进行着昨天的户长会议，这个会议的主要内容是进行村长、会计（现称村民组长、副组长）的选举。这做法显然有些不合适，因为此前没有上报上级领导机关（村委会、乡党委），更没有得到上级领导机关和领导干部的同意，也不符合《村民委员会村民条例》，但还是进行了。首先现任村民组长和国高说："要选新的村长、会计就选得了，事后我给村党支部说明就行了，但大家选上后，不能说我不干。"全体到会户长都同意了。于是就进行无记名投票选举，结果是和万选的得票居第一任村长、和志强任会计。和志强就站起来说："你们故意的，选我小伙子当会计是故意的,我还要找老婆,还要去打工,当会计现实吗?你们不服,就跟我来单挑,这村职我不干了。"过片刻后又重新选举会计,结果选到和黄生,和黄生立即说:"我只上过两三年学校,不懂知识,连我自己的名字也不会写,更不会计算写字,这个确实干不来,以后叫我干什么都行,此职我死也不干。"又沉默了片刻,村民青年和振锋来到会场说:"一个村没有一个会计不行,必定要有一个人来协助村长做好村务工作,谁都不干这个行吗,没有人干,我来干,但全村得听我们俩(村长、会计)的安排指挥,以后把我们满中村的各项事情做得好好的。"大伙就一致通过了,由和万选当村长,和振锋来当会计(村民副组长)。选举结束后,和国高诚恳地说:"新任后,工作碰到困难我会尽力相帮,年报不熟悉,可请我来帮忙、指教。"随后进行了村账务移交,和国高也把村中余款500多元交给和万选(最近几年南溪村委会,各村民小组大多数都由村民组长一人管钱、管账,会计们很少介入)。

　　新任村长和万选最后做任职演说:"我们两个任满中村的干部后,要每月召开一次户长会,要求都到会,缺席者不予原谅,大家来讨论村务,讨论定下后要执行。今年封山育林砍伐数量很多,砍倒树的村民,必须在明日下午两点以前拉回家,两点户长们在球场集中,上山看山。"

　　会上有部分群众提出要新任村干部问清楚云南大学纳西族研究基地的地基是怎么弄的?是卖的?还是借用的?借用多长时间?等问题。

　　散会后,新任村长和万选打电话召去基地管理员和尚勋问询以上问题,并要他当时打电话与云南大学该项目负责人洪颖老师问明,和尚勋照办,洪颖老师回答找查原资料后答复。

2010年1月29日　农历十二月十五日　晴

　　云南大学纳西族调研基地管理员及村寨日志记录员和尚勋,就昨天满中村的事(主要是有关地基方面的事)专门去找南溪村委会领导汇报、交谈。村委会党支部副书记和国军,村委会副主任和丽军在村公所,和尚勋开口谈及昨天满中村的情况时，和国军副书记接住话茬说："中村没有上报上级领导就这样干是不合适的，我不知情，如我知情会制止的，一切都听我老婆转告我，我从中知道情况。他们喊和老师问云南大学的情况是没有必要的，我记得当时是政府出面协调，地基无偿提供给基地的。但部分群众亲眼看到去年和国高与'玛咖公司'杨经理，因和国高贪了一些杨经理付给村民木料款而与其发生吵架时，和国高说：'我在云南大学工程上吃了几万元，也没人说我一句，你这小点就来败坏我的名誉。'这样说认为和国高真贪了，而发问的。有些个别群众认为，不出地基款是不对的，但这只是极个别的。这件事由我来向满中村群众解释好了。"

和丽军也接着说："村民委员会和村民小组换届在即，春节后会着手进行这一工作，到5月完成，他们这样做有点过激了，像文屏村也有过激的行为，村民自行换了村长，交账时才知道原村长没把公款贪了。满中村有这样自告奋勇当干部的人是好事，但要通过组织才好。村民小组的干部津贴很少，事情却很多，很多人都不愿意干，现有年轻的和振锋，有这决心和勇气是好的。"和尚勋还提出，在基地附近的3个自然村，有没有能承担基地记录员的村民，如果有，他就介绍给云南大学该项目负责人，叫其接替他的记录和管理工作。沉默片刻后，和国军、和丽军两人异口同声地说："没有，确实难找到一个合适的人。虽有几个年轻有点知识的人，但他们不一定能持之以恒，他们朝三暮四，几天在家，年把在城说不准。只要云南大学还继续坚持此项目，请和老师操劳一下，云南大学在南溪投入巨资，建盖了调研基地，你一推，就半途而废了。村中有能力、有条件担此工作的只有和老师，请您再坚持云南大学调研基地记录工作。"

2010年1月30日　农历十二月十六日　晴

南溪完小校长和家香老师今天请老师食堂的炊事员（满中村女青年

和庆秋）发放"学期末学生成绩通知书"。这事本应在二十四五日就进行，但鉴于玉龙县教育局教研室对这学期期末统测的试卷进行了各乡镇交流批阅的做法，而到今天才发放。这个假期学校也请和庆秋家人来守校，守校费付给400元。此前的守校一事都是由满下村和丽芳家做的（和丽芳是南溪完小学生食堂炊事员），前些天和丽芳结婚嫁到前山村委会石镜头村民小组后，放弃了这个工作，同时家人也放弃了守校工作，学校只好把守校的工作和假期间学校该做的事托付给和庆秋家来做。

中午12点左右，全校学生都陆续到学校领"通知书"。

2010年1月31日　农历十二月十七日　晴

设在满中村的格林恒信生物种植有限公司已在昨天收完2009年种下的全部玛咖，一些人继续在公司维持加工、收装的工作，杨经理及一个员工去昆明化验各种植户的抽样玛咖，他俩还带了常在公司做临时工的满中村村民和立黄。这些抽样的玛咖是各个种植农户在收交自家玛咖时，过秤后，捡上四五个，用塑料袋装封，并标上户名，以一个村民小组为单位封装在纸箱里，带到昆明有关单位化验检查，其主要目的是检查化验玛咖样本里是否含有尿素等化学促长剂。公司是杜绝给玛咖施化肥的，力求种植户做到只施农家肥。这样做虽然花时花钱，但对公司今后的发展是必不可少的手段，是防止个别种植农户图一时的经济利益而暗中施加化肥的必要做法。一经查出施用了化肥的农户，他们会对该农户提出严厉的批评，甚至扣款等。

2010年2月1日　农历十二月十八日　晴

好多满下村村民都自主停下砍柴、拉松毛的活计，而去山上找"红灯笼"树苗。村民和子红家则全员都去（四人，他们夫妇和两个儿子），还有好几户村民，凡在家的人员都去采挖这种树。

到傍晚，有些村民用手扶拖拉机拉回近百棵大小不等的"红灯笼"

树，有些则用肩扛回三四十棵捆成一捆。村民们把采挖的树交到和金发处，和金发收完后说："今天是最后一天收，从明天开始停收了。如文笔村还需要，我再通知大家，请大家到时又挖。"

各人回到家后，都感到大山真的太可爱了，真是过去传统说的，"大官富有不如山富有"，纳西话说的"考恒居没挂"（官人富有不如大山富有的意思）。这话是真的，大山对村民来说是生活的依靠，柴、松毛、蘑菇、药材、树苗样样都值钱，而且年年都可采，大山真是村民取之不尽的物质宝库。

2010年2月2日　农历十二月十九日　晴

尽管满下村村民和金发已停止帮文笔村人买树苗，但不少满下村民仍上山采挖这种树苗。他们把树苗挖回后，先种在自家的房前屋后及菜地里，打算几年以后再出售。"红灯笼"是丽江境内较好看的"四季青"树木，而且在秋冬季节，树上所挂的像灯笼似的花蕾都变红并竞相开放。开放后的花好像一个个红灯笼，因此将这种常绿树称为"红灯笼"。前些年，这种种植在村中房前屋后的古树，卖价很高，各村民小组中祖先种有这样树的村民，在经济利益的驱使下，几乎把祖先种下的美化家园的老古树卖光。之后有些村民又挖些小树苗种在房前屋后或菜园里，等过了两三年，小树长大些后又以三五百元的价出售给树老板。现在采挖的村民是抱着这种心态上山的。

2010年2月3日　农历十二月二十日　晴

十天前嫁到前山石镜头村的满下村小姑娘和丽芳与她的新郎一起回满下村她家里，请她父母和永昌、母亲和社芬和他俩一起去鸡冠山背后砍白芸豆杆。石镜头村气候温和，适宜种白芸豆，但山林面积少，豆杆很难找到，三年应换一次的豆杆在石镜头村的山林里不易找到，所以她俩想在南溪老家山上砍一车拉回石镜头村。这一现象，以前就与石镜头村民成亲的人都这样做过。见到这样做的满下村村民心里有些不好说的滋味，但谁也说不出口，只好由他们了。

2010年2月4日　农历十二月二十一日　晴

满下村村民和顺达、和继花夫妇为二孙女举行祝米客，前天他俩请族中人去丽江城买待客的菜、肉食品、糖等物品。昨天，又请族中人及亲人们来备今天所用的煎食品，还有一部分人杀猪，另一部分人上山砍柴。

今天，他家所请的人各尽其职，做饭的、烧水的、烫米酒的、收礼的、登记的、干杂活的都在积极地完成各自应做的事情。

等到儿媳方（后山村委会寒近洛村）的亲戚到来后就开始待客，客人上座后，先招待米酒，收拾洗刷后就连接待饭。

宾客所带的礼品大都是产妇的营养食品：鸡、鸡蛋、米、红糖，有些宾客干脆只带钱不带物，也有的宾客（如儿媳、家人）带的礼品多，有娃娃衣物、玩具等。

2010年2月5日　农历十二月二十二日　晴

南溪满下村村民和国臣昨天傍晚突然发病，到下午8点左右由他的侄儿和亚专接到玉龙县医院医治。陪同前往的有和国臣的儿子和满强（现就读于玉龙中学初一年级）、其弟和国红、族兄和国亮三人。当晚入院诊治。今早要做个B超检查，检查前在玉龙县医院B超室门前病故。病故后，和国亮打电话给和国武，告知这不幸的消息，并要求家族们都集中在和国臣家，准备后事。昨天还在帮和国亮家做木匠，还和同伴们有说有笑的和国臣，竟在今早就结束了他的生命，在人间过了48个春秋，刚要跨入49岁的一刻间，他离开妻子、儿子、家族、村民而去阴间地府。昨天，和他一起做木匠活的村民和建华、和亚军等谈起"国家没有男人节，我们太亏了"，而和国臣却笑着说："我这一生参加共夺到32面篮球冠军、亚军比赛的锦旗，因参加篮球比赛而到过丽江南山片区，还参加过好几场在丽江坝区的比赛，可惜只得到亚军和友谊奖，没有男人节，心里也感到满足了。"真是的，在20世纪七八十年代，近二十年时间里满下村篮球队名噪一时，是一支球技很好的球队，在丽江西坝子及南山片区出了名，而和国臣从十七八岁开始参加球队赛球而且是主力队员，当时观众称他为"小老倌，球场上的猛虎一头（因为他生来就比别人的皮肤黑些）"。

村民们都集中在他家，等运回他的尸体。中午12点左右，他的尸体由玉龙县医院救护车拉回来，并在白华买了口棺材也一同拉了回来。

村民把他的尸体抬下车，放在堂屋后，和国兴指使和万军去取洗尸水（九瓢）烧起来。另外，和国兴捉着一只公鸡进行"岩绍鱼"（用鸡替人入口含）。他死时因估计不到事情会这么糟，而没有准备口含，没有放口含。和国兴抓着鸡，和国红拿一碗面粉，和国兴大声说："家族们，和国臣病得很重，我们去看看。"家族每户的主事男人都围绕到和国臣的尸体旁，和国兴继续大声说："五天（和国臣乳名），在你前面有三条路，你要往中间那条路走，遇到石头，踏破石头，遇到荆棘，踏断荆棘，大胆向前走。你要跟在你前面的人说，我是从家族们那儿来的，是从村民那儿来的。"因为和国臣的上辈爷爷、奶奶、父亲都没有得到口含，和国兴也没说跟谁去这类话。他一边说，一边拿面粉往鸡嘴里灌，把鸡灌死，之后用布把鸡包好装在松明条做成的三角形盒里。村民们给和国臣洗尸，穿寿衣，入棺时他妻子和二女拿出200元钱装进和国臣衣包底，和顺明在旁边说："国臣，你妻给你路费，请拿到用吧。"装好后，把棺材抬到堂屋正中安置好，装有鸡的松明条盒子架在棺材上，然后去"芝步吉"。

"芝步吉"回来后，大多数村民在和国臣家吃午饭。吃完饭后，村民组长和永红，副组长和圣华向村民收公祭公葬款（每户10元），然后和永红把570元（全村58户，死者家不交，有57户）交给和国红。他们家族的妇女和中年人则又忙着备晚饭，青年们则给休闲在他家的村民敬烟、敬酒、敬茶。

村民们闲谈说："死的去了，再也不会回头了，而苦了他妻和二女，和二女与和国臣共同生活了28年，已做了7个人的丧事（他俩的四个孩子，其中有一个前年在沙场压死，死时已是小伙子，两个老人，丈夫），平均每年就合一个，真是太可怜了，数她命真苦。"人们都发出了同情的话语。

傍晚，家族亲戚来祭入棺饭（纳西语称"吉子好毗"），过去祭品为酒、一碗熟饭、四片大肥肉、四块瘦肉、四块肋骨肉、二个鸡蛋（分成四半）。最近几年来，因嫌以前的做法不卫生，而改祭品为5斤生米，1瓶酒。参加洗尸的村民也被请参加吃晚饭。

2010年2月6日　农历十二月二十三日　晴

设在南溪满中村的格林恒信生物种植有限公司已发完2009年村民种植、收交的玛咖款，发放的顺序也按收交的顺序：金龙村——鹿子村——旦都后村——旦前村——满下村——满上村——满中村。今天上午发完满中村的就告全部付完。据该公司杨经理讲："2009年该公司对南溪村人付出玛咖款及临时工款约400万元，玛咖款收入在万元以上的农户有50户，最少收入的也在3000多元。鹿子村人表示明年（2010年）除种点洋芋吃外就全都种玛咖。这么多钱是南溪经济发展后的一大亮点。"的确，大多数村民都感到种玛咖是农民增收、国家增税、企业增利的一条根本出路，都希望公司能多种几年。公司也在付款的同时给农户签订了协议书，书中表示种20年（合同书）。这将对以后南溪村的经济发展起到推动作用，对产业的改革起促进作用，对村民的劳动负荷会有些减轻。

2010年2月7日　农历十二月二十四日　晴

满下村满家家族和国武家、和国亮家、和国辉家、和发兴家、和发魁家、和国兴家、和永昌家、和万林家、和万元家、和万琼家、和万琴家、和万军家、和国模家、和丽军家、和天林家、和万兴家、和国臣家、和国红家、和国海家共19家，除和发魁家退休后居住在楚雄市，和国海退休后居住在怒江州泸水县，和发兴、和国辉两家退休后居住在丽江外，其他15户现居满下村寨。今天该家族除外居户及死者家外，其余14户每两户派一个人共7人驾着拖拉机去丽江城购买和国臣丧葬礼用的物品。余下的中青年都集中在和国臣家搭伙房，从各户里拿出做饭用具和招待客人用的饭桌，大伙都在为后天举行和国臣的葬礼而忙碌着。

2010年2月8日　农历十二月二十五日　晴

满下村绝大多数青壮年都集中在和国臣家筹备明日和国臣的葬礼，在总管和永红、和朝泽的统一安排下进行着各项工作。60虚岁以上的老年人在厨房里压炕，他们分男女两组分别待在和国臣家厨房（女人）及和国红家厨房（男人），并分别在年轻人和林、和朝东两人的服侍之下，坐在火塘上，抽烟、喝酒、喝茶。炊事组、蒸饭组各忙各的，收礼、记账组忙着扎白纸花、采松枝、贴挽联、扎牌坊。其余都上山去砍柴，这些柴是备用于明后天做饭、烧水、烤火等。今天找来的柴加上每户砍来的一背共57背，这次丧葬活动烧了后，还会有剩余，作为丧家以后日常用的柴火而收拾好。

2010年2月9日　农历十二月二十六日　晴

满下村为死者和国臣举行出葬礼。早上8点半左右，家族、亲戚、村民都带着上祭礼品来到他的灵柩前上祭。所带祭品也跟亲戚关系的近、远而有别，最少的村民带1瓶酒、5斤米、5元钱；一般的亲戚带米、酒、肉、人民币不等；最亲的带500元人民币、10斤米、10斤玉米、10斤小麦。

9点左右开始举行丧葬礼，参加者络绎不绝。10点，满下村民每户都去"书鲁阿"（纳西语意为每户抬一根干柴到火葬场，凑烧灵柩用的柴）。村民到火葬场后把柴堆在场地上，抽杆烟，休息片刻就回家，留下烧尸人和建国、和圣昌、和顺达、和万琼四人在山神前插好香，摆好酒茶，并在火葬场左上方的历代祖宗位上也做了同样的布置。然后码好放灵柩的柴堆后回家。11点半开始待客，到下午2点招待完，休息一阵到下午4点左右出灵。因和国臣年龄不大不小（48岁），属于正当年的壮年，家人亲戚都对他的死痛心万分。因此，传统的"喂目达""窝忍忍"都不跳了，直接抬出灵柩。

当天，旦前村迁居丽江城的和桂花（原南溪村干部，现为玉龙县计划生育局干部）的老岳父和一（父女连名叫开爸一）的丧葬礼也在丽江城和桂花家居住地举行。举行完仪式后，把灵柩拉回旦前火葬场进行火葬。这体现了南溪老者死后也要魂归老祖地的传统做法。

2010年2月10日　农历十二月二十七日　晴

满下村凡参与和国臣丧葬活动的各种职事、和国臣的家族、宾亲们集中在和国臣家。

家族、亲戚们上午去"伏山"（带着供品到火葬场，祭供和国臣亡灵），休闲到12点回家。

各种职事做好中午饭。

回到家后，由和国臣家族、亲戚的中青年人来招待各种职事。吃过饭后，大伙休闲到傍晚才散伙，家族及村中亲戚们留在他家用晚饭。这些人明天还要收拾一天，才算把和国臣的丧葬礼做完。南溪村办丧事、喜事，村民集中四天，家族要用五天，这已成了不成文的村规。这一现象在经济发展、物质富裕的当今社会，哪家都不觉得经济压力大，但的确有些费时、铺张了。

2010年2月11日　农历十二月二十八日　晴

南溪各户村民派青壮年去丽江城办年货，有个别户已在昨天进城备办，还有一些农户待明日才去备年货。

过大年备年货，过去南溪村有一句流行语叫"打瓦纳西努"，意思是腊月里纳西人忙疯了。这句几百年前就流传下来的流行语说明了南溪人为了过好春节备办年货得花很多时间，必须在腊月里跑鹤庆备好糯米粉、买好莲藕；得跑丽江买好鲜蔬菜。而市场流通、物质丰富的现时，南溪村民不再为过大年而奔波操劳，东奔西跑地备年货，只需一天就可买回过年所需的年货，而且不再步行，而是坐车往返。上了年纪的人都说："科技发展了，社会进步了，越来越好了，物质富裕了，人民生活幸福美满了，全靠共产党的好领导，是改革开放带来了惊人的变化。"

来往于南溪—丽江的客货两运黑车，车主生意兴隆，不仅座无虚席，而且挤得满满的，几乎每辆车都得跑两趟，既方便了村民上街买年货，又增加了车主的经济收入。

2010年2月12日　农历十二月二十九日　晴

满下村村民和万琴今天请家族及亲戚的青壮年男人来帮忙他家组合屋架。他家的新房子原计划在农历本月二十四日竖房上梁请竖房客，并已请好客，请好帮忙的人。但千万想不到家族中的叔辈和国臣急重病而辞世，不得不把他家竖房一事暂搁一边，先来办理和国臣丧事。好在现代信息传递工具的手机已普及城乡，可用手机及时通知亲朋拖延竖房时间。就南溪村来说，户户都有一部手机或者一部座机，有些农户还有两三部，个别农户人手一部。

和万琴请来的人们紧张地进行组合屋架的工作，组合的人在大木匠和国兴的指挥下进行认真细致的工作，用木响把各部件敲打、组合得紧紧的。因为明天是大年三十，所以，大伙都想休闲过节。干到下午6点，四排屋架组合完毕。

吃过晚饭，在火塘上烤火闲聊，女主人和金燕与大师傅和国兴商量竖房日子，和国兴算了算后说可在正月初六进行，于是和金燕用手机立即通知所有亲朋，定于2010年正月初六竖房，邀请亲戚们来做客。

2010年2月13日　农历十二月三十日　晴

今天是大年三十，南溪村家家户户都在搞大扫除，屋里屋外，院内院外，村民们挥舞着扫帚在清扫。有好些农户，把传统的腊月二十四日打扫烟灰的习惯也改了，干脆在大年三十一齐打扫。打扫干净后就贴上春联，村里呈现出节日欢乐的气氛。

每户的男主人忙着杀大公鸡，烧洗猪头。这出于南溪村传统的大年三十必煮猪头肉的风俗，以及由男主人烧洗猪头，来年六畜兴旺的说法；初一、十五不杀生的规矩。因此，男主人显得特别忙。

下午6点半左右，村里陆续响起了鞭炮声，这不间断的声音持续到8点，这鞭炮声，声声在辞旧岁。9点过后，又有不少孩童燃放花炮，声音虽然不大，但见天空点点火花。大人们却围坐火塘或电视机旁，边吃糖果边看春节文艺节目。现时的南溪村户户有电视，户户有手机，大多数农户还有洗衣机。持续时间这么长的鞭炮声和夜间呈现在天空的火花，说明了南溪村民的生活一年比一年好。

2010年2月14日　农历正月一日　晴

今天是农历庚寅年正月初一，天刚拂晓，村里又陆续响起鞭炮声，用鞭炮声来迎接新年，年轻人燃放鞭炮后又缩进被窝里睡觉。按照南溪村的传统风俗习惯，今早每户的男主人必须起早，不能让妇人比男人起早，必须由男主人烧火烧水，喂猪，这样做说是来年能吉祥、平安、顺利、幸福。妇女及成年女性今天禁止走亲串门，只能守候在家或到公共场所去娱乐。

男主人吃过早点，带上供品到祖坟烧香祭祀，哪怕是在丽江过除夕夜的开车人，如若父母已故，必回来坟上烧香供奉。满下村的和建军、和朝珍是这样做的。

上坟回到家，吃过午饭，男人们去球场玩。

南溪村民在今天历来就兴请头客，如若头客请到个健康活泼的男童，就认为来年会吉祥、平安，要给头客招待吃饭，给点钱（5元、10元不等），以示感谢。

2010年2月15日　农历正月二日　晴

今天开始进行拜年活动，娘家在附近的村民手提拜年礼（米5斤、酒2瓶、肉，有些只带糕点、酒、茶），离娘家路远些的就开手扶拖拉机，装好拜年礼物回娘家。

青年们则在球场上打球、玩扑克，妇女们也可以串门了，孩童们则仍放着鞭炮，节日的气氛还很浓。在城里开出租汽车的又都回城捞春节黄金周的黄金，他们不甘心在家休闲，都有必须抓住机遇的共识，都想乘黄金周多挣点钱。家里老人和妻儿也不再挽留，都觉得应让开车师傅回城开车挣钱。

2010年2月16日　农历正月三日　晴

南溪满上、满中、满下、金龙、鹿子等村民小组组织若干个球队（有的一组一队，有的一组两队）到邻村太安乡吉子村委会汝南化村，参加他们组织的"2010年春节篮球锦标赛"。参加的还有来自太安乡各村民小组、拉市乡部分村民小组的球队，这些球队从四面八方涌向汝南化村，有不少的村民也一同去当观众。

据说，这次球赛是汝南化村（上、中、下村）的年逢36岁、49岁的成年男人筹资举办的，并托该村的青壮年们来主办这场比赛。

2010年2月17日　农历正月四日　阴

满下村村民和万琴、和金燕夫妇及满中村和春立（人称大五立，因为满中村有三个乳名为五春立的成年男子，为了辨清是哪个，人们就按他们仨的年龄分为大五立、中五立、小五立）去丽江城买竖新房用的蔬菜。和春立是和金燕的胞兄，是去买上梁时送的礼物。古时的南溪有舅爷帮姐夫或妹夫上梁的做法（将舅爷送来的东西摆在梁前，之后再转送给大师傅），这一做法叫"舅舅来上梁"。这个习俗曾中断很长一段时间，现又有些恢复。

他们是开了自家的手扶拖拉机前去的，这较自由自在，花车费数额的钱就可买到从南溪到丽江城所用的柴油。

2010年2月18日　农历正月五日　小雪

当村民还在欢度节日，很多村民到汝南化村观看球赛时，满下村的村民和国兴在和万琴家做木工，还有些工序要在竖房前完成。因此，他还吩咐和万琴请几个会木活的亲戚来帮忙。和万琴请了和万琼、和李福，满中村和万春、和仕春来帮忙。和国兴分工和万琴、和李福、和万春去山上砍长7米以上的两棵树做穿方，他仨有点为难了，这么长、这么粗的树哪去找？和万琼说："我家自留山里可能有几棵，去那儿砍吧！"听了这话，他仨都兴奋了，都对和万琴说："老大比你夫妻俩宽宏大度，若像你俩一样小心眼，这穿方的确很难找到。"他仨带着斧头，开着手扶拖拉机直奔和万琼的自留山去找又高又粗的树砍。

2010年2月19日　农历正月六日　晴

今天满下村村民和万琴家竖新房，他家所请的人是家族亲戚中所有男青壮年参加竖房，妇女及女青年做饭，厨师由和丽军担任。参加竖房的还有满中村的亲戚，集体时代满四队（满下村下半部分为集体时代的满四队，上半部分为满三队，那时满下村分为两个生产队）每户一个，共计65个参与竖房的男人。由于料粗，屋架又高，较为吃力。但到下午3点左右竖好房，下午6点半上梁。上梁的礼物由满中村和春立送来（10斤米、10斤小麦、10斤玉米、99河烟1条、6斤左右的腊肉1挂、大公鸡1只、大麦酒2瓶、茶2包、价值100元左右的毛毯1床），礼品都摆在梁前的桌子上（待到明后天，这些东西由和万琴夫妇背到和国兴家送给和国兴）。砍梁上梁、丢馒头的人由与和万琴属相相合的人来进行（和万琴属狗，由属虎的村民和建忠及和尚军两人进行）。

他们家还请了竖房客，来做客的家族、亲戚除带传统的礼品酒、烟、肉以外，还带了钱，有带50元的，有带100元的，有带200元的，也有带400元的不等。总之，现时请客办事的农家是不亏的。

下午7点开始待晚饭，次序是先招待竖房者，再招待来客，最后招待帮厨做饭的。好些回来帮忙竖房的开车人，吃了晚饭后立即回城去开夜车。其余的村民及来客都休闲到夜间11点左右才散伙。

2010年2月20日　农历正月七日　晴

满下村村民和国兴暂时先搁下和万琴家新房上梁钉椽一事，此事等到种完洋芋后再做。他马不停蹄地领着他的连襟和金红去帮满中村五春立（中五立，由满下村到满中村做入赘女婿）家做新房子。请和国兴来竖新房的人很多，村里村外、山乡坝乡、城里都有，这不仅说明和国兴木工技术好，而且透露出各村对竖新房技术掌握全面的人员较少。就满下村而言，能够为造新房画木的只有和建良、和国兴、和国亮、和金圣四人，和建良年纪接近七旬，其他三人都是六十开外的老人了，这个村还算多；满中村这类人才一个也没有；满上村只有和吉亮一人。从这样一些村寨看来，再过五年十年，这类人才在南溪村没有几个，这是一个人才危机的现象。

和国兴在五春立家边做木匠边对五春立说："新房一定要在种洋芋开始前竖起。"五春立说："就看您俩了，您怎么说，我家怎么办。"

在南溪村，和国兴是靠动脑动手挣钱的能人，靠手艺来收入经济，除满上村村民和友贤（医生、木匠、篾匠）外，数他排第二。他俩都是乡村所不可缺少的技术人才。

2010年2月21日　农历正月八日　晴

满中村青壮年自正月初三组成两个篮球队到邻村太安乡吉子村委会汝南化中村，参加由汝南化上、中、下三个村民小组时逢36岁、49岁的男村民筹资组织的"2010年春节篮球锦标赛"，在昨日的第三轮淘汰赛后，满中村青年队留下和江红（他因在赛场上脚扭伤），其他人全都去丽江城与金山漾西村赛足球。

在今天的奖励会上，汝南化村组办方奖给满中村青年队"友谊"锦旗一面和一个篮球。事后，和江红乘车绕丽江城回家。这是南溪村篮球队在近几年太安乡组织的篮球赛上得到的第一面锦旗。

接近50岁的南溪村民都回忆说："20世纪七八十年代，南溪村民篮球技术雄居南山片，而今的篮球技能太差了，赶不上太安乡、前山村等的篮球队。"

2010年2月22日　农历正月九日　晴

近期，村民自选上任的满中村村民组长和万选召集满中村户长进行村里公益劳动，内容是建盖垃圾处理场。他们一些人抬水，一些人搅拌沙灰，一些人抬空心砖，一些人砌空心砖。垃圾处理场是由空心砖围成四方形，高1米多点，留有一个出入的门，不封顶。全村修了4个，要求附近的村民把垃圾都倒到现修好的地方，等到有一定数量的垃圾时，按户轮流派人烧掉垃圾。

这是一个新村长上任后做的第一件事，也是新的起点。村民都说："这是新官上任后烧的第二把火，第一把火是禁止村民到村的公有封山育林山上乱砍滥伐，不知道第三把火要烧什么。"

2010年2月23日　农历正月十日　晴

吉子水闸口村两个中年男人用车拉着肉、米、烟、酒、糖、茶，从城里绕道到满中村和三六家求亲，是因为和三六的小女和芹秋昨晚跑婚到吉子水闸口村和万社家。来求亲的人说："这边该由和芹秋来承担两位父母的养老送终大事，吉子方面也只是一个独儿子，应由他承担和万社家的一切。两个年轻人就这样决定了他俩的人生，有病有痛时，需要帮忙时会兼顾两边，不可能视而不管两边老人的疾苦。"这种事例与前年水闸口村的和玉竹与满下村的和三妹情况相同，是年轻人违背了传统的规矩，违背了父母的意愿。

2010年2月24日　农历正月十一日　阴间风

满下村村民和金发今天请亲戚们来帮忙称洋芋上车，他的洋芋以每斤1元的价卖给洱源的洋芋老板。经过他家族和亲戚十多人的过秤上车，总计卖了3.08万斤，收人民币30800元。在场的人都说："今天这个价是满下村有史以来洋芋卖的最高价，等于三年前的两倍多到三倍。这样的天价在刚开始卖洋芋时是谁也料想不到的，直到一斤卖七八角时，估计晚些时会卖到1元一斤，但为时已晚，大多数村民都以四五角一斤出手完，卖到七八角一斤的满下村民也只有三五户。现时满下村还有和汝浩、和国红、和圣武家没卖出，不知道会卖到怎样的价。"

的确是"生意八只脚，神仙摸不着"，一点也不差，要是知道会卖到这个价，开始谁也不会出手；而谁也不出手，全村都堆满洋芋，价又不会有这般高，没有福气的人是不会卖到高价的。

2010年2月25日　农历正月十二日　晴

南溪满下村村民和国亮家在冬月末腊月初开始建造的新房由于族中中年和国臣突然暴病身亡，而停做好长一段时间。前些天和国亮又请和永红、和李福等邻居来帮忙继续做。今天竖新房，并宴请客人。

前来帮忙竖房的人，除老四队每户一人外，本家族中的全部青壮年男女，满下村（老三队）中个别亲戚，还有进门女婿和亚军的家族（金龙村人）共计60多人。

这所新房的掌木画木师傅是和国亮本人，其他帮忙做木活的都是些初学木活的或还不会掌木的村民。原先打算上梁的大师傅请和国臣来代替（因为木匠规矩是：大木匠自身不能担任自家竖新房上梁的师傅，所以，往往是自家掌木画木的大师傅只能请其他小木匠来顶替大师傅上梁），但今天，原打算已成泡影，和国臣离世而去，和国亮只好请和李福来顶替，做上梁的大师傅。

今天早上他们家请和国亮之妻和六芝的侄儿和闰贵（吉子村人，在城里开车）从丽江城买早点上来，供来帮忙竖房的人食用。前些天竖新房的和万琴家也采取同样的方法，主要原因是懒得自家揉面蒸早点。

2010年2月26日　农历正月十三日　晴

南溪各村民小组的村民们，有的在准备种洋芋的工作——出厩肥。他们先把所出的厩肥在院坝里堆成堆，然后在里面加上从山上找来的腐叶，再加一层大粪，有些村民还撒一些磷肥。有些村民则没有这样做，而是"边出厩肥边种洋芋，边撒点磷肥，觉得所收的洋芋比施堆肥的洋芋好些"，故没有进行堆肥劳动。有些村民则上山拉腐叶，准备到明天开始的"玉龙纳西族自治县正月十五棒棒会"卖。有些村民在山上挖长青树准备去卖。总之，各人在做自己认为划算的事。

这里的村民在做事前，总是先权衡一下做哪种事划算，认为不划算的事就不会去做，认为划算的事，结果亏了点也不后悔。

2010年2月27日　农历正月十四日　晴

吉子水闸口村人今天又来满中村和三六家求亲，他们在路上看到的人都说："这里两个老人需要和芹秋来养老送终，因此，男方父母认为这桩婚事不现实，不合，就叫男方把女方送回满中村，但到傍晚还是双双回到男方家来，做父母的可怜了。"和三六说："我这家香火断了，真没福气。"有的村民同情和三六、和兰两口子，有的村民则认为："女方和芹秋曾招过一个宁蒗籍小伙子做入赘女婿，并举行过婚礼，而且这入赘女婿不抽烟、不沾酒、不沾赌，是个标准的庄稼汉，都因和兰而拆散了这对鸳鸯，这可说是自作自受。"有些村民同情，有些村民抱怨，心态不一。

2010年2月28日　农历正月十五日　晴

今天是正月十五元宵节，玉龙纳西族自治县照例举办传统的"十五棒棒会"，古城区七河乡前山村委会放牛坪村村民小组照例举办传统的"正月十五青年运动会"，此地距南溪满中村走路要两小时，而坐手扶拖拉机四十来分钟可到达。

南溪村的成年男人则拉着昨天、前天挖好的长青树，或者事前找好的腐叶去"棒棒会"卖，创家庭经济收入。年轻人则到前山村去参加青年运动会，增强丽江城南山片区青年人的交际和认识。有不少参加"棒棒会"的成人会给自家收入三百到五六百元。有不少参加"青年运动会"的年轻人，通过交际、深谈，会找到各自称心如意的情侣。有极少数青年男女，还会结成伉俪凯旋。

2010年3月1日　农历正月十六日　晴

按照常规，南溪村小学生结束了约40天的寒假生活，今天如期开学了。小学生们穿好干净整齐的校服，背上书包，迎着初升的太阳从各个村民小组来到南溪完小，其中，金龙村、鹿子村、旦都后村由拖拉机送来，文屏村、旦前村也有部分家长用手扶拖拉机送来。

10点左右，老师们到校了。摆在学校校长面前的难题是：原学生食堂炊事员和丽芳已出嫁到古城区七河乡前山村委会石镜头村，不会再来做此差事；原教师食堂炊事员和芹秋已跑婚嫁到太安乡吉子村委会水闸口村，得重新招聘两个食堂的炊事员，而南溪村的女青年在家务农的为数很少，中年妇女们难以丢下家务及农活，家长们都为此事担忧。

每当学校进行完学期统测及新学期开始，都有村民和学生家长对学校的工作及老师做些暗中的评议。

2010年3月2日　农历正月十七日　晴

南溪满下村老年会会长和学新、副会长和圣昌两人同去丽江城购买明日满下村老年人休闲聚餐用的鲜菜、鲜肉、鲜鱼等。

两人在乘车前往城里的途中，和圣昌对和学新说："这样做，不免有些苦了我俩，不仅费时误工，还苦，我是不想干这苦差事了。对我们的付出，有好些老年人不理会，我准备在明天的聚会时提出辞去这一职务。"和学新也附和着说："老年人在一年里休闲，聚餐三次是赞成的，可我不想当头头，和尚勋一推辞，这头头却落在我头上，好好坏坏只好试一年，不如现时就推掉。"

事情总是这样，作为人们的头头，不论大头头或小头头，都要劳心费神，最底下的头，还得身体力行。可是和学新、和圣昌两人今天的付出，会带来明日满下村40余位老年人的欢乐。

2010年3月3日　农历正月十八日　阴间风

在2009年农历端午节那天，满下村老年人在满下活动中心召开会议，会议上讨论决定全村老年人（55虚岁开始）每年在活动中心聚餐休闲活动三天（农历正月十八日、农历五月五日、农历九月九日）。

今天开始2010年的第一天聚餐活动，尽管村民们已开始准备耕种洋芋，但55岁以上的村民都来参加休闲聚餐，而且今年新增加了和顺明、和红燕两个村民。由于"老年协会"的程序还未批准，牌子还没有挂上，也就没有各级政府给予活动经费，都是由村民自筹的。这种活动，无疑对越老越有做不完家事农事的山区村民来说，是一种放松的手段。因此，大家都玩得很开心，打扑克、打麻将的都有争先上场的现象，一直玩到炊事员做好饭才停下（炊事工作每次由5户轮流做，每户出一名中青年来做）。吃过饭后又开始玩，村民组长和永红也被邀请参加活动。

2010年3月4日　农历正月十九日　小雪

南溪村各自然村的部分村民已开始种洋芋了。有些村民一边在种洋芋，一边谈论着说："因从去年下半年开始到今春连续干旱，春耕犁地很困难，要不是用手扶拖拉机来犁，恐怕用牛来犁是翻不动的，地太硬了。"好多村民都有同感说："这样种起洋芋，恐怕按时发不了芽，而影响来年的收成。"有些村民则说："天气热了，洋芋自然会发芽出土，根据以往的经验，干旱不会影响洋芋收成，相反还会比雨水多的年份好些。"有的说："再干旱，土块再硬，农时节气到了，不得不下种了。"面对严重干旱的情况，村民们各有说法，大多数村民认为，干旱不会影响洋芋的生长和收成。

2010年3月5日　农历正月二十日　晴

设在南溪满中村的格林恒信生物种植有限公司给南溪村村民公布了2010年玛咖种植的方法。公布的方法说："南溪村'玛咖'的面积按照2009年的数量种植，不突破2009年总种植的面积，也不缩减，也就是说各农户去年种多少，今年也种多少。"

南溪村村民经过两三年的实践，认为种玛咖比种洋芋划算，表现在投入经费、投入劳动比洋芋少得多，收入的钱比洋芋多（按亩计算）。好多村民都想今年多种些玛咖，但公司定下了，不能如愿。有些头脑较尖的村民，今日就跟去年种得多的农户请求分点来种，但都不能如愿，人家还是要种下去年的数目。有些村民由此对公司去年玛咖付款时的合同产生了不解，公司的人也没有详细地说明。

2010年3月6日　农历正月二十一日　晴

满下村村民和益社今天想绕道从丽江去太安乡天红村委会汝寒坪自然村她姑娘家做祝米客，到白华她儿子和文军租住的地方，不小心被拴在大门口的看家狗咬伤，被咬腿上的好几个地方，伤痕累累，伤口也较深。住在那里的人劝她到疾控中心打针吃药，她顺从地跟着儿子和文军去疾控中心打预防狂犬病的针，医生给她开药打针，还说要打针吃药一个星期。和益社面对春种时节家事忙的现状，心虽急，但又感到不得不打针吃药，于是就住在儿子那里安心打针医病。这是满子师村村民近二十年来，被狗咬伤最重的一例。

2010年3月7日　农历正月二十二日　晴

满中村村民和秀花老人病重了。此前孩儿们曾把她拉去丽江城玉龙县医院医治，有些好转，出院十来天后，又日渐复病，且一日比一日加重。和秀花的儿子和春红、儿媳和玉海要请家族的人来看护，和秀花却说："我现在不会死，还不需要请人来看守，我们家的人只会在农历二月里逝去，到时注意点就是了。"儿子儿媳就遵照老母亲的吩咐，没有请家族的人来看护，让他们都忙着去种洋芋，他两口子也忙着去地里种洋芋。同时，他俩请他的大伯和国贤、族中老人和玉南、和仲贤三人在家帮看护病母。他们4人在看护时回忆起和秀花家先前逝去者的时间，都说"是在农历的二月里，估计很可能和秀花辞世也会在二月里，但建议每时每刻都有人来看护。"

2010年3月8日　农历正月二十三日　晴

今天是三八妇女节一百周年，村委会虽然没组织庆祝活动，但各村妇女们都没有放弃庆祝活动。她们大多以出游大理、丽江风景区的方式庆祝自己的节日，连60岁的部分妇女也参加了这样的活动。这部分妇女的行动，充分体现了下一代（儿子、儿媳）对公婆的关心、体贴、爱护。

如果是儿子、儿媳不孝顺长辈的家庭，公婆外出参加消费活动是不可能的。这部分老年妇女的参与，同时也体现了南溪社会经济的发展，说明一贯以艰苦为荣、以节约为本的山区人民，在一两天内消费三五百元钱，家庭已能承受，不需再像十五年前那样做什么都节节约约的。

2010年3月9日 农历正月二十四日 晴

南溪村委会召开支部委员扩大会议，参加会议的人员为黄山镇政府派往南溪工作组的夏山银、南溪村党支部委员（共9人）、各村民小组长。会议由支部书记兼村委会主任和继武主持，由黄山镇政府工作组组长夏山银传达了省、市、区关于村级两委换届的安排意见。意见中指出，在将举行的党支部换届中，决定在村级建立党总支，设总支委员7人（包括书记、副书记在内）。南溪村党总支下设三个党支部（文屏村与金龙村称上片支部；满中、满上、满下村称中片支部；旦前、旦后、鹿子村称下片支部）。各村民小组仍设党小组。并明确指出这次的换届选举与以前不同，先换选党总支、支部，再选举村民委员会。（以前先选出村民委员会，再选党支部委员会）

接着对村党总支委员会的候选人做了提名议论，首先在原来的支部委员里考虑提名，原支部委员为和继武、和国军、和丽军、和为尚、和吉红、和国高、和万锋、杨耀秀（女）、和红光9名。总支委员要设7名，需要在原支部委中缩减两名。和为尚与和继武是金龙村人，和为尚主动提出退位，让和继武继任支委。和国军、和国高为满中村人，而且，和国高于今年1月28日被满中村群众免掉村组长职务，他也主动提出退位，让和国军继任支委。这样7个总支委员候选人就定了，也完全符合黄山镇党委的意图（由和继武、和国军、和丽军继续任南溪村委会干部）。夏山银最后多次强调："为实现党委政府的意图，要求支委、组长分头去做党员的思想工作，为符合选举法，再加上一个和秀英为候选人，做超额选举。"

会议决定在 14 日召开支部大会进行选举。

2010 年 3 月 10 日　农历正月二十五日　晴

南溪完小已开学 10 天了，由于一时找不到炊事员，老师食堂的炊事员暂时由原炊事员和芹秋之母和兰顶替一段。学生食堂的炊事员今天已请到满下村民和学青（现年 57 岁）来担负，校方明确表示付月薪 700 元（比先前提高了 100 元）。从这个现象上可以清晰地看到，现时南溪村的女青年基本都外出打工、开车，没有人在家务农，所以请个青年人在当地做点什么事，是比较困难的。即使是个每月没法挣到六七百元钱的女青年，也不会来做"炊事员"这个差事的。这个差事不是很艰苦的事，特别是老师食堂的炊事工作更轻松，但当地女青年认为"做炊事工作受人气，众口难调，受人指责，不好干，不想干。"

2010 年 3 月 11 日　农历正月二十六日　晴

满下村村民和金辉的绵羊今天突然死亡三只。他左思右想，昨天还好好的，只只都是活蹦乱跳，都很贪食，怎么今天一下就死了三只呢？他最后猜定可能是吃着老鼠药。他认为自 2005 年 11 月上旬南溪鹿子村发生鼠疫后，玉龙县疾控中心的人员为防止鼠疫的再次发生，就在南溪村常放老鼠药灭鼠，有不少的鼠药还放在田间地头。根据这一情况，他自己断定所死的羊肯定是吃了老鼠药，于是他的脑子里产生了向放老鼠药的单位索赔的念头，就要他在城里的儿子和文军及在城里打狂犬疫苗的老婆和益社母子去疾控中心说明情况，要求赔偿。他母子俩照和金辉的说法，去到玉龙县疾控中心说明情况。疾控中心的人说："现阶段我们没在南溪放鼠药，前年、去年放的，日深年久，经日晒雨淋，鼠药早已失效，不会毒死绵羊。"他母子俩失望地回到住处。

2010年3月12日　农历正月二十七日　晴

随父迁到四川攀枝花市，并嫁在那里的和爱菊婆婆病逝，和爱菊的父亲和顺光及家族和顺达、和永红、和永良四人前去四川攀枝花市参加和爱菊婆婆丧葬礼。家族中的和顺明、和永光也托和永红带去礼（每家人民币50元）。从南溪满下村到四川攀枝花，虽不算千里迢迢，但相隔约300千米，要不是当今交通便捷，想要去那里做客或参加丧礼是很难的。正是由于交通便捷、经济发展，才能使两地的亲戚朋友因事相聚。

2010年3月13日　农历正月二十八日　晴

金龙村村民小组与古城区七河乡共和村委会小南溪村（纳西语称"正都"）森林交界处发生森林火灾。南溪村委会林政员和吉红（满上村人）在山头看到烟后，与黄山林工站袁站长联系，并转告南溪村委会党支部书记兼村委会主任和继武（金龙村人），他立即在金龙村组织了20名身强力壮的精干村民奔赴火灾现场。到现场看到着火林地虽然是小南溪村的，但他们仍然立即投入扑火的工作（砍设隔离带）。随后，林工站的工作人员及南溪村委会副书记和国军、副主任和丽军、林政员和吉红也赶到现场，参与小南溪村民扑火。激战数小时，火势基本控制。因为要筹备明天党总支部委员会的选举工作，和继武安排和丽军、和国军、和吉红等回家买鸡备菜，林工站站长及工作人员，和继武及29位金龙村村民留守（夜宿）山上，继续监控火情，直到认为火源已经扑灭的第二天上午8点才转回村公所。

2010年3月14日　农历正月二十九日　晴

南溪村召开党支部大会，选举产生南溪村委会总支委员会。南溪村党支部现有45名党员（其中2名为退休人员），2名预备党员，因事因病请假6人，实际到会39名正式党员和2名预备党员（不参加选举）。会议由黄山镇党委副书记和永红同志主持。

会议开始后，换届选举领导小组成员宣读了选举办法，通过了监票人、记票人、唱票人，然后发下选票，要在和继武、和国军、和丽军、和吉红、杨耀秀、和万锋、和红光、和秀英8个候选人中选7名。大家投票选举后，立即进行检票、唱票、计票。选举结果除和秀英外，其他7人当选南溪村党总支委员。镇党委政府的领导又立即召开总支委员会，分工和继武为总支委员会书记，和国军为副书记。百分之百实现了黄山镇党委的意图。在大会上公布了镇党委的批复后，又进行支部选举，选支部委员3人，其中书记1人。上、中、下各片分片讨论后，中片支部委员由和国军、和吉红、杨耀秀担任，和国军任书记，同时和吉红兼任满上党小组长，杨耀秀兼任满下党小组长；和丽军、和万锋、和红光任下片支部委员，由和丽军任支部书记，和万锋兼任旦前党小组长，和红光兼任鹿子党小组长，和丽军兼任旦后党小组长；和继武、和为尚、和文宏任上片党支部委员，由和继武兼任书记，和为尚兼任金龙党小组长，和文宏任文屏党小组长。会议结束后，由镇政府给每位党员发放了10元的餐助款。会议结束后，副书记和国军可能对此次选举感到很满意，大饮而醉，傍晚由他的连襟和国启、他老婆和社青用手扶拖拉机拉回家。

2010年3月15日　农历正月三十日　晴

满下村村民和尚军认为近期儿子和朝柱开车挣钱（开营运面包车）不出力，所交给他的钱不多，他就叫儿子把车出租给别人开，让儿子回来种洋芋。和朝柱顺从地按照父亲的指示办，把车租给别人，自己则带着老婆孩子回家帮父母种洋芋。同时他在丽江洽谈好一笔常绿乔木的生意，决心挖常绿树卖来增加家庭经济收入。

五口人之家，只有和玉雪是婴儿，其余四人都是强劳力，除去一人领娃娃做家务，还有三个精干的强劳力，只要齐心使劲干，收入一定会很可观的。

2010年3月16日　农历二月一日　晴

满下村村民和朝柱把自家的营运面包车承包给别人跑车后，回家帮忙种洋芋。与此同时，他父子俩还经常上山采挖常绿乔木，把当天挖回的树根部暂时埋在菜地里。今天已积累到数量较多的树苗，由父亲和尚军用拖拉机拉到丽江城里。在此前，他们与城郊的村民和平达成口头协议，卖给和平1000棵南溪山上生有的"红灯笼""秋来红""常年青"等树，视树苗的大小论价，价格最低每棵10元。

2010年3月17日　农历二月二日　晴

南溪村党总支书记和继武召开南溪村各村民小组长、副组长会议。参加会议的有：黄山镇政府副镇长（南溪村工作组长）夏山银，村党总支副书记和国军，原村委会副主任和丽军，以及各村民组长、副组长。南溪虽处于种洋芋的大忙时节，但各位应参加会议的人都到齐了。

会议由和继武主持，夏山银宣读了县里关于村级换届选举的有关文件，并说明县委、镇党委的意图："书记主任一肩挑。"还说明了黄山镇党委、政府的最大希望是原副主任和丽军同志能得到连选连任，这是党委政府对和丽军同志十年来担任此职的最大肯定和总结。

会上选出了"南溪村第四届村民委员会选举领导小组"，总支书记和继武任组长，总支副书记和国军任副组长，和丽军及各村民小组副组长为组员。

2010年3月18日　农历二月三日　晴

云南大学访问学者颜农秋教授来基地调研。

下午颜农秋教授与村委会干部进行了交流，气氛十分融洽。村干部提出目前南溪村旱情严重，希望能做进一步的了解，于是双方决定明日结合调研了解灾情，为村中建设献计献策。

2010年3月19日　农历二月四日　阴转滴雨

应昨日旦都后村村长和学志同志之约，吃过早点与颜农秋教授一起去旦都后村调研，村长和学志陪同我俩入山查看水源。路途较远，十分辛苦，但颜教授与村长谈村中建设，谈孩子教育，直谈到中午12点方归。这样做的目的，和学志认为有这样的高级知识分子向各级政府反映旦都后村人畜饮水资源短缺的情况，也许会得到各级政府的大力支持，从而解决旦都后村以后的人畜饮水的问题。南溪村党总支书记和继武则认为人畜饮水短缺一事"政府官员才会解决"。

2010年3月20日　农历二月五日　晴

满下村女青年和自缘今天开始帮南溪完小老师做饭，月薪为500元，比以前的炊事员增加100元。她的父母认为，在家门前，又是轻松的一点活计，每月做饭时间也只有20天左右，每天只需做3小时，其他时间可以帮父母耕地或做家务，做饭时又可和老师一起生活，确实是件有利于家庭、有利于和自缘本身的大好事。教育女儿要安心做上几年，做饭的技术可以边做边学，在做的过程中提高。

2010年3月21日　农历二月六日　晴

满下村村民和爱花家已完成种洋芋计划。她的公公和作典、婆婆和八娘忙着给种洋芋的地边围篱笆，以防牲畜糟蹋。

早晨和爱花回城跟丈夫和圣武开出租车，家里又只有两位老人来操持家务。

像和爱花这样，农忙时回家来帮老人几天，一般情况下回城开车或给开车的丈夫做饭的村民有一些，如满中村的和爱琼，每当种洋芋、收洋芋的季节，她就把车租给别人开，大约3个月，其余9个月都是自己开，做到了农业、副业收入两不误。

2010年3月22日　农历二月七日　晴

满中村村民和万军今天要他老婆进城商量买商品房一事，经两口子商量再三，决定在丽江城区买一套住房，并做了首次付款。

这是继满中村村民和占典、和万高、和仕军以后的第四家在城里购买商品房的农户。他们四户都各有一部出租车、一套住房，可算是进城务工，并居住于城里的农民工。这类人，南溪整个行政村有六七十户。这充分体现了村民想摆脱高海拔、气候冷的祖居地，自然迁移到条件好的城区生活的思路。

2010年3月23日　农历二月八日　晴

今天是一年一度的纳西"三朵"节，学校把以往的一天假改放三天假（可能是根据玉龙县或丽江市政府的规定而行事），老师们离校回家欢度"三朵"节。

时逢49虚岁的村民纷纷相约着成组成伙地离家去白沙乡"三朵阁"庙里烧香拜佛，顺便在文峰寺里野炊后转回。满下村村民和尚军、和建忠、和金红、和国臣四人曾经在4个月前约好去昆明逛一趟，以示49岁祈祷，但因和国臣在两个月前匆匆辞世，他们仨也只到玉峰寺、三朵阁等地烧香拜佛。

2010年3月24日　农历二月九日　晴

今天是南溪村2010年第一个祭祖节，纳西语称"恒久此波"。村民们还处在种洋芋的阶段，可就算农事还忙，到下午2点左右，各户的男主人放下地里活，回到家做祭祖的准备工作。首先在厨房饭桌上摆上祖先牌（过去用木板制作，现时多用纸做），铺上青松针，摆上三双筷子，三堆供品（以示祭供三代祖先），其次带上五炷香、酒、茶到大门口迎祖。迎祖时口里念念有词："本家历代祖先们，虎年二月九日已到了，我们后生请你们回家团圆，请你们回家受用。"最后把各种饭菜摆在供桌上，磕头，并从每碗里拣点饭菜放于一处，送到准备送祖的地方，才开始吃晚饭。

2010年3月25日　农历二月十日　晴

满下村"阿四金"家族今天请来大具乡籍东巴和承德，为坟场边修好的风水塔开光，这塔是在去年冬天经和承德占卦后修起来的。因和承德自幼双目失明，和朝泽、和朝珍等"阿四金"后生们担心老东巴上不了山，南溪附近又找不到会给塔开光的民间艺人，故拖到今天，才请了该东巴来诵东巴经开光。法事做完后，在和朝东家里做饭招待老东巴及族中人，晚饭后由和朝泽把老东巴送回丽江城里老东巴侄儿家中。

2010年3月26日　农历二月十一日　晴

满下村村民和灿，今天在丽江城购买一套住房，进行了签约，并做了首期付款（6万元）。他所认购的房子在丽江孤儿学校旁边的"上瑞白华"住宅小区，建筑面积130平方米（四室两厅，一厨两卫）。他是继和春拾、和万林、和朝亮在城里认购住房后的第四家。从整个南溪村来看，满下村属于发展滞后的村寨，也就是说，思想没有鹿子村、旦前村、旦都后村、金龙村、满中村村民那样开放，缺乏像以上村村民那样要在城里闯一番事业的决心。大多人都抱着得过且过、不思上进的思想。

2010年3月27日　农历二月十二日　晴

今天早上车主人报告说："和春建自昨晚开了出租车后，到现在还未见到人和车的影子（金龙村男青年和春建是满下村村民和建军的侄儿子，和德华的表弟）。"这下可慌了金龙村在城里开车的人们，也惊动了和建军、和德华等，他舅侄俩请了在城里开出租车的人去帮助找和春建。寻找的人都感到事情不好，就分头到中甸、下关、兰坪等地寻找，也没找到踪影，都感到凶多吉少。他们推测的根据是：2005年底南溪村村民和国军人车失踪，2008年高龙村村民（出租车司机）和仕红被害死而未找到蛛丝马迹。但他们不放弃，都在努力寻找，不知道结果会怎样。

2010年3月28日　农历二月十三日　阴

绝大多数南溪村村民已种完2010年的洋芋种植任务，农忙的气氛暂时缓下来许多，有的村民上山砍柴，有的村民上山拉松毛，还有的村民到山上挖常绿树。满中村村民和三六、和兰夫妇，虽为小女抛下父母嫁到吉子水闸口村而恼恨一时，但他两口子还是张罗着给小女和芹秋备办婚宴。今天和兰去前山等邻村请客，和芹秋本人也忙着给满中村的青年男女发请帖，请他们来做她的结婚客。和三六、和兰夫妇面对该在家赡养老人但却去嫁人的女孩，又好气，又无奈，精神虽不到崩溃的边缘，但也够伤心的。

2010年3月29日　农历二月十四日　阴

3月26日夜间，在城里人与车同时失踪的金龙村小伙子和春建一事，经过两天时间的多方查找，有消息说："和春建一事，车在下关，车里有很多血渍。"于是寻找他的村民又增添了干劲，但思想上总预料着凶多吉少，估计"车留人亡"。思想上虽有这种不测的想法，但大家还是分头到附近的州县去寻找。作为亲戚的满下村村民和建军、和德华两舅侄仍请了满下村村民和朝亮、和朝珍等再次到中甸寻找。

2010年3月30日　农历二月十五日　晴间阴

经南溪金龙村、满下村部分司机的几天寻找，并得到大理州公安局的全力协查，同时今天整个南溪村在城里开车的人员（除个别人外）也参加了寻找被劫去的和春建，今天中午终于在鹤庆军马场附近找到了和春建被杀的尸体。大理公安戴上橡胶手套，把和春建的尸体抬出放好，不让任何人看及触摸，以便他们继续破案。

下午丽江公安也赶到现场，驾驶员们纷纷对丽江公安进行指责："案发这么多天，你们今天才露面，这类案件在丽江连续发生了三四起，你们帮忙破了哪一案？……人家大理州公安局接到报案后6分钟就赶到停车场，并积极开始侦查破案工作，多么不一样啊！"在众多驾驶员你一言我一语的指责下，丽江公安离开而回。（这是驾驶员对以前发生过几例人车失踪案未侦破不满，而产生过激的行为。这不利于多方协同破案工作，不应采取这种行为，只能和声细语地说："请两边公安联手侦破，共同协作早日抓到凶手。"如果破不到案，抓不到凶手，今后这类抢劫出租车、杀出租车驾驶员的案件还会发生。）当晚，金龙村驾驶员及大理公安留守现场，并准备检尸验尸。

2010年3月31日　农历二月十六日　晴

被害青年人和春建的尸体经大理州公安局法医检验后，发现胸部被捅了11刀。刀口洗净缝合，并把全身洗干净，穿上新衣服，就让南溪金龙村驾驶员们拉回家。在场的人都很感动，人人都争着道谢。

根据和春建父母的要求，金龙村驾驶员们从白华寿棺加工处买了口棺材一同拉回金龙村和春建家。到家后"以鸡代人放了口含"就入棺安放于堂屋，以待另择日发灵。

2010年4月1日　农历二月十七日　晴

今天村第四届村民选举委员会贴出了第四号选举公告，其内容是：

经我村民代表会议3月26日研究决定，我村第四届村民委员会由委员7人组成，设主任1人、副主任1人。镇党委政府要求在7名委员中有1名妇女。

请村民相互转告，并按此职位和人数规定，等额提出候选人。

在这个公告里明确告诉村民：村民委员会要7名委员，而且在这7名委员中要有1个妇女；同时，明确告诉村民委员会设主任、副主任1名。

2010年4月2日　农历二月十八日　晴

今天贴出第五号选举公告，提出了候选人产生的方法和时间。其具体内容是：

"经研究决定，我村第四届村民选举委员会，选举提出正式候选人，采取以村民小组为单位，以流动投票的方式进行预选，预选投票时间定为3月31日12点。过时不再接受投票，请有选举权的村民，做好准备，踊跃参加预选投票。"

2010年4月3日　农历二月十九日　晴

南溪村第四届村民选举委员会今天贴出第六号选举公告，内容公布了3月31日预选的结果。

"经有选举权选民一人一票提名，产生我村第四届村民委员会主任初步候选人4名，副主任初步候选人6名，委员初步候选人14名，现将名单按得票多少顺序公布如下：

主任初步候选人：

和继武512票，和国军132票，和丽军72票，和永红12票。

副主任初步候选人：

和丽军630票，和继武83票，杨耀秀（女）54票，和国军（满中）26票，和国军（文屏村）16票，和永红11票。

委员初步候选人：

杨耀秀（女）639票，和占军537票，和兆台526票，和学志489票，和永红401票，和学文365票，和国军（满中村）353票，和万光305票，和继武206票，和其军193票，和耀贤158票，和丽军107票，和银红80票，和国军（文屏村）39票。"

接下来会由选举委员会研究，从这些初步候选人中确定正式候选人，但具体方法还未确定。

2010年4月4日　农历二月二十日　阴

满下村各个家族都派人到丽江城里去购买明天过清明节的生活用品。

南溪满下村直到今年为止，在58户村民中，除了和国臣、和国红兄弟两家仍进行传统的火葬外（和国红在和国臣去世后也曾想把和国臣土葬，但考虑到这个想法没能与和国臣"交谈"，因此，仍把和国臣火葬了），都进行了土葬，土葬的村民才过清明节，火葬的村民不过清明节。自十多年前由"阿四金"家族开始派族中人轮流进城买鲜肉、鲜菜、鱼等食品，同时被派去买菜的两户人家中每户出一只4斤以上的鸡，共同在坟场野炊。后来村中各家族陆续采纳这一做法，最近三年的清明节都是这样了。各家各户上坟只带点煎的供品，如煎彩色粉皮、煎无色粉皮、煎糯米粑粑、煎虾片等。这种做法减少了各户的麻烦，又能热热闹闹在一起聚餐，同时也减少了一些妇人之间对食物的议论及不利于家族团结的口舌。

2010年4月5日　农历二月二十一日　阴转雨

今天是2010年的清明节，满下村各户的男女老少都背着昨天从城里买来的食品以及自家煎的供品，娃娃们摘下一条条柳枝和开着白花的小桃枝准备插到坟墓上。

"阿五金"家族，因和社兴、和社红兄弟的母亲在去年4月底辞世，所以，今年的伙食由他两兄弟请客，同时他两兄弟还请了村中的亲戚和圣伟。

"阿四金"家族的后生们，根据大东籍老东巴和承德占卜后的指点，把火葬的和尚武、和尚典、和尚勋之父和兴的魂，从火葬和兴的地方，由和福祥老人及和兴的儿子和尚勋接到其母亲的墓里进行合墓，并把原来立的墓碑换成了老父老母合墓的墓碑，了却了做儿女的一大心事。

2010年4月6日　农历二月二十二日　晴

今天是满中村女青年和芹秋办婚嫁大事的一天，同时又是他们"那布"家族里和秀花老人病逝的丧日。喜丧两事同时发生在一个家族里，村民们显得很忙碌，给办喜事的和三六家人增添了不少心理顾虑。因为像今天这样的事情，大约在十二年前也在他们家族里发生过。那年和秀花老人的小女和闰英在办婚嫁喜宴的那天，族中久病倒床的和家林老人在和闰英临出嫁一个小时前（约下午4点）去世。一喜一丧两件事同一天发生在一个家族里，使得办喜事家人个个不安，见状的人也感到诧异。而且过后七八年光阴，和闰英身患各种疾病，虽多次住院医治，并曾转到省城医院救治，终因病情重而辞世。今天上午11点左右，和秀花老人闭目而行，永辞人间，但家族们考虑到和芹秋的新郎及迎亲队伍快到，一直等到迎亲队伍到家一小时后，才吹牛角号，以向村民告知"和秀花老人已辞世"。今天主事的村民都集中在和三六家帮忙他家操办和芹秋的婚事，待招待完来客后再进行和秀花老人洗尸入棺、"芝步吉"等事宜。

村民们议论："由于和闰英出嫁那天恰遇和家林去世，事后和闰英又早年辞世，因此今天当新娘的和芹秋及亲人们心里可能很不是滋味。"

2010年4月7日　农历二月二十三日　晴

南溪村纳西族的火塘。

古老的大火塘纳西语叫"格顾鲁"，用木头搭建，填土平整，呈四方形，高出地面50～80厘米不等，中置火塘，安放一个直径40～50厘米的圆形铁三脚，用来做饭、烧水、烤火。北面和东面铺板，可坐卧（白天坐，晚上睡），北面的称"公床"，为男主人座位；东面的称"母床"，为女主人座位（50岁以下的女人，特别是女青年和少妇不能上火塘）。公床和母床连接处设有神坛，供奉着东巴教神灵和象征家庭生命神的"素篓"，"素篓"里安放着象征每一个家庭成员的小木片。公床上方约一米处横钉一块木板供猫儿过往，叫"化嘞过"，纳西族把厨房统称"化嘞过"。

"格顾鲁"又叫"术兹古",意思是神灵居所,只有尊贵的客人才能享此殊荣,坐在上面不能说脏话,不能踩火塘,出入不能从人前过,只能从人的身后过。可自20世纪60年代中后期以来,这些摆设和规矩渐渐消失,至今不再有。而火塘为了方便扫地大都改成混凝土,不再用土填平。古老的火塘在南溪村目前已近绝迹,寥寥无几。

2010年4月8日　农历二月二十四日　晴

南溪村党总支今天召开各支部书记、各党小组长会议,会议由党总支副书记和国军主持,党总支书记和继武传达了黄山镇党委政府的倡议,倡议要求各党总支要号召党员向旱灾地捐款,从5元捐起,多则不限。

虽说南溪村党总支下设三个支部,但三个支部书记分别由和继武、和国军、和丽军三位村委会干部兼任,因此人数不多。他们接着谈了党委政府的村委换届意图,要实现一肩挑(书记主任一肩挑),副主任(干事、秘书)仍由和丽军继续担任,并要求党员做好选民的工作。

2010年4月9日　农历二月二十五日　阴

今天下午,村党总支召开南溪村第四届村民选举委员会会议。会议由总支书记和继武同志主持,会上由黄山镇党委政府下派南溪工作组长夏山银同志传达了黄山镇党委对南溪村委换届的要求,"村委会主任由党总支书记和继武一肩挑(一人承担两个职位),村委会副主任仍由和丽军同志继续担任"为党委政府对南溪村换届的总体意见。大家讨论并定出了主任正式候选人,是和继武、杨耀秀;副主任正式候选人是和丽军、和国军(文屏村人)。委员候选人为杨耀秀、和兆台、和学志、和永红、和占军、和学文。主任、副主任、委员都将进行超额选举。

2010年4月10日　农历二月二十六日　晴

满中村村民和春红请了表侄和占军（满上村人）的农用汽车，和他们家族的人和春华、和春先、和春立（大）、和春立（小）、和兰、和启、和寿月以及满中村村民组长和万选，办丧葬活动中操持厨师工作的村民和万里等，去丽江城购买和秀花老人出葬所需的东西。

在满中村，当人死后，与满上村、满下村的做法有所不同：第一，当人去世后，洗尸入棺，"芝步吉"活动完毕后，村民们还在丧家时，就由村民组长、副组长安排举行丧葬时的各种职事人员，死者家族就不必商定了，只需按照村民组长、副组长的安排去请各户。第二，上街买东西时，村民组长、厨师陪同家族前往帮忙。

这样做的好处在于举行丧葬活动时，主人家和家族不必操心费神，待客的优差名声都由集体（村）来承担。

2010年4月11日　农历二月二十七日　晴

今天南溪村委会金龙村村民小组，帮忙和福先、和燕谷老两口，举行和春建出葬活动。和春建前不久在丽江城开出租车，被歹徒抢劫杀死后抛尸。尸体在大理军马场附近找到，在家里停尸近10天。据金龙村人说："在家停尸期间曾有大理州公安局的民警在丽江民警的引领下来过他家，向他家提出解剖尸体再检的请求，但为父的和福先坚持说'不忍心让孩子再挨刀，抓到凶手让他来亲手杀。'因此就没有进行解剖检尸的手术，据说大理公安已抓获与此案有关的一名犯罪嫌疑人。"

因为和春建是青年人，传统的"窝忍忍""喂目达"等唱跳送死者的活动都免了。到下午3点时出葬，送到火葬场火葬，待明天早上把骨头捡起来放置于一个土罐子再埋到坟地上，垒成坟堆，这是金龙村一部分家族的丧葬方法。

2010年4月12日　农历二月二十八日　晴

满中村村民集中在和春红家，为病故老人和秀花举行丧葬礼。这次活动的总管是和国军、和福海两人，大厨师由和万里担任，中青年们在他仨人的指使下认真地做着各种与出葬、待客有关的事。

中午12点开始待客，第一巡招待的是满中村的"足若"，他们村的"足若"包括所有成年男人（老人与女人不参加，这与其他村有点不同，如满下村而言，他们招待"足若"时，由一户一人组成"足若"，有好些儿童妇女也顶户参加"足若"，出葬抬灵柩时则由全村成年男子参与），抬灵柩出葬时也由"足若"来抬。到下午4点左右招待完全部来参加吊丧的客人，收拾完毕就立即在灵柩前跳起了"窝忍忍"给和秀花老人送别，4点50分出葬，四邻来客及村民们送到"芝步吉古"就转回，由"足若"把灵柩抬到火葬场，再由负责烧尸的村民进行烧尸。和秀花老人的丧葬活动，明天还要进行"伏山"（所有亲戚都带着供品到火葬场供奉她的亡灵），到后天，家族收拾东西，再休闲一天全过程才算完结。

2010年4月13日　农历二月二十九日　晴

今天南溪村按照玉龙县第四届村民选举委员会的安排，进行南溪村第四届村民委员会的选举工作。选举以各村民组为单位设选举投票点，文屏村设在原小，金龙村设在村球场，满上村和满中村都设在村球场，满下村设在该村活动中心，且都前、后两村设在原村小学球场，鹿子村设在原村小学。南溪村选举委员会的委员与黄山镇选举领导小组的成员共同负责各选举投票点的发放选票、检票、收票等工作，各选举投票点的工作做完后再速回到村公所集中检票、唱票、计票。

选举结果：南溪村党总支书记和继武当选为南溪村第四届村民委员会主任，和丽军当选为副主任，这既实现了镇党委政府的意愿，也是南溪人民和镇党委政府对和继武、和丽军两人在前一届任期内工作的最好肯定，同时也寄托于他们把南溪村的事情办好的愿望。

2010年4月15日　农历三月二日　晴

新近上任的满中村村民小组长和万选，今天对设在该村的格林恒信生物种植有限公司经理杨耀武提出要求："该公司能否让满中村每户拉一个手扶拖拉机腐叶卖给该公司，做撒玛咖秧时用。"杨经理回答说："此事已承包给满上村村民和耀军了，而且已有三四年的时间了，我们不宜更动，无法实现这一要求。"

和万选心里想的是"近水楼台先得月"，而杨经理的心态是"应守信用，已定下的不能改变"。

对此结果，和万选也只好放弃自己的想法。

2010年4月16日　农历三月三日　阴

云南大学纳西族研究点的管理员及村寨日志记录员和尚勋老师，上午10点左右接到云南大学该项目负责人和晓蓉老师的来电："23日设在各地研究点的人员来云南大学接受影视记录培训，参加人员为每个点两名，往返车费、住宿费、在昆生活费由校方负责，纳西族研究点建议曾参加过记录村寨日志培训，现任南溪村委会副主任的和丽军同志也来参加此次影视记录培训，而且要讲明报酬只是很少的一点。"

和尚勋接电后到村公所去找书记和继武、副书记和国军、副主任和丽军，想转达今早的来电内容，但他们不在村公所，就打电话给党总支书记兼村委会主任和继武，转告和晓蓉老师的来电内容，和书记表示："只要和丽军愿意，我就支持他去参加培训，近期村里的工作由我承担。"这充分体现了作为南溪村的领导者，他十分支持云南大学纳西族研究点的工作。

和尚勋老师给和丽军打电话通知其内容及和晓蓉老师的期望，他也立即表示同意，他说："从在南溪设研究点开始，到昆明参加了培训活动，云南大学为我做了付出，只要他们需要，我应该帮他们做点事。"

2010年4月18日　农历三月五日　晴

从邻村汝南化村到满中村做入赘女婿的和丽元（系丽江东巴大师康巴才之孙子，现年58岁），讲述了过去南溪村及周边村寨举行的东巴"素注"婚礼仪式的具体含义是："听我爷爷讲，古老的东巴'素注'婚礼，就是把新郎新娘的灵魂拴在一起的一个古老的婚礼仪式，纳西人结婚组合家庭，不仅是新婚夫妇两人身体的结合，同时也是灵魂的结合。结婚那天要从女方家'素篓'里将代表新娘灵魂的木牌拿到男方家进行'素注'仪式，将代表两位新人灵魂的木片拴在一起。这样新娘嫁到男方家，不仅代表男方家庭接纳了她，同时也代表男方家庭神灵接纳了她。纳西族的嫁娶真是双方结合最彻底的了，可能不会再有一个民族说灵魂也要结婚的。"

2010年4月19日　农历三月六日　晴

满下村村民和国兴（木匠大师傅），承包了满中村村民和仕黄家竖一所三间楼新房的任务。承包的方式为一次性给3800元，伙食、烟酒均由和仕黄家负责，刨柱子、锯柱子洞线由和仕黄家另请人来帮忙。

今天和国兴邀约了和万琴去开工建造。在二十年前，木料一般从自己村山上采伐来的，竖三间楼房要三十八九个工作日，那时的木匠师傅都是用手工操作。如今虽算不上"鸟枪换大炮"，但和国兴师傅已用上了电锯、电刨等一些电动工具来代替手工。工效比原来提高不少，所用工时也比原来缩短好几日。这样他的劳动报酬（吃、喝、抽烟在内），每天都在150元以上。

从这些客观上来看，一方面南溪村民对自家的起房盖屋，做家庭建设舍得花数额较多的钱，舍得出大力；另一方面也能看出在南溪及周边邻近村寨，会竖房掌木画木的大师傅已寥寥无几，面临断层及能工巧匠缺乏的情况。

2010年4月20日　农历三月七日　阴

满下村村民和作才请兄和作典来帮他家给正房（坐北朝南）改换楼楞及楼板。这所房子据传是和作才父亲10岁时，由和作才的爷爷竖的，已有近70年的时间了，在这期间，这所房子的梁头、椽子、挂方已改换了两次。现在把楼板、楼楞改换成新料后，至少可以延用20多年。由此看来，在南溪村，民房（人住房）的寿命可（经返修）到百年左右，南溪村村民对修缮房屋也是随意的，就是哪个部件烂了返修哪个部件。关牲口的用房没有人住房寿命长，最多用上四五十年就烂了，特别是关羊群的房屋烂得更快。

2010年4月21日　农历三月八日　阴

满中村村民和万春打算在自家菜地里挖个养鱼塘，并且在今天开始挖。此计划虽然得到他老婆和金凤及儿子和建新的同意，但他母子俩不参与挖土排土的活动，只有和万春一人解决。和万春心中有"愚公"精神，心里想，早晨上山砍柴，做家务，下午不去打扑克自己挖，挖一锄就会少一锄，排出一簸箕土就少一簸箕，干它十天半月终会完成。他一边挖一边把所挖的土排到另一个地方堆成一堆，挖着挖着，见下面是由沙土组成的，旁观者提醒他"沙土会漏水，积不起水，水都会从沙子眼儿里渗下去。"和万春说："买几块雨布垫在下面，会起到防渗水的作用，我要去买几块塑料雨布垫在塘底再把水放入塘中。"

是的，天下无难事，只要有决心和付出，无论什么困难人们总会想办法解决好的。相信和万春所挖的鱼塘一定成功，相信和万春在明后年的夏天就能在塘边垂钓了。

2010年4月22日　农历三月九日　晴

满下村村民和作典家，儿媳和爱花领来在城里做洋芋生意的老板到他家来买洋芋，价钱已在城里讲好每斤1.10元。到家后，洋芋老板对他们家人说，今天先拉去 7000 斤，剩下的他来买完，不要再卖给别人。= 和作典家人答应了他的要求，并要求他留下点定金，要是老板变卦，就不再退定金。商定后，他们请来和作典的弟弟和作才家里人来帮忙搬洋芋上车，因为是一辆拖拉机，再加上所要装的数量也只有 7000 市斤，所以，四五个人就足够了。和爱花请完人，就去做饭，她一边做饭，一边随时来观察称洋芋的地方，生怕把洋芋称多了或者记漏掉一秤似的，每隔三五分钟就又过来看看。

作为公婆的和作典、和八娘认为，以这个价格而言，不如早些时候就出售了好，可这是儿媳的主持权他们不好直说。

2010 年 4 月 23 日　农历三月十日　晴

南溪村委会副主任和丽军，云南大学纳西族研究点管理员兼村寨日志记录员和尚勋老师，接云南大学通知，今日前往昆明参加云南大学举办的"重现的边疆：首届人类学／社会学记录影像年度论坛"和"乡村影视记录培训班"。

这两位南溪村民是通过"云南大学纳西族调研基地"这个平台，第二次赴省城参加学习的。第一次在 2003 年 12 月底，和丽军、和国军两位作为南溪村领导的身份；和尚勋、和国高作为调研基地记录员的身份，参加云南大学举办的"村寨日志记录培训班"。而今和丽军也将作为纳西族调研基地影视及文字日志记录员参加此次培训活动。

他俩在沿途看到祖国建设日新月异的景象，都异口同声地说："变化真大呀！"

2010 年 4 月 24 日　农历三月十一日　晴

从云南大学各少数民族研究点前来参加"重现的边疆：首届人类学／社会学记录影像年度论坛"及"云南大学田野调查基地村民影像志"培训班的 15 名学员参加了论坛。他们分别来自玉龙县黄山镇南溪村（纳西族），大理剑川沙溪石龙村（白族），富民县东村乡石桥芭蕉村（苗族），怒江贡山县丙中洛双拉村茶腊二组（怒族），红河州元阳县新街镇上土锅寨村委会箐口村（哈尼族），怒江州福贡县鹿马登乡赤恒底村（傈僳族），石林县圭山镇大糯黑石头寨（彝族），通海县纳古镇纳家营（回族）。不同的地方、不同的少数民族，抱着共同的目标（学好影像技术），参加这样高规格的"论坛"，有着不同的感受，来自丽江市玉龙县黄山镇南溪村的和尚勋说："原以为高级知识分子会清闲，通过参加今天的'论坛'深深知道，高级知识分子干起事来的确是废寝忘食，对学术问题争论起来，都争先恐后，那样认真，那样一丝不苟，对学术的研究孜孜不倦，他们的这种敬业精神很值得学习。"

来自 8 个研究点的 15 个村民中，年龄最小的是二十出头的彝族小伙子毕林，最大的是 61 岁的纳西族老人和尚勋。由于年龄、民族、职业各不相同，因此，对云南大学举办的培训的认识也不尽相同。

2010 年 4 月 25 日　农历三月十二日　阴

南溪村委会在黄山镇党委政府的直接领导主持下，已把村民委员会换届工作的第一步做完，选举产生了南溪村第四届村总支委员会书记、副书记以及第四届南溪村民委员会委员，并产生了村委会主任、副主任。

党总支书记为和继武同志，同时他还被选为村民委员会主任，党总支副书记为和国军同志，村委会副主任为和丽军同志。他们三人从第一届南溪村党支部及村民委员会时就任南溪村干部，只是到第三届时，原（一、二届）任副书记的和继武同志被选为村党支部书记及村民委员会主任；原（一、二届）副村支书和国军同志被选为（三、四届）副书记，和丽军同志从第一届开始到第四届都任村委会副主任。

下一步将由村党总支，村民委员会指导做好各村民小组的选举换届工作。从南溪村 8 个村民小组的总体情况来讲，文屏村及满中村两村民小组已在换届前就自发地进行了选换工作，接下来只需进行 6 个村民小组的组长、副组长的选换工作即可。

2010年4月26日　农历三月十三日　阴转晴

满中村部分村民（和志强家、和春红家、和春华家、和国高家、和国启家、和吉顺家），从今天起开始种秋油菜。所谓"秋油菜"，一些人又称"反季油菜"，就是春夏季节撒播，到秋冬季节收割。具体点说，就是现在下种，在农历八月十五前后开始收割。从撒播到收割这段时间上都与一般春秋播夏收的油菜恰好相反，因此一些村民称之为"反季油菜"合适，称之为"秋油菜"也合适。最近15年的时间里山区农村才有这种特殊油菜，而且产量及出油率都不比坝区里的油菜差。

种油菜，虽然各家所种的亩数不很多，一般只种3～5亩，此活虽算不上繁重的农活，但工序也较繁杂，一般工序是：犁、耙、打塘、撒种、施化肥、盖土六道工序。因此，进行这一农事，人手越多越好，人多的情况下，可各尽其责地进行单项工作，如撒种的人，从开始到结束都只撒种，犁地的人把地犁成垄就完成当天任务。

2010年4月27日　农历三月十四日　晴

设在南溪满中村的格林恒信生物种植有限公司，今天开始利用温棚撒育玛咖秧苗。参加这一活动的人们，首先拿来苗盘，在苗盘里装上已拌匀的腐叶粉与土，装好后抬进温棚，一排排整整齐齐地摆放好；其次由公司技术人员杨阿新手拿装有玛咖种子的瓶子，轻轻地均匀地把种子撒到每个苗盘里，等把所有盘子都撒完种，就开洒水管，用喷洒的形式给苗盘浇水。

据该公司的人员介绍，撒好玛咖种后，每个苗盘都两天浇一次水，待出苗后，得一天浇一次。看来育玛咖秧苗得手勤心也细。

2010年4月28日　农历三月十五日　晴

南溪村党总支书记和继武委派副书记和国军去主持满下村村民小组选举村民小组组长、副组长的工作。原村民小组组长和永红，把满下村村民小组各户户长召集到满下村村民活动中心。

会议开始了，由和永红主持会议，点明了今天户长会议的主题"选举产生满下村村民组长、副组长"。接着原副组长和圣华的妻子和良命说："因我丈夫进城开旅游车，管不着村里的事，不能为村里办事，曾三番五次提出另选一个，但一直到今天没能如愿，今天请户长们另选一个，反正和圣华是弃农开车，离家驻城，不能料理家事和村事，大家要对咱村负责。"接着和国军同志发言，重点总结了和永红同志任满下村村民小组组长一职两年左右的表现，他说："和永红同志任组长以来，满下村在镇党委政府的关心支持下，完成了村道硬化工程，改变了村容村貌。他在村民中有一定的号召力，也有一定的组织能力，成绩是主要的，村党总支和村民委员会希望他能继续当选村民组长。"

通过选举，结果以过半数的票，选举和永红为满下村村民小组组长，和学武为副组长。

2010年4月29日　农历三月十六日　晴

满中村新近上任的村民组长和万选，召开满中村户长会议。南溪村党总支书记兼村民委员会主任和继武同志参加并主持了今天满中村村民小组的户长会议。

和继武介绍了村两委换届工作的情况，以及各村民小组换届的时间已到，他说："根据满中村的情况，大家已在春节前把满中村的组长、副组长自发地改选了，我们尊重大家的意见，把大家选出的结果报镇党委政府，认作换届选举已进行。同时希望，新选上任的组长和万选、副组长和振锋挑起重担，切实负起责任，把本村的事情办好，也希望和国高、和万里两位老村干部能够帮助、支持新手做好工作。"

对选举谁任村干部，一些村民是不在乎的，抱着"哪一个任都一样，哪一个任都对自己关系不大"的想法，因此都随大流。

2010年4月30日　农历三月十七日　晴

参加云南大学举办的"重现的边疆：首届人类学／社会学记录影像年度论坛"及"云南大学田野调查基地村民影像志"培训班的纳西族南溪村民和尚勋、和丽军两人，结束了培训活动后，特别受到纳西族调查基地子项目负责老师洪颖、和晓蓉的关心，并一起到昆明世博园去游玩，通过游览世博园，见到了世界各国的园艺精华，使他们两人的眼界大开。和尚勋老师还深有感触地对和丽军说："在2010年上海世博会开幕的今天，我俩有幸游览'九九世博园'，这是难得的福分，没有云南大学纳西族调查基地这个平台，我俩享这福分是根本不可能的，只要该项目需要，我俩定要为其尽力而为。"和丽军表示定要这样。当他俩登上金殿钟楼，用望远镜观看四周后，和尚勋老师当即拿出纸笔写下了"登钟楼远眺美景尽收眼底，听钟声催人奋进思未来事业。"表达出他对昆明美景的赞誉和做好基地所托工作的决心。

2010年5月1日　农历三月十八日　晴

今天是五一国际劳动节，自定5月1日为"男人节"的南溪满中村成年男人，今年照例集中在一处，以休闲、娱乐、饮酒、聚餐的形式欢度五一。

在2005年的5月1日前，村民们都集中在"联营公司"前的空地上打牌，有村民说："3月有妇女节，5月有劳动节和青年节，6月有儿童节，9月有老人节，一年里就没有个男人节，妇女、儿童、青年们每年都在欢度自己的节日。今年5月1日我们成年人也约好去水源边打牙祭、聚餐、娱乐吧！"于是在场打扑克、玩麻将的成年男人都表示赞同，自此就有了南溪满中村的"男人节"。这天成年男子们欢饮、吃美餐、打牌，尽情欢乐到深夜，至今已有五年的时间了，男人们这样放松一天后，都感到满意。

2010年5月2日　农历三月十九日　晴

接黄山镇党委政府、团委的通知："今年'五四'由玉龙县团委主办，黄山镇团委承办，庆祝五四青年节文艺活动，南溪团支部要出情歌对唱的节目。"团支部书记在满中村村委会把这一任务交给满中村青年去完成。南溪村团支部书记和国高，积极召集满中村男青年及在家的两个女青年，喜欢唱歌跳舞的妇女，共20人组织排练。他们在前几天已做了练习，今天练得更紧张，因为明天就要下城里准备，后天参加演出。因现时处于农闲之际，满中村村民都前来当观众，有些老村民还一边观看，一边提出对情歌内容和动作的修改意见，排练的人们接受了这些宝贵意见，边练边改，一直到太阳偏西。

2010年5月3日　农历三月二十日　晴

参加黄山镇团委承办的五四文艺演出的南溪代表队（满中村青年妇女）在和国军、和国高的带领下去城里。黄山镇政府为此借一辆车给代表队用，由和丽勇开上去接人，体现了镇党委、政府对南溪村的关照。

他们在城里吃了午饭后，立即到镇舞台去实地排练，在排练过程中得到镇党委、政府的关心。黄山镇新近上任的文化站站长，对他们的排练做了精心指导，对每一个动作做了悉心指导，他们越练越带劲，越练越大胆。站长还把排练的节目播放在屏幕上，让大家看，谈想法，提出不足的地方，点出好的细节，反复看了两三遍后，又登台练，一直练到下午6点。有些妇女在临睡前还练唱情歌，生怕明日登台演唱时唱不好。

2010年5月4日　农历三月二十一日　晴

今天是五四青年节，黄山镇团委在政府院内承办了庆"五四"文艺汇演活动。其间有五台、白华、文华等居委会，南溪、长水等村委会，文笔山旅公司、黄山镇政府、白马完小等代表队参加了演出。共青团丽江市委领导，玉龙县委宣传部、文广局、团县委领导以及黄山镇党委、政府、人大领导出席并观看了今天的活动。

参加演出的代表队都很有个性，既有古老的纳西族文化，如古老的东巴战神舞；也有现代的音乐舞蹈。每场都演得很精神，各有特色。

节目主持人金葫芦（男）和群星（女）都把各场节目的特点、内涵、价值以及近些年黄山的经济社会在解说词里说得淋漓尽致，又很动听，使人倍受鼓舞。

现把解说词摘抄附于后。

黄山镇"五四"文艺汇演节目单

主办：共青团玉龙纳西族自治县委员会

承办：共青团玉龙纳西族自治县黄山镇委员会

主持：金葫芦（男）、群星（女）

2010年5月4日"五四"文艺汇演节目串词：

女：尊敬的各位领导、各位来宾！

男：全镇的父老乡亲，兄弟姐妹！

合：大家上午好！

女：今天，由共青团玉龙纳西族自治县委员会主办，共青团玉龙纳西族自治县黄山镇委员会承办的"五四"文艺汇演在此隆重举行。

男：全镇各族人民在党委、政府的正确领导下，通过各族人民的共同努力，全镇各项事业蓬勃发展，人民生活蒸蒸日上。

首先有请黄山镇党委书记和晓英为本次活动致辞。

致辞结束后

一、女：今天，我们享受着幸福与温暖，可是大家是否都还记得发生在1996年的大地震，它摧毁了我们的家园，带走了我们的亲人，我想这种悲痛大家都永不会忘。就在不久前，青海玉树同胞又遭受了我们曾经历的灾难。

男：此时此刻，我们用纳西人最传统的方式给玉树同胞送去我们最真诚的祝福，祝愿他们早日重建家园，幸福安康。

女：在此，我们请来了黄山镇五台团支部的东巴大师和文珍以及他的弟子们，他们将给大家带来一段神秘的《东巴战神舞》。

男：借纳西东巴神灵为玉树同胞送去纳西人的祝福；

女：也祝愿黄山的明天更加美好！（主持人扶东巴大师上台）

二、女：学校是培育人才的摇篮，是孩子们成长的第二个家。在这个大家庭里，孩子们每天都在愉快地学习着、成长着，他们是那样的快乐。

男：接下来有请白马完小合唱团带来欢乐的大合唱《校园多美好》《纳西娃娃花花色》。

三、男：说到原生态这个字眼，想必大家都很熟悉，看看这几年来的青歌赛就涌动着一股原生态热，不是吗？你看吃的、说的、唱的好像都离不开原生态。

女：不是这样吗？越是民族的越是世界的。"热美磋"就是纳西族原生态的民族歌舞之一，它于2006年被列入"国家非物质文化遗产"名录。今天文笔山旅游公司演出队将为大家献上这段精彩的舞蹈，掌声有请演员们。

四、女：一直以来，白马完小在教育部门党委、政府以及社会各界的关心与帮助下，教学设施得到不断地完善，通过教师们的努力，学校成立了"纳西娃娃艺术团"。

男：今天，白马完小的师生们不仅为我们带来了优美动听的大合唱，也准备了精彩的舞蹈。好的，有请小演员们为大家带来舞蹈《天边天》。

五、男：1980年，中国著名作家、书法家吴作人先生来黄山采风。途经白华时欣赏了纳西族歌舞，当时为白华村题词"纳西乐舞之乡"，大家看背景版就是吴作人先生的原作。

女：作为黄山民俗旅游村，白华演出队把中甸的纳西民歌"阿卡巴拉"、丽江坝子的"阿里里"、大东的"热美蹉"、塔城的"喂喂达"以及宝山的"谷气调"送给远方的贵宾。今天,白华演出队将用饱满的热情,为大家献上《纳西民歌大联唱》,有请他们。

六、女:南溪村坐落于远离丽江城的文笔山背后,那里的独特地理位置和优美的自然环境,造就了古朴的南溪纳西兄弟姐妹。

男:在那里,他们的谈情说爱方式尤其特别。不信,他们的出场会迎来观众最热烈的掌声,看,他们来了。

纳西语:若金比林母,命金口空开,

海英拉则业,吃业喝力受,

南溪喂歌伟,纳西时崩开,

的崩开高母。

注:译成汉语的意思是:男子吹笛子,姑娘弹口弦,今天呀今天,南溪小伙子,南溪小姑娘,请对相会调(对情歌)。

七、男:"白沙细乐"是纳西音乐的经典之作,被世人称为"环球第一曲"。和立毅先生已被纳入云南省文化传承人行列,以他家庭为主的白沙细乐第八代传人演奏队也正在申报"非物质文化遗产"。

女:如今很多专家认为音乐能修身养性,纳西族很早就已经过上这样高雅的文化生活,想必这也是纳西族健康长寿的原因之一吧。接下来有请长水团支部选送的节目——白沙细乐第六章《阿丽丽革命泊》《一封书》。

八、女:如今党的政策好了,咱们黄山人民都过上了好日子。

男:可不是吗?连猪圈里的母猪都赶上补助了,大家说是吗?其实诸如此类的惠民政策还很多,看来咱们老百姓是实实在在享受着党的好政策了。

女:大家都知道快板是咱们老百姓最喜闻乐见的文艺节目。今天,文华团支部就选送了一段非常精彩的快板——《党的政策就是好》,有请他们。

九、女：文笔山纳西歌舞展演团从1999年开始就活跃在黄山民俗旅游村，无形中也成了黄山旅游的一张好名片。

男：从成立至今，他们接待了许多国家元首、中央首长以及贵宾，也曾代表纳西族远赴日本进行民族文化交流。借此机会我代表全体演职人员感谢镇党委一如既往的支持和关心。今天，他们怀着感恩的心情向全镇父老乡亲进行汇报演出来了。

女：有请他们精彩的节目《纳西古乐舞·八卦》。

十、男：近几年来，咱们黄山镇发生了翻天覆地的变化。在镇党委、政府的带领下，全镇经济更加繁荣，社会更加稳定，人民生活更加和谐。

女：今天，我们将用吉祥的《勒巴鼓舞》为致富中的黄山人民"加油"鼓劲！

结束语：

女：青年朋友们！咱们黄山在镇党委、政府的坚强领导下，农村经济社会生态旅游文化正努力实现全面协调可持续发展。

男：城市化进程得到不断推进，党建带团建成效显著。农村基层组织建设和民族文化建设交相辉映。

女：让我们一起祝愿咱们黄山的经济更加繁荣；

男：社会更加稳定。

女：人民的生活更加富裕；

合：相信我们黄山的明天会更加美好！

编者按：注是编者所译。

简单明了的节目串词，不仅叙述了黄山经济发展，民族文化繁荣的美好景象，还表述了各演出队的特点，所表演节目的精彩，是黄山镇近些年社会经济突飞猛进发展，民族文化繁荣昌盛的见证。

2010年5月5日　农历三月二十二日　晴

满下村村民和尚军、和朝柱父子俩请族中兄弟和朝乐、村民和子红等到玉龙信用社白华分社帮他家贷款（每户贷5万元），他两父子贷到款后与邻村汝南化村的和军（和尚军的外侄子）合伙买了一辆营运面包车，车价为27万元。和尚军早已有一辆半营运面包车。半年前以16万元的钱买下，但半年后的今天得付出27万才能买一辆，整整提高了11万元。和朝柱自豪地说："去年我家就想一下买两辆，可父母不支持，别人帮我贷款5万，比别人给我5000元还高兴。"和尚军也说："年轻人的眼力对市场经济很敏锐，思路和想法都比大人高一等，中老年人真是不如年轻人了，应该让年轻人大胆主事。"的确是这样，因为年轻人大多远离农村进城，大多数时间都在城里生活，而老人却面朝黄土背朝天，一年三百六十五天大多数时间都这样，就缺乏了信息，自然也就赶不上年轻人了。

2010年5月6日　农历三月二十三日　晴

云南大学纳西族研究基地管理员和尚勋老师，今天请南溪完小和占专老师帮忙安装电脑。和占专老师此前没接触过云南大学下发的这类型电脑，但他表示边看说明书边安装。

和尚勋老师一早来到基地，清扫垃圾，抹灰尘，把置放于楼下的办公桌摆到楼上。等和占专老师一到就把电脑各种部件拿出来，摆在办公桌上，开始对接。他边看边接，到最后，把电脑打开，可显示屏没有显示，摸索了好久也不见效，于是和尚勋老师打电话问云南大学的李昕老师，得到李老师的指点后，电脑很快就运转起来了。

这是继南溪完小、玛咖公司以后在南溪村境内的第三台电脑，有了电脑就可以储存很多资料，方便将以后的摄影资料存入电脑。

和占专老师还告诉他说："电脑里无所不有，东西南北中、上下、中外事情想看什么有什么，可事前要办一张卡。"

2010年5月7日　农历三月二十四日　晴

满下村村民和二女请来家族的兄弟和国武、五八斤、和耀军、和国亮、和国红、和自忠、和永昌、和李福、和万仕、和万琴，亲戚和金辉、和学武等，帮他家砌石脚。这石脚所用的石头是她丈夫和国臣在世时向文屏村人买的，前几天，她请和学武、五八斤、和耀军等从文屏村拉来。

虽然是经济挂帅的时代，但家族、亲戚们对孤儿寡母是同情的，自己家的事再忙再多，也会暂时搁下自家的事情去帮助这对孤儿寡母，解其燃眉之急，这点是南溪村古传的民风。

今天来帮她的人，各尽所能，抬石头的抬石头，安放石头的由会石工的人来做，拌沙灰的拌沙灰，就连平时在自家很不做体力活的和国武、和国亮也挥臂抬沙灰，大伙都尽心尽力地干。

2010年5月8日　农历三月二十五日　晴

满中村妇女和菊今天在剪绵羊毛。你看她，双脚叉开，让绵羊平稳舒适地睡在她两腿间，四只脚被和菊用一根麻绳紧紧捆住，没有半点乱蹬乱踢的余地，只有羊尾巴不停地摆动，这一现象不碍剪羊毛。和菊右手握剪刀，轻轻地展开插入羊毛间，右手还不停地用拇指和食指把张开的剪刀尖捏合，双手同时用力把羊毛剪下来。剪完一只羊的一边，又让羊翻身睡好又剪另一边，动作很娴熟，这是一年半载难以掌握的技巧。这一本该由男人做的事，一直由和菊承担了下来。有人不禁发问："你家的剪羊毛一事，你丈夫不会吗？"和菊顺口回答说："如果他会，我就不必这样苦了。"是的，农村里一些事本应由男人来做，但因各种原因男人不能做到，就由女人来做，就不免体现出这家"男弱女强"的现象，有点男人脸上不光彩的感觉。

2010年5月9日　农历三月二十六日　阴

南溪村春节做糯米粑粑垫、盖青松针的内涵。

春节是一年的开头，南溪的先民认为开头顺，全年都顺，开头吉利，全年五谷丰登，六畜兴旺。因此，在大年初一做出糯米粑粑后总要现剥些青松针撒垫在盘子或小簸箕里，把煎好的糯米粑粑置在青松针上，等粑粑都做好了，再剥些青松针盖在粑粑上面。一代传一代，前人传后人，每家每户都这样，一直沿袭至今。

松针，颜色青翠，形为三根松针同出一孔，世居南溪村的先民视青翠为吉祥，三根东西出自一孔，视为出自一孔的这三样东西很团结、和谐。因此，常用青松针垫盖糯米粑粑，以求全家来年吉祥如意，家人和睦相处，团结友爱，和谐发展。

2010年5月10日　农历三月二十七日　阴

现年81岁的满中村村民和福军、和三友的二姑妈和彦合（嫁到丽江大具乡，距南溪村约120公里），在前个月回南溪满中村和三六家做客，顺便在丽江城里她侄儿处休闲一个多月。今天和彦合要启程回大具乡，老奶奶说："满中村的侄儿和福军、和三友（和彦合弟弟之子）送她回大具乡，否则大具村民会笑话南溪亲戚对老人不好。"因此和福军、和三友、和国高（和彦合姐之小儿子）陪同和彦合去大具乡。

在和彦合老奶奶30岁左右时（约在20世纪50年代末60年代初），在南溪供销社的大具籍职工和永勋同志与他的前妻离婚后，找了和彦合为妻，领回大具乡家中。当时在南溪村流传着和永勋同志的名言："肯你没妮崩你妮（纳西语为狗不要，猪要。意为当时的大龄女青年和彦合别人不要，我要，别人不爱，我爱）。"此话至今还在六七十岁的南溪村民中以口语流传着。

2010年5月11日　农历三月二十八日　晴

前不久进行的满上村选举村民组长、副组长会上，该村村民继续选举前任组长和占军、副组长和吉红为未来三年的组长、副组长。和吉红接受了选举结果，和占军却自认为"小村长必须与全村民小组的男女老少打交道，会得罪人，出力不讨好，每年的八九百元补助也不多。"因此，拒不接受选举结果，说："我不当组长了，而且坚决不当，请大家另选他人。"

这样满上村就暂时没组长，和占军根据南溪村委会的要求，今天组织满上村户长会议，重新选举满上村村民组长，南溪村委会副主任和丽军参加并主持今天满上村户长会议，他在开始时说："前次选举和占军同志为组长，他表示决不干，今天我们又来选一次，选到谁谁都不能推托，要不负众望。"结果全村28户中27户提名选出了和占军。和丽军宣布选举结果后说："众望所归，把做好满上村事情寄托在和占军同志身上，和占军同志请你不要再推托了，你乐意干也得干，你不乐意干也得干，这是满上村的民意，民意不可违啊！"就这样满上村村民组长一职又搁在了和占军的肩上，和占军只好默认了。

2010年5月12日　农历三月二十九日　晴

在格林恒信生物种植有限公司工作的和春华、和国启、和春红、和云鹤、和冬梅以及好些村民帮忙上车装玛咖。他们把事前已洗净、切片、晒干并用纸箱包装好的玛咖，一箱箱地搬到大汽车上装好。他们个个都干得很紧张，同时也感到高兴，今天已是第三车玛咖运出，公司把货出手，是公司的大事，同时也是南溪村民的喜事。事情的确是这样的，公司兴旺则村民增收，玛咖如在市场上畅销，对南溪的经济发展会起到极大的推动作用。村民们都希望能把去年收好的玛咖一下子都能出手，而且希望能卖到个好价钱。这样老板的收入多了，南溪村民也能在轻松的种植玛咖农事上把自个儿的钱包鼓起来。

将玛咖装完车后，除了开全年工资的这5个村民外，玛咖公司给其余村民都付了工钱。

2010年5月13日　农历三月三十日　晴

因干旱，满下村已出现水源少，对村民饮水一事供不应求的情况。村民组长和永红听到好多村民反映的情况后，叫和学武组织一起饮用同一个水源的17户满下村村民（满下村共57户人家，分别饮用不同方位的三个水源）重新埋设水管，把现有的水从水源口直接接到水池里，看看能不能生效。和学武组织起17个人（每户一个），有的挖坑，有的在水源口弄压水池，有的拉管子，干得很起劲。

其他两个水源也出现同样的问题，有些村民在私下交谈："村干部应把这现象上报各级政府，政府就会给村民想办法、出主意帮助解决，不向上反映情况，上边政府就不会知道情况，更不可能来帮助解决。"

2010年5月14日　农历四月一日　晴

满中村村民和月林在自家大门前的地里，自己一人在盖一所三间砖（空心砖）木结构平房。看他干得很认真，干得很带劲。见状的村民们都在低声议论："和月林他盖这么多房子干啥，他孤身一人有那么多房子还再盖，他想用来做什么，要是我像他孤身一人，无牵无挂的，把现时收入的消费结余款存起来，将来干不起活时再来消费，现时做这样多的付出建房，不必要。"也有的村民议论说，再等两三年他就可去敬老院欢度晚年，还苦着盖房有什么用？总之，村民们对和月林老人还干劲十足地买材料盖房一事，百思不得其解。

2010年5月17日　农历四月四日　阴

南溪完小于今天下午召开2009学年下学期学生家长会。会上南溪完小校长和家香向到会家长做了上学期学校工作总结以及下学期工作要点，并就做好南溪完小教育教学工作向家长征求意见。

这次到会家长们，特别是金龙村村民小组的家长们破例地对学校的工作提出了意见，指出了存在的问题，提出要求改进的方法。家长们认为这些意见是对做好南溪完小教育教学有利的，但不知学校负责人会怎样认为。

大多数到会家长相信，校长会接受家长们对学校工作的建议和意见，大胆管理好学校一切工作，在下学期做出显著成绩，让家长放心，让社会满意。

2010年5月18日　农历四月五日　晴

满中村村民和万春在菜园里挖好了养鱼塘，但由于宅基地在沙子地里，因此他虽然在底部铺上塑料布，可水还是从边上渗完，对此他决定对鱼塘的底部和四周用混凝土修好。于是他自个儿今天开始动工实施，他对弄好这个鱼塘满怀信心。

但一些村民对他在菜地里挖鱼塘一事，认为是浪费村民饮用水，在雨水季节可能没什么影响，但在冬春季节是会有些影响的，不过没人当着面说，更没人来阻止。

2010年5月19日　农历四月六日　晴

满下村村民和朝光、和圣军，今天合伙买了一辆面包营运车，价格为28万元，和朝光说："很后悔，我曾在半年前就打算买一辆这种车，那时每辆车卖价只在十五六万元，时隔半年现在就上涨了十三四万元，要不是当时老婆阻拦，我就会买下一辆。"

今天买来这辆车后，两人商谈好，暂时由妹夫和圣军开一段时间，每月付给和朝光1299元的租金（全租价在2400元左右）。

和圣军原先买下的微型车正待卖出，一个后山高美村村民已出价8万元，但和圣军还暂不出手，他认为车价还有可能上涨。

2010年5月20日　农历四月七日　晴

南溪村党总支、村民委员会召开村民组长、副组长会议，要求前任及现任村民小组副组长都参加会议，这一会议俗称"换届会议"。会议由南溪村党总支书记兼村委会主任和继武主持。副主任和丽军主持今天的炊事工作。和继武简要汇报了这次换届选举的情况，同时简要总结了前任人员三年的主要工作情况，充分肯定了前任各村民组长、副组长的成绩，并提出以后三年南溪村的工作要点和发展经济的思路。和继武得到到会人员的赞同，他们一致认为修好通城公路是重要工作。会后，工作人员给离任及续任、现任的村民组长、副组长们送了一个热水壶，以作为换届纪念，这也是以前换届会议的做法。

2010年5月21日　农历四月八日　晴

满下村村民组长和永红不久前向村委会反映了满下村人畜饮水不足，部分农户已断水的问题。村委会已向黄山镇党委政府做了情况汇报，政府委托黄山镇水管站（县水务局下属，接受局、镇政府的双重领导）技术员前去满下村查看水源。根据满下村现有的水源，和永红把镇政府工作人员、水管站技术员、村委会干部领到鸡冠山背后的跌水岩。通过查看，技术员用测量器测量，得出跌水岩与途中最高处落差为18米，无望把跌水岩的水引到满下村。满下村村民听到这消息后，都很失望。

2010年5月22日　农历四月九日　晴

满中村大多数壮年人，这些天一直都是天一亮就起床上山，男的多为砍柴、刨树根，或去看下野鸡、野兔的扣子，女的多为拉松毛或拉腐叶。有些村民一连上山往返两次后才吃早点，有些在返回第一次时就吃早点。早点吃过后，他们又急忙上山。这样，有些村民上山三次，返回后就在家做家务、做饭、喂猪等，到中午1点左右，吃过午饭就集中到小卖部前的空地上打扑克、打麻将，看上去好像是没事干一样。到下午6点左右，停下扑克、麻将，好多妇人又上山一转，才回来做家务事。邻近的满上、满下村村民近些年也学着满中村村民的做法，下午天气正热时，也聚在一起打扑克休闲。

2010年5月23日　农历四月十日　晴

满下村村民小组长和永红、副组长和学武，今天组织满下村（每户一人）做公益劳动，具体内容是去东边山上砍柴。因为今年房屋返修砍料的农户较多，树尖树枝在东面山上很多，在锄洋芋地之前找一天柴以备举行老人活动时做饭烧柴用，也可作为村民开会时烤火的备用柴。全村58户人家，和学群、和学红两家没来，有村民议论说："都应该来，地、林他们都拥有，公益劳动也应该参与。"也有的说："虽有林和地，但他们平时找到的柴和拉的松毛很少，收益不深，也可不来。"也有的说："不该分林给和学仁家，但错误地给了他家。"有的还说："和学仁家的户口和人口虽不在满下村，但山林、田地是老祖宗留下的，分给一点是对的。"说法各不同，各自的根据也不同，但不管怎样说，一些人听而不闻，轻易不开口。

一共派了5辆手扶拖拉机去拉柴，11个人合砍装满一辆，中午1点左右都满载而归。到活动中心，把拖拉机停下后，回家吃午饭。下午2点回来下车码柴，把柴码好后，组长、副组长用村里公款买来酒、饮料、水果粒等供大伙饮用，又买来五副扑克供大伙玩乐，一直玩到下午6点才散伙。

2010年5月24日　农历四月十一日　晴

村委会今天召开村民小组组长、副组长会议。会议的主要内容为，建设满上村村民小组的活动场所以及分发给各村民小组抗旱救灾粮（按各小组的户数分发），并要求把救灾粮及时发放到村民手中。

此外，收集各村各农户缴纳的"村村通"电视工程费用100元。退居满下村的和尚勋老师，在这次惠民活动中以自己家的身份报了一个"村村通"电视卫星接收器，打算安在云南大学纳西族调查基地，好让来基地做田野调研的学者能看上电视节目。

2010年5月25日　农历四月十二日　晴

4月中旬开始，满中村村民和万里接替满下村村民和学青，做南溪完小学生食堂炊事工作。接替这一工作后，由他本人、他的老婆、他的二儿媳三人轮流给南溪完小学生做饭。一般情况是：早点由和万里来做，中午饭和晚饭则由他老婆或二儿媳做。他自己做好早点并打给学生吃完后，就去做其他事情或农活。

自满下村女青年和丽芳出嫁后，能否有人坚持几年帮南溪完小住校学生做饭，已成了不少学生家长常想的问题。和学青每月的工资比和丽芳多100元，但她干一个多月就辞了。

做学校炊事工作，算不上很繁重的劳动，一星期最多上5天班，这些年节假日也多，一个月做20天左右的活，报酬也不算低，但要做到持之以恒，没有信心和毅力是做不好的。

2010年5月26日　农历四月十三日　雨

村民心中久盼的雨，今天终于下了，雨量和下的时间都令人满意。由于下雨，村民们不能下地劳动，满中村的中老年人则集中在小卖部旁的空房里打扑克、打麻将，大伙都玩得很开心。满下村喜欢打扑克、打麻将的村民也分头聚集在爱好这类活动的农户家里，一直玩到傍晚散伙回家。

村民们不能进行农事时，闲得很自在，好似没事干一样，可农事紧时，可以干成两头黑（天不亮就下地，天黑了才休息）。

2010年5月28日　农历四月十五日　雨转晴

满下村村民组长和永红、副组长和学武分头通知满下各农户："云南省因旱情严重，也给我们农户一些救灾粮，每户17.4斤大米，请到村民小组活动中心来领取。"

有些村民听了,说:"党和政府不忘民生,很关心农民生活,共产党好,社会主义好。"也有的村民说:"电视、收音机新闻里在报着因旱灾拨了××万元、××万元的应急款,到村民手里就这么一点,不知何因。"

通知完后,不少村民都到满下村活动中心领取救灾大米。

2010年5月29日　农历四月十六日　晴

满中村村民和福生和菊两口子请舅爷和福军帮他家砌围墙。这堵围墙的用意是把一个院子分成两个院子,也就是近些年南溪村民常说的"人畜分院",把牲畜、家禽隔在外院。这样做有利于卫生、减少扫地的次数,目前已有一半以上的村民把传统的四合院或三合院分成两个小院子,不让牲畜、家禽进入人的生活区。传统的四合院或三合院,即使房子再好再大,也是人畜禽共同活动在一个区域,因此对卫生不利,而且常需扫除牲畜家禽粪便。而今这样做的村民,不仅家庭卫生、村民卫生,还能有效防止牲畜、家禽给人们带来的传染病。

2010年5月30日　农历四月十七日　晴

满中村村民和七四,今天请家族亲戚来帮他家重新打院子里的混凝土。他家院坝的混凝土已15年了,近些年裂缝很多,有些地方石头已现出。深究其原因,得出以下结论:十五年前家庭经济还不那么富裕,水泥掺得少,沙子也是村中河里捞来的细沙,细沙里含有些土。而今经济发展了,村民大多富裕了,做建设舍得花钱,也有钱可花。因此,以前所建设好的,若不如意就返工重来,这样做的村民也有一些。这样做,在老人看来是浪费,但家里主事的年轻人爱怎么干也只能随从他们。

2010年5月31日　农历四月十八日　晴

满下村村民和尚军的小孙女和玉雪眼睛近些天老流泪，眼药水也不奏效。于是和尚军之妻和益花请邻居和尚花占一下卜，和尚花老奶奶占了一阵后说："你家西面小门旁可能种有一棵树，这棵树犯着你孙女，若把这棵树搬到其他地方，和玉雪的这一现象自然会好了。"和益花表示明天让和尚军把这棵树搬到远处去。

占卜，是南溪纳西人古来就有的事，但由女性占卜的此前还未曾听说。满下村现年59岁的和尚花老奶奶做这样的占卜之事已有十五年之久，而且有不少村民说："她还占得准呢！"因此，有不少村民及邻近村寨的一些村民，若眼疾时间长，且用药不奏效时都会请她占卜。

2010年6月1日　农历四月十九日　晴

今天是六一国际儿童节，南溪完小照例举行庆祝活动。昨天傍晚就让寄宿在学校的学生（文屏、金龙、鹿子、旦前、旦后、满上村三年级以上学生），都回家准备节日的盛装。今天一早穿上艳丽服装的同学们从四面八方来到学校，学校上午上课，下午开始游园娱乐活动。内容有：发展少先队员合唱比赛（每个年级唱两首）、小儿垂钓（用瓶子当鱼来钓），套圈，盲人打锣，蒙眼贴鼻，投篮等丰富多彩的活动。附近的村民们（满上、满中、满下村）停下手中的活儿来观看，有些村民还给小点的学生（学前班、一年级）助威鼓劲，活动持续到下午5点。

虽然老师们都为主持各种活动感到有点儿累，但看到学生们那么欢乐，心里也美滋滋的，享受着同学们一样的欢乐。

2010年6月2日　农历四月二十日　阴

天刚拂晓，满中村村民和七四及妻子和雪梅已在锄洋芋地了，接着而来的村民见到他俩已在锄地时感到他俩特别勤快，都在三三两两地谈论着："近些年满中村里就数他俩种的洋芋多（因为地多），收到的洋芋也数他家第一，地里的经济收入在首位，但他俩付出的劳动比别的村民多；这些年因为和七四的老母亲和作琴身体不好不宜下地，理家务、料孩子、饲养猪羊等一切事务均由老母亲承担，他两口子就可一心一意地扑在排田种地一事上，家庭收入多的这一大好事里，年过七旬的老妇和作琴功不可没。"

的确是这样的，一个家庭要有好收成，需要有很多因素来配，当今的南溪村，像他家一样占有优势条件的农户不是很多。有的是家中无老人料家务，壮年人样样都得干，有的是人多地少，也有的是地多人跟不上，如此种种，都是想做到多收入却无法做到的。

2010年6月3日　农历四月二十一日　雨

因患轻度精神病而在近十三四年内，不分白昼往返于丽江城与南溪旦都村的和继科，今天（或在昨晚）结束了他的一生，以39岁的年龄辞别人世，死在丽江坝区白华村。他家族的人得知此消息后赶到白华，请了一辆白华居委会吉村来村民小组村民，用手扶拖拉机把和继科的尸体拉回旦都后村家中，同时从白华村卖寿棺的铺子里买回了一口棺材（旦都村人传统的棺材，都是用一般的木板做的，也就是说不用大板做寿棺，而是用薄板子。所以旦前、旦后两村的村民家中即使有老人也不需备寿板，只要有一般的板子就行）。四年前在白华村租房住、在城里开车的旦前村村民和玉军，由房东买送一口大棺材；在三年前去世的旦前村村民和天元（福贡县供销社退休职工）由家人买了一口大棺材；这次用于和继科的也是大棺材，这三件可以算是旦都（旦前、旦后两村总称）村丧葬的一个新点。

2010年6月4日　农历四月二十二日　雨

设在满中村的格林恒信生物种植有限公司，今天把温棚室内的部分玛咖苗盘搬出来，放置在室外。究其原因是，生怕不够种，就把已长苗的一些苗盘端出来放在室外阳光下，在温棚内再撒一些，以便供足村民种植玛咖所需的苗。

据他们公司的人讲，因收交时的房子仓库不够用，所以，决定只按照去年（2009年）种植面积，也就是说去年南溪村各玛咖种植户种多少亩，今年也只准种多少亩。有一些村民看到去年玛咖收入很可观，今年就想增加种植面积，但没能得到公司的同意。

2010年6月5日　农历四月二十三日　小雨

在丽江城里开出租车的村民们，今天聚在一起，为两个月前惨遭抢劫并被凶残杀死的出租车驾驶员和春建同志捐款。这一活动是由丽江出租车协会南溪村代表和社台倡议的，得到大多数驾驶员的支持，决定捐点钱，安慰和春建父母。

因为是提倡自愿捐款，所以在此前捐过款的部分驾驶员就不再进行今天的捐款了。数额少的50元，多的100元不等。

拿到款后和社台会在合适的时间直接交给和春建的父亲。这充分体现了"一方有难，八方支援"的人间真爱。

2010年6月6日　农历四月二十四日　阴间晴

南溪满中村组织集体公益劳动，盖人畜饮水压水塘的盖板。这一事以村公所及南溪村完小的名义同上级水务部门提出要求，参加的人员为满中村各户一名壮劳动力，由村民组长、副组长负责组织劳动。这股水不仅满中村38户人饮用，而且有南溪完小百多名师生，村委会干部，卫生院（无人），以及设在满中村的格林恒信生物种植有限公司，云南大学纳西族研究基地等。这些村外用户有的曾付给水资源费，有的没有（如学校、村公所），但以这两家的名义要到修理的材料。村民们边劳动边叨叨"村公所、学校、卫生院、玛咖公司、云南大学调研基地等也应出工，我们村民出几天，他们也该出几天。"也有的说："要单位来出工参加修理是不现实的，但可向他们要点大伙的伙食（牙祭款）。"你一言我一语，38个人，38张口，各种自身的思想都从口中露出，绝大多数人要村长跟这些用水单位要点生活款。村委会党总支副书记和国军对大伙说："学校、村公所上不能要了，因为这次所需的材料是以这两个单位名义给的，云南大学上村组长请和尚勋老师联系一下，要求给上一点，玛咖公司村组长这下就去说。"结果玛咖公司当即给了500元。村民组长和万选找到和尚勋老师，请他把情况反映给云南大学项目负责老师。和尚勋老师照办，给云南大学和晓蓉老师联系，她表示在经费相当困难的情况下补助500元。

2010年6月7日　农历四月二十五日　阴

村民们已开始紧张的锄洋芋农事，有一些村民天一亮就扛锄下地，有一些村民则吃过早饭才下地，各户的安排各有不同。前者多为家中有老人帮忙照料娃娃及做家务；后者多为既要照料小孩，又要做家务，有的是单人撑一户的。情况不同，做法也就各异。

就拿满中村村民和月林、和军红来说，他俩是单身汉，是老龄男人各撑一个家；和闰海老奶奶，她两个孙女在城里上学，姑娘在城里开车，女婿早逝，而姑娘又不再婚，老伴前年过世，她一个七旬老人料家务、下地都全得由她一人来做，不是她姑娘不好，而是老奶奶忍受不了太清闲才下田地干农活。

2010年6月8日　农历四月二十六日　阴

今天满中村村民又继续盖水塘的公益劳动。因为"玛咖公司"和"云南大学基地"各赞助了500元，他们就专门分配两个人来当炊事员（和万里、和春立）做晚饭。"多豆涝"又称"打拼伙"（打牙祭），这一活动自古以来是南溪村民最喜欢的，一直沿袭至今，而且越来越隆重。过去的"多豆涝"，由于受物质条件和经济条件的制约，很不丰盛，一般是各家出碗米，两三个鸡蛋，几两腊肉，几个洋芋。而今，鸡、鸭、鱼、虾、龟、狗等各种鲜货很丰盛，人比较多的时候更为丰盛。现在的村民即使是没得到别人的赞助，自家讨钱凑钱也会吃得欢，不难看出经济的发展与生活水平提高的直接关系。

2010年6月9日　农历四月二十七日　晴

"玛咖公司"决定更改今年发放玛咖秧苗的办法，去年先发的村调到最后发，去年最后发放的村今年最先发，去年发放的顺序是：鹿子村、旦都后村、旦前村、满下村、满中村、满上村、金龙村；今年的顺序是：金龙村、满上村、满中村、满下村、旦前村、旦都后村、鹿子村。且从今天开始发放，每天发放一个村民小组。公司的院坝里和外边停了很多金龙村的拖拉机，共近60辆，发完一家，装好一家，然后拉走一辆，如此紧张而有序地进行着。

这样做，村民会去管理各自领到的玛咖苗，不少村民还会在自家里给苗施浇粪便，既减轻了"玛咖公司"的管理环节，也能确保玛咖苗的茁壮成长。

2010年6月10日　农历四月二十八日　阴

每到夏天，经过冬眠苏醒了的蛙、蛇随处可见。古时候的南溪村民，对蛇入宅院、蛙入厨房等事视为不吉利。如有此类事发生，必须在青蛙或蛇身上撒上灶灰，用火钳夹着它们后再扔出去，然后又到庙里去求神保佑平安，但是绝对不能把它们杀了。

现时的南溪村村村无处找到庙了（1949年前每个村寨都有庙），但当青蛙入房、蛇入宅院，仍在它们身上撒上灶灰扔到远处，并在心中暗暗求老天保佑平安。

2010年6月11日　农历四月二十九日　晴

满下村村民和永红、和金发、和灿三家在草坝和金发家旁边挖鱼塘，请了旦都后村和云龙，用他的大型挖掘机来挖。和云龙与文华村的一个村民合伙买了这辆挖掘机，他是南溪村第一个与挖掘机打交道的村民。他们三家打算挖个两三亩的大型鱼塘，在满下村乃至南溪村，这个鱼塘算是大了，不知道会否有收益。

2010年6月12日　农历五月一日　晴

满中村村民和春立（人称小五立）今天请古城区七河乡三义村委会的泥水匠李满仲等5人（三个师傅两个小工）来帮他家的新房砌砖。

开工前先讲工钱，李满仲对砌砖的工钱提出了两种做法："第一，包工总价要7000元，砌砖、里面刷水、再刷白灰；第二，点工，每工70元，不分师傅与小工，采用哪种做法由你家选择。"和春立问李师傅："钱能不能再少点？"李师傅的回答是："这是最少的工价了，再少做不了。"和春立沉思一阵后说："那就点工吧！"他就以每天开出350元工价还包生活、烟酒茶的做法请他们开工。

这样的高工价，上了年纪的村民听了都咂舌头，认为太高了。但在中青年人看来并不高，他们知道，近两年在南溪四五十元请一个工已经很难了，因为经济在发展，劳务工资在增加，这都在情理之中。

2010年6月13日　农历五月二日　晴

前不久才自告奋勇任满中村副组长（会计）的村民和振锋推辞不再干此职了，于是村民请和振锋的父亲和军坤来担当儿子的工作，但和军坤谢绝了。村民又进行选举会计的活动，结果选到和黄生，和黄生也千推万辞，不接受此职。现时的满中村，由村民组长和万选一人担当起全村的财务工作。

2010年6月14日　农历五月三日　晴

　　设在满中村的格林恒信生物种植有限公司今天开始发放玛咖苗。按照去年（2009年）各农户的种植面积，每亩发九盘，以村民小组为单位，再细分成若干个小组来发放，今天发放给金龙村村民小组。天刚亮不久，公司的职员还未起来，部分金龙村村民就开着手扶拖拉机到了公司门口。公司的负责人起床后向已到的村民解释说："在公司门口停放拖拉机太拥挤了，请把拖拉机暂时停放到公路边，以去年编好的小组为单位，从第一小组开始，按顺序来领，领走一组，再把另一组的拖拉机开过来领。"村民照办，先把拖拉机都开回到公路边停放好，等第一小组的村民们先领苗。第一组全体种植户代表们都到场后，玛咖公司让大家看育苗场，让他们决定从哪个位置开始，决定后就不能挑挑拣拣。第一小组领取苗盘装好车后，把拖拉机开到公路边停放好，大伙就在满中村球场边，边饮酒闲聊，边等其他几个组的村民。等全村都领好了，大伙还坐一阵喝阵酒，天黑时分才回家，近60辆手扶拖拉机，一起发动，机器声震耳欲聋，听不清村民相互间的说话声，一条长龙似的，浩浩荡荡，前不见头，后不见尾地向金龙村方向驶去。

2010年6月15日　农历五月四日　晴

　　满下村老年会（还未正式挂牌，但也活动一年）会长和学新、副会长和圣昌两人去丽江城购买明天满下村老人聚餐的用品。去年九月九老人节的聚会上讨论决定给他们两人每人发40元的误工补贴，报销午餐、车费。这些费用在老年人自筹的经费中支出，因为目前没有国家政府的补助，也就只好自筹资金做活动。

　　这点补助是很少的，但他俩不计较这些。为满下村55岁以上的老人能够在繁忙、紧张的季节松弛下来，休闲上一天，聚好餐、娱乐好，他们愿意不辞辛苦，也乐于为老人们的欢乐付出。这在当今的南溪村是不多见的。

2010年6月16日　农历五月五日　小雨

今天是一年一度的端午节，国家各机关单位放了端午小长假。满下村老年人以聚餐、娱乐休闲的形式来度端午节，其余村民则去忙农事。

满下村现时55岁以上的村民有44人（和学群、和国辉夫妻因常居丽江城而没参加此活动，和志贤老人长住在位于维西县拖支村的女儿家，交了活动费但没参加），实际到场41人。今天的炊事员轮到和金发、和汝信、和世仙、和春拾、和灿五人。休闲娱乐到中午1点左右，和学新公布了经费支出情况，他说："去年端午节有40人，每人筹资100元，到春节后又新增加和顺月、和红雁两人，每人筹资25元，这次活动支出后剩余1220元。"他还说："和志贤虽然筹了100元款，但一次活动也没参加，要特殊情况特殊处理，不能再让他老人家筹款了，我们吃了也不舒心。"等和学新说完后，有些老妇人说："人家一次也没来聚餐，不能再收他的钱了，的确我们吃了也不舒心。"有些人说："是这村人，管他来不来，款得筹。"也有的说："我们不收他的钱，就好像是我们不让他参加。"也有人说："征求一下他媳妇和玉祥的意见好了。"还有个别人说："人不来聚餐，要收人家的筹款太不占理了。"（这类人较少）和学新说："已收到的不退还他了，以后就不能再收了，找时间给他儿媳谈一下就行。"

村民组长和永红、副组长和学武也参加了今天的老人活动，午饭时，和学武和炊事们一起帮助老人，端菜、盛饭、收碗、刷锅，大家都夸他说："真棒，现时像他一样的年轻人很少。"

饭后，和永红拿出满下村的公款200元补助老人活动，和学新当即公布并记入账。

2010年6月17日　农历五月六日　阴间晴

南溪村已进入"夏忙"的季节，要四十到五十天，所要做的农事是锄洋芋地、薅洋芋坛、拔草、薅油菜垄、种绿肥、撒饲草、收青稞、收豌豆、撒蔓菁、撒萝卜、种玛咖等，这些农事是紧紧相扣的。过去南溪村老人常用"解手都没时间下蹲"这句话来形容南溪村夏忙的程度。虽然有农户用牛犁洋芋地、油菜地，但这类村民只是极个别的。有些村民在劳动时提出："要是锄洋芋地、薅油菜垄能用手扶拖拉机就好了，不然这段时间太紧太累了。"有些村民说："肯定可以以机代人，太安、天经两个村委会的村民比南溪村种的面积多得多，收得也多，年底经济总收入也多得多，肯定他们那里也用拖拉机，要不然全靠人们一双手是无法做完这么多农事的。"尽管村民们在设想着以机代人，减轻人们的劳动负荷，但目前这只是空想，现在仍只能靠健康的身体和勤劳的双手来完成夏忙的农事。

2010年6月18日　农历五月七日　晴

满中村村民和仕军，今天在城里宴请客人。和仕军、和彦菊夫妇在城里开出租车多年，自家买了一辆出租车，现在还在城里买下了一套住房。今天他请了家族、亲戚，在城里农家乐招待客人，共庆迁入新居之喜。这是继和占典、和三哥之后第三家喜迁城里的满中村村民。

现时的壮年村民，因常年在城里转，见识多、决心大、信心足，有不少人都想在城里生活，而且想有一套自家的住房，多数已经实现目标。这部分人欠了银行或信用社的贷款，但他们心里很充实，认为"欠债还钱是小事，购置资产是大事，万一城里生活艰难，可把房子变成钱，回南溪谋生。"

过去一般做客，客人大多带肉、酒、烟、茶、米，有些还加点礼钱。现时在城里做客的都带礼钱，少则百元多则千元不等。

2010年6月19日　农历五月八日　晴

今天格林恒信生物种植有限公司轮到发放满中村的玛咖苗了。古时说的"近水楼台先得月"这话一点不假，因为公司设在满中村，就破例地让满中村村民自选要领的苗（但要一行一行地拿），满中村村民就拣长得好点的幼苗开始拿。公司人员清点好苗盘后，村民再把苗盘搬上拖拉机。个别村民趁公司人不在场就悄悄换好点的苗盘。到最后导致鱼化洛小组苗盘数量有不足的现象，双方就此发生了争吵，公司的人说："明明是数了足够的盘数给你们，绝对不会有盘数不足的现象。"鱼化洛小组的村民说："不足就是不足！"吵得很厉害，公司请的临时保安和春先、和江红出来劝解，村民则说："我看你俩会不会一生都拿玛咖公司的薪酬？"今天在发放玛咖苗的过程中发生了不愉快的小插曲，是不足为奇的，是正常的，事后双方又依然如故，和和顺顺。

2010年6月20日　农历五月九日　晴

根据纳西族学者木丽春老先生所写的《东巴世家》记载，1942年李霖灿先生曾到过南溪村，村里有几户著名的大东巴，大东巴家里也有东巴门徒，可一个东巴只收一两个门徒。后来他又到了白地，白地东巴教的大东巴也仅收一两个传人。而阿时主大东巴和文质举办的东巴传承班，收了门徒50多人，这一情况让李霖灿感到惊奇。还有，李霖灿在南溪、白地等地了解到大东巴收徒授课的情况：一个东巴收一两个门徒，早晚坐在火塘边，东巴老师授其象形字，教其认字，书写象形字；然后教他们念诵经文，门徒掌握了经文，就算东巴门徒学成出师。

2010年6月21日　农历五月十日　晴

满下村村民和家良家开始种玛咖了。她请和金亮来犁地，同时也请和金亮的母亲杨文花、父亲和子一一起帮忙。他们仨都诚心诚意地给予帮忙，送肥、撒肥、犁地、耙田，种玛咖苗需干什么帮什么。和家良老奶奶生怕把玛咖苗种下后枯死，就叫老伴从300米之外挑来水浇给移栽了的玛咖苗，心里想着多收入一点经济。

她家为什么领到玛咖苗就种了呢？因为两个老人都已60岁了，儿子儿媳都在城里跑出租车，就不再管排田种地的事了。所以，两个老人都力不从心，大部分地已借给亲戚邻居种，他们只种几亩玛咖。这在两位老人看来，种玛咖轻松，又不需下较多成本，经济收入也不错。

2010年6月22日　农历五月十一日　晴

近两年，满下村村民和国武因家事繁忙，他又常进城帮助老板看守工地，所以停止了小卖店的营业。今天，他重操旧业，把小卖店又恢复起来了，而且搬到了公路边。不仅如此，他还把老伴及两个孙子都领到公路边的小卖店里，准备在那里做点便饭。他把卖东西、领娃娃、照顾老伴融为一体，既解决了家中的家务，又增加了家庭经济收入。

他搬到公路边，首先一点就占位置优势，小学生过路人都从他的小卖店前过，他的小卖店定会做得红火，就看他能不能坚持，如若半途而停，和四闰家的生意又会红火起来。

2010年6月23日　农历五月十二日　晴转雨

嫁到丽江大研镇的现年65岁老奶奶和克琴（满下村籍人），今天领着她的老伴姚英，两个儿子和两个儿媳到她的出生地（南溪完小北面）老宅基观察。据说是打算在此起一所房子，以备日后家人避暑之用。现宅基地里一无所有，都空着，如果她来这里起房，也不会有人干涉。她虽是出嫁女，但她赡养了她老爹10年左右，给老爹养老又送了终。这本不是她的责任，因为她妹妹和玉琴曾找姑爷上门，不过没几年就搬到男方和学礼家，只剩下两个60多岁的老爹老妈。老妈和彦去世后，和克琴就把老爹和天培接到她城里家欢度晚年，并由她家做了送终大事，这样的例子在南溪村很少见。

2010年6月24日　农历五月十三日　阴转中雨

在南溪村，常用"婆媳关系是镰刀和蓑衣的关系"（纳西语称"出每鱼每仕古金泽")形容婆媳关系。

所谓镰刀,是加工制作成的月牙状的铁刀,上面刻有很多细齿,专门用来割草和割庄稼;蓑衣是用棕叶缝制而成的防水工具,雨水从棕叶毛上往下滑,人们披着可冒雨进行劳动或行走,不会使人淋到雨。这两者放在一起(把镰刀挂在蓑衣上),任凭人们怎样摔都很难掉下,因为镰齿个个咬住棕叶毛,难分难解。

南溪村婆媳关系真的是这样吗?否。过去由于生活贫苦,为生产生活婆媳间常有口角发生,个别争吵后还会上吊自尽,或服毒自尽的现象。这一现象古来就有了,这句顺口溜也古时就有了,并代代流传下来,成了村民形容婆媳关系的流行语。因此,婆婆辞世时不能用媳妇的东西,说"婆媳关系是镰刀与蓑衣的关系,会钩心斗角,到阴曹地府会互相抢东西。"随着生产力的发展,生活已有改善提高,大多数女性都接受不同程度的文化教育和社会公德教育,文化素质和道德素质普遍提高,尊老爱幼的新风尚已经形成,婆媳关系不再像以前那样僵。当然,媳不敬婆,婆不让媳的个别现象还存在,但从总体上来说南溪村现今的婆媳关系,不宜再续用远古流传下来的那句口头语了。

2010年6月26日　农历五月十五日　晴间阴

黄山镇卫生院的医务工作者,今天为南溪村委会满上、满中、满下三个村民小组的农户设立村民"健康档案"。三个村民小组的各户代表拿着户口册、医疗证等前来南溪卫生室登记。有个村民边登记边跟一位女医生说:"你们为南溪村的每个村民设立健康档案这很好,可是如能派两名医务工作者来南溪卫生室蹲点工作,会对南溪村民更好、更有利,自满上村的村医和友贤去世后,村民有大小疾病都得跑城里。"那医生立即说:"我当县委书记后,就马上派两个医生上南溪。"

条件差点、离城远点的村寨,人不愿意来服务,单位领导也无法分派人去。有个村民说:"国家投入五六十万元,白白浪费啦!"好些村民都异口同声地说"多可惜"!

2010年6月27日　农历五月十六日　晴

南溪村委会党总支书记兼村委会主任和继武、党总支副书记和国军、村委会副主任和丽军3个村委会领导干部集中在村公所,交流近期村委会的工作情况,并根据黄山镇党委指示,确定两名本支部优秀党员上报镇党委,在"七一"节表彰。经他仨讨论确定,和继武、杨耀秀两人为南溪村党总支2009年度优秀党员,上报黄山镇党委表彰。

由于南溪村居住分散,支部党员已呈老龄化状态,不好集中,采用以上方法已十余年了。

2010年6月28日　农历五月十七日　晴

满中村青年和江红做完玛咖公司临时保安工作后,跟父母说要去城里打工。他父母根据他以往的习惯,认为他不会很安心地打工,就不同意他的想法。他父亲和福生对他说:"你这人打工打胎银(纳西语:译为打工,把水桶底子都打掉下来了,比喻他去打工都没成功),才没有安心在家。"和江红当即对父亲说:"像您一样'鱼绿鱼到死'(纳西语,意为天天放羊,只认得羊,其余一样也不懂),像个憨人,我不干。"最后父母屈从了,让他自主决定,但他俩心里估摸着,他不会去太久,也不会好好干,时间不会超过两个月。

2010年6月29日　农历五月十八日　晴

在昆明打工的满中村女青年和翠,在去年被南溪村党总支吸收成为中共预备党员。今年预备期已满,支部准备在"七一"讨论她的转正问题,支委会提出特殊情况可特殊处理,在远处打工的可口头提出申请,并请人代笔写转正申请书。但和翠认为要严肃对待自己的入党问题,就从昆明向打工单位请短假回南溪老家,准备参加"七一"党支部大会,郑重地向党组织提出申请（转为正式党员），并悉心聆听老党员对自己的教导。这样的做法让在场的人都很感动。目前在南溪村三代人都有党员的家庭里，她家是唯一一家，奶奶和桂贤、爷爷和熙（已去世）、父亲和占军和她都是中共党员。

2010年6月30日　农历五月十九日　晴

南溪村过去的东巴教认为：纳西族的孩子在13岁以前被视作还没有灵魂，有着没有灵魂的孩子离开母怀，孩子会死亡的说法。因此，那时13岁前的孩子从不轻易离开母亲，更没人离开家。孩子只有翻过13岁坎子的时候，东巴给13岁孩子举行赐灵魂仪式，给男孩穿上裤子，给女孩穿上裙子，才标志孩子有了灵魂。有了灵魂的孩子可以离开母亲，也可以离开家去别人家当牧童等。

2010年7月1日　农历五月二十日　晴转阴

中共南溪村党总支召开支部大会，南溪村全体共产党员（除因病未参加者）都参加了会议，共庆中国共产党建党89周年。会议由党总支副书记和国军主持，首先是预备党员和学典、和翠、和志强、和闰里、和丽勇、和丽娟7名新党员（今天已转正）进行入党宣誓，与此同时全体老党员起立举起右手，与新党员一道宣读"入党誓词"；其次是党总支书记和继武向大会做了"争优创先，一鼓作气，为争取更大更好的成绩而努力工作"的讲话，讲话总结了一年来的工作和以后的目标；最后是新党员逐一向支部大会表态。经今年转正后，初步改善了南溪村党支部党员老龄化的状况。黄山镇党委、政府下拨了1000元的支部活动费，事前村委会副主任和丽军同志就从城里购买了烟、酒、糖、茶、水果、糕点食品，最近4年的支部活动都像今天一样，有活动费，座谈会上有零食吃。

2010年7月2日　农历五月二十一日　晴

今年种（移栽）玛咖苗村民很多与前两年移栽玛咖苗时截然不同。今年一直不下雨，村民们都要挑水浇苗，有个别村民则用手扶拖拉机用大汽油桶拉来水。这样做的原因有这样两点：第一，干旱，怕幼嫩的玛咖苗被太阳晒死；第二，玛咖这一新兴产业，经济收入较为可观，使村民都有可以尝试种一种的感觉。所以，村民们都有必须移栽好，并保证能栽活，要有好的收成来增加家庭经济收入的思想。

2010年7月3日　农历五月二十二日　晴

最近一段时间，3个南溪村委会干部（书记兼主任、副书记、副主任）轮流在村公所值班（每人一周），本周轮到村委会副主任和丽军。由于听到南溪满下村部分村民饮水困难的消息，南溪村党总支书记兼村委会主任和继武，不计较轮到谁值班，从金龙家中来到满下村，向村民组长和永红了解情况，并商讨解决的办法。知情的村民都很受感动，都说"和继武书记实干精神强"。他想村民所想，急村民所急，这种精神南溪村民会看在眼里，并切记心中。

2010年7月4日　农历五月二十三日　晴转雨

现已退休并居住在城里的鲁甸籍老人木枝闰，今天领老伴和邻居的老人去游玩。他20世纪60年代初期在南溪当过工作队，吃住在满下村（公社时期称满三队）和余尚家里。他回忆说："当时与群众同吃同住同劳动，南溪村的农活样样都干过，在鸡冠山背后烧炭是我最拿手的技术活，这些苦活我也干了好长时间，但当时并不觉得苦。现在村民的居住条件改变很大，生活条件应该也有了改变吧？"见状的村民回答说："南溪比起20世纪六七十年代，可以说是飞跃发展，现在经济大发展，人民生活大提高，有好些村民还开上了汽车，个别户还想迁到城里。"老木感慨："真是变化太大了。"

2010年7月5日　农历五月二十四日　晴间阴

因昨天傍晚下了点小阵雨，南溪各村民小组的农户都在今天抓紧进行玛咖移栽工作。满下村村民种得特别认真，边移栽边浇水，其他村民小组有条件的（离水近）农户也这样进行。这在过去两年移栽玛咖活动中是未曾见过的，一方面因为是今年比前两年干旱，另一方面则是因为南溪村民重视种植玛咖这一新兴产业。他们生怕嫩小的玛咖苗被旱死，一心想把玛咖种活种好，来增加自家的经济收入。

2010年7月6日　农历五月二十五日　晴

格林恒信生物种植有限公司今天上午给满中村各玛咖种植户补发8盘玛咖苗。这是前些天在按每亩发放9盘苗后剩下的，今年剩下的较多。在这样的情况下给满中村特别的优惠，待满中村村民领完所补发苗盘后，他们再电话通知其余村民小组，"每户补发两盘，并由各种植组长来领，后再发给各组种植户。"虽然这些是满中村村民挑选后剩下的，但没有人说不要。大家都认为给满中村的这点照顾是应当的，毕竟"近水楼台先得月"。各村民小组的种植小组长按份额领回后，傍晚又通知各种植户来他家领取所补发的苗盘。

2010年7月7日　农历五月二十六日　晴

满下村村民和国兴，今天收割了青稞后，用手扶拖拉机把青稞拉回家，晾在家里，然后从村民组长和永红家借来喷雾器，喷雾器里放上水和化学除草剂，再将它喷到刚收完青稞的地里，让地里的杂草死掉。以此方法来代替繁重的、传统的人工挖除杂草的办法。现在这办法既简单又省时省力，不少看到的村民都想学着他做。村民和圣明、和玉祥、和世仙、和吉诚、和作才等都详细询问和国兴，如化学除草剂的名字叫什么，在什么地方买，价钱多少等情况，打算自己也买来用。在这以前，这一做法在南溪是空白的，和国兴也只是太忙而抱着试一试的心理，他还不知道使用这种办法的效果怎样。

2010 年 7 月 8 日　农历五月二十七日　晴

　　移栽了玛咖苗后，由于老天总是绽放着笑脸，没有阴沉的现象，更没有哭泣，因此刚移栽的玛咖苗有部分枯死了，没枯死的也振作不起来。村民们就从南溪完小旁边挑水，有部分村民用手扶拖拉机从"瓦洛"水塘里拉来水，浇水保苗，满下村村民们在边浇水边议论说："去'岩肯古考'（鸡冠山脚下的水坑）里挖几下就好了（过去满下村有传统的说法，遇到天干旱就去那水潭里搅一下，天就会下雨，巧合的是，有很多次搅完水潭就真的下雨了）。"有好几个村民想去，却又抛不开忙得很的农活，村妇和社香、和万芝想去但又有些害怕，村妇和玉祥也很想去但又丢不下活计，结果和社香、和万芝二位村妇终因胆怯而没去。

2010 年 7 月 9 日　农历五月二十八日　晴转雨

　　村民们正忙着薅油菜、薅洋芋、种绿肥、撒蔓菁、种玛咖，干各种农活的村民都有。有些村民还专门利用下午移栽玛咖，边移栽边浇水。今年只种点玛咖的满下村村民和老汉，每天几乎都挑三十担水浇玛咖。他问和国武："三老，去搅'岩肯古考'时该说些什么许愿的话？"和国武说："应该说老天爷，地上的人们和庄稼都盼着您给下点雨，不然庄稼都要枯死了，求您下点雨救救地里的庄稼。还要在水潭旁烧上一堆火，让黑烟冒一阵。"和老汉当即拿上锄头，备上火柴和引火用的松明，拔了一些松枝，到鸡冠山脚下的水潭边，和老汉照和国武的教法，先在水潭旁烧起一团火，将折的树枝及备好的松枝一同烧好，让黑烟冲天一阵子，接着跪在水潭边的草坪上，边磕头边祈祷："老天爷，这段时间一直干旱，人难受，庄稼面临枯死，求您下点雨以解人愿。"

　　到下午，真的天上聚起了一些乌云；到下午 5 点左右，真的下了一阵小雨。

2010年7月10日　农历五月二十九日　阴转晴

南溪满中村应届高中毕业生和永梅（毕业于玉龙县民族中学），乳名伍闰良，今年参加高考，因与二本录取分数线差一分而思想上解不开疙瘩。根据她奶奶和闰海讲，近些天，和永梅表情闷闷不乐，精神有些恍惚，今天更是不知去向。吃早点时，奶奶见她拿了个馒头就离开厨房，奶奶以为和永梅在看电视。可到下午2点吃午饭时，奶奶左等右等等不见孙女的踪影，急得她自个儿在家里和附近寻找了一阵，却仍无孙女踪影，她只好请家族的人来帮忙找。村民组长和万选知情后，动员满中村全体人员都出来寻找。村民们有的在附近找，有的到远处找，在城里开车的满中村村民则在城里找，或去金山、九河等找占卦先生指点迷津，但现在还没有结果。多数村民认为，和永梅可能是因高考一分之差落榜，整天想不开伤了神经。有不少村民都说："她要想开一点，现时国家大学生很多，且找不到工作的也有一些。和永梅要是能这样想，就不至于离家失踪。"村民们都为这个高考落榜的学子悬了一颗心，心里都愿这学子千万不要寻短见。

2010年7月11日　农历五月三十日　晴

满下村村民和圣昌的妹夫和兵会（汝南化村人），今天来和圣昌家帮忙掏切蜂蜜。他说："我家养有五六窝家蜂，可父子三人一个也不敢掏切蜂蜜，我也不大会，但只能硬着头皮应付了。"有位村民对他说："你们汝南化村养蜂多，和圣昌家的是从你家要来的吧？"和兵会说："近些年养蜂这事在南溪又显得适宜多了，过去好养蜂的地方，由于村民给庄稼喷农药，蜂被毒死，因此发展不起来。南溪从不使用农药，再加上近几年气温升高，蜂长得也快。"

2010年7月12日　农历六月一日　晴

南溪满中村村民在村民组长和万选的安排及和永梅奶奶、母亲的请求下，继续寻找离家出走的和永梅。

需要喂猪、照料孩子的村民在附近的地方找，一边找，一边大声喊着和永梅的乳名伍闰良。

精干的壮年男人分成若干组，去不同的地方寻找，并按占卦先生的说法去找，有些还乘车转到螳螂村找寻并占卦。

到下午4点左右，和永梅的母亲和爱琼惊喜地接到和永梅的电话："妈妈，请来接我一下。"和爱琼急忙问："你在哪里？"回答是："不知是什么地方，有点像丽江城的东界河区域。"和爱琼说："不要走，站在公路边，我叫人过来接你。"接着和爱琼立即打电话请在城里寻找女儿的村民去接她。

家里人和村民悬着的一颗心终于落了地，都庆幸和永梅安然无恙。都说："老祖宗还是紧紧地拉着她，不让她出差错。"

回到家后，经和永梅讲，她出走时及走的时候完全没有知觉，这一现象在南溪村的说法是"除你时"（汉语的意思是"鬼拉人"）。这种现象以前偶尔有过。

2010年7月13日　农历六月二日　晴

今天是南溪村农历六月的祭祖节，是一年里的第二个祭祖节，家家户户都要拜祭祖先。

下午2点左右就陆续有主持家事的长者（或壮年男子）开始迎祖，他们先折来青松枝，撒下青松针铺在祖先坛前和大门两边（过去安石神的地方），摆上祖先牌，然后端起放有酒茶的盘子，点燃五炷香到大门口去迎祖，在大门两边各插一炷香，边插香边敬酒敬茶（在铺好的青松针上洒上酒和茶水），边说："历代宗亲，祖父祖母、爷爷奶奶、爸爸妈妈，六月初二又到了，我们后生请你们回家团圆，我们后生来祀奉你们。"说完往屋里去，并在祖先牌前插好三炷香（表示祀奉三代祖先），摆上酒、跪地磕头，再摆上各种供品，之后开始做晚饭，每出一道菜，都摆在祖先坛上（以示在祀奉祖先），到吃饭前就可以送祖先，首先点上三炷香，找个小碗从每道菜中捡一点，用盘子端出去送祖先，插好香，铺好青松针，把饭菜倒在青松针上，把酒和茶洒在青松针上，现时有人用纸杯把酒、茶摆在香前面，把所有供品中的一样一点点也摆在青松针上，口里说着"家中历代祖先们，请你们饱饱享用，用完后请慢走，请你们时刻保佑我们。"边说边磕头。这样就算完结，村民可以开始进行晚餐了。

2010年7月14日　农历六月三日　小雨

政府给南溪村委会所有农户下拨抗旱物资（每户15斤大米或15斤面粉），各村民小组副组长负责发放到各户。这是我省发生大干旱以来的第二次救助，这充分体现了各级政府对人民的关心、爱护。同时丽江市农科所给南溪村委会所有农户补助一袋过磷酸钙，作为对南溪油菜高产田的补助。各户听到组长、副组长的通知后，纷纷到各村民小组的活动场所领取这两种物资。在领取这两种物资时，领取人需要在花名单上签名并盖手印表示已领过物资。

2010年7月15日　农历六月四日　阴转晴

满下村村民和国模老人因跌倒导致脚骨折断。事情发生在4个月前，当事情发生后，儿子们要他去丽江城医院治疗，他坚决不依，说："去医院也不会医好，还花费举行我丧葬时所用的钱，不去了。"儿子们没法，只好让他躺在家里，由儿子们和他的老伴天天照料。这些天和国模饮食不进，家族里的人就从今天开始分组轮流看护、照料他，每天有六七个族人。

因为是雨季，没人能猜到天晴与否，于是家族的人就趁天晴组织年轻人（每户1人，共14人）去山上砍柴。他们开两辆手扶拖拉机去到山上砍柴，以备下雨天事发时不愁柴烧。

和国模老人的内脏看来还好，只是因为脚伤而落成这样，人们都很难预料他什么时候会辞别人间，所以只好制定出以上的做法，以防不测。

2010年7月16日　农历六月五日　晴转雨

南溪村委会党总支书记兼村委会主任和继武、党总支副书记和国军、村委会副主任和丽军三人，今天动手重新换接水管。他们挖开与南溪完小的分岔处，找到接头，按照原来埋设的线路挖开，把用了十多年的塑料水管拉出来，然后放进最近政府送来的新塑料管，接好接头后再盖上土把水管埋好。三位村干部同心协力地干了一天，终于换好了从学校分岔处到村委会的饮水管，保证了以后村公所的饮水和生活用水。

2010年7月17日　农历六月六日　阴转雨

满中村村民和万春，两个月前与南溪完小校长和家香老师谈好，在暑假期间，由和万春负责挑南溪完小厕所里的粪便，并由他负责打扫干净。为此和万春拿了两只土鸡让老师们吃，要求学校不再答应第二个人。而前些天和万春去丽江城买瓦时得知，有一个单位让他拉粪，提供拉粪桶子，还付给他排污费。这样和万春就不需要挑完小厕所里的大粪。

其实好多自家地在学校附近的满下村、满中村村民都想挑大粪浇在自己的玛咖上或蔓菁上。根据去年的情况，学校放暑假后三四天，厕所的粪便就被村民们争先恐后地挑完了。

2010年7月18日　农历六月七日　雨

由教育部安排的，并由云南大学组织实施的2010年西部高校田野活动开始了，其中赴丽江纳西族调查点做田野调查的12位高校研究生，在云南大学和晓蓉老师的带领下来到南溪纳西族调查点，开展为期10天的田野活动。

由于天气突变，和晓蓉老师在丽江城里就给每个同学买了一件衣服防冷用，为了做田野调查时方便在雨水里行走，还为每个同学买了一双雨鞋。这充分体现了师长对学生的关爱，相信老师的关爱必将给每个研究生增添克服困难、做好田野活动的决心和力量。

2010年7月19日　农历六月八日　雨

田野调查小组在云南大学纳西族研究点（南溪满中村）召开座谈会，邀请了南溪村委会干部、村党总支书记兼村委会主任和继武，副书记和国军，村委会副主任和丽军以及南溪满中村村民小组长和万选参加座谈会。云南大学领队老师和晓蓉主持座谈会，首先简要阐述了这次田野活动的意义、内容、范围以及做田野时可能会出现的各种情况，同时鼓励全体成员尽力完成各自的田野调查目标；其次村委会书记兼村委会主任和继武向全体成员介绍了南溪村的总体情况；最后分为四个小组，根据学员各自的需求，分别向和继武、和国军、和丽军、和万选做深入细致的访谈，从南溪村近10年的社会经济发展，到教育、传统文化、民风民俗等方方面面都提及。他们4个村组干部不厌其烦地对学生们的提问和调查都做了明晰的解释和说明。虽然他们四人都有点疲劳，但学生们都有较大的收获，他们为此感到高兴。这足以体现出南溪村组干部对云南大学纳西族调查点工作的支持。

2010年7月20日　农历六月九日　雨转晴

事前经南溪村委会副主任和丽军同志与丧者家属及家族沟通，并得到他们的同意。云南大学影视老师李昕同志带领4位研究生去旦都前村和向承家，拍摄旦前村村民为和向承的父亲和尚勋举行丧葬礼的实况。在进行拍摄过程中不仅得到该家族的支持，还得到村民的大力支持，这其中不乏和丽军同志的多方工作。李老师一行不顾疲劳和辛苦，精心拍摄下南溪村旦都村民的丧葬习俗（出葬前的准备工作以及悬白的全过程），包括对死者的上祭、供品、来客的招待，夜晚村民跳"喂目达"给死者送别，亲戚及村民所带的丧葬礼品等，哪怕是很细小的风俗，李老师也不放过。

当天晚饭，李老师等四人送了200元的礼钱并在丧者家用餐。半夜里，和丽军找旦都后村驾驶员杨耀武把李老师等4位师生送回到满中村云南大学纳西族研究点休息。

回到寝室后，师生们都感到很累，但心里充满了收获的喜悦。

2010年7月21日　农历六月十日　晴

用过早点，云南大学李昕老师等四人又前往旦前村拍摄葬礼的录像。10点左右，和晓蓉老师也带领其余研究生去旦前村观看纳西族丧葬仪式的过程。事前和老师对研究生们的调查做了一些提示。到目的地后，研究生们散开了，去寻找各自的田野调查目标，进行田野活动。

回到基地，研究生们都异口同声地说："今天的收获特别大，看到了书上未曾见过的一些东西。"表示了对今天田野活动的肯定。但本来体质就很虚弱的和晓蓉老师，由于全是步行往返，再加上人多天气热等原因，一到家就累倒了，在床上躺了三四个小时后才慢慢地恢复精力，同学们都心疼地劝她"保重身体，注意休息"。和老师却笑着说："没关系，只要你们的田野调查做好了，我累点、苦点是没啥的。"同学们都很感动，都表示，决不辜负老师及学校的期望，一定做好田野活动。

2010年7月22日　农历六月十一日　雨

负责这次西部田野活动纳西族研究点的指导老师洪颖老师及和晓蓉老师，今天轮换指导研究生的工作。洪颖老师从昆明一到丽江，顾不上喘口气休息，就急忙找车上山（南溪）。一到南溪纳西族研究点，她又马不停蹄地投入工作，立即与和晓蓉老师交谈同学们这些天的田野活动情况，不断地找难点、谈方法、问生活，尽显出师长对后生的关爱。把和晓蓉老师送上车后，她立即组织研究生进行座谈，让每个人谈谈这些天的心得，并逐个给予指点；对前些天做得不够积极的研究生，提出了任务，并给出突破难点的方法，表现出治学的严谨态度，令参加纳西族研究点活动的12名研究生有敬佩的感觉，都说"有这样的好老师指导，我们的田野活动会有好的结果。"

2010年7月23日　农历六月十二日　阴转雨

参加西部田野活动纳西族研究点的学员，根据昨天洪颖老师的指导，又根据各自田野内容的需要，吃过早点后就寻找村民进行调研。有的同学跟着薅玛咖的村民到玛咖地里采访；有的同学去找出租车司机采访；有的同学跟着放羊的老民间歌手和建良到牧羊处采访；还有的同学到个体经商户采访。在采访过程中，大多数同学因双方语言交流不便而收效甚微，收效不理想的学生一回到研究点就向和尚勋老师请教，和尚勋老师对他们提出的问题都给予详细的回答和解释，直到他们把问题弄明白。参加这次活动的西南大学博士研究生和继全（丽江市博物院研究员，此前多次参与纳西族研究点田野活动指导工作）说："和老师，您能对每批下来田野活动的人都一如既往地全程给予帮助，不厌其烦地精心解说每个学生提出的问题。和蔼可亲的态度、诲人不倦的精神不仅使我很佩服，而且打动了和您接触过的每个学子的心。"

2010年7月24日　农历六月十三日　阴转雨

来自西安的学员李会娥，在洪颖老师的特别关照下，在和尚勋老师与满下村丧者和国模的儿子、家族等协商沟通后，得到他们的同意，前去和国模家做"土葬"的田野调查。

事前虽听和尚勋老师多次描述南溪村"土葬"与"火葬"丧葬活动的异同点，但李会娥仍很坚持，说："既有机会亲眼看而看不到实况，会造成一生的遗憾。"

她在现场时，虽然只身一人，语言交流有困难，但她克服重重困难，坚持到把人下葬后才结束她的田野活动，她回来时说："这次下来我真有幸，前几天看到了纳西族'火葬'的全过程，今天又看到'土葬'的全过程，使我对纳西族的丧葬文化有了进一步的理解，丰富了我这次田野活动的内容。"

2010年7月25日　农历六月十四日　晴转雨

云南大学纳西族研究点负责人及指导老师洪颖，研究鹿子村的情况；西南大学古文字专业博士研究生和继全，西藏民族大学硕士研究生郭志合，继续研究纳西族"占卜"文化；云南大学硕士研究生王晨娜，广西民族大学硕士研究生李文鹏继续调查开出租车村民的情况；他们几位由和尚勋老师领到鹿子村，展开各自的田野调查。

和继全、郭志合两位学者找到鹿子村村民杨文红了解他"占卜"的有关事宜，从中对比纳西族"占卜"文化因地域而有异同的情况。

洪颖老师则对鹿子村做了总体的了解。

王、李两位学生对此行不大满意，因为，开出租车的人不在家，找不到采访对象，没法进行田野访问。

因为有阵雨，再加上大伙都没带雨具，采访结束后，在鹿子村的一个农户家避雨和吃午饭。

吃过午饭步行返回基地，对生在大城市、长在大城市里的高级知识分子来说，走山路是个大难题。走三步滑一滑、走五步摔一跤的现象时有发生，但洪老师还是很乐观地给随行学者做出了榜样。

2010年7月26日　农历六月十五日　阴

甘肃省兰州市籍的西藏民族大学硕士研究生郭志合，在西藏读研，接触过许多藏传佛教寺庙。这次他来到云南丽江，下来南溪村时路经文峰寺，当时就产生了前往文峰寺，观察文峰寺与藏区喇嘛寺异同点的想法。今天得到洪老师的准许，由和继全陪同，和尚勋领路，步行到文峰寺静坐堂（亥母金刚灵洞），详细阅读了简单的介绍说明书；接着到藏圣匙石，和继全简要给他介绍了此石头名的由来。据他说，僧人若要去鸡足山朝拜，须在此石前进行"取圣匙"仪式，朝拜完毕回各自寺庙时就进行"还圣匙"的传统仪式。接着就到文峰寺中心区（大殿），和尚勋老师介绍说："在1967年以前，大殿周围有二十四僧院，每院都是'三坊一照壁'，每院都修有关骡马的地楼，且院院都是花园，每院里都有一棵云南名花——茶花（三台三样、九蕊十八瓣），赛过玉峰寺现存的被誉为环球第一树的花，可惜这些在'文化大革命'中被破坏了。"郭学者很惋惜地说："花上几个亿，也建不出原貌了，能够保存下来就好了。"步行到文峰寺的水源，和继全老师介绍说："过去丽江城居民都用这里的水给孩子做法。"三人尽情地痛饮了一阵，都说："多甘甜。"

最后他们到灵塔观看。观看结束后，郭志合说："这与藏传佛教喇嘛寺建筑格式基本相同，选择的地点基本上都背山依水，真是风景优美，以后若有机会，我一定还来回访。"

2010年7月27日　农历六月十六日　雨

指导老师洪颖忙着阅读研究生们上交的"田野调查报告"，她边阅边改，忙得不可开交。负责记录这次活动经费收支的学员李文鹏、王晨娜二人忙着核对各种支出款，并准备向全体人员公布。帮这次活动做饭的满中村村民和万春更忙，他根据洪老师的吩咐，做了一顿丰盛的晚餐；其他学生，各忙各的，有的还在埋头整理访问材料，有的忙于补充访问，还有的忙于找人翻译录音，到处都是田野调查结束前的紧张气氛。

下午南溪村委会干部及满中村村民小组干部与学生一起座谈。和继武、和国军、和丽军3个村干部及满中村组长和万选、副组长和振锋参加了座谈会。洪颖老师代表这次活动的全体师生对南溪村干部给予的支持表示了谢意，好多学员都畅谈了这次田野活动的感受，村干部们表示以后也会全力支持云南大学纳西族调查点的各项工作，并希望学者们通过田野调查，把南溪推向全省，为南溪村的社会经济发展作出努力。

6点共进晚餐，饭菜虽然比不上城里饭馆、酒店那样美味，但其间充满了欢声笑语，一直持续到晚上10点多钟，村干部们和学生们才依依不舍地道别。

2010年7月28日　农历六月十七日　雨转晴

2010年西部暑期田野活动，纳西族调查组的活动已圆满结束。上午9点半，师生们冒雨乘车回去。南溪村委会党总支书记兼村委会主任和继武、村委会副主任和丽军、纳西族调查点管理员和尚勋老师把师生们送到丽江城（村党总支副书记因突有急事而未能送行）。

下午6点，和继武、和丽军以村委会及南溪村民的身份，在丽江城一个小饭馆里设便宴，请师生们一起共进晚餐。这既体现了南溪村干部对"云南大学纳西族调查点"工作的支持，也是负责该项目的和晓蓉老师、洪颖老师长期以来与南溪村干部紧密联系，征求他们的意见，每做一件事都保持与他们沟通的结果，如此才能形成如今相互支持的好势头。晚上10点师生们乘火车回昆明，赶回去参加明日9点举行的"结业典礼"。

2010年7月29日　农历六月十八日　阴间晴

因病倒床一个月的满中村村民和国英老奶奶，今早10点左右病逝了。她病重期间，她的老伴和耀泉、儿子儿媳、女儿女婿、家族亲戚都给予精心护理和耐心关照。

在南溪村，对于守候这么长时间辞世的老人，有一个说法是"因为儿子儿媳太孝顺了，生活得很愉快，不愿意辞别。"听满中村村民讲："和国英老奶奶的儿子和军坤及儿媳和益清的确对老人很孝敬，现时她们家的生活也很好。"根据村民的讲述与传统的说法一对照，的确相符。由此可见，古人传下的说法虽不能说都准确，但这些说法是有一定根据的，是从生活中得到的结论。

2010年7月30日　农历六月十九日　阴转晴

满下村召开户长会议,会议上户长们提出承包"洼鲁"(村西面地名)鱼塘、村东西荒草坝、落水洞草坝、生菌山林等竞标项目,有些村民还提出"2009年国家补给满下村的种树款问题",村民组长和永红说:"这项款是4250元,大家记住就是了。"

"洼鲁"鱼塘通过竞标,最后和社兴以10600元夺标获得10年(2010年8月1日起到2020年8月1日止)的使用权,这个项目也是他与和学先、和李福合作的。

荒草坝及落水洞通过竞标,最后和国武、和春拾、和朝亮、和德华四人以49000元,获得20年(2010年8月1日起至2030年8月1日止)的使用权。

生菌山林以300元、150元不等,由和学先、和顺明、和吉诚等夺标。

会议决定明日付款,订立合同。

2010年7月31日　农历六月二十日　雨转阴

满下村继续开户长会议,主要是签订昨天竞标结果的合同,甲方为各户长,乙方为合伙竞标的村民。每份合同都做了复印,村民组长处留一份(代表甲方),竞标者每人留一份(乙方)。

承包生菌山林、洼鲁鱼塘、荒草坝落水洞三项共收款61500元,共有58户村民,每户分1060元,剩余款项买酒、买糖当场消费了。

竞标后,有些已动手准备放养鱼、看菌山,而荒草坝及落水洞的竞得者们,还需投入十几万元才能蓄住水,这得待到何年何月?好些村民都认为这四人白丢钱,不会成功。这四人的家人说:"再不加投资了,还好丢钱也不多(每户每年只交600元),但愿他们四人不要再投资了,以免投了巨资而得不到回报。"

2010年8月1日　农历六月二十一日　雨

满中村和国英家族每家派一个壮年人去丽江城里购买后天和国英的出葬用品。按照该村的规矩，村民组长、炊事总管也应同去，连和国英本家在内应去11人，但炊事总管和万里及村民组长和万选均在他们家族中，因此只去了9人，其中和万里和万选两兄弟既以家族的身份，又以村长、"高竹"（大厨师）的两重身份参与其中，居住在满上村的和占军用他的大型货运车来运，同时和国英的女儿和社香、和社清、和社月三家也请和国军的微型汽车去买送葬礼。

2010年8月2日　农历六月二十二日　阴转雨

南溪满中村的全体村民都集中在和国英家，准备着和国英老奶奶明日出葬的事宜。吃过早点，大家都各忙各的，炊事组做饭，蒸饭组蒸饭，收礼组设灵堂、贴挽联，烧尸组摆设祭坛祭碗，年轻人上山砍柴（要求中午1点回到家）。2点吃午饭，饭后年轻人都听从总指挥，帮忙洗碗择菜，下午4时，家族、村中亲戚、村民都来给灵柩祭献丧礼，4点半开始悬白（开追悼会戴孝）。当仪式进行到中途时，意外大事发生了。发白孝的时候，和志强把孝拿给在厨房炕上的母亲和吉给说："请妈戴孝。"和吉给一边接白孝一边说："该先去磕个头。"于是她手拿白孝走出厨房，准备在和国英老人灵柩前磕个头，再把孝戴在头上。可万万没想到当她走出厨房门才两三步时就倒下了，幸好被村妇和益花抱住，才没倒在地上。不幸的是和吉给很快就无气息，两眼瞪直，心脏停止跳动，手脚僵直。一部分人忙把和吉给抬回她家，走到"联营公司"处时她完全断气了，抬着她的人们大声地送别她。他们先把她安放在堂尾边，继续忙完和国英家的悬白、吃晚饭等，才又来到和吉给家，给她洗尸入棺、"芝步吉"等。"芝步吉"回来后，和吉给儿子及家族和村干部们商量后决定："明天先把和国英老人出葬的事忙完了，后天再来给和吉给老奶奶举行'祭入棺饭'（纳西语称'吉子好毗'）的仪式。"当晚满中村村民都在两家忙碌着。

2010年8月3日　农历六月二十三日　雨

满中村村民都集中在已故老人和国英家中，除老人们在炕上压床，孝儿孝女们跪于灵柩前外，其余人都在她家帮忙，就连小学三年级的孩童们也上阵了，他们端碗、盛饭、收拾桌子，十分勤快，来吊丧的人们对小孩童的行动都赞不绝口。

中午12点左右开始按顺序招待"足若"，首先招待死者的亲朋、死者女儿的婆家、各个来吊丧的人们，其次是满中村村民，最后是执行人员及死者家族、孝儿孝女们。虽然是下雨天，但事前已备好帐篷，因此吃饭和招待都淋不到雨。

吃完饭后，儿女、家族、村民给死者献离别饭，纳西语称"古日古好毗"。相传死者会把这次献的饭带去给列祖列宗们。

因为雨一直下不停，下午3点左右他们只好冒雨出灵了。和国英家离火葬场不远，且路好走，十来分钟就到了。只是苦了烧尸的人们，这次满中村每个家族出1人，共6人来烧尸。这做法是满中村丧葬方法的改进。雨下个不停，给烧尸造成了困难。火焰不大，烧的速度就慢，他们6人一直到夜间12点左右才把尸体烧完，村民们也等到他们6人回来才吃饭。

2010年8月4日　农历六月二十四日　阴转晴

和国英老奶奶的儿女、家族亲戚、村里沾亲的村民在早晨9点左右去火葬场伏山（上坟）。他们在火葬场敬奉了山神和祖位后就开始吃喝各种食品、酒、饮料等，炊事组则在家里备好午餐，等到12点左右他们去伏山的回到家，就盛各种饭菜给参加此次出葬活动的人吃。大伙吃完午饭后，立马到死者和吉给家，帮他们家招待来"祭入棺饭"的亲朋们。由于意外的丧事发生，满中村青壮年们放下平日里打麻将、扑克的娱乐活动，去和吉给家操办有关事宜。

傍晚，给和吉给老奶奶祭献入棺饭的亲戚陆续到来，满中村村民也开始待客，心里也想着"早待完客早休息，来弥补这几天的劳累"。

2010年8月5日　农历六月二十五日　晴

今天是一年一度的"火把节"，显得比往年有点热闹。吃过早饭在满下村篮球场上进行了一场满下村与鹿子村青年篮球友谊赛。篮球比赛十分精彩，不过观看球赛的村民只熟悉老球规，不知道新球规因而不大理解运球的动作和原因。比赛结果是鹿子村青年队遥遥领先于满下村队。一场激烈的篮球赛结束后，年轻人又到足球场进行足球比赛。双方经过激烈的争夺进攻，最后鹿子村青年队又以三比二获胜。事后细细分析其原因，鹿子村青年篮、足球技好的人多，满下村青年球技好的人不多。

傍晚，村委会宴请了农科所工作人员及各村民组长、副组长吃了简单的晚宴，杀了一只绵羊煮羊肉吃。

夜晚，满中村青年及村民集中在村篮球场上，进行篝火晚会，打跳、唱歌、跳舞到深夜才结束。

2010年8月6日　农历六月二十六日　晴

今天是"火把节"的第二天，满下草坝花海边，依然充满了节日的欢乐气氛，足球场上满中村学生队与村青壮年联队在进行着足球比赛；此外有一群群从丽江上来的游人，他们五个一伙，十个一群，在花草间、油菜地旁争着摄像留念。野花有些萎了，但金黄的油菜花分布在草坝旁或山间地里，比前两个月的花景还有特色。球场里，时时响起观众的叫好声，学生队队员的体质虽然没有青壮年强健，但他们精湛的球艺迎来观众的一阵阵喝彩。

2010年8月7日　农历六月二十七日　阴转雨

满中村"那不"家族共有10家,已故老人和吉给的儿子及家族的人,加上村民组长和万选,厨师总管和万里共11人去丽江城购买和吉给老人的丧葬用品。满上村村民和占军(死者和吉给是和占军的舅奶奶)用农用汽车帮忙运货。买货款由和春华、和春先的大伯和国贤(退休老教师,20年前与妻子离异后跟着老家的两个弟弟家轮流生活,三个侄儿家遇到不测的大事,如生病、起房、婚嫁、丧事等都做一些经济上的支持)支付5000元,其余部分由和春华、和春先共同筹集。买东西的人也进行分工,有的管账,有的负责清点东西和指挥购买东西。

前几年进城备办丧葬用品,都是用几辆手扶拖拉机去拉货,而今年则用大汽车来拉,这也从侧面体现了南溪村的社会经济发展现状。

2010年8月8日　农历六月二十八日　晴间阴

满中村村民集中在死者和吉给老奶奶家,准备明日的出葬活动和追悼会进行的悬白。

早晨,各领事的负责人都来到她家吃早点,早点过后,总执事盼咐各人专司其职,青年人(染工的)去山上砍柴,要求砍回四手扶拖拉机的柴(干的湿的均可)。年轻人下午1点不到就回到家了,吃午饭前还进行了一场篮球比赛,利用空余时间进行球赛是山区村民长期以来的传统做法,现时的年轻人也在这样做。

4点半,和吉给老人追悼会开始了,追悼会由族中人和国高主持,先进行"三献礼"(献酒、献茶、献香),然后戴孝。

吃过晚饭大家围坐火塘,谈论该村现行丧葬礼中的不足方面。有村民说:"我们这儿戴孝时间太短,有好多亲戚,都只戴今晚到明天、后天,此事应该改一改,应多戴些时日。"有村民说:"嫁到外乡村的女儿们,在现行的丧葬中没能给死者献'鸡鸣稀饭'(纳西语:岩居八达毗),相传只有这碗饭死者的魂才能享受到,另外外村人明天不用来参加吊丧的规定也有些不合，应改一改。"总之大伙都在谈论着丧葬活动中的待改进之事，但一时又难以定出修改方案。

2010年8月9日　农历六月二十九日　晴转雨

满中村村民为和吉给老人举行出葬活动，上午9点左右陆续有邻村外乡的远亲近戚来参加吊丧。9点开始，灵柩前哭泣声此起彼伏，一阵高过一阵。哭得最悲痛的要数和吉给老人的弟媳和金秀（两人关系一直很好，从未产生口角），和吉给老人的堂妹和付（行茂洛村人），和吉给丈夫的大侄女和闰青（嫁到七河乡小南溪村），她们三人哭得昏了过去，众人把她们摇醒，但她醒了又哭，十分悲痛。她们这样痛哭难止，一则是和吉给老人生前与她们关系很好，二则是因为和吉给老人死于别人家。和闰青哭诉道："爸呀，妈呀，你们为什么不把我婶招呼好，为什么不喊她跟你们过来？"和金秀、和付也哭着说："姐姐呀，您为什么不安睡在自家房中，曾经守您护您好多时，您却不走，姐呀您好命苦啊。"从大多数人的哭泣声中，知道大家对和吉给老人的辞世都感到很惋惜。

招待完参加丧葬的人们后，就开始跳"窝忍忍"跟死者送别，劝慰儿女，由于天气由晴转雨，因此跳没多久就出葬了。

2010年8月10日　农历七月一日　阴转晴

退居南溪鹿子村的退休教师和尚明，自1990年开始资助鼓励南溪籍优秀学子。他当时承诺"他在世时，每年都将对考取民族中学的优秀小学毕业生每人鼓励资助50元，考取了民族高中或高中重点班的优秀初中毕业生每人鼓励资助100元，考取了大专的优秀高中毕业生每人鼓励资助200元"。他是这样说的，也是这样做的，即便是工资很低的年代也坚持这样做。现时他的退休工资也有些提高，每月2000元左右，但比起近几年退休老师的工资来就少得多，但他每年都坚持资助学生。今天他又来到满下村、满中村鼓励资助优秀初中毕业生和万青、和玉仙、和梅花三人。南溪学有所成的学子都会铭记他的厚爱。

2010年8月11日　农历七月二日　晴转雨

今天上午天气晴朗，但有些闷热，村民都猜想着会下一场大雨。果不其然，到下午3点左右，天立马变了脸，乌云密布、电闪雷鸣，让人都有点害怕。村民们根据雷声、闪电的情况，猜测附近可能遭了雷击。果不其然，移动手机接收站用的变压器，被雷击中，导致起火被烧坏。事隔约两小时，移动公司应急车拉来一台发电机，供接收站使用，中断了一阵的移动接收信号又恢复了正常。见状的村民都感到科技发展的社会，给村民带来了方便。

2010年8月12日　农历七月三日　晴

满下村学生和万青，今年中考取得优异成绩，由玉龙县招生办送往云南师范大学附属中学代培。今天她父亲和金发、母亲和银谷送女儿去昆明读书深造，这是南溪村有史以来第一个就读云师大附中的学生，这无疑给家庭和父母添了几分光彩。他们未曾对他们的两个孩子进行学习上的指点和辅导，全靠两个孩子（儿子和万成，现就读于玉龙县民族高中重点班高二年级，成绩名列前茅；女儿和万青也是出类拔萃的尖子）自觉苦读。

有些村民们说："像他家这样，父母都不懂文化，别谈辅导，就连督促儿女的作业都没有，娃娃会成才的自然会成才，遗传基因和家庭督促辅导只是娃娃成才的一部分因素。"

由此可见，读书成才，先天的因素固然要好（不痴、不疯、不笨），更重要的是自己的努力。归纳公式为：成功＝正常的先天因素＋努力。

2010年8月13日　农历七月四日　晴转雨

早上8点左右，自称是康佳电器公司的人，拿着高音喇叭在满中村边走边叫"我们是康佳公司的，为庆祝康佳30周年，我们为村民赠送一份礼品来了，请赶快到球场领取。"村民听到后，都来凑热闹，他们宣传说电视机和电磁炉是高科技产品，他们边讲边给村民示范了电磁炉爆米花的表演。并说"9月8日到10月8日公司在全国做优惠大酬宾活动，康佳牌、长虹牌电视机以旧换新，优惠80%，微电脑电磁炉以出厂价售给顾客。"有些村民听了半信半疑，有些村民说："这是来推销他们的产品。""该企业的产品可能有些滞销，要不然怎么会来到山村宣传做促销活动呢？"有些村民也这样议论着。

2010年8月14日　农历七月五日　晴转雨

满中村召开户长会议，讨论恢复种植植被林的方法，及生菌山的承包问题。经过讨论，认为生菌山宜承包给个人，最后通过竞标的方式，把生菌的一座山以2000元价承包给和土其等人，另一座山以3000元的价格承包给和士春、和吉顺两人。植被林恢复种树任务则分到各户完成。有些村民提出以两万元的价承包草坝10年，但只有少数人提议，最后没能通过。

午饭后，村民组长和万选领着承包生菌山的村民去山上认界线，让村民认好各自的领地。

2010年8月15日　农历七月六日　雨

文屏村和红兴、和梅夫妇及和长三人来南溪满下村买重楼，说是要种在自家附近的地里，种上几年后再出售。今天的价格是80元一公斤，满下村村民把数天前就挖好并收藏在菜地里的重楼都掏出来卖了，卖得最多的是和满菊，卖了700多元，和春银、和金亮、和玉龙、和文昌等小伙子每人也卖到三四百元不等。

2010年8月16日　农历七月七日　晴

退居满下村的和学新老师，今天从丽江七月骡马交流会上，以3000余元的价钱买来一匹骟马。拴在他们三家合伙挖的鱼塘边上，近20年没有养马养骡的满下村又养起了第一匹马。木土司牧马场上，好多年没有见到马的踪迹，而今又有一匹了。村民对此举的猜测是："养着以后供游人来骑着玩，收取照相等服务费用，来增加家庭经济收入；此外还可用来驮运东西。"目前除文屏村养有三五匹母马，用来下骡子，增加经济收入以外，南溪其余7个村民小组都没有养马，养马养骡的传统习惯已被购置手扶拖拉机、购置汽车等替代。

2010年8月17日　农历七月八日　晴间阴

满下村村民和朝光及老婆杨耀祥把自家养的4头牛（两头母牛、两头小牛犊）拉到丽江七月骡马交流会上（拉市乡）去卖，结果以一头母牛、两头小牛犊换回一头品种为"西牛达尔"的母牛，还补给对方两三百元钱。这头母牛的标价为5200元，和朝光的母牛和小牛犊共计4900元。

和朝光回到家中，逢人便说："我养的三头牛还不到这头'西牛达尔'牛。"他养牛的兴趣这样浓，主要是因为他家居住在村公所旁，拴牛看牛挺方便的，而且前些年在养牛上也有相当可观的家庭经济收入。

2010年8月18日　农历七月九日　小雨

满下村村民和顺达、和国红、和学武三家，今天请来金龙村村民和丽元（在本村兼职做兽医、骟牛劁猪等事，但和友贤在世时很不做）帮他们三家骟牛。他骟了和学武、和国红家的牛后就在和国红家吃早饭，饭后就到和顺达家。前后做三头公牛的割骟手术，他骟完第三头后又去查看和学武、和国红家第一、二头的情况，不见异常后他才回到和顺达家中吃午饭。

他回家的时候每户牛主人都拿出100元做工钱，和丽元说："我在我们村每头只收40元的手术费，我们都是一个村委会的，都是上村下营的，每头拿40元就行了。"

牛主人又另找40元零钱给他，走的时候他让牛主人多看看牛，如有异常情况打电话告诉他。

2010年8月19日　农历七月十日　晴间阴

满下村村民和圣武与鹿子村村民和玉文合伙买了一辆8.46万元的出租车，此车还可以开近4年时间。原先和圣武与前山村委会高龙村和石南合伙买了一辆出租车（当时车价为53万元），和玉文与前山村委会高龙村和丽江合伙买了一辆出租车，他们四人各有半辆出租车。今天和圣武与和玉文合伙买来的这辆由和玉文来开，属于他一人所有，和圣武与和石南原有的这辆车归和圣武一人所有，原先和玉文与和丽江共有的这辆车归和石南、和丽江共同拥有，一人半辆。

村民们知道，和圣武原来就想自家购买一辆车，资金已筹足，但总认为车价过高，风险太大，就约了和石南来合伙。还不到3年时间，出租车价猛涨到每辆84万、85万，他死拼活挣也凑不到半辆车的车价（43万）。他家人很后悔那时没有自家买。有村民对和圣武的父亲和作典说："您儿子和儿媳是好样的，买了这高价的车，很有信心和胆量。"和作典说："以后若车价下降就坏了，白贴钱，最近两年很多出租车都由山区人购置，我很担心。"那村民说："车价的涨与降这只关系到做车生意的人，只要国家还认运证，那是没有关系的，你们等于是有一件生产工具。"和作典的心中有数了，安心了。

2010年8月20日　农历七月十一日　雨

满中村村民和七四以75000元的价格，向他的堂兄（伯父的第二个儿子）和福祥买了一辆双排座微型客货两用车（和福祥常买来车子后又转手卖出，卖不出去的时候就用车子来做买卖肥猪的生意）。虽然和七四的老母亲和作琴对此举有些不大乐意，但口里说："孩子长大了，已是有两个儿子的父亲了，行不行，好不好，都由他自己把握了，过去常说'子大不由父'，此话是真的，只要孩子们认定了，大人的意见和建议都是不中用的。作为老人只要吃穿到位，做点力所能及的家务事就不错了。"

的确如此，从南溪近10年的发展情况看，有"再大的孩子在父母心眼里永远是孩子"这类思想的家庭发展速度慢些；"孩子大了，让孩子当家"，因此父母撒手不管，只做些力所能及的田间劳作和家务，不参与家庭的发展决策的，这类家庭发展速度快些；在老人看来，有些冒险精神的这类中年人，事业成功的多。

2010年8月21日　农历七月十二日　雨

满子师村及整个南溪村，有上山能力的村民，都不甘在家休闲。虽然生长有"一窝菌""松茸"等名贵野生菌的山大多数都被各村捡菌能手承包了，但他们都去没有被承包的山上捡杂菌。不过有个别村民也会乘承包者看不见的机会，悄悄钻进承包山，捡上点菌子后立即离去。有的村民出发时就备上小铁锹，打算遇到菌子捡菌子，遇到中草药就挖中草药，出发前做好多种准备。这样虽然捡不到数量很多的野生菌，但至少全家可以吃到一顿山珍，同时还有草药可卖钱。

2010年8月22日　农历七月十三日　阴转晴

今天是南溪村传统祭祖节的头一天，祭祖节为期两天，今天为"迎祖"，就是把本家的老祖宗们迎进来，在祭坛供桌上祀奉他们，明天傍晚祀奉好祖宗们后再把他们送回祖地。今天的仪式自家进行，没有外人参与；明天的仪式有嫁出的女儿或外孙子外孙女们回家参与祭祖。

七月祭祖节，俗称"七月半"，古时有"噪每生哦呢，哦老疼哦了，没老疼毗了，山每玻近呢，近没老毗了的玻疼近了"的说法，纳西语，意为"六月火把节，过得起就过，过不起就算了，七月半，即便再困难，也应该祭祖烧纸。"世居南溪的纳西村民一直遵照这一传统说法，即使是政治高压、革命运动频繁的年代，家家户户都坚持进行。这次祭祖的必需品是带壳青核桃、梨、海棠果、面条等，这些供品表示时下已处于夏末初秋，地里的小麦已收完，树上的果子已开始成熟，请老祖宗们和我们一起品尝成熟的食物。

2010年8月23日　农历七月十四日　阴间晴

今天是南溪村七月祭祖节第二天"送祖"。今天的仪式是早、中、晚三餐的时间，都把每道菜供奉于祖先牌前的供桌上，让老祖宗们食用。等到出嫁的子女回来敬上酒，磕过头后，送祖烧纸。过去送祖以家族为单位，一个家族在一个地方，并且在送祖的地方共同用晚餐。而今这一方法好多村都没沿用了，只有满中村"那不"家族坚持在一个地方送祖（但不共用晚餐），其他村子都是任意的；而满上村的"玻老"家族，至今不仅送祖在同一地点，而且仍坚持共用晚餐；"甘菜"家族，今天全员出动修理了送祖的地方，一起送祖后，还共用晚餐，并表示今后要年年如此。

2010年8月24日　农历七月十五日　小雨

满下村村民和亚华，今天把半年前向和福祥买的微型汽车以75000元的价卖出，比买时赚了5000元。

根据他的说法："开这类车赚不了钱，累得很，还不如种洋芋排田。我家二姨她们打算以后在我外公老宅基处盖个农家乐，我们两口子去帮忙干，这可能比开车还赚钱。"

这是不是真实的情况，村民半信半疑，但又没有人细细过问。因为，开微型车的南溪村民目前不少于10人，估计挣不到钱就会放弃。村民认为"开车这活计跟上山捡菌子一样，千有千份、万有万份，不来者也有一份，就看哪个福气大，一些村民一个雨季下来能卖四五千元的野生菌，有些村民卖两三千，有的村民卖到几百元，还有的村民连顿山珍都未到口；开车的也这样，有些从半辆车发展到一辆，还发展到买商品住房，有些只能勉强维持生活，还有的把父母的农业收入都搭了进去，只能说各有各的财运。"

2010年8月25日　农历七月十六日　晴

满下村村民和万琴今天请他的二姐夫和满红（前山高龙村人）来帮他给春节竖起的新房砌石脚。他用的石头是两个月前从文屏村石场买来的，而且他买好了砖、沙子，打算把石脚砌好后就砌砖。和万琴的老岳母和五娘（满中村人）逢人便说："我的儿子、女儿都很有出息，每个人都把自己的家盖得好好的，都很成器。"有村民说："别的人供出大学生，拿工资吃饭，有的人买了价值七八十万元的车子，还买了价值六七十万元的商住房，也没见他们炫耀，您的儿女们比起他们来不值一提。"和五娘老奶奶就没话说了。

是的，人不可能都一样，有些人喜欢夜郎自大；有些人喜欢向外炫耀；有些人则"寒居若考除"（怀有千金也不声张）；有些村民对此还说："既然有能耐，就应该像其他村民一样包了竖房之事。"

2010年8月26日　农历七月十七日　雨

满下村村民和顺光的孙子和俊龙病了，病得很重。孙子才五六岁，又说不出病情，且处在昏迷的睡眠状态中。作为爷爷奶奶的和顺光、杨秋秀两口子，一方面给在城里开出租车的儿子和永华打电话，告诉他这个情况；另一方面请村民和尚花来占卜算一算。结果算出来是被3个压死沙场的小伙子的鬼魂缠住了，于是他们就咒骂的咒骂，驱鬼的驱鬼，折腾了一阵子后，找3个碗，盛上3碗水，再拿点米饭揉成团，在娃娃身上擦擦，边擦边说："你们3个，要饭我们给你饭，要水给你们水，你们不要缠着小孩，不要给孩子添病，你们不要脸，滚开，赶紧滚开，再不滚开，我们则要用斧头、砍刀砍你们。"说完后把饭团分放于3个碗中送往沙场方向，回来时，则把碗倒扣于大门外（待明日再收进家）。后来，小孩慢慢地醒过来了。

和永华到家后，和顺光要他立即把小孩拉到医院去就诊。和永华对父亲说："拉是要拉到城里去了，可娃娃还睡着，等娃娃全醒了以后再去医院，否则，医生在还不明病情的情况下急救，可能对孩子不好，因为医生们大多都不知道也不相信鬼缠身的情况。"和顺光只好说："你看着办吧！"于是和永华把娃娃拉到他们住的出租房，先让娃娃安睡一阵。

2010年8月27日　农历七月十八日　雨

满下村村民和尚勋代儿子和朝亮去给和桂花送酬谢金1万元整人民币，外加一条200余元的"云烟"。这样的大数额，让一生省吃俭用、节衣缩食的老伴和家良感到很心疼，唠叨说："孩儿不听老人话，白送人钱，事前已送一只火腿，少说也值500元，这样一来，差不多白送人家1.1万元。要是买了你看好讲好的那套二手房，现已可能住了1年多了，而且款也可能快还完了。这些孩子真不懂事，现在所托和桂花报的团购房，不知何时才能建好，又负了这么多账（按揭贷款约30万元），不知何时才能还完。"

和尚勋向和桂花家拿出钱表示谢意："谢谢您的帮忙，一点小意思，请收下，以后有什么事要帮的请给予帮忙一下。"和桂花推辞说："家里人帮家里人，不必这样，拿回去，亲戚帮亲戚还拿钱人家会笑的。"和尚勋说："现时的社会就这样了，正因为是亲戚我们也只带了一小点，表一下心意。"

送别时，和桂花说："以后来参加南溪老乡会，我们在城里有事也能相互帮忙。"和尚勋说："要是住在城里一定来参加。"

2010年8月28日　农历七月十九日　雨

好些村民都在种玛咖的地里锄草。边锄草边谈论说:"种玛咖一事,虽然本金不大,但劳力投入可不算少,锄两次草,薅上两次都有些烦,像今年遇到干旱,还得挑水浇。不如去山上采药、捡菌子。"

眼下在锄的是垄间空地上的草,这些草已高过玛咖,如不锄,一来找猪食的人会践踏玛咖,二来村民边锄边撒上绿肥种,待到来年三四月能割绿肥喂牲口,一举两得(一则给地增加了肥力,二则可喂牛、羊、猪,解决春冬牲口缺草之事)。

2010年8月29日　农历七月二十日　阴转晴

满下村村民和玉祥今天领着小儿子和丽东去维西交换在维西姑妈家过暑假的大儿子和丽松。自从丈夫失踪,公公辞世后,只剩下婆婆及两个儿子的她,得一人忙里忙外。她的婆婆和志贤领着小孙子到维西女儿家去生活后,就剩下大儿子与她俩在家。暑假开始,姑爹杨文彬把和丽东拉回丽江,让他在南溪母亲处过暑期,并把和丽松接去维西,让他在姑妈家奶奶处过暑期。现在小学开学在即,和玉祥就领小儿子去维西,接大儿子回丽江南溪。这样做看似麻烦,但避免了婆媳相处的口角,又减轻了和玉祥照顾老小的负担。

2010年8月30日　农历七月二十一日　阴

满中村村民和福军,自己设计并自己施工,用五彩石铺地,修院坝的四周,经过20多天风雨无阻地劳作,即将完工。

他用五彩石把院子四周精心铺好,并留下空地,打算以后有空时修上花坛种花;中间部分则想用混凝土浇灌,使院坝更美观,花样更多。邻居见了,无不称他的匠心巧手,都说:"自己不会这种手艺,大户人家才能修这样的院坝,要是请人来做,单单工价就得花2000多元,加上烟酒,总共得花销4000元左右才能做起院坝花坛。"经邻居这样一评价，和福军自己也感到很满足，说："自己不学着做，请工是做不起的，自家的经济状况不可能承受请工做的费用。"

2010年8月31日　农历七月二十二日　阴转雨

平时在丽江城里或近郊读书的小学生们，基本上都回南溪跟爷爷奶奶过暑假。今天他们都告别爷爷奶奶们回父母亲开车或打工时住的地方，准备明天开学上课。平常往返于丽江城和南溪的微型车，每辆都挤得满满的。有些小学生们生怕搭不上车，就早早地来到公路边等车，并要爷爷或奶奶给驾驶员打电话后他们才放心。

目前南溪村有50个左右的小学生跟随父母在城里或郊区学校就读。

2010年9月1日　农历七月二十三日　阴转雨

2010年秋季学期今天开始了。老师和同学们都如期到校，但还找不到人当炊事员。之前帮学生做饭的满中村人刘丽丽，因丈夫和建华买了一辆工程车，在施工工地工作，她要携儿跟随丈夫前去，只好辞去炊事员这个差事；前段时间帮老师们做饭的满下村村民和自缘，看着村中一个个年轻人都往城里打工，她也想出去闯荡，因此也辞职了。目前摆在南溪完小校长和家香面前的急事是先招聘炊事员，她忙着跟各位有意做饭的村民联系，她想跟满下村村民和家良老奶奶联系，老奶奶说："我可以轻轻松松帮学生们做3年饭，一点问题也没有，但要一个儿子的意见。"她征求儿子和朝亮的意见时，遭到儿子的拒绝："不行，人老了，闲起得了，不能干。"于是和校长只好与别的村民联系了。

2010年9月2日　农历七月二十四日　阴转雨

满中村村民和建华与前山村委会行茂洛村（两村相距5千米）村民和春元合资从四川省攀枝花市买了一辆大型工程车，和春元托该村的公路大老板和志杰找工作，并到和志杰的机场高速公路工地上拉土石方。

目前和春元、和建华两人均没有驾驶这类车的执照。他俩为能及时投入营运挣钱，出了钱请金龙村的村民杨汝军（从太安汝南村到南溪金龙村上门）来帮他俩开这辆车，直到他俩拿到这类车的驾驶证为止。

作为和建华的父母，心中忧喜同在，忧的是弄不好挣不到钱，喜的是和春元、和建华不再是单身青年，而是已有妻室儿女的人了，不需要再担心唠叨他们了。

2010年9月3日　农历七月二十五日　阴间晴

今年高考录取分数线公布后，因与二本录取分数线相差一分而落榜导致精神不佳、神经失控出走两天的满中村学生和闺良，在医院医治一段时间后，恢复正常，并已接到昆明一所三本院校的录取通知书。今天她的妈妈和爱琼送她去昆明上学，这让她七旬多的奶奶和闺海担心会不会再复发前段时间发生的状况。孙女和女儿都劝说奶奶不必担心，有病会自己去找医生。最后她依依不舍地与奶奶告辞，启程前往昆明。

2010年9月4日　农历七月二十六日　小雨

黄山镇中心校长木龙今天在南溪完小召开南溪完小教师会议。黄山镇人民政府镇长和金星同志，南溪村委会干部和继武、和国军、和丽军等都参加了今天的会议。

会议由木龙同志主持，他向南溪老师和到会人员大概介绍了黄山教育的现状，包括学校的分布、教职工的情况，以及以后学校发展的想法。

镇长和金星同志做了发言讲话，讲述了黄山人民，特别是南溪人民对求知的渴望、对老师的希望。并希望个别不安心在南溪工作的老师能安下心来，与在边远地方工作的老师做比较，因为只有安居才能乐业，乐业就会有成果。

最后木龙校长总结说："安下心来，做好本职工作，如果确实不想在南溪，我就设法在坝子学校里任意安排一个老师，因为坝子学校里师生比例已大大超出，不想干的老师就靠自己的能力在黄山镇以外的学校找工作吧。"

经镇长与木龙校长（原称镇教委主任）这样说后，本想要求调离南溪的老师也无话可说了。

2010年9月5日　农历七月二十七日　晴

黄山镇人民政府同意拨专款2万元，让南溪村委会干部（村委会干部3人，各村民小组组长、副组长）出去外地考察学习。经和继武、和国军、和丽军3个村委会干部商定，今天去省城昆明。但鹿子村村民小组的组长、副组长3人提出："鹿子村里近期内，村民和文保之妻要出葬，等出葬后再去。"为了照顾全体村干部，大家决定9月11日去昆明。

以前当过村民组长、副组长的村民，都觉得自己没福气，认为"自己当了五六年、七八年村民组长、副组长，也没机会上省城逛一逛，而有福气的人才上任三四年，就赶上免费逛省城的福气"，还说："古代的人说死了，说对了，人是靠运气而生存的。"

2010年9月6日　农历七月二十八日　阴转晴

满下村女青年和玉芬今天开始到南溪完小帮老师们做饭。对这一事情，不仅邻居担心，和玉芬的父母也担心做不长久。因为大家知道做炊事工作不仅要卫生，还要勤快有耐心。最近几年帮老师做饭的女青年们，都做不长久，一年换一个。像很早以前的满下村村民和青梅，虽然补助很低（每月150元，第四年增加到每月250元），但一干就是6年，这种青年人如今是无处可找了。

造成这种状况的原因有以下几点：第一，村里女青年们外出打工的多了，都想到城里闯；第二，每月五六百元的做饭工资太少了，工作又很辛苦；第三，她们所做出的饭菜也可能不合老师们的口味。

2010年9月7日　农历七月二十九日　小雨

今年毕业于玉龙中学的初中毕业生和元昌一心想学足球，读体育学校，但他没有实现自己的愿望，而是接到了云南艺术学院的录取通知书。和元昌也喜欢唱歌跳舞，父母支持他去昆明求学深造，并由父亲和万选送他到昆明。

面对当今的初中毕业生（未录入高中的）也能收到大专院校的录取通知书，大多数村民都不理解，他们只知道"初中毕业上高中或中专，高中毕业上大专院校"的传统招生方式，对现今的招生方式不是很了解。

2010年9月8日　农历八月一日　阴间晴

旦都村的女青年和仕梅，今年毕业于玉溪师专，并在4月考上研究生。虽然得到社会各界及爱心人士的支持（4年大学也这样过来的），但因家境太贫困，读研的费用仍很紧张。尽管如此，和仕梅继续深造的决心依然很大，并已得到爱心人士和卫红（古城区副区长兼公安局局长）同志的大力支持，再向亲戚东借西借筹集一些后，今天动身前去福建省厦门市读研究生。和仕梅人穷志高的精神将会鼓舞南溪学子继续勤学上进，奋发拼搏。她是南溪村第一个研究生，父母不是聪明开窍之人，家庭也很困难，但她的努力已成为南溪学子的榜样。

2010年9月9日　农历八月二日　晴转雨

满下村村民和万福买了一辆2万余元的非营运双排座客货两用微型车。他想用这辆微型车来做从南溪到丽江城区白华村的运输，还想在野生菌生长的旺季用这辆车运送和买卖野生菌。他的老婆和爱英来自前山放牛坪村（与鹤庆县辛屯镇挨近），从五六岁开始跟着父母赶辛屯街，到十来岁就能自个儿卖萝卜、换洋芋等产品交易。因此，对经商较为敏锐。在南溪村，这些从前山村嫁过来的富人是抓经济的能手。就满下村而言，和爱英、和六娘、五八斤、和良命、和世仙、和金良、和耀兰等来自前山的人，她们会充分利用有利时机和机会，进行买卖生意，从中获取经济利益。她们对畜牧业也很重视，利用养猪、牛、羊、鸡等家畜禽来增加家庭经济。

2010年9月10日　农历八月三日　阴间晴

今天是第26个教师节，黄山镇各村教师都在欢度自己的节日，南溪村教师集中在坝区"士满园"过节。因校长和家香老师日前重病住院，因此座谈会由教导主任和建雄主持。

今年南溪村教师节的欢度形式与往年有点不同，主要体现在：第一，邀请了南溪8个自然村（村民小组）的组长、副组长共17人、黄山镇卫生院的领导及部分医生、玛咖公司员工（没到场）参加，人员比以往翻了番，显得比较隆重；第二，镇中心送给退休老师的节日慰问品也从往年的酒、茶、糕点，变为与在职教师一样的生活用品，一个小型电炖锅，退休教师们都感受到了领导的关心。此外村委会还为不能回到南溪家中的4位退休老师买了住宿票，让他们住在城里，更显出南溪村领导们尊师重教的心意。

2010年9月11日　农历八月四日　阴转晴

南溪村委会干部，各村民小组组长、副组长一行20人，由村委会党总支书记和继武带领着去昆明考察。他们乘坐早上10点20分的直达火车，晚上8点左右到达昆明。事前村委会副主任和丽军与云南大学纳西族调查基地负责老师和晓蓉取得联系，请她做向导，安排住宿，和老师高兴地答应了，并在市中心找好较为方便，价钱又适中的宾馆。她虽然家务繁忙，但她表示一定带着南溪村的领导们畅游各景点，以感谢南溪村干部对云南大学基地的支持。

因公出差在大理的洪颖老师也想尽快赶回昆明，去接待从南溪来昆明的贵客。

2010年9月12日　农历八月五日　阴

因和国军去了昆明，村中人就请满中村村民和七四去丽江城载一下卖杂菌的村民。这段时间还算旺季，还有不少捡野生杂菌卖的村民坐车，每人往返14元，每天每辆车至少可以载5人，多时有10多人。今年比起往年，个体卖山货的村民明显少了，这是由于生长好菌（一窝菌、松茸菌）的山承包给了个人，更多的村民捡不到可卖的野生菌。

和七四把卖菌的村民拉到白华村，他把车停在白华村后，也一同去逛街，并等卖菌的人全回来后才回南溪。这大大地方便了卖菌人，让他们可以把菌卖个好价钱，也更讨得卖菌村民的喜欢。

2010年9月13日　农历八月六日　雨

满下村村民杨文花今天去城里卖菌，顺便把她丈夫和子一捡到的几块荔枝菌（约一斤）也一同带了去卖。她把山货下在丽江城忠义市场卖菌场上，有好几个顾客围拢了过来，其中有一个顾客拿着荔枝菌左看右看，杨文花立即说："千年荔枝，不易得到。我们世代居住深山，这是第一次捡到，它对老年人有益气补血、延年益寿的作用，效果很好，老爷爷买起去吧，这是很难遇到的好机会。"经她这么一说，这位顾客动了心，就问价格是多少。杨文花说："250元"，老爷爷回价说："200元"，杨文花说："加一点"，老爷爷说："210元。"杨文花说："看在老爷爷这把年龄的分上，就卖给您吧。"这样五六块荔枝菌就卖到这么多钱，杨文花心里暗自高兴，认为村民平时都不食用的这菌，居然能卖到这么昂贵的价格。

2010年9月14日　农历八月七日　小雨

满中村村民和福军，做完院坝的修整工作后，今天自个儿又开始修整大门。他对妻子和桂秀说："我这样修整天井，可说是收入了4000元，也就是说，要弄出这块院坝，工钱、生活招待费最少也得支出4000元。"

和桂秀说："趁你还没有拿到驾驶资格证前把家里要弄的都弄一弄，等到你拿到驾驶资格证以后就可去开车（据交通管理规定，没有驾驶资格证的人不能开车），那时来弄家庭建设就难了。"和福军却说："像旦都前后村人，找到一点钱就建设一点，只要好好干是不难的。"和桂秀马上说："你和旦前、旦都后村的村民画等号不现实。"

从两口子的对话里，能够知道南溪旦都村民是好样的，是南溪村民勤劳节俭致富的好榜样，是理财持家的楷模。

2010年9月16日　农历八月九日　雨转晴

由黄山镇人民政府资助，南溪村委会领导带队的南溪村干部赴昆考察团一行20人今天回到家乡。一到家乡他们就跟家乡人谈起了见闻，特别夸赞了云南大学纳西族基地负责人和老师、洪老师，她们在百忙中给大伙做向导，领大伙游玩。特别是和晓蓉老师，在需要照料两个小孩及年近八旬的老母亲的情况下，仍陪同来省城的南溪村干部。两位老师还各请大伙吃了一顿饭，招呼得十分周到。

这次进省城参观，大伙都感受到祖国一派欣欣向荣的美好景象。

2010年9月17日　农历八月十日　晴

南溪村干部们昨天早晨回到丽江后，旦前村的新任组长（5月选任）和文军与大伙走散了，村委会干部3人留下查找他的下落，村民小组组长们已于昨天下午回家。和继武、和国军、和丽军，昨天找了近10个小时，也得不到他的消息，直到今天下午4点，和文军自己出现在白华等车处。

知道和文军底细的村民都说："他会不声不响地走出一下下，这是他的常态，不找他他也会自己回来的。"但作为村干部领队的，不得不担心他的出走和不归。他在白华出现，和继武等3个村委会干部悬着的心才落了地。他们叫他坐车回家，不要再悄悄地溜走。

2010年9月19日　农历八月十二日　雨转阴

今天，南溪村委会书记兼主任和继武，副书记和国军，副主任和丽军参加了由黄山镇中心校召开的教师会议。

会议的主题是如何做好黄山教育，怎样保证"两基"验收的顺利通过。黄山镇党委书记和晓英、黄山镇中心校长木龙就这两个问题做了专题发言。

木龙在最后还公布了部分老师调整的结果：南溪完小的和家香、苏和、段永兰、李惠平4位老师调往坝区学校任教，又另调4位刚从别乡镇调进黄山镇的老师去南溪完小任教。

对南溪老师提出调坝任教的问题，前些天（刚开学后），木龙同志说得很严肃，所幸的是县教育局近期又分下来一些老师，这才有可调整的机会。

2010年9月20日　农历八月十三日　晴

在满中村种植玛咖的格林恒信生物种植有限公司经理杨耀武，把自用的轿车送给了和春华，作为礼物感谢和春华近五六年对该公司的支持帮助。和春华认为平时帮他们看鸡做事，他们已经给了经济补助，这么大的馈赠就不必要了，但杨耀武千说万说让和春华接受，"每月300元、400元、500元到现在600元，这样低补助的条件下，你还不计较、不埋怨，真心实意地帮我们做事，现公司有发展，回报你一点是顺理成章的，你一定要接受我们的心意。"

只图眼前利益的村民看到这厚重的回报，都认为和春华划算；可他们又不细想，以前和春华低微的报酬，满中村人谁也不看在眼里。

和春华深有感触地对老婆说："三叔（杨耀武）从没亏待过我，我要你和我一样待他，才是礼尚往来啊！"

2010 年 9 月 21 日　农历八月十四日　晴

南溪完小校长和建雄，也和玉龙县各完小中学校长们一样，在忙着整理各种有关"九年义务教育"的资料表。据他讲国家和省教育行政部门在近期要初次验收玉龙县普及九年义务教育的结果。丽江市教育行政部门及玉龙县教育局、黄山镇中心校要各村完小备齐所需资料。和建雄在南溪完小校长这个职位上已是一上一下，前些天，教师做调整时又再次上台任职。可能他对上级主管部门要求做的各种事情都比较熟悉，不会感到陌生和困难。

2010 年 9 月 22 日　农历八月十五日　晴转雨

今天是传统的中秋佳节，南溪村民也和全国人民一样，沉浸在欢乐的节日气氛中。趁着学校、单位放长假与家人共度团圆，就连在城里跑出租车的村民也把握好时间，到傍晚就回家与家人团圆，用过晚饭，赏过月亮尝过饼后又急匆匆转回城跑车。其他开车司机都在家休息一天，第二天才返城跑车；回娘家与娘家人献饼的妇女们，大都在娘家共度中秋。

中秋赏月，南溪村古来有"月明来年小春作物丰收，月阴暗来年小春作物定会歉收或减产"。不知道这一说法应验与否。

2010 年 9 月 23 日　农历八月十六日　阴

度过中秋佳节后，南溪村民已开始挖洋芋了。今天挖洋芋的方法与往年不同，挖洋芋的村民成群结队的多些，他们是想把洋芋挖了，到明天就在地里卖给洋芋老板，他们已跟洋芋老板谈好以每斤 0.78 元的价格来边挖边卖这种品种为"五四八八"的洋芋。这种洋芋的特点为：① 搁放时间过长，大多数会空心；② 尾部大多数都会烂，因此村民称之为"烂尾洋芋"；③ 产量高；④ 十天半月内还保持鲜嫩；⑤ 深受一部分老板的喜欢，所以每家农户都种一些，但种得不多，最多的能收到七八千至一万来斤，少则也有三五千斤。

在地里边挖边卖的现象过去在南溪村很少见，而今产生这种现象，说明村民的观念在变，也逐步会算细账了。

2010年9月24日　农历八月十七日　小雨

满中村村民和福海今天开始又要帮昆明的洋芋老板买洋芋了。由于南溪村的村民还没有开始挖洋芋，因此，他到邻近的太安、天红等地买。等他跟那些愿意卖的农户讲好价钱，商定好挖、过秤上车的时间后，就给老板打电话，并由和福海找车过秤上车。等到把洋芋拉到昆明老板处，再把洋芋钱以及付给驾驶员的费用转汇到和福海的存卡里。

这样做是因为两人已合作了好几年，互相已十分信任对方了。

2010年9月25日　农历八月十八日　晴

由丽江市委宣传部的张文银同志拍摄，并由广告公司制作的"丽江南溪风光"一图，高悬于丽江市"国际文化交流中心"左上方。这图给经过红太阳广场的人们留下了美好的印象，凡看到这张图的人都觉得南溪夏天的风景美不胜收，都想到此一游。这情境触动了一生经商的姚英老人（从丽江县商业局董事长位置退休，又被聘为大研农场医院财务，两三年前因医院改制而辞退一直在家）在南溪老岳父的宅基地上建盖农家乐，以季节性的方式招待游客的想法，并在今天就拉了建房空心砖上去南溪村。

2010年9月28日　农历八月二十一日　晴

满下村村民和建良吐血了，可能患的是胃出血。他女儿和银谷及入赘女婿和金发张罗着把老人拉去医院住院治疗的事宜。和金发给在城里开出租车的侄儿和亚军打电话，要求和亚军立刻驾车回南溪拉和建良。和银谷准备好衣服和存折，这样车子一到就可出发。这体现了当今南溪村民生产提高，经济大发展，生活条件大改善的状况。更为主要的一点是国家实行的"新型农村合作医疗"的优越性，极大地改善了中国农村农民的生计问题。农民重病住院，国家给予报销40%，还给重病医疗补助款，使中国农民彻底改变了因病致贫、因病返贫的现象。但这一点往往被一些村民忽略，特别是还没患过重病的身强力壮的个别村民，总认为每人上交的10元白给了别人，这些人还未体会到七八十岁的老人患重病在医院治疗的情况。不过大部分村民还是深知近些年党和政府对农民的关心和扶持。

没有"新型农村合作医疗"制度时，不仅是南溪村，而且是整个山区农村及坝区经济困难的农户，即使家有重病的七八十岁老人，也很少拉到医院医治（除个别经济条件好的农户外）。

2010年9月29日　农历八月二十二日　晴转雨

据南溪村委会副主任和丽军同志讲："国家教育行政部门将验收玉龙县全面进行义务教育的结果，镇政府考虑到2007年他们答应在南溪完小修一个篮球场，但至今未修，若领导来此查看验收，肯定不会过关。赶快通知南溪村委会干部，抓紧时间把南溪完小篮球场修好，同时整修校园的围墙，院坝赶紧在国庆长假里修好。'义务教育工程'的钱和材料由镇政府提供，村委会干部抓施工。"南溪村委会党总支书记兼村委会主任和继武同志去找满下村村民组长和永红，约一些人来讨论实施这一工作，和永红跟和继武说："现时正处于秋收大忙季节，每天工价不出一张红币（100元），我是无法约到施工的村民的，如若出一张红币，我就约来立即动工。"和继武考虑到南溪确实处于农忙之季，这工程也迫在眉睫，就回答说："组织起来明天就干得了，决不让你们吃亏。"经过商谈后，决定明天拉水泥、沙子来，后天动工整修围墙及院坝，球场的料也要在近期内拉齐。

2010年10月1日　农历八月二十四日　雨

今天是国庆六十一周年纪念日，学校和其他行政机关一样放了长假（1日到7日）。因为是雨天，村民们不能下地劳动，就以休息的方式欢度国庆节。大部分中年人都集中在一处（满下村村民集中在和国武小卖部前，满中村村民集中在村子中央的和国启家及和三六家），打扑克、打麻将，还以数目较小的钱做赌注刺激一下。他们都感慨："虽是国庆佳节，但我们农民是不得闲的，还好老天爷开恩，我们要玩个尽兴，玩个痛快。"于是，这些村民就真的玩到傍晚才散去。

2010年10月2日　农历八月二十五日　雨

虽然接连几天都阴天下雨，但南溪村委会党总支书记兼村委会主任和继武对南溪完小球场建设一事抓得很紧。今天他请满上村村民和占军及和天红两人拉来两车公分石，并要他俩明天拉两车沙子，后天拉一车水泥和一车沙子。这样的好事，对买有大型货车但在施工工地没找到活干，常年只能把车搁置于家中的这两位师傅是求之不得的，他俩欣然答应了。

和继武书记今天还专门打电话给满中村的村民组长和万选："请你立即转告你的二姨爹（指姚英），赶紧在两三天内把他建房所用的材料拉齐，等到把学校篮球场修好后就不准从球场通过各种大车了。"

2010年10月3日　农历八月二十六日　雨

一些闲不住的村民，虽然不能下地劳作，但她们背着篮子，披着雨衣上山，捡野生菌。哪怕只捡个一两斤吃上一顿野味，能捡到可去城里卖的数量更是求之不得的事情。哪怕是只挖到一两棵重楼，也想把它种在菜园或地里，等过几年长大了好卖。

一些中年人则又聚在和国武小卖部旁打扑克，他们自己把打扑克的这一活动戏称为"陌不仕"（纳西语，意为捡干菌，不沾水的菌，实指以打扑克的形式得到一些钱）。

2010年10月4日　农历八月二十七日　雨

　　金龙村村民和七山以黑车的方式，用农用汽车往返于丽江城区和南溪做客货两运，但今天开始他准备不再用这辆汽车跑运输了。他先暂时把这辆汽车搁下，如能卖到2万元的话，他就想卖掉。

　　他在昨天与满下村村民和永红以10万元的价合伙买了一辆载重汽车（和永红不会开汽车，但会做各种小生意，如帮老板买洋芋、买野生菌、加工野生菌、收购点中草药又转卖，等等，也没有驾驶执照）。人们都在猜测，他俩合伙买大车，可能是想做洋芋生意，由和永红买货，和七山驾车两人一同去卖。

　　和七山不再跑车，对满下村、鹿子村的村民进城出行不利（因为满下村目前没有这种车跑于城乡间），过去两年来都是和七山来满下村拉（即使只有一人进城，他也有求必应，还可托他买来所需的米、面、饲料、瓦、砖、水泥等），大大方便了村民，也在当时增加了他的收入。

　　和七山停了农用汽车，有些满下村村民为进城的往返而忧虑了。

2010年10月5日　农历八月二十八日　雨

　　今天和尚勋吃过早点去云南大学基地，在开大门时就听到"哗、哗、哗"的水声。昨天还没听到这声音，估计这事是发生在昨日中午1时以后，他急忙往水响的房屋奔去，只见厕所边的洗澡间水管漏了，走近细看，有一条用于洗澡的水管掉下来了，水喷得满屋都是。面对这种情况，他不仅束手无策而且心里也犯难了，"在今年五六月间才买了水管请师傅接起来，怎么不到几个月就成了这样？我怎样向云南大学的洪、和两位老师讲？"没有拧螺丝的工具，对接头不怎么熟悉的他，急急地找根细柴，再找塑料把细柴裹紧塞进漏水的管子里，暂时把水堵好后，他就去请满中村村民和福军帮忙查看一下。和福军冒雨带着钳子等工具，到现场查看："螺丝内的橡皮管断了,得重新买一根接上。"和尚勋说:"安好还不到半年,又这样,买货时又看不到这部位的好与坏,对云南大学两位老师怎么说呢？"和福军说:"橡皮管腐化,再经过水的压力就断了,这也由不得人。"

和尚勋叹着气说:"真想把这担子推给和丽军副主任,但他现时拒不接受,两位云南大学的老师又待我这样好,我有点不忍心撒手。"

2010年10月6日 农历八月二十九日 雨

寄读于云南师范大学附中的满下村青年学子和万青,得知其爷爷和建良近期病重的消息,利用国庆长假回来探望。离昆时,她受云南大学研究生祁春艳同学所托,把她们在南溪做田野调查时的一些照片带给和尚勋老师,和尚勋老师收到后立即致电感谢祁春艳同学,并感谢她对老师的美好祝愿。

2010年10月7日 农历八月三十日 雨

打算在南溪完小北边建"农家乐"的姚英同志,得知和万选所转告的"一切载重汽车将禁止从学校球场通过"的消息后,立即开始动工。虽然老天没露出笑脸,总是阴沉着脸,还掉些泪,但他请满上村村民和占军、和天红两人拉上建房所需的材料,打算在学校球场修好前挖完。

他的侄儿和万里、和万春、和万选、和亚华等也冒雨在场帮忙下车。

2010年10月8日 农历九月一日 雨

满下村村民和学仁、和国秀夫妇,今天趁雨天村民都休闲在家,就打伞冒雨奔走于满上村、满下村、满中村,请嫁女客。他俩想:"南溪村村民现时已处于大忙之季,要不是下雨,村民都起早摸黑地下地干活,今日雨天是个走门串户的好机会,在今天把在南溪村的嫁女客请了。"

年近六旬的他俩要在农历十一月间把现已三十有余的爱女和吉花的

婚事办了，了却做父母的一片挂女之心。

2010年10月9日　农历九月二日　雨

满中村村民接到他舅爷的电话，请他去汝南村舅爷家做院坝混凝土浇灌的事。现正处于挖洋芋、收油菜等繁忙的秋收季节，但他知道舅爷是三十有余的大伙子了，早该讨媳妇成家了，而且可能会在今冬结婚。于是他乐意地接受了舅爷所请坐汽车过丽江城绕路前往汝南村。

由此可见，居住在丽江城南山片的村民都习惯在娶媳妇前把住房、院坝、围墙整好，增添几分喜气景象。

2010年10月10日　农历九月三日　阴

满下村召开户长会议，会议根据上级政府的要求，把上级林业主管部门下拨给人民群众的护林费分发给各农户。这款项是根据各村不同的山林面积而有所差异。满下村共有58户，每户分到340元。

估计其他村民小组也会利用近期雨天的时机，召开户长会议发放这笔款项。

村民们拿到钱后，有不少人说："中央很关心'三农'问题，很关注民生，只是不知道中央对农民的各种补助会不会全部到农户手中。"

2010年10月11日　农历九月四日　阴间晴

满下村村民和永红、和永良、和永军、和建成、和建忠、和永昌等10人，今天趁天气好转，赶紧修建南溪完小篮球场。这块篮球场是在1996年，丽江遭受2.3级大地震时才做起的。不知道什么原因（可能是工程质量问题），才使用五六年时间就坑坑洼洼的，球不能拍，有些地方的凹坑随着时日的流逝渐渐变大了。前些年香港路华车主会援建该校师生宿舍楼时，政府曾答应球场由政府来修，再把南面土木结构的楼房改修成砖木结构房。那年，确把南面的土木结构房改修成砖木结构房，球场则没有修。不久后，有人拉来两个钢管篮球架（说是完小的），但一搁就两年光阴（可能是缺乏经费的缘故）。

今天修球场的具体操作方法是：水泥与公分石加水搅拌后，在原来的场地上填铺平整，再加上一层较薄的沙子与水泥搅拌的沙灰，然后待快干时，大伙七手八脚地用抹板抹平整。

南溪村委会党总支书记兼主任和继武也参加了今天的劳动，起到了组织、指挥的作用。

2010年10月12日　农历九月五日　晴

趁天气转晴，不少村民已开始收割秋油菜。秋油菜，顾名思义，就是在秋天成熟的油菜，它是经农业科研人员研究试种成功后，在高海拔地区种植的油菜。油菜一般都是秋播夏收的，但这种油菜在海拔3000米以上的地区种植难以获得成功。科研人员就潜心研究适宜高海拔地区种植的油菜，成功后，最先在太安乡试种，后经推广种植形成产业。这油菜在南溪村虽然不是主要产业，但也种了不少，而且也种了15年左右。它不仅解决了村民的食用香油，每户还可以卖出千把斤的油菜籽，作为村民增加经济收入的手段。

这种油菜与一般油菜的最大不同点是，一般油菜都要经常喷洒农药灭虫，而秋油菜不需要灭虫。因此，点滴农药不沾，是纯天然、无公害的蔬菜。

2010年10月13日　农历九月六日　晴

从丽江市印刷厂退休后，定居于丽江城的满下村籍工人和国辉（退休后又在玉龙县民族中学当门卫），利用休假的机会，回南溪村下（抓）老鹰，事先他给村民借下鹰用的鸽子、网等工具。今天他上山去下鹰，站在鸡冠山上，放眼观望四周，舒着长长的气，说："空气多清新，视野多宽阔，即使下不到老鹰，能在这里呼吸新鲜空气，观看四周景象，也是难得的特别享受。"是的，他虽生在南溪，但十六七岁外出当工人，10年前就把家迁到丽江城，然后遇到工厂实行老工人内退，出于生活所迫，又去找门卫工作来添补生活所需，十年来，他未曾有过今天这般休闲，不得不使他发出以上的感叹。

2010年10月14日　农历九月七日　晴

南溪完小教师、学生食堂的炊事员和红秀、和献清两人，根据各级主管部门的要求，去城里医院检查身体，办理"健康证"。

这就是说，没有"健康证"就不能上炊事员这个岗，"健康证"就等于是炊事员的"上岗证"。过去的炊事员都是这样办的，因为炊事员不在，学生放学就回家，老师们则自己洗洋芋、削洋芋皮、切洋芋片、煎洋芋片，吃顿便饭。做饭对现在年轻教师们来说也是个锻炼的机会。

经过卫生部门（黄山镇卫生院）的检查，和红秀、和献清两人都属健康人，领回了"健康证"，让全体师生都能放心用餐。

上级各主管部门对各级各类学校炊事员实行健康检查，坚持持证上岗，充分体现了党和政府重视关心师生的健康。

2010年10月15日　农历九月八日　晴

满下村老年活动会长和学新（南溪完小退休老师）、副会长和圣昌，他俩一起去丽江城购买明日该村老年人聚餐所需的物品。这样的活动每年只有三次，他们两人也必须每年进城三次购买货品，虽说一天给40元的误工补助，报销车费午餐，但年近六旬的人做这样的差事心里总有点不是滋味（和学新现年59岁，和圣昌现年56岁），两人互相交谈着，和学新说："我在家里都很不干了，特别是买东西一事都由老婆、儿子儿媳干，我确实懒得干。"和圣昌说："我也是这样呀！我在家只干农田事不干家务事，更不干买卖之类的事情，要是有空领领孙儿，享受享受人生的天伦之乐。"

过去南溪村曾有这样的传统说法："六十不出门，七十不过夜。"意思是说，人到60岁就不能出远门做客、干事等，70岁的人就不能睡在他人家，自家也不能留宿70岁的老人。想来这主要是过去生活条件差，人的精神衰老得快所致。而现时60岁的人还生龙活虎，70岁的人在地里顶强壮劳动力的也多，这都是生活条件的差异所致。

他俩的年纪在当今南溪村还属于扛大梁的阶段，但可能出自各方面原因和条件，自己心里有点别扭。

2010年10月16日　农历九月九日　阴

今天是"敬老节"。满下村寨55岁（虚岁）以上的村民们欢聚在满下活动中心，尽情地玩乐，好些人扑在扑克和麻将上，都想趁老人休闲之机玩个痛快；也有的人互相交谈着各自的生产、生活、收入，想畅谈近些年生产大发展，经济繁荣，生活水平不断提高的家庭情况；还有些人展望未来谈发展，设想着多做养殖多收益，轻松养身又挣钱，交流家庭经济提高快的秘诀；还有极个别人在讨论别人，说有个别55岁以上村民，每次活动费都交了（到今天每人已交150元），但因事而一次都没参加聚餐活动的村民，有个别的只参加了一两次。在这几个人的心目中，认为来不来聚餐，活动费都要交。而会长和学新认为："实在因事不能参加聚餐的应免交活动费，我们白吃别人的会感到内疚，外村人听了也会笑话我们，我们不能强求。"有多数老者赞同和学新的看法。

2010年10月17日　农历九月十日　阴间晴

满中村村民和福海，今天帮昆明的洋芋老板买洋芋。他要买的洋芋品种为"五四八八"。这种洋芋有以下几个特点：①个大肉嫩；②尾部都有点烂（好些村民以此喊这种洋芋为"烂尾洋芋"）；③搁置的时间长后中间有发黑变烂的现象；④个大的大部分空心。根据以上特点，这种洋芋是早出手的品种。他出价一公斤2.5元，原想出这高价立马会买到，结果他连续走了四五家都没人愿卖,直到第六家和社华、和真华两家愿意卖给他,说:"以后洋芋再上涨也不后悔了,这比种玉米、麦子划算多了。"

买完后他就打电话叫老板明天派车来装洋芋,然后他去自家地里挖洋芋。

有些村民认为,现时通货膨胀,什么价都在一个劲儿往上涨,洋芋价还有望上涨,因此,他们还不想把洋芋出手。

2010 年 10 月 18 日　农历九月十一日　晴

满下村村民和朝珍的老岳父去世了(在鲁甸乡新主村,离南溪村约几千米),因为太远,原先不打算让他的家族去参加吊丧,后考虑到再远也不能不遵守传统规矩,就临时决定请和朝珍的家族都去,而且由和朝柱驾驶他的面包车前去(限乘8人)。结果居住太安乡的其叔和尚红只好另乘车前往,因诸多不便,就请侄女和福春挂点礼钱。到下午,或许是趁着酒劲,或许是听信他人挑拨之言,他向他哥与和朝珍发牢骚说:"你们一下说一样,是存心在排我远离你们的胞兄,今天这举动是在有意排我。"他兄及侄儿和朝珍解释说,是临时安排的车,是情况引起变化不是排外他,但很难说清,真是"做天容易做人难",农村里的大小事都得三思而慎行。

2010 年 10 月 19 日　农历九月十二日　晴

在白马居委会任副主任的满中村村民和丽勇(南溪村党总支副书记和国军的儿子),在丽江城南郊片区"烟草小区"租房开了间"南溪土鸡火锅店",兼营各种食品、烟酒。他出工价请了一个师傅,由和丽勇的老婆主帮,和丽勇利用业余时间帮,父亲和国军负责从南溪买土鸡拉到城里;和丽勇老婆的二姐也利用业余时间来餐厅帮忙。

今天火锅店正式挂牌开营,和丽勇的堂兄和仕军、和丽勇的表哥和春拾、和丽勇老婆的三姐夫和二姐都携匾来庆贺。

这是近几年第一个在城里开饭店的南溪村民，在六七年前也有人办过，但办不长久，和丽勇能坚持多久，根据以前办过这行的人推测，都估计此举不会长久。

2010年10月20日　农历九月十三日　晴

满中村村民和国军对儿子儿媳开办饭馆一事充满希望，希望他俩能办好，坚持住。因为他一辈子作为村领导，经常入县进镇学习开会，深知旅游是丽江的主要产业，而饮食服务是旅游业不可缺少的体系，也知道丽江的好些人是靠当导游、办饭馆致富了的。他满心希望自己的儿子儿媳也能像致富了的那些人一样获得成功。

今天一起早，他就在满下村买鸡，共买到13只，把这13只鸡、3袋洋芋，还有去年用剩的煤球拉到城里的饭馆。见到熟人，他都笑脸相迎，并说"以后请给予照顾"。人们都祝他们成功，都说坚持优质服务，定会获得成功。

2010年10月21日　农历九月十四日　晴转雨

今天有的农户开始挖洋芋，他们带上午餐，开着拖拉机，中午吃在地边，喝在地边，待傍晚拉上满满一手扶拖拉机洋芋回家；有的农户则在收割秋油菜，他们把割下的油菜撒在地里；有的农户在进行搓打油菜，从事这一农事的是秋油菜种得早，在今年第一场雨前撒种的个别户。他们各忙各的，都恨不得把太阳从西边山下拉回三丈，好让大伙都鼓足劲头大干一阵，但人们所愿都不能成为现实，只好随着太阳的落山而回家。

到家后，也有很多事干，背洋芋放入仓库，做晚饭，喂猪，拔蔓菁备明天的猪食。晚饭后有的农户切蔓菁煮猪食，有的村民到晚上11点还不得睡，还须看管煮猪食的火。秋天让南溪村村民沉浸在丰收的喜悦里，但同时付出的劳动能力和时间也是最大的。

2010年10月22日　农历九月十五日　阴间晴

黄山镇人民政府派人员验收南溪南小的篮球场。今天下来验收的人员由担任南溪村委会工作组长的夏山银副镇长带队，还有镇中心校、财政所负责的同志参加。

验收组成员通过实地查看，并结合用料清单，认为篮球场用料达到指标要求。工效也达到指标要求，都异口同声地说："和继武同志为普九国检立了功。"

验收组成员认为，南溪村义务教育迎"国检"不再成问题了，篮球场的及时修复及顺利通过为义务教育"国检"做了完善工作。

2010年10月23日　农历九月十六日　雨

南溪村委会今天开始举行为期3天的"第六次全国人口普查"普查员培训。参加培训的人员为村委会干部、村民组长副组长，培训由前不久参加县乡培训班的和丽军负责指导，黄山镇政府也派员来参加辅导。

每个村民小组的副组长（俗称会计）是这次的普查员，他们将负责南溪各村民小组的普查填表工作。

2010年10月24日　农历九月十七日　小雨

南溪满下村村民和尚军，今天邀请亲戚家族来为他的小孙女和玉雪举行周岁生日。场面比较隆重，门前停放着3辆面包车和1辆出租车，厨房里人声杂杂；厨房上方炊烟袅袅，客厅里时时传出"哗啦啦"的麻将声；村里的家族和邻村的亲戚从不同的地方来到他家参加庆贺，其中却没有和玉雪的母亲和翠芳，只有她买了送给玉雪的娃娃车。据说，和朝柱与和翠芳已在今年4月初分手，才六七个月的小玉雪，就断奶由她的爷爷奶奶来养。他俩相处三四年，共同生活两三年，举行结婚典礼才七八个月，生下娃娃才半年，怎么悄无声息地分手了呢？这事只有和朝柱、和翠芬、和尚军、和一花清楚，其他再无人知道这结局的根源。

从这一现象来看，现在的一些年轻人把婚姻大事当儿戏，像穿衣服一样，想穿就穿上，不想穿就脱了扔，好自在。他们没想到这苦了帮他们拉扯娃娃的老人，也苦了有父无母或有母无父的孩儿，他们应该多为父母、孩儿想想，不应该那么轻率。

2010年10月25日　农历九月十八日　小雨

村民们雨天停止地里劳作，爱打扑克、麻将的村民都不约而同地来到各村小卖部前（满中村在"联营公司"门前，满下村在和国武小卖部前）参与自己爱好的活动；在家闲不住、爱凑热闹的村民也前来观望助阵。

今天都谈论着这样一个话题："今年每斤洋芋已卖到1.2元钱，玛咖则跟四五年前洋芋每斤卖四角钱的价一样。当时以每亩产2000斤洋芋，每斤卖四角钱来折算，试种'玛咖'租地费每亩800元，2008年玛咖要算每公斤8元。这几年洋芋价以跳跃形式上涨，今年玛咖收价会怎样？如不提高价钱，明后年还会像这几年一样有人种'玛咖'吗？"

对经济效益较为敏感的村民，在今天的闲谈中，道出了实质的问题。当今社会，不仅是农民，凡是成熟了的人都会向钱看。洋芋价的猛涨，的确对玛咖产业的发展造成了明显的压力。

2010年10月26日　农历九月十九日　雨

满上村村民组长和占军、副组长和吉红，利用雨天组织村民进行公益劳动。要求每户出一名壮劳力，给前不久盖好的活动场所打混凝土。他们开始分工，一些人搅拌，一些人抬水泥，精于水泥活的村民负责平整。分工完后，有村民提出打牙祭问题，村民和羊红说："要干就干一头牛，要不就别干了。"叽叽喳喳的声音此起彼伏，组长、副组长根本听不清谁说什么，就叫大伙安静下来，问："真的想吃顿牛肉吗？""是！""有不想吃牛肉的吗？"没应声，"谁家卖牛，卖多少？"沉默了一阵，无人应答。过了3分钟后，和羊红开口了："话已出口，我卖一头隔奶牛，投入市场可卖到1600元至1700元，但满上村村民买牛杀打牙祭并非常事，拿1400元就行了。"话音刚落，大伙异口同声地说"好"。于是和占军分了8个人去文笔山牧场拉牛、杀牛，其他做活的人又做了调整，和吉红说："今天是我村30年来第一次打牙祭了，可能花点时间才能吃完这头牛。"

杀牛组的杀完牛、洗净肉，煮了约1/3，有28人来吃，剩下还很多。有人提议把剩下的分了，有人说"难得聚餐一回，让所有人都来吃，给后人留个美谈。"结果，遵照后者说的，定下"明早吃早饭后都煮了，明晚全村人都参加会餐。"

2010年10月27日　农历九月二十日　阴转晴

南溪村一些村民谈论着"学校撤并"的问题，村民讲"据说上级有文件提出，为提高教育质量，优化教育资源，把学生人数不足200名的学校撤并到大点的学校"，"南溪村完小要并到坝子里的文华村完小"，"要把南溪村完小一次并入玉龙县中学……"。有关这方面的谈论很多，总的共同点是一旦学校真的撤并后，不免又产生新的文盲。特别是远离城区、经济欠发达的高寒山区的孩子，失学、辍学，产生新文盲的可能性很大。

还有村民说："南溪在中华人民共和国成立前都办过国立山寨小学，现在的南溪完小不能让撤了，如果真的撤了，全部南溪娃娃都（能）会到城里读书吗？"

当然这只是部分村民不必要的担心，目前政府和上级主管部门没有明说要撤并，这可能只是社会上流传猜测的事，也可能是从丽江古城区撤大东乡中学、金安中学、金江中学，在原古城一中校址并为"金虹中学"一事所引起的猜测。

2010年10月28日　农历九月二十一日　雨转晴

这些天，每个村民小组几乎天天都有几辆手扶拖拉机拉着洋芋去坝子里换小麦、玉米等。不同的是，过去每辆手扶拖拉机都把洋芋装得满满的，而这些天拉下去的只装了过去的一半左右（约1500斤）。究其原因得知，今年洋芋比过去任何一年都好换，一斤洋芋换一斤小麦或者八两洋芋换一斤玉米。换洋芋的村民很得意地说："如果拉下去的洋芋多，拉上来就吃力了。"南溪村委会党总支副书记和国军自豪地说："过去国家所规定的洋芋兑换标准是5∶1，就是五斤洋芋换一斤粮食；而改革开放后逐年缩小比例，今年则倒过来了，这标志着山区人民已走向致富乃至小康的路。"

2010年10月29日　农历九月二十二日　晴

由满下村村民和作典撒青稞种，和朝光驾驶手扶拖拉机犁地，偶尔由和作典的长孙和玉龙来试犁一下。和玉龙今年毕业于玉龙县中学初中部，未考取高中，接到不少省城或省外高校的录取通知书，父母希望他去复读或去深造，但他很固执地认为"读了书无去处，不如及早掌握种地排田本领。"因此不听爷爷奶奶、父母的千般劝说，6月毕业后就跟着爷爷奶奶做农活。他的这般主见，不仅好多家长有，而且相当一部分青年学生也有，他们认为："重点大学毕业生在打工，本科生在打工也不少，专科生打工的现象也有，我们学了上哪去？不如趁早学种地，温饱问题自解决，还省一大笔学费，可以建房购农机。"被眼前的利益一时蒙住了眼睛，他们还聊以自慰。

2010年10月30日　农历九月二十三日　晴

满中村村民和丽元、和万里、和万选、和三友几家在播撒小春作物。有的家播撒青稞，有的家播撒大麦，还有的在播撒豌豆。总之自家认为种什么好就种什么，对这些小春作物，村民都没寄托收获好多好多的结果，只是出于地要轮换才播种的。当然这些农作物的产量也是不可低估的，但主产洋芋的南溪村民只对很利于变通且产量高的洋芋有浓厚的兴趣，他们把牲口精饲料、人用米、面钱都寄托于洋芋上。因此，对来年小春作物收成的好与差很不在乎。

如今天在撒种豌豆的和丽元家，他的目的不在于收豌豆颗粒，而是想用豌豆的叶子杆杆来做猪食。

2010年10月31日　农历九月二十四日　晴

针对玉龙县"基本普及九年义务教育""基本扫除青壮年文盲"一事，国家开始实行检查验收。各级政府、教育主管部门、各学校在新学年开始就抓紧进行"两基迎国检"的工作，并取得了一定的效果。特别是对2010年里辍学或休学的初中学生，在9月中旬下了大力气动员他们回校复读，目前除满下村因父亲突发病去世而辍学的和满强同学外，各种因学习成绩差而厌学、辍学的同学都回校复读了。南溪村委会的干部和辍学学生的家长认为，"要不是借这股强有力的东风，这些差生是难以回校复读的。"

2010年11月1日　农历九月二十五日　晴

南溪村委会召集各村民小组干部（组长、副组长）集中在村委会，进行第六次全国人口普查入户登记工作。有些村民小组组长和副组长同时到场；有些村民小组只有副组长到场；满中村村民小组只有组长和万选到场。他们都说："这次人口普查入户登记，填写各种表格是副组长们的职责。"

各村民小组副组长或组长们，在事前就把自己村民小组各户的户口册收集起来，按照户口册上的姓名、性别、出生年月等事项逐户逐人填写在普查表格上，大家都干得很认真。村委会书记、副书记、副主任3人也积极参与普查填表，并随时做解疑释难的工作。他们都决心在三天内做完他们该做的事情，好去忙农活。他们吃过晚饭，休闲片刻后又继续填，一直干到夜间 10 点才休息。

2010 年 11 月 2 日　农历九月二十六日　阴转雨

吃过早点，云南大学基地管理员和尚勋老师，去云南大学基地换平房洗澡间的高压管。刚打开大门就听见哗哗哗的水声，他急忙往发出响声的房间奔去，一看，啊！接电热器的高压管的一头断了，水往墙上喷洒着，楼房与平房间的洗澡间里积满了水；他又跑去上个月水管就断了一头的平房洗澡间，房内虽有水漏的响声，但没发现漏洞。他接着又跑到外边房子后去看，见墙壁湿了一块（面积 1 平方米多点），他估计是安装在墙里的管子破裂所致。他急转回屋，把水源和电热器的闸关了，再把外边饮水用的水龙头全开了，几分钟后，洗澡间里的高压管断头停止了喷水，平房里的响声也没有了。再待一阵后，他把饮用水龙头关紧了，再把水源与电热器间的闸扭紧了，做了长时间的观察后，确认高压管断头不再喷水，平房里的漏水声响也的确停止了。他这才明白，平房洗澡间用来洗澡的水是通过电热器用管子引过来的。他认为只要把水源和电热器间关了水就暂时没事了。

可他很纳闷，心想，在 6 月才安装起来的高压管，不到半年时间就断了两根，是跟老板买起的这两根腐化了，还是他买来的那两根腐化了？他没法知道。去年上半年因楼房与平房间的洗澡间内洗脸盆断了，他才请人换上，现在其他两处又有类似的情况，在短时间内接二连三发生，他怎么向洪老师、和老师说呢？他想，两位负责该项目的老师在校很忙，这些问题也不关大事，等农时松下后，请土师傅接一下，到时再转告她俩。

2010 年 11 月 3 日　农历九月二十七日　阴转晴

满下村村民和二友，今天以 1.4 万元买了和七三的客货两运货车。他的父亲和学伟逢人便说："以今年的洋芋售价来算，这辆汽车值 1 万斤洋芋，即使是买来不做运输，摆在大门口，或在村子里跑跑也划算，也显得阔气。"的确是这样的，以这些天的洋芋卖价，一斤1.4元钱，1万斤洋芋对一个农户的生产生活是影响不大的。按照和学伟老人的说法，买上一辆车，不管营运与否，总觉得赶上潮流了，有部分村民的确有这样的满足感。

和二友认为，1.4万元钱买了这辆汽车，可供自用一下，做营运的话，这辆车无运证，万一被车辆监管者或交警抓住，罚上一笔款就很划不来。因此，他本身也不打算跑营运。

2010年11月4日　农历九月二十八日　雨转晴

前山村委会伏仲自然村的村民和士青来到满下村买洋芋，品种为"五四八八"。他在堂兄和国红的带领下，在满下村部分农户家问这种洋芋，他要买了做明年的洋芋种子，只要1500斤左右。他兄弟俩问到和永昌家，和永昌对和士青说："这种洋芋我家现时还有你所要的数量，但价钱在前些天就卖一元四角钱一斤，若你愿意出这个价，就称去得了。"和士青说："别人在前些天已出这个价了，我也要照着别人出的价买，不会叫你让我分文，称吧！"他们开始称了，和永昌在称洋芋时边称边说："如今种洋芋的村民很难把握洋芋的卖价，就我家而言，这种洋芋以每斤八角卖了1万斤，当时只以前两年的卖价来衡量，觉得心满意足了，又过了几天每斤九角、一元、一元一角五地不断往上涨价，我又以每斤一元一角五分的价卖出5000斤，前些天又涨到每斤一元四角，这样算来一开始卖出的和现在卖出的价钱相差一半，我家近一个月时间里在两万斤洋芋上约丢了四五千元（够我家开销一年的经济），但又不能心疼。"

对各种农副产品，价格时涨时落，很不好把握，就只能靠各自的运气好坏了。

2010年11月5日 农历九月二十九日 晴

设在南溪满中村的格林恒信生物种植有限公司今天请了一部分满中村的村民，在还未打混凝土地皮的大棚育苗场地，进行混凝土地皮改造。他们一些人往搅拌机里装沙子、水泥、水等，一些人用手推车把已搅拌均匀的混凝土推到要改造的大棚里，一些人把混凝土平整好。该公司这样做的目的是，想把今年收来的玛咖洗净后，切片晒在塑料大棚里，尽量减少损失。这工作可能要8～10天才能完成。

2010年11月6日 农历十月一日 晴

满下村村民和永华、和文亮（属于同一家族的叔侄关系），今天合资买了一辆价钱为61万元的旅游汽车。和永华此前已有半辆出租车（与金龙村人合伙），在半年前他想把这半辆出租车卖出，而且已找到买主（金龙村和满全），并已商定好半辆车价为42万元，但和满全未筹集到这款项，不得不改变约定，因此和永华又未出手那半辆车。在前段时间他就学好了开旅游大车的驾照，并打算把出租车卖出后自家买一辆旅游大巴车，结果出租车未出手，自家购买大巴车的事只能停下。在前些天，他的侄儿和文亮和他商谈合资买一辆旅游大巴车的事，经过他叔侄两家大人商量后，两家筹集资金（大部分款项为借贷）。和永华则把他的这半辆出租车以每月2400元（半租）的租价租给别人，他要去开大巴车。

今天买了大巴车，和文亮去考大巴车驾照，和学青在大巴上跟着和永华。

南溪的发展，一靠党的政策好，二靠信用社的全力支持，三靠村民的闯劲和大胆，三者缺一不可。

2010年11月7日 农历十月二日 晴

满中村村民和彦秋把自己家的出租车以全包的形式，出租给满上村村民和昌文（和彦秋姐的大儿子），以及前山高龙村的侄儿（和彦秋叔叔和珊的外孙子）。租价为每月 5400 元，租期两年，押金为 12 万元。她这样租出车子是因为考虑到她的老母和闰海已年逾七旬，已处于风烛残年之时，大女儿和永梅今年 9 月就读云师大，小女儿和永江在玉龙中学读初中，把老母亲独自一人留在家里不合适；而且她还看到，今年农产品价格猛涨，洋芋价也翻番猛涨，于是她打算母女种点洋芋和玛咖，把车租给侄儿子，便于照顾老母亲。

2010 年 11 月 8 日　农历十月三日　晴

满下村村民和永红帮太安汝寒坪村女洋芋老板杨菊买洋芋种（小洋芋），每斤出价 1.15 元。这价是洋芋种有史以来的最高价，有些村民认为可出手了，但挖洋芋的农事还挺紧的，腾不出手来。有些村民则认为，"现时物价什么不是一个劲儿往高涨，到后期可能还会上涨"，还不愿出手。和永红走访了十几户，结果到和万红家、和国武家、和永昌家才问到了他要买的洋芋，并跟 3 户村民讲好 10 点钟过秤上车。和永红走回家的路上，自言自语地说："真是古人说的那样，'眼睛黑，银子白'，人是越添越要，永不满足。"

2010 年 11 月 9 日　农历十月四日　晴

南溪村委会召集各村民副组长集中在村公所，把前不久就托他们代收的各村民小组农户"新型农村合作医疗"集资款交上来。今年的村民集资款为每人 30 元，且各户的《新型农村合作医疗证》也一并要交给黄山镇卫生院。黄山镇卫生院院长和财务人员会来收取这两样东西。

"新型农村合作医疗"村民集资款的情况是：刚开始那几年，每人交 10 元，2009 年每人交 20 元，今年每人交 30 元，住院医病报销的比例是：40%、50%、60%，逐年提高。到今年，除了极个别的村民外，绝大多数村民对医疗集资不再像以前一样有异议了。这说明村民对这一事物有了一定的认识，同时，生病的村民已得到实惠，无患病的村民已看到这项政策的好处。

2010年11月11日　农历十月六日　阴转雨

满中村老奶奶和作琴因病住院已有七八天了，现再待几天就可以出院了。住进医院的头几天，她的小儿子和七四守着她，见有好转后，他就让和作琴的孙女和翠秀（在城里打工）下班后来陪奶奶，他转回家帮老婆拉洋芋。第二天，把拖拉机开到地边放好后，又驾车来到城里看护老母亲，两边要忙。所幸的是和七四不仅有手扶拖拉机，而且有一辆可进城的微型汽车，如若自家没有汽车，兼顾两头是难以做到的。这样一来他可以看护住院的老母亲，早晚又可以帮老婆把当天挖的洋芋拉回家。

2010年11月12日　农历十月七日　雨雪

满下村村民和国武，身虽休闲在家领孙子，心却每时每刻都在想着如何建设开发他们4人（和国武、和朝亮、和德华、和春拾）合买的满下村落水洞及草坝。前不久他请和尚勋老师代写了几份关于政府各部门资助建设落水洞的申请文件。据他讲："前不久走了黄山镇政府和几个部门，但政府这方面还没表态，县水务局表示支持点（1万元左右），现时办事，只能用茧丝来牵象（意为只有付出，才会有所得到），不好要。"只是他的3个年轻搭档，不知怎么想的。

和国武目前在想，先把落水洞堵好，抢在姚英盖房前把学校旁的河水接到草坝里，再把水积好，养上鱼，然后由他一人承包了鱼塘，但还不知道他的3个年轻搭档怎么说。

2010年11月13日　农历十月八日　雨雪

满中村村民组长和万选，利用今天的小雨雪天气，组织村务公益劳动。劳动的方式是每户出一名壮劳力，把过了雨季的村中大河的公路桥下边10米处堵起来，再把去年挖好的积水潭埂深挖出一条小沟，把挖出来的沙土装在塑料袋里,把口扎好,堵住河里的水从所挖的沟里流进积水潭。人多力量大,人多主意多,大伙把河水堵死,不让渗出点滴,都集中在堵起来的河里,等水漫过连着积水潭和大河埂上的小沟,让水从小沟流入积水潭蓄起来,积满了水之后,就打算承包给个人。

2010年11月14日　农历十月九日　阴转晴

满下村村民杨文花等3农户,以每斤1.15元的价,将洋芋卖给太安乡天红村委会汝寒坪村洋芋女老板杨菊,共36000斤。

今年洋芋种的情况是:因为今年洋芋价猛涨,出乎所有村民意料地涨,往年用来喂猪的那部分小洋芋,好多村民(绝大多数)都舍不得喂猪,而是挑到要出售的洋芋种里。所以,今年所买到的洋芋种没有往年那样大、那样匀称。但老板认为这是自然的,没办法去挑剔过小的部分,只能过秤上车。看形势,今年南溪村村民的钱袋子比往年鼓得多。

2010年11月15日　农历十月十日　晴

满下村村民和家良邀嫁到满上村的和家花,一同来搓油菜。今年这半块地的油菜是和家良请和家花家的人来种的,和家良与和家花一起锄地,种子、化肥、地由和家良提供,收割时由和家良割好,搓油菜时再一起合作,今天她俩已全部搓完了。下午分油菜共得到14袋(每袋重三十三四千克),每家分到7袋(约450斤)。傍晚和家花叫其儿子和立黄把油菜拉回满上村家中,她就夜宿在其姐和家良家里。

2010年11月17日　农历十月十二日　晴

满下村村民和国兴、和建国、和建成、和金红、和永昌、和万林、和万元、和建军等到城里,做和国兴女儿和爱英乔迁新居的客人。和爱英与旦都后村的和宝得结婚后,两口子就一直在城里跑出租车,并在城里买下商品房。今天他们告别低矮的出租房,喜迁入新居,故请亲戚们来做客。来做客的亲戚们的心态各异,有的为年轻人的成功而感到高兴自豪;有的为他们的往后担心,担心他们的后代能否在城里生活立住脚;有的触景伤情,只怨自己的子女不争气,认为自家的子女也能这样就好了。

2010 年 11 月 20 日　农历十月十五日　阴转雨

据村委会干部讲:"玉龙纳西族自治县要开始对 60 周岁以上的农村老人实行老年生活补助。"具体的开始时间及补助金额尚不清楚。村委会干部已电话部署各村民副组长,在近期内收集各村民小组(俗称自然村)里年满 60 周岁以上的老年人的户口册及身份证上交到村委会,再由村委会统一填表上报至上级政府的有关部门。

2010 年 11 月 21 日　农历十月十六日　雨

满下村村民副组长和学武、满中村村民组长和万选(副组长和振锋常年在城里)两人利用雨天不能下地干活的机会,各自在满下村、满中村收集 60 周岁以上村民的身份证、户口册等。

近几年因南溪村青壮年闯入城里,有个别的老年人也跟随儿子儿媳休闲在城里,所以他们都通知这些人尽快把所需的这两种材料寄回来。

由于前些天才进行了全国第六次人口普查入户登记,村委会干部及村民小组干部对各村民小组的 60 周岁以上的人的情况掌握得比较切实,也记忆犹新,可以直接入户或打电话收集。老年人都异口同声地说:"共产党好,党中央很关心民生,在前几年给了独生子女父母较丰厚的补助;对残疾、孤寡老人、困难户给了最低生活保障;而今又要给逐渐失去劳动力的老年人生活补助,这充分体现了中央关注民情、关心民生,同时也体现了我国国民经济的实力。"

2010年11月22日　农历十月十七日　雨

满下村村民和菊花，前几天收到从浙江绍兴打工的弟弟和社红寄来的包裹通知单，并随单说明包裹有两件羽绒服，送给姐姐和社菊、和菊花每人一件。面对一天天逐渐变冷的天气，见到弟弟从远处寄来羽绒服，姐妹俩心里感到暖烘烘的，都觉得"弟弟和社红比先前懂事多了，他已知道嫁到本村的两位姐姐以前对他兄弟的好了。"

今天和菊花就让长子和金龙去丽江市邮政局领取包裹。

2010年11月23日　农历十月十八日　晴

据第六次全国人口普查入户登记知道满下村60周岁以上的（根据户口册中所填写为根据）村民有（农村户口）和福祥、和发金、和学伟、和学群、和四妹、和建良、和亮花、和仕芬、和国兴、和见兴、和家良、和四娘、和国春、和国南、和明贤、和作典、和八娘、和志贤、和志秀、和尚友共20人。

其中，和福祥在前些年开始享受老党员补助；和国南已近20年享受困难补助和低保补助；和建良、和亮花夫妇在前几年就开始享受独生女儿父母生活补助；和志贤在2006年6月开始享受企业职工遗孀生活补助。今后大伙又将享受老年人生活补助，面对党和政府的重重照顾和关心，大伙怎能不感激党的好政策呢？

2010年11月24日　农历十月十九日　晴

据统计，满中村60周岁以上的村民有（农村户口）和道远、和闰海、和光彦、和耀宗、和文吉、和红光、和作琴、和红芝、和国良、和桂贤、前每恒、和四娘、和玉南、和俊贤、和仲贤、和五娘共16人。其中，和桂贤从1996年开始享受离休干部遗孀生活补助，2007年开始享受老党员生活补助；和文吉从2007年开始享受老党员生活补助；和光彦从2009年开始享受老党员生活补助；和国良从2008年开始享受残疾老人和低保补助；和俊贤2007年开始享受独生女儿父母生活补助。面对各种补助，大伙都感受到当今我国经济的飞速发展和党的爱民政策。

2010年11月26日　农历十月二十一日　阴

满下村和国武家今天杀年猪，是今年满下村第一户杀年猪的。他主要考虑到："现时随时都可买到鲜肉吃，再则今年的洋芋价已到天价（一斤一元三四），不必破那么多钱去喂养年猪；只要有钱就可变通万物，没有必要把年猪喂大、喂肥。"

今天的杀猪宴还特意请了与他合伙买满下村"落水洞坝"及草坝的村民和德华、和春拾、和朝亮，这3位年轻人也爽快地接受邀请前去做客。

晚饭后，和国武、和德华、和春拾、和朝亮4人大谈了一阵开发草坝及落水洞的想法后，3个年轻人返回城中。见状的村民则认为他们4人不会有他们想象的收成，"以5万元买了几根土大黄，真憨。"

2010年11月27日　农历十月二十二日　晴

玉龙县林业局退耕还林办公室的负责人，在黄山镇分管林业工作的副镇长及负责南溪工作的夏副镇长、黄山林工站袁站长等领导的陪同下，一起到南溪村查看验收退耕还林的情况。经现场检查验收，他们发现尚有极少数地块有缺树苗的现象，要求补种。验收已通过，这就是说，验收合格后，会在合适的时间下拨2010年度退耕还林补助款。

2010年11月28日　农历十月二十三日　晴

姚英想在老岳父的宅基地里建盖农家乐的计划，今天开始动工。他拜托和万里、和万春、和万选等邀请满中村里的人来建盖房子，起房子的人员不仅要会木匠活、会泥水匠活的，而且还要能使力气拌沙灰、抬沙灰的。今天和万里三弟兄连同满下村老表（小姨妈之子）和亚华4人，先着手梁头的出料工作，这一请工的方式为计工付酬，等完工后一次性付清所有工钱。

所建房屋的形式为墙抬梁,具体做法是三面用空心砖砌成后,架上梁头,钉上椽子,盖上瓦,前面只用两根柱子来支撑抬梁的屋架。

2010年11月29日　农历十月二十四日　晴

满中村村民和万里三兄弟邀请该村村民和福军一同来参与建盖姚英农家乐房子的工作,和福军对他三兄弟说:"明年我要盖大门,这些天需备些梁头、椽子之类的木料,一时难以脱出手来参与你们。"和万里等说:"你抓紧点把木料找好后,不管能参与几天,请来帮一下。"就这样他们约定好,等和福军找好盖大门的木料后就参与进来。和福军在满中村是个多面手,泥水活、石匠活、木工活、砌砖等样样都可来一手,因此和万里是特意邀他的。估计和福军也不会推辞邀约,等他找好自家备用的木料后,会去参与和万里等的劳动的。

2010年11月30日　农历十月二十五日　晴

满下村召开户长会议,会议的主要内容是:传达和宣传社会养老保险事项,第一,发放60周岁以上老年人社会保障金(老年人的生活补助),每人每月55元(从今年10月开始补发);第二,向村民讲述国家农村社保的有关文件要求,年满16周岁到59周岁的村民可进行投保,可每年投100元、200元、300元、400元、500元5个档,自愿选择定投金额。

老年人们听到过几天可拿到补助款存折,都喜得合不拢嘴,和福祥说:"别说远的,就说20世纪60年代末到70年代末参加工作的干部和国家事业单位的工作人员,每月工资才拿20多元到30多元,最多也不超过40元,参加工作后一两年转正定级加5元后增资的机会也很少;而今我们老年人有国家每月发55元的补助,这足以说明党中央关心农民、注重民生,而且说明我国国民经济繁荣。作为我个人每月可拿到国家补助75元(老党员补助每月20元),元旦、春节期间还会发来困难党员补助（四五百元），国家这几项开支就在几个亿以上，我从心里真实感到共产党好，感到祖国确实已繁荣昌盛。"

2010年12月1日　农历十月二十六日　晴

满中村村民组长和万选利用今天上午（8点到9点）的时间，召开满中村户长会议，根据村委会的部署安排，向村民讲述国家对农村农民实行社会养老保险的规定。玉龙县从2010年10月起，对年满60周岁的农村老人实行社会养老保险，每月每人发55元；年满16周岁至59周岁的农民可进行投保，可按每人每年缴纳100元、200元、300元、400元、500元5个档来缴纳养老保险金，年满60周岁以后由国家按照所缴金额发放给村民不同数额的养老金。会议最后要求每户考虑好后把身份证和钱从今晚开始交给村民组长。面对越来越多的惠民政策，村民们都实实在在地感受到"共产党好，社会主义好"。

2010年12月2日　农历十月二十七日　晴

南溪各村民小组都在按镇政府及村委会的安排，向各个符合投保年龄的村民收取养老保险金。

满下村村民小组副组长和学武同志，在满下村挨家挨户地收取保险金。通过第六次全国人口普查入户登记得知，满下村寨，16周岁至59周岁的村民有155人。除了村民和圣明、和朝亮、和福春3人投了每年200元的这档外，其余都投每年100元的这档。在155人当中有16人不投保，不投保的这部分村民认为，自己还年轻，日久天长，也生怕国家的一些制度会改变，所投的保险被撤掉，就白交几十年钱了。

据说，农村养老保险是政府的硬性要求，对不愿投保的村民也要投保的。

2010年12月3日　农历十月二十八日　晴

有一老板想租或买满下村寨鸡冠山背后的跌水岩的周围地块及山头，打算做旅游开发之用。今早满下村寨召开户长会议，讨论决定用转让的形式让老板开发。老板和户长们一起到实地查看，查看后商量转让用地款，大多数户长提出"转让30年，每年要转让金15000元，一次性付清45万元。"老板听完沉默一阵后说："让我再与家人商量一下，再做最后的决定。"就告辞而归。

在回家的路上，有些村民又提及前些年（2004年）刘老三老板要开发满下草坝，一直在做满下村村民思想工作，说与其白白搁下，不如租或转让给能人开发，村民也能得些利益；有些村民则认为不出重金就不能让他们开发。村民们各持己见，不好统一，得靠村干部的魄力和决心，才能做好村中这类重要事情的决策。

2010年12月4日　农历十月二十九日　晴

从四川攀枝花市退休的满下籍工人和学仁、和国秀夫妇在丽江交通集团会所为爱女和春叶举行嫁女庆典。虽然在城里举办，但规模不亚于在农村兴办婚嫁礼。在昨日他们家就请满下村寨老家族（"很玻"家族，现时的"阿四金"家族、"德立"家族、"毛吉"家族、那每家族都从很玻家族派生出来的。因为家族庞大，共有30户，此前除办丧事外，婚嫁之事，好多都互不请客了）每户一人，来帮忙买菜、择菜做准备。他的这次请客，把整个老家族都融为一体，洋溢着和谐团结的气氛，改变了近30年来"很玻"家族婚嫁大事的人员到不齐的情况，成了满下村寨办喜事的一大新事件。

其女儿和春叶在30年前户口随父农转非，长大读书后在丽江客运站工作，现年34岁，属于晚婚女青年，跟不到法定年龄就结婚成家生育的女孩形成了鲜明的对比。

做客的人很多，各方面的人都有，家族、亲戚、女方朋友、同事、哥的伙伴、嫂的同事（老师们）、父亲的老同事等，客人的贺礼都是钱，此次的礼金大概有 5 万元。

2010 年 12 月 5 日　农历十月三十日　晴

满下村村民和万林，今天在城里新买的住宿公寓里举行乔迁新居的庆典。他邀请了家族、亲戚、朋友来参加庆典盛宴，盛宴由和万林的老婆和亚兰及小姨和良命、妯娌和万芝、弟媳和红雁等主厨招待。来参加庆典盛宴的家族、亲戚、朋友的贺礼是人民币 100 元到 500 元不等。这是满下村寨第二家村民在城里买房并已住入，他家现时有 3 口人，和万林、和亚兰夫妇及长女和丽菊，和万林进城开车已近 10 年；和丽菊在 2009 年从云南民族大学毕业后就职于丽江市玉龙县司法局，现在鸣音乡司法所；和亚兰在家务农，排田种地，对买卖农产品等很有一手，村民认为她料理安排家中事很高超，故尊称其为"经理"。

2010 年 12 月 6 日　农历十一月一日　晴

满中村村民和福生今天以每公斤 2.60 元的价格出售洋芋，他老婆和菊还有些舍不得出手，有些犹豫。和福生却说："这样的价格，和以前比就是天价，现不出手，更待何时？以后若卖到 4 元一公斤也不后悔，管他往后的洋芋价上涨还是下跌，现时这个价出手已可算是捞到一大把钞票了，不需再费心想着洋芋价的走势，而是可以高枕无忧了。"和福生的主张占了上风，于是就请家族和亲戚帮忙上车，共上了 4.3 万斤，结算付款时，从老板手中接过 5.5 万元的红灿灿的近 6 扎人民币，他喜不自禁地说："这是有史以来家中洋芋收入最高的一次，要是每年都这样，干上两三年，整个南溪村都可达到小康水平。"和菊则评说丈夫"自夸自大"。洋芋老板插嘴说："好多气候条件好，以种水稻、撒小麦为主要产业的地方，农田收入近一两年赶不上种洋芋的山区村民，这是真的，但你们南溪的钱大多都用在房屋建设的重复投入中而消费很大。"这位老板通过 10 多年拉洋芋、卖洋芋的机会，察觉了山区的实情，道出了南溪村的真实情况。

2010 年 12 月 7 日　农历十一月二日　晴转雨

今天是南溪村的祭祖节，也是一年中的最后一个祭祖节。好多只用纸做祖先牌的村民，今天要重新做一张祖先牌，上写"本音和氏门中历代宗亲之位"以及所祭祀的三代老祖宗的名字（用完后好好收藏起来，到来年二月九日、六月二日、七月十三祭祖时用，七月十四日送祖时在送祖地烧了）。供品是三小堆黑柿子，3 根蒜苗分摆在 3 堆黑柿子旁，还有 3 个梨子、3 个核桃，这样的摆设示意现时是果实成熟的时段，用果实来祀奉祖宗，酒、茶、香则是每一次祭祖必不可少的物品。

2010 年 12 月 8 日　农历十一月三日　阴

南溪村"新型农村社会养老保险"投保活动，在各级党委、政府的领导下，在村委会干部的耐心反复宣传和动员下，已有 70% 左右的村民投保，投保人中有 95% 左右的村民投了 100 元的这档，加上政府补贴每人帮投 35 元，共投 135 元。目前，即使镇领导和村委会干部多次入户宣传"新农保"的政策，各村民小组仍不愿投保，不想缴保险费的村民还有 20% 左右，有个别钉子户的工作还不好做，镇领导和村干部要忍辱挨个别村民的乱骂。

今天，南溪村委会党总支书记兼村委会主任和继武、党总支副书记和国军、副主任和丽军、夏山银副镇长等到满中村和占军家、和福生家、和万春家宣传，收取投保费期间挨了这些农户家人的辱骂。

2010 年 12 月 9 日　农历十一月四日　阴

满中村村民和福军今天请亲戚邻居帮他家称洋芋上车。今天的洋芋卖价为每公斤 2.64 元。在他家帮忙装洋芋、称洋芋、背洋芋上车的村民都说："这是南溪有史以来最高的洋芋价,要是每年都能卖个每公斤2元的价,就比进城开出租车还划算。首先一点,从事体力劳动虽然辛苦点,但是不必担惊受怕,思想上可以轻轻松松;但开出租车,虽然身体轻松些,但思想上随时都得把'安全'这根弦绷得紧紧的,特别是晚上开车,根据这十来年的开车经验,还是得担惊受怕,担心自身的安危;其次,从经济收入上来讲,在家种洋芋的收入比往年高好多,但是,物价的上浮或下跌是无法事先知道的。"的确,视眼前利益为重的村民,哪种事情能挣钱就干哪种事情,但谁都不能事先确定哪种事情挣钱,哪种农作物价高。因此,谁都不敢抛弃传统种植的农作物而单一地去种某一种农作物或单一地从事某一种事情,村民们还是得从事各种农事,干各种事情。

2010年12月10日　农历十一月五日　阴转晴

今天对于南溪村的年满60周岁以及60周岁以上的村民来说,是个值得庆祝的日子。他们都拿到了新型农村养老保险金,从10月补发,每月55元,存折里已转存了10月、11月两个月的农村养老保险金共110元。大多数领到这笔款项的老年人,心里都感叹共产党好,社会主义好,都很感动。但也有个别的村民认为这种做法不会长久,生怕像母猪保险一样,保险上一两年后就悄然消失掉了。这是不必要的多余的担心,母猪保险一事,现在还保不保,只有能掌管家事的年轻人知道,不管这事的老人们根本不知晓这些事情,甚至经常不去信用社取钱用的掌管家事的年轻人,也不一定对此事清楚。

不过,话又说回来,这部分人有担心的现象,主要是因为从他们懂事起,社会变化较大。因此,"担心所有的现行政策能不能坚持三四十年,现时16岁的人得交44年保险费,44年后,还会坚持现行的保险规定吗?"这就是一部分村民对得到保险金后也不乐观,更不愿意交保险金的思想根源。

2010年12月11日　农历十一月六日　晴

满中村村民和万春、和金凤夫妇拉了一手扶洋芋，去丽江坝子换小麦、玉米等粮食。说一手扶，其实也不足2000斤，只有1700斤左右。到坝子里，从文华村委会的中村、上村，到长水村委会，每个村民小组里都停下车来换一阵，兑换比例是：1斤玉米换0.7斤洋芋，或者1斤小麦换0.8斤洋芋，也就是说洋芋价钱比小麦或玉米价贵。坝子里面一些围观的上了年纪的村民都说："现在洋芋值钱了，比小麦、玉米还值钱，过去（改革开放以前）国家所定的兑换标准是1∶5，就是1斤毛粮换5斤洋芋，可见，现在粮食比洋芋多，反而粮食比洋芋价低，真是有些不可思议。"话虽这么说，但还是按照1∶0.7或1∶0.8的比例进行交换，因为洋芋是人们百吃不厌的菜类。他俩换到2500斤玉米，拉回到文峰寺以上的上坡路段时，因载重而出现手扶倒滑的现象，和万春自豪地对老婆说："过去坝子里的人看不起山上人，近些年反倒是坝子里的人羡慕山区村民的生活。现在就有些山里男青年娶了坝子里的女青年为妻，不是吗？"事情果真是如和万春所说的那样，在15年前坝子里的女青年与山上的男青年如要结婚，除极个别在单位工作的结婚外，都会小看在山区长大的人。

2010年12月12日　农历十一月七日　晴

满下村村民和子一的老婆，今天进城买了一台洗衣机。据说是2300多元，扣除政府给的家电下乡补贴近300元，她家付出的实际金额不足2000元。最近两三年，农民实实在在地享受到政府的各种优惠补贴，如家电下乡、购置农机补助、养母猪补助、困难户及残疾人低保、独生子女父母补助、老党员困难补助、两节（元旦、春节）困难户补助、退耕还林补助、新型农村合作医疗补助、新型农村养老补助等一系列惠民政策。在这些政策的帮助下，村民生活逐年提高，机械化、电器化得到基本普及，村民们从心底感激共产党的好领导。

至今，南溪满子师村约有120户村民，家家都有手扶拖拉机或轮式拖拉机，有些农户还有两台（手扶用来犁地，轮式用来运东西），80%的农户都用上了洗衣机、电磁炉、电饭煲、电视机、手机等家电，村民们都向小康生活迈进。

2010年12月13日　农历十一月八日　晴

南溪村委会党总支书记兼村委会主任和继武、副书记和国军、副主任和丽军，以及镇政府下派的南溪工作组的镇政府工作人员一行7人，到满下村等村民小组继续做"新型农村养老保险"的投保扫尾工作。因为在农村开始实行一种新的事物及制度时，总是有一些一时很难接受的村民，他们总认为自己交出钱后，就会失去或被别人占了，他们只想尽情享受国家政府的各种补助，所以，这部分人的工作很难做。但不管怎样难做，上级党委、政府要求该投保的农民要做到人人参保，所以，村、政干部即使挨骂受辱，也要继续做"新农保"的事情。

据悉，丽江市玉龙纳西族自治县是我省第二批19个"新型农村养老保险"试点县之一。年满60周岁以上的农民不需交保险费，可每年享受养老保险金660元，从2010年10月开始，16周岁到59周岁的农民每人每年要交足1500元，到60周岁时就可开始享受养老保险金了。

2010年12月14日　农历十一月九日　晴

这段时间是南溪村农时很松的日子，绝大多数村民利用这段日子去拉松毛，把拉到的松毛堆成一堆堆，将一年里要用来垫圈积肥的松毛在这段时间里找好备好。不仅如此，他们还利用这段时间把来年要烧的柴备足，因此每天的活计都在山上，不是在拉松毛就是在砍柴，只是进行的方式各有所异。有些村民是以家庭为单位进行，并用拖拉机拉了回去，一天只上一次山；有些村民是以同伴结伙的形式进行，以人背回去，一天上三四次山。如此轮番地进行，等到春节以后，家家门前都将出现一堆堆松毛，家家房檐下都将出现一码码新砍来的柴。

这样做，到来年的农忙时就可专一地去做各种农事了。

2010年12月15日　农历十一月十日　晴

满中村村民和万春今天请九河籍的5个泥水工来帮他家做围墙、盖大门石瓦、粉刷墙壁等活计，以点工的方式请工，每人付工钱80元，生活全包。和万春对邻居说："家庭建设的破费确实大，如此贵的工价，即使我们种的洋芋价再高也是难以承受的，但儿子长大了，不知啥时领来个小姑娘做儿媳，当父母的一样不准备，就怕愧于后代。因此，只能拼起做了。"邻居对他开玩笑说："前些年你不在外面鬼混，以你的本事，早就把家庭建设做得好好的，都会让村民羡慕你。"他毫不掩饰地说："要是前些年我不与其他女人鬼混，满中村第一个购置出租车的人应当是我。"的确是的，凭着他的能力和家底，他有一段很风光的时间，他勤劳、脑子灵活、会赚钱、会驾车，买过大型拖拉机、微型汽车，开过出租车。但后来一变，只风光了六七年光阴，不仅混掉了黄金时光，还影响了家庭和睦、经济收入与家庭建设等一系列重大事情。

从和万春醒悟后的话语中，可总结出一个结论："为人不但要聪明、勤快，更主要的是要品行端正。"

2010年12月16日　农历十一月十一日　晴

前些年常常利用这段时间，做些洋芋小生意的满下村村民和朝光、杨耀祥夫妇，面对今年如此高的洋芋价，有些望而生畏。他们根据前些年做这种小生意的收入，心中想利用农闲之机重操旧业，增加些家庭经济收入；可面对如此高的洋芋卖价，心中不免有忐忑之感，生怕把这生意做亏了。他夫妇俩的犹豫是不无道理的，今年的洋芋都是由洋芋老板拉到保山、大理临沧、昆明等地的，还没有在丽江本地销售。和尚军劝他俩说："丽江要洋芋的人照样会要，以往种点洋芋的人照样会种，价格必定会水涨船高，亏不了，但不知赚多或赚少。"在他的鼓动下，他夫妇俩以每斤一元一角的价买了4000斤洋芋，拉去坝子里卖，相信他俩会卖到好价钱。

2010年12月17日　农历十一月十二日　晴

南溪村委会书记和继武、副书记和国军、副主任和丽军三人到满下村村民和顺明家、和万军家进行动员及收取农村新型养老保险，虽已三番五次造访，但他仨根据镇政府领导的指示，不气馁，不怕辱骂，硬着头皮继续做工作。

和顺明、和万军曾任过满下村村长（和顺明曾任过十余年，和万军曾任过四五年），他俩根据他们在位时的经验，对政府的一些举措有所怀疑，因此拒不缴参保费。

村干部及村民们对此都认为，很难做他俩的思想工作是有原因的。

2010年12月18日　农历十一月十三日　晴

曾因与父母闹意见后，领着老婆孩子去丽江城里开出租车的满下村村民和武军、和金桂夫妇，随着时间的流转，与父母的关系已有很大的转变。父子重归于好，婆媳停了吵闹，两家又归成一家。

现在，大人能够听进一些年轻人的话，接受一些年轻人的主张，年轻人也能忍受老人的闲言，对老人做些让步。因此，和武军退了所租的车，领着老婆孩子回家来，让老婆和父母一起劳动，他准备在春节前找好基石，在来年春天竖一所新房。

2010年12月19日　农历十一月十四日　晴

一部分村民一直期盼着洋芋价钱能随着时日而一路升高，然而这些天来南溪村拉洋芋的老板已日逐减少，每天几乎只有一两个人，有时甚至一个也没有。这些村民心里估计着"洋芋价可能是要下跌了"。心里有些忐忑，而个别大胆、尝过最后出手甜头的村民则心如磐石，丝毫未动，如满下村村民和作武、和金辉、和作典、和金发、和圣华、和汝浩、和建国家等，满中村村民和三友、和春立、和仕黄家等。

心里发急的村民，只要看见有大汽车进村，就要上前去看看是不是来买洋芋的车。只要是来买洋芋的，就把老板往自家领，让老板看洋芋是否合意。心不急的村民则好似看不见车一样，背着篮子或带上绳子、斧子往山上去。

2010年12月20日　农历十一月十五日　晴

满下村村民和圣华因听说"香格里拉"旅游车在丽江更新时有困难，所以他把买来不到一年的带有"香格里拉"行车牌照的旅游车，以23万元的价卖出。据传，他在这辆车上（买价、售价上）得净利4万余元，此前他还用这辆车跑了近一年。

通过近一年的客运工作，和圣华夫妇尝到了载送游客的好处，于是他俩想鸟枪换大炮，把19座的中型旅游车卖掉，买一辆39座的大型旅游车。他把这车卖了后到玉龙县白华信用社贷款，打算立即买一辆大型旅游车，可信用社说："现时是年底，等到开年以后再放贷。"他俩就只好坐等2011年的到来。车子出了手的和圣华就陪着开客栈的老婆和良命，帮她做些零碎活。

2010年12月21日　农历十一月十六日　晴

满下村村民和圣伟、和武军父子去"楞石古"山上撬石头，找竖新房的基石。父子俩吃午饭时，和圣伟说："要是在早两三年时找石头，比现时省力得多，我的力气也比现时大，若你们不闹着去城里，竖房一事早就弄好了。"和武军也说："我们下去开车，不是情愿的，是在万般无奈下才这样的，那时大的不让，小的不忍，若不离家出走，家里不知会吵成怎样。结果会怎样，我也不敢想，通过几年分伙生活，婆媳间少接触、少摩擦，现在小的能忍了，大的也能让着点就好了。"

的确是这样的，一个家庭，只有一个让一个，你说我听，互相尊重，互相谦让才能和睦相处。父子是这样，婆媳是这样，两口子是这样，邻里相处也是这样。

2010年12月22日　农历十一月十七日　晴

设在南溪满中村的格林恒信生物种植有限公司今天从城里请了两个焊接工，焊接晒玛咖的铁架子。请工以承包的形式，公司备好所需材料，师傅以焊出的架子数量来拿酬金。因为只有两个师傅，所以这两个师傅又请满中村村民和志强、和江红两人来做他们的帮手（小工），每人每天付70元的工价，需要焊接五六天才能完成。

等架子焊出后，公司就可以准备收玛咖了。

2010年12月23日　农历十一月十八日　晴

满下村村民和武军今天请了岳父的亲戚和永良、和永红、和永军、和永光、和国红、和子红等人去前边（东面）山上砍竖房用的梁头、椽子等木材。自2009年和永红上任满下村村民组长以后，制止以前的乱砍滥伐现象，农户用来翻修房子的用材要做报批手续，做到用几棵、批几棵、砍几棵。这样一来，村民对树木的保护意识增强了，要做翻修或新盖房屋的农户也可以砍到较好的用材木料，这点村民是有目共睹的。

2010年12月24日　农历十一月十九日　晴

当今是科技腾飞、知识爆炸、经济大发展、各种人才辈出的时代，出生于南溪村的青壮年中也有出类拔萃的人才。如出身于南溪鹿子村的和学骞，他不但政治上前途光明，而且在其他方面也颇有造诣。四十有余的他现任玉龙县委常委宣传部部长，擅长书法绘画，曾在1994年"黄河杯"中国书画大赛中荣获书法铜奖，作品同时入选1994年"黄河杯"

中国书画赴新加坡展览。同年他被黄河书画院聘为特邀书画师，曾多次参加中国书法家协会联合举办的书法展并多次获奖，成为当今南溪年轻人的典范。

2010年12月25日　农历十一月二十日　晴

赶潮流、追时髦的满中村青年人，不顾家中父母的劝阻，都相约去城里过"圣诞节"。这个陌生的节日名，年龄在30岁左右的村民都不知道，只有20岁左右的年轻人知道这个节日。但孩子们的行动，父母无法阻止，只好给他们零花钱。这些年轻人到城里后，逛超市、进网吧、蹲酒吧，一下子就花费了三四百元，这样的消费，家家父母都心疼，但又无奈，只好在背地里嘀咕一下，以解心中的不快。

2010年12月26日　农历十一月二十一日　晴

古城博物院黄乃镇院长，暑假时在纳西族研究点指点"要在万字桌上摆放一尊观音像"。于是和尚勋进城到木府找到副院长陈桂云同志询问，陈副院长让和尚勋同志到市场卖观音的门市问价。下午4点左右，和尚勋到木府把各户的卖价报给陈副院长，陈副院长说："要添置什么东西，你看着买，在1000元以内。"晚上，和尚勋将这事告诉了项目负责人洪颖老师，洪老师要求尽量方便木府财务结账而行事。和尚勋睡在铺里一时也想不出要添些什么，直到突然想起暑期做饭的和万春说过"电磁炉不行了"一句，他想就干脆买个便宜的电磁炉吧，不管原有的好与坏，新的都会有用的。

2010年12月27日　农历十一月二十二日　晴

今天，云南大学西南边疆少数民族研究中心，纳西族研究点的管理员和尚勋老师按照陈桂云副院长及云南大学洪颖老师、和晓蓉老师的嘱托，到市场买了一尊观音像、敬茶杯2个、香2包，共304元；高压锅

1个，110元；茶杯20个，80元；酒杯10个，10元；菜刀1把，价20元；菜板1个，价18元；电磁炉1个，价300元；冲水箱1个，价80元；高压水管2根，价30元；垃圾桶2个，价10元；菜盒2个，价24元；总共支出986元。买好货后，到木府财务报了账，以便财务科的工作人员在年前结账。

2010年12月31日　农历十一月二十六日　晴

纳西族古时候人与自然的故事

纳西族人民勤劳、勇敢、朴实；纳西文化源远流长，内容丰富；特别是东巴文化，被评为世界记忆遗产的纳西族东巴古籍文献《东巴经》内容博大精深，包括语言、文字、民族、宗教、文学、艺术、天文、地理、经济、文化、教育、医学、哲学、军事、生态等学科内容，是古代纳西百科全书。其中关于人与自然和谐的生态思想最为丰富独特，是纳西族生态文化系统的精华与核心。

现将纳西著名学者李群育先生译写的，载于东巴经典《休曲苏埃（龙鹏之斗）》中讲述的"人和自然之间发生的一场生态官司"故事摘录如下，与研究纳西文化的专家学者共享。

很古很古的时候，人类与署类（自然万物）本是同父不同母的亲兄弟，长大后兄弟俩才分家。后来人类与署类之间产生了严重的矛盾，人类便求天国大神丁巴什罗下到凡间，设庭评判人与自然之间的是非。

人类首先告状说："天地都被署类所霸占，山谷都被署类所占领，木石都被署类所抢占，水土都被署类所独有！"更可恨的是署主"左那里赤"不让人类到高原放牧，不让人类去开荒种地，不让人类去挖沟引水，不让人类下活扣来捕获禽兽，不让人类牵起猎狗去打猎，不让人类平安地生息在大地上。因此，强烈要求大神丁巴什罗，一定要为人类做主。

于是，大神丁巴什罗派螺白神鹏迅速前往署地，捕署主"左那里赤"

到庭，与人类对簿公堂，明辨是非曲直。左那里赤抗议道："我住在辽阔的大地上，没有同人类惹祸结冤仇，为何抓我？"神鹏说："人类和署类本是同父不同母的两兄弟……可世上所有山林、草地，水源等都被署类占领，不让人类好好地放牧、打猎、种地，难道这不算惹祸结冤仇吗？"

于是署主左那答辩说："不是我们跟人类结冤仇，而是人类和我过不去，我们署族的山泉边呀，人类故意杀野兽来剥兽皮，血水腥味充满了洁净的山泉，人类一上山打猎，不让马鹿山骡自由吃鲜草，射走马鹿又杀山骡，阴坡黄猪被掉进陷阱，阳坡红虎被地弩毒死，雪山白胸黑熊已猎尽，高崖黄蜂甜蜜已取完，人类还到江里来捕鱼，去江滩淘沙金，树上白鹇不飞翔了，森林花蛇不爬了，石边青蛙不叫了，九座山的森林砍光了，七条箐谷树林烧尽了，不是我们和人类相仇哟，而是人类不让署族活下去啊！"

署主左那里赤还劝告人类道："大地上的人类呀……森林已快烧完，大树也将倒塌完，大石也将撬翻完，大水也将干涸完！"

经过法庭辩论，双方都看到了这场生态危机的严重性，认识到这样的情况任其发展下去，"河水都会断流，树木都会枯死，大地不再有绿色，万物生灵会渴死，海枯石烂，人类和署类都难存活。"

于是，在大法官丁巴什罗的调解下，人与自然握手言和，并签订了和谐相处的合约：重申人类不得伤害署类，即不得任意毁林开荒、滥伐森林、开山取石、放火烧荒、捕杀野生动物，不得污染水源和空气；在人类履行合约的前提下，署类要给人类出清泉水、降及时雨，风调雨顺，保生产，保平安，同时，允许人类在适当的地点和时间里，进行适度的开荒和狩猎活动，以补充人类在困难时期生产生活的不足之需。

丁巴什罗最后判："人类与署类的纠纷，就从今天调解之后，除非白石羊会走路的那一天，黑石猪会踩踏的那一天，都要认真履行合约，双方永远友好从不相争！"

很古很古的时候，世界一片混沌，天和地还没有被开辟的时候，太阳和月亮也还没有出现的时候，众星和彗星也还没有出现的时候……上边发出喃喃的声音，下边也发出嘘嘘的气息，声音和气息发生变化，出现了一滴白露，白露发生变化，出现了一个白蛋。接着是白蛋发生变化，出现了水、木、火、金、土五行，继而出现了天、地、日、月、星、山水、树木、牲畜、人类及各民族的村寨，同时也产生了神鬼的世界。

纳西族先民认为"宇宙万物起源于物质的自我运动变化，在宇宙和生命起源之初，天地万物本来都是平等的，天地万物之间并不存在谁创造了谁（如西方有上帝创造人类传说），谁主宰谁，谁高贵谁低贱的问题"。

纳西族先民还认为："大自然（署）并不是任人摆布，软弱可欺的一个异母兄弟，而是一把锋芒毕露的双刃剑，大自然（署）具有服务人类与报复人类的双重性和两面性，这个同父异母兄弟既能造福于人类，也能危害于人类。"在纳西族东巴经书中明确告诫人类，署类的心中有两种意念，友谊和敌意，如果人类对署类好，署类也会给人类带来风调雨顺等好处，为人类服务；但如果人类不能公道地对待署类，甚至伤害署类，署类就会给人类带来各种各样的灾难。因为大自然绝不是软弱可欺的，"署"的心肠是很硬的，还有恶毒的尖牙利齿，是有仇必报的。当然，大自然是要对人类友好地进行服务，还是要无情地打击报复，则完全取决于人类对大自然兄弟的态度和行为。因为，人类与自然分家时曾有约定，后来在双方打生态官司时又签订了合约，都规定人类有义务保护自然，要经常为自然兄弟做防病治病等好事，而不能去做伤害自然的坏事，特别不能有焚烧山坡、森林，污染泉水，滥杀野生动物等侵害自然（署）行为。这些约定和约中的规定，显然是建立在大自然具有服务人类与报复人类两重性，人类必须善待自然才会造福人类的基础上的。

教育部人文社会科学重点研究基地
云南大学西南边疆少数民族研究中心文库
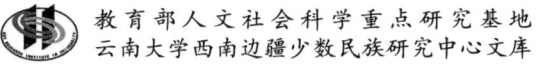

新民族志实验丛书·第二辑
主编 何明

山村时轮

玉龙县黄山镇南溪村
纳西族村民日志

（2006—2018 年）

❸

和晓蓉　李继群 编

和尚勋 记录

学苑出版社

目 录

2011 年日志（1 月至 8 月）/1047

2012 年概述 /1185

2014 年日志（1 月至 9 月）/1211

2015 年概述 /1351

2016 年概述 /1393

2017 年概述 /1423

2018 年概述 /1445

2011年日志
（1月至8月）

2011年1月1日　农历十一月二十七日　晴

今天是21世纪第十一年的开始,村民们以不同的姿态跨入新的一年。在新的一年里,各户村民围绕家庭经济发展都有新的打算、新的安排,从今天开始了新的起点。村民和圣华与和良命两口子在商议着从信用社贷些款,购置一辆大型旅游汽车;村民和武军、和金桂两口子商议着起新房的事宜;村民和朝亮、和福春夫妻同父母为打算更新一辆新轿车的资金来源而思虑。只有未成家的年轻人和小孩,欢蹦乱跳,无忧无虑,欢度佳节。

2011年1月2日　农历十一月二十八日　晴

格林恒信生物种植有限公司,今天公布了挖收玛咖村寨的顺序。顺序是与2009年的顺序倒着排的,把2009年最后挖收的排在前面,其顺序是满上村、满中村、满下村、旦都后村、旦前村、鹿子村、金龙村。公司还公布:各种植户可以提前挖好,自己收藏好,直到轮到该村寨收缴日期,才拉来公司过秤上交。今天满上村开始挖收,因为事前知道消息,满上村大多数种植户事前已把玛咖挖收在家,今天一早就拉到公司过秤交货记账,估计两三天内就会收完满上村的。今天满中村也有农户在挖,他们打算到时过秤交货后就到公司打工,帮公司称、洗、切、晒玛咖,来增加自家的经济收入。

2011年1月3日　农历十一月二十九日　晴

满中村的村民大多数在格林恒信生物种植有限公司打短工,帮忙他们洗玛咖、切玛咖、晒玛咖。公司在收玛咖时的工作较多,需要的小工也多,公司就以每天40元的工价请满中村的村民来帮忙,来者不拒。年龄最大的是75岁的村民和桂贤老奶奶,和光彦老奶奶也不肯袖手旁观,她们尽管年岁都在72岁以上,但还是来打工。正如古时说的"人使人难,钱使人易",一点不假。要是做无酬金的事,会这样吗?一些人从心底发出疑问。

2011年1月4日　农历十二月一日　晴

村民们历来都视冬腊月间的树砍成的材料经久耐用，蛀虫也很少蛀食此时所砍的料，古来就有"来年起房盖屋，必在冬腊月间备料"的传统。因此，世居南溪村的历代纳西人都利用冬腊月的时间准备好来年要用的木料。凡是打算起新房，或是返修旧房，隔整要用方料或板子的都在这段时间备好。如今南溪村的大山上只有做梁头和椽子的树，有派用这两种木材的村民们带上斧头，开着手扶拖拉机去山上砍树。他们给村民组长说一声，就算是批准了。

2011年1月5日　农历十二月二日　晴

满中村村民和国军，今天请满下村民和万红帮他家切蔓菁花。其工序是：把去年底收藏在家的蔓菁中色鲜的挑出来，去皮，然后用菜刀正反切两道（这两道工序技术很难掌握，既要细心，又要耐心，性急的人是学不会这技术的），切好后晒在铁丝或木杆上，垂下来很像凭空吊起朵朵昙花，故名蔓菁花。等晒干后收藏起来，食用时用腊肉或火腿汤煮吃，那好吃的味道使人久久难忘。因此，和国军每年都请和万红切上两三天，待干后，一部分作为礼物送给在城里的朋友或乡镇干部，另一部分自家逢年过节或请工时煮吃。从县里和镇里下来村委会调研的干部也时常提起南溪村的火腿汤煮蔓菁花，或鸡汤下蔓菁花这道山菜，都说"这赛过城里的百种美味佳肴，口感极好，且胃也舒服。"好多南溪村村民用蔓菁花做招待亲朋好友的拿手菜。

2011年1月6日　农历十二月三日　晴

前段时间来满下村声称"要租鸡冠山背后，跌水岩附近山地"的老板，今天来到满下村村民组长和永红家，说明要租借这些山地的用途是

"以后盖些木楞房，在这些地方进行郊游接待活动，盖好后要请和永红来看管这些房子。"于是老板与和永红一起到跌水岩附近丈量各农户山地的亩积，并分户分块记好，以便与山地的主人议价，并商定租期。傍晚老板暂不声张地回家去了。

2011年1月7日　农历十二月四日　晴

满下村村民和尚军家今天杀年猪。其特点有：第一，家族中的和尚勋家没人参与杀猪与做客，其原因是，一年来和尚勋家老两口有些时日待在城里，故家里没有养年猪，他们就不再做亲戚、家族的年猪客。他们的理由是"自家不养年猪了，不请亲戚朋友家族了，也就不参与他们杀年猪的活动了。"第二，和尚军家前年娶来的儿媳妇和翠芳已不在这场合出现，而是一个还未过门（还未举行婚礼）的宁蒗籍小姑娘来参加。据说，和尚军的儿子和朝柱去年4月与娶进家并生有一女的和翠芳分手，之后喜欢上这个宁蒗小姑娘，并与她共同在城里生活。

对年轻人的这一举动，村民们各有己见，不赞成的居多。但现时的社会，谁家子女又会听父母和旁人的劝告呢？

2011年1月8日　农历十二月五日　晴

满下村村民和国武杀年猪，他邀请了与他一同以5万元承包满下落水洞及草坝的伙伴和春拾、和德华、和朝亮参加。他的用心是请伙伴们开开心心地闲上一天，痛痛快快地畅谈他们4人以后20年的期望（对落水洞及草坝开发利用的宏伟计划）。他们各付出了1.25万元承包费，对以后20年草坝的利用充满信心。然而，有的村民对他们4人的举动付之一笑，认为没有半点价值，投入的钱难以收回。因为，大多数人认为南溪公路为死角，不会有开发商进来。

2011年1月9日　农历十二月六日　小雨

南溪满上村村民和福兴今天乘天下小雨，吃过早饭后，到满中村个体户和耀奎家买酒。打了二斤散酒后，他拿着酒往回走，边走边把酒往嘴里喝。到家后他往火塘里加了一把柴坐在火塘边，边烤火边饮酒。可能是酒在肚里烧，火在体外烤，增加了身体的热度，酒醉得快，酒一醉，和福兴就往火塘里倒，现时穿的衣服裤子多为易燃的化纤布所做，他的身上也就着火了。到下午，他的年近八旬的老父亲和占元到邻居家串门休闲回到家中，看到小儿子和福兴倒在火塘边一动不动，停止了呼吸，结束了他40岁的生命。和占元急忙到门外向邻居家族大声报丧"五福兴死了"，邻居们闻声向他家赶来，见到以上的情况都断定是酒醉倒到火塘里致死。根据他父子俩近20年来的一贯表现，这结局不出邻居、家族、亲戚、村民所料。这是南溪村酒醉致死的第二例（第一例是1998年春节，鹿子村小伙子和发光因酒醉后与父亲和游发生口角把父打死）。

这两个事例中，虽然两个为父的常喝常醉，但两个后生也常喝常醉。一个趁自己的酒劲把父亲送上天堂；一个趁酒劲把自己的生命葬送在火塘中，了却自己的一生。村民们都视为不光彩，认为做父亲的对子女教育不好所致。

2011年1月10日　农历十二月七日　阴转晴

南溪满上村村民为昨天因酒致死的和福兴举行丧葬礼，这葬礼比一般的葬礼简便多了。由于现代通信的发达，农民都用上了手机，再加上南溪各村都拥有出租车或面包车等交通工具。因此，昨天和占元及时把此事用手机报给亲戚，今早就从城里买来各种菜做饭，各地的亲戚也急匆匆赶来参加丧葬礼。

2011年1月11日　农历十二月八日　晴

南溪村的先民们古来有"腊月初八为吉祥日，是大发大旺的日子，是举行婚嫁的大喜日子"；以及"在腊月初八结婚的人婚后就孕，子孙兴旺"的传统说法。有不少村民择这天为结婚嫁娶的吉日，特别是只有一个儿子的村民，出自多子多孙的希望而择此日为各自的独儿子完婚。做父母的能在这日为儿子（或为女儿）举行婚嫁庆典，总感到心安理得，脸上光彩。

由于国家实行计划生育政策，再加上对"人均值"认识的提高，村民不再希望多子多孙，随着岁月流转，"腊月初八是吉日"这一概念在现时村民思想中渐渐被淡忘，不再那么注重了。好像是多孕多生了怕违反国家政策受到处罚似的，婚嫁的人家也不再强求在腊月初八进行。

2011年1月12日　农历十二月九日　晴

南溪村委会召开各村民组长、副组长会议。会议的主要内容是：总结2010年南溪村的村务工作，讨论和商定2011年的村务主要工作；发放2010年村民组长、副组长津贴。

据村委会副主任和丽军同志介绍说：从2008年度开始，国家财政提高了对村民组长、副组长的补助标准，从原来的每人每年240元，一下提高到每人每年800元。这使大多数自然村干部安了心，但有些村干部在2010年4月举行的换届选举中落选了，新选上来的也没有再坚持不干的了。

经大家讨论，2011年的村务工作主要是：争取从城区白华村到南溪油路的开工建设，如有可能，争取引进开发满下草坝的开发商。

2011年1月13日　农历十二月十日　晴

满中村村民和七仕今天请家族及邻居帮忙称洋芋上车，他家装了一辆大卡车，共4.48万斤，每斤售价为1.25元，收入人民币56000元整。

装完洋芋在吃饭时，和七仕说："前段时间以每斤1.20元的价卖出3万斤，收入3.6万元；洋芋种以每斤1.1元卖出1.3万斤，收入1.43万元，全年单洋芋这一项就收入10.63万元。加上玛咖会收入1万元左右，羊卖了1000多元，猪卖了1只，1300元，全年总收入12万元左右。要是每年都能这样，南溪村在城里开出租的人都会回来种洋芋了。"和七仕家在满子师三个村中的收入为首位，估计在整个南溪村也属于前五名。

农副产品价格的猛涨，会使很多农民的钱袋子鼓起来，生活过得好起来，村民们会过上小康生活。

2011年1月14日 农历十二月十一日 晴

满中村的村民和福军今天进城开出租车，但他还没有"出租车从业资格证"。要考取这种证书要具备已取得驾驶证3年的资历，才能报考，而出租车营运只准许有"资格证"的驾驶员开车。这些规定都出自"安全"的需要。但晚上租车做营运的人，不一定都会查得很严，不一定每个开车人都持证上岗。因此，和福军抱着"试一试"的心态进城去开车。

2011年1月15日 农历十二月十二日 晴

满下村村民和武军今天请村里木匠大师傅和国兴去丽江城里买起房用的大料（柱子、横方、大杈等）。一所楼房的大料花了4.2万元，加上运费和花销共支出约45000元。身居大山深处的村民要起民居得花这般巨额的部分木料费，不得不使有的村民从内心发出感叹："唉，错就错在农村第一步改革时，村民们对山林的保护意识不强，导致乱砍滥卖的严重现象。三五十元钱就卖出一大车木料，甚至发展到一两条'金沙江香烟'也换一车木料，这样折腾了两三年，千顷森林里的成材木被一扫而光。事隔二十多年，后生们要起房盖屋得付出这般巨额资金，我们老一代实在对下一代有内疚感。"但一些村民认为"靠山吃山，靠水吃水，这是天经地义的"，没有半点后悔的心思。绝大多数55岁以上的村民都知道改革初期南溪村村民对森林确实过火了，没有做到手下留情，真的害了下辈人。

2011年1月16日　农历十二月十三日　晴

满中村村民和闰里家的亲戚、朋友，中青年村民都集中在和闰里家，筹备明日举行和闰里的结婚礼。他们杀猪的杀猪，砍柴的砍柴，择菜备菜，忙个不停。大家各尽其责，都在总管的指挥安排下紧张地工作。总管由村委会副书记和国军担任，他一贯在村中的红白事场合干总管，很有经验，有条不紊地组织指挥婚庆筹备活动。

吃过晚饭，大伙就围桌摆开麻将之战，一直到凌晨2点左右才休息。

2011年1月17日　农历十二月十四日　晴

满中村青年和闰里今天举行娶妻结婚庆典礼，他的妻子是太安乡汝南村委会中螳螂村的女青年和春秀。

中螳螂村与南溪满子师村相隔20千米左右，不算远，但与只隔三五千米的邻近村寨比起来，就不是近了。虽隔不远，同时又都是纳西族，但中螳螂村那里的风俗习惯（不论是婚、丧、嫁、娶等）与南溪村有明显的差别。例如：娶媳妇迎亲时送的礼比南溪村的多，丧葬时送的礼同样比南溪村的多，这样就增加了和闰里家迎亲娶媳送礼的负担。对于孤儿寡母的和闰里家来说，这样大的支付实感到有些力所不及，但为了娶媳妇，也只能按照女方村的风俗送礼了。

为帮忙和闰里家办婚事，玛咖公司从昨天起到明天停止收玛咖、加工玛咖的活动。

2011年1月18日　农历十二月十五日　晴间阴

满上村村民和木林老人的出葬礼今天举行。吃过早点，各种职事都忙于各司其职。首先显得特别紧张的是记账和收礼，虽然满上村还保持了原来的出葬前一天就悬白（戴孝）的传统习俗，但大多数邻近村寨的远亲或沾挂（以亲带亲）亲朋今天才来参加丧葬礼。其次是炊事组和蒸饭组的职事们、小工们，埋尸组的职事们也忙着到墓地去挖坟坑。12点开始待客。吃过饭休闲时，村中各户的远亲近邻们谈道："和木林老人晚年受小儿子和洋红及小儿媳的精心赡养，她的晚年生活确实很幸福。虽然同在党和国家尊老爱老的这一片蓝天下，但后代们的道德素质各不相同，有较大的差异。因此，作为把儿女养育大的老年父母，晚年生活也不尽相同。和木林与十年前逝去的老伴和汉青相比，他们享的晚年福差异是很大的，老伴和汉青由长子和洋社赡养，到70岁左右去世，没享几天福。正因为和洋红的老婆和润香孝敬老人，和木林老人能多享了一段时间福。和润香曾被黄山镇党委、政府授予孝敬老人的模范的称号。"

到下午4点左右发灵安葬，和木林的丧葬活动还待明后天继续，总共要花5天时间。

2011年1月19日　农历十二月十六日　雪

老天虽然下起了雪，可设在南溪满中村的格林恒信生物种植有限公司却进行着热火朝天的、紧张而有序的劳动。有的将装有玛咖的篮子提到洗刷机器旁，有的提起玛咖往洗刷机里放，有的用簸箕把洗刷下来的玛咖接住，有的把一簸箕一簸箕的玛咖抬到切片机旁放好，有的把洗好的玛咖往切片机里放，还有的把切好的玛咖片抬到温棚里的晒架旁，再由另一些人用手把玛咖片摆放到架上晾起来。所有在这儿打工的村民都没有偷闲的机会。上了年纪的老人尽量在晒架旁晒片，其他活计老人们是承担不了的。年龄不饶人，力不从心是老年人的共同点，可他们又想在家门前找点钱，公司的人就不得不给这类人安排这样的活。

2011年1月20日　农历十二月十七日　雪

天继续下着雪，雪花在天空飞扬，却刺痛着玛咖公司的所有职员及老总的心,他们都感到"天公不作美,故意与他们抗争"。是的,苦心经营玛咖的老板,眼看大有收成,老天却造成不利于加工晒片的态势,心里怎么不急呢?他们让在公司打临时工的满中、满下村村民,赶紧把前些天切的片摆进温棚里,避免遭受雪花的浸湿而变坏,村民们都紧张地把晒片架一个个摆进温棚,玛咖公司把南溪村历史上称的"冬闲"季节变成"冬忙"季节。

2011年1月21日　农历十二月十八日　雪后晴

一场雪给山民带来寒冷,气温从平常的零度左右一下降到零下10摄氏度左右。老年人及怕冷的村民围坐在火塘边取暖,可这场雪也逗乐了很多不知冷、不怕冷的娃娃,他们一早起来就到雪地上唱啊、跳啊,堆雪人、团雪球、打雪战。做父母的生怕孩儿们冷了得病,连骂带哄地劝他们别玩雪,可怎么也劝不住,反而越劝,娃娃们玩得越带劲,你追我赶,雪战越打越激烈。个别小孩多次被雪球打中,身上溅满雪花,变成个小雪人似的。

这场雪还给尝惯了野味的村民带来了难得的机会,他们携着捕野兔的网,三五成群上山追捉野兔,就连年近七旬的和建良老人也穿上长雨鞋投入其中。

平时集农事家事于一身的中年妇女则端个火盆,坐在电视机前一饱眼福。

总之,这一场雪给不同年龄、不同兴趣的村民带来了乐趣。

2011年1月22日　农历十二月十九日　晴

前天下了一场大雪,山村披上了一层银装,虽已雪后天晴,但冬日的阳光还一时融化不尽山上、地上的积雪。房子上的积雪有些(厨房)已融化净,但大部分房顶的雪仍一时难以融化完,这主要原因是南溪村的海拔高(3200米)所致。

一场雪把村民们都关在家里，没人上山、下地劳作，把喜欢麻将和扑克的村民围拢在一起玩；把不喜欢凑热闹、不喜欢串门、不喜欢扑克麻将的村民们钉在各家的火塘边或电视机前；还有些闲不住的小伙子和中壮年人去山上雪地追捉兔子、小鸟，好不快活。

2011 年 1 月 23 日　农历十二月二十日　晴

满上村村民和耀军今天请满上村家族、邻居来帮忙下基石。下基石的师傅是和吉亮。人真是差别太大了，有些人一会百会，样样都能；有些人则无一技之长，除了排田种地、喂猪理家，其他事都得靠别人。例如：满下村能人和建良，农活虽赶不上身强力壮的同龄人，但木匠活、篾匠活都会；又如和国兴，农活样样强于同龄人，木匠活也很出众，竹匠、石匠都上手，根本就不需要靠别人；满上村已故的和友贤，人医、兽医、木匠、竹匠样样干。如今，和吉亮已成为满上村能人巧匠，他对农村里常用得上、不可缺少的木匠活、石匠活、竹匠活都很在行。村里人常请他当起房盖屋、下基石的大师傅，确实像古时流传在南溪村民的口头语"贵人多忙事"。

2011 年 1 月 24 日　农历十二月二十一日　晴

黄山镇中心校（原称镇教委）在白马完小召开 2011 年离退休教师座谈会。黄山镇现有离休教师 4 人、退休教师 86 人、离岗教师 2 人，共计 92 人，已成为一支庞大的队伍，比在岗教师只少 2 人。按照教育部的师生比例来算，黄山镇只需 45 位教师，超编 45 人（根据校长木龙在会上的通报）。从现象上看有些人浮于事。

黄山镇党委副书记受书记和晓英、镇长和金星的委托，参加了会议，并做了当前形势及黄山镇社会经济发展情况的报告；接着玉龙县教育局和副局长做了 2010 年全县教育情况的汇报，说明玉龙县已通过"两基"国检验收，中考、高考均获得好的成绩。木龙校长把黄山教育的方方面面都讲得很详细，并说获得比历年都好的成绩。身离讲坛，还心系教育的离退休教师、老教师们深受鼓舞。

退居南溪鹿子村的和尚明老师（1996年9月退休）深怀激情地说："由于在岗教师和各级领导的努力，教育确实取得了好成绩，就南溪村而言，中考、高考、民中考取率都较高，是我对南溪村优秀学子捐资助学23年来捐资最多的一年，当年捐资助学金额为1.225万元。"在座的人听了，惊讶地把头向他转去，投去敬佩的眼光。在离退休老师中工资收入偏低的和尚明老师能做到捐助南溪村优秀学子，鼓励成才，确实是件不易之举。退休金每月拿三四千元的人都做不到，而他做到了，他虽不是共产党员，但他的行为举止很令人敬佩。

2011年1月25日 农历十二月二十二日 晴

满上村村民和耀军前些天以4万元的价在城里买了一所旧房，并从城里拆运回来，今天请满上村青壮年男人们帮忙组合、重新竖好。

他买到的这所旧楼房据说竖房才有15年左右，还算好，材料扎实，房屋结构也适合于现代。和耀军家没请亲戚来帮忙，只请村民来帮忙，意在若请亲戚就怕亲戚带礼来参加，这样总麻烦亲戚感到有些不好，干脆就不请帮忙了。人各有所思，不能一致，他家的做法就比较清楚了。

大伙边组合、边竖房，竖房时要求都把手机关了，都得听从和吉亮师傅的指挥。和吉亮在吃早点时就宣布说："今天非把竖房一事完成不可，完成得早，可进行一场篮球比赛，完成得晚摸黑也要进行。"听到这几句话很受鼓舞，竖完房后，他们还进行了一场球赛，青年对老年。到下午8点半吃晚饭，休闲到12点才散伙。

2011年1月26日 农历十二月二十三日 晴

满下村与旦都村青壮年在丽江市足球训练场进行足球比赛，事先约定由输家付借用场地费600元，裁判由训练基地的老师来担任。先别说比赛精彩与否，光说气派就不一样了。前些年都在南溪满下村足球场进行赛事活动的南溪人，如今已把赛场移向城里，这一转变不仅体现了南溪当今的经济状况，也体现出南溪青壮年一代的眼界已打开。他们的见识增长了，气派风光了，架势挺起来了，城里和坝子里的人不要再用历史的眼光看待南溪人了。过去历史上常称"南山"一词已听不到了，只听到用赞叹的口气说"南溪若"（南溪人）。这是一靠党的政策好，二靠信用社的全力支持，三靠南溪村青壮年们在城里拼搏的结果。

今天的比赛旦都村输了，场地费由他们付了，但他们一些球员的球技在满下村球员的脑海留下了深刻的印象。

2011年1月27日　农历十二月二十四日　晴

今天是南溪村传统的"腊月二十四，旧年扫除去秽"。过去的今天，每家每户的主事男人要把家里（主要是厨房）打扫一新。他们用一块妇女围头的布块把头和嘴围住，只露出一双眼睛，手举长扫帚打扫厨房里的烟灰，从瓦片到横梁、椽子、过梁上都扫得干干净净；再把火塘打扫干净，接着收拾橱柜及菜桌，把不适用的东西及挂了几年的猪水泡、猪头骨都清扫出去，又准备在原处挂上过新年煮食后的猪头骨（牙床及牙齿这部分）；打扫完后，把扫到的烟灰和灶灰背到地里，或者专门堆在一处存好，准备撒麻子时做底肥撒在地里。

现时，50岁以上的南溪村民还基本保持这样做。家里没有老人，只有50岁以下的壮年人主事的家庭，不那么注重这一传统的规矩，但也有些年轻人还是学着老者的样子做。

2011年1月28日　农历十二月二十五日　晴

满下村村民和玉祥今日携大儿子和丽松前去维西县拖支乡其姐家过春节。自她丈夫和国军人与车失踪，老公公和尚典去世后，她的老婆婆和志贤领着小孩和丽东常在维西女儿和国英家生活。家中就剩下她与长子和丽松，孤儿寡母的挺可怜，社会救济沾不到她，名目繁多的各种农村困难补助也轮不到她，所幸的是她的老婆婆由迪庆移动公司给点生活费，以致没造成经济拮据现象。目前满下村里数她负担最重。

2011年1月29日　农历十二月二十六日　晴

嫁到前山石镜头村的满下村人和青梅前些天生下一男婴，满下村人去前山做祝米客，送去鸡、蛋、米等产妇营养食品，有些带去人民币做礼。路上人们对此事各抒己见，和青梅的母亲和尚花说："八年前产下一女孩后，现在又生下男孩，真是一女一男一朵花，好啊。"有个别人说："男女都一样，女人也是传后人，女的还听话、乖巧些，男的多数管不住。"上了年纪的纳西人，"男人续香火"的观念是根深蒂固的，嘴上虽说生男生女一个样，但思想上仍有重男轻女的偏见。

2011年1月30日　农历十二月二十七日　晴

经过几天雪后天晴，被雪盖了四五天的鹿子村玛咖已基本晒干雪水。今天，格林恒信生物种植有限公司开始在鹿子村过秤收购玛咖，公司打算在春节前把玛咖收完。鹿子村村民们把挖好去叶的玛咖用手扶拖拉机源源不断地从家中拉到满中村"玛咖公司"交货。满载玛咖的村民们喜不自禁，脸上露出了丰收的喜悦。"玛咖公司"的人和大部分满中村壮年、老人们忙得不亦乐乎，公司的人喜在玛咖有较好的收成；满中村村民则喜在可在公司打工找钱来增加家庭经济收入。经常在公司打零工的满中村村民私下谈论着："不知道满下村人为什么不把草坝转让给刘老板，要是让刘老板来开发草坝，满下村人可在自家门前找到好多软钱。没有转让给老板开发，草坝还是搁荒，对村民也毫无经济利益。"

2011年1月31日　农历十二月二十八日　晴

南溪村部分村民把自家的山货、家禽、蛋等带到丽江城里去卖（如松子、阉鸡、公鸡、母鸡、土鸡蛋等），大家都想在过年前夕卖个好价钱，顺便把要用的年货买回来。谁知到城里集市上摆放着卖时，松子一公斤最高出价才 25 元，个别村民认为"货到地头死"，只好忍痛出手，有的村民则认为太便宜了，不划算，舍不得出手，又拉回家中，打算以后适时再出手；自家养的土鸡还不如在家门口卖的价，每斤只卖到二十四五元，但怕带回家后会有传染病，也只好出手；土鸡蛋也卖不到村里卖的价，村里每个卖 1.50 元，而城里只卖到 1 元或 1.2 元一个，但鸡蛋也不宜长时间搁下，又怕途中打烂几个，也三下五除二，就这样出手了。

由于城镇化进程的加速，各种农产品及副食品最近在丽江成倍成倍地涨价，一家人过个春节，细算起来（不含自家产的鸡、肉、蛋等食品）最节约也得花费千元左右。有些村民从内心发出感叹，很同情"工薪族"说："在城里拿工资生活的人，衣食住行、吃喝拉撒，样样都得出钱买，过个春节可能花销不会低于 3000 元，在城里低收入群体的生活不会赶上面朝黄土背朝天的山民们。"

2011 年 2 月 1 日　农历十二月二十九日　晴

满下村村民和永红、和金发、和灿 3 家合伙，在草坝挖的鱼塘中放养草鱼已有半年多时间。前段时间曾在火把节那天有人在此垂钓，钓到 10 多斤。今天他们仨用网来捞，准备把捞捕到的鱼卖给村民，以便给村民用作春节的食用鱼。到傍晚他们捕捞到百斤左右的草鱼，以每斤 15 元出售，这价比集市上卖的高出许多，但村民们都考虑到这鱼是纯净的，是没有喂激素的。因此，人人都抢着买，来迟或手不灵巧的村民还买不到呢！他们每家都留下五六斤，其余都卖了，不到 10 分钟，那鱼就一抢而空。他们 3 人向大伙说，明天再捞一下，不知道会不会捞着。事后他们仨商议，把今天卖到的钱留下来，等几天再买来鱼种放在鱼塘中。

2011年2月2日　农历十二月三十日　晴

今天虽是大年三十，吃过早点的满下村村民和学先、和社兴、和李福等，抬着渔网到他仨承包的"瓦落"养鱼塘去捞鱼（他们是在半年前承包了后才放养鱼的）。他们捞了一阵后，想买鱼的村民也随之而到，见到每斤可卖到15元，他们仨心动了，不管鱼长得多大，都想把它捞了卖。打算过些时再买些鱼来放养。

结果，捞上来的鱼条条体肥健壮、活蹦乱跳，很逗人爱。当把渔网拉到岸上时，来买鱼的村民都争着去抢，他们不在乎价钱贵，都想吃一顿没喂激素的生态鱼。有些村民买了七八斤，有些村民买了五六斤，还有的村民买了十余斤。

通过捞鱼卖，结算钱时，他们看到这短短半年的收入不错，更加激发了承包鱼塘养鱼的积极性。他们仨商议，把这卖鱼钱由和学先保管，到三四月又买更多的鱼苗投放塘中，到明年春节前再捞鱼卖。

2011年2月3日　农历正月一日　晴

今天是农历正月初一，村民们都沉浸在节日的欢乐气氛中，欢度中国传统佳节"春节"。

上午10点左右，黄山镇在机关值班的镇领导带领几个职工驾车来到南溪旦都后村和丽军副主任家中，要和丽军陪镇干部一起到旦都后村村民和吉海家，去做他老婆和六艺的堕胎动员说服工作。和丽军对来的干部说："我们南溪村从古至今的风俗习惯是大年初一不进别人家门，更何况去做说服动员的工作。今天，你们不管怎样说，我是不去任何一家的，其他时间随喊随到。"镇里下来的领导看到和丽军态度这样坚决，于是就在和丽军家休息一阵就转回镇里去了。

注：和吉海，大龄未婚男，未婚未育。和六芝，曾婚并已生育过两胎，后离异，现又重与和吉海结成伉俪，并怀有胎儿。黄山镇党委、政府根据国家计划生育的条例、政策、法规，限令他俩不能生育，既已怀上了

就要堕胎，但重组合的夫妻决意要生。

2011年2月4日　农历正月二日　晴

今天黄山镇人民政府举办"黄山镇2011年春节篮球运动会"，黄山镇所辖南溪、长水村委会，白华、五台、文华、白马、漾江居委会各派一个球队参加比赛，镇政府也派出一个队参加比赛。南溪代表队由满上村组织参赛。

在南溪村委会中，满上村篮球队的球技较好，相信会比东拼西凑组合起来的球队好得多。因此，村委会干部特选派该队代表南溪村委会前往参赛。

一直忙于干农活的满上村青壮年，因农事忙而未曾练球，当他们接到村委会的安排意见后，利用昨、前两天的节日休闲时间进行紧张的赛前训练。村民组长和占军对球员们说："这次下坝区参加篮球比赛，是南溪村近30年（从1985年至今）第一次以村民小组为单位参赛。所以，我们要拿出平时的胆气，发挥出平时的球技，力争在这次篮球运动会上得到好成绩，争回20世纪末（七八十年代）'南溪人球技好'的美誉。"

今天早晨8点，满上村村民组长和占军带领球队前往黄山镇，喜欢观看篮球比赛的部分村民也随同前往。

2011年2月5日　农历正月三日　晴

村民们在进行春节走亲访友的活动。这一活动几乎各家各户都参与，主要形式是妇女们带着礼品回娘家，有的背儿携女，有的上了年纪体力差的老妇人，则由她们的儿女或孙儿女代其前往亲友家拜年。所带的礼品为米、腊肉、糕点、酒、茶等。回来时亲友都会给娃娃们压岁钱，数额为10元、20元、30元、40元、50元、100元不等。

2011年2月6日　农历正月四日　晴

满下村村民和国兴应旦前村民和六羊所请,今天邀约和万琴一同前去和六羊家,帮和六羊起一所新楼房,由和六羊驾车来接他俩前往。起房工价还没有明确,只是在来请工时交谈了一下。那时和国兴在和六羊问及工价时说:"去年满中村竖和春立家、和仕黄家每户工钱3800元,现时的物价和工价都在往上涨。"和六羊说:"涨点是行市所形成,到时我也随行就市涨点好了。"之所以没说清涨多少,也没有讨价还价,是因为和国兴与和六羊有点挂角亲(和国兴的一个堂侄女是和六羊的二嫂)。因此,和国兴也不好开口说要涨多少,和六羊也不好问得涨多少。

近3年来,和国兴外出做竖新房的木匠活,就邀约和万琴一同前往,其主要原因是,村里青壮年中会点木匠活的人不多。

2011年2月7日　农历正月五日　晴

大多数村民还处在过春节的欢乐气氛中,而今年年龄适逢36岁的满下村村民和武军,要在今年竖新房来表明自己已到36岁了。竖新房前有好多事情要做,其中找基石是个繁重的工作,今天他请了亲戚和社兴、和子红、岳父和永良、叔叔和永光等到"楞石古"采石场去采石头。

午间吃饭休息时,他们谈论着石场的情况,和武军等一部分人认为石场已快缺石头了,说:"前些年,我叔和圣明任村长6个月时卖出两个月石头,文笔村老板真是没良心,把石场挖得一干二净。"擅长挖石头、撬石头、打石头、做石活的和社兴却蛮有把握地说:"哎,石头山,哪能挖得一干二净,它取之不尽、用之不完,只是会找不会找的问题。"他似乎能看见埋藏在地壳深处的大石块似的,又补充说:"子孙几代人都采不完、用不尽啊!"谁说得对,有待以后继续采石的历史才能证明,现今是无法肯定的。

2011年2月8日　农历正月六日　晴

满中村村民和万选、和万春、和万里三兄弟及村民和三六4人，今天吃过早点就去他姨爹姚英的建房工地干活。这房是墙抬梁的砖木结构房，四周用空心砖砌成，每所房子只在走廊里用两棵柱子，这种建筑方式在南溪的建筑史上是不曾有的。1996年2月3日丽江大地震后，南溪完小校舍不同程度受损，在各级政府的支援和香港爱心同胞的支持下进行重建，那时建了一部分"墙抬梁的平房"。村民看到此情此景后，认为这种建筑既省料省工，又不要很高的建房技术，一般木匠可做出这种屋架，又加上南溪村山林缺乏木材，故有部分村民学盖这种建房方式。它比原始建房法省料（省钱）省工，很容易让村民接受。

他们4人中，木工活主要由和万里、和万选来做；砌空心砖，由和三六来主做；和万春主要是拌泥沙、搬砖，需要时又全体合作。

2011年2月9日　农历正月七日　晴

今天陆续有一些洋芋老板开着汽车进山村来买洋芋了，他们一般出价每斤一元，比春节前少了每斤2角左右。留有洋芋的村民们心里都想多卖些钱，但现在的价反而比原来每斤跌了2角，就确实有点不愿意出手。但他们都知道燃油价上涨，洋芋价就会跌，这是多年来形成的经验。他们的心像水桶打水那样七上八下，出手卖了吧？一下跌价2角多，有些于心不忍；不出手再搁段时间吧，又怕燃油继续涨价，而洋芋老板停止长途贩运洋芋，那样，洋芋价就比现时还要下跌。不少人唉声叹气地说："过年前出手就好了，不是每斤涨跌几分钱的事，而是每斤至少跌2角，1万斤洋芋就少收入2000元左右。"和顺达也说："前些年我家一般都是过年前出手的，但今年想留到过年后出手，多收点钱，真是古时老人流传下的'生意八只脚，神仙摸不着'，说得很灵验。既然已留下就再看几天吧。"

于是，这些洋芋老板就前往旦都、鹿子村方向去了。

2011年2月10日　农历正月八日　晴

今天，满下村村民和天林请表哥和永红、堂兄和李福、和万红、和万仕、和丽军等帮他家建盖一所两间平房。他要建盖的这所平房目前还不确定用作什么房，因为现时他不缺房用，只是出于这两年自用材料好批好找（中小料），再加上老父亲和国春虽年过花甲，但精神状态还挺好，砍料扛料、农活方面还赛过好些壮年人。基于这两方面的条件，他在去年冬腊月间就找好木料，砍好，晒干，现在就请亲戚们盖房，以后可作为机动房备用。

在南溪村，这样的农户这些年是有一些的，但不多。

2011年2月11日　农历正月九日　晴

黄山镇党委、政府委派镇妇联干部、计划生育干部，由夏山银副镇长带队，并邀约南溪村委会党总支书记兼村委会主任和继武、党总支副书记和国军、村委会副主任和丽军、南溪村党总支委员兼妇女主任杨耀秀等村委会领导同志，到旦前村和吉海家去动员说服他老婆和六芝做人流引产术。

面对镇干部及村委会干部多次登门来做工作，和吉海家人、家族、亲戚、乡亲们都感到镇政府的工作有些过头了。因为和吉海的哥嫂因不孕不育而从医院里要来一个私生子，从一出生就作为养女养起来，要是和六芝这胎不能生下来，两兄弟都断子了。看到在丽江城里打工、做生意、捡垃圾的外省人（多为四川、贵州人），一对夫妇有三四个小孩，有不少夫妇还有五六个儿女。这些就没控制，而面对断子的家庭则三番五次催着去引产，都有些想不通，就产生了口角。这些口角里自然摆出以上的理由，来助长和吉海夫妇要强行生下这难得的一胎。而镇干部们的理由是"流动人口不是我们的管辖范围，而黄山镇所属的固定人口我们要管，不准生，要去做人流引产。"双方僵持不下，谈不到一起。村民和家族出自情理，镇干部要顾及政策，不知后事怎样，待以后的日记中陆续记叙。

2011年2月12日　农历正月十日　晴

现年40岁的满下村村民和永光，经过一段时间与永胜县籍一位妇女沟通、交谈，互相爱慕，建立了恋爱关系。再经过一些时间的思想、语言、感情交流，确定了爱情关系并提升到愿做伴侣。今天，他把那位永胜籍妇女领到自己家里（据说那妇女已婚并生有一子，但她的男人经常领回家来一位小老婆，不把她当老婆看待）。到家后，一个是被人想遗弃的少妇，一个是40岁的正常男子汉，你恩我爱，决心从今后再也不分开，女方决定留下来不走了，男方决定娶她为妻。

和永光的年已七旬有余的老母亲和国南，兄长和永红、和永良、和永军以及家族亲戚们都为此事感到很高兴。和永光的这一行动和结果使他们感到意外，原来都认为和永光会单身一生，结果大大出乎大伙的意料，都说："他是好样的。"

2011年2月13日　农历正月十一日　晴

满下村村民和尚军看到洋芋价在下跌，就让妻子和益花在家领孙女和玉雪，他去满中村买了2800斤洋芋种，拉到白沙玉湖村去卖。他以0.90元1斤的价买到，到玉湖村后以每斤1.3元卖出，每斤赚0.4元，这车洋芋除去花销、加油、折耗，净得1100元。他回到家对老婆说："花了一天半时间，净收入1100元，如能天天这样，比开出租车的人富得快，可惜我俩没时间去从事贩洋芋的活儿。"和益花说："假如有时间，天天也不会这样，要不天天贩洋芋的老板他们所赚的钱每年都会比山高，你这是抓准了玉湖村人等着下种的原因。"和尚军也有同感，不再说话。

2011年2月14日　农历正月十二日　晴

南溪村民对眼皮跳的说法。

人有眼皮跳的时候，这种现象产生的极少，在南溪村对这一现象古来就有较为神秘的说法："左眼跳福（财），右眼跳祸。"意为左眼皮跳会在近期或年内有福事或钱财，右眼皮跳则会在近期或年内有不测之事发生。世居南溪的村民，一旦有眼皮跳的现象，就以这种说法来自勉，左眼跳心情感到轻松，右眼跳忧心忡忡。出门做生意的村民则对这种说法坚信不疑，若出门做生意前右眼皮跳就会延后出门时间或不去；若出门前左眼皮跳，则喜不自禁，如期出门做生意。这一做法现时也还常见到。对这一说法现今的村民还有些深信不疑。

2011年2月15日　农历正月十三日　晴

黄山镇党委、政府派镇副镇长夏山银及镇妇女主席、镇计划生育干事等工作人员到南溪村委会，带着村支书、副支书、副主任、妇女主任等村干部一同到旦都前村，跟村民和吉海、和六芝夫妇做动员引产的思想工作。等大伙到和吉海家里时，只见到年近八旬的和吉海的老母亲，老母亲含泪告诉干部们："他两口子不在家，也没有告诉我去什么地方，去做什么，我估计男的可能回城去开车了，女的跟着他走了。"镇干部和村干部到丽江城找到他两口子租住的地方，没见到人，他们猜测这两口子可能到外地去了，想像在丽江的一部分外省人那样当"超生游击队员"，于是把和吉海与和万花家共同拥有的出租车给扣下了。这可苦了和万花家，车是两家合资买的并共同拥有，扣下后只能停下开车挣钱还贷的事了，有苦无处诉说了，只好等待以后处理了。

镇政府的这种做法，引起周围知情人的议论，都认为……

2011年2月16日　农历正月十四日　晴

南溪村常在"十五棒棒会"期增加家庭经济收入的村民们，今天开始用自家的拖拉机拉着山货进城去卖（各种常绿树、腐叶、竹扫帚等），有的还拉着洋芋种、隔奶小绵羊，还有个别的村民拉了羊厩肥去卖。村里村外拖拉机的"隆隆声"从天亮响到上午9点半后才逐渐消失。"十五棒棒会"的确成了一部分南溪村民增收的机会。例如：满下村的和尚军、和万里、和立功、和子华，满上村的和元红、和吉红，文屏村的和建立、和福仔，还有金龙村的好多村民都是紧抓这一良好时机增收的能人高手。

2011年2月17日　农历正月十五日　阴

今天是一年一度的正月十五"元宵节"，南溪村对这个节过去俗称"小春节"。顾名思义，南溪村过去的正月十五过得很隆重。上了年纪的人们休闲在家喝酒吃肉不用说，妇女们忙着做饭，青壮年们则到鹤庆县辛屯镇逢蜜村天子庙赶庙会，买些草编的生活用品，如锅盖、簸箕、竹篮等。年轻人带上饭、肉灌肠等食用品回来时在前山放牛坪村打篮球，夜晚又到鹿子村跳"喂目达"。

而今，青年人在前山放牛坪村参加体育运动会及联欢晚会（正月十五鹿子村的篝火晚会从1965年停办后至今未恢复）。

现时由放牛坪村主持的"十五运动会""联欢晚会"一连举行三四天才结束，因此，前山石镜头村、放牛坪村嫁出的女人一般都在这几天拜年，顺便凑热闹。近20年来，这个运动会是南山片青年们一年一次的体育盛会，也是一年一次青年男女交际、谈情说爱的主要活动。即使是不喜欢体育运动，不喜欢唱歌跳舞的未婚青年都会到场，进行口语交际，交流思想，建立爱情。

2011年2月18日　农历正月十六日　晴

部分村民因没卖完昨日拉到"十五棒棒会"的树，便留在城里继续卖。卖树人的共同感受是："今年的树比往年好卖，且卖价也比前年、去年高。"他们猜测这与丽江市委、市政府施行的"创国家园林城市，创精品旅游胜地"的行动有关。

满下村村民和圣明、和建华，满中村村民和万里都后悔今年元宵节前没花时间挖很多树,只是挖了几棵,想去看看市场行情。

　　利用"十五棒棒会"来增加家庭经济收入的村民,今天又拉着腐叶去卖。这些腐叶都是正月十五前就找好了的,昨天在城里卖完后又及时赶回来,装好拖拉机再拉去卖。这些山货的价钱也比前些年高,这类村民都有点喜笑颜开,认为自己会利用时机找钱。

2011年2月19日　农历正月十七日　晴

　　满下村村民和学新、和圣昌二人乘坐村民和李福的汽车,去丽江城购买明日满下村老年人打牙祭的食物。虽然从老人所凑的经费中支付给他俩误工费每人40元,车费、午餐给予报销,但年有六十的和学新坐车有时会晕车,因而不免有些牢骚:"自己年岁已不小,又加上不宜乘坐汽车,应该让年纪小(五十五六岁)的人来担当这一工作较合适,自己确实不适应。"和圣昌则认为"要不是让你们(退休人员)来担当这工作,老人们所凑的钱是会被蚕食了的。老人们凑钱打牙祭休闲,图个欢乐放心。我本来也不想干,但受人们所托,再加上由和尚勋老师(先前)和您(现时)来管账,所以,我才同意担当这事的。"

2011年2月20日　农历正月十八日　晴

　　今天是满下村2011年第一个老年人休闲活动日。上午10点左右,炊事员和永华、和永贤、和永军、和永光、和万寿五人,在"老人会"会长和学新、和圣昌的指点下,张罗着杀鸡做饭,烧开水等事宜。

　　10点半左右,老人们陆续来到村活动中心,年龄都在55岁以上,最高年龄为83岁的和见兴,今年新增人员有和金辉、和益社夫妇及和子一、和六娘等人。至此,满下村55岁以上的老人有57人,接近总人口的1/3。人们一到,就相约着打扑克(三对一,俗称"三打一")。和建良老人则提着麻将而来,和国兴、和国亮、和建良、和金辉四人围桌玩麻将。炊事员的任务较重,既要做饭,又要烧水,还要服侍老人们的两顿饭（中午、晚饭）。

村里已开始备耕，拉松毛、砍柴、出厩肥、堆肥等农事需不间断地做，但既已定为老人休闲日，再忙再紧也无所谓了，老人得安心休闲娱乐，年轻人得让老人前去休闲。

2011 年 2 月 21 日　农历正月十九日　晴

云南大学洪颖老师领着一个做民族文化的企业老总，想来云南大学设在南溪满中村的纳西族调查点看看。可车行至文峰寺时，美丽的山水风景，再加上藏式建筑宏伟壮观的景象，深深吸引了那位老总和驾车司机，于是就停车欣赏那美丽清秀的山水风景，观赏那历史悠久的藏传佛教的各种画，及栩栩如生的泥塑菩萨，他们边看边交流各人对藏族喇嘛教的认识。

接着他们一行到灵洞观看，灵洞过去称"静坐堂"，凡是出师的大喇嘛必在此闭关学经三年三月三日三时，才算大喇嘛。闭关学经期间有专人送饭送水，学经喇嘛除吃饭解手可在院内稍息片刻后，又需盘腿坐在灵洞旁念经。接着他们又观看了藏圣匙的石头，并听引荐者对藏圣匙的介绍。相传，凡是藏族佛教徒要去鸡足山烧香拜佛，都要先到此圣石前借钥匙。因此，从藏区来的信徒都得到此石旁烧香磕头拜佛，才能转身去鸡足山。观看了圣石后，他们一行又转回到神泉，探视从神泉涌出的神水。清澈的神水从神泉湍湍流出，深深吸引住了城市里生长的学者，他们急不可待地洗洗手，用双手捧起神水往嘴里送。啊！清冽甘甜的神水，恨不得都喝下肚里去。

今天，他们对藏族喇嘛教又有了进一步的了解。

2011 年 2 月 22 日　农历正月二十日　晴

满中村部分村民把厩肥拉到地里堆肥。堆肥的方法与在院坝里面堆积的有些不同，如在院坝里堆肥时，堆一层厩肥，就在厩肥上浇上一层大粪，再堆一层腐叶，再撒上一层磷肥，接着又堆上一层厩肥，这样反复进行；而在地里堆肥则只是把厩肥堆在那里，省了其他几道程序。地里堆肥只是起到提前把肥运到地里的作用，以防止别人家种地后拖拉机被堵在地外边而不能开到自家地里，就得由人把肥背到地里，费时费精力。这类村民的地周围大多被其他村民的地所包围，故提早行事。

有部分村民已在犁地备耕，这部分村民还想在种洋芋时再犁一次，这是南溪传统的耕作方法。而今，绝大部分村民只犁一次就种下洋芋了，产量是否有明显的区别？估计会有些，否则不会有村民犁二道的，但不会明显或较大，若明显或较大，大多数村民都会坚持犁二道才下种。

2011年2月23日　农历正月二十一日　晴

据南溪村委会副主任和丽军同志讲："2011年南溪村已争取到一个整村推进项目，内容包括新农村建设（整修房舍），公路建设。目前还没有具体明确做什么。如果通过测验民意来定实施方案的话，那肯定是先修公路。因为南溪公路的路况已很差，而公路的好和畅通与整个村的所有民众有切身利益，不分在家种地的或在城里开车、务工的，都得有条好的畅通无阻的公路，才能满足人们日益发展的生产生活的需要。"

路通则万通，要想富，必先修路。路好了，山里的货才能运入市场，货入市场才能使农民增收，这是被实践证明了的真理，是人人皆知的道理。村民们最直接看到的是：路好，来的车就多，来的车多，才会提高洋芋的价钱；车来得少，洋芋价也就不高，这直接关系到村民是增收还是少收的切身利益。若能以民众的愿望来行事，村务之急是修整文峰寺到南溪、白华村到文笔温泉的公路。

2011年2月24日　农历正月二十二日　晴

云南大学洪颖老师带领云南大学研究生在丽江市玉龙县拉市乡"大丽高速公路"建设地段做田野调查。在百忙之中她今天抽空邀约南溪村民委员会副主任和丽军（纳西族调查点影视记录员）、和尚勋老师（纳西族调查点村寨日志、影视记录员，基地管理员）到丽江城里，并邀请丽江市博物院在读博士研究生和继全同志，共同商议云南大学211工程"民族文化进课堂"的开展方法。和丽军同志因没车进城而未到场。他们3人就对这一事专题进行了磋商。洪颖老师要和继全同志请一位博物院的人作为南溪完小民族文化进课堂的"东巴文化教员"，和继全同志全力支持，当时就与该院的和丽宝同志联系，要他担任这一重任，和丽宝同志当即表示愿意承担。洪老师及和继全同志坚持每月上4节课（两天，每天两课时），和尚勋老师考虑到学校老师们有教学主课程统测的压力，建议每月教两个课时，并由他去与南溪完小校长和建雄老师商议。

洪颖老师虽然不是纳西族的学者（汉族），但对中华各民族文化的研究孜孜不倦，特别关心纳西族文化的传承、保护与研究，作出了一系列的努力，不得不使纳西族学者感到钦佩。他们相信有这样的学者参与传承、保护、研究，纳西文化会绽放出更加艳丽的色彩。

同时洪颖老师还付了和丽军、和尚勋的2010年7月至12月影视记录费每人600元，他俩为没把这事做好而感到内疚。

2011年2月25日　农历正月二十三日　晴

设在南溪满中村的格林恒信生物种植有限公司今天商定要成立玛咖协会，旨在保护玛咖种植，稳定玛咖的价格；并商定对参加玛咖协会的种植农户，除以前年、去年的玛咖收购价收购外，每亩补发旱灾补助款100元，给种植户以心理补偿。公司认为，若不这样做，在2010年洋芋价提高很大幅度的情况下，玛咖种植户心理就难以平衡。采取这样做法，来年还会有人种玛咖。公司的这种想法已托村委会干部转达各村民组长，再由组长转达给各村村民，以稳住村民种植玛咖的心理。

2011年2月26日　农历正月二十四日　晴

云南大学影视记录滇西片（剑川、玉龙、福贡、贡山）的负责老师李昕，今天带领一个助手（硕士研究生）到玉龙纳西族自治县黄山镇南溪满中村纳西族研究点来指导影视记录工作。他对该研究点的影视记录员和尚勋、和丽军两人所记录的相片、录像做了输入和拷贝处理，他俩在暑假后拍摄的片不多，李老师提出了批评；并把大理剑川县沙溪镇石头村的摄像输入南溪点电脑里，要求南溪点两个记录员看看石头点的镜头，取他们的长，补南溪的短。其间李老师还问及补助费的情况，和尚勋老师告诉李昕老师，"从2010年7月到12月，计半年每人每月发100元共每人600元，前几天由调查点负责人洪老师交给我，由我来代收和丽军同志的600元，并已转交给和丽军同志"，村委会副主任兼南溪纳西调查点影视记录员和丽军在旁表示了肯定。

李昕老师离开后，和尚勋、和丽军两人交谈了一下纳西调查点的工作。和尚勋要和丽军拿上调查点的钥匙，闲时练一下电脑操作，并要和丽军带上录像机平时多录些镜头，他都拒绝，说"以后咱俩一起来"。和尚勋还要和丽军做些日记笔录，和丽军说："村委会工作担子重，记日记这块恐怕做不了。"

2011年2月27日　农历正月二十五日　晴

关于玉龙雪山的传说，大多数传说都与金沙江和哈巴雪山有关。

玉龙雪山和哈巴雪山夹江而起，构成了峡深三四千米，水流长达15千米左右的大峡谷。金沙江穿峡而过，形成了7道瀑坎，18个险滩，水声如龙吟虎啸，这就是著名的虎跳峡。

关于它的传说，却出乎人们的意料，像一首柔秀的抒情诗。金沙江、怒江、澜沧江、玉龙雪山和哈巴雪山，原来是五兄妹。

三姐妹（三江）长大了，相约外出择婿，父母又急又气，命玉龙、哈巴去追赶。玉龙带上13柄宝剑，哈巴挎12张弩弓，抄小路来到丽江，面对面坐着，轮流守候，并约下法章，谁要放过三姐妹，要被砍头。

轮到哈巴雪山看守时，玉龙雪山刚睡着，金沙江姑娘就来了。

她见两个哥哥挡住去路，便低头细想，把脚步放得轻轻地。忽然她心头一亮，唱起了婉转动听的歌，唱得守关的哈巴雪山神魂迷醉，渐渐睡着了。她边唱边走，一连唱了18首歌，终于从熟睡的两个哥哥脚边穿过去，一出关口，她高兴得大声欢笑着奔跑而去。

玉龙雪山醒来见这情景，又气又悲，气的是金沙姑娘已经走远，悲的是哈巴兄弟要被砍头。

2011年2月28日　农历正月二十六日　晴

刚进入2011年护林防火期，清晨6点左右，丽江市南面五台山上发生森林火灾。南溪村委会干部（书记和继武、副书记和国军、副主任和丽军、林政员和吉红）根据镇党委、政府的指示，立即组织扑火人员前往五台山参加扑灭山火的活动。虽然参加的人员不多，但充分体现了党支部、村委会干部能立即参加抗灾减灾活动，以及服从、配合上级领导指示的良好风尚，更体现出共产党员为人民的利益敢于赴汤蹈火的气概。

2011年3月1日　农历正月二十七日　晴

丽江市博物院研究员和继全，今天根据前几天的磋商意见拟订出南溪完小东巴文化教学计划。

具体计划内容如下：

教学目标：传承世界记忆遗产东巴古籍文献、国家级非物质文化遗产东巴绘画等优秀民族民间文化，培养民族传统文化传人。

教学对象：丽江市玉龙县黄山镇南溪村2～3年级学生。

课时安排：2011年3月—2014年6月学生开学期间，每月上1次课，每学年上8次，每次2课时。

师资：由丽江市博物院东巴文化专家担任授课教师。

教学内容：

第一阶段：东巴象形文字（100个），象形文字书写方法，东巴纸牌画，东巴偶塑。

第二阶段：东巴象形文字（200个），东巴木牌画，东巴偶塑编扎，民间谚语。

第三阶段：东巴象形文字（300个），东巴绘画，东巴古籍片段释读，东巴偶塑编扎。

2011年3月2日　农历正月二十八日　晴

云南大学纳西族研究点村寨日志记录员兼基地管理员和尚勋老师，到南溪完小找到校长和建雄老师，转达云南大学纳西族研究点项目负责人洪颖老师关于在南溪完小实施"民族文化进课堂"活动的安排意见，并把丽江市博物院研究员和继全老师拟订的南溪完小东巴文化教学计划转给校长。校长听了和尚勋老师转达洪颖老师的意见，以及看了教学计划后，表示同意实施意见和教学计划，答应召开教务会后定时间。

根据南溪村所处的地理位置及学校的实际情况，进行东巴文化教学的时间只宜灵活，事前两三天决定本月教学时间，与任课老师联系后进行。

2011年3月3日　农历正月二十九日　晴

一场普通的山火何以引起全国关注？因为丽江，所以关注。

丽江森林火灾发生后，引起了几乎全国所有地方和中央媒体的关注，好几家门户网站在第一时间报道了森林火灾的情况，而各地方电视台也都关注了丽江的森林火灾。在微博上，转帖、关注的粉丝更是数以万计。发生在丽江的一起普通森林山火，何以在全国引起了这么大的反响？

凌晨4点微博播报：昨天下午5点，记者在百度上搜索"丽江28

日山火"得到超过58000条结果,而搜索"丽江28日森林大火"则超过40万条结果。由于网络上的关注度太大,丽江市新闻办昨日凌晨4点开通微博,全程报道丽江森林大火的情况。截至昨天下午5点半,虽然微博仅仅开通11个小时,但是关注的粉丝已经超过了9600个。

火灾发生后,众多网友纷纷关注丽江的大火会不会威胁到丽江古城。丽江古城位于丽江大盆地的中心地带,距离此次大火发生的文笔峰还有10多千米的距离,其间都是耕地和民居,并没有成片的森林相连,因此山火不会影响到丽江古城的安全。

事后,参与过多次山林大火扑救的一位森林武警军官说:"印象中,还从来没有哪一次山林大火能引起这么巨大的关注。"对此,丽江本地一位不愿意透露姓名的政府官员在接受采访时表示,之所以会引起这么大的反应,不外乎有以下几个方面的原因:首先,丽江在国内外的知名度非常高;其次,站在古城内就能看见火光,这加重了很多人对火灾规模、危机度的估计;最后,现在网络非常发达,信息的传播速度也非常快。

2011年3月4日　农历正月三十日　晴

南溪村对"耳朵发热"现象的传统说法:

在平常生活中,人们会有耳朵发热发烫的时候,当人体产生这一现象时,人们从心理上就会产生一种不舒服和不大畅快的感觉。居住在文笔山半腰平坝里的南溪村村民古来就有这样的传统说法:"耳朵发热是别人在背地里说自己的背后话,或有人在背后议论自己。右耳发热多为女人们在说,左耳发热多为男人们在说。"根据这一传统说法,当男青年们产生这一现象时,都以为是情人在念他,或是情敌在议论他,就急忙于近期晚间与情人约会,叙说思念之情和探听有关情敌的情况;当女青年们产生这一现象时,也会像男青年一样急于与情人相见;当壮年或老年人产生这一现象时,就自然而然地想到与自己在平常生活中有点矛盾或脾气不和的人在说他的背后话。

当今，50岁以上的南溪村村民在耳朵发烧时都会脱口而出："唉，是谁在说我的背后话？"

2011年3月5日　农历二月一日　晴

满中村村民和国高，领着大理籍洋芋老板在买洋芋。老板现今的出价是每斤0.85元到0.9元，理由是："新出的洋芋已上市，老洋芋在市场已大跌价，再好再大的老洋芋每斤0.9元以上是拉不起的，可空车而回。"面对今年捉摸不定的洋芋价，还没出手，想多卖一点钱的村民很多。据南溪村党总支副书记和国军讲："满中村现时至少还有120万斤洋芋，已出手完的只有少数几户，老板只出这样低的价格，和国高不领他们，不帮他们买就好了。要像和福海那样，老板不出高价就不帮他们买，这样就有利于村民了，村民对他的议论就少了。根据往年的经验，如果每年3月初的洋芋价提不高，就定局了，因为3月初各学校开学上课，各地学校需要洋芋。看来今年洋芋价就这样会跌落下来了。"

作为和国高帮老板问洋芋、过秤、记录，只要在过秤和记录上不玩手脚，帮老板在经济上有些收入是在情理之中的，无可非议。价钱问题由老板和卖主讨价还价来定，愿者卖，不愿者不卖，与和国高无关，没必要议论。

2011年3月6日　农历二月二日　晴

今天是二十四节气中的"惊蛰"节令。这一节令对农村来说是个春耕开始的进军号。"惊蛰"时节，气候转暖，大地上春意融融、万象更新，春耕就从此时开始了。眼观南溪村前后的地里，一堆堆圆锥小山包似的农家肥堆得到处都是；不少壮年男人驾着手扶拖拉机在犁地，随处都听到"嘟嘟嘟"的轰鸣声；村妇们有的腰间用簸箕抬着洋芋种，另一只手在下洋芋种，有的在洋芋种上施农家肥，有的提个小塑料桶之类的，用另一只手在农家肥上放化肥（尿素、磷肥），还有的双手握锄垒洋芋坛。

村民们都想来年多收些洋芋，至此，种洋芋已拉开序幕，地里呈现出一片繁忙的景象。

"惊蛰"时节，也是植树的大好时节，到处可见有些做不起农活的老人在房前屋后种树，就连放羊的村民也在山上边放羊边挖常绿树，用来种在自家的房前屋后，待树长大时卖出去。

"惊蛰"不仅对地里的农作物是生长的良好时机，而且给牲畜、家禽、鸟兽都带来了好光景，从早到晚有鸟儿嬉戏枝头；牲畜发情寻侣，是进行交配的最好时光……总之，"惊蛰"这一节令在上了年纪的村民心中烙印较深。

2011年3月7日　农历二月三日　阴

满下村村民和武军今天请他老婆和文清的父亲、伯伯、叔叔以及和武军的老表和子红、和国红、和社兴，族中兄长和朝光、和作典等人来帮他下石脚。这活是按照木匠大师傅和国兴的指点做的，和国兴讲：在竖房前就把石脚下好，房子竖起就稳了，没有半点的偏差了。鹤庆的民房稳，稳就稳在这点上。因此，鹤庆人凡起新房都要提前一两年先把石脚下好。我们南溪村过去（20年前）起的房子，新房竖好一两年以后就呈现出房子东斜西歪，是没有下稳石脚所致。1985年以后竖的房子，房主已注重下石脚了，这就没有了以前东歪西斜的态势。

今天的石脚真像鹤庆人一样，地下、左、右、后三面都砌成石墙，再画上柱脚下落点，这样的做法在南溪村属于首例。相信在这样稳牢的基础上竖起的新房，会四平八稳，不再会有半分三厘的歪斜。

2011年3月8日　农历二月四日　阴

今天是三八妇女节，南溪村虽处于春耕热潮之中，但好多中年妇女们都想欢庆自己的节日。今年政府没有组织集体活动，她们就以逛街游景点的方式来欢庆自己的节日。满中村、满下村的妇女们有的包了车去游虎跳峡，有的去游观音峡，有的去游览玉水寨、玉峰寺等景点，没有统一组织，以平常脾气合得来为基础，相约在一起去景点游览。但有一个共同点，就是到傍晚7点半时，全村妇女要相聚在古城四方街，和其他地方来的妇女们一起打跳，共度"三八"。到夜里两三点钟妇女们才回到家。

满上村的妇女们却有些例外，与往年的"三八节"截然不同，好像今年的"三八"不属于满上村妇女们似的。她们都悄悄下地干活，种洋芋，全身心地投入春耕生产热潮中。经打听才得知，现任玉龙县人大代表的满上村妇女和桂花，已在前些天召开的玉龙纳西族自治县人民代表大会第三次会议上，向有关部委要了点满上村妇女们赴昆参观旅游的经费，并得到允诺。所以，全村妇女待把洋芋种完后（清明节过后）去昆明一趟，打开眼界，增长见识。妇女们都为和桂花的精明能干所感动。

2011年3月9日　农历二月五日　晴

满下村村民和永光与新近谈成的老婆（永胜大安人）一起种洋芋，满中村村民和万春夫妇也在附近干活。和万春、和永光两个男人在休息抽烟时互相交谈，当问到"永胜人会不会做南溪村活计"时，和永光自豪地告诉和万春："她是永胜大安乡人，大安是山区乡，也是纳西族，与我们南溪纳西族的语言稍有差别，但大同小异。生产生活基本上跟南溪差不多，大安乡也种洋芋、燕麦之类的农作物，种洋芋的道道工序都很上手。"和万春夸奖说："你真行，是个男子汉，人的头怎能不戴帽子呢（意为男人怎么能不娶老婆呢）？"

是的，南溪村古来就有"凡是人都得戴顶帽子"（意指凡是男人都得娶女人为妻、生儿育女、繁衍后代）的说法，村民都在暗地里谈论着：大龄未婚男青年进城打工或开车，得找个媳妇来种地料家。然而，现时的女青年在村里务农的已寥寥无几了，好心的村民们都为大龄未婚男青年们焦虑。

2011年3月10日　农历二月六日　阴

云南大学西南边疆少数民族研究中心纳西族调查点的负责人和晓蓉老师与纳西村寨日志记录员兼基地管理员和尚勋老师通电话，布置在南溪完小开展"民族文化进课堂"活动的有关事项，提示和尚勋老师要在丽江市博物院东巴文化传承老师来南溪完小给二、三年级学生授东巴文化课前，做好准备工作。具体提示如下：

第一，事前要与南溪完小校长取得联系，请校长安排课时及指定老师组织学生上课。

第二，要与所聘请的丽江市博物院东巴文化教师和丽宝联系好，并要求和丽宝老师做好授课记录。

第三，要备好学生用的作业本和笔。

第四，尽量请村里民间艺人传授民间艺术。

第五，以日记的形式记录下"民族文化进课堂"的活动情况。

学者对民族文化的保护、传承那么热心，对民族文化的研究孜孜不倦，这种精神使知情人很受鼓舞，很受感动。

2011年3月11日　农历二月七日　晴转阴

南溪村乃至整个南山片区都处于种洋芋的春耕大忙季节。

经常往返于丽江至南溪村的营运车辆司机也停下营运，帮助家人种洋芋。村民们随时都在心里盘算着家庭经济收入哪样行，哪样不行，哪样可以试一下，盘算并被实践证明收效高的，村民就会孜孜以求。例如，近几年南溪村试种玛咖获得成功，并大面积推广，虽然种玛咖村民投资投劳少，收入也不菲；但比起种洋芋这传统农活来，种洋芋投资投劳虽多，但经济收入比前者高。所以村民都选择后者，玛咖只是象征性地种点，而主要投资投劳在种洋芋上。投资再多，再苦再累只要收入可观，村民是没有怨言的。

2011年3月12日　农历二月八日　阴转雪

今天是一年一度的纳西族"三朵"节。"三朵"节古时是祭祀纳西族的保护神"阿普三朵",之后发展成纳西族主事的男成年人(逢36岁、61岁)到"三朵阁""三朵"塑像前烧香磕头,求"三朵"保佑平安度过这一年。这个活动曾在1963年到1981年间中断,自1982年开始又陆续恢复。

玉龙山南边文笔山下的南溪村民去"三朵阁"(在玉龙山脚下)约有40千米,在交通闭塞的年代,主事的男成年人要抱上大公鸡和香,不辞辛苦地求"三朵"保佑平安;交通便捷的当今社会,开汽车、开拖拉机前去的人更是不少。

今天,满下村民和朝亮一大早就携儿带女前去磕头烧香,转回后在他们所租住的白华村农家乐"白马园"里宴请了3桌亲朋好友,以度36岁,求平安。

2011年3月13日　农历二月九日　晴

今天是南溪满子师村(上、中、下村)农历二月祭祖节。

凡是父母双逝或一方已逝的,在丽江城里开车或打工的村民都回家祭祀自家的历代祖宗。这是新的一年里的第一个祭祖节,纳西语叫"恒久此波",意为二月祭祖。

二月祭祖古来就以家庭为单位进行,一直传承至今,所不同的是古时送祖是整个家族都聚在送祖地,送完祖后进行全族合伙晚餐(把各家各户做好的饭菜都抬到送祖地共同合伙食用)。而今,象征家族团结和睦,共同进行的合伙晚餐已逐渐淡化。

2011年3月14日　农历二月十日　晴

满下村村民和武军及和金桂夫妇,今天进城购买后天竖新房所需的物品。他俩昨晚在电话上请了在丽江城里开出租车的家族兄弟和朝泽、和朝亮、和朝珍、和朝柱 4 人来帮忙。

今天购买的物品主要是用来招待竖房人的烟、酒、茶、菜、鱼、鸭之类，上梁时用的及送给大师傅的物品。等所需物品买齐后，和朝泽、和朝亮、和朝珍三人随同他两口子回家，以便明日帮忙组合屋架。

他们到家后，把所买来的东西一样样拿出来，分门别类地放置于空房里，把豆腐用水在盆里泡好，并撒上些许食盐（防酸）；把鱼剖腹去鳞撒盐保管好，以防猫来偷食；把菜都散开放好。

2011 年 3 月 15 日　农历二月十一日　晴

满下村村民和武军今天请家族们及亲戚们来帮忙他家组合屋架。他家在满下村里的亲戚、家族较多，原因是他母亲和尚花的两个姐姐都嫁在本村，和武军的父亲也是在本村招姑爷上的门（父方家族和母方家族同时认作家族），再加上和武军的老婆和金桂也从本村嫁到他家，这样几乎整个满下村各户（除很少部分外）都跟他家沾亲。因此，每逢杀年猪或者办事，帮忙的人都很多。

吃过早点，大伙分 3 组进行，一组做饭，一组杀猪，一组组合屋架。因为人多，显得不那么紧张，有个别的还显得悠闲，只是会点木活的及年纪轻的较忙些。这房是和国兴、和万琴两人做的木匠活，大伙在和国兴师傅的指点下，有条不紊地工作着，到下午 6 点左右就完成了组合屋架的任务。之后，会木匠活的继续帮着木匠"验方"（纳西语叫"贡鱼贡汗"，用尺子量出方与柱结合部的宽厚度），其余的就休闲打扑克，到很晚才散伙。

2011 年 3 月 16 日　农历二月十二日　晴转阴

今年适逢 36 虚岁的满下村民和武军，以投入相当的财力、劳力起一所新房来庆"三十六"。今天请家族、亲戚、邻居来帮忙竖房子，并请竖新房客。

吃过早点，和国兴师傅大声对大家说："竖房要开始了，大家先听我说说，新房材料厚实，较大较重，竖房时请大家不要乱嚷嚷，听我的指挥。掌握撑杆的由每两个成年人合撑一杆，眼要向上看。上方时必须从上面放下绳子，待把方拴好后再慢慢地拉上去，不拴绳子，不准把方递上去。4个小时的时间内请大家少言语，听我的话。"他说完后放鞭炮，炮毕，大伙就靠拢在屋架旁，只听一声"起"，大伙就"一、二、三""一、二、三"地边哼边把屋架竖起，直到竖直了才停止哼声，然后静听着和国兴师傅的指挥。随着他的指挥，大家小心翼翼地把屋架抬放在基石上，并拴在保险杆上，再找块板子用钉子稳在厨房上，又去竖另一排屋架。竖起后，胆大有经验的年轻人像猴子似的爬上屋架上方，等把方上好了，这两排屋架就稳当了。休息喝茶抽杆烟片刻时间后，又接着竖第三排、第四排，大伙都很齐心，对和国兴师傅的指挥也百依百顺，到中午1点就竖完了。和国兴说："现在好了，只剩下上梁一事了，大家喜欢怎样休息，就随心所欲吧！和子红及和子黄两个（与和武军属相相合）吃饭后，带了香、酒去砍一棵梁。"

等到和子红、和子黄砍回梁后，和万琴、和国兴他4人忙着修梁，到5点半左右上梁仪式开始。上梁结束后开始晚餐，顺序是先招待竖房的人，其次是外村来客，再次是村中来客，又次是亲戚家族，最后是服务人员。

此次请客除收到一部分传统的礼品（腊肉、米、酒）外，收入7000余元人民币。上梁用的烟、酒、茶、糖、米、小麦、玉米（各10斤）、肉、毛毯、大公鸡均由和金桂父母家带来，这些物品等到明后日要送给大师傅的。

2011年3月17日　农历二月十三日　阴

地点：南溪村满上、中、下3个自然村。

事情：不知谁人先说起，在村中传开"食盐要大幅涨价了。食盐因日本大地震，发生海啸而不能生产，不能食用了。食盐已供沿海地区防核污染用而停止供应等"。村民们互相传着上述言论，而且有不少村民三三两两、成伙去小卖部买食盐。有些小卖部见机行事，提高了食盐出售价，不少村民忍气吞声说"挨宰了"。有些村民（50多岁的男村民）则说："食盐产于兰萍县，洱源县乔后镇，离我们很近，永远不会缺，就连'文化大革命'时都由生产队派马帮去驮，现时更不愁缺了。"这些人对村民抢购食盐无动于衷。

历史正像后者说的那样，在"文化大革命"后期，定量供应的食盐也曾在南溪供销社脱销，各生产队就组织马帮去兰萍盐厂直接驮运，往返只用了一个星期。在交通便捷、物质充裕的现代社会里，更不用担心某种物资的缺乏，关键的问题是"手里要有钱"。

2011年3月18日　农历二月十四日　晴

设在南溪满中村的格林恒信生物种植有限公司（玛咖公司）做出决定，并向社会公告："2011年起，要扩大玛咖种植面积，不仅在南溪村扩种，而且扩大到邻近的太安乡各村、前山村委会、后山村委会各村民小组。南溪村各村民小组的各农户不限量，愿种多少就让种多少。邻近村寨2011年每户限量在2亩以内。"并着手进行种苗场地扩建的方案和准备工作（跟满下村村民组长协调建苗棚所需沙子事宜、请工事宜等）。

这决定一方面给想种玛咖的邻近村民打了一剂强心针，前两年就想试种一下的想法终成真；另一方面，种了两三年的南溪村民则认为："他们（指公司）范围不扩大到太安、前后山看来是不行的，南溪村的种植面积是会比前几年减少的。因为，公司不提高价格不说，就是挖交的时间也推后得多了，本可在11月底或12月内挖交完，但公司拖到一二月才让挖交（那时部分果已呈干状，多数果里的水分没有了），这样不利于种植户的正常收入。"

不管怎么想或怎样说，该公司要扩大生产已是不争的事实。

2011年3月19日　农历二月十五日　阴

设在南溪满中村的玛咖公司，才决定扩大再生产的方案，今天就从城里请来一些工人，还请了挖机、运输汽车。挖机开到满下村沙场去采挖沙子，边挖边装，装满就运，一车接一车地把沙子运往玛咖公司。请来的工人就拆原来搭好的塑料大棚和框架，边拆边把塑料布折好、放好；把框架拆了后有次序地堆放在一个地方，等重新整大棚时，可以很顺手地拿来用。拉来的沙子一车车倒在拆了棚的地方，准备在此重新做混凝土场。

公司还打算，等把所需沙子挖够了，就用挖机重新挖一下前年挖过的积水塘，让承包者在今年雨季过后可养鱼。

2011年3月20日　农历二月十六日　阴间晴

丽江市南方电网西片收费站的负责人今天来南溪村，与村委会干部磋商南溪村收电费的事情及收电费的人员。他们认为，全村委会由一人来统一负责收电费，通过对各村民小组8个代收电费人员一年来的工作情况，在他们的意愿中，委托满下村村民和万仕来承担这一工作较合适。村委会党总支书记兼村委会主任和继武说："既然你们已看中和万仕，那你们就去他家直接与他交换一下意见，看他愿不愿意干此事。见到他时，我们也尽量做一下他的工作，他对各种公益事业都很热心，诚实积极，可信得过。"

收费站的负责人离开村委会到和万仕家与和万仕交谈，请他来担当整个南溪村收缴电费的工作，报酬是所收电费总数的5%。和万仕答应了，但提出不可能做到一个月收缴一次，只能半年一次或者一个季度一次。收费站的人同意了他的意见，一个季度收缴一次，而且在南溪村也尽量争取实行预存电费的方法。

2011年3月21日　农历二月十七日　阴冷

云南大学纳西族调查点计划实施的"民族文化进课堂"活动，今天正式启动。

该活动在南溪完小进行，具体做法是：由云南大学纳西族调查点负责请来丽江市博物院东巴文化专家和丽宝老师，对小学二、三年级的学生进行东巴文化教学。学生学习用的纸、笔由云南大学提供，计划进行3年时间。

今天是周一，安排上午两节课的时间进行教学。教学前该校校长和建雄向全校老师简要说明了这一活动的内涵，要求没课的老师也参加学习。

云南大学纳西调查点管理员和尚勋老师也向师生说明了云南大学调查点在南溪完小学生中进行该活动的目的：传承世界记忆遗产东巴古籍文献、国家级非物质文化遗产东巴绘画等优秀民族民间文化，培养民族传统文化传人。

二、三年级学生共有23人，教学结束后，和尚勋老师要求把学生作业本收集起来保管在教师办公室，等到学生练习时又发给学生，以防几天后就丢失或撕烂。教学结束后，和尚勋老师与和丽宝老师进行了探讨，和尚勋认为一个月上两个课时，估计学生学得不好，最好向校长请求一下，由任课老师在一个月里加一个活动课时，练写练读，来巩固学生的记忆，和丽宝老师认为也有这样做的必要，并与校长说好"以后的课时由和丽宝直接与校长联系时间，灵活进行"。

2011年3月22日　农历二月十八日　阴间晴

南溪完小校长和建雄老师根据黄山镇中心校（原称镇教委）的布置，向南溪村委会党总支书记和继武同志转达："南溪完小计划撤并归文华完小（在坝子里），要求村委会干部做学生家长的工作，进行沟通。"和继武说："我前些时说过，从中华人民共和国成立前到现在，一直都是在我村办学，现在要不办了，这确实不通，我想不通。撤并归文华将会增加家长的负担，我要动员所有学生家长和村民，顶住撤归学校的不利于百姓子女上学的行动。"和建雄耐心地说："上面定的事情，你一个村委会书记顶得住吗？顶得了吗？"和继武说："实事求是地讲，客观地讲，撤归学校虽然优化了教育资源，节省了国家的投入，但对山区或偏远的老百姓却增加很多负担，而且学生娃娃的安全隐患也较多。若顶不住，我要政府写下学生安全保证书及如何处理学生家长负担的协议书才准行动。"

事后，大伙都估计会在2012年9月开学时进行撤并工作，不知后事如何，只待事情的发展。

2011年3月23日　农历二月十九日　晴

满上村村民和耀军家、和耀刚家（堂兄弟）与满中村和志强家（和志强是和耀军的小舅爷）3家虽不在一个村寨，但是路隔不远，又沾亲。和耀军家既要在春耕种洋芋时把玛咖公司所需的腐叶找够并拉到玛咖公司，又要照顾小舅爷和志强单身一家不会放洋芋种的农事，于是他们3家商议合伙来完成找腐叶的任务，及共同完成种洋芋的农事。他们分作两个组来进行，和耀军的妈妈及和耀刚的妈妈（妯娌俩）去找腐叶，等她俩找好后，再由和耀军拉到玛咖公司去。和耀军的老婆和爱菊、和志强、和耀刚3人则犁地运肥，种洋芋。种洋芋的把3家的都种完，卖腐叶的款除去运输用油费外也将会3家同等分。真有些过去集体时代的味道，他们能这样做，确实是不易之举。

2011年3月24日　农历二月二十日　晴

黄山镇人民政府要组织护林防火应急突击队，要求南溪村委会参加15人，年龄在40岁以下、20岁以上。若在黄山镇辖区内发生森林火灾，突击队要立即拉得出来，参加灭火的工作，并要求有一定的扑火经验。村委会党总支书记兼村委会主任和继武、村委会副主任和丽军根据各村民小组组长的意见，认真筛选上报人员。他俩的意愿是：若各村民小组干部（组长、副组长）适合要求的，必须参加；不具备条件的，要求村民组长提出人员名单，通过筛选后登记、上报。

现时南溪村各村民小组的组长、副组长中，年龄在40岁以下的只有满上村的和占军、满中村的和振锋（但他不在村中也不管村事）、满下村的和学武、鹿子村的和道海4人。书记、副主任在筛选人员时，特别注重是否长期在家，到需要时能否拉得出去等关键问题，再做上报定员。

2011年3月25日　农历二月二十一日　阴

丽江红太阳广场毛主席塑像的史实：

1969年2月23日，丽江专区革命委员会常委扩大会议决定，在丽江红太阳广场"敬塑伟大领袖毛主席巨像"。专区财政安排专款20万元。工程于4月27日动工，10月1日完成。塑像主题为毛主席着军装的挥手立像，塑像通高14.209米，其中塑像高7.1米，标志中国共产党的生日；像座高5.16米，含义为中共"5·16"通知发表；像体高12.26米，寓意毛主席生于12月26日；检阅台高1.949米，纪念中华人民共和国成立于1949年。塑像前广场1.3万平方米，可容纳群众2万多人。

摘自《丽江日报》文化周刊《房屋的足迹》一文，玉龙县史志办提供。

2011年3月26日　农历二月二十二日　阴

设在满中村的格林恒信生物种植有限公司从城里劳务市场请了一些民工（六七人），同时租借来一辆混凝土搅拌机，打混凝土地坪。因为机械操作搅拌，再加上用手推车来拉所搅拌出来的混凝土泥浆，施工省力、快捷、高效，师傅就只需平整一下倒下的泥浆，等到下午泥浆快干时，大伙七手八脚用抹板抹平就能完工。看来用不了几天时间就能把所要整的混凝土地皮整好，并把所拆了的塑料大棚重新建好。上了年纪的满中村老人和玉南、和仲贤、和国贤等到那里闲逛观看，都异口同声地说："真是有钱能使鬼推磨，荒芜的烂草地也能整成人们生产生活的好田园。"

2011年3月27日　农历二月二十三日　阴

自2005年11月3日南溪村委会鹿子村村民小组发生公共卫生事件以后，疾控工作在丽江引起了各级主管部门和各级政府的高度重视，派出医务人员和疾控中心的工作人员进行了反反复复的检验、检查，最终确定为鼠间鼠疫，随之展开了相当规模的灭鼠活动。

事已过去7个年头，但玉龙纳西族自治县疾病控制中心的领导和工作人员对南溪村灭鼠一事抓得很紧，每年都要进行两次以上。今天又拉来两三百斤他们单位自制的灭鼠药，要求村委会干部在种完洋芋后，组织各村民小组干部群众进行灭鼠活动，按照重点区域或防范区域把灭鼠药分发给各村灭杀老鼠。今天，疾控中心工作人员把全部灭鼠药先堆放在村委会大门口，向村委会干部交代了下一步的工作后离开而归。

2011年3月28日　农历二月二十四日　阴

黄山镇党代会召开在即，镇党委下达给南溪村的党代表为9名，其中镇党委下达镇政府干部戴帽1名（副镇长夏山银），妇女代表2名，代表要差额选举。南溪村党总支、村委会干部接到指示后，提出候选人和继武、和国军、和丽军、杨耀秀（妇女）、和国高、和文红、和万锋、和秀英（妇女）、夏山银（副镇长）、和为尚、和吉红，并电话指示党总支委员及时征求各党小组党员意见后，上报村委会，再上报镇党委。

下午收集各党小组党员意见，归纳、筛选的结果是：夏山银（副镇长）、和继武、和国军、和丽军（3人为村委会干部）、杨耀秀（村女主任）、和秀英（妇女）、和吉红、和国高、和万锋九人为南溪党代表上报镇党委，并及时得到镇党委批复同意。

2011年3月29日　农历二月二十五日　雨转雪

老天阴沉着脸，淅淅沥沥地下起小雨。村民们想："春雨贵如油，不会下大的。"还是照样去干活——种洋芋，干着干着，丝丝细雨还是下个不停，把地里的土给淋湿了，村民们在地里劳作有些不便。于是村民们纷纷收拾洋芋种、化肥、农具等回家。回到家后才有一袋烟功夫，老天突然把脸沉得更阴，天空中纷纷扬扬飘起雪花，即刻屋顶的蓝瓦变成白的，院中的花草、树木也披上了银装，院坝和田地铺上了白色的地毯。上了年纪的不少村民在火塘上边烤火，边看着外面的雪，边发出内心的感想，"好啊，瑞雪兆丰年，来年一定粮食大丰收；'清明断雪，谷雨断霜'，古人对气象作出了很准确的论断，古人真不简单，我们的生产生活都是沿袭着先民下的结论而行事的。"

2011年3月30日　农历二月二十六日　阴间晴

黄山镇第三届党代会将于明日8点30分在黄山镇人民政府礼堂隆重召开。南溪村委会的党代表和继武、和国军、和丽军、和国高、和吉红、和万锋、杨耀七人由和国军的微型车拉到镇政府报到，另有和秀英在城里开出租车，到时会参加会议，夏山银副镇长到时也将作为代表出席。

这9人将代表南溪村50多名党员出席镇党代会，听取和审议镇党委的工作报告，及今明两年镇党委工作要点。

拉代表往返的车费由黄山镇政府付给和国军。

2011年3月31日　农历二月二十七日　晴间阴

满中村人对该村村民和实全的评说：

和实全，男，满中村人，现年45岁左右，为满中村村民和作琴、和珊瑚的长子。20世纪80年代中期，因犯强奸幼女罪而入狱，强制改造7年。出狱后，与父母及弟和七四生活，放羊、劳动比入狱前认真多了。不知何因，一年后又离家出走在城里游荡，一直持续至今已有20年左右时间。其间在2000年因父和珊瑚去世时回来过一次，其余时间都未曾回来过。这期间没有警察来家了解过他的情况，根据这一点，村民们推断和实全在城里不盗不抢，估计他以捡垃圾或偶尔做些不被人们发现的小偷小摸之事来生活。村民进城时偶尔见到他，他不显老，不消瘦，有时还领着个老妇人一同行走，有时还给别人打着手机，生活还有模有样、有板有眼的。

有村民们谈到遇见和实全的情况，说："作为我们本身，要是包包里没钱了，不会在城里待而是急着赶回家；而和实全从家里未带走分文钱，却能在城里生活这么多年，确实是件不易之事，也可说是一个能人，不疯、不抢、不盗，公安局的没找上门来，能在城里混饱，过上不饥不寒的生活，我们办不到，而和实全办到了20多年，不简单、不容易啊！"

2011年4月1日　农历二月二十八日　晴间雨

洋芋不都（纳西语）是世居在南溪村的纳西族传统美食，它以香、酥、脆、口感好而被人们称为上乘食品。它的原料是燕麦炒面与煮熟的小洋芋混合后在石碓里舂碎而成。过去的南溪人常以这种食物招待贵客，可现时食用，也可放置数天后再食用。放置数天后食用时，切成饼块状，在炒锅上烤一烤，待两面烤黄拿出来吃又脆又香，常常使得从机关下乡的干部们吃得肚饱口不饱。1964年县委下派到南溪的工作队队长，名叫和鸣鹿，住在满下村和习崇家，在和习崇家吃过"洋芋不都"后对工作队队员们说："我16岁参加工作，走南闯北，丽江各地几乎都到过，可没吃过像'洋芋不都'一样的美食，这种食物可称天下美食，很遗憾不可能天天吃上它。"后来他当上丽江县委副书记，开会时遇上南溪人还会提及它。和鸣鹿从地区计生委主任岗位上退休后，遇到南溪人还问起现在还有没有这种食物，若有的话，他很想托人买些带给他。但很遗憾，随着南溪村产业结构的调整,"燕麦"在南溪已停种好多年,没有了做"洋芋不都"的原料。任过丽江县委副书记、华坪县委书记、丽江地区计划生育委员会主任的和鸣鹿老人深表遗憾地说:"南溪村缺了这食物真可惜,要是还有,能拿到城里当商品卖,肯定比鸡、鸭、鱼、肉还畅销。这百年来的传统美食已绝迹,不能与世界各国人民共分享,太可惜了。"

2011年4月2日　农历二月二十九日　晴

南溪村的大多数村民已种完洋芋,有个别的农户在帮亲戚种,如村民和永良两口子从今天开始帮忙姑爷和武军家种洋芋,因为和武军家今年大多数时间忙于起房之事,故把种洋芋之事拖了几天。和万琴两口子也到和国兴家去帮和国兴老两口种洋芋,和万琴打算等把洋芋种完后,跟着和国兴去做木匠活。

村里消失了前些天的忙活情景,呈现出松弛的状况,有不少村民于下午又聚首进行扑克玩乐、麻将之战。

2011年4月3日　农历三月初一　晴

满下村村民和子一家已在昨日把自家要种的洋芋地种完,因为他家所分得的地不多,就另外向村民和家良家借一些,今天开始种所借到的地。

除了种自家地外,再借别人的地来种的村民之前就已有部分人,如和作典家(自家地多)借种满中村和福祥家的地,和朝光家借种满中村和占典家的地,和朝东借种旦前村和学武及满下村和朝珍的地,和玉琴家借和占典家的地。有的开初几年出些钱给借地的主人家,后来只给些油菜籽、洋芋之类的作物;也有的什么也不给。按理说,沾亲带故的也得表示一点,否则会引起有地借出的村民心理不平衡。但也有种了别人的地的村民,自认为要付出劳动,如我们不种×××家的地,这地一两年就荒草满地,不必付钱或给点什么的。唉,"人上百号,样样齐全"。

和家良则不在乎给与否,但求地别荒着。

2011年4月4日　农历三月初二　阴

吃过早饭(10点左右),在正对满中村北面的鸡冠山方向冒出一团团淡淡的烟,行走在村中公路上的村民,不禁脱口而出"那儿在冒烟,是不是烧山?"防火意识较强的村民们,一到冬春季节山上有烟冒出就立即想到是否有山林火灾。但今天冒烟的地方是满中民和月林家的祖坟旁,再抬眼往和月林家望去,只见和月林家附近停放着4辆不同颜色、大小各异的汽车,才想起是和月林家4个出嫁的姐妹在"清明"节前一天回来在祖坟扫墓祭祀老祖宗。这样做的原因是:和月林的4个姐妹嫁去的各家都要过"清明"节(火葬的村民大多不过这节,而土葬的村民都过),她们得去履行家庭主妇的责任(做饭、招呼参加上坟祭祀活动的人)。因此,四姐妹提前回来扫墓,但她们每个人最迟都得在明天天一亮就启程返家。现时因交通便捷、经济发展,再加上他的4个姐妹都是当家理财的能手,各家都购置了不同品牌的汽车,还有两个在城里买了商品房,成了城市里的新阶层,肯定都会在吃了晚饭后各自回家,就剩下和月林一个单身汉。

2011年4月5日　农历三月初三　晴间阴

满下村58户人家除了和国红兄弟两家没进行土葬外,其余56户人家都是土葬。在南溪村自古以来"清明"这节日只是由土葬的人家到祖坟上烧香、扫墓、祭祀。虽是以族为单位来进行,但方式与十多年前不完全相同。过去是,各家各户在自己家里做好各种饭菜和祭品,背到坟场,与家族合伙祭祀、休闲、野餐。餐毕,把吃剩下的食品等分后带回各家各户。而最近十几年的方法变成家族轮流买祭品和食物,在家中或在坟场合伙做饭,祭祀野餐,吃完野餐后,统一收拾好剩余食物,集中到一家继续食用晚餐。这方法最先由"阿四金"家族做起,陆续被村民所接受，逐渐形成定式。在昨天，各家族都派两人到城里买所需物品，今天杀的鸡由轮到买东西的这两家承担，其余支出由各户平均负担（不计较参与人员的多少）。

2011年4月6日　农历三月初四　晴

有消息传来，金龙村的村民和福先昨天晚间去世了。听到这一消息，村民们都很同情，异口同声地说："一个人受的思想打击大，心灵刺激大，确实是长命不了的，特别是男人。老年失子，的确对接近老年或老年人来说是万分悲痛的，满下村的和尚典前些年儿子人车同时失踪，事隔半年老人呜呼哀哉；和福先去年3月下旬儿子开车被人杀害，才一年过几天，他也跟着去世。"

三亲六戚都往金龙村而去，看望安慰和福先之妻和燕谷。满下村村民和燕花、和三姐、和建国、和建成、和建军、和建华、和建忠（和燕谷的姐妹兄弟），连同他们的近亲、家族都前往安慰。途中，和燕花非常伤心地说："在城里开车找钱，连命都付出了，一个好端端的家庭一年之间就变成只剩下我妹妹一人了，她往后的日子可怎么过呀？唉，找不到钱，安全点就可以了，本来就想娶儿媳，领孙子享受人生天伦之乐的和福先，父子俩一年之间就先后走了，阿爹阿妈，你们看见您女儿的惨景吗？"众人相劝，越劝她哭得越伤心。和社芬劝说："世间无奇不有，什么事都有，什么人都有，比她惨的人也有，举不胜举，就南溪村来说，且前村的和彦老人、满下村的和志贤老人、满上村的和定都比和燕谷惨，她们也照样坚强地生活着，到的确干不起活时，姑娘和女婿会招呼的，您这样会使您妹更伤心的。"她这一说，终于生效了，把和燕花给劝住了。

2011年4月7日　农历三月初五　晴

"生意八只脚，神仙摸不着"，"一日婆婆街，一日媳妇街"这两句古来就流传在南溪村民的口头语，道出了商品价的不稳定，曾经激励过历代南溪能人把握商机，应变出手产品；也曾使尊敬公婆的媳妇们不敢做产品买卖，全靠公婆来主持。南溪村大多数村民近10年来都是去年产的洋芋今年卖（去年10月开始收藏的洋芋到今年6月末才售完）。

前面提到的两句流行语还应验了洋芋出售问题，洋芋价前期高，高到每斤一元二角八分，现在每斤只出价七角钱，很使将洋芋留到现在的村民后悔。本想再涨一点再出手，却是时间越往后，价钱就越下降，与最高价时下跌每斤六角钱左右。满下村村民和武军出自内心地说："本想多留后几天，多卖点高价，用来挣点买瓦的钱，价却一天天往下掉，不属于自己的就无法得到，这是命里注定的。只好用手扶拖拉机将洋芋拉到坝子里去换成玉米和小麦，再把玉米和小麦卖出去，虽然辛苦点，但比每斤卖0.7元划算些。"

今天他与老婆和金桂用手扶拖拉机拉洋芋去换玉米、小麦，比例为0.8∶1，八两洋芋换1斤玉米；或1∶1，1斤洋芋换1斤小麦。这样很使坝子里的村民心里过不去，说："南溪洋芋比玉米、小麦还值钱，南溪村人有那么多的出租车，还有好多人在城里买了商品房，蒸蒸日上的生活源于洋芋，洋芋名字就该改为'洋玉'，像玉一样贵。"和金桂说："我们也只是混得个肚子饱，但总比过去好多了，这不假。"他俩因为拉回玉米、小麦要费油，就在坝子里把换到的玉米、小麦卖给粮食老板，空车而回。

2011年4月8日　农历三月初六　晴

满上村村民和五哥、和昌城叔侄俩合伙买一辆出租车的牌照（运证），价钱为82万元，更新一辆新轿车后，预算最低也得支付91万元。面对如此高价的出租车，两家合伙各家也得准备45万元或46万元。所幸的是，因为南溪村人讲信用，玉龙县信用社对南溪村民贷款"放心"，给予放巨额贷款扶持，每户贷给10万元。根据这一条件，南溪村民只要有决心，有信心，手中无钱也能办成大事。不是吗？比方说以上这两家各家手中有个五六万元，请上3户亲朋去贷款就解决了所需要的资金。有人说："南溪村人这几年不发，就很难发了。"也有的人说："信用社贷款利率高，贷巨额的款付巨额的利息，不划算，有些不好好开车找钱的人估计连利息也找不到。"对每一件事，各有评说。前者为要干一番事业，敢于贷款（当然，缺少了信用社的支持想办事也无法办到）；后者为不大想干大事，认为过得去就行，置业、置产不如存款好。南溪村人目前有不少正在奋发的人，不畏车价涨至90余万，依托信用社来购置资产。只要努力去做，势必心想事成，后来居上。

2011年4月9日　农历三月初七　晴

满中村村民和三友请和万里、和珍华帮忙，在他家小卖部北边（公路北边空地上）盖一所三间砖木（空心砖）结构平房，打算用来做储藏洋芋的仓库。

面对空旷的公有荒地，村民们人人都见到，户户都想拥有，但不可能户户都得到利用这公有荒地的机会。这主要源于老祖宗留下的老宅基误了当代有理想、有志气的后一代。过去，传统的纳西族古建筑"四合院"及"三坊一照壁"，成了历代纳西族人（南溪人、满中村人）追求的目标。随着社会的进步，时代的变迁，再加上社会经济的快速发展，村民们的居住观念也在发生着变化：宽敞明亮，干净清洁，人畜分居，外设洋芋仓库，现已成为南溪村村民追求的时尚。房前屋后或者附近的空地如今成了户户村民羡慕的宝地。这些空地与谁家靠近就被谁家利用，无可非议。没利用到空地盖洋芋仓库的村民，只好把仓库盖在地里，如前任村民组长和国高，村民和春红、和月林等。

2011年4月10日　农历三月初八　晴

金沙欢歌，玉龙起舞。4月10日晚，全国唯一的纳西族自治县——玉龙纳西族自治县热烈庆祝自治县成立50周年。

全国人大民族委员会、国家民族事务委员会发来贺电表示祝贺。贺电说，50年来，玉龙纳西族自治县各族人民在云南省委、省政府的领导下，认真贯彻执行党的路线、方针和政策，团结奋斗，开拓进取，经济社会各项事业不断取得新成就，呈现出民族团结、社会稳定、人民安居乐业的良好局面。希望全县各族人民牢牢把握"共同团结奋斗，共同繁荣发展"的民族工作主题，以庆祝自治县成立50周年为契机，振奋精神，奋发努力，在新的起点上推动玉龙纳西族自治县经济社会又好又快发展和民族团结、社会稳定。

省委、省人大常委会，省政府、省政协也致电祝贺。贺电说，自治县成立50年来，县委、县政府团结带领全县各族人民坚持和完善民族区域自治制度，自力更生，艰苦奋斗，不断巩固和发展平等、团结、互助、和谐的社会主义民族关系。全县经济社会各项事业取得显著成就，开创了改革开放和社会主义现代化建设的崭新局面。希望全县各族干部群众不断解放思想，坚持改革开放，推动科学发展，促进社会和谐，为夺取全面建设小康社会新胜利而努力奋斗。

全国人大常委会原副委员长出席庆典大会并讲话。全国政协民族和宗教委员会副主任赵金铎，中国文联副主席、中国作家协会原副主席丹增，云南省人大常委会副主任杨建甲，云南省政协副主席白成亮，云南省政协原副主席和占钧，国家和省祝贺团成员出席庆典大会并观看"魅力丽江，腾飞玉龙"文艺演出。

文化部党组副书记、副部长欧阳坚，云南省副省长和段琪也发来贺电。

文艺演出晚会由中央电视台节目主持人董卿、杨帆，纳西文化人和占强主持。

2011年4月11日　农历三月初九　晴

1961年4月14日，丽江纳西族自治县成立。2012年12月26日，国务院批复同意撤销丽江地区和丽江纳西族自治县，设立地级丽江市，丽江纳西族自治县分设为古城区和玉龙纳西族自治县。玉龙纳西族自治县成为原丽江纳西族自治县的传承和延续。

50年来，全县各族人民认真行使民族区域自治权利，大力推进民族团结进步事业，努力发展经济和科学、教育、文化、卫生等各项事业，切实保障和改善民生，促进城乡面貌发生了深刻的变化。2010年全县生产总值22.34亿元，是1961年4655万元的48倍；财政总收入3.22亿元，是1961年240万元的134倍；金融机构存款余额达188.4亿元，是1961年1617.5万元的1165倍。

去年旅游收入为2006年的2.5倍，玉龙旅游确实强。2007年12月25日，国家旅游局正式批准玉龙纳西族自治县为云南省首批唯一的"中国旅游强县"。"十一五"期间，全县共接待海内外游客1178万人次，实现旅游综合收入177亿元，年均增长25.75%。

玉龙旅游资源主要体现在两山一带一江一文化。"两山"为全国首批5A级景区玉龙雪山和中国三江并流世界自然遗产核心区老君山；"一带"即由世界文化遗产丽江古城的重要组成部分白沙古街、白沙壁画、玉水寨、玉柱擎天、玉湖古村落、玉峰寺、北岳庙、东巴万神园、福国寺、巴东谷、东巴王国等人文景观构成的白沙文化带；"一江"为沿金沙江分布的旅游资源，即万里长江第一弯石鼓、虎跳峡、宝山石头城；"一文化"即以世界记忆遗产东巴古籍文献为代表的纳西东巴文化。

品牌：目前，玉龙旅游业已取得了包括世界文化遗产、世界自然遗产、世界记忆遗产、中国旅游强县、国家5A级旅游区、国家地质公园、国家红色经典旅游景区、国家爱国主义教育基地、云南省旅游小镇、云南省旅游特色村等品牌，"印象丽江——雪山篇"荣获中国文化旅游发展贡献奖。

收入：2010年玉龙县旅游接待人数首次突破50万人次大关，成为玉龙县旅游发展的一个崭新起点。全县旅游总收入从2006年的20.29

亿元增加到 2010 年的 50.74 亿元，为 2006 年的 2.5 倍。

特色：玉龙县积极推进旅游特色村、旅游小镇、重点旅游县、二级旅游目的地和旅游集散地的建设，提高旅游接待能力。2010 年完成了投资 35 万元的云南省第一批旅游特色村（玉湖旅游特色村）建设项目，投资 35 万元的云南省第二批旅游特色村（黎明世外桃源旅游特色村）建设项目。

（资料、数据摘自《丽江日报》）

2011 年 4 月 12 日　农历三月十日　晴

昆明与南溪并不遥远，山村妇女也自发组织到省城一游。

在 20 世纪 60、70、80、90 年代，甚至在 2000 年之初，好多吃皇粮的人都未到过省城昆明。随着经济社会的快速发展，国家对基础设施建设的大力投入：滇藏铁路大丽段的开通，以及昆明到楚雄—大理高速公路的开通，再加上丽江机场开通十多年，形成了便捷的交通网络。这些利国利民的优越条件，使得以往只懂生产劳动、喂猪做饭、照料小孩的山村妇女——南溪满上村妇女也产生了到省城一游，开开眼界的想法。

在满上村现任玉龙县人大代表的妇女和桂花（现年 57 岁）的倡议和组织下，满上村女青年及妇女（65 岁以下）共 38 人，她们先自筹车旅费，今天出发前去昆明游览。她们在出发前就拟了个计划，"游昆明各大景区及石林，时间安排一个星期"。决定回到家后，由和桂花去黄山镇党委和晓英书记处要事前她曾答应所给的补助款，再发给这次赴昆旅游的每个妇女。山村妇女外出旅游受政府补助，在南溪是首例。这源于党的好政策，源于社会经济的发展，其中也不乏人大代表和桂花向领导反映情况的能力，方方面面的因素，构成了满上村妇女们组织上省城的南溪村头桩大喜事。

2011年4月13日　农历三月十一日　晴

村委会召开村民组长会议（村委扩大会议）。村委会干部3人及各村民组长、副组长、村民委员会委员参加了今天的会议，黄山镇党委政府派驻南溪工作组长夏山银副镇长主持会议。会议的内容是：第一，补发参加县庆活动人员的误工补贴（举行县庆活动时，村委会干部、各村民组长、副组长、支部委员、党小组长、妇女主任等人参加活动）。第二，商定南溪村2011年上级政府补助建设抗震安居房的村民。南溪村委会共分给10户村民，每户补助10000元。在会上大家对住房条件较差的农户做了细致的、全面的、客观的分析比较，最后确定这10户分配给文屏村的和文宏家，满上村的和占元家、和天元两家，满中村的和军红家，满下村的和永光、和社兴两家，且前村的和尚志家，鹿子村的杨丽花家、和继典家、和继文家。

会议结束前，要求各村民组长把会议内容传达到各村民小组的农户，如果确实遇到村民争议大，村民不认可村委会的商定，那只好进行抽签了（这是没有办法的办法）。但干部们相信他们的分析结果，南溪村95%的村民会同意的。

2011年4月14日　农历三月十二日　阴

满中村村民组长和万选召开满中村户长会议，南溪村党总支副书记和国军也参加今天的户长会议。会议上和万选传达了昨天村委会召开的会议内容，和国军副书记做了补充说明："抗震安居房这一建设项目，南溪村委会把全村368户都报上去了，但由于各级政府没那么多钱补助村民建设安居房，结果只批给南溪村委会10户。经昨天村委会干部集中在村公所，对全村进行分析、比较，定下这10户较困难的农户。"村民们都认为各级财政不可能支付这么多资金来补助所有人都建设安居房，而且都认为村委会干部们掌握情况如实，分析比较准确，无话可说。但被补助的农户和军红说："我内心非常感谢党和政府对人民的关心帮助，衷心感谢村干部的关照，党和政府的情我领了。但我已年近五旬，又加上我是一个老单身汉，一人一户，根据我的年龄和各方面的客观条件，起房盖屋之事我已没有这个念头了，我不干了。既然不干，补助款也就不能要了，请大家另找人来干此事。"和国军说："既然这样，户长们商讨一下由谁家干。"大家立即像炸开了的蜂窝，呜里哇啦，一片嘈杂声，只听得"我家干、我来干，国家补助 1 万元盖自家房，打着灯笼也难找到的好事，我干，我干。"持续了好大一阵后，大家争论不休，只好用抽签的办法确定，全体户长都赞同。和万选、和国军两人做签票（他两家不参与抽票，由别人代他两家抽），抽签结果，由村民和国高得到，大家都无可争议，却异口同声地道出一语："阿补益（和国高的乳名）真是一个有财福的人！"

2011 年 4 月 15 日　农历三月十三日　晴

满上村村民组长和占军、副组长和吉红（村委会委员、支部委员）召开满上村户长会议，传达前天村委会召开的会议内容，公布会上定下的该村两户"抗震安居房"建设补助的名单。和占元听后说："我干不起了，70 多岁了，快当地质队员了。"他的话还没说完，会场就嚷开了："这样的好事，谁都想要，只是争不到。干脆给现在还盖房的农户算了"，"不行，得抽签！"最后，和占军止住大家议论纷纷的话语，征求大家的意见，一致通过用抽签的方式来决定由哪两家来享受这补助款。和吉红、和占军两人去做签票，做完票后，他俩把卷好的票装在帽子里。和占军说："大家围成一圈，我在中间抬着帽子让大家逐个先拿签票，剩下的最后两张由和吉红我俩一人拿一张。"大家齐声说："好！同意！"就这样进行着，结果，由村民和永良、和仕喜两家得到"抗震安居房"的补助。大伙无话可说了，会议也就结束了。

抽签这一形式，古来就在南溪村民中很流行，球赛、歌赛、兄弟分家时分房产、地产、物资时常用这一方法来解决，避免了父与子、兄弟之间、家族之间的互相怨气，使得人们心理得到平衡。同时村民古来就很尊重"抽签"这一做法，对抽签的结果，不会有议论，更不会有反复。村里有一句流传口语"没平录你高"（意为抽签定局最公平）。

2011年4月16日　农历三月十四日　晴

南溪村各村民小组中与金龙村和福先家沾亲带故的村民，前往金龙村参加和福先的丧葬活动，对和福先的辞世表示哀悼。

对和福先的去世，即使不与他沾亲带故的村民也深感同情，他的结局与满下村村民和尚典老人的结局大致相同，都是因为儿子在开出租车时被人杀害而致使父亲思儿患病所故。

在和福先失去儿子和春建到和福先辞世的一年时间里，黄山镇民政曾因他家困难（他家剩下的两口子，五十三四岁）给予补助2000元。而满下村和尚典家儿子和国军于2005年11月5日人与车同时失踪，后老父和尚典于2006年4月28日去世后，至今6年光阴中他家只享受到50斤大米的补助（他家剩下和国军的两个幼儿、70多岁的老母亲及能劳动的和国军之妻，一个劳动力要负担3个不能自食其力的人，这个现象在南溪很少）。可不知为哪样，困难、低保、补助等一系列对农村困难户的优惠都与他家无缘。对比之下，有的人认为个别村干部对村民的困难，若不沾亲带故，不向上级有关部门反映，是私心的表现。

2011年4月17日　农历三月十五日　晴间雨

满中村籍现役军人二级士官和江龙今天回家探亲，顺便领回对象，使和江龙的父母、爷爷、叔婶及亲戚都感到十分高兴。和江龙已到而立之年，成双成对回家来会给父母及亲人带来一份惊喜。

最近10年来，南溪村只有和江龙一人在部队当兵。入伍前只有初中文化的和江龙，能在部队里当上二级士官，全靠部队的培养，个人的努力，家中父老的教诲，同时也是村人的光荣，家人的光荣。南溪曾有很多人当过兵，服役2年、3年、4年、5年不等。如果从中华人民共和国成立算起，62年来曾有近百人入过伍、当过兵，但只有和发兴、和学良、和士高3人当过干部。而现时的和江龙得个二级士官，服役近10年，不是件轻而易举之事，因此很多村民都对他有敬慕之心。

2011年4月18日　农历三月十六日　晴

满中村村民和志忠家今天以每斤0.5元的价出售洋芋，这可气坏了和志忠老母亲和五娘，她在背地里说："每斤可卖一元二角五分时不愿卖，到春节前后每斤价1元又不忍出手，到今日的每斤0.5元才出手，仓库里损失了多少，人苦能苦到这么多钱吗？但我们的话又不起作用，唉，真叫人痛心。洋芋不能留到来年，若是其他粮食可放置多年，不得不出手了。"和志忠劝母亲说："妈妈，生意八只脚，神仙摸不着，谁不想把自己的产品多卖些钱？谁不想多赚钱致富？卖一元二角五分1斤时，心里想着能不能卖到一元三四一斤，想着再涨点价时再卖出，但那以后就往下跌价了，到现在我们也很痛心，但无法回到开初的洋芋价了。"

事情真的是这样，富有的人更想富有，这是人之常情。常言道"人眼横生着，不易满目"，老板出一元二角五分一斤时，有不少村民想卖一元三角一斤……结果，和志忠家今天卖出3.4万斤，每市斤0.5元，收入1.7万元。要是在每斤出价一元二角五分时出售，可收入4.25万元，现在比那时少收入2.55万元，怎么能不叫人痛心呢？

这一残酷的现实告诉人们一个道理——"适可而止"，不知村民会否接受今年的教训。

2011年4月19日　农历三月十七日　小雨

满下村村民和国武电话召回他承包满下村落水洞的同伙和德华、和朝亮、和春拾，到落水洞现场观察及规划堵落水洞积水的方案。他们在现场商讨提出：今年雨季前就把落水洞堵了，需要 20 吨水泥、百余车石片，并把有可能渗水的地段铺石勾缝，以保持雨水的积蓄；并商定由和国武负责向政府要水泥，在 5 月和德华等 3 人停下开车事来堵洞。同时，和国武向 3 人建议，由他一人来承包落水洞，他给其他 3 人每人付 3 万元，但是这个钱要先赊账，到有钱时再付给各位。3 人考虑到自己垫本每人 12000 多元，如果和国武给 3 万，除去成本赚了也只有 17000 多元，这 3 万块还说要赊钱，就不答应，都说一起干。和国武若为这一项目要到钱，30% 归他。

这样商定后，和国武失去了由一人来干的念头，就说："5 月定干了。"对这一举动，和德华等 3 人的家长认为，承包款那 12000 多元不打紧，再投入，若不见效就劳民伤财了。

2011 年 4 月 20 日　农历三月十八日　晴间雨

村委会党总支书记兼村委会主任和继武要村委会副主任和丽军电话收集 13 日下达"抗震安居房"建设户名单后各村民小组讨论的情况，并把收集的情况上报黄山镇人民政府办公室。和丽军遵照执行，结果除满中村和军红、满上村和占元、和天红等 3 家因本人不愿意盖，而进行抽签外，鹿子、旦前、满下、文屏 4 个村民小组的村民都没争议，赞同村委会的决定。和丽军把这一情况上报，定局了。

从这件事的处理来看，南溪村现任干部把握村情、民情是比较清楚的，办事是比较客观公正的，使得大多数村民都信服。另外，这也体现出南溪村绝大多数村民的道德素质是高的，能够尊重干部意见，又能体贴困难村民，同情弱者。同时，对不思进取，有能力自己建设好自居房，而不建设的年轻人加以责备。如对文屏村和文红，满下村和社兴两家说："住房困难是客观的，但这年轻人也不争气，有能力而不为之，应感到羞愧。"

2011年4月21日　农历三月十九日　阴转雨

设在南溪满中村的格林恒信生物种植有限公司最近两个月都在进行苗棚（温棚）、晒棚的改扩建事宜。增加育苗温棚，新建晒玛咖温棚，做扩大再生产，确保产品不受损失的基础设施建设。这些工程的施工人员是从丽江城里找来的四川籍农民工。同时，也时常请满中村村民帮忙做小工，付每天工价70元，还包一顿中午饭。小工的主要工作是参与沙灰搅拌工作，把沙子和水泥装进搅拌机里，或把已搅拌好的混凝土用手推车倒到苗棚或需浇灌混凝土的场地。

虽说工价比去年提高了一些，但真正在那儿连续干上几天的村民并不多，都说："跟四川人干活，确实拼不起，我们没有他们那股耐劲，四川人真比我们本地人苦得起好几倍，本地最强的劳力也不及一个一般的四川女工那样有耐劲。""外面来的人真比本地村民强得多，他们凡是找钱活都不计较轻重，顶住干，只有像他们那样干才能挣到更多的钱。"

2011年4月22日　农历三月二十日　晴

满下村村民和尚军看到在村中卖洋芋的人家每斤只能卖到0.5元，他与妻子和益花嘀咕"大洋芋、好洋芋还卖不到开初时的一半价，真是想不到，本想留在最后出手多卖些钱，多还点贷款，可一下就跌到这等低价，这样出手真是于心不忍。"经过商量，决定由和尚军自己用手扶拖拉机拉到城里或坝子里卖钱，或换粮食又卖，用这样的办法来处理2010年生产的部分洋芋。

今天，和尚军用手扶拖拉机拉了3000斤左右的洋芋去城里。作为以前常做洋芋小生意的他，在往年自己处理这点洋芋是轻而易举的事，但最近两年来他又暂时停息了这差事，不知今天这车洋芋能否像以往处理那样顺手，待到晚上或明后天才会知晓。

2011年4月23日　农历三月二十一日　晴

应和永红的长女和文琴之请，满下村村民和永红、和永良、和永军、和永光四兄弟前往太安乡天红村汝寒坪村民小组和文琴家帮忙，替和文琴家砌砖师傅拌沙灰、抬送沙灰、搬砖、挑水等。他们到场休息喝水一阵后，开始干起来了，和永光负责挑水，和永良负责搅拌，和永军负责抬送沙灰并帮忙和永良搅拌，老大和永红负责搬砖。砌砖师傅说："有你们四兄弟的帮忙，我们能用四五天时间就可砌完，你们兄弟心真齐，劲一定会大。"路过的村民见状都低声议论着：人多的优势体现出来了，只要有人肯干、勤劳、团结，什么事情都好办。在农村，子女多点好，独生子女们虽然人均值高，但缺少互帮互助的亲人，这是不足的一面；子女多，人均值低些，但又会激发出子女团结拼搏，赶上别人，赶上时代的劲头来发展自我，若遇到病痛或不测之事发生，都会一拥而上，人多好干事，这又是好的一面。人们都投去羡慕的眼光。

2011年4月24日　农历三月二十二日　晴

南溪完小北面，姚英在老岳父和天培的老宅基上建房工作又开始了。他让他的侄儿子和万选、和万里及满中村村民和三六、和立功等用手扶拖拉机把堆在和万选家西面空地上的瓦运到工地上，要着手盖瓦。事前他们进行了商讨，怎样做好？一些人提出，把瓦都搬运完了再说，而和立功说："这样做费时费力，上车、下车、堆码瓦片，又传递上屋去盖。我看拉一车就盖一车，免了下车、堆码瓦片的烦事，也省得好些时间。"大家都认为他说的占理，就照他说的做。大伙把瓦上好了，又在学校球场边一同推拖拉机上坡，拉到工地上，一些人爬上房顶去，一些人则从手扶上把瓦拿下又递到房上，让在房上的人盖。盖完一车，又去拉一车，这样轮番地进行着，的确感到省时、省力、效果好。大伙都夸和立功脑子好使，真不愧是人民公社时代的驾驶员。和立功却说："不是我的脑子好使，而是我在开公社拖拉机时见过。那时，我帮坝子里建盖新房的村民拉瓦，我要他们下车，他们却千恩万谢地求我不让下车，主人陪我喝酒，别人就将瓦片直接从车上传到房顶去盖，的确省事多了。"

2011年4月25日　农历三月二十三日　阴

满下村村民和武军今天请满上村村民和天红到鹤庆去买瓦，拉瓦。每块瓦片0.65元，他俩走了好几个烧瓦窑，都要这个价，卖瓦的还说："这不算贵，为了环保，丽鹤界的瓦窑都封闭不准再烧了，起房盖房的不断增多，瓦窑又减少，丽江城很多建筑工地都等着要用瓦。工本费算起来，瓦价不高点是不够本的。"从生产和需求的情况看，卖瓦人说的是实话，和武军也就在最后来到的那个窑上买下6000块瓦。上瓦由卖方上，和武军负责点数。他点了好几行，点着点着，点到的数基本一样。他也就有点烦了，卖瓦人告诉他："师傅，我们半辈子烧瓦卖瓦，上车码瓦，哪种车装多少，我们都掌握得很准确，最多出入20块瓦片，你只要记住有几行、几层，数一下一行到五行，到上完车算一算就出来了。"和天红告诉和武军说："是这样的，我每次帮村民拉瓦都是用这个方法来计算的，等装好车算好数付了钱，你就再要上三五十块，这样做确实一块瓦片都不少，有时还多出来二十几块。"和武军也就等装好每一层后数一下行数，他总共买了6000块瓦，共付3900元，还要付运费1200元，加上花销，每块瓦片合0.8元多点。

傍晚回到家，请来家族亲戚们下车，家族们边下车边议论："物价如此高，城里商品房三四千元一平方米，农村里竖新房也要好几万元。经济发展的同时，物价也大幅涨，四下五去一，一个样。"

2011年4月26日　农历三月二十四日　晴

玉龙县交通局的几位技术员今天来南溪村委会，说是要测量定桩从文峰寺至南溪村公所的路段。村干部与他们谈及从白华到文峰寺山门的路段修不修，怎样修时，那几个技术员说："从大丽高速路福慧段至玉龙县城的七十五米道已在开工建设，正好穿过白华至文峰寺山门的公路，但不知道怎样修，也不知道这路段咋办，领导没讲。看来，文峰寺至南溪的路真的要修了，等我们定完桩后领导会上来商谈施工问题。"和继武书记说："真的该动工了，这是2009年就由省发改委发文批了的事，并在报纸和电视媒体做了报道，到现在还不见影子，真有点哄人的样子。"

要想富，路先行，要使南溪村民富起来，必须修好路。修好路，南溪就有望建成玉龙后花园，南溪村的前途必定会充满景气。

2011年4月27日　农历三月二十五日　晴

满中村村民和志强、和江红二人在玛咖公司打工（长期工），晚上喝酒休闲，喝得差不多时，两人骑越野摩托车去丽江城里吃烧烤（约夜间11时），途中因刹车断了，就摔在路边，造成和志强额头（左面）重创，差点坏了左眼；和江红右手腕骨断裂。和春华把二人拉到医院，和志强额头缝了10针，和江红到接骨科去接骨。

对成年男子酒后这般冒险作为，父母很反感，随时都在提醒和教育，但孩儿们不接受，"不听老人言，吃亏在眼前"这句流行于南溪村民的口头语真是应验了。

此事劝告青年们，"酒后不能冒险驾车"，不知往后青年人是否会接受教训。

从南溪到丽江城，经过文笔山门的路段是一路下坡，且坡度大，急弯多，别说喝酒人驾车，正常驾车但驾驶技术不高者、路况不熟者，白天驾车都感到惊险。酒至半醉半醒，且是黑夜，不说刹车断，也很容易出事故。

2011年4月28日　农历三月二十六日　晴

云南大学纳西族研究点管理员和尚勋老师今天跟满下村村民和永军买沙子，这沙子是三四年前在满下村沙场挖机挖给他们几兄弟，并用汽车运到公路边堆放好的。双方进行了讨价还价，和永军说："去年一手扶卖了90元，现在油价涨这么高，再加上须我们卖方上车、下车，最低一手扶100元。这还是看在我们是邻居的面上，我老大和老二（指和永红、和永良）还不一定乐意，但我可以说服。"和尚勋认为和永军说的也客观，就答应以100元一手扶买两手扶，并于今天就拉到满中村云南大学基地大门前堆放好。

事情见好就这样办了，从城里买加工沙，要比这贵许多。现时的建材费和工价高得惊人，月收入2000余元生活费的和尚勋暗自叹息"这般高的物价，超过了经济发展的速度"，使他有点该做事而又不敢做的心悸现象。

2011年4月29日　农历三月二十七日　阴

南溪满中村青年在球场开会，集中研究关于举办"五一"篮球运动会的有关事宜，几乎所有成年、壮年、老年人都到场。研究时，村民组长和万选及南溪村党总支副书记和国军反复强调："在举办运动会期间，尽量避免和减少吵架、打架事件，前年火把节之事还历历在目，各运动队之间的不和谐之举一定要在萌芽状态时就消除掉。"

大伙商定，借用云南大学基地作为青年人做饭烧水之地，由和永军负责与管理员和尚勋老师联系此事。

组委会组成人员：和万选、和国军、和国高、和军坤、和振锋、和志强、和承军、和万选、和志强为总负责，和国军、和军坤、和国高、和振锋为裁判员。

接着是村民为这次运动会捐款（单位为元），捐款的情况如下：

满中村集体款：1500	和涛：100	和丽典：100
玛咖公司：400	和福军：50	和占军：100
和四军：888	和春华：100	和国高：200
和万选：100	和吉顺：100	和国军：200

和国启：100　　　　　和春红：100　　　　　和立忠：100

和国珍：100（篮球一个）　和立刚：100　　　　　和四黄：100

和立强：100　　　　　和志忠：100　　　　　和丽武：100

黄山镇政府：500　　　和黄生：100　　　　　和爱秋：100

南溪村委会：200　　　和士春：100　　　　　和万里：100

和军坤：50　　　　　和四勤：100　　　　　和月林：100

共有 26 户村民及 4 个集体单位捐款。另外，每个青年拼凑 100 元，也打算用作这次运动会的开支。

2011 年 4 月 30 日　农历三月二十八日　晴转雨

迁居在丽江城里的和江龙对象的父母及亲戚 6 人，从丽江城来到南溪满中村和福海家耍。名义上是耍，实际上是来看一下姑娘未来的婆家境况。

纳西族在儿女婚姻之事上是没有此举的，对这一做法很反感。但据说，居住在永胜县永北镇的汉族是这样做的，姑娘对上象后，父母亲戚们先去查看一下男方家境，如果观察合意，就会默认姑娘这门婚事；如果观察不合大人意，就会阻止姑娘继续与男方往来。纳西族古来就不兴这样，只是大人若不大情愿时，媒人多跑几趟女方家，或者转弯抹角地说，"姑娘还小，不懂事，还要在家使唤几年"，用这样的方法来拒绝。但大多数只要男女情愿了，大人很少干涉。

这些人在和福海家耍到傍黑，吃了晚饭后回家，在回城前跟和福海留下话语："要和福海选择时间到城里姑娘家闲"，以示同意这门婚事。

2011 年 5 月 1 日　农历三月二十九日　晴

今天是五一国际劳动节，南溪满中村篮球场的西面正中用青松枝扎成牌坊，用篷布围成一个既避风又防雨的主席台，主席台两边彩旗飞舞，增添了节日的隆重气氛。这里要举办"五一"篮球运动会。早晨 9 点左右,满中村几乎所有村民都来到球场,老年人及妇女们围坐球场四周,准备观看球赛;女青年们在云南大学基地与球场两地走来走去,准备茶水,给各篮球队员敬茶;小学生和小朋友则在球场周围嬉戏打闹;成年男子分组在进行球赛,他们想趁各地球队还未到场之前抓紧好好练习一下;和国军、和国高、和军坤、和振锋4个裁判也趁机轮流进行演练。

12点左右,各路球队陆续到来,主席台宣布:"两点开始抽签,赶不上的就不准参加比赛。"

到2点进行抽签登记,南溪本行政村除了满下村、满上村、鹿子村3个球队外都没来参加,邻近村寨吉子村、汝南化村、前山放牛坪村、行茂洛村来了8个球队。参赛的球队较少,满中村就分成甲队、乙队、驾驶队3个队参加。下午3点开始进行第一轮比赛的第一场:吉子水闸口队—满中驾驶队,结果吉子水闸口队领先;下午4点20分进行第二场:汝南化干实股队—放牛坪队,结果放牛坪队险胜汝南化干实股队;下午5点30分进行第三场:满下村队—满中甲队,结果满中甲队大胜满下村队;下午6点20分进行第四场:鹿子村队—汝南化一组队,结果汝南化一组队险胜鹿子村队。

2011年5月2日　农历三月三十日　晴

满中村青年主持举办的"五一"篮球运动会在继续进行,到上午12点第一轮比赛结束,淘汰了输家,剩下的赢家进行抽签登记,并宣布第二轮比赛于下午2点进行。

到下午5点进行第二轮第三场比赛时,吉子水闸口队—汝南化二组进行得比较紧张,两队的比分紧紧咬住,上下不大。比赛进行到快要结束时(约下午6点5分),人们担心的因打球而发生打骂的现象还是发生了,场内两个球员相互打起来。两队球员和两队的啦啦队立刻围了过去,有的劝架,有的吵骂,主办方的男青年也纷纷拥进去劝架。趁人多嘈杂之时,满下村年近六旬的村民和顺明捡了一块石头扔进热闹的人群里，胆小、文明的满下村村民见状后往回跑。主办方知道这一举动是想引起打架，他们克制住怒火忍下了，结果事态也没继续，而汝南化二组队和吉子水闸口队也自然停止了争吵，比赛继续进行，结果汝南化二组队险胜吉子水闸口队。

对于为争球赢而发生争吵、打架、寻事的人，村民们是很不赞成的，对这一类人是很讨厌的，有厌恶感。

2011年5月3日　农历四月初一　晴转阴

今天，满中村继续进行"五一"篮球运动会第三轮及冠亚军赛。经过激烈的第三轮淘汰赛，剩下满中村甲队、汝南化二组队、满上村队，下午2点开始要由这3个队来争夺冠军、亚军、季军等名次。虽然还未进行比赛，有90%以上的村民猜测着满中村甲队会稳拿冠军之名，因为有球技很高且身强力壮的现役士官和江龙回家探亲，参与了每场赛事。村民们看到他不仅自身球技高强，还能指挥好整个球队的成员。

下午2点整抽签，结果满上村队好运，抽到零票，如果满上村队能打赢满中村甲队与汝南化二组队这场比赛的输家，那他们就有机会争夺冠军；如若他们败在上一场输家手下，那他们就是季军，上一场的胜家为冠军，输家为亚军。

抽签完后，立即进行汝南化二组队与满中村甲队的比赛。比赛一开始，双方都在紧紧地守着对方，但满中村甲队和江龙在冲不近篮架的情况下，站在较远的三分线外连续投篮并连连得分，上半时结束比分就拉下近一半。休息时，汝南化二组队的场外指导对球员们讲："不要再耗费力气了，把主要球员换下来，以便在下场（与满上村队）做个拼搏，或许还能捞个亚军。若下半场也由精兵强将猛拼下去，既赢不了满中村甲队，又没精力去与满上村队争夺。"球员听从，下半场开始，汝南化二组队让打得好的三名主要球员休息了，由替补队员出场，双方球员对这场比赛的结果已预先做到心知肚明，不再出现激烈的拼搏现象，结果满中村甲队以 79∶54 胜汝南化二组队。

休息半个小时后,开始了满上村队与汝南化二组队的比赛。这场比赛对双方都较为重要,是争夺亚军锦标的一场激战。比赛一开始,双方都采用人抵人的战术,在赛前就安排好了各自的防守人员,每个队员都既要进攻,又要防守,是一种较为疲劳又见效明显的农村球队常用的打法。满上村队今天初上场,如猛虎添翼,个个很勇猛。而刚打了上一场的汝南化二组队,个个锐气不减,稳扎稳打,越战越带劲。双方比分在拉锯式上升,相差时而 2 分,时而 3 分,最多时也只差 5 分,上半场结束还很难推测谁输谁赢。下半场一开始,体力有些不支的汝南化二组队更是稳扎稳打,步步为营,轻易不让失球,这样使满上村队的阵容有些乱了,出现了两人去围或抢一人而产生了漏人现象,汝南化二组队趁机上篮连得 6 分,拉大了比分。比赛经验不足,又耐不住急躁之心的满上村几个球员,远距离投篮没中,被对方接到篮板球,这样扳回败局的机会就越来越少了,结果汝南化二组队以 62∶52 胜满上村队。至此,通过两场比赛得出了冠军队(满中村甲队)、亚军队(汝南化二组队)、季军(满上村队)。

休息片刻后,3 队球员集队在球场,4 个裁判员整齐地站在三个球队前面,满中村青年组长、主办主持人和志强宣布这次"五一"篮球运动会的结果,由满中村村民组长给得奖球队发奖,以及给 4 位裁判员发纪念品。

满上村队用集体补助的 800 元,加上得的奖金,共 1000 元,把球员用汽车拉到城里去欢乐了一夜。

2011 年 5 月 4 日　农历四月初二　晴

今天是五四青年节,青年们照例欢度着自己的节日。满中村的青年经过 3 天主持举办篮球运动会,已感到很疲劳了,大伙都异口同声地说:"今天是'五四',是我们青年们的节日,痛痛快快地在云南大学纳西族调查基地闲上一天吧。"村民组长和万选、村委会党总支副书记和国军说:"我们借用这基地,要好好地保护里面的设施,酒醉了不能乱动里面的东西,谁损坏由谁来负责修好,只要我们不乱动乱损,以后也可常借到。要是云南大学不再做调查了,他们也不会把房屋搬回昆明。大家尽情地享乐一天,明天吃早饭后,打扫干净。"于是,青年男女都聚在云南大学基地,男的喝啤酒,女的喝饮料,边喝边讲述前三天的事情,都认为"这次运动会是成功的,虽然有些不愿出现的小插曲,但及时被阻止了,这来自全满中村村民和干部们的支持;再说,现时想惹是生非的人总是极少极少。"有个女青年提及前年火把节发生在满中村的那件事时说:"那天的情景使我至今都还怕,这些天,我也一直担心类似的事情再发生。"到后来,随着酒劲上来,人们说话的声音越来越大,谁说什么都听不清,好像是只有人说而没有人听。不知不觉,度过了一个另有一番情趣的节日。吃过晚饭,大家都因几天的劳累而忙于回各自的家休息。

2011年5月5日 农历四月初三 晴

满下村村民和国武、和德华、和朝亮、和春拾4人合伙承包的满下村落水洞,他们4人今天开始筹划并实施堵落水洞蓄水的事宜。

他们4人先到满上村和闰红家租借空压机及请和闰红来操作破石,请人撬石上车,借拉运石头的拖拉机,所需要的费用他们打算先用向政府要到的1万元。之后,每人再筹1万元来开支堵落水洞的工钱。水泥由村委会帮忙向水电局要好。

请人的工价每人每天80元,包一顿中午饭,每人每天一包烟,酒随心喝,每人每天得花销100元左右;和闰红的空压机每天租金200元,柴油由和国武等负责;拉石头的柴油由拖拉机主人自负,每车价50元。石场与落水洞之间不到2千米,只要撬到石头,一天至少可拉12车。他们把人员请好后,在和国武小卖部的走廊里搭便灶,用来做他们4人的集体伙食和帮他们做工的人的午饭。

对他们4人这样热心的投入，大多数村民们认为是白投，不会有效果的。而他们4人坚信："只要丽江旅游业能持续发展，只要把丽江到南溪的公路修好、修宽，南溪定有开发商会进来，到时一转手就不会亏本。万一转不出手，就算作赌一把，赌输了，没关系。"

2011年5月6日　农历四月初四　晴

今天是二十四节气的"立夏"节令。顾名思义，立夏就是已正式进入夏天。夏天是一年中气温最高、雨水最多、花草最茂、蛙蛇遍地的时节。

立夏这天，南溪纳西祖先古来就有习俗：凡到立夏这一天，躲藏在洞穴里的蛙蛇出洞了，而蛙蛇被认作署神的精灵。这样，到了这一天得拿着灶灰，泼洒在住屋的四周墙角边，以防蛙蛇钻进屋里来。一代传一代，南溪代代先民就有年年的立夏这天泼洒灶灰的民俗。如若在南溪村民家里，遇到蛙蛇钻进屋里，人们不能伤害蛙蛇，不能拿灶灰泼洒蛙蛇，而要用牲畜的奶汁洒在蛙蛇的头上，以示人们向署神许愿"莫降祸灾给主人"，然后用筷子夹着蛙蛇送出门外去。心里认为自己没有伤害署神精灵，署神也就不会降祸落灾给自己，以此来宽慰自己。

如今的南溪村民，年龄在50岁以上的村民都还坚持这样做。年纪轻的人加之年长父母不在世的就不讲究这些了。

2011年5月7日　农历四月初五　晴

满下村村民和丽军今天开始在宅基地的空位（纳西语称"喀"，意为菜园子）上建盖洋芋仓库。南溪村越来越多的村民经多年的观察，发现长期储藏洋芋的房子烂得快，使用年限比不储藏洋芋的房子短。但长辈们即使发现这一现象，也无力解决（另起房屋储藏洋芋）。再说那时受经济及科技的制约，也没必要起专门储藏洋芋的房子。集体时代的四五十户一个生产队，那时的洋芋总产量还赶不上近些年收成多的一家农户的产量。而近些年的南溪村改变了传统的种植模式，黑麦早已淘汰，燕麦已基本淘汰，青稞、小麦、大麦正逐年淘汰，洋芋变为主要种植业。根据这一现实，不另起专门的储藏房子难以收藏产量逐年增多的洋芋。加之近些年南溪社会经济的飞速发展，村民手里有不少余钱，可以想干就干。以满下村为例，到今年已有一半左右的村民单独建有洋芋仓库，只是格式有些差异。

2011年5月8日　农历四月初六　阴转雨

满中村村民和春立（大五立），今天请七河乡籍泥水匠李满仲及他所带的泥水匠共4人，帮他家盖洗澡间。洗澡间采用砖混结构的方式，平顶上安装太阳能热水器，房里做洗澡、洗衣间。用工的方式为每个工日工价90元，并由主人家包生活。

家里安装上太阳能热水器，减轻了村民上山砍柴的好多功夫。因为春、夏、秋三季的喂猪水不需烧火加热，冬季部分时间的中午和傍晚喂猪也不需烧柴热水；村民劳动回来洗脸、洗脚、洗澡也不用烧火热水。此举既减轻了村民的劳动负担，又保护了部分山林。村民都说这是节能环保的好办法。家里安装太阳能热水器，可以把上山砍柴的时间和烧火热水的时间投入其他劳动中去，可增加家庭经济收入，也可以把这部分时间用来休闲，使人感到轻松幸福。

2011年5月9日　农历四月初七　阴间晴

满中村村民和某某今天请来家族、兄弟、亲戚等帮忙把他的畜厩搬移西面，由过去的坐南朝北方位，改变为坐西朝东的方位，而且位置移离原址10米左右。他打算在原址打上一堵围墙并安一道门，隔成人畜分两院而居。大家有说有笑，干得很带劲。当妇女们不在场时，有人跟和某某说："要是你安分守己，你的家境肯定会比满中村的所有农户好得多，你这六七年好光景白白浪费了。"和某某也笑着回答说："若能坚持自己洁身安分，满中村第一辆出租车应该由我先拥有，可是陷在妇女们的肉泥潭里不能自拔，不仅耗时破财，还误了家庭建设，家中的资产也赶不上别人了。"其他人说："依你的性格，若你能回心转意、安分守己，用不了几年时间是可赶上或超过现时村里的头等人的，你的才智是过人的，你的勤快性格也是过人的，凭这两点，你可是浪子回头金不换的材料。"和某某说："年已五十上下了，若再乱来，的确愧对妻室儿女了。"这时刚好他的妻子来喊吃午饭，听到上述话语，就说："你能这样就好了，结束你牲畜不如的生活，家中就会好起来的。"

2011年5月10日　农历四月初八　阴间阵雨

黄山镇妇女主任跟随夏山银副镇长一同来南溪村委会，就春节前后对旦前村民和吉海、和六芝夫妇强行生育一事，做出明确答复"经多次动员做引产手术，但当事者拒不执行，执意要生，要抢生，而且不知道跑到什么地方隐居去了，很可能生了孩子再露面了，政府对此也无法了。要村委会干部转告他们家人来镇里交3.5万元抢生罚款。"下午村委会主任将镇妇女主任的通知转告和吉海家中老人及和吉海哥嫂，全家人喜出望外，立即连声说："谢天谢地，明天就去交，明天就去交。"

这家人的话语，不仅是他们家的思想问题，而且代表了南溪村相当一部分人的"传宗接代，续香火"的观念。35000元钱对于面朝黄土背朝天的农民来说，是需要积攒几年的。虽不说节衣缩食，但须节俭持家才会有所积攒，在钱与观念的天平上，观念重于金钱。

2011年5月11日　农历四月初九　晴

南溪村的先民们很讲究婚礼（嫁礼）场上的习俗。自古以来一般出寡成鳏的中老年夫妇，在婚嫁礼场上是不能与其他成双成对之人相比的。首先在尝酒（日梭）仪式上就不得参加，更不能主持仪式。这一仪式本来是由长者大伯或大舅主持的，但这类人要是出了鳏，就不能主持仪式，得主动请比他小的弟来主持；寡妇也不能参加尝酒活动，由她们的儿子来顶替。在待客吃饭时，即使辈分较大，也不能坐在堂屋中的正席就餐，只能在侧旁席上就座。

这可能是因为结婚后人人都愿新郎新娘白头偕老，而鳏寡之人没能白头到老，而是在人生旅程中失去伴侣，由这类人来主持仪式或参加活动，人们以为会不吉利。虽然是古人的主观想象，但代代都相传下来，至今还照样做，已成为公众认可的民俗。

2011年5月12日　农历四月初十　阴间阵雨

南溪完小教长、教导主任、体育老师率爱好足球的四至六年级学生去白马完小参加"玉龙县2011年小学生足球萌芽杯选拔赛"。竞赛方法是由各乡镇中心校组织选拔赛，由该乡镇获得第一名的学校参加县里组织的比赛。这赛事已进行有25年。1996年以前南溪村因交通闭塞而未参加此赛事，之后随着交通公路的逐渐改善，就从1997年起开始参赛至今。但终因南溪村历代人都只重篮球运动，不喜爱足球运动，致使在历届小学生中也忽略足球。因此，南溪完小从未踢赢过坝区里的一个学校。今天的比赛破例战赢了文华完小队，使参赛的南溪学生受到极大的鼓舞，相信山里的学生和坝区里的学生是一样的，以前输就输在南溪小学生比坝区里小学生胆子小，只要大胆些，认真对待，听从老师指导也能踢赢其他学校的代表队。

2011年5月13日　农历四月十一日　小雨

对过去纳西族青年理想中的天堂——"玉龙第三国"的简要描述：

"玉龙第三国"那里蓝天当屋顶，白云为顶棚，杉树做篱笆，花草为地面；那里有穿不完的绫罗绸缎，吃不完的鲜果珍品，喝不完的美酒甜奶，用不完的金沙银团；火红斑虎当马骑，银角花鹿来耕耘，宽耳狐狸当猎犬，花尾锦鸡来报晓；那里没有苍蝇，没有蚊子，没有臭虫，只有鸟语花香飘四季；那里没有吵吵嚷嚷的喧闹声，只有风儿在弹唱。天苍苍野茫茫，风吹草低见牛羊；蓝蓝的天上白云飘，白云下面马儿跑，挥动鞭儿响四方，百鸟齐飞翔。由此，在那漫长的历史岁月里，有多少纳西族青年男女，为摆脱现实的羁绊和客观的束缚，甘愿成双成对地去自杀殉情，以实现让灵魂进入"玉龙第三国"的美好愿望，就连身居县长的也曾有人去殉情。

2011年5月14日　农历四月十二日　晴

满下村村民和永光今天举行婚庆礼，由于他妻子是永胜县大安乡人，已离婚了的，因此婚庆礼由男方单独举行，不存在迎亲、送亲等一系列传统的做法，只在男方家进行仪式。

女方的至亲从永胜远道赶来参加这次婚庆活动。虽说是男方举行，但男方的家族、至亲们得连续3天庆贺。一般客人当天午餐后就回家，不像过去办喜事那样待客须等到新娘进新郎家后才进行，这些年已逐步改在中午12点后就开始招待来客，来客吃罢宴席后陆续回家去了。过去传统的待客方式，只要沾亲带故的被新郎家请来的人都得住上一晚上，并跳"喂目达"直到天亮。而现时，待客时间提前了，客人离去也早了，跳"喂目达"的人少了。虽然举行婚礼家节省了一些开支，但传统的民族文化已面临失去（婚礼上以唱"喂目达"的方式进行庆贺），如传统的"蜂花相会调""养儿育女，尊老爱幼调"已逐渐在青壮年们中失传。

2011年5月15日　农历四月十三日　晴

满中村村民和福军眼看农忙在即，于是把所租开的出租车退了，而且把前不久才买来的面包车也以贴价2000多元的价格卖出。他这样做的主要原因是，他认为这类车在急剧跌价，若不立即出手，价格会贴得更多。回到家里他把这一情况向老婆说了，他老婆笑着说："开出租车4个月来，在买自用面包车上贴了2000多元，出租车碰车贴了2000多元，共贴出约 5000 元，不出去还不会花掉这么多钱的。"和福军说："虽然贴了约 5000 元，但这亏损的钱不是从家里面拿出去的，这只好说我开出租车找不到钱。这话也还不全妥，因为我在开出租车时的生活费也没向你伸手要，是自找自销，所以只能说找到一点，又损耗完了。"他老婆说："这样倒不如在家好。"和福军说："这是每个初开出租车的人所付出的必要学费。"夫妻俩你笑我说，沉浸在一种无言形容的状态中。

2011 年 5 月 16 日　农历四月十四日　晴

由争创园林城市想到的：

不同的民族对树有不同的认知，不同的看法，不同的感情，不同的传说，也就有了不同的树文化。

纳西族与树是离不开的，每天都要烧火做饭，村民饲养的牛羊都要赶到山上去放牧；每年村民都要从山上拉来很多松毛和腐叶垫在畜厩里积肥，种植农作物时施在地里做底肥；建盖一所民居或厩房要砍数百棵树做木材。人们赖以生存的生命之源——水，源自茂密的林间。果树结果子，松树出松香，叶为肥，身为材，枝为柴，全都是宝。漆树产生漆，橡胶出自橡胶树，棕树出棕皮，棕皮缝蓑衣，蓑衣做雨具。历代纳西族祖先都认为大山树林养育了一代又一代的纳西人，古来就有"官富不如山富"的说法，正道出了山林对人生存的贡献之大。

在南溪村过去流传着"林茂能润土，山穷则水尽，要让山泉流不断，必须保护水源林。"这又道出了山与水与人的三角关系。因此，先民们从不乱砍水源林的一棵树，从不乱割水源林内一片树叶。什么东西能斗得过汹涌澎湃的江河？什么东西能挡住滔滔的洪水？长期（世代）居住江边的人们看得最清楚，不是木桩和盘石，而是一棵棵活着的树，一条条如绿龙般的柳林。这又说明了树对人太重要了，道出了人类的生命与绿色的生命相依为命，这关系如唇齿、血肉般密切。

在纳西人的心目中，树木不仅仅是积肥林、薪炭林、放牧林、木材林、果树林、经济林、水源林或防护防风林；在古老的历史上，它们还是社树、历法树、葬树、神树、和鬼树、图腾树等。纳西族对树木的认识，从日常的必需品上升到了文化层次，从物质变成了精神，变成了根深蒂固的一种民族思想和民族观念。

东巴文化中有一种东巴仪式，叫"大祭风"。东巴经《大祭风·说难道易》中说："大祭风仪式的做法是舅父砍来竹子，做好树巢，把祭风树插在上边的大海边上。舅父还用酒、饭施鬼，让楚鬼欢欢喜喜吃个饱。树巢是有巢氏时代的先民们的家。祭风树代表先民们用来筑巢的树。纳西族先民是'任'和'宿'，生活在古济水入海处的渤海边。他们冬居土穴，夏居树巢。不幸的是居住在海边的人遭到台风的袭击，他们从树上摔下来，成了可怜的亡灵。"从中看出，树曾经是纳西先民们的家，先民们也认识到人离不开树，树永远是人类和所有动物的共同家园。

2011年5月17日　农历四月十五日　晴

满下村村民和朝东今天请家族的壮年们帮忙称洋芋上车。今天，他卖的洋芋价是一斤4角钱。大家有的清除洋芋芽，有的装洋芋，有的背洋芋上车，干得紧张有序，谈笑声、议论声也不绝于耳。有的说："今年这洋芋价先高后低，真是想不到"；有的说："现时当个农民不容易，不仅要种好地，而且要随时掌握市场信息，要会把自己辛辛苦苦种出来的产品把握好时机出手。不然今天4角1斤，只是开初时的三分之一，谁人都会心疼的"；还有的说："这是上天的安排，哪家该收多少，该吃多少它都做好安排了。上天要收得多的人不可能少收，上天要少收入的人不可能多收，再苦再累也白搭，省吃俭用也不富。"和玉祥说："我也多次对和朝东夫妇说过，到1元2角一斤时可出手了。可是和朝东夫妇却说再等等看，等来等去就这结果。但有两个姑娘打工挣钱，他们夫妻的生活还是会有余的。"大家都说："把洋芋往后留的村民，本想到后边大捞一把，一年就暴富，可结果却使他们违心了。现在满下村中还有五六家没处理完洋芋，太可惜了。"有的说："洋芋这东西不可能跨年留，七八月份以后就不行了，喂猪也一时喂不完，也不能往后留，价再跌也只得卖出。"大家边说边干，到下午就装好车了。付款时，他们又把话投向和朝东夫妇："要是开初出手，今年就可卖下一个姑娘的嫁妆，现在只够维持生活了。"和朝东之妻和英笑着说："大女出嫁或是二女出嫁，只好不给嫁妆了。"

2011年5月18日　农历四月十六日　晴

满下村村民和朝珍、和亚军两人今天合伙买来一辆出租车，价格为84万元。他们两个原来合资拥有的车牌号为云"PT1396"的出租车也折价为84万元，并商议由和朝珍自己拥有。今天新买来的这辆车因为要做转户手续，更换车主名时可直接更成和亚军。他们共同拥有的"云PT1396"出租车购买时价格为43万元，时隔3年多点时间，车价就翻了一番。这使上了年纪的人为他们捏了一把汗，而年轻人则认为，有货在手，不怕价怎样涨落。

至今，满下村寨已拥有6辆出租车，两辆大型旅游车，与相邻的旦前、旦后、鹿子、金龙、满中村比起来，这方面的发展是缓慢的。这主要是老人保守、青年人胆小及进取心不强所致。

2011年5月19日　农历四月十七日　晴

满下村村民和国武等今天租来装载机，用来铲挖泥土，再筑到落水洞的墙根上。铲来一铲泥土，倒在墙脚边，再轧上一阵，这样轮番进行。到中午时分，把积水位置的底部铲平，并往返碾压好长一阵，以保墙脚及底部不渗水。

做完后，和德华、和朝亮、和春拾3人考虑到和国武为此事曾经多次到村委会、黄山镇政府、玉龙县水务局要启动资金和水泥，误了工，费了时。所以他仨主动提出今天租装载机的费用由他仨来承担，每人凑了 6000 元作为今日和明日的租金。和德华的父亲提示他们 4 人，多碾多压一下，范围应大些，这对蓄水会有利的。和德华的父亲是爱动脑动手的有名大木匠，见多识广，他做过的事情也比别的村民多，人人都对他很听从。于是，他们四人采纳了他的意见，要在明天把铲平碾压的范围再扩大到东边山脚下、西边堤岸边及南边山脚下。

2011 年 5 月 20 日　农历四月十八日　雨转晴

还不能锄洋芋地的村民们，利用自家农事还未忙之机，犁翻准备种玛咖的闲地，并把犁翻上来的土块打碎，把草捡干净。满下村村民和家良眼看日渐增多的农事，请人犁地又担心不好请，闲地不翻一道又灭不了满地的荒草，于是他就请满上村的侄儿和耀军来犁地。的确，现时的南溪村，如若青壮年们自己不回家犁地、送肥、拉洋芋等男性青壮年应当做的农事，靠付工钱请人是有些不划算了，而且也不好请。单靠老人来种地是有些力不从心了。要是外出开车的壮年男人回家把地犁好，把肥料拉到地里堆好，由老人来种、来锄、来薅，到挖洋芋时帮老人把挖好的洋芋拉回家，这样做才适应现代农村生产的需要。虽然二牛抬杠的农事可由老人来做，但 3 年前就已不再采用二牛抬杠犁地的方式，取而代之的是手扶拖拉机；人背、人挑送肥到地里或者由人把洋芋背挑回家也早已成为罕见之事，取而代之的仍然是用手扶拖拉机。再说，挑和背不是老年人能进行的重体力劳动。

2011 年 5 月 21 日　农历四月十九日　晴

满上村村民和学文把以 17 万元购买一年的面包营运车（丽江人称 3-8 路车），今天以 20 多万元的价出售，车用了一年还盈利 6 万元。他夫妻俩打算把面包车出售后买出租车，并与族兄和学忠商定他们两家合资买，共同拥有，一家准备 4 3 万元。面对越涨越高的出租车行车证，作为他父母的和勤仁、和桂花忧心忡忡，说："我们俩都六十以上的人了，干不起多少事了，对你们购车之事爱莫能助了，你们自己看着办吧！借钱、贷款之事也得你们自己办了，信用社也不准由老人来贷款了。"邻居和桂花（南溪村女能人，曾任过满上村村长，且政绩突出，现为玉龙纳西族自治县人民代表）对两位老人劝导说："只要孩子想干就得让他们放手干，我们老人不能保守，不能拖他们的后腿。创业购置车辆、房屋这些大事，很像我们小时候比赛跳河那样，胆大些的，不管跳得过还是跳不过，壮着胆子起跳，都跳过去了；生怕跳不过去，落在水里的，跑到起跳点又缩住了，这样的人永远跳不过去。我家两个女儿不正是典型的事例吗？只要大胆想干，丢了一辆车，后又买了一辆，还买了房。小女儿也是她嫁进婆家时才大胆购出租车，并在城里买下了住房。所以，作为父母虽然经济上支持不起，语言上要支持他们，更不能给年轻人添加阻力。"这样，和勤仁夫妇无话可说，心中默认和桂花说的有道理，她胆大有远见，在每辆出租车价30万元左右时就买下了，成功了。

2011年5月22日　农历四月二十日　晴

满下村村民和李福、和爱英夫妇把要卖出的洋芋留到现在，本想多收入点钱，但不能如愿以偿。原来曾经想自个儿用手扶拖拉机拉到坝子里换玉米或小麦，或拉到城里去卖，可柴油价日渐上涨，又得误工，城里价虽高，但一时难以卖完。他夫妇俩左等右等，今天终于等到了一个洋芋老板，但价格最多只出得起每斤0.26元。和爱英说："只得卖了。"于是和李福请兄弟家族等来帮忙。

来帮忙过秤上车的家族都说："一贯善于精打细算的和经理（村民称掌管安排家庭事务出色的女人为经理）今年失算了。"和爱英也笑着接上话茬说："今年当不好经理了，只卖到早些时候就出手的村民的零头，我们四口之家能生活过得去吗？我这个经理只得辞职了。"

是的，与去年10月至今年2月出手的村民相比，只卖到前者的零头，但市场价就这样会戏弄人，大家应该在适中的价格就得出手了，后悔来不及了。但愿想大大捞一把的村民，能够正确把握市价，不要再像今年后期出手一样，才能奔小康，多产得多收。

2011年5月23日　农历四月二十一日　晴转雨

云南大学新闻报道专业研究生巢玉杰等两位学者，来云南大学纳西族研究点所在地南溪村完小做师生教学生活的纪录片（课题）。事前基地管理员与该校校长和建雄老师联系好，和建雄老师又把这一情况向黄山镇党委书记和晓英做了汇报，和书记的回答是："可以做，但先得到玉龙县宣传部外宣办备案。"

今天上午8点半，基地管理员和尚勋老师，南溪完小校长和建雄领着两位学者去到玉龙县委宣传部办理备案手续，可到那儿，一位领导说："要有协议书和申请书。"和尚勋老师介绍说："这是2003年云南大学211工程的项目之一，协议书那时就收在黄山镇或玉龙县有关部门，做的时候各种手续齐全，应有尽有，只是我不清楚这些有关资料收存在哪个部门。"那领导听后说："起码也得有个申请书，申请书上要有个黄山镇政府的公章证明情况属实，我们才能给予办理，否则，空说无凭。"和建雄又调车把3人拉到黄山镇，把申请书递给镇领导，镇领导看后说："先得有个村委会的章。"很幸运今早南溪村党总支书记兼村委会主任和继武及村委会副主任和丽军来城里办公事，和尚勋老师立即与和丽军联系，问他身上带有公章否，如带就请他盖个公章，和丽军回答"带在身上"。和尚勋请和建雄开车到和丽军处盖公章，又到镇政府签字盖章，后又回到县委宣传部，到下班前办好手续。县委宣传部的工作人员要两位研究生完成课题后，送给他们一个版本保存，还要一本已在前些年出版了的《雅阁丽轮》。和尚勋老师说："此书在2009年1月已送给县委宣传部及时任市纪委副书记的杨承新同志。"

折腾了一上午，要办的事都办妥了。因校长下午有事要办理，决定明日带研究生上山进校。

2011年5月24日　农历四月二十二日　雨

云南大学研究生巢玉杰等两人，今早由南溪完小校长和建雄用自用车拉到南溪完小。他俩申请的这一课题在南溪完小完成，但学校对该课题的补助也只有2000余元，除去往返车旅费及一些必要的费用外，没有条件找专人为其做饭。南溪完小现时有住、食的生活和工作条件，课题时间又是要10多天。和尚勋老师出于各个方面的考虑，与和建雄校长商定"两位学者的食宿与南溪完小老师搭伙、借宿，周末老师们回家时，两位学者自己做饭"。

和尚勋老师与学者巢玉杰商定必要时一定前来帮忙，和尚勋老师也与和丽军副主任通话，必要时请村干部们帮忙学者，和丽军爽快地答应了和尚勋的请求。

傍晚，和尚勋老师电告云南大学基地负责人洪颖老师及和晓蓉老师。

2011年5月25日　农历四月二十三日　阴间晴

黄山镇中心校组织所属学校（白马完小、文华完小、长水完小、南溪完小）在白马完小举行"黄山镇学校唱红歌，歌颂党"的歌唱比赛活动。今天组织各校参赛学生进行彩排，明天正式比赛。

南溪完小由校长和建雄、教导主任赵学良带队前往，由和丽顺老师指导这次南溪完小红歌练唱及参赛事宜。昨日才到南溪完小做课题的云南大学研究生巢玉杰等两位也随同前往，想拍摄今明两天彩排与比赛的实况。

南溪师生往返车费由中心校安排解决，食宿费由半寄宿制学校补助中支出，零花钱由参赛学生家长负担。

虽然南溪与白马相距20千米左右，但这种中心校组织的活动从未缺席过。

2011年5月26日　农历四月二十四日　晴间阴

满中村和耀奎家族（只有和福军一家，和福军为和耀奎的侄儿）以及亲戚因和耀奎突患脑溢血，经医院断定为无法救治，而在前天将和耀奎拉回家。虽然村里处于锄洋芋、薅洋芋的大忙季节，但这种时刻不管农事与其他事务怎样紧张，也只好暂搁一下，先招呼病危的人；特别是家族的人更不能离开，要给辞别人间的逝者放口含，要送死者上路。这一事情必须由家族中的长者来做，亲戚朋友不能代做。

亲朋们坐在火塘旁守护老人，议论说："像他这样的人活个90岁，家人也还嫌他走得快，现已八十四五岁的和耀奎大姐夫这类老人走了，生前却没有要走的迹象，真是生错死不错。古人说的'生下来时就已有死期，只是每个人都不知晓这点'，可是真的，正因为每个人都不知晓自己的死期，所以活着的每个人，当进入成年后，都在不懈地劳作、努力、奋进。"和三六说："纳西语称人为'本除儒'，还称人的本能为'没本资没汁'（注：本除儒：为人类总称。没本资没汁：意为不干不得吃，干了吃，吃了干是人类的本能），这话一点不假。"

大家闲着时，有说不完的话，讲不完的事，各抒己见，有的还猜测着老人辞别的时间，不知道能否会猜中。

2011年5月27日　农历四月二十五日　雨转阴

从四川省攀枝花市建材厂退休后，居住在满中村（原籍）的和耀奎老人因前些天突发脑溢血，在今天夜里11点左右离开人世，这使妻子、女儿、姑爷、孙子都非常痛心。现年64岁的老人和耀奎15年前就内退回家，正式退休才4年时间。他退休回家后，利用他家居住于公路边、村中心这个优越的地理条件，在家办起了小卖店，经营些烟酒、副食，并逐年扩大生意。在5年前就发展成建有专门经营的房子，经营范围从开初的烟酒副食扩大到文具、米面粮食、饲料，为儿孙创下了财源滚滚的家业，并赚下一笔不少的钱。他的失去，对他家庭来说是个大损失，他本人每月近 2000 元的退休金，又有小卖部收入，加起来月收入 5000 多元钱，怎么能不使亲人痛心呢？当然，对妻子、儿女来说，失去亲人比失去经济收入更痛苦，所以，她母女在和耀奎停止呼吸后，呼天叫地地哭个不停，任凭亲朋们怎样劝慰也不奏效，真是人最大的痛苦是"生离死别"。

村民们常说的"阴间地府招人，没说年老者先来，年小者在后"真灵验，该村中比和耀奎还大 20 岁的老人还有 3 人，这些老人们，每遇到这种情况时都说："我们应先去。"但这由不得自己啊。

2011 年 5 月 28 日　农历四月二十六日　阴转雨

来南溪完小做课题的云南大学研究生巢玉杰、曾照军二人，因今天周六学校放假而来到满下村著名纳西歌手和建良家，想跟着和建良放羊，边放羊边拍摄和建良唱的山歌。和建良的孙女和万青同学因去年中考拔尖，到昆明云师大附中代培，经常受到来南溪纳西点进行暑期田野调查的研究生们的照应。于是，和建良老人今天愉快地接受了两位研究生的要求，领着他俩到牧场，边放牧边为两个研究生唱山歌"谷气""喂目达"等，研究生拍下了好些镜头，心里感到很满意。

此次他俩来南溪完小做课题，虽然没有管理员和尚勋老师相陪，但和尚勋老师在事前就把一切事宜托付给完小校长和建雄及村委会副主任和丽军并请其给予尽力相帮。因此，他俩进行得很顺利，对课题的初步效果感到很满意。

傍晚和建良老人牧羊归来，就动手割下蜂蜜，招待研究生，并再三求他们随时关照在昆求学的孙女。

因为巢玉杰是第二次来南溪，已在去年 7 月就与和建良老人有过一面之交，谈得很融洽，也有共同的语言，休闲到约晚上 10 点才散伙。

2011年5月29日　农历四月二十七日　晴

　　这些天，南溪村已处于锄洋芋地的农忙时节，平常起床后先上一转山（拉松毛或砍柴或刨树根）后才下地的村民们也一改常态，清早就先下地锄一阵，再回家吃早饭，整个白天都投入地里干农活。锄洋芋、薅洋芋、薅油菜、收青稞豌豆、种玛咖、撒蔓菁等一系列农活接踵而至，真是够忙的。就连放羊的饲养员那样年近八旬的老人，早晨一起来也到地里干一上午，下午才放羊。例如：满中村和道远老人现年77岁的高龄了，他还没有倚老卖老，每天一起早先扛上锄头锄地干活一上午，吃过早饭后又赶上一群绵羊上山牧羊。比他年纪小的牧羊人更不例外，都是在农忙时干半天农活放半天羊，这可叫作和谐共存。作为老人来说，深知儿子儿媳富有才好过日子，儿子儿媳也看到老人尽力相帮，从心里感受到父母对儿女的同情心，深深体会到"可怜天下父母心"这一名言的真正含义，从而也就增强了家庭成员间的凝聚力。家庭呈现出和谐共处、和睦共荣的景象，也充分体现了家庭中分工合作、协同共管的传统美德。这是古来的纳西族传统，一直流传至今。

2011年5月30日　农历四月二十八日　中雨

　　由满下村嫁到太安乡汝南村委会的和闰兴老人在前些天病逝了，并要在今天出葬。和闰兴今年七十余八，只有姐姐和见兴（现年81岁）两姐妹，但因平时生活上的小小矛盾，姐妹两家很少往来，和闰兴没回老家看望姐姐和见兴已有20年左右。她俩的后生（表兄弟、表姐妹）也很少来往，很不亲热。但现时妹妹先在姐姐前面不告而辞，姐姐的后生（儿子、儿媳）不得不去参加和闰兴的丧葬礼。南溪村古来就有话流行至今："高尸毗套啦，扛尸毗毗没套（纳西语，意为好事红事可不往来，遇到坏事难事必须往来）。"这是纳西族古来就传下来并永恒不变的人际关系论。每一代纳西族人，尽管在人生的路途与兄弟姐妹、亲戚朋友产生过一些矛盾，但都用这一人际关系论处理亲朋间的重大问题。因此，今天满下村寨"满家"家族的年轻人都冒雨前往汝南村参加和闰兴老人的丧葬礼。

2011年5月31日　农历四月二十九日　中雨

为了明日让学生们过一个快乐的儿童节，今天南溪完小提前举行庆"六一"活动。因为雨天，活动项目都在教室进行，只好开展游园活动、歌咏活动，不能开展体育活动。学校请了"玛咖公司"的领导，南溪村分管出租车的同志以及村委会干部一同来和学生欢庆儿童节。因天公不作美，庆祝活动到12点结束，其他的活动项目让学生们在明天自由补充。

应邀来参加庆祝活动的各路领导给学生们带来了节日的祝贺和礼品——文具。

宾客和老师到下午2点回家，准备明日各自陪自己儿女欢度儿童节。

2011年6月1日　农历四月三十日　雨转晴

今天是六一国际儿童节，是儿童们喜庆的日子。南溪村完小已在昨天上午组织了庆"六一"活动，今日放假，让学生儿童各自活动。学生们以各村民小组为单位进行"打拼伙"（纳西语，意为打牙祭），有的村已在昨天就凑钱请驾驶员从城里买来鱼、鸡爪、烤鸭等（如满中村、满上村）；有的村由村民组长从集体公款里给上一两百元钱让学生们自己做安排。满上村、满下村的学生在各村民小组活动场所做饭，他们还自行组织篮球赛、足球赛等体育活动。有些村的学生还一同睡在某一个同学家，由五、六年级的大哥哥、大姐姐招呼好一、二年级及学前班的小弟弟、小妹妹，不让他们着凉，让他们睡好，吃饭时也照顾好年幼的儿童。因此，这些小朋友的父母亲也是很放心的。

往年的"六一"节，村民们都会停下手中的活来看小学生的庆祝活动，个体户也不甘落后，用手扶拖拉机拉来副食在学校附近或运动场边卖，增添了节日的热闹气氛，但今年因下雨而没有这一现象。这对村民无所谓，但对个体户，可能会有觉察不到的对经营方面的不利影响，因为他们每年"六一"前进了不少吸引小学生们喜玩爱吃的东西。

2011年6月2日　农历五月初一　阴转晴

满中村村民集中在和耀奎家，准备着明日和耀奎老人的出葬事宜。这种形式纳西语叫"足阿"。这一天就把这次丧葬活动的各种职事都集中在他家，共同筹划明天的事宜。一切活动的指挥权（从今天上午开始到出葬后第二天，共3天）归总理，大伙都得听从总理的指导安排，直到把须做的事情做完后，大伙才能休息。

吃过早点后，总理安排年轻人及中年人上山砍柴（干柴湿柴均可），规定下午5点左右必须回到家，以便在下午6点能进行"悬白"（上祭戴孝），7点吃晚饭；另外还专门分工一些人杀猪，灵坛则由守灵的家族及记账、收礼的人一同布置。

这次丧葬活动的总理是和国军与和福海两人，他们对这一职事做的时间多，年限也长，经验也很丰富，能融洽地指挥好每个参与的人员，做到分工合作，各尽其责，又能相互帮忙共同完成。总管厨师是由村民组长和万选担任，以往的总管厨师是和万里任的多，但因和耀奎是和万里的连襟，这次就让他回避休息。和万选任这一职事经验较少，事先谈好请和万里随时指点，并在和万里及两位总理的指点下，切实负起责任来。

2011年6月3日　农历五月初二　晴

满中村村民为和耀奎老人举行丧葬礼（出葬）。

早点过后，全村每户一个男人扛一根干木头去火葬场堆集烧棺柴。抬这根柴的方式，古时候是很讲究的，不能在很多木柴中挑三拣四的，要看准哪根拿哪根，拿了哪根就得抬哪根。抬的姿势要尖朝前，根朝后，一直这样抬到火葬场，不得更换姿势。

和耀奎的哥嫂都是土葬，在哥嫂进行土葬的同时，给他们的父母也建了墓，表示从父母辈开始，他们家改火葬为土葬。由于历史原因，他弟兄俩曾闹矛盾，以至为弟的和耀奎在20世纪70年代末搬到满中村空草坪住（祖籍原址为南溪完小北面）。在21世纪的第二年，和耀伟夫妇辞世多年后，其子和福军因嫌原址交通不便，又是独家村，自己离家时媳妇一人不敢待在家，故又搬到满中村。

当和耀奎突发脑溢血辞世后，他的老婆和秀清说："想不到会这样突然去世，我俩也不曾谈起过后事怎么办，从未讨论过是土葬还是火葬，既然老祖宗都进行火葬，他们的灵魂会在火葬场，把他也进行火葬了，好跟老祖宗去。"就这样由她定了这件大事。他们这个家族就只有他们两家，她又是两家里的长者，是主事人，由她说了算。

招待午饭的顺序是先足若（村民）、死者方的亲戚、四方亲朋。到下午3点左右出葬，出葬后，各种职事都得闲了，只有烧尸人在忙着。

村民对这一做法认为："和秀清心里的旧疙瘩还没解开，要是解开旧疙瘩，就会两弟兄往一处去。"

2011年6月4日　农历五月初三　晴

纳西族青年成婚后，新郎新娘要去逛街，并一定要买回一小捆松明和一些韭菜。以下是这一习俗的由来。

据说有一年的腊月二十四日（纳西语称为"丁关二十四"，纳西族认为是个婚庆的吉祥之日），一对青年男女举行婚嫁礼，结成夫妻。第二天，新娘一大早就起床，忙着挑水、扫地、烧火、做饭，把家里里里外外收拾得干干净净，有条不紊。婆婆见了满心喜欢，但她认为这毕竟是表面的东西，她想试试媳妇的心计，早饭后就让新娘新郎去逛街。她从怀里掏出装钱的布袋子，从里面拿出一小点钱给新娘，并说："如果你顺便的话，就买回两样全家人吃不完，院子里搁不下的东西吧！"

一路上，新娘子心里七上八下，这小点钱够买啥东西呀？这明明是婆婆在试探我，是在有意为难自己。她与丈夫商量，可新郎也只会抓耳挠腮，毫无办法。怎么办呢？有什么东西是一家人吃不完，又有哪样东西是全院子搁不下的呢？她边走边想，抬头看见了太阳光，于是她想到了只有光才能全院搁不下，她联想到太阳光、月光、火光，阳光、月光是照大地的，于是就拿定从火光上来思考，心中有数了。他俩走在街上，新娘闻到了炒韭菜的香味，急步往饭馆走去，想买盘韭菜和粑粑，可到饭馆，老板娘笑着说："韭菜是昨天卖的，对不起，今天没卖这种菜，只有酸菜炒洋芋。"新娘领着丈夫赶紧往市场走去，到市场她买了一把韭菜和一束松明。丈夫还全然不知新娘的心计，也没把母亲的话当回事。

天快黑了，他俩才回到家。一进院门，婆婆就迎了过来，帮着接下篮子问："孩子，你们买回什么好东西呀？"新娘子把篮顶的围巾一掀，拿出一把韭菜递给婆婆说："妈，这不就是全家吃不完的东西吗？"接着新娘子又从篮子底下拿出一束松明交给婆婆说："这是全院子搁不下的东西。"婆婆接住这两件小东西问："这当怎讲？"新娘子很从容地说："妈，煮韭菜，三天三夜味不尽，锅边碗边难洗净，所以是全家吃不完的东西。"接着新娘子把松明拿进屋，在火塘里点着了，再找块烂瓦片，让松明在瓦片上燃烧，发出红彤彤的光，照亮整个院子，说："妈，这是全院难能搁下的东西。"

婆婆看到新娘子很有心计，十分满意，便立即解下自己的铜钥匙，系在新娘的百褶裙带上，示意让新娘掌家。

从此，婚后逛街，新娘买回韭菜和松明，就慢慢地成了风俗。在南溪村，这种风俗流传到20世纪60年代中期。后来，人们还对这一风俗添加了一些说法：韭菜，表示新婚夫妇日后生活富裕、丰衣足食、年年有余；松明，表示新郎新娘的人生前途光明，能在人生道路上不怕困难，创造幸福。

2011 年 6 月 5 日　农历五月初四　小雨

满下村村民和学新、和圣昌两人今天照例进城购买明日老年人聚餐所需的物品。两人到城里后吃午饭时交谈着："这差事不好做，家里事情都不管了，让儿子儿媳办了。背着这把年纪还干这差事，真不是味道，虽然给了我俩误工补贴，但这点补贴算什么，一般工时每工价为90元，技术工每工价为120元，我俩所拿补贴40元，这与现时差得多了。"和学新叹着气说："要是和尚勋不进城，这差事轮不到我头上，再干个一年半载我也想溜下去了。"和圣昌说："我也想推了，55岁以上的村民逐年增多，人多嘴杂，又不好合众人口味。更有甚者，有个别嗜酒如命的人，喝点酒就自以为是，专给别人找碴儿，如×××、×××真是讨厌死了。和尚勋把这担子推了，主要的原因是他看到这苗头，找借口要照顾外孙而卸任了。"

是的，不管轮到哪个人，六旬老人在为众多人操劳已是力不从心的，即便是尽力而为了，也是人多口杂，难合众意，众口难调啊！

2011 年 6 月 6 日　农历五月初五　阴间晴

今天是传统的"端午节"。

对这个节日，南溪村古来有这样的说法："凡是端午那天吃进肚的东西都是医人体疾病的药。"随之也就产生了端午节割蜂蜜，用酒泡蜂蜜饮用或吃蜂蜜，或者用草药泡酒喝等。端午节后，大地暖和，冬眠的蛙蛇全都出洞，杂草已逐日丰茂，女人们常割杂草喂猪，割青叶垫厩。因此就在端午节那天手腕上戴上五色线，以防蛙蛇触手或伤人。这些传统的做法至今还在沿袭，有所变异的是，过去养蜂人家割了蜂蜜后，请没有养蜂的亲戚、邻居、过路人都来吃点割下的蜂蜜，共同除去身上的疾病。而今，随着市场经济的运作，原生态蜂蜜价猛涨到40元一斤，因此，舍不得食用，也不再有人请邻居、过路人一同品尝，过路人及邻居也不会轻易去品尝，会婉言谢绝。

2011年6月7日　农历五月初六　雨

满中村村民和国高家今天请在满中村砌砖的七河籍泥水工李满仲夫妇来建盖一个洗澡房。他俩男的当师傅，女的当帮手（小工），每人每天工价120元，比2010年的工价一下提高了50元。面对猛涨的工价，要进行家庭建设的部分村民在心理上和经济上有些难以承受，但既决定进行，就得忍痛而行。和国高家的洗澡房是在"安居房建设"项目里开支的，但到目前，此项目款每户只到手2000元，其余的不足部分得先自付，待到验收合格后才一并付清。

因为今年鹤庆县籍及七河的泥水工大都没来南溪，只有两伙人，所以即使工价很高，村民也得按顺序排队请李满仲夫妇砌砖房。就李满仲夫妇来说，后面还有和三友家、和仕黄家、和国启家、和春红家4所大房子要砌砖。

村民都意识到："建设必须早些年就进行，但又不可能随着自己的主观意愿去做。起房盖屋是人生的大事，办好这一大事要具备方方面面的条件，如家庭经济、民俗等方面都会起着决定性的作用。因此，工价再高也得等到条件具备时才能进行。"

2011年6月8日　农历五月初七　雨

满下村村民和亚军与嫁到太安乡天红村委会汝寒坪村的妹妹和亚梅家，今天已共同拥有了一辆目前价为84.6万元的出租汽车。和亚军原来就出了21.5万元的资金与该村村民和朝珍合伙拥有一辆43万元的出租车，时隔3年多，出租车价钱逐年增至85万元左右，买一半得付3年多前的一辆车的钱。和亚梅家感到有点冒险，于是要求和亚军再来买一半车里的一半，就是说："把整个车分为四份，其中的三份属于和亚军的，一份是和亚梅的。"当和亚军的妹夫与他合开出租车时，同样是每个人开12个小时，定时轮换黑白班，妹夫每个月交给舅爷1000元租金。这样做，按照目前车价来讲，和亚军还是照顾到妹妹的。既然车子是一家拥有四分之三，另一家拥有四分之一，车子修理费及车子保险费等一家负担四分之三，另一家负担四分之一。兄妹能这样齐心协力办大事，这现象很好。现时家庭中子女少，就需要这样团结友爱，互帮互利的好现象。若不这样，自己一家购买这样昂贵的交通营运工具，即便能贷到款，不免有畏惧心理。这样互帮互利，共同富裕，在社会上，在村民的心目中，兄妹俩感到光彩荣耀。

2011年6月9日　农历五月初八　晴

据南溪村委会副主任和丽军闲聊，南溪村已获得玉龙纳西族自治县2011年实施的"整村推进建设项目"，共投入资金500万元。这一项目投入的资金中，县财政投入200万元，其他涉农部门投入300万元。项目内容包括：全村委会每个农户刷白一所房子并盖石瓦，每户建一间厕所，整村道（现全村各自然村都整好），活动场所，太阳能路灯，垃圾塘，完善人畜饮水工程等。得到这一项目，对南溪来讲是难得的机遇，在玉龙纳西族自治县102个村委会中，能抢到这项目是件极不容易的事情。因为玉龙县辖区内比南溪村偏远、落后，经济滞后的地方还多。村民们都从内心深知，能得到这一项目，村委会干部及黄山镇干部们都费心尽力了，要不是他们积极争取，在众多争夺项目的乡镇中是很难争到的。同时，这也是县委政府对黄山镇干部、南溪村委会干部、南溪村民们的极大信任。相信在镇党委、政府的直接领导下，在南溪村委会干部的带领组织下，把这一项目做好，一定会让县委、政府领导满意，南溪村定会在全县人民的心目中提高一个档次。

2011年6月10日　农历五月初九　晴

清早起来，人们扛着锄头，身上还背个小竹篮，篮里装着雨衣，很显然，这意味着要冒雨进行农事活动，表现出南溪村已进入农忙之期。是的，锄洋芋、薅洋芋、撒种绿肥、薅油菜、收割青稞、撒蔓菁、种玛咖等一系列农事正等着村民去做，村里呈现出一片繁忙景象。不是吗？已年迈七旬的和光彦老人，虽然左脚有些不便利，但仍一跛一跛地扛着锄头下地；七旬过五的和作琴老人，弓腰驼背地在院里忙着料理家务、喂牲口，好让儿子儿媳去干地里活，家务由她一人包了；跟和作琴老人同龄的和仔命老人更不示弱，和儿子儿媳一起挥锄锄洋芋，一锄一锄地铿锵有力，劲头和耐力都不亚于儿子儿媳；年近八旬的和道远老爷爷，白天除了放一群绵羊外，一早起来到地里锄洋芋。所有这些验证了一句南溪村自古流传下来的名言"本除儒，没本资没汁"（意为，劳动是人的本能，只要活着，只要动弹得起就要劳动，这是人的本能）。

2011年6月11日　农历五月初十　阴间小雨

农忙似乎与他无关，善于搞小打小闹当小老板的和永红，今天去城里买一架二手自动麻将机。他打算在南溪村的黄金时间（6月、7月、8月、9月），利用南溪草坝的自然美景，趁自家居于草坝边的黄金地段，招呼来草坝欣赏自然美景的人们休闲娱乐，增加一些家庭经济收入。他的主意是帮游人做顿午饭，供游人打麻将，收些钱。

从昨前天开始，陆续有城里人来南溪草坝欣赏自然美景，但现时洋芋花还没开，草坝里的野花还未争奇斗艳，油菜苗还幼小，草坝还没形成花的海洋，来游览者还为时过早。

古人称"要成就一件事，必占天时、地利、人和三个要素"，6月、7月、8月、9月的南溪村，草坝花儿竞相开放，洋芋花、油菜花……草坝里各种各样的花汇织成了花的海洋，五颜六色，美不胜收。和永红家住在去草坝的路边，停车过路都经过他家门前，农活可由他的小女及老婆去完成，基本条件都具备了，他会如愿以偿的。

2011年6月12日　农历五月十一日　雨

现年68岁的满上村村民和吉诚患重病了，而且是患上了肿瘤病，儿子儿媳曾把他领到城里县医院住院医治，但效果不大。早已出嫁并自立成家的和吉诚老人的3个女儿（大女、三女嫁到拉市坝，二女嫁到太安吾足比村），不忍心看着父亲挨病在家，3人邀约集资把父亲领到省城昆明去看病，一切费用由3个姑娘共同负担。这对于养儿育女的父母来说，哪怕在即刻死去，心里也会感到很安然、很满足。同时，他也为儿子儿媳有条件却不设法医治而感到伤心，但嘴上不言语；他认为养育儿子时充满希望，处于苦中不觉苦，把儿养大成人，却没把父母的养育之恩放于心上，谁人都会感到心寒的。姑娘能这样固然很好，但姑娘出嫁后的责任是赡养照顾公公婆婆，照顾父母是儿子儿媳的责任，是纳西族古来的传统美德。

2011年6月13日　农历五月十二日　阴转晴

今天，南溪村委会副主任和丽军同志讲："南溪路的改修已定局了，听镇领导讲'县委已派分管交通的副县长和丽华与交通局商定，文峰寺到南溪村委会的柏油路工程定在今年下半年内动工'。南溪路改投入500多万元，修成柏油路面。"已经传言两三年，南溪村村民企盼已久的南溪公路改造工程已成定局了，这不得不使南溪村的干部和村民感到高兴。村民深知，只有好的公路，山里生产的产品才能运出去，只有运出所生产的产品，村民才能过上富足的生活，奔向小康社会。特别是村委会干部们，为这件事常跑有关部门、各级政府，如今他们也感到欣慰。多年的不懈争取，今天终将有一个好的结局了，他们的心里也踏实了。

2011年6月14日　农历五月十三日　晴

南溪村古时就有这样一个传统：当猎人们打着狼的时候，就把狼皮剥下来，里面装上草，装得鼓鼓的，像一只真狼，然后交给邻居的青壮年男子，由他再邀约部分人，带上口袋篮子，抬起狼皮走村进寨"要狼饭"。不分本村或邻村村民只要看见，就一定要割上一截肉，或给几个鸡蛋，或给一碗米，以表对为民除害的猎人感谢之心。狼是一种肉食动物，常常叼走村民养的猪、鸡、羊等家畜，有时猖狂到进入民宅、窜入畜厩，对人造成危害。猎人打了狼也就为民除了害，不管与猎人认识与否都要这样做，这一古老的传统做法一直沿袭至今。所得到的物品，大伙用来打牙祭。

2011年6月15日　农历五月十四日　晴

满下村村民和立军今天请到3个泥水工来帮他家盖洋芋仓库。现代人出于便捷，他把老祖宗的宅基地来了个彻底的改变。前些年，他买来一所二手楼房，安置成坐北朝南，另有一所三间楼房坐西朝东，两房间有点漏角，古代人常以这个漏角为建盖厨房之用。他嫌那个漏角面积小，就在东边另起一所三间平房做厨房，为坐东朝西。而今他又把老祖宗种在园子边上的花椒树、竹子等防风树连根挖除，靠路边建盖装洋芋的仓库。这样做有利于储藏洋芋或卖出洋芋，可以把手扶拖拉机或者汽车停在仓库旁下车或者上车，既省时又省力，只走两三米就是一趟，人就轻松多了。他说："如果以前就在这儿盖个洋芋仓库，就省了多少时间，人的体能损耗也没这么大。那时真是够憨了，怎么想不到这么便捷省力的事情。"

客观事情是像他所说的那样，社会是不断发展进步的。在不断发展和进步的社会里，人们不断总结生产生活经验，不断改进旧的、落后的生产方式来提高村民自己的生活水平和居住条件。只有尊重客观，承认现实才能赶上时代，才能不被后人指责。

2011年6月16日　农历五月十五日　晴

设在满中村的格林恒信生物种植有限公司开始给南溪村玛咖种植农户发放玛咖苗。发放的顺序是：今天满中村，明天满上村，后天金龙村，接着鹿子村，然后满下村、旦都后村、旦前村。今年的玛咖苗长势有些不如往年那么壮、那么高，分到农户后，自家要给苗补充营养，施肥、浇粪、浇水，等上十多天以后才能下种。村民对今年的玛咖收成有些担心，他们都决心把苗分到户后精心加工一番，让苗长得壮大，好栽插下去，以能收到较多的玛咖。

同时，公司向村民公布了2011年玛咖回收价格为每公斤12元，比前些年的价提高了每公斤4元。

其他村的村民认为，该公司设在满中村，每年都先给满中村发苗，定会让满中村先挑了好的。其实没那么回事，满中村村民只有选择要哪个苗棚里的，定好后就得按顺序拿完，不准另挑。

2011年6月17日　农历五月十六日　中雨

追记南溪完小校长和建雄筹集"六一"活动款。

"六一"前夕，南溪完小校长和建雄与南溪村委会党总支书记和继武到丽江城出租车协会，与在该会上班的南溪村委会金龙自然村的和社台讲述了南溪完小庆"六一"活动经费无来源，要求和社台跟南溪村开出租车的司机倡议捐点款。于是，和社台通知南溪开出租车的人在一户农家乐聚会，60%的人到场了，和社台提出倡议为南溪完小庆"六一"捐款献爱心，司机们纷纷捐款，基本上每人捐50元。

庆"六一"活动时，学校请出租车协会前来参加，同时还请了玛咖公司、村委会等，和社台把所捐到的款以送礼形式捐给学校，其他来参加庆祝活动的单位也捐了两三百元。

2011年6月18日　农历五月十七日　晴

村民们把玛咖公司所发下的玛咖苗按照1∶8比例（1亩地发8盘苗）拉回自家后，在菜园或房前屋后的空地上，先垫上一层厩肥（其中以羊粪为优），把苗连盘一起放在厩肥上，然后早晚浇水。用这样的方法来催促玛咖苗长壮、长高，以便早日种下。这样做的原因是，村民事先把种玛咖的地给留下了，要是苗不好，地就搁荒了。因此，村民们会千方百计地保苗，来保证家庭经济收入的稳定并有所增加。

2011年6月19日　农历五月十八日　雨

满中村村民和万军今天接收在城里所购买的商品住房交接工作，就是开发商把住房建好后，把各户的钥匙交给各住户。和万军七旬之余的老母亲和光彦也参加了今天的活动，看到有四五百号人在排队接收住房钥匙，深有感触地从内心发出"现在党的政策好，银行、信用社等对国民予以极大的支持，坚持拼搏、敢于创业的国民受益就大；谨小慎微，不思创业的人受益就小。就从南溪村来说，有好多人买了出租车，买了商品住房，没有党的好政策，缺少信用社的信贷支持是根本不会有今天这样子的。"

今天在这个小区领住房钥匙的还有满下村村民和灿家等10多户。

2011年6月20日　农历五月十九日　雨转晴

满下村村民杨文花请她的哥哥杨文军用手扶拖拉机拉洋芋去丽江城里卖。

造成这一被动现象的主要原因，是她想把洋芋卖高价一些，想多增加些家庭经济收入，但结果事与愿违，春节过后，洋芋价逐日下跌，就一直没有出手。"或许过不久又会反弹"，这是包括杨文花在内的一部分村民的侥幸心理，因此，都在观望、等待。结果洋芋价逐日下跌，不再反弹，直落到每斤0.45元、0.40元、0.30元、0.25元、0.20元的低谷。本想大收一笔的村民都落了个空，家长受到家人的指责。目前的南溪村，有些村民遇到今年洋芋价高、低差这么大是前所未有的，有些村民说："这就叫市场经济吧！需要时价高，不那么需要时价低。"但即使再歉收，也不会影响一年的生活，这些年村民都有节余钱可用，只是心理上难以承受。

2011年6月21日　农历五月二十日　晴间阵雨

满下草坝里的百花已争鲜斗艳，地里的洋芋花已相继开放，形成花包围村的美景。不少城里人已上山游玩，今天就有五六伙，每伙十来人。他们先到草坝玩一阵，然后返回一两个人找吃饭、休闲的地方，自然先找到路边的和永红家，和永红乐意地答应帮他们做顿午饭。午饭内容很简单：杀一只土鸡，煮点火腿洋芋头、干蔓菁花。午饭前或午饭后可以打麻将，每桌要价200元，游人满口答应，又继续到草坝玩、拍照、采花。和永红则忙着杀鸡、洗肉、做饭。到中午1点左右，有二十五六人到和永红家吃午饭。他们边吃饭、边谈论南溪现时的美景，都感到公路不好，再是没有农家乐，这是美中不足。他们认为，"如果从城里到南溪的公路好，每天都会有百十人来玩，做得好的话，这段时间会成为南溪满子师村的黄金时段"。

2011年6月22日　农历五月二十一日　晴

满下村女青年和继恒于前些天跑婚到太安乡红麦村委会。她于前年初中毕业后，在丽江城里打了一年多工，农事还没接触多少，享受父母供给还没停多长时间就去嫁人。作为父母的和建华、和满谷夫妇对此确实不称心，但女儿已跑婚至男方家，也无奈了，只好由女儿了，正像村民常说的"生米做成熟饭了"。太阳、月亮都是不拆双的，既然男女相爱，只好由他们了。今天，他让女儿、女婿回家来，还请了村里村外的亲戚，表示补办订婚仪式，也表示对此事的认可。南溪、红麦两地相隔25千米左右，不算近也不算远，女方是纳西族，男方是螳螂人，语言不同，生活习俗定有差异，生产方式也会有所不同。和继恒一切都得从头来，父母估计会有一定的困难，但自己的路自己走，大人无能为力了。

2011年6月23日　农历五月二十二日　晴转雨

现时来过南溪的人，只知南溪产的火腿肉、土鸡、蔓菁花等食品为美味佳肴。其实在15年前来过南溪或在南溪工作过的城里干部及南溪村年龄在30岁以上的村民们，虽然知晓现时还流行的火腿土鸡、蔓菁花等，但他们更不能忘记过去传统美食"燕麦饵块"。提起这美食，没有人不想吃它的。"燕麦饵块"以南溪特产"燕麦"为原料，做"燕麦饵块"的程序为：先把燕麦倒在簸箕里，洒上些温水，然后用双手使劲搓"燕麦"，把"燕麦"上的那层细毛给干干净净搓下来，再扬净，把扬净的"燕麦"放在水里洗干净，掏出来放在甑子里蒸熟，然后再用碓舂好揉成块。这种食品真香，口味很好，要是锅里放点香油煎一下，那味道真是太吸引人了，满屋的香味。这种食品做工麻烦，村民们不常吃到，只是春节时才做的佳品，在过春节时吃。

随着南溪产业结构的调整，"燕麦"这一农作物在南溪不多见了，只有一两户村民种少量的一点点，更谈不上吃"燕麦饵块"了。年近八旬的和福祥老人说："我活这么大，这好吃，那好吃，赶不上'燕麦饵块'和'洋芋不都'这两种食品，现在每时每刻都在想吃点这两样南溪特产，但无望了。"从这位土生土长的老人的话语里不难看出"燕麦饵块"好吃，又知道这一食品现在在南溪村已没有了。

2011年6月24日　农历五月二十三日　晴

南溪村有口传"男九女七"的习俗。这个古老的习俗世世代代盛而不衰。至今，男人仍与"九"这个数紧密相关；女人与"七"这个数密切相连。

在纳西族东巴神话中讲"天由男神开，开天的男神是九兄弟。地由女神辟，辟地的女神是七姐妹。与男神和女神相对应，天鬼有九个，地鬼有七个"。在纳西世俗世界中，13岁的男孩举行穿裤子礼时，送给男孩的礼酒是九碗。13岁的女孩举行穿裙子礼时送给女孩的礼酒是七碗。在结婚仪式上，赠给新郎的福泽酒是九碗，赠给新娘的福泽酒是七碗。

人死时，男人口含放九粒米，女人口含放七粒米。火葬时男尸要用九筒柴烧，女尸要用七筒柴烧。人死满三年后，给死者灵魂举行超度仪式时，用木刻的男神主本身要刻九刀，女神主本身要刻七刀。

如今，一些世俗的做法不再传袭（如穿裤子礼、穿裙子礼、火葬用柴，木柴神主等），但男忌九，女忌七仍很流行。如男人出行忌九人同行，女人出行忌七人同行。结婚年龄男忌九、女忌七（男19岁、29岁不结婚；女17岁、27岁不结婚、不生育）。

总之，南溪村民从生到死，男方离不开"九"，女人离不开"七"，男逢"九"，女逢"七"，那么行事都必须分外小心。

2011年6月25日　农历五月二十四日　雨

在城里租房子开客栈的满下村村民和良命，今天回家帮老婆婆和铭贤薅洋芋、薅油菜等。在农活相当紧的这段时间里，和铭贤老奶奶（现年64岁）一人在家既需要给在南溪完小读书的孙女和玉梅做饭，又要料理家务（喂猪、喂羊、喂鸡），还要忙地里活。所幸她身体还好，身板还硬，要不然这么多事情是难得应付的。儿子和圣华开旅游车，儿媳和良命开客栈，小孩在城里上二年级，一家人分居两地，农业、副业又都不能误，这要付出很大的精力。这样的农家虽然苦点累点，但收入是高的，他们的心理是"苦也乐在其中"。

和良命回家帮忙那段时间，有她的侄女和丽雪招呼客栈和招呼娃娃，她自然可以安心帮婆婆把现在急需做的农事做完再返城。

2011年6月26日　农历五月二十五日　小雨

满中村村民和三友，今天开始请七河籍泥水师傅李满夫妇帮他家砌砖，形式是点工，每工价120元，每天应付240元，并包生活。

旁观的村民在低声交谈着："师傅和小工付同样的工价，要是用上半个月（计30个工）就得付7200元，加上两人伙食、烟酒，至少也要花万元左右才能完成，还不知道30个工能否砌完。"和道远老人说："从现象上看，建设房屋迟不如早，我们南溪地处高海拔地段，雾气大，房屋料子不耐用，用不长久，被雾气侵蚀，所以得代代人都做建设，需要建设的村民到时都会想办法去做好建设的，虽然每年都看着工价一年比一年上涨，但做建设的人家却每年都不间断。"

是的，看着逐年上涨的工价，村民们心里觉得担心需要做时干不起，但结果需要做的村民都做了，他们有右手把钱付出，左手又在地里或山上把钱找来攒起的本领，这就是人的本能。

2011年6月27日　农历五月二十六日　晴

设在满中村的玛咖公司的员工们，正忙着培育第二批玛咖苗。他们所育出的第一批苗给南溪村民发放后，仍有太安乡的村民在等着玛咖苗。太安乡种玛咖的各农户种的亩积在半年前就做了统计、计划，农户也留下了种玛咖的地。员工们有的忙着给撒好的苗盘浇水，有的在苗盘内撒玛咖种，都干得挺紧张的。就连公司杨经理也在南溪督战，天天在满中村指挥员工们加时加班地干，他担心农户家的地搁荒了，就不好面对农户。员工们对他的指挥很顺从，个个都干得很积极。

2011年6月28日　农历五月二十七日　晴转雨

满中村民和七四夫妇今天开始种玛咖了，他俩把羊厩里的肥都拉到要种玛咖的地里，撒开厩肥，地里像铺了块黑色的地毯。路过的人对和七四说："你施这么多肥，不怕把'玛咖'苗给补死了吗？"和七四反而向他说："你长这么大，见过那种庄稼被厩肥的营养补死了？我是没见过，只听说大粪不宜过多，化肥使用要适量，厩肥施得越多越对所种庄稼好。药材肯定也和庄稼一个道理，遗憾的是我家所积厩肥少，施不了多少。"两个人就这样总结起生产经验来。可能和七四说的占理，往年他家的洋芋和其他庄稼都长得比别的农户好，当然地多、地土质好是一方面，施肥多也可能是导致他家增收的主要原因。

自从农村实行改革，把集体生产改为各户独立生产、种植经营 30 多年来，通过自己积累生产经验，改进经营理念，95% 的村民都过上了好日子。但有部分村民是很保守的，不会像和七四这样提示出来。

2011 年 6 月 29 日　农历五月二十八日　晴

几位老人坐在满中村和耀奎家小卖部前闲聊，和国光老人说："我的胃病又犯了，风湿病也每时每刻在困扰着我，下一个地质队员就可能轮到我了。"和红光老人说："我们南溪村古来就有'死人街上走，活人床上睡'的说法，实际生活也往往验证了这一流行语的准确，不是吗？我亲家和耀奎比我小 10 多岁，平时又很不病，他虽不下地干活，但家务和小卖部是他一人承担了，谁想到一倒下就永辞了；而我们经常病起，又干不起什么事，年龄已大了，可以自然地跟老祖宗去了，可老祖宗们不接收我，人生不能自主生死之事啊（除服毒或上吊自尽外）！"

老人们对人生、古人都做了精辟的论断，这些论断是实际的总结。

2011 年 6 月 30 日　农历五月二十九日　阴间晴

黄山镇党委在党委办公室召开庆"七一"大会，镇党政机关干部、各居委会（黄山镇所属五台、白花、长水、文华四个居委会原为"村委会"，而今改制为"居委会"）干部、南溪村委会干部、各"双管"单位领导参加了庆祝活动。

在庆祝建党九十周年同时，黄山镇党委表彰了一批优秀党支部、优秀党务工作者、优秀共产党员。南溪村委会党总支书记兼村委会主任和继武被评为优秀党务工作者，南溪村委会党总支委员、村妇女主任杨耀秀被评为优秀共产党员。这是党委及支部党员对他们工作的肯定和鼓励。傍晚时分，南溪村前去参加庆祝会的干部们回到家，到家后杨耀秀立即找来通讯录，电话通知满下村党员，参加村委会举办的庆"七一"活动。

2011年7月1日　农历六月初一　晴

今天是中国共产党的九十华诞，全国各地都在开会庆祝党的生日，重温我党九十年的丰功伟绩，回顾九十年的光辉历程。南溪村党总支召开党支部扩大会议，热烈庆祝中国共产党建党九十周年。会议扩大到入党积极分子，各村民小组组长、副组长。南溪村党员除个别因病请假外都到会，黄山镇人民政府副镇长、南溪村工作组长夏山银同志、黄山镇政府新农村建设指导员、派驻黄山镇扶贫负责人参加了会议。

会议由南溪村党总支副书记和国军主持，夏副镇长做了讲话，他在讲话中提到南溪村争取到500万元资金进行整村推进新农村建设项目，内容为南溪村每户一所正房盖石瓦、刷白，建厕所一间，村中安太阳能路灯、修村道、活动场所等，从文峰寺至南溪村委会的柏油公路也将在今年下半年动工。他要求党员同志全力支持，大多数老党员虽已力不从心了，但从言论上要与上级党委相一致，要对做好这两个本村建设项目做宣传。接着党总支书记和继武做了过去一年村委会工作的回顾、总结，到会人员对过去一年村委会干部的工作表示满意。随后进行座谈，千言万语统归为"没有共产党就没有新中国"，让子孙们坚定地跟着共产党走。

今年的"七一"与往年不同，村委会向镇党委多要到点活动经费，就在满下村和永红家组织了一顿午饭，而且较丰盛，专门请和永红夫妇、和永红女儿、和永军、和武军五人来做这餐午宴。午宴后又继续座谈到下午5点散会。

2011年7月2日　农历六月初二　晴间阴

今天是南溪村六月祭祖节，以户为祭祖单位，全村各户进行祭祖活动。

这次祭祖的供品，以水果、豆糖、面包、熟食等为主。

纳西族以这样的方式来表示对本家历代祖先的祀奉，以及缅怀之心。只要还能走动，年龄再大的妇人，也得回生养之家参加祭祀祖先的活动。

实在不能走动的由儿孙前去代劳，直到老妇人辞世后方休。

祭祀活动从下午2点开始，程序是：先摆好祖先牌，供水果、豆糖、面包、酒菜，再用盘子端着酒、茶到大门迎祖，边插香，边洒茶水，口里边必说："本家的历代老祖宗们，今天是六月初二日，请你们回家里坛上就座，在坛上喝团圆酒，吃饭和我们后生共乐。"然后到祭祖坛插上香，摆上酒、茶，边磕头边说："请祖先们受用。"接着就开始做晚饭，菜要比平时丰盛得多，美味佳肴，一应俱全。每做出一样，就先摆在祭祖坛。到傍晚时送祖，先换酒、换茶，重新点上三炷香（以示祭三代祖宗），找个盘，里面放好酒、茶，并捡些各种供品，抬到送祖地，插上香，把各种供品摆在香前，摆好后磕头，一边说："老祖宗，请吃饱喝足后慢走，请你们多多保佑后生们，到农历七月十三日请你们再来团聚。"

活动结束，进入晚餐，回来参加祭祖活动的人一般夜宿于老家。

2011年7月3—8日　农历六月初三至初八

相传上古时候，天和地在不息的动荡之中，树木会走路，石头会说话。天地日月，石木水火，山川河流还没有形成，然而天地的影子、日月的影子、石木的影子、水火的影子、山川的影子、河流的影子已经出现了。

后来由于气息和声音的变化，生出了一个名叫依格窝格的神。依格窝格一变化，生出一只白蛋。白蛋一变化，生出一只白鸡。这只白鸡没有名字，自名为东家的恩余恩曼。

过了一段时间，又生出一个名叫依古丁纳的神。依古丁纳一变化，生出一只黑蛋。黑蛋一变化，生出一只黑鸡。这只黑鸡没有名字，自名为术家的负金安南。

恩余恩曼啊！白生生的，多好看啊！它用天上的三朵白云做被，用地下的三丛青草做巢，于是生下九对白蛋。白蛋孵化为神和佛。

负金安南啊！黑黝黝的，多难看啊！它也生下九对黑蛋。黑蛋孵化为鬼。

开天的匠师，是九个能干的男神；辟地的匠师，是七个聪明的女神。他们开天没有成功，辟地也没有成功，天和地依然在动荡不息。到了后来，他们才想出了办法。

在东方竖起白海螺天柱，在南方竖起碧玉天柱，在西方竖起黑珍珠天柱，在北方竖起黄金天柱，在中央竖起白铁天柱，用蓝宝石补天，用黄金填地，于是天和地开始分开了。

不久，神和佛商量，能者们和智者们商量，立意要建立一座灵山。这时集合一切力量，在大力神九高那布管理之下，灵山终于建成，天和地不再动荡了。

灵山还没有名啊！天神便为它取名，叫作居那若倮。

在居那若倮山上，原来先已有了黑乌鸦，据说它是黑的化身，然而它的翅膀有三根毛是白的，可见它不是黑的化身啊！

在居那若倮山上，原先已经有了白色鸟。据说它是白的化身。然而它的尾巴有一根毛是黑的，可见它并不是白的化身啊！

白蝴蝶啊！据说它是白的化身。可是它的生辰不好，它生在严寒的冬三月。它的翅膀啊，为冬天的大风刮得失去力气，飘飘荡荡，一直飘到山脚底下。这十足表现出它的纤柔衰弱，由此可见，它也不是白的化身啊！

黑蚂蚁啊！据说它是黑的化身。可是它的生辰也不好。它生在酷热的夏三月。它的细小的腰身啊，经不起夏天洪水的冲击，一直被冲到遥远的海洋之中，这样怎么会是黑的化身呢？

原来先在高处出现了喃喃的声音，低处出现了嘘嘘的气息，声音与气息相结合，生出3滴白露。3滴白露变成3片大海。大海中生出恨仍。恨仍生每仍，每仍以后七代，便是人类的祖先，他们是每仍初初，初初雌玉，雌玉初居，初居九仁，九仁姐生，姐生从忍，从忍利恩。

到了从忍利恩一代，有5个弟兄和6个姊妹，他们没有适当配偶，互相结了婚。这可秽气冲天，触怒了天神。于是日月无光，山和谷也啼哭起来。这是山崩地裂，洪水横流，灾难降临的预兆。从忍利恩走到大山上去，想捕捉树上的鹃鸟，可是他来得太晚了。他走到高原上去，想放牧白云似的羊群，可是已经太迟了。他本来不会做工，就向蚂蚁去学习。他本来不会玩耍，就向白蝴蝶去学习。他也不会耕田啊！但他用一头黑眼的公牛，一具黄栗木的犁，走到东神和瑟神的地方，开起荒来。东神和瑟神大为愤怒，便放出一只凶恶的长牙野猪。他白天耕了的地，晚上全被野猪翻了，于是从忍利恩带了下活扣的器具，到新开荒地中，去下活扣。他白天等在地边，白天没有下着。晚上等在地边，晚上也没有下着。直到第二天早晨，才下着野猪。他看到野猪，多么高兴啊！

他拔出腰间的大刀，正想愉快地开剥野猪，没想到有一个白发老翁，胡须长得如同麻束；还有一个老婆婆，执着一根黄金拐杖，已经站在他的面前，脸上似笑非笑。从忍利恩一时手足无措，全身渗出冷汗，急忙抬起犁来，想逃回去。由于举动慌张，犁梢撞着白发老翁，把老翁头上戴的白银笠帽差一点撞破。老翁叫了一声，声音震天。他去取犁铧时，一不小心，又碰了老婆婆的拐杖，差一点把拐杖碰折。老婆婆也叫了一声，声音动地。

利恩害怕极了，他对老翁恳求道："老人家，您痛不痛啊？我给您抚摩一下吧？"他又对老婆婆恳求说："老人家撞坏您没有？我给您包扎一下吧！"老翁说："从忍利恩呀！你想到树上捕捉白鹃，去得太晚了。你想到高原放牧羊群，也太迟了。你们兄弟姊妹负的罪太重，苦难即将到来。"

从忍利恩听后，就跪在两位老人面前，恳求他俩搭救他的生命。两位老人看见利恩真心悔悟的态度，于是对他说道："你要杀一头白蹄的公牦牛，剥下牛皮，做成皮鼓，要用细针粗线来缝，鼓上系起12根长绳，3根系在柏树上，3根系在杉树上，3根系在高空，3根系在地底；把肥壮的山羊，金黄的猎狗，雪白的公鸡，以及九样谷种，装在皮鼓之内；还有呢，当然你是不会忘记这样的，一刻不能离身的长刀和金火镰，也要放进鼓里。这一切准备好了,你也就可以坐在鼓里了。"

利恩回到家以后,把这件事告诉了兄弟姊妹。于是他们也去向老翁恳求。老翁叫他们宰一头猪,剥下猪皮,制成皮鼓,用粗针细线来缝,什么也不要带在身上,什么也不要装进鼓里,只要坐在里面就行了。

利恩的兄弟姊妹各自照着老翁的话做了。

过了三天,天吼起来,地叫起来;上面山崩地裂,连老虎豹子都不能存身;下面洪水横流,连水獭和鱼也不能通行;日月无光,白天黑夜都一样阴沉暗淡。

白松树被雷劈得粉碎,利恩金古(从忍利恩的兄弟之一)被抛到九霄云外,尸首丢在那里,埋在哪里都不知道。红栗树被炸得粉碎,利恩夸古(也是从忍利恩的兄弟之一)被掷到七层地里,尸首丢在哪里,埋在哪里也不知道。

从忍利恩坐在皮鼓里,又害怕又愁闷,皮鼓里漆黑一团,使他感到恐怖。这时真是呼天不应,求地无门啊!皮鼓漂在大海中,过了很多时候,被冲在一座新长出的高山旁边。皮鼓撞着山坡,震动了从忍利恩,于是他拔出腰间的长刀,割开鼓皮,走了出来,他立刻呆住了:左边一匹马也没有了!右边一头牛也没有了!当中呢,只有高山和深谷,布列在他的眼前。他一看到这个情景,不禁恸哭起来。

他走到一棵大杉树下,从皮鼓里放出来的山羊"咩、咩、咩"叫个不停。"你为什么叫呢?""我不是因为高兴才叫的,小时候给我青草吃,长大了不给我青草吃了。大地上的青草不知收到哪里去了,我是叫青草呢!"从皮鼓里放出来的猎狗"汪、汪、汪"叫个不停。"你为什么叫呢?""我不是因为高兴了才叫的,小时候给我白面汤吃,长大了不给我白面汤吃了。人间香甜的白面汤不知放到哪里去了。我是在叫白面汤哪!"从皮鼓里放出来的公鸡"叽、叽、叽"叫个不休。"你为什么叫呢?""不是因为我高兴才叫的!小时候给我白米吃,长大了不给我白米吃了。村里的白米不知藏到哪里去了。我是在叫白米哪!"

大地上，没有了人类，没有了牲畜，只见苍蝇满天飞。从忍利恩到了这时，又寂寞又伤心，眼泪直往下流。高山融化的雪水啊，人说那是非常的寒冷，可是从忍利恩的心比雪水还要冷啊！从忍利恩身穿麻布衣裳，背着皮制的箭囊，把桑木大弓当作手杖，嘴里唱着歌，但是没有人应和，只有山鸣谷应是他的伴侣。他这样没精打采地走着，过着孤苦凄凉的生活。不知过了多少日子，他不觉来到一座高山脚下。两眼向前一望，看见了利从利那坝子，在那里，白天有火烟，像线香的烟子一样细微，从地上直向上升；到了晚上，火光像雄鸡的冠子似的闪亮着，火光虽小，却照得满天通红。

从忍利恩于是走到那里去，有一个老人接待了他。那个老人啊，胡子很长，如同麻束，而且白得像雪一样。他似在自言自语："世间没人类了呀！"利恩又惊又喜，便跪在老人面前恳求道："老人家，您可怜我吧，我独自一人，实在太寂寞，太凄凉了！我要一个白天一同劳动，晚上在一处谈心的伴侣。可是世上已经没有人类了啊！您说我该怎么办呢？"老人说："在那美山根的一座高山底下，住着一对天女。那个直眼女，是最漂亮的，那个横眼女是不漂亮的。但是你要千万记住：不可要直眼女，只可与横眼女结婚。"

从忍利恩记住老人的一切吩咐，满心欢喜，走到那座高山下面，果然看见两个天女，正在嬉戏。一个是善良的，却容貌不好看；另一个是不善良的，却有一双勾人的媚眼。利恩身体虽很壮实，能控制身外的一切，但他控制不了自己的感情，控制不了自己的眼睛，他想：身巧不如心巧，心巧不如眼巧，于是违背白发老人的告诫，娶了美貌的直眼女。

结婚不久，天女怀孕，就要生育，利恩非常高兴。可是到了产期，天女生的不是人！她连生三胎，头一胎是熊和猪，第二胎是猴和鸡，第三胎是蛇和蛙。利恩满头大汗，又急又怕，就跑到老人那里去请教。老人说："不听老人言，吃亏在眼前。马跑的时候只顾逞兴，却不防越跑越快，越会把蹄子跑脱。你呀！真是个不知厉害的小家伙。把熊和猪丢到森林里去！猴和鸡丢到高岩中去！蛇和蛙丢到阴森和潮湿的地方去！"利恩这回不敢违拗，就照着老人的话去做了。

　　米利东阿普是个聪明能干的神。他做了许多木偶，有男有女。有一天他变成一个老人，见了利恩，把木偶给了他说："你的伴侣不久就会有了。你把这些木偶拿去，但是不满九个月，你不要去看他们！"过了三天后，利恩心里放不下，他很好奇，就去看看木偶，木偶有眼不会看，只会眨；有手不能拿，只会拍；有脚不能走，只会顿。利恩又把这些情形去告诉米利东阿普。阿普听说，生起气来，拔出腰间长刀，把所有木偶砍得七零八碎，拿了一些丢到山岩中，于是山岩中便有了回声；拿了一些丢到水里，于是水里便有了波浪；拿了一些丢在森林里面，于是森林里有了四脚猛兽。从忍利恩便开始了漫无目的的旅行，一路见蛇就宰，见猴就杀，心里懊恨，他的手不停地揩着泪水，漫无目的地往前走去。利恩走来走去，来到高高的雪山山顶，用手摘下一片树叶，噙在口中，轻轻吹着。树叶越吹越响，但是他越听越觉无味。他自己问自己，到底吹给谁听呢？于是立刻把树叶塞在嘴中嚼嚼烂。他又来到滚滚的大江旁，江水清澈，往里一看，使他又惊又怕。他看到自己的影子，清清瘦瘦，非常难看。他不敢再看下去，从地上捡起一个石子，用力投入江中，随即离开。

　　利恩来到黑白交界的地方。那个地方啊！美丽得难以形容。有一棵梅树，开着洁白美丽的花朵。其中有两朵尤其引人注目，因为两朵相对开着，仿佛一朵离不开一朵似的。他正看得出神，忽然看见一个极其漂亮的姑娘走了过来，她名叫衬红褒白命。利恩出了一身冷汗，不知如何是好。他想：这样的地方怎么会来一个漂亮的姑娘呢？正在犹豫，衬红褒白命用甜蜜温柔的语气，向他说话："黄莺孤独地飞翔，飞得跟平常不同，请问你要到哪里去呢？""我曾听人说：这里是个好地方。梅花啊，一年开两度，树下有一个好姑娘，因此，特地来找她。"

　　他俩互相介绍了自己的来历，谈得非常投机。原来衬红褒白命被她父亲子劳阿普许给了天上的美罗可洛可兴家。美罗可洛可兴家有九兄弟。衬红褒白命不愿嫁到他家去,但又不敢直接向父亲提出不同意的话,所以很是苦闷。

这一天,天气非常晴好,天空明净得没有一朵云影,她就变成了一只美丽白鹤,从天上飞到地下来翩跹翱翔,散散愁闷,却不想在这梅花树下,竟遇见这个刚强的青年。她想到利恩的遭遇,对他十分同情,并且在心里爱上他。于是利恩躲在仙鹤翅膀下,飞上了天宫,到了天神子劳阿普的家里。

衬红褒白命为了掩人耳目,便把利恩装在一个大竹篮中,把他隐藏在门后的角落里。到了晚上,阿普放羊回来,他把羊赶进羊圈,可是羊群惊得直往圈外奔窜;他把牧犬关在门外,可是牧犬反倒回头向家里狂吠。阿普生气地叫喊起来:"有什么不祥的东西来到家里了!"于是早上、晚上,只见他都在磨刀、擦刀。衬红褒白命对父亲说:"父亲,你为什么磨刀呀?为什么擦刀呢?蜂巢的石板热,蜜蜂不会搬家啊!主人不狠,奴仆不会逃跑啊!池水不干,游鱼不会离去啊!父亲啊!山崩地裂的那一年,他没有被炸死在山上;洪水横流的那一年,他没有被淹死在水里。他是多么能干而又勇敢的青年啊!我爱他,所以把他领进家里来了。父亲,请不要生气吧。天晴的日子里,可以叫他晒粮食,看管粮食;下雨的日子里,可以叫他挖沟灌田。这难道不好吗?"子劳阿普不耐烦地说:"他到底是一个什么样的人呢?我要亲自看一看,把他领来吧!"

利恩用9条大河的水洗了澡,洗得又白又净;用9饼酥油来擦身,擦得又滑又亮。衬红褒白命把他从屋后插着九把利刃的桥上领了进来,去见子劳阿普。阿普很仔细地打量了又打量,端详了又端详,从头直看到脚,好久好久,才说:"你呀!要不是手指甲和脚指甲,身上就没一点血色啦!要不是手掌和脚掌,全身就没有一点纹路了!你的家乡,阿扣鲁来坡的父亲可没有把自己的威灵传给儿子呀!你呀!水流在松林里,就没有松树生存的地方,有蒿草滋长的地方,就没有青草生存的地方!

青草呀，终究会枯死的。"

利恩听了这番话，觉得事情不妙，急忙跪在阿普面前恳求道："阿普啊！大地上的人类已经绝迹，单独剩下我一个。我要生活下去，您把您的好姑娘嫁给我吧！"阿普说："我知道你是个能干的小伙子，好吧！你去给我把九片森林统统砍伐回来。"利恩晚上和衬红褒白命商量，衬红褒白命暗暗地把方法告诉了他。第二天早晨，利恩拿了九把大斧，放在九片森林之中，口中喊道："白蝴蝶来做工，黑蚂蚁来做工，利恩自己也做工。"果然九片森林都砍伐完了。利恩高高兴兴地走回来对阿普恳求道："我要的，您给我吧！"阿普说："你确实很能干，不过我的姑娘还不能给你。你去把砍过的林地烧干净。"利恩晚上和衬红褒白命商量，衬红褒白命把办法暗暗告诉了他。第二天早晨，利恩把九支火把放在九片砍过的林地，口中喊道："白蝴蝶来做工，黑蚂蚁来做工，利恩自己也做工。"果然九片林地烧完了，利恩高高兴兴地走回来，对阿普恳求道："我要的，您给我吧！"阿普说："你确实能干，不过我的姑娘还不能给你。你去把九片火地种上粮食！"于是交给他九袋粮种，叫他好好开荒、播种、浇水、灌田、看苗，直到收获完毕，再来见他。

利恩于是便辛勤干活，一边干活，一边轻轻地唱歌，直到粮食已经成熟，他头顶大簸箕，手拿小筛子，肩上搭了九个口袋，便去收割。他到田边，口中喊道："白蝴蝶来做工，黑蚂蚁来做工，利恩自己也做工。"然而这一次他自己并未动手，他像麂子和獐子一样蜷曲在田边睡起来了。一觉醒来时，庄稼已经收获完毕。回家后，他还没开口，阿普就说："你收的粮食短少了三粒，两粒在斑鸠的嗉子里，一粒在蚂蚁的肚子里，能干的小伙子，你想办法去取回来吧！"第二天早晨，斑鸠飞来停在阿普家的树上，衬红褒白命正在纺线，看见了斑鸠，急忙叫利恩来。利恩弯弓搭箭，想要射死斑鸠。但是由于他过度紧张，看了又看，瞄了又瞄，还是没有把箭射出。衬红褒白命看他这样，很是着急，便用织布梭子轻轻碰了一下他的手，利恩一箭射出，正中斑鸠的胸脯，于是两粒粮食便取了出来。据说，斑鸠胸前之所以有斑点，就是因为被利恩的箭射过的缘故。

利恩一时高兴，顺手就将旁边一块大石掀起。石头下面有许多蚂蚁，立刻骚动起来。其中有一个蚂蚁，腰间有一个疙瘩，利恩便用一根马尾拴住蚂蚁腰部，用劲一勒，谷种就挤出来了。据说，蚂蚁的腰所以这样细，就是因为被利恩勒过的缘故。利恩拿了3粒谷种交给阿普，说："我要的，您给我吧！"阿普说："你确实很能干！但我的姑娘还不能给你。今晚我俩一同去岩头捉岩羊。"利恩答应了，他把这事告诉了衬红褒白命，衬红褒白命悄悄地对他说："利恩啊利恩，你要当心，他哪里是要叫你捉真岩羊啊，他是想把你变成死岩羊。"于是，她教了利恩一个办法。晚上，阿普和利恩一同去捉岩羊。到了岩头之后，阿普说是倦乏了，叫利恩和他一同在岩洞里睡觉。阿普头朝洞里，利恩头朝洞外。阿普打算趁利恩熟睡时把他一脚蹬下岩去。到了三更，利恩没有睡着，阿普倒头睡着了。利恩悄悄起来，把一块大石包在白披毡里，放在阿普的脚边，自己轻轻溜回衬红褒白命的身边。阿普睡梦中用劲蹬了一脚，把那块大石头蹬下岩去，石头正打在一岩羊的额上。第二天鸡叫之前，利恩走到岩头一看，岩下有一只死岩羊，就把岩羊背了回去。阿普睡醒也往家里走。利恩走的是直路，阿普走的是弯路，利恩先到，阿普后到。利恩对阿普说："岩羊肉已经挂在厨房里，请做阿普晚饭的酒菜，请做阿妈早饭的汤菜。我要的，您给我吧！"阿普说："现在还不能给。"

过了几天，岩羊肉吃完了，阿普对利恩说："你确实很聪明，确实很能干！今晚咱俩到江里去捕鱼。"利恩答应了，把这事告诉了衬红褒白命，衬红褒白命说："利恩哪，你要当心，他哪里是叫你去捕鱼啊，他是要把你变成死鱼。"于是她又教了利恩一个办法。晚上，阿普和利恩一同去捕鱼，睡在江边，阿普头朝着岸，利恩头朝着水，阿普打算趁利恩熟睡时把他一脚蹬下江去。到了三更，利恩没有睡着，阿普倒睡着了。利恩悄悄起来，把一块大石头包在白披毡里，放在阿普的脚边，自己轻轻溜回到衬红褒白命身边。阿普睡梦中用劲蹬了一脚，把那块大石头蹬下江去。石头正打在一尾鲤鱼的额上。第二天鸡叫之前，利恩走到江边一看，江里漂着一条鲤鱼，就把它背了回去。阿普睡醒，也往家里走，利恩走的是直路，阿普走的是弯路，利恩先到，阿普后到。利恩对阿普说："鱼已经放在水缸里了，请做阿普的酒菜，请做阿妈的汤菜。我要的，您给我吧！"阿普说："你确实很聪明，很能干！你真想娶我的姑娘吗？你去挤三滴虎乳来，就算你能干聪明到家，我的姑娘就可以嫁给你！"利恩听了这几句话后，吓出了一身大汗。他对阿普说："无论什么绳子啊，都是人搓的，而且搓得很紧；可是啊，这一根绳子叫我怎么搓得紧呢？无论什么事情啊，都是人做出来的，而且做得很好；可是啊，这件事情叫我怎么做得好呢？"利恩又生气又伤心，也没有和衬红褒白命商量，就一直跪到荒地里，挤了三滴野猫乳，拿回来交给阿普。他以为野兽的乳汁都是白花花的，怎么分辨得出来呢？可是阿普自有办法，他把乳汁放在牦牛圈和犏牛圈上，牦牛和犏牛一点也不骚动。他又把乳汁放在马圈和牛圈上，马和牛仍然一点也不骚动。最后，将乳汁放在鸡圈上，所有的鸡全都惊骇动乱起来。阿普怒喝道："这哪里是虎乳呢？小伙子，还是放老实点，不要学骗人。"

晚上，衬红褒白命知道这事，悄悄来安慰他，并给他定了主意："明天早上，你到高岩间去。母虎在阳坡处找食，小虎在阴坡处酣睡，趁这个时候，你拿一块大石头把小虎打死，剥下虎皮，穿在身上。等到早饭时候，母虎就回来喂乳，母虎跳三跳，你也跳三跳，母虎吼三声'阿各烙'，你也吼三声。母虎便会躺在地下翻开肚皮喂乳，这样你就可以把三滴虎乳挤到。"利恩在这生死关头，心情十分沉重。衬红褒白命见他如此，就说："在那黑白交界的地方，说过的三句知心话，难道你忘记了吗？你既相信自己，也要相信我。俗话说，不经一苦，何来一乐？你已经经历了这么多难关，这是最后一次了，难道就不相信我了吗？"利恩听说，伤心地哭了起来。

第二天早晨，利恩到高岩间去，依照衬红褒白命教给的办法，果然挤得三滴虎乳。中午，回到家里，交给阿普。阿普这次试验得格外仔细。他先把虎乳放在鸡圈上，鸡群安静如常。他再把虎乳放在马圈和牛圈上，牛马都骚动不安。他又把虎乳放在牦牛圈和犏牛圈上，牦牛和犏牛一起惊慌动乱起来。阿普微笑着说："这才是真正的虎乳！"这天晚上，阿普和阿妈商量女儿的事情。阿妈不停地说："衬红褒白命是你和我的好女儿，从忍利恩何尝不是你和我的好儿子呢？有什么办法能使他俩分离呢？"阿普还是不太甘心。第二天，他向利恩说："既然你这样聪明，这样能干，你是哪个父族，哪个母族呢？"利恩说："我是九位开天的男神后代，我是七位辟地女神的后代，我是连翻九十九座大山也不会感到疲倦的祖先的后代，我是连涉七十七个深谷也不会感到疲倦的祖先的后代，我是大力神九高那布的后代，是把居那若倮山吞下也不会饱的祖先的后代，是把江水灌下去也不能解渴的祖先的后代，我是永远不会被征服的祖先的后代，我是任何恶人都打不死的祖先的后代，我是所有利刃和毒箭都不能伤害的祖先的后代。一切仇敌都想消灭我们的宗族，可是我毕竟生存下来了，阿普啊阿普，我要的，您给我吧！"

　　阿普听后，无话可说。他又说："你既然要娶我的女儿，你带来了什么聘礼呢？"利恩说："天是高的，布满了星辰；地是大的，滋生着百草。这样辽远的路程啊，我怎能把羊群从地上赶到天上来，怎能背得动金银财宝？这些日子里，我曾为你砍伐森林，烧辟火地，收了一季又一季的粮食。我曾到岩头捉过岩羊，我差一点变成死羊；我曾经到江里捕鱼，我差一点变成死鱼；我曾经到阴坡剥过虎皮，到阳坡挤过虎乳，我差一点被老虎咬死。这一切比羊群和金银财宝，恐怕更为宝贵，难道当不得聘礼吗？阿普阿普，我要的，您给我吧！"阿普听了，无话可说，而且对利恩的看法已经改变，就答应把女儿嫁给他。

　　云彩纷纷的天空里，白鹤要起飞了，可是翅膀还没有展开哪。绿树丛丛的高原上，老虎要活动了，可是威风还没有抖擞呢！在天宫的村寨里，在人类生存的大地上，有一对男女要出行了。可是男的还没有长刀哪！女的还没有打扮哪！

有一天，衬红褒白命看见一只火红的老虎，她不敢收拾它，便赶紧回来告诉从忍利恩。过了几天，从忍利恩果然猎获一只老虎，他俩多么高兴啊！虎皮剥下来了，用来做什么好呢？样样都可以做呀！虎皮的衣服，威武又好看，虎皮的褥子，又软绵又鲜丽；虎皮帽子，虎皮带子，虎皮箭囊样样都做好了，样样都齐全了。啊！不对不对，这些衣服，用具都是男子的，姑娘家哪有用虎皮做衣服的呢！

时间过得真快，秋天已经到来，高原上的羊群，陆续回到坝子里。衬红褒白命是个能干的姑娘，怎么会落在男人后面呢！她剪了许多羊毛，织成许多毛料衣物。五斤的披毡，一斤的帽子，半斤的腰带……现在什么都不缺少，样样都已齐全，也不必再要父母的嫁妆了。然而女儿终究是自己身上的一块肉啊！他俩将要下凡时，阿普和阿妈仍然给了许多嫁妆：九匹走马，七匹驮马，九对耕牛，七对牦牛，九只银碗，七只金碗，九样种子，七样家畜……样样都给了，可是七样家畜之中没有猫。能干的利恩偷了一只猫，藏在怀中带回家来。后来阿普在天上看到地上也有猫种，十分气恼，就咒骂道："猫到人间之后，叫它肺里发出噪声，叫猫肉不能吃。"现在猫之所以不算家畜，肉不能吃，以及猫肺发出噪声，据说就是因为被阿普咒骂过的缘故。

九样种子都给了，可是不给蔓菁种，聪明的衬红褒白命偷了一点蔓菁种，藏在指甲缝里，带到了人间。阿普在天上知道，十分气恼，就咒骂道："蔓菁到了人间，叫它不能当饭吃，叫它一煮就变成水！"现在的蔓菁只能做菜，而且容易煮烂，烂得变成一汪水，据说就是由于被阿普咒骂的缘故。

从忍利恩和衬红褒白命要从天上移居到人间时，原来没有带狗，分不清主客。后来回去牵来一只白狗，才分清了主人和客人。他们原来没有带公鸡，分不清昼夜，后来回去带了一只大公鸡，才分清了昼和夜。

他们用打油茶的木桶背了清水，取意是清水满塘；点着柏柴的火把，取意是光明普照。

　　他俩择定了吉日，到了那一天，很早就起来，黎明前，就辞别两位老人，从天宫下凡来了。走了一天又一天，到了第三天，左边起了白风，右边起了黑风，狂风卷走黑云。从云层中倒下了倾盆大雨，大雨中夹杂着核桃大的冰雹；顷刻之间，山谷里"哦，哦"喧响不息，洪水遍地，无路可通，无桥可过。这到底是怎么一回事呢？原来是这样的：

　　衬红褒白命原先由父亲许给天上的美罗可洛可兴家，但是衬红褒白命不愿到他家去，另找了自己心爱的利恩。现在他俩要下凡去了，美罗可洛可兴家当然很不甘心，所以施展他家所有的本领，下冰下雹，阻止他俩前进，作为报复。事到如此，怎么办呢？衬红褒白命急中生智，用3饼酥油，3升白面，3背柏叶，在高山上烧起熊熊的天香，以表示对美罗可洛可兴家的感谢。不一刻，天上乌云慢慢消散，火红的太阳，暖暖地又照在他俩的身上，有路可走，有桥可过。他俩如同呼呼的大风，滚滚的江水，没有什么东西可以阻止他俩前行。

　　利恩夫妇高高兴兴下凡来了，他们走一步，跳三步，从今以后，他俩的命运结在一起，他俩将要共同生活，共同唱歌、谈心，永不分离了。

　　不知走了多少路程，翻了多少座山，走过多少平坝，渡了多少道河，他俩终于来到了有名的英古地，在那里立下了胜利的石碑，打下了胜利的石柱，男的搭了雪白的帐篷，女的烧起熊熊的篝火，煮茶做饭，开始了幸福的生活。他们把牛马羊群放牧在高原，九样谷物撒在坝子里，自己劳动，自己享受，自己挤奶自己喝，不知道痛苦和忧愁。

　　不久，衬红褒白命有了喜，一胎生下三个儿子，可是儿子养育了三年，却不会讲话。这可把他俩急坏了。怎么办呢？叫井白井鲁（蝙蝠使者）去见阿普吧！问问他是什么原因。叫黄狗昼夜不停地叫吧，家里有了事，阿普会知道的。井白井鲁飞到阿普家，把这事告诉了阿普。阿普听说，不但不告诉他什么原因，反而生起气来，说了许多闲言碎语，发了很多牢骚。井白井鲁从天上飞回来，对利恩夫妇说："阿普生你们的气哩！他说：'喝水不忘挖井人，吃饭不忘庄稼汉。'你们两个啊，好像小鸟出巢，高飞远走，不再顾念生身父母了。"利恩夫妇商量又商量，考虑又考虑，到九布通耻大东巴那里，去看了吉凶，然后请九布通耻大东巴砍黄栗木做"祭木"，砍白杨树做"顶神杆"，宰一头公黄牛，用一只大公鸡，还用祭米祭酒，在阴历正月十一日，举行一次极其隆重的"祭天"，一是感谢父母——子劳阿普和阿妈，二是感谢美罗可洛可兴家。后来，祭天成了纳西族的风俗。自从利忍一代开始，代代相传，直至于今。

有一天早上，利恩的3个儿子正在门前蔓菁地里愉快地嬉戏，忽然看见有一匹马跑来偷吃蔓菁，3个孩子一时着急齐声喊出3种声音，变成3种语音：

长子说："打你羽毛炒。"

次子说："软你阿肯开。"

幼子说："买你苴果愚。"

一母所生的3个儿子，变成了3种民族，正如一瓶酒变成了3种味道。他们穿3种不同的衣服，骑3种不同的马，住到3个不同的地方去了。

长子是藏人，住到拉桑多肯潘去了。次子是纳西人，住到姐久老来堆去了。幼子是白族，住到布鲁止让买去了。他们啊，好像天上的星星那样布满了天，地上的青草那样布满了地，也像马儿的鬃毛那样成长，蔓菁的种子那样繁殖。他们的井水是满满的，他们听到的消息都是好消息。愿他们的后代光辉灿烂、万世昌盛！

2011年7月9日　农历六月初九　晴

南溪村委会召开各村民小组组长、副组长会议，黄山镇党委书记和晓英，镇人民政府镇长和金星，镇人大主席团主席和金鹏参加了今天的会议，村委会干部及各村民组长、副组长都到会。会议由村委会党总支书记兼村委会主任和继武主持。首先镇党委书记和晓英传达了中共玉龙县委、玉龙县人民政府关于在2011年南溪村实行整村推进扶贫建设项目的决定。决定指出：由玉龙县财政支付200万元，各涉农单位支付300万元，共500万元的经费，扶持南溪村委会脱贫致富奔小康建设项目。该项目内容包括村道硬化工程，人畜饮水工程，绿色照明工程，住房改造工程。和晓英书记指出："在玉龙县120个村委会中只有这一个项目，我们南溪村争取到这个项目可不容易，其中，村、镇干部付出了很大心血，县委常委、县委宣传部和学骞部长也为南溪做了最大的努力，机遇对南溪村民是好的，我们在座的要珍惜这来之不易的极好机遇，要面对困难，知难而进，精心组织村民实施好这一整村推进项目，以便在2012年底市、县验收通过。同时，文峰寺至南溪村委会公路改造工程决定投资500万，改成柏油路面，也将在下半年内动工，县委已分工分管公路交通的和丽华副县长与交通局商定实施方案。机遇与困难同在，请大家支持公路改造工作。"

其次，镇长和金星讲了具体内容：每户一间标准厕所，一所白房子，墙体刷白，屋顶盖石瓦，扶助3000元；村里安太阳能路灯，按村子大小而定数量；每户一个太阳能热水器（每户出1500元，另一半由国家扶助）；村里垃圾池按村子大小确定数量；村活动中心盖石瓦、粉墙；完善村道硬件；完善人畜饮水工程。

最后，村委会书记和继武就南溪村的具体情况做部署，他说："村道全都已修完，活动中心现缺的旦都后村、金龙村、文屏村、满中村都得建，垃圾池除满中、满上两村外都得建，在改造公路时若遇到挖山占地请大家做好村民思想工作，饮水工程必须巩固扩大的村民小组，要趁这次做好。自家建设即使国家不扶持，村民自费也得做，国家扶持这么多，我们必须千方百计克服困难做好。"他要求散会后立即组织开会做传达动员。

2011年7月10日　农历六月初十　阴间小雨

满中村村民和福军的长女和熙娣昨日患感冒病了，在家睡了一天未好转，今天就领她到丽江城里玉龙县医院治病。坐车一同去城里的村民们谈论说："如今的社会真好，国家已很发达，经济也很富裕。南溪村也和全国其他地方一样，在党和政府的支持关注下，人民生活变富裕了，经济发展了，居住条件有了很大改善，可最困难的就是村里缺医少药，小小的一点感冒病也得去城里医院，为这，村民不得不误工费钱。在加拿大爱心人士的帮助下五年前投入60余万元完善了一所卫生室，可至今只有空房一院，却无医务人员。据说黄山镇卫生院有30多个医务人员，而坝子里的人看病都到县市医院，从镇卫生院的医务人员中分上来两三个就好了。南溪属于黄山镇，黄山镇除南溪村外都在城区，政府和主管部门派不出医务人员来南溪（南溪距城24千米），这样一点距离也不想离开家？城区籍教师不安心在南溪教学，也就不见怪了。"

人们的谈论是很符合客观的，开初建盖卫生室时，卫生院长说："要派两个医务人员来这室工作"，可盖好卫生室已四五年，仍空空一院房子，让南溪完小两个男教师住在里面，这与南溪村患病村民无关。南溪完小曾有好多老师走后门从边远的山区调来南溪，多少还教了一至七八年不等（从巨甸调来南溪的余绍勋老师在南溪任教一年，数他在南溪时间最短），相比之下，老师们还算难得了。

2011年7月11日　农历六月十一日　阴间雨

早晨10点开始，南溪满中村召开户长会议，会议由村民组长和万选宣传了前天村委会召开的会议内容。传达完后，就满中村的情况他做出详细分析："目前我们村的村道硬化工程已做完，饮水工程已扩大和巩固，垃圾处理塘已在前年做成，现在要建的是太阳能路灯、活动中心，再加上各户自建的一间厕所和一所房屋刷白、盖石瓦房子。大家讨论一下村活动中心的地点，建在哪儿好，反正这两个事情上要出工出力，瓦、砖、石灰、水泥等材料款国家给。"

他的话说完,有村民提出:"以后云南大学停了这个点的活动,不可能把房子搬走,不就是我们村的活动中心了吗?"有的村民提出:"若云南大学继续办下去不停,怎么办,不如趁国家补助的时候就建起来,我们费几个工,出一点力,何尝不可呢?"有些村民提出:"上面的意图怎样,就可照上面意图办。"和万选说:"上面的意图是要我们盖活动中心,现在我们要讨论的不是盖不盖的问题,而是活动中心的地点在哪儿的问题,会上把地点定下来,等适时我们再组织砍料工作。"

就民主与集中而言,通过民主后才能得到集中,集中后就统一,这是我党历来的做法,相信满中村的活动场所在球场边会建盖起来。

2011 年 7 月 12 日　农历六月十二日　阴转阵雨

下午 2 点,满下村召开各户长会议,会议由村民组长和永红主持,并由他传达了九日村委会召开会议的内容:"南溪村委会的所属农户,国家扶助一所正房盖石瓦,刷白,每户一间厕所,每户扶助金额约 3000 元,每户一个太阳能热水器,要每一农户出 1500 元,约为一半价,另一半由国家涉农部门扶助,满下村内安十盏太阳能路灯,要完善村道。"有些村民提出,既然要安太阳能热水器,水源用水就会成问题,如能趁这一机会完善人畜饮水资源(如加几个蓄水池,从鸡冠山后的跌水岩引水入村)才能够用。和永红说:"这些上级会考虑的。"村民低声嘀咕:"基层不反映,上级考虑啥?"意思就是要满下村的当头人,向上级反映情况。

满下村的水资源情况是这样的,从 7 月到 12 月是用足有余,1 月到 2 月刚够,3 月到 6 月饮用不足。知事的满下村村民个个看清,人人知晓,但又无法改变这个状况。只有在原有的两个水源上各增加个积水池,或者把鸡冠山后的水引进村。即使把鸡冠山后的水引到村里,也只能使住在下半部分的村民受益,但饮用原来水源的户数少了,也就会变成整村用水都得到满足。

2011年7月13日　农历六月十三日　小雨

趁雨天，村民们在忙着种玛咖。他们面对比往年弱小的玛咖苗，较为担心，议论也就不绝于耳。有的村民说："玛咖公司应早些时就育苗，等苗大些再发放下去，到11月就挖了交，要不然像前些年那样，等到12月底或来年1月才开始挖交，玛咖水分成了半干，亏了农户。"有的说："听说政府及相关涉农部门对玛咖公司拨付的款很多，但按目前公司给的价钱，农民亏了，应该给他们提要求加价，但到时又无人会当面说，这是南溪村民善良的表现，也是不想得罪别人，自身相安为好的传统观念较深的表现。"谈论当中，不免会有真假虚实之事，但挖交时间晚是所有村民都知晓的客观事实，然而没人会对玛咖公司的人面对面地提出建议，因为他们认为经济掌握在老板们手中，他们也不会采纳村民建议。

村民们发议论也是可以理解的，这一切都关系到他们的经济收入，关乎到他们的生活。

2011年7月14日　农历六月十四日　雨

今天是"头伏"的第一天，进入伏天，气候已处于一年中的最热程度（南溪村16℃～18℃），是撒种萝卜、蔓菁的最佳时期，南溪村古来就流传着"头伏萝卜，二伏荞"的农事口头语。"头伏"的第一天，纳西语称之为"无"，从古至今的"无"这一天，南溪村民不兴到地里去劳作、割草等，今日所需的家畜青食，必须在昨前天就备好，农事再忙，也不得到地里去劳动。先民们认为，只有这样，今年才能风调雨顺，庄稼有好的收成，若不这样，老天就会随时降暴雨或冰雹，损坏村民所种的庄稼，以致造成歉收闹饥荒。年复一年，代代相传，深信不疑，也就成了不成文的村规。

今天，南溪村的村民们都不约而同地休闲了，有的聚在一起打扑克、打麻将；有的聚在电视机前看电视；闲不住的勤快妇女，手里拿着针线在绣"七星羊披"的带带；有的冒雨去山上捡野菌，想吃一顿山珍来满足胃口。全体村民各投所好，没人下地。

2011年7月15日　农历六月十五日　中雨

昨天因为传统的习俗，不兴下地干活，不兴到地里去走动。因此，今早天一亮，有不少村妇背着篮子、手拿镰刀在洋芋地里割饲草。尽管洋芋枝叶上的雨水或露水把裤脚和袖子弄得湿漉漉的，她们也满不在乎地割着，她们深知厩里的猪啊、羊呀都在等着她们割回青饲草来当早餐。现时的农家虽然还有干绿肥、蔓菁杆、蔓菁叶等牲畜食物，但自大地长出青草后，牲畜们也有些挑食了，对干饲料的口感不怎么好了，对新长出的饲料很贪恋。因此，绝大多数村民把干饲料暂搁起来，准备在过冬春时继续喂给牲畜，现时尽量找青饲料来喂养牲畜。他们都会克服困难，挤出时间来满足牲畜的需要。

2011年7月16日　农历六月十六日　阴间阵雨

忙完地里活的村民们，开始陆续上山采摘药材，捡野生菌。但自去年生菌山承包给个人以后，只能在不承包的山上转悠了。这样做虽然集体有些微薄的经济收入，但又影响了大多数村民采药材、捡野生杂菌的经济收入，不少村民对此有怨气，心中不满；而承包者也连说误工误时，很不划算，但还是不放弃承包权，仍然要包。这说明了在农活不多的雨季，在山上弄点经济收入是所有村民所想之事，也表明了世居南溪的纳西族不善于闲，不甘寂寞，不甘落于人后的向上进取的精神。

2011年7月17日　农历六月十七日　雨

满下村趁雨天召开户长会议，会议由村民组长和永红主持，会议内容为讨论及夺标承包生菌山。以竞标的方式进行。

竞标下来的结果，总竞款数为3000元，当即收款。在大多数到会户长的提议下，把竞标收入的款每户分50元（等于2.5斤杂菌价）。把钱拿到手后，户长们的脸色不尽相同，有些手拿着钱还愁思凝脸，可能心里在想"这是一年的山上收入"；有些喜上眉梢，可能心里在想"把公款分了痛快，不管多少，以免以后分文不得。"总之，把钱分了得民心，公留下来担心的人多，但又很少人直说。

剩余的钱买了酒、烟、糖，大伙吃喝、休闲一阵就散了。忙于家务的妇女，不在乎这点吃喝早就离开了。

2011年7月18日　农历六月十八日　阴转大雨

南溪完小根据玉龙县教育局的统一安排，今明两天对一至五年级的学生进行学年末统测。统测科目为语文、数学、科学品德（合卷），英语（三、四、五年级），而音乐、体育、美术等已在此前由任课老师自测。统测完后，试卷密封后带到黄山镇中心校，由镇中心校教研室在20日组织全镇教师批阅、登分。21日发放学生成绩通知书。

到9月1日下学年开学时，中心校会根据各校期末统考成绩把一学期扣下的绩效工资返还各位教师。绩效工资的扣留，教育局要求全部扣留，但各乡镇中心校则根据各自的具体情况，很少做全额扣留。大多数乡镇只扣留少部分来做奖惩之用，统测成绩好的任科教师多得点，差的少得点。

2011年7月19日　农历六月十九日　阴间雨

南溪村在远古的时候流传下这么一个故事，说的是：有一对父母有两个儿子，其中的大儿子生性好吃，爱烟嗜酒；小儿子生性吝啬，除一日三餐外，零食都很舍不得吃，因而对哥哥的抽烟喝酒行为很有意见，便对父母提出异议。作为养育儿女的父母，面对两个儿子截然不同的生活兴趣感到为难，对大儿的烟酒不忍心克制，对小儿子的意见也不得不采纳，于是就想出了个两全其美的做法：当给大儿子买烟钱时，也拿同样数额的钱给小儿子。大儿子当即就买烟抽了，小儿子把钱都储存起来。

等到两兄弟都娶媳妇成家，分居自立后，小儿子把父母所给的钱拿出来买了一匹骡子，显得比大儿子气派、富有。可时隔不久，骡子病死了，小儿子心头不悦，闷闷不乐。大儿子却很开心地说："抽烟的人抽完了买骡子的钱，不抽烟的人也没有养活骡子。"他的这句话起到了安慰自己、讽刺弟弟的作用。后来南溪历代村民们常用这话来形容生活不必太节俭了，同时讽刺烟酒不沾的男人们，抽烟喝酒的人们也从这个故事里得到安慰。

2011年7月20日　农历六月二十日　晴

满下村村民和武军夫妇自停开出租车回家种地盖新房后，常常听到其母和尚花的骂声，有时还有老两口打儿子和武军的现象。前段时间老两口在其女和青梅的批评下，又处于和好状态，可这些天又乱了。和武军就打电话叫在城里开车的家族兄弟和朝泽、和朝亮、和朝珍及妹夫和玉恒回来帮他们分家。家族们到家后，劝说要和好，说："前些年分过一次家，可过了几年后又和好了，这是好现象。父子、婆媳要正确认识自己的不足和缺点，并在生活中各自给对方以理解、宽容。像这样吵闹全村人都在笑老两口了，只是当着你们的面不说。老人少言语，少壮多干活，就会好转的，天天这样闹，一下分，一下和，这又不是放猪娃玩'过家家'吗？"

在家族兄弟们你一言我一语的劝说下，他家暂时处于和好了，家族兄弟们也就立马回城里了。在回城里的途中，大伙都担心地说："根据和尚花老人的脾气，这种和好状态不会长久，但我们也无法，她的自以为是思想太严重了。"

2011年7月21日　农历六月二十一日　晴

随着社会经济的发展，现今的南溪村民传统的居住形式，由古老的三坊一照壁改变为两合院，即人畜各院，把传统的人畜居于一院整成人畜分居，让牲畜在自己的天地里活动，不让进入人居院。这不仅提高了人居院的卫生和舒适度，同时也关注了牲口不能随意外出糟蹋庄稼的现象。到目前，南溪村民中80%以上的农户的居住形式是这样。少数没有这样做的农户是受宅基地的限制，或是经济条件确不容这样做。个别农户还为美观牢实而把隔墙返工了一次，或把隔墙加高，以防止鸡从隔墙上面飞进人居院，做到鸡犬不入。满下村寨的村民杨文花就是这类农户的例子。她家在五年前就做到人畜各院，但今感到当时做墙没用大石头，而是用小石头加混凝土做成的，而且隔墙体又矮，鸡随时从畜院飞进人院。因此，她今天请来师傅和福军，加上她丈夫和儿子，把旧墙体拆了，以大石头、空心砖为原料重新整一堵隔墙。这种现象虽感到浪费（材料、工时、经济），但这样做的村民们都不介意这些，只想把它整好点。农闲时来做这些事，还觉得有事可做而感到心安理得。

2011年7月22日　农历六月二十二日　晴

今早10点，满中村召开户长会议，会议由满中村村民组长和万选主持。会议的内容是：南溪村新农村建设整村推进项目中的"村民小组活动场所"建设的有关事项。和万选在户长会议上宣布了镇党委、政府的意见，满中村也要建设村民小组活动场所，并由村民负责砍所需的建材木料，其他材料如砖、瓦、水泥、沙子、石灰、建筑工人及工资均由镇政府负责。活动场所地址由村民商定。大伙就选址问题充分发表了各自的意见，最后商定在云南大学基地旁（西面），靠近云南大学基地而建。

说实在话，满中村的组长和万选也是够受的了，因为副组长和振锋不帮忙他管村务，大都待在城里，有时在家他也不管村里事。和万选独当一面，凡事在村民中讨论，很难形成统一的见解。如若组长、副组长两人齐抓共管的话，两个人交换一下意见就可以在村中实行。现时，他一人又拿不定主意，只能是凡事都讨论后按多数意见实行。

2011年7月23日　农历六月二十三日　雨转阴

满中村村民组长和万选带领该村青壮年（每户一名）去山上砍建盖活动场所的木料，如椽子、梁头、方料等。因为所要建盖房屋的形式是砖抬梁的建筑方式，所以在一定程度上减少了部分木料，如柱子就不用了。今天出动38人，10辆手扶拖拉机，找料是轻松的，拉也是轻松的，到中午1点左右就回到家了。吃过午饭，大伙又带着斧头在球场边削他们拉来的木料，到下午5点左右全部削完。大家又展开了紧张的篮球比赛（青壮年对老年）。虽说青壮年手脚灵活，力气大，老年人体力及手脚灵活程度都不及年轻人，但凭着早年的球技还是把青壮年打赢了。比赛结束后由输家买了啤酒、饮料，大家坐地而喝，边喝边聊，聊的话题漫无边际。

2011年7月24日　农历六月二十四日　雨

上午10点左右，金龙自然村村民和耀秀及丈夫，拉着一车时鲜蔬菜来南溪卖，他俩开车做买卖的路线是金龙—满上—满中—满下—旦前—旦后—鹿子—金龙。从金龙村家中出发到满上村停一阵卖一下，这样沿着线路逢村便停下一阵做买卖直到鹿子村。他两口子这样做已有四五年时间，平常隔三岔五来一转，但每逢节前一天就不会有误。今天他俩照例，于昨日在丽江城批发了米线、肉末、韭菜、豆腐、番茄、茄子、南瓜、葱、包菜、萝卜等时鲜菜来卖，而且各种菜的数量比平时多。不仅他两口子这样做，山脚下坝子里文华上村有一对两口子也这样在南溪村做了四五年这活，但除在节日前的日子外，他们两家大都是不同时地进行着。

和耀秀两口子平时还把鲜菜拉到六七十千米外的九河金普村（和耀秀丈夫的老家）去卖，这样离土不离家地从事商业活动，来增加家庭的经济收入。而排田种地的事务则由其父母承担，他俩可安心经商找钱。

2011年7月25—26日　农历六月二十五日至二十六日　晴

纳西族民俗故事：火把节的来历。

据传，在天宫里，有一位叫子劳阿普的天神。有一天，他领着一群天兵天将来到银河边上游玩。他们玩得很高兴，忽然间，听见一阵悠扬的歌声从很远很远的地方飘来，子劳阿普忙问："是谁在那里唱歌？"一位年老的天将指着他们的脚下说："阿普，那是下界人间在欢歌起舞呢！"子劳阿普忙低下头一看，在蓝天覆盖的大地上，人们过着安居乐业的生活。在山坡上长着常青的树木，郁郁葱葱，苍翠入眼。山谷里流淌着清清的溪水，绿茵茵的草坪上放牧着牛马和羊群，宽阔的坝子里栽种着庄稼。一见这情景，子劳阿普气得脸变青了。他万万没有想到，人间竟是这样美丽，人类的生活是如此的美好，天宫也望尘莫及。他再也没有兴趣游玩了，立刻带着天兵天将回宫里去。

这天夜里，子劳阿普秘密召来了那个年老的天将，这个天将是他的心腹，吩咐他立即到人间去，把大地烧成一片火海。老天将是个有良心的人，他不肯一下子就把这美丽的人间毁掉，于是他装扮成一个白发苍苍的老者，手里拄着一根龙头拐杖，一拐一拐地来到寨子里。这时，迎面走来了一个头戴羊毛毡帽的，身穿麻布衣裤的汉子，背上背了个大男孩，手里拉着个小男孩。天将见此情景，感到很奇怪，问："大哥，你怎么背着大的，让小的跟着走，是大孩子生病了吗？"那个汉子回答说："老人家，托神灵保佑，两个孩子都壮实啊。"汉子看着老人不解，又解释说："大男孩是我哥哥的孩子，小男孩是我的孩子，哥哥嫂嫂都去世了，就剩下这个独根了，我应该格外疼爱他。"

天将听了，深受感动，他想，人们的心这样善良，品德这么高尚，为什么子劳阿普却要如此嫉恨人间呢？他走近汉子身边，悄声说："大哥，请你记住我的话，赶快回寨子扎一支火把，后天就是六月二十五日，天神要来人间放火，你吃饭后点支火把竖在门口，就能免遭这场火难，保住你的房屋、牲畜和全家人的命。"汉子听了，大吃一惊，他不敢耽搁，急急忙忙跑回寨子里，逢人就把老人说的话告诉他，一传十，十传百，很快就传遍了九十九个村寨，家家户户都在门口竖起了火把。

到了二十五日，天刚黄昏，九十九个寨子的千家万户纳西人都点燃了火把，熊熊的火光把大地照得一片通红。天将一看遍地的火把，知道是那汉子走漏了消息，无奈，只好回天庭报告："阿普啊，请你出来看呢，人间大地已经烧成一片火海了！"子劳阿普看，只见人间大地一片红彤彤的火光，拍手大笑道："谁叫人间比天堂好呢？让你们在火海里灭亡吧！"说完，他倒在床上，心满意足地呼呼睡着了。从此，子劳阿普高枕无忧，再也没有醒来。

从这以后，每年六月二十五日，就定为纳西族的火把节。每年这一天，村村寨寨各家各户每到黄昏都点燃了火把。人们在熊熊的火把光下又唱又跳，欢庆人类的胜利，祝愿人间大地更美好，更加繁荣昌盛。这一活动，代代相传，年年如此。

2011年7月27—28日　农历六月二十七日至二十八日　晴

纳西族的自然崇拜：

以东巴文化为核心的丽江纳西文化，即被世人公认为真正做到人与自然和谐发展的精神典范。自然崇拜是纳西族最本职的宗教信仰，并成为纳西人的基本道德观。显然，人与自然的关系融入血脉之中，自然生活观是动植物最坚实的保护伞，这种真正的天人合一的生活理念和极度和谐状态，在全球上都是屈指可数的。

纳西族长期居住在横断山脉流域，在特定的自然环境里孕育着特定的生态文化。那些巍巍的山峰和茂密的树林，那些湍急的大江与险峻的峡谷，不仅构成了一个神奇美丽的天地，而且使纳西族的生产和生活方式、文化习俗、宗教信仰以及其心理素质积淀下来的历史文化传统，都与其特殊的生态环境密切相关。

为了自身的生存，纳西族与高山森林长期处于相互依存的关系。在精神文化方面，纳西先民把各种与自己生存息息相关的自然物和自然力人格化，在万物有灵的原始思想支配下，所有影响作用于人类生活的自然物和自然力，都被他们幻化为形形色色的神灵。《东巴经》中就比较完整地记载着反映纳西远古时期生活的神话，如天神、地神、太阳神、月亮神、星宿神、雷神、风神、云神、山神、水神、土神、石神、五谷神、畜牧神等。先民对这些神灵顶礼膜拜，祈求保佑平安，希望帮助先民战胜无法预料和无力抵挡的灾祸。于是，使纳西人产生了对山、森林、植物和动物，以及它们生存环境的尊重，形成了原始自然崇拜。

同时，纳西族在长期的生产生活实践中，与自然和谐相处，在对生态环境的依赖，对生态规律的总结过程中，形成了一系列朴素的生态环境保护思想和观念。这种相互的生态环境保护思想又进一步融入现时的生产生活中，沉淀为本民族的一种生态文化。纳西族生态文化是一种与高原特殊的生态环境相适应的文化，正是地理环境的差异决定了纳西族生产生活方式的差异，并导致生态文化地域性的特征，特别是在人与自然关系问题上，走出了一条人与自然和谐相处的道路。纳西族古来就有不得在水源处杀生，以免让污血秽水污染水源；不得随意丢弃死禽死畜于野外；不得在生活用水区洗涤污物；不得在水源旁随意大小便；不得随意挖土取石；不得毁林开荒。立夏节令后是自然界动植物生长发育的关键时期，因此，立夏节过后相当长的一段时期内禁止砍树和狩猎。正是由于认识到了生态规律的支持价值，在纳西族民间产生了一整套保护自然生态的习惯用法，把保护资源环境的传统提炼成生态文化代代相传，以此制约着人们对待自然界的行为。纳西族的这种传统习惯用法已升华为一种道德观念，并演绎出一整套极度崇拜自然，不破坏生态环境的风俗习惯和乡规民约。纳西族进行的"祭天""祭署"仪式是典型的保护生态环境的举措。

当今全球自然灾害频发，在南溪村年逾八旬的老人们的思想上认为，是前些年只顾发展，不顾自然环境，为发展而破坏了自然环境，而今自然环境反过来惩罚人们。

2011年7月29日 农历六月二十九日 雨

南溪村流传的"若迪阿爸子"的真实含义。

南溪村从远古时代至现代流传着一句名言"若迪阿爸子"（意为长子与父为伴）。经与多位老者商讨，此言的产生环境来自古时候南溪村民的生产方式（以户为单位，个体耕作），那时的生产经营很少互助合作，犁地又不兴单牛进行，只是以二牛抬杠，一人驾车，一人扶犁把的方式进行。自立门户后的农家，长子到十三四岁就必须帮助父亲扶犁把、砍柴、扛料等生产活动，所以每个家庭中的长子是苦些的，动手动脑的现象比弟妹多。代代如此，户户都是，它的实际意思是褒扬南溪村各户长子的流行语。

现代生产多以机械取代，十三四岁大的长子根本不需做父母的生产助手。"若迪阿爸子"这一名句还很流行，但它的实际意义被歪曲了，有些农户兄弟分家，白头到老的父母也随之分手，分后与两个儿子宿食，不再一起生活。这类村民就引用这句名言，老父随长子宿食，老母随小儿子宿食。当然这样的分家方式不是普遍的，但也不少。

2011年7月30日 农历六月三十日 雨

纳西族的祭署（署古）。

据老东巴讲："《东巴经》内有记载，人与'署'（大自然）本是同父异母的兄弟，署分管农耕畜牧。后来人不断地毁林开荒，污染水源和捕杀野生动物，导致署对人进行报复，洪水横流，百病丛生。为向署表示人的过错，祈求免灾赐福，人类请东巴祖师丁巴什罗和大鹏神鸟来调解。人类与大自然这两兄弟约法三章：人类可开垦适量的一些山地，砍伐一些木料和柴薪，但不可过量；在家畜不足食用的情况下，人类可以适当狩猎一些野兽，但不可过多；人类不能污染水泉、溪、河、湖，劈山炸石。从此,人的生态伦理良知得以唤醒,人类与大自然这两兄弟重归于好,并认真履行协议。人们定期进行"祭署"活动,从古至今纳西族于每年农历二月都要举行"祭署"仪式,纳西语称"署古。"

"署"文化是纳西族的传统文化,它有着巨大的凝聚作用。"祭署"仪式的目的是要求人与自然要和谐相处,体现了纳西族关于人与自然相依共存的辩证思想。

如今,在大自然向人类大肆进行报复和惩罚的严峻事实面前,人们不得不反思人与自然的关系,纳西族人与自然的兄弟关系,有益于开启人类处理与自然界和谐关系的新思路。

2011年7月31日　农历七月初一　小雨

南溪村民普遍反映说:"今年的玛咖苗又弱又稀,长势实在令人失望。"这些话语早就传到该公司杨经理等人耳中。他们引起了足够的注意,在下发苗的同时又组织育苗。第二次所育的苗,今天又补发一些给种植户,种植户听到这一消息,都在种植小组长家门口,等着各小组长把补发的苗分发给各种植户,以便及时把缺苗补上。由组长代领的做法在去年就采用了,这样做避免了人们拥挤,及村民们挑三拣四,回避了村民的嘈杂声。公司的人也就心情愉悦,把事了之。

2011年8月1日　农历七月初二　晴

今天是中国人民解放军建军节,是全国军民喜庆的日子。特别是曾经当过解放军后转业到地方或复员回到原籍的人们,更具有与服役戍边的解放军指战员同样的自豪。不是吗?你看满下村的曾在20世纪70年代末80年代初,在云南曲靖武警支队服过役的和万红同志,就显得神采奕奕,精神抖擞。他一米七八的身材,穿上一套没有领章帽徽的军装,面带笑容,流露出一副自豪的表情,乘车前往丽江城参加他们的战友聚会。见到此情此景的村民们感到十分羡慕。当村民们在村道上见到曾在北京当过工程兵的复员军人和圣明时说:"和万红已有五六年去参加他们的战友聚会,你也曾当过六七年的兵,你们就没有组织这种活动吗?"和圣明面带不悦地回答说:"组织战友聚会这活动,必须有转业或复员在机关或单位的人出来主持邀约,离城较近的战友们响应并参与。由在机关或单位当领导或厂长经理什么的来主持则更好,更有召集力,一旦他们召集组织了,就会主动负担在农村较困难的战友参与聚会的活动费。和万红近些年都去参加聚会,是因为他的战友在机关单位的多,在农村的少,所以经常能这样。"

事情确是这样,南溪村的复员军人有六七十号人,其中只有和国军、和万红两人办喜丧事与战友往来,而且和国军的战友在单位或机关当领导的多,他本人也长时间任村委会干部所致。

2011年8月2日　农历七月初三　小雨

好多村民去山上采蘑菇,三个一伙,五个一群。这阵势是属于不知道长菌子地方的村民互相邀约去捡杂菌的,而知道生长好菌地点的村民则是单独行动的,这类人要是在山上遇上乡亲,即便是遇上好朋友,也会千方百计在三五分钟内把人甩了。也就是说把尾巴甩掉了,不让自己知道的生菌地点暴露,以便以后长期由自己来捡菌,作为增加家庭经济收入的手段。他们不会随意领着亲戚朋友,只会领老婆一同前往,好让他自己抽不出时间时让老婆去捡了卖钱。

在满下村有这么一茬真人真事:原满下村村民和福林(已故至今15年左右),他是南溪村数一数二的捡菌能手,每次上山几乎都把篮子捡满了,且都是些价高的"松茸"呀、"一窝菌"呀,每年都能卖好多钱。他两口子只有一个独生女孩,招村中的和永军为入门女婿。当和福林病重卧床将辞世前,和永军在只有他两人在的时候,向和福林请教长菌子的地点,而和福林在临终前,对女婿的回答是:"以后我还要捡菌,怎能把生菌的地点告诉别人呢?"就这样,和福林没把生菌地点告诉任何人而走到另一个世界。这个事例是个特殊事例，而好多临终前的老人是会指点给儿子的，好让儿子以此来作为家庭经济收入的途径。

2011年8月3日　农历七月初四　阴转小雨

满下村村民和建国、和万兴、和吉诚等在所承包的"生菌山"上，今天发觉有部分待可捡卖的"一窝菌"少了。他们都面带愁容，现出不悦的表情，猜疑着是谁悄悄地捡了去自个儿卖掉？还是哪个村民乘他们没守山时偷偷捡走了？谁也说不准，也不可能说准。要是在捡菌时没逮着捡菌人，任何猜疑都是不中用的，也就是说没有丝毫根据的，此事在他们心中只能是一个谜。眼看可卖到钱的菌子没了，也就是减少了承包者的经济收入，他们有不愉快的心情是必然的。

他们商议着，从今后，即使大伙不能一同来守护，也要做到每天都有人守护。

2011年8月4日　农历七月初五　晴

南溪村委会召开各自然村组长、副组长会议，会议内容为征求"南溪村新农村建设整村推进"实施方案的意见。参加会议的人员为：黄山镇政府南溪村工作组，黄山镇政府新农村建设指导员，南溪村委会干部3人，南溪村8个自然村的村民组长、副组长。会议由南溪村委会党总支书记兼村委会主任和继武同志主持，由黄山镇人民政府副镇长夏山银传达玉龙县政府"关于在黄山镇南溪村委会实施新农村建设整村推进的决定。"到会的同志听到这个决定，都感到这是改变南溪村旧貌的难得机遇，同时是对每个村干部的一种压力。完成这一决定需要他们带领、组织南溪村民去完成，这就需要他们付出精力，需要他们出以公心，消除私心。多数干部为自己的家乡得到这样好的改变机遇而高兴，但不免也会有个别自然村干部为有机会贪用拨款而暗自庆幸。

最后，夏山银同志要求村干部说："这一项目，我们能争取到确实不容易，县政府是想把这项目摆到白沙乡文海村委会，我们黄山镇争取到这项目摆到南溪村委会，得到和部长（玉龙县委宣传部部长和学骞同志，他是南溪鹿子村人）支持和帮助才争到的，希望大家不要辜负各级党委、政府的期望，用一年时间认真组织村民实施完成好这个项目。"

2011年8月5日　农历七月初六　小雨

满下村村民和立军今天未与和文亮及和文亮的家人商量，擅自把在去年年底他与和文亮合资购买并共同拥有的旅游车卖出了，以上浮8万元的市场运作价卖出。

卖后在将车款给和文亮时，和文亮及他妻子和学青感到很突然，对和立军说："卖车前你为什么不与我交换意见？把车卖了，你想叫我们夫妻干啥去？我们仨在城里的生活，以及还贷款的事你曾否想到，你的心和屎一起屙了吗？"一连串问话，使和立军结结巴巴，只是连声说："旅游车挣不到钱，我不想干就卖了，我想另找门路。"

和文亮夫妇对和立军做的事又气又恨，连声说："真没良心，你为什么当初邀约我，卖出时又不给我交谈，你这占理吗？"

和立军无言以对，把一半的售车款分给和文亮就各自回屋。

按理说，合伙的财产应由共同来处理，和立军自己处理共有汽车，确实不对了。但他不以为错了，还以为自己干对了，自有奔头了，可以自己甩开膀子大干一番经济战了。于是，另一幅家庭经济网络图又在他的脑海里编织就绪（他自个儿又想买一辆旅游车）。

2011年8月6日　农历七月初七　雨转晴

南溪村委会干部接到村完小教导主任赵学良老师的电话，得知南溪完小校长和建雄老师的母亲已在昨日病故，同时得知要在后天出葬。现在处于丧父悲痛之中的村委会书记和继武不能腾出身来，同时考虑到村委会副主任和丽军这些天公事正忙，就打电话要村委会副书记和国军代表南溪村委会向和建雄母亲献个花圈，表示哀悼，同时也安慰一下和建雄老师。他们从和建雄老师因母病时间长（约一年）所付出的经济、精力、时间的表现看，感到他孝心很浓，很钦佩，他对母亲的病榻伺候真是当今年轻人的典范。

南溪村委会这样尊师重教，对外地来南溪教书的老师们的家属病故时前去安慰，参加丧葬礼，这一做法始于1996年和占高老师父亲去世时，一直保持至今。虽然礼轻但情意重，外地教师们在南溪任教，心里得到安慰。这一做法也曾使当地一些教师有看法，为此，有个老师提出过"×××老师的30多年不如×××老师的3年"，这充分表达出要求村干部对待老师一视同仁，平等以待的心理。后来村干部就改正了，都以同样的做法安慰老师，使得老师们心理得到平衡。

2011年8月7日　农历七月初八　阴间晴

南溪完小教导主任赵学良老师，用电话召集在家过暑假的南溪完小现任老师们，前来校长和建雄老师家，帮忙他家明日出葬丧母的准备工作，除个别老师因事因病未到，80%的老师都来了。他们所帮忙的事主要是择洗用于明日待客的菜、肉之类的食用物，同时也洗刷所需碗筷。

这种同事家有事由同事们来帮忙，在丽江城区和坝区是传统的做法，这一做法久盛不衰，而且现时越来越浓重。

在离城20千米左右的南溪村，不论办红事或办丧事，都没有这个规矩，办红事主要以家族为主，外加些亲戚朋友；办丧事主要以村中青壮年男人为主。同是纳西族，但有些个别传统习俗略有不同，这叫"隔里不同天"吧。

2011年8月8日　农历七月初九　晴

南溪完小校长和建雄老师母亲丧葬活动在丽江城区清溪村本宅进行。

南溪村委会党总支副书记和国军，村委会副主任和丽军，一方面以村干部的身份，另一方面以相处同事的身份前去参加丧葬活动，村党总支书记兼村委会主任和继武也托和丽军带去丧礼。

南溪完小现任教师及退休教师大部分都去参加今日的丧葬活动，所带礼金有20元、50元、100元不等。满下村村民和永红、和丽锋，满中村村民和振锋、和丽勇也以朋友的身份前往参加。过去曾在南溪完小与和建雄同过事的个别老师也参加了今天的丧葬活动。

南溪完小现任老师们，像昨天一样，人人都参与待客的服务活动，女的端盘洗碗，男的敬烟敬茶，个个都处于较忙的状态。

2011年8月16日　农历七月十七日　阴间阵雨

接到在重庆市西南大学攻读博士研究生的丽江市博物院副研究员和继全老师来电：商谈在南溪完小开设"东巴文化课"一学期来的情况，根据授课老师和丽宝的反映，一个月只上两节东巴文化课，效果甚微，要求下学期增加一点教学时间。和尚勋老师表示立即向校长和建雄老师交换一下意见，要求在不影响正常教学的情况下每月再增加两个课时。

这充分体现了东巴文化研究者、学者们在为传承纳西东巴文化不遗余力的努力，也体现了他们要把云南大学洪、和两位老师所托之事办好，从中看出了学者们的责任心很强。

2011年8月17日　农历七月十八日　小雨

相传，从前有两个异地的人在路上相遇在一起，相伴而行，边走边谈。他俩越谈兴趣越大，行至半山腰停步休息，两人脚停口不停地继续高谈阔论。一个人说："我们地方产的米粒有寸把长，几厘米粗，一个壮年人吃上两三粒就饱了，你信不信？"那个人一听，心想，世上哪有那么大的米粒，米粒又不是洋芋和小瓜，就知道说出这话的人是说话不尊重客观，只夸大话的，于是就立即说："相信，相信，一百个相信，虽然我们地方没见过你所说的这么大的米粒,但各地的气温不同,土壤有别,再加上水肥也有差异,一定会有生产出你所说的那么大米粒的好地方。我们地方却有直径五丈,周长二十余丈的大铁锅做饭,你信不信呢?"那人立即回答说:"不相信,不相信,绝对不相信,一千个不相信。这么大的铁锅怎能在房间里容得下呢,又有谁抬得起这么大的锅呢,用什么来做这大锅的支架呢?我就是一万个不相信。"那个人慢慢地解释说:"没有这么大的锅,怎能煮得下你所说的那么大的米粒呢?"说得先夸口的那个人哑口无言,他恍然大悟,对方知道自己夸口骗人,就以自己所用的方式,教育自己不要脱离实际地夸大口。从此,夸大口的那个人改掉了夸口骗人的坏习惯。

2011年8月18日　农历七月十九日　阴转晴

记鹰猎。

纳西族的鹰猎活动源远流长。相传,始于公元1253年忽必烈南征大理国,革囊渡江到达丽江后,在丽江长时间驻扎练兵,并把这种古老的狩猎方式流传到了丽江,深受纳西先民的喜爱。这一鹰猎文化在纳西族地区,至今已有近八百年的历史。

纳西族鹰猎活动分为7个内容,即捕鹰、驯鹰、驯犬、赏鹰、放鹰(鹰猎)、野炊、放生等,这就是纳西族的鹰文化内涵。其文化内涵不仅体现了人类驾驭自然的智慧,也体现出纳西族汉子的审美情趣,团结拼搏的精神。纳西族鹰猎活动能在近八百年的历史长河中,保留至今,可以说是儒道两家的思想体系、生活哲理对纳西族熏陶影响的结果。纳西族男人们,他们崇尚自然,淡泊名利的人生价值观,从而形成并保留了开朗豁达的性格。他们在工作劳动之余,渴望回归自然,"仁者乐山,智者乐水",养花种树,渔猎踏青,将热爱生活的理念寄情于山野林间、山河湖泊中,又不图回报,只求过程。纳西族在漫长的社会发展进程中,将"鹰猎"这一原属宫廷皇室中的休闲体育活动,在继承的基础上逐渐加以改革完善。如今,这一活动已成为纳西族的一项传统文化习俗,活动遍及丽江坝区和山区的纳西族村寨。常能在金秋时节的丽江古城及好多纳西村寨看到手臂上架着鹰的纳西汉子,或悠闲散步,或围坐一起评鹰论鹰,各抒己见,高谈阔论,热闹非常。

现时的南溪村部分青壮年男子也喜欢鹰猎活动,单进行捕鹰活动的人举不胜举,其中有小学生利用金秋时节的星期天、节假日前去鸡冠山上进行;有初中刚毕业的小伙子;也有多年在城里开出租车而瞅准良好捕鹰时间,停开车回来捕鹰的;还有年逾七旬的老人。他们一旦捕到好鹰,第二天就架到城里去卖,最高时可卖到四五千元一只,即使喜欢驯鹰、养鹰、鹰猎的村民也只养得起三类的鹰。

鹰猎活动从每年的9月开始,至次年的三四月,活动期半年左右,与兔、雉之类野生动物的繁衍相平衡。结束后,将所养的鹰放生,让它回归自然,这已成为养鹰人约定俗成的习惯。

2011年8月19日　农历七月二十日　晴

中午,大小不一、式样各异、不同颜色的很多轿车停在村公所门前。从这些车上下来的是不同等级的政府官员和各级政府的办事员。他们各有各的心态,行走、观察、姿势也截然不同,有的步履匆匆,有的迈着坚实有力的大步。南溪村委会党总支书记兼村委会主任和继武忙着给来人打招呼,村委会副主任和丽军忙着给他们倒水泡茶。

坐定后,大伙开始了闲聊,话题不外乎是南溪的现实和对南溪未来的设想。

2012年
概述

2012年南溪村概况

云南大学西南边疆少数民族研究中心纳西族研究点的《村寨日志》记录工作，因记录员和尚勋老师近年来在城里关照女儿及外孙，又加上自身患有心室早搏的疾病，儿女不让他自个儿回南溪老家。离开故土，进入城里，缺乏了故乡的见闻，这对他续写南溪村寨日志造成困难。面对要中断记录村寨日志的情况，经与云南大学负责纳西村寨子项目的和晓蓉老师交换意见，确定写成《2012年南溪村概况》，以弥补纳西族村寨日志的短缺。

以下从几个方面简略叙述2012年南溪村的一些大事，以及追踪调查南溪村籍进城务工并居住于城里的部分人员在城里的感受，生活及工作情况。

一、村委会党政干部决心带领村民建设小康村寨

南溪村委会干部及党总支委员，村民委员会委员，各村民小组的人员，除金龙村村民小组长辞职去开出租车外，都没有变动。党总支书记兼村委会主任和继武，党总支副书记和国军，村委会副主任和丽军等村领导先后到华东五市、西藏拉萨考察学习，通过学习使他们打开了眼界，看到祖国建设日新月异的发展景象，更坚定了他们带领村民建设小康村寨的信心。和国军深有感触地对和继武、和丽军两位中年干部说："书记、和副今年两次出省学习，对我教育很大，那些地方的父母官比我顶用，我一生三十多年做南溪村干部，看到那些地方的村官的敬业精神，为民思想，动作能力，带头并带领村民奔小康，我内心感到惭愧。现在我已到年龄不饶人的境地了，带领南溪村村民奔小康的重担就落在你们中青年人的肩上，希望你俩能够不负众望，把我们南溪村面貌改变好，使全体村民都和全国各民族人民一样过上小康日子。"和继武、和丽军也发出了肺腑之言："我们不能老是等、靠、要。当然，能够要着是借了东风，

但更重要的是我们要引导村民,发挥内在的潜力,寻找自我发展的项目,农、林、牧、进城务工、买车营运,尽量发挥各自的优势,把南溪村的经济、生活水平提到新的高度,让村民尽快过上小康日子。"他们认为,目前最重要的是要教育村民克服"满足"的思想,克服"自我感觉良好"的自足情绪,以村里的能人为榜样,以更高生活水平的需要为动力,为村民找寻可长足发展、可持续发展的生产经营项目,联系有种植药材经验的人来南溪,把闲置的山地和肥地都种上各种经济药材,让村民增加收入。

二、生产生活情况

近些年来,因为国家对农村的政策越来越好,党中央越来越关心"三农"问题,农民种地得补助,农民有病得补助,农民添置农机家电有补助,农民年龄到60岁有养老金(55元/月·人),农民困难可享受低保补助(108元/月·人),农村公益事业建设得补助。南溪村村民也享受到党和政府的各项惠民政策,使村民的经济收入逐年增加,生活逐年稳步提高,杜绝了村民因病致贫、因病返贫的情况。年近七旬的满下村村民和建良爷爷感动地说:"爹亲娘亲不如共产党亲,千好万好不如党的政策好,河深海深不如共产党对国民的情谊深。就以我家为例,我家有六口人:两个老人、两个中年人、两个青年学生(现一个就读于云南中医学院,一个就读于云师大附中)。国家给我家的经济补助范围是种田补助、养育独生女补助、老龄养老金(老两口同时享受这两项补助)、困难补助、医疗补助、农业综合补助、农机家电补助,黄山镇人民政府还补助几千元鼓励在校学子,社会各界爱心人士也经常资助学生。如果缺乏以上的这些补助,我们家哪能供得起两个在省城读书的孙子、孙女,没有这补助那补助,我老两口早就当地质队员了,真是全托共产党的福啊!"南溪村像和建良爷爷家一样享受多项补助的村民很多,举不胜举。如满下村村民和福祥老人,他早有老干部老党员困难补助、老龄党员补助、老年人养老金及医疗保险金四项补助。又如满中村村民和桂贤老奶奶,她享受老龄党员补助、离休干部遗孀生活补助、老年人养老金及医疗补助四项补助。又如满下村村民和国南老奶奶,她享受老龄养老金、农村低保(全家人都享受)、困难补助、医疗保险等。南溪村村民一人同时享受两项以上补助,家庭同时享受两项以上补助的村民和家庭,数不胜数。

在党的各项惠民政策的感召下,更激发了南溪村村民奔小康的信心和决心。他们在种好传统的农作物洋芋、油菜的同时,积极进行产业结构的调整,不少村民都逐步转向种植玛咖,全村种植玛咖的面积比前些年明显增多,村民劳动强度比往年逐渐减少。同时,村民们通过及时掌握各种农产品的价格信息,经济收入有所增长。

随着村民经济收入的增加,及国家财政对农村购买家电进行补助,电饭煲、电视机、洗衣机、手机、电磁炉等已成为南溪村村民必不可少的生活用具,有些农户还用电暖炉来取代炭火取暖过冬。手扶拖拉机已成为南溪农民的耕、犁、耙工具,传统的二牛抬杠、单牛挽犁的犁、耕、耙方式已消失;一些村民除自家用方向盘式拖拉机把洋芋拉到丽江坝子换些麦子、玉米做养猪饲料外,基本上都在家里把洋芋转化成人民币,传统的人背马驮换(卖)洋芋的方式已经匿迹。不少农户还购买了小型汽车做出行工具。村民们把传统的一日4餐(起床后立即吃早点,10点左右早饭,下午2、3点左右午饭,晚上10点左右晚饭)变成一日3餐,把起床后的早点省了,到10点左右吃早饭,下午2点左右吃午饭,下午8点左右吃晚饭。

三、基础设施建设

2012年南溪村的基础设施建设,是南溪村历史上的一个里程碑。首先,在各级政府的关心支持下,把玉龙纳西族自治县的新农村建设整村推进项目选定在南溪村进行。这一项目在南溪村的实施,主要是黄山镇党委、政府,南溪村委会干部们的积极努力争取,以及南溪村民具有把自己家乡建设得更美好的高涨劲头。其中,也得到玉龙县委常委、宣传部部长和学骞同志的支持。这一项目包括:村道硬化工程,建设村级、自然村（村民小组）的活动场所，节能环保措施，住房改造（不属农村安居房），以及村道照明，建垃圾坑，修整机耕路等小项目。具体点说，全村每户的一所住房刷白及盖石瓦，补助3000元人民币；每户建一间厕所，做适当补助；各村民小组建若干个垃圾坑、若干个太阳能路灯（6个到10个），根据自然村的规模大小及分布范围的大小，集中与分散设置；农田机耕路修成沙石路，由村边直修到耕地面积较多、较集中的地块边。除整村推进建设项目外，南溪村通村油路（文峰寺至南溪村公所段）开工建设；由国土局投资的"水土保持的防洪设施——三面光水沟"，已在有可能发生水土流失的地方及夏涝的地方修筑。总之，2012年，对南溪村的基础设施建设来讲是不平常的一年，是南溪村基础设施建设方面具有里程碑意义的一年。这一年里，由政府投资、村民投工投劳以及外来务工人员参与（修公路、修防洪沟、修机耕路等），南溪的村容村貌已焕然一新，村民生活的舒适度明显增加，生产条件明显改善，生活水平得到提高。另外，在前些时由政府每户补助1万元修建安居房的政策仍在继续。与往年不同的是，前年是由村民委员会研究决定各村民小组的困难户，除满中村村民和军坤，满上村村民和占元两户自愿放弃领取补助款进行修缮（通过抽签另外补上这两户的份额）外，其余都服从村委会安排的困难户进行。而今年全村8个村民小组的困难户都以抽签方式确定。谁的手气、运气好就由谁得到这项补助。

四、教育卫生

南溪的教育方面，也和全国各地一样，在各级党委、政府的关心支持下，巩固了"拆并教学点、集中办学"的成果，整个行政村就设立南溪完小一个学校。学校的校舍都是崭新的钢混结构楼，十三四个教师都集中在完小，除满中满下两村学生外，其余6个村民小组的学生都食宿在校，提高了教育资源的优化度，极大地有利于教育教学质量的提高。南溪完小的老师们都是安居乐业的，他们为南溪的基础教育尽心尽力，忘我工作，这一学年的教学教育成绩收到良好的效果。因为南溪村不少中青年村民流入丽江城开车，务工的人员较多。这些人把自己的子女也转到城里学校或城郊学校就读，再加上国家计划生育政策的关系，在南溪完小读书的学生逐年减少，今年全校7个班（含学前班）只有80余个学生。学生的减少，师生比例显得有些悬殊失调。

关于南溪村的医疗情况，可以说真差。自前年满上村村民和友贤村医去世后，南溪村村民一旦有个轻的发热感冒，就得到城里医院或城郊医院去看病打针。村里也曾有和占军、和秀英等村医，但因经济利益的驱使，他俩早已弃医进城开车，形成南溪医疗条件差的状况，虽然卫生室的房子盖得又多又漂亮，就是没有行医人。好在黄山镇卫生院在今年请满下村村民杨耀秀（南溪村妇女主任、计划生育信息员、南溪村党支部委员）在卫生室卖些常见病的药。这样做有点缓解少药的状况，但缺医生，还不能根本改变医疗差的状况。好在这些年村民手中有钱，村民有车的也多了，虽误些家务及时间，但不得不进城治病。现在的南溪村真正体会到了和友贤村医对南溪村村民健康，南溪村六畜兴旺的贡献，都说"他在这方面功不可没"。面对这一客观现实，南溪村委会干部人人关注，从关心南溪村村民民生出发，曾多次动员懂卫生医疗基础知识，并曾在南溪村行医10余年，且疗效较好的满中村村民和占军放弃在城里开车一事，回来南溪村行医，把卫生室的房屋、设备都让他利用，好为村民看病治疗，可和占军可能习惯了城里开车挣钱的生活方式，就是不回来。看来，要解决南溪村村民缺医少药的问题，只有从黄山镇卫生院30余位医务人员中轮流派两人上来，服务上半年或一年又轮转其他人，目前别无其他途径。

同样，南溪完小也面临拆并归校的可能，这事在去年就由教育主管部门做过调研和规划，并传出要把南溪完小拆归到坝子里的文华完小的舆论。当时，为南溪人民的利益敢作敢为的村委会党总支书记兼村委会主任和继武说："中华人民共和国成立前至今，都在南溪办学，现在想把南溪学校拆并到坝区，这不太符合村情民意了。五六岁的娃儿离开父母下山进坝，路途又远，这确实有些不符合客观了，我反对拆并，村民也不会乐意。"时任南溪完小校长的和建雄老师还劝他说："你一个村委会书记，抵挡不了上面刮来的浪潮，只能是多想些归并后的运作方法。"今年内没听到归校的声音。黄山镇学龄儿童的情况是：南溪村孩子往城里学校或白马完小转，文华村孩子往城里的实验福慧学校转，白华村孩子往实验学校转的情况多，听说文华完小也只有一百来个学生，老师有二十六七个，已出现师生比例失调的现象，按照前年、去年的说法："学生在二百名以下的学校属于撤归范围。"那就又有若干个怎么办出现了。

社会日益进步发展，经济一年比一年繁荣，党中央三令五申强调民生问题，可南溪近两年来有医疗室、医疗设备而无村医的情况，可能会引起地方各级党政领导和行政主管部门的关注和重视，相信在以后会给予解决。

五、民俗民风

南溪村村民是祭天族的后代，古往今来都是崇敬自然、爱护自然、崇敬祖先的。不管住什么地方，不管在干什么，他们都不会忘记大年初一上祖坟祭祖。农历二月九、六月初二、七月半、十一月初二、清明五个祭祖节，他们都会回家来祀奉自家的祖先。这一古老而纯朴的怀念祖先的方式，一直保存到现在，并成为不可不行的纳西族传统祭祀方式。通过这种传统习俗，增强了南溪代代村民爱家乡、敬祖宗、尊敬长辈的美德，在日常生活中，先照顾老人幼儿，再中、青、壮年人的行为是代代相传的不成文的村规和家规。即使是现在已迁居在城里的村民，他们总会在这些日子到来之前的一两天内，就从城里备上所需物品和生活品回老家祭祖，等祭祖节过后又回城生活和工作（有些个别村民因出于工作和出行的不便，干脆把祖先牌位接到新居，在新居祭祀）。

善良、纯朴、友爱、团结、互助是南溪村历来的民风，南溪村的先民绝大多数人都能以这"十字民风"来规范自己的行为，并成为生存和发展的必要条件。进入21世纪，随着社会经济的发展，这些民风在一部分村民身上已逐渐淡化，出现了见钱眼开，见钱忘情，要钱不要理、不讲情的现象，形成了以发展各自经济为首要目的，竞争发展经济逐渐代替了过去的民风。这种社会风气对老年人来说是不容易接受的，他们总觉得这一现象很不顺眼，不在情理之中，是不符合纳西传统美德，是人所不能为的。而一些青壮年人则认为：这是社会发展的必然，逐渐把"人情工"（除病痛及特殊事所造成的亲属困难互助之外）改成"有酬工"，认为是符合社会、经济发展规律的。只要家家如此，个个这样，就会个个得利，家家发展富裕。当然，说到"得利"是针对有能力、干得起的人家，而对于那些干不起的人家，还是需要亲属朋友帮助的。

六、传统手工艺

木匠、竹匠是南溪最有名气，最受村民尊敬而又最实惠于村民的两种手工艺，这两种手工艺是南溪村村民生产生活必不可少的。没有建造房屋的木匠师傅，村民就谈不上住房；没有心灵手巧的编竹师傅，村民生产用的竹篮、竹筐、簸箕、筛子就会短缺或须到集市上买来用。因此，这两项手工艺是与南溪村民生产生活息息相关的，每代人都出过这两方面的精英明师。如近代满下村村民和发祥（一爸兴），且前村人和勾玛，文屏村人和达理，金龙村人和文盛是中华人民共和国成立前10年左右到20世纪70年代的有名木匠师傅，他们四人每人都曾为南溪村村民及邻近村寨村民每年建造过不少于500所的住房或厩房。现在他们年到八十高龄，满头银发、近尺白胡的时候还为村民盖新画墨，给村民留下深刻的印象。他们四人对南溪村及邻近村寨村民的贡献不仅于此，最大的贡献是他们培养了徒弟，把自己的手艺毫无保守地传给了各自的徒弟，使他们的徒弟能像他们一样为村民建盖房舍出力。例如：和达理师傅把手艺传给了自己的儿子和积章；和文盛师傅把手艺传给了自己的儿子和焕洋；和勾玛把手艺教给了他儿子和益和旦都后村人和义；和发祥师傅手把手地把手艺传给了和建良、和国兴、和国亮、和学礼（满下村村民）、和耀宗（满中村村民）、和占元（满下村村民）、和天益（太安村村民，是和发祥的大姑爷）。和发祥老师傅有儿子和国坚，但那时和国坚长期任生产队（现在的自然村）干部，一直忙于安排生产队村民的生产生活，而无时接触木匠手艺，和发祥老师傅就把自己的匠艺教给了村里人和邻村人。

目前，这些木匠师傅中，只生存有和建良、和国兴、和国亮、和耀宗、和焕洋、和益。其中，和耀宗、和益、和建良三人已年老体弱，力不从心，干不起了。和国亮师傅才年过花甲，但体弱多病，已力不从心，只有和国兴、和焕洋二人（和国兴已年过六旬，和焕洋已有七旬年龄）仍活跃在起房盖房的活动中。就南溪满子师三村来讲，目前会干点木活的人已寥寥无几，满下村只有和国兴、和国亮、和金胜（51岁）、和子黄（30岁左右）；满中村有和军坤（51岁）、和万里（55岁）、和福军（40岁）；满上村有和勤俭（66岁）、和吉亮（52岁）。从以上情况来看，这方面的手艺已出现断层现象，青壮年人没有学干此活的。但村民们还没有危机感。

古时南溪村的竹匠也较多，他们能够用自家种的竹子编成各种生产生活用具，如篮子、簸箕、牛口罩等生产用具；簸箕、筛子、床板、筷箩、鸽笼、碗篮等生活用品。有个别师傅还会编出精美的竹箱、竹桌、竹凳、圆箩和珍藏要物的竹箩，但这些手艺到20世纪50年代就失传匿迹了。到现时，会竹匠手工艺的人虽然村村都有，但编织出来的没有精美的竹制品，而只是一般的篮子，如簸箕、牛口罩、筷箩、小圆箩、筐子等生产生活常用品。

另外，纺羊毛线，织羊毛衣，打羊毛垫毡、羊毛披毡、羊毛毡帽、羊毛坎肩等曾是南溪村传统的手工艺，随着技术的进步和经济发展，这些传统手工艺在南溪村已经失传。村民偶尔要打羊毛垫毡、羊毛披毡、羊毛毡帽、羊毛坎肩等得到鹤庆县松桂乡的师傅进村来时，请他们做。

七、民族文化

南溪村是"东巴"的发祥地之一，历史上出过很多有名的"东巴"师，如旦前村的东才，满下村的东陆、东福、东洋、东恒等都是有名的大"东巴"，他们有的专长占卜，有的专长舞巫，他们是南溪村历史上的智者能人。满下村的鸡冠山背后就有东巴灵洞，远近的东巴大师们曾三番五次聚集于此祭东巴祖师丁巴什罗，因此又名"什罗灵洞"，是纳西族东巴教仅有的两个灵洞之一（另一个灵洞在香格里拉县三坝村，叫"松明灵洞"）。据一些学者说："两个灵洞洞口相对，遥遥相望。"到20世纪70年代中期南溪村最后一个"东巴"——旦前村的东才去世后，南溪村不再有东巴传人。近些年，汝南化村东巴大师东才的孙子和丽元（20世纪70年代初上门到满中村）做些丧事活动的仪式，占卜、送鬼神等活动。其他还有些东巴后代，但终因未见过他们爷爷做东巴活动的事而没能传承下来。

历史上的南溪村曾是男女"情歌对唱"，逢年过节遇喜事跳"阿里里""喂目达""打跳"，办丧事跳"喂目达"送终，出灵前跳"窝忍忍"送行，上山砍柴拉松毛时放声"谷气"的盛行热区。虽然"情歌对唱"这一青年男女交流情感、进行恋爱的方式已不复存在，但"阿里里""喂目达""窝忍忍""打跳""谷气"这些活动久盛不衰，只要有活动的场合就会进行。更可喜的是，这些传统文化都不乏后生，如满中村的和万里（51岁）、和云鹏（27岁），满上村的和永光（58岁），金龙村的和丽江（35岁），满下村的和国辉（60岁），旦前村的和三友（30岁），鹿子村的杨娜（60岁）……这些人是上述传统文化项目的领唱者，是南溪村这些传统项目的佼佼者，他们的水平不亚于老艺人和建良、和仕芝两位名人。"谷气"，这一传统的在山上抒情歌唱的方式和内容，更深入民心，南溪村的村民只要长到十七八岁就人人会唱，二、三月的南溪山上都可听到清脆悦耳的"谷气"声，七、八、九月的山谷里也能听到。

八、社会保障

在党中央高度关注"三农"问题的各项政策的关照下,南溪村和全国各地一样受到党和政府给农民所设的各种社会保障,不同年龄、不同层次,家庭收入不同的村民享受到不同的社会保障。

(1) 全体村民都享受新型农村合作医疗的保障。具体方法是农民每人每年筹资50元,当农民(农村户口所属的所有人)有病住院治疗时给予的补助比例是:住县级医院治疗给予报销80%;住市级医院治疗给予报销60%;住省级医院治疗给予报销40%。就是说,当村民生病住县级医院治病用去10000元,8000元由国家补助,患者只需出2000元;住市级医院用去10000元,国家报销6000元,自家出4000元;住省级医院用了10000元,国家报销4000元,自付6000元。另外还有大病医疗补助,病重的、药费治疗费用得较多的,可享受大病医疗补助,有效地杜绝了村民因病返贫、因病致贫的现象。在开始实行新型农村合作医疗时,每年每人交10元,国家补助60%、40%、20%,有些村民不理解,有意见;不愿参加新型农村合作医疗,不想交出每人10元钱的村民,到现在已羞愧难言,悔不该当初反对。

(2) 孤寡老人及困难户都给了"农村低保",并从前些年的每人每月30元提高到每人每月120元,做到该保的尽保。2012年春季,鹿子村村民杨娜,和积贤、杨近枝夫妇,及满上村村民和贵实到玉龙纳西族自治县福利院享受特种保障,进养老院养老。

(3) 年满60周岁的所有村民都享受农村养老保险,每人每月55元。自2012年9月开始,每人每月享受60元。年满80周岁的村民每人每年还享受400元的长寿补助费,70岁老龄共产党员每人每年享受240元的老党员补助以及若干元的老党员困难补助。当过兵的村民还享受每人每月80~120元(不等)的补助。有些村民还按月按人享受独生子父母或独生女父母的补助(独生子父母每人每年600元,独生女父母每人每年700元,从年满60周岁开始享受)。有相当一部分村民同时享受到四五种补助。如满下村村民和福祥老人，他享受医疗补助、老年养老保险、老党员补助、长寿补助、困难党员补助五项；满上村村民和国强老人，他享受医疗补助、老年养老保险、老党员补助、复员军人补助、困难党员补助五项。这类村民数量还不少呢。

（4）安居房改造补助。黄山镇政府每年给南溪村委会10万元的安居房改造款，分给10户，每户补助1万元，从2011年就有这项补助。在2011年底以前家里院坝、走廊没改成水泥地皮的农户，每户补助3吨水泥，要求他们在2012年内改完。

九、自然灾害

2012年全行政村继续受干旱天气的影响，四、五月间有些自然村人畜饮水较为紧张（除金龙及旦前村外），6个自然村都类似。不仅如此，对农作物的种植、生长、收成都有一定的影响，农业总收成呈减产的状态。

12月23日，因电线陈旧漏电引起旦前村村民和华家房屋着火。火光就是灾情，火光就是命令。一见到火光，旦前、旦都后村在家的村民，满上、满中、满下村在家的村民，急急忙忙用手扶拖拉机拉着人赶赴现场扑火，在众人的齐心扑救下，火还没烧完整所房子就被扑灭。旦前、旦都后村在城里开车的的哥的姐们，听到这一消息就驾车返回，想参与扑火的行列，等他们到现场时，火已被先到的人们扑灭。这么多的人赶到现场，大大减少了火灾的损失。如若村民在家的少，没有满上、中、下三村村民赶来扑救，集中而居的村寨的火灾损失是不可估量的。这是南溪村最近10年发生的第一起民居火灾。通过这一灾情给了村民警示，要常检查电线，更换陈旧的电线，加强了维修线路的意识，给全村村民上了一堂安全课。好多老年人都对自家的孩儿语重心长地说："水火无情啊！它会造福于人类，又会给人们造成危害，千万不能玩火呀。家中的照明电线也要经常查一查，发现有隐患要及时整改。"火灭后，村委会副主任和丽军立即把旦前、旦都后村的村长和文锋、和三友叫到一起说："火灾无情人有情，一家有难我们应帮助救急，要号召旦前、旦后两村捐款相助。"3 人商量后，决定旦前村每户捐助 100 元，共有 56 户，可捐到 5600 元；旦都后村每户捐 50 元，共 40 户，共捐 2000 元。两个村的人听到后，立即开始捐助，当场就收到 7600 元捐助款。到晚上，亲戚、家族都来安慰和华家，有些带了米、肉，再加上 300 元到 500 元不等的人民币。和丽军副主任将这些情况打电话告知村委会书记和继武、副书记和国军两同志，和继武书记又把这些情况电话告知黄山镇人民政府。第二天，镇长和金星带领了一些镇干部到旦前村和华家慰问，给了慰问金 2000 元，还说："以后重建时要民政补助点。"

在这场和华家不幸的民居火灾中，传承了南溪村村民古来就有"一家有难，八方支援，全村相助"的优良传统。

这不同于哪家有病有亡，病、亡的互帮互助历来就只局限在亲戚、家族间互帮互助，不涉及不沾亲带故的村民。突发的火灾则不同于病、亡之类的困难，如果村里有火灾，历来就不需任何人来号召捐助，它像一道无声的命令，促成村民自觉地捐助受火灾的那户村民。所不同的是，捐助的物资或钱随社会经济的发展而变化，过去经济困难时期的捐助大多局限于粮食、油脂、肉、旧衣、旧被、生产工具等；经济逐步繁荣的现时社会，以捐钱取代了过去捐物的做法。这种新的捐助方式方便了受助户，可以缺什么买什么，做到先解决急需的。在受火灾的村民重建房屋时，砍木料、扛木料等各种工序，村民都会无偿地去帮忙，受灾户也会根据各户村民的特长而去请工帮忙。例如：会木匠的不会被请来砍木料、扛木料、拉石头等，只会被请木匠活；砍木料的好手，不会被请来扛木料、拉石头等杂活，只会被请来砍木料；没有特长的村民会被请来干杂活。被请的人们即使自家在百忙中，也先搁下自家的事情先去帮忙受灾户。相信这一不成文的规矩，将会在南溪村村民中代代相传，发扬光大。

十、城市里的新阶层（南溪村进城务工农民）——农民工的基本情况

初步统计到 2012 年底，南溪村村民购置的营运出租轿车近百辆，营运面包车数辆，中巴旅游车约 10 辆，营运微型车 10 余辆，活跃在丽江城营运。车主从传统的种地农民转变为驾车营运的司机，同时还有相当一部分无车有驾照的村民租开出租轿车，约有五百村民在城里以开车营运为业。与此同时，已有八九十户村民在城里买了商品房，携老扶幼生活在城里，成了城市里的新阶层——农民工。南溪村这一历史性的转变，带来了老年人的传统观念与青年人现时的观念激烈的碰撞。老者自始至终认为"面朝黄土背朝天是农民的生存之道，勤锄细耕是作物增长的秘诀，勤俭持家、节约有余是农村人的准则。"他们历来视生活在城里的人为"懒"人，认为工作人员及各行业的领导及员工是不会劳动的群体，唯有从事农业生产的人是安全系数最大的群体。若后代们都在农村安居乐业，是老者的光彩，也感到对后代们的放心。他们认为进城务工的青年男女为"男懒女烂，不务正业，是没教育好的子女。"年轻人则想"改变一下劳动方式，去闯一闯，试一试，用较为轻松的方式代替繁重的体力劳动，用挣钱代替生产粮食来维持生活。干成功就继续干，干失败了再回家来恢复农民原本的生活。"两种观念（传统观念、现时观念）经过 10 余年的摩擦、碰撞，两者（在家耕作者，进城务工者）从经济收入上来看，都有较大的发展。前者在继承传统的农作物种植上有不断提高的经济收入，其中有他们付出的汗水；后者在城里千千万万的竞争者林立的环境中能够立住脚，并有所发展，确实也不容易。过去南溪村村民对城里人常说："没含急梯付"，意思是说在城里除了用点水外都得出钱，那是 20 世纪五六十年代的情况。现时别说用水，就连上个厕所都得用钱，而且要面对丽江市场物价的高涨。面对这样的客观条件，他们若没有拼搏精神，没有坚强的毅力是难以立脚的。这些群体中也有个别失败的，有个别人还付出了生命的代价。

从现象上讲，绝大部分进城务工者，在党的政策关心下，在信用合作社的全力支持下，以及家里长辈的支持下成功了。他们目前虽然都购置了车子和房子，但除了少数人外，跟信用合作社还有相当数目的贷款。他们下定决心挣钱来还贷款，这些人决心挺大，信心十足，雄心勃勃，相信会成为事业的强者。

跟随年轻人进城生活的南溪村老年人，有些能逐渐适应城里生活环境，这部分人认为："反正我已年迈体弱，已处于风烛残年之际，年轻人给我们老者吃饱饭就行了，在城里什么也帮不上年轻人，真是心有余而力不足，爱莫能助了。"一切都寄托于年轻人而安居在城里，这部分人的年龄大多数都在70岁以上。

60岁左右（60岁到70岁）这部分人的心理状态是，有些闲不住，身闲心不安，甚至有些失落感，他们总认为，"我还可以用劳动来创造财富，谈不上创财富也还可以在农村自食其力，还可为在城里务工的儿子儿媳提供肉、鸡、蛋、洋芋等食物，以减轻后代们的经济负担和生活压力。"这部分村民不是唉声叹气，就是数落城里如何不如农村，物价又怎样高，经济花费大等话题。她们有的是因为要照顾还不能上学的孙辈才跟随儿子儿媳进了城，有些不需照管孙儿孙女的，就回南溪老家养猪养鸡，重操旧业。如旦都后村村民和金雁现年62岁，她在前些年跟随女儿及女婿在城里照顾孙子孙女，从去年孙子孙女上幼儿园后，她回家种地、养猪、养鸡，她一个人一年的经济收入就达两万余元（20年前她丈夫病逝，养育两个女儿在家，不再出嫁，也未找继夫）。她的行为是纳西族妇女勤劳、节俭、忠贞、从一而终的典型代表。她思想上始终认为她在城里7年，就她这个家庭来说是损失了近20万元的经济收入，为这而感到相当后悔、惋惜。

还有一些人，他们能够在城里找点临时工干干，以增加点生活消费资金。这部分人认为："老年人回家种地，得请工犁、拉，得支出较高的工酬，还得用丰盛的饭菜和上好的烟酒招待，这样觉得不划算，干脆在城里轻轻松松找一点活来平衡'身闲心不安'的心理状态,以及增加点家庭经济收入以补充生活消费。"例如:满下村籍人和国辉,他一直在学校、商场、单位小区等地做门卫,年收入在14000～18000元不等。像他一样拿着单位发的退休生活费,另外找个门卫、保安等工作的南溪籍人还有和国启、和永积、和尚勋等。

这些城市里的新阶层,绝大多数都很重视对自己子女的教育,特别是文化和思想教育,虽然谈不上望子成龙、盼女成凤,但他们都希望各自的子女从小学好文化知识,增强以后能在城里自立的本领。因此,好些家长都通过各种渠道选择丽江较好的学校让孩子寄读,而且在星期天或假期间付出较高的费用给孩子上各类补课班。

十一、其他

1. 南溪村各类村民 2012 年经济收入渠道

种洋芋、种油菜、种玛咖(田间收入)

开车、打工(进城农民工收入)

捡野生菌、挖药材(部分村民收入)

做临时工收入(有手艺村民收入)

政府惠农补助(全体村民)

政府给予困难低保补助(部分困难村民)

卖猪、卖羊、卖鸡(部分村民收入)

2. 发生在火把节之夜的治安事件

"火把节"对于南溪村民来讲,是一个快乐的节日,传统的"火把节"要过三天,可现时只过一天。古时,青年男女唱情歌,对情歌,表达内心的倾慕,建立相互间的爱情。通过这样的形式,绝大多数青年男女最后结成伉俪,白头到老。而今的青年人也把"火把节"当成交友、交流的极好机会,近 10 余年来的"火把节"都在满中村球场相聚。今年的"火把节"也不例外,青年们都先在满中村球场热闹多时,散伙后,文屏村男青年绕道到金龙村,结果两村男青年发生口角、争吵、追打。文屏村男青年少,金龙村男青年多(村寨户口及人口都是文屏村的约三倍),文屏村男青年就跑回自己的村寨,金龙村男青年追打到文屏村。这样一来,真的触怒了文屏村男青年和永亮,和永亮从家里抬出他父亲的猎枪,可能是想用此来吓唬一下对方,结果真的枪响弹出,有一粒铁砂射到冲锋在前的和耀庭的背上(下半部)。金龙村青年们忙扶着和耀庭回金龙村,家人当即就把他拉到丽江医院,经查,铁砂射中臀部上方的脊椎里,丽江市医院不能取出,而送往昆明救治后,取出铁砂治愈。和永亮当夜躲在山上,第二天天一亮就到玉龙县公安局黄山镇派出所投案自首被拘留。

此事在南溪村造成了关于社会治安的热点话题,村民对此事的看法不一,议论的言语也就难以达成共识,唯一的共同语言是"改革开放给人民带来很多实惠,但国家执法机关对治安、打抢案件打击不力。"

3. 中秋节前抢出租车的事件

"中秋节"对南溪村民来说是个家人相聚团圆,在月下赏月亮、吃月饼的好日子。村民都习惯于边吃月饼边计划来年的生产生活,看月亮而定来年大小春作物的种植面积。因此,通常在八月十四日就会各家准备月饼(进城买或自家做)。

今年的八月十四日这天,南溪村委会党总支书记兼村委会主任和继武,把南溪完小教师们拉到城里(老师们的家在城里),同老师们一起休闲到晚上10点左右,与早晨就进城购买月饼的老婆和月一起回家。因和继武与老师们一起喝了些酒,就让妻子开车,自己躺在车里。当车开到文华村委会金土坪自然村(位于文峰寺旁)附近时,半路杀出几个"程咬金",六七个金土坪村的男青年拦住路叫停车,叫嚷着让驾驶员把钱交出来。和月拒不开车窗,说"没有钱",几个小伙子强硬把车门打开,并对躺在车里的和继武搜身,把钱搜了去,有几个小伙子还出手打了和继武。和继武强忍被打的疼痛,把这一情况电话告诉了他弟弟,一传十,十传百,不到40分钟,金龙自然村在城里开车的人都赶到现场,搜山找拦路抢劫的人。又过了十来分钟,在家里的青壮年都开着拖拉机赶到现场,七八十号壮年人把金土坪村团团围住,胜似大军压城城欲垮之势,决心找到天黑后在村附近常干拦路抢劫南溪开车人的这伙人。金土坪的村民组长见势,怕事态恶化、扩大,就打110向玉龙县公安局报警。玉龙县公安局接警后立即出警到金土坪村,有七八十辆警车,百来个警察(连城区附近派出所的干警都调过来)制止事态的发展。他们到场后,先安排拉和继武到医院检查治疗,然后说服、动员,制止金龙村民恶化事态。经过公安干警的说服,到凌晨2点左右金龙村村民回城的回城,回家的回家,别时七嘴八舌地对干警说:"今晚这类拦路抢劫事例,在此前常有,但驾驶员单人独车须常路过金土坪村,怕这些不法青年们报复得更猖狂。再加上前些年南溪开车人被抢被害而报案未果,若今晚这件事都不能破案,人民警察就无地自容了。若不破不抓,今后会更加猖狂,事态也会更加恶化。希望干警们能侦破此案并严肃处理。"干警们当夜都在保护着金土坪村,一边怕金龙村村民又返回来抄家伙乱来,一边在抓紧侦破,直到第二天11点才撤回警力。第二天早晨,不知情的人见到一两千米路段都停放着警车,百来号干警在金土坪村里及文峰寺停车场走动,估计是该村或文峰寺内出了大事,又估计是公安干警在进行训练呀什么的。这是近10年内公安局第二次为南溪村群体事件出动这么多警力(第一次是前些年火把节发生在满中村,满中村与旦都村的人互吵互打)。事情虽小,动静却大,是公安对人民生命财产关爱与保护的具体体现,是把一触即发的群架消灭在萌芽状态的及时措施,有效避免了重大伤亡事故。

4. 巧合

10月21日晨5点许,久病卧床的满下村村民和学仁(攀枝花市退休工人)与世长辞了,现年64岁,他有四个弟兄、四个姐妹。第二天远亲近戚都来他家看望问候(纳西语叫"吉子好毗")。他的哥哥和学伟(现年68岁),酒气浓浓地逢人便说:"四个兄弟中我是老大,最小的弟弟和学礼十八年前就辞我们而去。老三和学义去拉市乡上门,也是神魂颠倒，接近于废了。老二也于昨天拂晓前丢下我老大而辞行了。该走该辞的，论年龄应是我，而他俩抢先跑在我前头，我的命好苦哇。"众人听后劝说："能活下来是福，不是苦。我们纳西族在喜庆、结婚时的祝语是多子多孙，健康长寿。"和学伟说："小的走了，大的留下，也不是味。"别人讲："阴界不分大小老幼。"第二天天亮，和学伟的妻子和四妹起床烧火，见和学伟躺在炕上，就喊他起床，可不见他作声。和四妹用手推了推，仍不出声，并有身体僵硬的感觉，就跑去和学仁家喊人。大伙忙跑去一看，见和学伟已气绝尸冷，他已跟着其弟和学仁走了，真是圆了他昨天的心愿，这种巧合在此前还是未曾有过的。

满下村人又忙着给和学伟买寿衣、洗尸、入棺，事毕，家族们围坐火塘，商议出葬事宜。经商议，先出葬辞世早的和学仁，等几天再出葬和学伟，还是让哥跟着弟弟走。和学仁在24日出葬，和学伟在28日出葬，真是忙了他们家族的人和满下村村民。

尾声：由于本人长时间离开南溪村和村民们，造成眼乏、身短、目空、手不力的客观现实，只好草草收笔。不能圆了两位云南大学老师的愿望及对该项目的要求，深感歉意。

丽江改革开放30年大事记（1978—2008）

1978年

7月，"云南省丽江地区革命委员会"改为"云南省丽江地区行政公署"。

12月，党的十一届三中全会召开，提出以经济建设为中心的路线，揭开改革开放的历史篇章。

1979年

为庆祝建国三十周年，丽江地委宣传部主管、地区文联主办的《玉龙山》杂志创刊，16开本，印数一万册，在区内外公开发行。

1981 年

中国著名的纳西族历史学家方国瑜教授的《纳西象形文字谱》出版，该书在中外东巴文化研究领域中是里程碑式的名著。

1984 年

1 月，《纳西族简史》由云南人民出版社出版。

4 月，云南省人民政府批准建立"玉龙雪山自然保护区"。

1986 年

丽江古城成为"历史文化名城"。

1988 年

10 月，丽江玉龙雪山风景名胜区成为国家重点风景名胜区。

1990 年

美国全国广播电视网用一周中的最佳时间，向全国播放丽江纳西古乐。

9 月，"纳西族东巴文化展"在北京民族文化宫展出。

1991 年

10 月 1 日，丽江纳西东巴文化在深圳"锦绣中华"民族文化村正式开展。

1993 年

9 月，应中国音协民族音乐委员会等 9 个单位邀请，"丽江大研古乐会"赴京演出。

1994 年

10 月 19 日至 24 日，云南省政府滇西北旅游规划会在大理、丽江召开。会议原则批准了《滇西北旅游业发展规划纲要》，同意建立泸沽湖省级旅游区；批准实施大研古城"五四三二一"工程；抓紧申报丽江古城世界文化遗产项目；建成高水平的大理丽江旅游线，切实保护玉龙雪山生态环境，加快对老君山等风景资源的普查工作。

1995年

7月初，国家文物局向联合国世界文化遗产公约组织提交申报公告。

10月5日，"纳西古乐会"赴英国演出。

12月，泸沽湖省级旅游区开工。

1996年

2月3日19点14分17秒，丽江县发生里氏7.0级强烈地震。

2月16日，联合国教科文组织世界遗产中心官员对列入《世界遗产名录》申报预备清单的丽江古城进行大震后实地考察。

1997年

10月28日，挪威王国国王哈拉尔五世访问丽江，邀请宣科先生及古乐会赴挪威演出和进行学术交流活动。

12月3日，联合国教科文组织世界遗产委员会第21次全体会议正式批准：丽江古城列入《世界遗产名录》清单。

1998年

5月，应挪威王国国王哈拉尔五世之邀，"丽江大研古乐会"一行32人赴挪威演出。

同月，世界遗产证书和中国世界遗产标牌颁发仪式在人民大会堂举行，丽江古城喜获世界遗产证书和中国世界遗产标牌。

1999年

2月，木府重建竣工。

4月8日，丽江官房大酒店被评为五星级涉外饭店，云南省实现了五星级酒店零的突破。

5月2日至3日，中共中央总书记、国家主席、中央军委主席江泽民到丽江视察工作。

2000年

丽江举办"中国丽江国际东巴文化旅游节"。

2001年

4月15日,《纳西东巴古籍译注全集》首发式在京举行。

5月18日,丽江高山植物园奠基。

2002年

4月,精品文艺晚会"丽水金沙"在丽江国际文化交流中心首演。

7月,"三江并流"申报世界自然遗产,国内专家组到丽江考察。

8月,"丽江雪山音乐节"隆重开幕。同月,"茶马古道与丽江古城文化研讨会"在京举行。

2003年

7月2日,中国"三江并流"地区列入世界自然遗产清单。

9月26日,纳西东巴古籍文献申报世界记忆遗产成功。

11月,丽江市著名口书(因双手残疾而用嘴衔毛笔写字)书法家和志刚荣获第14届"中国十大杰出青年"称号。

2004年

3月,黎明老君山列入国家地质公园名单。

6月10日,丽江市东巴文化研究院挂牌暨东巴古籍世界遗产证书揭幕仪式在东巴文化研究院举行。

8月25日,丽江玉龙旅游股份有限公司股票在深圳证券交易所正式发行上市。

2005年

6月,束河古镇参加《中国魅力名镇》展示活动,获得"最佳人居环境名镇奖"。

8月,在瑞士举行的第二届2005欧中旅游论坛上,丽江被评为"欧洲人最喜欢的旅游城市"。

9月,2005年全球人居环境论坛在深圳举行,丽江荣获"全球人居环境优秀城市"。

12月22日,丽江被国家旅游局评定为"中国优秀旅游城市"。

2006 年

7月18日，永胜举办他留文化节，开幕式上宣布："他留古墓群"成功申报为国家级文物重点保护单位。

7月23日，大型实景演出《印象·丽江》雪山篇正式公演。

9月25日，丽江市获"CCTV2006 中国魅力城市"荣誉称号。

12月21日，丽江获得"中国青年喜爱的旅游目的地"殊荣。

2007 年

5月8日，玉龙雪山入选国家首批5A级旅游景区。

5月13日，丽江市"爱国主义教育基地——方国瑜故居"正式开馆展出。

6月，玉龙雪山景区被国家旅游联合会评为"欧洲人最喜爱的中国景区"。

10月23日，应联合国系统驻华协调总代表马和励先生的邀请，纳西古乐在北京中山音乐堂成功举行专场演出，成为"联合国日"活动的亮点。

12月7日至9日，在2007年首届中国休闲产业经济论坛上，丽江获"中国十大休闲城市"殊荣。副市长杨一奔出席颁奖晚会，代表丽江市领取奖牌和证书。

12月，丽江再获殊荣当选"中国青年喜爱的旅游城市"。

2008 年

6月10日，奥运圣火在丽江成功传递。

10月，丽江被列为中国改革开放十八个典型地区之一。

纳西族民间故事"穷女婿"

相传，从前有个嫌贫爱富的老头，十分贪财。他有3个女儿，两个嫁富人，另一个嫁给穷人，他非常看不起穷女婿。有一天，老头请3个女婿来家吃饭,两个富女婿带了东西,还用马驮来了被子、褥子,而那个穷女婿只带着一床破烂的被子。

晚上,全家都睡了。可是,穷女婿因为被子烂,冷得直发抖。没有办法,他就悄悄起来到园子里去。他在园子里看见一块磨石,眼睛一亮,脑里闪出一个窍门。他找来一根绳子,把磨石背起来,然后在园子里来回跑,跑了二三十个来回,豆大的汗珠从额头上滚下来,满身是汗。这时,他轻轻地放下磨石,又轻手轻脚地回到屋里睡觉。到了半夜,老头子起来蹑手蹑脚地来到穷女婿睡的地方,轻轻地用手摸摸穷女婿的被子,他意外地感到穷女婿的被子是热乎乎的,而且穷女婿也睡得挺香。第二天一早起来,老头就问穷女婿:"你的被子这样烂,为什么你睡得这样暖和?而我的被子这样好,为什么还这么冷?"穷女婿笑着说:"阿公,你不知道,我这床被子,冬季盖热乎乎的,夏季盖凉爽爽的,棉絮里面含有宝。"老头忙说:"啊!有这样好的被子,我们俩换一换,我给你金子、银子。"穷女婿故意装出不愿意的样子。老头又说:"我会给你很多很多的。"穷女婿便答应了,他从老丈人手中得到好些金子、银子。

第三天,穷女婿回到家里,从街上买回一匹母马,他把马拉进园子里,然后给马喂进一块金子,再把园子打扫得干干净净的。

这时他的老丈人气喘吁吁地跑进他家,指着穷女婿骂道:"你这个骗子,昨天晚上,我盖了你的被子,冷得我一夜睡不着。"穷女婿若无其事地说:"阿公,你先别说话,今天我买了一匹好马,它会下金子。"老头更气了,骂道:"你这骗子,我不相信,马怎么会下金子。"穷女婿说:"哎,阿公,你看嘛,它要下了。"这时,那匹马伸腰卷尾了一下,就屙出一团粪,粪团里果真有一块黄灿灿的金子。老头奇怪地看着,使劲地眨了两下眼睛,真是一块金子。

于是老头又微笑着对穷女婿说:"我再给你些金子,你把这匹马送给我吧。"穷女婿装出态度很强硬的样子,说:"不行。"老头又说:"你放心,我给你买两匹马的金子。"这样,老头就高高兴兴地拉着马回家了。

一到家老头就把马拉进园子里，把园子打扫得干干净净，坐在马旁，等着马下金子。可是，老半天都不见下金子，过了好大一阵子，马屙出一堆粪，老头便细心地用棍子扒，可怎么扒也没有金子，他气极了。心想，明明是看见它下过金子，怎么这会又不下了呢？老头还是每天都耐心等着马来下金子。

过了一段时间，穷女婿请老头及其他两个富女婿来家里吃饭。穷女婿事先就用大火烧着石碓，把石碓烧得烫烫的，只待他们一来就炒菜。老人和富女婿到了他家里，见他不做饭菜，便问他："你请我们，为什么饭菜还没做好？"穷女婿满面笑容地说："阿公，你别急，我马上就炒菜，你来看，我这就炒。"说着把油放进石碓里，瞬间，油就冒烟了。老人吃惊地看着，说道："为什么柴都不烧就可以炒菜，你这是从哪儿弄来的宝贝？"穷女婿自豪地说："是我自己的。"老头便用讨好的口气说："我给你些金子，你把这个石碓让我用用。"穷女婿一口答应了。

老头把石碓背回家里，就准备着炒菜，他把油倒进石碓里，好半天油还是冰冷冷的，他恍然大悟，知道这次又上当了。他立即把两个富女婿找来商议，老人说："他骗了我三次，每次我都给出好些金子，我非要把他杀掉。"两个富女婿也很支持老丈人。于是3个人一同跑到穷女婿家，不让他说半句话，就把他捆起来，抬到一座高山上，他们把穷女婿吊到树上后，因为天气热，3人都累得大汗直淌。老人说："反正他跑不了，我们先回去吃饭，吃饭后再来砍他。"3个人刚走，穷女婿被一个过路的放羊人看见，他说明原因后，放羊人就把他放了。

吃过饭，老头和两个富女婿回到树边，一看，穷女婿不见了。3个人到处找，找不着了。老头又气又恨，越想越气，回去就病倒了，而且起不来，活活地被气死了。

2014年日志
（1月至9月）

2014年1月1日　农历十二月初一　晴

今天是2014年的开始日。云南大学民族研究院从今天起开始了"211"工程第四轮，设在全省各地的各个少数民族研究点继续展开工作。其中，设在丽江市玉龙纳西族自治县黄山镇南溪村委会的"纳西族研究点"，因该村年轻有文化的人都进入城市务工、开车等活动，难以找到适合的人选；又因原聘村寨日志记录员和尚勋老师的女儿在2009年6月丧去丈夫，弃下孤儿寡母，需要他进城去接送外孙上学，照顾女儿，不能常去关注村寨里发生的事，而把纳西族村寨日记中断了两年（2012年、2013年）。

斗转星移，岁月流逝，社会变迁。一晃眼，几年时光转瞬即逝，六七岁时丧父的孩童现已长大成了初中一年级学生，接送学子用汽车。和尚勋老师夫妇随儿子儿媳流入城市，又加上女儿不再另找丈夫自立家庭，而是与父母、弟弟、弟媳生活在一起，组成了八口人的大家庭。买菜、做饭、操持家务由和师母承担，接送娃娃上学、放学由开车的儿媳，与女儿、儿子共同承担。在这样的背景下，在南溪村找不到合适人选的情况下，和尚勋老师向项目负责人和老师表示愿意承担村寨日志记录及影像记录工作。从今起南溪村里每天的大小事都会一一地被记录下来，可以相信南溪村寨的日志会像2004年到2011年一样完整。

2014年1月2日　农历十二月初二　晴

在进行南溪村委会到鹿子村村民小组的柏油路建设的民工，经过近两个月的工作，今天已全面完成路面测量、路涵管设计、用挖掘机开挖需要扩宽路面的事宜、土石方等事情，停工回家过节，只剩下过村（满下村、旦前村、旦都后村）涉及个别农户的地、园子、房屋滴水沟等地块的问题待解决，其他的有关施工问题在民工过节回工地后即可进行。

据村委会干部讲：这节柏油路长5.3公里（千米），始于南溪村委会岔路口至鹿子村村民小组村口（原鹿子小学校址旁），总投资约300

万元。目前玉龙县交通局所面临的公路建设指标，任务是县—乡镇通乡油路，乡镇—各村委会的通村油路，这两项任务指标的完成还需要以后几年的时间和各级政府的投入。现时还没有建设村委会——村民小组的通组油路的任务和资金。南溪村的这节通组油路的建设是因2012年底，时任玉龙县委常委、县委宣传部部长和学骞母亲病故入棺；出葬时好些市、县领导，部门领导按照纳西族的传统习惯，在和学骞母亲逝后，入棺（把尸体装进棺材里）时、出葬时到场安慰及参加丧葬活动。领导在路上看到狭窄的村路，碰对头车得让个五六分钟乃至十来分钟，都已产生了这段路必扩、路必修的念头。在鹿子村，领导们打电话，因没信号而打不通，于是他们在那时就商定在鹿子村建个移动信号接收站；面对南溪村委会到鹿子村村民小组的狭窄弯曲凹凸的乡村山路，领导们商定，要改造这段路，并要一次性修成油路，修成玉龙县第一条通村小组油路，还落实了资金渠道。

这次和学骞母亲丧葬活动，变成了领导们了解南溪村情况的研讨活动，变成了一个改变南溪村通信、交通不便的良好机遇。这一机遇是难得的，假设鹿子村里没出个部长，若他母亲再活几年，这一机遇估计还要等几年，或许要等到省政府制定实施"村通组"的油路工程的年代。受益的旦前、旦后、鹿子村村民小组的村民深知人才的重要。

鹿子村移动通信信号接收站已在2013年2月建成投入使用，改变了以往鹿子村村民打手机先到村边山坡上收集信号再拨打电话的历史。公路改造工程已由2013年10月5日开始，待到2014年5、6月完成。基础设施的改善，使南溪村村民的生活定会一年比一年好，经济一年比一年繁荣。

2014年1月3日　农历十二月初三　阴

满下村"毛吉"家族及和金满家亲戚，和金满么女和继菊的男女朋友都欢聚在和金满家，部分人员杀猪、择菜、做饭、煎鱼、煎肉，青年人及部分妇女则上山砍柴。上山砍柴的人行至半路，看到在 12 月 15 日下的雪还没化，人们难以在山上树林间的雪地上找到柴和行走，于是用电话与在家的和建军交换意见，随后立即转回家中。妇女们帮忙择菜，年轻人洗碗洗杯，大伙都在忙着准备明天为和金满的幺女和继菊举行结婚庆典而准备、而忙碌。

和继菊是在 2013 年 6 月逃婚到前山高龙村和见根家，当和见根家请他们家族的人背上聘礼来和金满家求婚时，和金满不让来人进家，拒之门外，又指派族中弟兄和建忠、和建军、和建成、和金发等人去高龙村把和继菊强硬拉回。和继菊姐姐和继恒出嫁后，招呼和金满夫妇的责任就落在和继菊的身上，按理说和继菊应找个上门女婿，而她却逃婚到独儿子和见根家，这是和金满要硬拉回和继菊的理由之一；另一个理由是，和见根的三姨妈曾先嫁给和金满，一段时间过后，和金满又把和见根的三姨妈送回娘家，自己独自一人溜了回来，后来和见根的三姨妈和一花又嫁到吉子村，可能以后亲戚来往有点不好意思。

但千山万水阻隔不了有情人，铁窗铁链锁不住有情人总想成伉俪的心，事隔 3 天，和继菊又逃婚到和见根家。男方家请家族的人继续来和金满家求亲，和金满始终不让进，直到和见根的父亲和社子亲自来女方家给和金满说："他俩说要两边管，不会把你俩丢下不管，我现已七十出五的年龄了，我俩辞世后，他俩就只需管你们两个老人了，这不是空说的，而是很现实的，请你成全一下我儿你女，我们大人不要再棒打鸳鸯散。"之后，和金满的气才渐渐消了，在他兄弟、亲属、同龄人的长时间劝导下，才在一个月前答应成全他俩，并对外公开和继菊与和见根婚后实行两边管，婚礼各家择日举行，女方家定于十二月初四举行，男方家定于 12 月 12 日举行。

2014 年 1 月 4 日　农历十二月初四　晴

和金满为幺女和继菊举办婚庆典礼，他家族的中青年人，和继菊的伙伴们、亲属们、邻居们都在他家帮忙。

他们的婚姻不同于传统婚姻嫁娶，又出现了新情况，不娶不嫁，还产生了新名词"两边管"。形式上也就不存在迎新娘、送新娘的传统做法，只是为了挂点人情吃顿饭。虽说是"欢庆婚宴"，从现象上看是在欢庆，新郎新娘的父母双亲及他们各自的亲人可能在心里欢不起来，院里没有喜联，新郎方面的亲戚除家族外，都是由年轻人来做客（三家舅舅两家姨妈），这可能是因为和金满与和一花的那段婚姻史，而大人们还一时放不下心中的疙瘩所致。

2014年1月5日　农历十二月初五　阴

满上村村民和闰红自2013年3月起，由香格里拉玛咖种植公司聘为撒育玛咖苗的技术员，月薪固定5400元，节日及年底还给奖励金。前些天他被准假回家探亲3天，因玛咖公司这段时间较为紧张，春节也不能放员工的假，所以他提前回家跟妻室儿女道一声。今天他返回香格里拉，同他一起去的还有满上村村民和吉亮。这两个中年人就是板扎，能够离开家乡，安心在雪域高原找点钱。这是南溪村中年男人外出打工的新亮点，不知道这一新亮点能不能激起更多中年男子外出打工。如若激起更多中年男子外出打工，月薪也不会有和吉亮、和闰红那样高，因为他俩是新近才兴起的玛咖技术员的身份，又是在藏区待遇才这样丰厚，一般劳务工是不会有这样高的待遇（除包工程、包施工外）。

2014年1月6日　农历十二月初六　阴

满上村村民和高圣、和桂花夫妇为儿子和满文举行婚庆典礼。他儿媳妇家是在太安乡汝南村委会拉丁村民小组，两地直线距离约20千米，过去步行需要四个小时才能到达。交通便捷的现在，乘车先到丽江城，再绕拉市再到太安，再到他们家80公里左右，此路段山路多，且从天文台岔路口到汝南村路段弯多路窄，他家所请的驾驶员有90%左右没上过这段路。和高圣担心在这段路上耽搁时间较多，因此，在昨天晚饭时就要求他家所请的迎亲驾驶员、迎亲人员去汝南儿媳家做客的人员必须5点起床，5点半到和高圣家中集中吃早点，6点半出发。他这样要求要前往汝南迎亲的人，他夫妇也可能是整夜未眠，到4点钟就起床烧火、烧水、热饭做菜，等到这些事情做好后，就叫醒睡在他家里需要去汝南村的人员。所有要去汝南村接新娘做客的人员都按和高圣的要求到他家洗漱，用早点，在天蒙蒙待亮的时候就出发了。一个由25辆轿车、面包车组成的迎亲车队，从前头看不到尾，1公里左右的公路明晃晃的好不壮观，遇上反向而来的车都靠边让迎亲车队先行，好气派啊！特别是路过丽江坝、拉市坝、太安乡的公路，向沿途各地的村民、市民展示了南溪村当今经济的大发展，见状的人都赞叹说："唉，南溪人真行，买了出租车，还买了轿车、面包车，不少人还在城里买了商品房，成了城市里的新阶层，当然党的政策好，他们的拼搏精神也令人敬佩。"

迎亲的队伍于上午9点过几分到达新娘家，新娘家一筹莫展，这么早就到来，弄得新娘父母很忙乱。他首先安排把迎亲队伍的车倒靠在较宽的路边，又不能靠近其他邻居的房舍，又不能挡着过往行驶的车辆，35辆车要停靠在居于坡头的小山村上，不容易。这村的地势跟南溪村各村民小组的地势形成了反差（平坦宽广——坡陡路窄），使驾驶员们折腾了一阵子，把车辆停放好后，就进入新娘家。首先新郎方在门口燃放鞭炮，驱赶所有拦路鬼神；其次由新娘家厨师端出一碗饭倒在大门外，以示尾随新郎而来的鬼神在大门外吃饭，不让进入新娘家门进行骚乱；接着迎亲做客的都进入院内。

到12点吃饭前，新娘新郎方面的家族、亲戚聚在厨房里尝酒，这仪式按理应由新娘的舅舅主持，但他欠缺这一传统习俗方面的知识，就请新娘的四爷爷和才来进行。虽然排辈为爷辈，但他年龄不大，过场不多，这方面的知识也不算很丰富，因此只是寥寥几语就草草了结。2点开始待客，下午2点左右，把新娘接出上了回新郎家的路。

到新郎家后就不再进行尝酒。到晚上10点左右吃了宵夜后，大摆酒阵，新郎的伙伴轮流给新郎敬酒，想把新郎灌醉。明天新娘回门，不再请后亲客来男方家，这场婚事就算了结。

2014年1月7日　农历十二月初七　晴

昨天，黄山镇政府下拨给南溪村的第四批太阳能热水器送到了。太阳能属"整村推进建设项目"之一，是分批分期分数额下拨。满下村分得10副。此前3批，满下村58户中已有28户得到，还有30户没得到，现下拨的这10副必须由还未得到的30户抽签，满下村村民组长和学武就利用今天早上的时间召集这30户户长进行抽签。有些村民由户长来抽，有些户则让小孩替户长抽，在城里立即转不回的请人代抽，结果由和万兴、和万军、和永昌、和圣周、和社兴、和朝亮、和玉祥、和林、和益尚、和永光10户抽到。其中，和朝亮、和益尚两家暂时还不急用，他们两户常在城里，而且和益尚家早已把房舍都卖完（现时准备又在南溪起回村里时用的房）。其余想现时就用，又抽不到的个别人很有意见，也有人则说："抽签就无话可说了，人家进城，山上的一切（柴、叶……）让我们享受了，还不心甘，那只好去抢进城人的家了。只能说我们的手没福分。"也有人说："何必慌，迟早都是会给的，此前都没用太阳能还是过来了，顶多再等半年一年就会到手。"

抽签完后，和学武记下这次抽到的10户户名，要立即报到村委会，并要求这10户将户长的身份证及户口册（或者是这两个证件的复印件）在近期内交到村委会，过期他不负责任。

2014年1月8日　农历十二月初八　晴

今日南溪村按照传统的称法为"腊月腊八"，视这天为大吉大利大发大旺的美好日子。过去好多（绝大多数）村民，会择定这天为子女举行娶嫁婚庆典礼，认为在这天举行婚庆，日后会一顺百顺，大发大旺，丰衣足食，六畜兴旺，儿孙满堂，家庭无恙。

现时虽然还有少数村民这样认为，有传统的意识，但大多数村民渐渐把这传统意识淡忘，不再遵循过去的做法，而是依恋男恋女的爱情进展情况而定。即使老父老母对儿子的恋女不如意，女方的父母对女儿的男朋友不顺心，也是随从孩儿的意愿，给予适时办理婚宴。

今天满下村常打扑克玩的村民和圣明说："过去的今天，我们大伙都要忙着去做客或帮忙婚嫁庆典事宜，今天，我们就安心玩一天，一直玩到下午6点才休。"大伙一呼百应，再分作四五组进行三打一，有些得到200来元，有些输了100多元，还有的输得不多，也有的赢得不多，散伙数钱时得出这个结论。

2014年1月9日　农历十二月初九　晴

村委会这次扶贫项目内容太阳能热水器，给满中村分了6副。村民组长和志强在村民中调查询问满中村里还有哪几家没得到太阳能热水器，结果满中村38户村民中只有和占典、和福生、和军坤3户没得到，有3副是多出了。他就及时把这一情况报告给村委会干部，村委会干部3人商量后，确实感觉到全村各村民小组中还未得到这一扶贫内容的农户满下村最多（还有20户），于是就把这3副拨给满下村，并明确提出这3副给已修好洗澡间的村民和国武、和天林、和朝东3家，不得进行抽签。满中村里和福祥、和万军、和三哥家得到的太阳能热水器暂时没安装，因为他们3家在城里买了房，没人生活在满中村，暂时用不着，这一现象南溪村各村民小组都有。

2014年1月10日　农历十二月初十　晴

设在南溪满中村的格林恒信生物种植有限公司（当地村民称玛咖公司）今天开始让鹿子村村民小组，旦都前、后村民小组收交玛咖。

据部分满下村、满中村村民在私下讲："鹿子和旦前、旦后三个村的村民，已经尝到去年的甜头（该三村部分村民已在去年把大多数玛咖卖给市场的玛咖老板），每公斤四五十元不等，最多的农户收入 10 余万，最少的已卖出三四万，只把零星的交售到玛咖公司。玛咖公司每公斤付款 12 元，市场价与他们的收购价相差四倍之多，村民都积怨在心里，只因种了公司培育的玛咖苗，才忍气交到公司。今年已有绝大多数村民学着去年出售给市场老板的村民，大部分已经挖了卖掉，地里剩下的就很少了。"

不知道情况会怎么样，但可以相信这些村民说的是真情，因为凡人都不嫌多，只嫌少，一年辛苦到头的村民谁人不想自家多收入一点呢？

2014 年 1 月 11 日　农历十二月十一日　晴

在丽江城里租开出租车的满下村村民和自忠，在去年 12 月 5 日傍晚，开着出租车在丽江市花马街撞伤一对来丽江游玩的网友，撞伤后他不去看被他撞伤的那两个人而驾车逃走，造成交通肇事逃逸，一天后被交警查获。

事情暴露后，其父和国红在丽江多方托人，请求从轻发落肇事的儿子。几经周折，托靠多人，今天最终处理为，负担被撞受伤人员的医药费用及治疗期生活费 12 万元，保留驾照不扣分的处罚。他能得到这样轻的处罚，使所有在开车的人感到惊讶，都在私下里猜测，他家到底靠着怎样一个要害人物？别的驾驶员不慎超速都得扣完分，吊销驾照，扣完分后又得重新学习、考试方能取得驾照。而和自忠撞伤了人，而且到了伤筋动骨的地步，还不顾被撞人的死活逃之夭夭，只受到这样的处罚，真感到不可思议。和国红、和自忠父子俩为保留了驾照而感到高兴，但要为付出 12 万元而痛心，但他东拼西凑按照处罚交给被撞人 12 万元以了结此事。

事后，常年在城里开车的南溪村民在议论说："和国红、和自忠父子俩真是不幸中的万幸了，要是碰上本地或常在丽江的外来人，不知要花多少钱才能了结，所幸的是碰上两个网友各自背着家里人出来偷懒欢聚的外地男女，要是靠不上个要害人物，肇事逃逸者 90% 以上被吊销驾照，而和自忠的驾照分一分都不少，真是走运了。"

2014年1月12日　农历十二月十二日　晴

今天格林恒信生物种植有限公司在村委会大门左侧张贴了四五张用电脑打印出来的表格。正文标题为："2013 年中央财政扶贫基金南溪村玛咖苗发放统计表。"表格内容为：×××组，多少户，发多少盘苗，共发了多少盘苗等明细数目。

从这一现象上猜测该公司的用意，是公示出"玛咖苗是我们公司育出后发放给村民的，理应把玛咖收了全都交到他们公司。"

而部分路过村委会的村民过目后知道，在南溪种植玛咖是享受到中央财政扶贫基金的，认为既然是中央财政扶贫基金，收购玛咖时理应多给村民一点价，这么一个大项目不能发放了几盘苗就了事。

通过所公示的这份表可以确认，在南溪种植玛咖的格林恒信生物种植有限公司，是争取到了中央财政扶贫资金，只是不清楚这一项目是从哪年哪月开始得到的，每年得到多少钱，抛开了很多村民原以为这些老板很有钱的幻觉。

2014年1月13日　农历十二月十三日　晴

满下村村民和国红请来舅爷和社兴、大嫂和二妞、侄姑娘和玉兰，加上自家 4 个人，共 7 人称洋芋上车。虽说是上车，而只是一辆方向式小型拖拉机，只上了 4000 斤，每斤售价 1 元。

他卖出的洋芋品种名叫"大牛角"，因形状像牛角，长且一头或两头卷起而得名，这种洋芋外表为橙红色，里面也有一圈一圈橙红色的花纹，品质鲜嫩，深合鹤庆县白族人民的胃口。这个洋芋老板也是个专买"大牛角"，专拉到鹤庆县卖的。

上完车,他们都加入"三打一"的打扑克活动,他们玩的都是五、十、三十,意思是一般输为输5元钱,挨光头输10元钱,若打底牌的人买价为100分,光头了,其他三个每人得输出30元,而他一次得到90元,只要其他三人得了五分,打底牌的就得一次输出90元,而其他三人每人得30元。这样的玩法,使得没经常光临这种场合的人感到惊讶。而常玩扑克的人则认为一下输一下赢,输赢的数额不多,无所谓。

2014年1月14日　农历十二月十四日　晴

通过4天对鹿子村、旦前村、旦都后村三个村民小组的玛咖交售情况看,确实在私下卖给市场老板的数量相当多了,交到玛咖公司的只是很少量的一点点。这样玛咖公司的人就请了文华村委会文笔村的5名青壮年汉子在满上村往城里方向第一个弯处设下关卡,检查所有从南溪驶往丽江方向的车辆是否拉有玛咖,如果检查到,他们就会把玛咖和拉玛咖的人都扣下交给玛咖公司,让玛咖公司的人来发落拉玛咖的人。

同时从今天开始让满上、满中、满下三个村民小组收交玛咖,村民们在挖交玛咖时谈论着:"玛咖公司应该增加一些收购价,只要低于市场价5~8元一公斤,村民就会心服口服全部交给他们,而现时他们的收价还不到市场价的三分之一,哪有不私下出售的道理?别说设上一个关卡,就是设上三个五个也无济于事。再说他们现在才设卡检查,前面三个村的也出售完了,他们现时只管到满子师片的三个村,文屏村、金龙村这两个村没受到检查,市场老板会光明正大地去这两个村买。虽然形式上管着满子师三个村,但想私下卖出的村民,无论怎样都会在暗中卖出,这样的管查是管不住村民的心,只有钱才能稳住民心。"

2014年1月15日　农历十二月十五日　晴

在昆明读云南中医大学的和万成,在昆明读云南大学公共管理专业的和万青兄妹俩,今日回到家中过寒假。和万成是大三学生了,和万青是大一学生，他兄妹俩的到来，使当爷爷奶奶的和建良、和亮花老人乐得合不拢嘴。逢人就说："和江（孙子乳名）、和梅（孙女乳名）兄妹俩回来了，给我和老伴各买了一套很合意的衣服。"他这种高兴劲是从内心发出的，和建良爷爷自去年8月孙女和万青被云南大学录取后，心中万分高兴。他显得更精神、更活泼，料理家中的事更带劲，虽说他已70岁了，但家中的大事还是他做主。他这样高兴，是可以理解的，在南溪村除了老牌大学生和发魁（现年80岁）外，考上一本大学的只有他孙女和万青和鹿子村的两个。养育有两个孙子孙女，两个都考上大学，这在南溪村历史上还是首例，怎么能使望子成龙、盼女成凤的父母和爷爷奶奶不高兴呢？南溪村村民和居住在城里坝子里或其他地方的纳西族一样，很重视教育，特别重视文化教育，都有望子成龙、盼女成凤的美好愿望，都羡慕吃公粮、干公事的人，都望子女成为有文化的能人。根据这些传统习俗，和建良感到脸上光彩，心中高兴。

和万成、和万青兄妹俩到家后，跟父母爷爷奶奶讲学校里的生活学习情况，长辈们都要他俩加倍努力，学好各门功课，和建良语重心长地说："现在学好各门功课，是将来生活的本领，一定要学习好，千万不要松懈。"两个孙辈连连称是。

2014年1月16日　农历十二月十六日　晴

1月14日玛咖公司所请来检查进城车辆的那5名文笔村人，每天（24小时）要工价每人1000元。玛咖公司就以出不起这样的高价为由，把这5人的14、15两日的工价按他们的要求付出后，把他们送回文笔村家中。玛咖公司又从城里劳务市场请了3个龙蟠籍青年，并在讲价时就表明每人每天给300元（24小时）供吃，然后把这3个青年拉到满上村东面公路弯拐处，安顿好，交代好任务，玛咖公司的杨经理还表示："如果查收到玛咖，其中的30%给你们。"以此来激励他们查车的积极性和坚定性。他们3个青年人的三餐饭，到时由玛咖公司的人送来给他们。

2014年1月17日　农历十二月十七日　晴

黄山镇人民政府请驾驶员想把南溪村整村推进建设扶贫项目的第4批热水器拉到南溪村委会。他们想一车一次就拉到南溪村公所，就请了一辆车身较长的汽车。他们请人把热水器的全部材料精心堆码在汽车里，吃过午饭就由驾驶员开着车向南溪方向而去，结果车行了6千米左右，到文笔山山门上面五六百米处（黄山镇文华居委会）鲁甸吴古村边的第一个弯，就上不去了。驾驶员把这个情况用电话告知负责此事的夏副镇长，夏副镇长根据南溪公路急弯多的状况，只好让驾驶员把所拉的货下在文华上村（温泉西北面）村民小组长家里，半途而归。夏副镇长联系好文华上村村民组长，要他到公路上把这辆车引领到他家，再要他找一些村民把车上的东西下了，堆码在他家，工钱由夏副镇长负责付给。这样文华上村村民组长就按夏副镇长的要求把这辆车引领到他家门前，并立即请来15个村民帮忙下车，堆码，他还要求下车的村民轻拿轻放，以防弄烂了玻璃管。下了一半东西，他家里面放不下，他就另找一家院坝较宽的村民家，把那剩下的一半寄（堆码）好。堆好后，他说："等夏副镇长把下车费拿给我时，我再平均分给大家。"他就打电话要夏副镇长安排快些拉走，夏副镇长就立即通知南溪村委会副主任和丽军，"要求得到这批太阳能热水器的各村民小组村民，必须在20日（大后天）自备车来文华村拉。"和丽军立即电话通知各村民组长，要组长通知得到这次资助的太阳能热水器的农户家。

2014年1月18日　农历十二月十八日　晴

今天，满中村村民和万春、和金凤夫妇为儿子和建新举行婚庆典礼。

新娘简介：新娘系玉龙县太安乡红麦村委会人，螳螂族，有该族自己的语言，但因人口很少，故归属彝族支系。其父杨闰生是玉龙县信用合作社的职工，她和母亲、弟弟早年就随父生活在城里，她家早就在城里买了房，听说她爸还给她买下一套商品住房，如果和建新她俩好好干，就要以嫁妆的形式给她俩。新娘家是在十二月初十那天在城里为新娘举行了嫁女盛宴,地点在安乐村农家乐。

今天婚宴的总管是和军红、和志强,从早上8点开始,他俩有条不紊地指使进行各种杂事的年轻人,直到下午7点收拾完,才得以安闲地休息,加入喝酒、打麻将的行列。

11点左右客人陆续到来,记账、收礼的和国高、和建华开始忙起来。

最为紧张的厨师组和蒸饭组,杂工组是待客开始忙到待完客。

客人主要为满中村全体村民,新娘方亲戚家族,和万春家族亲戚,和金凤娘家方的家庭亲戚,新郎的男朋女友等。12点半,迎亲的队伍把新娘及她的亲戚们接到家里。到大门口,按照螳螂族的婚俗,新郎把新娘从大门口抱到新郎新娘的喜房里,和建新大胆地把新娘小杨抱起到喜房,虽然只有十几米之路,但因新娘长得胖,体重可能过百斤,和建新在抱着新娘走时,显得有些吃力。新娘小杨像小孩在父母身上撒娇似的,双手搂住新郎的脖颈,显得很自然,脸上绽放出幸福的笑容。

新郎新娘从喜房走出后,按照从厨房里到院坝里再到今天用临时炊事房的顺序,给男人们敬烟,平时不抽烟的人也要接住烟,说几句祝福的话,如"祝你俩白头偕老,健康长寿呀,大吉大利,祝一切顺心如意呀,祝你俩早生贵子呀……"到下午5点开始招待晚饭,绝大多数来自其他地方的客人们,吃过晚饭就回家,因现时的客人基本上都是坐车而来,也坐车而回,在他家留宿的客人不多。

收拾完后,中年人都进入紧张的麻将之战,年轻人则在院坝中摆上桌子,桌上摆满各种酒,开始闹新郎新娘。大伙的目的是"今晚要把新郎灌醉",再者是给新郎新娘出些笑话,一直闹到凌晨2点,不少人都有些醉意才休止。

2014年1月19日　农历十二月十九日　阴

玛咖公司很忙碌,他们请了满中村及满下村的一些村民来帮忙,这些小工在紧张而有秩序地进行活计，称玛咖、洗玛咖、切玛咖、晒片、收片、装箱、堆码，每道工序都安排了适合的人员，从早上8点半开始干到下午6点。

笔者以闲逛的方式，在该公司走了一遍，注意了劳动的每个细节和公司内的设备应用，及房屋建设、晒棚、草棚等所有基础设施建设。看完后以闲聊的方式，与玛咖公司负责人攀谈开来："你们扩大了投资，洗玛咖、切玛咖的机器都很先进，厂房、晒棚、苗棚都比前些年多了，生产经营情况还是较为顺心的吧！"玛咖公司负责人说："扩大基础设施的投入是成效较大的，从房屋、机器这两方面投入的经费相当大，我们看准了玛咖在国际市场上的流通，想大干一番，但今年玛咖流失很多，南溪村委会的收到很少，这原因主要是村民不讲信用，也少了政府的保驾护航，企业就难办了，幸好前山村委会、后山村委会的大多数玛咖都收到这里，只看着南溪村的，我们就要讨饭了。"

通过闲聊，知道南溪的玛咖今年已有大部分流入市场，也看到了目前玛咖这一新兴产品在市场的需求。

2014年1月20日　农历十二月二十日　晴

南溪村各村民小组（除旦前村前些年就全村一次性安好外），其他7个小组分得太阳能热水器的村民开着拖拉机或汽车到文华上村拉太阳能，方法各式各样。其中旦都后村共同请了和华迪的货车来拉，全部东西都装在车上，得到太阳能的户主就坐一辆手扶回去。鹿子村则由村民组长和耀红用自己的汽车把三副一次拉回鹿子村（他一人自己上车），让得到的村民在鹿子村球场领取。满上、满中、满上、金龙、文屏这五村则自己开车前来拉。

满下村和朝亮请和永昌（小）的拖拉机帮忙拉，和永昌（大）、和万军家请和万兴爱人和爱英的微型车帮忙拉，和玉祥请和朝东帮忙拉，和社兴请和圣周帮忙拉，和永光请和天林帮忙来拉，和益尚、和林开着面包车和拖拉机自个儿来拉。到现场，他们见到材料杂七杂八的，水桶、水桶架、包装得很好的玻璃管和其他材料，每户四件及管子，面对这些，和爱英拉3家的就无法装车。和益尚出了一个想法，就是和爱英、和永昌（小）等5户的，包装严实的装在微型车上，水桶架、水桶、水管及微型车里装不下的装在和永昌（小）拖拉机里，这样安排很得体。和益尚、和天林、和永光3户也这样做了，把包装严实的东西装在和益尚面包车里，把水桶架、水桶、水管装在和天林的手扶拖拉机里。要不是和益尚提出这个点子，不按他说的方法做，肯定会有些装不下的。

到下午1点半左右装完车，和永昌（小）、和爱英、和亚兰（顶替和永昌家）、和万军妻和益花、和尚勋（和朝亮父）、和朝东、和圣周、和社兴、和益尚、和闰里（满中村人随小和永昌来城里办事），一起开车到丽江城郊白华村饭馆里吃了一顿午饭，然后返回家。听说这批热水器是玉龙县林业局捐资买的。所配的材料比前几次给的全些，不必由农户再买配套零件就可以安装使用，镇政府会在过年前就请专业师傅来安装。

2014年1月21日　农历十二月二十一日　晴

今天上午11点左右，一对坝子里的中年夫妻用农用小汽车拉来一车大米，停在南溪村委会村公所大门前。男的开车，女的押车，隔了20来分钟，满中村村民和国高开着自家的面包车从满中村方向赶来。他和驾驶员夫妇一起下车，见状的人问驾驶员拉来什么东西，驾驶员回答说："是春节慰问困难户、低保户的大米。"那几个村民说："共产党确实好，的确很关注民生。"驾驶员说："共产党好是好，但受到慰问的人，享受低保的人不是真正的有病、地少、困难的村民，真该补助的漏补了，不该补助的长期受到补助，你们南溪村可能不会这样。"那几个村民也说："我们南溪村的好些村民小组都有这种情况，还有娃娃上学，读大学时享受低保的农户，到现在孩子大学毕业参加工作已三四年，休学孩子已嫁人生育小孩都有四五岁了,还在享受低保。"驾驶员语重心长地说:"党和国家的惠民政策好是好,但存在该保不保,不该保而长期保这一错象,我们旁观者的确难以心服,但又找谁说去呢?朴实厚道的农民,只会把不满意,压在心底,烂在肚里。"

  这些人的对话,确实发人深省,这里边道出了:首先,政府发放了低保后,应该每年或两三年后再做细致的调查,经过一段时期的扶贫低保后,脱贫的应该调整,不能一补永不变;其次,真正的困难低保户应该在小组户长或群众会里认定,不能由组长、副组长说了算。

2014年1月22日　农历十二月二十二日　晴

  南溪完小校长赵学良,今天奉市、县、镇教育主管部门领导的指派,回南溪村委会慰问在南溪学校退休的老教师。在南溪完小先后退休的老师有和作良、和国贤、和德明、和忠信、和尚明、和尚勋、和国胜、和学礼、和学新、和毓林、和学诚、和即善12人,他们中年龄最大的82岁,最小的也接近60岁。他们三十几年的光和热都贡献给了祖国的教育事业,为培养祖国花朵呕心沥血,最终成为蜡烛点灯,照亮别人,毁灭自己,桃李满园,可老来两袖清风,理应受到政府和社会的尊敬。政府和社会也非常关心和爱戴曾为祖国桃李浇水锄草的离退休教师,按时足额发放生活费,经常增加生活费,逢年过节还派基层领导看望慰问离退休老教师,为其带来了各级党委和政府的慰问信。

  前些年黄山中心校还每年都组织新春茶话会,向离退休老师汇报一年黄山镇教育教学工作的情况,自去年响应党中央"厉行节约,反对浪费"的号召,取消了茶话会,改派各村完小校长到离退休老师家中发慰问信进行慰问。

2014年1月23日　农历十二月二十三日　晴

  满下村村民和永昌、和社芬夫妇,一起早就忙着喂猪、喂羊,比平时喂早一个半小时左右。究其原因是他俩喊上儿子和丽华去山上地里拉割晒在地里的绿肥，因为天比较干，估计绿肥都已晒干。若不早点出门到地里上车，在强烈阳光照射下，抱绿肥上车和在车上用绳子捆绑时，干绿肥会碎得厉害，碎粉抛撒在地里，会造成不必要的浪费。

　　他俩喂完牲口后，喊儿子起床，和丽华也听到叫声就立即起来，路过他家门口的邻居说："和丽华娶了老婆，生下女儿，当了父亲，比以前懂事多了，要是在以前，和永昌或和社芬喊了两三次才起来，这是一个很大的转变。"和永昌却说："这现象只是一下下，除需要进城或有急事喊他外，一般都不喊。"

　　和丽华一起来，脸也未洗，早点也未吃就发车，开车前去山上地里。他们仨都是年富力强的人，一下就装满了，也装完了。他们3人一起往家赶，到家里停好车，和社芬对和丽华说："你去洗脸吃饭吧，你爸我俩慢慢地把绿肥搬到楼上。"

　　南溪村的绝大多数村民总是这样疼爱着孩子，父母能做的会尽力去做，有些个别村民，嘴上虽骂一下儿子，可心里却疼着他。真是可怜天下父母心，宁可自己多辛苦些，也不愿把孩儿使得团团转。

2014年1月24日　农历十二月二十四日　晴

　　今天是农历腊月二十四日，南溪村传统上俗称"顶关二十四"。是年末清扫厨房、院坝的日子，这天的清扫意味着扫除一年来积堆在家的污物、污垢、垃圾等。传统上，每到这天，各户的男主人一起床就把厨房里用的炊具、东西能搬的都一一搬出，一时难以搬出的水缸（过去所有村民都砍又粗又大的红豆杉树，把树截成两米左右长，一般取靠树根这截，把心心掏空，横摆在厨房的一个角落里，用来盛食用水，最大的能盛五六挑水，最小的也要找装得下三挑水的。这水缸里盛的水清凉、甘甜，无论春夏与秋冬，人们一旦喝了这水，真是沁人心脾，使人感到很舒适。冬天喝这缸里的冷水不会得感冒；盛夏喝这缸里的水沁人心脾，舒服得很。可惜现时也接近消失，只怪南溪村民赶时尚，只重占地少、美观的水泥制品，而把占地面积大，不美观，却对人体很有益处的红豆杉木水缸抛弃。）用披毡、羊皮等紧紧盖住。自己的头上用女人围腰裹住，只露出双眼，手拿长扫帚清扫厨房里的烟灰，先扫椽子、瓦片上沾着的烟灰，然后扫木楞上的烟灰，最后扫火塘上及火塘下。对于厨房内每个角落里的垃圾，把它们集中在一个不易被鸡或家畜扒到的角落里好好保存起来，严实盖住，准备到来年撒麻子时当作最好的肥料施上。

把厨房打扫完后，才生火烧水洗脸，做饭，吃过饭又开始继续打扫院坝，把院坝里的垃圾，堆积在附近的地里烧成火土，点上火，燃烧后用土严实盖上，以防风吹火星乱迸，造成火灾。而今，不像以前一样认真打扫，精心保存，不再视烟灰作上等肥料。厨房空间的椽子、瓦片上的烟灰是在今天每家必须打扫的，因为一年里扫一次这些部位，以后的炊烟都会从椽子与瓦片之间的缝里透出，不会有炊烟呛人的现象，把打扫下来的烟灰倒到地里去就算完了。满下村村民和作典（现年67岁）还很注重以往的习俗，他照样就像以前他爷爷、父亲那样挥帚清扫。

2014年1月25日　农历十二月二十五日　晴

满下村村民和玉琴、杨文花、和满菊、和月祥4个妇女，从开始到现在坚持在玛咖公司打工，如若她们各户有事情来不了，也要由她们各自请好人替她来上班。今天她们4人照样去玛咖公司干活，杨文花下班路过和尚勋老师家时，请他去她家吃晚饭，和尚勋回答说："我已吃过晚饭了，过几天又来你家闲一阵。"杨文花说："既然这样，那就等一下过来我家闲一下，我现时没有时间去城里，我想还您家的钱，不还放在家里又会不知不觉用完掉，请您回城时带回去一下。"晚上8点左右，和尚勋应约到杨文花家里，边烤火边聊她家生产生活情况。她家在2013年初为儿子和金亮举行了婚庆典礼，到6月为儿媳生下的一个孙女举办了祝米客，事后还为和金亮买了一辆7万多元的面包车。杨文花说："一年里办了这样三件大事,只欠了别人2万元钱,这下把您家的1万元还了,只剩下我侄女杨春兰的1万元了。在家里,只要辛勤耕作,借些进城人家的地种上,一年下来收入个10万元左右是稳拿的。如果和金亮及儿媳去城里打工、开车,只会是边收入边支出,丽江城物价又高,房租费又贵,收支结果会剩下了多少。如果,在家排田种地,只要一家密切合作,花销后也会剩个五六万元,因为在家大多自产自吃,比起城里的生活开支就少得多"。以上杨文花聊的这段话是很客观的,她是深知城乡两地生活情况而做出的结论,这结论是很合乎实际的。农村里的必需正常开支是:化肥、米、饲料、电、机油,进城人必需正常开支为:水、电、房租、物管、吃的一切、燃气、上公厕、乘公交、衣裤也得比乡下村民洗得多,穿得干净。从支出上看还是生活在乡村好,只是乡村农民累些。

2014年1月26日　农历十二月二十六日　晴

前些年就在城里买房并住在城里的满下村村民和益尚,因去城里时急需钱,而把自家的老房子卖了,而后几年时间里自家的宅基地因为荒弃而被和国武、和立军两家利用了。在南溪村没有自己的房子,回来应酬村里、族中的事,长时间住在别人家,一来给别人添了麻烦,二来自己心里也不自在。思去想来,感到必须在自家的自留地里盖一所三间的平房以及两间厨房,于是就在两个月前砍下一些大料,而未找好梁头和椽子之类的中小料。本想在12月或1月初就开好这些料,但因12月15日那场雪没有及时化完,就不能按计划完成此事。

他昨天从城里回南溪村里,住在他表姐和子香家里（姑父姑母都早已去世）,打算在春节前把这些料子砍好。今早吃过早点,他与和永军一起开着拖拉机准备上山砍梁头、椽子之类的,当他们到公路上桥边时遇见了他的表叔和建华（大姑奶的长子）,和建华与和益尚询问交谈去干这事时,和建华说:"这几天正是'土皇节令',到正月初五（2月4

日）就完了，等到那时再砍也不晚。前山放牛坪村我的表叔和文积，以前他起房盖屋不忌'土皇节令'的材料，他的理由是等土皇节令过了，他又没有时间了，这样，他自在轻松地砍用了不少'土皇节令'里的木材。七八年前他已变成半瘫痪半植物人了，信则灵，不信则无，我劝你还是忌一下，等到正月初五后再砍。"和益尚听后，觉得他表叔说得有理，就决定打消这一计划，等到正月初五过后再砍，他与和永军一起转回家去。

和建华跟和益尚讲的这些是事实，南溪村民传统上历来都是，房子上（包括人居的、关牲口的、储藏室、竖房用的、隔整用的）所有木料，都不在"土皇节令"里砍，也不在"土皇节令"里建造竖房，只在"土皇节令"过后竖房。改革开放前，这点是特别讲究的。随着改革开放，南溪森林也随之被乱砍滥卖，两三年工夫就砍光卖光，1984年以后，家里要竖房的到前山形孟罗村买，还是忌"土皇节令"。到2000年后，南溪村民要竖房须到城里木材场购买大料，这里边就不乏会有"土皇节令"里采伐的木材。因为这些料子是鲁甸乡、塔城乡、鸣音乡、宝山乡等边远地方的人卖给木材老板的，老板把它拉到丽江储起来又卖给需要的人。

他谈到他表叔和文积的事例，也确实如此，因为和文积不忌"土皇节令"而砍料，他得到的材料在放牛坪村民里数一，他起的房子比每户都多。一个积极肯干、脑灵超人、闲不住手脚的人，退休五六年后，就病成一个半瘫痪半植物人了，真是有些碰巧。

2014年1月27日　农历十二月二十七日　晴

南溪行政村现时唯一的现役军人二级士官（满中村人）和江龙，在2012年与一永胜籍姑娘结婚，并于2013年2月20日在丽江市医院产下一女婴，在前天就满月。

和江龙的父母亲和福海、和给命早就为举办孙女满月客（南溪村俗称"祝米客"）喂养了一头肥猪和供儿媳坐月子食用的许多土鸡，收藏好许多土鸡蛋，并打算在满中村家里举办满月客。和江龙的爱人和她的父母亲则认为满月客在丽江城农家乐举行好，一来轻松些，一天就可结束；二来方便了永胜方面来的客人，不须往返于丽江城与南溪之间，这样做比在南溪举行节省了两天时间。和福海、和给命夫妇只好尊重亲家及儿子儿媳的意见，择于今天在丽江安乐村"阿花阁"农家乐举办。满中村村民的满月客在城里农家乐举办此前已有先例，2013年7月10日和云鹏家也曾在农家乐举办。

2014年1月28日　农历十二月二十八日　晴

于2002年嫁到太安乡汝南村委会中村的满下村村民和闰菊（乳名），因她的丈夫杨社福有外遇后，经常遭到丈夫及婆婆的辱骂、欺凌，她实在忍无可忍，万般无奈的情况下，用电话征得她弟弟和学武及母亲和金合、弟媳和丽春的同意后，于2013年10月底回到满下村娘家。她10岁的女儿（在读小学四年级）学期一结束（2014年1月16日）借机跑到丽江城后跟母亲而来。20日晚上其父杨社福来到满下村和金合家领女儿，当时和金合的家族人在她家，想教训一下杨社福（骂打相交），可事前和学武、和金合母子万般劝阻，并说："此事已无和好可能，骂一下是可以，但绝对不能打，即使不是我们女婿了，他这样对和闰菊是千不该万不该的，如果我们打了人是我们的错，请大家不要动手，只能动口。"杨社福刚跨进门，见到火塘上坐满她家族的人，急忙缩腿跑回去，她们家族的人别说打他，连骂都骂不着几句，都怪和学武母子这样轻轻便宜了杨社福。

今天法院通知杨社福、和闰菊到庭给他俩做判决，结果准予他俩离婚，按照他俩娃娃的意愿，随母和闰菊生活，其父杨社福每月负担400元的娃娃生活费，明天就可去汝南杨社福家里把和闰菊的东西拉回。

现在的年轻人啊，不像改革开放以前的人，遵守道德，忠诚于已建立的爱情，宠爱已生有的子女，而是潦草行事，先孕后婚，随意分手的现象多了。面对这一社会现象，上了年纪的村民们说："是电视节目里的爱情生活剧教了见异思迁的年轻人。"

2014年1月29日　农历十二月二十九日　晴

今天南溪村民继前天、昨天，陆续到丽江城里去购置年货。南溪村村民购置年货可以分为这么三个阶段：第一，从有史以来到改革开放前，这段时期都为人背或马驮着村里的产品，要在腊月里把过年时要的米、面、菜都备好；第二，改革开放后到其后20年，村民都乘着或驾着手扶拖拉机去城里买过年用的各种生鲜蔬菜、海鲜等；第三，从2008年以后，村民们都乘着汽车到丽江城买过年用的灯笼、鞭炮、对联、生鲜蔬菜、海鲜、新衣等；最近两年开着自驾车，夫妻双双进城购买新衣、新家具、灯笼、鞭炮、对联、生鲜蔬菜、海鲜等。村民经济生活比前一段时期前进了一大：人背马驮——手扶拖拉机——汽车；米、面、菜——生鲜蔬菜、海鲜——新衣、新家具、灯笼、鞭炮、生鲜、海鲜。十几年前，村民还随时补补修修用家具，衣、裤还打着补丁；2000年后，很少有村民修修补补用家具，很少有村民穿着打补丁的衣裤。特别是近两年，以上两种状况很难见到，可以说经济一年比一年发展，生活一年比一年富裕。个别困难户在各级政府的照顾下也过得跟中等村民一样，全靠党的政策好。村民们是讲良心的，对有病有痛的人、残疾人、孤寡老人，遇到天灾人祸的人是同情的，不仅在思想上同情，还会以各种形式帮助这些困难户；可对正常人因好吃懒做而造成困难的，村民们则骂这些人："不以为耻，又没少胳膊短腿，又没病没痛，年年岁岁吃政府吃惯了，自己还以为光荣。"

2014年1月30日　农历十二月三十日　晴

今天是大年三十，村民们家家户户都一起早就打扫卫生、贴春联、挂灯笼、点大香。吃过早点，男主人就忙着烧猪头、洗猪头、杀阉鸡或杀大公鸡、煮猪头，做各种各样佳肴美味，可忙坏了他们。有些做饭不顺手的男人，只是把猪头烧了洗了，把鸡杀了，做饭则由眼疾手快的女主人来做。不少女主人都会烧猪头、洗猪头、杀鸡，但只因传统就称"大年三十由男主人烧猪头、洗猪头、杀鸡，来年就会六畜兴旺，五谷丰登"，而把这差事让男人们来做，男人做出的饭菜还根本不在她们的眼下呢。

团团圆圆过新年，这是中华民族的传统，世居南溪村的纳西人更注重这一传统，在外当干部的、当工人的、打工的、开汽车的……一切在外边的村民都会赶回来过年。

到下午5点左右，辞旧岁的鞭炮声陆续响起，一直响到下午7点。放鞭炮示意着吃年饭了。吃过饭后喜欢麻将、扑克的村民会相约着到某一家去玩，今晚上主要是在和永良家（有十五六人）、和金星家（大概有12人）、和国武家（大概也有16人），这些人家会毫不吝啬地拿出昨、前天买来的糖、果、瓜子、酒、烟招待来人，来人也不会客气，各取所需，一直玩到鸡叫头遍才陆续回各自的家睡一阵。

2014年1月31日　农历正月初一　晴

按照南溪村习俗，土葬的村民，必须每户的男主人去坟上祭祀各自的老祖宗，以家族为单位进行。就满下村而言，全村58户人家，除和国红、和国臣弟兄两家外，都是土葬的。一般一个家族共拥有一块坟场，每逢大年初一、清明节上坟祭祖都以家族为单位共同进行。

现时的满下村坟场有：和顺明、和顺光、和顺达、和永光、和永红、和永良6家（过去称这家族为阿闰金家族），和万琼、和万琴、和万军、和万红、和万兴、和天林、和立军7家（过去称满家家族），和国兴、和万林、和永昌3家（从满家家族分出），和尚勋、和圣伟、和尚军、和朝东、和朝泽、和朝光、和玉祥、和朝珍8家（阿四金家族），和金圣、和金星、和金辉、和林、和子一、和金红、和子红、和子香、和学武9家（德立家族，是从阿四金家族分出），和建良、和汝浩、和汝信家（毛吉家族，从阿四金家族分出），和建华、和建忠、和建国、和建成、和建军5家（从毛吉家族分出），和学新、和耀华、和吉诚、和吉祯4家（那每家族，从阿四金家族分出），和作典、和作才、和作武、和圣华、和圣周、和圣灿、和圣明7家（漫局家族），和国武、和国亮、和国辉3家（从满家家族分出），共10个坟场。

今天每个坟场上都有各家族的人带上酒水、茶水、供品来祭祀各自的祖先，这用意是"新的一年到来了，后生们首先来祀奉老祖宗，以求老祖宗在新的一年里保佑后生们平安。"

满下村的以上这些后生，从早上9点开始带着供品到坟场祭祀老祖宗，到12点半返回家，家里已有各家的妇女备好丰盛的午饭。吃过午饭，他们又不约而同地来到球场边，打球的打球，当观众的当观众；打扑克的则集中在和国武小卖部旁男女约共60人，黑压压的一片，利用节日在尽情玩着。

2014年2月1日　农历正月初二　晴

从上午10点起，满中村村民组长和志强打开"满中村村民活动中心"的门，让全村男女老少都在这儿玩扑克、打麻将。这是自"活动中心"挂牌以来，满中村村民在这活动中心玩的第三天。第一天是元旦节，第二天是昨天（2014年正月初一），今天是第三天了。和志强在挂牌那天曾在大会上宣誓："活动中心，除老年人活动的日子（打牙祭）外，只是在逢年过节开门供全体村民玩，其余时间不随便开门，里边的东西，当天用完就要收拾好。"

今天，中青年人继续昨日的篮球轮赛，妇女们在活动中心打扑克，有些妇女则回娘家拜年。如今回娘家拜年，不像以往年那样身背拜年礼，携儿带女步行回家，而是开着汽车，脚不踏地就到娘家。

打球的人们，边打球，边喝啤酒，这啤酒是输家买来，大伙同饮。快到下午5点收场时，有几个年轻人，也有醉意了，打球的人们回去了，可打牌的人还有点舍不得离去。和志强说，明天又在这里继续进行吧，现在大家都要忍痛割爱，收场了，于是大伙坚持最后一把就散伙。

2014年2月2日　农历正月初三　晴

满中村的全体村民都集中在球场，进行投篮比赛。参赛者都发一份纪念品，一个八磅热水壶。中青年则每人一套长袖运动服及运动裤，并印有"满中村×号"等标志。投篮优秀者发一个红包，包中分别装有150元、100元、50元不等，分老、中、青、妇、姑娘、小学生6个组。

这些活动赠品经费的来源是，设在满中村的格林恒信生物种植有限公司，为调动村民继续种他们公司的玛咖的积极性和稳定性，而在春节前就给满中村2万元，满上村2万元，满下村1万元春节村民活动费。据说他们公司在以前每年都给这三个村民小组每个组1万元的春节村民体育活动费，但拿给各村民组长，一些村民组长就把钱装进自己的包包里面，没有公布给村民。这些村民组长把上级拨付给村民小组建设各种项目的经费占为己有，自己贪掉，究其原因：一是村民素质差，村民认为"左不为亲右不沾亲，老嘴老脸的，没有说才说了，自己的又会有多少，捞上来是牛头般大，分下去是虱蛋般小，不说为好"；二是贪为己有的村民组长还利用了村民这般低素质的弱点而钻了空子。有个别村民组长任了五六年，贪了不少上级拨给村民的各种补助款，也没人上诉，还风平浪静的，好像贪了很占理，而村民们也只是背后议论一下就了事。

2014年2月3日　农历正月初四　晴

在丽江城里经商做各种经营活动的和劳务活的汉族、白族，从昨天就开始营业活动，而纳西族人还在进行走亲访友，请"春客"。亲戚朋友开始团团圆圆，一家聚一天，一直会延续到正月十八左右才会了结。这现象真是应验了古时候就流传在南溪村的一句流行语"纳西子你迪"，意为纳西族以吃为大。是的，每家每户，宁可穿差些，其他花销节省些，但逢年过节都要吃丰盛的佳肴酒席。过去的冬月腊月备年货就是为过春节这半个多月丰盛饭菜而奔波，而今一天之内就可开车买齐年货，但过年在吃方面开支的钱是较多的。

这一现象，虽然是民族传统，但另一方面恰恰反映出先进民族与少数民族在意识形态上的明显差距。这是少数民族赶不上先进的汉族、白族……的表现，特别是理财方面，经济思路方面远远赶不上以上两个先进民族。这是受到历史传统的影响所致。

2014年2月4日　农历正月初五　晴

今天还有好些南溪村的村民在进行拜年活动。这部分村民都是从别的村委会嫁到南溪来的，如太安乡、太安天红、汝南、红麦、吉子、海西等村委会各村民小组；七河乡的前山、后山村委会的各村民小组；较远的鸣音乡、拉市乡、大具乡、鲁甸乡、宝山乡；相邻县的永胜县、宁蒗县等。

这些村民的回娘家拜年活动还会持续几天，有些一年才回这一次娘家（一般情况下），如娘家亲戚有婚嫁生丧之事，是哪时有就哪时回。但路途远的，不能像本村人嫁在本村那样能朝夕都回家，所以，不住几天是双方亲人都不乐意的。这些人所带去的拜年礼自然比嫁在本村的人带得多，起码是一挂肉、十来斤米、两瓶白酒、两瓶啤酒、两包茶叶，还带些冰糖、糕点之类的东西。

在村里的带半挂肉、四五斤米、1瓶白酒，也有带一挂肉、四五斤米、1瓶白酒、1瓶啤酒、1包茶的。在村里给压岁钱也不等，20元、30元、40元、50元，很少有人给100元。在当今经济物质那样充裕的南溪村，个别村民还是好多年来都带2瓶啤酒，1包250克的茶，1包400克装的冰糖（或者1包米花糖）。

2014年2月5日　农历正月初六　晴

格林恒信生物种植有限公司的领导及南溪村委会领导、各村民小组长，曾在1月中旬被邀到黄山镇人民政府，由镇政府主持召开了一个玛咖协调座谈会。会上黄山镇人民政府镇长和金星要求南溪村委会的3位领导及各村民组长，动员种了格林恒信生物种植有限公司的玛咖苗的村民们，把收挖到的玛咖都交售到公司去，公司也应该增加一些收购玛咖的价格。通过双方协商，都认为公司每公斤收购价12元，只是市场收购价的四分之一少点。这样大的差价，不仅难以保证村民全部交公司。（旦前村、旦都后村、鹿子村、金龙村、文屏村，有一部分村民从2013年就不用公司的苗，有些是自育，有些是从市场买来的。玛咖小老板来村里买，黑色玛咖每公斤给60元，白色的每公斤给50元），而且让领导去做村民的思想工作，也是很难的。在这样比较的情况下，"公司"领导表示每公斤增加3元，即从往年的每公斤12元提高到每公斤15元。

结果，前几天"公司"领导又给南溪村委会党总支书记、村委会主任和继武打电话说："公司效益低，加不起，照往年的价格付款。"和继武当时就反对他们的意见，今天他就电话通知各村民组长，如果"公司"通知村民拿玛咖款，就要先问一下，怎样付款，若增加3元付，就通知村民去拿；如不增加，就不要去拿，他们再来和公司议价。

2014年2月6日　农历正月初七　晴

今天是农历正月初七，是南溪村历史传统上的忌日，过去有"七不出，八不进"的说法。就是说南溪村过去的村民是每逢农历每月的初七、十七、二十七这3天都不进城做买卖；不去山上砍材料；不破土盖建新房。适逢七的日子是有些不顺心，不吉利的，就连在外地工作的干部、工人，过年或探亲期满回单位离家都忌这3天日子。现时懂这一习俗的南溪村民是60岁以上的老人以及老父老母高寿者的子女们，一般60岁以下的村民是不知道这一习俗在南溪的过去是这样讲究的。

这样讲究的原因很明显，南溪先民在生产生活中肯定会有许多巧合的事情发生过。例如：逢七进城做买卖或生意不好，或丢失了东西、钱之类的；逢七出远门或许遇上雪封山，路不通，或买不到车票等；逢七去山上砍料，可能会有其中的人受到过斧头、砍刀的轻伤，或者合抬同一根料子时，其中的一人绊着脚等；逢七开工兴建新房，或许碰到在竖房时，从上掉下横料之类的。要不是这样，先民们怎么会这样忌讳逢七的日子呢？当然一般的地里劳动，上山拉松毛、砍柴之类的事是做的。

2014年2月7日　农历正月初八　阴

家住丽江古城区束河片区锦上坊小区的满下村村民和朝亮，因前不久患痔疮病，做了痔疮切除手术，需要疗养些日子，这事不知怎么这么快就被吉子村水闸口村民小组的和玉竹知道了。今天和玉竹特意来到和朝亮家，请求把和朝亮的出租车晚上租给和玉竹开。和朝亮征求父母双亲的意见，他母亲说："你需要疗养的这段时间就这样搁起（晚上），等到你好了，可以自己去开一下。"而他父亲说："租给和玉竹开好了，他是我们村相邻村子的人，又是满下村和作武的三姑爷。"和朝亮听后就答应把他的出租车晚上租给和玉竹开，并要和玉竹押金15万元（现时租开车需押金，半包（晚上）15万元，全包（24小时，全天）25万到30万元不等）。和玉竹说："15万元真的难以筹集到，押12万元给我开一下。"和朝亮答应了以和玉竹押金12万元，晚上租开和朝亮的出租车，租金每月3000元。如需修理汽车和玉竹、和朝亮各负担一半，汽油由和朝亮的妻子和福春加足，和玉竹则以跑车的里程计价（每千米0.7元）付给和福春。和玉竹要求租期为两年，和朝亮说："先租一年，到时又可以看着办。"就这样定为租期一年。和玉竹还提出："如果我遇到家里有大事，需要三五天时，请您帮忙开一下。"和朝亮答应了。他俩说好，明天白天就在信用社转押金（把和玉竹要押的12万元转存到和朝亮的账户上），从明天晚上开始由和玉竹开。

和玉竹离去后，和朝亮的父亲对他说："先用上和玉竹的押金，再筹上些钱干脆买一辆租赁车来，用租赁车来拉人算了，这样既安全又可以找点钱。"和朝亮表示愿意看看租赁车的市价，了解一下交租赁公司的费用、客源等再定。

2014年2月8日　农历正月初九　阴

按照昨天的口头协议，今天下午和玉竹、和朝亮俩人到玉龙信用社进行押金转账手续。结束后和朝亮回到家中，他母亲忧心忡忡地说："从今天以后的一年时间，我们一家六口的吃、喝、拉、撒，也就是家里的一切开支，全靠银丽妈（指儿媳）一人来挣钱，特别是两个娃娃的读书费用支出较多，对读书娃嘴上说钱没有，但不得不拿给钱，你以后千万别玩麻将了（指儿子和朝亮）。"真是的，可怜天下父母心，谁不指望自己的子女成龙变凤呢？虽然和朝亮已是两个娃娃的父亲，但在母亲眼里始终是娃娃。因此，老母亲的嘴总是每时每刻都在唠叨着。老伴则说："老奶奶，你那么急不必要，他们又不会让你饿着肚子，又不会让你拿出钱付孙子孙女的学费，你没钱买菜说给儿子就行了，真是杞人忧天。"

到吃晚饭时，留和玉竹在家用了晚饭，和朝亮的父亲提示和朝亮、和玉竹二人要写个书面合同各存一份。他俩表示明后天补办，下午6点开始就由和玉竹开车到明早6点交班，由和朝亮之妻和福春来开到下午6点。

的确，对一个从成家（19岁）到现在一直节衣缩食、勤俭持家，养育儿女、供养儿女、起房盖屋，帮忙儿子买车买房的农家妇女来说，是只讲劳苦、不讲享受的。她虽然跟儿女在城里生活三四年，但她的心不能适应城里的生活，是纳西妇女勤劳、善良的典型。

2014年2月9日　农历正月初十　阴

满下村村民和万红、和万仕两兄弟去自家山上砍橡子，说是和万红的老战友（丽江城区安乐村）半卖半送给和万红一所楼房，是在2·3地震后才起的，时间还不长。他战友要把老房卖了，另起混凝土房，看在和万红家的房子基本上是时间很久远的，所以就让和万红出个1万元（一所房卖五六万元），让他家用去。他们估计椽子要换一下新的，其他部件就不须换，因此，他兄弟俩只找椽子，不找其他料。

和万红说："我已是50岁的人了，我家老三（指和万仕）已有43岁了，两个的年龄都是大了，讨到媳妇的希望没有了，更没有生儿养女的希望了。因此，我打算把战友的这所房子搬上来后，请上个像样的竖房客，不然别人请我们，什么客都得去应酬，而我是缺了自己婚事，弟弟婚事及后生的生、婚之事。虽然去做客每次带去的礼不丰厚，但最低也得带个100元，我心里确有些不平衡，只有请个竖房客来平衡自己的心理。"

今天他兄弟俩拉了两手扶，人们觉得还挺快的，和万红说："是在20多天以前，'土皇'节令前面砍好的，今天只是拉回来的，明天要拉上三转就会拉完了。"

2014年2月10日　农历正月十一日　阴

格林恒信生物种植公司今天研究决定，对过去几年按照种植亩数下发玛咖苗，在自家没有种，而是让村中别的村民代种，这种现象不允许在2014年存在。满下村村民和家良家原先报了5亩，该公司就按5亩的数目发放玛咖苗，两年后因特殊的情况进城跟随儿女生活，也就不种地了。公司发放的5亩地的玛咖苗，让杨文花家种了3年，她家还打算让杨文花家长期种下去。但公司决定今年开始不让这类现象存在，所以，和家良家只能继续把地借给杨文花家，种苗由她家自己安排。

这一现象估计不仅满下村有，别的村民小组也会有。

现时对村民来说，发不发玛咖苗很不在乎了，因为村民会自己育种子，培育苗，会种，更会卖。所以，有不少村民想跟公司脱钩，自产自销，这样的经济效益才对种地者有利，钱多的事情是农民更乐意的。

2014年2月11日　农历正月十二日　阴

满下村、满中村、文屏村、金龙村的尝过"十五棒棒会"经济收入甜头的村民,在前天、昨天、今天坚持上山寻找山货,想拉到丽江"十五棒棒会"去卖。这些山货主要包括常绿树、腐叶、扫帚竹、树型好看的落叶乔木等,寻找这些山货的村民以自己以往常找常卖的山货为主。例如:满下村村民和尚军、和益花夫妇只找腐叶卖,他俩认为找树挖树太累人,划不来;满下村村民和建华、和圣明、和建国等则认为,找树挖树虽辛苦点,得花点力气,但钱也是可观的;满下村村民和建忠、和四姐夫妇则每年都砍些做扫帚的竹子,扎成扫帚卖,既轻松又好找(因为满上、满中、满下、旦前、旦后都没人干这事),省力又找钱;文屏村村民和福仔、和建立两个,是最肯花大气力、最肯吃苦的村民,他俩则见到什么就找什么,见到好卖点的树就挖,见到腐叶好找就找腐叶。前些年他俩是一天卖两手扶拖拉机的,在南溪村村民中享有"肯吃苦,力气大"的美称。

总之,曾利用"十五棒棒会"增加自己经济收入的村民,都不失时机地把握住机会,都会先搁下一切事情,去找会上好卖的、自己最拿手的东西,等到"棒棒会"结束才会来干其他的农事。

2014年2月12日　农历正月十三日　阴冷

今天开始有部分村民拉了前几天备下的山货(树、腐叶、竹扫帚……)进丽江城里卖,还有些村民拉了隔奶时间不长的小绵羊去卖,有的还从羊厩里拉起羊粪要到城里卖,有的个别村民还拉起小狗、小猫去卖,五花八门的。

丽江正月十五"棒棒会"的变迁是比较大、比较快的,过去的"棒棒会"是以交流买卖生产工具及娃娃玩具为主,居住在丽江坝区、山区的村民利用这天进行生产工具的交易,特别是以竹、木、铁等农具为主。住在山区的村民主要把斧头把、锄头把、打粮杆、木凿盆、木凿盐臼、犁具、竹扫帚等人扛马驮着去城里卖。有些还驮了洋芋种,有些村民还编了竹篮子、簸箕去卖,卖了后又买回自家要用的锄头、耙、犁尖、斧头、砍刀、筛子、铁三脚(火塘上架锅用的)。那时的正月十五市场上的农具棒棒类的占多数,因此叫作"棒棒会",赶会的人习惯上都得买根棒棒(斧头把或锄头把或打粮杆),家中还有用的也买。居住在山里的村民则兴买一根甘蔗,娃娃玩具(木马、纸编的鸡),买回这两样东西,南溪村民中有一种传统的说法"今年内牛马平安,六畜兴旺"。买回家后,除木马让娃娃玩外,纸编鸡要插在火塘旁的柱子上,到了腊月二十四,过年前打扫厨房烟灰、垃圾时才扫出,来年正月十五又买来插上,这样轮着。

最近10年来,主要以交流买卖树木、花卉为主,腐叶、羊粪肥料也很畅销,主要用于种树、种花的最佳肥料。

另外还有一个地方在丽鹤交界处(鹤庆县逢密村大龙潭天子庙会),那里大龙潭紧挨着它西面的山,有片片松树林,中间还有宽广的草坪,是鹤庆县最热闹的天子庙会。那里不仅有竹、木、铁农具,而且还卖牛马、骡驴等大牲畜,娃娃玩具、铁制生活用品和铁制农具都比丽江多。那里不仅聚集了鹤庆县的男女老少,而且丽江东坝子的、丽江南面山上的村民,大多数年轻人都往那个天子庙赶"十五棒棒会"。他们在这个会上不仅买东西,更重要的是青年人交流思想,谈情说爱,对情歌,找情人。那时,只要爬完逢密山,到处都围着一伙伙青年男女在对唱情歌,有些站在树林或草坪上唱;有些边走边唱,一直唱到放牛坪村边才停下(过去唱情歌,谈恋爱是要背着大人,情歌声不能传到村里)。那时的青年人大多数是经过这个"棒棒会"上交流沟通后结成伉俪的。

现今的青年人虽然不会唱情歌,但这个会还在起着谈情说爱的主阵地的作用。丽江南面的青年人仍都去赶"天子庙棒棒会",然后到放牛坪村打跳、唱歌、观看体育运动或参加体育运动,同时激烈地进行着谈对象的重要活动。

2014年2月13日　农历正月十四日　阴

南溪村的青年们穿上节日的盛装，备上足够的钱，去鹤庆县新屯乡逢密村天子庙"棒棒会"。在农村种地的、在城里开车的、在城里打工的青年男女都停下自己的活计，开着自家的车拉着邻居和同村青年人到天子庙"棒棒会"。他们来赶会不是来买东西，如农具、牲畜、玩具等，而是来会上休闲，开心地玩个够，更主要的是找对象，交流情感，成双成对地徜徉在天子庙草坪上、松树间。偶尔遇到女友喜欢的，男青年都毫不吝啬地掏出钱买给她；他们还成双成对地手拉手去钻天子庙溶洞；走到暗处或狭窄的地方，他们都会拥抱亲吻一阵，表示对对方的爱慕之心。傍晚他们都到丽江市古城区七河乡前山村委会放牛坪村，参加在该村举办的民族打跳和歌咏活动，出入这场合也只见青年人成双成对地手拉手在跳，或成双成对地依偎在一处当观众。古来的先民就把这个"棒棒会"当作找对象、谈情说爱的场所，不同的是：先民们是通过对唱情歌、弹口弦的形式交流情感，建立爱情的；而现代的青年们一直传承了这个"棒棒会"作为找对象的机会和场所，而且是直接用语言表达互相爱恋之心，更有些胆大或相爱较深的青年用实际行动在此次相会共逛时订下终身。一些人就这样跟着男青年跑婚到男青年家，让男青年的父母请家族的人背上聘礼去女方家求亲，女方家人看到有情男女已自然成婚，只好委屈服从儿女心愿，会择日让已跑婚到男方家的女儿回娘家，而后会择日操办婚嫁事宜。有些人则定下日子，男青年请了家族中长者一同到女方求亲，这类青年还算是循规蹈矩的青年。有些则定下日子，把姑娘领到男方家，第二天早上再请家族中长者上女方家门求亲。方式五花八门，这是南溪村及邻近村寨，从1949年前的父母包办婚（阿舅争每该、阿娘争每该、姑表婚、姨表婚）到1949年后的自由恋爱婚，到20世纪70、80年代盛行的跑婚，到20世纪末21世纪初的求婚，到最近10年的跑婚现象又增多，婚恋形式在变迁。

2014年2月14日　农历正月十五日　阴

由丽江市古城区七河乡前山村委会放牛坪村村民小组，利用"棒棒会"举办的传统的体育运动会正在火热进行。主办方在精心组织着每一场比赛，因为运动会采取的方式是"淘汰赛"，"淘汰赛"的最大特点是败者无权再参赛，胜者再进行角逐，淘汰就是把每一轮比赛中的败队丢了。所以，一定要认真细致。主办方认真地控制了每场比赛的每个细节，参赛被淘汰的球队就闹不起来了，如不这样，被淘汰的球队会找岔子，挑起事端。主办方的村民们也分组观看足、篮球比赛，以示在压阵。如果在比赛时，有球员不守球规乱来时，大家起哄，不约而同地斥责之，甚至把他开除出场。这样一来，想找岔子闹的也就闹不起来，只能是追规随矩地进行比赛，直到心安理得地分出输赢。

南溪村委会的满上篮球队闯过二轮赛，将参加明日举行的第三轮角逐，其余各队都输了，鹿子和满中足球队顺利进入明日轮赛，这三个队现有一点夺得名次的希望，但具体怎样，待到明日比赛才会知晓。

2014年2月15日　农历正月十六日　阴转晴

在丽江市古城区七河乡前山村委会放牛坪村村民小组举行的"元宵节体育比赛"，今天还在激烈地进行着，直到下午4点才结束。这次只进行男子足球、男子篮球两个项目的比赛。从比赛结果来看，南溪村各村民小组男篮比赛成绩差，没拿到冠、亚、季军等名次，观看比赛全过程的放牛坪村老年人都叹着长长的口气说："如今的满子师若不像过去的满子师若那样打得好（若：纳西语意为男青年）。"是的，的确不如以前曾雄霸丽江南片山区的满子师球队，那时的满下、满中球队是丽江境内较为有名的。这主要有以下几个原因：一是南溪村各村民小组的青年人，只要丢下书包后，基本上进城打工或开车，没有时间聚在一起练球。

因此，即使有点球技的人也很难与他人连环，发挥不出集体的优势。二是现时的壮年村民不像过去20世纪80、90年代的村民那样带上口粮、肉食跟随球队去看球赛，直到球赛结束后和球队一起回村（那时一般四天后才赛出雌雄）。所以，那时上场打球的队员觉得自己的后盾很强大，他们打起球来也大胆，并能发挥出技能和体能。而现时的壮年和老年人，壮年人利用有利时机和场所，忙着去找钱，老年人则休闲在家玩扑克、麻将之类的娱乐，没人顾及青年人的足球、篮球。三是现代人的生活比过去的村民提高了许多，青年人在城里天天不离肉，吃得又胖又拙，还有一些青年人腆着个大肚子，跑了几分钟后，就累得上气不接下气，喘个不停。这种架势怎能拿到体育运动的名次呢？

足球比赛还算走运，由鹿子村村民小组的青年夺得了这次足球赛冠军，得到一面印有举办时间、项目，举办方村名和冠军等金黄色字样的锦旗及装有200元奖金的红包。该村民组长和耀红拿到奖品后，立即打电话给副组长和建祥，叫他约上3个村民，买上5只鸡和1条火腿，在鹿子原村小学校做饭（学校撤点并校后，一个村委会就设一个完小，原小学校就成了村民小组活动中心）。相信今晚上鹿子村活动中心热闹异常，吃、喝、聊、唱都会进行到明日一两点钟才会散去。

2014年2月16日　农历正月十七日　阴转雪

满下村村民和学新、和圣昌两位老人乘坐满下村村民和吉诚的自用面包车（他经常往返于南溪到丽江城郊白华村，拉往返于丽江城至南溪两地的村民），到丽江购买满下村老人明日休闲聚餐用的食品。例如：鱼、鲜肉、蛋、鸡、时鲜蔬菜等食用品，本来蛋和鸡应在村里买，但南溪村里的鸡价钱是每斤32～35元，鸡蛋一个2元，这样昂贵的价钱，吃了大多数老人心里不是滋味。他在2012年时开始就从城里买了来，一来合了大多数老人的心意，二来又可多增加几个菜，让老人们吃得欢。

和学新已是 61 岁的老人了，和圣昌也是 59 岁的人了，他俩挨冷来城里买菜已感到辛苦。自家用的杀猪用菜呀，过节用的菜呀，过年用的菜呀，家里请工时用的菜呀，都是儿子儿媳买的。连自家用的他俩几年前就撒手不管了，到了这份年纪和体力上，有些力不从心了，但众望所托，他俩也就无法推辞。客观地讲，55 岁的村民就开始参加老年人休闲聚餐活动，此事应由年龄在五十五六岁的村民来承担较合适。他俩也很想辞去满下村老年会会长、副会长职务，请另选老年会中年龄小者来担当此事，但甩不开。今年能否甩开，待明日休闲聚餐时才会知道。

他俩进城的午餐及驾驶的午餐，他俩进城的往返车费，食品托运费报销，补助他俩每人误工费 50 元。

2014 年 2 月 17 日　农历正月十八日　雨夹雪

今天虽然不是什么年节和节气，但满下村 55 岁以上的村民，除和志贤（随女儿在维西县），和国辉、和学群夫妇、和尚勋（3 人在丽江城随儿女居住），48 人共聚在满下村活动中心聚餐，休闲娱乐。今天的炊事员是和子黄、和金发、和三友、和建忠、和朝光 5 人（炊事员是有父母参加老年活动的子女轮流承担，每次活动由 5 人来做）。炊事员的人数是在 2010 年农历五月端午开始活动时定下的，那时老年人只有 40 人参加，最近几年逐年增加到 48 人。今天的老人活动中提出，下一次（五月端午）开始增加 1 名炊事员，就是说每次活动由 6 人来做饭。

和学新、和圣昌也提出不干这一差事，让大伙选两个年纪较小的来担当。大伙听后，三三两两地低声嘀咕："他俩好了，账目一清二楚，每活动一次公布一次收支结余的细账，使得大家心知肚明，十分满意。"沉默片刻后，绝大多数人开口了，不约而同地发出："请您俩再辛苦几年，买菜可叫你们两家的孩儿跑跑。"就这样众人再次把担子压在他两个身上。

今年年满 55 岁，第一次参加老年活动的村民和国武拿了一箱啤酒让大家喝，还带上几包烟传给抽烟的人，以作为入伙的礼物。这样的事例在 2011 年、2012 年、2013 年新参与的人中未出现过，不知往后几年新参与的人会不会这样，现时还难以说准。

2014 年 2 月 18 日　农历正月十九日　阴

在城里开出租车的满下村村民和福春，今天早上遇上两个从四川昌都来丽江玉龙县玛咖基地买玛咖种的人。和福春告诉来搭他的车的人说："现在玛咖也都流入市场，玛咖种很可能买不到。"那两位商人说："我俩到玛咖基地看看，买不到种子也去一趟，请你拉我们去一下，车费 200 元。"和福春答应了，并把他俩拉到设在南溪满中村的格林恒信生物种植有限公司。到那里两个商人向公司提出要买玛咖种的事宜，公司的人回答说："现有的种子只够我们今年 5 月撒种育苗，如果你们要明年卖给你们一两斤是可以的，多的没有可卖的，但一斤的价位在 1.2 万元左右，如你们觉得可以就可在今年 10 月来电汇款，我们可把种子邮寄给你们。"他俩答应到时又说。说完在公司现场看了一遍，看后两人不约而同地说出："投入不少，效益肯定很丰厚。"

离开公司后，他俩要和福春领着到农户去问有没有玛咖种可卖的，结果打听到满下村村民和朝珍把出租车租给别人开，自己在家种玛咖种。于是和福春把这两个商人拉到满下村和朝珍家里，一问，和朝珍说："收到两斤多点，两斤已在春节回鲁甸拜年时托二姨妈在鲁甸卖出，现家中只有二两左右。"那两个商人请求和朝珍把那留在家的二两左右种子以 2000 元价卖给他俩，和朝珍欣然同意了，立即成交。和福春也就把他俩拉回城里，到城里那两个商人留和福春师傅一同在馆子里用了午餐，付了车费就各走各的了。

2014 年 2 月 19 日　农历正月二十日　晴

满下村村民和朝亮经过一个多月的观察和打听，得知租赁车一辆得二十五六万元才能买到，每年要交给租赁公司 7000 元左右，而租赁公司则不保租赁车的客源，只是在车管所或营运部门抓租赁车拉客人时，公司出面交涉，免于罚款和扣留车子等事。他感到一时难以筹集到这么多的资金，又不保证能拉到旅游的客人。于是就动用和玉竹租出租车的押金 12 万元，买了一辆 11 万多的轿车。

回到家，他的母亲责怪他说："目前我们家不必急着买自用轿车，再说要买也就买辆六七万元的就可以了。"和朝亮说："我这辈子可能就买辆自用车了，虽不买中高档的，但要买我喜欢的这辆车。"他的父亲说："子大不由父了，他已是两个少年的父亲了，让他自己放手做吧。儿子又不让你拿钱给他，你管那么多，何苦，你把买菜做饭、洗衣等家务做了就行了。"作为和朝亮的两个娃娃，看到自家添置了轿车，心里乐滋滋的，平时很不言语的和朝亮妻子和福春则认为，孩子大了，应该攒点钱才是，一家六口人各有心思，但车已买来，只好由他了。

2014 年 2 月 20 日　农历正月二十一日　晴

今天不是节日，虽然老天已晴了两天，但鸡冠山后面的阴坡上的积雪还未消融。满下村村民和建良清早起床后把女婿和金发、孙子和万成叫醒，要他父子俩起床吃早点后上山撵兔子。和万成说："爷爷，山上雪都可能化完了，能撵到兔子吗？"和建良回答说："鸡冠山背后的那一片山坡，一点儿雪也没化，最好撵了，网拉在下面，人从上往下撵，肯定会得到一顿丰盛的野味。"

吃过早点，他们仨提着兔子网出发了，走到鸡冠山附近，和建良停下来对和金发、和万成两父子说："我走左边这条路绕到鸡冠山背后半山腰'行每洛'（地名）拉好网，并在附近看着，把兔子赶到拉起网的方向。你父子俩直走直接翻过鸡冠山等着我的口哨声，你俩听到我吹的口哨声就从上面往下撵兔子，往'行每洛'方向。"就分路各自走了。

和建良绕到"行每洛"后，把兔网拉好后，双手各一个指头伸进口里，顶着舌尖使劲一吹，山谷间响起了响亮清脆的"嘘、嘘"声，示意和金发、和万成父子俩可以开始撵兔子了。他俩听到响声后，两人相距宽约4米的距离，吆喝着往"行每洛"方向走，边吆喝边用手捏雪团向树丛打去，把兔子吓得往下跑。赶了近一个小时，有4只野兔子撞到网上了，兔子一旦撞到网上，只是顾头不顾尾地把头俯在雪里不动了。和建良等到和金发两父子到来时，就叫他们赶紧把羊披脱下来，盖住兔子，再一只一只地来收拾。他们把逮到的兔子用双手使劲地拧着脖子，不让呼吸直到拧死，然后装进包里，收拾兔网。收拾完毕，和万成问和建良："我们到哪里下网，是不是再撵一会。"和建良笑着说："傻孩子，书本知识你比爷爷懂得多，可实践经验就赶不上爷爷了，周围的兔子和动物，经你父子俩这么一折腾，都吓跑了，不会在附近的山上了，今天就回去了，撵也白撵了，不会得手了。"

他们迳到家后，和万成说："4只野兔，我们家吃不完，选一只最大的送给我爷爷家吧（和金发是本村村民和福祥老人的第五个儿子，来到和建良家做上门女婿，现和福祥老人和第六个儿子和林生活，一家四口人）！和建良立即表示同意，并叫和万成马上送去，和金发和他开始着手剥皮，收拾兔子，并用砍刀砍成一坨一坨的，只待傍晚下锅煮食。

2014年2月21日　农历正月二十二日　晴

和福祥，男，现年82岁，南溪村委会满下村村民小组人，中国共产党党员，是南溪村第一批党员之一。南溪村和他一起入党的村民，现在还健在的只有两人了，一个是他，另一个是旦都后村村民小组的和自治老人，现年85岁。1956年至1958年初任南溪村党支部书记，1958年5月，国家实行大炼钢铁的"大跃进"，调他到丽江玉龙铜矿（地址在金山乡拉马古村）任矿长、书记等职。1962年停产后做调整，他因家庭困难，主要是子女多，自报回家。1963年任南溪大队满三队队长（当时满下村分为南溪满子师第三和第四生产队），1966年归为一个队，任满三队政治队长(当时分政治队长和生产队长两个职位),一直到1981年改革开放时止(其间曾任南溪大队党支部委员,黄山公社党委委员等职)。

他由一个文盲成长为具有高小文化程度的农村干部,一靠他天资聪慧,看过一遍,听过一遍,就有过目不忘、闻过记牢的现象;二靠他在工作、生产之余孜孜以求。他生有七男一女,其中有两个儿子做上门女婿,一个儿子去招呼他叔叔婶婶,现还有四个儿子在家分作四个家庭而居。上门到旦前村的长子和金甲于2011年去世,成了白发人送黑发人的惨面,所幸的是他还有六男一女在世,而没有倒下。要不,像满下村已故老人和尚典那样,儿子走失不足半年,他也跟着急匆匆地走了;金龙村的和福先,他儿子被人谋杀一年余几天,他也跟着走了。要是男人有了心病(纳西语称"叹气"),就怎么救怎么留也留不住。

他已是八十有二的高龄人了,还帮小儿子做家务、拴牛,还经常关心国家大事,按时收看新闻节目。

2014年2月22日　农历正月二十三日　晴

南溪村委会召开各村民组长会议

主持人:南溪村委会党总支书记、村委会主任和继武

参加人:南溪村委会党总支副书记和国军,南溪村委会副主任和丽军,南溪村委会文屏、金龙、满上、满中、满下、旦前、旦后、鹿子8个村民小组长

会议内容:

由党总支书记、村委会主任和继武传达前几天在镇政府开会的内容。

玉龙县委、县政府根据省、市委指示精神,在玉龙县黄山镇创建民族团结示范乡镇,主要牵头单位为县民族宗教事务局,并全程参与该项活动,该局拨付一定资金,扶持黄山镇的主要产业。镇党委、政府根据黄山镇白华、五台、文华、长水居委会均已成为失地居民,只有南溪村

委会在做种植产业（洋芋、玛咖、油菜等）。所以，把民宗局给予扶持产业的资金70万元拨给南溪村扶持村民种植玛咖，以全村种植2500亩计算，每亩补助280元。经细算每个农户应补助6.5亩，我们要按各村民小组的户口报上去，让农户填表签名、盖手印，要求在最近3天内做完，然后把表交给村委会副主任和丽军，由他直接交到黄山镇财政所，财政所的人会把钱按表格从信用社转到各农户的惠农卡上。

会议时间：两小时

2014年2月23日　农历正月二十四日　晴

今天早上10点，满下村召开户长会议。会议由满下村村民组长和学武主持，村民小组副组长和万仕参与，全村民小组58个户长参加了会议。开始由和学武传达了昨日村委会召开村民组长会议的内容，然后把所要填的表格拿给和万仕，让和万仕负责填写每户的表格内容，并要每户家长签名、盖手印。把这一件事做完后，和学武对大伙说："我们村民小组共有58户，其中和春拾家的户口在四川省攀枝花市（非农村人口，早年就随在攀枝花市当工人的父亲和学仁迁到那儿），上面没有给他家的份额。我们就按57户来分10万元，合补助400亩，400亩由57户来分每户合6.5亩剩下一点，每户合人民币1820元，会在一个星期内转到各户的惠农卡里，去信用社取得了。另外，春节前玛咖公司给了我们村1万元春节活动费，春节我们满下村没组织集体活动，本想把这笔款给我村老年人用，但又怕引起没有参加老年活动的村民的意见，也就没给了。今天，每户分给100元，合5800元，剩下4200元，现暂公留，等到以后有妇女、青年、儿童等不同年龄阶层的人活动时给一点。"全体户长都说："好！"有些还在低声嘀咕："和学武真好，一点儿贪心都没有，在他前面的，有这样的举动吗？现今难寻他这样的人。"

填完表，发完钱，会议也就结束了。

山村时轮　玉龙县黄山镇南溪村纳西族村民日志

2014年2月24日　农历正月二十五日　晴转阴

设在满中村的格林恒信生物种植有限公司，因在满中村招不到足够的长期小工（公司开给长期工每天70元，要求上班的时间为8小时，满中村村民认为工钱少了，干的人就不多），就把满下村的村民杨文花、和玉琴、和满菊、和月祥、和琼5个妇女招为长期小工。

今天她们5人去玛咖公司干活，和她们一起去满中村兄长家的和吉诚说："每天70元，他们在满中村招不到人，你们5人也可以说每天不给100元，你们也不干。"杨文花等却笑着说："不干白不干，在村子里每天能找到70元钱，比起在城里每天找到120元钱还强呢！我们可以回家吃饭，回家睡觉，不需买菜吃，不需租房住，不需出水费，还可以做喂猪、喂鸡、做饭等家务，一个月30天下来，也就净收入2100元。不要说比打工的还要硬，就是比公务员也强了，公务员的工资，吃、喝、住、行以外也不会剩下这么多，如果有可能，我们都可以干几年。"和吉诚说："别人都觉得亏了，才不干的，你们反倒觉得还可以，你们是不是傻点。"她们也笑着说："别人说我们憨也好，呆也好，傻也好，在村子里找到钱，不需大汗淋漓地干，也不需冒雨经风地干，何苦而不为。"她们5人你一言我一语，把和吉诚说得哑口无言了。

2014年2月25日　农历正月二十六日　晴

来者：丽江市玉龙县太安乡天红村委会高且村村民小组一大龄男青年由一个老者伴随，以叔侄相称，男青年约35岁，未曾婚过。据说他家境还好，还有20余万元存款。

来的地方：他叔侄俩来满下村和学武家。

来的目的：那男青年得知和学武家姐姐和闰菊从汝南村离婚，回到南溪满下村娘家。故特请他叔叔做伴相求和闰菊与他成婚，做他的妻子。

到家后，来者说明了来意，和闰菊的母亲和金合、弟弟和学武对来者说："这一大事，我们做母亲的和做弟弟的不好说，只能是和闰菊说了算，你俩只给和闰菊谈就行，没有我们母子的发言权。"他们等和闰菊回到家后，就开门见山地说明了来意，并诚恳地请求她能够接受他的爱。他叔也详细地介绍了男青年的个性、家庭父母的情况、生产生活的情况等。和闰菊听后说："我嫁人10年，开头两年还可以，有足足八年很难熬，今日才熬出头来。我想轻松地在娘家享受段自由自在的快乐生活，现时真的不想嫁人。"

结果：来者没达到目的而归。

旁观者的思维：对于一个刚离婚回到娘家才1月有余的妇女来说，再婚轻易不会点头答应了。她会打听和观察对方真实情况，即使感到满意和认为可以嫁给他，也绝对不会表现出真实的心情。起码她会让男方来家求好几次，以及对他有了很确切的了解，并能肯定自己不受歧视才会答应的，哪会有第一次进门就立即答应的美事呢？女人是必嫁的，得去找自己的托靠，去找自己的天地（除残疾女以外）。这是天经地义的，谁人也不可阻挠，只不过是有个观察、思考的过程。

2014年2月26日　农历正月二十七日　晴

南溪村委会副主任和丽军同志，召集南溪各村民小组组长、副组长交回前几天布置填写的报表，并把大家留在村公所，要求把各村民小组各个农户的惠农卡账号认真填写好，集中交给他。他要在明日送交黄山镇财政所，财政所会在明后两天内，把玉龙县民宗局扶持南溪村委会种植玛咖的资金拨转到南溪村各农户的惠农卡里。

这对户数较少的文屏村村民小组，满上村村民小组，满中村村民小组，且都后村村民小组的组长、副组长的负担是较为轻点的，但对户数较多的金龙村村民小组，满下村村民小组，且前村村民小组，鹿子村村民小组的组长、副组长的负担是够重的。他们都拨通各自村民小组各户户长的电话，询问该户惠农卡的账号，户长接到电话后，要去找那本惠农卡存折，有些还要请识字人看了才会报给组长或副组长，这个有点费时间。他们从早上10点半一直干到下午4点左右才完成，完成后立即交给和丽军就各自回家。和丽军也携带好装有这些表格的挎包，同旦前、旦都后村村民小组的组长、副组长一同回家。

在回家的路上，他们5人都把话题集中在党和国家对农业、农村、农民的政策上，都感到这些政策对农民很好，逐步缩小了城乡差别、工人与农民差别，增加了农民的收入，有效地提高了农民的生活质量。

2014年2月27日　农历正月二十八日　晴转阴

满下村村民和万红家抽签得到2014年度农村安居房补助款14000元（满下村共二户）。他家是其中的一户，和万红是老大，还有老三和万仕及母亲共一家三口。他兄弟俩用得到补助的款在丽江东界河安乐村，和万红的战友家买了一幢新房。今天，他兄弟俩请满家家族兄弟去拆房子，并请好金龙村的和江师傅用他的汽车拉一下大料，同时请和永昌、和亚军两人的两部后轮驱动拖拉机拉瓦片。

他们拆房子的顺序是：揭瓦、拆椽子、拆梁头、拆挂方、拆三架梁，再拆二架梁，再拆大过梁、拆楼板、楼楞、楼下隔整部分，拆承柱、中间两排柱子，最后拆左右两排柱子。他们把拆下来的中小件料先堆放在空地上，当大件拆下来时，拆下一件就把这件抬着装进汽车里，如大过梁、承柱、二架梁、柱子、三架梁，再上梁头、楼楞、椽子、隔整用料。

今天把拆下的整所房子的木料都运回家了。和万红、和万仕兄弟俩还请和永昌、和亚军两人的拖拉机在以后几天把瓦片、土基拉回来，准备再用上。

2014年2月28日　农历正月二十九日　晴

满上村、满中村的和付香、和爱菊、和桂花、和桂芝、和丽香、和闰良、和仕其、和兰、和桂秀、和社月等人到太安乡汝南村委会下村和付香女儿和林玉家，因和林玉生一子，去她家做祝米客。她们是用和闰红的面包车（和林玉父亲）及和国高（和林玉三舅）的面包车拉去的，绕道从城里到拉市经太安天红到汝南，车程大概是人路的3倍多一点。

二十年前，南溪、汝南亲戚举办各种婚、嫁、丧葬、祝米客、拜年走亲、说亲等一系列民间往来活动都靠人们的十一号车（双腿），背礼品、背娃娃，真是够累的，但那时听不到叫累叫苦的声音。到1995年以后，用手扶拖拉机逐步替代了人们的十一号车，汉子开着手扶拖拉机拉着妻子儿女走亲戚，初步抛弃了用十一号车走亲戚的原始状况，那时偶尔听到"手扶颠得腰酸背痛"。但总比用十一号车威风点，快捷点，方便点，携儿带女背东西省劲多了。

到了2008年以后逐步用微型汽车、面包车、轿车代替了开手扶走亲戚的现象，比以前气派多了，舒服多了。只是苦惯了的60岁以上老人认为以车代步走亲戚经济破费大，年轻人则认为不以车代步的话，是不光彩和害羞的。

社会在向好的方向发展，走亲访友的方式发生了由步行到以车代步的变迁，不同年龄段的村民的消费观念也明显不同。

2014年3月1日　农历二月初一　晴间多云

2013年12月15日，丽江市内下了一场大雪，气温骤然下降，之后产生霜冻。在城区、郊区都发生了不同程度的水管冻裂、水表冻坏，供排水公司忙了半个多月时间才修复好。

地处海拔3180多米的南溪村，气候高寒，情况更为严重。村民用的太阳能、水管尽管事前用旧衣服包好，但好多村民的水龙头、水管、太阳能热水管被冻裂。设在南溪满中村的云南大学纳西族研究点也不例外，虽然基地管理员和尚勋老师在此前就把水龙头用旧衣服裹得严严实实的，也抵挡不住寒流，水龙头、出土水管（与埋管和水龙头相接的部分）被冻裂。第二天满中村村民组长和志强把裂了的水龙头扭开，找来根木棒塞进水管里，把水堵住，细细的水仍从钢管裂缝里喷出来，无法止住，但也不算很大。细细的水花日夜喷出，雪地上依着围墙结成了很大的冰块，无法动，他跟和尚勋老师商量说："和老师，云南大学基地的水管只能等到开春后再换修一下了。"和尚勋老师也表示只能这样了，他心里也感到把水才接通一个月余，又冻坏成这样，真不是滋味，他就把冻裂后的景象用影视记录了下来。事后他已在城里备下须换的水管龙头等，只待开春冰化后用手换接好。现在已开春冰雪融化，他正在找人请修好，但还不知道哪天能请到。

2014年3月2日　农历二月初二　晴

满下村寨村民和丽军，今天请家族及亲戚帮忙竖房子。他竖的是两间平房，准备用作厨房。他竖房所用的木料全都是在本地山里找来的，因为平房的高度、宽度和跨度都比楼小矮、窄，料子也可比楼房用料短、小，所以不需要到城里去买来大料用，厨房柱子、承柱、过梁、二件梁、三件梁所承受的重量只有楼房料所承受重量的约八分之一，故所用木材不肥实也能用上。

他做木匠活是以请工、相互帮忙的形式进行，就是说，请来木匠师傅来做木匠活不出工钱。因为和丽军本人也会一手石匠、砌墙的话，别人也需要他来做石匠活或者砌墙的活，到需要时又会请和丽军去帮忙。手艺人互相帮忙时，生活方面不周全些也无关紧要，这两点是会手艺的村民弄自家起房盖屋的便利之处。

帮他做木匠活的是和国兴、和永红、和万琴、和子黄、和国亮等。今天他请家族的每户一人，亲戚每户一人，共有20余人，人多事少。今天就把梁头也上好，并钉好椽子，做到一步到位，除以后隔整外，这所房子上木工活就不需请工了。

2014年3月3日　农历二月初三　阴

2014年中小学生寒假已经结束，今天南溪完小也和丽江市各地的小学一样收假开学了。现时在南溪完小读书的文屏、金龙、鹿子、旦前、旦都后村的小学生们，今天早上父母用汽车或拖拉机拉着各自的娃娃到南溪完小，同时还拉上娃娃的生活用具。有些学生在放假时把生活用具没带回家的，今早父母帮他们洗刷干净。

早上8点左右有部分学生已来到学校门前（满中、满下村学生），住在学校附近的满下村村民和朝光就走过来开了学校的大门，让在校门前的学生走进校园。最近几年南溪完小校长请和朝光家，在寒暑两假、周末、节假日有酬看护学校。请他家看护学校的原因是，在南溪任教的老师中没有南溪村籍的老师，学生及老师的炊事员也在当地请不到，就请了丽江坝子里金山乡新屯村的村民来做。

以前和学新老师还是民办教师时，他常守护学校；1990年和尚勋老师调回南溪完小，就由和尚勋老师来守护；后来由炊事员（满下或满中村村民担任时）来守护。

到10点半老师们都陆续到校了，他们安排了老师买来住宿学生的菜、肉等，把菜、肉都分别装在冰箱里，给学生做吃。他们组织学生打扫校园内外的卫生，然后再分班各自打扫教室。到下午，发放新课本，学生整理书和宿舍，老师开校务会议。

2014年3月4日　农历二月初四　晴

在丽江城里租出租车开的满中村村民和福军、和涛两人今天回家，说是要犁地，拉粪到地里，好让家人种洋芋。

和福军来开车后，家里只有妻子一人照顾两个娃娃以及干地里活。和涛家比和福军家要好些，因为和涛的老岳父和老岳母都健在且年龄才接近60岁，这年龄段的村民大多数还身强力壮，还是种地排田的好把手。只不过老岳父和丽元不会开拖拉机，因此，犁地、拉粪到地里需要和涛回去帮忙，这事由和涛完成后，其余事情均可由岳父岳母、妻子3人去完成。和福军则不像和涛，犁地、拉粪、种、收都得去帮忙，他感到一头扑在开车上,也不可能养活四口人,虽然农忙时得误车好几天,但地不种也不行。误车时间多了,一个晚上就得贴100元钱,时间一长,这笔钱还是不少的;不开车专门种地吧,感到地里收入再多也赶不上别人。权衡结果,认为只有两样都干,地头收入点,开车收入点,总会比只干一样好些。

南溪村村民像和福军那样干的人还是多的,闲时专心开车,农忙时,误上几天车去种地。租别人家车开的中年人基本上都这样,自家有车的村民也有一部分这样干,村民都感到这样做保险些,两全其美,收入喜人。

2014年3月5日　农历二月初五　阴

因患痔疮病需暂时休息,停开出租车,并把出租车半租出(夜晚)的满下村村民和朝亮,感到在城里老是闲着不是一回事,而且也明显地感到一家六口人在城里吃、喝、拉、撒、学等费用的来源有点紧张。于是他在父母两位老人的万般反对下,今天就应聘去开丽江—泸沽湖专线旅游车。

丽江—宁蒗—泸沽湖的公路,沿江、盘山、绕悬崖的险路占大半以上,加之他还未开过中小型客运车。父母对他的这一决定是极力反对的,认为路险,不安全,还没接触过中小型客车,就拉着客人上这般险路,有些冒险,但他说"试一试"就去上岗了。在他走后,父母商量说:"只要和朝亮不玩麻将,他跟儿媳各开半个白天的出租车,生活压力就不会很大,下一趟旅游车就别让开了。"

他今天的行程还安全顺利,可也少不了到江边路段,悬崖边路段,急弯、路窄、险峰路段,提心吊胆的。一个月10趟(往返20天),每月4000元,包吃包住(如果按上路趟数要酬,则每趟500元),酬金不算多,可也不算少。但由于父母的牵挂、担心,他也许会放弃这个差事。

2014年3月6日　农历二月初六　晴

　　春天到了，南溪满子师村及山区村民的饮用水山泉出水开始逐渐少些了。村里如果有哪户村民有浪费水的现象，就会受到其他村民的指责，同样在3月到5月底这段时间里有哪家的水管或水龙头坏了漏水没修好，也会受到村民的指责。在山泉出水下降、人畜饮水紧张的季节，不浪费水是山区村民的传统习惯。根据这一村情，云南大学纳西族调查基地管理员和尚勋老师，今天请在城里开出租车的村民和福军回家来帮助修理云南大学基地，在2013年12月间因雪霜冻坏的外露水管和水龙头（满中村村民数和福军的技能好，加之与和尚勋的关系也较为融洽）。

　　他俩从丽江城一回到满中村，就先到基地去看，啊，冰块还没融化完，依然是像座小土包那样立在水管外露部分旁，两人细细地看了又看，感到无比难弄。和尚勋对和福军说："今天请你无论如何也改换一下新的，要不然一来受村民责骂，二来也影响你开车及帮忙你家人干农活。我在邻居家借个锤子来砸冰块，搬冰块，清扫障碍，请你回家拿来修理更换用的工具。"和福军回家去拿更换水管用的工具，和尚勋去邻居和福生家借锤子、砍刀等。

　　他俩拿来工具后，和尚勋把事先备好的水管、水龙头、生料带拿出来递给和福军。和福军左看看、右看看，想着怎样接才好，比比看看，然后走到墙外看看。和尚勋则忙着敲打冰块，把打碎的冰块排开，他俩从10点干到12点，还是接不好。最后和福军回家拿来他以前用剩下的一截抽丝钢管，打算从墙底下穿过去接一截胶塑管，又忙开了。他俩一直折腾到下午3点才接好，接稳。之后，和福军回家做午饭，和尚勋就抬些石头，捡些砖头，压在露出的胶塑管和钢管上，以防止以后有手闲的娃娃和不懂事的年轻人用小刀划。整好后到和福军家吃午饭，和福军在短时间内做出较丰盛的饭菜两人共享，其中有煎鸡蛋、水炒肉片，都是快速做成的生态食品。长期食用城里市场食品的人，吃这么一顿生态食品，口感非常好，他俩吃得碗底所剩无几了，并且两人面对面开心地笑了。他俩完成了任务，又吃到一顿美餐，怎能不笑呢！

2014 年 3 月 7 日　农历二月初七　晴

满下村村民和金辉卖洋芋。

单价：每斤洋芋八角钱。

买主：旦都后村村民和华迪，用自家的中型货车要拉到下关，转卖给下关卖洋芋的，他这样做已有三年多时间了。干类似生意的南溪村村民还有金龙村的和八昆、和江，满上村的和天红、和占军等。

参加人员：和金辉夫妇、和金星夫妇、和学武夫妇、和金红夫妇、和子一夫妇、和金发夫妇、和林夫妇、和永军夫妇、和子红夫妇。

具体分工：和金辉之妻和益社、和永军之妻和子香、和金发之妻和银谷三人做饭。和金星负责过秤并记录，其余妇女装洋芋，男子背洋芋上车。

卖出数量：32000 斤。

收入人民币：25600 元。

午饭后，男人休闲到傍晚，妇女们回家做各自的家务。

2014 年 3 月 8 日　农历二月初八　晴

今天是三八妇女节，是全世界妇女的节日；又是丽江纳西族的"三朵"节，丽江党政机关、事业单位、学校放假 3 天（从下周一到周三，周四收假）。双节日碰在一天的现象是不多的，因此，村民们过今天的"三八"和"三朵"节与往年有些明显的不同，好些村民都以家庭出游为过节方式。例如：满下村村民和丽军家、杨文花家，两家人除和子一在家喂牲口外，其余 7 人携儿带女去大理地热国（下山口）游玩；有些村民除老人不想出游外全家人都去，如和圣武家、和朝亮家、和永昌家；有些村民自愿相约起来，出点燃油费出去游玩，如和万林家、和万琴家、和万兴家、和万元家、和万军家一同去黎明老君山游玩。

而满中村的村民绝大多数是妇女都去黎明老君山玩。到老君山去游玩的村民真的开了眼界，他们原以为千山万水都会是一样的，但走出百里之地，他们亲眼看到山各有奇色、形状各异，值得前去一游。

满下村的没有外出的中年男人及妇女们则相约着在村民活动中心玩并组织了牙祭，打牌和丰盛的牙祭食品满足了他们今天的过节心态。

2014年3月9日　农历二月初九　晴

今天是南溪村传统的2014年第一个祭祖节。祭祖活动以家庭为单位进行，祭祀的祖先为本家庭前四代祖先（父亲、母亲、爷爷、奶奶、祖父、祖母、曾祖父、曾祖母）。参与人员为本家庭成员及由本家庭出嫁的在世女人，参与女人带来的祭祀礼品现时不尽相同，但最基本的就是不带不行的是两炷香、一瓶酒，纳西语称："阿普祖洞日绍肯"（意为给祖宗敬酒）。的确，当她们回到家，就燃上所带来的香，插在祭祖台上，并把所带来的酒拧开瓶盖，在祭祖台上已摆放好的酒杯里加上一点酒，然后跪下磕头，完毕才能上炕休息。

做法是，把祖先牌（古时都为木制久留长用，现时多为纸制，一年做一次，在七月半那天烧了后，在农历十一月初二祭祖节时又做一张，用到来年七月半时用了后烧，这样轮番着）摆在厨房里四方桌上（古时用八仙桌，高为现时用四方桌的两倍）靠墙一方，在祖先牌前放上香炉。烧上香（现时多为以酒瓶代香炉，把香点燃插进瓶子，或切块萝卜、蔓菁、洋芋，把香插在这些物体上代香炉），再摆上盛有酒、茶的杯子，三双筷子、三堆供品（以示给三代祖先食用）。这次的供品为煎面食、糖果，然后做出每一道菜都摆在祭祖台上（以示给祖先们吃）。吃晚饭前，重新换上香、酒、茶，找块瓦片，撮点燃着的灶灰，摆在祭祖台上，全家人下跪磕头，磕毕，男主人找个盘子或小簸箕之类的，把所有的饭菜、肉一样捡点放进瓦片的灰里，再找个碗，从每碗菜肉中捡上一点点盛进一个小碗里，然后把铺在祭祖台上的青松针装进簸箕里，把酒、茶、瓦片、菜、香都装进簸箕里，揣到村边送祖的地方。插上香，铺上青松针，松针上放上带出来的东西，以示给本家所有祖先在此共同食用，这次祭祖过程就结束了，家人可以吃晚饭了。

2014年3月10日　农历二月初十　晴

满下村村民和朝珍，自去年开始把自己的出租车租出后，一直在家种点洋芋、油菜、玛咖等作物，同时也对自家的房子进行了修缮、翻盖（更换新的梁头、椽子、挂方等房顶木料，南溪村称之为翻盖房子）。3月7日晚在城里的和朝珍妻子杨贵兰，趁女儿和玉凤放长假之机，转回南溪老家帮和朝珍种洋芋。今天她背小女和玉良，领着长女和玉凤4人一齐到地里种洋芋。和朝珍放洋芋种、施肥，杨贵兰盖洋芋种、垄坛，偶尔长女和玉凤也帮忙施点肥，但毕竟是小学一年级的娃娃，只是在兴头上的三五分钟。小女和玉良才一岁半左右，还需大人招呼，今天就让她在地头坐下，每隔三五分钟就哭爹叫娘的，还一身灰，过一阵父母就去哄她一下。这样一来，杨贵兰就地数落和朝珍来了："可以开车你不开，不想开车，就叫你学做生意你不做，耕地盘田够苦的，效益也不会有开车或做生意那样高，偏要自找苦吃，还苦了小娃娃。"和朝珍说："种庄稼苦些，收入少些，但房子也翻盖了，要是只开车或做生意翻盖房子这一大事就休了。我还要再干两年，等小女可上幼儿园时再开车，你做生意，那时我们家的财源会不断的。现时把车租出，你领娃娃，我种地修房，钱虽少些，但样样成全了，这样不好吗？"

两口子做一家，而且孩儿还幼小，开车、种地两头兼顾的南溪村村民是寥寥无几的。和朝珍说得很客观，钱少些，苦些，但必须翻盖维修的房子修上了，这头也是不可忽略的大事。

2014年3月11日　农历二月十一日　晴

南溪村民们正处于种洋芋的农忙时节，家家户户都在进行着种洋芋的有关事项，犁地、送肥、种洋芋等，过程只是这三道就完成了种洋芋的任务。但随着时日的迁移，看似简单的这三道种洋芋的工序发生了很大的变迁。下面就三道工序的比较来看变迁的真相。

（1）犁地。过去犁地的基本工具是人和牛，一人驾牛，一人扶犁，二牛抬杠拉犁，犁了第一道后用木耙子打土块，把土块打碎后，再犁一次。到1996年以后，二牛抬杠拉犁逐步用手扶拖拉机犁地所代替。过去每农户必养一头耕牛的历史渐渐逝去并匿迹。到今年大多数农户懒得用手扶拖拉机犁地，而是用铁牛拉旋耕机一次性犁好耕好，有些农户付出这笔工钱超过千元。

（2）送肥。到1998年，村民传统用尖底篮背厩肥到地里的现象，逐步被用手扶拖拉机把厩肥一车车拉到地里所代替，人背改成了车运，大大减少了人体损耗。

（3）种洋芋。1990年前的种洋芋过程是：放种——施厩肥——盖土垒坛。到1998年以后至今的程序是：放种——施厩肥——撒化肥（尿素、磷肥、复合肥等混合撒在厩肥上）——盖土垒坛。

有些村民更来得直接，一次就用手扶拖拉机拉上厩肥、铧犁、化肥、洋芋种到地里。到地里把手扶拖拉机的挂斗停在适当的位置，机头上安好犁，男的先犁地，女的下车厩肥，下完车，女的就放种、施肥，等一块地犁完了，男的就盖土垒坛。所有这些可用"机械代替劳力，用科学种地"来概括变迁现象。

2014年3月12日　农历二月十二日　晴

自家拥有19座旅游汽车，平时都由自己驾车拉游客的满下村村民和永华，把老婆娃娃都领到城里，让娃娃上小学和幼儿园，叫老婆招呼娃娃。家里只有60多岁的父母亲操持农事和家事，一旦农忙了，他两口子就回来帮农事。

今天他停下开旅游车的事，回南溪老家帮忙父母亲种洋芋。他回到家就换下衣服去院子里往手扶拖拉机挂斗里装厩肥。等到厩肥装得差不多了，他就抬铧犁上在厩肥上，还背来五六袋洋芋种装上，他父亲和顺光提来半袋化肥也装上，车就这样上好了。

吃过早饭，备上午饭，他拉着老婆、娃娃往地里去，因为车上得满满的，他父母亲就步行前往地里去。到地里，他把洋芋种、化肥下车后，再把铧犁抬下来，在老婆的帮忙下，把铧犁套在手扶拖拉机机头上。他犁地、他老婆下车，等到他父母到地里时，他也犁出三分来的地。于是他母亲杨秋秀放洋芋种，他犁地，他老婆施肥，他父亲盖洋芋垄坛，和永华的儿子和福龙领着妹妹在地边玩。他们分工合作，一直干到太阳快落山时才回家，回家时都坐拖拉机回去，比步行快多了。

回到家里，有人做晚饭，有人喂猪、喂鸡，和永华在往手扶拖拉机挂斗里装厩肥，准备明天一清早就拉到地里去。这就是南溪村现时段（一直到把洋芋种完）的主要农活和生产形式。

2014 年 3 月 13 日　农历二月十三日　晴

承包南溪村委会到鹿子村村民小组通组油路的白华文荣村籍老板和××，今天派一部挖机来到南溪满下村沙场开始挖沙。这段公路未开工以前就商定好这段公路用沙由老板出 10 万元资产费给满下村，用这沙场的沙子铺足这路段，不能拉去其他工地用。当时就付了 10 万元，并在当时就分给了满下村各农户，村民都说和学武人品好，分文公款不往自己包里装，要是前任不会这样了。

看到今天挖机来挖沙子，村民估计春节前停工的通组公路要动工了。

2014 年 3 月 14 日　农历二月十四日　晴

挖掘机继续在满下村沙场工作，六七辆拉沙的农用汽车往返在满下村与文屏村之间，把沙子一车车、一趟趟地拉到文屏村早已停工的石场，要用在文屏石厂到文峰寺灵洞的油路上（约 2 千米长）。村民们都看在眼里，痛在心上，但谁也不敢吭声，只有村民组长和学武跟老板通电话，叫他别拉，老板却说："只是几车，没事。"和学武也不敢多说，因为白华村籍的老板，使人有些望而生畏，更有多少南溪人租居白华文荣村的房子在城里开车（人们戏称该村为南溪二村），人数之多，又怕给这些人添麻烦，故想说而不敢说，想制止而不敢制止，任其所为。

2014年3月15日　农历二月十五日　晴

设在南溪满中村的格林恒信生物种植有限公司，今天跟村委会主任和继武要求全村种植玛咖的农户尽早来拿2013年收交的玛咖款，并表示只付每公斤12元。和继武坚持说："在前不久镇党委、政府主持的玛咖协调会上表示给每公斤15元，不这样兑现，村民是不会来领取的。你们应该按照协调会上定的按15元一公斤付给。"公司的人说："面太大了，这不仅牵涉南溪村，还有邻近的前山村委会、后山村委会、太安乡的一些村委会，虽然每公斤只提高3元，但这又是一大笔啊！"和继武坚持说："村民也要实惠些，每公斤15元还没有市场价的一半，你们以后还种不种玛咖了，如果要种就得兑现协调会上承诺的价格，若不这样，以后你们就别想再种玛咖了。改革开放30多年了，村民的思想已进入市场经济里了，不可能被随意摆弄了。"公司的人听后，感到事情有些头疼，就说："我们再回去商量一下再说吧。"不知结果会怎样，待几天后才能知晓。

2014年3月16日　农历二月十六日　晴

满下村村民和丽华今天领着妻儿去丽江城租开出租车。

租车方式：与满中村嫁到汝南中村的和庆金合租一辆出租车（当地人称全包），押金为30万元（一家15万元），白天、黑夜轮流开车（每10天轮转一次）。车主不承担修理费及一切费用，月租金6400元（每家月租金3200元）。

和丽华的父亲和永昌、母亲和芬对和丽华说："你已是三进丽江城开车的人了，现时有了妻室儿女，不比以前单身汉了，要好好干，最起码你要找到租金和你们仨的生活费、租房费，虽然我们五口是一个家，但在经济上要弄'一国两制'，我们老两口盘田种地的事，不求你俩来帮忙，我俩生产生活所剩余经济暂不拿给你们，到时都是你们的，你要对你的妻儿切实负起责任来才是，不要弄成以前似的，租金都来向父母要卖洋芋钱来付。"

是的，每个孩子的父母都希望自己的孩子能够挣到钱，会攒钱用钱，担当起养家糊口的责任。"一国两制"是国家对香港的政策，而被南溪村村民广泛引用，就是要进城开车或务工的孩儿能做到自食其力。

2014年3月17日　农历二月十七日　晴

满下村村民和金辉家及和学先家合卖一车洋芋。

这车洋芋经问洋芋的满中村村民和国高主持，通过对洋芋老板的介绍，与卖洋芋的主人看好洋芋，议好价，并帮助负责过秤计数的方式，向洋芋老板拿服务介绍费。

方式：把洋芋老板的拉洋芋大车停在和朝光家门口的公路上，那段路没有来往车辆而不碍事地可以上车。和金辉及和学先两家把洋芋装入袋内过秤后，上在手扶拖拉机上，用手扶拖拉机拉到大汽车旁上车。他们两家各自出3个壮年男人在汽车旁，把洋芋从拖拉机上抬到汽车上装好。

卖出数量与单价：这车洋芋的单价在昨天和国高与两家主人议好价，每斤0.8元。和金辉家卖出2万斤，和学先家卖出2.6万斤。今天卖出后，据说和金辉家洋芋所剩不多了，和学先家则才开始卖出，估计还有5万多斤待售。

卖完洋芋后，两家所请的人分别在他们两家吃午饭，午饭较为丰盛，两家都煮了火腿肉，汤里煮了蔓菁花。茶余饭后闲谈时，都认为，"只要肯吃苦，这些年农村的收入可算高了，农民的生活越来越红火。"

2014年3月18日　农历二月十八日　晴

在2005年11月5日，人车同时失踪的满下村村民和国军的遗孀和玉祥，经守寡八年有余后（生产生活上虽有亲戚和父母的帮忙，大儿子已快初中毕业，丈夫走失当年咿呀学语的小儿子已读小学四年级）终感觉到家庭的不完美、生产生活的不全面，于是久经熟虑后想找一个继夫，并在相识人的介绍下，与一个四川籍在丽江打工的男人相处为知己，并在今天领到南溪满下村家中，与她的父母及小儿子和丽东见面相认。

亲戚、家族、村民都认为她应该找一个继夫，来操持家里男人的事务，今天的结果使人们感到欣慰，特别是和玉祥的父母亲心里感到舒坦多了。和玉祥也跟父母坦言，请照顾好在南溪小学读书的小儿子和丽东，她自己要跟着继夫到城里工地上做饭，父母欣然同意。亲戚及家族的人都为她高兴，并愿他俩能天长地久，白头偕老。

2014年3月19日　农历二月十九日　晴

太阳出来不大一会儿，有一个鹤庆的洋芋小老板来到满下村公路桥边，和玉祥的母亲和六芝看见了，就把他领到和玉祥家，让他看和玉祥的洋芋是否如意。到和玉祥家，和六芝把和玉祥喊醒，并让老板看洋芋，老板仔细翻看了一阵洋芋，觉得还可以，就跟刚起床的和玉祥讲起价，决定以每斤九角成交。老板要和玉祥请上车的人来，他回到路边去开拖拉机（后轮驱动），等把拖拉机开到和玉祥家门口，和玉祥请的人也回来了，说只请到五个（和秋谷、和朝珍、和圣伟、和子香、和益花），加上她母亲和六芝以及继夫就7人了。人陆续到了，他们称了一个空篮子后，再加上一百斤的秤砣，并找点小木片垫好，定成每秤净重100斤。装洋芋的人看着秤杆装好洋芋，并计好数（从1到10每一行），最后数下行数就行。他们上车后，有说有笑，逗得和玉祥喜气盈脸。大伙在说说笑笑之中，仅两个多小时就装满车了。因为大家都心情好，距离只有七八百米，而且只是拖拉机挂斗，一数行数，就一目了然，装了 5500 斤。老板把挂斗篷布拉好，吃过行饭，点钱给和玉祥，共 4950 元。吃完饭，被和玉祥请来上车的人，都又忙着去种各自的洋芋去了。和玉祥两口子也回城里去了。

2014 年 3 月 20 日　农历二月二十日　晴

满下村村民和建成的小女儿谈了个上门女婿，他是邻村太安乡吉子村委会汝南化村人。两村虽不是同一个乡镇，但只隔四十来分钟步行时间。两村山水相连，上山砍柴挖药、放牧、捡菌子，两村村民都随时有机会见到。满下村村民都用赞许的口吻说："和六金谈对象谈得好，要找姑爷上门的就不要与独儿子谈对象，要与有两兄弟的男子谈。前些年办了婚事的'两边管'，男女双方父母都心里不踏实，子女的负担也将会是沉重的，虽说可享受两边的地、房产和家业，但山上房产又不值多少钱。需要留在父母身边担当赡养父母责任的姑娘谈个有兄弟的男青年是很必要的。"

今天汝南化村和六（和建成的亲家）为小儿子举办婚（嫁）宴，他可能认为儿子要去上门，就必须把婚事在女方家举行婚庆典礼前就办了。这有点合乎传统的婚嫁习俗，这类典礼过去是女方到男方家去迎亲，把新姑爷迎接到女方家才开始待客，而且先招待新姑爷方面来的亲朋，然后再招待别的。两亲家事前就商定好今天男方家举办婚庆典礼，到本月 28 日，女方家举办婚庆典礼就算办完这件婚事。和建成和他家族、近亲今天到汝南化村做客，到女方家举办典礼时，男方家家族近亲都会来和建成家做客。

2014 年 3 月 21 日　农历二月二十一日　晴

满下村村民和朝珍请来南溪村犁地的鹤庆拖拉机师傅犁地。他打算把犁好的地一部分种洋芋，一部分种油菜，一共犁了10多亩山地（以前做轮耕地），付了700多元犁地工钱。

此事引起了两口子的小口角，他爱人认为："犁地费钱，种地费力费气，还要支付农家肥、化肥款，不划算，不如开车找现钱，如果懒得开车，就可以去做生意，做生意亏本的现象只会是第一、第二次，以后就不会亏本了，一来省气轻松，二来用农业投入垫本款做生意垫本，投资不大，且回报快，可农业还得靠天。"和朝珍则认为，在家种他几年地，虽辛苦点、累点，一则身体活动多了，体能耗量大了，对健康有利；二则在家可管一下房子，修缮一下旧房，对房子的使用年限也会长久些，人多年不在家，房子也烂得快。到星期五，把她娘母仨接回家，叫爱人帮点农活，到星期天下午又送下城里，让爱人接送长女上学，及招呼待学走路的小女儿，两全其美。

他两口子各说有各的道理，各种事情有各自的长处和不足，和朝珍爱人考虑的是两口子一个在一处，要是孩子有病她就一时难以应付；和朝珍考虑的是，在城里买不起商品住房的前提下，维修、保护家中的房子是很必要的，一边种地，一边维修房子是上策之计。要是不在家，修缮房屋是不能做到的，这点是他把出租车租给别人开，自己回来种地的基本出发点。

2014年3月22日　农历二月二十二日　晴

满下村村民和作武，今天请三女婿回来帮他犁地。他三女婿是邻村（太安乡吉子村委会水闸口自然村人），在丽江城里租车开夜车。和作武还有大女儿、二女儿嫁到本村，大女儿及大女婿在家里务农，二女儿及女婿在城里开车。虽说大女婿经常帮他做犁地等重农活，但他可能心里有些不平衡，因此，叫三女婿及三女儿也常回来帮他做农活。

三女婿和玉竹今天一早就拉着老婆、娃娃回到满下村和作武家里，吃过早点，就驾着犁开着拖拉机去犁地，他老婆和三娘就帮她妈妈和茂花种洋芋。两娘母在进行语言交流时，和三娘说："有鹤庆的人驾着拖拉机来犁地，咱村有很多农户都请他们犁了，爸爸妈妈也可出点钱请他们犁，这样就轻松快当了。"和茂花一听就火了，大骂和三娘说："你本该在家招个姑爷来，帮我们做家中一切及赡养我俩，可你抛下我俩去吉子，叫你俩回来帮帮忙都不行吗？"于是母女俩有一小阵子处于不愉快状态。

到傍晚犁完地回到家，和作武对老婆和茂花说："赶紧做饭，今晚女婿还要去开车。"和玉竹说："不急，慢慢做得了，今天太累了，跑不起车了，回城休息睡觉才行了。"于是就边做饭边闲边谈，多了些交流的话题，各人的心情也舒展开了好多。

2014年3月23日　农历二月二十三日　晴

满中村村民和国高帮洋芋老板买洋芋、称洋芋、结账等事，从每年的11月底到来年的6月初，约半年。一干就是十多年，久而久之，这有点像他的职业，他的老婆也很支持他这样做，认为这是在做无本生意，也是一种极佳的劳务输出，既不离开家，又不需垫本，又能赚到可观数目的钱。因此，只要和国高去帮老板买洋芋、小猪、肥猪等事，他的老婆和秀即使在农事百般忙碌的情况下，也毫无怨言。这段时间，和国高经常出入满子师三个村的农户家，帮老板买洋芋，过程是：先问想买洋芋否——再去仓库看洋芋的大小、好、坏，如意了，就讲价——讲好价——通知老板——定上车时间。

这样长期做下来的结果，他所收成的效益较明显，比在城里开出租车的村民效益还显著。因为，在生活上他的收入除他抽烟消费外，可以说是只收不支，开车人虽说可能多点收入，但生活支出也很多。所以，村民心底认为总赶不上和国高，都把他视作找钱的能手。

2014年3月24日　农历二月二十四日　晴

设在南溪满中村的格林恒信生物种植有限公司，几年来的玛咖回收价与市场玛咖价差别太大，引起大多数玛咖种植户的不满。在2013年玛咖收成后，整个村委会各村民小组的种植户都有部分玛咖自行在家流入市场的现象，而且流入市场的数额较多。为此，该公司在2014年玛咖种植苗供应上也做出了相应的调整，具体方案如下：

（1）满上、满中、满下3个自然村可继续种植每户5亩的玛咖。

（2）金龙、文屏、旦前、旦后、鹿子5个自然村的农户在2013年玛咖收交数量每亩在100公斤以下的农户，不再继续种该公司供应种苗的玛咖。

（3）2014年每亩种苗，由以往年的每亩7盘种苗提高到每亩13盘，并规定每亩交量在130公斤以下的，每公斤收价仍为12元；收交数量在130公斤以上的，每公斤价16元。

（4）每亩收交数量不足100公斤的要罚款3000元。

（5）以上（3）、（4）条款，要以合同的形式，经公证处公证后，与种植户签约后执行。

该公司定出的条款，对村民来说，认为不种他们的种苗更好，认为可到市场买玛咖苗，又可把玛咖全部自售到市场，他们估计效益定会比公司收价高得多。

2014年3月25日　农历二月二十五日　晴

旦前村村民组长和万锋及兄弟今天为他老父亲和子举行丧葬礼。

旦前、旦都后村的丧葬礼仪式仍保持着传统的做法，就是出葬前一天就聚集四方亲戚朋友，来上祭，晚上跳"喂目达"为死者送行，第二天出葬，第三天伏山（上坟）。

今天来参加丧葬礼的三亲六戚、四朋五友中，多了一层人（那是应和万锋以村民组长的身份邀请前来参加的）南溪村委会干部，南溪村各村民组长、副组长。南溪村委会党总支副书记和国军说:"此前村委、村组干部中如有举办婚嫁庆典的,就请村委干部同事、村组干部同事们参加喜庆的现象,但还未有过今天这种现象,既然有邀,违之又有点不好,来了也有些不自然,既然来了,则来之安之,我们去和万锋长兄和万里家闲去。"

和万锋家有六兄弟,今天的丧事是由六家兄弟合资(伙)举办的,丧事了结后,六兄弟分礼可能会平均分。

南溪村历史上曾出现过兄弟合办丧事,但各收各方亲戚朋友送的礼,这是个别例子,是兄弟妯娌不和所致。

2014年3月26日　农历二月二十六日　晴

满中村村民和三福,今天请村中亲戚,称洋芋上车,女人用簸箕装洋芋,男人背洋芋到汽车上装,他的弟弟和国高负责称和记,和三福也在一旁记。他家今天的洋芋卖价是每斤0.7元,他们一边上车,一边交流,主要话题是洋芋价和玛咖价,都说:"今天的洋芋价这样低落,会不会是在本地帮老板买洋芋的人操作。"有人则直接问和国高:"是不是你压的价?"和国高回答说:"洋芋价格的高低升落不关系我的工钱,我的工钱是以拉出去的洋芋数量而定的,前些年是每斤0.01元,去年开始每斤0.02元。今天如果我过秤上车3万斤,我的工钱就有600元,但这600元不是今天一天所得,我还要在事前问洋芋、看洋芋,有些时候我去问两三天也买不到一车,有些时候一天可算一车。市价我不可能左右,今年昆明的洋芋老板没来拉,只有大理的几个人在拉,拉的人多价就会高点,拉的人少价自然会低点;洋芋好卖,拉的人自然会多,洋芋不好卖,老板赚头小,拉的人自然会少。这是市场规律,有好些村民都说是我捣的鬼,我没那么大的本事。"快嘴快舌的和社清说:"三福你俩是亲兄弟,你可开价给个每斤0.8元嘛。"和国高说:"他家洋芋个头不大,老板不要,我给老板装坏了一车洋芋,就断送了我在村里找钱的机会。"大家听了，都认为和国高说的也占理。

大家说说笑笑，到下午3点就装满了汽车，总共装了3.25万斤。

2014年3月27日　农历二月二十七日　晴

满中村村民和社华今天请家族、亲戚，满中村不沾亲的每户一名。村中青年男女们，聚在家里，为明天嫁女做准备。

吃过早点，在此事总管和丽永的安排分工下，青年人及壮年人上山砍柴，开去三辆手扶拖拉机，他们今天的任务是要砍回来三手扶拖拉机装满的柴。厨师及做饭的杀猪，他们的任务是杀好猪并用鲜肉煎酥肉，煎鱼、做饭。一些人择菜，他们的任务是择、洗好明后两天要用的菜和今天要吃的菜。

新娘由伴娘陪同到城里去整新娘发，待到明早10点左右才会回到家里。

爷辈们则不安排做事，他们的任务是休闲在家，喜欢麻将的玩麻将，喜欢扑克的玩扑克，各投所好，尽情玩来。

到下午4点左右砍柴的回到家里，下了柴，吃过饭，到球场上去赛球，对赛的是青年与壮年。这一活动，在村里办事，或节日是常进行的。这两年踢足球的运动少些了，究其原因是村里男青年们少了，且大多数在城里开车或务工，办事时一时又约不到对赛的球队。

2014年3月28日　农历二月二十八日　晴

满中村村民和社华为女儿和冬梅举办嫁女庆典。参加操办庆典宴的有：家族中的年轻人，村中青壮年，近亲中的年轻人。他家宴请的是家族全部、满中村各户、远亲近戚、女儿和冬梅的打工好友、女婿方面的近亲。

因为女儿和冬梅要嫁到坝子里（古城区束河街道办事处，中济居委会中海村），那边与南溪的婚嫁习俗有些差异，不再请明天的回门客（后请客），今天该到男方家做客的，随迎送新娘队伍前来男方家做客。

过去南溪村曾流行着一句口头语"命人好的布"（意为嫁女一蒸笼饭，形容办嫁宴花费不大），但如今的南溪村，婚嫁事都要热闹4天才了结。有些村民认识到这样做费时、浪费、误工，但都没人有敢改掉的勇气，有想法但很难做。

因为要嫁到坝区，老年人都有些过去说的"山里人不穷不下坝，坝里人不穷不上山"的观念，总认为山上女嫁到坝区会遭那里人的轻视，留在南溪或嫁到邻村那才好。和国军说："这样才好，上边的下去，下面的上来，永胜的产米区的姑娘上南溪来。我家儿媳是宁蒗红桥乡的，土壤、水利、气候、生产条件比我们南溪好，可她偏要来南溪。这就是爱情不可抗拒。"

2014年3月29日　农历二月二十九日　晴

满下村村民和金辉今天卖出前段卖出后剩下的洋芋。他请了家族的人来帮忙上车。

上完车吃过午饭，老板算钱给和金辉，和金辉说："我只是下苦力劳动的，不管钱，请拿给我家老婆，她是管钱的。"老板就把钱拿给他的老婆和一社，和一社边接边认真地说："我管钱也只是三四天的时间，等几天强盗来了抢去一空。"她数好钱装进包包里，在座的人都知道和一社说话的意思，是洋芋卖出后，儿子儿媳会把钱拿去还贷款。和金辉堂兄和子一问，一年拿给儿子多少钱，和金辉说："一年收入六七万元（洋芋、玛咖、绵羊、松子、药材的总收入），留下1万多元买米、买饲料、买化肥外，都拿给他两口子了，可能是我老两口比他两口子找的钱还多些。"和金星说："你俩支持儿子儿媳也有效果了，你家拥有一辆出租车的四分之三，还买了商品房，老两口、小两口都把劲往钱上使，都把钱往创业上使，已显现出功绩了，你家可能占我们满下村拥有固定资产价第三位或第四位，老两口功不可没，小两口也算是争气的了。"

大家你一言我一语,把和金辉、和一社老两口逗乐了,和金辉笑着说:"算上家里的资产,我可能数村中第一呢。"

大伙休息闲聊到6点才返回各自的家去做家务。

2014年3月30日　农历二月三十日　晴

南溪村村委会今日公布出南溪村2013年度地震安居房工程受补助农户名单,现摘录如下。

经村民小组长、副组长初选和初评,民主评议后报到村委会,并经南溪村委会、两委一事一议民主审核,2013年度地震安居房工程补助名单公示如下:

姓名	住址	贫困类型
和纹六	文屏村	特困
和丽香	满中组	困难
和继曲	鹿子组	一般
和友圣	旦前组	一般
和耀军	满上组	一般
和建芳	金龙组	一般
和万仕	满下组	一般
和智明	鹿子组	一般
和国光	鹿子组	一般
和自成	金龙组	一般
和友会	旦后组	一般
和耀伟	旦后组	一般
和吉顺	满中组	一般
和学军	文屏组	一般
和子华	满下组	一般
和秋华	旦前组	一般

没有出示出补助金额,据说补助金额为:

一般:1.4万元／户

困难:2万元／户

特困:2.5万元／户

2014年3月31日　农历三月初一　阴

南溪村委会今天公布了玉龙县民族宗教事务局2013年扶持南溪村生物种植产业玛咖种苗补助的亩数及金额,抄录于下。

南溪村玛咖种植种苗补助:

文屏村村民小组:175亩

金龙村村民小组:380亩

满上村村民小组:215亩

满中村村民小组:240亩

满下村村民小组:380亩

旦前村村民小组:390亩

旦都后村村民小组:270亩

鹿子村村民小组:450亩

共2500亩,每亩补助280元,共计70万元,这些亩积早些时就分到各组,旦都村已分到户。有些小组,种者给补,不种者不补(如满中村);有些小组,人在小组、户口在城里的不补(如满下村);有些小组,不管怎样按照在本村民小组生活的户数平均分下去(如文屏村);有些小组开初定为种者补,不种者不补,但后又反复讨论争辩后人、户口都在本小组的,管你种与否都平均补(如旦前、旦都后村)。有些村只要有承包地的,统一补。

据说2014年及2015年两年还会有补助,为避免争议,2013年没种玛咖者,都准备在2014年种上点。

2014年4月1日　农历三月初二　晴

满下村村民和吉诚今天领来一个中年女人,据说是玉龙纳西族自治县鲁甸乡人,傈僳族,此前离异,曾生过一孩。现跟着和吉诚来到他家,愿做他的妻子。

作为和吉诚本人来讲,年已40有余,现找到一个知己,当然会感到很高兴,现年65岁的和吉诚的老母亲高兴劲更不用提了。她对未来的二儿媳说:"我请家族的叔叔、哥哥们去鲁甸乡你们家向你的父母求婚,明日前行。"那女的说:"不必要,事前我已跟父母讲过,父母说如果我爱、我喜欢就行了,不必来家求亲,所以,不需要到我家去求亲,我在你们家生活就是了。"

随着国家改革开放的深入,各地各民族的年轻人流入城里务工的多了,各地各民族的青年男女相接触,相互爱慕生情,结亲的也多了。打破了过去一些民族不与别的民族通婚的禁锢,到目前嫁到南溪村的有汉族、白族、苗族、普米族、彝族、傈僳族等,改变了南溪村过去的"全村纳西全姓和"的状况。

2014年4月2日　农历三月初三　晴

现时在家出售洋芋价格较低,每斤0.7元、0.8元不等。

前些年常做洋芋生意的满下村村民和尚军,不甘心以这样的低价出手,于是就决定自己来处理2013年收成的自家洋芋。他与妻子和益花在昨天下午就装洋芋,在自家的小型拖拉机(方向式拖拉机)上装了3000斤左右的洋芋。

今天天刚蒙蒙亮,和尚军就启程把洋芋拉往丽江城去出售。他根据市场行情,估计今明两天能卖完这车洋芋,加油、吃喝、抽烟、住宿费用支出后,每斤洋芋至少能平均带回家中1元钱。他满有信心,并对自己的估计坚信不疑的,所以他坚持要自产自销。

村民们的心都想把自己的产品价格卖高点,都想多收入一点,但他们又缺乏自己到城里卖洋芋的想法，心里只想到需要多少天才卖完这车洋芋，于是就产生了进城卖洋芋的畏惧心理。因此，有95%以上的村民都在家里卖给老板。像和尚军一样自己处理自己所产洋芋的能人，在南溪村只有屈指可数的几个，如金龙村的和山金、和八昆、和国华，满上村的和占军，旦都后村的和云军、和耕耘、和黄迪，鹿子村的和海、和红，旦前村的和益男。这些村民是在过去长期自销洋芋的过程中学到了经验，壮大了胆子，并收到预期的经济效益才这样做的。其中，和云军、和八昆、和占军、和黄迪四人还常用大车自己拉到大理、弥渡、楚雄等地出售，是南溪村买卖洋芋的行家能人。

2014年4月3日　农历三月初四　阴

满下村村民和国武在落水洞鱼塘开始下网捕鱼。

落水洞鱼塘是满下村村民和万军、和国武、和朝亮、和春拾四人合伙租了满下村草坝后，又合伙投资堵住落水洞修成的。但和万军、和朝亮、和春拾三人在城里开车奔生活，顾不了养鱼看塘之事，故叫和国武一人放养几年。和国武就在每年6、7月买些鱼放入塘中，逢年过节前，就下网捕一些卖给当地村民，有时还自称南溪无污染生态鱼，并拉到城区白华村卖，卖到的价钱都比市场高出每斤四五元。到3、4月在塘水无源补水、老天又不下雨补水的情况下，他就把所有的鱼都捕了卖掉，到雨水补水时再买来放养。这样轮番地干了四年，是有收益的，他尝到了甜头，于是去年在草坝内自己一人又挖了一个大鱼塘，并在当年就放养了鱼。

今天，他领着女儿、女婿一起到落水洞鱼塘下网捕鱼，准备明天让女婿和永昌、女儿和玉兰拉到城区去卖。

三人干到傍晚，捕到百来斤鱼，就收网回家，并把鱼一次放进卖鱼箱里，把箱一次装在拖拉机上，不需再次上下车了，只要把拖拉机停在自家院坝里就行了。

2014年4月4日　农历三月初五　晴

满下村村民和永昌、和玉兰夫妇，领着6岁的长子和江涛，拉上昨天捕到的百多斤鱼去丽江城区卖。到白华信用社旁停下车，就有很多人围了过来，并抢着抓鱼。他俩要价每斤15元，无人还价，就以每斤15元买了去，每人都买了7斤、8斤、10斤不等，不到两小时，143斤鱼就卖完了。来迟的人看了一眼空桶后，对和永昌夫妇说："等几天再捞些来卖嘛。"和永昌回答说："我不做主，是老岳父当家，就看他捞不捞，如果捞，再等5天来卖一次。"

和国武吃过早点，就开了电动三轮车又去下网捕鱼，到中午12点左右就转回来了。想买鱼的村民早就等在他的小卖部前，他一到，就被村民们围住车，百余斤鱼都被等候在此的村民拿完了，自家食用的只能在下午去捕些。他在村里卖价是一斤13元，比拉到城里少2元。因为去城里买清明节食用品的人，都不会买回鱼来，鱼就在和国武家买，自从他家养鱼后都这样。卖完后，和国武叫老婆和闰芝赶紧热点饭，和闰芝却说："今天你的钱包鼓得比大老板的钱包还大，但也不必大声呵斥我。"听到这话后，有几个买鱼的村民低声说："你家碰到三个憨包子，你们好发财了，不必这样叫。"

2014年4月5日　农历三月初六　晴

今天是"清明节"。"清明节"是南溪村一年中的第二个祭祖节，除一部分至今还保持火葬的村民外，都把这个节日视为最大的祭祀活动。因为它是一年中第二次以家族为单位的群体祭祀活动（第一次以家族为单位的群体祭祀活动是大年初一）。

传统的"清明节"祭祀活动，是以一个家庭作为参加家族群体祭祀活动的一员，从各自的家里做好各种各样的供品，茶、酒、水等，背到祖坟场，由家族中的长者从每家带来的供品中拿出一点，放于一个盘子里去祀奉每一个埋在坟场里的祖先。祀奉完毕，都把从各家做来的食品归类合在一起共同餐饮，剩余的由长者用勺平均分给各家带回去。

近五六年来，已逐步过渡到以家族为单位统一购买供品、食品，统一煎煮供品、食品，剩余部分也统一在一家里继续食用，吃了以后再结算付款给垫付的人。垫付款、买货、拿出杀的鸡，以轮转的形式进行，一般以每年两户来操持此事。完全、真正体现了群体祭祖的方式，这方式已基本覆盖整个南溪村。这样活动使年轻人增强了家族意识，有一定的人心凝聚力。

2014年4月6日　农历三月初七　晴

在怒江州泸水县工作并退休在该县的满下村籍和国海老人，其儿子和丽琼、女儿和琼英（1980年随父农转非）、女婿三人前天回家来参加"清明节"祭祖活动。他们千里迢迢远道而来，是因为母亲和娘的骨灰在前年（2013年）"清明节"从泸水迁回，葬到家中祖坟里。这就意味着和国海、和丽琼、和琼英、和丽华、和丽琼的老婆这五个人中都要有人在"清明节"回家祀奉祖先。据说去年是和国海、和丽琼、和琼英、女婿等四个人来，今年和国海因为感冒没来。

村民跟他兄妹闲聊时说："路程那么远，又不得不来，这有点困难。"他兄妹说："现在交通便捷多了，老师傅（指和琼英男人，泸水人，傈僳族，在泸水县电力公司开车）开车，从六库到丽江只需五个小时，从丽江城到南溪只要半小时多点，总共用不了六个小时；时间上，国家实行清明小长假，交通和时间都是没问题的，交通用车自家已有了，方便多了。"一位20世纪70年代曾在怒江当过兵的村民说："你们跟着你父亲，转到泸水去的时候，要走三天时间的，第一天到下关，第二天到永平或瓦窑，第三天才到泸水。"和丽琼说："是的，我们有忘不了的印象，那时我爸在大兴地教书，那江边的山我们爬够了，走怕了，现在可好多了，从县城搬到六库有好几年。我在县公安局工作，我爱人在县医院工作，我妹和琼英在县国土局工作，妹夫在县电力公司开车，我们四人都在县级单位，条件比我爸好多了；只遗憾我弟弟和丽华学习不好，还没工作，还没成家，我爸也拿他没法，只好由他逍遥。"吃过午饭（中午12点）他们辞别家族回泸水去了。

2014年4月7日 农历三月初八 晴

据到玉龙农村信用社白华分社贷款的村民们讲，信用社今年已调整了对南溪村的放贷扶持方法，不再继续使用前几年用的借贷方法，把借贷改为抵押贷款，或者担保贷款。就是说过去允许几家人帮一家贷款，使贷款那家可利用到较多资金来发展想做的事情，如买车呀、养殖呀、种植呀等，特别是对买车，信用社真的做到了全力支持。而今年不再像过去那样，每个农户给予10万元贷款，但得用有效证券、存卡、房屋、车辆等资产做抵押，如果没有上述抵押物，则请一个人来做担保，然后再放贷。

这样做可能有以下几方面的原因：

（1）信用社认为，这些年来对南溪村的贷款扶持做得差不多了，压缩了指标，把贷款扶持转到另外的乡村。

（2）可能产生了南溪村民还贷没有前些年积极的现象。

（3）可能调整了信用社领导，随着也就调整了放贷思路和目标。

2014年4月8日 农历三月初九 晴

前些年就迁居丽江城的满下村村民和国辉家，因迁居下去后，就把自家的房子给全部卖出，宅基地也被邻居家一户一点点用掉。和国辉本人为丽江市印刷厂退休工人，妻室儿女的户口仍在南溪满下村，他们有自留地和承包地。他们随父迁居丽江城后，在城里买了房，家里的地让亲戚朋友种了，2013年又拿回部分地，由儿子和益尚及儿媳种了些玛咖，收入10余万元，当时儿子儿媳回村种地，收玛咖时都住在亲戚家。根据近10年的城里生活，可能产生了南溪老家的地不能丢的想法，且长时间吃住在亲戚家有些不大方便，就产生了想盖两所投资少些的平房作为回南溪老家干活时的栖息之所的想法。就在去年冬腊月间，和益尚就常回村，砍了些盖房用木料。今早，父子俩早早回到村里，请亲戚和永军帮他俩抬木料到村里，66岁的和国辉就当今天的炊事员，上材料、下材料就由和益尚、和永军两人进行。因为是平房的材料，所砍的料也不很长很大，而且是晒干在山上的，两人上、下车不为繁重，和国辉也就不再请人了，他也只管做饭的事了。

从他们家的这一现象看，现住城里的满下村村民和家良家得到"南溪的老房子得保护维修，不能让烂了，烂了得重新盖起来"的启示。

2014年4月9日　农历三月初十　晴

满下村村民和万琴今天请木匠师傅和国兴帮他家盖厨房。和万琴虽是40余岁的中年人，但他一直在家，没进城开车或务工，农闲时打石头，会做石匠活。最近六七年来，他又跟着和国兴去盖房子，虽然他没什么木工技术，但刨呀、锯呀、凿呀、砍呀听从和国兴师傅的指挥，他俩还配合得来。所以，一所楼房就他们两个人来盖，几年下来，两家也处得比较融洽。当和国兴家农事没完时，和万琴、和金燕两口子就去帮忙，和国兴家需做石匠活，和万琴就以义务工的形式相帮。今天和万琴请和国兴来盖厨房，也是以义务工的形式来做的。今天他俩的帮手还多了一个，那就是和万琴的哥哥和万琼。他开车停上几天，回来帮忙和万琴干木工活，也是以义务的形式来参与。

中午时，和国兴说："我们3个人干5天，就可以竖房了，15个工就差不多了，再加上放梁头、钉椽子两天，共二十一二个工时就会完结。"

和国兴主要负责出料、画木，就是依需裁材，量长度画木；和万琴兄弟俩主要做依木线砍、锯、刨、凿等事。

2014年4月10日　农历三月十一日　晴

满中村村民，南溪村委会党总支副书记和国军，今天去玉龙信用社白华分社贷款。当信用社的人问及贷款用途时，和国军说："是想让我儿子租开出租车做押金用，现时租车方式是，先做押金再开，全租得押30万元，半租得押15万元，我儿子想半租，在夜间开，想贷款10万。"

信用社的人说："你儿子先把车找好，要开时，就来办理贷款手续就是了。书记，最近一两年南溪村村民不像过去一样积极还贷，有些借贷的有一点不还的现象。"和国军说："最近两三年，南溪村村民在城里买房的较多，买自用车的村民也很多，在信用社的支持下，南溪村已拥有100余辆出租车，80余套商品住房，这是一个不得了的发展，在丽江市的村委会中占了第一位。现时南溪人，还款任务重，再说借给亲戚朋友一点，还信用社贷款进度就慢了，村民拥有价格三五万、六七万、八九万，甚至十二三万的自用车，这点我当了30多年村干部也未曾想过，也不敢想。请你们理解南溪村的现状，也请你们一如既往地支持我们南溪村的发展。"

信用社的人听后也说："城里人也都说南溪人真行，过去有些轻视山里人，而今的南溪人把这顶传统的帽子甩掉了。"

2014年4月11日　农历三月十二日　晴

在种完洋芋后，南溪村的农事就松了，找点柴、拉些松毛堆起来。南溪村的旦前、旦后、鹿子三个村绝大部分青壮年都流入城里开车、打工，留下老人在排田种地，其他几个村民小组也有少部分。这一现象成了"老人农业"：自家的儿子儿媳进城了，老两口在家种洋芋呀、种油菜呀、种玛咖呀，传统的仍保持着，创新的也试着种，积肥种地，养猪、养鸡样样干。这种"老人农业"效果还显著呢，有的能年收入六七万元，有的收入五六万元，最低的也不下4万元。"老人农业"增加了家庭经济收入，也减少了婆媳之间的摩擦不和。理由是，即使全家人都在家，地是固定的，因此地里的产品不会增产很多；如若一家人都在家，对每一件事都有各人的想法和看法，有一些婆婆不理解儿媳，儿媳不谅解婆婆的状况，你不敬我，我不服你，就常产生婆媳间舌战的现象。"老人农业"完全避免了这一现象，从而也明显体现出老人的价值，使得大部分青壮年都对老人产生敬意和尊重。

2014 年 4 月 12 日　农历三月十三日　晴

当种完洋芋之后，捕猎野鸡、野兔就成了一些村民的生计活动，如满中村村民和万选、和福生，满下村村民和国亮、和建国、和学新，满上村的和吉红、和勤建等。这些天，这些下野鸡的爱好者在山上络绎不绝，你来我往，在各自村寨附近的山间小路上下扣子。他们在小径上仔细观察，认真辨别是野鸡经过，还是野兔经过这条山间小径，下好不同的扣子（下野鸡或下野兔）。到第二天天亮就起床上山看扣子，要把下好的扣子都看一遍，如果下了野物的就逮起来，又重新下好；没下野物而把吊杆吊起的也重新下好。这些爱好者中，有些会下到十多只（这季是野鸡发情交尾之季，常在山间小路上来回找伴，而容易下到），少则也会下到四五只。有些当作商品卖，有些当作娃娃玩物养起来，有些以野味下酒，美餐一顿。

2014 年 4 月 13 日　农历三月十四日　晴

和国辉家要在靠近村公所的自留地上盖房做宅基地，经与村民小组组长和学武及村委会干部们商谈，都认为只有盖在自留地里为宜。他家自留地紧挨着和建良家、和家良家的两份自留地。和国辉与老婆儿子商定要把这两家的自留地也换来作为宅基地，才有些宽裕，只用自家的就不够做宅基地。于是在今天下午和国辉、和益尚父子俩，带上些酒菜，来到以上两家村民家中，要求以地换地。这两家村民认为，要做宅基地盖房，不论谁家都应给予调换，没说的，只是如若地积相差太大就有点不能承受，相差不大就算了。经过与对方商量，他们定下所换的地块，并给对方点明了与邻里间的界石。这样，因搬下城去住而没了宅基地的和国辉家，又要重新拥有一块比较清静、宽裕、交通方便、上山更方便的宅基地，并要在那盖上新房，供回村参与家族婚嫁丧葬及村里之事，儿子儿媳回村种经济作物（玛咖、药材）时生活住宿之用。

2014年4月14日　农历三月十五日　晴

满下村村民和朝珍，从鲁甸乡新主村委会买来两万株秦艽苗，要在南溪村试种。如果成功，他打算以后自家的地一半种秦艽，一半种玛咖、洋芋、油菜等。

今天他拉一个铁皮水桶和两卷塑料水管到位于满中村村民和仁春家上面的地里。他把铁桶、锄头、秦艽苗、塑料管等下车放在地头，抬上一卷水管到和仁春家自来水管上接水，把水积在铁桶里，等水满了，他就开始种秦艽（此前就平整好地垄）。种上一阵，他就用水桶从铁桶里提来水浇苗，一个反复轮作，一天下来只完成十余米长的三垄地。见状的村民说："你一个人干太吃力了，速度也太慢了，把你老婆接回来，让她种，你浇水，两三天就种完了。"和朝珍说："我老婆得招呼上学的长女，还得招呼刚学走路的小女儿，还是由我慢慢干好。"那村民也说："如果老人在，老人会帮忙照料娃娃，干活的就可无忧无虑地干，这是大多数父母催促自己的儿子快些找老婆成家的原因。你是前妻孕而难育导致这种现象的，人们都很同情你，你还算真行，前妻病故后又找到一个姑娘为妻。没结过婚的男青年还找不到老婆的现象还有，你却找了妻生了女，又组成个美满家庭。"和朝珍也说："我的命运不好，但只要我自信，有拼搏精神是能够赶上同龄人的。"边闲边聊，隔一阵就回去吃午饭了。

2014年4月15日　农历三月十六日　晴

黄山镇中心校从城区各完小（白马完小、长水完小、文华完小）挑选出爱好足球的同学，到南溪村集训。分工由白马完小体育教师木专带队，并负责集训。参加集训的各校各班级同学带上被子、书包、碗筷住宿在南溪完小，生活住宿都由南溪完小负责。南溪完小是寄宿制小学，有学生食堂、学生寝室（宿舍），有教师食堂、教师宿舍，有足够多余的宿舍可住，有专职炊事员。上来的学生跟南溪完小学生就餐，老师在老师食堂就餐，师生食堂在生活质量上没多大差别，学生们有省民委拨的用于生活的补助款，吃的肉菜都较丰盛。读书与南溪完小同学跟班就读（挑选来的同学都是四、五、六年级学生，就分别跟南溪完小的四、五、六年级同学就读），时间安排为两个星期。

中心校这样做的原因：一是现时南溪气候很好；二是南溪完小的学生足球队可以跟集训队抗争；三是为巩固这几年黄山代表队夺得的"萌芽"杯冠军。

2014年4月16日　农历三月十七日　晴

满中村村民和春华在玛咖公司（格林恒信生物种植有限公司）干了11年，公司现时发给他每月1200元，还帮他买了三大保险。和春华认为：我在该公司兢兢业业，从每月300元开始到现在已11年了，1200元的工资有点少了。从每月300元到每月800元的那几年，满中村人除了我，还有谁会帮他们认真干呢？

于是他在今天跟公司的负责人提出："如果不加点工资，我就不干了。"

公司负责人说："我们考虑一下，研究一下，再说，在我们没有做出明确答复之前，你仍要继续干起。"

满中村村民认为，和春华已在公司干的时间长了，前段工资低些，但近些年公司对他还是不薄，有病有痛倍加关心，生活困难也热心关照，就连轿车都给了他一辆。和春华不会不干的，只是可能想让给加点工资罢了。

2014年4月17日　农历三月十八日　晴

设在满中村的玛咖公司今天开始筹备撒育玛咖苗的事情。因前些年一直包找该公司育苗所用腐叶的满上村村民和立黄去丽江城开出租车，就请满中村村民和志强操持这一事宜。和志强就请满上村村民和爱菊、和占花、和桂花三家的人来找腐叶，并由和志强用小型拖拉机拉到该公司下车，等到所需要的腐叶拉完，收来款，除掉所用柴油款就平均分。

拉来的腐叶与买来的一些牛羊群的厩肥和在腐叶里，由公司长期工晒在场坝里，翻了一次又晒一阵，晒了一阵又翻一次，这样轮番着直到晒干。晒干后他们用小型粉碎机把晒干的腐叶磨成粉，再把粉装入苗盘中，撒上玛咖种，再在种上面撒上一层薄薄的粉，放入温棚里等所有要育的苗盘都撒好种，整齐地摆好，就随时用自来水喷洒苗盘。这就是玛咖育苗的全过程。

2014年4月18日　农历三月十九日　晴

满中村村民和占军今天为刚出生十余天的孙子举办祝米客。

宴请祝米客首先得给客人吃甜米酒，吃完甜米酒以后再摆宴席，因此，祝米客是比红、白二事麻烦的事情。那天参与这一活动的人中，分工了专门负责热米酒的人。等客人到了，看看做宴席的厨师们快把各种菜做好，热米酒的人们就赶紧热米酒，过程是：在开水里放上米酒，加上红糖，再把事前就备好的煮熟去壳鸡蛋整个地放进去一些，待米酒和蛋热了，就端到桌子上给客人们吃，过去常用燕麦炒面相拌着吃，如今的南溪村也没有燕麦这一农作物了。因此，好些村民都在这种场合备下糕点来拌米酒吃。

和占军的儿媳是拉市坝人，今天的客人来自拉市坝的居多，另有前山、满中村的村民也较多，其他零星的来自各自然村的都有。吃饭后，喝酒休息的时候闲聊中，和占军说："到明年我就可领着孙子去打麻将了。"和吉顺笑着说："和医生（和占军早些年当过村医，村民们至今都称呼他和医生），你不要想得太美了，这几年老人领孙儿孙女是个别现象了。绝大多数是男的开车，女的领着娃娃跟着男人闲在城里，那时，种洋芋、上山刨树根的份儿就是你的了。"人们都说："和吉顺说的是现实的状况，村中大多是'老人农业'，年轻人在城里开车，领娃娃这种现象很普遍，很流行。"

2014年4月19日　农历三月二十日　晴

今天中共黄山镇党委在南溪村举办南溪村党员培训会，请玉龙纳西族自治县县委党校的老师来讲课。它的形式为：玉龙县流动党校黄山镇农村党员培训会；它的内容为：南溪村委会党的群众路线教育实践活动专题党课。

南溪村委会党总支部除个别有病的老党员请假外，都参加了今天的培训会，在城里开车的党员都赶了回来，除党员外还有5位入党积极分子参加。

会议由南溪村委会党总支书记和继武主持，由玉龙县委党校的老师来讲课。这位老师比较详细地讲解了党的十八届三中全会提出的改革主题、要点、任务，由浅入深地联系农村实际讲了农村会后改革的方向和任务。通过联系方方面面的实际，使到场的党员初步知道了党中央对农村改革的方针、政策，增强了大干快变的决心。

其间，老师讲了近3个小时，最后和继武书记要求南溪村党员们要通过听广播、看电视来逐步提高对党中央的方针、政策的理解，要坚定共产党员的理想信念，在村民中起好共产党员的先锋模范作用。

2014年4月20日 农历三月二十一日 晴

满中村村民和仕黄利用现时暂无农活的有利时机,去山上撬石头、拉石头,准备自己拉石头、打石头砌墙。拖拉机上装了撬石头用的工具、水、午饭等。到石场就开始找石头、撬石头,干了好一阵才喝口水休息一下。自己干自家活,村民们都是从不怠慢的,和仕黄也不例外,干得很卖力。但撬石头这一事情,不能操之过急,不宜使力过猛,要巧干不能蛮干,要小心地使着力气干,不宜使狠劲、猛劲,小心不好,就会伤及骨肉。因此,使用撬杆要稳当,使用铁镐要平和。

干到太阳偏西,他撬到了一手扶多些的石头,就开始上车,一个人上石头是难的。他就砍来碗口粗的一棵松树,截下一米多长的三截,一头放在拖拉机挂斗的尾部,一头放在地下。石头在这三截杆杆上慢慢地滚上去,直到装满手扶拖拉机挂斗时才住手。

他把石头拉到家里,由自己一个人下车。这样的个人进行重劳动的村民还是较多的,这主要源于年轻人基本上都在城里开车或务工,请师傅工价较高,只要能自己干的事一般都不请人。

2014年4月21日 农历三月二十二日 晴

满下村村民和建军,去年有位四川老板要租他家房屋,打算租30年,用来做客栈,并要把和建军的现有房屋拆除,在宅基地上重盖混凝土结构洋房。谈好租金每年8万元,和建军家里的人可以从盖房到开始营业,都跟这位老板在本宅打工。谈好后准备动工前,不知道为什么,被黄山镇人民政府制止了这一约谈的实施。老板也就不敢强硬租来使用,和建军也不敢强硬租出,也就打消了他两口子的出租想法而想到的是把家园建设好。他俩规划在人居院与畜厩间修一堵围墙,盖一座较漂亮、威风的大门,把鸡、猪、羊等家禽家畜圈在它们的生活圈里,不让走进人居生活院,营造更清洁的人居环境。随着规划,和建军把所需的砖、石头、石灰、瓦等材料陆续备好,今天就请来古城区金山乡的泥水匠到家里来帮他施工。泥水匠来了5人，其中的大师傅是和建军的朋友（纳西族称之为"老友"，一旦结交老友后，就像亲戚一样往来，有些甚至比亲戚还亲呢），以前曾为和建军家盖石瓦，盖院子东面的围墙，他的手艺较为精湛。所以今日和建军特意请他带队而来，并担任师傅的角色来施工。和建军相信他定会像以前做好的那样结实、美观大方。

2014年4月22日　农历三月二十三日　晴

满下村村民和国红、和社菊夫妇，因在前几个月里儿子和自忠在丽江城里开出租车撞伤了人，所幸是撞着外地来丽旅游的网友，破费五六万元就了事了。事了后，他两口子都有点后怕，想象着要是撞上本地人或长期在丽江做工的人，或者撞上真正的夫妻俩，所破费的钱何止这么一点，会没完没了的，赔上二三十万元还会没完没了，感到这事是不幸当中的万幸了。但总觉得今年有点对他们家来说是不景气的年份，因此，此事了结后就产生了外出一游，或许会有消灾灭难效果的想法，于是就与满上村的二姐夫和永良相约去昆明游玩一趟。

今天，和永良的侄儿（汝南化村人，和永良妹妹的儿子）要到昆明去玩几天，和友良、和国花夫妇，和国红、和社菊夫妇，应约一同前往昆明游玩。

社会文明、经济繁荣、交通便捷的现代社会，山里村民想到省城，或到省外更远的地方去玩一趟是件轻而易举的事，可以做到说走就走。

满下村村民和福祥老人（现年82岁），深有感触地说："社会变化真大，过去别说是农民，就是国家机关的一般工作人员，别说到省城，就连邻近市下关都没到过的多着呢，而今无论谁都想去哪里就可去哪里，用的时间也不长，交通工具可随意挑，如今的社会确是好啊！"

2014年4月23日　农历三月二十四日　晴

满下村村民和朝东昨晚上开始吐血了，而且吐的血较多。也就是胃出血，但村民不懂病名、病理，常把胃出血称作"吐血"，并把这一病状视为较严重的事情。他家族的年轻人都在城里开车，加上昨天族中和尚军去城里卖洋芋，只有和圣伟、和朝光两个男人在家。在家的女人和尚花、和益花、和秋谷、和玉祥、杨耀祥等都在当时就赶到和朝东家，并请来邻居和作典老人做伴。到今天早晨，和朝东病况越来越严重，他们就叫和益花跟在城里的和朝泽、和朝珍、和朝亮、和朝柱、和武军等人打电话："和朝东病重，可能不行了，赶快回来。"

这些后生接到电话，立即急速驱车赶回和朝东家，见状也有些心寒，估计他会走了。于是他们就赶紧打120电话，要求急救，救护车也风驰电掣，鸣笛赶到南溪和朝东家，把和朝东拉到丽江市医院进行抢救。市医院的白衣天使们，会从死神手中把和朝东拉回来，争夺的过程好紧张啊，急救室里白衣天使们出出进进，紧张地进行着与死神的争夺战。敬佩你们——白衣天使，关爱着每个人的生命，你们的付出会换回人民的生命、人民的健康！

2014年4月24日　农历三月二十五日　晴

满中村村民和仕黄今天又去上山撬石头、拉石头。具体方位是文屏村到金龙村岔路口的公路边上，那一段山名南溪村民叫"画称岩"，山势有些陡。该村村民和克权也扛着挖树用的工具想去山上挖树，挖回来种在自家房前屋后，等成活长大些后卖出，做家庭经济收入。走到公路上遇见和仕黄驾着手扶拖拉机而来，他就搭乘了和仕黄的手扶拖拉机去"画称岩"挖"红灯笼"、冬青等长青树。下午回来时，也搭乘和仕黄的手扶拖拉机往回转，坐在装满石头的手扶拖拉机挂斗的石头上。当车往回驶五六百米至金龙村岔路口上面些时，发出一声"咣啷"，挂斗牵引钩断裂，挂斗与机头分裂，挂斗因负重上坡失去机头的牵引后立即倒滑并翻下山去，滚了几滚。开车的驾驶员和仕黄被机头的手把甩出两米之外，只感到屁股有些疼，其他安然无恙。他立即爬起来往挂斗处走去，只见石头都翻倒在山坡上，有些在原地，有些则滚下山坡，挂斗侧翻在石头堆旁边；和克权的手则抓住挂斗栏杆，挂斗把他压起。和仕黄急忙找来撬杆把挂斗慢慢撬起，并用杆杆垫高，把和克权拖了出来。所幸和克权当时还没被压死，压伤较重，动弹不得，但头脑还清醒。和仕黄马上打电话要求他的哥哥和仕春、弟弟和三友，以及和克权的侄儿和黄生（和克权大姐的儿子，大姐和爱谷因病去世近20年）开着车子来救援。

当和仕春、和三友、和黄生驾车赶到现场时，和克权对侄儿和黄生说："你跟三友一起回家去我家拿钱来，送我去医院。"和黄生、和三友立即返回村去和克权家拿钱，和树春、和仕黄两兄弟收拾东西藏在树丛里。等到和黄生、和三友到来时，他们把和克权抬到车里，拉到丽江市医院去检查救治。到医院一检查，医生得出的结论："有好几根肋骨折断，肺部严重创伤，无救了。"和克权要求医生千方百计治疗，医院也就将他收在急救室救治，同时也对和黄生、和仕黄、和拾红（和克权为50岁出头的单身汉，两个姐姐出嫁外，只剩他一个，和拾红为和克权的家族）下了病危通知书。他们也想把和克权拉回家去，但和克权不想回去，他们只好一边招呼和克权，一边准备好"绍沙"（口含），在医院急救室待着。

2014年4月25日　农历三月二十六日　晴

在前些天完成了和万琴家新厨房建造，今天满下村远近出名的木匠师傅和国兴，又马不停蹄地开始了自家的木匠工活，他是要在前几年盖好的养猪温棚上加人字木结构的屋架。

现年65岁的和国兴老师傅从十七八岁集体时期学木匠至今快有50年干木匠活的历史。在这段漫长的历史时期，自他出师后，不仅盖自家的，还盖六亲五戚、邻里的很多新房；不仅盖村里的，还盖邻村的，如前山村委会、后山村委会、吉子村委会、太安村委会、天红村委会、坝区的文华居委会、长水居委会、白华居委会。各自然村里都有他竖的房子，甚至在丽江城区东界河片里也有他竖的房子。

他自家的房子都是他盖的新房，现有两所入住楼房、两所人人用厨房（天热的春夏季节用高大的这所厨房，天冷的秋冬季节用木楞建盖较矮小的这所厨房）、两所畜厩楼房。估计他心中有"帮孙子盖好能盖的房"的想法，今天和万琴也来帮他的忙。

从他家的宅基地上看，能盖房的地方寸土不剩，真正体现出把木匠师傅的才华留给后代。

2014年4月26日　农历三月二十七日　晴

前天因手扶拖拉机牵引钩断裂发生车斗分裂的事故，又因重车载人造成和克权被车、石砸成重伤。经丽江市人民医院急救科医生们的尽力抢救，但终因被砸伤得过重，被压断的肋骨把肝、肺创伤得太大了，医生们断定他已无救了，并说定了离生命的终点不远了。和拾红、和正奇、和三友等商量后请医院的救护车把病人和他们一起送回南溪村委会满中自然村和克权家中。

到家后，和克权邻近的村民都立即来到他家，把他抬下安顿在火塘上，人们都坐在他家守候着他。到家后快一小时，约晚上10点左右，和克权心脏停止了跳动，闭上了眼睛，离开了他现时还不想离开的人间，去到黄泉。年近八旬的和耀宗老人（和拾红的父亲）为和克权放了口含，并大声送他上路，在他的尸体上盖上床干净的垫单，脸上盖了张白纸。和正奇、和建新等年轻人到门外吹牛角号，召集村民来帮忙洗尸、入棺、"芝步吉"（入棺完后，人们用簸箕装着拿盆、土、罐、柴、杏树枝做的三脚，送到人间与地狱分界地，纳西语称"芝步吉"，意为送死人到阴间自己起火，立灶生活）。

村民们都到了，胆大的村民为和克权洗尸、入棺，有些帮忙杀鸡，准备"芝步吉"所需的三脚、罐、碗、饭勺、盆、柴等，妇女们帮忙和拾红两口子做饭，准备招待村民。今夜满中村村民按程序在和克权家安顿他的尸体，吃饭、休闲到天明方散去。

2014年4月27日　农历三月二十八日　晴

满中村和克权的家族今天招待前来吊唁和克权的亲戚，同时安排选择和克权的出葬日期，经商量，定在4月30日出葬。围坐在火塘边的村中老人们谈论说："要是当今医药医术不发达，要是当今交通不便捷，没有手机，没有车子的话，和克权肯定会丧生在现场。1963年底，和克权的父亲和桂林抬电话线电杆时，在和克权出事的地段内，因被小石粒滑倒，电杆砸着他的头部，当场人事不省。与他一起的人们部分守在他旁边，部分回村中跟队长报告急况。队长派人备上临时做的抬人的担架，赶到出事地点（往返、备担架、找人约有3个小时），把和桂林抬到担架上，准备抬到城里医院时（当时现场到城里最快速度也得3个小时），他停止了呼吸，摸摸他的脉搏，已停止了心脏跳动，我们就把他尸体抬回家里。要是当今没有通畅的信息渠道、便捷的交通、高明的医术、高效的药物，和克权肯定会在当时就被他父亲领走了，只因上述的优越条件，和克权的生命才延续了三天；那时就有当今那样好的条件，和桂林也不一定丧生现场。过去老年人常说'老祖宗保佑后生'这话，从好些事例上看，好似确有其事。"

听了老人的议论，在旁边听的年轻人，通过老人的举例谈论，也感到有点半信半疑。

2014年4月28日　农历三月二十九日　晴

满下村村民和建华家，今天请亲戚们帮忙称洋芋上车。买洋芋的人是南溪村委会旦都后村村民小组的和华迪夫妻俩，他俩要把这车洋芋拉到大理州弥渡县去卖。这几天在南溪村的洋芋卖价是每斤六角、七角不等。今天和建华所卖的这车洋芋是和华迪先前就要和建华留给他，如今洋芋价下跌，但这是当洋芋价还卖八角、九角时就求留下的，和华迪说：

"即便是我俩没赚头，也要付八角一斤。"在场的人对和华迪讲信用的行为表示赞许，也说"按理应这样"。和华迪说："我们都是本村人，低头不见抬头见，不能违约。要是外地老板，现时别说来买，照面都不会来打。人们都说'无奸不商'，但这段时间洋芋确实难卖，我们赚头很少，所以外地老板也就几乎寥寥无几。"在帮忙装洋芋的和建国说："我家以每斤九角卖出一车，那时我还认为出手早了，以后会升到每斤一元以上，谁知前天就以每斤六角卖出了3.7万多斤，真是生意八只脚，神仙摸不着。生产者还要学会经营，要是听了我儿子和学先的话，在那时就全部卖完，就会比现在增收8000多元钱。对农民来说，8000多元钱够开销近一年的生活费了，掌握不好市场信息就白苦了。"这些村民讲的都是很客观的，有些年留在后面卖价高，有些年越到后面卖价越低，所以当农民也要掌握市场信息，这关系到每个家庭经济收入的多少。

2014年4月29日　农历四月初一　晴

满中村青壮年们都集中在和拾红家，进行筹备明天和克权出葬宴客事宜。

这次的总管是现任村民组长和志强及和福海两人。在他俩的安排指挥下，吃过早饭分作砍柴的、杀猪做饭的、择菜洗菜的3个大组，布置灵坛的则由守灵的人进行。

这次丧葬活动的费用，和志强以村民组长的身份，要求满中村和克权的丧事每户都捐点款，结果每户都捐了100元，共收到37户3700元。住院救治农民自负部分，是从和克权生前积蓄的3万元钱里支出的。这钱的支出是由和拾红及和黄生负责的，所以，他俩把备用食品都买得好些的，猪也买了373斤的一头，想把这次丧宴办得好点，不留或者少留村民及和克权亲戚的口舌。

各个小组在完成各自的任务后，转入打球（青年人）、打麻将（壮年人）、打扑克（妇女们）的娱乐活动，有些玩项（麻将、扑克）还进行到夜间三四点钟。

说实在的，夜间守灵，不这样玩一下也是难熬的，到鸡鸣头遍的时候，就跟和克权"巴达毗"（纳西语，把一碗鸡肉汤煮的稀饭献在灵柩前，以示给死者食用。相传，这是最后一碗生人奉给死人的送别饭，也只有这碗稀饭，现时死者能吃到，先前摆放在灵柩前的则由祖先们吃了）。有些村民感觉到最近几年进行的丧宴活动改在了出葬那天，有些不合传统的丧葬礼，如跳喂目达、巴达毗这两大事参与的人就不多。

2014年4月30日　农历四月初二　阴

满中村为和克权举行出葬活动，各种职事都比较忙，特别是做饭的、小工。较为轻松的是收礼组，因为满中村村民在昨天傍晚就进行了上祭悬幡（现时吊丧戴白孝称悬幡，过去是真要做一个死者男人为九节、女人为七节的大花幡，悬挂在很长的木杆上插在死者大门前），可能又因为和克权是单身汉，而亲戚少些的原因所致，邻村里来的人不是很多。

从12点就开始待客，到下午2点半待完客，吃饭结束。3点半左右就准备出葬，3点开始跳"窝忍忍"给和克权送葬。

满中村，除了和月林、和福军两家土葬外，都进行火葬，出葬时间的规律一般是，火葬的出早点，土葬的出晚点。这主要因为火葬的烧尸需要较多时间才能烧完，有时到天黑，夏天下雨时常需六七个小时才烧尽。土葬不需要很多时间就可完成。

出葬后，除了烧尸组人员，都有一段空闲时间，他们就利用这一时间进行篮球比赛，对赛的是满中村壮年与青年组。虽说是壮年组，这组里面有年近六旬的老球员和国军，50多岁的和万春、和福海、和三福等老球员。现时的青壮年的篮球技术是远远赶不上这些老球员的，年轻人手脚灵活，力气大，跑得快则比老球员占了上风。

到8点吃晚饭，饭后，围着火塘打跳的、打扑克的、打麻将的又开始进行，但到10点、11点就收场散伙了。

2014年5月1日　农历四月初三　阴

今天是五一国际劳动节，政府机关、学校、行政事业单位放小长假，机关干部、老师、工作人员都乘放小长假之机，有的到外边去游玩；有的回到老家看望老父老母；学生们回到家里，尽情地呼吸着山区无污染的清新空气。而对面朝黄土背朝天的，年复一年，不断地修理地球的村民们来说，国家的重大节日，无论长假或短假他们都很不在乎，他们只注重农历节日。例如：祭祖节、三朵节、清明节、端午节、火把节、七月半、八月十五中秋节、春节，还有农时节令、立夏、土皇节令、元宵节、冬至，这些节日和节令他们绝不会忘记，即便在农事千般繁忙的情况下，村民们都会毫不含糊地以各种方式欢庆。对于国家法定节日中的元旦节、五一节、五四青年节等节日，只有青年人有些快乐感，他们会进行球类、歌咏赛，进行社交、谈情说爱等活动。对壮年以上的村民（40岁以上的村民）则很不注意这些节日的存在。如果在村里举办球类、歌咏、打跳比赛，他们都会弃下农活去观看、参与；如在两千米以上远的村寨举办，他们就不会去参与、观看。今年的五一节，南溪村委会各村民小组都没有组织任何活动，只有满中村的村民自己村进行篮球比赛，还有一部分村民集中在和克权家，继续着丧葬活动的结束工作。

2014年5月2日　农历四月初四　阴

在南溪村，种庄稼、做农活的行家们，通过多年生产，反复轮作过程，积累了较为丰富的生产经验，也很注意农时与节气的关系。例如：惊蛰、春分节令间种的洋芋好，谷雨节令间播种燕麦好，寒露节令撒青稞、豌豆好，芒种节令撒蔓菁等。通过十七八年的种油菜和绿肥，人们总结到，这两种农作物在"土皇"节令的七八天为最佳种植时间。因此，这些村民在进行着一件活计时，一旦农时节令到来，就会先搁下干着的事情，先去撒种各种农作物。例如：满下村村民和国兴，有人在这几天请他做木匠活，他就会告诉来请他的村民："等我把油菜和绿肥种完后再干你家的，等上两天，我就来帮你们家做木匠。"不仅是和国兴一人，绝大多数村民都会这样。

5月5日立夏节令，土皇节令的时间也就在立夏这天结束。所以，南溪村还没种油菜、绿肥的村民们都在忙着种这两样农作物。涉农时间不长，生产经验不丰富，农时节令掌握不准的中、青年村民，也会照着有经验的村民行事。

2014年5月3日　农历四月初五　阴，小阵雨

随子女住在丽江城的满下村村民和家良，因前几年她种的油菜籽快完了，所以，她想种上一点，做生活用油。和家迁居城里4年来一直食用她在前些年种的油菜籽油。她老伴及儿女认为，辛苦她了，成本也有点大，城里那么多人多是从商店里买，可以买来吃。可和家良认为用自家种的油菜籽，榨的油是放心油、生态油，可以放心地食用，而且可以让食用油的种类丰富些。

在她的执意坚持下，今天早晨，她的儿子和朝亮送她回南溪种油菜。她还自豪地说："自己种上些油菜，吃油就不用节约，买来吃既费钱又不放心，油渣可以加工花木。我苦点，但苦上一年，可食用两年，成本是要下点的。特别是像我们这类人，犁地得请人，一定的破费是必要的，不破费，生活招呼差些，工价低点是请不到犁地的。"

今天他们两人，在家族和尚军、和益花夫妇的帮忙下，从上午11点，干到下午4点才种完了打算种的地。

吃了晚饭后，儿子回城，而和家良留下来两天，想上山捡点蕨菜再回城。

2014年5月4日　农历四月初六　阴

今天是五四青年节，由于方方面面的原因，特别是现今的青年人，多数以农民工的形式流入城市，形成了丢下书包后就进城务工的局面。

因此，村里这几年很少组织青年活动。南溪村近些年青年们的去向和所干的事情是：有些考驾照、开车，有些在超市打工，有些在林管站干专业扑火队员，有的在做理发师，五花八门，在家跟父母一起种地的很少。

现时的青年们已有自己的过节方式，他们自己相约到风景点去游玩，在农家乐就餐，在歌舞厅唱歌，最后到酒吧喝酒。有的男青年们单独进行，有的男女青年一起去玩。这些青年改变了以往在村里进行打跳、球赛、餐饮等活动，还把在村里的青年人也邀约来到城里，共庆青年们的节日。

传统的过青年节的方式逐年淡下去，进城里歌舞厅唱歌、欢乐又成为一种青年们的过年方式。这主要是来自社会经济的发展，有车的村民多了，青年人基本上会开车。交通便捷、出行方便、通信发达，这些构成了南溪村不同年龄层次的村民改变过节方式的基本条件。

2014年5月5日　农历四月初七　晴间多云

今天是二十四节气中的"立夏"节令，也就是南溪村民禁砍料、禁动土兴建房屋，一年中第二个土皇节令的最后一天。这一天过后，村民们想做什么房屋建造，修缮畜厩，改动厩中的垫脚石，建土基，上山砍料，出葬埋尸、烧尸等都可以做。传统的"立夏"节还有两项与患有眼疾的老人、风湿类病人有关的特殊活动，一是人们在房前屋后撒上灶灰，每所房子物脚上和墙体下半部都撒上一层白灰的灶灰，说是避嫌蛙蛇入院入房。你看，满头银发、胡子花白的八旬多老人和福祥，年近七旬的和作典、和国春，七十有余的和建良，六十出五的和国兴与和作才等，一起床就忙在火坊上烧火，把火塘里的灶灰除到盆子里，再端到房屋后把灶灰一把把地撒在房屋四周，好像是给房屋画灰色装饰似的。二是患有眼疾、风湿类的人，"立夏"节到鸡冠山脚下的通风洞那里，坐在洞边，让洞里的风拂面而过，或把患处贴近洞口，让风吹拂着患处，据说这样能让患处好转。南溪村每代人都有去此洞拂面休闲的村民，特别是妇女们比男人多，每年立夏节令都有不少人在那洞边相聚。今天满中村的和桂贤、和五娘、和仔命、和光彦、和闰海、和作琴、和兰、和四娘等老妇人相约而去，还在那里野炊。

2014年5月6日　农历四月初八　晴转阴

村民们种完秋油菜和绿肥后，会单独或结伴上山捡蕨菜。独自行走的多为挑水和洗菜，一方面下野鸡野兔，另一方面捡蕨菜，干的是一举两得的事情。结伴为伙的就专门捡蕨菜，如果捡不到蕨菜就得空手而回，这类为女性村民。前者如果捡不到蕨菜，把扣子下好，明早就等着收获，这类为男性村民。例如：满下村村民和国亮、和建国、和学新、和金发、和社兴等，他们以下野鸡、野兔扣子为主，捡蕨菜是次要的。

妇女们则以捡蕨菜为主，她们不仅为了吃鲜，还会加工收藏起来。过去的加工收藏方法是把鲜蕨菜用开水煮熟后，晒干收藏，不过这样传统的加工储存方法被淘汰了。现在的加工方法是用开火烫一阵后，捞上来放在塑料桶里，加上食盐和水封存起来，或者把生鲜的蕨菜放到塑料桶里，加上冷水，再用食盐盖住，把桶盖盖好封存起来，到以后食用时，新鲜可口。她们会在家里请工或家里来客时，从桶里拿出来，做上一碗鲜嫩可口的山珍。

2014年5月7日　农历四月初九　晴间多云

在丽江城里开车的和朝亮，把一个束河朋友拉车拉到的想买点干玛咖果的外地来客带到玛咖种植地——南溪村。

到南溪后，和朝亮到满上、满中、满下三村打听谁家欲卖玛咖干果，在满上、满中村没问到。就回到满下村，跟好多村民打听后，得知满下村村民和益尚还有好多的干果玛咖待卖，和朝珍也可能有一些。他就领着束河朋友和外地来客，找到和益尚，和益尚每斤要价350元，来客认为价过高了，于是就到和朝珍家去问。和朝珍说："有三五斤，每斤若出300元就卖，若不这样就先搁下来。"

来客听了说:"好,都称了。"结果有5斤,以每斤300元卖出。

在菜园里,和朝珍背着客人从1500元钱里拿给和朝亮500元,说:"兄弟,这点钱给你和你的束河朋友,你俩去加点油吧。"和朝亮收下此款,回到城里后交给束河朋友,束河朋友说:"我俩一人用一点吧。"和朝亮说:"不必了,这点你拿起用吧",说完就交给束河朋友。束河朋友收下款后就邀和朝亮一同去馆子吃午饭。

回到家,和朝亮把此事告知其母,其母说:"听说村里好些村民,如和朝泽、和万林、和万兴、和万琼、和建军、和汝浩家都有些干果和玛咖干果,但他们都想等到自己拉到的外地人有询问时才出手,而且价格都不是很高。"

2014年5月8日　农历四月初十　阴

村民们在种完秋油菜、绿肥后,剩下洋芋苗还没出工,因此在这一段农事休息时间,都忙着拉松针、砍柴。这两件事虽不需赶节气,但也是需要提前备好的,以备农忙时或者雨雪天用。到时村民可以从松堆里抬上几篮松针,倒进畜厩垫厩积肥,也可以随手拿柴烧火做饭。也就是说,在农时松闲的时间里,村民就备好了一些需要垫厩造肥的松针和一年所需用的生活用柴。最近两三年,村民的生活用柴比以往年减少了好些,其主要原因是,政府在最近四五年时间,给村民分期分批安装太阳能热水器。得到太阳能热水器的村民,可利用热水器的水喂猪食、洗脸、洗脚、冬天洗菜、洗碗刷锅等,节省了烧水的时间以及大量柴火。不仅如此,还有相当一部分村民用电饭煲来煮饭,逐渐改变传统的用罗锅煮饭的做法。这样,既能促进森林植被的恢复和一些树木(杂木)的成长,又大大减少了村民为砍柴付出的精力和时间。这些省下来的时间,可做别样事情,如休闲、娱乐、上街、串门等,不必愁柴火找不够。

2014年5月9日　农历四月十一日　晴间多云

今天下午，部分满下村村民在和国武小卖部打扑克玩。其中有两个村民自2013年1月起长期在玛咖公司打工（他们称之为长期工），今天趁公司休息，也来参与打扑克休闲活动。她俩边打扑克，边讲述了2013年底满中村评2014年低保人员户的事。其中有一段感人的事情：去年5月间新上任的满中村村民组长和副组长根据满中村的实际情况，如村情、民情、生产生活、经济收入等，决定对村民和月林（单身汉，现年62岁）给予低保补助，并在满中村家长会上宣布。和月林当即开言："这些年我还苦得起，等到我苦不起时再给我低保得了，这低保名额先给供儿女读书的村民吧。"全场都为之感动，特别是为低保争得面红耳赤的壮年们都不出声气了。

在场打扑克的满下村村民议论说："这样的事，应该在电台播放，人家和月林六十岁出头了，还想到供儿女读书的人，我们满下村的前几年至现在享受低保的有一半是自食其力有余的青壮年人，人的思想境界的差别那么大！该享受的还想到比自己负担重的村民；不该享受的，不以为耻，反以为荣，认为老子跟村组干部关系好，能力广，能吃到国家补助，就是有能力。事实上，跟满下村享受低保的人比起来，村里有好些人比他们负担还重，但享受低保的单身壮年们还认为他们这样很厉害。"

2014年5月10日　农历四月十二日　晴间多云

满下村村民和益尚、和国辉父子，今天请和国兴、和万琴两人做木匠，帮他家竖一所平房。因为他们几个均为家族兄弟或叔侄，所以没有讲工价就这样进行了。当然这既不是无偿的人情工，也不是包款或点工，主要凭主人家的意愿付款。

和益尚同时也请和国红、和永军、和万军、和瑞里四人来帮忙下石脚（用石头、沙子、水泥等混合搅拌、灌浆而成）。具体做法如下：按照和国兴师傅为房子制定好的长度、宽度，用旧板子在挖好的基槽边上围起来，用木条和钉子等固定好旧板子，然后在围起来的空间放上之前捡的石头，再浇灌上用沙子、水泥、水搅拌的混凝土，夯平，待明后天混凝土干后，拆了板子，就成了石脚。下石脚的工人是兄弟或侄子，也算是人情工。

前些年，和益尚的老婆在和永军家里做饭，和国辉、和益尚也吃住在和永军家。众人认为和永军、和仔香两夫妇能为大舅这样做，都十分夸赞他们。

请工帮忙的次数以后还会多，如竖房、砌墙、盖瓦等，一直到把一所房子整好可住，都要麻烦和永军家，他们夫妇是支持这样做的。

2014年5月11日　农历四月十三日　多云，时有阵雨

满中村召开户长会议，主题是个别农户的退耕还林补助款没有得到。参加的人员为满中村每户一名成年人（户长或代表户长）及黄山镇林工站袁站长。

会议由满中村村民组长和志强主持，他让每户参加会议的人都拿出惠农存卡（国家对"三农"的扶持款都通过信用社转入此卡中，如退耕还林补助款、种粮补助款等）。

满中村的退耕还林实行集体组织，集体管理，补助款按户头平均分的机制。经细查，发现村长比一般农户多出4亩，这4亩是从总亩数里先提出来的，然后剩下的亩数再平均分给各户。这种分法三十年前就开始了，其中，和国高多分了8年，和万选多分了4年，和志强多分了1年（即去年）。和志强说："我最近两年没动过此卡，不知道有这回事，我一分不要，明天马上退掉，这先河是和国高当村长时开始的，他享受了8年，和万选享受了4年。"大伙都叫开了："你们当村长的退耕还林每年就多吃了1500多元，其他项目上更无法清楚。"有些人甚至大骂起来。

开始为了把退耕还林工作做好，答应了村长要求的袁站长，此时在群众会上无话可说，下不了台。和国高认为这是补助，村民却说："你又没多干一阵，当村长补助是政府拨专款给的，你这是贪污。"会议上你争我骂，散会时也没有得出统一的结论，但村民还是为查出问题而高兴。

2014年5月12日　农历四月十四日　晴

南溪村各村民小组里的一部分村民，今年开始就不想要格林恒信生物种植有限公司培育的玛咖苗。他们在去年自家试育苗中获得了成功，因此今年想自家育苗、自家种植，然后把所种植收成的玛咖推销向市场。这类农户占全村委会户数的40%，如鹿子村村民小组、旦前村村民小组、旦都后村村民小组，均有90%的农户选择这样做；此外，金龙村村民小组40%的农户，满下村村民小组、满中村村民小组、文屏村村民小组、满上村村民小组的一些农户也是这样。

满下村村民和顺明自己育苗、自己种、自己营销也有四年时间，鹿子、旦前、旦后，金龙村村民小组的好多农户去年也是这样做的。通过这些村民的实践，其他村民也明显看到这样做的经济效益远远超过与公司挂钩的效益。因此，想跟着敢闯敢干的村民学着干。从去年开始，旦前、旦都后村村民小组就有个别村民育出玛咖苗，卖给其他村民，也有一定的经济效益，所以，今年就有打算专育玛咖苗出售的农户。例如，现任旦都后村村民小组组长的和耕耘，就打算育1万盘苗出售，并着手开始行动。

这样一来，一方面调动了村民种玛咖的积极性，另一方面格林恒信公司在南溪的经济收入可能比往年减少些。

2014年5月13日　农历四月十五日　晴

随父母暂住丽江城锦上坊小区283号，并就读于古城区福慧学校二年级的南溪村籍学生和智璇同学的《久经陈酿的人生美酒》，继去年（永中一年级）参加"中国修辞学会读写教学研究会""为学作文编辑部""全国中小学生创新作文大赛评委会""全国中小学生创新作文大赛组委会""中国人民大学'素质教育编辑部'"联合举办的第九届"为学杯"全国中小学生创新作文大赛复赛选拔，经大赛评委会认真评选通过，荣获大赛初中组三等奖，并光荣取得参加"全国总决赛暨培训夏令营"资格。在2013年6月收到来自北京的这5个组织大赛单位颁发的获奖证书和第九届"为学杯"全国中小学生创新作文大赛全国总决赛暨培训夏令营邀请书。

今天她又接到福慧学校转发的北京这5个单位共同签发的获奖证书和邀请书，她的参赛作文《收留太阳住宿一晚》在第十届"为学杯"全国中小学生创新作文大赛复赛选拔中，荣获大赛初中组二等奖，并光荣取得参加"全国总决赛暨培训夏令营"资格。

获得国家级大赛奖项，在南溪村是史无前例的，是所有南溪村学子中未曾有过的，理应引发其他家长的无限喜悦和与孩子共享收获的快乐。但其家长担心，现时很有希望的女儿，以后变差或考场心态不佳在中考、高考中落后，会感到不光彩。因此，对这样的美誉不太感兴趣，去年的总决赛及培训夏令营活动不让去参加。今天接到获奖证书和邀请书，她父亲和朝亮说："先好好读书，考上好的大学，上北京、走全国，甚至走出国门都是有可能的，现时别去了。"她的爷爷认为："应该鼓励孩子，要鼓励去参加一次才对。"和智璇本人也不想去，她暂时想一心扑在学习上。想法各异，自有理据，很有可能又一次放弃上北京的机会。她爷爷认为这对孩子成长不仅不好，反而还起到泼冷水的作用，但也没据理力争，因为他对近年来不断发生的海、陆、空交通事故有些担忧。

和智璇进入福慧学校读初中，在每次学业水平测试中（期中、期末、统考），除初二上学期期中考为班上第二名外，其余6次测试均为班上第一名，7次测试都得到了学校的优秀奖。家人对她的现状忧虑和喜悦同在。喜的是这样发展下去，大有希望；忧的是在今后漫长的学习生涯中，如遇到挫折，能否会经得住，能否会正确对待。

南溪村村民逃婚事例

南溪村在中华人民共和国成立前基本是包办婚姻，由父母主宰儿子、姑娘的婚姻大事。其主要的方式为姑表婚（姑妈家姑娘嫁给舅舅儿子）、姨表婚（姐妹和姑娘儿子婚嫁）、指腹婚（两家怀孕后就许下的）。历代村民对这种婚姻，大部分都服从了，但也有个别性格刚烈的姑娘小伙决不服从，他们用情死的方式对抗这种婚姻，有的用逃婚的方式来表示对这种婚俗的不满。这种传统的婚俗，到20世纪60年代初还存在，对抗、情死、逃婚现象也时有发生。这些逃婚者、情死者，绝大部分都能成功，个别没有成功的原因主要是，事前备好的毒药酒有些效力不高，有些两人喝的不一样（一人喝多一人喝少）。喝得少的没有成功的就转回来，但没有双双转回来的，死不成转回来的男人比女人多，可能是男人常喝酒，药酒对男人的效力不那么厉害所致。

例一，生于1930年的鹿子村伍益祥（乳名，没有学名），现年85岁，她小时候由父母做主许配给其姑妈家做儿媳，她姑妈家在文峰寺西北边的"偷准坑"村，只有五六户人家，闭塞、偏僻。姑妈儿子伍木生（乳名）憨厚老实，她从心里根本不喜欢他，但她父母在1950年1月就把她嫁到姑妈家，与表哥伍木生为妻，她根本不愿意，也不喜欢这门婚事，在1950年10月生了一个儿子。后来她利用找猪食、砍柴的机会，经常与丽江束河荣华村籍的一个喇嘛幽会，倾诉自己爱情的不幸，俩人经常在山上幽会、偷欢，于1952年12月，喇嘛还俗并领着伍益祥回束河老家。伍益祥为了爱情弃下两岁多点的儿子伍汉，跟着喇嘛逃到束河与喇嘛一起生活，她有家不能回，有亲不能串，默默地生活着。她跟喇嘛一起养育了三男两女，被她弃下的前夫之子伍汉，在1994年10月举办他儿子婚事时去认母亲，42年未曾见过面的母子相认了。伍益祥老人还健在，但她一直没有回去过鹿子村老家一转。

例二，生于1934年的满下村村民伍金开，小时就由父母许配给满中村和国启（1946年生），两人为第二代老表，伍金开不喜欢，但父母在1967年春节把她嫁给了和国启。和国启在攀枝花市当工人，两地分居，为伍金开找自己所爱提供了较大的空间，结果找上了本村和福林，两人背着村人和家人相亲相爱。当时伍金开的父亲对女儿的恨是没法形容的，但对女儿的作为也无可奈何。这种事例在各村寨，各不同年代都出现过。

2014年5月14日　农历四月十六日　晴

满下村村民和子一今天将羊肥卖给玛咖公司，每手扶拖拉机卖价300元，每手扶拖拉机能装15篮左右，每篮能装满两簸箕。也就是说满满的30簸箕羊肥（松毛垫在羊厩里，羊群拉尿粪在松毛上，隔一些日子就变成很好的肥料）的卖价是300元，一簸箕肥就是10元。这样算来羊肥的价格似乎有些高，其实不然，因为羊肥不仅要有羊群，养羊人家还要积极上山拉松毛，还要将松毛平整地垫在羊厩里。夏天则换青叶垫，否则松毛跟不上，如此反复几乎每天垫一次厩，所以卖主还认为价低了。玛咖公司拉了三手扶，还想再拉一两手扶，但和子一的老婆杨文花说："只能卖给玛咖公司三手扶了，还要留给本村村民和朝珍一手扶，他是很早就给我说定了的。"

玛咖公司把羊肥买来后，晒干粉碎，拌在腐叶里用来育玛咖苗，他们每年撒育玛咖苗要买好多羊肥。满下村只有和子一、和健良、和金辉三家各养有一群羊，玛咖公司每年向他们三家各买三四手扶羊肥，还到金龙村、文屏村、满上村养有羊群的村民家去买。该公司每年撒育玛咖苗要买百余手扶腐叶和六七十手扶羊肥来做育苗肥。

2014年5月15日　农历四月十七日　晴

格林恒信生物种植有限公司（玛咖公司），在南溪村从试种玛咖，育玛咖种，成批种植，营销玛咖干片，营销玛咖种子等过程中得到很好的经济效益。南溪村民也从他们那里学到了育玛咖种、撒玛咖苗的技能，从而部分村民产生了自己把玛咖投入市场的想法。这是在生产实践中学到的新的培植新产品的技能，因此，从今年开始有好多村民放弃了与玛咖公司的生产合同，想自己撒育玛咖苗，种自己育的苗或买村民育的苗，自己把玛咖推到市场上。

例如：满下村村民和顺明在前几年就因为对玛咖公司回收的玛咖价太低，直接要求增加价格，玛咖公司的人怕村民都跟着和顺明闹起要求提高玛咖回收价的风波，就不让和顺明种他们的玛咖。结果，老实的南溪村村民就没有第二个人向公司提出要求增价的意见。而性格刚直、脾气强硬的和顺明则从那年开始（约在2008年），每年就在自己家的菜园子种上些玛咖种，撒上些玛咖苗，把玛咖苗种在别人不太注意的地里，并把收到的玛咖让他的二女婿和春红，在开出租车的同时售给游客，收入是玛咖公司回收款的三四倍。尽管和顺明很保密，但终被细心的村民发现，被他的亲戚们看到，知道了他的情况。一传十，十传百，亲戚传亲戚，很多村民都知道了和顺明的这一生产经营玛咖的方法，都后悔白白为玛咖公司种玛咖，自己不会进入市场。

2014年5月16日　农历四月十八日　晴

村民们这些天的主要农事是上山砍柴、拉松毛积肥（现在房前屋后堆成球状松针堆，到田里农活忙时，下雨、下雪时，再把堆起的松针分时间分数量抬进畜厩垫好，日子久了就成了很好的农家肥）。由于这几年国民经济逐年提高，村民经济收入也逐年提高，好多村民都已温饱有余，舍得在农田投入机械的村民也渐渐增多。很多不会开手扶拖拉机的妇女都买了电动三轮车做运输工具，而且这种三轮车比手扶拖拉机方便得多，手扶拖拉机不能走的山路，三轮车能过得去。因此，不少村民就用三轮电动车上山拉松毛（可装三大篮，一转顶人背的三转）、砍柴（可装四五背柴，一转顶人背的四五转)。

　　世间的事情，利害总是相伴而行，只有利多还是害多的差别。在山区村寨，每出现一些农业机械（轮式拖拉机、手扶拖拉机、三轮电动车），老祖宗留给后代村民的绿色银行——山林，都要遭到浩劫。可怜的南溪村集体山林第一次遭到浩劫是在国家实行联产承包责任制时，农村刚实行改革，那时，身强力壮的男村民，三三两两，成群结队手挟砍斧上山；南溪村山上的轮式拖拉机到处可见，村民以拖拉机的马力论价，55匹东方红拖拉机，一车木材卖60元；40匹拖拉机，一车木材卖50元；35匹拖拉机，一车木材卖40元。后来发展到一条金沙江香烟，也换一车木材；二三十斤玉米也换一车木材。当时在村民间流行的黑话叫"琴对"（意思是赶鹿子），但男人不在家，孩子未成年的农户就一无所得。当时南溪村民建盖房屋所用的木材取之不尽，但在三四年时间内，只剩下可用于做橡子的树了，差点变成秃山；第二次是20世纪90年代，村民大量买进手扶拖拉机后，上山砍柴卖，松树、杂木都砍尽，青青的山都变成了石头山，人走在山上，远处的人们也可见到他。这样，遭到两次劫难之后，村民建房用材得花很多钱到"行茂洛村""后山村""汝南村"、丽江城，或更远的鲁甸去买，有些地方还不能公开去买，只能偷偷摸摸地进行，如丽江城、鲁甸等。村民生活用柴，只有树根。

　　南溪村大多数青壮年人进城开车、打工10余年来，可怜的森林渐渐恢复了一些活力，又开始出现郁郁葱葱的喜人景象。这次电动车进村，被村民所用，虽然路边的松树难免会被乱砍，但伤害不会像前两次一样大。因为村里的青壮年在城里打拼的多了，村里只有妇女、老人，再加上家家都安了太阳能热水器，村民喂牲口不必烧水烧柴，洗碗、洗脸、洗脚、洗澡、洗衣物也可用太阳能热水。南溪村的村民们，不应该好了伤疤忘了痛，应该切记前两次的森林大创伤对村民造成的危害，但最讲求现实利益的村民们，依然总是把树放倒，把木材砍成柴往家拉，自己还很得意。

2014年5月17日　农历四月十九日　晴

旦都后村村民和耕耘（现任旦都后村村民组长），从城里拉来一车塑料育苗盘。他在满下村和国武家小卖店前停下车，走下车来，向在打扑克、打麻将的满下村村民说："过几天我要育玛咖苗，大批量进行，而且都是要育紫色玛咖，你们当中有人要买玛咖苗的，可来我家买，我打算每盘只卖70元，请你们转告你们的邻居。"和国武问和耕耘："苗盘贵不贵？"和耕耘回答说："卖得越多越便宜，我拉来3000个，一个只合1元多。"和国武说："3000盘少了点。"和耕耘说："3000盘够，我俩狠拼一下，先试看一年，如果可以，明年再适当增加。"

从他俩的对话看来，和耕耘虽想大干一番，但又怕卖不完。和国武则认为好好干，没有卖不完的道理，邻村（前山、后山、吉子、天红、汝南、太安海西等附近村委会）的村民听到后会来买的，甚至更远地方的村民也会来买。两人说的各有道理，要想有收获，必须有付出，特别是劳力方面的付出。

2014年5月18日　农历四月二十日　晴

满下村村民和金亮驾着自用车，拉着他妈妈和他未满周岁的女儿，到玉龙县医院给女儿打预防针。他们办完事后就开车回去。刚走到白华居委会开文村岔路口时，后面的一辆车撞了他们的车，他顿时汗毛竖立，惊出一身冷汗。稳定情绪后，他下车先看看车，那辆车也停下，车主也出来看看自己的车。和金亮的妈妈杨文花立即拨打在城里开车的村里人和亚军、和朝泽、和朝亮、和春拾等人的电话，他们四人先后赶到那里，与后面车师傅讲了好一阵子，那师傅死活不认自己错。他们四人就报了警，等交警赶到现场，看了看现场，拍些照片后，给双方讲行车的规则和道理，判定双方都有错：前者转弯没注意后面，后者在十字路口没有限速，且车速过快而刹车不及，各人的损失各人承担。

在社会经济飞速发展的今天，有车的人越来越多，在城市里"不会开车就不会走路"的现象越来越普遍，城里的车数量可能赛过草原羊儿的数量。开车不谨慎是不行的，更不能粗心大意。

事后，和金亮他俩各自把车开到修理厂，给保险公司报了损失，就请修理工来修理，寄存待修回家。他儿母三人由和朝泽用出租车送回家。

2014年5月19日　农历四月二十一日　晴

去年今天，满中村的男女老少及满中村村民和三友的亲戚朋友，聚集在和三友家中，为和三友举行丧葬礼。那天，从中午12点开始丧宴，到晚上7点招待完来客和村民。和三友是40有余的壮年人，一般丧葬礼上跳的"喂目达""窝忍忍"都没跳，因为如果跳了，会引起死者家属更大的悲痛，所以死者处于少年、青年、壮年阶段的一般都不跳。吃完饭后，老人们又回到炕上，准备把和三友的灵柩抬出去，坐在炕上的老村民和红光突然倒在炕床上，翻起白眼。老人和道远立即喊来和红光的儿子和仕春、和仕黄、和仕其三人以及其他几个年轻人，忙把和红光抬到家里，一部分老人也随之到和红光家里。到家后和仕春等马上找了米茶、碎银做成三小包口含，放进和红光口中，和道远老人则大声送和红光上路。等做完放口含、送别事宜后，将和红光的尸体摆放在正房走廊里，找一张白纸盖在脸上，再找来一床新被单盖在身上，等村民们将和三友的灵柩抬到火葬场后，再来他家帮忙。两家家庭及满中村成年村民一时都处于较忙的状态。这一情况，在每个村寨都偶尔出现过，就满中村来讲，在2010年8月间村民给和国英老人举行丧礼时，准备发灵前，在院坝里正火热地跳"窝忍忍"时，年近七旬的和吉给老人在厨房门口突然瘫下，不言而去。满下村也曾出现过好几例。

2014年5月20日　农历四月二十二日　晴

玉龙纳西族自治县疾病控制中心的医务工作者，今天来南溪村委会，主要来给村委会干部们提个醒,并要求村民做好防鼠灭鼠活动。鼠疫较为顽固,它持续的时间长,并时隔好些年又会复发。他们想提取南溪村范围内的老鼠去进行检验。同时说等过几天拉来老鼠药,请他们发给各村民小组。

在村公所与村委会干部交谈两个小时后,他们还到鹿子村、旦前村、旦都后村找前几年就下老鼠的农户,要求他们若在近期内下到老鼠就及时与疾控中心联系,医务人员要取样本进行检验。捕鼠地点不限于南溪村,在邻近村寨捕到的也可以。

到下午3点左右,医务工作者就回城里去了。

2014年5月21日　农历四月二十三日　晴

随儿女迁居丽江城的满下村村民和家良,现年64岁,是一个一直在农村苦惯了的村民。她在城里闲着不自在,心里总是不好过,总认为在村子里七十五六岁高龄的村民都还在地里辛勤耕耘着,她才六十几岁就只料理家务,不干点实在活。她好几次请儿子、老伴、女儿在城里帮她找个扫地、洗碗等老人可干的活,但他们却认为母亲在家苦了一辈子,现在条件好点了,让她过休闲的晚年生活是在情理之中的。再说,在城里的八口之家,老母亲仅是买菜、做饭、拖地、洗鞋袜,也够累的了,于是都不听她的请求。

这两天,在小区旁的绿化带浇水的中年妇女离岗,和家良就自己联系上负责该片区域浇水的和大姐。和大姐在这片地浇水两年,两年的接触,深知和家良大妈勤快、耐心、人实在,就不在乎她的年龄大些,欣然同意她来参加浇水。今天,和家良正式去上班浇绿化带里的树苗,你看她头戴太阳帽,身穿工作服,手戴橡皮手套,两手握着水管在给树木浇水。看上去对这事没半点不熟状态,还很像是浇树的老员工。负责的和大姐对她说:"奶奶,在这里浇不费劲,你会感觉到很轻松。明后天到滇缅玉石城,那里用的水管是很粗的,会累些,但几天以后就会习惯的。

浇水这行当，每年的4月、5月、6月三个月苦些，7月到10月只要浇浇水、打打草、剪剪树，比较松闲，11月到3月，不紧不松，相信你能坚持上两三年。每天工作时间也不长，早上9点半到11点半，下午2点到5点，午休两个半小时，下班后还可赶上做晚饭。"和家良笑着说："我有事时，让老伴带着浇，只要你在这儿干，我会坚持的。"一天就这样轻松愉快地度过了。

2014年5月22日　农历四月二十四日　晴

满下村村民和国辉，今天请亲戚帮忙竖房子。他家所请的人是：家族亲戚及宅基换地的和建良、和家良两家，共30余人。和国辉的两个弟弟家没人参加，是因为过去兄弟有些纠纷所以没有请。

他家搬进城住后，把原有的房屋卖了，老宅基地也没了（所幸的是他家有四人的自留地，三人的承包地，地还算多，用地换了新的宅基地），现在又换地回家起房。村民对此举的看法不尽相同，但大多村民认为，城里不好过，没有正式工作的人，城里生活不下去。有些村民认为，在老家又盖上房子，很方便。他们家生活在城里，村里有事回来，可住进自己的家，不需寄人篱下，是件大好事，而且可以让年轻人（他家儿子儿媳）在家种点值钱的农作物，地里没事干又可回城务工，城里村里两不误，他家做对了。还有村民认为，既然进城了，就不需回家投资，重操旧业，可以像从外地来丽江务工、经商的人一样在城里打拼，除了智残和身残的人外，在哪里都会挣到饭吃的。

他家竖新房虽然没有请竖新房的客人，但和国辉妻和学琼的姐妹们、儿媳的兄弟姐妹家，每家300元、500元地拿给和学琼及儿媳，以示兄弟姐妹相互支持和帮助。

因为只是一所平房，竖好房子后，没进行上梁仪式。参加竖房的人们下午就休闲了，有的玩麻将，有的打扑克，有的开酒会高谈阔论、各抒己见，直到下午6点吃完晚饭后才陆续离去。

2014年5月23日　农历四月二十五日　阴转晴

满中村55虚岁及以上的老年人今天在满中村活动中心休闲、会餐。由村民和万里任老年活动负责人，由负责人收支活动费，安排炊事人员和活动所需饮食，炊事所要的柴火、油每个老人自带些，用完后再去拿。

通过几次活动，他们感到柴火自带有些不恰当。因为，人的素质和想法差别较大，有的老人认为带上一两根就可以了，也就只拿来一两根；有的老人则认为居住在山区，找柴很方便，每年只聚两三次，多带些，就抱着很多柴来。但后者少，前者多。

满中村村民比较喜欢玩麻将，老人、妇女们也常玩扑克，今天大伙就在活动中心玩个够。个别养羊的老人吃饭后，回家喂羊、喂牲口、做家务等。

除了集体活动，平常活动中心不开门，但平时开会、学生会餐、青年人会餐、娱乐，妇女们会餐，老年人会餐等，随时都会有不同的群体在活动中心聚餐。这是南溪的纳西传统饮食文化，过去常在某一家进行或轮地方进行。

2014年5月24日　农历四月二十六日　晴

满中村村民和珍华以2.4万元从城里买来一所新做平房。在城里木场按所需尺码把料锯好、刨好，凿好洞做好拴口。全都做好后，拉上来，到和珍华家就开始组合、竖房、上梁、钉椽子、钉檐板只需要两天。和珍华在第一天请一些人参与组合、竖房、上梁，钉椽子、钉檐板就由木匠来进行。

在山区花钱买平房竖，有些村民认为是不必要的，是浪费钱的行为。说不必要，是因为一所平房所需的木料，可以在南溪村山上砍到，再出点力，请些人，出点木匠工款。而在买房来盖的村民角度来说，虽然山上能找到一所平房所需的木材，但不可能在三五日内找到，又要请人，再加上工钱，酒、烟、糖、茶、饭、菜、肉钱等，如此一来没差多少。

那样找料、砍料所花的时间，自己可以去干别的活，况且干脆买料来盖还轻松不费力。

　　人各有各的想法，怎样做花钱，怎样做省钱，各人心中都有一本算清楚的账本。不是吗？和珍华竖好一所平房，只需今天做顿二十来人吃的饭菜，这么省事，一所新平房就摆在自家的宅基地上，不流一滴汗，多省力啊，他真的觉得这样做划算。

2014年5月25日　农历四月二十七日　晴

　　格林恒信生物种植有限公司今天开始撒玛咖种。具体的步骤是：先让在该公司打工的村民把苗盘端到晒有腐叶和羊肥粉堆的旁边，那里事先还放好从山上拉来的土壤；然后由公司的技术员讲解，示范每盘内装腐叶粉、羊粪肥粉、土壤的搭配比例，边讲边把这三种东西撒在苗盘里，并要求村民按照技术员的吩咐装好苗盘。技术员就拿着一个装有玛咖种子的塑料瓶，用细锥子在瓶盖上扎通三个细小的孔，接着轻轻地抖着拿瓶的手，让玛咖种子从细小孔中抖出，均匀地撒在苗盘里的肥土上，最后再让村民把撒好种的苗盘端到温棚里，整整齐齐地摆好。待一个棚子摆满了，就定时开了自动喷水开关，往苗盘里自动浇水。撒玛咖种要进行20天左右，他们既要按事前的合同供足玛咖种植户的苗，还要准备以市场价卖给没签合同而准备自种自销的村民，及其他村寨买玛咖苗的村民。采取堤内损失堤外补的方法，若签约的农户少了，他们就想大批量育苗，以每盘八九十元的价卖出来平衡公司的收入。

2014年5月26日　农历四月二十八日　晴

　　满下村把落水洞和草坝以20年的时限卖给村民和国武、和朝亮、和春拾、和万军4人。他们4人买到手后的第二年就堵塞了落水洞，他们用石头片加沙灰填坝，用这样的方法来积累夏季的雨水。虽初见效果，积了好些雨水，但把满下村村民和金星的洋芋地给淹了，使和金星种的洋芋有些烂了。为这事，和金星曾找和国武说过几次，因为买到手后，养鱼一事至今只由和国武一人进行。和国武曾和和金星商量用他家的一块地和他交换，和金星答应了。但到后来，和国武又说不换，这样就苦了和金星，他找到和朝亮、和万军的家长说这一事，他们都对和金星说："这事应找和国武换地，如若他不换地，你就找组长，向镇政府逐级上告，请他们明判才是。"和金星听了，觉得很占理，就无话离开了。

的确，堵洞后水淹地，造成地主人的损失，理应赔偿损失，不知道堵洞积水的这4个村民怎样想，可能有些想法，但都是乡里乡亲的，不好明说，就等上级领导来判定吧！

2014年5月27日　农历四月二十九日　晴

满下村村民和亚军，在玉龙县城的金色家园小区购买了一套商品房，在前几天入住了。

今天，他在丽江城安乐村农家乐宴请客人。他所请的客是：他的家族、堂、胞兄弟姐妹，表兄弟、表姐妹，舅舅、姨妈，及和亚军老婆方面的所有亲戚。因为在城里举行，一家只来一个做客的，加上和亚军和老婆各自的朋友，也有12桌。吃的是两顿正餐，每桌费用约500元，加上烟、酒、饮料、糖果等，开支近万元。

如此一来，所收入的礼钱所剩不多。

和亚军的父母对和亚军说："如果在家里举行宴请，只需花今天所花的一半钱，比今天吃得还好，还可以吃上两三天，你们这样做，简直是乱来，一点计划都没有。"和亚军耐心对父母说："爸爸妈妈，咱村的和朝亮、和万林、和万琼、和圣武以及南溪村里在城里买了房住的，都在城里请了客的，要是我们例外了，岂不成了别人的笑料了吗？"他的父母听后，觉得儿子做得也对，就不再言语了。

从目前来看，和亚军在城里已拥有了一套住房，一辆出租车的四分之三，在发展上虽赶不上旦前、旦后、鹿子、金龙4个村，但在满子师村来讲,他也算是在城里置业的头等行列了。

2014年5月28日　农历四月三十日　晴
满下村村民在丽江城创业置产小记录

至2014年5月28日:

和春拾	住房一套,自用轿车一辆
和圣武	住房二套,出租车一辆
和朝珍	出租车四分之三辆,自用微型车一辆
和亚军	住房一套,出租车四分之三辆
和朝柱	住房一套(老婆买),出租车二分之一辆,自用轿车一辆
和文亮	出租车二分之一辆
和万琼	住房一套,自用轿车一辆
和万林	住房一套,自用面包车一辆
和国辉	住房一套(庭院),自用面包车一辆
和庆挺	出租车二分之一辆(老婆嫁妆)
和永华	19座旅游车一辆,住房一套,自用轿车一辆
和德华	出租车二分之一辆,自用面包车一辆,住房一套
和灿	住房一套,出租车二分之一辆,自用面包车一辆
和朝亮	出租车一辆,住房一套(别墅),自用轿车一辆
和圣华	出租车二分之一辆,住房一套,自用轿车一辆
和建军	出租车二之分一辆,自用轿车一辆
和圣军	出租车二分之一辆
和永红	出租车二分之一辆

共置：住房13套，出租车8辆，旅游车1辆，自用车12辆。

2014年5月29日　农历五月初一　晴
满中村村民在丽江城创业置产小记录

至2014年5月29日：

和占典	住房二套，出租车一辆，自用车一辆
和占军	自用车一辆
和万军	住房一套，出租车一辆
和艳秋	出租车四分之三辆，住房一套，自用车一辆
和艳菊	出租车一辆，住房一套，自用车一辆
和春立	出租车二分之一辆，住房一套
和万高	住房一套，自用车一辆
和福祥	住房一套，自用车一辆
和云鹏	旅游车一辆，住房一套
和福海	住房一套（儿媳嫁妆）
和建新	住房一套（老婆嫁妆）

共计：出租车4.25辆，旅游车1辆，住房11套，自用车6辆。

2014年5月30日　农历五月初二　晴

南溪完小今天举行庆祝"六一"活动。全校师生70余人，以及村委会3位干部参加了今天的活动。今天的活动流程为：

第一，村党总书记兼村委主任和继武给师生讲国家形势及南溪村近些年的变化。鼓励老师爱岗敬业，安心在山区做教育教学工作，为南溪村普及九年制义务教育作出贡献。鼓励学生在老师们的教育下努力学习，从小学好知识，长大闯入社会，报效祖国，为实现中国梦而努力学习。

他还列举了和仕梅（玉溪师专毕业后，考入厦门大学读硕士研究生，毕业后在昆明植物所工作，她是南溪村有史以来第一个研究生）、和万青、和仕红（去年考进一本大学）的情况，让学生向他们学习，努力争取做一个对国家有用的人才。

第二，南溪完小校长赵学良讲话，他向师生交流了期中各年级学业水平测试的情况，要求老师做到诲人不倦，要求学生们学而不厌，鼓励大家在期末考试中取得好的成绩，向自己的父母报喜。

第三，发展新队员。

第四，歌咏比赛。

第五，游园活动。

第六，各村民小组学生会餐（放学后回到家，各村学生会自行组织）。

满子师片区中，该校学生家长和部分村民观看了活动。

2014年5月31日　农历五月初三　晴

满下村村民和汝信家，一家人专门从鲁甸买来木料，然后从做成房的师傅家里以5万多元的价买来一所新楼房，椽子自家砍，由木匠来钉。前天夜间逃避检查拉到家里（由卖方负责拉到家里），他家请了家族的人做木匠组织屋架，因为人不多，还有一组没组合完。

今天他家请了一些村民，居住在路边的部分住户，每户一人，来帮忙竖房。吃过早点，大伙就先组合几排屋架，组合好后，休息片刻，和汝信的二哥和汝军向大伙说："请大家在竖房时听我伯和建良的指挥。"和建良老人说："今天竖房，地盘有点窄，会产生拥挤现象，壮年人，每两人掌握一根支杆听我指挥，我建议大家都把手机关了，齐心协力，把房子竖好后，大家可随心所欲地玩。"大家竖好三排屋架时，已到吃午饭的时间，和建良说："最后这排等吃了午饭再竖。"于是大伙就吃午饭，歇了一袋烟功夫，又继续竖房。竖完后，和建良派了和建成及和亚华去找根中梁做上梁用，其余人在他的指挥下把房子拨正。看到和建良老人的举动,九河师傅说:"他真行。"和国兴告诉他们说:"和建良是木匠大师傅,我是他的徒弟,我俩各自起过两三百所楼房,不仅在南山片(丽江城南边山上),而且在丽江坝上都留下我俩的手迹,虽然名气不大,但也有很多人知晓。"他们通过交谈,交流了经验,九河师傅说:"现时就兴这种做法,要过检查站的风险大些,不过检查站的我们立即答应做,价钱也比需过检查站的少点。"

到下午4点左右举行上梁仪式,九河师傅诵的上梁词,与南溪师傅诵的基本相同,只是口音有区别。竖完房后,家族的青壮年们就进行待客服务,有些收礼记账,有些端茶敬酒,有些洗碗擦瓢,十分忙碌。

6点招待晚饭,按照满下村历来的规矩,先待竖房的人,接着待来客,最后家族们吃。吃完饭后,喜爱玩麻将的村民直往麻将桌去,喜欢扑克的都相约着到旮旯里去打扑克,一直玩到晚上11点左右才陆续散伙。

2014年6月1日　农历:五月初四　晴

今天是六一国际儿童节,南溪完小之前提前进行了庆祝活动,可小学生和村里儿童心里仍然觉得,今天才是自己的节日。于是,满上村、满下村的小学生们相约12点在满下村足球场进行足球比赛。他们先后来到足球场,自己当裁判、当观众、当球员,由大点的学生组织进行。球场上只有稀稀拉拉的几个人,但学生们还是玩得十分自在,十分开心,十分认真,真像是在进行决赛,一直玩到下午3点才散伙。

满中村和满下村的学生们,把聚餐一事留到今天晚上才进行。他们历来的做法是,每年"六一"节自然村学生的聚餐(小学一至六年级生及学前班儿童),在一个学生家里做饭,由高年级学生照顾小同学,并由那家主人帮忙他们煮肉、杀鸡、做饭。吃饭后,都夜宿在这家家里,直到第二天早上找剩菜剩饭吃了才散伙。

现时,南溪村委会的8个自然村(村民小组)都有村活动中心,但学生们聚餐不会在那儿进行。因为,他们考虑到需要大人们的帮助,还考虑到夜晚的住宿问题。

有些村民小组的干部，很关心少年儿童，在村寨资金短缺的情况下，也千方百计拿出两三百元给学生们，做聚餐补助。

坚持捐资助学的退休老师　和尚明

和尚明，男，籍贯是丽江市玉龙纳西族自治县黄山镇南溪村委会鹿子村村民小组，出生于1940年，现年74周岁。1965年9月开始任民办教师，1971年转为公办教师，1996年9月从南溪村旦都小学退休，从事教育工作31年。

和尚明老师在旦都小学任教时，从1985年开始订阅党刊《半月谈》。他利用教学之余的时间认真阅读，通过阅读知道一代伟人毛主席号召全中国人民学习的雷锋同志是与自己同年同月出生的，于是在自己的心中产生了我也要学习雷锋，做点有益于人民的事情的想法。通过反复琢磨，对比自己与村民的收入差距后，他决定要鼓励资助南溪村优秀学子，并从1987年8月开始做这件事情。为了让更多的南溪学子学习成功，他在1991年9月8日，在南溪完小全村学生家长会上（当时南溪村设旦都小学、文屏小学、金龙小学、鹿子小学、南溪完小5个学校），向当时在校读书的全村学生和到会家长们公开了他的承诺："我要鼓励南溪村学生，只要考上县民族中学的，每生奖励50元，考上中专或高中的每生奖励100元，考上大学（专科、本科）的每生奖励200元，这一件事情我要坚持做到我逝世。"

工资微薄的小学老师，能对南溪村民和学生作出这样的承诺，不是件轻而易举的事情。这既体现出和尚明老师忠诚党的教育事业，又表达出他对南溪学生奋发努力、学有所成的殷切希望；同时，也表现出他学雷锋、助人为乐的高尚品质。他的这种做法，对南溪村的基础教育会有促进作用，会起到激励南溪学子勤奋学习、努力上进的作用。

他从发出这样郑重承诺到现在已有 23 年的光阴，受资助者的姓名、住址、资助时间、升入学校、资助金额，详细地列表于后。

资助时间	资助对象	受助人住址	升入学校	资助金额
1987 年 8 月	和银凤	南溪旦前村	大理师专	50 元
1989 年 8 月	和文华	南溪旦前村	昆明地质学校	50 元
1992 年 8 月	和耀武	南溪金龙村	丽江卫校	50 元
1994 年 8 月	和玉花	南溪鹿子村	昆明旅游学校	100 元
1995 年 8 月	和银红	南溪金龙村	丽江民族中学（初中）	50 元
1995 年 8 月	和耀星	南溪文屏村	丽江民族中学（初中）	50 元
1995 年 8 月	和丽香	南溪金龙村	丽江民族中学（初中）	50 元
1996 年 8 月	和耀菊	南溪鹿子村	丽江民族中学（初中）	50 元
1996 年 8 月	和仕倾	南溪金龙村	丽江民族中学（初中）	50 元
1997 年 8 月	和江龙	南溪满中村	丽江民族中学（初中）	50 元
1997 年 8 月	和昌诚	南溪满上村	丽江民族中学（初中）	50 元
1997 年 8 月	和春梅	南溪鹿子村	丽江民族中学（初中）	50 元
1998 年 8 月	和丽菊	南溪满下村	丽江民族中学（初中）	50 元
1998 年 8 月	和金花	南溪旦都后村	丽江民族中学（初中）	50 元
1998 年 8 月	和润秀	南溪旦都后村	丽江民族中学（初中）	50 元
1987 年 8 月	和玉章	南溪满上村	丽江民族中学（初中）	50 元
1989 年 8 月	和银红	南溪金龙村	丽江八中高中民族班	100 元
1999 年 8 月	和昌龙	南溪满上村	丽江民族中学（初中）	50 元
1999 年 8 月	和仕发	南溪鹿子村	丽江民族中学（初中）	100 元
1999 年 8 月	和立娟	南溪满中村	丽江民族中学（初中）	50 元
1999 年 8 月	和万菊	南溪南中村	丽江民族中学（初中）	50 元
1999 年 8 月	和耀菊	南溪鹿子村	丽江师范音美班	500 元

续表

资助时间	资助对象	受助人住址	升入学校	资助金额
1999年8月	和朝娟	南溪满下村	丽江师范体师班	100元
2000年8月	和翠	南溪满中村	丽江民族中学（初中）	50元
2000年8月	和文慧	南溪文屏村	丽江民族中学（初中）	50元
2000年8月	和丽英	南溪文屏村	丽江民族中学（初中）	50元
2000年8月	和学成	南溪鹿子村	成都体育学院	200元
2001年8月	和丽雪	南溪满下村	丽江民族中学（初中）	50元
2001年8月	和雪兰	南溪鹿子村	丽江民族中学（初中）	50元
2001年8月	和丽菊	南溪满下村	丽江八中高中民族班	100元
2001年8月	和金花	南溪旦都后村	昆明昆华女子高中	100元
2001年8月	和明月	南溪金花村	丽江八中高中普通班	100元
2001年8月	和向渊	南溪鹿子村	丽江八中高中重点班	100元
2001年8月	和银红	南溪金龙村	云南农业大学	200元
2002年8月	和国高	南溪鹿子村	丽江民族中学（初中）	1000元
2002年8月	和自华	南溪满下村	丽江民族中学（初中）	50元
2002年8月	和建谷	南溪鹿子村	丽江民族中学（初中）	50元
2002年8月	和仕发	南溪鹿子村	丽江八中民族高中班	100元
2002年8月	和昌龙	南溪满上村	丽江八中高中普通班	100元
2002年8月	和爱英	南溪鹿子村	大理卫校	100元
2002年8月	和银凤	南溪金龙村	丽江卫校	100元
2002年8月	和立娟	南溪满中村	云南教育丽江分院	100元
2002年8月	和立勇	南溪满中村	云南大学旅游文化学院	200元
2003年8月	和云鹤	南溪满中村	丽江民族中学初中	50元
2003年8月	和启	南溪满中村	丽江民族中学初中	50元

续表

资助时间	资助对象	受助人住址	升入学校	资助金额
2003年8月	和四梅	南溪旦前村	丽江八中高中民族班	100元
2004年8月	和永梅	南溪满中村	丽江民族中学初中	50元
2004年8月	和祖福	南溪鹿子村	丽江民族中学初中	50元
2004年8月	和向渊	南溪鹿子村	云南民族大学	1000元
2004年8月	和丽菊	南溪满下村	云南民族大学	200元
2004年8月	和金花	南溪旦都后村	云南民族大学	200元
2004年8月	和明月	南溪金龙村	大理学院	200元
2004年8月	和丽锋	南溪满下村	丽江八中高中普通班	100元
2005年8月	和万成	南溪满下村	丽江民族中学初中	50元
2005年8月	和永亮	南溪文屏村	丽江民族中学初中	50元
2005年8月	和红梅	南溪满下村	丽江民族中学初中	50元
2005年8月	和润秀	南溪旦都后村	昆明理工大学	200元
2005年8月	和国亮	南溪鹿子村	丽江八中高中普通班	200元
2006年8月	和仕发	南溪鹿子村	云南民族大学	200元
2006年8月	和春武	南溪旦都后村	云南民族大学	200元
2006年8月	和昌龙	南溪满上村	云南财经大学	200元
2006年8月	和四梅	南溪旦前村	玉溪师院	200元
2006年8月	和雪莲	南溪鹿子村	昭通师专	200元
2006年8月	和文慧	南溪文屏村	德宏师专	200元
2006年8月	和云鹤	南溪满中村	玉龙一中高中重点班	100元
2006年8月	和文锋	南溪满上村	玉龙县民族中学初中	50元
2006年8月	和春花	南溪旦前村	玉龙县民族中学初中	50元
2006年8月	和凤蓉	南溪旦都后村	玉龙县民族中学初中	50元

续表

资助时间	资助对象	受助人住址	升入学校	资助金额
2007年8月	和万清	南溪满下村	玉龙县民族中学初中	50元
2007年8月	和月花	南溪满中村	玉龙县民族中学初中	50元
2008年8月	和凤梅	南溪旦都后村	玉龙县民族中学初中	50元
2008年8月	和红芳	南溪满下村	玉龙县一中高中重点班	100元
2008年8月	和万成	南溪满下村	玉龙县一中高中重点班	100元
2008年8月	和建谷	南溪鹿子村	临沧教育学院	200元
2009年8月	和凤蓉	南溪旦都后村	玉龙县一中高中重点班	100元
2009年8月	和丽珊	南溪文屏村	玉龙县民族中学初中	50元
2009年8月	和秀菊	南溪文屏村	玉龙县民族中学初中	50元
2009年8月	和小勇	南溪文屏村	玉龙县民族中学初中	50元
2010年8月	和国坚	南溪鹿子村	玉龙县一中高中重点班	1000元
2010年8月	和玉仙	南溪满中村	丽江市中重点班	200元
2010年8月	和月花	南溪满中村	玉龙县一中高中重点班	100元
2010年8月	和万清	南溪满下村	云师大附中	200元
2010年8月	和祖福	南溪鹿子村	保山学院	200元
2010年8月	和秋花	南溪旦都后村	玉溪师范学院	200元
2010年8月	和思远	南溪旦前村	云南经济管理学院	200元
2010年8月	和秋霞	南溪旦前村	云南林业职业技术学院	200元
2010年8月	和永梅	南溪满中村	云南师范大学	200元
2010年8月	和琪	南溪金龙村	玉龙县民族中学初中	50元
2010年8月	和耀桢	南溪鹿子村	大理学院	10000元
2011年8月	和万成	南溪满下村	云南中医学院	200元
2011年8月	和凤梅	南溪旦都后村	市中希望之星班	100元

续表

资助时间	资助对象	受助人住址	升入学校	资助金额
2011年8月	和玉梅	南溪满下村	玉龙县民族中学初中	50元
2012年8月	和旭鹏	南溪鹿子村	云南财会学院	5000元
2012年8月	和凤蓉	南溪旦都后村	西北民族大学	200元
2012年8月	和玉奇	南溪满中村	玉龙县民族中学初中	100元
2013年8月	和玉仙	南溪满中村	大连民院	1000元
2013年8月	和月花	南溪满中村	玉溪师院	200元
2013年8月	和万清	南溪满中村	云南大学	400元
2013年8月	和旭锋	南溪满下村	云南民大	200元
2013年8月	和丽群	南溪金龙村	西双版纳职业技术学院	200元
2013年8月	和耀武	南溪文屏村	天津工业技术学院	200元
2013年8月	和柱芬	南溪鹿子村	西双版纳职业技术学院	200元
2013年8月	和国坚	南溪鹿子村	云南民族大学	4000元
2013年8月	和琪	南溪金龙村	市中高中重点班	100元
2014年8月	和凤梅	南溪旦都后村	云南农业大学烟草专业	400元
2014年8月	和秋月	南溪旦都后村	江汉大学医学院	200元
2014年8月	和金梅	南溪旦都后村	普洱师专幼儿教育专业	200元
2014年8月	和春良	南溪鹿子村	德宏职业学院	200元
2014年8月	和月芳	南溪鹿子村	玉龙县民族中学初中	100元
2014年8月	和前宇	南溪鹿子村	玉龙县民族中学初中	50元
2014年8月	和丽娟	南溪满下村	玉龙县民族中学初中	50元

和尚明老师在27年时间里，资助鼓励南溪村优秀学子111人、共捐助人民币35350元。虽然其中受助1000元以上的学子为和老师的孙子孙女、外孙及沾亲带故的，但他的的确确、真真实实地向南溪村民兑现

了自己的承诺，有些优秀学生受助三次（初中、高中、大学），如和银红、和丽菊、和金花、和凤蓉、和凤梅、和万成、和万清、和仕发、和月花等，有些受助两次。除了资助在南溪本行政村的学生外，他还会慷慨解囊，资助亲戚家的孩子。例如：他的连襟和绍勋，家住太安乡吉子村，三个孩子都先后考上大学，和尚明也先后资助了3000元（每人1000元）。这样的例子还有很多，这里不再做全部列举。

  和尚明老师除了资助优秀学子外，还多次为所在学校、村子的公益建设做捐助。例如：1990年南溪完小新建土木结构两层五间教育楼，有些人捐100元，如和立贤、和正文、和尚勋、和立强等，有些人捐了50元，有些人捐了30元，有一些人不捐，而和尚明老师就捐了580元；1996年南溪旦都小学教室内打混凝土地皮，他捐了200元用于买水泥（当时他还在该小学任教）；1998年（退休后）鹿子村篮球场场内界线贴瓷砖，他捐出280元用于买瓷砖；1999年春节，鹿子村开篮球运动会，他捐出400元做买奖品的费用；2001年，鹿子村干旱缺水，需从两千米之外的水源抽水，供村民人畜饮用，他捐出278元做抽水用款。这样捐资助学，这样热心公益事业，即使工资低也继续坚持，他还一再表示，他要捐资资助学生直到自己生命的终止。这样确实不容易，是他心里的"雷锋"、雷锋精神鼓舞着他。这是常人不容易做到的，不信的话，我把现实客观摆出来让读者品味一下，南溪村籍退休人员中和尚明老师的工资最低（月工资2700元左右），近些年才退休的老师月薪是他的1.5倍左右；现时南溪村人转产开车，有车并在城里有房的已接近百户，他们的收入并不差；村里的村民，因农产品、畜产品价格的逐年上涨，收入都不错，有十余万存款的村民多着呢，家家门前都停有自用汽车，南溪村民过上了富足有余的生活。

  但又有谁会捐资助学，做助人、助公益事业的建设呢？

  和尚明老师这27年捐助南溪村的优秀学生，有不少学子得到鼓舞，增添了学习劲头，完成了各学历阶段的学习任务，走出文笔山，活跃在社会的各行各业，有明显的社会效益。有相当一部分受过他资助的南溪后生，通过他们的努力学习、勤奋拼搏，学到了知识，而知识改变了他们的命运，改变了他们的人生，成了社会上有用的人才，他们自己也将受益终身。相信他们聚在一起的时候，定会想起为他们的成长加油助威的和尚明老师。

2014年7月记事

7月的南溪村，百花依然似锦。山上各种颜色的杜鹃花，在雨水的刷洗下，依然摆出婀娜的姿势，正绽放出美丽的笑脸，多么吸引人啊。草坝里各色各样的报春花加上地里的各色洋芋花，金黄色的油菜花，南溪村庄如处在花海中。有从远处来的游客在导游的带领下，来一观这里的美景；也有在城里工作、居住的人们利用周末休息日，三五成群地来到草坝里游玩，看他们采花、捉蝴蝶，用花草编篓子，玩得很痛快。来草坝玩的车从村边一直停到草坝里的公路边，数不过来。

几年以前就利用6、7、8、9这4个月，开办临时农家乐的满下村村民和永红，忙得不可开交，他两夫妻有些忙不过来，就把嫁到太安乡天红村委会汝寒坪三组的长女和文琴，以及结婚后两边管（当地人称"不娶不嫁"）的二女和桂秋从太安乡吉子村委会书行洛村叫来帮忙，和永红夫妻做饭，招呼客人，客人多时，还临时请他的弟弟和永军、和永良、和永贤等来帮忙，生意十分红火。他家做的菜只有土鸡肉、火腿肉、肉汤煮蔓菁花、大块头洋芋、萝卜干腌菜，没有从城里买来大鱼大虾，和时鲜蔬菜。米饭是用大罗锅焖的，吃腻鲜货的城里人，吃了以上五种南溪农家产的肉菜，觉得口感很好。他们吃过后就转告给城里的亲朋好友，城里不在乎价钱的多少，都想利用周末休息和轮休时间来南溪村一饱眼福和口福，所以，有不少人提前打电话给和永红预约做饭。和永红家也自备上一些火腿，养上一些土鸡，但应付不了这段时间里的需要。他根据这几年办临时农家乐的经验和办农家乐收支的比较，于是从 2010 年开始，他就在丽江市场肉价低的时段（丽江人杀猪时段，市场肉价为最低的时段），从市场上买回好些鲜肉后腿，在家腌制成干火腿，来应付这段时间的需要。又从太安乡市场买好放养鸡，混杂在土鸡中喂养的方式来弥补土鸡的不足。以放养鸡当作土鸡卖，这样做才能做到随时都有鸡可杀，又可多收入些钱。

这段时间，和永红家就利用早、晚两个时段（天刚亮就往地里去，等吃饭的客人走了，又立即往地里去）干农活，做到农活经营和农家乐两不误。

今年的 7 月，在草坝的边上又搭起了个临时饭棚，内有燃气灶火锅，摆有三张饭桌，可供十几个人同时进餐，设备还比较简单，炊事用具和吃饭用具都比较少，用的水也是装在大塑料桶里从家里拉来放在棚里备用的。从工具、休闲、就餐条件来说，各方面都次于家里，卫生条件也必定会次于家中。估计初次来南溪的人，会来这里吃饭，曾经来过的，基本都会到和永红家吃饭。这个新搭棚子的主人是满下村村民和朝珍，他本来在城里开车，但考虑到家里的房屋需要修缮，必须长时间在家才能完成；再加上借给亲戚们种的地，杂草逐年增多，土质逐年贫瘠，需要好好料理。为这两个原因，他把自家的出租车租给别人开，让爱人在城里照顾上学的养女和玉凤及养育蹒跚学步的女儿和玉良，他回家一边排点地，种些农作物（洋芋、油菜、药材、玛咖），一边砍些椽子、梁头、方料等木料，还拉沙买瓦准备修缮旧房。现时，他农事已做完，修缮事还未开始，他就想利用南溪草坝游人多的时段，做点吃的卖给从城里上山玩耍的人，来增加自家的经济收入。但他现在才开始做，回头客不多，回头客都往和永红家去。因此，估计他的此项收入不会很理想，他爱人杨桂兰对此事持反对态度，说："一则苦了和朝珍，二则不会有很多人来就餐，这样就浪费了时间；三则买来的土鸡、火腿价钱不高，卖不出就难做到经济循环。"如和朝珍确实闲不住，可去做点小生意，这儿买来那儿卖，但和朝珍又怕卖不出手东西就会烂了，而土鸡卖不出可养起来，火腿卖不出可挂在火塘上面，待到明后年再卖出也可以，他依然想利用南溪村的花季挣点钱。

7月19日，云南大学的和晓蓉老师领着19名从全国各地来的大学生到南溪云南大学纳西族研究点，开始了"全国大学生暑期学校"的学习生活。这些大学生从不同的地方来，是不同的学校、不同的专业、不同的学历（有硕士生、博士生），有着不同的爱好兴趣，带着各自的课题，临时聚到一起，展开了繁忙的田野调查。从19日至29日，在领队老师的统筹安排和精心指导下，19位研究生有条不紊地开展了各自的调查内容，顺利完成了此行任务。

在南溪期间，南溪村委会党总支书记兼村委会主任和继武，南溪村委会副主任何丽军，以及南溪村委会满中村村民小组组长（村民俗称"村长"）和志强给予很大的支持，和继武、和国军两位村委会领导积极负责研究生的进村入城接送任务，并多次来到纳西族研究基地，解难释疑，介绍南溪村的历史和现状；和丽军也经常来到基地给研究生们提供各年份的各种数据；基地管理员和尚勋老师日夜都在基地忙碌着，配合炊事员安排生活，针对研究生们提出的问题，给他们找调查对象（村民）。和晓蓉老师尽管身体不适，但却坚持细心询问每个学生调查中的困难和进展情况，并及时指导学生。

他们在南溪期间，正逢纳西族"火把节"，研究生们积极踊跃地参加满中村村民过"火把节"的活动，白天男生参加篮球比赛，女生坐在球场边当啦啦队。他们跟满中村篮球队进行的那场比赛，在村民的喝彩声和女生们的鼓励声中，进行得激烈精彩，比分紧紧咬住，不相上下。比赛结束后，来自广西师范大学的李水坚和来自广西桂林电子科技大学的李海晨两个同学，脸上和身上的汗都来不及擦一下就边退场边异口同声地说："想不到村民的球技那么好，真行！"晚上同学们参加了村民进行的篝火晚会，与村民们手拉手，围着篝火跳起了纳西族的打跳，来自中央民族大学的胡蔓,广西民族大学的李青蓓,西藏民族大学的李锦萍、冯鑫、靳坤、青海师范大学的杨洁等同学,比其他同学更能歌善舞,几分钟后,他们的姿势和脚步就与村民一致了,其他同学的脚步有点凌乱,但他们依然坚持到最后。舞会完毕后,同学们都参与了村民的酒会,尽管很多同学在校不沾烟酒,但今晚破例和满中村村民举杯相互祝福,交流着各地的情况,跟村民相处得很融洽。

更有意义的是,和晓蓉老师联系丽江古城博物院,请院长黄乃镇先生在木府给研究生做一个讲座,黄院长答应了和晓蓉老师的请求,在百忙中抽出时间,7月27日上午在古城博物院破例地给学生们讲了"纳西族发展史"和"木府"重建的经过,以及对"木府"以后发展的思考,让研究生对纳西族的发展史有了进一步的了解,对重建"木府"的设计者和劳动者充满了钦佩。

分赴全省各研究点的师长,7月30日早晨欢聚在云南大学,各组交流汇报了在各点开展田野调查的情况和收获。通过交流与评比,赴"纳西族研究点"师生的工作与收获,得到了校领导的好评。

在南溪基地,学生们除了做好自己的调查任务外,还做好日常的生活工作。

附他们在基地期间的值日表:

	姓名			日期	
第一组	张静	杨洁	焦红凯	7.19	7.25
第二组	邓水坚	邓姣姣	严佳佳	7.20	7.26
第三组	杨海晨	李青蓓	胡蔓	7.21	7.27
第四组	斯建华	冯鑫	李锦萍 张洲铭	7.22	7.28
第五组	李祥	靳坤	褚苗伊	7.23	7.29
第六组	朱胜辉	李婉妍	杜悠悠	7.24	

值日内容:1.刷碗、擦桌子、拖地,维持公共空间卫生,保持整洁

干净;

2.舒适整洁的环境是大家努力工作的基础和动力,一起维护我们的基地小家!

云南大学少数民族研究基地纳西族研究点(丽江市玉龙县南溪村)
2014年全国大学生暑假活动参加人员名单

姓名	性别	在读学校	工作单位
李祥	男	西南大学	贵州师范大学
严佳佳	女	云南大学	
邓姣姣	女	甘肃农业大学	
朱胜辉	男	云南大学	
邓水坚	男	广西师范大学	
斯建华	男	日内瓦大学	
杨海晨	男	桂林电子科技大学(广西)	
张洲铭	男	南京信息工程大学	
焦红凯	男	青海师范大学	
杜悠悠	女	云南大学	
李青蓓	女	广西民族大学	
张静	女	浙江大学	
李婉妍	女	云南大学	
褚苗伊	女	云南大学	
李锦萍	女	西藏民族学院	
冯鑫	男	西藏民族学院	
靳坤	女	西藏民族学院	
杨洁	女	青海师范大学	
胡曼	女	中央民族大学	
和晓蓉	女		领队老师 云南大学

2014年日志（1月至9月）

南溪村民的一场虚惊

2014年11月20日，在丽江城里开出租车的满上村村民和永刚（乳名伍根全），傍晚打电话给家里的老婆，相约好他明早开车回家接她到丽江城买她和姑娘（女儿）的新衣服等。当晚，他吃过晚饭就去跑出租车了。晚上10点左右，他把出租车停放到白华村，换了自用车往永胜方向去。他走后，满上村的开车伙伴给他去了电话，问他到哪里了，等一个电话，和永刚的回话是："快到金安桥了。"第二个电话的回话是"快到永胜了。"在晚上11点36分以后，打电话给他，回答都是"已关机"。就这样同伴与和永刚失去了电话联系。第二天早上等着进城买东西的和永刚老婆银命不见他回来，就打电话给和永刚，回答的同样是"已关机"。她就打电话给开车的同伴询问和永刚的情况，得知和永刚昨晚上10点左右去永胜送人，到11点36分就没联系上了。她认为这样会凶多吉少，就急忙到族兄和高顺、和高圣等家说明情况，请求他们前去寻找和永刚。于是11月23日，满上村的中青年人（在家的和开车的）都去永胜方向寻找和永刚，南溪村委会党总支书记、村委会主任和继武也参与其中。和继武与和永刚家一不沾亲、二不是开车同伴、三不是平常好友，但他能在村民有难有事的时候，和村民在一起，想办法，帮助村民解决问题，在南溪村民中有较好的口碑，南溪村民都称他"实干精神强，村民需要办的事从不互相推诿，是村民的贴心人"。

23日，满上村村民以两组为单位往丽江—永胜方向寻去，第一组，和高圣、和珍贵、和继存、和立黄、和丽华等直去永胜，请求永胜县交警查看公路摄像监控器，看看和永刚的车是否到了永胜，通过查看，发现此车路过永胜往华坪方向去，他们就急忙往华坪方向去寻找。

第二组：和继武、和高顺、和永强、和学忠、和丽强等，他们边往永胜方向走，边在公路的险要地段细细查看，查看是否有疑点，当晚就

山村时轮　玉龙县黄山镇南溪村纳西族村民日志

到了华坪县城。

23日上午10点，丽江市玉龙县黄山镇派出所通过网络查看到，和永刚的身份证在23日晚上在昆明某宾馆有住宿登记，现在还不能断定和永刚在不在昆明，他是不是真的住过。于是让在华坪那组人打电话给在昆明工作的亲戚，让公安局查清实况。如果只有登记过但不见人，他们就要在华坪—攀枝花地段找人，他们猜测着："和永刚或许被坏人绑架，或许坏人把他害了，拿了他的身份证迷惑别人。"之后，在楚雄监控器发现和永刚的车又往攀枝花方向去。到下午4点许，在攀枝花郊区的一个摄像监控中发现该车又往华坪方向去。到傍晚6点南溪村委会党总支书记和国军领着在白华村等消息的人们连夜赶往永胜—华坪参与寻车找人。24日凌晨4点，和永刚的父亲和国治，从家中（南溪满上村）出发，去坝区金山乡找人占卜，占卜师进行占卜后，对和国治说："你儿子还活着，只不过额头有点破，没事的。"和国治听到后，心里宽松多了，打电话给他的侄子们，请他们在永胜、华坪仔细找寻。

25日早上9点，满上村、满中村、满下村在城里开出租车的人，除个别不知晓此事的人外，都主动参与到寻车找人的行动中，且前且后的开车人也提出要前往参与找寻。但考虑到丽江至永胜至华坪的车路窄险，和继武书记要他们明天才来参与。到下午3点左右，警方在网络上查找到，和永刚本人已乘昆明到攀枝花的火车，该次列车在26日凌晨4点到达攀枝花站。并通过铁路公安的督促，让和永刚与找寻他的家人通电话。找寻和永刚的家人要铁路公安把和永刚一直看守到攀枝花站，把和永刚交给找寻他的人，好带他回家。这样，紧张忙碌了两天半的村民、亲戚，心里悬着的一块大石头落了地，为和永刚没有被人害而感到高兴。寻找他的人里6个留在攀枝花等和永刚，其余的都赶回丽江。满下、满中两村参与寻找和永刚的23个村民，都往大理地热国去了，他们都想舒舒服服地泡个热水澡。和永刚是被绑架，是被坏人给了迷魂药，还是什么别的原因而出走，且没有与村人家人联系，今天还无法知晓，但人们心里都排除了他被坏人绑架的想法。

等和永刚的村民与他见面后，详细地询问和永刚此次出走的前因后果，和永刚说："自己平时爱玩一下麻将，输了一些钱，用了一点家里的存款，两个月没交租车费，为这心里感到不快，感到对不住家中父母妻儿，心中总感愧疚，每时每刻都有负疚感，这样就产生了以上的情况"（这种现象，南溪先民称之为"鬼牵人"，心绪烦乱、心情抑郁的人会产生这种现象）。而且和永刚把自用车以4万元的价卖给华坪人，他用了3000元，身上还带有3.7万元。听他讲述后，和永刚的舅爷和继存（南溪金龙村人）提出："卖给哪人了，我们去找他，加点钱买回来，七八万元的车，买来还未满一年，而且又不常开，太便宜了，我们加个万把元赎回来是好事，比起以后又买车省事、省钱多了。"于是他们都到了华坪二手车市场，但发现这车已被转卖出去，赎不回来了。

他们回到丽江后，黄山镇党委政府要他们把和永刚领到镇上。到镇政府后，镇党政领导详细询问了情况，以示对民生、民情的关注，并要和永刚以后不要赌了，要吸取教训、痛改前非、重新拼搏，向小康生活迈出坚定的步伐。

告别镇党政府领导，他们回到南溪满上村和永刚家里，看到和永刚安然无恙地回来，大家很是高兴。堂兄和高顺跟守候在和永刚家的老人们讲述了他们寻找和永刚的经过及和永刚这些天在外的行踪。大家异口同声地说："只要人安全回到家就好了，车低价卖了，没关系，只要好好地在家辛勤劳作一两年，就可买辆新车来用。"话虽这样说，但历来注重勤劳、节俭，一心想年年收支有余，逐年增加钱财积累，赶超富裕人家，为子孙打下良好的生活基础的南溪村老人，对和永刚玩麻将输钱、出走、低价卖车等做法，心里也很痛恨。和永军的伯父和国强语重心长地说："过去（指中华人民共和国成立前）满下村村民和才赌博，把老婆也卖掉，结果，无妻室儿女，所幸合作化后，由南溪满三队（今满下村）给予五保、养老、送终。现在的一些年轻人，很不珍惜苦来的钱，一有相聚的机会就打麻将、赌,真不合我们老人的眼,不合我们老人的意。"尤其已成家有妻室儿女的人,还不知珍惜,不安分守己,而且见异思迁,不辛勤,老人们对这样的现象恨之入骨。

和国强老人是满上村"玻老"家族中的长者,也是满上村现有村民的老者,他是一个老共产党员、老生产队长、老复员军人,他忠厚老实,勤勤恳恳,勤俭持家,他这番掷地有声的话语,点出了上了年纪的村民对当今一些年轻人的看法,说出了他们想说而又不敢说的心里话,他们对当今一些年轻人的行为是看在眼里、痛在心上,话却只能闷在肚里。

这件事惊动了黄山镇党委政府的干部,惊动了黄山镇派出所的干警。村民的积极参与寻人活动是村民齐心的表现,体现出团结一心、相互关爱的情感。

和永刚出走的这件事,对爱打麻将的南溪籍开车师傅起到一定的教育作用,或许会引以为鉴,尽量少玩或不玩;对开车的家庭也会有所警示,学会相互体谅,不过分苛求开车人挣回很多钱,对开车人给予理解。

这件事对南溪村民造成的影响确实很大,因为此前有两个开出租车的村民在开出租车的活动中被抢劫遇害。

出租车营运整顿与回村种地的抉择

每年的8月,是城里开出租车司机的大忙季节,每个司机都不想误了这个黄金时间。因为国内的所有学校(包括大学、中学、小学和所有专科学校)都放暑假了,不少家长利用假期携儿带女外出旅游。特别是丽江在国内外都享有"夏无酷暑,冬无严寒",全球最适宜人居的气候的美誉,所以,国内很多居住在酷热高温的地方的人都会来丽江游玩避暑。这对以旅游收入为主的丽江人,特别是对从事客运(包括正常的城市客运营业主、非正常营业的黑车主)人们来说,可是个黄金时段。很多司机也充分利用这个时段,夜以继日,坚持跑车,挣下不少钱。但同时由于城市客运管理工作跟不上，可能会产生一些城市客运营业中的不良行为。例如：本地市民打不上车，游客打车不打表、多收费、乱收费等现象。多年以来做城市客运的（正常营运、非常营运）人把每一年的"春节""五一""十一"均视为黄金周、黄金月。据说有这么一件事，在今年7月底，开出租车的永胜县籍司机，在丽江古城口拉到一个外国人。到束河古镇后，收取了80元的车费。事后这个外国人觉得不到10公里的车程，就收了80元钱，这太高了，也不合理，于是就向中央有关部门举报了这一情况。中央的有关部门立即责成云南省委、省政府及时处理这件事。云南省委、省人民政府的领导对这事很重视，责成丽江市委、市政府紧紧抓住这个事例，整治城市出租客运。真是"一颗老鼠屎搅坏了一锅汤"，少数不依规、不依章收费的司机连累了多数依法、依规、依章搞城市出租车的司机。8月1日，新上任的丽江市市长立即指派交警部门和城市客运管理部门严查重罚出租车违章载人的情况。一时间，交警及客运管理人员组成的严查队伍遍及丽江城各路段，不打表计价的司机、没有上岗证而驾驶出租车的司机、有接到客人投诉的司机都受到重罚。这样一来，从古城到机场、从束河古镇到古城口、从束河古镇到火车站等跑远程的司机挣的钱连油钱都不够。于是，没上岗证的司机退了所租的车，有上岗证的部分司机也停下车不跑。城市客运管理部门责成出租车协会动员停跑的出租车参加暑运。在这二十多天时间里，出租车司机都觉得丽江出租车车费太低了，且又没有燃油附加费。对黑车、3-8八路客运车不按路线跑而满城乱跑的现象，政府官员视而不见，管理部门又袖手不管，不当作一回事，而整得出租车连油钱都不够，于是出租车司机不约而同地产生了去丽江市人民政府上访诉求的想法。8月27日就有一些人到丽江市人民政府大门口，接着所有的出租车车主都陆续到市政府门口，让出租车协会领导跟市人民政府官员提出诉求。他们把诉求写在横幅上，人也越聚越多。全市800多辆出租车的车主都到场了，黑压压的一片，不低于一千三四百人，看到这么多人坐在市人民政府大门前上访诉求，市委给古城区、玉龙区的党政府领导下达命令，让他们做工作解散上访诉求的司机。于是玉龙县、古城区党政领导把这一任务转交给各乡镇领导，各乡镇领导又根据各自乡镇各村（居）委会拥有的出租车数量，要求村委会领导前去参加劝说、动员司机们解散的活动。黄山镇是全市拥有出租车数量最多的乡镇，南溪村委会是全市拥有出租车最多的村委会，黄山镇主要党政领导，南溪村委会党总支书记、村委会主任和继武，党总支副书记和国军都到场参加劝说活动。

出租车司机们对丽江市人民政府上访诉求是：

一、对出租车客运要给予燃油附加费；

二、出租车运价过低，要求调整提高；

三、要求继续实行出租车经营权转让活动；

四、面对客运市场的混乱现象，要求政府整治非营运车辆。

任凭各级领导怎样劝说，司机们的态度是：丽江市人民政府对我们的诉求做出答复（不管我们满意与否）后，我们会自动离去。对我们这一群体提出的诉求不予答复，无论如何我们是不会走的。听他们这么说，来参加劝说解散的乡镇领导和村委会领导大部分只好坐在其中，观察着事态的发展。

9月4日上午，丽江市人民政府办公室负责人把丽江市人民政府研究后答复的内容传达给参加上访的所有人员，并把盖有丽江市人民政府公章的答复文件打印后，给每个车主发了一份。当答复文件到手后，司机们就陆续散去了，有少部分还留下来请求解释文中不明白的地方，等弄明白后也就走了。

答复的意见是这样的：

对古城区、玉龙县出租汽车经营者上访诉求的答复意见

古城区、玉龙县出租汽车经营者：

你们到市人民政府表达诉求时提出的启动燃油附加、合理调整运价、允许出租汽车经营权转让、打击非法营运等问题，经市人民政府认真研究，现答复如下：

2014年日志（1月至9月）

一、对于启动燃油附加问题，市人民政府将在正式答复之后7个工作日内依法解决。

二、对于合理调整运价的问题，市人民政府将尽快依法启动程序。

三、对于出租汽车经营权转让等历史遗留问题，市人民政府将依据有关法规，本着尊重历史、照顾现实、面向未来的原则，尽快启动城市公共交通客运体系（包括出租汽车）改革工作，既要照顾现有出租汽车经营者的合法利益和诉求，也要充分考虑市民和游客的出行需求和意愿，在充分调研和广泛听取社会各界意见的基础上，形成科学的改革方案，积极稳妥地推进城市公共交通客运体系改革。

四、市人民政府将进一步加强对非法营运市场的整治工作，确保人民群众出行安全，确保丽江客运市场稳定、健康、有序发展。

丽江市人民政府
2014年9月4日

自8月份，丽江市人民政府整治出租车客运市场以来，出租车客运的收入陷入空前低谷，3-8路面包车及非营运黑车的营运反而十分景气。在经济利益的驱使下，好些租来出租车开的司机退了出租车去租3-8路面包车。因合同没有到期，车主按照合同不予退车。对此，司机们也纷纷提出减少租金的要求。绝大多数车主和司机在租车时就写有租金、租期、修理、保养等多方面的合同书和协议书，但由于这次营运整治对开车人的收入有较大的影响，车主出于人道，都给予减少租金，租金从原来的每月3200元、3100元、3000元、2900元下减300元、400元、500元不等，有些则做了退租。没有上岗证就租车开的人基本上全退租，否则要罚车主的款，也有些司机不做退租，而是采取暂停跑车，先去学车，考上岗证，在这期间请车主跑一段时间，等拿到上岗证后又继续跑车。

出租车客运经过一段低谷状态后，南溪村老司机，和买车、开车较早已还清车贷房贷，生活足余的部分村民，在城里待腻了，开车也有些厌烦了，就把车出租，回村里休闲，边休闲边重操旧业，跟着老父老母又干起盘田种地的老本行。这类村民可以随意干，因为他们离家开车后，仍有老父老母坚持在干"老年农业"，种子、农家肥、生产用的工具样样是现成的，田间地头上也有老人耕作和照管。而把老人也接到城里或者老人丧失劳动能力的村民就不能像上面的村民一样随意了，都得重新开始，困难和投入都大些。

有个别善动脑子的村民，把车租给别人开，自己又去做点临时生意，比如：旦都后村村民和保德，满上村村民和满文等。他们把从永胜、剑川、鹤庆、维西等邻县买来的鲜玛咖，在丽江卖出，找些差价，做点临时买卖。

有一些南溪的司机、太安的司机，前山和后山的司机（山区适宜种玛咖地方的），则想回家种些玛咖。于是，他们买了玛咖种苗盘和遮阳网。有些还想大干一番，他们自称："听老人的话，按传统的生产方式种玛咖是赚不到钱的，要用地膜覆盖，要用化肥施底肥和追肥，种玛咖时要请工，收玛咖时要请工。"这类村民中有和尚勋老师的儿子和朝亮，他跟他爱人是这样讲的。和尚勋老人听到后禁不住说："古来就有'物以稀为贵'的说法，看目前玛咖种植的势头，明年（2015年）肯定会造成玛咖供大于求，玛咖本身只有保健作用，有钱的人才吃得起保健品。今年（2014年）南溪村已有农户请工种玛咖、收玛咖。（旦都后村和耕耘，和云峰、鹿子村的和耀红、旦前村的'三音公司'，满下村的和春红，和益尚等），他们每个工价出了120元，还给一顿午饭。今年玛咖还没有降价，他们不会亏本，明年80%估计会降价，你要算算成本，和给明年估下价，算算是否保本。我的想法是不如在城里勤跑车，注意开支消费，找到300留100，找到500留300，这样比种玛咖好。犁地请人、农家肥、运农家肥到地里，成本有多少，工钱开支多少，都要经过细算，一个人不能头脑发胀行事，凡事都得三思而行。"经这么一交谈，儿子的头脑有些冷静下来，他的"雄心大志"似乎有所减弱了（但结果是老子看准，还是儿子算准，待到来年才会知晓实情）。因去年（2013年），玛咖市价高涨，再加上今年8月以来城市出租车遭整治，好多山区籍村民想放弃开车去种玛咖，更为突出的是，不少有钱的老板在山区租地种玛咖，一租就是成百上千亩地。满中村村民组长和志强与满上村村民和耀刚，两人在和志强家附近种的三亩紫玛咖种，收到约15公斤种子，已有了广阔的市场前景，他俩现时一开口喊价都是每公斤4万元，已有不少人前来购买，但他俩还不出手，说："再等段时间再来买。"有些来人一订就是三四公斤，有些要一两公斤，并要付定金。他俩暂时不收定金，而是以出手时的价为准，暗示给来人即出手时比现时喊价要高些，但来人表示高也要，他俩为遇到这样好的市场前景而庆幸，并商定再等一等再售出。

有人问和志强："你俩怎么会想起种玛咖种来赚大钱？"和志强回答说："去年我在城里遇见一个广西籍女老板，有1公斤左右紫玛咖种，我向她要一点试种一下，她说：'给不起，这是以每公斤4万元的价从秘鲁买来的。'回家后我就把这些事告诉我的朋友和耀刚（现他俩均为大龄单身汉，都有三十五六岁了），和耀刚提出合伙试种一亩，他就说：'一亩少了，干脆把我家背后的这块地都种上，有三亩多，也便于管理。'"他们商量后就买来紫玛咖，一起种下、一起管理，还从坝子里买了两车水来浇，因为南溪村3月到6月份缺水，只够人畜用水，而自己身为组长，不能用饮用水来浇玛咖。买水一共用去800元，加上买玛咖也不到6000元（不算自己投入的工钱）。"我去坝子里拉水，见状的人还笑我，说真话，我也不信有那么贵，不过试着种下，挣到钱固然好，挣不到钱也无关紧要，就看我俩的运气了。"

满上村2014年拥有各种车辆及城市商品住房统计表（一）

户名	拖拉机	农用汽车	家用汽车	客运出租车	旅游车	城市商品房
和昌城	1			0.5		
和学文	1		1			
和付祥	1		1			
和学忠	1			0.5		
和珍贵	1		1	1		1
和占军	2	1	1			
和亚川			1			
和亚庄	1		1			
和庆立	1		1			
和文祥	1		1	1		
和洋社	1					
和社山	1		1			
和社军	1		1			
和玉章	1	1				
和仕洋	1		1	0.5		1
和仕兴	1			0.5		1
和实红	1		1			
和福台	1					
和五哥			1	0.5		
和闰月	1		1			
小计：	19辆	2辆	16辆	5辆		3套

满上村2014年拥有各种车辆及城市商品住房统计表（二）

户名	拖拉机	农用汽车	家用汽车	客运出租车	旅游车	城市商品房
和国治	1		1			1
和吉顺	1		2			
和天红	1	1				
和高顺	2		1			
和高圣	1		1	0.5		
和玉强			1			1
和立黄	1					
和二友	1		1			
和亚珍	1					
和永良						
小计	10辆	1辆	8辆	0.5辆		3套
总计	29辆	3辆	24辆	5.5辆		6套

满中村2014年拥有各种车辆及城市商品住房统计表（一）

户名	拖拉机	农用汽车	家用汽车	客运出租车	旅游车	城市商品房
和俊贤	1		1			
和仲贤	1			0.5		1
和国高	1		1			
和国启	1					
和春红	1	1				
和志强	1					
和志坚	1					
和三六	1					

续表

户名	拖拉机	农用汽车	家用汽车	客运出租车	旅游车	城市商品房
和红芝	1		1	1		1
和占军	1		1			
和珍华	1					
和万社	1		1			
和社华	1	1				
和占典			1	1		2
和云鹏	1				1	1
和桂良	1		1	0.5		
和彦秋	1	1		1		1
和福生	1		1			
和福海	1					
和闰里	1		1			
小计：	19 辆	3 辆	9 辆	1 辆		7 套

满中村2014年拥有各种车辆及城市商品住房统计表（二）

户名	拖拉机	农用汽车	家用汽车	客运出租车	旅游车	城市商品房
和国军	1		1			
和福祥		1	1			1
和福芝	1		1			
和黄生	1					
和七仕	1		1			
和福元	1					

续表

户名	拖拉机	农用汽车	家用汽车	客运出租车	旅游车	城市商品房
和仕黄	1					
和仕春	1		1			
和福军	1		1			
和万春	1		1			1
和万选	1		1			
和万高		1				1
和万里	1		1			
和军红	1		1			
和涛	1		1			
和万军	1			1		1
小计	14辆	1辆	12辆	1辆		4套
总计:36户	33辆	4辆	21辆	5辆	1辆	11套

满下村2014年拥有各种车辆及城市商品住房统计表（一）

户名	拖拉机	农用汽车	家用汽车	客运出租车	旅游车	城市商品房
和万琼	1		1			1
和万军	1					
和万林	1		1			1
和永红	1		1	0.5		
和永良	1		1	0.5		
和二女	1					
和国红	1					

续表

户名	拖拉机	农用汽车	家用汽车	客运出租车	旅游车	城市商品房
和万仕	1					
和丽军	1					
和国武	2	1				
和万琴	1					
和万元	1		1		1	
和金星	1					
和建华	1					
和国亮	2					
和万兴	1		1			
和天林	1		1			
和顺明	1		1			1
和顺光	1		1			1
和顺达	1					
小计：	22辆	1辆	9辆	1辆	1辆	4套

满下村2014年拥有各种车辆及城市商品住房统计表（二）

户名	拖拉机	农用汽车	家用汽车	客运出租车	旅游车	城市商品房
和永光	1					
和朝东	1					
和朝泽	1					
和子红	2					
和献文	1		1			

2014年日志（1月至9月）

续表

户名	拖拉机	农用汽车	家用汽车	客运出租车	旅游车	城市商品房
和朝珍	1	1		3/4		
和圣武	1		1	1		1
和圣华	2		1	0.5		1
和作武	1					
和作才	1			0.5		1
和圣明	1					
和圣灿	1					
和子一	1		1			
和社兴	1					
和国兴	1		1	0.5		
和福社	2		1			
和朝亮			1	1		1
和朝柱	2		1	0.5		1
和武军	1					
和玉祥						
小计：	22辆	1辆	8辆	$4\frac{3}{4}$辆[①]		5套

满下村2014年拥有各种车辆及城市商品住房统计表（二）

户名	拖拉机	农用汽车	家用汽车	客运出租车	旅游车	城市商品房
和永军	1		1			
和学武	2					

---

①客运出租车有几户人家凑钱购买的情况，因此严格说来，对出租车的所有权按出钱比例划分。

续表

户名	拖拉机	农用汽车	家用汽车	客运出租车	旅游车	城市商品房
和建忠	1		0.5			1
和汝	1					
和建良	2					
和建国	2		1			
和建成	1		1			
和建军	1		1	0.5		
和汝浩	1		1			
和吉诚	1		1			
和金圣	1		1			
和金红	2					
和金亚	1					
和吉贞			1			1
和灿	1		1	0.5		1
和金辉	1		1	0.5		1
和亚华	1		1			
和朝光	2					
和益尚			1			1
小计	22辆		12辆	2辆		5套
总计:59户	66辆	1辆	29辆	$7\frac{3}{4}$辆		14套

2015年概述

2015年个别南溪村民的赌博结果

赌博，这一不良行为，在旧社会也在中国广为流传，方式各异，目的一样，就是以钱行注争输赢。

中华人民共和国成立前的南溪村民中也有流传，多为在男性村民中进行，没有女性参与其间。据口传历史所述，鹿子村、满下村两个村中爱好赌博的人较多，他们大多在村里进行婚嫁、丧事时进行。偶尔也有来兴趣的个别时候相聚而赌，有个别的嗜赌者，弄得倾家荡产，妻离子散。

例如：满下村民毛堆才（族名，人名连称"毛堆"是他的家族名，"才"是他本人的名，连称意为"毛堆家族的和才"）。他身材高大，是个六尺汉子，年轻时曾在昆明五华山当过龙云警卫营的兵，他喜欢赌，曾听20世纪六七十年代的老人讲，和才曾多次替人充兵役收受被替户的钱，赌完后，他就把自己的眉毛剃光，随时擦上点白粉之类的，国民党部队就认为和才患上了麻风病，就叫他回家，这样翻来覆去做了好多次，每次得到的替人充兵钱都用完在赌场里。后来讨了老婆有了孩子，成家立业了，他改了一段时间，时隔两三年，好逸恶劳的他旧病复发，又在赌场活跃起来，家里揭不开锅，他不管，孩儿有病他不求医，渐渐地陆续把他父母分给他的地差不多卖完了，后来没田地可卖了，他把老婆卖给旦都后村民和山金，子随母去。此后他再也讨不到老婆，孤寡一生。农业集体化后，和才由满下村负责五保（当时称满三队），成了当时社会的"五保户"，直到1976年逝世，享年76岁。不仅在南溪村，还在邻近的丽江坝区、拉市坝区、南山片区（丽江城南部的山区片，当时称"南山片区"）的和才这辈人，即使不知道和才其人，但都闻知和才的嗜赌情况和最后的结局，都以和才为例警示后人。20世纪70年代后出生的南溪村民，没有见过和才其人，但也会听说过其人其事，因为南溪村民常以儿子不按时讨媳妇；当儿子不好好干的时候也会随时提及毛堆才的事来教训儿子。

中华人民共和国成立以后到1983年，这一不好的现象已销声匿迹，不再在南溪村出现，到1984年以后，又陆续出现了，到20世纪后，又成为盛行之风。开初，就南溪村而言，赌风较浓的是满中村、鹿子村。喜欢赌一把的邻村年轻人，有些到逢年过节、婚、娶、丧事，乘机参与这两村的赌博。方式有打扑克（称"三打一"，意为三个对一个），打麻将、用扑克、用麻将哈几等，其中赌得较大的是"哈几""三打一"，可玩大也可玩小，老人玩小（一、二、三或二、五、十，胜家赢其他每人1元，秃头每人2元，一百分秃头每人3元；第二种胜家赢，其他三人每人2元，秃头每人5元，一百分秃头每人10元），成人或年轻人则玩大（五、十、二十，每牌的输赢最低5元，报分打底牌赢者每次拿到15元或者30元，或者60元，输了的话，每次得输15元、30元或60元；不打底牌的，要是报分打底牌的人打输了，每人每次可得10元，或者20元，或者30元，要是打底牌的那人打赢了，每人每次就得输10元，或者20元、30元）。这样玩跟玩麻将有过之而无不及，因为打扑克的时间快，打麻将得有一定的时间，时间快，玩的次多，输赢的钱也就多。据喜欢参与这些活动的村民讲，运气不好，一晚上下来输个一两千是常事，运气好时赢个两三千也是常有的。20世纪初，曾出现有村民就哄骗老婆之事，鹿子村有一妇人问丈夫，这个被问的丈夫，被鹿子村人称为赌王，曾有一天，老婆问他："孩子他爸，我们家现在有多少钱？你不要参与打麻将了。"他回答说："我打麻将没输，我不用家里的钱，家里的钱存起了，存折放在箱子里，我是输一下，赢一下，总体没有输。"时隔一段时间，没有上过学、没文化的村妇，对她丈夫所说的有些半信半疑，于是对女儿说："女儿，你爸说存折放在箱子里，你看看我们家到底存了多少钱。"女儿照母亲说的打开箱子，翻了个遍，只见有一本千元贷款证，却找不到存款证，初中毕业的女儿把实情说给文盲母亲。勤劳、朴实、无知的母亲这才知道受了爱赌丈夫的骗。于是就跟女儿商量："你们小两口赶紧去考驾照，考到驾照后，你俩一同进城开出租车，可轮流招呼小孩，又可管小孩的上学，你们俩可以和其他人一样挣钱，叫你爸爸回来种地，不让他在城里以开车为名而鬼混。这样，你俩可以挣点钱，又可照料孩子在城里上学，你爸也可离开赌友，减少我们家的经济损失。"女儿、女婿照母亲说的做了，他俩奋起直追，还用借贷等方式筹款与他人合伙买了出租车，进行营运，拼搏几年后，他俩还完买车款，又借贷款买房，以马不停蹄的方式直奔"人有我也要有"的幸福目标。这例应准了南溪村民代代口头留传下来的"父辈吃猪粪，儿辈吃猪肉"的口头语，不是吗！父亲以开车的名义，不正常开车找钱，而是赌博，欠下贷款，女儿、女婿不愿落于人后，而奋力拼搏，已见成效。

南溪村也和全国各地一样，经济日渐发展繁荣，生活一天天好起来。而年轻人的赌博现象也逐渐增多，这里暂时不提村里在家村民的赌博情况，先述几例在城里进行出租车营运的村民的情况：

鹿子村民和仕代，现年34岁左右，男，他在父母的帮助下，于2005年左右与其姑父和祥合伙购买一辆出租车，一辆出租车和仕代、和祥两人共同拥有，共同经营，以15天一倒的方式（从1日到16日，一人白天开，另一人晚上开，具体点说一人从早上6点跑车到下午6点交给另一个人，另一个人从下午6点跑车到第二天上午6点下班交给他的合作伙伴跑车。这个月白天跑15天的，到下个月晚上跑15天；这个月晚上跑15天的，下个月白天跑15天），开同一辆出租车，人轮流休息而车子昼夜不停地运转。开始，他还努力、勤恳。到2008年左右，父母和他一同把车款还清了，而后，又于2009年在丽江城香江花园住宅小区内买了一套商品住房。有车有房的伙子，时下找情人谈对象是件轻而易举的事，一开口就成，他就与满上村的一位同龄姑娘相爱成婚，成家生育后，他可能满足于现状，就慢慢地贪上了麻将，渐渐地就形成了入不敷出的现象，同时可能也欠下一些赌账，他就以出租车价上涨的借口，把他的一半出租车以市场价转让给他的姨表。他把卖出租车款一部分做了还账，一部分买了辆中型运输车。到后来，中型运输车找不到活，拉不到钱。他又把运输车给卖了，让他老婆办个卖衣服的铺子，他又卷入麻将桌上。到 2014 年 6 月，为了还账，他把商品住房也卖掉了，成了两手空空的、在城里难以生活下去的人，他只好领着家眷（老婆和两个幼儿子）回到鹿子村。回到家后，父母都很伤心，一贯勤劳节俭、吃苦耐劳，年龄已接近 60 岁的其父，看到儿子的结局，又气又恨，患上了肺心病，一生勤劳耕作、节俭持家的母亲也过于伤心而落下了心病。前些年有车有房、不愁没花销钱、不愁没房住的和仕代，如今已只有南溪鹿子村老家房子可住，城里就没了自己的房子住，花销的钱也得面朝黄土背朝天地在地里耕作才能得到。以前的好景不再有了，老婆就提出与他离婚，离不成也离家出去，而和仕代也以酒度日。结果于 2015 年 6 月中旬，可能因突发心肌病，死在玛咖地里。和仕代死后，村里知道他老婆电话号码的好心人，拨通了她的电话，告诉她和仕代已死的消息，并劝她回来参加和仕代的丧葬仪式。他老婆接到电话，得知消息后，可能出于夫妻一场，应该回去参加丈夫的丧葬礼的念头，听从好心人的劝说，真的回来参与丧葬活动。

  年纪轻轻，才三十五六岁的和仕代，丢下父母双老和两个幼年的儿子，弃下他心爱的老婆，过早地离世而去。究其原因，是他接触了麻将桌，在麻将桌上他把父母和他共创的幸福生活，双手捧送给麻友。开始时他可能以休闲消遣的心理去打麻将，后几经输赢，慢慢地就沉溺于麻将和酒吧，接着夫妻双双都搓起麻将，就形成了不能自拔的境地。鹿子村民及和仕代的父母，不知道他到底赌输了多少钱，可眼睁睁地看到，和仕代卖掉半辆出租车（那时市价值 45 万左右），一套商品房，根据出手时的房价，估计最低也值 50 万元左右，却身无分文，两手空空，怎么输得这样惨，只有和仕代两口子心知肚明。摆在南溪村民眼前的，真是和仕代为还赌账，把半辆出租车和一套商品房卖了，而两手空空，回到养育他的父母身边，并且过早地奔赴黄泉。这一事例触动了南溪村每个在城里开车人的父母心，生怕自己的儿子也像和仕代那样毁了自己，害了亲人。

第二例：2015年8月中旬，满上村民和某某为儿子还8万元赌账。和某某和桂花夫妇是村民中很积极能干，同时也是很注意节俭的。经过两口子的辛勤劳作加上节约过日，就在2006年左右与旦都后村的和丽庭合伙买了一辆出租车，一家半辆，共同拥有，合作轮流经营。和某某在出租车营运中，同样以勤为本，以节俭为荣，以节约、朴素为生活标准，多挣点钱，多攒点钱为目的。在城里开车每时每刻都以勤、节的精神受到众人的赞誉，到2011年在丽江城里买下一套住房，也就跻身于南溪村，在城里有房、有营运车的行列。儿子随着年龄的增大，也在2011年左右考了驾照，考完驾照后，立即投入出租车营运工作。开初几年和满文的财运大开，在营运中经常得到较高的，购买玉石、玉器、银器等贵重物品的回扣款，每次就得到万余元，最高一次得到13万多元（扣除所得税后），有一次得到近8万元（扣除所得税后）。在他之前开车有近10年时间的老驾驶员，连一次回款都没拿到过的村民还相当多，才开始开车的和满文，在短短的两年内，回扣就拿到近30万元。面对他滚滚而来的钱财，他感到钱这东西来得太容易了，就有不必要过得节节约约的感觉，生活上就与父亲形成很明显的反差，而且也开始麻将的娱乐。父亲认为，年轻人，生活、衣着、花销不能比自己，可对麻将娱乐是随时提出反对意见的。但每个人的成长经历都是这样的，"子大不由父"。每个人的孩子，长大后是很不听从父母安排、父母指挥的，随着年龄的增长接触的事物和伙伴也多了，孩子的思维逐渐扩大，视野也比较宽阔。大多数的孩子对父母的话不入耳，有的入耳了，但不入心，父母对孩子的行为指责多了，德性好点的孩子会听了，却不当回事；德性差点的孩子会立即给父母以舌战。和满文就是德性好的孩子，他听父母说的，只当听了，心里却不当回事，反而越玩越大。到2015年10月和满文向父亲要10万元还赌账，一贯以节俭为本的和高圣夫妇，面对客观现实，虽然对儿子的行为极为不满，过去的南溪村民的口头中，常有"父账子还"一语，而今他俩只有子账父还了，和高圣夫妇就向亲戚借了款，帮和满文还了，并要和满文改掉打麻将，和满文也满口答应："彻底改正"，并表示要重新奋斗。作为父母，勤俭劳作，节衣缩食为孩子，父母的一切都为孩子着想，代代如此轮番，真是"可怜天下父母心"。和高圣、和桂花夫妇听了儿子的话后，心里充满儿子彻底改错，重新拼搏的期待，可过了20多天（2015年11月上旬），和满文又回家，请父母借22万元还账款，和高圣和桂花夫妇真的弄蒙了，面对儿子一而再、再而三地要钱还赌账，此次真的借不到钱了，债主扬言要把和高圣的出租车扣下抵债，面对不得不子账父还的冷酷现实，夫妇俩决定卖车卖房了。可今年丽江楼市处于低迷状况，一时难得出手，即使低价出售，也恐无人购买；而卖车也怕有些难，因为在丽江，要改革出租车行业的舆论纷纷已多时，并从2014年7月开始，对买卖的出租车，主管部门不予办理转户手续，也怕没人买。他们夫妇经过商量决定把半辆出租车以30万元的价格出售，并把这事先告知亲戚，如果亲戚家里的人要买就卖给他，亲戚中确实没人要，再告诉别人。他俩考虑到和高圣兄弟这方有两个侄儿，但卖给他两个有点不恰当，于是就告诉了和桂花的弟弟（满中村民和万军，他现有一辆出租车、一套房），和万军听后答应要买，但事后他的老婆和社怕今后国家收购了，会亏本，就不让和万军买。和社就给和高圣夫妇说："我们家没钱买，一时也筹不到30万，卖给别人吧！"接着和高圣就把此事，和想卖车卖房的情况在电话上告知他的妹夫（满下村民和朝亮），"事到如今只有卖车还账一法了，如果你家要买，就扣除前些天我向你借用的2万元，一次性再付给我28万元就可以了。"和朝亮回答："可以，但我跟家人商量一下再定。"和朝亮就把此事转告他的父母，征求父母的意见，他父亲和尚勋说："半辆出租车，即使不转户也没关系，30万元的价钱，比起以前的价低了很多，假设政府收购了也不会亏，可以买起来，但要在和高圣、和满文父子同时在场的时候商量，更要得到和满文的意愿才行。要不然，以后和满文回心转意时，会怪罪你这位他的姑爹呢！而且要说好，可以向别人多宣传要卖车的消息，如果有人愿意出30万元以上的，就卖给别人；如果没人出30万元以上就卖给我。这样，他们和旁人也就没什么可说的了。"第二天，和高圣和桂花夫妇下来丽江城，在他家所买的房里，当着和高圣、和桂花夫妇，和满文、和金梅夫妇四人，和朝亮照他父亲所说的，向他们四人说了，并且得到了在场的和金梅方亲戚的赞同，和金梅的叔叔还打电话给债主，车卖不出去，请求宽限10天再还款，得到准许。他们就把要出售车的广告贴出去，还做了口头宣传。过3天后，有前山村的和石亚来询问，他们要价35万元，和石亚说："能办转户手续，35万元我买。"和高圣说："正因为不能办转户手续，我们才卖35万元，要是能办转户手续，卖60万左右不为贵，都会有人争着买。"再过五六天，有位吉子村民来买，他们要价40万元，吉子村的那人说："这价不高也不算低，我想买了，我回去和家里人说一下并筹钱来。"第二天南溪村委会文屏村民小组的村民和社子以40.2万元（比主人要价多2000元）的价买下了这半辆出租车。第三天，因为不能做转户手续，和社子请了很多双方亲戚（和高圣方、和社子方）做证人，在和高圣、和社子的卖车合同书上都签了名，付清了车款，和高圣也把儿子所欠的款付还债主，并对债主说："以后请不要约我儿子打麻将了，要是再约我儿子，我只有老命一条，要跟你拼个鱼死网破。"

事后，和高圣全家人都很感激和朝亮，他们知道要是和朝亮当时就买下，就只会卖得30万元，经他一说，我们多收入10.2万元，在紧要关头，一万是一万，他们从心里感到"姑爹家人真好，不做乘人之危的事"。在和高圣卖车一事中，社会对和朝亮有较高的赞誉，从而在社会上也显示了和朝亮做人的品格，做人决不乘人之危，不损人利己。

到12月中旬和高圣家杀年猪时，按照惯例和朝亮前去参加他家杀年猪的活动，回来时，和桂花破例地让和朝亮带回家很多肉（一排排骨、三斤多净瘦肉，四斤多肥肉，两大圈米灌肠），对和桂花的这次作为，跟他们结亲 17 年的和朝亮父母感到惊讶。

通过和满文为还赌账卖出租车一事，对他父母的积极性打击很大，和高圣说："再苦、再节俭也没意义了，真想爬上树从树顶跳下一死了之。"和满文的老婆和金梅（太安乡汝南村委会拉丁村）的家乡村民说："富有也不稀奇，和金梅的公婆家以前很富有，但儿子的一两年玩，就玩得不富有了。人最可贵的是要懂得创业，安分守己，珍惜劳动成果，不会珍惜的人就等于白活。"

第三例：满上村民和献，也与和满文是同龄人，他们一同长大成人，也与和满文一样有妻室儿女，其父母也与和满文的父母一样勤劳节俭。他家也曾与亲戚合伙拥有过一辆旅游车，后来转让给别人。其父和江山又租开了几年别人的出租车。看到玛咖和药材（重楼、独定子、附子、秦艽）等价钱较好，认为比开出租车好挣钱，就退了所租开的车，回家种玛咖等，前两年经济收入较多，收入很可观。可能也因为收入多，父母节俭，家境较好，和献也与和满文一样沾上了玩麻将的不良行为，当父母发现他输了近 10 万元后，教育他不要再玩麻将了。当儿子的不但不听父母的劝告，还之以对父母的回答是：对父母以拳脚相加。几番劝说，几次的拳脚喂给父母品尝，父母在万般无奈的情况下，请了家族的人来帮忙劝说，在家族人面前和江山掏出一瓶装在衣袋里的农药说："劝说不听，他我行我素，我准备用这个终了此生，以示对儿的行为的不满。"族人看到后，都劝和江山"不能这样，心眼要大点，通过大家不断的教育，娃娃也会逐渐改正的"。有个族中爱开玩笑、快嘴快舌的和占仁说："吾山，你的想法很不对，是极其愚蠢的，你现在还不满 50 岁，至少十多年，你还可以做到自食其力有余，你夫妻可以吃好穿好，要是你真的喝下这瓶了结你的一生，这太吃亏了！太亏了！你这样肯干的人，你不必汗流浃背、面朝黄土背朝天地在地里苦，你可在城里开车过潇洒日子，等到 60 岁以后，国家会发给你养老的钱，你不要傻了。好汉不吃眼前亏，18岁以后属于成人了，你不需再以自己的好心和忠言换取皮肉之苦。"他带有笑话性的劝说，说得和江山也笑起来，族人也众口同声地说："占仁说得有理，是正儿八经的，儿子不听话，也绝对不能有轻生的念头。"

听和江山夫妇的口气，其儿子和献2015年在麻将桌上丢了近30万元。到2015年11月中旬和献小两口吵架，闹离婚，妻子也离他而去。村人讲："如果和献在父母和族人面前，表示愿意改正打麻将的习惯，他的妻子是个安分守己的贤妻良母，不会离他而走的。"（这一事例的人名是假称的，但事例是真实的）

仅从以上三个事例的主人翁看，他们各自家族的经济损失是够惨痛的，他们本人，有的年纪轻轻就离世而去；有的爱妻离走，有的暂时丢弃了前段美好的生活条件。面对这三例，村民的评价各有不同。有的评议说："这是社会潮流所致，不会把握的人就会输得惨，会把握的人就输得少或者不输，牌运好点或者脑瓜子灵点的人，不输或者赢一点；在麻将场惯玩技巧的人会常赢。过去几年常听到'十亿人民九亿赌'的口头语吗，这是社会问题。"也有的评论说："年轻人开初是以消遣的形式参与的，但逐渐输的多了，就想扳回，越扳越输，越输越借钱赌，越赌输的越惨。"也有的评论说："输得惨的人，他本身居心不良，想不劳而获得到很多钱，是素质低所致。"

以上三人，从文化素质来讲，确实有点低，三人都是初中肄业，道德素质不算差，在校时尊师、守纪。笔者认为，赌输很多钱，与素质没有密切的关系。同样，村中也有大学毕业了，好不容易当上村委会干部，但因为麻将桌上的事挪用公款。起先由父母代赔七八万元，后仍不改正，直至被开除，自己的政治生涯也被同时吊销的事例也有，此事也发生在2015年5月间。

从以上四例赌博情况，以及去年赌输三四十万元的旦都后村民和力、金龙村民和昇的事例看，大多数参与麻将赌博者，开始是以玩玩消遣休闲的心理去参与的，慢慢地就玩大了，输的也多了，接着就在赌场向赌官借了高利贷。借贷一定的数额后，赌官就开始逼账扣人，就形成了有车卖车、有房卖房还高利贷的款；无车又无可卖商品房的，只能由父母向亲戚和家族多方筹借还所欠的高利贷，还清后把人给领回来，父母和家族教育一番，这些孩子当时低头认错，表示愿意以后改之。这些人，是父母为他们打下了较好的经济基础，他们也就认为钱来得不那么难，就开始赌，起初还不感觉怎样。有些人，经不住别人的诱惑："你见好不玩一下，该享受时不享受，白在世上活，做人嘛，该玩什么玩什么，才是真正的男子汉，古人都常说：'今朝有酒今朝醉，儿孙自有儿孙福'，像你父母那样的人是不会生活的人，他们只会劳苦，不会享福，赶不上形势，赶不上社会。"经不起别人的吹捧，就自觉不自觉地把钱在麻将桌上送给别人。这些人当中的有些人可能心疼了，有痛改前非的决心。也有个别人输了很多钱，还不以为然，还以为自己会过日子，赶上形势，喝酒、唱歌、打麻将，这些都不玩一下的人，是当今时代不会生活的人，这些人生活糜烂、花天酒地、常出入歌舞厅酒吧、餐馆、茶楼、坐麻将桌旁，不想老婆孩子，更不想父母，只知消费，不思积蓄，只看当前，不想往后。作为这类人的父母，拿他们无奈，说也不听，打也不成。这类人，目前南溪村在城里开车的人里还有，而且有很突出的几个人，这几个人现时还没触动到房、车等不动产，但他们的父母，看着他的行为整日心中不宁，为他们捏了一把汗，生怕自己的孩子变成第二个和仕代，尤其是笔者。

以上所说的当今南溪村民，因赌而产生的后果，比起旧时出了名的毛堆才，有过之而无不及。有良知的村民为此烦透了。

2015年南溪村的种植产业

过去的2014年，对南溪村民来讲是南溪村历史上还未有过的经济收入最高的一年。这主要是党的富民政策好，还源自南溪村民勤劳，敢于拼搏，不满足于现状，不依赖各级政府的救济和扶持，坚持自力更生、艰苦劳动、精心经营；更主要是自 2013 年开始有部分玛咖融入市场经营，2014 年绝大部分玛咖，实行了村民自育玛咖苗，自种玛咖，自行把玛咖融入市场经营。这三者使南溪村民的腰包鼓了起来，南溪村民的住房都有了较大的改观，家家院里有小型拖拉机用来为生产服务、犁地，近距离及一吨重物以上运输所用；部分农户院子里还停放了不少三轮电动车，是由妇女们上山或下地拉松毛、拉柴，往地里送肥料、把地里的洋芋、蔓菁、萝卜、青稞、绿肥等农作物拉回家；大部分村民门前或院里还停着小汽车（面包车、轿车、微型车，式样各异），这些用来做村民进城、下坝、走亲戚的代步工具。其中满上村、满中村的村民都有自用汽车。有些外地人来南溪玩，看到村旁立的基础设施建设纪念碑上刻有政府扶持的项目数额后，不禁脱口说出："你们这地方这样好，政府还扶贫？"

南溪村民是很注重现实的，也很讲求实效的，看到 2013、2014 年两年的玛咖市场行情，村民们都想把 2015 年的经济收入指望在玛咖上。自新年开始，各家各户都心往玛咖上想，钱往玛咖上投，劲往玛咖上使，形成不谋而合的全村共识（除个别户外）。有些村民就花较多的钱买玛咖种，有些村民则投较多的钱搞温棚，准备自己育玛咖苗，自己种一部分，售出一部分苗；有些村民租地想增种玛咖，还有一些村民打算把已荒芜多年的轮耕山地又种起玛咖来。值得特别一提的是：有部分在城里开出租车拼打十余年、七八年，并已取得明显成效的村民（这些村民是融入城市的成功农民工），他们经营出租车营运，开始从租车营运到买车营运；从两人合资买车到单独各户买车，把车款还完后购商品房，房款还完后，买了自用车。但他们不满足于现状，他们把自己的出租车租给别人营运，自己又回家种玛咖。他们是：鹿子村的和建兴、和耀红父子；旦前村的和尚贤夫妻，和万辉夫妻；旦都后村的杨志远夫妻，和波得夫妻；满下村的和永军夫妻，他俩干脆把旅游车给卖了，并把在城区读书的两个小孩也转回南溪上学，打算把已荒弃了多年的轮耕山地也重新耕耘种玛咖。满中村的和仕军、和耀菊夫妻，和福祥、和爱社夫妻，和万高、和木香夫妻；他们当中有的还自家成立挂牌了种养殖公司。如：鹿子村的和建兴、和耀红父子挂了"耀红生态种植养殖公司"的牌子，旦前村的和尚贤夫妇，和万辉夫妇，旦都后村的杨志远夫妇合伙成立"三音种植养殖有限公司"并挂了牌，和尚贤任该公司的董事长，杨志远任公司经理，并着手租地、盖房、种植重楼、独定子等药材，种玛咖种，养殖鸡、蜜蜂等工作。旦都后村的和波得，与其弟和四哥，杨耀武、和万兴、和现成等开出租车的村民合伙去大理剑川县租五六百亩地种玛咖。南溪村民在外地租地种玛咖的人还有：旦都后村民和合林，他打算到玉龙县鸣音乡高寒村租地 200 亩种玛咖；鹿子村民和献才、和献辉两兄弟打算到太安乡太安村租地 100 亩种玛咖；旦都后村民和社元打算到古城区大东乡租地种玛咖。从这些事例来看，设公司、租地种玛咖、敢创大业、敢冒风险的精神，旦都村民比南溪各自然村的村民强。在南溪的历史上，旦都村民有买山林、买地、购置家财的美谈，历代村民都有勤俭持家、心往长远处想、事往大点的办、眼往强些的人看的传统。这也成了旦都村民的传统，的确是这样的，在还未闯入城里开车前，旦都后村的和万华、和波得、和四哥、和云军是南溪村的唯一松茸老板。进城开出租车，合伙买出租车等经济条件稍有好转，就各自买出租车，车贷还完后买商品房，后买自用车等一系列创业活动，在南溪村民中都是旦都村人开的先河，其他各村民小组的村民是看着他们、学着他们干起来的。除了开车的以外，旦都后村民和耕耘、和云军、和云峰、和合林等都是较成功的典型人才，和耕耘是农忙奔地里，农闲做生意，做洋芋、药材、玛咖、牲畜、菌等生意，他没有局限于做一种两种生意，而是没范围，不犯法的找钱事都做；和云军专做洋芋生意，有时立即转给其他老板，有时自驾车长途运销；和云峰、和合灵从 2012 年开始停开出租车，转做玛咖生意，去、前年获利甚多，因此，今年他们的胆子更大、目标更大、勇气更壮、干劲更足，投入的财力和人力也更多。

本来夫妇在城里开车挣钱，子女也随父母在城里，并从事开车或打工的南溪各自然村民，有的让子女开车，父母回南溪种玛咖；子女还在读书的，有些夜晚租出让别人开车，妇女边招呼读书娃，边开车，男的回南溪村老家种玛咖，南溪村真是家家种玛咖，最少的也要种一两亩，鹿子村、旦前、旦都后村、金龙村这种现象较为普遍，也想种较多面积的玛咖，有些还会种点自家食用的洋芋。产生以上现象的原因，主要是看到去、前两年南溪村民在玛咖上收入较多，真令不种玛咖的人羡慕，产生了自家增加收入的念头；其次是有政府对玛咖种植的扶持补助。

前些年完全脱离种地而开车的村民，今年打算种点地，他们也估算到投入会大，种子、农家肥、耕地用的拖拉机都得买，但他们谁也没有畏惧心理。由于自2000年以后陆续弃农进城开出租车，原有的用于农业生产的工具，值点钱的低价卖出给长期种地的村民，很不值钱的东放西搁，自然地铁料生锈，木料变腐成为废物；牲口、家畜能卖的卖了，一时卖不出的给了亲朋。所以，这类村民都得从头来，重新购买农机、具、买农家肥，有个别人现在就跟拉市海马场订好买马粪的口头协议，有些在村里给邻居预订好了。他们决心迎难而上，心里充满着开车、玛咖经济双丰收的希望，干劲十足，信心百倍。就连一直很满足于现状、得过且过的满下村民和朝亮，也想多种些玛咖，就把前些年借给其他村民种的大点的地要拿回，现已给借方打了招呼，在其弟和朝杰的帮助下，已订购苗盘、遮阴网、种子、塑料地膜等种玛咖的必需品。但其父极力反对，说："在城里找到300元，就节约上150元，如果找到200元，就节约上100元，勤俭些就好了，若你要种玛咖，拖拉机犁地、农家肥、种玛咖、收玛咖得请工，去年每工价100元再加上给一顿午饭。我们老两口在农业劳动方面已力不从心，不能帮你承担更多的劳务，再加上你也对生产劳动不顺手、不得力，种玛咖的好多工时都得出钱请人，你现有多少钱能支付请工费？你所种出的玛咖能否卖到你所付出的工钱，这还要打个问号，去、前年可以，正因为去、前年可以，今年就会形成到处种玛咖、老板农户一齐上的局面，这么多玛咖能像去、前年一样畅销吗？"但他听后仍不言语，还低声对他老婆说："听从老人的话，就不会找到大钱。"他父亲和尚勋继续说："洋芋是百姓的食品，玛咖是富人的保健品，一般老百姓洋芋、菜、粮食……非吃不可，即便是富豪能吃多少玛咖？而且保健品不局限于玛咖，还有很多咱们见所未见、闻所未闻的保健品、补品。听我言不会亏了你，象征性地种一点，不宜多种，你的经济来源的重点，要放在勤跑车、节俭、不搓麻将等方面才是。现已订购的这点钱还不足以后请工所需的零头数，你三思而行吧！"很多人都要回老家种玛咖，而他的父亲却反对和朝亮种玛咖，他可能难以接受，他还没有见过去、前年多种玛咖的村民请工的现象和支出的费用，但去、前年玛咖数量还不多，还处于"物以稀为贵"的状况，请工种划得来，有盈利。面对2015年丽江各地，加上周边的香格里拉、剑川、鹤庆的老板、村民想种玛咖的热情和劲头，有可能形成产品过剩，供大于求，不畅销，甚至难销售的不良状况。这些，没经过社会、市场，不积累每年的生产生活经验是很难认知的。当然，和尚勋的反对也没有很足够的市场信息，他只是出于对他儿子儿媳的劳动能力、经营能力，他们家要种玛咖的需支出费用的估算，总觉得不会有利润可得，经深思熟虑，才给儿子指点家庭经济收入的可行点。他对旦都村人的创业精神是十分敬佩的，拼搏精神是十分赞赏的，摆在村民们眼前的创业成功者：和万华，他经过十几年在城里开出租车拼搏现已拥有一辆出租车、一辆（19座）旅游车，一辆自用车，一套商品房；和波得、和四哥、和学武（他把半辆出租车给女儿做嫁妆，现自家还有一辆出租车、一辆自用轿车、一套商品房）、和尚贤、和尚元、和尚军、和尚仁、杨志远……旦都村民在城里有车有房的人举不胜举，这些人的精神不仅南溪村民及知情的城区市民、坝区居民都很佩服，都说"旦都人真行，南溪人真行"。

　　新的一年开始了，南溪村民都有新的思路，心往增收致富实现小康方面想，劲会往为实现小康生活方面使，钱会为增收实现小康的方面投。

相信南溪村民定会收获到新的效益，南溪村定会好上加好。

最近有三个北京人（听说他们在丽江古城租房开客栈已有好些年），来到南溪村委会，询问村委会干部，这附近的村民会不会出租土地，以及南溪村民种植的一些情况。并向村委会干部说明，他们来南溪村的目的是租地种玛咖，如果能够租到地就想租连片地100亩，经过他们三人前些天来南溪村查看，觉得如果能租到村公所南面（满下草坝周围的地）最合适。村委会副主任和丽军告诉他们："你们选择的想租种的地块，基本上是满下村的，大概占了这片地的90%，有10%左右是满中村的，可以去找满下村的村民组长和学武，向他讲明租金要出多少，要多少亩地，给他的酬金，就可托组长（村民俗称村长）帮你们问地，量地。"还指点给他们去和学武家的路，点明了和学武家在满下村的位置及联系方式。

三位京籍老板，按照和丽军的指点来到满下村和学武家附近，与和学武见面后，向他说明了来意："我们想租满下村南面草坝旁的地，100亩，每亩租金出1200元。"请村长代他们向村民问地、量地，并负责犁地、种地、薅锄、管理收玛咖的请工之事，按照各工时段的误工情况给一定的酬金，并再三表示不会让村长吃亏，绝对保证村长满意。当时，和学武答应愿意帮忙。

事后，和学武向满下村民做了在丽江古城租房开客栈的北京籍老板，想租满下村草坝旁的地种玛咖的宣传，他很负责地把此事传给在那地方有地的村民。他一边做宣传，一边想："向村民做宣传这很简单，但丈量、问地，帮老板请工……这些事情，我即使得到可观的收入，也不善于搞这些应酬老板的事，我把这事介绍给别人。"他自然地想到满中村民和国高，很热心做老板的事情，村民都知道，近十几年，和国高的大部分时间和精力都用于老板与村民之间的事上，在这方面收入所占他的家庭经济总收入的百分之七十左右，是属于南溪村的经济能人。于是和学武决定把老板之托这事转告给和国高，让和国高帮忙老板做租地、丈量土地、请工等事情。

事隔几天，和学武把北京人来满下村租地的情况告诉和国高，并说："我没时间帮老板，你跟他们联系一下，你来帮他们好了，在老板想租的那片有地的满下村民，我已把这一消息告诉他们了，以后你就可以和这些村民联系。"他把老板的电话和在那地方有地的村民告知和国高。

和国高回到家，与想租地种玛咖的老板通了电话，取得联系，表示愿意帮忙老板租地、量地、请工、问玛咖苗等所需帮忙的事情，得到老板的赞许。

对于出租地让别人种这件事，村民的想法各异，有的村民认为，地租给别人种，不如自家种的收入多；有的村民则认为，租出地让别人种是件好事，自己不费时不费力就可把租地的钱装进腰包，放心地花了，不需考虑产品市场的前景。持前看法的村民多为地少，人勤，节俭过日子的村民多；而持第二种想法的多为地多，不想下功夫，不想冒市场风险的村民多。还有的认为自己来种，投入的人力、财力都相当大，一分钱也不费，一滴汗也不流，就可拿钱去用，一亩地还1200元呢，说不定来年一亩地所产的玛咖会不会卖到1200元。如果老板能多租几年就更好，钱一付三年的租金更好。

2月中旬的一天，老板来量地了。那天，老板要和国高告知想出租地的村民等着老板来量地，吃过早饭，有十二三个满下村民聚在草坝里等着老板来量地，他们一边等着，一边聊天，有的村民说："人的思维方式真是差别太大了，就和学武来说，有不大不小的老板投入他的怀里，他不仅没有紧紧去搂住老板，反而推给和国高。而和国高呢？他每时每刻，苦思冥想找老板，即便是买头肥猪、买窝小猪、买车洋芋的小打小闹老板，他都要接应，千方百计在老板与村民之间找钱，这次他真的不知有多高兴，租地问题和学武已帮他解决了，量地最多只要两天。更多的时间是犁地、问玛咖苗、请人种玛咖、请人薅玛咖、管理、请人收玛咖等事，按照他的惯例，他会在老板身上捞到好多钱。他真是南溪村民中数一数二的找钱人。"也有几个村民说:"旦前村民和云军比他能,和云军接应的老板比和国高接应的大,好些时候出于亲戚关系,好多称洋芋上车的事是和云军让给和国高干的,只是和云军找到钱,不惜钱,大手大脚,吃喝玩赌花完了,而和国高则找到钱后紧紧收住,从不乱花,很注意节约积累,所以,从家庭的房屋建设情况及其他方面,显得和云军赶不上和国高。"有的村民说:"能找大钱,就出手大方,这是好多人的共同点,就南溪村的村民来说,喜欢玩、乐、吃、喝的村民,他们的经济条件比别人好,经济来源比别人广。要不他们拿什么花呢,当然条件好,但很会过日子的村民也不少,如和国高,满下村的和圣武、和永军,旦都村的好多富有人家创业者都是好样的,他们没有像条件稍好的个别人那样,右手拿来左手出。"大伙谈论的是实在的情况,最近几年来,有点条件及成就的个别村民,真是过得太不像样了,整天吃、赌、喝、嫖,这些人不惜用自己的汗水和父母的勤俭所得的钱,大肆乱用,沉溺于麻将桌、歌舞厅、酒吧等的花销,几千元钱几小时花完也不心疼。这做法是纳西历代祖宗所痛恨的,会唾弃的。

到下午3点半,和国高手拿笔和笔记本,量一块,把这块地的户主和面积都记好,老板的助手拿着一个盒式测量仪,绕地边走一转,又转回到出发的地点,就把这块地的面积报给和国高,让和国高记好。好多来租地参加量地的村民,只见过用皮尺量地的周长,然后再用纸笔来计算面积的做法,有些村民连量地的场合都没见过,更不知道这种仪器量地的准确度是否可信。有个别村民见过农村改革,分地量地的场景,再说包产到户分地时,轮耕地是以"架"为单位分给农户的。从中华人民共和国成立以前到现在,在丽江城南片及西南片村民都把轮耕地的单位,用二牛抬杠的犁地方式,从上午11点左右犁地下午4时半(包括中间休息的时间,两次休息时间共三袋烟功夫,中午一小时,共100分钟左右)为一天,在这一天所犁的地为一架,每一块地的架数是沿袭历代先民的说法为准。生产队时期对轮耕地的换算公式是一架等于3.5亩。结果通过现代的测量仪量得的地积，每一架都在5—6亩之间。用眼睛看，感到同样大小的几块地，所量得的面积不一样，有些差着3—5分，这些地的主人，心里感觉不实在，就自己带上测量仪，顺着地的周长走了两次，结果与老板助手量到的数据是一致的。通过几例这样反复测量，大伙都无话可说了，在量地的同时，有的村民问老板："这地要租几年？"老板回答说："要租三年。"村民提出："既要租三年，那就把三年的租金一次性付给我们吧！"老板说："先付一年的。"村民说："那一次性付两年的租金吧，我们也好用钱，一小点点的不好用。"老板笑着说："明年的租地款，提前在今年就用掉，那明年又要钱花时就不好了。说实话，我们想租100亩地，但通过测量后，有可能会多出二三十亩，我们不可能说多出的不要，你们租地也整块地租出，不可能留下几分，一亩租金1200元，租地费得用150万元左右，我们还要请人犁地，还要买玛咖苗，还要买农家肥、化肥、地膜、农药，还要请人种玛咖，还要请人薅玛咖、收玛咖、运玛咖，还要付老村长和国高的劳务费，我们租种这块，得备有500万元才能运转得开，要是把两年的租地款付了，我们就运转不了，要是运转不了，租地也就没有意义了。"一个快嘴快舌的村民说："你们老板是有钱嘛，有钱才称老板。"老板回答说："我们不是什么大老板，我们只是租了丽江古城的民居开客栈的小老板，我们通过在丽江几年找到点钱，但不像工程老板、房地产老板一样挣的钱多，我们是属于只挣小钱的小老板。"

有一个村民说："老板这名称不是随便的人的称谓，而是对能找钱、会找钱、赚大钱的人的称呼，我们这伙人里，没人称老板，老板是不会干不赚钱的事，偶尔也有由于对市场前景把握不好而导致亏本的时候。正像我们村的村民和国武，以前他做老板，有些生意上赚了一些，有些生意上又亏了一些。"有个村民说："我们见过不少小老板，他们收药材、收洋芋、买猪、买牛转手又卖出，从中谋利，但没有听见过哪个老板说是我赚了钱，只听到我亏了、亏了，赚不到钱。我们试想一下，他亏了还会继续做吗?"

从与老板的对话中,可以猜测到,现在租地种玛咖的老板,如果今年能有较明显的经济效益,明年也会继续租地种玛咖;如果没有效益或者效益很小就不会种了。这是经济规律,正像我们村民每年对种植业、养殖业的逐步调整是同样的道理。比如:前些年,我们村民种的洋芋"泸水八八"品种占90%左右,因为那时期这种洋芋的卖价相对较高。到近几年村民感到种玛咖的经济效益胜过种洋芋,于是把种玛咖当作比种洋芋大的产业来做,经济效益高的,明显能增收的事,村民都会争先恐后地去做,不需要政府或哪个领导来指点。最近两年,大多数村民都少种洋芋,少播或不播油菜,而把大部分地种玛咖。因此,过去南溪村的6、7、8三个月,由各种颜色的洋芋花、金黄色的油菜花、山上的各色杜鹃花,加上草坝里及地埂上的各种各样的久盛不衰报春花交织成的花海,现今已有些褪色,洋芋花和油菜花比以前少了好些,取而代之的是一块块绿油油的罩住地垄的玛咖,逐渐少了"高山花海"和"世外桃源"的美色,而凸显出"中国玛咖发源地"的色彩。

地量完了,加好测得的数132亩,这些地基本成片,便于耕作和管理,除了要自家种的,想出租的地块都量了,这些地块里约20%是满中村民的,80%多些是满下村民的,出租最多的为满下村民和作武,有十五亩二分,和尚军十三亩四分,和朝亮八亩四分,最少的也有五亩。分手时老板说:"春节前几天,我一定一次性全部付清租金,到时请老村长和国高告诉大家具体时间。"和作武高兴地说:"我一下就可拿到1.824万元钱,一点汗不流,一点力不出,一分钱的本也不出,伸手可接上近两万元钱装进包里,真是不敢想。如果节俭一点,我两口子可闲起过两三年日子,划得来。"上了点年纪的,知情的村民听后在心里嘀咕着:"是分田到户时,手拿记录本的你爸和国勋,在三十多年前为你造下的福,你要在每次祭祖时多磕几个头,表达对你父亲的谢意。"为什么这样说呢?和作武的父亲和国勋,1929年出生在南溪满下村比较富裕的一个家庭，家中兄弟姐妹中数他最小，他父亲闹爸仕就把幺儿子和国勋寄宿到坝子里的白华村老友家里，让他在白马居乐宫小学读书。中华人民共和国成立前和国勋曾在村里任过一段保长（听说时间不长），中华人民共和国成立后，他积极投入农业合作化，参与初级社、高级社、人民公社等一系列活动。一则他可能在历次共产党的集体化运动中，态度积极；二则当时南溪村知书识字的人很少，因此，他一直担任生产队会计（当时满下村分为两个生产队，它的全称是丽江县黄山公社南溪大队满子师三队和满子师四队），一直到60余岁。20世纪80年代初期，国家实行农业、农村改革，和国勋因对满三队的田地情况熟悉而参加量地分地到户的领导小组，小组成员是生产队长、政治队长、会计、出纳、保管员、记工员、队委会委员，和国勋是领导小组特邀来记录、指导量地分地的（共有八九个人）。当时量地时，因为南溪村民都过惯了集体劳动、共同分享的生产生活（从1957年到1981年），普遍存在对当时的"联产承包责任制"认识不足，更没有料到农村改革会逐步引向深入，分田分地到户成为长期不变的农村政策。因此，而产生了对量地分地的不重视，有不少生产队里就产生了参加分地的村民的地多，不与量地人沾亲带故或者男人在外面当干部、工人，家里只有老婆孩子的这些村民的地少的状况。后来也曾有一些人对这些状况提出了异议，和国勋就推说，当时的记录本不知丢哪儿去了，再加上当时的干部不把个别人的诉求当回事，不做调整、不改正、不纠错而形成南溪村"人少地多，人多地少"的不良现状。

南溪村的玛咖种植发展过程大体如下：

2005年，丽江大研镇人杨永武、杨耀武、杨洁武三兄弟邀约杨永新、王万永等合作伙伴，到南溪满中村住在和国军副书记闲着的院房里（是和国军兄和国良的房宅，但因和国良的第二任妻子去世后，没有续找老婆，与其弟和国军同在一家，一直没分居，而闲有一院房舍）。租满中村民和志强家、和国军家、和国才家、和桂贤家的地试种玛咖。他们以每亩地租金800元租了和志强家与和国才、和桂贤、和国军家中间的那片地，共有十来亩。在北京空军地勤部队服役的杨永武，从南美洲秘鲁买来玛咖种，在满中村所租的地里试种。他们忙时吃住在所借住的房舍里，克服山上高海拔所产生的寒冷气候，经常住在南溪管理、薅锄、施肥，他们还以每月300元的酬金，请满中村民和春华，帮他们守地看鸡。老实忠厚的和春华，当时因患严重胃溃疡病，做了切除部分溃疡胃的手术，停开出租车，在家养病。他和家人都认为，在家养病，白天在村里散散步，顺便走走看看玛咖地里有没有鸡，如果发现有鸡，上前吓一下，赶一下鸡，也挺轻松的，他就愉快地接受了这个任务，并且很积极主动。

创业伙伴共同协力的努力，加上和春华负责看管，当年他们从撒种育苗、移栽育苗成种的系统试种活动，收到了百来公斤玛咖种子。

第二年，他们把一部分收获到的玛咖种子用作育苗。所育出来的苗除留下足够的种在他们前一年就租下的地里继续试种，其余的租了满中村民的地，让租地的村民种在所出租的地里，叫所出租地的村民种、管、收，然后把所收到的玛咖如数交回公司，租金仍以每亩地800元支付。老实的山民听从他们的要求，没有人跟他们讨价还价，照他们的要求做。这一年他们把所收到的玛咖果，加工成干片，销售出去。所收到的种子，除留下一部分备用来下一年的育苗所需外，都卖出去。据说，种子和玛咖干片的价位都很高。

第三年，他们把租地让村民种玛咖的活动，范围扩大到满上村和满下村，同样也有少部分村民愿意种。当年所收到的玛咖果比前年翻几番，他们请了工洗、切、晒制成干片、装箱收藏。开始有外省市商人亲临满中村买去玛咖干片。

第四年，他们以4000元的价租下满中村民荒弃的一片烂草地，这块地在农村改革前的集体时代，是耕作地，用来种青稞、蔓菁、小麦等农作物，实行农村改革时，以人口为基数，分给各家。后因此地块紧挨着村寨，种的庄稼常遭猪、鸡、牛、马等家畜家禽的糟蹋、偷吃，而后

山村时轮　玉龙县黄山镇南溪村纳西族村民日志

逐渐弃耕成荒的。老实的村民只认为白白荒起，让别人利用一下，也无所谓。也就没人议论价钱的高低就让他们利用了。这一年他们这伙试种玛咖的合作伙伴，一方面在荒地上盖建新房，盖出的房子还分生活用房、仓库、储藏间、加工房；育苗大棚底部都用混凝土做成，春末夏初用来做育苗棚，等到苗盘都出棚完后，把喷洒水的工具收藏起来，冬春季成了用来晒干的暖棚。另一方面狠抓玛咖的种植工作。他们改变了前些年的做法，改成由他们提供玛咖苗，每亩地供六盘苗，让村民自己随意种，种出的玛咖他们以每公斤8元的价收回，并公开提示村民，不准用化肥，不准私自暗底下流入市场，表示一旦他们发现流入市场者，要重罚。这样玛咖种植这一现象遍及南溪整个村委会的八个村民小组（满上、满中、满下、旦前、旦后、鹿子、文屏、金龙），而且种植面积也大幅扩大，已过千亩。这一年他们完全从和国军家搬进新房，并挂起了"格林恒信生物种植有限公司"的牌子，在工商部门做了注册登记。随着注册挂牌活动、公司在设备、人员上都有很大的扩展和增加。从设备上讲，有大小拖拉机、耕耘机、好几台洗果机、切片机、粉碎机、晒片架、喷洒器，还有他们在近处游玩用的四轮大电动越野蚂蚁车。除杨永武、杨继武还用着的自用旧轿车外，把杨辉武用的桑塔纳旧轿车给了和春华，自己又换了新车，原先没有自驾的杨永新、王万永也驾上了新轿车。和春华的月酬金从开初的300元逐年提为600元、800元、1000元，现在为1200元。从人员来讲，前些年只有以上提到的这些人，现在的人员也明显多了，就满中村的村民新增的就有和三福、和春红、和云鹤、和冬梅（他们与和春华是该公司员工，同样享受1200元的酬金，和该公司所投的医疗保险，他们五人一旦有病住院可享受两份医疗保险，一份是新农村合作医疗，另一份是格林恒信生物种植有限公司投的医疗保险）。他们在城里盖了格林恒信生物种植有限公司的公司用房，还盖了玛咖酒厂，并投入生产，已在市场上销售产品。公司下设各部，总经理由杨耀武担任，公司董事长由杨永武担任。杨耀武的老足球好友，见多识广、善于交际的赵桐华任销售部经理,还有财经部、种植部、后勤管理部等,一下子变得很庞大,人员也多。这一年,在南溪村玛咖种植上是一个转折点,它转向发展、巩固扩大。

从这一年开始,所收到的玛咖数量很多,有好几拨广州、深圳、海南、香港、北京的商人来到格林恒信生物种植有限公司调研、订货;这一年开始,用大卡车把南溪村产,格林恒信生物种植有限公司经销的玛咖干片,和城里玛咖酒厂所生产的玛咖酒,源源不断地运往沿海城市和内地各大城市,南溪村玛咖种植和该公司经营玛咖步入健康发展的轨道。

这一年该公司在收称各种植户的玛咖时,采取了从各户所交来的玛咖中任意拿出四五个,用纸条标上户主姓名,一同封装在事前已备好的小塑料袋里,说是日后要拿去省城昆明去化验,化验结果,一旦发现含有化肥成分,就要对所发现户减少玛咖收购价。结果没有验出异常情况,公司对说一不二的南溪村民更加信任。

这一年也发生了一两个不为畅快的小插曲:首先,在收交满下村玛咖时,具有敢作敢为、为人耿直性格的满下村民和顺明,向公司的人公开提出:"你们公司以每公斤8元钱收回玛咖,这价钱太低了,100亩玛咖的价钱只合100亩洋芋的一半,哪怕再低也得付上每公斤15元,要不然,村民亏得太大了。"当时负责格林恒信种植部的经理杨永新说:"你赶紧走,不要在这儿乱说了,明年你不要种了,我们不要你种了。"和顺明说:"不种就不种,你以为在南溪没种玛咖之前,村民就没饭吃了吗?"杨永新耐着性子说:"兄弟,这价钱比起种洋芋,确实少了,但公司刚刚起步,公司对建立玛咖种植基地投入很大,不仅在南溪,城里也在进行较大的投入,所以最近一段时期公司付不起比这价高的钱,等几年后,公司的投资少些,效益大些,提高点收价是会考虑的,希望村民能谅解。"和顺明说:"你们一下暴富了,村民白为你做服务……"和顺明的话还没说完，杨永新就打断他的话说："谁不让你富，你走，明年不准你种了。"见状的村民心里赞同和顺明的提法，但不敢理直气壮地站在和顺明这边，跟公司提出合理的要求，而当作视而不见，一言不发，既不声援和顺明，也没跟杨永新帮腔。他们的心理状态很可能是，一边是朝夕相处的村民，一边是产品的经营者，两边都不想得罪。不轻易得罪任何人，这是大多数南溪村民的共同点。

从那以后，公司真的不让和顺明种玛咖公司的苗。性格倔强好胜的和顺明，自那天与公司代言人发生口角之后，知道他往后种玛咖公司的玛咖苗已没希望，他就从玛咖地里捡来遗漏的玛咖。到育种下种时，种在自己的菜地里育种，收下种子后，又适时把种子撒在菜地里育苗，自己育苗自己种，自己收自己上市。但他的做法是不公开、不宣言的，只有细心的邻居粗知和顺明的劳作情况。直到2013年大部分玛咖流入市场营销活动以后，和顺明才公开前几年他的做法和收益。

第二个小插曲是：当时任满中村村民小组长，人们口头一直俗称"村长"。他利用侄儿当时开一辆面包车往返于丽江城与南溪两地之间之便，托侄儿暗地下拉下去30来公斤玛咖卖给城里人。不知道怎么被公司的人知道了，事后即被公司罚了2000元，硬是从村长家所交的玛咖金额里扣除。村长很精明，也很有口才，但公司的人是城里人，他们有充分的理由来自理玛咖入市的事，他们想杀一儆百，防止以后有玛咖私自流入市场，无论你村长有多能，也不会把你放在他们的眼里，只是要利用你的时候，把你村长抬高了，当你损害他们利益的时候，他们毫无畏惧地站起来和你进行较量。当时的2000元钱，在南溪村民眼里虽然不是天文数字，但他们心里都会算一公斤8元价的玛咖得种出250公斤，一亩地，好点的才收到250公斤，村长当年的一亩地白种了。此事在当时传得沸沸扬扬的，村长侄儿见到熟人，就说："我舅太贪财了，害得我也在村人面前丢了脸，我帮他拉一下，未收分文运费，弄得我的名声也和他一样丑，而他是得到钱就毫无禁忌了。"他侄儿的这几句话，表达了不是所有南溪村民都是向钱看的，还是有一部分人做错了事，或做了不该做的事而感到后悔，感到羞愧。

再到后来两年，随着格林恒信生物种植有限公司盈利的逐年增多，到2012年，每年收到的玛咖都基本销售完，为了鼓励村民种更多的玛咖，公司对收回价格做了调整，从原先的每公斤8元提高到每公斤12元，村民的收入也增加了，种的玛咖也多了。同时，村民所种的油菜和洋芋也少了。

到2012年，有部分胆子大些的村民把部分玛咖卖给市场老板，这些小老板以每公斤五六十元的价从村民手中买去，又转卖给外地来丽江买玛咖的老板。这样做的村民在鹿子村和旦前旦都后村占多数。据传，当年鹿子村民就有三五户卖给市场小老板的收入超过10万元，其他好几户都买卖到9万元，旦都前后两村人也卖到五六万元，只有少部分卖给公司。

到2013年，整个村委会（八个村民小组的村民）都学着前一年鹿子村及旦都村部分村民，在私下把部分玛咖卖给市场小老板，价都在六七十元一公斤。后来，公司发觉有村民在私下卖给市场小老板，以较高的每人每天260元，供吃、供烟酒，在满上村东面公路拐弯处，设卡检查从南溪往丽江城去的车辆，看有没有拉玛咖的，如果查到，不仅会重罚拉的人，还会打拉的人；这些守卡人请了文华村及九河人。但怎么堵也堵不住，公路设卡走山路，村民和城市、村子里的小老板们想方设法把好些玛咖流入市场交易。

2012年，旦前村的和尚贤、和万辉、和文军，旦都后村的杨志远等四对两口子，共八人，把自家的出租车全租给别人开。他们八人租了旦前村的北面两千米左右的那片荒地，他们在那片所租土地的空地上边盖房，边犁地撒种玛咖，他们挂出了"三音种植合作社"的牌子，并在有关部门注册登记。从2012年开始，他们八人中分工和尚贤为公司董事长，杨志远为公司经理，和万辉为财经部经理，和文军因老婆和凤琴患骨质增生病,在 2013 年退出,回城开车挣钱,只剩另外六人。这六人坚持在种植玛咖为主的同时,还种重楼、翁公漆、附子等药材。他们六人人心所向一致,得到各自家中老人的支持和赞许,心往一处想,劲往一处使,他们还利用地边的有利条件养了蜂、养了鸡。他们在忙时请工帮忙,这些帮工有当地的,也有来自拉市乡的,后来还有来自大理剑川县的,每天每人的工价最低 100 元。

后来,在鹿子村,又挂出了"耀红种植养殖有限公司",担任鹿子村村民小组长的小伙子和耀红,把在城里开出租车的父亲及在城里帮父亲做饭买菜的母亲喊回家,帮他来种玛咖、养猪,全家四口人,除姐姐和耀春继续在城里开出租车外,家庭来个大转产,从专门从事出租车营运十余年转为又来种玛咖和养猪养鸡的种植和养殖业。在旦都后村,由任旦都后村村民小组长的和耕耘,挂出了"溪耘玛咖育苗公司"的牌子,投入玛咖育苗营销的活动,并获得成功。几家人相约注册公司,单家独户也挂牌注册公司、合作社之类的,可能想争取些国家对农村专业合作社的各种支持、援助。接着有金龙村村民小组青年和丽克率家人一起撒育玛咖苗,获利成功。到 2014 年,满中村村民小组长和志强,邀约满上村同龄好友和耀刚,两人在和志强家旁边的地里种了 3 亩紫玛咖种子,收到 24 公斤多的玛咖种子,开初从 2.4 万元一公斤的价格出售到一公斤 4.2 万元,来了个大小数正倒,创下南溪村及周边种玛咖单产收入的最高纪录。除了本金外,每人当年分了 32.43 万元,还留下一点没分,在城里歌舞厅请两个村民小组的青年人及他俩的女友唱歌,一花就是近万元,真可算是财大气粗的一例。

接着旦都后村民和云发、和合灵等几户村民也在满下村与旦前村中间的那片地里合伙种玛咖,鹿子村和旦前旦都后村民自家育玛咖苗,自家种,自家卖给市场的村民逐年增多,到 2013 年格林恒信生物种植有限公司停止了跟鹿子村的供玛咖苗、回收玛咖的活动,各村民小组里的不少村民及鹿子村的全体农户都把玛咖参与到市场营销活动,效益很高

（是格林恒信生物种植有限公司的五倍价格之多，当时公司收价为一公斤12元，市场价为60多元一公斤）。差价也确实很大，不少交给公司的村民也提出了"至少要给市场价的一半"的要求。后来，在当年由黄山镇人民政府多次召集公司负责人、村委会干部及村民组长，在政府办公室召开了玛咖价格协调会，经几次协调协商，公司同意并表示2014年收购价统一为每公斤15元（白、红、紫三种混为统收）。

在这期间，据村委会干部讲，省民族宗教事务局对玉龙纳西族自治县授予"民族团结先进县"的称号，并将玉龙县大县乡的油橄榄种植、鲁甸乡的药材种植、九河乡的无公害蔬菜种植、黄山镇南溪村的玛咖种植等作为玉龙县四大产业来扶持奖励。南溪村的玛咖产业分2013年、2014年、2015年三年共扶助金额240万元。具体分为2013年70万元、2014年100万元、2015年70万元，当年的扶助款在下一年五六月份下拨分到各种植户，2013年每户分扶1850元左右，2014年每户分扶2400元左右，2015年每户分扶1850元左右，全村委会各个村民小组每户分扶的数额不同，但相差不大，是按各村民小组的耕地总面积的多少分下去的，最多相差三四十元。2013年、2014年的扶助款，已由2014年3月21日和2015年6月30日分别转到各户惠农卡里，做了兑现，2015年的估计也会在2016年的上半年内就转到各户村民的惠农卡里。

从2010年开始，格林恒信生物种植有限公司就挑选各村民小组中产玛咖交售玛咖最多的村民户，派家庭代表先后到昆明、西双版纳、华东五市旅游，由公司出资，还邀请村委会干部一同旅游。南溪村民已有近百人参加公司出资组织带队的旅游活动，从未想过去趟北京的村民，种玛咖的积极分子和村委干部，因玛咖这一新兴产业在南溪获得试种成功，并把产品投放到北京、深圳、广州等大城市和沿海城市。随着玛咖的增产，投入市场的量的增加，做梦都想不到地去了昆明、西双版纳、北京、天津等大中城市旅游，成了"鱼路若你北京土"（注：纳西语，意为放羊汉子到了京城，这是任何人做梦也不敢想的事）的美谈。使得参加活动的村民和干部，打开了眼界，扩展了家庭经济发展的思路，知道了全国各地都在以一日千里的速度在发展、在变化的状况。

这一年开始，玛咖就推广到香格里拉州、大理州、曲靖市、永胜宁蒗等州、市、县种植，而且种植玛咖的公司在丽江也有好多家。比如，专业从事银饰品经营的"百岁坊"，也在这年在丽江附近的高海拔地方太安、文海、龙山（现称金安乡）大范围租地种玛咖。不仅如此，有很多从事种植玛咖经营玛咖的公司和农户铺天盖地，还有后来者居上的现象。

2012年，格林恒信生物种植有限公司在村委会大门的墙上张榜公布了"中央财政扶贫资金苗盘发放情况公示"。内容是各村民小组发放苗盘的数量。留心的村民，从张贴的公示上知道，该公司种玛咖是得到"中央财政扶贫项目"的，而且他们在想象，中央财政的项目，一定比省、市、县的项目大得多。这样一想，这类村民对公司所付的玛咖价8元一公斤、12元一公斤、15元一公斤的付款数额感到很不满意，但也深知没有办法。只是在心中萌生着"流入市场经营"的念头。

2015年南溪村种玛咖出现的一些新亮点。

一、南溪全村委会八个村民小组中的自盖塑料大棚育玛咖苗的农户显著增多，就满子师（满上、中、下）村来说，满上村就有十五户自盖大棚，其中村民和润红还盖了三个大棚，撒育三万多盘玛咖苗，卖给在满下村租地种玛咖的北京人。满中村也有十七八户盖了大棚，除自己种一部分外，也售出一部分，其中最大的大棚是村委会党总支副书记和国军盖的，另一个最大棚是和仕军盖的，他们两家也大量撒育，每家约育了1万盘。他们叔侄两家的做法是出售苗为主。满下村也有不少村民在自家的离村子近些的地里盖了棚育苗，有些出售有些自己种。旦前村、旦都后村、鹿子村、金龙村、文屏村就比满上、中、下村多多了。

二、增加了村民租地种玛咖的情况。他们是满下村的和益尚、和春红、和学先；旦前村的和松武、和丽强（他们所租的地不多）；旦都后村的和合灵、和云发（到鸣音乡去租种，租了约百亩），和波德、和仕哥、和丽文、和献承合伙（在剑川县租地500余亩）；鹿子村的和献才、和献辉两兄弟（在本村租种了六七十亩）。

三、转产的多了。本来在城里开出租车的，但见近两年种玛咖收入很高，就把车租出去，回家种玛咖的多了。如满中村的和万高、和木香夫妇，和仕军、和耀菊夫妇、和万军、和福祥、和爱社夫妇和子女。满下村的和德华，和永军、和金良夫妇（他俩夫妇干脆把旅游车给卖掉，来种玛咖，并把在城里读小学的两个小孩也转回南溪完小就读），和建军父子、和朝珍、杨桂兰夫妇、和汝军、和万林、和万琼、和朝泽、和灿等。满上村的和高圣、和金秀。且前村的和尚元、和尚光夫妇、和尚仕、和尚军、和社立、和学武、和秋强、和拾、和尚武等，旦都后村的有：和波德、和爱英夫妇、和万华（把旅游车和出租车都租给别人开，自己携妻儿又回家种玛咖），和四哥、和建立、和建强、和立、杨仕香夫妇等，鹿子村和金龙村的类似的村民也很多，这里就不再一一地列举。在这里值得一提的是这群人回家种玛咖的投入比原先不弃农的村民多得多，据说，和万华一人就投入了10万元之多，投入七八万元的比比皆是。

四、格林恒信生物种植有限公司只与满上、满中两个村民小组挂钩了。也就是说，他们只给这两个村民小组的种植户无偿提供玛咖苗，每亩地提供九盘，定为每亩应交给该公司260公斤玛咖，每公斤价为20元。这两个村的村民也只跟公司签了部分合同。例如：和××家要种10亩玛咖，但他家只给公司签4亩的合同，也就是从公司拿36盘苗，收玛咖时得交足1040公斤玛咖，可从该公司得到2.08万元玛咖钱，其余6亩所需的苗自育或自买，所收的玛咖流入市场自由经营。这也是这两个村的普遍现象。

五、格林恒信生物种植有限公司所撒育的玛咖苗，有90%用公司的大货车拉到外地卖，南溪村民已自供有余。

六、种玛咖、薅玛咖的两个季节，租地种植和自家地多的村民，都请工帮忙，每天每人的工价100元，加一餐午饭，有些，每工100元还一日三餐包住。这些帮工主要来自古城区金山区、玉龙县拉市乡、大理州剑川县、大理州鹤庆县、玉龙县太安乡汝南村委会、红麦村委会（过去的螳螂村委会，是纯螳螂族村委会）。还有从丽江城劳动市场请来的永胜县农民工，玉龙县九河乡农民工，这些工除给工钱，供午餐外，还负责接送，早上从城里用自家车拉上来，傍晚又送回城里去。那时节，南溪村的田地里人气很旺，到处都可看到这里一群、那里一伙，口头交流还得用大众话——汉语，有些不懂大众话的村民，也比手画脚与外来人交流，不管听懂与否。

总而言之，2015年的南溪，论玛咖的事多，对种玛咖的投入多，种的面积和数量属于最高。到年底采收之时，村民们都唉声叹气，曾有几个小老板来村里，可只看了一下就走了，只有格林恒信生物种植有限公司收购年初就与满中村、满上村村民所签订的合同上的数量，但多一斤也不要，不管村民种的、收的多少，只按合同上的每亩260公斤称足。而且，他们改变了以往的玛咖过秤方式（过去常倒进竹筐里，后上秤，今年他们事先买了两台电动筛子，一台粗的、一台细的，他们先把村民拉来交的玛咖分别倒进这两台筛子，经过筛几分钟，不少村民不忍心丢下，就捡回家去晒作干果），不像以前不分大小都要，而只要大点，没被电动筛筛下来的才要了。所有这一切，确实使曾为种玛咖而收获，也为种玛咖而感到高兴的村民不得不垂头丧气。见面就是"今年玛咖没人要，卖不出"。投资多的村民心里更不是滋味。也是的，一心想多收点，就毫无吝惜地投入了，面朝黄土背朝天的农民，最懂得"想有收获，就必须有投入，有付出"的道理，他们日复一日、年复一年地轮作，就是为了多收获些，生活过得好些，可产品出来没人要、没人买，谁人不心痛呢！

通过村民的交谈得知，南溪村不仅2015年的鲜玛咖卖不出去，而且有不少2014年加工成的干果玛咖还未售出，待售，但无人买。据说满上村民和占军、和乐军各人都还留有用约30万元买来鲜玛咖晒成的干玛咖。满中村、满下村，部分村民也有类似的情况；和志强、和耀刚两人合伙的也还多，满下村民和学先、和灿、和春红等都还有，但他们是自己种的，当时不做鲜果出售，而晒成干的。旦都后村、鹿子有几个村民从富滇村镇银行贷来巨款，买下鲜玛咖，晒干后仍卖不出的数量之多，听后使人有些震惊，为买鲜玛咖晒干果而借贷近百万元的有两三个年轻人。造成他们这样结果的主要原因是：他们在2013、2014这两年里，在种玛咖、买玛咖鲜果、卖玛咖干果的事上赚到很多钱，而所赚到的钱由于可能来得容易，也就不很注意节支，吃、喝、玩、乐，所剩无几，能见到的只是约20万元的轿车。他们根据前两年赚到钱的经验，今年就请亲戚朋友帮忙借贷款，买下很多价钱为每公斤140元左右的鲜果紫玛咖，他们不仅在本地买，还到邻村的后山，到更远的鸣音乡（距南溪往返200公里之上），龙山乡去买，拉来晒在草坝里，想大捞一把。没想到，等到晒好可卖时，就没有人要了，也就是说，买干玛咖的老板没有了。原因可能是多方面的，但主要是价高，一斤干果玛咖要卖七八百元，不卖这么高，他们的利润不多，这样高，想买的老板又无处卖，再说消费者也无力承受，同时市场上也出现了供大于求的现象。如上述所述的年轻人，有的因为欠的债务太多，老婆离他而去；也有的因为债务欠得多，还迟迟不能了结自己的终身大事。

　　格林恒信生物种植有限公司是一家专门从事玛咖研究和种植扩大的企业，十多年来主要专注于玛咖研究和种植。公司从2001年开始认识玛咖，2002年在有关单位和专家的帮助下，在玉龙雪山进行玛咖移植驯化工作。他们踏遍了滇西北海拔4000米以上的山脉，采集样品进行快速繁育，经过多年的实践和摸索，2005年开始，在丽江市玉龙县、黄山镇南溪村委会，成功培育出适合我国推广种植的优良玛咖品种。因此，南溪村委会被誉为"中国玛咖发源地"。格林恒信生物种植有限公司董事长杨永武先生是中国玛咖产业创始人，被誉为"中国玛咖之父"。公司拥有约6万亩规范化的有机玛咖种植基地，玛咖原果产量占全国总产量的 80%。

目前公司聘请国内种植方面的专家，常年为公司提供技术支持，并以中科院植物研究所、中科院过程工程研究所、中科院国家重点实验室、北京中科健宇生物科技有限公司等科研院所为依托，进行了玛咖规范化种植和研究。格林恒信对玛咖事业严谨的态度和科学的方法得到社会广泛认同。他们加工晒干的"玛咖片""玛咖干果"，用高新超微破壁技术制作的"玛咖精片"；以格林恒信玛咖为主要原料，选用天然龙潭雪山甘泉水，采用传统工艺与现状先进技术相结合酿造的"玛咖酒"；用玛咖、生蚝、番茄红素合制而成的"玛咖生蚝复合片"等名优产品在全国大中城市畅销。这么好的市场前景，不知道为什么会到2014年底和2015年玛咖价一落千丈，落至低谷（一公斤价3元）？更不知道曾经为各地山区人民致富增明显效益的玛咖产业，会消亡？会兴盛？

同样的农产品不同的价

2015年9月下旬，南溪村及周边邻近村寨太安乡开始挖卖洋芋品种为"丽薯O一号"。这种洋芋色白、体长、质嫩、淀粉多，极适合在红河州等气候热的地方种植，具有生长期短、个大、皮白光滑、卖相好的优点，深受滇南洋芋老板的喜爱。不几天从建水来五六个洋芋老板，他们在太安、天红、南溪都有小老板为之奔忙。南溪村的和云军、和国高、和丽典、和占军、和春红、和耕耘、和天林、和建国等小老板都忙开了，他们拉着装洋芋用的网袋，走村进户，到农家，到地头，跟农户订洋芋。开始两三天，洋芋每斤一元二角钱，接着就陆续升高，一元三角、一元四角、一元五角、一元六角（太安、天红升至一元七角、一元八角，因为太安、天红的交通比南溪便捷，洋芋的卖价平常都比南溪高些）一斤。面对陆续上涨的价格，村民的心里有些乱，以一元二角一斤、一元三角一斤、一元四角一斤、一元五角一斤出手的村民，总认为亏了好多。特别是以一元二角一斤出手的市民,总想着每斤上亏了4角,卖出2万斤就亏了8000元,又丢了全家一年的花销钱。有些村民看到价上涨到一元六角一斤时,就跑去城里请来一些工,一两天内就挖了卖了;有些村民挖好了放到家里,但在村里,你忙、我忙、大家忙,很难请到帮忙上车的人,就打电话叫在城里开车的儿子,请上一些工拉上来帮忙上车;有些老板对沾亲带故的村民留下网袋,说一定要留给我,到我上车时,随行就市,别人出多少,我也出多少。例如:旦都后村民和耕耘,他的老婆和尚琼是满上村民和桂芝的侄姑娘,他们以姨父姨妈称呼和春勤和桂芝夫妇,而且大小事情都从不间断来往。和春勤和桂芝夫妇出于对亲戚的信任和关照,照和耕耘的请求,有两万多斤"丽薯O一号",还有旦前村民和尚锋(现任旦前村民组长),他也照和春勤、和桂芝夫妇那样,已挖装好,可立即出手,但同样留给当小老板的亲戚。过后三四五天,来拉"丽薯O一号"的车子不见来了,买这品种洋芋的小老板们也停止了买洋芋、称洋芋上车的活动。不知道是老板所要的洋芋拉够了,还是别的哪个省、区、市的这种洋芋价便宜,去那些地方买,反正就是在丽江的太安、天红、南溪以及产洋芋的丽江其他地方不见他们的踪影了。

没挖完的村民和已挖好可马上出手的村民可急了,但怎么急也没法。没挖完的村民只恨自家当时没挖完,后悔当时没有采取挖到多少卖多少的办法,后悔当初没请上几个工一下子挖了洋芋;挖好没卖出的村民,有的估计错了,他们后悔自己以为洋芋价还有可能上涨,而想多卖一点的想法,有的碍于给亲戚面子。满上村民和吉红对和春勤夫妇说:"你俩不应该以亲戚面子为重,作为生产者,对我们的产品应采取'见了野鸡就放鹰,让鹰立即逮捕野鸡'的方法,当时就出手把腰包装得鼓鼓的,大老板不来了,小老板也就没什么可捞了,他根本不会给村民贴亏损部分,他们攒到钱了,也不会买给姨爹一包烟、一瓶酒,或者不会买给姨妈一包糖或一块饼。所以,古人就给我们留下了名言警句,'生意场上无父子'。它告诉后人一个很简单却又有一些人难以做到的道理,就是说做生意不能讲情面，要是要，给是给，做生意是不能含糊的，议好价后，多少就是多少。"

这些洋芋到后来都没人来买，到12月有在城里卖洋芋的小商人，以每斤4角钱的价陆续买走了。4角钱与一元六角钱之间的差是一元二角钱，和春勤、和尚锋等村民，一斤同样的洋芋少卖了一元二角钱，这些村民都少卖了3万元左右，多么心疼啊，可又无法挽回。增产了，不能做到增收，反而减收了，一年辛苦下的产品，只差几天时间就落成这样的状况，真是应验了流传在南溪村民口头的话语"生意八只脚，神仙摸不着"。

南溪村近五十年没发生过的事

2015年8月，南溪村民都在忙着薅玛咖、追肥、加工玛咖的田间活。山上的野生菌，除了少数采菌能手外，都不去上面捡。8月的南溪村貌，与往年的村貌相比，有着明显的褪色，过去的洋芋花、油菜花，草坝上、地埂上各种叫不出名的野花，交织成的美丽花海不再展现。只有草坝上的各种野花依然开着，但没有以前那样鲜艳、夺目、引人，映入人们眼帘的却是红黑土地上刚刚返青的玛咖。今年的雨水来晚了些，可却来势比较凶狠，八月电闪雷鸣，雷雨交加，不管天气怎样，南溪村民却不能坐闲在家，都要披着雨具、戴着雨帽到地里薅玛咖。

8月15日那天中午，雨过天转晴，雷声又起，旦前村民和桂秀奶奶（年近70岁）及和用根（年近60岁）在一处各自的地里薅玛咖，随着一声震耳欲聋的雷声，和桂秀奶奶被雷击倒，等在场的和用根爷爷缓过神来，朝旁边看，看到和桂秀奶奶四脚朝天，仰躺在地上，和用根就急忙喊："姐姐，姐姐。"没有应声。他感到有点不祥之感，推测这人躺下跟雷声有关，心里生悸，不敢走到她身边看个仔细，只敢站在原地立而望之。过了一阵，他又大声喊："姐姐，姐姐。"依然没有应声，他断定自己的推测是真的，他就跑回家向和桂秀奶奶的儿子和三友告诉了刚才的情况，并与和三友一起喊到几个人往地里跑去。地离家较近，跑六七分钟就到了，到了地里只见和桂秀老奶奶一动不动仰躺在地里，大伙围了过去，和三友用双手使劲摇推身躯并大声喊："妈妈，妈妈，妈妈"，不管和三友怎么推，她没有丝毫的动弹，任凭和三友怎样大声喊，也毫无细微的回应，在场的人都知道和桂秀老奶奶已随着一声巨雷响驾鹤西去。和三友约一个伴回家告诉家族并请人，剩余人留守在地里，准备帮忙收尸回她家。其中有一个年龄较大的人和红（年过70岁），对大家说："我们离开远点吧，到那边地埂上蹲去吧，过去曾听说，'会有连续雷击的现象'。"为了安全，大伙都赶紧走到远点的地方，和用根心有余悸地说："好险啊，和桂秀我俩只有二三十米之隔，那雷声把我的耳朵都要震聋了似的，现在想来真是有的后怕，当时不觉得怎么样。"在场的人异口同声地说："这种场合不用怕，古人都有几世人流传下来的口头语'该遭雷打的人，即使躲在火塘底下（为最隐蔽地方），也不会幸免，不该打的人，住在雷击区也不会伤到。'不是吗！旦前和旦后分界的那个坡是雷击区，那个坡上长的栎树几乎每年都遭雷击，住在附近的和拾家的大门也遭过雷击，可和拾与他老父却安然无恙。过去到现在南溪村民的口头都流传着做坏事的人或不善的人才遭此殃，不做坏事善心的人是不会遭此殃的。"大伙还讲起了过去听说过的此类事情。

  村子里，和三友、和福耕两人把事情毫不隐瞒地告诉了和三友的父亲，和三友的父亲声音有些颤抖地说："你妈真的命不好，活到七十几遭此罪孽，声誉不好了，但也没法了，你两个把家族的人先请来。"和福耕作和三友父亲的伴，和三友去家族家请人。等家族的人到齐后，商议和桂秀老奶奶的后事，按照历史的传统做法，这类死者不抬回家中，而是抬到家附近的空地上，临时围个棚子，安放在棚子里，在棚子里做成灵坛，用鸡替身放口含、入棺、祭奠、祭风等活动都在棚子里进行。

  在和三友家族商议收尸的事宜时，和三友的父亲说："她年已七十有余，苦了大半辈子。为养儿育女，为起房盖屋，她出的力比我多，受的累比我多，把她的尸体抬回院子里，不按传统的做法。"他是他们家族中的老者，别人也没异议，照他的说法，请村民把和桂秀的尸体抬回家，接着在院子里进行以鸡替身放口含、入棺、祭奠等仪式。

　　和桂秀老奶奶的丧事活动完了之后，据参加活动的人讲，他们从收拾和桂秀的尸体开始到她的尸体火化完了，才把悬着的心搁下来，因为他们曾听说下雨打雷会接二连三地击死者，过去邻村太安乡太安村委会无足比村，曾把被雷击的死人埋好后，第二天下雨打雷，雷击又把死者的坟击开，又露出人体的现象。所以，大家从收尸回家到出葬火化，人人都提心吊胆，生怕下雨打雷，又出现无足比村曾出现过的事情。结果，老天有眼，在四天里，云散雨停，没有下雨打雷的情况。

　　这种事例在南溪村近五十年来是第一例了，20世纪六七十年代，放羊人下雨时站在大树底下避雨，被击过一下的人是曾有过好几例的，但没有造成伤亡，只是击倒一下，或被甩出丈把远，事后自己站起来，拍拍泥水，这些是被击过的人讲的。例如，那时的满下村民和习虫就遇到过这种事。

　　在那科学知识落后、没有文化知识的过去，南溪村民的心中都认为，死者遭雷击是做了不道德的事，多做不善的事而被老天爷惩罚的，所以，也就没有同情感、可怜感，那时还兴说"应该，你佩服了吗？"用这样的词句咒骂被雷击致死者。科普知识进农家的当今社会，这些传统的做法和说法已不复存在，这些旧的传统观念，随着时间的流逝、村民文化素质的提高，南溪村民的大脑里空空如洗。

　　2015年7、8月，国家旅游局下派工作人员到丽江5A级旅游景区——丽江古城的旅游市场，包括丽江所有景区，进行全面明察暗访旅游服务行业的经营情况。通过调查发现有许多经营者违规经营。如：古银器店以假冒真，以次充好；酒吧聘有酒托女；餐馆不明码标价，乱收费；客栈宰客；导游诱导游客乱消费、购物，拿回扣款；出租搭载客不打表，进行议价；黑导游拉客、宰客、流动经营宰客……许多不规范，甚至违规经营的情况。事后，反映到各级主管部门，并把调查到的情况反馈给市人民政府，还把调查结果上报云南省人民政府。国家旅游局和云南省人民政府责成丽江市人民政府和旅游主管部门及时整改。丽江市人民政府接到省人民政府和国家旅游局的整改令后立即联合公安、工商、旅游、运政、城管等部门，对所调查反映的不规范和违规经营的各种现象进行了检查，提出了整改措施。

对出租车查得特别严，整得特别重。严厉整治出租车的根据是：出租车行业是丽江对外界的窗口。这对南溪村民的涉及面较大，因为整个丽江市的778辆出租车总数中，南溪村民就拥有100余辆，占总数的八分之一多一点，从事出租车营运的从业人员有300多人，占了从业人员中的一定比例。

在整治出租车营运时，公安、交警、运政、交通等部分联合对出租车进行不定点、不定时的检查，查有无宰客情况，有无议价的情况，是否载客打表了等。同时，市政府责成交通、运政部门多次分批召集出租车主，学习有关合法经营的学习材料和文件，提出了市委、市政府的意见，"丽江要以旅游立市，旅游兴市，以旅游业为丽江的支柱产业，出租行业是对外宣传丽江的重要窗口，要求所有从事出租行业的人员，要识大体，顾大局，要在外来丽江游人中，树立起良好形象，并一定要有良好的职业道德，要外强形象，内强素质。"在学习会上宣布了，如有旅客投诉，查后属实的，第一次罚款、教育；第二次吊销营运驾驶资格证；第三次，吊销营运执照。要求车主切实牢记，并一定要及时转告租车人，要他们合法经营、载客打表、决不议价等。

这样一整治，真是面对现实客观的人就提出退租，有的请求减少租金。比较有理性的出租人与租车人之间，较为平和地商议和做了退租或减少租金的活动。有个别出租人把租车押金投入另外一些项目里，一时又拿不出押金，这样就产生了两边人都不高兴的现象。出租人认为，好跑车，好找钱的时候，你要租，不好跑的时候你不跑，合同是你我同签的，要照合同办；租车开的则认为，你不给退，我就让游客多投诉几次，看你怎么办，当然持这种想法的人是个别的。

在这样从严整治出租车的活动中，南溪村租出车回家种玛咖的一些村民，生怕租开车的人不按照政府和主管部门的收费方式来收费，而遭到投诉，就立即下山，办理退租手续，又由自己来开车。旦前村民和文光深有感触地说："我们在前几年开车都是打表收费过来的，只是在丽江实施人防工程后才学着别人议价收费的。只要我们坚持该跑的时间跑、该闲的时候闲，就不会对收入产生较大影响；再说，钱难找了，可能对赌博的年轻人也会起到制约的效果，过去钱来得容易，他们的钱去得也痛快，不惜钱的年轻人说是找到了多少多少，到头来所剩无几，反而欠了人家的账，这种的现象或许会减少一些。"满下村民和朝珍说："自己的生产生活工具，由自己管了好，万一别人乱收费，遭投诉，被吊销了营运执照，叫赔也无法赔，自己找着多少算多少，还安全些。"有不少开车的村民在吃午饭的时候议论说："各行各业都在整治，比如酒吧、客栈、酒店、饭店、烟酒专卖店，各种饰品店都受到出租车类似的整治，拉客、喊客等旅游市场都受到整治是对的，关键的是政府能不能对这些行业像整治出租车一样，再说一个年节一涨的菜市，以及三八路营运车上无人管，这些我们的心理上有些不平衡。例如，我们拉客人到飞机场，只打出五六十元钱，还要出过路费，转回还要放空，这样连油费都不够；不搭嘛，又怕投诉拒载。真是有些难，以后只能想方设法不跑远处。"有些驾驶员则认为："这措施对开出租车的人确实有些过头了，要是对其他行业的整治，也像整治出租车行业那样，就有一半以上得停业关闭或要叫停。"

总之，对政府整治出租车行业的做法，各有各的看法，他们都出于自身的经济利益而怨声载道，但他们又会服从政府和主管部门的管理，只是跟其他服务行业，三八路营运、黑车拉客等没受到多大整治的问题比起来，心里总感到不是味，才发出不满意的议论。当然他们也对个别宰客、拉客、乱要价、要高价的行为是不满的，因为，这些人的不合法经营连累了所有出租车营运者。

2016年
概述

2016年南溪村"两委"换届情况

2016年5月是玉龙纳西族自治县村级党支部委员会和村民委员会换届的时间，要求5月中旬结束。县委、县政府对此事高度重视，3月就下派工作队到各乡镇指导村级"两委"换届工作。各乡镇党委政府在工作组的协助下，加强对"两委"换届的领导，要求乡镇已下派到各行政村的新农村建设指导员及工作组的全体同志，切实抓好"两委"换届工作，做好之前的筹备工作。

下派到南溪村委会的新农村建设指导员及工作组长由黄山镇李副镇长担任，带领工作组成员长期在南溪村委会协助和指导南溪村"两委"工作。他们根据上级党委和政府的指示，从今年3月中旬开始就召开南溪村党总支委员会和村民委员会，传达县委政府及镇党委政府领导对"两委"换届工作的指示，学习传达了有关"两委"换届的文件，和村干部们一同领会文件精神。然后召开村民小组的组长、副组长会议，在学习领会的基础上，再召开原任"两委"与村民小组的组长、副组长、党小组长联席会议，提出9名党委候选人，张榜公布到各村民小组，并在村公所显眼地方贴上公示，让过往村民心中有数。

4月初，经各党小组召开党员会议，对所公示的候选支委人员，进行了充分酝酿讨论，把各党小组的意见又集中到村委会，并根据南溪村大多数党员的意见提出九名支委候选人，再次张榜公示。

4月中旬（4月18日）在南溪村委会，召开南溪村全体党员大会，全村支部党员63人、到会58人、预备党员4人、入党积极分子5人，会议由黄山镇党委副书记和永红同志主持。他直接宣布了今天支部会的议程：第一，选举产生新一届南溪村党总支委员会，委员会由7人组成，委员会产生一名总支书记和一名副书记主持日常工作；第二，选举产生新一届南溪村上片、中片、下片党支部委员，每个支部设3名委员，委员中产生支书一人，主持各支部的活动。

接着他继续说明，选举总支委员会以超额选举的方式进行。选票上印有前久公示的9个候选人名字：和为尚、和继武、和吉红、和国军、和万锋、杨耀秀、和丽军、和秀英、和爱琴，从这9个人里选出7个人，每个党员都只能投7人的票。

接着选出了检票员和唱票员和耀军、和国高二人，他俩就给到场的58名正式党员发选票。拿到选票后，不带笔的党员请带笔的帮忙在选票上画"同意"的符号，过了十几分钟，就把票投到投票箱里。投完后，检票员从投票箱里把票拿出，并当众数票，公布收到58张票，他俩就去检票处，一人唱票，一人计票，其他人原地休息等待。约40分钟后，经监票人紧张而慎重的检票、唱票、计票，选举结果出来了。和国高宣读了这9名候选人的得票数。和永红同志从得票数高到低的顺序挑出了这7个同志，就是大家选出的南溪村党总支委员，然后报镇党委批复后向大会公布。然后他把得票多的这7位同志喊到会议室，过了三四十分钟，和永红同志又召集大家集中，向大会公布，大家选举得到镇党委批复，同意和继武、和吉红、和国军、杨耀秀、和万锋、和丽军、和爱琴这7个同志为南溪村新一届党总支委员，并批复同意支委会安排由和继武同志继续任党总支书记，由和国军同志任副书记。会场里响起了一阵热烈的掌声。随后让7位新支委站到主席台前，和永红代表黄山镇党委祝贺他们当选，并给他们戴上大红花，希望他们不负众望努力工作，不断取得新的成绩。接着和继武书记代表新一届南溪村党总支委员会向大家表态，他表示："大家的信任就是对我和支委们的压力，我一定带好支委一班人，变压力为动力，积极工作，为南溪村民和全国人民一道奔向小康生活做出努力，感谢大家的信任，我绝不辜负大家的期望，一定尽职尽责。"

然后分上片、中片、下片党支部进行活动，上片党支部包括文屏党小组、金龙党小组，中片党支部为满上党小组、满下党小组、满中党小组,下片党支部为旦前党小组、旦后党小组、鹿子党小组都进行了支部委员的选举,各党小组也进行了党小组长的选举。各支部的选举结果,都由现任村委会干部三人分别兼任,上片支部由和继武兼任书记,中片党支部由和国军兼任书记,下片党支部由和丽军兼任书记。

党总支委员会换届结束后,要进行村民委员会的换届选举工作,此工作县委要求在5月中旬完成,紧接着就着手抓村民委员会的换届选举工作,新产生的党总支委员会和黄山镇下派南溪村的工作队共同把这事当作当前的大事来抓。在4月20日召开新一届党总支委员会、老一届村民委员会、村民小组组长、副组长、党小组长会议,会上学习和传达了有关村民委员会换届选举的文件。让参会人员进一步理解文件精神,听取了市、县、镇各级党委政府领导对换届选举工作的意见,会上统计了各村民小组的选民(年满18岁以上公民),把整个南溪村的选民姓名都写在大红纸上张榜公示,这些公示都贴到了8个村民小组人较集中的地方,在村委会墙上也张贴了一份。会上,到会人员经过充分酝酿和讨论,初步提出村民委员会主任、副主任的候选人,这两个职务的人也要根据选举法进行超额选举,也就是主任候选人提出两个,副主任候选人也提出两个。

从前面三届开始,行政村的人员构成情况是:书记、主任两职一人任,当地通俗的话称"书记、主任一肩挑",副书记1名、副主任1名,共3名,半脱产;坝子里人多的村委会或居委会设4名,分别为书记主任1名、副书记1名、副主任2名。南溪村委会属于山区村委会,人口不多、村民小组不多、户数不多,设3个村委会干部。会上提出的村委会主任候选人是和继武、和万锋,副主任候选人是和丽军、和耀红。

会上还提出了南溪村新一届村民委员会委员,他们是和玉章、和国军(金龙村民小组村民)、杨耀秀、和志强、和继武、和万锋、和丽军、和耀红、和国高、和孟元、和三哥等11名。

以上三项人员的候选人名单也一同公示。

4月30日早上由各个村民小组长、副组长召集各自村民小组的选民，对公示的候选人进行酝酿讨论，提出各个选民的意见。到下午1点，村民小组长和副组长都集中到村公所，交流汇报早上选民的情况结果，8个村民小组（整个行政村）大多数选民基本同意公示的初步候选人为正式候选人。总结大家的意见后，用红榜公示正式候选人名单。并根据黄山镇党委政府的安排，在5月16日选举产生黄山镇7个居（村）委会新一届委员会（五台、漾江、白华、白马、文华、长水等居委会，南溪村委会），要求抓紧抓好选举筹备工作。

5月10日，南溪村又召开支委村小组长、副组长、党小组长会议，会上具体商定5月16日南溪村的选举分点进行，8个村民小组设8个选点，分点分时段进行分组，上午9点到11点，3个组分别在文屏、金龙、鹿子3个村民小组同时进行选举投票，12点到下午2点，满上、满中、满下3个同时进行，旦都后村民3时半回到村公所集中检票，力争在5点前完成选举事宜。

5月16日，各村民小组组长、副组长、党小组长按照安排时间提早40分钟就把各村民小组的选民召集在村小组活动中心，等着黄山镇下派协助南溪村搞选举的干部、工作组、支委来组织选举。他们分三组人到3个投票点同时进行选举。因为各村民小组的选民在他们到来之前就已召集好，选举投票进行得很顺利，每个投票点只用一个小时左右就完成了，到下午2点吃了中午饭后就开始检票，到下午4点多才检完票。

检票结果：南溪村有选民共1234人，投和继武为村委会主任的有820票，投和丽军为村委会副主任的有930票。

村民委员会委员要设置9人，进行选举时超额2人。选举结果：和玉章、和继武、杨耀秀、和志强、和丽军、和万锋、和耀红、和国军（金龙村民小组）、和国高等9人有半数票以上通过村民委员会委员。

经过检票总结上报黄山镇党委，得到党委批复，同意和继武、和丽军、和玉章、杨耀秀、和万锋、和志强、和耀红、和国军、和国高9名同志为南溪村新一届村民委员会委员。同意由和继武同志任南溪村民委员会主任，和丽军同志任南溪村民委员会副主任。

至此，南溪村党总支委员会、村民委员会换届选举工作已顺利完成。接下来的就剩下村民小组组长、副组长的换届工作了，这个工作量不大，难度也不大，所需要的时间也不多，但上面要求要在5月底完成这个工作。

他们经过协商后，定为电话通知各村民小组长、副组长召集自己村小组的选民（实际上只出席一名户长）来选举。原先村委会干部和驻村工作组认为村小组一级会很稳定，也会和村民委员会成员一样，并希望由现任村组长、副组长继任（除满下村外）。结果，满上村民小组、旦前村民小组、鹿子村民小组就出现了意外的现象，各村民在投票时，满上村民小组投和昌文的票多于投和玉章的票，和昌文当选满上村民小组长。在旦前村民小组选举时，村总支书记和继武也和在文屏、金龙、满上、满中村民小组选举会上一样，先肯定了现任旦前村民组长和万锋的这几年任期里的成绩，并提出希望能够继续选任，村民投票选举结果，和尚贤的得票数比和万锋的得票数多出好些，和尚贤当选旦前村民小组长，和银红当选村民小组副组长。在鹿子村民小组也产生了类似的情况，村委会干部希望现任鹿子村民小组长和耀红同志能够继任新一届村民小组长，但村民的投票选举结果不能如他们所愿，多数村民投了和现才的票，结果和现才当选为鹿子村民小组长。

在满下村进行时，黄山镇党和政府下派驻南溪工作组长李副镇长，宣读了担任村民小组长的条件，然后开始投票，结果85%的村民投了现任村民组长和学武的票。通过检票后，李副镇长向村民解释了此前读的条件内容之一"相信并参加邪教组织的人不能当村民组长"，又重新投一次票。结果还有70%的村民投和学武的票，这使李副镇长和村委会干部都感到为难。和学武就说"我来做村民的思想工作"。接着他大声向村民说"镇上不准选祈祷的人当村民组长，我本人是祈祷的，大家不要选我了，如果以后可以选祈祷的人，再选我得了"。随后有不少村民提出"和学武过去两届任期里不贪、不占，诚心为村里服务，这样好的人不能当组长，我们村民很难理解"。村民心里不服归不服，上面不行就不行，把和学武排除了，重新又投了两次票，后面一次和火山的得票过半数，有效地产生了满下村新一任村民小组长（传统称呼为满下村村长），接着就选副组长，现任副组长和万仕以大多数的票得以继任。

换届选举工作结束后，村委会三个干部（书记主任、副书记、副主任）聚在村公所交流工作情况时，书记主任和继武谈出了对村民小组换届选举结果的看法，他说："我想，以后村民小组的工作难点，可能会出现在鹿子村、满上村、旦前村、满下村这四个村民小组，因为这四个村民小组的新任组长都是开出租车的司机，他们常年拼打在城里，很少在家里。既然脱离了家，就会很少掌握村里情况，很少了解村情、民意，这对工作产生不利的因素，但村民没有认识到这些，他们没考虑到村干部是村民利益的代表，马虎投票是村民对自己利益不负责任的，但这些我们也不好在选举会上明说，选不对干部对村民的利益和我们的工作都不利。"其他两个干部表示赞同。

与相邻的村委会及黄山镇其他村（居）委会比较起来，南溪村委会的干部是稳定的。就以现任的三位村干部来说，和继武同志自2000年开始任村委会干事，到主任，到书记主任已有17年；副书记和国军同志自1982年开始任干事，到主任，到书记，到副书记已有35年时间；副主任和丽军同志自2001年开始任副主任到现在已有16年之久。从这样的现象看是很稳定的。这样的一个好处是切实掌握村情，深入理解民意，能够把握村里事情的轻重缓急，能正确处理哪件事情应先做，哪些事先可以摆一摆。

七一党生日活动情况

2016年7月1日，南溪村党总支也和全国一样，组织全体党员和入党积极分子，共同欢庆中国共产党建党 95 周年。

参加的人员构成情况是：第一，南溪村全体党员和南溪村入党积极分子，约共 70 人；第二，黄山镇党委和政府下派指导和参与活动的黄山镇党委副书记和永红同志，以及黄山镇人民政府李副镇长，黄山镇驻南溪村委会的新农村建设指导员张云龙同志；第三，玉龙县委党校理论教员李老师等三人。

南溪村党总支的基本构成情况是：

党员下设：上片党支部（文屏村民小组及金龙村民小组）；中片党支部（满上村民小组、满中村民小组、满下村民小组）；下片党支部（旦前村民小组、旦都后村民小组、鹿子村民小组）。党支部下设党小组（每个村民小组为一个党小组）。除村委会党总支书记、副书记、村委会主任、村委会副主任、村委会经济监督委员等几位正常享受国家发的半脱产人员工资外，总支委员、党支部委员是没有任何津贴的。党小组长和村民小组长等同享受国家津贴（约每年 2000 元）。

党员除本村委会村民外，还有从国家机关、事业单位、工厂退休后回南溪村养老的人员。现有和桂花（从玉龙县计划生育委员会退休），和国贤、和尚勋、和正文（从黄山镇中心校下属的南溪完小退休），和士高（从丽江市印刷厂退休）等五位。

活动内容：

第一，党总支书记兼村委会主任和继武代表南溪村党总支委员会和村民委员会，向大会人员介绍了南溪村现在的基本情况和未来五年的规划目标。

第二，黄山镇党委副书记和永红代表黄山镇党委、政府做了发言。

第三，玉龙县委党校理论教员李老师讲了"两学一做"的党课。

第四，各党小组组织座谈欢庆活动。

和继武书记在介绍时说："当前和过去几年，我们南溪村在上级各级党委、政府的正确领导下，在政府各级部门的指导和支持下，各方面的建设和发展是好的，上级领导是满意的，村民是满意的。由于去年村民的玛咖价格下跌得厉害，村民的经济收入比往年少了好些，但对村民的生产生活影响不大。因为南溪村民想办法、克难关，千方百计弥补玛咖带来的经济损失，村民的劲头令人鼓舞。我们一定要和全玉龙县人民一起为摘掉'全国贫困县'的帽子，把我们南溪村也和全县同步建成山美、水美、村美、人美、环境美的大美玉龙而辛勤劳作。"

接着，黄山镇党委副书记和永红代表黄山镇党委政府发言。他首先传达了玉龙县之前召开的党代会精神。县委已下决心并做出决定：从2016年开始摘掉"贫困县"的帽子；要带领全县人民实现脱贫致富，逐步实现小康玉龙的目标，使全县各族人民和全国各兄弟民族一样过上好日子，要做到精准扶贫。

最后由玉龙县委党校理论教员李老师讲"两学一做"的党课。李老师以理论联系实际的方法，讲解了习近平主席提出的党建理论，讲解党在社会主义时期的基本路线，以及在我国坚持一百年不动摇的依据。李老师由浅入深地给村里党员上的这堂党课，使党员们听了以后，对党的理想、信念更加坚定。

今年的建党节，经过县委党校李老师的党课培训后，南溪村的党员们对党的宗旨、理想、信念有了进一步的了解。这收获是往年建党节未曾有过的。随后各党小组就此内容分组进行了交流座谈。

南溪满下村对村民丧葬活动的几点改进

2016年7月28日，农历六月二十五日，纳西族传统火把节。

满下村民和国南老奶奶于当晚零时20分与世长辞了，时年80岁。她的晚年因儿子、儿媳、孙辈们的爱戴过得幸福，确实不忍离他们而去，她的后生们也有不肯她离去的想法。

说实在话，现时因党的政策好，人民都过上了富足有余的生活，不愁吃穿，再加上党和政府对老年人的关爱，给每个老年人好几项补助，60周岁以上的农村老人都享受每月90元到130多元不等的老年生活补助款、新型农村医疗补助款、大病医疗救助款；80岁以上老人还享受高龄生活补助款每年500元，如果是老党员，还有老党员补助款和困难党员补助款；如果是退伍军人，还有退伍军人补助款。面对国家这么多对老人的好政策，谁都想活个百岁，甚至长生不老，这就是当今农村老人对健康的心态。下面举几个实例：例一，满下村民和福祥，现年84岁，是南溪村最早的共产党员，也曾任过早期南溪村党支部书记，他现在享受国家补助为：①老年人生活补助每月90元；②老党员补助每月20元；③高龄生活补助每年500元；④困难老党员补助每年六七百元，每年享受各种补助约2500元，如遇到有病或大病，还有新农合的药费补助和大病医疗救助。例二，满中村和桂贤，现年83岁，系离休干部遗孀，党员，享受的国家补助为：①老年人补助每月90元；②老党员补助每月20元；③高龄补助每年500元；④干部遗属补助每月600元左右，每年约1万元左右（补助款）。例三，和国强，满上村人，现年82岁，党员，退伍军人，他享受的国家补助为：①老年人补助每月90元；②老党员补助每月20元；③退伍军人补助每月100元（一年兵龄补助20元，他当兵5年）；④困难老党员补助每年六七百元；⑤高龄补助每年500元，全年约3700元。例四，和家良，满下村人，现年66岁，她不是党员，也从未在村里任过任何职务，他们这样的每月也有老年人补助款90元到130元不等，她是未交养老保险就享受农村养老保险金的村民，每月享受90元，一年下来有1100元左右，有病还有药费补助，大病还有大病医疗救助款。这样好的条件，哪个老人不想多活几年呢？但是，生老病死是人生的常态，谁也避免不了疾病的折磨和死去的现象。

话归正题，和国南老人去世后，村民们听到牛角号声就起床赶到她家，住在城里的由他们的亲戚电话告知此事，接电话后他们也立即返乡参与帮忙她老人家的后事，洗尸，入棺，芝步吉（给死者另安锅灶）。做完这些事后，村民小组长和灿召集大家在操场上讨论：面对现时较高的物价，足若（村民）凑钱是否按老规矩进行？是否改进一下，怎么改？

大家你一言、我一语展开了讨论，讨论的结果，大多数村民一致认为以往年的足若（村民）每户一人凑30元，吃一顿饭确实在现时不能适应当今的物价了，应该增加些。通过再进一步的讨论，最后同意成每户凑100元，全员参与丧葬全过程（三天），这是改进一；改进二是经过讨论，丧葬活动的各种职事由村民小组长、副组长安排，在死者去世后的第二天晚上，在死者家当众公布，并在后期以书面贴出安排人员及事情。这是满中村实行几十年的有效做法，这种做法得到大多数村民的认可。

村民在群体活动中，可凝集大众观念、群体意识，增强村民的合作、团结、互助、友爱、互敬的行为。这些东西经过长久持续的活动，就形成了村里不成文的村规民约。改进后的活动内容通过一段时间的进行，确有不足之处或弊端的，到时会提出改正或改进。在最近十几年的岁月里，南溪村对传统的丧葬活动方式进行了一些大的改进，这些都减轻了村民的一些精力付出，但有些传统的也随之丢弃。这些村民都各有己见，但终以少从多而随之。在漫长的历史岁月中，形成的民俗民风，起到约束村民行为的作用，年近八旬的老人对现时年轻人的一些行为很难放进眼里，很难接受。

满下村趁和国南老人去世，要进行她的丧事活动之机，改进的两点做法将在今后的活动中得到验证结果。如若不怎么好，会予以改进，觉得还可以就会这样坚持下去。

人员流动

2016年10月15日，南溪村里来了一群人，有十几个。他们年龄最小的有十一二岁，最大的有五十五六岁。他们乘坐旅游汽车（一辆可乘坐 40 多人），另一辆可乘坐 19 人，此外还有两个女导游，如同一个来南溪村旅游的旅行团。只是导游手中没拿着导游旗，也不是她们二人解说，而是由云南大学的高志英老师、古城原文化馆副馆长木诚老师、南溪村退休老师和尚勋担任。实际上，他们不是旅行团，而是由香港中国民族民间文化艺术交流协会组织的，香港赴内地采访中国民族民间文化的艺术团，领队的是该协会的副会长余昭科。团员有中国旅游及经济台（香港有线电视 23 频道）领导副总裁，纬讯制作有限公司董事总经理、中国文化影视传播有限公司董事总经理、中国民族民间舞蹈评级（香港中心）主任、第六届广东青年联合会香港特邀委员及副会长、香港作曲家及作词家协会会员二人，此外还有 20 名中学生和 10 多名小学生。此次行程由文化部外事办三个科员干部全程陪同，高志英老师被邀请为指导老师，木诚老师为该团在丽江期间的助理，和尚勋是该团去南溪村采访当天的联系人和解说员。

到南溪村后，他们先到南溪村公所，余昭科和村委会书记和继武、副主任和丽军做了简短的交流，随后他们到南溪完小参观访问。南溪完小校长与他们做了交流，之后双方师生进行了互动。接着大家在升旗台前，听和尚勋老师介绍南溪完小在 1996 年 2 月 3 日发生 7.0 级大地震后，得到香港路华车主会重建援助、后续援建、资助该校贫困学生的情况。分别前香港中小学生与南溪完小的一、二、三、四年级的学生手拉手，为他们送了小礼物作为纪念。

随后，该团队乘车去旦前村观看现场演示的纳西族"谷气"（唱山歌）、"喂目达""口弦""吹叶子"（用树叶贴在嘴唇间，吹出各种各样的音符，如谷气、歌曲、动物声音等）、"阿哩哩"等南溪村纳西族文化。为了这次演示，木诚老师提前和旦前村村民和三友联系好。和三友对上述几个表演都有爱好，而且他也是木诚老师组织的"喂目达"成员之一，参加的人不仅有这方面的爱好，还是这方面的能手。当前南溪村正处于挖洋芋的大忙之际，和三友还是邀请了和仕芝、和金凤、和台、和军、

山村时轮 玉龙县黄山镇南溪村纳西族村民日志

和银红、和亮花、和实、和图山等十来个人一起表演。

团队到和三友家后,和三友组织大家先跳"阿哩哩",其大意是"远方的客人,你们辛苦了,你们从繁华的香港来到我们南溪山村,山上的松柏树枝向你们招手,秋风招呼你们的到来,村里棵棵红灯笼树挂满无数红灯笼欢迎你们的到来,我们没啥来招待远道而来的朋友,我们跳上一阵'阿哩哩',来盛情招待朋友的到来"。他们跳完之后,和尚勋老师把刚才唱跳的内容用汉语翻译给大家听,院子里顿时爆发出一阵掌声和"谢谢"的呼声。接下来,他们跳起了"喂目达",领唱者是和仕芝老人,她现年74岁,她的伯伯和才是大东巴,因为伯伯和伯母无法生育,和仕芝从小就被领养了,从和仕芝能记事起,就常听到伯伯讲的东巴经,常听到伯伯唱的"送终调"("喂目达"的内容分为在婚礼上唱的"喜庆调"、在丧葬礼上唱的"送终调"、在欢庆活动时唱的"赞颂调",它们唱的声调一致,跳的舞步一样,只是在唱词上有明显的区别。演唱形式上与"阿哩哩"一样,一人领唱,众人合唱)。

和三友、木诚老师也分别领唱了一阵,跳完休息后,木诚老师讲解了刚才唱"喂目达"的内容,解释了这种歌舞的几种体裁。接着就跳起了纳西族歌手和文军编唱的"纳西三部曲",有不少客人也参与了这一打跳活动。虽然舞步不怎么一致,舞姿并不怎么协调,但气氛却很热烈。然后,领队和老师让学生分组围坐谈感想,此时有不少学生提出不少疑问,木诚老师、高志英老师、和尚勋老师都一一给提问的同学做了解释。

接下来就由和仕芝老人与木诚老师进行"弹口弦"演示。"弹口弦"的形式是:口弦用三块小竹片削薄后,刻出可弹部位、弦尖。弹的方式是左手握拳,把一副口弦平整地紧紧夹在拇指和食指中间,刻嵌弦心部位对着嘴巴,用右手食指尖、中指尖、无名指尖,轮番弹三块弦片尖出部位,右手握住弦柄,嘴巴对着弦心一边呼出气,右手三个指尖轮弹三片口弦尖,发出很有节奏的音符。会弹口弦的人也会听,好像是一般人对唱一样。不会听的人就只会听到"啼台、啼台"的声音。会弹会听的人好比在进行对话，嘴巴讲不出的话都可从口弦上弹出，而且能让听者听清说什么。少数民族的乐器之一"口弦"真的神奇。

因为口弦弹的声音小，只宜坐下弹，且动作又单一，加上有些人听不出什么名堂，又看不到优美的舞姿和动作，只见到右手三个指头轮番灵巧地弹打着弦尖，所以大家对弹口弦不怎么感兴趣。和仕芝老人与木诚老师弹了一阵后，木诚老师讲解了口弦的制作。他说，口弦材简易做，作用是弹弦人可以与对方交流内心的一切，这一点是别的乐器所没有的奇特之点。木诚老师的话音刚落，大伙都不约而同地发出"哇"的喝彩声。

接下来和三友采来几片绿树叶，吹起了优美动听的歌曲。和金凤用尖亮的嗓音做了"谷气"的演示。演示后，和尚勋老师做了解说。"谷气"是纳西族人民在生产生活中抒情歌唱的形式，它不受时间、人物的限制，任何时候（一般在白天）、任何人都可以唱，内容也不受限制，喜怒哀乐的心事都可以唱，地点一般都不能在村寨里，宜在郊外、田野、山上，可以单独唱，抒发自己的思想情感；也可以男女对唱，表达相互间的爱恋之情。

接着和金凤与和台一起，女的披着羊皮，男的穿上羊毛毡各坐在南、北方，进行情歌对唱演示，一开始他们清脆悠扬的歌声把来宾都吸引住了。但渐渐地，由于他们听不懂唱的内容，也可能是唱歌的声调都是一个模式，人群就渐渐散去了。看到他们不感兴趣，这项演示也就不加解说了。

木诚老师接下来解说了纳西族传统服饰的由来，包括作用、用料、制作方式等，同时也说明了喜庆场合的穿戴、丧葬活动场所的穿戴。后来他又请和仕芝老奶奶及和金凤进行穿戴演示，她们穿戴好后，好多女士争着和她俩合影，有几个女中学生还穿上纳西服拍照，留下了难忘的记忆。

欢乐中不觉时光的逝去，不知不觉，时间已到下午5点了，一天就这样度过了，领队与木诚老师、和三友等村民道谢告别。

返转时客人看到村民和开老人家的木楞房，觉得好奇，都拥进和开家院子，一起围着看木楞房，于是高志英老师请和尚勋老师给大伙介绍了一下木楞房的特点。和尚勋老师就说，在南溪村，木楞房是传统的特色建筑，它具有建盖时间短、工序简单、住着温暖、防震耐用四个特点。当他讲到木楞房任凭大地怎样颤动摇晃都不会震倒时，大伙都发出了惊奇的叫声。有个人提出疑问"为什么现在所有民房都没盖成木楞房"，和尚勋老师回答说，过去基本上都是这种民房，但改革开放后，南溪村也和全国其他地方一样，社会、经济都较前有较大的发展，木楞房不美观，屋内采光不怎么好，所以逐步被村民淘汰了，渐渐被明亮宽敞的土木结构房或砖木结构房所替代，木楞房在村里现存的寥寥无几，这剩有的几所成了南溪村传统房屋文化的象征。另外一点是，南溪村不是地震高发区，当今的南溪村民不担心这种偶然的事情。参观完木楞房后大家就上车返回城里，听高志英老师讲，他们还要去丽江其他地方访问或到景区游玩。

对南溪村玛咖种植情况的回顾

2005年初，后来被他们的合作伙伴称为"中国玛咖之父"的杨永武先生，邀约三四个合作伙伴来到南溪满中村。在满中村跟和国军家租了房，跟村民租了三亩地，在南溪村试种玛咖。最初的合作伙伴是：他的弟弟杨耀武、杨永新、杨杰武、王万永等四人。他们五人中杨永武、杨杰武、王万永三人还在单位上班，他们三人只能在星期六、天，或偶尔来一趟。只有杨耀武、杨永新二人长期在满中村做试种玛咖的工作。两个月后，他们感到人手不足，就请了满中村民和春华做他们的帮手。他们租地后三人一同整理地，先撒上杨永武先生从秘鲁弄来的玛咖种，撒好后杨耀武、杨永新二位常回城里休假，后续的浇水、锄草等管理工作都由和春华一人独自做。苗长出到可移栽的时候，两位杨先生又回到南溪，与和春华一起拔苗，请村民帮忙玛咖苗移栽工作，杨耀武、杨永新二人则根据杨永武的要求给村民指导种植玛咖的要领，"玛咖苗只能单株种植，千万不能两三苗种在一起，要掌握好株距和行距，株距和行距都要相隔八寸左右"。他们在整理地时，撒上从村民家里买来的羊粪，耕地、耙地都很认真，羊粪也施得相当足够，整好地垄后，由杨耀武跟村民做栽种示范，要求村民像他示种的那样种植。

当时租地每亩价为800元，当年收成的玛咖第二年全试种成种子，当年收了种子当年育苗，让满中村村民自愿种玛咖，当年种的不多，到2007年，他们一边育苗一边向满中村租地建盖公司房子，并挂牌成立了"格林恒信生物种植有限公司"，向人们告示了他们在南溪村试种玛咖获得成功。他们在投入基础设施建设的同时，抓紧种植玛咖的工作，在2007年他们把玛咖种植的范围扩大到满上村、满中村、满下村，面积在4亩左右，他们给农户提供玛咖苗，农户种玛咖收成后，鲜玛咖由公司以8元钱一公斤的价格回购。这一年来该公司对外出售鲜果玛咖，留大部分玛咖给加工厂加工成盒装，售到广州、深圳、苏州等地，初见收益。

2008年，他们的玛咖种植已开始扩大，把范围扩大到南溪村8个村民小组，种植面积约1000亩。在抓好玛咖种植的同时，加大对基础设施建设的力度，在当年扩建完成公司的大仓库，收储加工鲜果仓库、育苗棚、厩肥、腐叶、粉碎棚、厨房、宿舍、办公区、休闲区搞得很好。而且添置了拖拉机、粉碎机、洗果机、切片机、晒架、晒盘、育苗棚、由铁杆搭成的塑料大温棚，育苗、供苗工作搞完后，可用来晾玛咖干片，把晾干的玛咖干片盒装储存在仓库里。他们在这一年把玛咖销售的范围扩大到北京、香港、上海、杭州等多个大城市。他们还在丽江城南口那片买了块地，盖了房，做玛咖酒，还把他们生产的玛咖酒销售到省外，没有头脸的丽江本地人，在当时是买不到玛咖酒喝的。

从2008年到2013年，这5年是格林恒信生物种植有限公司最红火、最景气的一段时间，很多外商亲自上门，跟公司洽谈提供干玛咖的生意，签订合同，一时间他们的干玛咖销售到全国各大城市，包括港、澳等地。那时他们公司的员工也多了，有百人左右，公司员工称公司董事长杨永武为"中国玛咖之父"，称南溪村为"中国玛咖发源地"，并在南溪村满上村与满中村中间公路边的山坡上立了一大块写有"中国玛咖发源地，南溪欢迎您"大字的牌子，过往行人及坐车的人都可以清楚地看到。不仅如此，还在满中村球场南边公路边修了一块大牌，上写"中国玛咖发源地"，以说明玛咖公司就设在满中村，使来谈玛咖生意的商人一看就知道这里。他们把玛咖销售部扩展到昆明去经销。

这几年里，该公司组织南溪村玛咖种植优秀户到华东五市去旅游，费用由公司提供，这样组织了三批次，每批次十二三人，"鱼路若你北京土"（放羊人上北京）。这一南溪村的美事美谈是格林恒信生物种植有限公司对支持他们事业的南溪村民的回报。这几年间公司带领南溪村的村民小组长、副组长、村委会干部约20人到大理、昆明、西双版纳、重庆、成都等地去观光旅游，往返费用都由公司负担，这充分说明那段时间里玛咖销售收入是喜人的。那几年里，公司还趁"六一儿童节"送些文具给南溪完小的学生用。新春佳节，他们还给南溪各村民小组1万元作为春节体育活动的费用。满中村重修引水管道等活动时，他们常给予赞助。满中村民的喜事、丧葬之事他们都参与，跟满中村民融为一体，亲密无间。不少的南溪村干部和南溪村民对南溪村的经济再发展、对玛咖公司寄予厚望。

从2012年开始，他们把玛咖种植的范围扩大到邻近南溪村的前山、后山、吉子、天红、太安等村委会及七河小南溪的3个村民小组，面积约5000亩。后来总结时发现，从2013年起，除南溪村村民以外，其他村的村民把大部分玛咖交流到市场，得到的价格比交到公司的多好几倍。2014年有不少外地小老板到南溪村农户购买玛咖，那一年南溪村民也把玛咖交流到市场上，鲜紫玛咖一公斤140元，其他的为100元一公斤，干果紫玛咖卖到八九百元一公斤，其他干果五六百元一公斤，有不少村民确实发了。有个别村民做玛咖生意，年收入五六十万元，收入二三十万元的南溪村小老板有十来个。和志强、和耀刚两人就卖种子收入三十来万元。那一年，村民喜、小老板乐，而格林恒信生物种植有限公司则没法收到很多玛咖，只收到小老板买剩的、果儿较小的玛咖。

2015年，城乡人看到2014年天价玛咖后，都加入了种玛咖的行列，租地种玛咖，请工种玛咖，丽江、香格里拉、大理、曲靖乃至全省大部分地区都种了玛咖。而格林恒信生物种植有限公司只与满中村、满上村签订供苗、收果价每公斤15元的合同。把大树苗现卖出去，把种子也卖出不少，形成了到处种玛咖的现象，很多老板把现有资金或贷款投入种植玛咖的工作。这一年的玛咖行情与前两年相比，真是一落千丈，不仅如此，外边的老板没有问及玛咖，出现了没人买玛咖、没有卖出玛咖的现象。

2016年，南溪村就几乎没有村民种玛咖，只有个别村民心存侥幸，抱有"在没有人种的情况下种上一些，或许卖得出去"的想法，这类村民在每个村民小组里也只有一两户，而且种的也不多，不到1亩。这些人认为"卖得出去也好，卖不出去也罢"。格林恒信生物种植有限公司就在这种情况下，2015年按照合同把满上村、满中村的玛咖收了，并请人加工成干片，点滴未售出去，也就没有给村民付玛咖的钱。这样就违反合同了，但他们公司的经济链断了，没法付村民的玛咖款。

2016年，南溪村已无人种植玛咖，格林恒信生物种植公司也处于瘫痪状态，真是树倒猢狲散，公司员工已各奔东西，不再是合作伙伴，只有守公司及仓库的满中村籍员工和春华、和山福、和正奇、和建新四人轮流值班，而且是在公司发不起工资的情况下进行，这充分体现了南溪村民的纯朴厚道。从在南溪村试种玛咖到成功，到大面积种植，80%的南溪村民坚守合同，没把玛咖卖到市场上，只有个别村民在2013年、2014年把部分玛咖流通到市场上，而周边的前山、后山、太安、小南溪等地的村民则把所收到的玛咖的大部分私自流通到市场，只有少部分售回格林恒信生物种植有限公司，这些后来才种玛咖的村民成了玛咖的既得利益者，一年就收到十几万元。2013年、2014年间，小南溪村最高产的卖到60多万元，最少产的也卖到二三十万元，这样下来几乎家家买了中档私家自用车，几乎户户在城里买了商品住房，其他村的村民也在一两年内就成了经济收入大户，旧貌变新颜，唯有中国玛咖发源地的南溪村民，因为与恒信公司签有合同，受到玛咖经济利益并不多，这又充分体现了南溪村民的忠实、善良、守信、不贪婪的淳朴民风。

在2016年底，杨永武董事长在南溪满上、满中村民户长会上总结说："造成玛咖公司这样的状况，一是由于公司管理不到位，二是扩展种植面积过大、范围过宽、速度过快，这就产生了供大于求、产品过剩的现象。"他还表示："公司所欠两个村民小组农户总计玛咖款160万元多点，这些我们打算把设在玉龙县城的玛咖酒厂卖出，卖出后来付清大家的欠款。"

笔者认为，杨董事长说的是一方面，主要的原因可能在玛咖这一植物对人体没有以前宣传的效果，而且被多数饮食过玛咖的人，或者检验单位经过检验，得出玛咖对人体没有之前所讲的效果，就变成了没人要、没人买的东西。

很多山区农民在前几年把奔小康的希望曾寄托在玛咖这种植物上，到现在成了泡影，山区村民实现经济增收，生活实现小康，把精力都又转到种植传统的农作物马铃薯（洋芋）上来。经过辛勤的劳动，南溪村民又在2016年创下南溪村有史以来的洋芋最高产量，还有不少农户超出了洋芋收入80万斤大关。

南溪村传统禁忌谈

南溪村自古以来对以下几方面是禁忌的：
禁忌一，孝儿在哀悼期内（父母丧生28天内，俗称"四七"）忌理发。

在这期间，孝男头发无论有多长，都不能剪理。如果理了，就表明对死者不孝敬。

禁忌二，父或母两位老人中，如有一人去世了，另一人在七日之内是禁忌出门的，而且得在"一七（头七）"过了之后，由家族中的兄弟或妯娌陪同先去逛街，逛街回来后才能进他人家中串门或办事。如果没有逛街就进别人家的门，就会给所进的这家带来不吉利。

禁忌三，姑娘被别人抢婚、逼婚，或者跑婚，家中父母确实不同意这门亲事而拉回姑娘来的，禁忌先到别人家里；就是回到自家，也不得从大门里进去，而是要在墙上搭把木梯子，爬梯子翻墙而入。如若哪家里被上述人员进家来，自那天以后那家人就常年心中忐忑不安，好似有什么不祥之事会降临，直到"冬至"节令过后，长舒一口气，认为"冬至"节令以后又是新一年的开始，新年的开始，希望有新的吉祥的气象、吉利的事情发生。如果从自家大门进去，有些女人以后的婚事就会出现波折、反复，姑娘的婚事不顺，自然全家人的心也不畅快。

禁忌四，兄弟分家另居时，禁忌大的住老宅基，老宅基必须由最小那个弟弟来住。如若小的搬出去住新宅基，大的住老宅基，有断子绝孙的横祸会降临的说法。因此，在南溪村很少有大的孩子继承老宅基的现象，即使有，也是很个别的。

禁忌五，儿子分家独居了，姑娘嫁出去了，如若以后生活中他们发生了不测之事，禁忌回归老宅共同生活，只能搬回到老宅基附近或者在老宅基附近搭个棚子住下。

在日常生活中，曾有些村民不注意而破禁行事，之后发生些巧合的事情，久而久之村民就自然畏之、禁之。

在南溪村，过去的历史上，有村民违反以上五种禁忌中的任意一项，而事后发生巧合之事的村民是出现过的，反正不伤到一个伤到另一个的现象是有过的。所以，这些不成文的规矩是先民们在长期的生活实践中总结出来的，并为后人在生产生活中所沿袭的。

续写2013年金龙文屏两自然村青年群架后果

"火把节"这一传统的纳西节日,原本应是青年交谊、男女开恋的喜庆节日。过去的青年人在这个节日唱情歌、对口弦,很多的青年男女通过唱情歌、弹口弦,抒情交流,产生了男欢女爱的心情,说出了"要娶你""要嫁你"的甜言蜜语,也就订下了终身大事。这一现象随着我国"文化大革命"运动而消失了。

改革开放以后,传统的民族节日逐渐得以恢复,"火把节"作为青年男女交谊的场所又出现在南溪村,组织球赛、歌咏、打跳,青年男女的谈情说爱活动得以方便。通过思想情况交流,很多青年都结成了终身伴侣。因此,"火把节"是南溪村,乃至丽江南山片的青年们的大喜日子,在已成年的村民心里有深深的烙印。

2013年"火把节",南溪各自然村的青年们又不约而同地来到满中村球场热闹,白天自发组织足球、篮球比赛,晚上跳舞、唱歌,玩得很开心。

散场后,在回家的路上,金龙村民小组的男青年和文屏村民小组的男青年发生了口舌之争,(当时他们)同时同方向同路往家回,(从满中村到金龙、文屏村要在同一路段上走三千多米以后才出现岔往金龙的路,也就是两村人同走三千多米后才分手)快到岔路口时发展到打架。

文屏村人户少(全村30来户),青年也少,当时只有五六个,金龙村人户多,共有60多户,青年人也多,当时有约20人。文屏村的青年明知寡不敌众,若不跑只会招来更大的皮肉之苦,于是就往自己村里跑。金龙村青年成众气旺,紧追不舍,一直追到文屏村子里,吓得文屏村青年躲进自家不敢出声。过了一阵,金龙村青年都聚到文屏村和永亮家边,喊叫、骂声汇在一起,和永亮可能产生了把金龙村青年吓跑的想法,于是就拿起他父亲打猎用的筒炮枪,走出大门,一走出大门就有两三个金龙青年来抢夺枪,在抢夺时不知谁扣上了扳机,"叭"的一声,枪声大响,铅弹正射中金龙一男青年腰部，那青年应声发出"哇呀"一声，倒在地上，和永亮当时是真的不知道枪里上了火药、装了铅弹，只是想威吓一下，把金龙村青年吓退了，结果就造成了意想不到的事情。

话分两头，先说一下受枪伤的金龙村男青年。受伤后，金龙村男青年轮番地把他背回他家里，家里父母见他伤得不轻，立即备车把他拉到丽江市医院，经丽江市医院用多种机器仔细检查，确定无法取出腰间的铅弹，这手术必须到昆明解放军四十三医院才有技术做。家长听后，一部分人在招呼着受枪伤的人，一部分人回家拿钱准备去昆明医治。

经丽江市人民医院介绍，他们转院到昆明解放军四十三医院治疗。在四十三医院外科取出了射在腰椎骨上的铅块，手术顺利做成了。但手术前医院医生向家属说明："取出铅块后，能不能坐立、行走是个大问题，因为腰椎伤得很重，医生只敢保证取出铅块，生命不受危险，伤口不感染。"家属认为："不管怎么样，取铅块的手术一定要做。"手术做成后，在医院治疗了一段时间后回家来。

到家后，家属一边去黄山镇人民政府，一边去玉龙县人民法院，要求和永亮家赔医药费、护理费、受伤者的生活费，政府尽力帮助解决困难，一方面调解双边的关系，对此事的所有参与青年都罚了款，解决医疗费用。但受伤后，只能躺着，欲坐不成，想走不能，想站不能，三年多了，整日躺在床上，吃喝拉撒都得有人照料。父母亲含辛茹苦，把孩子养育成生龙活虎的小伙子，一下变成这惨象，怎能不心疼？

再说和永亮，事发后的第二天，天还未亮就在父亲和叔叔的引领下，去黄山镇派出所报案自首，由黄山镇派出所收容调查后拘留审查一段时间后，解除拘留回家。事隔约一年，玉龙县法院几次开庭审理，以防卫过失定罪，判处有期徒刑五年。事出后，公安、法院、政府工作人员经常来和永亮家，他的妹妹（已是十五六岁）担惊受怕，落成了惊吓恐惧大疾，经多方求医治疗无果，于2016年5月中旬辞世，离事情发生还未满三年。和永亮的妈妈也受到惊吓，精神受到刺激，渐渐地精神失常，和永亮父亲也因私藏枪支受到处罚。一个好好的家，几秒钟之内就家破人亡。

这件事已经过去三年半了，在1275天里，因这件事而引发的现象，一定给当事者的亲戚、朋友、参事的年轻人、目击耳闻者留下很多思考，会醒悟教育孩子的重要性与必要性。

难忘的3月1日

3月1日，这一比较好记的日子，对上学的孩子及有孩子上学的村民来说是个喜庆的日子。对各自在家里度过50天左右寒假的孩子来讲，3月1日开学上课，分别了近50天的同学们，有许多50天里，在学校里没见过的趣事要相互转告，有很多新鲜的寒假里的活动要相互交流；新春佳节怎么过，又得到多少压岁钱，哪个叔叔舅舅给了多少钱，这些都是小学生们开学后不绝于耳的话题。对与调皮的孩子朝夕相处50天后，3月1日学校收假开学的学生家长，一下子放松了心情，减少了对孩子付出的担心和精力，学生和家长都沉浸在欢乐的气氛中。

然而对满上村四年级学生和芳及和芳之母和艳梅来说，2016年3月1日是很不幸的日子，是他们永远难忘的悲惨之日。

和艳梅、和亚专夫妇俩在城里开出租车，把女儿和儿子也领到城里，在黄山完小读书，和芳读四年级，弟弟读一年级，只有爷爷奶奶在家种地。夫妇俩跑车的方式是，两人跟别人全租（白天、夜晚）来一辆出租车，和亚专在晚上跑，和艳梅在白天跑。

他俩都跑得很积极，跑车生意也很得手，对挣到的钱也很珍惜，很注意节约，不参与较浪费的吃喝玩赌娱乐活动，村里人都称他俩为"挣钱强手""攒钱能手"，村里上了年纪的父母要求自己的儿子媳妇向和亚专夫妇学习。

然而，在3月2日凌晨1点左右，和亚专驾着出租车，拉着客人从丽江七星街西门出来，却让一个酒驾师傅的车撞到了，酒驾车来势猛、车速快，和亚专来不及避让，出租车也被撞得损坏程度很大，和亚专当场死亡，所幸没有伤着乘客。出事后，不多大功夫，南溪满上村的出租车驾驶员都急赶到出事地点。之后，南溪村所有在城里的出租车驾驶员都赶到现场，接着前山村后山村的、在南溪村的亲戚等陆续来到现场。

他们把和亚专的尸体放在公路边，用白布盖住，摆上酒、茶，插上香，等交警的处理，一时间那段路堵塞，过往车辆过不了，交警忙于疏通车辆，保证过往车辆畅通。为实现疏通公路，保证车辆通行，交警要求亡方人把尸体搬走，亡方人则要求现场解决。双方就产生了不愉快、不协调的话语，在现场僵持了一阵。后经黄山镇、玉龙县领导劝说，为保持正常的交通秩序，先把和亚专的尸体拉到火化厂进行火化。黄山镇政府答应，从民政方面救助一点安葬费，请求和亚专家属先把和亚专的安葬之事搞好，再来解决车子相撞的事情。和亚专家属照黄山镇领导的要求，请村民把尸体火化后拉回满上村，要放家里进行后事。

后事结束后，和亚专的家属请家族亲戚的人联系相关单位和肇事方，经交警查证，现场勘查，认定这起交通事故是酒后驾车所为，车辆是一个外籍在丽江老板的一辆高档车，驾车人是借开老板车的外地人。交警判定被撞的出租车应由车主及该肇事车所投保的保险公司赔偿，人亡的赔偿事宜，如投第三者保险，可跟保险公司协商，没有投这类保险就由肇事者赔偿。

按照交警的判定，受损出租车由保险公司赔给所出租的车主（白华居委会武荣村民小组和姓村民）。亡人赔偿应由肇事者负责，但据说肇事者没多少钱，而一时未达成赔偿协议。只好把肇事者告到法院，法院依据法律做了赔偿判定，肇事者耍赖就是不付赔款。在南溪村委会党总支书记兼村委会主任和继武的指点和支持下，和艳梅等家属再次向人民法院起诉，请求法院给予追赔。

和亚专的家属及亲戚，经过走访，诉说这一事的后果，两个小孩及一位老人要抚养，困难很大，又没得到肇事者的赔款的这些情况。后来玉龙县民政局救助，南溪村在城里开出租车的村民捐款资助，得到一些赔偿，就这样了事。

这件事后，满上村的村民普遍认为和亚专生前是个挣钱能手、攒钱的榜样，很能吃苦耐劳，很注意节约，这样一个好汉就在一眨眼工夫匆匆地走了，攒下很多钱，对走了的人是无益的。还认为，一个人活在世上该干时应拼着干，该节约时要节约，该享乐时还是要享乐。于是，为人类似和亚专性格的满上村民提出去西双版纳旅游，而且在5月份就相约着去版纳、普洱、临沧、大理等地旅游玩耍，自驾游，走的地方多，花钱比跟团游少，他们都感到满意。

人生的确像他们说的那样，一个人的离去就在一眨眼的工夫，不是吗？和亚专的母亲和爱华，现年68岁，和她丈夫和永吉（攀枝花退休工人，虽然退了休，但和她一起种地、喂牲畜、做家务）同龄，身体、生活各方面都好好的，虽然和亚专被撞死，赔不到很多钱，但和亚专已攒下八九十万元钱，比起同龄人，和爱华在生活方面是可以过得无忧无虑的，家里边老人做不了的事，有大儿子和亚来帮忙，大儿子和亚是很孝顺的人，随喊随到随帮，可和爱华老人在6月27日，趁丈夫和永吉去山上找松明时，在自家里上吊自尽，母子俩时隔不到100天就双双离开人间。

和永吉出门上山时，老伴和爱华还好好的，他从山上砍了松明回到家，见大门在里面顶住推不开，于是他大声喊老伴来开门。和永吉亮开嗓子喊了好大一阵，可家里还是鸦雀无声，他拼尽全身力气推开大门，一眼看到正房走廊里老伴和爱华上吊的情景，他大声呼叫"阿奶嬢、阿奶嬢，你怎么搞的？谁叫你这样"，任凭和永吉千呼万唤，却没有听到和爱华的回声。他从和爱华的脸摸到腿，都冷硬了，他就去喊邻居，喊家族来他家帮忙收拾，众人赶到他们家，都唉声叹气地议论着："千不该万不该和爱华老奶这样结束自己的人生，确实不该，她有退休工资收人的老伴，她还有大儿子和亚，小儿子和亚专虽然走了，但他生前挣下好些钱，他们五口之家过日子是不会困难的，即使困难，国家政府也会帮助解决的。"

说归说，人既然这样，必然会有什么原因才自己了结，对和永吉的打击真是太大了，100天之内，失去小儿子和老伴；对和艳梅的打击也确实很大，失去了丈夫，又失去婆婆，她很是悲痛。

自和亚专匆忙走了之后，和艳梅一时还拿不定主意，就暂时回南溪满上村老家，把就读于古城区黄山完小的两个孩子也转回南溪完小读书。

人生时都是从娘胎来，走时方法各异，这可能是村民常说的"命运"吧。

南溪的新兴家族—记南溪村籍旅居丽江城的一部分人

他俩从军几十年或十几年后，转到地方工作。

和发兴，满下村籍人，从军近40年，边防某师参谋长，转业到丽江县公安局任政委，并在此职位退休。

他从入伍当士兵起，一步一个脚印，从战士到副班长、班长、副排长、排长、副连长、连长、副营长、营长、副团长、团长、师参谋长，他虽没有经历过像抗日战争、解放战争那样的枪林弹雨的战斗场面，没有经历过转战南北、身经百战的磨炼，没有立下赫赫战功，但从1950年参军入伍后到中甸（今香格里拉）、西藏参加过好多次剿匪、灭匪的战斗，1958年又一次入藏参加剿灭土匪叛乱，立过战功，在20世纪70年代末期的中越边境自卫反击作战中，身为师参谋长的他，亲临战场指挥，还被敌人子弹击中过屁股，幸好没击到要害部位。转到地方后，他从不计较职位的高低，而是以普通一员的言谈举止融入丽江县公安局干警中，众人都说"和政委平易近人、两袖清风、工作扎实稳重"，得到同事们的好评。

和学良，旦都后村籍人，从军13载，从士兵到副班长、班长、副排长、排长、副连长、连长。从连长职位转业到丽江市政府经济协作办公室工作。他在从军最后几年里，参加过中越边境自卫反击作战，小腿肌肉部位还受过枪伤。在短暂的13年军旅生活中荣立一次三等功。转到地方后，积极向长期从事地方工作的同事学习，努力做好本职工作。

他们勤奋读书，学有所成，毕业后被分配到学校任教，从事教育工作后，更加懂得知识的重要，增强了对知识的渴求，并考取成人高校云南教育学院深造。毕业后回到单位，工作更努力，表现突出，后改行提干。

和学骞，鹿子村籍人，丽江师范学校毕业后，被分配到宝山乡中学任教。在搞好教学工作的同时，努力提高自身的知识水平，后考进云南教育学院深造，毕业回丽江后先后在丽江七中、丽江二中任教，后改行调去丽江县教育局任办公室主任，后调去中共丽江县委会任秘书、丽江县人大办公室主任。由于他在不同岗位上工作较出色，丽江区县分设后曾先后任玉龙县委办公室主任、玉龙县劳动人事局长、玉龙县常委、县委宣传部部长，现任丽江市体育局党组成员、副局长，他除了本职工作外还爱好书法、绘画，他所写的楷书、所画的山水花鸟之类画还有名气呢。

和永军，旦都后村籍人，丽江师范学校毕业后，被分配到宝山乡宝山完小任教。他一边从事教学，一边苦心攻读后考取云南教育学院继续深造，毕业后回宝山乡中学任教，后调丽江县法院工作，丽江区县分设后，调古城区人民法院工作，他在工作岗位上兢兢业业，出色的工作得到上级领导的认可，现任古城区政法委员会副书记。

他们，少时刻苦攻读，学成毕业后被分配在丽江城区各条战线上辛勤工作。

和吉胜，满三村籍人，丽江师范学校毕业，在校学习的三年光阴，他品学兼优，德为先，深受学校领导、学校全体教职工（从校长、教导、教师、炊事员、清洁工）的喜爱，毕业后留在丽江师范学校工作。后来丽江师范学校升为丽江师范高等专科学院，一直以来任该校保卫科科长，在岗位上任劳任怨、兢兢业业，得到全校师生的好评。从2015年起，因为他身体的原因，调校图书馆电子阅览室做管理员。

和丽勋，旦都后村籍人，毕业于丽江财贸学校，分配在丽江森龙集团工作，后来国家禁伐长江中上游林木，森龙集团转产成为天然林保护单位，后他辞职闯入市场，自谋职业，经过几年的闯荡磨炼，成为经济市场里的强人能手，开出租车、经商、炒房、租地种药材、种玛咖，夫妻携手共同在丽江城里创下可观的产业，自家经营酒店，还有一辆出租车租出。

和学诚，鹿子村籍人，毕业于成都体育大学，被分配在丽江市体育局工作，现任市体育局足球科科长。他参加工作后，为重振丽江足球之乡美名而付出辛劳工作，成绩较为突出，特别是近几年国家级足球赛在丽江设了赛区后，他积极主持和参与，组织训练丽江东巴队、嘉云昊队、飞虎队，出谋划策，使丽江飞虎队经过几年的全国乙级联赛，今年进入国家甲级队，而且是我省唯一冲甲成功的足球队，这点作为足球运动科长和学诚的付出是功不可没的。

和国辉，满下村籍人，和学琴，旦前村籍人，他俩同在丽江市印刷厂退休。他俩在退休后把各自的妻儿都领到城里，让妻子打理家务，姑娘、儿子在城里务工，他们也在城里买了商品房做住所，两家都把老家的房子卖掉，做了长期居住城里的打算，但到今年，他俩都有七旬的年龄，可能是老来思乡的缘故，他们两家都在满下村、旦前村又盖房子，准备用于回村参与村民活动及家族活动时生活起居。

还有和凤琴、和凤章、和桂花等在不同的国家机关、金融界、学校工作的南溪籍人。在和学良、和吉圣、和丽勋、和永军等人的倡议下，得到在丽江工作、务工、开车的和发兴、和学诚、和学光、和桂花、和吉青、和永积、和学远、和学勤、和际奎、和万军、和学骞、和万里、和自红，以及邻近南溪村的和培、和志杰、和环杰、和成杰四兄弟的应允，在1998年组成一个南溪籍的丽江化赍（民间互助聚会团体）。从那时起,他们分工了和学良、和吉圣为召集人,和万里为记账员(对每一次聚会的收支、每一次看望病人、每一次参加丧葬活动经费的支出由记账员记录)。

那以后,他们这21户人,真的像村里家族一样,大事小事都来帮忙。如果他们当中的哪个人有病住院了,和学良、和吉圣、和万里三人代表化赍前去医院问候;如果哪家要办喜事,就由他们三人通知其他人来帮忙,并安排各负其责的人和事;如果哪个家里有丧事了,也就由他们三人安排、通知帮忙的人和事;喜庆、丧葬等大事,每个家庭的子女全员参与。他们一直以来的活动,同村寨里家族或亲戚一样,外人对他们亲切地称呼为"在丽江城里的南溪家族",他们还邀请此后才来丽江城安家的南溪籍村民也来参加他们的化赍,但后来者考虑到前者办大事时没参与,现时才参加进去有些不合适,不好意思而不再有人参加。

这伙人真牛,牛在不分年龄和地域,牛在有病有事时能及时相互帮忙,牛在大伙都能够真诚团结协作,牛在这伙人中的每一户主人都有一股拼劲,都能在各自的工作岗位上出色地完成任务,就像和万里(进城务工)等人,也毫不逊色,拼出了在城里的住房,拼出了经营谋生用的车,牛在他们职务有别、资历有别、学龄有别、收入有别、资产有别、年龄有别,但都能平等相处、友善相聚、喜庆同欢、有难共渡,不是家族胜似家族,不是亲人胜似亲人。村民都对他们投之以羡慕的眼光,称他们南溪"从瓦"(家族)。

2017年概述

人间自有真情在

　　2017年8月底，满中村五保老人和月林（乳名五福元）病重了。他现年六十有四，从现代人的年岁看，这个年龄还不算高寿。单从南溪村的满中村民小组村民的年龄结构上来讲，80岁以上的现时还健在的有五木一、阿一香、五大贤、五国海、阿大华、五闰青、牵每丹等7位老人；70岁以上的有阿五娘、五国南、五占西、五四娘、五四宏、五占元、五子命等7人；65岁以上的有和红芝、五青、五三哥、五社芝等，这些年迈的村民虽然没做繁重的田间劳动，但不算很重的农活还在做，家务更是由他们顶了好大一部分。只因和月林患了肝癌，之前曾多次住院医治，但没有医好的把握。这次发病，他知道自己的病治不好，不仅治不好，还浪费国家的钱（国家对农村五保人员有很多优待，比如，免交新农村合作医疗费，住院全免费治疗，五保户生活补助每月300元，农村老年保险100余元）。他执意不去住院治病了，就打电话请他的姐妹们来招呼他。他有五月花、五菊花两个姐姐及五月芬、五月青、五青花三个妹妹。菊花姐和青花妹嫁到太安乡太安村，月花姐和月芬妹嫁到文屏村，月青妹嫁到拉市乡吉余村。她们五姐妹接到电话，知道和月林发病了，并不想去医院了，都估计此番和月林的自理生活能力没有了，病情已恶化，他剩下的生命不多了，于是就都来到和月林家。兄弟姐妹及部分姐夫妹夫，和部分孩子聚首在一起，一边安慰和月林，一边商量招呼和月林的事宜，她们认为姐妹全都在一起招呼没必要，轮流招呼好些，小妹夫（五月青之夫，太安乡太安村一组人）五发兴说："这段时间，我们两口子松些，我们俩来招呼得了，到病情恶化转入危险期时，你们再来帮忙我们共同招呼好了。"五月芬说："他无兄无弟，无妻无子，招呼他到生命终止是我们五家的共同责任，这次他真的离我们而去，我们招呼不到他，会对死者和活着的都留下遗憾，所以，一家招呼几天，到紧要时刻电告全来。"大家就以五月芬的意见定下，一家招呼三天。

事后，满中村民组长和志强知道此事后，立即赶到和月林家，看望了病倒在床上的和月林，跟他问寒问暖，了解情况，鼓励他去医院住院治疗，或许能战胜病魔，延续一两年生命。和月林唉声叹气地说："我的年龄比起以前的人就可算是长寿了，比起现代人还属于老年群体中的年轻这部分了，党和政府对农村农民政策那么好，特别是对像我一样的五保人群更是给予无微不至的关怀、关心、照顾，从生活到医疗、居住，都可以过上无忧无虑的生活，吃穿不必愁，医病全免费，这样的社会的确再好不过了。但我患上了不治之症，前几年住了好几次院，药费、住院费都是国家给出的，这样好的社会我不忍离去，这样好的生活我不想舍弃。这次我估计即使到昆明、北京去医治，也不会医好了。一则白费钱，二则耽误我姐妹们的时间，三则如若在医院死了，就会增加我姐妹们和村民们的很多麻烦，辛苦，所以，我决定不去医院了。我死后会给你和村民添很多麻烦，我趁现在还清楚，明事时就向你表示感谢，并通过你向全体满中村民表示感谢。"说完，和月林禁不住流下泪来。和志强也说："既然您态度已摆明，从今天晚上开始，我分工村民五户（每户一人）来招呼您，轮到招呼您的村民二十四小时后又轮换另一班，您哪儿不舒服，需要帮您做什么，您尽管说，村民们都会照您的要求照顾您，我事先会给村民们讲的，招呼五保老人的病痛是村民的责任，只要村干部认识到位，村民是会听从安排的。"

这样就以每五户一天（二十四小时），每户一人，一班五人轮换招呼和月林了。和月林的姐妹、姐妹夫、侄儿女都很受感动，他们就商定姐妹们轮流来做饭（和志强和村民都谢绝做饭），和志强再三对他们说，不要做饭了，传根烟、敬杯酒就可以了。村干部及村民不要她们姐妹做饭，但她们姐妹不依，还是做了，而且一日三餐都很丰盛，村民照顾和月林很周到，他姐妹们用丰盛的饭菜、烟酒招待村民，很融洽，很配合，姐妹们对村民的招呼都很满意，心里都很感谢村民；村民也深知他姐妹们对村民的感恩。

　　这样不像单人独户家，热热闹闹、欢声笑语中过了17天，和月林终于与姐妹、村民难舍难分地走了。和志强就组织分工村民进行和月林的善后事宜。和月林虽没妻没儿但同样受到与常人一样的招呼，照料，放口含，送行，洗尸，入棺，上祭等传统的生离死别的做法。入棺后，和志强在天井烧起的大火塘边，向村民讲："我们村里在村民和克权死后举行丧葬活动时，我动员大家每户捐100元钱，帮助他的家族和实红进行和克权的丧葬事宜。今晚和月林已告别我们而去，他的五姐妹家家都是富足有余的小康户，我们村民帮不帮她们一点出葬用的钱关系不大，但和克权与和月林两个都是我们满中村里的单身汉（和克权还不到五保年龄就在前几年因手扶翻车而被压，救治无效而死），我们对和克权的出葬活动做了捐助，现在和月林虽然没有家族，对他姐妹们举行出葬活动，我仍倡议每户捐100元。"和志强的话音刚落，村民们都掏出钱，拿给村民副组长和社军。和社军一边收钱一边登记，二十来分钟就捐好了，他把全村38户，每户100元共3800元拿给和月林的妹夫和发兴。她们都异口同声地说："谢谢大家。"之后，商定出葬日期，安排各种职事人。第二天，村民们各司其职，买菜的由和国军老书记负责（现任南溪村党总支副书记），砍柴、雇小工的由和子红负责，炊事组由和万里负责，守灵、发孝布的由和国高负责，蒸饭组由和艳秋负责，收礼组由和丽永、和启负责，和志强、和福海总管。第三天就出葬。

　　没有家族，没有妻子儿女，没有兄弟，姐妹都嫁到较远的村寨，从他病倒、招呼、照顾，死后的准备丧后事宜、出葬等一系列传统的做法都一一不漏地做了，这种现象确实很难得，主要是村干部（就是村民的主心骨）认识到位、以身作则、全面考虑的结果。村寨大、村民多，干部认识不到位，丧者家族少些或软些的村寨里，以上这种现象是比较少见的。

　　据说，和月林的近代老祖宗都不发展，祖父辈、爷爷辈都是独生子，爷爷只生育和月林的妈妈叫五先,父亲叫五六是从七河乡小南溪村来家上门的,父母亲生有五女一男,父亲早逝。独儿子和月林,年轻时也比较帅,他青年时先是与太安乡太安村的一个女青年订了婚,后来逐渐感到那姑娘长得不那么好看,就自动休了。接着又找了前山放牛坪村的一个姑娘,名叫和芝,把她娶到家里,共同生活了三四年,没有生育的迹象,和月林的母亲叫他把和芝休了,和芝又转嫁到前山高龙村。过段时日后,和月林又找了太安乡海西村委会的一个姑娘,叫和玉,共同生活了两三年,未见有孕在身,他母亲和先就叫和月林把她休了,这个海西姑娘又转嫁到太安乡太安村八组。在母亲的威逼之下,和月林违心地离了两个较称心的妻子。他的母亲和先已为此事招下待儿媳太坏的坏名声,和月林因父亲去世较早,姐妹们也多,全靠母亲一人带大,对母亲也就在生活上养成了百依百顺、从不违抗的习惯,对他离婚两个妻子的问题上都是母亲的主意。之后因他母亲的名声在远近村寨太坏了,和月林也找不到姑娘了,但他不灰心,又找了个拉市乡吉余村的盲姑娘,他想:"只要能为自己生儿育女,看不见、没劳动能力没事,自己多苦一点就是。"名叫凤青的盲姑娘嫁到和月林家后,在和月林的帮忙下做凉粉,和月林买了一辆小三轮车,把凉粉拉到村子里、邻近村里去卖,这样生活了两三年,凤青还是没有怀孕的迹象,和月林的母亲又刁难凤青了,这次凤青主动提出走,要和月林把她送回拉市娘家。从此,和月林母子俩相依为命,再没有姑娘嫁进他家。

和芝转嫁后,有儿有女;和玉转嫁到太安也生有两个儿子。从这两个结果来看,证明三个到家的儿媳都不孕,问题不在女方,而在和月林身上,但他母亲和先把不孕的问题都推在儿媳身上,没让和月林去医院检查,结果造成了和月林家到和月林身上就绝后的结局,所幸的是,浓浓的人间情把他送到生命的终点。

在九泉之下,安息吧,月林,村民们把你送到了你祖宗们身边。

2017年南溪村出租车运营情况小述

　　丽江市人民政府在2016年内，对出租车营运行业进行了史上最严格的整治，对出租车司机跟乘客议价、不打表、拒载、拼车等不规范的行为进行了严厉的整治。只要有人举报有上述情况之一的司机，或一经查到有上述情况之一的驾驶员，就采取罚款、停车整顿、办学习班，甚至放出最为惊人的条款："坚持不改正上述情况的，就要吊销营运资格证和营运车牌照。"在这样整改高压态势下，出租车营运群体产生了很大的消极情绪，他们里边的大多数驾驶员认为："政府和运政管理部门，对黑车黑人的非法营运视而不管，任其在营运市场里横冲直撞，而对有证、有照的营运车和人却整得实在难以承受，这太有失公平了。"经过对出租车实行上述情况整治后，出租车营运市场出现了收入降低的现象，包车费从前段的每晚100元至100多元降到每晚80元左右，全租价从前段的每天200元至200多元降到每天150元左右。即使这样下降租车价，但租开的人左算右算，燃油、租金、房租、吃、喝，一天苦下来，也剩不了多少钱，于是就有好些租车来开的驾驶员，退了所租的车回家种洋芋。就以满下村来说，和朝泽、和万林、和建军、和春拾、和丽华、和满立、和万军、和永贤等村民就把所租开的出租车退给主人，自己回家种地，他们认为这样既轻松，又比开车挣钱。另外的一些村民，自家有出租车，但经过严厉整治，确实感到不好跑，于是就把自己的车租给别人，自己又回家种洋芋，在家里能做什么就做什么，这类村民满下村有和朝珍把车租出给前山放牛坪村的和庭杰、和德华租给九河金普村人，和朝柱租给永胜人，自己则用自驾车拉客，来维持在城里的一家三口人的生活，和文亮也把车出租，自己又干教练员。这样的两类村民，南溪村可能会有七八十人。他们认为这样整改出租车运营状况，再加上现时社会自驾车多，开车不如回家种地。满下村民和永华更来劲，他干脆把旅游车卖了，安安心心来种地。

在2017年内，丽江市政府及相关部门陆续对丽江古城的反复几次整治，对丽江旅游景区观音峡、拉市海等景区的关闭整改，对玉石城等购物场所的长时间关门整改，关闭部分旅行社，这一系列的举措，是出于改善丽江旅游环境，提高丽江旅游品质，提升旅游服务，使丽江真正成为世界旅游胜地而展开的整治各种涉及旅游行业的乱象，不让再产生欺客、拉客、宰客的现象。开初，是拿出租车行业整改开的刀，过去的几年里，出租车行业，也确实有少部分司机存在议价、不打表，把游客拉到购物店、玉石店、饭店等欺客、宰客的乱象，还存在对当地人拒载等不良行为。当时，不少出租车司机就单纯地只认为"其他旅游服务行业比出租车行业出现的个别、少部分不良行为还严重的导游拿回扣款，酒店、客栈在旅游旺季就涨价，满城满街喊人、拉人，用黑车拉人，到处摆摊乱卖，这些都不管，专门整治出租车行业，这是对出租车行业的不公平"。当时牢骚满腹的出租车行业从业人员较多，就不再干这行，干脆回老家种地。经过一段时间，开展对旅游服务行业的整改，甚至停业整改这些活动后，原先不满情绪较缓解、消除，知道是政府在整顿丽江旅游市场的不良行为和现象，而第一步是先整顿出租车行业，这下就消除了"政府对出租车行业过不去，专门只整出租车行业"的错误想法。

通过对出租车行业不良行为的整治，出租车买卖现象也随之自然得到控制。政府采取对出租车的买卖不予办理转户手续、落户手续。这样一来，想买的人也就不敢买、不能买，想卖的人也就卖不出。前些年价格高达150万元一辆的出租车，今年价钱跌至70多万元一辆，也很少有人买。因为该市场前景很不景气，自驾游的多、滴滴车满城、黑车遍地，这自然地冲击到出租车行业的营运。

对于这些只善于开车，而不会从事其他经营活动的南溪村壮年村民来说，种洋芋还感到舒心、安心。旦前、旦都后村民和尚贤、杨志远、和仕哥三家已坚持在村里租地种玛咖、种药材、种重楼、种翁公漆有5年的时间。玛咖虽然被淘汰了，在种玛咖这件事上，他们贴了些，但他们三家不泄气，又在其他药材上做文章，坚持种重楼，自己培育重楼苗、扩种重楼，种附子，只要是市场上比较热销的、能赚到点钱的事都坚持做，他们富了，仍坚持奋斗，仍坚持勤劳，给全体村民做出了致富的榜样。只要村民谈到这三人，都伸出拇指把他们夸："好样的，他们不愧是在市场经济的大海里搏击出来的佼佼者，城里有商品住房、营运车，自用代步用车都是轿车，家里的老宅翻修一新，是先进入小康生活的村民，只要南溪村的青壮年们学习他们的精神，南溪全体村民都过上小康生活是一定的，而且这种日子不会很遥远。"

出租车这一在近10年内使南溪村部分村民富起来的行业，曾经给予年轻村民致富的机遇，不少年轻人抓住这个机遇拼、再拼、学着拼、看着拼，拼出的结果初步凸显，如不少村民在城里买了商品住房、自驾车，具备了住无忧、吃不愁、穿要好、行有车的优越条件。有个别的村民把握不好自己的行为，即使找到钱加上在父母的极力帮助和支持下，已拥有房、车、钱，却被赌尽耗完；有个别的不珍惜已取得的幸福生活，不仅输了车款，还欠下高利贷赌账，父母把所有积累的血汗钱已搭上；还有极个别的村民，自身懒馋，只注重享受，吃、喝、玩、乐，守着已创下的家业，不思奋进，不求进取，整天沉溺于赌嫖，把跑车找到的钱都花在吃、喝、玩、乐、嫖、赌上，旁人劝说都不听，没有听进好心的劝告，反把善意当"多嘴多舌"，反把善意相劝的人们说成"不会生活，小气"。

总之，由于旅游市场里有很多黑车拉客人、自驾车拉客人、滴滴车拉客人的乱象，而且其中有一些上班族利用下班后及节假日的时间参与这一滴滴拉客的活动（这些上班族中有公务员、事业单位工作人员、企业职工等），而政府主管部门对这现象视而不管，任其发展，旅游景点、酒店门前，成了自用车、滴滴车的停车场，特别是晚上9点以后，自驾的好车、差车一起上，严重地影响了正常营运车的营运，极大地减少了开出租的收入，特别是对租车开的村民收入影响很大，有个别出租车司机真是已到了填饱肚子、油钱、房租费得向父母要的啃老程度。

鉴于以上出租车营运市场的状况，出租车协会对出租车的买卖给予证明，只要买卖双方自己讲好价，愿意出让或购买，虽不能得到车辆监理部门和运政管理部门的转户手续，但出租车协会确认转让或购买的事宜，使买者能安心。这样，有些出租车拥有者就以 60 万到 70 万卖出出租车，自己就用自驾车跑滴滴，满上村民和亚军、和亚武两兄弟以 72 万元合伙买了一辆，金龙村的和六红、和江以 74 万元合伙买了一辆，满中村民和仕军以 36 万元（半辆）卖给满中村民和吉顺，与其共用一辆。出租车的转让活动又有顺利进行的局面。

总而言之，曾经吃香一时的丽江出租车营运已陷入低谷，而且不可能再次复兴，只会以跑车挣钱的南溪村民，他们不善于从事其他经营活动，也不愿意去打工，他们会回家耕地种洋芋来发展自己。

2017 年南溪村生产经营的一些情况

南溪八个自然村的村民（全村委会）自 2015 年与玛咖告别后，又掀起大种洋芋品种，名称为"丽署一号"的洋芋热潮。这一品种源于洋芋基地太安乡，自 2014 年有一些村民引入南溪村，后逐渐扩大种植面积。2017 年已占到洋芋总面积的 70%。该洋芋品种在南溪种两三年后，村民都认为这一品种洋芋产量高、个头大、面光滑、色白嫩、价格高、出手快。所以，家家户户都种了这个品种的洋芋，有些村民甚至把拖搁了多年的轮耕地也种上了，满下村民和子黄自 2016 年就向前山村民借了 30 亩山上的轮耕地种上"丽署一号"洋芋。

"丽署一号"这一高产洋芋，作为种子外销到红河州、德宏州、楚雄州、大理州、保山市的部分县，销量多，但要赶上这些地方的老板来买的时间，一般都在每年的 9 月中旬到 10 月中旬，是热销时段，之后就渐渐地少了。热销的这一个月每斤开价 1 元，之后就每斤 6 角、5 角不等。南溪村民每户最低的也收 4 万斤至 5 万斤，最多的每户收 16 万斤到18万斤，中等的10万斤左右的居多数。种子、化肥、农药等的投入也较多，种植面积多，洋芋产量多的自然投入也多，支出请工钱也多，种植面积多的村民，在进行种洋芋、薅洋芋、收洋芋、卖洋芋的工序时都得请人来帮忙，每个工的工价最低100元，而且管一日三餐。不投入、不支出，自家的收入就少；投入多、支出多，自家的收入也就多。怎样来理解这一现象呢？洋芋种要出钱从太安乡买来，多施化肥，多次喷洒农药，从城里或外地请来工抓住时机进行薅锄，请来工抓紧时间收售，这样做洋芋大，色好看，且能按时卖出，收几万斤洋芋，就收几万元钱。如果化肥施的少，农药喷洒的少，洋芋就个头不大，老板不喜欢，如若不请工帮忙挖洋芋，只是自家来挖，赶不上热销时段，以后就卖不到好价钱，一斤洋芋也只能卖到前者的一半价，自家做到增产，也不能做到增收，同样的一个品种，卖不到同样的价钱。

但从2017年9月中旬开始，收售"丽署一号"产生了一个怪象，村里的小老板收洋芋采取了先亲戚再熟人朋友，再是不沾亲带故但洋芋上好的。跟这些村里小老板没有关系的只能袖手旁观，村民们把这一现象称为"亲戚洋芋"。村民大多数都估计在"亲戚洋芋"这一现象背后一定有小动作。于是满下村民和金辉就买了两条云烟，每条200元，悄悄地带在身上去找满中村的小老板和福海，到他家就把带在身上的烟拿出来，要求和福海把和金辉家的"丽署一号"买了。和福海开诚布公地说："别的小老板的行为我不清楚，我的为人、我的品质，全村委会的壮年人到老年人都知道，咱满子师三个村（满上、满中、满下）的村民都知道我是耿直、好心肠的汉子，哥哥您这样来是有损我的人格。男人相见，互相传根烟，互致问候，这是情理之中，您的举动我是决不接受的，我是看洋芋做决定的，洋芋好的先上车。您把带来的烟拿回去，不准放在我家，后天我来您家地里看洋芋，好的就上车，不好的话暂缓几天。"和金辉只能照和福海说的回家去，等着和福海来看洋芋。

10月下旬以来就有村民陆续以每斤6角卖出"丽署一号"，接着就以每斤 5 角卖出。时间几日之差，价钱却差近一半，一半，大一半，这对种洋芋的村民来说也是太不公平了。

谁能解决这一不公平现象呢？目前还没有。因为种出的洋芋太多了。满下村民和作典说："生产队时，我当满下村保管员，那时一个村每年能收到 12 万斤洋芋就算是丰产年了，最近几年，每户收 12 万斤的是中等户，这一类型的占一半以上，太安乡的产量比我们南溪还多几百倍。这么多洋芋可以堆成几座山，有一些村民只卖到低价，有一些村民卖不出去，是产量过多的原因。"是的，每一种产品，如产生了供大于求的现象就会出现不畅销、滞销的情况。因此，在洋芋产量这么多、村民的家庭经济状况参差不齐、思路不一样的情况下，产生了一样的农产品，卖的价钱那么悬殊，甚至卖不出去的现象，是不奇怪的，是现阶段谁人也解决不了的一个新难题。

记南溪村一户村民的近变

籍贯：丽江市玉龙县黄山镇南溪村委会满下村民小组

户主：和××，生于 1935 年，中共党员，于 1952 年参军，1959 年转业在地方交通局工作，后为邮电局，直到 1986 年退休。2006 年 4 月 28 日仙逝。

女主人：和××，生于 1940 年，于 1963 年从满中村嫁到满下村。

这对夫妻生有两男一女，长子和×× 生于 1965 年，长大上学后毕业于昆明汽车驾驶学校，后在某国有汽车运输总站一车队当驾驶员，于 1990 年暑夏在金沙江中游泳溺水死亡，未寻找到尸体。

女儿，毕业于某地卫生学校医士班，毕业后在某地卫生院当医生，并嫁给一个当时在财贸单位的本地人为妻，生育有一男。

幺儿，初中未毕业，生有二男，在丽江城开出租车，于 2005 年 11 月 5 日，在黄山镇白华居委会武荣村拉了四个客人，说是要去香格里拉，自那天以后打他的电话打不通，人未回转来，车影未见，自此后，人车同时失踪。经亲戚和村民寻找月余未果，后隔好长一段时间后，交警和运政部门确认此无头案已人亡车失，就给他们家补办了运政部门发的营运证，交通警察补办了车子的牌照。他们家考虑到幺儿已被人害，无心再买车营运或租车，就把牌照和营运证卖掉了，当时的出租车价位在30万元左右，他们的证照卖了22万元，与他们家合伙的堂兄各一半各得11万元。出租车协会和大部分出租车司机也做了捐助，一共捐助款2万余元。

人生最悲伤的事，莫过于白发人送黑发人，老父年近七旬，老母年已六十过五，两个儿子不辞而别，且未见尸骨，对两个老人的打击太大了，即使有兄弟亲人劝慰，心里的难过之情也难以消除，村人同情，亲戚痛心，但难以消除老父思儿的心情，结果老父在2006年4月28日深夜患心肌梗塞不告而辞（离小儿子失踪时间不足半年），5月5日老父出葬（离小儿子失踪时间刚刚半年）。老父辞世后，迪庆州移动公司领导前来参加丧葬活动，并按政策做了丧后抚恤、抚养，相关补助的事宜。

事后，小儿媳、老母亲、女儿三人商议后，把家里有的钱一部分为活期存入银行，一部分为定期存入信用社。为避免以后生活中婆媳争执的现象，女儿把老母亲和蹒跚学步的小侄子领到其所在地生活，家里就剩下小儿媳和快入学的大孙子。

随着时日的移动、时间的转换，人也在变，小孩变大人，青年变成人，成人变壮年人，老年人变白头人。到2014年大孙子初中毕业后，去打工，小孙子随奶奶在姑妈家读完小学四年级，读五年级时回到南溪村，2016年入玉龙中学读初中，到2017年5月辍学在家，经学校、政府、亲戚发动，劝说要求复学，接受完国家九年义务教育，还是没有效果，由于母亲经常不在家里，农活都放下不做，他的姑父和姑妈怕这么小就不读书干农活累伤身体，就千劝万劝，把他又领到他们家，想让他在那里重返学校。后又有南溪村委会、黄山镇政府、黄山镇中心校的干部跟随到姑父姑妈家劝其进学校接受义务教育，但还是没奏效。

大孙子开始打工时在比较固定的岗位上，此岗位只是季节性地忙些，其余大多时间都比较松闲，还可以帮忙干家里农活。干了两年左右，不知何因辞了这份工作，又去城里打工，接着就向族中的叔辈们借钱，向姑妈要钱、借钱。产生这一现象的原因，可能是他没有向母亲要到钱，家中的丰厚积蓄可能被母亲花光用尽，而无钱给儿子。可能是因为没钱用，就被人利用走上运毒的不归路，被临沧警方抓获并关押。母亲长期离家，村干部、亲戚都没法联系上，很少回家，一个好端端的家庭，户主不在后，才十来年就破败成这样。好心的村民都怪："母亲没好好干，不为两个儿子着想，只图自己的欢乐享受，把老人为孙子积累的丰厚积蓄一花而光，导致长子入狱、次子辍学。"

这一很不光彩的事例，虽不能详述其母这十来年的作为，但满下村民及亲戚对她的作为看在眼里、痛在心上，都会以此事例教育后人，"做人要勤，做事要实，有心要为子女想。不怕不富有，就怕乱花乱用，只要勤俭，富裕生活自然来，不勤不俭，坐吃山空。"

南溪村民居的细微变异

南溪村的民居，自古以来很注重木楞房的建盖，三坊一照壁、四合院均由木楞房组成。这种房子有如下好处：①防震，任凭发生地震，哪怕是六摇地动，也摇动不倒木楞房；②暖和，人、畜住进木楞房，因为木楞房结构严谨，风吹不进，人畜住进里边很暖和；③建设工期短，木楞房盖好瓦安好门后，人畜可入住，没有砌墙、隔整等工序。这种房子有以下弊病：①耗费木材，木楞房都是由木料构成，需要砍很多树，才能盖成一所木楞房，严重损伤森林生态；②人居住采光不够；③所产生的生活用火的烟很难排出，常产生烟熏眼睛泪长流，致使大多数村民都患沙眼；④美观度差。

改革开放后，随着城乡经济的发展，丽江坝子村民来南溪买木材盖新房的很多，南溪村民也图一时的经济利益，一大车铁牛五五拉的木材只卖70元，昆四零拉的卖50元一车，丰收三五铁牛拉的一车才卖30元，之后，一袋七八十斤玉米也换一大车，一条金沙烟也卖一车，我行我素，得者为王，森林生态遭到空前的劫难。改革开放前村民行走在山间路上，参天松树林立，走起都有些怕看不清二米远地方，改革开放才三四年，南溪村的山林几乎成了秃山，走在山路上可看清两三千米外的山林里有啥东西。1984年以后，南溪村民想盖木楞房，再也不现实了。盖土木结构房的村民逐渐多起来了，向南溪邻村的行茂洛村买大料（柱子、大梁）盖土木结构房的逐年增多。这种房子的优点是：①漂亮，土基砌成的墙上一刷石灰，白墙蓝瓦，再加上前面中间用雕有各种图案的六合门隔整，左、右两间用玻璃窗边加各种花卉图案，远看美观大方，细看鸟语花香。②光亮度高。不足之处是：这种房子过去在南溪村有"竖房容易，隔整为难"的说法，过程多杂，所费时间多，耗资耗劳力多。1995年以后，随着南溪村经济的不断发展，村民也想住得好些，住得干净些，就开始出现了畜厩与人居隔开的现象，在此前一直是人畜同院，人住正房和北屋，畜关西南房，院里鸡屎猪粪扫不赢，确实不卫生。分院后，人畜互不影响，改变了历史上遗留下来的院里乱喳喳，厨房门一开，人、鸡、猪、狗蜂拥而入的不卫生环境。2000年以后，土木结构房逐年改成了砖木结构房，乡村面貌更美了。

随着经济的迅猛发展，南溪村民的民居建筑已开始转向钢混结构。这种建筑，比土木结构房美观、耐用。南溪村地处高海拔区域，海拔3200米，下雾时间长，雾大，雾侵蚀木料，湿度较强，所以呈现"土克木"的现象，一个人的一生要返修房子一两次。从城里的建筑情况来看，钢混结构房使用年限长，一次性投入较多，使用的年限也长，这符合当今的村民心思。

从2016年开始到2017年末，南溪各自然村都有村民开始建盖钢混结构房。现将各自然村已建盖钢混结构房的村民记录如下：

文屏自然村：和三昆（2016年建盖）

金龙村自然村：和习武（2016年建盖）

和社军（2017年建盖）

和三哥（2017年建盖）

满上村：和天红（2016年建盖）

和闰红（2017年建盖）

满中村：和山福（2016年建盖）

和万军、和七仕、和黄生、和仕军（2017年建盖）

满下村：和圣武、和灿（2016年建盖）

和万红（2017年建盖）

旦前村：暂无

旦都后村：和丽章（2017年建盖）

鹿子村：和正文两所（2016年建盖）

在南溪村搞建筑耗资比城区和坝区贵，单单材料运费就多出好些。但不管怎样，相信南溪村民建盖民居、盖钢混结构的逐年会增多。

南溪村2017年建档立卡精准扶贫概况

党的十八大以来，以习近平同志为核心的党中央高度重视扶贫开发工作，号召全党动员，全民动手，全社会参与，脱贫攻坚正轰轰烈烈地开展。黄山镇党委和政府也积极参与其中，派出驻村工作队，一直扶持引导南溪村的脱贫攻坚工作，针对南溪村扶贫攻坚，建档立卡，精准扶贫中出现的种种疑问，如有些村民纠结于自己为什么不是建档立卡贫困户，而不断向上级反映；有些村民存在没有评为（或者被退出）建档立卡贫困户而耿耿于怀；有不少村民因为自己没有享受到脱贫攻坚的经济扶持而心生埋怨，有些村民存在被评为建档立卡贫困户就不勤劳致富而是坐等国家送小康；有些村民因为自己不是建档立卡贫困户就不关注脱贫攻坚的事，等等这些问题，向村民宣传、解释、说明，什么才算建档立卡户：国家对建档立卡贫困户的识别标准主要围绕没有解决"吃穿、住房、上学、看病"等问题，即没有达到"不愁吃，不愁穿，义务教育，基本医疗和住房安全有保障"的标准。识别时以收入为主，要识别内容，收入以2014年识别时农村人均纯收入低于2736元、2015年低于2800元、2016年低于2855元、2017年低于2952元为标准。同时该户家庭住房为危房，教育负担较重，家庭成员因大病完全和部分丧失劳动力，生产生活总体困难的群众，通过工作队入户调查核实，党员和群众评议认可，进行公示公告和逐级审核的方式，进行整户识别纳入建档立卡贫困户管理，如果达不到上述情况，就不能算是建档立卡贫困户了。

已达到"两不愁，三保障"的标准，具体来说，就是家庭人均纯收入超过贫困线，住房安全稳固，医疗教育负担不重，家庭劳动力强，饮水等生产生活基本不困难的，家庭成员有财政供养人员的，属于"村三委"干部的，有价值3万元以上机动车的，在城镇拥有自建房或购买商品房，门面房等的，长期雇用他人从事生产经营活动的，有一定种养规模和经营产业的，不能立为建档立卡贫困户。当然识别时没有上述情况，后来贫困户自身努力达到的，视为正常脱贫退出，应当积极鼓励。还有个人为享受扶贫政策而故意分户、并户或者识别时存在优亲厚友、弄虚作假、徇私舞弊的，其他不符合识别条件的，都不能立为建档立卡贫困户。

贫穷不可怕，可怕的是"贫而不为，贫而无志，贫而堕落，贫不思变"。作为建档立卡贫困户发扬"等不是办法，干才有希望"的自强精神，要树立"自强心和感恩心"，杜绝"依赖心和攀比心"。要结合自身实际自力更生，努力奋斗，通过国家政策的帮扶，靠自己努力脱贫。如果你还抱着"墙根底下晒太阳，等着政府送小康"的消极思想，只等政府帮扶，不想自我发展，那么即使暂时脱贫了，在将来的日子里还会返贫，没有真正拔掉"穷根"。脱贫攻坚是"政府鼓把劲，干部搭把手，乡亲拉把力,自身争饭吃"的一项民生工程。当前,国家脱贫攻坚政策相继出台,目的就是鼓励每一位贫困群众立即行动起来,结合自身情况,积极外出务工,发展种养产业,学技术,参加合作社或跟着能人干等方式实现增收脱贫,我们提倡积极肯干、勤劳致富,反对慵懒好闲、无为致贫。同时我们要懂得感恩,感恩党的好政策,感恩干部的帮扶,感恩能人和亲友的帮带,让"感恩帮扶"成为我们社会的新风尚。作为贫困户,党和政府帮您,干部带您,您不能视而不见,觉得都是应该的,您应该向他们说声"谢谢",让感恩永远传递下去。

非建档立卡贫困户要做到"穷则自力更生,富则达济友邻"。我们要充分认识国家的扶贫攻坚就是落实精准到村到户政策,改善农村通路、通水、通信,教育医疗设施,人居环境等公共服务设施,加快推进农村产业发展,这些政策惠及脱贫攻坚的号召,鼓励返乡农民工、退伍军人、大学生、农村致富能人发挥自身优势,积极组建农村专业合作社,或者自己带头创业,带领建档立卡贫困户一起脱贫致富,依靠国家政策发展自己带动贫困户脱贫致富,实现大家共赢。我们要发扬扶贫济困的优良传统,能帮则帮,能带则带,尽自己所能帮助他人,今天你帮我,明天定是我帮别人;让帮助他人、带动他人成为社会新风尚。我们要消除"争当贫困户,嫉妒贫困户,不帮助贫困户"的落后思想,积极行动,主动作为,争当带领贫困户脱贫致富的领路人、好榜样,为国家脱贫攻坚贡献自己的智慧和力量。

通过驻村工作队的耐心解释和积极宣传,村民们思想上纠结的各种疑问逐渐弄清楚了,村民们都初步掌握了自己属于哪一类人,怨言少了。通过驻村工作队和南溪村"三委"干部入户调查核实,并通过党员群众评议认可,进行公示公告,并报上级审核定为2017年南溪村建档立卡贫困户11户,其中有2户没给盖房,有9户给盖房,盖房款户均由政府补助8万元左右,这些建档立卡户分别是:

文屏村:和纹六

金龙村：和群武（未盖房）

满中村：和正刚（未盖房）

满下村：和福祥、和永光、和圣明

旦前村：和述兴、和玉礼

旦都后村：和丽红

元子村：和尚清、和桂华

国家对扶贫攻坚的政策太好了，同时对农村五保户待遇也不菲，给每月生活费500元，免交医疗费，看病、门诊、住院费全报销。

2017年，南溪村纠正了在2016年农村危房改造补助一事中的错误做法。这一补助费在2016年宣布："有车，在城里拥有住房者不予补助。"但由于各种原因，在2016年违规发放了7户村民危房改造补助款，每户1.5万元，这七户分别是：

金龙村：和银权

满中村：和万军、和丽章

旦前村：和继武、和亚军

鹿子村：和学武、和建东

上级政府要求把已发放的补助款收回来，村委会干部通过对这7户村民做思想工作，并如数收回发放款，缴还黄山乡政府。

纳西族调查基地工作小结

2017年10月16日

云南大学西南边疆少数民族研究中心纳西族研究点设在丽江市玉龙县黄山镇南溪村委会，2004年基地建设启动，2005年11月建成。在基地选址、建设、落成等各项工作中，云南大学副校长和民族学与社会学学院何明教授都前来检查指导，具体工作由洪颖、和晓蓉两位老师负责筹划、设计、施工。从基地筹建、落成、运作不仅得到云南大学有关主持项目领导的支持，同时也得到南溪村委会干部和村民的支持，同时更展现出洪颖、和晓蓉两位女老师的付出。

自2004年开始运作,到目前已成功举办七期云南大学民族学人类学研究生田野调查暑期学校,有100余名来自全国各高校的民族学、人类学研究生参加田野调查。第一期到第六期研究生由洪颖、和晓蓉老师带队指导,第七期因洪、和二位老师身体不适,学院领导安排付云仙老师为领队指导老师。七期共有70多名研究生参加田野调查。另外有些研究生在指导老师的安排指导下,单独又回转来再做调查,如云南大学民俗学博士研究生顾霞,云南大学民族学研究生张岩则三次在纳西族研究点做调查,并以他在南溪调查到的"纳西族丧葬习俗"作为他的硕士毕业论文。中央民族大学的硕士研究生胡曼两次到南溪调查当时新兴的玛咖种植情况,云南大学硕士研究生巢玉杰跟着老师来参加暑期学校后,又只身来南溪拍摄了南溪完小师生的生活、学习、工作、娱乐的影像,云南大学民族学研究生杜悠悠也两次到南溪做田野。100多名研究生在南溪做的田野调查,其中已将收集到的资料或写成论文发表,或写成考察报告。这些历年来收集的资料和南溪村民日志是记载南溪村和基地历史发展的证明,更是洪颖、和晓蓉两位基地负责老师对这基地付出的最好见证。除此之外,云南大学民俗学研究生杨杰宏同学多次来南溪做田野调查,写出并出版了《溪村社会》一书,这些成绩离不开基地对他做田野的帮助、提供的便利平台。还曾经有广州大学教授以访问学者的身份来南溪,还有瑞典学者两拨,每拨都住了一个星期做调查。2013年在共青团中央工作的9名青年干部,趁来丽江旅游之机,抽出一天时间到南溪调查基地采访。

村民日志记录员兼基地管理员和尚勋前段时期做得较出色,他写的村民日志已有一部分编辑成《雅阁丽轮》,还有一部分待编辑。后来因家庭情况发生异变,到城里生活,离开乡土,对写村民日志产生了困难,后与和晓蓉老师交谈后,可写南溪村在城里生活和工作的村民情况,但终因住得分散、聚得少、交流少而捕捉不到写日志的资料,而写成一件事或一次活动，成了量少、质差，有些话语还与后来政府的行为有对立的现象。如2017年，在城里开出租车的好些村民把车租出或退了租的车，回村里种洋芋，他就以政府整顿出租车行业行动为主线，以较长的篇幅写了《出租车行业的现状》，所写的内容与后来政府对丽江古城的整治，对观音峡、拉市海的停业整治，对玉石城、部分旅行社、部分酒店的停业整改，甚至关闭部分卖玉石的商场等活动，形成了政府对提升旅游品质、整改旅游服务行业乱象，提高旅游服务质量活动的不满情绪。又如他记下了扶贫攻坚中南溪村实行危房改造的情况，前久与和丽军副主任交流，得知最近政府在纠错，得拿回已补助而不该补助改造危房的村民补助款。因此，2017年的日志只能在最后两个月里补上，最近几年可能成了不合要求的记录员。影视记录由和尚勋、和丽军两人共同做，拍的很多内容因为不会剪辑、刻制，请人编辑刻盘，也成了数量多而质差的状况。

2018年
概述

2018年扶贫概况

2018年内，国家落实到村的扶贫的具体内容有这样几个方面。

国家财政为南溪村委会建档立卡，精准扶贫户。对建档立卡户的扶贫项目有：

一、每户鸡170只、猪4头、羊4头，这是养殖业方面的扶持。

二、种植业方面的具体扶持为每户2000元洋芋种苗款。

三、生活方面的整体扶持为每户低保慰问款1000元，生病住院全额报销，按人口常年享受低保补助款。

四、住房方面：盖给一所生活宜居房（价值10余万元）。

玉龙纳西族自治县总工会过去几年挂钩南溪村脱贫攻坚工作，总工会舒副主席已有三年常在南溪村开展扶贫脱贫工作。2018年继续对南溪村考上大学本科的优秀学子进行金秋助学活动，捐助每生1000元路费。总工会在南溪村挂钩扶贫的这几年间，先后帮助学校解决了师生食堂炊具设施不足部分。帮助购置了8个村民小组活动场所用的炊具、桌凳；在2018年内，还给每个村民小组购送了每台价值约4000元的放音、扩音设备。

2018年底，南溪村顺利通过了国家、脱贫攻坚验收。南溪村的脱贫攻坚工作得到国家验收组的充分肯定。

南溪村委会干部基本情况如下。

村委会党支书记兼村委会主任和继武，男，1968年出生，2000年入党，1997年开始任村委会副主任，2006年开始任村委会主任，2013年开始双肩挑（书记兼主任）至今。

村委会党总支副书记和国军，男，1957年出生，复员军人，1975年在部队入党，1984年开始任南溪干事，1998年开始任书记，2006年开始任副书记至今。

村委会副主任和丽军,男,1968年出生,2003年入党,2000年开始任村委会副主任至今。

村委会村务监督委主任和国高,男,1968年出生,2003年入党,2013年开始任村务监督委员会主任至今。

和旭峰,在2018年5月,以考试择优的方式,入选"乡村振兴人才计划",任南溪村委会后备干部。

南溪村民的生产方法简说

南溪村因海拔高、气候寒冷,农作物只有传统的洋芋、燕麦、青稞、豌豆、萝卜、蔓菁,集体时代还从中甸引进少量黑麦。

改革开放后,传统的燕麦已不再种植,这种农作物因收成低、劳力投入多而被村民所淘汰。引进的黑麦,因产量低而不种。现时主要以洋芋为主,辅种药材重楼、附子、草乌、独定子等。

种洋芋的传统方式也逐年被村民改进,首先是二牛抬杠耕地已消失多年,取而代之的是用手扶拖拉机来耕地,开始那几年只有少数经济条件较好的村民所用,近十几年,随着农村经济的繁荣,农家户户都有小型拖拉机,代牛犁地,代人运输,村民们享受到了机械耕作的好处,过去人背人挑、二牛犁地的生产方式已一去不复返。就连村民上山砍柴、拉松毛等,不少中、青年都用电动三轮车来拉,大点的建材用木料则用手扶拖拉机来拉,传统的二人合抬一根、三人合抬一根、四人合抬一根的方式已在南溪村销声匿迹。

种洋芋传统都以坛为单位,每坛都垒得又大又圆,而且坛与坛之间都是填空的,不成行的,如今已有不少村民改种成垄,不成行的坛改种整整齐齐的行,如今的坛不再是过去的又大又圆,而是只盖几锄头,只有五六寸高,垄也是只盖四五寸高的土。

锄洋芋这农活是在洋芋苗刚出土后进行的田间锄草、松土的一个重要环节，它的作用是松土、锄草。传统做法是人用锄头，一锄一锄地干，草一棵一棵地捡。而今是，先喷洒除草剂，后用手扶拖拉机带动锄地机来锄，大大节省了人力和时间。

薅洋芋：传统的做法是：人用宽边锄（约宽一尺），把之前锄的土，一锄一锄地垄在洋芋坛上，垄得又尖又圆，垄成圆锥体状，费时费力。而今，村民用手扶拖拉机带动犁，把行与行之间之前所锄的土翻上来，一农妇拖手握锄头轻轻平一下就了之，坛只有过去的一半大，垄也只有六七寸高，既省时，又省力。

挖洋芋，这一环节，过去是一人拿三叉锄先把每坛洋芋都翻上来，一些人在后面捡。而现在是用手扶拖拉机带动铧犁，从坛或垄犁翻上来。一人操作犁，几十人可以在后边捡。因为薅洋芋时盖的土少，翻上来的几乎都是洋芋，捡洋芋的速度也比传统的方式提高了几倍。

传统的做法是，把挖出的洋芋拉回家储于家中，再背出来卖，而今是把所挖的洋芋都堆在地头，到卖时，再拉来一次装到大车上卖。

传统的劳作方法，费时费力，苦人累人，改进后的劳作方法，省时省力，轻松快捷，但投入比传统的劳作方法多。多投入也就多收入，村民都感到社会发展快，经济繁荣，村民幸福，安居乐业。

总之，机械代替劳力，村民把旧的和落后的生产方式逐步淘汰，是社会发展的必然，是经济发展的结果，是人民幸福的体现，农业机械化已被农民认可、接受、利用，是社会的一大进步，是我国改革开放在农村的一大硕果。

乡村振兴人才计划

2018年5月，玉龙县委政府实施乡村振兴人才计划。在大学毕业生中选拔优秀者到各村委会锻炼。通过报名、考核、选择考核优秀者回原籍村委会锻炼，作为村委会后备干部，再经过两届村委会的实践工作后，可参加公务员招考。

南溪村有和万成、和泳淇、和旭峰、和丽芳等6个历届大学生毕业参加角逐，考核结果以和旭峰（满中村籍人，男，云南民族大学2016届毕业生）成绩优秀，录用分配到南溪村委会工作，以备参加2019年换届选举活动。

和旭峰在5月中旬，就以南溪村委会后备干部的身份，在南溪村委会上班，和老干部一起，谋划南溪村的未来，指导南溪村的现时工作，现时他还没有明确的职务，明确职务只能等到2019年5月举行的村委班子换届选举结果。

他进村委会后，虚心向村委会老干部们学习，工作积极主动，随时随地向老干部们请教，和继武书记、和国军副书记、和丽军副主任，以及村经济委主任和国高等四位老干部对和旭峰精心指导，耐心传、帮、带，对他充满期待，对南溪村的基本情况和今后的发展规划都做了详细的说明和解释，对日常进行的村务活动事宜都做耐心的指导。他们两位老干部都出于公心，对和旭峰做方方面面的指导。

和旭峰不以高学历自居，而是虚心接受每位村老干部的指教，他对南溪村的未来充满了希望，也希望自己能在南溪村发展中贡献力量和才华，他希望和乡亲们一道把南溪村改变得更好，他真心期待着能引领村民奔向小康社会。

知情的村民，对年轻、有文化的和旭峰充满期待，认为有文化、年轻的小伙子参与到村委会领导班子中是件好事。有些村民说："年轻人有文化、有主见、有干劲，在老干部的培养指导下，干的事情定会让村民们满意，当然年轻人缺乏经验，这方面需要老干部的指导帮助，朝气就会发挥出来。"不知情的个别村民也有的说："满中村人有三个在村委会，这不知道是怎么搞的，这样做有点不合适。"

在6月25日，南溪村党支提前进行庆"七一"活动大会上，有全行政村党员、预备党员、入党积极分子参加。在大会上党总支副书记和国军同志，向大会说明了和旭峰在南溪村委会工作，不是黄山镇党委、政府的指派，更不是南溪村委会干部选拔任用的，而是玉龙县委组织部，通过个人报名、组织文化考试、面试等过后择优分来的。这次参加考试的南溪村大学毕业生共有6名，取1名。在这6名应考者中，和旭峰以优秀者被派到南溪村委会，请大家向村民们做一下此事的说明，以解除个别村民对此事的误解。

这样一来，全体村民都明白村委干部中多了一个人的原因。

2018年2月

2018年2月中旬，于2017年规划的南溪村土地平整项目正式开工了。该项目由云南省国土资源厅投资、玉龙县国土资源局实施，项目总投资600万元人民币。土地平整惠及鹿子村民小组、旦都后村民小组，以及很少部分旦前村民小组。土地平整的主要内容为：一、修田间机耕路，同时修好路两边的边沟，路腰为混凝土构成，路面为沙石路，边沟底面和两侧均刷混凝土（俗称三面光）。二、地面修一些积水塘，每个塘可积雨六七十方，以备旱季浇农作物之用。机耕路以片为主，主要集中在鹿子村与旦都后村中间的地里，每片地里都修上两三条机耕路，以保证每块地里都能通拖拉机，这样在地里作业的犁、耙、锄、运等都可用拖拉机来进行，可以大大减轻农民的劳动强度。项目工程由一伙大理人负责施工。

大理施工队进行了近半年的紧张而有序的劳作，终于在2018年7月底顺利完成了该项目规划的所有工程，11月底顺利通过了验收。该项目是继前些年，平整了满中、满下连片的土地后的又一次重大平整，投资比前次多，修的机耕路有前次的两倍多，而且多修了地间10个大水塘。这是党中央关注"三农"的结果，是中央和地方各级党委政府关心"三农"，支持"三农"的具体体现。是让农民改善劳动条件所做出的努力，使受益的村民有了大大的满足感、幸福感。

2018年3月

2018年3月中旬，满下村民和金亮和满中村民和福军合伙买了一辆出租车，价值57万元。接着和金胜、和建成两人也与邻村人合伙买了一辆，各属半辆。接着村民和武军和自忠合伙买了一辆。和灿也买了半辆，现自家独用一辆。

在目前出租车行业很不景气的情况下购置出租车，一方面是出租车价钱大幅下跌，另一方面是买了可视为一种生产资料，再一方面可以找点补充生活的钱。鉴于以上的原因，2018年上半年内南溪村中购置出租车的村民突然多起来了，如满上村民和艳梅，自家就购置了一辆，和耀军、和耀武兄弟俩也合伙买了一辆，和立军也买了半辆，满中村的和万社、和吉诚、和国高、和春立、和付前等村民都购买了半辆。这些村民中有些买了自家来开，有些则自家没人开，但出租给别人开，如满中村民和国高是买来后出租给别人开的。

从2017年下半年到2018年下半年，在大力整治旅游市场、营造优秀旅游环境、出租车价大幅下跌的情况下，南溪村民却大胆购置，全村共增加了十多辆，这充分表现了南溪村民想大胆闯入城市出租客运市场、不等、不靠、想奔小康生活的具体表现。是他们看准了成功的一面，通过反复权衡之后才买的。

2018年4月

2018年4月以来到10月下旬，南溪村党支部书记、村委会主任和继武、副书记和国军、副主任和丽军，监委主任和国高等四人，三次到宁蒗县洋芋种培育基地，定购生子第二代洋芋。村委会的干部开始就立下计划，向上级争取申请一点经费，用作扶持南溪村民洋芋产业种子扶持。

功夫不负有心人，玉龙县委曹金明书记来南溪调研时，听了和继武书记的村两委工作汇报后，立即表示同意对这个计划给予10万元的资金支持。有县委曹书记的支持，他们四人到10月25日就睡在宁蒗洋芋种培育基地等着挖洋芋、装袋、过秤、堆码好后才回家。

到11月3日和4日洋芋种拉到南溪各村民小组，村委会干部协同村民小组长把洋芋种分发到村民手中。发放的村民分为两类：一类是农户，每户发200斤；二类是特殊户，由建档立卡贫困户和重点户组成，这类农户不多，全村只有30户，每户发500斤洋芋。这30户村民是村干部认为的该重点扶持的农户。

这是村委会干部为村民着想，为村民办的实事、好事，受到南溪村村民的好评，同时也增加了村民以洋芋为产业龙头、种好洋芋创幸福的决心。

农民在生产实践中体会到，要增产增收，当然要施足够的肥料，关键也在种子的改良，村民每年都会亲自到太安、天红等洋芋生产区去买洋芋种，来进行种子改良，这样一来，得到了增产。

在南溪村的电子商务室

2018年7月

在各级党委政府的关心支持下，南溪村电子商务服务室于2017年7月在南溪满中活动中心落户。由满中村民小组长和志强同志主持营业。主要是玉龙县政府、玉龙县农村电子商务中心扶持经营，主持营业人员的酬薪每月800元，再加经营所得提成补助，所经营的东西由县电子商务服务中心配送。商品售价由电子商务服务中心规定，都低于当地个体户的售价。

山村时轮　玉龙县黄山镇南溪村纳西族村民日志

开办以来,一直都比较顺利,每次送来的商品都是村民日常生活所需的用品,基本上都是畅销的,特别是烟酒,有些时候还出现脱销现象。这两样消费品是南溪村民的最爱。其余商品,副食品为主,同样畅销,这主要是和志强能坚持、能负责,是他把大部分时间都投入服务室的结果。所有商品价格也低于当地个体户的物价,这是第二个主要原因。当村民来买所需生活用品时,都先来到服务室,如若服务室不开门,要不是急用,会改时再来;若急用就会到其他个体户去买。逐渐走上轨道后,和志强能做到自家的生产、电子商务服务室的营业时间(主要是早、晚两个时间段)两不误。没有出现只为了经营而误了自家生产的现象,也没有只为了自家生产而不顾服务室的工作的现象。一年下来,村民都得到了电子商务服务的实惠。和志强也能按时按月领到薪酬和提成补助而干得安心。

满中村活动室的电源接自云南大学研究基地的电表,建好活动室,接好电表后,满中村村民和村干部提出要求:"活动场所用电费用请云南大学基地负担。"基地负责人洪、和二位老师,当时考虑到活动场所一年下来也用不了多少电,就答应了此要求。这里做个说明:2015年9月云南大学基地电表不知何因,坏了,不转动了。因基地各方面原因(2016、2018年两年未办暑期学校),故电表也没请人修理,一直到2017年底南溪整个村委会更换电表时更换,开始正常转动,电子供应所从更换新表开始收费,第一次2018年1月30日,第二次2018年3月1日,第三次2018年4月1日……

前些年就一直由云南大学基地包交了活动场所电费,村小组组长和志强要求这些电费仍由云南大学基地代交,基地管理员向负责该基地的和晓蓉老师交换意见后,已做了付款。"只愿电子商务服务室能更好地为村民服务,能得到长足发展,能够越办越红火。"这是云南大学基地项目负责老师的心愿。

电子商务这一新时代的产物,在南溪村立下了足,如能继续发展下去，相信村民会得到更多的实惠。

对设宴请客有感

2018 年 8 月

设宴请客是中华民族的传统文化，中华民族都盛行着设宴请客的民俗，每逢遇有红、白喜事，各民族都会以当地最好的美味佳肴招待四方宾朋。

世居在鸡冠山下的南溪村民，都是纳西族，而且全村姓氏都是"和"，这里的村民设宴请客的情况有这样几种：①祝米客（又称满月客）；②生日客；③大寿客（60岁）；④订婚客；⑤结婚客；⑥丧葬客（俗称"不请的客"）；⑦竖房客；⑧住新居客；⑨迁居客（又称分居客）；⑩大学客。

现对十种客做逐一的解释：

一、祝米客（又称满月客）：在南溪村，生小孩约7天后，外公就抱着大公鸡给新生儿起名字，名字起好后就商定举行"祝米客"的日子，日子定好后，就要用竹编提箩装上米酒，一家送一碗去请客，被请的人家把送来的米酒用筷子夹些分别放在铁三脚的三只脚上方，然后吃一口在嘴里，边吃边说："米酒好甜啊，愿×××易养易活，长命百岁。"之后把米酒倒在自家的碗里，给来请客者送些鸡蛋或米。到请客日，四方亲朋带着鸡、蛋、米、新生儿衣物等来做客。这客必须要生娃娃的月份内请，不能过月再请，现在多在满月后才请，这是一种人为的变迁。

二、生日客：娃娃满周岁、二三岁生日时设宴请的客，这客只请比较亲的亲朋。来做客者带些娃娃玩具、衣物之类的。现多送现金，少则百元，多则千元不等。

三、（60岁）大寿客，一般男性到60虚岁，就设宴请的客，这客饭做得也很丰盛，但来做客者所带的礼很简单。过去传统只带一瓶酒，现时多为一件啤酒或一件饮料。

另外，南溪村过去有男怕三、六、九，女怕一、四、七。意思是男性逢三、六、九年龄，女性逢一、四、七年龄会多灾多难，或遭不顺。男性为了避灾、避邪，逢36岁、49岁，就设宴请亲戚朋友来做客，以此来破邪降灾。来做客的所带礼品也极简，几把长寿面或一件饮料或一件啤酒。过去只带一瓶酒。

四、订婚客：青年男女相恋相爱后，请上一个介绍人，背上酒、茶、米、糖到女方家提亲，得到女方父母同意后，订上个日子，喝喜酒，这个客请的只是家族和比较亲近的亲戚，客饭都和别的客饭大同小异，差一些也不要紧，不会有人议论，来做客的人带的礼也简单，带上一斤酒就了事。这客请了以后，青年男女就订下了终身。当然有个别人是无所谓的。

五、结婚客：这客请的范围较广，亲戚、朋友、家族都有，而且时间拖得较长，男方家一般要四天，才把客接待完，女方也得用三天才完。这客主持者也破费大，做客者的礼也大，过去多酒、烟、茶、米、肉等物，现都为人民币，少则一两百元，多则千元不等。这结婚客的待客次序特别讲究，先是招待送新娘的及跟着新娘来做客的亲戚（称后亲客），再招待老人，再招待远方来的亲朋，再招待村里的亲戚，过去晚上还要闹房，跳"谷气"，借称赞鲜花和蜜蜂，来喻成人的道理。纳西族认为结婚后已成人了，都说从此奇男已丈夫，从今淑女已成妻。

六、丧葬客：是在人寿终正寝，举行丧葬，招待来参加陪伴的客人，传统上很不计较丰富与否，只要凑齐八大碗就行，现时都和婚客一样很丰盛，满桌子都是鸡、鸭、鱼肉制作的食品，都是美味佳肴，一家赛过一家，过去的礼也以五谷为主，现时都为人民币，丧葬客一般为四天才结束。在南溪村民常说的人生三大事说是出生、结婚、死亡。

七、竖房客：人们在建盖新房的过程中，竖房上梁那一天要设宴请客，要用大公鸡、肉、米、酒、烟、布等摆在要上的中梁旁，上梁事完后，所摆的这些物品，第二天由主人家背到建盖此房的大师傅家去，作为送给大师傅的礼，这份礼一般是由女主人的哥哥带来的，这个客虽然请的人不很多，面不广，但也要三天时间才完成。来做客者所带礼品过去都为肉、米、酒、烟，现时为人民币百元至千元不等。

八、住新居客，这是最近15年来才有的请客方式。村民进城开车或务工，因临时工作的需要，在城里买了商品住房，装修完要入住或可入住时，择日设宴所请的客。客人为家族、亲戚、朋友，宴请场所选择在城中农家乐，时间为一天，礼品都为人民币，百元至千元不等，这是新近才兴起的。

九、分居客：在兄弟要分居时，由住到新宅新屋者举办宴请，这客不需大操大办，可以简单从事，随便煮上一块腊肉，或杀上一只公鸡都可以，过去做客者所带的礼品是锅、碗、桶、瓢、盆等生活用具。现时都为现金，一两百元或两三百元不等。

十、大学客：这是2000年以后，随着教育事业的蓬勃发展，有少部分学子有机会继续接受高等教育，收到录取通知书后，举行宴请的方式。是在丹桂飘香、硕果累累的金秋时节，金榜题名的学生家长举办的宴客，这客不言而喻，是家长为学子向亲戚朋友募捐一点学费和路费而举办的。考上本科者请，只考了专科者也请。到最近几年，接受高本教育的学子每年都有，而且毕业后就业压力大，因此，有些上专科的就不请了，有些还在请。

今年和尚勋的孙女和智璇毕业于丽江古城区第一中学英才班，高考上了一本线。爷孙俩考虑交谈后，认为请大学客不必了，现在的大学生，千军万马难过独木桥，特别是丽江，就业问题十分严峻，国企根本没有，私企很少而且规模也很小，毕业后就不上业，招人笑。再则会增加亲戚朋友的经济负担和心理负担。

在和智璇及父母和朝亮、和福春回村参加和士谷丧葬礼的时候，家族人聚在一起时，问和朝亮："和智璇的大学客什么时候请？"和朝亮回答："不请了。"众人说："现时社会，请大学客是一种常规了，考上二本、三本的人都请，甚至只考上专科的好多人家都在请客庆贺，你姑娘考上了一本，在我们南溪村大学生里，又有几个考取一本的呢？你们家长的决定，对不起奋发的孩子啊！不仅这样，这会引来别人的笑，甚至有些村民会误以为，你喜欢打麻将，结果就连孩子的大学客也请不起。我们认为这客一定要请，非请不可，振一振我们家族的声誉多好啊，我们虽带不起很多钱，但是家庭亲戚、朋友聚上一天，庆贺庆贺，大家都很开心的，会给后来的孩子也是一个鼓励！"再过几天，和朝亮和老表们都打电话问他什么时候请客，并与家族人们说的一样，与他交流，动员他这客一定要请。

之后，和朝亮跟父亲和尚勋商量，说："看来我家智璇大学客不请不行。"他把以上家族人与他的交谈，和表哥表姐、亲戚朋友的交谈情况告诉了父亲，同时还说："如果不请，我们也在亲朋面前确实有点抬不起头。"于是，父子俩就决定8月28日在丽江城安乐村农家乐宴请和智璇的大学客，庆贺庆贺。之前，一贯支持和关心南溪学子，几十年捐助南溪村优秀学子的和尚明老师（退休在鹿子村老家），打电话问："你孙女的客什么时候请，虽然你孙女的大多数学时在城区，而不在南溪，但我一定要来参加庆贺，你必定要打电话告知我。"如此，热爱南溪学子，从20世纪80年代中期开始，捐助鼓励南溪村优秀学子，并坚持到现在。在微薄的工资收入中，每年都坚持助学，30多年，谈何容易，真使村民感到佩服。

在这样一些外部条件下，本来不想请客的和尚勋，也欣然同意了。

2018年8月10日

2018年8月10日，"黄山镇老体协2018年文艺汇演"在南溪完小舞台举行。

这次文艺汇演由黄山镇党委、政府主办。

由南溪村委会、黄山镇老体协、黄山镇文化广播站承办。参加文艺会演的有黄山镇范围内的文华社区、白华社区、长水社区、白马社区、五台社区、漾江社区老年文艺演出队和南溪村委会的文屏、鹿子两个村民小组演出队。

演出节目由长水完小段老师（男性），南溪完小木老师（女性）两人主持。

演出活动经费由黄山镇人民政府投入4万元。

8月的南溪，暖风融融，野花和山上的杜鹃花还在争奇斗艳，盛开不败，再加上还未凋零的洋芋花、油菜花，成了花的海洋，简直成了"神仙居住的地方"。（2013年7月中旬暑假学校期间，有个西南大学姓李的女研究生，深有感触地说过："南溪真是神仙居住的地方，我有幸做了一回过路神仙，使我终生难忘。"）南溪完小的篮球场上空和舞坛上空都挂满了五颜六色的彩带、彩飘，随风不停地动，并发出轻轻的"哗啦啦"的响声，增添了热闹的气氛。

上午9点左右，来参加文艺会演的各代表队都已陆续到场，南溪村的近千名村民都陆续聚到南溪完小球场来观看节目。

10点，演出正式开始，首场演出由南溪鹿子村代表队，以欢迎各演出方式来开演。接着各演出队进行展演，来自坝区6个社区代表队，演出的每场节目都很精神，每场结束都掌声雷动，有些村民还说："这些演出的水平不亚于专业演出的水平。"在城里开出租车，今天特回村观看的师傅们说："这六个老年演出队就是专业的了，在老体协的组织带领下，他们也成为专业了，社区老年人以跳舞、打门球、打地掷的方式欢度晚年，他们常聚在一起，唱啊，跑啊，玩啊，多么开心，多么幸福，而我们南溪老年人以农为主，种地养殖，样样干，生命不息，劳动不止，人与人的差别是多大啊！这些演出队演的节目有些还到北京演出过，长水社区演的'老年欢舞'不仅到北京演出过，还到英国演出过，都受到观众的好评。"是啊！人的差别就在于地域的差别，这六个社区都随着城镇化进程属城区了，城市是经济、政治、文化的集中点，生活在这些地方的人都比住在偏僻山区的村民过得好，过去有"'乡下人不如城里狗'

之说，不为过"。几个村民异口同声地谈了起来。

演出结束的这场节目由南溪村委会文屏小组代表队演出而结束，示意感谢各代表队送来了精彩的节目、精湛的演艺。

演出结束后，黄山镇老体协高主席发表了讲话，他在讲话中要求，全镇老年人，要老有所为、老有所乐。特别是在以习近平为首的党中央，关心和爱护老年人，我们要争取多活些年，要做到长寿、健康就要有乐、有为，积极参加有益的文体活动。我们老年人的健康就是对孩子们工作的最大支持。

演出结束后，前来参加汇演的六个社会代表队分别安排在满上、满中、满下的农户家里用午餐。

2018年8月19日

2018年8月19日，满下村民和士谷因病去住院，经玉龙县医院诊查，诊断为白血病，速转院到大理大学附属医院去治疗。家人和亲戚都知道这病很严重，好多亲戚一同前往大理帮助和士谷的丈夫和春红共同照顾病人。

到大理附属医院后，经过诊查，确诊为白血病晚期。随同前去的亲戚都为救治和士谷的生命验了血，准备为和士谷献血。但经过附属医院的专家会诊，诊断为白血病晚期，输血也无作用了，到第三天和士谷出院回家，并由附属医院的救护车来护送，车行至洱源县下山口路段时，和士谷病情恶化，已到奄奄一息的境况，和春红和亲戚们对护送的附属医院提出要求，病人由和春红自家的车拉回去，救护车及护送医生在下山口路段把病人转到私家车转回，因为离大理附属医院还不远，这段路的护送费予以免收。约半小时，和士谷真的不行了，亲戚们把事先备好的口含放在她口中，关大声送别到阴间路。随后用电话告知家里的亲戚"和士谷已在回家途中，与邻里乡亲、众亲戚不辞而去"，家中的家族村民听到这一不幸的消息后，不约而同地往她家走，而城里开车或打工的家族或亲戚用电话相互告知，知情后都往回赶到和春红家里，准备帮忙料理后事。

傍晚，他们回到家后，把和士谷的尸体经翻越围墙，从后门抬进天井，因为在外面死了的人，尸体和买来的棺材都不能从大门抬进去，只能翻墙抬入。放在堂屋走廊上，等村民都聚齐了，就洗尸入棺。完毕，就按照传统的习俗，把灵柩放在堂屋中，灵柩前供上食品之后，村民就去"芝步吉"。随后，她的家族们陆续来上祭了，来上祭的食品都先向灵柩供奉一下，再收进箩里。

年轻人都忙着下厨做饭，挽留村民和来上祭的人用晚餐。23日举行出葬仪式，和春红为中年失妻而痛心，他们的两个女儿因失去好妈妈而痛哭失声，和士谷的姐妹们因失去一位亲人而痛哭流涕，都哭诉着和士谷生前勤劳、俭朴、节俭持家的美德。的确，和士谷生前的行为都被村民所称赞，特别是尊老爱幼、艰苦劳动、勤俭持家都被村民誉为楷模。

因为死者是40多岁的中年妇女，丧葬仪式中的"喂目达""窝忍忍"等活动都免了。要是不免照例进行的话，死者的亲人们会更加痛心。

从来没有住过院的和士谷，死后，她的亲人和村民都才知道，和士谷是挨着病痛坚持生产劳动的，精神可嘉，但未免也有些不把病当作一回事，又成了拿生命开玩笑，不符合人生的基本规律。通过这例，村民都意识到，有病不能硬扛着，必须及时前往医院诊治。

2018年10月16日

2018年10月16日，是南溪满下村民和万军、和一花夫妇最痛苦，终生难忘的一天，是酒给这对中年夫妇造成了伤害，而且这伤口终身难愈。

事情是这样的：在黄山林工站打工（当扑火员）的满下村的青年和丽朋、和亚东、和见比及其他几个伙伴，15日晚上在城里休闲喝酒到深夜。凌晨才返回到林工站睡觉，可能是因为年轻朋友在一起，酒喝得畅快，也许是有其他兴奋的事情，使得和丽朋难以入睡，恰好又没烟抽，就向和亚东借汽车，约了和见比一起开车去城里买烟。这些天，因为和丽朋在此前有几次因开车过快，而产生汽车碰到坡上被擦，他的父亲和万军就把车锁好，不让和丽朋开到林工站上班，和丽朋出行就只能坐伙伴的车，要用车就向伙伴借用。到凌晨4点多，在买了烟回林工站的路上，可能开车开得快，行至白华社区金龙村附近，把车撞在路旁的电杆上。当时有个租住金龙村的买菜人，也起床想到蔬菜批发市场批发菜，来车过快，差点躲闪不及，所幸和丽朋开的车没撞到他的三轮车上。

车撞到电杆上，汽车被撞得稀烂，和丽朋已不会动弹了。和见比虽然也断了脚骨和肋骨，但没有伤到头和心脏，还清醒，就喊了几声和丽朋，见和丽朋不应声，和见比爬出汽车，一口气走到林工站（大约两千米），对和亚东说了所发生的事，还说了"阿哥丽朋声不出，也不动了"。于是和亚东立即向和亚军打电话告知此事。经过一阵互相打电话后，和丽锋、和万元以及在城里开出租车的满下村民都陆续赶到出事现场。出事后，因为有卖菜的见者给"110"报了警，交警也很快到现场。和丽朋的父亲和万军在族兄和万琼、和万琴、和万兴、和天林、和立军的陪护下到了现场。经在场交警和家属确认和丽朋已没有生命体征，汽车烂得只能报废。就由交警通知殡仪馆把和丽朋的尸体拉到殡仪馆，把汽车拉到报废厂。黄山镇政府领导闻讯后也赶到，指导善后工作。南溪村委会干部知情后，也急速赶到现场，安慰家属，看望在医院就医的和见比，帮助家属处理丧后事宜。经过交换意见，到下午4点左右，把和丽朋的尸体从殡仪馆拉回满下村家中，在白华棺材铺买的棺材也同时到家。到家后尸体和棺材都从围墙上抬过到天井里，把棺材摆在天井的东南边。把和丽朋的尸体摆放在堂屋走廊上，几个大胆的中年男子站在旁边准备洗尸。族中长者和国春，手抓一只大公鸡，口中大声说："满家家族的人们，五丽朋有点病重，我们大家都来看看他。"满家家族的人就围拢过去。和国兴手拿一碗玉米面站在和国春旁边，和国春一手捏着鸡脖子，一手挂面往鸡嘴巴里塞，口中大声说："五丽朋，你爷爷叫五金才，你奶奶叫五一桂，你别到处走，紧紧地跟着你爷爷奶奶，你面前有三条路，左、右两条是野兽、野鸡走的路，中间那条是你可以走的路，你要大胆地走在中间那条路上，遇到荆棘，要劈断前行，遇到巨石，要踩烂巨石前冲。你要见了祖宗就说，我从族人面前来，我从村里人面前来。""哦，你自家生自家的火去，自家用自家的水。"这个小仪式纳西叫"岩绍鱼"。意为以鸡替人，表示家族人在为人放口含，家族人为死者送行。之后就洗尸、入棺，安置灵堂、祀奉，芝步吉，上祭一件件按步进行。

和丽朋死后到送葬，镇政府领导、县防火指挥部领导，县林业局，镇林工站领导多次前来吊唁，并安慰其父母，虽然和丽朋只是临时工，但是防火队员，因此，此事得到有关各级领导的重视。

到20日出葬，其间只听到亲戚的哭声，没有听到村民的喧哗声，"喂目达，窝忍忍"等传统的送葬方式都不露头了。二十出头就走了，这对父母是何等的不公啊！

沉重的代价，深刻的教训，这例生命，是南溪村第四例因车而致的丧命事件。第一件是本村"阿四金"家族中的和国军，于2005年11月5日，人车同时失踪，和国军或许被人谋害，或许与抢车人同归于尽，一一下江，至今没有准确的判断。第二例是2013年3月底南溪金龙村小伙子和春建，被歹徒害死，抛尸鹤庆县新营盘乡公路边山林里。第三例是2015年9月2日晚上，被一酒后驾车人在丽江七星街西门撞死的满上村民和亚专。第四例是眼下的和丽朋一事，同样四条生命都因车而亡。但四桩命事都由不同的原因所致，第一件事被人劫持；第二件事被人所害，抛尸树林；第三件是被别人撞车致死，第四件是酗饮而为。不同的原因，同样的结果。很值得人们深思。

在当今，不会开车就似乎不会走路的时代，在社会经济迅猛发展、家家拥有汽车的年代，要深刻理解"开车不喝酒，喝酒不开车"要求的意义。就在于人民的生命安全而提出的。这四例中的后者，该是对南溪当今开车人和今后开车人的警示吧!

在这事后,公安局派出所对和亚东借车给人之事,做了批评教育,指出借车给别人开是错误的行为。和亚东一时之间报废了 12 万新买的车,这是父母多年的积蓄换来的呀,你错了,开车人走了,你找谁要车?这也应该是又一个很好的教训吧!

2018 年 10 月 18 日

2018 年 10 月 18 日,满下村民又一次聚集在和顺明家里,为和顺明之妻和命举行丧葬礼。

今年 64 岁的和命,因患肝癌晚期,曾多次住院无果,于 2018 年 11 月 14 日终结了不长不短的一生。

这次丧葬礼又恢复了传统的送葬习俗,因为从年龄来讲,和命已是 64 岁的老人了。在她生病和病重期间,得到了丈夫和女儿的精心照顾,并曾多次住院治疗,得到亲人和亲戚的关心照顾。她自知自己患有不治之症,又得到家人精心的照顾,家人也知道无法留住她。晚饭后开始跳"喂目达",主唱为旦前村和仕花(和顺明姐姐的大儿媳妇),另一个为和二牛,但和二牛对送葬曲子不甚了解,唱不到契合处,差点散了群,和国兴老人就出来领唱,和国兴年已 70,但是满下村老一辈中的能人,脑子灵活,记忆甚好,见了就能学会,听过就能记牢,很难忘去,是远近闻名的木匠师傅,他一生建竖过 200 多所房子,隔整过数十所房子,他不仅木匠有名,石匠、篾匠也是得心应手的,他是吃过百家饭,干过多种活的能人,村人在之前很没见过他领唱"喂目达",但他在拜师和建良师傅学木匠,做木匠时对和建良唱的听得很多,记得很牢。因此,今晚还是第一次亮相,但出乎村民的意料,很出色,很懂调,一直唱到鸡叫头遍,因孝子孝女及亲戚跟死者送离别饭,纳西语叫"岩居八达毗"(汉语意为鸡鸣时送跟死者离别饭,传说中说,只有这碗稀饭,死者才能受用到,其他供品都不属于他的,是属于先前就逝去的前者的),才休息一下，过了半个多小时，村民又围着篝火跳起来，篝火越烧越旺，众人跟唱的"喂目达"声一浪高过一浪，和国兴、和仕花领唱的劲头越来越大，声音越来越响亮，一直唱到日高三丈才休息。第二天，唱"喂目达"的名人和建良老人（现年76岁）用嘶哑的声音说："昨晚领唱的这两人真行，是近些年我听到唱得较好的啰。"和建良咽喉发不出声，音质浑浊，而不唱七八年了，但人各有所爱，他虽唱不成，也要听别人唱到散伙，还随时会提醒领唱者，教给领唱者调子，解释其含义。

这次丧葬礼，传统的民俗又火起来，出葬前，村民和来自四方的亲朋围在院坝中跳起了"窝忍忍"，热情奔放地送亡者远行。跳出了送死者远行的情怀，唱出了与死者不想远离的哀伤，歌声和舞者协调一致，看到了纳西族送葬仪式的隆重。

到了晚上又成了年轻人打跳的好时机，今晚与昨晚不同，昨晚参加者都是30岁以上村民，今晚的绝大多数是35岁以下的年轻人。从这看得出民俗产生了代沟，而且这代沟是明显的。

2018年11月2日

2018年11月2日，云南大学纳西族研究点项目负责和晓蓉老师、李继群老师领着研究生张宁同学来南溪村作《乡村振兴发展报告》田野调查，住7天。

在短短7天里，她们忙着找村委会干部、村组干部、村民，进行访谈、调查。还专门安排出时间，到村委会副主任那里查看各种年报表，并向村委会副主任和丽军同志询问每年南溪地各项事业的开工、建设、效益等有关情况，以及每年各项经济指标的完成情况。和丽军同志根据她们的访谈，都给予准确的解释，给访谈调查的顺利进行提供了便利和帮助。村委会书记兼村委会主任和继武，村委会副书记和国军，下午到晚上，来到基地与师生互动，积极为师生解惑释疑，如实介绍村情民情。介绍南溪村的点点滴滴，像父母对久别归来的孩子诉说家中的一切情况似的，毫无保留，一抖到底，给师生的访谈提供了帮助。这是南溪村委会干部对云南基地的惯例。

和晓蓉老师虽然有病在身，行走山路极为不便，但她仍然和同伴李继群老师、张宁同学，在和尚勋的引荐下，来到离基地约5000米的旦前村山间田地里找南溪村再创业的典型人物和尚贤访谈。在和尚贤的药材种植合作社和种植基地，和尚贤虽然很忙，但还是愉快、热情地接受了云南大学师生的访谈。通过访谈，使云南大学师生初步了解到，部分南溪村民的创业历程：传统的耕作——进城参与出租车营运行业——拼搏——买车——买房——出租车——回乡种药材——种洋芋——改建安居住宅，从不同的创业历程，看到了南溪地民不甘落后、不甘贫困、敢于拼搏的精神，并看到了南溪村民不满足于现状，还想再拼一拼，为实现小康，寻找各种经济收入门路，自强不息的精神。

生活在3200米左右高海拔的南溪村民，在恶劣的气候条件下能生存、发展，并从贫穷走到富裕，有少部分人走上了小康。这些对到南溪做田野的师生、学者留下深深的印象。

2018年12月1日

2018年12月1日下午3点许，卧床看护两个月余的满下村民和福祥老人与世长辞了。和福祥老人现年86岁，是南溪村的第一批农村党员，是南溪村第一任党支部书记。后因本人好学精明，在大炼钢铁年代到拉马古铜矿任领导，后因家中娃多，自动离职回家，集体时代任生产队政治队长，主管群众的思想政治工作，直到农村改革时期。和福祥老人养育有七男一女，且八人都成活，是典型的父亲英雄。在那个年代养活（加上老父亲为11人）11人并非容易之事。

和福祥老人是满下村2018年内逝去的第四个人，2018年的下半年内，满下村民一连逝去四个，从9月到12月，每个月一个，是满下村历史上死人较多的一年。

在 2018 年内因丧事相聚第四次的村民，对满下村寨举行丧葬活动的内容，提出了一些改进意见，反映给村民组长。这些建议是，根据这几年的丧葬情况，出葬挂礼每户不能低于 100 元；第二个建议是，入棺后招待村民的这顿饭可以免去，这顿饭是劳民伤财，没有必要。

村民组长和灿在出葬后第二天午饭时间，向村民做了提建议内容，要求村民吃饭后边休闲、娱乐，边讨论一下这些建议是否可行。但估计可能和灿本身父母已年近七旬，不好接受这两点建议，自家有年老双亲，不好支持改进。话又说到客观处，这些年举行丧葬活动，不沾亲带故的村民，挂人情时，挂五六十元的多，挂 100 元的少，在现时的物价挂 100 元都是少了。更何况五六十元，入棺后的这顿饭，忙得家族团团转，既浪费，又没必要，所以就这样暂搁下这些建议。

在和福祥老人送葬礼的晚上，跳"喂目达"很热烈，而且有所升华，领唱者中多有外来成分，太安乡、海西村委会来参加丧葬活动的村民也积极参加到领唱者中，并以雄居一方的姿态出现在人们面前，精神很可骄，众人跟唱情绪也很高涨，但唱了一个多小时后，可能外来者对调子内容掌握不够，两个领唱者就唱不到一起，众人陆续自散。大约休息了一个小时，和国兴老人出场领唱了。和仕花和国兴两人领唱后，跟着跳的人又多起来了。而且越跳越高涨，丝毫没有减弱的现象，海西汉子可能知道，自己功底不够，或有旁人指出他的调子功底不深，不能与另一领唱者配合，就跳上两圈退场到堂屋烤火，喝酒听唱。

这一夜，和国兴与和仕花配合得很完美，直跳到"岩居八达毗"时不得不停下。"岩居八达毗"仪式完后，又接着跳，一直跳到天亮。

出葬前的"窝忍忍"也跳得很热烈，可惜因参跳人多，院子小，而人踩人，人挤人，最后围成三四圈在跳，也由于地盘较窄而不能尽兴。

这次丧葬活动，和尚勋已做了影视记录。